Kochkunst liegt im Trend – wir sind Gourmets und Weinkenner, Hobbyköche und Produktexperten. Doch wie brät man wohl einen »Pfau«? Und was hat es eigentlich mit der »Zyperwurz« auf sich? Die Antworten darauf liefert das *Appetitlexikon*, ein Küchenhandbuch aus Urgroßmutters Zeiten. In alphabetischer Reihenfolge präsentiert es eine prägnante »Warenkunde« und bietet Zubereitungsempfehlungen, die noch heute in großen Teilen gültig sind. Es vermittelt nicht nur ein lebendiges Bild der kulinarischen Vorlieben des ausgehenden 19. Jahrhunderts, sondern hält auch für die heutige Küche überraschende Anregungen bereit. Amüsant erzählt es von regionalen Besonderheiten, von Zungenschmeichlern und ausgesuchten Speisetraditionen. Ein köstliches Lesevergnügen!

insel taschenbuch 4424

Appetitlexikon

Robert Habs und Leopold Rosner

Appetitlexikon

Ein alphabetisches Hand- und Nachschlagebuch
über Speisen und Getränke
Zugleich Ergänzung eines jeden Kochbuchs

Insel Verlag

Der Text des vorliegenden Bandes folgt dem insel taschenbuch 651:
Robert Habs und Leopold Rosner, *Appetitlexikon*,
Insel Verlag Frankfurt am Main 1982.

Erste Auflage 2015
insel taschenbuch 4424

Vertrieb durch den Suhrkamp Taschenbuch Verlag
Umschlag: hißmann, heilmann, hamburg
Druck: CPI – Ebner & Spiegel, Ulm
Printed in Germany
ISBN 978-3-458-36124-4

Einleitung

Die Feinschmeckerei ist nicht etwa eine Errungenschaft des neunzehnten Jahrhunderts wie die Philosophie des Unbewußten und die Zündhölzer: sie ist uralt, so alt wie die Menschheit selbst. Eva war die erste Feinschmeckerin, Adam der erste Feinschmecker und die Erkenntnis des Guten und Bösen offenbar weiter nichts als die Erkenntnis dessen, was gut und was schlecht schmeckt. Urmutter Evens Leckersinn kostete die Menschheit, wie bekannt, das Paradies, es war daher nur konsequent und nach der alten Regel Similia similibus curantur gehandelt, wenn ihre Nachkommen in der Feinschmeckerei selbst Ersatz für das, was sie durch dieselbe verloren hatten, und ihren Scharfsinn an der Kochkunst übten. Auf diese Weise war die Feinschmeckerei der Anfang und der Hebel aller Kultur, ein Hebel, der sich niemals abnutzte und den Kain zur Erfindung des Rostbratens, den Thubalkain zur Erfindung des Kochtopfs führte, so daß Erzvater Noah schon »allerlei Speise« mit in die Arche nehmen konnte. Wie der Sündenfall schlug dann auch die Sündflut zum Vorteil der Feinschmeckerei aus: Noah bekam einen gründlichen Abscheu vor dem Wasser und führte den Weinbau ein, und von Schritt zu Schritt entwickelte sich nun die Kunst und der Sinn für dieselbe über das Linsengericht Jakobs, die Fleischtöpfe Ägyptens, die gastronomischen Gesetze Mosis und das verhängnisvolle Gemüse Thamars, der Schwester Absaloms, hinaus weiter bis zu einer solchen Höhe, daß bereits der weise Salomo all seine Weisheit in dem Satze zusammenfassen konnte: »So gehe hin und iß dein Brot mit Freuden und trink deinen Wein mit gutem Mut, denn dein Werk gefällt Gott wohl« (Eccles. IX, 7). Dreihundert Jahre später prägte Sardanapal diese Lebensregel, deren ganze Bedeutsamkeit er erkannt zu haben scheint, der Welt von neuem ein, indem er auf seinem Standbilde zu Anchialos in jener Keilschrift, die aus Schessels Ballade vom Abenteuer des Jonas zur Genüge bekannt sein dürfte, die Inschrift anbringen ließ: »Iß, trink und liebe – der Rest ist keine Bohne wert.« Und wie immer, wenn eine längst empfundene Wahrheit endlich ihren klaren Ausdruck gefunden hat, brach dieser Grundsatz sich allmählich, aber unwiderstehlich Bahn und wurde maßgebend für alle Kulturvölker des Altertums vom Indus bis ans atlantische Meer, von den Alpen bis zur Sahara.

Mit dem Sieg des Christentums im römischen Weltreich brach allerdings eine Reaktion herein, die nicht bloß die alten lustigen Götter aus ihren Tempeln vertrieb, sondern sogar die Küche dem Erdboden gleichzumachen drohte. Fast alle früheren Religionen hatten zwar ebenfalls den menschlichen Magen mit der Gottheit in Verbindung gebracht und gewisse Speisen als unrein oder gottgeweiht verboten, sie hatten aber dabei doch immer mehr oder weniger dem Grundsatz gehuldigt: »Der Mensch lebt nicht um zu hungern, sondern um zu essen« – das Christentum dagegen stellte ohne Umstände diese Wahrheit auf den Kopf und lehrte: »Der Mensch lebt nicht um zu essen, sondern um zu hungern.« Denen, die sowieso nichts zu beißen und zu brechen hatten, mußte eine solche Lehre sehr einleuchtend erscheinen, und bei diesen fand sie auch schnellen Eingang; denen aber, die zu essen hatten, kam sie im höchsten Grade ungereimt vor, und daher wurde sie erst zu jener Zeit zur herrschenden, als es in Folge der inneren Wirren und der Einfälle der Barbaren im ganzen Reiche nur noch wenige gab, die den Traditionen der guten alten Küche treu bleiben konnten. Damals schien es völlig um die Kunst und ihren Kultus geschehen, denn wo die Enthaltsamkeit eine Tugend und der Genuß von Heuschrecken und Holzäpfeln eine verdienstliche Handlung ist, »da kann die Kochkunst nie gedeihn«. Zum Glück aber ist der Magen ein Despot und der Gaumen ein geborener Diplomat, und so gelang es der Feinschmeckerei bald, auch bei den christlichen Liebesmahlen ihre Rechnung zu finden. Als aber die Agapen abgeschafft wurden, weil die Nächstenliebe dabei einen zu liebenswürdigen Charakter annahm, da zog sie mit den schönen Agapetis zu den Geistlichen, vornehmlich aber zu den Mönchen, die, aller irdischen Sorge und Eitelkeit ledig, am meisten geeignet waren, ihr die vollste und ungeteilteste Hingebung zu widmen. Auf diesem Wege wurden die Klöster und geistlichen Höfe der Hauptsitz der Feinschmeckerei und blieben es das ganze Mittelalter hindurch. Und dort feierte sie ihre glänzendsten Triumphe, dort erlangte sie eine im Altertum kaum geahnte Ausbildung, dort war sie der Mittelpunkt allen Strebens und begeisterte ihre Verehrer, die frommen Väter und hohen Prälaten, zu wahrhaft genialen Erfindungen wie z.B. des Karthäuser-Wassers und die Kastration der Karpfen.

Noch immer aber bestand das Fastengebot und verkürzte die Feinschmeckerei in ihren angestammten Rechten. Zwar war man in den Klöstern auch über diese Schwierigkeit hinweggekommen und hatte durch sinnreiche Sophismen die Fische, die Weichtiere und die Wasservögel aus der Klasse der Fleischspeisen hinausdisputiert und so eine höchst leckere Grundlage für die Fastenkost gewonnen – bei der großen Menge aber, deren Appetit immer gleich stark war, und die weder einen Lachs noch einen Dispens bezahlen konnte, knurrte unter diesen Umständen der Magen immer bedenklicher. Im Süden, wo das Nahrungsbedürfnis geringer ist und zur Befriedigung desselben die leckersten Früchte zur Hand sind, trat diese Magenbewegung weniger scharf hervor, im Norden aber führte sie nach einem vorgängigen Zwist über den Genuß des Weins zu jener gewaltigen Revolte, welche die Feinschmeckerei schließlich wieder in alle die Rechte einsetzte, die das Christentum ihr entzogen hatte, und die unter dem Namen der *Reformation* bekannt ist. Die Reformation war nichts anders als die erste Restauration der Feinschmeckerei.

Wie fast alle Restaurationen entthronter Fürsten hatte auch diese Berge von Leichen und Ströme Bluts gekostet, und doch war man nur einen kleinen Schritt vorwärtsgekommen: Man hatte nun zwar die Freiheit zum Essen, aber man hatte nicht die Mittel dazu, man hungerte nun zwar nicht mehr, obgleich man zu essen hatte, aber man hungerte noch immer, weil der Fleischkorb für die Menge nach wie vor zu hoch hing. Die ganze zivilisierte Welt empfand diese Kalamität, und nachdem die Philosophen die nächstliegende Ursache derselben in den Standesvorrechten der Fürsten, Priester und Edelleute entdeckt hatten, gebar das unüberwindliche Streben nach praktischer Betätigung der Feinschmeckerei jenen ersten großen Heilversuch, der den Namen der *Französischen Revolution* führt. Zur nicht geringen Enttäuschung aber brachte dieser heroische Versuch statt der ersehnten völligen Heilung nur eine geringe Linderung, und nun entdeckte man die Haupt- und Pfahlwurzel des Übels an einem nie geahnten Orte: im Geldbeutel der Reichen. Die Entdeckung ist gemacht, die Forderung ausgesprochen, und allem Anschein nach schickt die Alte Welt sich von neuem im Interesse der Feinschmeckerei zu einem erbitterten Kampfe an, dessen Ausgang sich noch nicht absehen läßt, der aber auf alle Fälle einen neuen Beweis liefern wird für die alte Wahrheit: Die Feinschmeckerei ist die causa movens der Weltgeschichte.

Was die Moral anlangt, so wird der, welcher die Einwirkung der Nahrung auf den Körper und den Geist ins Auge faßt, ohne Mühe einsehen, welche Bedeutung die Feinschmeckerei für die Sittlichkeit hat, insofern diese mit der leiblichen und geistigen Gesundheit in Zusammenhang steht. Die Feinschmeckerei tut aber mehr: sie veredelt das Gemüt, indem sie das Gefühl der Bewunderung für die Werke der Natur und der Küche in der Seele wachruft, und wo dies auf der Achtung beruhende Gefühl Raum findet, da ist eine Stätte für alles Gute, Edle und Schöne, denn das Achtungsgefühl, die Ehrfurcht, ist der Urquell und die Grundlage aller Moral. Und mehr als das: nicht nur direkt, auch mittelbar fördert sie die Sittlichkeit, indem sie zahllose Gelegenheiten zur Übung der Tugenden der Selbstlosigkeit und Nächstenliebe bietet. Denken wir uns einen Feinschmecker in dem Momente, wo ein prächtiger Karpfen vor ihm auf dem Tische erscheint. Der Kopf des Tiers mit der unschätzbaren Zunge scheint ihm einen Gruß zuzulächeln, und das Gesicht unseres Helden strahlt verklärt wie das Antlitz einer Raphaelischen Madonna. Schon hat er den Vorgeschmack der Seligkeit auf der Zunge, und doch besiegt er sich und präsentiert die Schüssel zuerst dem Nachbar, der ihm – o Schmach und Schmerz! –

kaltblütig das ersehnte Stück entführt. Aber nimmer zieht deshalb giftiger Groll in das Herz unseres Helden ein: ruhig ergibt er sich in das Unabänderliche und vergißt am Rückenstücke des Fisches bald, daß sein Nächster ihn um einen Göttergenuß gebracht hat. Was kann aber moralischer sein als diese Selbstüberwindung und Gottergehenheit? Durch die unausbleibliche Wiederholung derartiger Zufälle wird sein Herz in der Tugend befestigt, die Selbstlosigkeit wird ihm wahrhaft zur Gewohnheit, und das ist der Grund, weshalb ein hartherziger, mitleidloser, rein egoistischer Feinschmecker so selten ist wie ein schwarzer Schwan: rara avis in terris, nigroque simillima cygno. Daher sieht auch ein echter Feinschmecker sich beinahe ebenso gern zum Fasten als zu Alleinessen verurteilt.

Rudolf Habs

A

Aal, allbekannter Süßwasserfisch von ungemein guter Lebensart, da er sich gerade zu der Zeit im Zenit der Schmackhaftigkeit bewegt, wo nicht bloß die Austern, sondern auch Wildbret und Geflügel uns im Stiche lassen (Juni bis August). Die Ägypter vergötterten ihn deshalb, die Römer errichteten ihm zu Ehren die noch heute gangbaren Fangschleusen am Gardasee, das Mittelalter feierte ihn als regem voluptatis (König des Tafelvergnügens), und auch die Neuzeit schätzt ihn so hoch, daß der Kaufpreis selbst in aalreichen Gegenden nur ausnahmsweise auf 1 Mark für das Kilo herabgeht. Allerdings haben manche seines schlangenhaften Äußern wegen ein für allemal auf das Vergnügen seiner Bekanntschaft Verzicht getan. Bei alledem ist der Gefeierte so bescheiden, daß er – Prachtungeheuer von mehr als $^{5}/_{4}$ m Länge ausgenommen – niemals zerstückt auf der Tafel erscheint und sich mit der einfachsten Zubereitung begnügt: eine Abkochung in Salzwasser mit Salbeiblättern, eine Garnitur von Zitronenscheiben und Rosmarin, und der *gesottene Aal* ist fertig. Mit der Haut gekocht und nochmals mit der rasch erstarrenden eigenen Brühe übergossen, gibt er den delikaten *Aal in Gelee,* der mit einer Garnitur von rotgesottenen Krebsen, gelben Zitronenscheiben und grüner Petersilie für die Helenam coenarum, die »schöne Helena unter den Gerichten«

gelten darf. Mit *Provencer Öl* geröstet, und zwar samt der Haut, die dabei knusperig wird wie die Schwarte des Spanferkels, bildet er ein Festessen – dagegen *in Butter gebraten* ein wahres Barbarengericht, da er schon von Geburt 28% Schmer unter dem Rocke trägt und deshalb nicht weiteres Fett, sondern verdauungsfördernde Zutaten (Essig, Gewürze, Branntwein usw.) nötig hat, um nicht dem Magen unbequem zu werden. Die weiland hochberühmte *Aalpastete* lebt heute nur noch im Gedicht, d.h. in den köstlichen »Schwänken« Jean de Lafontaines. An ihre Stelle ist seit Ende des 18. Jahrhunderts der *Aal mit Krebssauce* getreten, ein ebenso leckeres wie erhitzendes Gericht, dessen Wunderwirkung zuerst Brillat-Savarin (1755 bis 1826) in einem der pikantesten Kapitel seiner »Physiologie des Geschmacks« der Welt verraten hat. Als Konserve wird im allgemeinen im Süden Europas der *marinierte Aal* bevorzugt, im Norden dagegen der goldgelb *geräucherte* oder sogenannte *Spickaal* (nicht Speckaal), der vom niederdeutschen Ausdruck spicken für räuchern den Namen hat. Eine Abart des Spickaals ist der *Hamburger Kulpaal* (kulpen, franz. culbuter, umstülpen), dem man den Rock auszieht und mit Salz und Gewürzen zu Leibe geht, bevor er, wieder angekleidet, der Rauchkammer überantwortet wird. Allen seinen Verdiensten aber setzt der Aal dadurch die Krone auf, daß er sich in fast allen europäischen Gewässern finden läßt; nur in der Wolga, der Donau und dem Genfer See ist er selten. Hochburgen der Aalfischerei sind die Ostseeprovinzen, ferner Schleswig-Holstein, das seine Ware über Hamburg auf den Markt bringt, Holland, das London mit Aalen versorgt, und endlich in Oberitalien die Städte Sala, Venedig und vor allem Comacchio, die klassische Stätte des Aalfangs, deren kunstvoll verschleuste Lagunen 40000 ha umfassen und jährlich im Durchschnitt 500000 kg, bisweilen aber auch das Doppelte an Aalen liefern. Zur Beruhigung derer, die immer wieder »lebendige Junge« in ihren Aalen entdecken, sei schließlich noch bemerkt, daß Spulwürmer selbst bei 3 cm Länge immer noch Spulwürmer bleiben, und daß auch der Aal sich ausschließlich durch Eier fortpflanzt, wie das einem honetten Fische zukommt.

Aalraupe s. Quappe.

Absinth, ein fichtengrüner Wermutliqueur von würzig bitterem Geschmack, der, ursprünglich nur als Arznei im Gebrauch, erst seit 1791 zum Range eines Genußmittels gelangte. Eine Schwester Krankenpflegerin im damaligen Westspital zu Paris, die zugleich den Spitalgeistlichen bei der Messe zu bedienen hatte, füllte nämlich eines Tages aus Versehen das Meßkännchen aus der Absinth- statt aus der Weinflasche, der Priester schrie über Vergiftung, die Nonne wurde verhaftet und der vermeintliche Gifttrank dem Apotheker Boudet zur Untersuchung übergeben. Boudet erkannte nicht nur den Wermutextrakt, sondern stellte auch durch Versuche am eigenen Leibe die magenstärkende Eigenschaft desselben fest, und auf seine gewichtige Empfehlung hin wurde es in guten Häusern Sitte, 10 Minuten vor der Suppe als »Vortrunk« (coup d'avant) ein Gläschen Absinth zu nehmen. Schwache Geister verschnitten übrigens schon damals den Absinth mit Wasser – eine offenbare Barbarei, denn wer den Liqueur nicht mag, der lasse ihn ungehudelt und begnüge sich mit Zuckerwasser. Seit einigen 30 Jahren ist der Liqueur in Verruf geraten, doch ohne sein Verschulden, denn was in den französischen und belgischen »Gifthütten« (assommoirs) als Absinth geschenkt wird, ist in Wahrheit nur gefärbter und mit Pfeffer, Schwefelsäure, Kupfervitriol und anderm Teufelszeug versetzter Kartoffelschnaps, dessen fortgesetzter Genuß allerdings zum Säuferwahnsinn führen muß. Reiner Absinth duftet stark ätherisch nach Fenchel und Anis und trübt sich milchig, sobald man etwas Wasser zusetzt.

Äsche, in Österreich je nach Alter und Größe *Sprenzling, Mailing, Äschling* und, völlig erwachsen, *Asch* oder *Ascher* genannt, ein Flußfisch erster Güte, der nicht nur ganz wie die Forelle zubereitet, sondern derselben auch seines zarten, weißen Fleisches wegen vollständig gleichgestellt wird. »Sein Magen ist weiß, dick und fett, wird von den Köchen ausgesäubert und neben dem Fisch als ein Schleckessen auf die Herrentafel getragen«, heißt es bei dem Freiherrn v. Hohberg (um 1680), der zugleich den Äschenreichtum der Traun, des Attersees und der Ager rühmt. In Oberösterreich bestanden auch schon im 16. Jahrhundert Schongesetze zugunsten des edlen Fisches, der alles Schlamm- und Standwasser sorglich meidet. Eben aus letzterem Grunde ist er westlich der Oder so selten, daß der Preis, der in Österreich, Süddeutschland und der Schweiz nicht über 1 Mark pro Kilo hinauszugehen pflegt, in Norddeutschland 3 Mark im Durchschnitt beträgt, zumal da der Transport des lebenden Fisches bei dessen ungemeiner Empfindlichkeit seine ganz besonderen Schwierigkeiten hat. Im 18. Jahrhundert räucherte man deshalb die Äsche für den Versand. Eine geräucherte Äsche ist indessen in ihrer Art um kein Haar besser als ein gebackener Borsdorfer, und so hat man diese Zurichtung neuerdings vollständig aufgegeben.

Agrest (franz. verjus), Sauersaft oder Fruchtessig, der in den Weinländern durch Auspressen unreifer Trauben, in den Bierländern aus Stachelbeeren oder Holzäpfeln gewonnen wird. Der Obstagrest ist die schärfere Sorte, weshalb die Römer zu seiner Bereitung Holzäpfel (Poma agrestia) aus Germanien kommen ließen. Mit Zucker eingekocht geben beide Sorten einen Sirup, der mit Wasser einen vortrefflichen Kühltrank liefert. In Persien wird der Weinagrest, dort Abegurre genannt, hauptsächlich zur Bereitung des Scherbets verwendet.

Albaner, weißer und roter, köstliche Muskatellerweine des Albanergebirges, die teilweise sogar dem berühmten Montefiascone vorgezogen, unverantwortlicherweise aber von den selbstsüchtigen Römern selber getrunken werden. Möge unser Herrgott die Herzen dieser Egoisten bald zum Bessern kehren! In Rom geht übrigens die Sage, es wären einmal zwei Fäßchen Albaner an eine chemische Versuchsstation nach dem Norden versandt worden, die Herren vom Kolben hätten jedoch den ersten Teil der Untersuchung so gründlich genommen, daß die Sendung kaum für die Geschmacksprobe, geschweige denn für die Analyse ausgereicht habe. Wenn nicht wahr, gut erfunden!

Ale, starkes englisches Extrabier von gelblicher Farbe und champagnerartig prickelndem Geschmack, das mit blassem Malz und stark gehopfter Würze bereitet wird und nach der Gärung jahrelang lagert, um sich zu klären. Das Export-Ale, namentlich das bekannte India pale-ale von Baß & Co., erhält einen Zusatz von Kochsalz. Der Engländer glaubt nirgends ohne sein Leibgetränk auskommen zu können, denn good ale is meat, drink and cloth (gutes Ale ersetzt Speise, Trank und Kleidung), der englische Ale-Export erstreckt sich daher über alle fünf Erdteile. Die bedeutendsten Brauereien befinden sich in Burton upon Trent (Baß & Co., Allsopp & Sons etc.), minder berühmte in London, Glasgow, Edinburgh und auf dem Kontinent in Christiania, Hannover und Basel (Burgvogtei).

Alicantwein (Vino moscatell de Alicante), ein Spanier ersten Ranges vom Nordabhang des Schloßberges zu Alicante, zeichnet sich durch ausgesprochenes Aroma und tiefdunkle Farbe aus, die sich jedoch mit der Zeit an den Flaschenwänden absetzt, so daß alter Alicantwein durchsichtig purpurn erscheint. Als Magenstärkung berühmt und in der Tat mehr Arznei als Getränk, darf er nur in kleinen Dosen genommen werden. Im Handel werden übrigens neben dem Moscatell alle besseren Weinsorten Südvalencias, namentlich der Vino blanco, der Panell und der Fondellol als Alicantwein bezeichnet.

Alkohol, der »reine Inbegriff« (des Weines nämlich), ist jene farblose, lieblich duftende Flüssigkeit, die als Seele alles gegorenen Getränkes »des Menschenleibes höchstes Labsal« bildet. Völlig wasserfrei zwar erst im Jahre 1796 durch Tobias Lowitz dargestellt, wurde das Dasein des köstlichen Stoffes doch schon von den Alten geahnt, da Plinius ausdrücklich die Entzündlichkeit des Falerners hervorhebt – »solum vinorum flamma accenditur!« – und schon den Arabern des 8. Jahrhunderts gelang es, ihn durch Destillation aus dem Weine auszuziehen. Durch sie wurde er dem Abendland bekannt und hier unter dem Namen Aqua vitae (Lebenswasser) als Allheilmittel, als das wahre »Lebenselixir« berühmt. Die »große Panacee« der Alchemisten des 13. und 14. Säculums war in der Tat nichts anderes als unser biederer Alkohol, »der die Kräfte hebt, den Puls belebt, das Gehirn säubert und den Greis zum Jüngling macht«, wie Arnold von Villanova (gest. 1312) sich begeistert ausdrückt. Der Glaube an die Heilkraft des Alkohols erhielt sich bis ins 17. Jahrhundert, wie z.B. bei dem braven Anatomen Jean Pecquet, der demselben mit solchem Eifer nachlebte, daß er darüber das Delirium tremens bekam und vor der Zeit ins Gras beißen mußte (1674). Die Neuzeit glaubt nicht mehr an das Lebenselixier, den Alkohol aber hält sie gleichwohl in Ehren, denn der predigt nach wie vor seine Macht und Herrlichkeit mit feurigen Zungen. Vgl. Branntwein.

Allgäuer Rundkäse, flachzylindrischer Kuhkäse im Gewicht von 30–60 kg, dessen bessere Sorte noch etwas höher im Preis steht als der Emmentaler.

Alse, *Else* oder *Maifisch*, ein Bewohner des Mittelmeers, des Atlantischen Ozeans und der Ostsee, der im April und Mai des Laichens wegen die Flüsse aufsucht und bei dieser Gelegenheit in Masse gefangen wird. Gegen 60 cm lang und bis zu 3 kg schwer, liefert die Alse, gesotten, gebacken oder *geröstet (mit Sauerampfergemüse)*, ein geschätztes Fastengericht, so daß der Hymnendichter Vida (gest. 1576) sie als den einsichtsvollsten aller Fische preist, weil sie sich regelmäßig gerade zur Fastenzeit einstelle. Nach dieser Zeit, d.h. nach der Ablegung des Laiches, ist das Fleisch so gut wie ungenießbar, wie es denn überhaupt, da immer große Mengen gleichzeitig auf den Markt kommen, stets einen niedrigen Preis hält. Bedeutende Posten eingesalzener oder (seltener) geräucherter Alsen gehen alljährlich von der Elbe, vom Rhein, aus England und sogar aus Nordamerika nach Spanien, Portugal und Italien.

Ampfer s. Sauerampfer.

Amsel s. Kleinvögel.

Ananas, die Königin der Früchte, von der nicht mit Unrecht behauptet wird, sie vereine die Süße des Honigs mit dem Geschmack der Erdbeere, dem Duft des Weins, dem Aroma der Pfirsich und der Saftigkeit der Melone. In Süd- und Zentralamerika zu Hause, gelangte diese köstliche Beerenfrucht angeblich schon 1514, sicher aber vor 1535 nach Spanien, wo indessen die Anbauversuche fehlschlugen, so daß dies Land seine Ananas noch heute aus Westindien bezieht. Um so schneller und vollständiger bürgerte die Pflanze sich in Bengalen und auf den ostindischen Inseln ein, wohin sie 1594 von den Spaniern gebracht wurde, während die Portugiesen sie um die nämliche Zeit nach Guinea verpflanzten. Von Ostindien aus, wo sie jetzt sogar verwildert ist, gelangte sie einerseits nach China und andererseits durch den deutschen Gärtner Meister nach dem Kap der Guten Hoffnung. In Europa wurden die ersten Früchte gegen Ende des 17. Jahrhunderts durch einen gewissen Lacour in Leyden gezogen, der die Ananaszucht später nach England verpflanzte, wohin die Frucht schon 1565 durch den Sklavenhändler John Hawkins gelangt war, der Anbau der Pflanze aber erst seit 1719 in Schwung kam. Der erste deutsche Ananasbauer war der Arzt Dr. Kaltschmidt in Breslau, der seine Ernte 1702 als eine Seltenheit an den Kaiserhof nach Wien schickte. In schneller Aufeinanderfolge kamen dann auch im Eberhartschen Garten zu Frankfurt a.M., im Boseschen Garten zu Leipzig und auf dem v. Münchhausenschen Rittergut Schwöbber bei Hameln einzelne Ananas zur Reife, und nun breitete sich die Kultur der Pflanze allmählich immer weiter aus. Einen besonderen Aufschwung nahm dieselbe seit dem Jahre 1830, wo man sie im großen zu betreiben anfing, und gegenwärtig wetteifern Bamberg, Nürnberg, Planitz bei Zwickau, Görlitz, Leipzig und Potsdam nicht ohne Erfolg mit den berühmten Treibereien der Britischen Inseln, welche letzteren allerdings den vorzüglichsten Markt für die Ananas bilden, so daß London z.B. 1855 neben den im Lande gezogenen noch 200000 Früchte von den Bahama-Inseln verbrauchte. Österreich führte im Jahre 1890 insgesamt 87 q ein. Früher wurde von den etwa 60 verschiedenen Ananassorten hauptsächlich die weiße Ananas gezogen, da aber der scharfe Saft dieser Spielart, wenn nicht mit Wasser oder Wein ausgelaugt, nicht selten Blutungen des Zahnfleisches und andere Unannehmlichkeiten veranlaßte, so werden gegenwärtig der großfrüchtige *Zuckerhut* mit gelbem Fleische und die *Reinettenananas* oder *Jajagna* mit kleinerer, aber überaus würziger Frucht bevorzugt. *Ananasschnitten roh mit Zucker* zu einem Glas Rotwein oder *Ananasbowle mit Champa-*

gner sind eine kleine Todsünde wert, wenn man sie durchaus nicht billiger haben kann. Auch für *Ananasgelee* und *Ananasgefrornes* darf man sich ungescheut begeistern, und wer sein Geld in *Ananasspalten* von Baumer in Perchtoldsdorf anlegt, handelt entschieden gescheiter, als wer es der Cœur-Dame oder dem Pique-Buben opfert. Die bekannte *Ananasessenz*, die das ganze Aroma der Frucht wiedergibt, hat mit der Ananas nichts gemein, sondern besteht aus einer Lösung reinen Buttersäureäthers in 8–10 Gewichtsteilen Alkohol.

Anchovis (engl. anchovy, franz. anchois, ital. sardella), ein silberglänzender, 15 cm langer Seefisch, der die Küsten des Schwarzen Meeres, des Mittelmeeres, des Atlantischen Ozeans und der Nordsee unsicher macht, bisweilen auch in geschlossener Masse in die Flüsse eindringt und zu Millionen gefangen wird, um, geköpft und ausgeweidet, entweder gesalzen als *Sardelle* oder mit Gewürzen eingemacht als *Anchovis* in den Handel zu kommen. In Öl gesotten, spielt er sich bisweilen als Pilchard auf und wird als *Öl-Sardine* (Sardine à l'huile) verbraucht, während ihm andererseits die Norweger Sprotte ins Handwerk pfuscht und sich, gut gewürzt, als Anchovis verkaufen läßt; überhaupt sind Unterschiebungen von Heringsfischen an Stelle der echten Sardelle an der Tagesordnung. In England bereitet man *Anchovis-Pasteten* und eine *Anchovisessenz* (Grosse & Blackwell in London). In jeder Form aber gilt der Fisch, mag man ihn ohne Unterlage oder mit Butterbrot, Beefsteak usw. genießen, für einen wirksamen Appetitwecker, und das schon seit den Zeiten der Römer, die ihre kostbare Fischsülze, das berühmte *Garum*, aus dem Anchovis herstellten. Die im Handel gemachten Unterschiede zwischen italienischen, französischen, holländischen und englischen Anchovis sind für die Tafel von geringem Belang. Vgl. Sardine.

Angelica, *Heiligegeist-* oder *Engelwurz,* eine zweijährige Doldenpflanze Nord- und Mitteleuropas, deren junge Stengel in England und am Rhein gleich dem Ingwer zu einer Konserve *(Angelicamus)* eingekocht werden, während die stark aromatisch riechende Wurzel mit anfangs süßlichem, hinterdrein würzhaft bitterem und etwas beißendem Geschmack gleich dem Kalmus eine beliebte *Konfitüre* liefert. Die Engelwurz kam, angeblich durch einen Engel vom Himmel gebracht, im 14. Jahrhundert als Pestmittel in Aufnahme. Namentlich gaben sich die Klöster mit dem Anbau ab, und seit dem 16. Jahrhundert erlangten die Mönchsklöster zu Freiburg im Breisgau und das Nonnenkloster zu Niort in Frankreich darin einen besonderen Ruf; das Angelica-Konfekt aus letztgedachtem Kloster galt bis zur großen Revolution für das beste in ganz Europa. Die besten Wurzeln liefern gegenwärtig Böhmen und Thüringen, weniger geschätzt ist das Produkt der norddeutschen Flußniederungen, die sogenannte *Küsten-Angelica*. In Frankreich werden, wie in den nordischen Ländern, die jungen Stengel *als Gemüse* verwertet, und in Deutschland hat man neuerdings aus der Wurzel einen *Angelica-Liqueur* gegen die Cholera hergestellt, der jedoch mit der Seuche wieder verschwunden zu sein scheint.

Anis, eine dem Orient entstammende Kulturpflanze Süd- und Mitteleuropas, deren grüngelbe Samenkörner als Gewürz auf Backwaren und in der Küche, hauptsächlich aber zur Herstellung des süßen *Anisliqueurs* (franz. anisette de Bordeaux, span. anisete) dienen. Man bevorzugt dazu den süßen italienischen und südfranzösischen Anis, zum Verzuckern dagegen den großen *Puglieser* von der Insel Malta. Für die schönste und kräftigste Sorte gilt der *spanische Anis*, der jedoch zumeist in Portugal und in Mähren (Znaim) gezogen wird, wo der Anisbau gegenwärtig in Blüte steht, während er in Deutschland seit dem Dreißigjährigen Krieg erheblich zurückgegangen ist.

Apfel, die Frucht des »Wirtes Wundermild« (vgl. Uhlands Gedichte), der sicher zu den bejahrtesten Hoteliers in Europa und insbesondere in Deutschland gehört, da schon die Asen in Walhalla Äpfel speisten. Den Griechen galt der Baum gleich der Rebe für ein Geschenk des Dionysos, und Theophrast führt schon 4, Plinius gar schon 21 verschiedene Spielarten an. In Deutschland waren zur Zeit Karls des Großen 4 oder 5, um 1650 an 200, im Jahre 1855 aber 1263 Sorten bekannt. Es hat auch nicht nur jedes Land, sondern fast jede Landschaft ihren Lieblingsapfel, Zürich seinen *Breitaar*,

Basel seinen *Hans Uli*, Schwaben sein *Kreidebüchsle*, das Elsaß sein *Pomeränzle*, Frankreich seinen *Calville*, Lothringen seinen *Moulin*, Württemberg seinen *Luiken*, Franken seinen *Konstanzer*, Thüringen und Meißen seinen *Borsdorfer*, Böhmen seinen *Marschansker*, den *Taffet-Apfel*, Österreich seinen *Rosmarin* und *Tiroler* aus der Gegend von Meran usw. Richtig behandelt, sind alle Äpfel genießbar. Die Obstverständigen haben höchst verzwickte Systeme der Apfelkunde aufgestellt, für den Gastronomen jedoch genügt die einfache Einteilung in Kompott-, Tafel- und Wirtschaftsäpfel, um sich in dem Sortenlabyrinth zurechtzufinden. Zur Klasse der *Kompottäpfel* gehören vorzugsweise die rein süßen und mehligen Sorten, wie der rote Taubenapfel, der rheinische Bohnapfel, der Gerstenapfel, der kernlose Paternoster, der braune Süßapfel, die Winterparmäne etc. Von den *Tafeläpfeln* wird mehr und überhaupt das meiste und höchste verlangt: Saftfülle, würziger Duft und fein weinsäuerlicher Geschmack, überdies aber möglichste Schönheit an Gestalt und Farbe, denn sie sollen nicht bloß den Gaumen laben, sondern auch das Auge erfreuen. Einen Apfel, der gedachten Anforderungen entspricht, mit stählernem Messer zu berühren, ist die Tat eines Unmenschen, ihn als Kompott- oder Wirtschaftsapfel zu verwenden, geradezu wider Gottes Gebot, denn es steht geschrieben, man soll die Perlen nicht vor die Säue werfen. Unter diesen Granden des ganzen Geschlechts ragen an Schönheit und Tugend namentlich folgende Sorten hervor: der *Edelborsdorfer* (der aber nicht nach Borsdorf bei Leipzig oder Porsdorf bei Dresden, sondern nach dem ehemaligen Klostergut Porstendorf bei Jena heißt), der Gravensteiner, der Danziger Kantapfel, die Kasseler, die Kanada- und die Karmeliter-Reinette, der Meißner Zitronenapfel, der Malvasierapfel, der Wiener Sommerapfel, der Astrachan, der Erzherzog Johann, der doppelte Agatapfel u.a.m. Die Herren Engländer bevorzugen übrigens die kleineren Sorten als Dessertäpfel, weil es ihnen unschicklich scheint, einen Apfel an der Tafel in Stücke zu zerlegen – chacun à son goût! Die Klasse der *Wirtschaftsäpfel* endlich umfaßt die herben, sauren, harten, überhaupt unschmackhaften und roh ungenießbaren

Sorten und liefert das Material zur Herstellung von Apfelwein, Agrest, Essig und Branntwein. Der Apfelbaum ist von Europa aus über die anderen Erdteile verbreitet worden und in manchen überseeischen Ländern, z.B. Chile, bereits verwildert, bringt aber dort, das nördliche China ausgenommen, nur höchst mittelmäßige Früchte, denen namentlich das eigentümliche Aroma unserer guten heimischen Sorten abgeht; man bevorzugt deshalb dort die aus Europa eingeführten Tafeläpfel. Der Apfel bildet aber auch in Europa selber einen bedeutenden Handelsartikel und der Apfelbau in England, Frankreich, der Schweiz, Oberitalien, Österreich, dem südlichen Rußland, Deutschland und Dänemark einen wichtigen Zweig der Landwirtschaft. Wien versorgt sich hauptsächlich mit heimischer Ware, namentlich aus Tirol und Böhmen, verzehrt aber auch jährlich mehrere tausend Meterzentner süddeutsches Obst und mehrere hundert Meterzentner »Maschansker«, d.h. Borsdorfer aus dem Königreiche Sachsen; der Gesamtverbrauch der Stadt an frischen Äpfeln und Birnen betrug im Jahre 1891 rund 20 Millionen Kilogramm. Berlin wird aus seiner Obstkolonie Werder, aus Süddeutschland und aus Dänemark, Paris aus dem eigenen Lande, aus Belgien, aus der Schweiz, aus Algier und vom Rhein, London aus dem eigenen Lande, aus der Normandie, der Provence, vom Rhein und aus Dänemark mit Äpfeln verproviantiert. Petersburg bezieht seine gesuchtesten Tafeläpfel aus der Krim zu beinahe fabelhaften Preisen: ein einziger Borsdorfer kostet an der Newa 1–1,50 Mark. *Gedörrte Äpfel* und *Apfelkraut* (Apfelgeleee, nur zur Hälfte aus Äpfeln, zur anderen Hälfte aus Birnen bereitet) kommen namentlich vom Rhein und aus Süddeutschland (Ter Mer & Weymar zu Klein-Heubach bei Miltenberg) in den Handel. Noch sei bemerkt, daß ein feiner, saftiger Tafelapfel nach dem Souper eine gediegene Nachtruhe sichert (Wirkung der Obstsäure!), und daß der Apfel im allgemeinen leicht verdaulich ist, daß aber die von manchen Feinschmeckern mit träger Verdauung beliebte *Apfelkur* (15–30 rohe Äpfel pro Tag) eine Pferdekur darstellt, die den Magen unausbleiblich ruinieren muß. Vgl. Eider und Birne.

Apfelsine, *süße Orange, Pommesine* oder *Sina-Apfel,* eine Abart der Orange und die einzige ihrer Familie, die den Namen eines Obstes verdient, während die Zitronen, Limonen, Pomeranzen usw. nur Gewürze darstellen. Der Süßorangenbaum ist in China heimisch, die Frucht war aber (wahrscheinlich von Indien her) schon vor 1498 in Italien bekannt, und der Baum selber kam dort und in Spanien schon 1523 vor. Der Anbau im großen ging jedoch von Portugal aus, das 1548 durch den Seefahrer Juan de Castro einen jungen Stamm direkt aus China erhielt und davon so vortreffliche Früchte zog, daß der Name dieser Sorte (portogallo) nachmals in Italien und Griechenland zum Namen der Frucht überhaupt wurde. Die Portugiesen verpflanzten die Apfelsinenzucht auch nach Amerika, wo der Baum schon 1590 völlig eingebürgert war, und namentlich nach den Azoren, wo sie im großartigsten Maßstabe betrieben wird und jährlich im Durchschnitt 750 Millionen Früchte geerntet werden, von denen 650 Millionen allein nach England gehen. In Deutschland machten Straßburger und Metzer Gartenbesitzer schon zwischen 1540–1550 erfolglose Versuche mit der Apfelsinenkultur, und gegen Ende des Jahrhunderts fand man die aus Italien bezogene Frucht bereits auf allen besseren Tafeln; im Jahre 1892 wurden nicht weniger als 249440 q importiert, wozu Spanien 133 000 q und Italien 65 000 q lieferten. Außer in diesen beiden wird aber die Apfelsine überhaupt in allen Ländern und auf allen Inseln des Mittelmeers gezogen. Für die besten Sorten gelten die dünnschaligen, saftreichen und höchst aromatischen *Malteser* (sind im Handel selten!), die *Genueser* und die *Messina-Apfelsinen*. Besonderer Beliebtheit erfreuen sich außerdem zwei Spielarten: die *Jericho-Orange* aus Palästina mit rotem, ungemein süßem Fleisch und die *Mandarinen-Orange* oder *Blutapfelsine* von Sizilien mit dunkelrotgelber Schale und blutrotem Fleisch, die nur die Größe eines gewöhnlichen Borsdorfers erreicht und zum ersten Male zu Anfang des 19. Jahrhunderts im Pflanzengarten zu Palermo auf einem aus China importierten Stamme gezogen wurde. Die Apfelsine ist die saftreichste unter allen Obstfrüchten und besitzt zugleich den größten Gehalt an freier Säure.

Sie wird daher ausschließlich roh genossen, und zwar *mit oder ohne Zucker* – alle Versuche, sie in anderer Gestalt aufzutischen, verwischen nur den würzigen Geschmack der Frucht und setzen einen weniger reinen an dessen Stelle. Daher hat auch der *Apfelsinen-Rosoglio*, der in Florenz, Bologna und Udine fabriziert wird, außerhalb seines Vaterlandes nur wenig Verehrer gefunden. Der Saft liefert, in Zuckerwasser geträufelt, einen angenehmen Kühltrank, die in Frankreich so sehr beliebte *Orangeade*, die dort die Limonade nahezu aus dem Felde geschlagen hat. Die Schalen spielen bei der Punschbereitung eine Rolle.

Appenzeller Käse, aus Magermilch bereiteter Kuhkäse von 8–10 kg Schwere, der von den Händlern 9–12 Monate mit konzentrierter Salzlake behandelt wird, bevor er zum Verkauf kommt. Er ist als Zukost zu Kartoffeln beliebt, aber sehr dem Rissigwerden unterworfen, nimmt auch leicht einen bitteren Geschmack an. In den sechziger Jahren des 19. Jahrhunderts war er daher eine Zeitlang durchaus in Mißkredit geraten, seitdem aber hat sich sein Ruf wieder gehoben.

Aprikose, *Armelle* oder *Marille*, eine Armenierin voll schmelzenden Liebreizes, die um Christi Geburt nach Griechenland einwanderte und dann über Epirus nach Rom ging, wo das Stück zu des Plinius Zeit (23–79 n. Chr.) noch mit 1 Denar (etwa 41 kr. Silberwert) bezahlt wurde. Durch die Römer gelangte der Aprikosenbaum nach Spanien und Ägypten, in Frankreich aber war er noch 1562 ein Neuling, und in Deutschland wurde der erste 1565 im herzoglichen Lustgarten zu Stuttgart gezogen. Wem und welcher Zeit die United States die Grundlage ihrer höchst bedeutenden Aprikosenkultur verdanken, ist nicht bekannt. Von den etwa 20 Spielarten, welche die Kultur hervorgebracht hat, sind gegenwärtig die frühreife, große *Lluizet-Aprikose* mit etwas wolliger Schale und süßem, gelbem Fleisch und die schon im vorigen Jahrhundert berühmte *Breda-Aprikose* (auch Brüsseler, holländische oder Ananas-Aprikose) mit glatter Schale und rotgelbem, ananaswürzigem Fleisch am meisten beliebt. Die Aprikose in ihrer ganzen Schmackhaftigkeit zu genießen, ist nur dem vergönnt, der sie selber vom Baume pflücken kann, doch bildet sie, mit Vorsicht transportiert, im August, wo Erdbeere und Kirsche uns verlassen haben, immer das beste Dessertobst; außerdem wird sie frisch zu Marmelade, Creme, Kompott und Gefrorenem verwendet. Die massenhafteste Verwendung jedoch findet sie *gedörrt* (Malteser Aprikosen), *eingemacht* und *candiert* (französische Aprikosen) und als Gelee, wozu u.a. die Firma Wucherer & Co. in Würzburg jährlich im Durchschnitt 5000 kg Früchte einkocht. Die Kerne endlich dienen in der Liqueurfabrikation zur Herstellung des *Ratafia*.

Aquavit s. Liqueur.

Arak oder *Arrak*, ostindischer Branntwein, der in Siam und auf Java aus Reis, auf Ceylon aus den Blüten der Kokospalme, an der Küste von Malabar aus dem Zuckerrohr gewonnen wird und in Europa weniger als Schnaps denn als Hauptbestandteil der Punschessenz (des sogenannten »schwedischen Punsches«) eine Rolle spielt. Der sogenannte »Küstenarak« (von Goa, Cheribon, Indramayo etc.) ist nicht selten mit Hanf- oder Stechapfeldecoct versetzt und deshalb mit Mißtrauen zu betrachten, der Arak unserer heimischen »Destillen« und »Branntweinklappen« dagegen besteht in der Regel aus einer harmlosen Abkochung von Johannisbrot mit Teeaufguß und Spiritus und kann daher höchstens dem Geldbeutel des Trinkers verderblich werden. In Deutschland und Österreich zieht man den wasserhellen (durch Knochenkohle filtrierten) *Arak von Batavia* dem gelblichen, etwas schwächeren *Arak von Goa* vor, der dagegen in England die Oberhand behauptet.

Arbuse, der russische Name der *Wassermelone*, die in Italien, Spanien und Ungarn als Volksnahrungsmittel, in Kleinrußland und der Tatarei gar als Weinflasche dient, indem jeder Tischgenosse ein Exemplar zur Seite hat, mit dessen Saft er die Bissen netzt. Dieser rötliche Saft bildet bei starker Hitze eine köstliche Erfrischung, der Geschmack der Frucht dagegen ist kein sonderlich verlockender und daher die Arbuse in nördlicheren und kälteren Gegenden weit weniger beliebt als die Melone. Wien wird von Ungarn mit Wassermelonen versorgt, die roh genossen und nur in Spanien neben dem Ei- und dem Orangenkürbis zur Herstellung einer Konfitüre, des delikaten Dulce de cidra, benutzt werden.

Artischocke (arab. ardi-schauki, Erddorn), ein Triumph des arabischen Gartenbaues, denn diese »Königin der Gemüse« ist unter der Pflege der Kinder Israel aus der dornigen und dürren Cardone (s.d.) hervorgegangen. Die Araber verpflanzten sie jedenfalls schon im 13. Jahrhundert nach Spanien und Sizilien, von dort setzte sie nach Neapel über, gelangte 1466 durch Simon Strozzi von Neapel nach Florenz, erschien 1473 in Venedig, ging zu Anfang des 16. Jahrhunderts über die Alpen nach Frankreich und gelangte noch unter Heinrich VIII. (gest. 1547) auch nach England. Um 1560 brachte Antonio Ribera sie nach Mexiko und im folgenden Jahrhundert französische Mönche nach Persien. In Deutschland wurde sie schon um 1540 in Ulm, Augsburg und Nürnberg kultiviert und befand sich 1565 auch unter den Pflegebefohlenen des Stuttgarter Lustgartens, war dagegen am Niederrhein noch 1571 völlig unbekannt. Gegenwärtig wird sie am Rhein und in Österreich (hier mindestens schon seit Anfang des 17. Jahrhunderts) häufig gebaut und bildet in Italien und Spanien, zum Teil auch in Frankreich, ein Volksnahrungsmittel. Man genießt von der Artischocke nur den (durch die Kultur vergrößerten) fleischigen, würzhaften Fruchtboden, den sogenannten »Stuhl«, und zwar abgekocht mit Essig und Öl als *Salat* oder in Butter geschmort mit einfacher Sauce als *Gemüse*; fette und gewürzte Saucen sind als Geschmacksverderber durchaus verpönt, dagegen ein Bett von frischen Erbsen oder grüner Petersilie höchst empfehlenswert. Im südlichen Europa nimmt die Artischocke durch einen Teil des Jahres in der Volksnahrung ungefähr den Platz ein, den im Norden die Kartoffel behauptet. In Rom und Neapel pflegt sie die frugale Mahlzeit der Schuster auszumachen, welche, wie Rumohr in seinem »Geist der Kochkunst« erzählt, höchst ökonomisch den Kohlentopf, an welchem sie ihre Pfriemen erwärmen, zugleich als Feuerherd benützen. Einen schönen Busch von gebackenen und mit gebackener Petersilie garnierten Artischocken nennt derselbe Autor »einen Anblick, der zu dem Reizendsten gehört, was sich den Blicken bereits gesättigter Gäste darbieten kann«. In Spanien erreichen die Alcachofas (Artischockenstühle) die Größe einer Faust und werden nach dem Gewicht verkauft.

Aspik, im allgemeinen eine kalte, pikante *Gallerte* (Sulz), welche meist als Garnitur zu kalten Fleischspeisen dient. Man nennt so aber auch ein *kaltes Gericht*, welches von Fisch, Fleisch, Geflügel oder Wild mit verschiedenen Gewürzen in einer Form hergestellt, mit harten Eiern, Gurken, roten Rüben, Krebsschwänzen etc. verziert und mit durchsichtigem Gelee überzogen wird. Ein solcher Aspik bildet zugleich ein Schaugericht ersten Ranges und ist ein Prüfstein für das kulinarische Können wie für den künstlerischen Geschmack eines Küchenchefs. Vollendete Aspiks sind daher selten wie vollendete Köche.

Aßmannshäuser, nach Wilhelm Hamm, einem der gründlichsten Kenner, ein ganz eigentümlicher Rotwein edelster Art. Er wächst im Rheingau auf dem Hellenberge, der südlichen Abdachung des Niederwalds bei Aßmannshausen, aus Rebsatz von blauen Burgundertrauben, zeichnet sich durch geistigen Inhalt und einen Mandelgeschmack aus und gilt für den besten deutschen Rotwein. Die edelsten Gewächse von Aßmannshausen kommen aber selten in den Handel, da ihre Weinberge preußische Domäne sind. Beste Bezugsquelle Wiesbaden.

Auerhahn, nächst der Trappe der größte unserer Hühnervögel, der zur Wonne der Jäger noch immer in den europäischen Wäldern und zum Schrecken der Feinschmecker noch immer in der europäischen Küche vorkommt. Das Fleisch dieser »Freude des Waidmanns« ist hart wie Eichenrinde, zäh wie Wildleder und trocken wie Bohnenstroh, so daß die mannigfaltigsten Kunstgriffe (Aushängen, Beizen, Eingraben in das Erdreich etc.) aufgeboten werden müssen, um es überhaupt genießbar zu machen. Es schmackhaft zu machen – lasciate ogni speranza! Auf der guten Tafel glänzt daher der Auerhahn nur durch seine Abwesenheit, es müßte denn der glückliche Schütze sich unter den Gästen befinden, dem Stolz und Freude wohl bisweilen über die Marter des Selberessens seiner Beute hinweghelfen. Selbst wenn der Hahn oder eine Henne erst vier Monate alt ist, vermag er nicht für sich einzunehmen, mag er sich gespickt und gebraten, gedämpft oder als Salmi präsentieren. Man ist daher auf die komische Idee gekommen, ihn nach dem Dämpfen auf dem Reibeisen zu zerfetzen, mit dem Wiegemesser in Atome zu zerkleinern und so, auf Butterschnitte gestrichen, zu Tisch zu geben. Aber selbst in dieser Gestalt geht ihm der Kenner aus dem Wege und überläßt es den Gecken, sich eines Genusses zu rühmen, der keiner ist.

Auflauf (franz. beignet soufflé), ein beliebtes Erzeugnis der Tortenbäckerei, das im Gegensatz zu den Volksaufläufen nichts Beunruhigendes oder Strafbares an sich hat. Das Charakteristische dieser Speise bildet ein mit Milch angemachter Teig von Grieß oder Weizenmehl mit Butter, Eiern und Zucker, der als Mantel der Liebe über die Einlage ausgebreitet wird und sie gegen die dörrende Hitze des Backherdes schützt. Als Einlage werden die verschiedensten Früchte vom Kürbis bis zur Heidelbeere, von der Apfelsine bis zur Kartoffel, bisweilen aber auch Schokolade, Rahm, Käse, Reis, ja Heringsschnitte verwendet, und da alle diese schönen Dinge unter der schützenden Teighülle ihren ganzen Saft bewahren, so bildet der Auflauf ein ungemein leckeres Gericht, besonders für Kinder und für die Damen.

Auster, das einzige Weichtier, gegen das der Mensch eine fast schrankenlose Verehrung betätigt und das daher trotz eines beinahe fabelhaften Vervielfältigungsvermögens – eine einzige Auster erzeugt bis zu 1,5 Millionen Nachkommen jährlich! – kaum dem allseitigen Verlangen nach seiner holden Gegenwart genugtun kann. Die Auster erfreut sich nämlich des seltenen Ruhms, ebenso leicht kaubar wie verdaubar zu sein, und ein gewiegter Esser mag deshalb 10 bis 12 Dutzend zum Vorspiel hinunterschlürfen, ohne dadurch seinem Appetit auf die Hauptmahlzeit Abbruch zu tun. Der wahre Kenner indessen geht nie über 60 höchsten 72 Stück hinaus, denn mindestens mit dem sechsten Dutzend hört die Auster auf, ein Genuß zu sein, und Leute, die wie Kaiser Vitellius täglich 1200 oder wie der Marschall Junot nur zum Frühstück 300 Stück verspeisen, sind zwar große Esser, aber keine Schmecker. An ehrwürdigem Alter kann die Austernschwärmerei sich mit jeder anderen gastronomischen Liebhaberei messen. Die der Urzeit entstammenden Abfallhaufen (Kjökkenmöddinger) an der jütländischen wie der brasilianischen Küste bestehen großenteils aus den Schalen verspeister Austern, den Griechen dienten eben solche Schalen als Stimmzettel beim sogenannten Scherbengericht, die Anwohner des Bosporus verstanden sich lange vor der christlichen Zeit auf die künstliche Zucht der geschätzten Muschel, und auch bei den Römern wurde diese Kunst schon hundert Jahre vor Christus durch den Prokonsul Sergius Orata heimisch gemacht. Auf der römischen Tafel der Kaiserzeit erschien die Auster in doppelter Gestalt, roh als wesentlicher Teil des Voressens (gustatio) und gebraten oder in Pastetenform bei der ersten Tracht. Die Römer machten auch bereits zwischen Auster und Auster einen Unterschied: Bis zur christlichen Zeit galten die lucrinischen für die besten, zur Zeit des Horaz die cumäischen, später die tarentinischen und zur Zeit des Plinius die kyzikischen. Wie hoch sie geschätzt wurden, erhellt aus der bekannten Anekdote, daß Apicius dem Kaiser Trajan einen Korb frischer Austern ins Partherland nachgeschickt habe – daß sie auch in genießbarem Zustande angekommen seien, wie die Anekdote will, steht freilich sehr zu bezweifeln. Noch im vierten Jahrhundert n. Chr. besang Ausonius die unübertroffenen Austern von der Südwestküste Galliens, im ganzen folgenden Jahrtausend aber hören wir nichts von ihr, bis endlich im 14. Jahrhundert englische Fischerordnungen ihrer von neuem gedenken. Ihre vollständige Rehabilitation ging jedoch erst von der Tafel Ludwigs XIV. aus: Seitdem gilt sie wieder für »le bivalve de l'aristocratie et la palme de la table«. Die Holländer erfanden um 1700 die *in Sauerkraut gedämpften Austern*, die Engländer und Deutschen erließen Gesetze zur Regelung des Austernfanges, die Franzosen errichteten die großen Austern-Depots in der Rue Montorgueil zu Paris, neben denen um 1750 die beiden berühmtesten Austernkeller, der Rocher d'Etretat und der Rocher de Cancal entstanden, die Amerikaner begannen allmählich gleichfalls ihre Bänke auszubeuten, und seit etwa 1795 galt ein Frühstück ohne Austern für ein Unding, eine pure Unmöglichkeit. Im 19. Jahrhundert steigerte sich der Verbrauch fast von Jahr zu Jahr, und sicher würden unsere geehrten Voresser wenigstens mit allen europäischen Austernbänken völlig reinen Tisch gemacht haben, hätte nicht die Gesetzgebung sich ins Mittel gelegt und endlich der französische Naturforscher Coste seit 1858 die künstliche Zucht des köstlichen Schaltieres wieder in die Praxis eingeführt, so daß die Austernverehrer nunmehr getrost in die Zukunft blicken dürfen. Für die besten Sorten gelten zur Zeit (in absteigender Linie): die *Triester* und die etwas sagenhafte Arsenalauster von Venedig, die *grüne Auster* von Marennes und La Tremblade (außer Frankreich selten im Handel!), die sogenannte *Native* von Whitstable und die seltene *schottische Auster*. Weit geringer im Geschmack ist die *große Auster* aus dem Kanal, die dickschalige, schwere *Holsteiner*, die *Colchester-Auster* und endlich das rauhschalige *Hufeisen* (horse-shoe oyster, franz. pied de cheval) aus Amerika, welches die weltbekannte Schauspielerin Sarah Bernhard seit 1865 in Paris in Mode brachte. Diese Sorten können mit Fug als »Kochaustern« bezeichnet werden, insofern sie in der beliebten *Austernsuppe* durchaus an ihrem Platze sind. Die feinen Sorten dagegen müssen durchaus *roh mit Essig, Pfeffer oder Zitronensaft* genossen werden; sie kochen, dämpfen, backen oder gar braten heißt sie entwürdigen. Zum Hinunterspülen leistet Chablis oder Rheinwein die besten Dienste, ist aber auch jeder andere Wein und sogar reiner Branntwein brauchbar. *Marinierte Austern* liefern Amsterdam und London, in ganz vorzüglicher Qualität aber Saint-Malo und Paris. *Gesottene Austern* in luftdichten Blechbüchsen als Konserve versendet namentlich Baltimore, während Boston und Newhaven frische Austern ohne Schalen in gut geschlossene Fäßchen als sog. *Austernfleisch* in den Handel bringen. Welchen gewaltigen Aufschwung der Austernhandel in neuerer Zeit genommen hat, erhellt aus nachstehenden Zahlenangaben. Zwischen 1830 und 1860 führte der Deutsche Zollverein im Durchschnitt jährlich 3000, im Jahre 1889 aber das Deutsche Reich 10508 und im Jahre 1890 gar 12683 q ein. Paris konsumierte 1804 nur 17 Millionen, 1864 schon 55 Millionen und gegenwärtig zwischen 65 und 70 Millionen Stück Austern jährlich. London verbraucht jährlich 110 bis 120 Millionen Stück, New York aber gar die Kleinigkeit von rund 1400 Millionen, wie denn überhaupt die Auster in Nordamerika ein wirkliches Volksnahrungsmittel bildet, so daß die Tatsache, seit acht Tagen keine Auster gegessen zu haben, für ein Wahrzeichen tiefster Armut gilt. So weit wird es Europa schon deshalb nicht bringen, weil dem wahren Kenner eine Auster ohne Schale überhaupt keine Auster ist und weil wir dem Tiere wenigstens während der Monate ohne r (der Laichzeit) die wohlverdiente Ruhe gönnen. Der österreichischen Tafel freilich wäre eine etwas reichlichere Besetzung zu wünschen, denn 1890 z.B. betrug der Austernimport der österreichisch-ungarischen Monarchie nur 41000 kg.

B

Backkunst heißt die Fertigkeit, einen eßbaren Körper durch plötzliche Einwirkung eines starken Wärmegrades mit einer Rinde oder Kruste zu umgeben, die das Innere vor dem Ausdörren schützt und es in seinem eigenen Safte gar werden läßt. Man taucht zu diesem Zwecke den zum Backen bestimmten Körper entweder unmittelbar in siedendes Fett oder Öl, so daß augenblicklich eine Ausdörrung und Verhärtung seiner Oberfläche eintritt, oder man umgibt ihn mit einer künstlichen Hülle, einem Teigmantel, der die unmittelbare Wirkung der Hitze auf sich nimmt. Beim Brotbacken erfolgt die Bildung der Kruste durch die schnelle Verdunstung des Wassers an der ganzen Oberfläche des Laibes. Die gebackenen Gerichte haben ein gefälliges Aussehen, bewahren zumeist ihren ursprünglichen Geschmack und bieten eine angenehme Abwechslung, die besonders von den Damen sehr gesucht wird.

Backsteinkäse s. Limburger Käse.

Bärenschinken, seit langem als Leibspeise jenes Huronen, »der noch Europens übertünchte Höflichkeit nicht kannte«, sprichwörtlich geworden, zeichnen sich durch Saftigkeit und eigentümlichen Wohlgeschmack aus, sind aber in den großen Mittelpunkten der Zivilisation nur ganz ausnahmsweise und zufällig zu erschwinglichem Preise zu haben, da Meister Petz in Europa immer seltener wird. In Siebenbürgen allein wurden zwar 1854 noch 86, in Österreich-Ungarn 1865 noch 178 und selbst 1890 noch 39 Bären erlegt – über die aufgebundenen fehlt der statistische Nachweis –, leider aber pflegen die Schützen das Fleisch selber zu essen und bringen nur die Felle auf den Markt. Diese böse Gewohnheit steht auch der Einfuhr von Bärenfleisch aus Rußland und Schweden entgegen. Gelegentlich der Wiener Ausstellung 1873 kamen zwar auf der Speisekarte der bekannten Frères Provençaux *russische Bärentatzen* zum Vorschein, man hat jedoch nie wieder von ihnen gehört, und selbst die Pariser Russenfeste des Jahres 1893 haben ihnen zu keinem neuen Dasein verholfen. Gewisse bekannte *Bärenpratzen* aber, die auch ihr Gutes haben, werden nicht in den Wäldern erjagt, sondern von den Zuckerbäckern geliefert.

Baiser (auf gut wienerisch *Busserl*) ist der norddeutsche, der französischen Küche völlig fremde Name eines leichten Zuckergebäcks, das aus Eierschnee und Zucker hergestellt und bisweilen noch mit Schlagsahne, Obstgelee oder dgl. gefüllt wird.

Balyk, auf besondere Art gesalzener und dann an der Luft getrockneter Störrücken von durchscheinend gelbbrauner Farbe, ganz eigentümlichem Geruch nach frischen Gurken und einer Zartheit des Geschmacks, wie sie höchstens noch der beste geräucherte Lachs aufzuweisen hat. Der Balyk wird namentlich am Don und auf der Halbinsel von Kertsch hergestellt und bildet eine ebenso köstliche wie kostspielige und in Westeuropa seltene Delikatesse, da das Kilogramm schon in Petersburg zehn Silberrubel gilt.

Banane oder *Adamsfeige*, die pflaumengroße, süße, gelbgrün oder rötlich gefärbte Frucht des Pisangs, der in allen Tropenländern kultiviert wird und noch in den Gärten Südspaniens reife Früchte bringt, auch in englischen und deutschen Treibhäusern keine Seltenheit ist. Eine solche Treibhauspflanze in Edinburg brachte 1852 ein Fruchtbündel von fast 40 kg, eine andere in London 1863 ein solches von vollen 43 kg Schwere. Eine besondere Art, die *China-*

oder *Zwergbanane*, die 1826 durch den Naturforscher Cavendish nach Europa kam und 1848 durch den Missionär John Williams mit großartigstem Erfolge nach Otahaiti und den Samoa-Inseln verpflanzt wurde, trägt mattgelbe, gurkenähnliche Früchte von 20 bis 30 cm Länge. Die Bananen bilden ein Hauptnahrungsmittel, bisweilen sogar wochenlang die einzige Speise der Tropenbewohner, haben aber, von England und Spanien abgesehen, bisher weder frisch noch eingemacht in Europa Beifall und Verehrer gefunden.

Barches, die Sabbatbrote der Juden, welche Freitag abend und Samstag mittag auf dem Tische gläubiger Familien nicht fehlen dürfen. Sie sind sehr schmackhaft, werden aus drei Strähnen zopfartig geflochten und haben äußerlich Ähnlichkeit mit unseren »Stritzeln«.

Barsch, schon den Römern eine »Freude der Tafel«, in Norddeutschland auch *Bors, Beerschke* und *Perschke*, in Süddeutschland *Bersig, Börschling* und wegen seiner Raubsucht *Anbeiß*, in der Schweiz *Egli*, in Österreich *Persling* oder *Schrätzen* genannt, ein über ganz Europa, Nordasien und Nordamerika verbreiteter Flußfisch, der aber auch schwaches Salzwasser nicht scheut und namentlich in der Ostsee vortrefflich gedeiht. Er kommt in Europa in zwei Arten vor, von denen die größere (gewöhnlich 20–30 cm lang und 0,5–1 kg schwer) als *Fluß-* oder *Buntbarsch* bezeichnet wird, die kleinere (10–15 cm lang und 0,25 bis 0,5 kg schwer) *Kaul-*, *Kugel-* oder *Goldbarsch*, in Süddeutschland auch *Rauchkater* oder *Pfaffenlaus* heißt. Das Fleisch beider Arten ist etwas hart, aber weiß, schmackhaft und gut verdaubar, der Fisch selber ziemlich zählebig und daher zum Versand wie zur Aufbewahrung geeignet. Der Barsch gehört daher trotz seiner Häufigkeit zu den geschätzten Fischen und wird nicht selten mit 2 Mark pro Kilo bezahlt. Man serviert ihn *gesotten* mit Butter-, Kapern-, Champignon-, Paprika-, Senf- oder Sardellensauce, *gebacken* mit Parmesankäse, im eigenen Saft *geschmort* mit saurem Rahm, *mariniert* oder *gebraten*, und in jeder dieser Gestalten ist er hochwillkommen. Als ganz besondere Delikatesse werden die dänischen Barsche gerühmt, die jedoch nur selten in den Handel gelangen. Vgl. Seebarsch, Streber und Zindel.

Basilikum oder *Königskraut* ist in Indien einheimisch und besitzt frisch einen starken Gewürzgeruch und ähnlichen Geschmack, der durch Trocknen gelinder und angenehmer wird. Man kann es als gelindes Reizmittel zu mancherlei Speisen und Saucen, jedoch nur in geringem Maße und meist mit andern Kräutern vermengt, mit Nutzen verwenden.

Batate oder *Süßkartoffel* (engl. sweet potato, span. batata oder nach dem Ausfuhrhafen patata de Malaga [Malagakartoffel] und deshalb von den Übersetzern nicht selten mit der eigentlichen Kartoffel [patata] verwechselt) ist die süße, mehlige Knolle der Batatenwinde, die schon vor 1526 durch Oviedo aus Amerika nach Spanien verpflanzt wurde, im ganzen Süden dieses Landes statt der Kartoffel gebaut wird und Knollen bis zu 20 cm Länge und 5 cm Durchmesser liefert. Seit 1845 wird sie infolge der damaligen Kartoffelnot sowohl in Südfrankreich wie um Paris, sehr vereinzelt auch in Deutschland gebaut, dient jedoch hier fast nur als Viehfutter. In Andalusien dagegen ist sie die tägliche Speise des armen Mannes und wird von Malaga aus in ganzen Schiffsladungen nach Lissabon, London und Paris verschickt; in letzterer Stadt findet man aber auch einheimische Bataten im September und Oktober auf dem Gemüsemarkt. Die Knolle wird stets mit der Schale abgekocht und entweder ohne Zutat als Dessert genossen oder wie die Kartoffel behandelt. Ihr süßlicher Geschmack sagt jedoch nicht jedem zu, sie erscheint daher in Österreich und Deutschland nur selten auf der Tafel und wird hier stets mehr als Rarität denn als Delikatesse beachtet.

Battelmatt-Käse, ein halbfetter Kuhkäse, der, weicher als der Emmentaler, früher reift als dieser und in Laiben von 20 bis 25 kg Schwere in den Handel kommt. Er wird in Piemont, im Kanton Tessin und in Vorarlberg bereitet.

Baumöl s. Olive.

Beaune, trefflicher Burgunder aus dem Bezirk Beaune im Departement Côte d'or. Die vorzüglichsten Sorten sind der *Cham-*

bertin (von Gevray), ausgezeichnet durch schöne Farbe und würzige Blume, und *Clos Vougeot* (von Flagey südlich von Dijon), der den Chambertin noch an Feuer übertrifft.

Bekassine, *Sumpf-*, *Heer-* oder *Herrenschnepfe*, wegen eines zur Paarungszeit vom Männchen mittelst der Schwanzfedern hervorgebrachten meckernden Geräusches auch *Himmelsziege* oder *Haberbock* genannt, ein wachtelgroßer Zugvogel, der in Sümpfen und auf nassen Wiesen brütet und im Frühjahr und Herbst auf dem Strich erlegt wird. An Wohlgeschmack übertrifft die Bekassine die Waldschnepfe ganz entschieden, steht aber ebenso entschieden der Doppelschnepfe nach. Im Frühjahr meistens dürr und etwas zähe, ist sie im Herbst wohlgenährt und saftreich und wird in der Regel unausgenommen am Spieß oder in der Pfanne *gebraten*, wenn nicht als *Salmi* oder gar mit *Trüffeln* aufgetischt. Da die Bekassine im Flug geschossen werden muß, so schenken selbst geübte Jäger ihr bisweilen wider Willen das Leben, und der Franzose sagt in Anspielung auf Ruhe und Geduld, welche die Bekassinenjagd erfordert, von einem Menschen, der seine Zeit abwartet und sich inzwischen dumm stellt: Il tire à la bécassine (er zielt auf die Bekassine).

Beerenobst, frisch die Freude der Jugend, eingekocht eine wertvolle Stütze der Hausfrau, umfaßt im weiteren Sinne alle echten und unechten Beerenfrüchte von der Ananas und der Weintraube an bis herab zur Holunderbeere und zur Berberitze. Im engeren Sinne jedoch rechnet man dazu nur: Brombeere, Himbeere, Johannisbeere, Stachelbeere, Heidelbeere, Preißelbeere und Erdbeere. Von der Himbeere abgesehen, die zuerst im 4. Jahrhundert als Gartenfrucht auftritt, ist die Kultur des Beerenobstes noch sehr jung: die Erdbeere wird erst im 15., die Johannisbeere im 16., die Stachelbeere im 17., die Brombeere und ebenso die Preißelbeere erst im 19. Jahrhundert als Kulturpflanze genannt, und mit der Zucht der Heidelbeere sind überhaupt noch keine Versuche gemacht worden. Eine größere wirtschaftliche Bedeutung hat der Beerenobstbau bisher nur in Amerika erlangt, wo er durchaus als Zweig der Landwirtschaft gilt, während er in Deutschland und

Österreich, wo er erst seit 1870 einen nennenswerten Aufschwung nahm, größtenteils immer noch als Anhängsel des Gartenbaues betrieben wird. Das Beerenobst wird zum Teil roh genossen, hauptsächlich aber zur Bereitung ebenso gesunder wie schmackhafter Konserven und zur Herstellung von Obstweinen verwendet, die allmählich ein immer größeres Terrain erobern und vielleicht noch zu großen Dingen berufen sind. Qui vivra, verra!

Beifuß, *Dragon* oder *Esdragon,* ein Kraut, welches überall in Deutschland und einem großen Teile Europas auf den Äckern und in Gärten, an Mauern und in Steinbrüchen ohne Kultur wächst, gewürzhaft und bitterlich riecht und schmeckt und in der Küche verwendet wird, um Gänse-, Enten- oder Schweinebraten damit zu würzen und so schmackhafter und verdaulicher zu machen. Vgl. Esdragon.

Bellelay-Käse, einer der vorzüglichsten Schweizer Weichkäse aus Kuhmilch, von dem das Kilo mit $1^1/_2$–2 Mark bezahlt wird. Er wurde zuerst in der Abtei Bellelay im Berner Jura hergestellt und führt daher und von seiner Gestalt in Frankreich den Namen »Mönchskopf« (Tête de moine). Gegenwärtig ist der Bezirk Münster im Jura der Hauptsitz der Fabrikation. Der Bellelay-Käse wird nicht geschnitten, sondern mit dem Messer geschabt und wie Butter auf das Brot gestrichen.

Benediktiner, berühmter französischer Liqueur, den zuerst die Mönche der ehemaligen Benediktiner-Abtei Fécamp im Departement Nieder-Seine herstellten. Er ist der Verdauung ungemein förderlich. Die Fabrik, welche seit Jahren durch eine Aktien-Gesellschaft betrieben wird, ist am 12. Januar 1892 zum großen Teile niedergebrannt, aber bereits wieder in Betrieb. Der Schaden wurde damals auf 2 Millionen Francs geschätzt. Der Liqueur wird im wesentlichen aus Gewürzen und Würzkräutern hergestellt, das eigentliche Geheimnis der Fabrikation aber beruht auf einem Zusatz von ätherischen Ölen, über den nichts Genaueres bekannt ist.

Benicarlo, schwerer, dicker, süßer Rotwein aus dem Gebiet von Benicarlo in Nordvalencia. Er wird in den spanischen Hotels gewöhnlich als Vino de San Carlos bezeichnet und in bedeutender

Menge nach Frankreich, Holland und Deutschland ausgeführt. Handelsplätze für den Benicarlos sind Bordeaux, Amsterdam, Hamburg und Bremen.

Berbersbeeren, *Weinnägelein* oder *Saurach,* die scharlachroten, in Traubenform beisammenstehenden Beeren des Essigdorns, die einen stark säuerlichen Saft enthalten. Da das Kochen und Vermischen mit Zucker oder Zitronensaft ihre Säure mildert, so macht man für Kranke sehr angenehme und erquickende Konfitüren daraus. Die sehr starke Berbis- oder Berberitzensäure kann überhaupt bei Bereitung von Gelees, Marmeladen und Limonaden als Surrogat der Zitronensäure gebraucht werden. Im Punsch will sie jedoch nicht jedem wohl bekommen: sie erregt leicht Husten und bei schwächlichem Magen Verdauungsbeschwerden oder Kopfschmerzen.

Bergamotte s. Birne.

Bergerac, leichter Weiß- und Rotwein von den Ufern der Dordogne. Die roten Sorten gehen vorzüglich nach England, die weißen nach Holland, Deutschland und Österreich. Den größten Ruf besitzt der weiße *Montbacillac* aus der Umgegend der Stadt Bergerac.

Bergsträßer heißen jene badischen Weine, die längs der Bergstraße von Ettlingen abwärts bis zur hessischen Grenze gebaut werden. Den größten Ruf genießt unter ihnen der rote *Lützelsachsener,* der jedoch im Handel seiner ins Violette spielenden Farben wegen, die bei Nichtkennern den Verdacht künstlicher Färbung erregt, nicht allzu beliebt ist; er kommt beinahe dem Affenthaler gleich. Unter den weißen Sorten nehmen der *Hubberger* von Weinheim und der *Grötzinger* die erste Stelle ein.

Betel, die Coca der Südasiaten, ein Modekaumittel, das aus drei Substanzen gefertigt wird: Betelnuß, Betelblatt und Kalk. Zur Herstellung dieses Genußmittels wird die *Betelnuß* (gelbe, eigroße Frucht der Arecapalme) in längliche Streifen geschnitten, dann das *Betelblatt* (frisches Blatt des Kaupfeffers mit blutrotem Saft und würzhaftem Geschmack) einseitig mit *Kalk* bestrichen, den Korallen und Austernschalen liefern, endlich das Stück Nuß in das Blatt eingerollt, und der Priem ist fertig. Der Betel wirkt anregend und verleiht zugleich dem Atem einen angenehmen, würzigen Geruch, färbt aber den Speichel und das Zahnfleisch blutrot und schwärzt die Zähne, so daß die Europäer ihn in der Regel meiden. Nichtsdestoweniger beläuft sich die Zahl der Betelkauer auf mindestens 100 Millionen, denn bei Indern, Malayen, Chinesen und Polynesiern gehört der Betel zur Lebensnotdurft, deren Zurichtung gewöhnlich den Frauen obliegt und einen guten Teil der Zeit derselben in Anspruch nimmt. Auch gilt dort vor dem Betel, wie in Europa vor dem Tabak, weder Rang noch Reichtum, weder Alter noch Geschlecht. Man reicht ihn Freunden und zufälligen Bekannten wie bei uns eine Prise Tabak, und während der Arme eine einfache Betelbüchse von Holz oder Horn führt, prunkt der Reiche mit kostbaren Dosen aus Gold oder Silber und macht damit Geschenke wie einst die europäischen Großen mit den bekannten Tabatièren.

Bier, aus Gerste, Hopfen und Wasser bereitetes Getränk, dessen Erfindung dem Osiris in die Schuhe geschoben wird, obgleich gerade die Hauptsache, der Hopfenzusatz, einer späteren Zeit angehört. So viel steht fest, daß die Ägypter schon 800 Jahre v. Chr. einen Gerstentrank bereiteten, und daß Pelusium am Nil das München oder Bier-Athen der antiken Welt darstellte. Höchstwahrscheinlich aber war dieser ägyptische »Gerstenwein« nur eine aus gegorener Gerste gezogene Flüssigkeit von weinsäuerlichem Geschmack, die Plinius nicht ohne Grund als »abscheulichen Trank« bezeichnet haben wird, namentlich wenn man ihr als Würze noch einen Eichenrindenabsud zuzusetzen beliebte, wie das die berühmten alten Deutschen taten. Der Hopfen tritt freilich schon im Jahrhundert der Völkerwanderung als Kulturpflanze auf, aber noch zur Zeit Karls des Großen wurde vorzugsweise, wenn nicht ausschließlich ungehopftes Bier gebraut. Erst 1079 wird der Hopfen ausdrücklich als Bierzutat erwähnt und des Hopfenbaues in Bayern und im Erzstift Magdeburg gedacht, und seit 1240 erscheint er als Handels- und Ausfuhrartikel. Wirkliches, d.h. gehopftes Bier wurde also erst seit dem elften Jahrhundert in Europa allgemeiner, und zwar scheint der Anstoß zur Herstellung desselben von den Niederlanden ausgegangen zu sein, die daher einen sagenhaften »König Gambrinus« als Erfinder des Bieres feiern, der allerdings nicht, wie man bisweilen annimmt, identisch sein kann mit dem ritterlichen, prachtliebenden Herzog Johann I. (Jan primus!) von Brabant, dem Patron der Löwener Brauergilde (geb. 1250, gest. 3. Mai 1294). Durch den Hopfenzusatz haltbar geworden, wurde das Bier alsbald ein bedeutender Handelsartikel, und bis ins 17. Jahrhundert hinein wimmeln nun die deutschen »Stadt-Willküren« und »Landesordnungen« von Bestimmungen und Vorschriften betreffs der Bierbereitung. So gebot schon die »Brauordnung« des Nürnberger Rates vom Jahre 1290, nur Gerste zu verwenden, während umgekehrt die Augsburger »Brauordnung« vom Jahre 1433 die ausschließliche Verwendung des Hafers anbefahl und diese Bestimmung sogar bis 1550 in Kraft erhielt. Namentlich seit dem 15. Jahrhundert nahm das Braugewerbe, das ursprünglich vielleicht ein Privilegium der Klöster gewesen war, in den deutschen Städten einen gewaltigen Aufschwung und gewann die Bierausfuhr einen immer größeren Umfang. Von den gangbaren Bieren des 14.–17. Jahrhunderts seien hier nur genannt: die Braunschweiger *Mumme* (der Name ist offenbar dem Naturlaute nachgebildet, mit dem Säuglinge die Muttermilch bezeichnen), die Goslarer *Gose* (nach dem Namen des Baches, der das Brauwasser lieferte), das Gardelegensche *Garley* (nach dem Namen seines Geburtsortes), die Zerbster *Würze* (wegen des trefflichen Geschmacks), der Dortmunder *Adam*, der Magdeburger *Filz*, der Breslauer *Scheps*, der Schweidnitzer *Stier*, das Eisleber *Krabbelandiewand*, die Bautzner *Klotzmilch*, der Köpenicker *Mord und Todschlag* und die Kyritzer *Fried und Enigkeit*, der Erfurter *Schlunz*, das Jenaer *Menschenfett*, der Hannoversche *Broyhan*, der Merseburger *Stürzebartel*, der Bremer *Hund*, der Stader *Kater* und der Lübecker *Israel*, der Delitzer *Kuhschwanz*, der Teschener *Masnoz*, das Horner *Pluzerl*, der Wittenberger *Kuckuck* etc. München, Wien, Pilsen, Kulmbach, Dresden, Berlin usw. spielten damals noch keine Rolle unter den Bierstädten. Diese fiel ihnen erst im 19. Jahrhundert zu, und zwar übernahm zunächst Bayern, insbesondere München, die Führung, indem es seinem Lagerbier über die Grenzen des Deutschen Bundes hinaus Anerkennung und Eingang verschaffte. Bald aber entstanden nun in anderen Teilen Deutschlands und sogar im Auslande – in Schweden z. B. wurde die erste bayrische Brauerei durch Fr. Rosenpont zu Stockholm am 10. November 1843 eröffnet – Lagerbierbrauereien, und seit etwa 1860 begann namentlich Österreich mit Bayern um die Palme zu ringen, ein Wettstreit, der durch den Sieg des Dreherschen Bieres auf der Pariser Ausstellung vom Jahre 1867 zugunsten Österreichs ausgefallen ist. Bayern behauptet zwar in »echten« Bieren immer noch den Vorrang und besitzt u.a. an der Sedlmayerschen und der Löwenbräu-Brauerei in München wahrhaft großartige Etablissements, die bedeutendste Brauerei der Welt aber hat Österreich an dem Dreherschen Etablissement zu Klein-Schwechat bei Wien aufzuweisen.

Die Bierproduktion Deutschlands im Jahre 1892 betrug rund 55 Millionen Hektoliter; wovon 52170000 hl, d.h. 105,5 l pro Kopf, im Lande selber getrunken wurden. Die bedeutendsten Bierorte sind zur Zeit: in *Bayern* die Städte München (Hof-, Franziskaner-, Augustiner-, Löwen-, Spaten- und Hackerbräu, Pschorr, Zacherl usw.), Nürnberg, Kulmbach, Erlangen, Augsburg, Regensburg, Kitzingen, Waldsassen, Farrnbach, Hof etc., deren vollmundige Exportbiere mit Recht in großem Ansehen stehen – in *Niederösterreich* die Ortschaften Schwechat, Liesing und Hütteldorf, deren Produkt sich durch milden Geschmack und Kohlensäuregehalt auszeichnet – in *Böhmen* die Städte Prag (Stadt-, Land- und Kreuzherrenbier, Nußler, Bubner, Königssaaler etc.), Pilsen, Pilsenetz, Eger, Görkau, Saaz usw., deren Trank wegen seiner Leichtigkeit und goldhellen Farbe beliebt ist – in *Sachsen* die Städte Dresden (Waldschlößchen, Feldschlößchen, Felsenkeller etc.), Leipzig, Chemnitz, Plauen, Plohn u.a., deren Produkte zu den anerkannt »süffigen Stoffen« gehören – in *Preußen* Berlin, dessen »kühle Blonde« (Weißbier) sich eines makellosen Rufes erfreut und im Verein mit der treuverbundenen »Strippe« (Gläschen Kümmelliqueur) fortwährend neue Eroberungen macht; ferner Merseburg, Hannover, Stettin, Spandau, Dortmund, Neustadt-Magdeburg usw.

An allgemeinen Bezeichnungen für gewisse Bierarten sind folgende im Schwange:

Bockbier, der volkstümliche Name der *starken* oder *Doppelbiere*, die in Folge vollständiger Vergärung einen stärkeren Alkoholgehalt haben und leicht berauschen. Es gehören zu dieser Klasse: der Bock, das Münchner Salvatorbier, der deutsche Porter, das englische Brown Stout u.e.a.

Braunbier, im Gegensatz zum lichten und zum Weißbier, heißt alles mit stark gebräuntem Malz und reichlichem Hopfen bereitete Bier, vor allem das »echte Bayrische«, namentlich das Kulmbacher; auch sind die Nürnberger und Bamberger Versandbiere hierher zu rechnen. Die Braunbiere stellen die Quintessenz der Braukunst dar, »denn das schwarzbraune Bier, das trink' ich so gern, und die schwarzbraunen Mädel, die küss' ich so gern«, d.h. es begeistert zu Liebe und Gesang. In Norddeutschland wird aber auch das schlichte Hausbier (im Gegensatz zum Lagerbier) als Braunbier bezeichnet.

Dünnbier, Schmalbier, Kleinbier, Speise-, Fisch- oder Hausbier, auch Halbander und Kofent (conventum, d.h. Klosterbier, wie es an das Gesinde und die Armen ausgegeben wurde) heißt der landläufige dünne Haustrank, der durch Nachguß auf die fertige Würze hergestellt wird.

Exportbier wird von vornherein malzreicher gebraut oder erhält besondere Zutaten, das Bamberger z.B. Roussillon und Muskatblüte, der Porter Portwein, das Export-Ale abgesottenen Hopfen und Salz etc.

Extraktbier nennt man schweres, süßes Bier, das aus konzentrierter Würze ohne vollständige Vergärung erzeugt wird. Hierher gehören: Ale, Mumme, Süßbier, Weizenlager, die sogenannten Malzextrakte usw.

Haferbier, in Schottland als oats-beer weit verbreitet und aus Hafer statt der Gerste hergestellt, ist ein guter Durststiller, aber wenig nährend und geisthaltig.

Jungbier, auch *grünes* oder *Kräusenbier* (»Kräuse« heißt der Schaumkranz auf gärendem Bier) ist noch in der Gärung befindliches Bier, das nach bayrischer Sitte in kleiner Quantität dem Schankbier beim Abziehen aus den großen Fässern zugesetzt wird.

Lagerbier, so geheißen, weil es im Keller auf Lagern hinreichend ausgegoren hat, ist wegen seiner Haltbarkeit die verbreitetste aller Bierarten und das Wort *Lager* daher im Auslande geradezu zum Synonym für Bier überhaupt geworden.

Märzenbier ist im März gebrautes Lagerbier.

Weißbier wird aus schwach gedörrtem Malz und wenig Hopfen bereitet, hat daher eine helle, mattgelbe Farbe und wirkt mehr durststillend als nährend und anregend.

Weizenbier, durch Nährgehalt ausgezeichnet, wird entweder rein aus Weizen hergestellt, wie z.B. das Kelheimer, oder es erhält einen Zusatz von Gerstenmalz, wie das Farrnbacher, Wernersgrüner, Nürnberger, Braunschweiger usw.

Würz- oder *Kräuterbiere,* durch Zusatz von allerlei Kräutern, Gewürzen oder Arzneipflanzen erzeugt, darunter das vielgenannte, aber herzlich wenig gebrauchte englische spruce-beer (Fichtensprossenbier), gehören überhaupt nicht zu den »süffigen Stoffen«, sondern sind Arzneitränke.

Gutes und gesundes Bier muß beim Einschenken vollkommen hell und durchsichtig und mehr oder weniger braun sein. Es muß Schaum auf dem Glase hinterlassen und dieser sich lange halten; zergeht er endlich, so müssen die Reste nicht am Innern des Glases hängen, sondern mitten im Glase auf dem Boden stehen. Ferner darf es nicht blähen, muß schnell durch die Harnwege abgehen, keine Kopfschmerzen oder andere Unannehmlichkeiten nach mäßigem Genuß verursachen, wenig offenbare Säure haben und, wenn es gehopft ist, etwas bitter schmecken.

Der Nährwert des Bieres ist im Hinblick auf die achtunggebietenden Bäuche zahlreicher Zecher vielfach überschätzt worden, weil man außer acht ließ, daß diese beneideten Bierbauchbesitzer ebenso wackere Esser wie Trinker sind und also das Sprichwort zuschanden machen: »Wo ein Brauhaus steht, kann kein Backhaus stehen.« Als an sich nahrhaft kann das Bier bei seinem geringen Gehalt an Zucker, Stärke und Eiweiß kaum betrachtet werden, dürfte vielmehr in dieser Hinsicht sogar dem Obste nachzusetzen sein. Aber der Alkohol, das Hopfenbitter und (namentlich in den österreichischen und böhmischen Bieren) die Kohlensäure befördern die Absonderung des Magensaftes, beschleunigen dadurch die Verdauung und regen mittelbar zu verstärkter Speisenzufuhr und zur Fettbildung an. Sein größter Wert als Getränk liegt jedoch in anderer Richtung. Das Bier ist vorzugsweise der Stoff, der den Menschen zum Menschen gesellt, es ist die wahre Mutter der Gemütlichkeit und des »höheren Blödsinns« in Worten und Werken! Der Weinzecher und der Branntweinbruder sind sich mit ihrem Glase selbst genug, der Biertrinker dagegen muß Gesellschaft haben, wenn er rechten Genuß beim Trunk empfinden soll. Der Wein macht witzig, aber Witzköpfe sind oft recht bedenkliche Nachbarn, das Bier dagegen macht für Witz empfänglich, und wer Spaß versteht, mit dem ist gut auszukommen. Daher konnte auch nur in Bierländern sich ein wirklicher Kneipkomment entwickeln, der keineswegs eine Wissenschaft des Trinkens an sich, sondern ausschließlich die Wissenschaft des *geselligen* Trinkens ist. Alle Bierwissenschaft und Bierweisheit aber gipfelt in dem alten, frommen Spruch:

Hopfen und Malz,
Gott erhalt's!

Bigos, ein in Rußland und Polen beliebtes Jagdgericht. In Lagen auf Sauerkohl wird Hirsch-, Hammel-, Puter- und Entenfleisch mit Schinken, Rauchfleisch und Bratwürstchen in Fett gedünstet und in geschlossener Pfanne zu Tisch gebracht.

Birkhuhn, der Auerhenne nächste Base und wie diese für den Küchenzweck eines achttägigen Aushängens in den Federn und nachfolgender Beize bedürftig, liefert gleichwohl ein weit delikateres Gericht als das Auerwild, da es sich nicht von harzigen Fichtensprossen, sondern vorzugsweise von den süß-saftigen Birkenknospen, später von Heidel- und Brombeeren und im Winter von

Wacholderbeeren nährt; an einem alten Birkhahn freilich ist gleichfalls Beize und Speck verloren. Das Birkhuhn wird wie das Auerhuhn (nur nicht geraspelt!), außerdem aber noch *gebraten* mit saurem Rahm oder *gedämpft* mit weißer Ölsauce auf den Tisch gebracht. Es ist auf den Alpen, den Karpaten, den deutschen Mittelgebirgen, in den holländischen Mooren, in Schottland, Rußland und Sibirien ziemlich häufig und wird im Frühjahr auf der Balz, im Herbst auf Treibjagden erlegt. In England, wo der Vogel seit 1815 von Holland her wieder eingebürgert wurde, ist der Beginn der Birkhuhnjagd, die sogenannte grouse-season (12. August), ein wahrer Festtag, an welchem die Nimrode in hellen Scharen nach dem Norden des Reiches aufbrechen. Bei alledem werden in London kaum so viel Birkhühner konsumiert als in dem glücklicher gelegenen Wien, das 2211 Stück im Jahre 1891 verspeiste, es aber auch schon über 3000 Stück im Jahre hinausgebracht hat.

Birne, die Schwester des Apfels und ihrem Geschlecht entsprechend feiner, zarter und schmelzender, aber auch gegen jede Unbill empfindlicher als der Herr Bruder, stammt keineswegs (wie die Pomologen vorgeben) aus China, sondern ist im gemäßigten Europa, namentlich in Gallien daheim. Die Griechen kannten nur 2 oder 3, die Römer zu Christi Zeit 35, im 4. Jahrhundert nach Christus 46, die Franzosen um 1600 genau 62, um 1700 aber schon an 400 Sorten. Um 1775 zählte man 750, und gegenwärtig werden an 1500 Sorten unterschieden, wobei jedoch in der Nomenklatur die nämliche babylonische Verwirrung herrscht wie bei den Äpfeln. In Deutschland ist die Birnbaumzucht sicher uralt, und die Schafsnase, der Katzenkopf (aus dem weiland Henneberger Amte Sand), die Gernröder oder Claretenbirne, die Margaretenbirne, die Sieben auf ein Maulvoll (eine Muskatellersorte), der Gänsekopf, die Honigbirne u.a.m. sind entschieden deutschen Ursprungs. Dazu hat Italien die *Ambretten* und die *Bergamotten* (von der Stadt Bergamo in der Lombardei, sicher nicht von Bergamah in Kleinasien oder gar vom türkischen beg-armu, d.h. Fürstenbirne), England die *Schwanenbirne* und die *Britische Königin*, Helvetien die

Eierbirne, Holland die *Melonenbirne,* die *Ananasbirne* und den *Admiral* gestellt. Die meisten und besten Sorten jedoch stammen aus Frankreich oder sind wenigstens durch die französische Schule gegangen, bevor sie ihre heutige Vollkommenheit erreichten. Dahin gehört z.B. die treffliche *Christbirne* (le bon chrétien, zu deutsch auch Apothekerbirne), die um 1490 durch Karl VIII. aus Italien nach der Touraine kam und von dort aus Europa erobert hat. Die Pomologen unterscheiden 15, die Gastronomen dagegen nur 2 Klassen von Birnen: Kochbirnen und Tafelbirnen. Als *Tafelbirnen* dienen ausschließlich die Sorten mit süßem, schmelzendem Fleisch, großer Saftfülle und angenehmem Geruch; auf Schönheit der Form und der Farbe wird bei ihnen weit weniger gesehen als bei den Äpfeln. Hierher gehören vornehmlich: die *Butterbirnen,* und zwar in erster Linie die Diels-, die Blumenbachs-, die Clairgeaus-, die Liegels- und die Napoleons-Butterbirne, die sämtlich zu den spätreifenden und am längsten haltbaren Winterbirnen gehören; die *rote Bergamotte;* die *Winter-Dechantsbirne;* die äußerst zartfleischige, süße, würzhafte *Luise von Avranches;* die feinfleischige, bergamottartig schmeckende *Herrenbirne;* die saftstrotzende weinsäuerlich süße *Venusbrust* (teton de Vénus); die zimtduftende *Comperette;* die hochgelbe *Colmarbirne,* die aber nicht nach der Stadt Colmar im Elsaß, sondern nach dem Flecken Colmars in der Provence heißt; die ungemein süße *Rotbacke* oder *Sparbirne;* die *Schmalzbirne,* die graue *Honigbirne,* die kleine *Margaretenbirne,* die spanische *Christbirne,* die große *Wasserbirne* usw. – Die *Kochbirnen* sind schon wegen ihres faden, rübenartigen Geschmackes und wegen ihrer Härte roh einfach ungenießbar, zudem aber auch in diesem Zustande schwer verdaulich:

Si coquis, antidotum pyra sunt, sed cruda venenum – Gekocht ist die Birne Arznei, doch roh ein gefährliches Gift dir.

Zu den gangbarsten Sorten dieser Klasse gehören: der *trockene Märten* (le Martin sec), der wie die Margaretenbirne nach dem Zeitpunkt seiner Reife (Martini) heißt; die *Pfundbirne;* die *Jakobsbirne,* die mit Senf eingemacht im Hannoverschen sehr beliebt ist; der große *Katzenkopf,* der *Kuhfuß,* der *Langstiel,* die

Wadelbirne, die *Liebesbirne*, die *Schneiderbirne*, die *Wolfsbirne*, die *Ganskräger*, die *Frankfurter Zuckerbirne* etc. Bei der größeren Empfindlichkeit des Birnbaums gegen die klimatischen Einflüsse haben selbst die anerkannt guten Sorten ein weit kleineres Verbreitungsgebiet als die guten Apfelsorten. Um so reichhaltiger aber ist die Liste der Lokal-Lieblingsbirnen, von denen hier nur erwähnt sein mögen: für Zürich die »große Mailänderin«, für den Thurgau die »Thurgibirn« (Schweizer Wasserbirne), für Bern die »Schweizerhose«, für Basel der »Isembart« (Beurré gris), für Lothringen der »Misergent« (Messire Jean), für Württemberg die »Grabenbirne«, für Schwaben das »Gaishirtl«, für Unterfranken die »Rohrlesbirn«, für Hannover die »Jakobsbirne«, für Meißen und Leipzig die »Rettig-« und die »Lorenzbirne« u.a.m. Die Birnen werden zur Zeit ihrer Reife hauptsächlich *roh* zum Nachtisch gegessen; im Mittelalter speiste man sie auch, wie heute die Ananas, zum Wein und behauptete rundweg: Sine vino sunt pyra virus – ohne Wein sind die Birnen Gift. Bei der schnellen Vergänglichkeit der schönen Frucht aber verfehlen die meisten Tafelbirnen ihren Zweck und kommen entweder gleich der profanen Menge der Kochbirnen als *Kompott* auf den Tisch, oder sie wandern in die Obstdarren, um später als *Hutzeln* zu uns zurückzukehren, oder sie werden in den Konserven-Fabriken zu *Gelee* verarbeitet (Ter Mer & Weymar zu Klein-Heubach bei Miltenberg kochten 1876 nicht weniger als 4525 q Birnen ein), oder sie tauchen in die Einmachkrüge unter, um nachmals als *Sulzbirnen* eine willkommene Auferstehung zu feiern, oder sie werden endlich zu *Birnenkraut* zerquetscht, wobei nicht zu vergessen, daß auch der größere Teil des Apfelkrautes aus Birnen besteht. Der Handel mit Tafelbirnen hat bei der Schwierigkeit der Aufbewahrung fast nur für Frankreich, das Stammland der vorzüglichsten Sorten, eine größere Bedeutung: Marseille versendet noch im Februar und März köstliche Beurrés bis nach Petersburg. Freilich kostet aber auch ein solches Prachtstück nicht selten bis zu 20 Mark, die ein Feinschmecker, der nicht zugleich Millionär ist, unter allen Umständen besser anlegen kann. Erwähnt sei noch, daß die Tiroler Birnen sich schon um 1700 des besten Rufes erfreuten und als »Brixer weiße, rote und graue« im Reiche sehr gesucht waren.

Bischof, ein vortreffliches Getränk, das nach starken Strapazen, ja selbst nach starken Mahlzeiten vorzügliche Empfehlung verdient. Mäßigkeit ist jedoch, wie immer, so auch beim Genuß dieses herrlichen Getränkes anzuraten. Es gibt verschiedene Arten, den Bischof zu bereiten. Die empfehlenswerteste ist, indem man reife und saftige Orangen in ihrer Schale einschneidet und sie über glühenden Kohlen so lange röstet, bis die Schale schwarz wird, dann legt man sie in einen irdenen glasierten Topf, übergießt sie gleich mit gutem Rotwein, setzt Zucker zu, auch ein Stück geröstetes Brot, etwas Muskat und Zimt, deckt das Gefäß zu und läßt es einige Stunden stehen, am besten in heißer Asche, wobei man die Orangen mehrmals ausdrückt. Dann seiht man den Wein durch ein Tuch und serviert das Getränk gewöhnlich warm, zuweilen aber auch auf Eis. Vgl. Cardinal.

Bisquit, ein Luxusgebäck aus feinstem Weizenmehl mit Zukker, Ei, Fett und Gewürzen, ist für Gesunde eine Leckerei, für Kranke wegen seiner Nahrhaftigkeit und leichten Verdaulichkeit nicht selten ein Bedürfnis und für alle Welt eine ebenso angenehme wie gesunde Beigabe zum Wein, Kaffee oder Tee. Die Wiener Bisquits (Victor Schmidt's Söhne, Charles Cabos) stehen wegen ihres Wohlgeschmacks wie wegen ihrer gefälligen Form im In- und Auslande im besten Rufe, und ebenso liefern Triest (Antonio Gatti), Wurzen i. S., Raab in Ungarn (Anglo-hungarian Bisquit-Company) und Hamburg beliebte und vortreffliche Fabrikate dieser Art. Speziell als Krankenkost behaupten die echten *Englischen Bisquits* oder *Cakes* (z.B. von Huntley & Palmers in Reading) die erste Stelle, da sie weniger Zucker und mehr Fett enthalten als alle anderen. Die *Fleischbisquits* von L. Lejeune in Berlin werden ohne Zucker aus fein zermahlenem Fleisch mit Teig aus Erbsen- oder Bohnenmehl hergestellt und gehören nicht zu den Bisquits, sondern zu den besseren Suppenkonserven. In der Küche bereitet man aus Bisquitteig auch allerlei Kuchen, Torten, Waffeln, Puddings usw. Vgl. Schiffszwieback.

Blaufelchen, *Bläuling* oder *Rheinauge,* ein Leckerbissen, der lebend vorzugsweise im Bodensee, mariniert und geräuchert aber so ziemlich überall in Deutschland und Österreich vorkommt. Der Blaufelchen wird bis zu 75 cm lang und bis zu 3 kg schwer und hauptsächlich von Neujahr bis Ostern zwischen Romanshorn bis Konstanz zu Tausenden gefangen, um *frisch* oder *mariniert* oder *geräuchert* zu 1–2 Mark für das Kilo verhandelt zu werden. Der frische Fisch darf bei Strafe der gastronomischen Reichsacht nicht anders als *gebraten* serviert werden und bildet in dieser Gestalt allerdings ein fürstliches Gericht, un vero boccon da Cardinale, wie die Italiener sagen. Bei den Bodenseefischern heißt der einjährige Fisch *Stüben,* der zweijährige *Gangfisch,* der dreijährige *Renke,* der vierjährige *Halbfisch* und erst der völlig erwachsene fünfjährige *Blaufelchen* – eine Terminologie, die schon manchen Irrtum auf dem Gewissen hat. Im September 1864 widerfuhr einigen tausend Felchen die sonderliche Ehre, den süßen Tod fürs Vaterland zu sterben, indem bei einer Schießübung der Schweizer Artillerie eine volle Salve in den See und in einen dichtgedrängten Zug von Felchen einschlug. Es sollen bei dieser Gelegenheit an 4000 Fischhelden oder Heldenfische den Tod gefunden haben zur großen Freude der biedern Konstanzer und zur tiefsten Betrübnis der braven Artilleristen, die bereits abgerückt waren, als dies Ergebnis ihrer Bemühungen bekannt wurde.

Blei s. Brachsen.

Blumenkohl oder *Carviol,* neben dem König Spargel und der Königin Artischocke das edelste aller Gemüse und in einer heutigen Vollkommenheit der antiken Menschheit durchaus unbekannt, wurde wahrscheinlich erst im 15. Jahrhundert in der Levante (Syrien? Ägypten? Zypern?) aus dem gewöhnlichen Blattkohl gezogen. Frühestens um 1490 brachten die Venetianer ihn nach Italien, und frühestens um 1550 begann dort der Anbau der Pflanze, wozu Venedig und Genua noch bis ins 17. Jahrhundert hinein den Samen von Zypern und Candia bezogen. Seit 1580 etwa wurde der Blumenkohl auch in Deutschland kultiviert, namentlich in Ulm, wo 1637 ein »Calvefiori« von $1^1/_2$ Ellen Umfang und $8^1/_2$

Pfund Schwere geerntet ward. Österreich erhielt den Carviol erst nach dem Dreißigjährigen Kriege, und sogar noch 1682 mußte der Same aus Italien verschrieben werden. Auch England begann den Carviolbau erst um 1660; bis dahin hatte es seinen Bedarf aus Holland und Frankreich bezogen, wo diese Kultur ebenso wie in der Schweiz und in Spanien mindestens so alt ist wie in Deutschland. Gegenwärtig sind die Hauptplätze des Blumenkohlbaues London, Paris, Amsterdam und Erfurt; letztere Stadt zieht jährlich etwa 250000 Köpfe und vereinnahmt dafür 35000–40000 Mark. Der Blumenkohl enthält, wie alle Blattgemüse, wenig Nahrungsstoff, aber er ist verdaulicher als die übrigen Kohlarten, und über seine Schmackhaftigkeit ist nur eine Stimme: Er ist, im Salzwasser *gesotten, mit weißer Tunke* vorzüglich, *gedämpft mit Rahmsauce* vortrefflich, *mit Hummer in Kräutersauce* ausgezeichnet, in *Teig gebacken* köstlich, mit *Öl und Zitronensaft* wunderbar, *in der Suppe* delikat und *mit Parmesankäse* einfach unübertrefflich. Dabei kann man ihn acht Monate im Jahre (Juni bis Januar) frisch haben, und für die übrige Zeit läßt er sich roh mit Essig und abgesotten mit Butter einmachen. Diese Fülle von Verdiensten wirkt natürlich hinreißend, und der Verbrauch an Blumenkohl ist demgemäß ein wahrhaft großartiger. Wien allein verzehrte im Jahre 1890 nicht weniger als 648522 kg. Vgl. Broccoli.

Blutwurst, in Norddeutschland gewöhnlich *Rotwurst* genannt, wird aus Speck, abgekochtem Schweinefleisch und Schweineblut mit Pfeffer, Salz und Nelken, bisweilen auch mit einem Zusatz von Mehl hergestellt und ist ein ebenso altes wie nahrhaftes Gericht, da schon die homerischen Helden dergleichen genossen. Da das Blut leicht in Zersetzung übergeht, muß die Wurst zur Aufbewahrung hart geräuchert werden und verliert in diesem Falle sehr an Geschmack. Eine Abart der Blutwurst ist die *Zungenwurst,* die eine ganze, abgekochte oder gepökelte Schweinezunge enthält.

Bodenrenke s. Sandfelchen.

Bohnen heißen die ganz oder angedeutet nierenförmigen Samenkörner zahlreicher Pflanzengeschlechter. Vorzugsweise aber bezeichnet man damit eine Hülsenfrucht (Pflanze wie Samen), die in zwei verschiedenen Gattungen (Feldbohne und Gartenbohne) und zahlreichen Spielarten in allen Weltteilen für den Küchenbedarf gezogen wird und infolge ihres hohen Stickstoffgehaltes zu den kräftigen Nahrungsmitteln aus dem Pflanzenbereich zählt. Leider ist diese Nahrhaftigkeit mit einem Grad von Schwerverdaulichkeit verschwistert, daß nur Leute mit leistungsfähigem Magen und bei angestrengter Körpertätigkeit sie ungestraft bis zur Sättigung genießen können. Zum ausschließlichen Nahrungsmittel ist daher die Bohne nicht geeignet und hat auch nirgends diese Stellung erworben, obgleich es kaum ein mit der Zivilisation in Berührung gekommenes Land gibt, in welchem nicht die eine oder die andere Sorte kultiviert würde. Eine Hauptrolle spielte sie in Europa bei der Ernährung von Heer und Marine, zu welchem Zwecke Frankreich z. B. jährlich 1,5 bis 2 Millionen Kilogramm nur aus der Türkei (namentlich die berühmten von Platana bei Trapezunt) und Deutschland in jüngster Zeit gar an 200000 q namentlich aus Österreich einführt, das 1890 rund 505000 q Bohnen im Wert von 10 Millionen Mark exportierte. Eine noch größere Bedeutung hat die Bohne in Chile, Brasilien und Mittelamerika, namentlich in Mexiko, wo sie ein fast tägliches Gericht bildet und der Jahresverbrauch auf 90 kg pro Kopf der Bevölkerung berechnet wird. Man verwendet dort ausschließlich eine Gartenbohnenart, die sog. *schwarze Bohne* (frijoles) und bereitet sie mit solchem Raffinement, daß *Bohnen auf Mexikanisch* allerdings für eine Delikatesse gelten dürfen. Die frijoles werden zunächst langsam und lange in Salzwasser abgekocht, dann, nachdem das Wasser abgeschüttet worden (das in Mexiko geradezu für giftig gilt!), mit Schmalz und zerstoßenen Pfefferschoten eingeschmort und endlich mit Zwiebeln oder Knoblauch ein wenig gewürzt.

Zentralamerika scheint überhaupt das Vaterland unserer *Gartenbohne (Veitsbohne, Faseole, Fasole* oder *Fisole)* zu sein, denn so viel steht fest, daß weder die alten Inder noch Ägypter, Hebräer, Griechen und Römer sie gekannt haben und daß ihr Anbau in Europa sich erst seit dem 16. Jahrhundert, also nach der Entdeckung Amerikas, mit Sicherheit nachweisen läßt; auch fällt ins Gewicht, daß die fasols oder frijoleras nirgends häufiger und mehr im großen gebaut werden als gerade in Spanien, wo die Feldmark von Valencia allein im Durchschnitt jährlich 20000 hl Bohnen erzeugt. Ferner erhielt China die Gartenbohne nicht aus Indien, sondern erst im 17. Jahrhundert durch die Holländer, weshalb sie dort noch heute »Holländerbohne« heißt, während England, das es sonst mit der Gemüsekultur gar nicht eilig hatte und darin bis ins 18. Jahrhundert hinein hinter dem übrigen Europa zurückstand, schon im 17. Jahrhundert mit Vorliebe Gartenbohnen baute. Gegenwärtig wird die Gartenbohne in Europa in etwa 80 Spielarten gezogen, als deren Haupttypen die *Stangen-* oder *Schminkbohne* mit 3–4 m langem, windendem Stengel, der durch eine Stange unterstützt werden muß, und die *Zwerg-, Kriech-* oder *Buschbohne* mit 0,3–0,5 m hohem aufrechtem Stengel zu betrachten sind. Die Bohnen werden in reifem Zustand *in der Suppe,* als *Salat* oder als *Puree* genossen und dienen gemahlen als Grundlage kräftiger Suppenkonserven. Am liebsten jedoch – und mit Recht, da sie in dieser Gestalt am verdaulichsten sind – verspeist man sie *grün mit der Hülse* sowohl als Gemüse (eingebrannt, mit Essig, mit Butter etc.) oder als Salat. Diese »grünen Bohnen« werden auch, ganz oder zerstückt, roh in Salz oder abgekocht in Essig *eingelegt* oder auch, geschnitten und abgesotten, einfach *getrocknet* und bilden in dieser Form eine wertvolle Hilfsquelle für die Zeit, wo es an frischem Gemüse mangelt.

An der *Feldbohne,* auch *Acker-, Pferde-, Sau-* oder *Puffbohne,* ist das merkwürdigste, daß sie überhaupt keine Bohne, sondern eine Wicke ist. Diese Wickenbohne war bereits Ägyptern, Hebräern und Griechen wohlbekannt, und nur auf sie sind die Erzählungen und Berichte der Alten zu beziehen, wobei jedoch zu beachten ist, daß die Bohnen, deren Genuß der biedere Pythagoras seinen Schülern untersagte, höchstwahrscheinlich keine Puff-, sondern sogenannte »ägyptische Bohnen«, d.h. die Kerne der bei Indern und Ägyptern heilig geachteten Nilrose oder Lotosblume waren. Die Feldbohne stammt aus den Ländern am Kaspischen Meere und wurde schon in vorgeschichtlicher Zeit über Europa verbreitet, wo sie bis zum Auftreten der Gartenbohne namentlich im Süden als Volksnahrungsmittel eine hervorragende Rolle spielte. Bei den Feinschmeckern aber war sie selbst im grauesten Altertum nicht sonderlich beliebt, und ein orphischer Vers behauptet sogar: »Bohnenessen sei schlimmer als Mord und Totschlag«, nämlich Selbstmord. Gegenwärtig wird sie in erster Linie als Viehfutter und erst in zweiter als Gemüsepflanze gebaut. Die Bohnen kommen *halbreif als Gemüse* oder *als Salat* auf den Tisch, und die *grünen Hülsen* werden, *in Butter geschmort*, als Zwischengericht serviert. Die reife Bohne wird selbst im gelobten Land der Hülsenfrüchte, im schönen Spanien, nur von den Armen gegessen. Die blähende Eigenschaft der Bohnen, insbesondere der Puffbohnen, war von jeher verrufen. Der deutsche Volkswitz nannte die lautbar werdenden Folgen des Bohnengenusses schon im 15. Jahrhundert das »Bohnenlied«, und noch heute sagen wir bei einem besonders auffallenden Zuge von Derbheit und Unverfrorenheit: »Das geht über das Bohnenlied.« Ein Franzose nannte die große Bohne (flageolet) »le piano du pauvre«.

Bohnenkraut, *Pfefferkraut, Wurstkraut* oder *Saturei,* ein Würzkraut, das in Südeuropa wild wächst und schon seit der Zeit Karls des Großen in den deutschen Küchengärten gezogen wird. Die Stengel dienen grün oder getrocknet zur Würzung von allerlei Pflanzen- und Fleischgerichten, insbesondere aber des Puffbohnengemüses, das erst dadurch wirklichen Geschmack gewinnt.

Bonbons, in einfachster Gestalt viereckige Zuckerplätzchen, deren Geschmack durch Zusätze von ätherischen Ölen und Fruchtsäften mannigfach variiert wird, und die nach diesen Zusätzen besondere Beinamen, als Vanille-, Zitronen-, Zwiebel-Bonbons usw., erhalten. In der Form stimmen mit diesen gewöhnlichen Bonbons überein die *Gummi-Bonbons,* die in der Regel 33 % Gummi, und die *Brust-* oder *Malzbonbons*, die 80–84 % Malzzukker enthalten. Die *Fruchtbonbons* dagegen ahmen die Gestalt von Früchten nach und sind mit dem entsprechenden Fruchtcrème gefüllt. Zur Rokokozeit spielte die Bonbonière, d.h. die Bonbondose oder Bonbonschachtel, in Damenkreisen dieselbe Rolle wie unter den Herren die Tabatière: die Bonbons waren der Schnupftabak der Damen. Gegenwärtig spielt die Bonbonière bei den Damen fast nur noch im Theater und bei sonstigen feierlichen Gelegenheiten, wie Geburtstag-, Namenstagfeier und als »Vielliebchen« eine Rolle. Aber gleichwohl sind die prädestinierten Bonbonvertilger, die Kinder, bei weitem nicht die Hauptkonsumenten, was sehr für den guten Magen unserer Schönen spricht, da Süßigkeiten leicht im Übermaß genossen werden und dann der Magensaft der gewaltigen Zuckereinfuhr nicht ohne weiteres Herr zu werden vermag. Die Fabrikation der Bonbons, die in Frankreich ihre Heimat hat, ist jetzt allenthalben zu Hause, eines außergewöhnlichen europäischen Rufes aber erfreuen sich zur Zeit die *Schweizer Karamellen* der Firma J. Klaus in Locle (Kanton Neuenburg).

Boonekamp of Maagbitter, ein holländischer Magenliqueur mit der nichts weniger als vertrauenerweckenden Devise: Occidit qui non servat, wird mit Süßholz, griechischem Theriac, Rhabarber, Anis, Fenchel, Aloë, Zittwerwurzel, Curaçaoschalen, Koriander und verschiedenen Gewürzen bereitet, durch die hindurch man den Spiritus destilliert. Der Geschmack dieses Produktes ist ein undefinierbares Gemisch von Süß und Bitter, gleichwohl wird der Liqueur in Deutschland und in Österreich viel getrunken.

Bordeaux, Stapelort der Medocweine –

An deine Hügel und Keller
Gedenk' ich im Nord wie im Süd,
Und ein Meer sehnsüchtiger Träume
Durchflutet mein durstig Gemüt.

Denn dort blühen und reifen sie, die Hochgewächse des Medoc, d.h. der Landschaft unterhalb Bordeaux zu beiden Seiten der Gironde bis hinab zum Meere, dort lagern und rasten sie, die Tonnen voll flüssiger Weisheit, bevor sie hinausgehen in alle Welt, um zu lehren alle Völker – die das nötige Geld für diesen Unterricht in der Tasche haben. Die *Bordeauxweine,* die in England mit demselben Rechte Clarets heißen, nach welchem der Champagner in Deutschland »Sekt« genannt wird, nämlich nach dem Gewohnheitsrecht, zeichnen sich bei vollkommen harmonischem Geschmack, der jeden Grundgeschmack zur Geltung kommen und keinen schroff hervortreten läßt, namentlich durch eine gewisse feine Herbe, durch ein höchst angenehmes Bouquet und durch mildes Feuer aus. Man klassifiziert die Weine in Bordeaux nach »Gewächsen« (crus), d.h. nach bestimmten, genau begrenzten Standorten der Reben, und unterscheidet danach neben den »Hochgewächsen« (grands crus) noch Gewächse erster bis vierter Qualität; nach diesen Qualitätsweinen folgen in absteigender Linie die »Bürgerweine« (bourgeois), die »Landweine« (paysans) und endlich als der schrecklichste der Schrecken der »Kutscherwein« (petit vin), der aber immer noch bei weitem trinkbarer ausfällt als der Surêner oder der deutsche Grüneberger. Unter den *Rotweinen* des Bordelais gelten als Hochgewächse: Chateau Lafitte, Chateau Margaux, Chateau Latour und Haut-Brion; zu denen erster Qualität zählen: Montrose, Mouton, Rauzan, Leoville, Vivans-Durfort, Gruau-Laroze, Lascombe, Branne, Pichon-Longueville, Duern-Beaucaillou und Cos-Destournel; von den Gewächsen zweiter und dritter Qualität endlich sind zu nennen: Cantenac, Kirwan, Saint-Julien, Saint-Laurent, Saint-Estèphe, La Lagune und Pouillac. Die *Weißweine* des Bordelais, die auch nach dem Dorfe *Sauterne* benannt werden, sind wegen ihrer Süße und Vollmundigkeit berühmt. Die Krone derselben und vielleicht aller französischen Weißweine überhaupt ist der *Chateau d'Yquem* von der Besitzung des Barons de Lur-Saluces bei Sauterne, ein wahres Wundergewächs, in welchem feines Bouquet, Vollgeschmack, Feuer, Süße und Würzigkeit sich zu einem bezaubernden Ganzen vereinen. An den Yquem schließen sich als Gewächse erster und zweiter Qualität: Suduiraut, Guirand, Vigneau, Chateau Latour blanche, Coutet, Peyraguey, Rabaut, Doisy-Védrines, Filsot, Crû de Malle u.a.m. Der Trinker merke noch, daß die Bordeauxflasche sofort nach dem Einschenken wieder verkorkt wird; das Gegenteil verrät einen Mangel an Lebensart, denn je gehaltvoller der Wein ist, um so leichter und schneller verflüchtigen sich seine edlen Bestandteile. Im ganzen 18. Jahrhundert hieß übrigens der Bordeauxwein nach einer Weinherrenfamilie de Pontac im Medoc in

Nordeuropa einfach »Pontac«, und unter diesem Namen ist er auch von Karl Bellmann (gest. 1794) poetisch verherrlicht worden, Stoff und Sänger waren in diesem Fall einander wert, denn der Schwede Bellmann war nicht bloß der größten Dichter, sondern auch der besten Trinker einer.

Boretsch oder *Gurkenkraut*, ein südeuropäisches Salatkraut, das noch 1565 als Seltenheit im Lustgarten zu Stuttgart gepflegt wurde, schon seit dem 17. Jahrhundert aber in die Bauerngärten übergegangen und hie und da sogar verwildert ist. Die himmelblauen Blüten wurden mit Zucker eingelegt und als Herzstärkung gegessen, die jungen Blätter aber, wie noch heute, fein zerschnitten ihres Gurkengeschmacks wegen unter den Lattichsalat gemengt, dem sie einen für manche Zungen angenehmen Beigeschmack verleihen.

Bouillon s. Fleischbrühe.

Bowle, ein würziger Kühltrank, welcher aus England zu uns kam und nach dem Gefäß, der Bowle oder Terrine, in welcher er gewöhnlich auf dem Tisch bereitet und serviert wird, seinen Namen hat. Die Hauptbestandteile sind: guter Weiß- oder Rotwein mit einem Zusatz von Rum, Champagner und Zucker, dann Erdbeeren, Orangen, Ananas oder Pfirsiche, auch frischer Waldmeister. Auf die Zubereitung einer guten Bowle sind die Herren oft so stolz wie auf ihr Doktor-Diplom. Es gibt Hunderte von Arten, eine Bowle herzustellen beziehungsweise anzusetzen, die Krone aller aber ist die echte *Maibowle*, die deshalb einen besonderen Artikel verdient.

Brachsen, *Brassen* oder *Brachsmann,* halbwüchsig *Blei* genannt, beim Freiherrn v. Hohberg aber als »Perlfisch« aufgeführt, ein Vetter des Karpfen, der 0,5–1 m lang und 4–10 kg schwer wird, das Kaspische Meer und in Nord- und Mitteleuropa Seen und Flüsse mit schlammigem Grund bewohnt und dort in großen Massen gefangen wird, in Österreich aber seltener und teurer ist als im übrigen Deutschland. Der Geschmack des Brachsen ist abhängig von der Größe des Fisches: »Je kleiner, je gemeiner«, und von seinem mehr oder weniger schlammigen Aufenthaltsort: »Je weicherer Grund, je größerer Schund.« Der Halbfisch oder Blei ist grätig, der erwachsene Brachsen aber von mindestens 5 kg Schwere und aus klarem Wasser darf er sich kühn dem Karpfen an die Seite stellen – nur gilt im Gegensatz zu diesem bei ihm das Mittelstück für das beste. Die Zubereitungsarten sind dieselben wie beim Karpfen, außerdem aber wird er in der Pfanne *im eigenen Fett gebraten* (Brachsen à la Wiel), eine Manier, die das beliebte Braten auf dem Rost um mehrere Pferdelängen übertrifft. Die Hauptfangstätten sind (abgesehen vom Kaspischen Meer, das jährlich etwa 25 Millionen Kilogramm in die Netze liefert, und wo auch aus dem Rogen eine Art Kaviar von gelblicher Farbe bereitet wird) Preußen und Schweden, von wo aus der Fisch nicht bloß *eingesalzen* oder *geräuchert*, sondern im Winter, in Schnee verpackt, auch lebendig versendet wird.

Brachvogel oder *Brachschnepfe*, ein nicht unwürdiges Glied des großen Schnepfenclans, kommt zum Teil als Zug-, zum Teil als Strichvogel in ganz Europa vor, steht aber völlig unter dem Pantoffel der »Mutter der Weisheit«, so daß ihm schwer beizukommen und sein Erscheinen auf der Tafel jedesmal ein Ereignis ist. Eben deshalb wird er auch in der Regel überschätzt und der Schnepfe gleichgestellt, deren Geschmack er in Wahrheit niemals erreicht, obgleich er im Spätsommer allerdings eine höchst leckere Schüssel liefert. Wie selbstverständlich, wird er nur *gebraten*, höchstens noch *als Salmi* serviert, ganz wie die Gevatterin Schnepfe.

Brätling oder *Reitzker*, ein sehr wohlschmeckender Pilz, der ein festes Fleisch mit milchartigem Saft und einen angenehmen Geruch hat. Man findet ihn, am meisten nach einem starken warmen Regen, im Herbst auf Weideplätzen, an Flußrändern und neben einzeln stehenden Bäumen. Der Brätling wird in verschiedener Weise zubereitet. Meistens dünstet man ihn in Butter mit Pfeffer und Salz und gibt ein wenig Fleischbrühe und Petersilie dazu. In Rußland bildet er, in Salz eingelegt, einen nicht unbedeutenden Handelsartikel.

Brandy s. Cognac.

Branntwein, ursprünglich das Produkt der Destillation alkoholhaltiger Flüssigkeiten (Trauben- und Obstwein), gegenwärtig aber zumeist durch eine Verdünnung von Alkohol mit Wasser hergestellt, wirkt in mäßigen Gaben anregend auf den Magen und wird daher vom armen Mann, der sich vorzugsweise von schwer verdaulichen Stoffen (Brot, Kartoffeln etc.) nährt, nicht ohne Ursache stark begehrt. Der Branntwein wirkt aber auch zugleich als Reizmittel auf das Nervensystem, und dieser Eigenschaft wegen wird er nur zu oft im Übermaß genossen und dadurch zum gefährlichen Gift, unter dessen fortgesetzter Reizwirkung die Verdauungsorgane erschlaffen, die Nerven ihre Spannkraft verlieren und schließlich alle Funktionen in Unordnung geraten, so daß der Trinker dem elendsten und schmählichsten Siechtum verfällt. Diesem Übel läßt sich aber nicht durch Moralpredigten durch Heilsarmeen und Mäßigkeitsvereine steuern, sondern einzig – durch reichliches und gesundes Essen. Vor oder nach einer substantiellen Mahlzeit ist ein Glas guten Branntweins ein wahres Utile cum dulci, zugleich ein Genuß und eine Wohltat für den Körper. Darum alle Achtung dem Erfinder, der aber zum Leidwesen aller Guten ebenso unbekannt ist wie das Erfindungsjahr. Wir wissen nur, daß bereits Arnold von Villanova (gest. 1312) einen Liqueur aus Weingeist, Safran und Zucker unter dem verführerischen Namen »Goldwasser« (Aqua auri) als Arznei gebrauchte, daß Vitalis a Furno (gest. 1327) bereits vom Nutzen des Alkohols in der Medizin als von einer anerkannten und bekannten Tatsache redet, und endlich mit geringerer Zuverlässigkeit, daß noch vor Ablauf des 14. Jahrhunderts eine überreiche Weinernte die Bewohner von Modena zur Branntweinbrennerei im großen angeregt hat. Das neue Getränk behielt zunächst den alchimistischen Namen des Alkohols Aqua vitae oder »Lebenswasser« bei (nur daß der Volksmund ihn in Acqua di vite, »Rebwasser«, umdeutete), und der Paduaner Michael Savonarola schrieb noch vor 1431 eine sehr ausführliche Abhandlung: »Von der Kunst, einfachen und zusammengesetzten Aquavit zu bereiten.« In Deutschland, zum wenigsten in Süddeutschland, wurde der Gebrauch und Mißbrauch des Branntweins zwischen 1483 und 1493 in den Städten allgemein, denn während der Augsburger Arzt Michael Schrick ihn im erstgedachten Jahre noch als Heilmittel in den Himmel erhebt, lamentiert er zehn Jahre später ganz erbärmlich darüber, daß »nun schier jedermann gemeiniglichen sich nimmet an, zu trinken den gebrannten Wein«, und ließ auch seine Empfehlung des zum Unhold gewordenen Wohltäters nicht wieder drucken. Durch Deutschland wurden Polen, Rußland und der Norden mit dem »gebrannten Wein« vertraut, und schon zu Ende des 16. Jahrhunderts war der Branntweinsuff ein europäisches Laster. Das Elend des Dreißigjährigen Krieges und seine traurigen Nachwehen steigerten das Bedürfnis nach Betäubungsmitteln, und nun begann man auch aus zucker- und stärkehaltigen Rohstoffen (Obst und Getreide) Branntwein im großen zu erzeugen. Die biedern Schwaben erachteten es zwar noch lange für eine Sünde, das edle Korn zu solch nichtsnutzigem Zwecke zu verwenden, die Norddeutschen aber, denen allerdings das Feuer auf die Finger brannte, da ihr Weinbau und ihr Bierhandel völlig zugrunde gerichtet waren, machten kurzerhand aus der Not eine Tugend und setzten unter der Führung der Reichsstadt Nordhausen einen Kornbranntwein in die Welt, der als *echter Nordhäuser* oder »reines Gotteswort« weit und breit berühmt ward und noch heute seinesgleichen sucht. Im 19. Jahrhundert tat man dann den letzten Schritt: man stellte Branntwein aus den Abfällen der Zuckerfabrikation und namentlich aus Kartoffeln her, wozu allerdings der Schwede Skytte schon 1747 das Verfahren angegeben hatte. Auf diese Weise ist möglich geworden, daß Wien 1890 allein 50788 hl Branntweingeist und 14688 hl fertigen Branntwein importieren und Deutschland im selben Jahr rund 2695000 hl reinen Alkohol verbrauchen konnte. Natürlich hat auch fast jedes Land seinen Leib- und Nationalschnaps: die Schweiz ihren Kirsch, Österreich seinen Slibowitz, Rußland seinen Dobry Wutky, Deutschland seinen Nordhäuser, Frankreich seinen Cognac, Spanien seine Aguardiente, England seinen Gin, Schottland seinen Whisky, Westindien seinen Rum, Mexiko seinen Pulque, Ostindien seinen Arak, die Türkei ihren Raki etc.

Kurzum, es wird in aller Welt Branntwein getrunken, und wenn zuviel getrunken wird, so ist das freilich zu bedauern, im übrigen aber gilt der alte Satz: Abusus non tollit usum (der Mißbrauch hebt den rechten Gebrauch nicht auf).

Bratensauce (franz. jus) wurde früher fast ausschließlich aus geringerem, sehnenreichem Rindfleisch bereitet, das in der Bratschüssel vollständig ausgebraten ward, indem man es über dem Feuer anstach und anschnitt und dadurch zur Hergabe seines Saftes zwang. Gegenwärtig verwendet man auch in der feinen Küche Kalbfleisch statt des Rindfleisches und kräftigt das schwächere Produkt durch einen Zusatz von Fleischextrakt. Die Bratensauce wird nicht bloß als Beigabe zu allen kalten Braten verwendet, sondern dient nicht weniger zur Herstellung kräftiger und pikanter Saucen und zur Verbesserung allzu dünner Bouillonsuppen.

Bratfisch ist der gemeinschaftliche Küchenname für nicht weniger als fünf verschiedene Fische, die von den Fischgelehrten als *Aland* oder Kühling (Idus melanotus), *Döbel,* Dübel oder Alten (Spualius cephalus), *Rotauge* oder Scharl (Scardinius erythrophthalmus), *Plötze,* Bleier oder Frauenfisch (Leuciscus rutilus) und *Häsling,* Hasel oder Zinnfisch (Spualius leuciscus) aufgeführt werden. Diese Braven gehören sämtlich zum edlen Geschlecht der Karpfen und kommen fast in allen Gewässern Mittel- und Nordeuropas vor, sind aber ein wenig aus der Art geschlagen, denn ihr Fleisch entbehrt nicht nur jeder Spur feineren Geschmacks, sondern ist zugleich so mit Gräten gespickt, daß das Verspeisen beispielsweise eines blau gesottenen Dübels unstreitig zu den größten Geduldsproben gehört, die einem Menschen zustoßen können. Die Bratfische kommen daher, wie schon der Name sagt, fast nur *gebraten,* höchstens noch *gebacken* auf den Tisch. Und selbst in dieser Gestalt ist ihnen nicht ohne weiteres zu trauen, denn den Exemplaren aus schlammgründigem Gewässer haftet nicht selten ein unerträglicher Modergeschmack an, so daß der alte Reim:

> Man brate oder back' den Dübel.
> So mundet er doch allzeit übel –

eine bittere, aber unantastbare Wahrheit für manche Gegenden ist. Der Fang der Bratfische wird daher im ganzen mehr gelegentlich als regelmäßig betrieben; nur die Plötze kommt von Pommern aus in größeren Mengen auf den Markt, wertet aber höchstens 0,5 Mark per Kilo.

Bratkunst ist die Fertigkeit, ein Fleischgericht soviel wie möglich mit seinem eigenen Fett ohne Teigumhüllung durch Anwendung offenen oder verdeckten Feuers genußfertig zu machen. Diese hochwichtige Verrichtung erfolgt entweder *am drehenden Spieß*, der leider nur in England und Frankreich wahres Küchengerät, im übrigen Europa dagegen immer noch Luxusgegenstand ist, oder *auf dem Rost*, der jetzt dank mannigfacher Verbesserungen in der Konstruktion zur Freude der Kenner wieder mehr Boden gewinnt, oder endlich *in der Pfanne*, die zur Bequemlichkeit der Köche leider selbst in guten Häusern in Mittel-, Nord- und Osteuropa noch immer die Oberhand behauptet. Die Spießmethode hat zwei unschätzbare Vorzüge: sie sichert die gleichmäßige Bräunung und Krustenbildung beim Braten und ist auf Gerichte jeder Größe anwendbar. Die Rostmethode eignet sich nur für kleine Stücke und stellt besondere Anforderungen an die Aufmerksamkeit des Künstlers, liefert aber ein dem Spießbraten gleichwertiges Produkt. Die Pfannenmethode endlich zeichnet sich durch Bequemlichkeit und Sauberkeit aus, erfordert aber um die Hälfte mehr Zeit als die beiden vorgenannten Bratweisen und gibt namentlich größere Stücke beständig der Gefahr einseitiger und unregelmäßiger Krustenbildung preis. Das Wesentliche beim Braten ist nämlich wie beim Backen die möglichst schnelle und möglichst gleichmäßige Erzeugung einer schützenden und undurchlässigen Rinde um das ganze Stück, die den Saft am Austreten hindert und das Gericht soviel wie möglich in seinem eigenen Fett gar schmoren läßt. Um das Verbrennen dieser Rinde zu verhüten, wird der Braten während der ganzen Dauer der Operation mit dem abträufelnden Safte begossen, der in der Regel mit Butter oder Öl verlängert werden muß, da nur Stücke mit wenigstens 25 % Fettgehalt sich völlig im eigenen Safte bereiten lassen. Trockenes Fleisch (Haar- und Federwildbret) wird daher vor dem Braten gespickt oder völlig in einem Schlafrock aus Speckscheiben gehüllt, oder endlich gleich einem Falschmünzer des Mittelalters in ein Gewand aus ölgetränktem Papier gesteckt – doch beileibe nicht, um radikal darin verbrannt zu werden! Vielmehr ist alle Sorgfalt in diesem Falle darauf zu richten, daß das Gericht nicht nur seinen eigenen Saft bewahre, sondern auch noch den der Umhüllung in sich aufnehme, denn die erste Pflicht eines Bratens ist, saftig zu sein: jeder trockene Braten hat seinen Beruf verfehlt. Deshalb hat sich auch der Künstler mit äußerster Vorsicht vor jeder tödlichen Verletzung seines Objektes, d.h. vor der Beibringung klaffender Stich- oder Schnittwunden, zu hüten, aus denen der kostbare Lebensquell entfliehen könnte, und Koch und Köchin, die sonder Scheu und Ehrfurcht mit ihrem Zwei- oder Dreizack rücksichtslos in den Braten hineinstechen, verdienen ohne viel Federlesens vor versammeltem Kriegsvolk, praesentibus nostris fidelibus, wie es in den alten Urkunden heißt, beim Ohr genommen und schmählich degradiert zu werden. Überhaupt erfordert keine Küchenoperation mehr Aufmerksamkeit, Takt und Übung als das Braten. Ein Versehen um nur eine Minute ist imstande, den aussichtsvollsten Braten rettungslos zu ruinieren und ihn zum Schandpfahl statt zur Ehrensäule seines Schöpfers zu machen. Denn ein gelungener Braten vermag allerdings einem sonst mittelmäßigen Mahle noch eine ehrenhafte Erwähnung zu sichern, ein verpfuschter aber pflegt ein im übrigen ganz vorzügliches Mahl um alle Wirkung zu bringen und die löblichsten Anstrengungen eines Gastgebers völlig zunichte zu machen. Ein guter Braten aber soll, wie gesagt, saftig sein und eine feste, knusperige Rinde haben; daß beim Anschneiden noch Blut fließe, was nach Rumohrs Vorgang vielfach für ein Zeichen der Güte gilt, ist bei kleineren Stücken durchaus nicht notwendig, bei größeren aber freilich unvermeidlich, da ein Bissen von 30 kg sich wohl an der Oberfläche und den zunächst darunter liegenden Schichten auf 100–120° erhitzt, im Innern jedoch höchstens 50–60° erreicht, während der Blutstoff erst bei 70° gerinnt. Der Grundsatz: »Blut muß fließen!« ist daher beim Braten ebenso cum grano salis zu verstehen wie in der Politik. Übrigens ist die Bratkunst die einzige kulinarische Operation, die sich eines ihrer Bedeutung entsprechenden Denkmals erfreut: der Escorial bei Madrid ist nach dem Muster des Rostes erbaut worden, auf dem der heilige Laurentius gebraten ward.

Bratwurst s. Wurst.

Brie-Käse, ein französischer Luxuskäse, der in hölzernen runden Schachteln zu 1,5 bis 2,5 kg in den Handel kommt. Die beste Sorte, aber außer Paris kaum zu haben, ist der »Auswahlkäse« (Fromage de choix). Zum Glück für die Liebhaber muß man aber erst einen Zentner Auswahlkäse gegessen haben, bevor man zwischen ihm und der nächstbesten Sorte, dem sogenannten »Grummtkäse« (Fromage de regain), einen Unterschied spürt. Die dritte und gleichfalls vorzügliche Sorte bildet der kleine, etwa 450 g schwere *Coulommiers-Käse* aus der Gegend von Coulommiers. Die Briekäsefabrikation blüht hauptsächlich in den Departements Seine et Marne, Marne, Oise, Meuse und Aisne, wo im Durchschnitt jährlich 5,5 Millionen Kilogramm Käse erzeugt werden. Das bedeutendste Etablissement daselbst dürfte zur Zeit die Maison de Val bei Revigny (Departement de la Meuse) sein, die jährlich 40000–43000 hl Milch verarbeitet.

Brinsenkäse, ein Produkt der ungarischen und mährischen Karpatenschafe, das eigentlich in Deutschland mehr geschätzt wird als in Österreich selber, mithin etwas Prophetisches an sich hat. Für die beste Sorte wird der Liptauer aus dem Komitat Liptau angesehen, der in kleinen Fäßchen in den Handel kommt.

Broccio, ein Quarkkäse, der in seinen angestammten Binsenformen aus Piemont und Genua nach Lyon und Paris kommt und hier mit Salz oder mit Zucker und Rum und stets mit Genuß verspeist wird, wozu allerdings auch der Umstand beiträgt, daß das Kilo nur 1–1,5 Francs kostet.

Broccoli oder *Spargelkohl*, der nächste Verwandte des Blumenkohls, dem er aber an Zartheit und Feinheit des Geschmacks niemals gleichkommt, wurde als »Pompejanischer Kohl« schon von den Römern gezogen und steht noch heute in Italien in besonderem Ansehen, wird aber auch in Frankreich und in England angebaut. Man unterscheidet drei Arten: *römischen* oder purpurroten, *neapolitanischen* oder weißen und braunen oder *schwarzen* Broccoli, unter welchen der erstgenannte den Vorzug verdient. Zum Küchengebrauch werden die Blumenstiele dieses Gewächses von der äußeren Schale gesäubert und auf eben die Art wie der Blumenkohl zugerichtet, oder sie werden bei größerer Länge bis auf das Mark abgeschält, in fingerlange Stücke zerschnitten, in Bündel gebunden und eine Viertelstunde in frisches Wasser geworfen. Hierauf kocht man sie in Salzwasser fast gar, gießt die erste Brühe weg, kocht sie in Fleischbrühe vollends gar und macht eine ordentliche Spargelbrühe darüber. Mit Essig und Öl, Salz und ein wenig Pfeffer wird er auch kalt als Salat gegessen. Mit Orangen angesäuert schmeckt er ganz vorzüglich. Bei den Italienern gelten die Römer für die geborenen Meister in der Zubereitung des Broccoli.

Brombeeren, die saftigen, weinsäuerlichen, schwarzen Früchte des in 5 oder 6 Spielarten über ganz Europa verbreiteten Brombeerstrauches, fanden zwar schon zur Zeit des Hippokrates (um 400 v. Chr.) in der Medizin Verwendung und sind zu allen Zeiten von den Erwachsenen gelegentlich, von den Kindern geflissentlich gesucht und gegessen worden, erlangten aber erst um die Mitte des 19. Jahrhunderts Eingang in die europäische Küche und die europäischen Obstgärten. In Spanien, wo die treffliche Traubenbrombeere massenhaft als Heckenstrauch angepflanzt wird, macht man sogar noch heutigen Tages in der Küche und auf der Tafel keinen Gebrauch von den zollangen, in dichten Trauben von 20–25 cm Länge beisammenstehenden Früchten, sondern überläßt sie den Kindern, den Zigeunern und den Vögeln. Der Anbau im großen begann um 1850 zuerst im Staate New York, und 1854 wurden bereits für 30000 Dollars Brombeeren auf dem New Yorker Obstmarkt umgesetzt. In Deutschland befaßte sich zuerst, und zwar gleichfalls seit 1850, der Hofgärtner Mäurer in Jena mit der Brombeerzucht, doch ist hier wie in Österreich der Anbau immer noch ein sehr beschränkter. Wie alles Beerenobst, dient die Brombeere vornehmlich zur Bereitung von Kompott und Fruchtkonserven, während der Saft mit Wasser einen erquickenden Kühltrank liefert, der in der Regel als »Himbeerlimonade« bezeichnet wird und sich allerdings kaum von dieser unterscheiden läßt.

Brot, die Speise der Speisen, derer man niemals überdrüssig wird, ist ein Backwerk aus mit Salz gewürztem, ausgegorenem Mehlteig, der in den verschiedenen Ländern und Landesteilen aus ziemlich verschiedenen Grundstoffen bereitet wird. Man unterscheidet im allgemeinen:

Weizen- oder *Weißbrot* aus reinem Weizenmehl (franz. Pain, engl. Bread), ausgezeichnet durch weiße Farbe, reinen und milden Geschmack, leichte Verdaulichkeit und größte Nahrhaftigkeit, da 94,5 % der Trockensubstanz in den Stoffwechsel eintreten. Das Weißbrot hat seit Anfang des 18. Jahrhunderts das Hausbrot in Frankreich gänzlich, in England, Süddeutschland und Österreich gut zur Hälfte verdrängt. Es erscheint vorzugsweise in Gestalt eines langgestreckten Wulstes, nie in großen, runden Laiben wie das Hausbrot, und führt nach Gestalt und Örtlichkeit sehr verschiedene Namen (Semmel, Stuten, Stolle, Schripfe, Wecken, Kipfel usw.). Das Wiener Weißbrot gilt mit Recht für ausgezeichnet.

Bäcker- oder *Hausbrot* (franz. Pain bis-blanc) wird aus einer Mischung von Roggen- und Weizenmehl (bisweilen auch Gerstenmehl) bereitet, hat eine gelbgraue Färbung, schmeckt mehr oder weniger säuerlich und steht an Nahrhaftigkeit dem Weizenbrot am nächsten, da rund 90 % der Trockensubstanz verdaut werden. Es erscheint in gestreckter oder runder Gestalt (Stollen und Laiben) und beherrscht Deutschland, Dänemark, Schweden und Rußland.

Schrot- oder *Grahambrot*, ein sehr schmackhaftes, dichtes Kleienbrot aus geschrotetem Mais oder Weizen, kam im siebenten Jahrzehnt des 19. Jahrhunderts in Europa in Aufnahme und wird als äußerst nahrhaft gerühmt – namentlich die Vegetarier sind es, die ihm zu großer Popularität verhalfen. Es gibt nur 88,5 % seiner Trockensubstanz bei der Verdauung ab.

Roggen- oder *Landbrot* (franz. Pain bis) aus reinem Roggenmehl, schmeckt in der Regel etwas säuerlicher als das Bäckerbrot, steht aber im übrigen diesem gleich. Da nur noch wenige Landwirte ihr Korn in die Mühle schicken, sondern fertiges »Brotmehl« kaufen, ist das Landbrot seit etwa 30 Jahren auf den Aussterbe-Etat gesetzt und selbst in Norddeutschland bereits selten.

Schwarz- oder *Kommißbrot* (franz. Pain noir), eine Art davon ist in Westfalen der *Pumpernickel*, ein dunkelbraunes, fast schwarzes Kleienbrot aus geschrotetem Roggen, hat einen eigentümlichen kräftigen Geschmack, ist aber wenig nährend, da nur 80,7 % der Trockensubstanz verdaut werden. Der Rheinländer und Westfale sucht daher das Starke mit dem Zarten unter einen Hut zu bringen und verspeist nicht reinen Pumpernickel, sondern »Mönch mit Nonne«, d.h., er paart die Schwarzbrotschnitte mit einer Schnitte Weißbrot und schiebt zur Vermeidung übler Nachrede eine Lage Butter und eine Scheibe saftigen Schinkens zwischen beide ein. In dieser Gestalt sollen Mönch und Nonne sogar von verbissenen Freigeistern hoch verehrt werden. Ein echter westfälischer Pumpernickel wiegt 25 bis 30 kg, erscheint (wie fast alles Schwarzbrot) in Gestalt eines länglichen Rechtecks und darf unter allen Umständen nur in Schnitten auf den Tisch gebracht werden. Dies gilt auch von den weit kleineren Zwerg-Pumpernikkeln, wie sie im Handel gewöhnlich sind. Die Franzosen lernten den Pumpernickel während des Siebenjährigen Krieges kennen und machten sich sogar eine eigene Etymologie für den auffälligen Namen zurecht, wonach einer ihrer Dragoner, dessen Pferd Nickel hieß, das ihm im westfälischen Bauernhause angebotene landesübliche Brot mit den Worten zurückgewiesen hätte: »C'est bon pour Nicol« (das mag für meinen Nickel gut sein). Der gemeine Soldat wird allerdings so oder ähnlich gedacht haben, die Offiziere aber fanden den Pumpernickel im Verein mit westfälischem Schinken vortrefflich – und so wurde die feine Tafel um ein Delikatesse, der Handel um einen Artikel reicher. Der Name ist natürlich echt niederdeutsch und eine ähnliche Scherzbezeichnung wie »sanfter Heinrich« für den Gilkaschnaps, »Brotwasser« für den Remsthaler Neckarwein usw.

Gerstenbrot und *Haferbrot*, aus reinem Gersten-, respektive

Hafermehl oder aus einem Gemenge beider, kommen in Österreich gar nicht, in Deutschland nur im armseligen Spessart, häufiger dagegen in der Schweiz, in Griechenland, in Schottland und Skandinavien vor. Diese beiden Brotarten sind unschmackhaft, trocken, von geringem Nährwert und gehören bereits zur Klasse der sogenannten *Hungerbrote*, die in Notzeiten aus allen denkbaren und undenkbaren Rohstoffen (Kartoffeln, Kohlrüben, Roßkastanien, Baumrinde, Moos, Stroh, Laub, Leder etc.) mit einem geringen Zusatz von Getreidemehl hergestellt zu werden pflegen.

Maisbrot, aus reinem Maismehl, ist von blendender Weiße und äußerst nahrhaft – aber widerlich süß und dürr wie Sand. Man stellt daher in Spanien, Italien, Ungarn und Wien Maisbrot aus einem Gemenge von Mais- und Weizen-, respektive Roggenmehl her, das vortrefflich mundet und vorzüglich nährt.

Kastanienbrot, aus zerriebenen Kastanien und mit Sesamsamen bestreut, ist ausschließlich auf Kreta im Gebrauch.

Kleberbrot, ein kleberreiches und stärkearmes Krankenbrot, wird fabrikmäßig in Paris und Mannheim (Bassermann) aus Kleber, etwas Weizenmehl, Weizenkleie und entzuckerten Mandeln hergestellt und schmeckt etwas fade, leistet aber Zuckerkranken wesentliche Dienste.

Kraftbrot, aus Getreide- und Bohnenmehl unter Zusatz von Bierwürze bereitet, liefert Degener & Mirow in Braunschweig. Der Nährwert dieses Brotes ist allerdings bedeutend – aber der Geschmack!!...

Brot ist im allgemeinen schwer verdaulich, und zwar *frisches Brot* mehr als altes, nicht weil beim Altwerden eine chemische Veränderung eintritt, sondern weil frisches Brot sich im Munde leichter zusammenballt, also beim Kauen weniger mit Speichel durchfeuchtet wird und deshalb dem Angriffe der Magensäfte einen stärkeren Widerstand entgegensetzt. Gut gekaut ist halb verdaut! Im übrigen gilt als Regel:

Panis non calidus nec sit nimis inveteratus,
Sed fermentatus, oculatus sit, bene coctus,
Modice salitus, frugibus validis sit electus.

Weder zu alt noch zu frisch, doch locker und tüchtig gebacken, schwach nur gesalzen und dazu aus bestem Korn soll das Brot sein.

Die Brotbereitung ist zweifelsohne eine Erfindung der Ägypter. Von diesen lernten die Hebräer (zu Abrahams Zeit war Brot in Syrien und Phönizien noch ein frommer Wunsch) und die Griechen, unter denen die Athener, die Pariser des Altertums, bereits auf allerlei Phantasie- und Luxusgebäcke (»Alexandrinisches Brot«, eine Art Brotkuchen aus Mehl, Öl, Wein, Milch und Pfeffer) verfielen. Die Griechen verpflanzten die Brotbäckerei nach Italien, wo in der Folge die Römer dem Backofen zum entscheidenden Siege über den Backtiegel und die heiße Asche der Urzeit verhalfen und die Kunst an die Gallier weitergaben, die mit angeborener Findigkeit in Geschmackssachen mit dem alten Sauerteige aufräumten und die Bierhefe als Gärungserzeuger an seine Stelle setzten. Das gallische Weizenbrot stand schon im 4. Jahrhundert n. Chr. im vorzüglichen Ruf. Nachdem die Gallier Franzosen geworden, brachen sie auch mit der hergebrachten halbgewölbten Form des Brotes. Sie formten ihren Teig zu völligen Kugeln (boules), und noch heute heißen die Bäcker danach in Frankreich boulangers, Kugeldreher. Offenbar bevorzugte man also im Mittelalter die Krume vor der Kruste, während heutzutage das Umgekehrte der Fall ist. Von den Franzosen nahmen seit dem 9. Jahrhundert die Deutschen das Brotbacken an, und von Deutschland wurde die Kunst nach dem Norden, nach Osten und Südosten verbreitet, freilich nur sehr langsam, denn Schweden lernte die Brotbäckerei erst im 16. Jahrhundert üben, die Bewohner der Hebriden bequemten sich ihr erst im 19. Jahrhundert an, und Walachen und Rumänen verharren größtenteils noch heute beim angestammten Brei. Für die brotbackenden Völker aber begann mit der zweiten Hälfte des 17. Jahrhunderts eine neue Epoche. Auf der Tafel Ludwigs XIV. erlangte das Weißbrot das Übergewicht, das Brot wurde lockerer, man begann daher die Kruste als Leckerei zu schätzen, und so mußte die Vollkugel zunächst der Halbkugel (Franzbrötchen), dann dem Wulste oder Wecken weichen, der das möglichst größte

Quantum Kruste bietet. Seitdem haben, namentlich im 19. Jahrhundert, die Einführung besserer Getreidesorten sowie die Mahl- und Backtechnik unausgesetzt neue Fortschritte gemacht, und damit ist auch die Qualität des Brotes Schritt für Schritt eine bessere geworden. Das Brot verbessern heißt aber das Volk veredeln, denn der Brotbedarf und der Brotverbrauch ist ein ungeheurer, und der Mensch ist, was er ißt.

Das Brot ist dem Reichen wie dem Armen unentbehrlich. In der Küche des Armen oft das einzige Gericht, ist es auf der Tafel des Reichen der schlichte, aber unerläßliche Grundton für die ganze Polyphonie des Mahles, der kleine, aber kaum zu missende Bindestrich zwischen den Einzelschönheiten des Banketts und daher immer unersetzlich wie die Sonne trotz elektrischer Lampe und Auer-Licht. Aeternum, quaeso, deorum sit munus istud!

Brotwasser, ein einfaches und eben darum vorzügliches Krankengetränk, das durch die französischen Militärärzte der napoleonischen Zeit in ganz Europa eingebürgert wurde. Eine Scheibe gerösteten Brotes wird einfach mit kochendem Wasser abgebrüht und der Trank mit Zucker gesüßt oder mit einem Fruchtsaft gewürzt. Absolut notwendig ist das Kranksein nicht, um diesem Getränke Geschmack abzugewinnen. Das Magenmittel dagegen, das unter dem Namen »Brotwasser« durch Auslaugung von weichem Brot, Zimt, Nelken, Muskatnuß usw. in erwärmtem Weißwein hergestellt wird, ist ein reines Quacksalbergebräu, das in eine beliebige Hexenküche, nicht aber ins Krankenzimmer oder gar auf den Frühstückstisch gehört.

Brunnenkresse, *Bach-* oder *Wasserkresse,* eine Wasserpflanze, die in allen Weltteilen mit Ausnahme Australiens wild oder verwildert vorkommt, in einzelnen Landstrichen jedoch, wie z.B. in Böhmen und Schlesien, fast gänzlich fehlt. Die Griechen genossen die wildwachsende Pflanze roh als harntreibendes Arzneimittel, bei den Römern aber, die das Kraut seines rettigartig scharfen Saftes wegen Nasturtium (eigentlich Nasitortium, Nasenschinder) nannten, wurde die Brunnenkresse bereits in der Küche verwendet und zur Kaiserzeit im Garten kultiviert. Nachmals jedoch blieb sie wieder sich selber überlassen, und noch heute wird in Griechenland, Italien und Spanien keine andere als wildwachsende Brunnenkresse gespeist. Die Pflanze fehlt daher auch in dem berühmten Verzeichnis der Gartengewächse in der Wirtschaftsordnung Karl des Großen (um 800) und wird im ganzen Mittelalter nur von der hl. Hildegard von Bingen (um 1160) erwähnt, die Brunnecrassum, gekocht und dann kalt gegessen, als Fiebermittel empfiehlt. Erst im 16. Jahrhundert wird ihrer wieder als im Garten gezogener Küchenpflanze gedacht, doch blieb ihr Anbau damals noch auf Flandern und das Gebiet des Niederrheins beschränkt. Dort lernte während des Dreißigjährigen Krieges Nicolaus Meißner aus Erfurt den Kressenbau kennen und verpflanzte ihn um 1650 nach seiner Vaterstadt, die seitdem der Brennpunkt der deutschen Brunnenkressenzucht geblieben ist. Frankreich hat die Einführung dieses Kulturzweiges – zu Anfang des 19. Jahrhunderts verbrauchte freilich Paris bereits für 100 000 bis 120 000 Francs Kresse, aber ausschließlich wildwachsende – dem Militärlazarett-Kassendirektor Cardon zu verdanken, der den Kressenbau in Erfurt kennengelernt hatte und 1810 im Tale von Nonette zwischen Senlis und Chantilly die ersten »Klingen« (Kressengräben) anlegte. In Österreich brachte Kaiser Ferdinand I., dessen große Verdienste um die Wiener Küche bisher im stillen geblieben sind, die Brunnenkresse zu Ehren; sie bildete als »Schmackreizung« ein stehendes Gericht der kaiserlichen Tafel, wurde aber damals (um 1550) und noch zu Hohbergs Zeit (um 1689) mit Zucker statt mit Salz gemacht. Die Trefflichkeit des *Brunnenkreß-Salats* mit seinem salzig würzhaften, rettigartigen Geschmack ist eine sattsam bekannte Tatsache, deren Erwähnung genügt, um den Kenner den blühendsten Lenz mit Spargel und grünen Erbsen, jungen Tauben und frischen Makrelen vor die Seele zu zaubern. Außerdem genießt man das Kraut wie Schnittlauch *roh auf Butterbrot* und gebraucht es hin und wieder *als Blattgewürz* wie Bohnenkraut oder Petersilie. An manchen Orten, z.B. in Prag, kommt statt der Brunnenkresse die äußerlich ähnliche, aber minder scharf und dafür mehr bitter schmeckende *Bitterkresse* (Cardamine amara) auf den Markt, ist jedoch am hohlen Stengel leicht von der wahren Salatkresse zu unterscheiden. In Koblenz am Rhein aber serviert man gottvergessenerweise statt der Brunnenkresse gar den zweifellos giftigen, im Schlund wie Schwefelsäure brennenden Sumpfschirm (Sium nodiflorum) und bereitet damit dem arglosen Fremdling ungefähr dasselbe Vergnügen, als wenn man ihm Grüneberger Schattenseite vorsetzte, während er in seiner Unschuld sich auf Rüdesheimer gefaßt gemacht hatte.

Buchweizen, wegen seiner Genügsamkeit auch *Heidekorn* genannt, ein Knöterichgewächs und der Herren Ampfer und Rhabarber nächster Vetter, kam im 15. Jahrhundert durch die Tatarei und Polen nach Nordostdeutschland und empfing hier den Namen von seinen braunen, dreikantigen, bucheckerähnlichen Früchten, die die bekannte *graue* oder *Heidegrütze* und ein zwar zum Brotbacken wenig, aber zu feinen Backwaren trefflich geeignetes *Mehl* von geringem Stickstoffgehalte liefern. Von den beiden in Deutschland kultivierten Arten erscheint der *gemeine Buchweizen* oder *Franzweizen* schon 1436 im Amte Gadebusch in Mecklenburg als Feldfrucht und im ersten Viertel des 16. Jahrhunderts in Oberitalien, wo er seines sonnverbrannten Aussehens wegen den Namen »Saracener-Korn« erhielt. Von Italien aus kam er noch vor 1530 nach Frankreich, war dort aber noch hundert Jahre später (1629) ungemein selten. Dagegen wurde er schon um die Mitte des 16. Säculums im Odenwald, in ganz Norddeutschland und in Brabant häufig gezogen und gelangte vor 1597 auch nach England. Die zweite Art dagegen, der *tatarische* oder *sibirische Buchweizen,* kam erst zu Anfang des 18. Jahrhunderts aus Sibirien nach Petersburg und gelangte erst seit 1737 durch die deutschen Botaniker in russischen Diensten zur Verbreitung. Der Buchweizen ist das Getreide der Sand- und Torfgegenden, der Lausitz, Pommerns, der Mark Brandenburg, Lüneburgs, Jütlands, der holländischen und belgischen Torfdistrikte, der Bretagne usw. und bildete bis zur Mitte des 19. Jahrhunderts einen Hauptkulturzweig und die Hauptnahrung der betreffenden Bevölkerung, wird aber seitdem in Norddeutschland als Feldfrucht immer mehr von der Lupine verdrängt, ohne indessen in gleichem Maße aus der Reihe der Nahrungsmittel zu verschwinden. Deutschland führt daher Buchweizen (1890: 253000, 1891: 366000 q) namentlich aus Rußland und Frankreich ein. *Buchweizengrütze in Wasser* oder *Milch* gekocht, so daß der Löffel darin steht, und mit Butter oder Schmalz gefettet, wird entweder warm verzehrt oder nach dem Erkalten mit dem Messer zerschnitten und wie Zwieback zu warmer Milch gegessen. Dieser Brei ist indessen wenig nahrhaft, daher das niederdeutsche Diktum: »Bookweitenbrie – Bedrögerie« (Buchweizenbrei – Betrügerei, für S. Maj. den Magen nämlich). Auch in Österreich hat der Buchweizen, im 17. Jahrhundert hauptsächlich nur Schweine- und Hühnerfutter, noch immer die Bedeutung einer Hauptfrucht, von der jährlich an 1,5 Millionen Hektoliter geerntet werden.

Büchsenfleisch nennt sich eine Fleischkonserve, die vorzugsweise in Australien, aber auch in Deutschland (L. Lejeune in Berlin) und in Rußland (N. Goegginger in Riga) aus knochenfreiem Rindfleisch in der Weise hergestellt wird, daß man die mit dem schwach gesottenen Fleische gefüllte Blechbüchse im Marienbade oder in kochendem Salzwasser möglichst von Luft befreit und dann luftdicht verlötet. Das Büchsenfleisch steht nicht nur an Nährwert und Wohlfeilheit, sondern auch im Geschmack dem frischen Fleische wesentlich nach und gehört daher unter keinen Umständen auf die gute Tafel. Im Notfalle verdient das deutsche und das russische den Vorzug, denn das australische ist so grobfaserig, daß man sich ebensogut mit Häckselkauen wie mit dem Zermalmen dieser Konserve belustigen kann. Daß man auch Rinderzungen zu Büchsenfleisch entweiht, gehört zu den schwärzesten aller schwarzen Taten, die gewisse Konservenfabriken auf dem Gewissen haben. Vgl. Corned beef.

Bückling, dem Namen nach das höflichste und in Wahrheit ein sehr bescheidenes Wesen, das sich mundartlich auch in einen *Böckling* oder *Pöckling* verwandelt, ist eine der gewöhnlichsten Inkarnationen des braven Herings, die sich im März und April als *Strohbückling* und im August bis in den Oktober als *Herbstbück-*

ling auch auf den bessern Tafeln zeigt. Auch der *Winter-Fettbückling* oder sogenannte *Fleckhering*, der vom November bis März das Feld beherrscht, erfreut sich mit gutem Grunde eines hübschen Rufes, kommt jedoch den zahlreichen höheren Genüssen jener Monate gegenüber wenig zur Geltung. Die Bücklinge werden durch vierundzwanzigstündiges Einlegen des frischen Herings in Salzlake mit nachfolgender Einsperrung in eine besondere Rauchkammer hergestellt und kommen in bester Qualität von Kiel, Emden und Holland aus in den Handel. Man verspeist sie in der Regel zum Butterbrot, Liebhaber aber wärmen sie auf dem Roste und bestreichen sie dann mit Butter oder lassen sie fein zerstückt mit gedämpften Trüffeln in eine Omelette backen. Zu Anfang des 18. Jahrhunderts weichte man sie sogar in Wein ein, briet sie dann auf dem Roste und verzehrte sie mit Senf – eine Vergeudung, die sich heute kein Mensch mehr einfallen läßt. Der Bückling ist freilich die wasserhaltigste aller Fischkonserven (65–70 %), der geringe Preis indessen macht ihn trotzdem zu einem billigen Nahrungsmittel.

Büffel, ein achtbarer Angehöriger der Familie Bos, genannt Rindvieh, der in den Niederungen Indiens daheim ist, aber schon frühzeitig in die Länder am Kaspischen Meere und dann mit den Scharen Attilas in die ungarische Tiefebene gelangte, von woher ihn der Langobardenkönig Agilulf im Jahre 596 nach den Sumpfdistrikten Italiens verpflanzte. Der Büffel befaßt sich nicht nur ohne Widerwillen mit den anstrengendsten Kopfarbeiten, sondern liefert auch, wenn er eine Kuh ist, eine äußerst fetthaltige, nahrhafte Milch und im zarten Alter bis zu drei Jahren einen ganz schmackhaften Braten. Später nimmt das Fleisch einen leichten Moschusgeruch an und wird leidlich zähe, so daß nur die Salamiwurstler dafür Verwendung haben. In der Schweigsamkeit wetteifert der Büffel mit dem großen Strategen Moltke, sein sorglich geschontes Sprachorgan liefert daher einen wirklich schätzenswerten Bissen, der in der Türkei als *geräucherte Büffelzunge* nach Verdienst gewürdigt wird. Die vorzüglichsten Büffelzungen kommen aus Adrianopel.

Burgunder, ein ganz besonderer Saft voll Duft und Feuer, bei dessen Namen des Kenners Pulse kräftiger pochen als das Herz des Liebenden beim Anblick der Geliebten. Schon die Wiege des Burgunders umspielt poetischer Schimmer: ist er doch ein Sohn der Côte d'or, der »goldenen Rippe« Frankreichs, und ein Zögling Aurelians (270–275 n. Chr.), des tatenfertigen »Wiederherstellers des Reichs«, der auch die auf Befehl Domitians vernichteten Weinberge wiederherstellte. Fein und überaus angenehm im Geschmack wie der Bordeaux, aber voller und feuriger und um eine Nuance minder herb, so daß das Aroma in seiner unnachahmlichen Schönheit zur ungeschmälerten Wirkung kommt, ist der Burgunder der rechte Trank für die Sitzungen in »stiller Mitternacht« zu dreien oder vieren, wo das Herz aufgeht und der Mund über. Für die große Tafel und zum Willkomm im Grünen ist er ein wenig zu schwer; dort ist der Bordeaux, hier der Rheinwein an seiner Stelle. Auch der Burgunder rinnt in roter und weißer Welle und in mannigfacher Güte aus verschiedenen Quellen. Unter den *roten Sorten* rangieren an erster Stelle: Romanée-Conti, Chambertin, Richebourg, Clos Vougeot, Romanée-Saint-Vivant, La Tache, Clos Saint-Georges und Corton; daran schließen sich: Clos Prémeau, Clos du Tart, Musigny, Bonnes-Mares, Clos à la Roche, Clos Morjot, Clos Saint-Jean, Vervilles und La Perrière, und als Gewächse zweiter Qualität folgen: Vosnes, Volnay, Nuits, Prémaux, Chambolle, Beaune, Pommard, Morey, Savigny, Meursault und endlich La Ferme de Blagny. Unter den *weißen Sorten* ringt der *Mont-Rachet* vom Dorfe Puligny, ausgezeichnet durch einen leichten, ihm eigentümlichen Haselnußgeschmack, mit dem Chateau d'Yquem um die Palme. La Perrière blanche, La Combotte, La Goutte d'or, La Genevrière und Les Charmes stehen ihm nach, ohne darum zu derogieren, und Rougeot-Wingert und *Chablis*, das treffliche »Austernwasser«, das in den Weingärten Clos Valmur, Mont de Milieu, Clos Grenouille, Vosdésirs und Bougéreau beim Städtchen Chablis zur Welt kommt, sind gleichgalls charmante und beliebte Erscheinungen. Nur alt darf man alle diese Feuerköpfe nicht werden lassen. Mit einem Lustrum auf die

Korke sind sie Helden, mit einem Dezennium Stümper, mattherzige Greise, in denen man kaum die alten Bekannten wiedererkennt. Zum Glück hat der edle Burgunder opferwillige Freunde und Verehrer genug, um in der Regel vor diesem traurigen Lose bewahrt zu bleiben.

Butte s. Flunder.

Butter, der auf rein mechanischem Wege durch Stoßen oder Schütteln aus dem Rahm abgeschiedene Fettstoff der Milch, vorzugsweise der Kuhmilch, bildet eines der wesentlichen Fundamente der Kochkunst, ohne das sich eine erträgliche Küche überhaupt nicht denken läßt. Keine Buttersauce, kein Pastetenteig, kein Bisquit, kein in Butter gebratenes Gericht, kein Gemüse mit Butter, nicht einmal ein lumpiges Butterbrot mit Schinken – wem bräche nicht bei dieser Vorstellung der kalte Angstschweiß aus! Und doch haben – trauriges Los! – die Schöpfer des Sanskrit trotz aller Gelehrsamkeit, die Ägypter trotz aller Weisheit, die Hebräer trotz aller Frömmigkeit, die Griechen trotz aller Findigkeit und die Römer trotz aller Tapferkeit sich ohne Butter durchs Leben schlagen müssen. Die Griechen wußten zwar schon 400 Jahre v. Chr., daß die Skythen und die Phrygier, und die Römer wenigstens im 1. Jahrhundert n. Chr., daß die nordischen »Barbaren« eine Art Butter bereiteten und aßen; sie selber aber benutzten den kostbaren Stoff, der ihnen nur in ölflüssiger, nicht in fester Gestalt vorgekommen zu sein scheint, nur als Salbmittel und als Arznei. Als Erfinder der Butter müssen daher die »Barbaren«, die alten Skythen und die germanischen Stämme in Skandinavien und Norddeutschland, angesehen werden. Aber auch bei diesen war sie noch bis ins 10. Jahrhundert hinein so kostbar, daß ein Klumpen Butter für ein königliches Geschenk galt. In England wurde sogar ihr Gebrauch erst seit dem 15. Jahrhundert allgemein, und die Ostindier lernten sie erst im 17. Jahrhundert durch die Holländer kennen, während die Äthiopier sie allerdings auf eigene Faust erfunden haben und schon zu Strabos Zeit mit ihr vertraut waren. Auf äthiopischen Einfluß dürfte daher die Gewohnheit der Araber zurückzuführen sein, als Morgentrunk eine volle Schale warmer Schmelzbutter zu verzehren, gerade wie der Europäer seine Schokolade, seinen Kaffee oder seine Morgenmilch nimmt, während im allgemeinen die Südländer keine besonderen Butterfreunde sind und ihr das Olivenöl oder, wie die Ungarn, gar das Schweinefett vorziehen. In den Ländern mit strengerem Klima dagegen ist der »Kuhschmer« (kuo-smär, altschwedische Bezeichnung der Butter) ein fast unentbehrliches Nahrungsmittel und ein Artikel des Weltmarktes, der in großartigen Mengen umgesetzt wird.

Aber Butter und Butter ist ein himmelweiter Unterschied. Die österreichische Exportbutter z.B. gehört ohne Frage nicht zu den lieblichsten Geschöpfen auf Gottes Erdboden, während man sich in die Wiener Teebutter bis zum Anbeißen verlieben kann. Gute Butter ist mehr oder weniger gelb (nicht weiß oder rotgelb), geschmeidig und zusammenhängend (nicht bröcklig), fest, durch und durch gleichfarbig und schmeckt und riecht – wie frische Butter, d.h. nicht ranzig. Der Geschmack der Butter und der Menschen ist nämlich in Wahrheit so mannigfaltig, daß der in allen Büchern gepredigte »süße Haselnußgeschmack« keineswegs für unerläßlich angesehen werden darf, vielmehr manche gute Sorte auch ohne ihn ganz vortrefflich mundet. Diese Mannigfaltigkeit des Geschmacks aber hängt wie die Zusammensetzung der Butter (die bei guter marktgängiger Ware durchschnittlich $13^1/_2$ % Wasser, 84 % Fett, 0,75 % Kasein und 0,5 % Milchzucker beträgt) im wesentlichen von der Bearbeitung des Rohstoffs und von der Ernährung der Milchkühe ab, und nach diesen beiden Gesichtspunkten unterscheidet man im allgemeinen folgende Buttersorten.

Teebutter (franz. Tête du beurre), beste Tafelsorte von feinem Geschmack und größter Haltbarkeit, wird aus süßem Rahm bereitet und behauptet in Österreich, Deutschland, Dänemark und Frankreich (Isigny-Butter!) stets die erste Stelle.

Mai- oder *Frühlingsbutter*, nach dem Austreiben der Kühe auf die würzige Frühjahrsweide gewonnen, übertrifft alle andern Sorten an feinem, frischem Aroma und an tiefgelber Farbe, ist aber so wenig haltbar, daß sie in voller Güte fast nur an den Produktionsorten zu haben ist.

Herbst- oder *Stoppelbutter,* in Brüssel *Spergelbutter,* weil das Spergelkraut das vorzüglichste Herbstfutter in Nordbrabant bildet, von hellgelber Farbe und nicht entfernt so würzig wie die Maibutter, aber fester, kerniger und bei weitem haltbarer, wird von August bis Oktober aus saurem Rahm gewonnen und stellt die gangbarste Sorte dar, von deren zahllosen Unterarten in Norddeutschland die *Holsteiner,* in Süddeutschland die *Schweizer,* in Österreich die *Welser* und die *Salzburger,* in Italien die *Mailänder,* in Frankreich die *Bretagner,* in England die *Suffolk-* und *Cheshire-Butter,* in Irland die *Corker,* in Belgien die *Campine-Butter,* in Holland die *Delftländer,* in Schweden die *Skane-Butter,* in Rußland die *Kurländer* und *Livländer,* in Amerika die *Fancy-* und die *Goldrandbutter* für die beste gilt.

Frischmilchbutter, das im Winter von frischmilchenden Kühen gewonnene Produkt, ist freilich eine Stallbutter, wird aber wegen ihres Fettgehalts und ihres Geschmacks der Stoppelbutter gleichgesetzt.

Sommer- oder *Grasbutter,* im Juni und Juli bereitet, steht ebenso der Stoppelbutter an Haltbarkeit wie der Maibutter im Geschmack nach.

Stroh-, Stall- oder *Altmilchbutter,* vom Beginn der Stallfütterung bis zum Kalben der Kühe, also ausschließlich von altmilchenden Tieren gewonnen, ist wegen ihrer Fettarmut die geringste Sorte und schmeckt zudem, wenn der Produzent nicht die größte Sauberkeit im Stall und in der Milchkammer walten läßt, sehr bedenklich »nach dem Kuhschwanz« – um keinen derberen Ausdruck zu gebrauchen.

Schmelzbutter, Rindsschmalz oder kurzweg *Schmalz* (franz. Beurre fondu), eine Butterkonserve von größter Haltbarkeit, die durch Ausschmelzen alle Wasser- und Käseteile verloren hat und somit aus reinem Fett besteht, daher auch weniger leicht verdaulich ist als gewöhnliche Butter. Als Bratenfett fast unentbehrlich, ist die Schmelzbutter wegen ihres Geschmacks und ihrer körnigen Beschaffenheit auf der Tafel völlig unbrauchbar.

Der Gebrauch der ungesalzenen Butter, noch zu Ende des 17.

Jahrhunderts im Deutschen Reich mit Ausschluß Böhmens, Schlesiens und Sachsens allgemein, hat seitdem immer mehr Boden verloren, und gegenwärtig wird weitaus die meiste der besseren Haltbarkeit wegen gleich bei der Bereitung gesalzen. Die Erfinder dieser Dauerbutter und Begründer der Butterproduktion im großen waren die Holländer, die daher schon im 16. Jahrhundert von den Engländern den Spottnamen der »Butterfresser« empfingen. Holland hat auch das einzige historische Diktum über die Butter hervorgebracht. Als nämlich einst bei Tafel ein Spanier den Reichtum seines Vaterlandes rühmte, dessen Bäume zweimal im Jahre reife Früchte brächten, hob der große Oranier Wilhelm nur den Deckel von der Butterbüchse und sagte: »Seht, Señor, Holland hat da eine Frucht, die nicht bloß zweimal im Jahr, sondern alle Tage zeitig wird.« Von den Holländern lernten die Friesen, die Dänen, die Holsteiner und der ganze deutsche Norden, so daß eine Milchwirtschaft dort noch heute eine »Holländerei« heißt, obgleich Schweizer Vieh und Schweizer Hirten schon an 150 Jahre den Mynheers erfolgreich Konkurrenz gemacht haben. Dänemark hat sich sogar ganz auf eigene Füße gestellt und liefert seit etwa 30 Jahren eine *präservierte Butter* in verlöteten Blechbüchsen, die in nicht unbedeutender Menge nach Spanien, Java, China und Japan versandt wird. Gleichwohl behauptet Holland unter allen Butterlieferanten immer noch die erste Stelle, während Frankreich die zweite einnimmt. Aber schon beginnt die *Philadelphia-Butter* nicht bloß in London, sondern auch auf dem Kontinent, eine immer größere Rolle zu spielen, und voraussichtlich wird Amerika noch vor Schluß des 19. Jahrhunderts Europa auch auf diesem Gebiete überflügeln. Der Nationalökonom mag über diese Aussicht die Hände ringen, für den Gastronomen ist sie im höchsten Grad erfreulich, denn die Philadelphia-Butter wird uns wenigstens von der *Kunstbutter* befreien, dieser Ausgeburt der Chemie, die gar keine Butter ist und daher ein besonderes Kapitel erfordert. Siehe Kunstbutter.

Butterbirne s. Birne.

Buttermilch, in der Schweiz *Rührmilch*, die weißblaue, wässerige, angenehm säuerlich schmeckende Flüssigkeit, die nach dem Ausscheiden der Butter aus dem Rahm zurückbleibt. Sie enthält im Durchschnitt 91 % Wasser, 0,75 % Fett, 3,5 % Kasein und 3,75 % Milchzucker, ist also nicht ganz ohne Nährwert. Auf dem Lande meist nur als Schweinefutter benützt, wird sie daher in den Städten durchschnittlich mit 0,05 bis 0,10 Mark pro Liter bezahlt und entweder frisch getrunken oder mit etwas süßem Rahm und Semmelschnitten zu Suppe verkocht. Salat damit anzumachen, nennt Josef Wiel mit Recht »einen gräßlichen Einfall«. Im Calaisis benützt man sie statt des Wassers zum Einsäuern des Brotteiges und erzielt dadurch ein sehr schmackhaftes, sich lange frisch erhaltendes Gebäck. Für Lungenkranke ist sie als Getränk sehr zuträglich – glücklich der, der sie entbehren kann!

C

Vgl. den Buchstaben **K**

Cacio-cavallo, ein merkwürdiger Käse Süditaliens, der seine auffallend schöne goldgelbe Farbe den Rauchwirbeln verdankt, mittels derer er über offenem Feuer zur Reife gebracht wird, seinen Namen aber entweder vom weidereichen Cap Cavallo bei Brindisi oder aber nach seiner sonderbaren Gestalt führt, die vielleicht gleich der Giebelzierat der niedersächsischen Bauernhäuser in grauer Vorzeit einmal einem Pferde (cavallo) ähnlich gesehen haben mag. Gegenwärtig erscheint er zumeist in Form einer Rübe mit einem kleinen, runden Knopfe am stärkeren Ende, schwankt aber in der Größe zwischen einfacher und dreifacher Handlänge, im Gewicht zwischen 0,2 und 10 kg und im Preise zwischen 2 und 4 Mark per Kilo. Man verspeist ihn in der Regel zum Butterbrot, er mundet aber auch zu den Makkaroni, und zwar ebenso gut wie der Parmesaner.

Cakes s. Bisquit.

Camembert-Käse, ein Vetter des Brie-Käse, hat die Gestalt einer runden, flachen Schachtel von etwa 10 cm Durchmesser und gehört zu den schätzenswertesten Erzeugnissen seiner Heimat, der Normandie, wo er 1791 im Dorfe Camembert bei Vimoutiers unter den geschickten Händen der Frau Marie Haret das Licht der Welt erblickte. Seine Herstellung erfordert ungewöhnliche Sorgfalt, die bessere, d.h. die im Winter erzeugte Sorte wird daher auch um 1–1 $^1/_2$ Mark per Kilo teurer bezahlt als der Brie-Käse. Gegenwärtig wird er in den Departements Orne und Calvados fabrikmäßig hergestellt und von dort aus in einfacher Papierpackung in den Handel gebracht.

Cantal-Käse, ein Auvergnat, der in seiner Heimat kurzweg Fourme genannt wird, hat die Gestalt einer Walze von 20–50 cm Durchmesser und Höhe und gehört zwar nicht zu den feinsten, aber zu den verbreitetsten Käsearten Frankreichs, da sein Preis ($^3/_4$–1 $^1/_2$ Mark per Kilo) ein recht mäßiger ist. Die Hauptproduktionsorte des Cantal sind Cantal, Coyau und Salers im Departement Cantal.

Caravaca, guter spanischer Rotwein von der gleichnamigen Stadt in Murcia, der in seinem Vaterland beliebt und berühmt, außerhalb der Grenzen desselben aber nur wenig bekannt ist.

Cardamomen oder *Paradieskörner,* auch *Guineakörner,* heißen die dreifächerigen, mit kleinen, dreikantigen Samen gefüllten Fruchtkapseln verschiedener südasiatischer und afrikanischer Schilfpflanzen, deren Fruchtstände in den letzten Monaten des Jahres eingesammelt und an der Sonne gewelkt werden, bis sich die Kapseln abstreifen und mit Leichtigkeit über schwachem Feuer völlig austrocknen lassen. Man unterscheidet neben zahlreichen Varietäten im allgemeinen vier Hauptsorten, von denen jedoch für die österreichische und deutsche Küche nur zwei in Betracht kommen: die gelben, 1–2 cm langen *kleinen* oder *Malabar-Cardamomen* mit fein gewürzhaftem Geschmack und die graubraunen, 2 $^1/_2$ bis 3 $^1/_2$ cm langen *großen* oder *Ceylon-Cardamomen* mit etwas schärferem Geschmack, die beide von zwei verschiedenen, auf Malabar und auf Ceylon im großen angebauten Spielarten der echten Cardamompflanze herstammen. In ihrer Heimat werden die Cardamomen von uralters her als Gewürz gebraucht, in der europäischen Küche aber lassen sie sich erst seit der Zeit der Araber, also frühestens seit dem 7. Jahrhundert n. Chr., mit Bestimmtheit nachweisen. Vom Ende des 15. bis zu Anfang des 19. Jahrhunderts spielten sie in derselben eine ziemlich wichtige Rolle, da man nicht nur alle möglichen Gerichte und Präparate damit würzte, sondern auch ein *Cardamom*-Konfekt herstellte, das als Herzstärkung für unübertrefflich galt. In Nord- und Osteuropa werden sie noch heute in Menge als Küchengewürz, in Mittel- und Westeuropa dagegen fast nur noch zur Liqueurfabrikation und zur Herstellung feinen Backwerks (Marzipan, Lebkuchen) verwendet, wozu sie sich auch ihres mehr milden als scharfen Würzgeschmackes wegen vortrefflich eignen.

Cardinal ist Bischof in Weiß, d.h., er wird auf ganz dieselbe Weise aus Weißwein wie jener aus Rotwein bereitet.

Cardone, *Karde, spanische* oder *Kardun-Artischocke.* In Südspanien, wo sie ab und zu wild wächst, werden die Stengel bündelweise wie Spargel zu Markte gebracht. Sie scheint aus Nordafrika zu stammen und schon den Römern (nicht aber den Griechen) bekannt gewesen zu sein, gelangte indessen erst spät nach Mitteleuropa, da Clusius, nach dessen Bericht sie damals in Spanien roh zum Fleisch genossen wurde, erst 1564 den ersten Samen nach Flandern schickte und die deutschen Kräuterbücher ihrer erst im 17. Jahrhundert gedenken. Die Cardone ist die Stammpflanze der Artischocke, erfreut sich aber nicht allenthalben derselben Gunst wie ihre schönere Tochter. Sie wird in Griechenland gar nicht, in Österreich und Deutschland nur gelegentlich, in England und Italien schön häufiger, in größerem Maßstabe jedoch nur in Frankreich und in Spanien kultiviert, von wo aus sie auch nach Südamerika gelangte, dort verwilderte und ihrer Stacheln wegen zu einem äußerst lästigen Unkraut geworden ist – wohl das einzige Beispiel, daß eine Nutzpflanze sich in einen gefürchteten Schädling verwandelt hat. Man benutzt die Cardone im wesentlichen wie die Artischocke – doch mit dem Unterschiede, daß nicht die Blütenköpfe, sondern die fleischigen Stengel und die Rippen der dornigen Blätter zur Verwendung kommen. Gut zubereitet, ist sie nicht bloß (von der äußeren Erscheinung abgesehen) der Artischocke vollkommen ebenbürtig, sondern verdient als *Gemüse* wegen ihres kräftigeren Geschmacks sogar den Vorzug vor derselben. Mit gutem Grunde nennt deshalb Grimod de la Reynière (1758–1837), der Aristoteles der Küche, wie Brillat-Savarin ihr Cartesius und Rumohr ihr Leibniz ist, eine Schüssel *Cardonen* mit *Fleischbrühe oder Knochenmark* »das Nec plus ultra unter den Gemüsen« – nur ist dies Gericht ein achtes Weltwunder, das nicht jedem vor den Schnabel kommt, der da möchte.

Cayenne-Pfeffer s. Paprika.

Chablis s. Burgunder.

Chacoli heißen (nicht nach einer Ortschaft, sondern mit einem spanisch-baskischen Koseworte) die leichten, säuerlichen Rot- und Weißweine Nieder-Biskayas, die Gott weiß warum meistenteils aus noch nicht völlig reifen Trauben bereitet werden und daher in der Regel herzlich schlecht sind. Bei gehöriger Behandlung jedoch erreichen sie eine achtenswerte Qualität und verdient namentlich der weiße, moussierende Chacoli mehr Beachtung, als er gegenwärtig findet. Der Ausfuhrpunkt ist Bilbao.

Chambertin s. Beaune und Burgunder.

Champagner, einst der Wein der Könige, jetzt der Wein beider Welten, der jedem Alter, jedem Geschlecht, jeder Zunge und jedem Magen zusagt, dessen prickelnde Süße die zarte Weiblichkeit und dessen sprudelndes Ungestüm die Männerwelt mit der Allgewalt der Liebe anzieht, dem daher allenthalben die Herzen zufliegen und dem allenthalben mit der gleichen Begeisterung gehuldigt wird wie in seinem Vaterland. Denn mögen andere Weine den Sohn der Champagne in mancher Hinsicht übertreffen, in der Schnelligkeit und in der Art der Wirkung kommt ihm keiner gleich. Wie der Sonnenball sich morgens fast im Schwunge über den Horizont erhebt und das Gefilde plötzlich mit goldigem Glanze übergießt, so schießt der Champagner im Nu durch die erschlafften Nerven, entflammt im Handumdrehen das träge Gehirn zu lebendigster Tätigkeit und zeigt Menschen und Dinge in rosigem Licht. Schon der Knall der Pfropfen wirkt erweckend wie ein erster Frühlingssonnenstrahl, die Gedanken erhalten Flügel, und mit dem ersten Glas beginnt die Rede lauter, aber auch frischer, launiger, pointenreicher zu werden. Vinum acuit ingenium, Wein gibt Witz, keiner aber mehr als der Champagner, und selbst von Grund aus schwerfällige Naturen unterliegen diesem Zauber. Champagner ist Wunderwein in des Wortes verwegenster Bedeutung. Diese Vorzüge erklären die Schnelle, mit der der »Teufelswein« der Mönche von Haut-Villers (bei Epernay) alle andern Weine in der Gunst des Publikums überflügelt hat. Denn die Popularität des Champagners datiert erst vom Jahre 1814 ab. Seine Erfindung freilich reicht höchstwahrscheinlich ins 14. Jahrhundert, in die Heroenzeit der Alchimie zurück, da schon Karl VI. von Frankreich und König Wenzel von Böhmen bei einer Zusammenkunft zu Rheims im Mai 1397 sich an schäumendem Wein erbauten. Wilhelm Hamm hat allerdings diese Nachricht angezweifelt, weil die Flaschenverkorkung bis zur Mitte des 18. Jahrhunderts unbekannt gewesen sei – in diesem Falle aber irrt der große Önologe. Die Alchimisten des Mittelalters kannten die Verkorkung sehr gut, und die Mönche von Haut-Villers waren Benediktiner, d.h. grundgelehrte Häuser, die sich sicher auch mit alchimistischen Versuchen befaßten. Auf diesem Wege mögen sie zur Champagnerbereitung gelangt sein, bewahrten aber gleich ihren Brüdern von Fécamp das köstliche Geheimnis und der Aberglaube der albernen Menge, die in dem »Pfropfentreiber« ein Produkt der Hölle witterte, sicherte ihnen den Nießbrauch ihrer Erfindung weit zuverlässiger als irgendein Patent oder Privilegium. Erst unter Ludwig XIV., zur Zeit des kunstverständigen Kellermeisters Dom Pérignon (1670–1715), gelangte der »Knallwein« (vin pétillant) von Haut-Villers zur Kenntnis weiterer Kreise. Um 1700 war er bereits in Paris zu haben, fand aber wenig Anklang – nach Hamm, weil sich die Leute noch immer vor ihm gefürchtet hätten, in Wahrheit weil er nicht bei Hofe vorgestellt und weil die rechte »Dosierung« (Versetzung mit Liqueur) bei der Fabrikation noch nicht erfunden war. Selbst um 1750 bildete er noch keinen integrierenden Bestandteil eines Pariser Banketts, denn Casanova gedenkt seiner unter diesem Jahre nicht. Allmählich aber hob sich der Verbrauch, und im Jahre 1780 konnte die alte Firma Moët in Epernay sich bereits zu der außergewöhnlichen Produktion von 6000 Flaschen versteigen. Von da ab, namentlich aber seit Anfang des 19. Jahrhunderts infolge der napoleonischen Kriege, nahm der Konsum einen immer rascheren und größeren Aufschwung. Den bedeutsamen Wendepunkt in der Geschichte des Champagners jedoch bildet das Jahr 1814, als Deutsche, Österreicher, Engländer, Russen und Schweden bei der ersten Invasion die Bekanntschaft des Wunderweines machten. Es kamen damals unter seinem Einfluß seltsame Dinge vor. Beim Sturm auf Châlons z.B. (4. Februar 1814) geriet General York in nicht geringe Verlegenheit, als die Gewehrsalven eines Bataillons ostpreußischer Füsiliere, das die Vorstadt Saint Memnie behaupten sollte, mit der Zeit immer dünner und seltener wurden. Der Oberst v. Valentini erhielt daher Befehl, die Leute persönlich anzutreiben, fand aber die Sache bei seiner Ankunft in der Vorstadt einfach unmöglich. Die braven Preußen waren über ein Champagner-Depot geraten und hatten sich so kanonenvoll getrunken, daß keine Gewalt der Erde sie wieder auf die Beine bringen konnte. Die Stadt Châlons bezifferte ihren damaligen Verlust auf 47000 Flaschen, und in Epernay büßte das Haus Moët allein auf ähnliche Weise 600000 Flaschen ein – bei alledem aber überwog am Ende der Vorteil den Schaden. Die Ausländer hatten Geschmack am Champagner gefunden, die Bestellungen häuften sich, und schon nach sechs Jahren war nicht bloß der Verlust der Champagne verwunden, sondern auch aus dem Tausender- ein Millionenhandel geworden. Die jährliche Produktion ist sehr ungleich und daher schwer zu schätzen; um 1865 soll sie 30 Millionen Flaschen betragen haben. Das Lager belief sich 1885 auf 57 Millionen Flaschen und dürfte jetzt etwa 80 Millionen Flaschen betragen im Werte von rund 350 Millionen Francs – oder mehr! Zur Ausfuhr gelangten 1885 $21^1/_2$ Millionen Flaschen, wovon auf Amerika 10, auf England 5, auf Rußland 2, auf Deutschland und Österreich $1^1/_2$, auf Holland und auf Belgien je $^1/_2$ Million entfielen. Im Jahre 1890 führte Deutschland 5510, Österreich 5948 q Champagner in Flaschen ein. Der Champagnerhandel rechnet durchgängig nach »Körben«, die aber ebensooft Kisten und in den einzelnen Ländern von verschiedener Größe sind. Im Pariser Kleinhandel enthält 1 Korb 6, im Großhandel 25 Flaschen. In Deutschland, Österreich, Rußland und Skandinavien 25 oder 50 Flaschen. Die Fabrikation des Champagners verteilt sich zur Zeit auf etwa 100 Fabriken in den Präfekturen Rheims, Epernay, Saint-Ménéhould, Châlons und Vitry des Marne-Departements. Die bedeutendsten Firmen darunter sind (zum Teil mit Angabe der Produktion des Jahres 1884 in Millionen Flaschen) in *Rheims*: H. G. Mumm & Co. (3), Perriet Jonet (2), Charles Heidsieck ($1^1/_2$), Pommery & Greno (2), Louis Roederer (1), Heidsieck & Co., P. A. Mumm & Co., Jules Mumm, N. H. Schreider, Ruinart père & fils, Ch. Farr, Krug & Co., Fissé, Thirion & Co., L. Jaunay & Co., Wachter & Co. und – last, not least – Werlé & Co. (0,6), *Clicquot Ponsardin's seliger Witwe* Nachfolger, der Schwiegersohn und Erbe der bravsten aller Frauen (gest. 1866), die in ihrem Leben Millionen Körbe ausgeteilt und doch Millionen Männer beseligt hat, deren Name daher in den Annalen der Kulturgeschichte eine Stelle verdient und derer auch die kommenden Geschlechter noch in Heiterkeit gedenken werden.

An diese Firmen schließen sich als ebenbürtig in *Epernay*: Moët & Chandon ($4^1/_2$), Chanoine Frères, Bazille, Gaignière & Co., De Venoge & Co. und J. Roitel; ferner in Ay: Ayala & Co., Deutz & Geldermann, Renaudin, Bollinger & Co. und Dresel & Aubert; sodann in *Chalons-sur-Marne:* J. Perrier Fils & Co., Chanoine & Dagonet und die Société vinicole (früher Jacquesson et fils); dazu in *Mareuil:* Duc de Montebello, A. Sergent & Co., Boll & Co., B. & S. Irroy, Foucher, Olivier & Co. und Bruch, Foucher & Co.; endlich in *Avize:* Giesler & Co., Koch Fils und F. Bumiller; in *Pierry:* Dutemple & Schultheis u.a.m. Die Weine heißen in der Regel nach der Firma mit kurzer Bezeichnung der Qualität (vin sec, crémant, rosé etc.). Bisweilen führen sie auch einen Phantasienamen, wie z.B. der Jockey-Club von Deutz & Geldermann oder Heidsiecks Monopole.

Aber was ist Champagner? Kurz gesagt: natürlicher Schaumwein, dem die Kohlensäure nicht von außen her gewaltsam eingequetscht, sondern der auf künstlichem Wege nur genötigt wird, das bei der Gärung entwickelte Gas bis zum Augenblicke des Verbrauchs bei sich zu behalten. Die Kohlensäure aber ist die Seele des Champagners: Ihr verdankt er nicht nur sein Mousseux und seine anregende Wirkung, sondern auch den besten Teil seines Aromas und einen guten Teil seines Geschmacks, der im wesentlichen allerdings durch den Zusatz von sogenanntem »Liqueur« (einer Lösung reinen Kandiszuckers in Champagner mit Cognac, Burgunder, Kirschsaft usw.) bestimmt wird. Der größere oder geringere Gehalt an Kohlensäure begründet auch den Unterschied zwischen den drei Arten des Champagners, von denen die erste, der *Cremant* (Rahmwein), den geringsten Gasgehalt hat und nicht eigentlich sprudelt, sondern nur einen reizenden weißen Schaumkranz im Glase entwickelt. Die zweite Art, der *Mousseux* (Sprudelwein), rumort schon stärker und braust beim Abspringen des Korkes lustig über die Flaschenmündung empor. Die dritte Art endlich, der *Grand Mousseux* (Doppelsprudel), schleudert den Pfropfen mit scharfem Knall ins Weite und schäumt auch meist noch beim Einschenken über das Glas hinaus, ist aber gerade dieses lärmenden Übermutes wegen, der ihm in Herrenkreisen stets einen guten Empfang sichert, an der großen Tafel schon seit zwanzig Jahren verpönt, und das mit Recht, denn es schickt sich wahrlich nicht, in Gegenwart der Damen Pistolenschüsse im Speisesaal abzufeuern. Der Farbe nach, die schon durch die Etiquettes angezeigt wird, unterscheidet man *weißen* (carte blanche), *roten* (carte noire), *gelben* (carte jaune) und *blaßroten* (rosé), von denen die letztgenannte Art durch ein Weinfärbemittel, das sogenannte »Fismes«, erzeugt wird. An Stelle des Rosé war früher der mehr bräunliche sogenannte »Rebhuhn« (œil de perdrix) sehr beliebt, ist aber schon seit etwa vierzig Jahren als minderwertig erkannt und einstimmig hinausballotiert worden.

Was endlich die Hauptsache, das Trinken des edlen Weines, anlangt, so stehen sich in diesem Punkt – abgesehen von den mehr oder weniger komischen Einfällen vereinzelter Querköpfe – eine englische und eine französische Schule ziemlich schroff gegenüber. Die Franzosen erklären es für eine himmelschreiende

Scheußlichkeit, eine Todsünde gegen allen Geschmack, neben diesem Süßwein etwas anderes als Bisquit und Konfekt oder höchstens einmal zur Abwechslung Austern zu genießen. Sie nehmen daher ihren Crémant nur zum Dessert und befinden sich dabei um so besser, da der Champagner in diesem Falle kraft seiner lieblich erregenden Wirkung einen verklärenden Schimmer auf die ganze Sitzung wirft und zum Schluß noch jedem Tischgenossen die Möglichkeit bietet, sich von seiner vorteilhaften Seite zu zeigen und dann heitern Sinns von der Gesellschaft zu scheiden. Die Engländer dagegen behaupten, der Champagner errege nach dem Mahl Übelkeit (was man ihnen bei dem Stand ihrer Kochkunst ohne weiteres glauben darf) und servieren ihn daher seit etwa einem Menschenalter gleich von Anfang der Mahlzeit neben jedem Gericht. Der wahre Grund dieser Abweichung vom französischen Brauch ist jedoch nicht gastronomischer, sondern galanter Natur: Die englischen Damen verlassen bekanntlich unmittelbar nach dem letzten Gang den Tisch und den Speisesaal und würden also um den ruhigen Genuß des Champagners kommen, wenn derselbe ausschließlich zum Dessert erschiene. In andern, nicht weniger wichtigen Punkten dagegen sind die beiden feindlichen Schulen und so ziemlich alle Welt durchaus einig. Es steht nämlich fest: erstens, daß der Champagner am besten aus durchsichtigen, umgekehrt kegelförmigen Spitzgläsern zu trinken und das Glas möglichst sofort nach dem Einschenken in einem Zuge zu leeren ist; zweitens, daß der Wein vor dem Genusse »frappiert«, d.h. auf Eis gekühlt werden muß, daß aber seine Temperatur dabei nicht unter +5°C sinken darf; drittens, daß zur Erhaltung dieser Temperatur die Flasche beim Einschenken nicht mit den Händen berührt werden darf, sondern mit einer angefeuchteten Serviette zu umwikkeln oder mit dem sogenannten »Flaschenhalter« zu fassen ist; endlich viertens aber, daß der Champagner sogar dann noch vortrefflich schmeckt, wenn auch alle diese Regeln im Drange der Umstände beiseite gesetzt werden müssen. Der »*Sekt*« – diesen in Norddeutschland eingebürgerten Namen legte der geniale Schauspieler und Trinker Ludwig Devrient (gest. 1832) dem Champagner bei – wird aber nicht nur rein getrunken, sondern bildet auch ein wesentliches Ingredienz zahlreicher Bowlen, Cobblers, Cocktails usw., denen allen er erst den rechten Schliff und Chic gibt.

Deutscher und österreichischer Champagner ist kein Champagner, sondern gehört unter die Rubrik Schaumwein.

Champignon (zu deutsch eigentlich *Angerling* oder *Feldling*, heutzutage häufig *Gartenschwamm*), durch die Franzosen der europäischen Küche einverleibt und daher schon in deutschen Kochbüchern des 17. Jahrhunderts als champion oder champigon aufgeführt, ist neben Morchel und Brätling der verbreitetste und zudem der einzige unter allen unseren Pilzen, der auch durch regelrechte Kultur gewonnen wird. Er kennzeichnet sich durch seinen weißen oder gelblich angehauchten, niemals fettig, sondern rein seideglänzenden Hut von anfangs runder, später glockenförmiger oder platter Gestalt, durch die ursprünglich weißen, dann rosenroten Blättchen auf der Unterseite des Hutes, durch seinen ansprechenden, etwas erdigen Geruch und durch einen nuß- oder anisartigen Geschmack, so daß er sogar ohne weiteres roh gegessen werden kann. Man findet ihn wild vom Juni bis in den Oktober auf Wiesen und Triften, namentlich Pferdeweiden, in Obstgärten und in lichten Wäldern und züchtet ihn künstlich auf kleinen Beeten von Pferdemist (in großem Maßstabe z.B. in den Katakomben von Paris und in den Kohlenschächten Belgiens) zu jeder beliebigen Jahreszeit; auf dem Markt ist er im August und September am häufigsten. Der Champignon wurde schon von den Römern geschätzt, während die Griechen ihn wie alle Pilze mit unüberwindlichem Mißtrauen betrachteten. Nero nannte ihn (ob im Ernst?) Cibus deorum, eine Götterspeise, und seine Hofleute nahmen keinen Anstand, sich dies Gericht mit allereigensten Händen selber zu bereiten, nachdem Kaiser Claudius und der Gardeoberst Annäus Serenus eine unrechte Sorte vorgesetzt erhalten und sich den Tod daran gegessen hatten. Die römischen Legionen teilten den Geschmack an dem ebenso nahrhaften wie billigen Gericht den Galliern und Batavern mit, und diese verliebten sich dermaßen in den Champignon, daß sie sich bei Annahme des Christentums zwar dazu bequemten, die heidnische »Götterspeise« in ein christliches »Teufelsbrot« umzutaufen, im übrigen aber unentwegt bei ihrer Pilzschüssel beharrten. Als Nationalspeise ging daher der Champignon auch auf die Tafel Ludwigs XIV. und damit in die europäische Küche über. Desgleichen ging die künstliche Champignonzucht von Frankreich aus, erlangte aber ihre größte Ausbildung erst zwischen 1840 und 1845 in Brüssel durch den Baron Hoogvorst, der nächtlicherweile sogar in den Stiefeln guter Freunde Pilzkulturen anlegte. Das Hoogvorstsche Verfahren wurde seit 1850 auch in Wien und in London nachgeahmt, der Hauptplatz für Champignon aber ist noch immer Brüssel. Der Champignon bildet, *in Butter gebacken* oder mit *Ochsenmark geschmort*, auf mit frischer Petersilie garnierter Schüssel ein ebenso sehenswertes wie essenswürdiges Gericht, ist aber auch als *Gemüse* mit weißer Ölsauce, *gebacken mit Ragout* oder *farciert* als »Champignonbrötchen« ein wirklicher Leckerbissen. Außerdem dient er als Zusatz zu allerlei Ragouts, zu einer weißen Sauce und getrocknet als Würzpulver sowie zur Bereitung des Ketchup. Der Gehalt des Champignons an Nährstoffen ist ein sehr bedeutender, aber – diese Stoffe sind zum Teil äußerst schwer, unter Umständen gar nicht verdaulich! Der denkende Esser wird daher den pikanten Pilz stets mit besonderer Umsicht und Vorsicht genießen und sich namentlich im Februar mit Mäßigkeit wappnen, da in diesem Monat der Blumenkohl zu fehlen beginnt und daher der Champignon um so häufiger als Zugemüse auf den Tisch kommt.

Charlotte, ein erst in neuerer Zeit zur Anerkennung gelangtes, äußerst liebenswürdiges Wesen, das in Gestalt eines Puddings aus mit Korinthen und Rosinen gemengten Äpfeln, Birnen, Aprikosen oder Pflaumen auftritt. Die Früchte werden zu diesem Behuf vorher mit Zucker und Arak weich gedämpft, in runder, glatter, mit Weißbrot ausgelegter Form gebacken, dann das Gebäck auf eine Schüssel gestürzt und warm auf den Tisch gegeben. Bei der *russischen Charlotte* tritt an Stelle des Weißbrotes mit Madeira getränktes Bisquit, an die Stelle der Früchte eine Fruchtcreme und an Stelle des Backofens der Eisschrank, in welchem das zarte Geschöpf die gehörige Festigkeit und Kaltblütigkeit erlangt, um sich nachmals ohne Klagelaut mit Haut und Haaren verspeisen zu lassen.

Chartreuse *(Kartäuser-Liqueur)*, eine Spielart des im vorigen Jahrhundert sehr geschätzten Liqueurs von Grenoble, die um 1820 von den Mönchen der *großen Kartause* bei Grenoble (Mutterkloster des 1084 gestifteten Kartäuserordens) in den Handel gebracht und fast im Fluge allgemein beliebt wurde. Der Liqueur schmeckt scharf aromatisch und hat einen anis- oder angelikaartigen Geruch. Von den drei verschiedenen Sorten gilt die *weiße* für die geringste, die *gelbe* für mittelgut, die *grüne* für die beste. Da den Mönchen 1864 von Rom aus die Herstellung des Liqueurs im Großen verboten wurde, so ist jetzt nicht mehr die grande Chartreuse selber, sondern die benachbarte Stadt Voiron der Sitz der Fabrikation. Außer der echten Chartreuse von Voiron kommt aber noch eine Chartreuse véritable du père Garnier im Handel vor, die kaum hinter der erstgenannten zurücksteht. Die zahlreichen sonstigen Nachahmungen der echten Chartreuse sind ohne Ausnahme minderwertig.

Chaudeau, *Weinschaum* oder *Weinschnee*, eine Mischung von Wein, Eiern, Zucker und Zitronensaft, die, über dem Feuer mit der Rute gepeitscht, sich in feinen Schaum verwandelt und in diesem Zustand als Warmtrank serviert oder als Beigabe zu Puddings und anderen Mehlspeisen verwendet wird.

Cheddar-Käse, ein seit etwa 30 Jahren in der Union fabrikmäßig hergestellter Kuhkäse von leicht säuerlichem Geschmack, der seit einiger Zeit auch in Europa Eingang gefunden hat. Die einzelnen Käse haben eine genaue zylindrische Gestalt und ein Gewicht von 26–28 kg. Er ist nicht mit dem *englischen Chedderkäse* zu verwechseln, der in den Grafschaften Somerset und Devon fabriziert, aber kaum jemals exportiert wird.

Chester-Käse, berühmter englischer Hartkäse von hochgelber Farbe und scharfem Geschmack, der vorzugsweise in Cheshire und Wilt, aber auch in Holland und Schweden hergestellt wird. Er präsentiert sich in Gestalt einer mehr dicken als langen Walze von

5–25 kg Schwere; es kommen aber auch Exemplare bis zu 50 kg vor, die jedoch, da sie fast zwei Jahre zum Ausreifen brauchen, nur allzuoft mit blaugrünem Schimmel durchsetzt sind.

Chianti (Vino di Chianti), ein ziemlich schwerer, aber geschätzter Rotwein aus der Gegend von Siena im Toskanischen, der in den bekannten Strohflaschen aufgesetzt wird und in jüngeren Jahren als Tischwein, später als Liqueurwein dient. Er kommt über Livorno zur Ausfuhr.

Chiavari-Käse, von arglosen Gemütern bisweilen als »Charivari-Käse« angekündigt, ein Vetter und Landsmann des Broccio aus dem Genuesischen und Mittelitalien, von wo im Durchschnitt jährlich 100000 kg namentlich über Chiavari (an der Eisenbahn zwischen Genua und Pisa) zum Export kommen. Er wird wie die Broccio frisch mit oder ohne Salz gegessen.

Cognac (ursprünglich Eau de vie de Cognac nach dem Namen des Städtchens Cognac im alten Angoumois [jetzt Departement Charante], das sich schon während des 17. Jahrhunderts im Franzbranntwein auszeichnete wie das deutsche Nordhausen im Kornbranntwein) hießen schon um 1820 alle echten Franzbranntweine und heißen gegenwärtig alle Traubenbranntweine überhaupt, wie gering auch ihr Anrecht auf diese Bezeichnung und wie dunkel auch ihre Herkunft sein mag. Guter Cognac, in England vorzugsweise Brandy (Branntwein) genannt, wie ihn das Arrondissement Cognac liefert, kann nur aus gutem, spiegelblankem Wein gewonnen werden und muß dann noch längere Zeit in eichenen Fässern lagern, bevor er die goldgelbe Farbe, das eigentümliche Aroma und den würzig milden Geschmack annimmt, die ihn vor allen anderen Franzbranntweinen auszeichnen. Denn die gedachten Vorzüge sind ihm nicht von Hause aus eigen, sondern werden ihm erst durch das Eichenholz mitgeteilt, von dessen Bestandteilen er namentlich Querzitin und Gerbsäure aufnimmt – letztere bei fehlerhafter Wahl des Faßholzes bisweilen in solcher Menge, daß er dadurch verherbt und dem Trinker eine bitterböse Grimasse abzwingt. Eine ähnliche Grimasse schneidet bisweilen der Käufer, denn eine Flasche einfach gelagerten Cognacs von guten Eltern (De

Lâage, Fils & Co., Martel & Co., Duret & Co., Planat & Co., Hennessy & Co. u.a. in Cognac) ist schon unter Brüdern ihre 5 Mark wert, und der Preis steigt mit dem Alter des Stoffs, obgleich ganz geübte Zungen zwischen zwanzigjährigem und vierzigjährigem Cognac keinen rechten Unterschied mehr finden wollen. Der Cognac dient übrigens nicht bloß als anregender, appetitreizender und verdauungsfördernder Medizintrank, sondern wird auch in der Küche mannigfach verwendet und richtet hier bisweilen großes Unheil an. Denn zwar betrüblich, aber Tatsache ist, daß der weitaus meiste Cognac ein falscher Demetrius ist, der mit dem echten und überhaupt mit dem edlen Rebenblut nicht die geringste Verwandtschaft hat, sondern mit Cognacöl und Spiritus erzeugt und mit falschem Taufschein zum Verderben der Menschheit in die Welt geschickt wird.

Corned beef (auch *Texas-Beef*), eine amerikanische Rindfleischkonserve, die sich vom gewöhnlichen Büchsenfleisch dadurch unterscheidet, daß das Fleisch vor dem Einlegen gepökelt wird. Das Corned beef kommt in großen Quantitäten namentlich über Chikago (Libby MacMeill & Libby) und Saint-Louis (Saint-Louis Beef-Packing-Company) nach Europa und gilt komischerweise auf dem Kontinent beinahe für eine Delikatesse, während es in England mit gutem Grund nur von Arbeitern und in Restaurationen dritten und vierten Ranges gegessen wird.

Crakers sind Krankenbisquits aus Weizenmehl, die sich nur durch 4–5 Prozent Fettgehalt von den Cabins unterscheiden.

Crème, in Deutschland aus alter Gewohnheit noch immer *Creme* geschrieben, bezeichnet im eigentlichen Sinne das Obenaufschwimmende, also das Obers, den Rahm, die Sahne, in übertragener Bedeutung aber das Beste, den Ausbund oder die Auslese einer Sache. In der *Küche* werden als Crèmes solche Speisen bezeichnet, die in einfachster Form aus Schlagsahne mit Wein, Kaffee-Essenz, Vanillezucker, Schokolade, Erdbeermark, Aprikosenmarmelade u. dgl., in vervollkommneter Gestalt aber aus Schlagsahne, Eigelb, Milch und Gelatine mit den nämlichen Zutaten bestehen, stets auf Eis gekühlt und kalt serviert werden.

Die Crèmes stellen somit eine Art Gefrornes dar, für das man geradezu durchs Feuer gehen könnte, da ihr süßwürziger, erfrischender Geschmack selbst für eine verbrannte Zunge ein unübertreffliches Labsal ist; sie werden denn auch als Zwischengerichte besonders von den Damen nach Gebühr geschätzt. – *In der Destillerie* dagegen heißen Crèmes die feinen Liqueure, die besonders stark mit Zucker versetzt und daher dickflüssiger sind als die gewöhnlichen. So enthält beispielsweise gute Crème de menthe (Pfefferminzliqueur) 27–28 Prozent Rohrzucker. Man nimmt sie auch mehr, pour parfumer la bouche, d.h. um sich in guten Geruch zu setzen, als um der Verdauung zu Hilfe zu kommen.

Crevettes s. Garnelen.

Cubeben, die braunen, erbsengroßen, vor der Reife eingesammelten und daher noch mit dem Stiel versehenen Früchte des Cubeben- oder Schwanzpfeffers, einer in Ostindien und auf den Sunda-Inseln heimischen Art des Pfefferstrauchs. Sie bildeten noch um 1830 ein ziemlich gangbares, heute aber fast nur noch in der Liqueurbrennerei verwendetes Gewürz, das vorzugsweise in Kanditengestalt als aromatisches Kaumittel gebraucht wurde, denn weniger scharf und dabei balsamischer als der Pfeffer, erregt die Cubebe beim Kauen nach dem ersten, gewürzhaft brennenden Geschmack eine angenehm kühlende Empfindung im Mund, als ob man einen tüchtigen Schluck frischer Bergluft einatme. Vielleicht wäre auch dies angenehme Kaumittel nicht so völlig außer Kurs gekommen, hätten nicht die Mynheers wie den Muskatnußhandel, so auch den Cubebenbau vollständig monopolisiert gehabt und in ihrer Krämerweisheit auf so hohe Preise gehalten, daß die Cubebe beim Auftauchen des Cachous sofort den Boden im Publikum verlor. Heute ist sie kaum noch bekannt, und daher mag es rühren, daß die liebe Einfalt bisweilen die Rosinen als Cubeben (statt Cibeben) bezeichnet.

Curaçao, ein vorzüglicher, nach Apfelsine duftender Liqueur von braungelber Farbe, der im wesentlichen aus Pomeranzensaft und bestem Rohrzucker hergestellt wird. Er kommt in bester Qualität (aber selten!) von der den Holländern zustehenden Insel Curaçao in Westindien, in guter Ware aber auch aus Holland (Wynand Focking in Amsterdam) und aus Frankreich (P. Bardinet in Limoges) und wird ebenso sehr als Leckerei wie als Magenmittel geschätzt.

Curry-Pulver, ein mit Curcuma gelb gefärbtes indisches Mischgewürz aus schwarzem Pfeffer, Nelkenpfeffer, Gewürznelken, Cardamomen, Paprika, Ingwer, römischem Kümmel und etwas Bockshornklee, das in Ostindien und im Orient sehr beliebt, für europäische Gaumen dagegen seiner Schärfe wegen kaum genießbar ist. Die Lebensmittel-Industrie bringt daher unter dem indischen Namen ganz andere, mildere Mischungen auf den Markt, indem sie namentlich den schwarzen Pfeffer, den Paprika und die Gewürznelken durch Zimt, Zwiebeln und Zitronenschalen ersetzt. In dieser zuträglicheren Form wird das Curry-Pulver auf dem Kontinent hauptsächlich bei Bereitung von Haar- und Federwild-Ragouts verwendet. Neuerdings stellt die Firma C. H. Knorr in Heilbronn a. N. unter der Bezeichnung Curry-Suppe eine Art Fleischextrakt-Konserve her, die mit Wasser eine Suppe von kräftigem, aber keineswegs scharfem Geschmack gibt, also sicher (und zu ihrem Vorteil!) mit dem echten Curry-Pulver nichts zu tun hat.

Czernoseker, der goldfarbige, würzreiche, milde Weißwein des Böhmerlandes, der vom Doppeldorfe Czernosek an der Elbe den Namen hat und nach dem maßgebenden Urteil Wilhelm Hamms »sowohl in Milde als in Bouquet und Feuer unübertroffen dasteht«. Er wird in der ganzen Umgegend von Leitmeritz und Aussig gezogen, immer aber noch nicht in der Quantität, um seiner Qualität allgemeinere Anerkennung zu verschaffen.

D

Dalmatiner, in guter Sorte dem Ungar ebenbürtig, mit dem nicht zu unterschätzenden Vorzug, daß er nicht so stark ins Blut übergeht wie dieser, wurde eigentlich erst 1870 durch den Wiener Weinhändler Hermann Leibenfrost für den Markt entdeckt, hat aber seitdem nicht bloß in Österreich, sondern auch in der Schweiz und in Deutschland treue Anhänger gewonnen. Die Prinzen dieser würdigen Familie sind der Moscato di Rosa von Almissa, der hochgelbe Vugano von Brazza, der aromatische Tartaro von Sebenico, der schwarze Spalato, der dunkelgelbe Maraschina, der schwere Peceno von Curzola, der süße gelbe Ljutun von Spalato u.v.a. Diese ausbruchartigen Edelherren sind jedoch mit Ausnahme des als Dessertwein beliebten *Maraschina* weniger gesucht als die eigentlichen Tischweine, von denen unter den roten namentlich der Opolo von Zara und der Vino nero von Lissa, unter den weißen der St. Margareth von Lissa und der Küstenwein von Lesina in Ruf und Ansehen stehen. Bezugsquellen: Lorenz Dojml in Lissa, Franz Tommasoni in Wien u.a.

Damhirsch, nach gewöhnlicher Annahme kein alteuropäisches Jagdtier, sondern aus Nordafrika eingeführt, doch aber schon zur Zeit Pipins (gest. 768) in Oberdeutschland nichts weniger als selten, ist gegenwärtig über ganz Europa, Kleinasien und Algerien verbreitet und wird ganz wie der Rothirsch gejagt, von dem er sich hauptsächlich durch die geringere Höhe, das getigerte Fell und die breiten Schaufeln am Gehörn unterscheidet. In Österreich wurde das Damwild schon zu Anfang des 17. Jahrhunderts zahlreich in den Tiergärten gehalten, nach Brandenburg aber kam es erst unter dem Großen Kurfürsten (1640–1688), nach Preußen und Pommern erst unter Friedrich Wilhelm I. (1713–1740); gleichwohl wurden im Jahre 1886 im Königreich Preußen 8586, in der österreichischen Monarchie dagegen im Jahre 1890 nur 2764 Stück Damwild erlegt. Das Wildbret wird wie das des Rothirsches zubereitet, ist aber weit zarter und schmackhafter, weil fast immer mit Fett durchwachsen, und erinnert einigermaßen an Hammelfleisch, wie es denn auch beinahe ebenso rasch gerinnt. Der treffliche Diätetiker Josef Wiel empfiehlt es mit Nachdruck als Krankenkost – wer sollte da nicht mitrufen: Viva la dieta!

Danziger Aquavit, früher auch *Danziger Lachsbranntwein* (nach dem Schild der vorzüglichsten Brennerei) oder *Danziger Mennonistenwasser* (weil zumeist von Mennoniten hergestellt), treffliche Kräuterbranntweine und Liköre aus der Stadt Danzig, die im vorigen Jahrhundert im höchsten Ansehen standen und in alle Welt verführt wurden und sich noch heute eines guten Rufes erfreuen. Es gab und gibt davon verschiedene Sorten (Luftwasser, Magenwasser, Ratafia, Caneel, Kümmel, Ingwer, Persico etc.), von denen allen das *Goldwasser* (über Rosenblätter, Zimt und Cardamomen destilliert, dann mit Zucker und auch mit einigen Partikeln wirklichen Blattgoldes versetzt) die bekannteste, die berühmteste aber unstreitig der edle *Krambambuli* ist, den Crescentius Koromandel mit völliger Hingabe an den Stoff so wunderbar besungen hat, daß diesem Schnapslied an Popularität kein einziges unserer zahllosen Weinlieder gleichkommt. Der gute Ruf der Danziger Aquavite hat sogar in Frankreich einen Widerhall gefunden, und schon seit Jahren bringen bedeutende französische Likörfirmen (Brizard & Roger in Bordeaux u.a.) unter der Bezeichnung Eau de vie de Danzig verschiedene Fabrikate auf den Markt, die zum Teil dem echten Danziger in keiner Hinsicht nachstehen.

Darmbeere, *Elsbeere,* in Österreich *Atlas-* oder *Arlesbeere,* die Frucht des Elsbeer-, Egel-, Serse- oder Wildsorbenbaumes, einer Ebereschenart, die in fast allen Gebirgswäldern Süd- und Mitteleuropas vorkommt und ab und zu auch der Beeren halber angepflanzt wird. Diese braunen, verkehrt eiförmigen, hagebuttengroßen Beeren oder Birnen reifen im Oktober, bleiben aber herb, bis der Frost oder das Ablagern auf Stroh sie teigig und mürbe gemacht hat. Man ißt sie roh oder verkocht sie mit Zucker zu einem Fruchtmus, das wie andere Beerengelees auf den Tisch kommt. Außerdem aber dienen sie neben den Vogelbeeren zur Bereitung von Branntweinen, wie z.B. des Jarzebiak (Elsbeer-Aquavit), der Jarzebinka (Elsbeerliqueur) und der Crème aux sorbes (Vogelbeeren-Crème) aus der fürstl. Montleart'schen Brennerei zu Izdebnik in Galizien.

Datteln, in Arabien, Ägypten und der Sahara ein unentbehrliches Nahrungsmittel, das wahre »Brot der Wüste«, bilden in Europa ausschließlich eine Luxusspeise, ein Dessertobst, und das nur, solange sie frisch sind. Die glänzend braune frische Dattel riecht schwach nach Honig und hat einen sehr angenehmen Süßgeschmack, mit der Zeit aber schrumpft sie zusammen, wird ranzig und schmeckt dann geradezu widerlich. Aus dieser Eigenheit erklärt sich die auffällige Tatsache, daß die Dattel auf der zucker- und honigseligen Tafel des Mittelalters und des 16. Jahrhunderts weit weniger beliebt war als die Feige und die Mandel; man erhielt sie bei den damaligen Verkehrsverhältnissen selten frisch genug, um sie von ihrer guten Seite kennenzulernen. Die Neuzeit hat dies Gebrechen beseitigt. Die Heimat der Dattel oder vielmehr des Anbaues der *Dattelpalme,* des gepriesenen Palmbaumes der Dichter und der Bibel (der aber in Palästina nur bei Jericho Früchte brachte und daher nie als Obstbaum genannt wird), umfaßt das ganze Gebiet zwischen dem Euphrat und dem Nil. Von hier aus verbreiteten die Araber den Baum im 8. Jahrhundert n. Chr. ostwärts bis nach Indien, westwärts bis zu den Kanarischen Inseln und nordwärts über Südspanien, Sizilien und Süditalien. Am meisten geschätzt werden noch heute die syrischen »Kalifat-«, die ägyptischen

»Alexandria-«, die »Marokko-« und die langen, vollen »Königsdatteln« von Tunis. Minder gesucht sind die kleineren und härteren sizilianischen und die spanischen Datteln, die im großen beim Städtchen Elche, im kleinen aber in allen Kloster- und Bauerngärten der Provinz Valencia gezogen, und zwar reif, indessen nie so süß und so schmackhaft werden wie die asiatischen und afrikanischen. In Italien kommt die Dattel nur ausnahmsweise zur Reife. Übrigens ist es eine sattsam beglaubigte Tatsache, daß nicht wenige Feinzungen selbst beim Wein die einfache Nuß oder Traube der besten Dattel vorziehen. Deswegen aber verfehlt noch kein Stück »Brot der Wüste« seinen Beruf, denn die Jugend ißt es unter allen Umständen »für ihr Leben gern« – sogar ohne Zutat.

Deidesheimer, ein Kind der fröhlichen Pfalz und nicht der geringsten eines, sondern ein herziger, süßer Junge, der die Zunge mit köstlicher Würze kitzelt und die Kehle hinabgleitet wie eine Elle Samt. Sein Geburtsort ist das Städtchen Deidesheim an der Haart, seine Leibfarbe weiß, doch tritt er auch als Rotrock auf. Leider muß er seinen ehrlichen Namen nur gar zu oft für seine kleinen Landsleute, den Frankentaler, Dittesfelder, Sibeldinger usw. herleihen, die ihm nicht das Wasser reichen, aber doch – um auch ihnen gerecht zu werden – den Vorzug haben, daß sie, wie alle Haartweine, minder sauer sind als der Mosel und sich namentlich in ihren jüngeren Jahren mit Vergnügen trinken lassen.

Dickwurz s. Mangold.

Dill nennt sich ein stattliches, meterhohes Würzkraut mit bläulich bereiftem Stengel, fein gefiederten Blättern und großer, dreißig- bis fünfzigstrahliger Doldenblüte, das als Zierpflanze gelten würde, wenn es kein Küchenkraut wäre. Die ganze Pflanze riecht und schmeckt stark fenchelartig. Man gebraucht daher die frischen Blätter zerschnitten als Suppen- und Sauerkraut-, ausnahmsweise wohl auch als Fleischgewürz, zur Bereitung einer vorzüglichen Sauce, vor allem aber die grünen Dolden mit dem halbreifen Samen *beim Einlegen der sauern Gurken*, deren Geschmack wesentlich von der Frische des verwendeten Dills abhängt. Die Pflanze ist in Südeuropa einheimisch, gelangte aber, wie ihr deutscher Name bezeugt, schon frühzeitig nach Deutschland und zu weiter Verbreitung. Erwähnt wird sie zuerst in der Wirtschaftsordnung Karls des Großen (um 800); in England dagegen begann ihr Anbau erst 1560 aus spanischem Samen. Gegenwärtig wird sie in den deutschen Gärten weniger kultiviert, als sie sich vielmehr wie der Boretsch selber auspflanzt. Die Römer schmückten sich bei ihren Festmahlen bisweilen mit Dillkränzen und hielten den Dill für ein ausgezeichnetes Mittel gegen die Narrheit.

Dinkel, *Spelt* oder *Spelz,* eine der drei Arten des Speltweizens, war wahrscheinlich den Ägyptern und Hebräern völlig unbekannt, bildete aber zweifelsohne das älteste Getreide der Römer, da nach seinem Namen Far alles Mehl im Lateinischen Farina genannt wurde. Die Römer verpflanzten den Dinkelbau schon im 1. Jahrhundert n. Chr. in die Schweiz und nach Süddeutschland, wo er noch heutigen Tages am stärksten betrieben wird. Der Dinkel liefert ein Mehl von außerordentlicher Feinheit und Weiße, das deshalb für Bisquits, Konfekt und überhaupt Luxusgebäcke bevorzugt wird.

Döbel, *Dübel* s. Bratfisch.

Dornroche oder *Nagelroche,* eine auf der ganzen Oberseite des platten Körpers, namentlich aber längs des Schwanzes mit starken, rosendornartig gekrümmten Knochenstacheln bewehrte Rochenart, liefert ein zwar grobfaseriges, aber weißes, schmackhaftes und verdauliches Fleisch, das gekocht, noch besser aber gebraten ganz vorzüglich mundet und in Italien, in Frankreich und in London den Herbst und Winter über in großen Mengen konsumiert wird. Der Fisch ist an allen europäischen Küsten mit Ausnahme der norwegischen und der Ostseegestade durchaus häufig und erreicht bei durchschnittlich 80 cm Länge und 50 bis 60 cm Breite ein ansehnliches Gewicht, so daß in Frankreich und England beträchtliche Mengen eingesalzen und getrocknet werden, während in Deutschland, von einigen wenigen Küstenplätzen der Nordsee abgesehen, selbst die Fischer nichts mit dem wehrhaften Gesellen anzufangen wissen und im Binnenland sein Fleisch sehr zum Schaden der bürgerlichen Küche durchaus unbekannt ist.

Dorsch (d.h. Dörrfisch), genauer *Ostsee-Dorsch*, ist eine Spielart des Kabeljaus oder Hochsee-Dorsches, die ausschließlich in der Ostsee vorkommt und bei 50 cm Länge und höchstens 15 kg Schwere an Zartheit und Wohlgeschmack den Kabeljau in demselben Maße übertrifft, in welchem sie ihm an Größe und an Schwere nachsteht. Der Fisch ist daher frisch sehr gesucht, und noch vor fünfzig Jahren galt frischer Ostsee-Dorsch für ein Herrenessen, während ihn heutzutage auch der Arme haben kann. Er kommt ausschließlich *gesotten mit Senf- oder weißer Ölsauce* auf den Tisch, das Fleisch ist aber so weich und zart, daß beim Kochen die größte Sorgfalt beobachtet werden muß, damit der Fisch nicht aus den Gräten fällt. Gedörrt ist er übrigens um kein Haar besser als der Stockfisch.

Dragée hieß ursprünglich alles kleinere Zuckerwerk oder Konfekt aus Gummi und Zucker, also Zuckerkörner, Zuckererbsen, bunter Hagel, Zuckerringe, Zuckerkränze usw. Schon im vorigen Jahrhundert aber verstand man darunter vorzugsweise die Konfekte, die heutzutage zumeist als *Kanditen* bezeichnet werden, nämlich mit Zucker überzogene Mandeln, Nüsse, Pistazien, Aniskörner etc. Diese beiden Bedeutungen sind jedoch veraltet, und gegenwärtig nennt man Dragée oder auch *Schokoladen-Dragée* die gleichfalls kandierten Nachahmungen derartiger Früchte etc. aus Schokoladenmasse.

Drossel s. Kleinvögel.

Durrha, *Dari, Mohrenhirse, Kafferkorn, Sirk* oder *Sorgo* ist das Urgetreide Afrikas, wo die schwarzbraunen Körner vom Nil bis zum Kap als Grütze genossen oder zu Brot gebacken werden, auch den Kaffern zur Bereitung ihres *Hirsebiers* und eines Bieressigs (Tiala) dienen. Die Durrha ist ein stattliches $1^1/_2$ bis 2 m hohes Gras mit breiten, hellgrünen Blättern und großen, rotgelben Blütenrispen, die auf dem Felde einen schönen Anblick gewähren und der Pflanze auch Eingang in unsere Blumengärten verschafft haben. Sie ist aber auch die ertragreichste aller Getreidepflanzen, daher nahmen die Araber – den Griechen und Römern war sie unbekannt geblieben – sich ihrer mit Eifer an und verbreiteten sie ostwärts bis nach Indien, westwärts nach Spanien und ebenso nach Italien, wo ihrer bereits im 13. Jahrhundert gedacht wird. Um 1520 gelangte sie aus Italien nach Frankreich und wenig später aus der Schweiz auch nach Deutschland, wo sie jedoch erst seit 1830 eine größere Verbreitung fand. Gegenwärtig wird die Mohrenhirse in Ostindien, Armenien, Kleinasien, Afrika und ganz Süd- und Mitteleuropa vielfach kultiviert, in Norddeutschland aber, wo sie selten zur Reife gelangt, nur als Futterpflanze. In Österreich ist der Sorgobau hauptsächlich in Istrien, Dalmatien und dem Flachland von Görz und Gradisca verbreitet und wurden 1890 im ganzen 30370 hl gewonnen. Leider hat das Durrha-Mehl bei großem Stärkegehalt eine dunkle Farbe und ist daher für die höheren Zwecke der Luxusbäckerei nicht verwendbar.

E

Eberraute, *Eberreis* oder *Stabwurz,* eine in Kleinasien und Südeuropa heimische Beifußart mit gelblicher Blüte, die ihres lieblichen Zitronenduftes wegen in Mittel- und Nordeuropa teils als Zier-, teils als Nutzpflanze im Garten gezogen und in der Küche genau wie der gewöhnliche Beifuß verwendet wird.

Edamer Käse wird in der Provinz Nordholland zumeist aus halbfetter Milch bereitet, mit Leinöl poliert, mit Tournesol-Lappen rot gerieben und von Edam aus in den Handel gebracht. Die »Tournesol-Lappen« werden zum Käsefärben eigens präpariert, indem man Hanftuch mit dem Saft des Lakmuskrautes tränkt und dann die blaue Farbe durch Ammoniakdämpfe in eine violette verwandelt; durch kräftiges Reiben mit diesen Lappen erhält der Käse seine rote Rinde. Bei seinen vertrauten Anhängern, deren Zahl nicht gering ist, heißt er übrigens nicht »Edamer« sondern seiner Kugelgestalt wegen *Katzenkopf.* Und diesen Katzenkopf lassen sich die empfindlichsten Menschen ohne Widerspruch gefallen – sogar wenn er 4 kg wiegt!

Eicheln sind allerdings ein ganz vorzügliches Schweinefutter, für den normalen Menschen aber bilden sie ein hochnotpeinliches Schreckensgericht, dessen Scheußlichkeit selbst die entartetsten Zungen nicht zu bemänteln wagen. Bei alledem gibt es nicht nur einen *Eichelkakao* (in ganz verzweifelten Fällen mit Milch bereitet immerhin genießbar!), sondern auch einen *Eichelkaffee*, d.h. ein infernalisches schwarzes Pulver aus geschälten, gerösteten und gemahlenen Eicheln mit dito Zichorie, das sich als Mokka-Surrogat aufzuspielen wagt und sich mit dem Namen *Gesundheitskaffee* brüstet. Was eigentlich an dieser satanischen Mischung gesund sein soll, wissen die Götter, was aber ungesund, weil brechenerregend daran ist, kann sich jeder Vollsinnige selber ausmalen. Jedenfalls ist der Genuß des »Gesundheitskaffees« nur bei unmittelbarer Gefährdung des Lebens durch den Durst zu entschuldigen, die Bereitung und Verbreitung dieses Surrogates dagegen – mit nichts.

Eier, die kalkumpanzerten, aus Eiweiß und Dotter zusammengeschachtelten Keimlinge der Vogelwelt, bilden das internationalste aller Nahrungsmittel, weil sie nicht bloß überaus nährkräftig, bequem verwahrbar und rasch bereitbar, sondern auch allgemein verbreitet und vor allem bei aller Verschiedenheit der Produzenten im wesentlichen von ein und demselben ansprechenden, wenn auch nicht sonderlich ausgeprägten Geschmack sind. Allerdings besteht beispielsweise zwischen dem Seemöwen- und dem Entenei, dem Kibitz- und dem Hühnerei ein unverkennbarer Geschmacksunterschied, der uns berechtigt, die *Möwen-* und die *Kibitzeier* in die erste, die *Krähen-*, *Feldhuhn-*, *Wildenten-* und *Wildgänseeier* in die zweite, alle übrigen aber mit den *Hühnereiern* in die dritte Klasse zu setzen – aber dieser Unterschied ist nie so groß, nie so wesentlich, daß irgend jemand sich versucht fühlen könnte, etwa das Hühnerei auf sich beruhen zu lassen, nur weil ihm das Kibitzei entgangen ist. Die merklichsten Geschmacksverschiedenheiten kommen vielmehr infolge der nach Ort und Gelegenheit sehr verschiedenen Ernährung des Hausgeflügels gerade bei den Hühnereiern vor, so daß z.B. der Abstand zwischen dem Kibitzei und dem Ei eines mit Korn und Lattich gepflegten Perlhuhns weniger groß ist als der Abstand zwischen diesem Perlhuhnei und dem Ei eines vielleicht mit Fischrogen oder Pferdefleisch gefütterten anderen Huhnes. Einen wesentlichen Unterschied dagegen begründet in dieser Richtung unter allen Umständen das *Alter des Eies,* und zwar in dem Grade, daß, wenn das frische Ei für eine Delikatesse gelten darf, das alte und übel verwahrte ohne Rücksicht auf die Herkunft für einen Ausbund von Schlechtigkeit angesehen werden muß. Man sucht sich deshalb in der Küche nach Kräften, und im Durchschnitt mit gutem Erfolg, gegen die Einfuhr alter Ware zu schützen, indem man die Eier entweder »leuchtet«, d.h. im Dunkeln gegen ein Licht hält, wobei sie durchscheinen müssen, oder »wässert«, d.h. in Wasser legt, wobei die frischen untersinken, oder endlich »schwappt«, d.h. sie schüttelt, wobei das alte Ei ein schwappendes Geräusch vernehmen läßt. Besonders begabte Nasen riechen auch schon durch die Schale hindurch den im verderbenden Ei sich entwickelnden Schwefelwasserstoff, und für diese ist natürlich jede andere Probe überflüssig. Jedes gute, d.h. frische Ei aber ist *leicht verdaulich,* sobald nur die Masse in gehörig zerkleinertem Zustand in den Magen gelangt – davon, nicht von der Art der Zubereitung, hängt die leichte Assimilierbarkeit des Eies ab. Auch ein Schwachmagtikus darf daher ohne Bedenken hart gekochte Eier genießen, wenn er sich nur die Mühe nicht verdrießen läßt, sie entweder auf dem Reibeisen oder mit den Zähnen gründlich zu zermalmen.

Kauen, kauen und abermals kauen
Macht Schweinebraten und Eier verdauen!

Freilich aber bietet das rohe Ei die größte, das weich gekochte eine annähernde und das hart gekochte die geringste Garantie für diese gehörige und gründliche Zerkleinerung, und deshalb pflegt man nicht ganz mit Unrecht danach den Grad der Verdaulichkeit zu bemessen. Wem jedoch bei schwachem Magen das rohe und das weiche Ei nicht zusagt, der wird sich auch beim hart gekochten in Pulverform wohlbefinden, namentlich wenn er es mit etwas Essig, also z.B. als Streusel bei den Salaten, zu sich nimmt.

Das rohe, das weiche und das harte Ei sind indessen nur die einfachen Stammformen der Eiverwendung, gewissermaßen die Wurzelstöcke, aus denen unter kundigen Händen eine wahrhaft unabsehbare Fülle der lieblichsten und kräftigsten, der unschuldigsten und der pikantesten Speisen erblüht. Meister Alexandre

Balthasar Laurent Grimod de la Reynière kannte schon im Jahre 1803 nicht weniger als 543 Eiergerichte, jetzt zählen wir etwas über 600, und so würde ein besonderes Eierkochbuch ganz am Platz sein, sowohl der Kunst wie auch der Wissenschaft wegen. Welcher Formenreichtum schon beim *Rührei*! Rührei mit Butter und Rührei mit Bratensauce, Rührei mit Milch und Rührei mit Fleischbrühe, Rührei mit Speck und Rührei mit Blumenkohl, Rührei mit Lachs und Rührei mit Schoten, Rührei mit Trüffeln, Rührei mit Sardellen, mit Schinken, mit Schlackwurst, mit Schnittlauch, mit Rauchfleisch, mit Endivie, mit Bückling, mit Esdragon, mit Champignons, mit Kaviar, mit Körbel, mit Paprika, mit Sauerampfer, mit Petersilie, mit Schalotten, mit Käse, mit Soya, mit Spargel, mit Morcheln, mit Leberwurst, mit saurer Gurke, mit Kapern, mit Basilikum, mit Bohnenkraut, mit Sprotten, mit Flunder, mit Hühnerbrust – kurzum Rührei mit allem, was pikant und kräftig, mit allem was lieblich und würzhaft ist, und doch alles nur Rührei. Und nun das Heer der *Brateier*, der *Spiegeleier*, der *Omeletten*, der *Eierragouts* in Fridatten, in Croustaden, in Muscheln oder in Schwämmen, die Geschwader der *Eierkuchen*, der *Plinzen*, der *Eieraufläufe* und der *kalten Eier* mit Salat oder Sauce, dazu die *Eiermehlspeisen*, die *Eierbackwerke* und die *Eiercrèmes*, endlich noch die Spezialitäten, die *Schönebecker Soleier*, das *Berliner Knickebein*, die *Schweizer Fondue* usw. – kurz und gut, das Ei ist zu allem fähig, es ist eine der Säulen der Küche, bei deren Wegnahme die Kunst elend zusammenbrechen würde, es ist unentbehrlich wie das Salz und wie dieses überall gesucht. Mit einem Worte: nicht die Weltgeschichte, sondern das Ei ist das Weltgericht.

Im Handel wird zwischen den Eiern des Hausgeflügels so gut wie gar kein Unterschied gemacht, und dabei wird's auch bleiben, solange man nach der Stückzahl und nicht nach dem Gewicht handelt. Ein Kibitzei wiegt zwischen 20 und 30, ein Hühnerei 40 bis 60; ein Entenei 60 bis 80, ein Möwen- oder Putenei 90 bis 120, ein Gänseei 120 bis 180 g. Zwei Gänseeier ersetzen also reichlich vier Enteneier oder sechs Hühnereier, d.h. $^1/_4$ kg gutes, halbfettes

Rindfleisch. Leider aber legt die Gans selbst bei bester Pflege höchstens 30, die Ente dagegen ungepflegt bis 60 und gepflegt bis 120, das gewöhnliche Huhn ungepflegt etwa 90, in besserer Rasse bei guter Pflege 120 bis 150, ausnahmsweise auch 180 Eier jährlich; die vielfach nachgesprochene und nachgeschriebene Behauptung mancher Züchter, von einer Ente 220 bis 250, von einem Huhn 250 bis 300 Stück im Jahre zu erzielen, dürfte eine Lüge in den eigenen Geldbeutel sein. In Peru muß das Ei (nach freundlicher Mitteilung des hochverdienten Begründers der Chinakultur, Karl Haskarl) gar als Scheidemünze aushelfen! Mehr dürfte von einem so gebrechlichen Wesen schwerlich zu leisten sein.

Aber der Mensch verlangt mehr. Das Ei ist ihm zu jeder Zeit unentbehrlich, und da der Kolumbus, der es so zu stellen wüßte, daß es sich monatelang gut erhielte, noch immer ausgeblieben ist, so bereitet man durch Eintrocknen der gut durcheinandergemengten Eimasse eine Eierkonserve, das sogenannte *Eierpulver* oder *Eiermehl,* das in Flaschen aufbewahrt und beim Gebrauch in Wasser gelöst wird. Diese Konserve hält sich ziemlich lange und ist daher ein schätzenswerter Notbehelf.

Eierbeere oder *Melanzan-Apfel* heißt die saftige, gänseeigroße, rote oder violette Frucht der Eierpflanze, eines Nachtschattengewächses, das schon im 9. Jahrhundert wahrscheinlich durch die Araber aus Ostindien (Madras) nach Afrika verpflanzt wurde und sich von dort aus über Südeuropa und nach Südamerika verbreitet hat. Die Eierbeere liefert, vorher mit kochendem Wasser abgebrüht, dann mit fettem Rind- und Hammelfleisch gar gekocht und mit etwas Paprika gewürzt, ein treffliches *Gemüse*, namentlich aber, wenn sie in der Röhre geröstet, dann geschält, zu feinem Brei gehackt, mit feingeschnittenen Zwiebeln und einigen gerösteten und geschälten Paprikaschoten gemengt und endlich mit Essig und Öl – oder richtiger mit Öl und Essig, denn das Öl hat den Vortritt! – angemacht wird, einen äußerst pikanten *Salat,* nach welchem der Kenner sich die Finger wund leckt. Die Pflanze wird deshalb in mehreren Spielarten eifrig und im Großen angebaut – leider aber nur in Japan, in den Nilländern, in Algier, an der Guineaküste, in

Südamerika, in Südspanien, in der Provence, bei Rom, bei Neapel, in Serbien und in Rumänien, während Österreich und Deutschland sich bisher mit dem Zusehen begnügt haben und auch noch ferner scheinen begnügen zu wollen. Gott sei's geklagt!

Eierschwamm, *Gelbling, Gelbmännel* oder *Pfifferling,* ein fettig anzufühlender Gesell mit dottergelbem Stiel und Hut und weißgelbem Fleisch, das roh einen etwas scharfen, fast pfefferartigen Geschmack hat, kommt vom Juli ab in allen Wäldern Mitteleuropas, besonders zahlreich aber in den Nadelholzungen vor und wird überall mit Feuereifer gesucht und mit unbestreitbarem Vergnügen gegessen. Auf dem Markt ist er im August und September am häufigsten.

Einkorn, *Peterskorn,* des Dinkels nächster Vetter, wenn nicht Vater, und deshalb auch *wilder* oder *welscher Dinkel* genannt, ist als Urform des Speltweizens und des Emmers zu betrachten, von denen es sich am auffälligsten dadurch unterscheidet, daß jeder Balg nur ein Samenkorn enthält. Das Einkorn ist in Südosteuropa zu Hause und war, wie die Gräberfunde beweisen, schon zur Steinzeit in Ungarn Kulturpflanze. Gegenwärtig wird es auch in den unergiebigen Bergdistrikten der Schweiz, Frankreichs, Spaniens und Süddeutschlands vielfach angebaut und liefert bei geringerem Ertrag ein ebenso schönes Mehl wie der Dinkel.

Eis und Schnee sind in den warmen Ländern von jeher als Kühlmittel geschätzt und zu diesem Zwecke aufgestapelt worden. Schon Salomo (Prov. XXV, 13) redet von der erquicklichen »Kälte des Schnees zur Zeit der Ernte«, Alexander der Große legte bei Belagerung der indischen Veste Aornos oder Petra (329 v. Chr.) regelrechte Eisgruben an, und von den Römern der Kaiserzeit meldet Plinius: »Dieser trinkt Eis, jener Schnee. Man bewahrt auch das Eis für den Sommer auf und hat Mittel gefunden, sogar in den heißesten Monaten Schnee zu erzeugen. Manche kochen gar das Wasser und kühlen es dann wieder, denn dem Menschen sagt kein Ding zu, wie die Natur es gibt.« Die Römer kannten also nicht bloß das Institut der Eiskeller, sondern auch bereits das *Kunsteis,* das seit der Pariser Ausstellung von 1867, wo F. Carré seine billig arbeitende Ammoniak-Eismaschine vorführte, sich mehr und mehr dem *Natureis* auch als Handelsartikel an die Seite zu stellen beginnt. Am ältesten dürfte dieser Roheishandel in Konstantinopel sein, das seinen Bedarf schon zur byzantinischen Zeit vom Olymp bei Brussa holte und noch gegenwärtig jährlich 1½ bis 1¾ Millionen Kilogramm Eis oder vielmehr Schnee aus derselben Quelle bezieht. Auch in Mexiko war die Agua de nieve (mit Schnee gekühltes Wasser) schon vor der Ankunft der Spanier bekannt und bei den Azteken ebenso beliebt. Von Italien aus verpflanzte sich der Gebrauch des Roheises bei Tafel nach Frankreich, wo man zum Ärger der braven Elisabeth Charlotte von der Pfalz (gest. 1722) nicht bloß das Wasser, sondern auch den Wein damit versetzte, und zu Anfang des 18. Jahrhunderts besaßen auch bereits in Deutschland die Fürstenhöfe und vornehmen Haushaltungen ihre Eiskeller und war es sogar »in großen Städten allbereits eingeführt, daß man des Sommers Eis vor Geld pfund- und stückweis konnt' zu Kauf bekommen« (Marperger). Der Großhandel mit Roheis indessen hat erst mit dem Schluß des 18. Jahrhunderts begonnen, allerdings aber seitdem einen fast verblüffenden Umfang angenommen. Die erste Schiffsladung Eis wurde 1799 von New York nach Charleston abgelassen. Sechs Jahre später (1805) verfrachtete der Bostoner Kaufmann Tunlor die erste Sendung nach Westindien (Martinique) und begann von 1833 ab auch nach Ostindien zu exportieren. Um 1850 bildete sich dann die Wenham-Sea-Company, und 1860 betrug der Eisexport der Union bereits 2½ Millionen Meterzentner. Während des Sezessionskrieges geriet auch dieser Handelszweig ins Stocken, nahm aber nach demselben einen neuen Aufschwung, namentlich da die gedachte Gesellschaft nunmehr auch Europa in das Gebiet ihrer Operationen zog und 1865 schon an 450 000 q Gletschereis von Dröbak an der norwegischen Südküste verfrachtete. Zwei Jahre vorher, im Dezember 1863, hatte Davos in der Schweiz die ersten Ladungen Eis nach Paris versandt und damit sein blühendes Eisgeschäft eröffnet. Österreich beteiligt sich an diesem Handel durch Sendungen ab Triest nach Ägypten, die zwischen 300 und 500 q jährlich betragen. Paris verbraucht jährlich etwa 12 Millionen Kilogramm Roheis, der Bedarf der drei biertrinkenden Millionenstädte Europas aber ist begreiflicherweise ein weit größerer.

Das Roheis ist jedoch nur Kühlmittel. Genußmittel dagegen, und zwar ein Genußmittel in des Wortes edelster Bedeutung, ist das *Fruchteis*, das schrecklich kalte und doch schrecklich verführerische *Gefrorene*, das in Wien in derselben vorzüglichen Qualität, aber billiger erzeugt oder vielmehr verkauft wird als in Paris und in Berlin, und das dem Wiener daher mit Recht dermaßen ans Herz gewachsen ist, daß er die Gefriermaschine kurzweg »Gefrornesmaschine« nennt. Was käme aber auch einer Portion Vanille-, Erdbeer- oder Ananas-Gefrorenem gleich! Der kitzelnde Schmerz, den die Kälte dem Gaumen bereitet, ist mit so überschwenglicher Wollust gepaart, daß man nur mit dem Gefühle tiefsten Mitleids der Vorwelt gedenken kann, die diesen Satrapen-Genuß hat entbehren müssen. Kaum fünf Generationen haben nämlich ein Bewußtsein davon, was Gefrorenes oder Fruchteis ist, denn erst um die Mitte des 18. Jahrhunderts tauchte diese Ambrosia bei den gewählten Soupers in den verschwiegenen petites maisons der damaligen Pariser Faubourgs auf. In solch einem großstädtischen Landhäuschen, an der pikanten Tafel einer Tänzerin, einer Schauspielerin oder einer galanten Frau mochte auch wohl jener Hauptmann Collet studiert haben, der als Emigrant 1794 das Fruchteis in New York einbürgerte und mit dieser Industrie ein ansehnliches Vermögen gewann, da die zartere Hälfte der großen Handelsstadt wie recht und billig sofort die tiefste Zuneigung zu dem wunderbaren Leckerbissen faßte. In Paris selber gab es noch 1850 nur zwei Fruchteisfirmen, die in dem Rufe standen, ein wirklich klassisches Gefrornes zu liefern, und zehn Jahre später hatte sich diese bescheidene Zahl nur erst verdoppelt. Mit der Verbesserung der Eismaschinen aber und namentlich seit der Einführung des Gebrauchs der Fruchtäther oder Fruchtessenzen an Stelle der wirklichen Fruchtsäfte gibt es überhaupt kaum noch ein Kaffeehaus, wo nicht auch Gefrorenes zu haben wäre. Freilich ist es oft danach.

Ellritze, *Ellerling, Ellring, Spierling,* auch *Pfrille, Pfelle, Mil-*

ling oder *Bambele*, ein allerliebster, schlanker und pfeilgeschwinder Wasserkobold von etwa 10 cm Länge, der sich banden- und herdenweise (daher auch *Hunderttausendfischl*) in allen klargründigen Gewässern Mittel- und Nordeuropas umhertummelt und im Mai und Juni namentlich im Rheinland zu Tausenden gefangen und gesotten oder mariniert verspeist wird. Das Fleisch hat einen eigentümlich bittern Geschmack, der bei einem größern Fisch unleidlich sein würde, über den man aber bei der Ellritze gern hinwegsieht unter dem Vorwand, daß diese Bitterkeit gesund sei.

Emmentaler, in Deutschland schlichtweg *Schweizer Käse*, der feinste und berühmteste Hartkäse der Schweiz, wurde ursprünglich nur im Emmental des Kantons Bern bereitet und hier seine Herstellung sogar im 17. Jahrhundert durch die gnädigen Herren von Bern »in väterlicher Liebe und Vorsorge« ein wenig verboten, wird aber heutzutage nicht bloß im Berner Mittelland, im Oberammergau, im Thurgau, in Freiberg und in St. Gallen, sondern auch im Allgäu, in West- und Ostpreußen, in Rußland und sogar in Nordamerika fabriziert und imitiert. Der Emmentaler begann seine Laufbahn zu Ende des 18. Jahrhunderts, wurde aber damals nur nach dem Elsaß, nach Lothringen und nach Paris einerseits und nach Hessen andererseits exportiert und ausschließlich in den Sennereien auf den Alpen hergestellt. Die Schweizer behaupten sogar noch heute, daß der Alpenkäse besser schmecke als der Talkäse. Noch 1810 betrug die ganze Käseausfuhr des Kantons Bern nur 5000 q. Fünf Jahre später aber (1815) legte Oberst Rudolf v. Effinger zu Wildegg auf seinem Gute Kirsen die erste und schon 1822 zu Wangen, wo er inzwischen Oberamtmann geworden, die zweite Talkäserei an und begründete damit einen der bedeutendsten landwirtschaftlichen Industriezweige der Schweiz. Der echte Emmentaler erscheint in Mühlsteinform zu 50 bis 100 kg Gewicht und zeichnet sich durch dünne und feste Rinde und gleichförmige Masse mit gleichmäßig verteilten, mittelgroßen »Augen« aus. Gar keine Augen kennzeichnen den »Blinden«, unförmlich große den »Geblähten«, zahlreiche kleine und ungleichmäßig verteilte den »Nüßler«, endlich Risse in der Masse bei verschwindend wenig

Augen den »Gläsler« – lauter Unglückliche, die in der Geburt verpfuscht wurden und daher von der großen Tafel ausgeschlossen sind. Als Spielart des Emmentalers ist neben dem *Allgäuer Rundkäse* (s.d.) noch der *Greyerzer Käse* (in Frankreich Fromage de Gruyères, in Österreich *Groyer Käse*) zu nennen, der hauptsächlich zu Greyerz (Gruyères) im Kanton Freiburg, aber auch im Waadtland, in Neuenburg und in den französischen Departements Doubs und Jura bereitet wird, zwischen 30 und 40 kg wiegt und dem Emmentaler in der Feinheit des Geschmacks nicht immer, aber doch bisweilen völlig gleichkommt.

Endivie, der Zichorie rechte Base und im wesentlichen nur durch den Geschmack von ihr verschieden, wird gewöhnlich für ein geborenes Hindu-Fräulein ausgegeben, ist aber höchstwahrscheinlich erst durch die Araber nach Indien gelangt, da die Mutterpflanze noch heute im Mittelmeergebiet (z.B. auf Sizilien und in Dalmatien) wild wächst. In Italien und in Griechenland wird die Pflanze heutzutage kaum beachtet, es ist daher sehr fraglich, ob die Alten sich jemals ihrer bedient haben. In ganz Spanien dagegen bildet sie das beliebteste Wintersalatgewächs, und wahrscheinlich von dorther ist sie als fertige Kulturpflanze nach Frankreich, Deutschland und Österreich gekommen. In Stuttgart erscheint sie 1565 als Zögling des herzoglichen Lustgartens, in Norddeutschland dagegen war sie noch um 1590 vollkommen unbekannt. In Österreich zog man schon um 1650 verschiedene Spielarten, und gegenwärtig dürfte sie wie die Brunnenkresse so ziemlich über die ganze Erde verbreitet sein. Die Endivie dient ausschließlich zum *Salat*, und zwar besonders zum Wintersalat, da ihr den Sommer über der Lattich allzu starke Konkurrenz macht. Kräftiger als dieser, aber doch weit weniger bitter als die Zichorie, empfiehlt sie sich besonders zu fettem Braten – nur darf man sie nicht in Essig ersäufen, denn ihr balsamischer Eigengeschmack geht dabei weit leichter verloren als die Bitterkeit der Zichorie und die aromatische Frische des Lattichs.

Ente, im höhern Sinn ein schreckliches Wesen, das vom eigenen Vater verleugnet zu werden pflegt, im gemeinen Verstand dagegen eine ganz anmutige Erscheinung, die namentlich gebraten allgemeine Anerkennung findet, lebt in verschiedenen Arten sowohl zahm auf den Geflügelhöfen als wild auf den Gewässern Europas, Asiens, Nordafrikas und Nordamerikas, erfreut sich ausnahmslos eines sehr gesunden Appetits und einer gesegneten Verdauung und schwärmt förmlich für das stärkste aller Getränke, das liebe Wasser, das bekanntlich mit Panzerkolossen Fangball spielt, unter dessen Wucht der Mutter Erde alle Rippen im Leibe krachen würden. *Gebratene Ente,* mit der eigenen Sauce serviert, ist allemal vorzüglich – wenn die Ente jung war. Leider aber gibt es durchaus kein äußeres Kennzeichen für das Alter einer erwachsenen Ente, und daher sind betrübliche und beklagenswerte Fehlgriffe beim Einkauf nicht zu vermeiden. Dieses Übelstandes halber – nicht wegen ihres saumäßigen Hantierens im Schmutz, das ihr in der Tierfabel den Namen »Tibbeke mit der Schmutznase« zugezogen hat – ist die Ente in der Küche etwas weniger geachtet, als sie wirklich verdient. Denn auch ein altes Exemplar, wenn es sonst nur fett und fleischig ist, liefert *gedämpft* mit Salmisauce, mit Orangensauce, mit Champignons, mit Sauerkraut, mit Kastanien usw. eine ganz vortreffliche Schüssel, die keinem Gast zum Unheil und keiner Tafel zur Unehre gereicht. Auf der höchsten Höhe jedoch stehen die *gedämpften Entenbrüste* mit *grünen Erbsen,* eine so verführerische, so hinreißende Verbindung des Starken mit dem Zarten, daß man angesichts derselben aufrichtig die geringe Fassungskraft des menschlichen Magens zu bedauern in Versuchung kommt. Die Entensaison umfaßt in Mitteleuropa die vier letzten Monate des Jahres, in Südeuropa dagegen den eigentlichen Winter (Dezember bis Mitte März).

Enzian oder mit vollständigem Titel *Tiroler* (respektive Schweizer) *Gebirgs-Enzian,* ein weitbekannter, schon seit zwei Jahrhunderten gebräuchlicher Magenschnaps von äußerster Bitterkeit, der aus der frischen Wurzel des Schweizer Enzian mit gutem Branntwein bereitet wird und mit Recht als Herz- und Magenstärkung im besten Ansehen steht, denn er bewahrheitet das Sprichwort: »Bitter im Mund, ist im Magen gesund.«

Erbsen werden schon so lange von der Menschheit gepflanzt und gegessen, daß selbst die gründlichsten Gelehrten sich nicht mehr zu erinnern wissen, ob man dabei mit der Gartenerbse oder mit der Felderbse den Anfang gemacht hat. Die weniger empfindliche, gröbere, graue *Felderbse* ist freilich als Wildling in Italien zu Hause, aber in den Steingräbern Ungarns und den Pfahlbauten der Schweiz hat sich nur die zartere, heller gefärbte und wohlschmekkendere *Gartenerbse* gefunden, und auch die griechischen und römischen Autoren gedenken immer nur dieser Art, für deren Heimat man das westliche Asien ansehen möchte – freilich mehr aus lieber alter Gewohnheit denn aus irgendeinem nennenswerten Grund, da sich bisher außer der Felderbse noch nirgends auch nur die Spur einer Mutterpflanze der Gartenerbse hat auftreiben lassen. Wie dem aber auch sei: Die Erbse ist die Königin der Hülsenfrüchte. Schon die Griechen und Römer – den Ägyptern und Hebräern war sie fremd – zogen sie der Bohne und der Linse vor, und in der Klosterküche des Mittelalters erfreute sie sich hoher Schätzung. Für die Popularität der Erbsen aber spricht besonders der Umstand, daß man gleichzeitig ein äußerst lockeres Zwischengericht aus gestoßenen Mandeln mit Honig und Gewürzen »Heidnische« oder »Böhmische Erbsen« nannte, während man heute unter *»Böhmischen Erbsen«* den schlichten Erbsenbrei mit gerösteter Zwiebel versteht. Dieser *Erbsenbrei* hat in mehr oder minder schmackhafter Form von jeher in der Volksernährung eine wichtige Rolle gespielt und nimmt noch heute neben dem Kartoffelbrei in Nord- und Mitteleuropa die erste Stelle unter den Musgerichten ein. »Zum Erbsenbrei rutscht man, wenn man nicht gehen kann«, sagt der Littauer. Österreich ißt demgemäß den weitaus größten Teil seiner Erbsen selber. Bildet doch der Erbsenbrei mit dem Sauerkraut zusammen eine äußerst pikante Grundlage für das Pökelfleisch und in dieser Form unter dem klassischen Namen *»Lehm mit Stroh«* ein norddeutsches Nationalessen, das jedem mundet, aber freilich nicht jedem bekommt, da es wie alle Hülsenfruchtgerichte einen handfesten Magen erfordert.

Auffällig und schwer zu erklären scheint bei dieser althergebrachten Beliebtheit der *dürren Erbse* die Tatsache, daß man bis ins 17. Jahrhundert hinein kein Wort von den *grünen Erbsen* hört, während doch grüne Bohnen schon in einem Klosterkochbuch des 14. Jahrhunderts vorkommen. Diese Enthaltsamkeit unserer würdigen Vorfahren hatte indessen ihre sehr triftige Ursache: Nach einer beiläufigen Äußerung des kursächsischen Leibarztes Joh. Näve vom Jahre 1564 schmeckten nämlich die grünen Erbsen des 16. Jahrhunderts roh – wie roher Spargel! Es fehlte ihnen also gerade das, was wir an der grünen Erbse am höchsten schätzen, die milde Süße, und eben deshalb konnte von einem Grünerbsen-Gemüse erst seit etwa 1610 die Rede sein, d.h. seitdem unter den Händen der Holländer aus der gewöhnlichen Gartenerbse zunächst die *Stiefel-Zuckererbse* und 1659 aus dem Garten des ehrsamen Jan Babel Adriaans im Haag auch die *Zwerg-Zuckererbse* hervorgegangen war. Diese beiden delikaten Sorten verbreiteten sich im Fluge über ganz Europa – sogar nach England, das bis dahin grüne Erbsen nur als Frauenzimmer-Leckerei gekannt und aus Holland bezogen hatte, und nach der Türkei, wo seit jener Zeit der Insel Chios die Verpflichtung obliegt, ihre ersten grünen Erbsen alljährlich nach Konstantinopel zu senden. In Österreich war schon um 1680 nicht bloß die Stiefel-Zuckererbse in fast allen Küchengärten zu finden, sondern man verstand auch bereits die Kunst, sich durch monatweise aufeinanderfolgende Aussaaten den ganzen Sommer über frische Schoten zur Verfügung zu halten. In Norddeutschland erließ Herzog Georg Wilhelm von Braunschweig-Celle 1679 eine Verordnung, die dem eine Belohnung von einem Taler zusicherte, der den ersten Korb voll grüner Erbsen auf den Markt brächte. Den größten Enthusiasmus aber erregte die grüne Erbse in Frankreich, d.h. in Paris, wo selbst der haushälterische Colbert um 1670 ein einziges Gericht mit 50 Livres bezahlte, wo nach dem Bericht der Frau v. Maintenon vornehme Damen, nachdem sie an der königlichen Tafel reichlich zu Abend gegessen, zu Hause vor dem Schlafengehen noch ein Tellerchen grüne Erbsen verzehrten, wo Frau v. Pompadour später sogar die Hilfe des Polizei-Präsidenten Sartines anrief, um Ludwig XV. die ersten grünen Erbsen vorsetzen zu können, und wo unter dem sparsameren Ludwig XVI. dies kostbare Erstlingsgericht den Generalpächtern überlassen blieb, die es dem glücklichen Züchter mit 800 Livres zu bezahlen pflegten. Das war teuer – aber diese Herren hatten das Geld dazu, und sie ehrten damit nicht nur sich, sondern auch den Gartenbau und vor allem das um diesen Preis erworbene Gemüse. Und welches Gemüse wäre solcher Ehre würdiger? Die grünen Erbsen sind die Maiblumen der Tafel, das schönste Sinnbild des Lenzes, das sich überhaupt denken läßt – namentlich wenn gebratene junge Tauben, gedämpfte Entenbrüste, vergoldete Lammkotelettes oder auch nur gesottene Stockfischschnitten auf diesem weichen, zarten Rasen vor das Antlitz des entzückten Gastes treten. In solchem erhabenen Momente bleibt dem Kenner nur der einzige Wunsch: der Gaumen möchte echte Waldmeisterbowle zu diesem Gericht vertragen und so des Maimonds ganze Wonne in einem einzigen Genusse schmecken können! . . . Übrigens ist die grüne Erbse nichts weniger als anspruchsvoll: Sie verträgt sich mit allem Getier im Luftkreis und auf Erden, sie verschwistert sich in der Suppe ohne Schmollen mit allem gleichzeitigen Gemüse des Küchengartens und läßt sich in hundert verschiedene Verbindungen ein und bleibt doch immer, was sie ist – das Nec plus ultra aller Hülsenfruchtgerichte. Nur als Konserve steht sie entschieden gegen die grüne Bohne zurück, denn in diesem Zustand fehlt ihr feinster Reiz, die reine Jugendfrische, la beauté du diable, wie der Franzose es nennt, die sich eben auf keine Weise konservieren läßt, beim Menschen nicht und auch nicht beim Gemüse. Namentlich erinnern die im Schatten an der Luft getrockneten und ehemals hochberühmten *Russischen grünen Erbsen* fast nur durch die Farbe an ihren Ursprung und sind unter allen Umständen nur ein schwacher Notbehelf, während die Suppenmehle, wie z.B. die *Grünerbsen mit Grünzeug* von Jul. Maggi & Co. zu Kempthal in der Schweiz, im Geschmack doch wenigstens einen Anklang an die wahre grüne Erbse zeigen. Von weit größerem Wert sind in jeder Hinsicht die Gelberbsen-Präparate, die in den verschiedensten Formen und der verschiedensten Zusammensetzung von fast allen

Konservenfabriken (Knorr in Heilbronn, Richard Wagner in Wien, Dennerlein & Co. in Berlin, Ferd. Flörken in Mayon etc.) geliefert werden und mit Recht einen immer größeren Raum nicht bloß in der guten Küche, sondern auch allmählich in der Volksernährung einzunehmen beginnen.

Erbswurst, eine Suppenkonserve aus Erbsenmehl, Speck, Zwiebeln und Gewürz in darmförmiger Hülle aus Pergamentpapier, die 1870 von dem Berliner Koch Grüneberg erfunden wurde und ihrer Verwendung als Armee-Konserve während des Deutsch-Französischen Krieges einen unverhältnismäßig großen Ruf verdankt. Gegenwärtig stellt die Konservenfabrik von H. C. Knorr in Heilbronn dergleichen her, und zwar mit oder ohne Speck, je nach dem Geschmack der Konsumenten.

Erdapfel s. Kartoffel.

Erdbeeren, in Württemberg *Bresslinge,* in Bayern *Rotbeeren,* die saftreichen und würzigen Scheinbeeren des über ganz Europa, Nordamerika und Westasien verbreiteten Erdbeerstrauchs, bilden roh mit Zucker ein so schätzbares und geschätztes Dessertobst und geben mit Milch oder Wein einen so wunderbar aromatischen Kühltrank, daß man nur schwer begreift, wie die Griechen diese Gottesgabe völlig übersehen und die Römer den Anbau derselben unversucht lassen konnten. Die Erdbeerkultur ging nämlich unstreitig erst von den Mauren und von Spanien aus, wo sie noch heute in Valencia und Granada im großen betrieben und die Frucht teils mit Zucker und Milch, teils mit süßem Rotwein (Alicante, Benicarlo und Malaga) oder auch mit herbem Wein und Orangensaft in großen Mengen verbraucht wird. Von Spanien aus gelangte die *Garten-Erdbeere* im 15. Jahrhundert nach dem Languedoc und der Provence, bürgerte sich zur Zeit Symphorien Champiers (gest. 1539) im mittleren Frankreich ein und wurde schon 1570 auch am Niederrhein gezogen. Nach der Türkei kam sie von Wien aus zuerst im Jahre 1681, nachdem England ihr schon seit 1629 in der *virginischen* oder *Himbeer-Erdbeere* aus Kanada eine Konkurrentin zugesellt hatte, zu der 1715 noch die von Frezier aus Chile mitgebrachte *Chili-* oder *Riesen-Erdbeere* und 1767 die aus Cayenne stammende *Ananas-Erdbeere* kamen. Aus der Kreuzung dieser vier verschiedenen Arten sind die 400 Spielarten hervorgegangen, die zur Zeit in den europäischen Gärten gezogen werden und nicht selten durch die Größe ihrer Früchte gerechtes Staunen erregen. So entschieden aber diese Erzeugnisse der Kultur den Markt beherrschen, so wenig haben sie doch die wilde *Walderdbeere* völlig zu verdrängen vermocht, weil ihnen bei alledem das »gewisse Etwas«, der frische, würzige Waldgeruch des Wildlings abgeht. Dieses Duftes wegen verdient die Walderdbeere, ohnehin die Seligkeit der Jugend, die sie selber einheimsen darf, stets und unbedingt den Vorzug, wenn es sich um die Bereitung einer Bowle handelt. Als Dessertobst dagegen ist sie zu unscheinbar, zu wenig ausgiebig – wenigstens für jeden Esser, der nicht die Gabe besitzt, schon am bloßen Duft genug zu haben. Hier sind vielmehr die großen, delikaten Gartenfrüchte an ihrer Stelle, deren Saftfülle dem Geschmacke ersetzt, was etwa der Geruch entbehren muß. Auch bei der Crème-, Marmeladen- und Kompottbereitung verdienen die großen Früchte den Vorzug, sowohl der größeren Ergiebigkeit wie des mindern Zuckerbedarfs wegen. Auch wird es der feinsten Zunge nie gelingen, etwa zwischen einer *Thüringer Walderdbeer-Marmelade* und dem *Elsasser Ananas-Erdbeer-Kompott* von Theodor Etti in Wien einen wesentlichen Unterschied festzustellen, denn beide Präparate schmecken einfach köstlich, und darüber hinaus gibt es eben nichts.

Erdmandel, *Grasmandel* oder *Cyperwurz*, heißt die haselnußgroße, graurötliche Knolle an den Wurzelenden des eßbaren Zypergrases, einer Rietgrasart mit fast meterhohen Stengeln, die in Nordafrika und Südeuropa heimisch ist und dort zum Teile auch im großen angebaut wird. Das weiße, feste Mark der Erdmandel hat bei starkem Ölgehalt einen süßlichen, mandelartigen Geschmack, die Knolle wurde deshalb im Altertum allgemein und wird in Valencia noch heute vom gemeinen Manne roh gegessen. In Verona erschien sie während des 16. und 17. Jahrhunderts sogar roh neben dem Obst und dem Konfekt beim Nachtisch, wurde aber nicht eigentlich verzehrt, sondern nur der Saft ausgekaut, der schon damals im großen Maßstab auch zur Bereitung einer Mandelmilch diente. In Österreich wurde sie schon in der zweiten Hälfte des 17. Säculums kultiviert, nach Deutschland (Schlesien) aber gelangte sie erst zu Ende des 18. Jahrhunderts, indem man sie als Kaffee-Surrogat – daher auch *Kaffeewurz!* – an Stelle der unseligen Zichorie einzubürgern suchte. Dieser Anbauversuch mißglückte jedoch und ebenso ein zweiter, der zur Zeit der Kartoffelnot (um 1845–1850) angestellt wurde. Als *Kaffee-Surrogat* wird die Knolle gegenwärtig noch in Österreich und ab und zu in Baden gezogen, in Ägypten benutzt man sie zur Gewinnung des goldgelben, wohlschmeckenden *Erdmandelöls,* in Arabien zur Bereitung eines *Scherbets,* in Italien, Südfrankreich und Spanien roh oder geröstet als *Nahrungsmittel.* Am bedeutendsten ist der Anbau in Spanien, namentlich um Valencia. Namentlich hier und in Madrid, das dazu jährlich 12 000–15 000 kg verbraucht, bereitet man aus den zerstoßenen Knollen die berühmte Orchata de chufas (Erdmandelmilch) von mandelmilchähnlichem, aber kräftigerem Geschmack, einen Kühltrank erster Güte, der auf allen Gassen und in allen Weinstuben, Limonadeschenken, Kaffeehäusern und Milchhallen der spanischen Hauptstadt zu haben ist und nicht bloß bei den Eingeborenen, sondern auch bei allen Fremden in wohlverdientem Ansehen steht.

Erdnuß, *Erdbohne, Erdpistazie* oder *Mandubi-Bohne,* das ölreiche Samenkorn einer äußerst merkwürdigen, einjährigen Hülsenfrucht, mit gelbweißer oder gelbroter Schmetterlingsblüte, deren Stiel sich unmittelbar nach dem Abblühen verlängert und den Fruchtknoten 5–8 cm tief in das Erdreich einsenkt, in welchem dann die zweisamige Hülse sich entwickelt und zur Reife kommt. Die Samen sind inwendig butterartig weich und von angenehmem Ölgeschmack. Sie werden daher sowohl roh wie gekocht als Gemüse genossen, oder man dörrt und mahlt sie und backt daraus entweder unter Zusatz von Weizenmehl ein sehr schmackhaftes Brot oder stellt unter Zusatz von Kakao eine ganz vortreffliche Schokolade daraus her; außerdem liefern sie beim Auspressen ein sehr feines Öl, das dem besten Olivenöl gleichkommt und einen großartigen Handelsartikel bildet. Die Heimat der Erdnuß ist Südamerika, sie wird aber jetzt in allen Tropenländern und in Südeuropa im großen kultiviert. Der Begründer dieser Kultur in Europa war der Domherr Francisco Tabares de Ulloa zu Valencia, der dort 1797 die ersten Anbauversuche machte. Nach Griechenland wurde das Gewächs 1840 durch einige Franzosen verpflanzt.

Ermelleker, kräftiger weißer Ungarwein aus der Gegend von Großwardein. Er wird zu den sogenannten »Bratenweinen« gerechnet, die gewissermaßen die schwere Artillerie unter den Tischweinen repräsentieren.

Esdragon oder kurzweg *Dragon*, auch *Kaisersalat*, das vorzüglichste unter den drei Küchenkräutern aus der Familie Beifuß, ist in Sibirien und in der Tatarei zu Hause, scheint aber schon mit den Völkerwanderern auf Reisen gegangen zu sein. Avicenna (gest. 1037) erwähnt ihn unter dem Namen Tharchon als eines Gewürzes, das von den Persern während der Mahlzeit zur Erweckung des Appetits roh gekaut werde, und 1548 wird er unter den wenigen Küchenkräutern aufgezählt, die England damals besaß. Der scharfe Würzgeschmack der glatten, lanzettförmigen Blätter sagt beinahe jedem Gaumen zu, der Esdragon wird daher nicht nur frisch und getrocknet bei allerlei Fleischgerichten und Saucen verwendet, sondern auch anderen Salatkräutern beigemengt, um ihnen einen pikanten Geschmack zu geben.

Esel waren von jeher keine Seltenheit und behaupten noch heute vielfach die absolute Majorität, sind aber nur genießbar, wenn sie zur Klasse der Einhufer gehören. In Südeuropa gilt das Füllenfleisch geradezu als eine Delikatesse, und aus den alten Eseln wird die leckere Salamiwurst hergestellt (vgl. Zervelatwurst). Im Norden findet man das Eselfleisch etwas zu süßlich und verarbeitet es teils zu Wurst, teils auch zu Ragouts. *Eselsmilch* wird allenthalben geschätzt, denn sie kommt der Frauenmilch am nächsten und ist daher der beste Ersatz für diese. Übrigens wird der Esel nicht bloß als Reit-, Zug- und Lasttier, sondern häufig auch als Redeblume gebraucht, hat aber in diesem Fall immer einen etwas bitteren Beigeschmack.

Essig ist gleich dem Branntwein ein Abkomme des Alkohols, denn er wird auf ziemlich einfachem Wege aus schwach spiritushaltiger Flüssigkeit (Wein, Bier, Most usw.) durch die bei reichlicher Luftzufuhr und angemessener Wärme (18–35° C) eintretende sogenannte saure oder Essig-Gärung gewonnen. Gleichwohl wird er als Getränk mit gutem Grund ärger denn die Pest gemieden und immer nur als Gewürz verwendet. Als solches aber ist er in der Küche nahezu unentbehrlich, denn er wirkt nicht nur verdauungsfördernd, so daß gewisse Fleisch- und Eierspeisen erst durch Essigzusatz bekömmlich werden, sondern gibt auch einer ganzen Reihe an sich fader Gerichte, namentlich Salaten und frischen Gemüsen, erst den ausgeprägten Geschmack, der sie der Zunge angenehm macht. Nur soll und darf keine Speise in Essig schwimmen, und zwar sowohl der Zunge wie des Magens wegen! Ein Koch, der sich in dieser Hinsicht öfter als ein einziges Mal vergißt, verdient statt des blauen Bandes, daß ein Mühlstein an seinen Hals gehängt und er damit in die Salatbrühe getunkt würde, wo sie am tiefsten und am allersauersten ist. Essiggenuß rötet nämlich außerdem das Gesicht noch schneller und stärker als der Genuß starker Getränke, und so kann es durch die Leichtfertigkeit eines Küchenchefs dahin kommen (und ist bei einem norddeutschen Mäßigkeitsvereine tatsächlich vorgekommen!), daß eine ganz ehrbare Tischgesellschaft in den abscheulichen Verdacht des Alkoholismus gerät, während sie in Wahrheit nur einen infernalisch eingesäuerten Salat zu sich genommen hat. Guter Essig ist hell und klar, riecht angenehm frisch, schmeckt mild sauer und bildet unter keinen Umständen einen Bodensatz. Unter den verschiedenen Arten nimmt der aus Wein bereitete *Weinessig* mit unverkennbarem Weingeschmack und unter dessen Sorten wiederum der französische, wie z.B. von Maille in Paris oder von Louit Frères & Co. in Bordeaux, die erste Stelle ein. Er enthält 5 bis 7 Prozent Essigsäure und ist der einzige, der sich auf der Tafel zeigen darf. Der gewöhnliche oder *ordinäre Essig*, auch *Bier-* oder *Fruchtessig*, hat nur 2 bis 5 Prozent Säure, *Essigsprit* oder *Essigessenz* dagegen 10 bis 14 Prozent und muß deshalb mit Wasser verdünnt werden. Außerdem bereitet man namentlich in Schweden durch trockene Destillation von Laubholz (Eichen, Buchen, Linden und Birken) einen *Holzessig* und durch Mischung von Essigsprit und Weinessig unter Zugabe von Kochsalz einen besondern *Konserve-Essig*, der namentlich beim Einmachen Verwendung findet. Ferner werden durch Zusatz von Kräutern und Gewürzen mannigfache Kräuteressige hergestellt, darunter besonders der beliebte *Estragon-Essig*, der zum Salatessig par excellence geworden ist und seines aromatischen Geschmackes wegen diese Stelle in der Tat verdient; daneben kommen auch noch Sellerie-, Rosen-, Zwiebel-, Orangen- und eine ganze Reihe anderer aromatischer Essige vor, während der ehemals hochberühmte *Vierräuber-Essig* selbst als Räuchermittel seine Rolle gänzlich ausgespielt hat. Die allerneueste Zeit hat dagegen einen *Kneipp-Essig* geboren, »zubereitet nach der Vorschrift des Herrn Pfarrer Kneipp zu Wörishofen« – hoffentlich geht derselbe leidlicher mit dem Magen seiner Verehrer um, als der Name des Erfinders boshafterweise anzudeuten scheint.

F

Falerner, Gesamtname der Weine Kampaniens, die schon im Altertum geschätzt waren und allerdings alle Achtung verdienen, keineswegs aber des Weltrufs würdig sind, den der brave Horaz ihnen voll patriotischer Begeisterung im eigentlichen Sinne des Wortes an- und zugedichtet hat. Man unterscheidet heute wie vorzeiten vier Sorten: den eigentlichen *Falerno* oder Gaurano, einen hellgelben, leicht säuerlichen und zum Teil schäumenden Weißwein, dann den feurigen und würzhafteren Falerno imperiale oder *Massico,* ferner den gewöhnlichen *Falerno Faustiano* von den Hügeln der einstigen Villa Ciceros und endlich den roten *Falerno di Calmo* aus den Ruinen von Capua, der sich als Magenwein eines guten Rufes erfreut. Alle vier Sorten werden wenig exportiert und sind in der Regel nur zufällig im Handel zu haben.

Fasan, ein Aristokrat vom reinsten Wasser, der sich nur ganz ausnahmsweise zur bürgerlichen Tafel herabläßt, obgleich er in Mitteleuropa keineswegs selten ist, vielmehr in Österreich zu 150000 und im Königreich Preußen zu etwa 135000 Stück alljährlich erlegt oder vielmehr niedergemetzelt wird. Denn wenngleich zum hohen Waidwerk gerechnet, bildet die Fasanenjagd doch ein recht mittelmäßiges Vergnügen, da der Vogel, weil zumeist künstlich gezüchtet, sich in der Freiheit durchaus träge und albern, kurzum als ausgemachter Dummkopf benimmt, der den lahmsten Sonntagsjäger zum Schusse kommen läßt. Deshalb ist er auch das einzige angemessene Objekt für die modernen Mitrailleusen-Jagden, bei denen das Schwarzwild dutzendweise, das Rotwild mandelweise, die Feldhühner schockweise und die Hasen hundertweise niedergestreckt werden, weil den edlen Waidwerkern vor lauter zugetriebenem Getier absolut kein Raum bleibt, um die beliebten Löcher in die Luft zu schießen. Soweit jedoch der Fasan in geistiger Hinsicht hinter unserm Birk- und Auerwild zurücksteht, so weit überragt er es in kulinarischer Hinsicht durch die Weiße und Zartheit seines Wildbrets. Allerdings muß auch er eine hinlängliche Zeit des Hangens und Bangens durchmachen, bis er kaubar und verdaubar wird, ist dies aber nach den Regeln der Kunst geschehen und trug das Exemplar vor allem sein erstes Winterkleid, so bildet der Fasan *als Spießbraten mit Brunnenkreß-Salat* oder auch *als Pfannenbraten mit Sauerkraut*, namentlich aber *mit einem Füllsel aus Schnepfenfleisch, Ochsenmark, Speck, Würzkräutern und Trüffeln* einen wahrhaft königlichen Bissen, »würdig, Engeln vorgesetzt zu werden, wenn diese noch wie zu Lots Zeiten auf Erden reisten« (Brillat-Savarin). Auch die nähere Bekanntschaft mit einem *gedämpften* oder *gesulzten* oder *eingemachten Fasan* hat ihre eigenen wohltuenden Reize, und selbst der vertraute Verkehr mit einem *Fasanen-Püree in Pastete* oder einem *Fasanen-Salmi* besitzt seine sehr angenehmen Seiten. Die eigentliche Glanzepoche des Fasanen jedoch, die Zeit, wo er für die Blume alles wilden und zahmen Geflügels galt und um keinen Preis anders als gebraten aufgetragen werden durfte, ist schon seit einem halben Jahrhundert vorüber. Der Geschmack der Neuzeit wendet sich immer entschiedener vom fauligen Hautgout des Wildes ab, die wahrhaft feine und gute, die wirkliche Tafel »auf der Höhe des Jahrhunderts« (fin de siècle) schließt schon heute und mit vollem Recht alles nicht durchaus frische Wild rücksichtslos aus, und so setzt sie auch den faisandierten Fasan ohne alle Umstände dem getrüffelten Puter und dem saftigen Masthuhn nach. Gerade diese Abneigung gegen den Faulgeruch des Wildes aber sichert dem Fasan von neuem den Vorzug vor allem andern großen Federwild, weil er unter diesem dasjenige Wildbret liefert, das den wenigsten Hautgout entwickelt. Seine buntgefiederte Gnaden dürften sich daher auch für die Zukunft im Besitz jener vollkommenen Hochachtung behaupten, die ihm von der Gegenwart gezollt wird und die ihm schon das Altertum entgegenbrachte. Denn trotz seiner geistigen Beschränktheit, die ihn zum selbständigen Kampf ums Dasein gänzlich unfähig macht, ist der Fasan doch schon an 3000 Jahre auf europäischem Boden heimisch, da bereits der erste Goldwährungsmann, der Kolchisfahrer Jason, ihn von den Ufern des Phasis (im heutigen Mingrelien) nach Griechenland gebracht haben soll. Von einem so geistvollen wie dem griechischen Volk läßt sich ohne weiteres annehmen, daß es den bunten Gesellen nicht bloß angegafft, sondern auch gegessen haben wird, urkundlich bezeugt indessen erscheint der Fasanenbraten erst zur römischen Kaiserzeit, also im 1. Jahrhundert n. Chr. In Deutschland taucht der Fasan zur Zeit Karls des Großen auf, der ihn neben dem Pfau, dem Feldhuhn und der Turteltaube »ehrenhalber« auf seinen Gütern züchten ließ. Am Bodensee jedoch erscheint er schon im 11. Jahrhundert als leckere Klosterspeise, und in Österreich, Böhmen und Sachsen war er im 16. Jahrhundert bereits so häufig, daß die Kursächsische Landesordnung von 1543 ihn als Herrengut unter ihre Fittiche nahm und Kaiser Ferdinand I. bereits eine große Autorität im Fasanenessen abgab. Von Böhmen her brachte ihn der vortreffliche Graf Anton Günther der Marstaller im Jahre 1606 nach Oldenburg, und von dort aus gelangte er nach Holland und England, während Spanien und Frankreich ihn schon lange vor Deutschland aus Italien erhalten hatten. Die Insel St. Helena erhielt ihn 1788 von Bombay aus, und auf der Insel Caprera wurde er seit 1868 durch Garibaldi eingebürgert. Gegenwärtig ist er in Griechenland und Spanien selten, in Italien und Norddeutschland schon zahlreicher, noch häufiger in Frankreich und England und am häufigsten in Ungarn, der Steiermark, Ober- und Niederösterreich, Böhmen, Mähren und Preußisch-Schlesien. Wien verzehrt im Durchschnitt jährlich 25000, Paris 120000 Stück, und zwar so ziemlich zu ein und demselben Preise, zu durchschnittlich 6 Mark.

Federweißer oder *Sauser*, in Wien auch *Sturm* genannt, ist ein Mittelding zwischen Most und Wein, nämlich in voller Gärung befindlicher Traubenmost, dem der Kohlensäuregehalt einen angenehm prickelnden Geschmack verleiht und der deshalb viel und gern getrunken wird, auch kräftigen und vollsaftigen Naturen ausgezeichnet bekommt, während Schwächlinge sich sorglich vor ihm zu hüten haben.

Feige, die süße und gesunde Scheinfrucht des Feigenbaums, dessen Heimat das ganze Mittelmeergebiet bis hinaus zu den Kanarien sein dürfte, dessen Kultur aber zweifelsohne im Orient ihren Anfang nahm. Von Kleinasien aus verbreitete sich der veredelte zahme Feigenbaum nach Persien, nach Indien und im 8. Jahrhundert unserer Zeitrechnung auch nach China, während Griechenland, Italien, Spanien und die ganze afrikanische Nordküste ihn von Syrien her, und zwar zumeist durch die Phönizier und Karthager, empfingen. Dem nördlichen Frankreich soll er durch Julius Apostata (gest. 363 n. Chr.) zugeführt sein, und in Deutschland versuchte ihn Karl der Große einzubürgern, freilich mit geringem Erfolg, denn die cismontanen Feigen sind alles andere, nur nicht genießbar. In Amerika (Mexiko) siedelte ihn 1560 Antonio Ribera an und wird er jetzt auch in den Südstaaten der Union und in Chile gezogen. Die getrocknete Frucht erscheint schon im 11. Jahrhundert als Handelsartikel, der in Deutschland guten Absatz fand und dessen Bedeutung von Jahrhundert zu Jahrhundert gewachsen ist. Im Haushaltbuch des Nürnberger Patriziers Anton Tucher (gest. 1524) kommen schon Jahr für Jahr 75 bis 100 Körbe Feigen (jeder zu etwa $2^1/_2$ kg!) als Neujahrsgeschenk vor und tritt auch bereits der spanische *Feigenkäse* auf, jenes wunderbar leckere Konfekt aus besten Feigen, feinstem Gewürz und süßen Mandeln, Nüssen und Pistazien, das namentlich die Nönnchen nach seinem wahren Wert zu schätzen wußten und um das der »herzenliebe und getreue Vater Tucher« von den kleinen Leckermäulern gar beweglich angebettelt wurde. Der zahme Feigenbaum liefert jährlich zwei Ernten, im Juni oder Juli die großen, saftreichen *Frühfeigen,* die höchst aromatisch und schmackhaft, aber wenig haltbar sind, und im September oder Oktober die kleinern und weniger würzhaftern, aber süßern *Spätfeigen,* die für den Handel an der Sonne getrocknet oder auch künstlich gedörrt werden, im letztern Fall jedoch das ohnehin geringe Obstaroma vollständig einbüßen. Die reichlich 50 Spielarten des Baumes (in Spanien allein werden 39 Varietäten kultiviert) unterscheiden sich namentlich durch die Größe, die Gestalt und die Farbe der Frucht, welche letztere fast durch alle Abstufungen von Hellgelb bis Blauschwarz wechselt. Schwarze Feigen kommen indessen kaum zum Versand, vielmehr bevorzugt man allgemein die mehr oder weniger gelbbraunen Früchte mit gelbem oder rötlichem, musartig durchscheinendem Fleisch, die durch den beim Trocknen ausgetretenen Traubenzucker wie mit einer Mehlkruste überzogen erscheinen. Unter den zahlreichen Handelssorten gilt als vornehmste und ist ihrer Größe und ihres saubern Äußern wegen tatsächlich die beste Tafelfrucht, die in Schachteln verpackte, runde, honigsüße *Smyrna-Feige* aus Anatolien. Dieser Sorte, die ihrer Verpackung wegen »Trommelfeige« heißt, sind im Geschmack ebenbürtig, aber an Größe nachstehend die sogenannten »Korbfeigen« von Malta und Süditalien sowie die länglichen *Genueser* und die kleinen *Marseiller Feigen* aus dem südlichen Frankreich. Die zweite Sorte bilden die rosenkranzartig auf Binsenhalme gereihten, platt gequetschten »Kranzfeigen« aus dem Orient, dem griechischen Archipel, Italien und Spanien, unter denen wiederum die griechischen *Kalamat-Feigen* (von der Hafenstadt Kalamata in Messenien) besonders geschätzt werden. Die dritte Sorte endlich stellen die in Fässer eingelegten »Faßfeigen« dar, die von allen Feigenländern geliefert werden und unter denen die kleinen, aber wenig haltbaren *Dalmatiner* und *Istrianer,* solange sie frisch sind, ihres Wohlgeschmacks wegen eine bevorzugte Stellung einnehmen. Wien steht auch des großen Feigenkonsums wegen beim gesamten Ausland im Verdacht, seinen unübertrefflichen Mokka mittels *Feigen-Kaffees* (aus gerösteten und gemahlenen Feigen) zu bereiten, und dieser fromme Glaube hat dem genannten Kaffeezusatz eine großartige Popularität in Deutschland zugezogen, natürlich ohne daß der deutsche Kaffee deshalb besser, geschweige dem Wiener ebenbürtig geworden wäre. Mit weit größerem Recht wird die Feige, täglich zu 15 bis 30 Stück genommen, als Hustenmittel gerühmt, denn erfahrungsmäßig steht fest, daß der Husten zarter Frauen und artiger Kinder regelmäßig stärker wird, sobald das beliebte Medikament in der Hausapotheke zu fehlen beginnt. Am besten jedoch mundet die Feige nach einem soliden Mahl zum Dessertwein, etwa Cipro oder Malaga, nur hat man sich dabei möglichst in den Schranken der Bescheidenheit zu halten, wenn auch nicht jeder eine kleine Unmäßigkeit gleich so teuer zu büßen hat wie der Kardinal Pompeo Colonna, den 1532 eine Feigenorgie tatsächlich ums Leben brachte.

Feldhuhn oder *Rebhuhn*, richtiger *Repphuhn*, der wohlbekannte schnellfüßige Bewohner fruchtbarer und mit Sumpf oder Gebüsch durchsetzter Ebenen, dürfte ursprünglich am Schwarzen Meer daheim gewesen sein und hat sich erst mit dem Vordringen des Getreidebaues über Mittel- und Nordeuropa verbreitet. Auf den Landgütern Karls des Großen erscheint das Feldhuhn noch neben Pfau und Fasan hauptsächlich als Ziervogel, in der süddeutschen Klosterküche des 11. Jahrhunderts diente es wie jene beiden und der Schwan zu Prunk- und Festgerichten, und in der Grafschaft Öttingen (Bayern) wurde es noch 1333 als Fürstenwild, also als zur höchsten hohen Jagd gehörig, angesprochen. Nach Schonen kam es erst zu Anfang des 16. Jahrhunderts, und ins nördliche Schweden und nach Norwegen drang es gar erst seit 1649 vor. Allenthalben aber hat das zierliche, muntere, braungefiederte Tierchen sich die vollste Hochachtung nicht bloß der Jäger, sondern auch der Gastronomen zu erwerben gewußt. Klein und doch ausgiebig, zart und doch kräftig, saftreich und doch nicht fett, bildet das Wildbret einen Königsbissen, der sich mit Ehren neben der Bekassine und selbst der Mittelschnepfe sehen lassen kann. Das Rebhuhn darf sich daher auch der innigsten Teilnahme manches gekrönten Hauptes rühmen. Schon Ferdinand I. von Österreich wußte herauszuschmecken, ob das Tier auf der Jagd erlegt oder erst nach mehrtägiger Gefangenschaft getötet worden, und sogar Friedrich Wilhelm I. von Preußen besaß wenigstens dem Rebhuhn gegenüber so viel Takt, daß er die Heimat des Wildbrets, ob Preußen, die Mark oder Cleve, fast augenblicklich am Geschmack erkannte; die preußischen galten ihm für die besten, die clevischen für die mindest guten. Man darf jedoch behaupten: Das Feldhuhn ist überall und immer gut und um so besser, je jünger und je frischer es ist. Im August, im zarten Alter von 6 bis 8 Wochen, liefert es die wunderbare *Feldkükensuppe*, eine höhere Potenz der Königinsuppe, die die heftigste Neigung zum Lotteriespiel oder zur Falschmünzerei zu entzünden imstande ist, da nur der Millionär sie öfter als einmal im Jahr zu erschwingen vermag. Vom September bis zum Januar erscheint es dann, kunstgerecht gespickt und mit Speck umbunden, hauptsächlich als *Spießbraten* im *Weinblatt-Mantel* mit Champignons, mit Trüffeln oder mit Parmesankäse in seiner ganzen Glorie oder gibt *gefüllt* mit brauner Sauce, *gedämpft* mit Rosenkohl, mit Linsenpüree, mit Makkaroni, mit Sauerkraut, mit Polenta, mit Reis, Rotkraut, Kardonen oder auch Karpfensauce, endlich als *getrüffelte Pastete* oder in Gestalt lichtgelber *Koteletten* eine seiner unvergeßlichen Gastrollen, an denen man sich kaum oft genug erbauen kann. Im März endlich und überhaupt im höheren Alter zeigt es sich noch als *Püree*, als *Salmi* oder als *Hachis* des Beifalls und der Anerkennung würdig. Nie täuscht das brave Tier unsere Erwartungen – höchstens der unerfahrene oder ungeschickte Koch tut es, wenn er das betagte Althuhn mit weißgrauem Fuße nicht vom zarten Junghuhn mit schwarzem Schnabel und gelbem Fuße zu unterscheiden versteht. Das Sprichwort hat die hohen Tugenden des Feldhuhns nicht übersehen. »Toujours perdrix« (alle Tage Rebhuhn) ist zur stehenden Bezeichnung für den höchsten Grad des Wohllebens geworden, dem aber der Reiz der Abwechslung fehlt. Vor dieser Alltäglichkeit des Rebhuhns sind jedoch die meisten Menschen absolut sicher, denn wonnesame Zeiten wie der Herbst 1860, wo das Pärchen in Prag um 30 Kreuzer zu haben war, blühen wie des Lebens Mai nur einmal in jedem Jahrhundert, obgleich das Feldhuhn als rechter Hase unter dem Federwild es auch im Punkt der Fortpflanzung nicht an lobenswerten Anstrengungen fehlen läßt, so daß in Österreich-Ungarn durchschnittlich 1 Million, in Preußen gar $2^1/_2$ Millionen Rebhühner jährlich erlegt werden können. In Kaschmir bildet *gedämpftes Rebhuhn mit Rhabarber-Gemüse oder mit Reis* jahrein, jahraus ein Hauptgericht der vornehmen Tafel, das sogenannte *Ungarische Rebhuhn* dagegen, eine gepfefferte Schweinskopfsulze, die mit Essig und Öl verspeist wird, trägt seinen Namen nur mit demselben Rechte wie lucus a non lucendo – womit jedoch gedachtem Schweinskopf nichts Übles nachgesagt sein soll.

Feldsalat oder *Vogelsalat* wird im Gegensatz zum Lattich oder Gartensalat die *Rapunzel* genannt, eine Base des Herrn Baldrian, die jetzt allenthalben in Europa bis zum 60. Grad nördlicher Breite wild wächst und deren erste Blattrosetten im Frühjahr, oft schon vor der Schneeschmelze, den beliebten *Vögerlsalat* (in Norddeutschland *Rapüntjensalat*) liefern, dessen Schmackhaftigkeit auf dem verhältnismäßig hohen Gehalt der Rapunzelblätter an Fett (0,4 Prozent), an Phosphorsäure (0,12 Prozent) und an Stickstoffsubstanz (2,1 Prozent) beruht. Merkwürdigerweise ist die Pflanze trotz ihrer Unempfindlichkeit gegen Frost und Schnee kein heimisches Gewächs, sondern erst im 17. Jahrhundert aus Italien (Sizilien und Sardinien) nach Frankreich und Deutschland gelangt und der Feldsalat erst seit Ende gedachten Säkulums in die europäische Küche eingetreten. Unter den in Deutschland und Österreich vorkommenden Arten ist die eigentliche Salat-Rapunzel die häufigste und wird namentlich in Niederösterreich auch vielfach im Garten gezogen. Eugen Baron Vaerst hat übrigens die Rapunzel mit der Rapunzelrübe verwechselt, was zwar dem Ansehen des Salates keinen, dem Ansehen des Barons aber großen Abbruch in gastronomischen Kreisen tut.

Fenchel, die bekannte dillähnliche Doldenpflanze des Mittelmeergebiets, die spätestens durch Karl den Großen nach Deutschland kam, wird jetzt allenthalben in den Hausgärten und in einzelnen Landschaften, namentlich in Thüringen, in Mähren und in der Bukowina, auch im großen kultiviert. Die halbreifen Dolden dienen wie der Dill zum Einmachen des Sauerkrauts und der Gurken, die reifen Samen wie der Anis als Gewürz zu Speisen und Backwerken; auch stellt man ein trockenes Konfekt daraus her und gewinnt daraus das *Fenchelöl,* das in der Liqueurfabrikation eine Rolle spielt. Im alten Rom wurden die jungen Stengel, mit Essig und Salz eingelegt, als Eingemachtes verzehrt, und noch heute nehmen die Italiener die frischen Dolden zum Salat oder verspeisen sie roh mit Pfeffer und Salz zum Nachtisch. Unter den verschiedenen Sorten gilt die längere, hellgelbe italienische Frucht für die beste, in der Küche indessen legt man darauf wenig Gewicht, denn im ganzen ist der Fenchel weit mehr ein Arznei- als ein eigentliches Küchenkraut.

Fett, und zwar *Tierfett,* gehört nicht nur als vornehmster Wärmeerzeuger zu den wichtigsten Nährstoffen, sondern ist in der guten Küche vor allem als Binde- und Schmeidigungsmittel für allerlei saftlose oder widerborstige Substanzen so gut wie völlig unentbehrlich. Ohne Fett würden Wesen wie die hundertäugige Bouillon, das schmackhafte Sandwich, alles feinere Backwerk, zahlreiche Zwischenspeisen, Saucen und Füllsel nur Gedankendinge, Schatten, Schemen, pura entia rationis sein. Der beste Dreimonatshase würde allen Reiz verlieren, wenn ihm nicht die nötige Dosis Speck eingefädelt werden könnte, und das großartigste Sauerkraut würde wirkungslos an uns vorübergehen, wenn nicht Schweineschmalz seine schmeckenden Teile geschmeidig und der Zunge annehmbar machte. Reines Fett, im Durchschnitt aus 76,5 Prozent Kohlenstoff, 12 Prozent Wasserstoff und 11,5 Prozent Sauerstoff zusammengesetzt, ist freilich schwer verdaulich, aber in dieser Form führt auch nur der Transchwelger das Fett seinem Körper zu. Alle anderen Menschen genießen es im Verein mit stickstoffhaltiger Nahrung (Fleisch, Brot, Kartoffeln usw.) und beugen dadurch unliebsamen Folgen vor. Auch in der Natur, d.h. bei den gewöhnlichen Schlacht- und Jagdtieren, findet es sich zumeist in enger Verschränkung mit dem Muskelfleisch und nur bei den Masttieren in größerer Menge unvermischt. Die üblichsten Fette sind in fester Form: *Rindstalg, Hammeltalg* und *Schweinespeck,* in halbfester Form: *Kunstbutter, Knochenmark, Schweineschmalz* und *Gänseschmalz,* in flüssiger Form: *Fischtran* und *Lebertran,* welche letztern beiden aber bloß im hohen Norden als Nahrungsmittel, sonst nur als Arznei gebraucht werden.

Fische sind unter dem gastronomischen Gesichtspunkt eine äußerst delikate Angelegenheit, welche die allergrößte Andacht und Aufmerksamkeit erfordert, wenn man sich nicht in der Wahl der Sauce vergreifen oder sich durch eine leichtfertig übersehene Gräte in Lebensgefahr bringen will. Und nicht bloß die Zurichtung und das Essen, sondern schon die gehörige Klassifikation der Fische hat ihre eigenen und besonderen Schwierigkeiten. Die gewöhnliche Einteilung in *Seefische* und *Süßwasserfische* (oder kurzweg *Süßfische,* wie man neuerdings zu sagen beliebt) ist für die Küche unzulänglich, weil die Herkunft der Tiere keinen Schluß auf ihren Geschmack und die ihnen angemessene kulinarische Behandlung gestattet; denn die Behauptung Rumohrs: »Seefische geraten am besten in Seewasser« ist in dieser Allgemeinheit ebensowenig stichhaltig wie der Grundsatz der Lyoner Köche: »Einmal aus dem Wasser geholt, darf der Fisch nie wieder mit diesem Elemente in Berührung kommen.« Der Physiologe Edward Smith hat daher auf Grund der Beobachtung, daß die Fische mit rotem Blut um eine Kleinigkeit verdaulicher sind, eine Einteilung in *rotblütige* und in *weißblütige* Fische vorgenommen. Aber auch damit ist für die angewandte Gastronomie nur wenig gewonnen, weil die Blutfarbe wenn auch in gewissem Grad für den Nährwert, doch nicht für den Geschmack und die Saucenansprüche des Fisches entscheidend ist. Für diese beiden Punkte fällt vielmehr in erster Linie der Fettgehalt ins Gewicht, und deshalb erscheint einzig und allein die Einteilung in fettreiche oder *Fettfische* und in fettarme oder *Magerfische* als zweckmäßig und zulässig. Auf der Grenze zwischen den beiden Klassen dürfte etwa der Strömling mit rund 5 Prozent Fett stehen, und an diesen würden sich nach oben die Makrele, der Hering, die Alse, der Meeraal, der Uklei, der Lachs, der

Aal usw. als Fettfische, nach unten aber der Hecht, der Karpfen, der Barsch, der Stör, die Flunder, die Forelle, der Dorsch, der Schellfisch u.a.m. als Magerfische reihen. Der Ausdruck *Fisch* umfaßt jedoch (und zwar in weit höherm Grad als der Ausdruck *Fleisch*) eine solche Mannigfaltigkeit von Geschöpfen, von Nahrungswerten und Geschmackspotenzen, daß diese einfache Klassifikation der leichtern Orientierung halber durch etliche *gemeingültige Regeln* ergänzt werden muß, nämlich *erstens:* Fische aus klarem Wasser sind stets schmackhafter als solche aus schlammgründigem Wasser; *zweitens:* Süßfische haben in der Regel einen ausgeprägteren Geschmack als Seefische; *drittens:* kurz nach der Laichzeit sind alle Fische wertlos, wenn nicht gesundheitsgefährlich; endlich *viertens:* »Frische Fische, gute Fische«, d.h., der Fisch ist um so besser, je schneller er nach dem Tode in Mund und Magen gelangt. Bezüglich des *Nährwertes* nehmen die Fische im allgemeinen eine Mittelstellung zwischen dem Geflügel und den Eiern ein, einzelne Arten, wie Lachs, Scholle und Makrele, kommen sogar im Gehalt an Stickstoffsubstanz nahezu dem Rindfleisch gleich. Auf die maßgeblichen Beobachtungen zärtlicher Gattinnen gestützt, schrieb man ihnen überdies und schreibt ihnen auch wohl noch heute eine gewisse geheimnisvolle Wirkung auf den sechsten Sinn des Menschen zu, die jedoch in Wahrheit nicht dem Fisch an sich, sondern den pikanten Saucen eigen ist, in deren Begleitung er sich zu präsentieren pflegt; bei alledem aber ist dringend vor der mutwilligen Zerstörung dieses frommen Glaubens zu warnen, denn er hat die gute Folge, daß der Fisch sich fast stets der liebevollsten und aufmerksamsten Behandlung in der Küche erfreut und weit besser bereitet und weit öfter auf den Tisch kommt, als das ohne jenen Glauben der Fall sein möchte.

Im Punkt der *Verdaulichkeit* stehen die Magerfische dem Säugetierfleische vollkommen gleich, während die Fettfische allerdings anregender Gewürze bedürfen, um nicht beschwerlich zu fallen. In dieser Hinsicht kommt sehr viel auf die Art der Zubereitung und auch auf die Individualität des Essers an. Diese beiden Umstände fallen auch für die Bekömmlichkeit der *Fischkonserven* ins Gewicht. Da nämlich der Fischfang nur zu gewissen Zeiten tunlich und das Fischfleisch bei seinem stärkern Wassergehalt sehr dem Verderben ausgesetzt ist, so ist die Menschheit schon sehr frühzeitig auf allerlei Konservierungsmethoden verfallen.

Die älteste dieser Methoden dürfte das allerdings nur bei den Magerfischen anwendbare einfache *Trocknen* sein, dem der allbekannte Stockfisch das Dasein verdankt. Durch *Einsalzen* wurden etwas später die sogenannten »Salzfische« (Salzhering, Laberdan, Sardelle usw.) ins Leben gerufen, an die sich dann die nach dem Einsalzen *geräucherten* Fische (Bückling, Lachs, Sprotte, Neunauge etc.), ferner die abgesotten *in Öl eingelegten* (Sardine) und endlich die *marinierten*, d.h. die nach dem Sieden oder Braten mit Essig und Gewürzen eingelegten Fische schlossen. In neuester Zeit ist auch die *Versendung frischer Fische auf Eis* mittels eigens für diesen Zweck eingerichteter Eisenbahnwagen in Europa in Aufnahme gekommen – zur großen Genugtuung nicht bloß aller Fischfreunde, sondern auch aller Menschenfreunde, die dadurch eine gewichtige Ursache des Selbstmordes aus dem Wege geräumt sehen; denn bekanntlich war es die Verzweiflung über das Ausbleiben eines Transports frischer Seefische, welche den großen Vatel, den ersten Küchenchef Ludwigs XIV., im Jahre 1674 in das eigene Küchenmesser trieb. Vatels Tat zeugt besser und beredter für die kulinarische Bedeutung der Fische, als selbst ein sechsbändiger Brillat-Savarin es vermöchte, drum sei's mit dem Hinweis darauf an dieser Stelle genug.

Fischotter, der bestgehaßte und bestverfolgte unter allen Mardern und insbesondere unter allen Süßwasserpiraten, galt im Mittelalter für einen angehenden Leckerbissen und wird noch heutzutage als Fastenspeise genossen. Als solche erfüllt er vollkommen seinen Zweck. Im übrigen aber ist im 19. Jahrhundert jeder nicht gerade Heißhungerkranke berechtigt, eine Einladung auf Fischotter für eine tätliche Beleidigung anzusehen und sich in entsprechender Weise dagegen zur Wehr zu setzen.

Fleisch, im Sinne der Moralisten der Inbegriff der Schwäche, im Sinne der Gastrosophen der Inbegriff des Gegenteils, werden im allgemeinen die aus Wasser, Fett, Faserstoff, Eiweiß und Leim nebst verschiedenen Salzen und Extraktivstoffen aufgebauten Muskelgewebe des Tierkörpers genannt. Im besonderen jedoch versteht man unter Fleisch ausschließlich die Muskelpartien der Wirbeltiere, im allerengsten Sinne gar nur der vierfüßigen Schlachttiere, während man das Fleisch des Haar- und Federwilds als »Wildbret«, das Fleisch des Federviehs als »Geflügelfleisch«, das Fleisch der Fische kurzweg als »Fisch«, das Fleisch der wirbellosen Tiere überhaupt nicht als Fleisch bezeichnet. Da das Fleisch alle zum Aufbau des Körpers erforderlichen Stoffe enthält und in der Regel ohne Schwierigkeit verdaut wird, so steht sein *Nährwert* ganz außer Frage und ist auch niemals ernstlich angezweifelt worden, selbst nicht von den Vegetariern, die immer nur auf Grund ihrer Magenschwäche die Zuträglichkeit oder Bekömmlichkeit des Fleischgenusses bestreiten, welche natürlich wesentlich von der Individualität des essenden Subjekts abhängt. In welch hohem Grad dies letztere der Fall ist, zeigt sich am unzweideutigsten beim Genuß rohen Fleisches, das von allen denen, die dies Gericht nicht geradezu verabscheuen, schneller und vollständiger verdaut wird als gekochtes oder gebratenes Fleisch, bei denen aber, die einen Widerwillen dagegen haben, nicht bloß weit langsamer und weniger gut ausgenutzt wird, sondern bisweilen sogar die Symptome eines übermäßigen Genusses des schwer verdaulichen reinen Fetts und sogar Erbrechen zur Folge hat. Wem aber Fleisch überhaupt zusagt (und in irgendeiner Form sagt es aller Welt zu, sogar den Vegetariern), für den läßt es an *Verdaulichkeit* nichts zu wünschen übrig, übertrifft vielmehr in dieser Hinsicht nicht bloß die Hülsenfrüchte, sondern auch die Zerealien und namentlich das Brot, dessen Erschließung und Aufarbeitung eine weit härtere Arbeit für den Magen bildet, als man sich gewöhnlich träumen läßt. Bemerkenswert erscheint noch, daß nicht bloß rohes Fleisch leichter als gekochtes, sondern auch das Fleisch erwachsener Tiere (Rind, Schwein, Hammel etc.) leichter verdaut wird als das junger Tiere (Kalb, Ferkel, Lamm usw.). Nur beim Hummer ist das Umgekehrte der Fall, bei diesem aber findet sich um so auffälliger die weitere Regel bestätigt, daß das Fleisch der Weibchen verdaulicher ist als das der Männchen. Geflügelfleisch ist minder verdaulich als Rind-, Kalb- und Hammelfleisch und Wildbret minder verdaulich als Geflügelfleisch. Fisch und Rindfleisch stehen in bezug auf die Verdaulichkeit einander gleich, doch scheint gekochter oder gedämpfter Fisch noch um eine Kleinigkeit verdaulicher zu sein als gekochtes Rindfleisch. Über den *Geschmack* des Fleisches läßt sich kaum etwas Gemeingültiges sagen, wenn nicht, daß das Fleisch der Einhufer süßlicher als das der Wiederkäuer, das Fleisch erwachsener und männlicher Tiere kräftiger als das junger und weiblicher, und endlich, daß im großen und ganzen jedes Fleisch um so besser schmeckt, je schwerer es zu verdauen ist. Geschmack und Verdaulichkeit bilden also in diesem Falle reziproke Werte.

Die großen Schlachtfleischlieferanten Europas sind das Rind, das Schwein, das Schaf, die Ziege, das Kaninchen und in den Großstädten auch das Pferd. Namentlich die drei erstgenannten lassen sich mit anerkennenswerter Unverdrossenheit alljährlich zu Hunderttausenden im Wohlfahrtsdienst der Menschheit ums Leben bringen. Und dabei geht neben dem Massenverbrauch frischen Fleisches ein beinahe ebenso großartiger Konsum von *Fleischkonserven* einher. Diese Konserven stehen allerdings an Nährwert und Verdaulichkeit hinter dem frischen Fleisch zurück, zeichnen sich aber zum Teil, wie der Schinken und das Pökelfleisch, durch Schmackhaftigkeit aus und bringen Abwechslung in die Speisekarte.

Fleischbrühe (franz. Bouillon), sozusagen die Bratensauce des Kochfleisches, wird durch Auskochen des frischen Fleisches in Wasser gewonnen und enthält vornehmlich die löslichen Fleischbestandteile: Eiweiß, Fett, Leim, Säuren und Salze. Da diese Stoffe natürlich nur entweder im Fleische oder in der Brühe stekken können, so ist es ein unendlich komisches, weil vollständig unsinniges Unterfangen, aus ein und demselben Stücke Fleisch gleichzeitig gute Brühe und gutes *Suppenfleisch* zu erzeugen. Gleichwohl wird diese kulinarische Quadratur des Zirkels in den Kochbüchern immer wieder als möglich hingestellt und dies oder jenes »erprobte« Rezept zur Lösung der Aufgabe gegeben – sogar noch von Wiel, der sich durch einen Taschenspielerstreich aus der Klemme zieht: Er teilt nämlich sein Fleisch und stellt aus der einen Hälfte vorzügliche Brühe und aus der anderen genießbares Suppenfleisch her, was man aber schon lange vor ihm getan hat, ohne sich dessen zu rühmen. Wirklich gutes Suppenfleisch (d.h. gekochtes Rindfleisch) gibt es überhaupt nicht. Das Suppenfleisch gehört daher als solches unter keinen Umständen auf den Tisch, und daß man diese Regel in Österreich, Deutschland und der Schweiz nicht beachtet, liegt einzig an der Faulheit und Bequemlichkeit der Hausfrauen, da die Verarbeitung des Suppenfleisches zu einem schmackhaften *vomissement de chat* außer der Arbeit nur wenige Kreuzer für Fett, Zwiebeln und etwa eine saure Gurke kostet. An sich durchaus kein Nahrungs-, sondern ein reines Genußmittel, dessen Hauptverdienst in der anregenden Wirkung auf den Magen und den Appetit besteht, wird die Fleischbrühe häufig mit Ei und Semmel als *Krafttrank* genossen und gibt in dieser Gestalt ein ganz vortreffliches Frühstück ab. Hauptsächlich aber dient sie zur Bereitung der vorzüglichen *Bouillonsuppen*, die uns am Eingang des Mahles erwarten, um unseren Appetit zu schärfen und unsern Magen auf den Empfang der kommenden Herrlichkeiten vorzubereiten, sowie zur Herstellung jener verführerischen *Saucen*, ohne die es eine höhere Küche überhaupt nicht geben würde. Als Grundlage dieser Suppen und Saucen ist die Fleischbrühe ein kulturhistorisch bedeutsamer Artikel geworden, mit dessen Einführung in die Küche durch die Franzosen eine neue Epoche der Kochkunst anhebt.

Flunder oder *Butte*, auch *Teer-*, *Elb-*, *Struf-* oder *Sandbutt*, ein schmackhafter Flachfisch von 20–40 cm Länge und bis zu 3 kg Schwere, bewohnt den Atlantischen Ozean vom Weißen Meer herab bis Gibraltar, tritt aber auch bisweilen aus purem Wissensdurst weite Reisen stromaufwärts an und dauert sogar in Süßwasserteichen ganz vortrefflich aus. Die Flunder wird im Sommer namentlich in der Ost- und Nordsee in großer Anzahl gefangen, so daß man ganze 60 Stück um $1^1/_2$ bis 2 Mark haben kann, und entweder, wie die Seezunge zubereitet, frisch verspeist oder aber *geräuchert* und im Herbst namentlich von Stettin und Hamburg aus ins Binnenland geschickt.

Fogas, *Fogasch, Fogosch* s. Zander.

Forellen »werden einhellig größlich gepriesen bei allen Nationen zu jeder Zeit des Jahrs, absonderlich aber im Aprilen und Maien« (Konrad Geßner, gest. 1565), und das mit gutem Grund, denn die wahre und eigentliche *Alpen-* oder *Bachforelle* ist ein äußerst zarter und feiner Bissen von wunderbar reinem Geschmack, über dessen Erhabenheit höchstens ein Zungenblinder sich täuschen könnte. Die Trefflichkeit der Forelle steht demgemäß so gänzlich außer Frage, daß man sich nur wundern kann, wie der Fisch dem kulinarischen Spürsinn der Römer zu entgehen vermochte, so daß erst der Gallier Ausonius (gest. 395 n. Chr.) ihn der Erwähnung für würdig erkannte. Seitdem freilich kam er der küchenverständigen Menschheit nicht mehr aus dem Gesichte. Die Salerner Gesundheitsregeln vom Jahre 1101 zählen ihn unter den zehn gesunden Fischen auf, das Klosterkochbuch von 1350 lehrt »Förheln« backen, im Haushaltbuch Anton Tuchers (gest. 1524) erscheinen »Forhen« im Preise von $^1/_2$ Gulden per Stück (etwa 10 Mark heutigen Geldwerts) als hochgeschätzte Präsente für Geistliche und Standespersonen, und in Paris galten um 1800 nach dem Zeugnis Grimods Forellen aus dem Genfer See für ein ausschließliches Armeelieferanten-Gericht. So einhellig aber die Forellen allerwärts gut befunden werden, so zwie- und zwanzigspältig laufen die Urteile über die besten auseinander. In Nürnberg waren im 16. Jahrhundert die »Forhen von Herßpruck« in Franken berühmt, Hohberg (gest. 1688) bezeichnet »die aus dem kleinen Flusse Vöckla im Lande ob der Ens« als die trefflichsten, Grimod gibt denen vom Genfer See, Brillat-Savarin denen aus dem Furens im Jura, Vaerst den Inn-Forellen aus dem Engadin und Monselet denen vom Mont-Cenis den Preis, in Wien galten um 1850 die aus der Fischa und gelten gegenwärtig die aus dem Salzkammergut für die besten, Geßner erklärt die rotfleischigen für die »löblichsten«, sein Landsmann Wiel schwärmt für die weißen, und Tschudi preist die gelben vom Poschiavo-See – kurzum, jeder Gastrosoph lobt die Forellen, die ihm aus rein subjektiven Gründen am besten zugesagt haben und zusagen. Damit soll keineswegs ausgesprochen sein, daß nicht die kleinen, höchstens kiloschweren Forellen der rasch strömenden Alpenbäche durchschnittlich um eine Nuance feiner schmecken als die großen Fluß- und Teichforellen von 90 cm Länge und 5 kg Schwere, im großen und ganzen aber muß gegenüber den lokalpatriotischen Anwandlungen der Küchenväter konstatiert werden: Jede frische und gesunde Forelle aus klarem, fließendem Wasser liefert bei kunstgerechter Behandlung ein klassisches Gericht, dessen Verdienst gegen andere seinesgleichen abwägen zu wollen mehr als Sünde, nämlich Narrheit ist. Wie wäre auch sonst die merkwürdige Tatsache zu erklären, daß man gerade bei diesem Edelfische sich allgemein mit der einfachsten aller Bereitungsweisen begnügt und immer nur im Zwangsfall davon abgeht? Überall, wo es frische Forellen gibt, kommen die größeren Exemplare *blaugesotten*, die kleineren *in Öl gebacken* auf den Tisch. Erst wenn der Fisch nicht mehr durchaus frisch ist, wird er, *in Wein gedünstet*, mit Zitronen- oder Buttersauce serviert, wenn er nicht etwa *mariniert mit Mayonnaise* oder auch *als Aspik* (sogenannter *Forellensalat*) auf die Tafel gelangt, zu deren schönsten Zierden er in allen diesen Gestalten gehört, gleichviel, ob er weißes oder gelbes oder rotes Fleisch hat, und gleichviel, ob seine Haut blauschwarz oder olivengrün oder silberweiß schimmert. Die Färbung der Forellen ist nämlich eine äußerst mannigfaltige, und man unterscheidet danach *Goldforellen, Silberforellen, Schwarzforellen, Steinforellen, Waldforellen* usw. als Spielarten – in Wahrheit jedoch ohne wesentlichen Grund, denn die Farbe wechselt mit der Umgebung des Tieres. Ebenso unwesentlich ist der Unterschied zwischen *Bachforellen* und *Fluß-* oder *Teichforellen*, denn bei reichlichem Futter und in tieferem Wasser wächst die Bachforelle ohne weiteres zur Teichforelle aus. Die Laichzeit der Forelle fällt in den Winter (Oktober bis Dezember oder Januar), während der kalten Jahreszeit ist daher der Fisch wertlos, fast ungenießbar. Sein Wohngebiet umfaßt nahezu alle klaren, fließenden Gewässer, namentlich also die Gebirgsbäche und Bergseen Europas und Kleinasiens, und seit 1860 ist er auch in Australien eingebürgert worden. Auf Neuseeland Rebhühner und im Murray Forellen – heißt das nicht zur Auswanderung herausfordern? Ganz gewiß und um so mehr, da die Forelle wie alle Lachsfische in Europa im höchsten Fischpreis steht (vgl. Lachsforelle).

Frankenwein ist Krankenwein – aber beileibe nicht für schnöde Alltagsgebrechen, für Husten, Hexenschuß und anderen Jammer, sondern einzig für die allergrößten Schmerzen, die das Menschenkind zu tragen hat, den Weltschmerz und den Liebesschmerz. Rheinwein ist Sangwein, aber Frankenwein ist Kußwein, und im Kuß liegt alles, auch Musik. Hört ihr's nicht klingen und kichern?

Und die Würzburger Glöckli
Ham a schön's Geläut,
Und die Würzburger Mädli
Sin kreuzbrave Leut'!

Die »Würzburger Glöckli«, das sind die Betglocken Amors, die Glocken des Würzburger Frauenbergs – denn wo anders könnte der beste Kußwein gedeihen als am Frauenberg, als »auf der Leiste«, die über und über gedüngt ist mit dem kostbarsten aller Säfte, mit dem Blut der »Schwarzen« des Bauernritters Florian Geyer, das dort im Mai 1525 beim Sturme auf die Veste in Strömen floß? Man spürt's aber auch dem *Leistenwein* noch heute an, daß warmes, tapferes Frankenblut in seinen Molekülen webt, denn freilich sind alle Frankenweine voll Kraft und Feuer, so markig aber wie er und zugleich so lieblich ist kein zweiter neben ihm. Dem Leistenwein zunächst steht der *Steinwein* vom Steinberg, dessen beste Lage, Eigentum des Staates und des Bürgerhospitals zum Heiligen Geist, den kräftigen, würzigen *Heiligen-Geist-Wein* liefert, den ersten, der in »Bocksbeuteln« (eigentlich kugelförmigen, aber plattgedrückten Flaschen) zum Versand kam wie jetzt sämtlicher Steinwein. An diese beiden Fürsten reihen sich als Granden der *Ständerbühler*, der *Schalksberger* und der *Gressenwein* von der »Harfe« bei Würzburg, der *Pfülben*, der *Spielberger* und der *Lämmerberger* von Randersacker, der *Kalmuth* von Homburg am

Main, der *Saalecker* vom Schloß Saaleck bei Hammelburg und der *Hörsteiner* vom Abtsberg bei Seligenstadt, der ohne Umstände für einen Spanier ersten Ranges passieren kann; ferner ist der *rote Clevner* ein vortrefflicher Wein. Unter den Weinen zweiter Klasse sind der *Collenberger* von Fechenbach, der *Haslocher* und der *Klingenberger* die bekanntesten und beliebtesten. Alle diese Gewächse sind süße, goldfarbige Weißweine, die sich in der Jugend durch Feuer und Körperlichkeit, im Alter, das sie auf einige hundert Jahre bringen können, durch Bouquet, Feinheit und rheinweinähnlichen Geschmack auszeichnen. Allerdings werden im Maintal auch vorzügliche Rotweine gebaut, die dem besten Burgunder ebenbürtig sind, aber Frankenwein schlichtweg bedeutet immer Weißwein und nur Weißwein, denn diese allein sind des Frankenlandes Ruhm und Blüte.

Frankfurter Würstchen aus gehacktem Schweinefleisch in fingerstarken Hammeldärmen sind eine Errungenschaft des 19. Jahrhunderts, die um 1840 aus Süddeutschland nach Wien kam und hier so viel Verständnis und Anerkennung fand, daß ihr die Metropole zur zweiten Heimat geworden ist, von der aus sie sich unter dem Adoptivnamen *Wiener Würstchen* nicht bloß über den ganzen Kontinent, sondern seit der Chikagoer Ausstellung von 1892 auch nach Amerika verbreitet hat. Der fliegende »Würstelmann« (in Norddeutschland »Wursthans«) mit dem in eine Holzmulde eingesetzten Blechkessel unter dem Arm, aus welchem er die ebenso pikante wie einfache und billige Delikatesse »brennheiß« an die Konsumenten verteilt, ist durchaus zur stehenden Figur der größeren Städte geworden, und selbst in Norddeutschland beginnt jetzt der alte Name »Saucischen« immer mehr vor der Bezeichnung »Heiße Wiener« zurückzuweichen. Die Würstchen werden mit Meerrettich als Appetitbissen vorzugsweise zum Bier verspeist.

Franzbranntwein (franz. esprit de vin), die durch Reinheit und Milde des Geschmacks ausgezeichnete älteste Branntweinart, wird in bester Qualität in Frankreich durch Destillation verschiedener Weinsorten erzeugt, von denen die weißen durchgängig ein feineres und würzigeres Produkt liefern als die roten. Die beste Sorte ist der *Cognac*, als zweite gilt der *Armagnac* aus dem Departement Gers, und die dritte bildet der *Languedoc* aus Nîmes, Montpellier, Carcassonne, Cette, Perpignan, Toulouse usw., der zumeist über Bordeaux, Marseille und Nantes in den Handel kommt, und zwar weit geringwertiger als der Cognac und der Armagnac ist, aber mit 30 bis 40 Teilen Wasser ohne Spirituszusatz einen wirklich guten und reinen Branntwein liefert. Spanien, Portugal und Neapel erzeugen nur geringere Sorten und decken ihren Bedarf an besseren aus Frankreich. Dagegen soll in Deutschland ein ganz vorzüglicher Franzbranntwein aus Rieslinggewächsen gewonnen werden – aber wo? Der landläufige deutsche Franzbranntwein wird entweder einfach aus sogenanntem »Cognacöl« durch Zusatz von Wasser oder aus entfuseltem Kartoffelschnaps mit Zusatz chemischer Präparate zur Erzeugung des Aromas hergestellt und ist in der Regel nur zum Einreiben gut.

Fromage à la crème, in der Schweiz *Doppelrahmkäse* genannt, wird aus frischer, durch Lab zum Gerinnen gebrachter Vollmilch mit Rahmzusatz bereitet und ungesalzen, ungeformt und unverpackt in den Straßen von Paris, Genf usw. nach Art des deutschen Quarkkäses feilgeboten.

Frontignac, weißer Muskatwein vom Städtchen Frontignan am Salzteich von Ingril bei Montpellier, gehört neben dem Rivesaltes und dem Lunel zu den französischen Liqueurweinen ersten Ranges und tut sich durch ein ungemein liebliches Parfüm in Verbindung mit eigentümlichem, ausgeprägtem Obstgeschmack hervor. Obgleich die Weinberge von Frontignan die Reblausverwüstungen schon seit Jahren glücklich verwunden haben, ist der Frontignac doch im Ausland noch immer ziemlich selten.

Frosch, die grüne Wasser-Nachtigall, wird zwar von delikaten Ohren gründlich verabscheut, von wahrhaften Kennern aber weit über die Busch-Nachtigall geschätzt, und das aus einem sehr triftigen Grund: Der Frosch hat Schenkel, und die Nachtigall hat keine oder doch so winzige, daß sie gar nicht der Rede wert sind. Um sich besagte *Froschschenkel* zu verschaffen, schlägt man dem Besitzer einfach auf den Kopf, löst die Hinterbeine aus dem Staatsverband mit dem Rumpf, durchschneidet das Schlußknöchelchen der kleinen Zehe und balgt dann durch Zurückstreifen der Haut das Bein regelrecht ab. Tüchtig gewässert, dann mariniert und endlich mit Butter und Gewürzen in *Weißwein gedünstet* oder aber paniert und in *Schmalz gebacken,* dürfen sich diese deliziösen Schenkel auf der besten Tafel sehen lassen und sind immer eines bewundernden Ahs! der Versammlung bei weitem sicherer als manche anerkannte Schönheit in fußfreiem Kleid und sogar als manche Balletteuse in voller Uniform. Hat man doch einen sehr hohen höheren Staatsbeamten und vorzüglichen Schenkelkenner an fürstlicher Tafel den Kneifer aufsetzen sehen, um mit verklärter Miene einige mit Petersilie garnierte Froschschenkel zu bewundern! Auch als *Suppeneinlage* gehören gedämpfte Froschschenkel zu dem Besten, was die Küche zu bieten vermag, denn sie sind nicht bloß schmackhaft und leicht verdaulich, sondern auch im höchsten Grade nährkräftig, mithin ein wahres Mustergericht für den Krankentisch. Die Hauptverehrer des Frosches sind die Belgier, die Franzosen und namentlich die Italiener, die sogar den ganzen Frosch mit Ausschluß des Kopfes und der Eingeweide verspeisen. Von Triest an bis zu den Pomündungen beschäftigen sich im Herbst und Frühjahr Tausende von Menschen mit der Froschjagd, und es gibt darunter Virtuosen, die binnen 4 bis 5 Stunden 12 bis 15 kg Frösche fangen. In der Mark Brandenburg und in Schlesien ahnte man ums Jahr 1600 nicht einmal die Möglichkeit eines gedämpften Froschschenkels, und in ganz Norddeutschland gehört der Frosch samt der Schnecke noch heute zu den Ausnahmegerichten. Auch in den Landen ober und unter der Enns war man noch um 1680 über die Zuträglichkeit dieser Speise sehr im Zweifel, hat aber schließlich alle törichten Bedenken tapfer überwunden, und jetzt verspeist Wien seine 5000 bis 10000 Paar Froschschenkel jährlich, je nachdem viel oder wenig zu haben sind. Die Laichzeit des Frosches fällt in den Mai und Juni, die eigentliche Froschsaison ist daher der Herbst (August bis Oktober), doch kommen auch im März und April sehr gute Schenkel auf die Tafel.

G

Gänsefuß oder *Melde*, wie alle meldenartigen Gemüsepflanzen mit Einschluß der Quinoa und des Mangold zu den Plebejern der Küche gehörig, wird in Europa mit Ausnahme Englands nirgends mehr gebaut, gedeiht aber zum Ärger des Gärtners als rechtes Unkraut auch ohne Pflege und dient genügsamen Gemütern im Frühjahr als Salat, späterhin als Gemüse, das allerdings nicht gerade schmackhaft, aber bei dem hohen Gehalt der Blätter und zarten Stengel an Stickstoffsubstanz (durchschnittlich 3,5 bis 4 Prozent) ziemlich nahrhaft ist. Unter den 12 in Österreich und Deutschland heimischen Arten verbraucht man hauptsächlich die *weiße* und die *grüne Melde*, die noch heute in Ostindien als Gemüsepflanzen gezogen werden, sowie den *Hansel am Weg, guten Heinrich* oder *Dorfgänsefuß*, den die Engländer als *wilden Spinat* sogar noch im Garten dulden.

Galgant, der zäh holzige, braunrote, fingerlange und fingerdicke getrocknete Wurzelstock des Galgantkrautes, das besonders auf der Insel Hainau und der gegenüberliegenden chinesischen Küste gezogen wird, gehörte seines ingwerartigen Geruchs und bitter aromatischen Geschmacks wegen seit der Zeit der Kreuzzüge zu den beliebtesten europäischen Küchengewürzen. Heutzutage jedoch hat er alles Ansehen verloren und darf sich höchstens noch in besonders scharfen Fischsaucen auf die Herrentafel wagen.

Gans ist einer jener großen Namen, die an sich eine Welt bedeuten und vor denen sich der edle und gute Mensch voll Achtung und Bewunderung neigt. Als Wildgans über nahezu ganz Europa und Asien verbreitet, als Hausgans aber überall zu Hause, wo man sie nur haben will, ist die Gans infolge ihrer Körperkraft, ihres Mutes und ihrer Intelligenz der wahre Major domus und Rector palatii des Federviehs, der rechte Bismarck des Geflügelhofs und natürlich, wie alle großen Geister, selbst die abgedankten, nach ihrem Tode noch größer als im Leben. Man könnte sie sogar den Palmbaum unter dem Geflügel nennen, denn wo gäbe es ein zweites Tier, dessen Gurgel gleichzeitig zur Kriegstrompete und zum Knäuelwickel, dessen Knochen gleichzeitig zu Zigarrenspitzen und zu Wetterprophezeiungen gut wären? Daher hat auch jeder Teil der Gans, ihre Federn wie ihr Fett, ihr Blut wie ihr Busen, seine eigene Geschichte, die zum Teil in Zeiten zurückreicht, in die noch kein Brugsch, kein Champollion oder Dümichen seine Nase versenkt hat, da schon lange vor den alten Ägyptern die noch älteren Chinesen sich der Gänsezucht befleißigten. In Ägypten war der Gänsebraten neben dem Kalbsbraten ein Privilegium der Priester und der Könige, und vom alten Griechenland berichtet Homer (der vom Haushuhn noch keine Ahnung hatte!), daß König Menelaos in seinen Mußestunden Gänse mästete und daß Frau Penelope, verehelichte Odysseus auf Ithaka, zwanzig Stück der schmukken Tiere für eine ganz besondere Zierde ihres Wirtschaftshofes ansah. Den Römern rettete die Gans das Kapitol (390 v. Chr.) und ward zum Dank für diese Gründung der ersten freiwilligen Rettungsgesellschaft für unverletzlich erklärt, hatte aber nur wenig Nutzen davon, denn jedenfalls aus purer Rachsucht legten sich fortan die Gallier mit allem Nachdruck auf die Gänsemast und erzielten darin solche Erfolge, daß den Römern fortwährend das Wasser im Munde zusammenlief und die größten Männer der Republik vor Sehnsucht einzutrocknen begannen, bis man sich zur Wiederaufhebung der gänslichen Unverletzlichkeit entschloß; die

Gallier aber sind seitdem die besten Gansmäster geblieben bis auf den heutigen Tag. Zur Kaiserzeit (im 1. Jahrhundert n. Chr.) wurden große Gänseherden aus dem Morinischen, dem spätern Artois im äußersten Nordwesten Frankreichs, durch ganz Gallien und über die Alpen nach Rom getrieben (eine Wegstrecke von mindestens 1300 km in der Luftlinie!), und daß damals auch bereits in Germanien die Gänsezucht blühte, beweisen die längeren Nasen, die den Befehlshabern der römischen Grenzwachen erteilt werden mußten, weil sie ganze Kohorten auf die Gänsejagd à la Zundelfrieder, d.h. auf den Diebstahl, ausschickten. Auf den Landgütern Karls des Großen mußten stets fette Gänse im Vorrat gehalten werden, und wie hoch la belle France und Alldeutschland die *Martinsgans* schätzten, erhellt aus den Hebe-Registern und Zinsbüchern der guten alten Zeit bis zum Überdruß. Die Gans hat nämlich auch eine religiöse Seite. In Ägypten war sie der Isis, in Griechenland der Persephone, in Rom der Juno heilig. Die ersten gallischen Christen gaben ihr den heiligen Ferréol zum Schutzpatron, der nach der Versicherung Meister Rabelais' junge Mädchen und fette Gänse über alles liebte, seit dem 5. Jahrhundert aber nahm der heilige Martin diese Stelle ein, nicht weil er ein größerer Heiliger war, sondern weil sein Festtag, der 11. November, mitten in die eigentliche Gänsesaison fällt: Im November nämlich zählt die junge Gans etwa sechs Monate, und das ist der rechte Moment, um sich von ihren Verdiensten zu überzeugen; auch kann man sie zu dieser Zeit an der weicheren Gurgel und dem helleren Schnabel noch ganz gemächlich von dem älteren Tier unterscheiden, während schon im Dezember die Sache nicht mehr so leicht ist. Die zarte, nicht gemästete, aber wohlgenährte junge Gans nun liefert den einzig wahren und gerechten *Gänsebraten*, der bei Eröffnung der Saison sich beinahe ohne Ausnahme mit einem Sträußchen Beifuß oder Estragon präsentiert und in dieser Gestalt allerdings zu den schlicht bürgerlichen Gerichten zählt, aber doch von hohen und höchsten Herrschaften keineswegs verschmäht wird. Später und bis in den Februar hinein erscheint der Braten zur Abwechslung auch mit Äpfeln, Kastanien oder Kartoffeln, selbst mit Kraut,

Nudeln oder Makkaroni garniert, die in seinem eigenen Leib gar geschmort wurden, und findet auch in dieser Form Beifall – namentlich bei denen, die durch Gunst des Schicksals oder des Vorschneiders ein unverhältnismäßig großes Stück der knusprigen Haut erwischen. Mit zwölf Monaten dagegen hat eine Gans den Mai ihres Lebens hinter sich und darf fortan nur noch *gedämpft*, *gesulzt* oder als *Aspik* auftreten. Eigentliche Mastgänse sind sogar in diesen Formen unter allen Umständen verwerflich, und zwar sowohl vom rein feinschmeckerischen wie vom diätetischen Standpunkt aus: Ihr Verdienst besteht in ihrer Leber und in ihrem Fett, zwei Artikeln, von denen jeder allein hinreichen würde, um das kulinarische Verdienst der Gans außer Frage zu stellen.

Gänsefett oder *Gänseschmalz* wird durch Ausschmelzen der sogenannten »Blumen« (im Klosterkochbuch von 1350 »Flemen«, niederdeutsch »Flomen«) gewonnen, übertrifft das Schweineschmalz an Reinheit und Frische des Geschmacks und dient statt der Butter sowohl als Zubrot wie zum Fetten der Gemüse. Sauerkohl mit Gänseschmalz ist ein »anerkannt Pfaffenbißlein« – sapienti sat!

Gänseleber ist die Quintessenz der Gans, eine der großartigsten Delikatessen, die das Tierreich überhaupt aufzuweisen hat. Man höre nur den klassischen Bericht des Plinius. »Unsere Fachmänner kennen die Gans wegen ihrer vortrefflichen Leber, die durch die Mast besonders groß wird und sogar noch nach dem Ausnehmen fortwächst, wenn man sie in versüßte Milch legt. Wahrlich, nicht ohne Grund forscht man, wer diesen großartigen Kunstgriff erfunden habe, ob der Consular Scipio Metellus oder sein Zeitgenosse, der römische Ritter Marcus Sejus!« ... Das bleibe also dahingestellt, um so mehr, da die Gänseleber nicht unter dieser Ungewißheit leidet, sondern durch ihren leicht bitteren, ungemein feinen Geschmack alle Welt zur Bewunderung hinreißt, mag sie gebraten oder gedämpft, geröstet oder gebacken, mit Trüffeln oder in Aspik, mit Champignons, mit Zwiebeln oder gespickt auf den Tisch kommen. Die Potenz der Gänseleber aber heißt:

Gänseleberpastete, die erhabenste und pikanteste Schöpfung der feinen französischen Küche des 18. Jahrhunderts, das glorreiche Ergebnis dreijähriger Studien und Versuche des Normannen Close, der 1762 als Küchenchef mit dem Marschall de Contades nach Straßburg kam und 1765 die Tafel des Marschalls mit diesem königlichen Gerichte beschenkte, dessen Kern die Leber und dessen Fleisch ein Kalbfleisch-Haché liefert, während die Trüffel die Seele und der Pastetenteig den Mantel hergibt. Beim Ausbruch der großen Revolution gab Close seine Stelle auf und eröffnete in der Meisengasse zu Straßburg den ersten Leberpastetenladen, von dem aus die Gänseleberpastete das Elsaß, Frankreich, Deutschland und die Welt eroberte. Befestigt aber wurde ihre Herrschaft erst durch den Bordeleser Doyen, der sich einige Jahre nach Close in der Münstergasse etablierte und der Straßburger Pastete durch sein wundervolles Kalbfleischgehäcksel den Stempel der Vollendung aufdrückte. Gegenwärtig sind in Straßburg einige zwanzig Pastetenfabrikanten ansässig (Doyen, J. Fischer, Henry, Arzner, Jehl, Hummel u.a.) und beläuft sich der Jahresumsatz in diesem Artikel auf $1^1/_2$ Millionen Mark.

Mit der Leber, dem Fett und dem Braten ist jedoch die Opferwilligkeit der Gans noch immer nicht erschöpft. Da kommen noch die berühmten *Pommerschen Gänsebrüste,* vielleicht das delikateste Rauchfleisch, das auf Erden existiert, ferner die saftigen *Gänsekeulen* aus dem Languedoc und Bayonne, der *Gänseleberkuchen* der norddeutschen und die *Gansleberwürste* der österreichischen und süddeutschen Küche, endlich das nahrhafte *Gänseklein, Gänseschwarz* oder *Schwarzsauer* (aus dem Blut und dem Gekröse) mit Kartoffelklößen und Hutzeln – kurzum, die brave Gans läßt sich im eigentlichen Sinne des Wortes für den Menschen in Stücke hauen, und jedes einzelne Stück gibt einen Leckerbissen. Von der *Wildgans* läßt sich das freilich nicht behaupten, aber diese spielt auch in Österreich wie in Deutschland nur eine äußerst untergeordnete Rolle auf dem Lebensmittelmarkt. Im Jahre 1890 wurden in ganz Österreich nur 1939 Wildgänse geschossen, und davon gelangten nur 51 nach Wien, während an Hausgänsen daselbst 41570

Stück verzehrt wurden. Um alles zusammenzufassen: Die Gans ist ein wahrer Ehrenmann und nur dann vollkommen geschmacklos, wenn sie im mündlichen Verfahren einer jungen Dame an den Kopf geworfen wird.

Garnelen, *Granelen* oder *Crevetten,* niederdeutsch *Krabben,* kleine Krustentiere aus dem lebenslustigen Geschlecht der Taschenkrebse, die mit Salzwasser abgekocht namentlich in allen Seestädten auf keiner guten Tafel fehlen und entweder ohne Zutat oder in Form eines Salates mit Pfeffer, Essig und Öl verspeist werden. Alle anderen Bereitungsweisen sind ungehörige Künsteleien, da sie weder den Geschmack noch die Verdaulichkeit der Speise heben, sondern beide in der Regel verschlechtern. Es kommen hauptsächlich drei Arten von Garnelen auf den Tisch: die in allen europäischen Meeren häufige 5 bis 6 cm lange *Sandgarnele* von grüngrauer Farbe, die sich auch durch das Kochen nicht verliert, dann die lichtrote, 3 bis 5 cm lange *italienische Garnele* aus dem Mittelmeer und endlich die (gekocht) gelbrote *Steingarnele* von 7 bis 10 cm Länge nebst ihrer kleineren Schwester, der *Ostsee-Krabbe,* die beide an den deutschen, englischen und französischen Küsten sehr gemein sind und in Menge gefangen werden (vgl. Meerspinnen).

Gartenkresse, *zahme Kresse* oder *Pfefferkraut,* ein saftiger Kreuzblütler aus der Familie der Täschelkräuter mit bläulich bereiften Stengeln und Blättern, die wegen ihres scharfen pfefferartigen Geschmacks jung als Salat, in höhrerem Alter als Gewürz gebraucht werden. Die Pflanze war schon den Griechen wohlbekannt, und zwar galt diesen die milesische, den Römern der Kaiserzeit dagegen die babylonische für die beste. Gegenwärtig wird sie nicht nur in ihrer Heimat Persien und den alten Kulturländern am Mittelmeer, sondern auch in Indien und in ganz Europa im Hausgarten und im Winter, »um etwas Grünes zu haben«, auch im Zimmer gezogen. Der Kressensamen des sentimentalen Volksliedes, »der es schnell verrät«, ist eben der braune Same der Gartenkresse, der schon binnen 48 Stunden zu keimen pflegt.

Gartenmelde oder *Zuckermelde,* eine echte Melde und weiland sehr beliebte Gemüsepflanze, gelangte durch die Völkerwanderung aus Sibirien und der Tatarei nach Mittel- und Südeuropa, wurde durch Karl den Großen in Deutschland zum Anbau empfohlen und in verschiedenen Spielarten (grün, rot und bunt) eifrig kultiviert, bis der Spinat sie gänzlich aus dem Felde schlug. Schon der Oberösterreicher Wolf Helmhart v. Hohberg (1684) wollte nichts mehr vom »Molden« wissen. Jetzt wird die Zuckermelde nur noch sehr vereinzelt und, namentlich die rotblätterige Varietät, mehr als Zier- denn als Nutzgewächs gezogen.

Geflügel ist eigentlich alles, was Flügel hat – mit Einschluß der Windmühle und des Pegasus. Da aber diesen und anderen luftigen Wesen alle kulinarische Bedeutung abgeht, so versteht man auf Grund stillschweigender Übereinkunft unter Geflügel nur die eßbaren Vögel, und zwar vorzugsweise die zahmen oder das *Federvieh,* während die wilden in der Regel als *Federwild* bezeichnet werden. Das letztere, das Federwild, unterscheidet sich vom ersteren durch volleren und kräftigeren Geschmack, der auf einem größeren Stickstoffgehalt des Fleisches beruht, steht aber andererseits dem Federvieh an Zartheit und Weichheit der Muskelfaser nach, so daß es in den meisten Fällen erst durch die sogenannte »Mortifikation«, d.h. durch die beginnende Fäulnis, kaubar und verdaubar wird. Vom Säugetierfleisch unterscheidet sich das Geflügelfleisch durch den geringeren Gehalt an Fett und Salzen, ist aber eben infolgedessen leichter verdaulich als jenes und wird aus diesem Grund für den Krankentisch bevorzugt. Der geringere Nährwert des Geflügels gegenüber dem Schlachtfleisch ist eine rein platonische Wahrheit, an die sich niemand zu kehren braucht, da es ja doch selbst dem entschiedensten Vogelfanatiker niemals einfallen wird, sich ausschließlich von Amseln oder Enten erhalten zu wollen. Vielmehr darf das, was der Berliner der Gans nachsagt, mit vollem Rechte vom Geflügel im allgemeinen behauptet werden, nämlich: »Jutes jebratnes Jeflügel is' ne jute Jabe Jottes.«

Gefrorenes s. Eis.

Geisenheimer, ein Rheinwein ersten Ranges vom Rotenberg bei Geisenheim im Amt Rüdesheim. Dem vom Rotenberg nachstehend, aber immer noch zu den Hochgewächsen zählend, ist der Geisenheimer vom Kapellengarten, vom Morschberg, vom Kosakenberg, vom Klauserweg und vom Lickerstein.

Gelatine wird durch Auskochen schwammiger oder zelliger Knochen und Knorpel unter Hochdruck (im papinianischen Topf) gewonnen, durch verschiedene Manipulationen gereinigt und in Tafeln geformt und dient, wenn sie gut, d.h. geschmack-, geruch- und farblos ist, als Ersatz der Hausenblase bei Bereitung von Puddings, Gelees und Sülzen. *Chinesische Gelatine* ist Agar-Agar. Vgl. Gelee und Hausenblase.

Gelbling s. Eierschwamm.

Gelee, der französische Ausdruck für das deutsche *Gallert* oder *Gallerte,* bezeichnet wie dieses eigentlich ein Geronnenes, einen Leim, und zwar vorzugsweise und in erster Linie den *tierischen Leim,* der durch Auskochen der Knochen, Knorpel und Sehnen gewonnen wird. Dieser Leim hat wenig Nährwert, spielt aber gleichwohl in der Kochkunst eine sehr bedeutende Rolle, denn er bildet die Grundlage aller Sulzen. Ohne die Gallerte aus Kalbsfüßen, Schweinsohren, Fisch usw. würde es kein Aspik, keine jener köstlichen Sulzspeisen geben, die zugleich das Auge und den Gaumen entzücken und deren Bereitung dem Künstler Gelegenheit bietet, nicht bloß seinen feinen Zungengeschmack, sondern auch seinen Schönheitssinn zur Geltung zu bringen. Natürlich darf das nicht auf Kosten der Zuträglichkeit der Speise geschehen. Nach Rumohrs treffender Bemerkung ist die Gelee »das Äquivalent der Sauce«, d.h. das nämliche für die kalten Fleischgerichte, was die Sauce für die warmen ist. Daraus folgt aber von selber, daß der nichtssagende Geschmack der reinen Gelatine entweder durch Gewürze, Säuren und Kraftbrühen verschärft oder wenigstens durch einfachen Zusatz von Bratensauce, Fleischextrakt u. dgl. gekräftigt werden muß. Im ersteren Falle erhalten wir die trefflichen *Sulzen,* die mit allerlei Einlagen (Wildbret, Geflügel, Fisch, Ochsenmaul etc.) sowohl den Massenesser wie den Feinschmecker befriedigen, im anderen Falle aber die eigentlichen *Gelees* – »ungesäuerte Sulzen«, sagt Wiel ungefähr ebenso richtig, als wenn jemand von »milchweißen Rappen« und »hölzernem Steinpflaster« redet –, die zwar weniger pikant, dafür aber um so zuträglicher für Magenschwache sind.

Man bezeichnet aber als Gelee nicht bloß die leimhaltigen Substanzen aus dem Tierbereich, sondern auch jene an Konsistenz und Durchsichtigkeit ähnlichen Konfitüren, die durch Einkochen frischer Fruchtsäfte mit Zucker hergestellt werden. Diese delikaten *Frucht-Gelees* dienen nicht bloß zur Verzierung verschiedener anderer Gerichte (Torten etc.), sondern bilden auch einen selbständigen und sehr geschätzten Bestandteil des Nachtisches. Das zur Gewinnung des Saftes ausgepreßte Fleisch der bei Bereitung dieser Gelees verwendeten Früchte liefert dann, mit Zucker verkocht, die *Marmeladen,* die in der Regel immer noch etwas Geleeartiges an sich haben. Berühmt sind die *Bozner Marmeladen,* ebenso preiswert aber und entschieden den englischen Marmeladen vorzuziehen sind die Fabrikate von Ferd. Baumer in Perchtoldsdorf bei Wien.

Gemse, die einzige europäische Vertreterin des Antilopengeschlechts und in ihrer Verbreitung auf die süd- und mitteleuropäischen Gebirge (Pyrenäen, Alpen, Abruzzen, Balkan, Karpaten und Kaukasus) beschränkt, gehört durch Abbildung und Schilderung zu den populärsten Tieren des Kontinents, und das nicht erst seit heute. Schon Kurfürst August von Sachsen suchte sie um 1560 in der Sächsischen Schweiz und Kaiser Ferdinand I. im Wienerwald heimisch zu machen, doch blieben diese Versuche wie alle späteren erfolglos. Gegenwärtig ist Österreich unter allen Ländern noch am besten mit Gemsen versehen, namentlich in Steiermark, Tirol und Salzburg, wo jährlich immer noch je 1000 bis 2000 Stück erlegt werden. Im Jahre 1890 wurden im Österreichischen im ganzen 7038 Stück geschossen. Der kulinarische Wert der Gemse ist gering, denn das Fleisch ist nicht nur trocken, sondern auch über die Maßen grobfaserig. Junge Tiere mögen immerhin passieren, was aber von den alten zu halten ist, bekundet das Sprichwort:

Alte Gams und alter Has'
Geben einen Teufelsfraß.

Gemüse ist ein sehr weitschichtiger Begriff, denn man versteht darunter mit Ausschluß des Obstes alle Pflanzen und Pflanzenteile, die in Musgestalt (daher der Name!) oder überhaupt in frischem Zustand als selbständige Schüsseln oder auch als Beigabe zu Fleischspeisen (Zugemüse) auf den Tisch kommen. Die Zahl dieser Pflanzen ist, besonders wenn man die Spielarten mitrechnet, eine sehr beträchtliche. Des besseren Überblicks wegen teilt man daher alle Gemüsepflanzen, den vorzugsweise verwendeten Teil zur Richtschnur nehmend, in sieben verschiedene Klassen und unterscheidet:

Wurzel- und *Knollengewächse,* wozu namentlich die Kartoffel, der Mangold, die Steckrübe, die Mohrrübe, der Rettich, der Meerrettich, die Haferwurz, die Rapunzelwurz, die Sellerie u.a.m. gerechnet werden;

Zwiebelgewächse, wozu ausschließlich die Mitglieder der Familie Lauch gehören;

Blattgemüse, die durch den Kohl, den Spinat, Rharbarber, Kerbel, die Gartenmelde usw. vertreten werden;

Sprossengemüse, den Spargel, den Hopfen, die Waldrebe und die Meisterwurz umfassend;

Blütengemüse, wozu sich Blumenkohl, Broccoli, Artischocke, Kardone, Kapuzinerkresse, Kapper und Dotterblume mit Wonne zählen;

Fruchtgemüse, nämlich grüne Bohnen und Erbsen, Gurken und Kürbisse, Tomaten, Eierbeeren etc., und endlich

Algen, wie z.B. das isländische Moos, das Zeylon-Moos, das Caraghen-Moos usw.

Gewöhnlich rechnet man auch die *trockenen Hülsenfrüchte,* die *Schwämme,* und Wiel zählt sogar das *Obst* zu den Gemüsen, diese Substanzen werden jedoch wegen ihrer abweichenden Zusammensetzung besser in besondere Abteilungen gestellt. Die wahren Gemüse sind nämlich bei ausschweifendem Wasserreichtum, der bis auf 93 Prozent steigt, erschreckend mager, d.h., sie enthalten höchstens $^1/_2$ Prozent Fett und bilden daher die Gruppe der wenigst nährkräftigen unter den Nahrungsmitteln aus dem Pflanzenreich. Andererseits aber zeichnen sie sich durch einen Gehalt an eigentümlich pikanten Stoffen: Asparagin, organischen Säuren, Amiden, ätherischen Ölen usw., aus, und diese Stoffe, die nicht bloß die Zunge und die Nase kitzeln, sondern auch die Verdauung fördern, begründen den kulinarischen Wert der Gemüse: sie sind das Fundament, auf dem die Hochachtung des Feinschmeckers vor dem Spargel, dem Blumenkohl, der Artischocke, der Tomate, dem Meerrettich und der grünen Erbse beruht. Die noch immer unerreichten Meister in der Bereitung des Gemüses sind die Franzosen, die es mit heißem Wasser abbrühen und dann mit Butter oder Bratensauce (Heil dir, Spinat mit Bratenfett!) fertig schmoren. In Deutschland und Österreich wird das Gemüse weich gesotten, dann mit dem Wiegemesser zerkleinert und endlich mit Butter oder Fleischbrühe fertig gemacht – auch nicht übel, wenn nur der vielfach übliche Mehlzusatz wegbleibt, der weder der Zunge noch dem Auge Freude macht. Himmelschreiend dagegen und wahrhaft menschen- und gemüsefeindlich ist das englische Verfahren, die Gemüse einfach in Wasser abgesotten zu servieren und es dem Gaste anheimzugeben, sie mit Butter und Gewürzen (Salz und Pfeffer) zu versehen. Dieser gräßlichen Barbarei wegen hassen nicht wenige gute Menschen die englische Küche bis in den Tod, denn keine Beleidigung vergißt sich schwerer als Sauerampfergemüse ohne Butter.

Bei dem ungeheuren Gemüsebedarf spielen die *Gemüsekonserven* eine beinahe noch größere Rolle als die *Fleischkonserven*. Das Gemüse wird zu diesem Zweck entweder nur gedörrt *(getrocknetes Gemüse)*, oder es wird gedörrt und durch hydraulischen Druck auf den möglichst kleinen Umfang reduziert *(komprimiertes Gemüse)*. Das erstere Verfahren wurde in klassischer Weise bereits von dem Pfarrer Johann Georg Eisen zu Torna in Livland angewendet und in dem »Unterricht von der allgemeinen Kräuter- und Wurzeltrocknung« (Riga 1774, 8°) ausführlich beschrieben, fand aber erst achtzig Jahre später, nachdem der Franzose Masson das Komprimieren der getrockneten Substanzen hinzugefügt hatte, im außerrussischen Europa Eingang. In Deutschland wurde die erste

Gemüse-Konservenfabrik um 1854 in Frankfurt a. M., die zweite 1856 zu Offenburg in Baden errichtet. Fast alle Firmen (namentlich die französischen) stellen auch *Gemüse-Büchsenkonserven* nach Apperts Methode her, wozu namentlich die feinen Gemüse (Blumenkohl, Rosenkohl, Spargel, grüne Erbsen, grüne Bohnen und Artischocken) verwendet werden. Die dritte Klasse von Gemüsekonserven und zugleich die einzige, die in Österreich in weiteren Kreisen verwendet wird, bilden die mit Salz oder Essig *eingemachten Gemüse,* von denen bei ihrer Allbekanntheit genug gesagt ist, wenn man sie nennt: eingemachte grüne Bohnen, eingemachte rote Rüben, Salzgurken und Essiggurken, Pfefferoni, Kukurutz, Sellerie, Sauerkraut und Mixed Pickles.

Genever s. Wacholderbranntwein.

Géromé-Käse, mit Kümmel gewürzter Weichkäse von 2–5 kg Schwere, der im Departement der Vogesen aus Vollmilch gefertigt wird und über Géromé in den Handel kommt.

Gerste, neben Weizen, Dinkel, Hirse und Reis die älteste unserer Getreidepflanzen, wurde in zwei Spielarten, der *zweizeiligen* und der *sechszeiligen* Gerste, bereits von Ägyptern und Hebräern wie von den Bewohnern der Schweizer Pfahlbauten und mindestens seit Christi Zeit auch von den Chinesen kultiviert, muß also seine wahrscheinliche Heimat im Osten und Süden des Kaspisees schon sehr frühzeitig verlassen haben. Die gegenwärtig am häufigsten gebaute *vierzeilige* Art wird zuerst von Theophrast (gest. 285 v. Chr.) genannt, stand aber bei den Griechen in geringerem Ansehen als die beiden älteren Sorten. Die jetzt in Südeuropa sehr beliebte vierte Varietät dagegen, die sogenannte *Bartgerste,* ist sicher erst in historischer Zeit aus der vierzeiligen hervorgegangen. Zur Zeit umfaßt das Wohngebiet der Gerste Asien und Nordamerika bis fast an den Polarkreis, Europa bis über den Polarkreis hinaus, Nordafrika und die Kulturstrecken Australiens. Im Norden (Schottland, Skandinavien und Sibirien) wird sie vorzugsweise als Brotfrucht, im Süden (Indien, Nordafrika und Südeuropa) als Pferdefutter, in der Mitte aber als Bierfrucht verwendet, denn ohne Gerste kein *Malz* und ohne Malz kein Bier. Außerdem liefert sie, in der Schale mit 12 Teilen Wasser abgekocht, dann durchgeseiht und das Seih mit Zucker, Zitronensaft und Himbeeressig versetzt, das als Kühltrank beliebte *Gerstenwasser*, ferner einfach enthülst die *Gerstengrütze*, enthülst und dekantiert die *Graupen*, deren feinste Sorte als *Perlgraupen* oder *Rollgerste* bekannt sind, und endlich fein zermahlen der *Grieß*, alles Dinge, auf die der Mensch nur im alleräußersten Notfall, d.h., wenn er an einer Nordpol-Expedition, einer Afrika-Durchquerung oder einem vollständigen Bankrott beteiligt ist, mit tiefem Seelenschmerz Verzicht tut. Dementsprechend ist auch der Gerstenbau in allen Kulturländern ein sehr bedeutender.

Gervais, kleiner, flacher Rahmkäse von mildem und angenehmem Geschmack, der von Paris aus in Kistchen zu je sechs Stück zum Versand kommt.

Gewürze sind im weiteren Sinne alle Substanzen, die ohne eigentlichen Nährwert den Speisen in erster Linie zur Verbesserung des Geschmacks zugesetzt werden. In diesem Sinne gehören also auch Salz, Essig, Zucker und Öl zu den Gewürzen. Im engeren und gewöhnlichen Sinn jedoch versteht man darunter nur die sogenannten *Spezereien*, d.h. Pflanzen und Pflanzenteile, die durch aromatisch bittere Bestandteile anregend und belebend nicht bloß auf den Appetit, sondern auch auf die Verdauung einwirken. In dieser Doppelwirkung liegt die Rechtfertigung für die Verwendung der Gewürze. Sie sind diätetische Mittel von höchstem Wert, die um so eifriger begehrt und um so massenhafter verzehrt werden, je gröber der Tisch oder je träger die Verdauung einer Nation oder eines Zeitalters ist. Daraus erklärt sich die Leidenschaft der Tropenbewohner für Gewürzmischungen, die dem gewöhnlichen Europäer wie Feuer im Schlund brennen, daraus auch der Massenverbrauch der Gewürze im europäischen Mittelalter, der uns heute als Mißbrauch erscheint, in Anbetracht des damaligen Standes der Kochkunst jedoch durchaus berechtigt war. Kurzum, die Gewürze sind wie die Liebe: Man braucht sie nicht gerade ganz notwendig, aber doch recht notwendig, um sich durchs Leben zu bringen, und ganz wie die Liebe sind sie auch nur für den gefährlich, der entweder zu alt oder zu jung oder überhaupt in seiner physischen Menschlichkeit verpfuscht, d.h. magenkrank ist.

Gewöhnlich begnügt man sich, die Gewürze nach ihrer Herkunft in *exotische* und *einheimische* zu klassifizieren. Systematischer veranlagte Kenner jedoch unterscheiden fünf Klassen, nämlich:

Wurzelgewürze, zu denen von den einheimischen die Petersilie, der Sellerie, der Rettich, der Meerrettich, der Kalmus und die Nelkenwurz, von den exotischen der Ingwer, der Galgant und die Zittwerwurz gehören;

Zwiebeln, d.h. Zwiebel, Knoblauch, Porree, Schalotte und Perlzwiebel;

Rindengewürze, unter denen sich nur das Ausland, und zwar durch die verschiedenen Zimtarten, vertreten findet;

Stengel- und *Blattgewürze*, unter denen das Inland durch Petersilie, Dill, Kerbel, Kresse, Bohnenkraut, Salbei, Thymian, Majoran, Raute, Beifuß, Esdragon, Zwiebel und Schnittlauch, das Ausland durch den Lorbeer und den Meerfenchel repräsentiert wird; endlich

Blüten- und *Fruchtgewürze*, zu denen das Ausland den Nelkenpfeffer, den schwarzen Pfeffer, die Cardamome, die Cubebe, den Guineapfeffer, das Gewürznägelein, die Muskatnuß, die Zitrone, die Zimtblume, die Kaper und die Vanille, das Inland aber den Paprika, den Safran, den Koriander, den Anis, den Dill, den Fenchel, den Senf, die Kapuzinerkresse, den Hopfen und den Wacholder stellt.

In dieser Liste dürfte jeder für seinen Gaumen etwas finden, auch wenn er nicht dem etwas bedenklichen kulinarischen Grundsatz des großen Humoristen Reuter huldigt: »Lorbeerblätter und Zwiebeln verderben kein Gericht, nur bei Milchsuppen und Napfkuchen muß man sparsam damit umgehen.«

Gewürznelke (ihrer nagelähnlichen Gestalt halber auch *Nägelein* oder *Gewürznägelein*) heißt wegen ihres durchdringenden Nelkengeruchs die getrocknete Blütenknospe des myrthenartigen Gewürznelkenbaums, der auf den Molukken einheimisch, seit

1772 aber auch nach Mauritius, Westindien und Südamerika, seit 1810 nach Sumatra und Amboina und etwas später nach Sansibar verpflanzt ist. Griechen und Römer kannten dies Gewürz noch nicht. Erst die beiden Byzantiner Aëtius von Amida und sein Zeitgenosse Alexander von Tralles (gest. 605 n. Chr.) nennen die Nelke als Droge, und erst der um die Mitte des 7. Jahrhunderts lebende Paulus von Aegina bezeichnet sie auch als Küchengewürz. In Deutschland findet sie sich zuerst als Bestandteil einer Universal-Medizin erwähnt, deren Rezept aus der Zeit Karls des Großen stammt. Der Nelkenhandel lag damals und durch das ganze Mittelalter in den Händen der Araber, die diese Spezerei über Alexandrien zur Ausfuhr brachten, bis 1524 die Portugiesen sich der Molukken bemächtigten. Seit 1599 mußten die Portugiesen dort den Holländern weichen, und nachdem diese 1623 auch noch die Engländer aus dem Felde geschlagen hatten, wurde der Nelkenhandel ein Monopol der Holländisch-Ostindischen Kompanie, die auch bei diesem Artikel an dem elenden Grundsatz festhielt, lieber an wenigem viel als an vielem mehr verdienen zu wollen. Die Kompanie handelte allerdings mit 5800 % Gewinn, aber die Bewachung der Inseln verschlang jährlich 3 Millionen Gulden und unterdrückte doch den Schleichhandel so wenig, daß seit 1750 kaum mehr als für 2 Millionen Gulden Nelken zu dem von der Gesellschaft beliebten Preise in Europa abgesetzt werden konnten. Und schließlich nutzte alle Wachsamkeit nichts: Poivre, der verwegene Gouverneur von Bourbon, pfiff auf die von den Mynheers angedrohte Todesstrafe, stahl sich mit einem winzigen Fahrzeug durch die holländischen Wachtschiffe und kehrte glücklich mit einer Anzahl Nelkenbäume nach seiner Insel zurück (1770), von wo aus dann die Verpflanzung nach Westindien und Cayenne erfolgte. Der wirksame Bestandteil der Gewürznelken ist vornehmlich das sogenannte *Nelkenöl* oder *Gewürznelkenöl*, das, mit Leichtigkeit in Alkohol löslich, vielfach in der Liqueurfabrikation verwendet wird und neben der Nelkensäure auch Vanillin enthält. Unter den verschiedenen Sorten gelten die großen *Amboina-* oder *Königsnelken* noch immer als die besten. Die vor der völligen Reife gepflückten

Früchte des Nelkenbaums, einfächerige Beeren von 25 mm Länge und 8 mm Dicke, kommen als *Mutternelken* in den Handel, werden aber nicht als Gewürz, sondern ausschließlich in der Destillation gebraucht.

Gin s. Wacholderbranntwein.

Glattroche, auch *Tegel, Tepel* oder *Flete*, ein großer Herr bis zu $2^1/_2$ m Länge und 120 kg Gewicht, führt den Namen zum Unterschied von seinem Bruder, dem Dornrochen, mit dem er den Wohnort und auch die Art der Verwendung in der Küche (mit *brauner Butter*, mit *Senfsauce*, mit *Robertsauce*, bisweilen auch *gebacken*) gemein hat. In Norddeutschland kommt er noch weniger auf den Tisch als der Dornrochen, und auch in England, Frankreich und Italien schätzt man ihn geringer als diesen.

Glarner Schabzieger, *Kräuterkäse* oder *grüner Käse*, ein Molkenkäse ersten Ranges, der schon im 15. Jahrhundert einen Handelsartikel ausmachte. Der Schabzieger – in Norddeutschland zur Abwechslung »Schafzieger« genannt und für ein Produkt aus Schaf- und Ziegenmilch angesehen! – wird von den Sennen im Kanton Glarus aus Magermilch (sogenannter »Käsemilch«) mit Zusatz von Buttermilch bereitet und als vergorene Masse in Säkken an die »Ziegenmüller« abgegeben, die diese Masse mit 4–5 kg Salz und $2^1/_2$ kg gepulverten »Ziegerklee« auf je 1 q auf einer Walzmühle gleichmäßig vermahlen, dann in hölzerne Formen pressen und die geformten Käse endlich in einem kühlen Speicher trocknen lassen. Diese Käse haben die Gestalt eines abgestumpften Kegels von 10 cm Höhe mit $7^1/_2$ cm unterem und 5 cm oberem Durchmesser, sind von graugrüner Farbe, äußerst pikantem Geschmack und schön gleichmäßiger Konsistenz und werden beim Genuß nicht geschnitten, sondern, wie der Name sagt, geschabt. Was den erwähnten *Ziegerklee*, die Würze des Schabziegers, anlangt, so ist dies ein naher Verwandter des Foenum graecum, eine Steinkleeart mit ungemein kräftigem, aus Waldmeister- und Honigduft gemischtem Geruch, die in Afrika, vielleicht aber auch an der unteren Donau heimisch ist und auch in der Umgebung Wiens verwildert vorkommt. Dieser blaublütige *Käse-* oder *Bisamklee* wurde bis gegen Mitte des 19. Jahrhunderts vorzugsweise im Kanton Glarus, wird aber seitdem nahezu ausschließlich in der March des Kantons Schwyz angebaut und gibt jährlich zwei Blatternten, die zur Erhaltung der grünen Farbe im Schatten getrocknet, dann pulverisiert und gesiebt werden. Erst in diesem Zustand tritt sein Geruch besonders stark hervor.

Gloucester Käse wird in der englischen Grafschaft Gloucester aus Vollmilch bereitet und kommt in Zylindern von 20–40 cm Durchmesser und 10–40 cm Höhe in den Handel. Je nach der Größe (nicht nach der Qualität!) unterscheidet man *einfachen Gloucester* im Gewicht von 5–20 kg und *Doppel-Gloucester* im Gewicht von 20–40 kg. Eine besondere Art bildet der *Salbei-Käse*, der durch Zusatz eines Milchauszugs aus Salbei-, Petersilien- und Ringelblumblättern eine grüne Farbe und einen besonders würzigen Geschmack erhält.

Goldbutt s. Scholle.

Gorgonzola-Käse, der Bruder des Stracchino, von dem er sich aber schon äußerlich durch die braune Farbe unterscheidet, wird im Flecken Gorgonzola bei Mailand vorzugsweise im Herbst, wenn die Herden vom Gebirge in die Lombardei herabrücken, aus Vollmilch fabriziert und in Zylindern oder Laiben von 12–15 kg Schwere auf den Markt geliefert. Der Gorgonzola ist im Innern weißgelb, die feinste Sorte mit grünen Adern durchzogen.

Gose, ein treffliches Weißbier von durchschlagender Wirkung, das von alters her in Goslar am Harz mit dem Wasser des Gosebachs, schon seit längerer Zeit aber auch an anderen Orten gebraut wird. Namentlich ist der Ruf der *Leipziger Gose* ein weit verbreiteter. Wie die meisten Weißbiere eignet auch die Gose sich nur für taktfeste Magen.

Gouda-Käse oder *Südholländer Rahmkäse* kommt aus der Provinz Südholland über Gouda in den Handel. Er präsentiert sich als Zylinder mit abgerundeten Ecken in Schwere von 5–15 kg, hat eine ziemlich weiche Paste mit zahlreichen, nicht allzu großen Löchern und eine überaus schöne gelbe Farbe, die durch fortgesetztes Abreiben des Zylinders mit Essig und Safran oder Bier erzeugt wird. Als besondere Abarten erscheinen der *Maikäse*, der im Mai aus der Milch der Weidekühe gewonnen wird, ferner der weit geringere *Frischmilchkäse* aus der Milch neumilchender Stallkühe, sodann der *Geheimratskäse*, der nicht über 2 kg zu wiegen pflegt.

Gräfenberger, duftiger Rheinwein vom Grafenberg (bei Kiedrich, weiland dem Kloster Eberbach zuständig), welcher Berg aber nur wenige Morgen Weinland umfaßt, so daß echter Gräfenberger recht selten ist.

Granatapfel, *Granate*, in Österreich ehemals *Margrant*, die farbenprächtige Frucht des Granatbaums, deren lederartige Schale rotbraun, deren Fleisch gelb und deren Kernhaut blau gefärbt ist. Der Granatbaum ist ein geborener Perser (kein Afrikaner!), ist aber schon in vorhistorischer Zeit über Indien und das ganze Mittelmeergebiet, um 150 v. Chr. nach China und um 1560 nach Amerika verbreitet worden. In Österreich und Deutschland kommt er verwildert seit alter Zeit bei Bozen, sonst nur als gepflegter Zierbaum vor. Als solchen finden wir ihn 1564 im Garten der Wiener Hofburg und hundert Jahre später in den Kalthäusern der oberösterreichischen Edelsitze. Anno 1779 wird als Merkwürdigkeit berichtet, daß die im Freien stehenden Granatbäume des fürstlichen Gartens zu Mannheim reife und genießbare Früchte brachten. Die Römer zu Christi Zeit unterschieden 9 Spielarten, unter denen die punische für die beste galt. Palladius (um 350 n. Chr.) kannte nur noch 6 Sorten, und Hohberg (um 1680) nennt nur noch 3 Sorten: »sauer, süß und mittelmäßig«. Höchst wahrscheinlich ist eine Anzahl Varietäten infolge mangelhafter Kultur eingegangen, denn obgleich wegen der mehr oder weniger weinsäuerlichen Frucht in Südeuropa und namentlich im Orient noch immer ein geschätzter Obstbaum, gehört der Granatbaum doch zu den Entthronten: Die Orangenbäume haben ihm den Rang abgelaufen. Auf der Tafel Kaiser Ferdinands I. bildeten Zitronensaft und Granatkörnersaft als »Schmackreizung« den stehenden Ersatz des Essigs, heutzutage jedoch gelangt der Granatapfel nur noch gelegentlich zu uns und wird nur von einzelnen Liebhabern beachtet, die ihn nach Art der Apfelsine verspeisen.

Graupen s. Gerste.

Graves-Weine sind die trefflichen Gewächse der Lage »auf dem Kies« (sur les graves) im Medoc, also echte Bordeleser, und zwar versteht man darunter insbesondere die trockenen Weißweine der Gemeinden Blanquefort, Léognan, Martillac, Villenave d'Ornon, Langon, Toulene, Fargues, Pujols, Loupiac und Sainte-Croix du Mont, die wegen ihrer Lieblichkeit dem Sauterne als Tischwein vorgezogen werden, obgleich oder vielmehr gerade weil sie demselben an Süße und Feinheit nachstehen.

Greco heißen, weil von der aus Griechenland stammenden Malvasiertraube gewonnen, verschiedene süditalienische Süßweine ersten Ranges, darunter namentlich die dritte Sorte der Lacrimae Christi vom Fuße des Vesuvs und der Vino greco di Gierace, ein weißer Calabreser, der nach Hamms Versicherung die Vorzüge der leichten französischen mit den Tugenden der gekochten Weine, Gehalt und Haltbarkeit, verbindet.

Grieß, als Mühlenprodukt das Mittel zwischen Mehl und Graupen, d.h. gröber als jenes und feiner als diese, wird aus Weizen, Reis oder Mais, weniger häufig aus Gerste oder Buchweizen hergestellt und liefert die Substanz mannigfacher und vortrefflicher Puddings und Breie, z.B. der italienischen Polenta. Im 18. Jahrhundert und noch im ersten Viertel des 19. Jahrhundert übertraf der *Wiener Grieß* aus bestem Weizen alle seine Konkurrenten, so daß man noch heute die beste Sorte ohne Rücksicht auf ihre Herkunft mit diesem Namen zu bezeichnen pflegt. Nochmals gemahlen und gebeutelt gibt der Grieß das *Grießmehl,* die edelste und beste aller Mehlarten, die daher sowohl in der Bäckerei wie in der Küche eine hervorragende Rolle spielt. Steifer *Grießbrei* in *Milch,* mit Zucker oder mit einer Mischung aus Zucker und zerstoßenem Zimt bestreut, ist ein äußerst einfaches Gericht, aber ohne Frage die reinschmeckendste aller Milchspeisen, über welche die Küche des 19. Jahrhunderts gebietet.

Grog ist heißes Wasser mit Rum oder Arrak – auch umgekehrt! – und mit Zucker versüßt. Der Name ist eine Verkürzung des englischen grogram, das einen ungemein grobfadigen Wollenstoff bedeutet. Die Bezeichnung ist also ein Spitzname, wie »Strippe« für Kümmelliqueur, und ursprünglich in Seemannskreisen wie letztere in den norddeutschen Militärkasernen entstanden. Daß erst Admiral Vernon mit dem Spitznamen »the old grog« (der alte Grobrock) das Getränk um die Mitte des 18. Jahrhunderts auf der englischen Marine eingeführt und dadurch den Namen veranlaßt habe, ist eine post festum erfundene Fabel. Unerläßliche Bedingung für den Genuß des Grogs ist Hundewetter oder Heidenkälte.

Groyer Käse s. Emmentaler.

Gründling oder *Grundel,* österreichisch *Grundel* oder *Sangel,* ein 10–15 cm langer Karpfenfisch mit einem kurzen Spielfaden an jedem Mundwinkel, bewohnt Europa und Westasien mit Ausnahme des höchsten Nordens und des äußersten Südens und bevorzugt zwar kiesgründige, klare Gewässer, jedoch ohne sich deshalb auf solche zu beschränken. Die Laichzeit fällt in den Mai und Juni, die eigentliche Gründlingssaison daher in den Herbst und Winter, doch wird der Fisch so ziemlich das ganze Jahr über gefangen und verwertet, denn sein wohlschmeckendes Fleisch gilt mit Grund für ein treffliches Gericht. Namentlich *gebacken* bilden die Gründlinge »ein recht angenehmes Bündel Zahnstocher«, wie Grimod treffend bemerkt, und auch *blaugesotten* dürfen sie sich, mit grüner Petersilie garniert und mit Essig gewürzt, unbedenklich auf die Tafel wagen, man wird sich immer gern mit ihnen unterhalten. Früher ließ man sie auch wohl vor dem Sieden sich in Mandelmilch zu Tode saufen – »gehört aber nur für Frauenzimmer und ist dieser Delikatesse leichtlich zu entraten«. »Wird sowohl in der Donau als in andern einfließenden Wassern gefangen und bei allen Herrentafeln hochgehalten«, berichtet Hohberg. Übrigens vergilt der Gründling gelegentlich Gleiches mit Gleichem: Er ist ein »Leutfresser«, wie Konrad Geßner sagt. Als z.B. 1683 nach der Belagerung Wiens zahlreiche Türken- und Pferdeleichen in die Donau geworfen wurden, sah man die Gründlinge großartige Bacchanalien feiern und dabei immer dem Menschenfleisch den Vorzug geben.

Grüneberger, berüchtigt so weit die deutsche Zunge klingt und noch darüber hinaus, aber bei alledem besser als sein Ruf. Namentlich ist er in Wirklichkeit nicht ganz so sauer, wie der Nichtkenner auf Grund der allgemeinen Sage anzunehmen pflegt, und in guter Qualität ein ebenso trinkbarer Tischwein wie etwa der Ober-Ingelheimer oder der Bergsträßer. Unheilvoll wird er der Menschheit nur, wenn er unter falscher Flagge segelt wie jenes Faß »Malaga«, das die Stadt Grüneberg ihrem vielgeliebten König Friedrich Wilhelm III. verehrte und mit dem dieser boshafterweise seine Adjutanten regalierte: Noch fünfzig Jahre später dachte einer der Herren mit ungeheucheltem Entsetzen an diese schreckliche Sorte zurück. Der Grüneberger Weindistrikt umfaßt außer der Stadt Grüneberg die Dörfer Krampe, Jany, Lausitz, Kühnau, Sawade, Schertendorf und Heinrichau, deren Produkte aber sämtlich unter dem Namen des Grünebergers gehen. Man zieht sowohl Rot- wie Weißwein, welcher letztere jung von rötlicher, in höherem Alter von mehr ins Gelbe fallender Farbe ist und eine angenehme Süße besitzt, die sich mit der Zeit in Firne verwandelt. Beide Arten werden vorzugsweise zum Verschneiden anderer Weine gebraucht oder zu Schaumwein verarbeitet: Der Grüneberger Mousseux und Œil de perdrix ist der älteste deutsche Schaumwein und besaß schon um 1840 einen bedeutenden Kundenkreis, einen größeren, als der natürliche Grüneberger sich je erworben und je erwerben wird.

Grünkern ist vor der Reife geschnittener, mit der Ähre im Backofen gedörrter, dann ausgedroschener und auf der Mühle geschälter Dinkel. Man bereitet daraus Suppen wie aus den Graupen oder kocht ihn wie den Reis mit Milch zu einem Brei. Früher nur in Südwestdeutschland bekannt und beliebt, haben diese Gerichte durch die »Grünkern-Suppentafeln« von Knorr in Heilbronn in neuerer Zeit auch in Norddeutschland und in Östereich Eingang gefunden. Der Preis dieser Präparate wie des Grünkerns überhaupt ist ein verhältnismäßig hoher, da an Grünkern nur etwa der zehnte Teil dessen gewonnen wird, was der Dinkel bei völliger Reife an Getreide liefert.

Grütze ist grober Grieß, der vorzugsweise aus Hafer *(Hafergrütze)* oder Buchweizen *(graue* oder *Heidegrütze)*, seltener aus Gerste oder Hirse hergestellt wird und zur Bereitung von Suppen oder Breispeisen *(Hafermus)* dient. Namentlich spielt die Hafergrütze wegen ihrer leichten Verdaulichkeit unter den Kindernährmitteln eine hervorragende Rolle. Vgl. Buchweizen.

Gulasch, richtig Gulyás, sprich: Guljaasch, Nationalgericht der Magyaren, dessen Kardinalwürze der Paprika bildet. Ein rechter Ungarmagen verträgt einen Teelöffel voll Paprika wie Konfekt, den deutschen aber brennt's bei gleicher Dosis wie mit Höllengluten, die weder Bacchus noch Gambrinus zu löschen vermögen – Grund genug, um jedes Wirtshaus-Gulasch so lange mit Mißtrauen zu betrachten, bis es sich als mäßig papriziert ausgewiesen hat. Im übrigen weniger ein feines als vielmehr ein derbes Gericht, ein richtiges Bivouac-Tractament, hat das Gulasch doch seit etwa dreißig Jahren den ganzen Kontinent erobert und tritt sogar bereits als Konserve auf.

Gumpoldskirchner, ein niederösterreichischer Edelmann, der den Besten seiner Zeit genugtut, weil er selber vom Besten ist. Er wird in Gumpoldskirchen aus Rebsatz von rotem Zierfandler gewonnen und stellt einen bouquetreichen Weißwein erster Klasse dar, dessen Ausbruch Hamm sogar der Tokayer-Essenz an die Seite stellt – natürlich in ihrer Art und einen vorzüglichen Jahrgang vorausgesetzt. Wie angenehm der Gumpoldskirchner eingeht und wie gründlich er beseligt, hat schon der alte Joh. Rasch beobachtet, der in seinem »Weinbuch« vom Jahre 1582 die tröstliche Bemerkung macht:

Wer Gumpoldskirchner trinkt zwei Maß,
Der mag allein nit gehn sein' Straß.

Guter Gumpoldskirchner hält aber auch auf guten Preis: Eduard Sacher in Wien gibt die Flasche nicht unter 2 bis $2^1/_2$ Mark. Allerdings darf man dafür auch vom Jahrgang 1874 sagen:

Dies Kind, kein Engel ist so rein,
Laßt eurer Huld empfohlen sein.

Gurken waren den alten Ägyptern und selbst noch den Griechen Homers (um 900 v. Chr.) total unbekannt, obgleich ihre Kultur in Ostindien, wo die bittere Hardwicksgurke als präsumptive Stammutter namentlich in der Provinz Kumaon weite Strecken bedeckt, mindestens 3000 Jahre alt ist und auch in Ungarn nach Ausweis der Funde zu Szilahom in die vorgeschichtliche Zeit zurückreicht, während die Pflanze damals den Schweizer Pfahlbautenbewohnern noch fremd war. Zu den Griechen kam die Gurkenzucht wahrscheinlich erst im 7. Jahrhundert von Kleinasien her, wurde aber bald mit solchem Eifer betrieben, daß das Städtchen Mekone (Mohnstadt) bei Korinth darüber sogar seinen Namen verlor und sich fortan Sikyon (Gurkenstadt) nannte. Gleichen Anklang fand das eigentümliche Gemüse bei den Römern. Kaiser Tiberius (ermordet 37 n. Chr.) liebte frische Gurken als tägliches Gericht und ließ sie in fahrbaren, mit Marienglas gedeckten Beeten für die Küche ziehen; Plinius gedenkt auch bereits der Salzgurken und Athenäus um 200 n. Chr. der Senfgurken. Dem südwestlichen Deutschland wurde das indische Gewächs spätestens durch Karl den Großen zugeführt, im Südosten aber und im ganzen Osten überhaupt dürfte es damals schon längst durch die Slawen heimisch gewesen sein, welche nicht bloß wie die Tataren und Mongolen – China erhielt die Gurke ums Jahr 200 v. Chr. aus Indien – wahrhaft leidenschaftliche Verehrer der Gurke sind, sondern sich auch von jeher vortrefflich auf ihre Verwendung und Kultur verstanden. Der echte Russe vermag ohne Salzgurken kaum zu leben, die Lausitzer Wenden wußten schon vor 150 Jahren ohne Mistbeete die schönsten Frühgurken zu ziehen, und auffälligerweise ist die berühmte saure Gurke nur in den deutschen Landesteilen wahrhaft volkstümlich, in denen ehemals Slawen seßhaft waren. Gegenwärtig ist die Gurke über alle fünf Erdteile verbreitet, als Hochburgen der Gurkenzucht aber sind zu nennen: in Ungarn Moderndorf bei Tyrnau, wohin eine militärische Einquartierung um 1830 eine ganz eigentümliche Kulturmethode verpflanzte, in Österreich Znaim in Mähren und Saaz in Böhmen, das im Fasching sogar einen eigenen »Gurkenkönig« wählt, in Deutschland Berlin und Lübbenau am Spreewald, endlich in Holland Rotterdam, das schon im April ganze Schiffsladungen nach England verfrachtet.

Der Nahrungswert der Gurke ist bei ihrem enormen Wassergehalt (97 %) gleich Null. Wer aber möchte deshalb den *Gurkensalat* entbehren? Gehörig gepfeffert, bildet diese einfache »Schmackreizung« bei schweißtreibender Sommerzeit eine sehr erquickliche Begleitung für jeglichen Braten und namentlich für den Bratfisch, der gar nicht besser eskortiert werden kann. Wer freilich der üblen Gewohnheit huldigt, die Gurkenscheiben vor der Ölung »gehörig auszudrücken«, um den Saft zu entfernen, der könnte statt eines Paares Gurken ebensogut ein Paar Glacéhandschuhe zu diesem Salat nehmen – dem Magen würde das vollkommen gleich sein. Als *Gemüse* hat die Gurke stets etwas Fades und wird mit Recht von der guten Tafel ferngehalten. Als Konserve dagegen steht sie völlig auf der Höhe der Zeit. *Essig-* und *Pfeffergurken* werden in ganz Europa als Appetitwecker gewürdigt und bilden einen Gegenstand des Delikatessenhandels. Der Gebrauch der geschälten *Salz-* oder *Senfgurken* dagegen ist auf Mittel- und Nordeuropa beschränkt, und noch enger begrenzt ist das Gebiet der *sauren Gurke*, die ungefähr zwischen der Pfeffer- und der Senfgurke die Mitte hält. Wo die saure Gurke aber herrscht, da ist sie auch ein wahrhaftes Volksgericht, dem Hoch und Niedrig die gebührende Ehre antun. Die eigentliche Saison der sauren Gurken ist Juli und August, die schrecklich bekannte »Sauregurkenzeit«, in der die Fische nach Luft und die Zeitungs-Redaktionen nach Stoff schnappen. In dieser öden Zeit, wo sogar die Fiakerpferde dem Müßiggang frönen, in dieser wahren saison morte ist die saure Gurke der einzige Trost, der schon manchen verzweifelnden Sommerfrischler wieder aufgerichtet hat, denn alles in allem hat das Sprichwort recht: »Saure Gurken sind schließlich auch Kompott.«

Gurkenkraut s. Boretsch.

H

Häsling s. Bratfisch.

Hafer war den Ägyptern und Hebräern überhaupt nicht und den Griechen und Römern nur als Wildling bekannt. Seine Heimat sind die unteren Donauländer und die Tatarei, von woher er aber schon sehr frühzeitig nach Deutschland gelangte und hier in bedeutendem Umfange kultiviert wurde. »Die germanischen Stämme säen den Hafer geradezu wie ein Getreide und essen keinen anderen als Haferbrei«, berichtet Plinius mit unzweideutigem Achselzucken. Das süddeutsche *Hafermus* wäre demnach eine sehr geeignete Festspeise bei einem Prähistoriker- oder Teutomanen-Bankett, ein weiteres Verdienst aber kann es nicht in Anspruch nehmen: Es ist »Dreschernahrung«, wie Wiel ebenso kräftig wie richtig sagt. Außer der Grütze wird auch *Hafermehl* hergestellt, das in neuerer Zeit mit Recht als Kindernährmittel in Aufnahme gekommen ist, seit kurzem aber gar als Gipfel alles Nahrhaften gepriesen wird. Das besonders präparierte Hafermehl ist nun allerdings leicht verdaulich, als über alle Begriffe nahrhaft aber kann es deshalb nicht gelten, weil es nur zu 10 % aus verdaulichem Eiweiß, zu etwa 75 % aber aus löslichen Stickstoffverbindungen besteht, die allerdings schnell in das Blut übergehen, aber selber kein Eiweiß ansetzen, sondern nur anderweitig (durch gute animalische Kost) zugeführtes Eiweiß zum Ansatz zu bringen vermögen. Summa: Hafermehl ist gesund, präpariertes Hafermehl mit Ei aber ist gesund, verdaulich und nahrhaft – wonach sich zu richten!

Haferwurzel, unseres Wiesenbocksbarts Schwester, ist eine zweijährige Pflanze mit lauchähnlichen Blättern und violetter Blüte, die in Südeuropa und Nordafrika wild wächst, aber erst seit Ausgang des Mittelalters in den Garten und erst seit Ende des 16. Jahrhunderts aus Italien nach Südfrankreich gelangte. Die jungen Sprossen dienen als Spargel, »die großen Wurzeln aber werden überbrüht, die schwarze Haut davon abgezogen und sie kalt als Salat angemacht oder anstatt Petersilie an Fleisch und Fisch gelegt und mitgesotten« (Hohberg). Der Geschmack der Wurzel ist ziemlich fade, ihr Anbau geht daher immer weiter zurück. Noch um 1860 war sie in den niederösterreichischen Hausgärten nicht allzu selten, jetzt ist sie so gut wie vollständig daraus verschwunden.

Hagebutten, in Österreich und Bayern *Hetschepetsch,* die glatten, glänzend roten Scheinfrüchte der Hecken- oder Hagerose, der Weinrose und der Filzrose spielen in der Küche ungefähr dieselbe Rolle wie die Brombeeren, d.h. man benutzt sie, wo sie sich bieten, ohne sich irgendwie mit der Kultur des Strauches seiner Früchte wegen zu befassen. In der preußischen Provinz Sachsen und in Anhalt, wo die Heckenrose allerdings seit zwanzig Jahren recht selten geworden ist, weil man alle zum Veredeln tauglichen Stämme in die Gärten versetzt hat, werden die Hagebutten überhaupt nicht beachtet und dienen höchstens den Kindern roh als angenehme Näscherei. Man hat dort keine blasse Ahnung davon, daß *Hagebuttensuppe,* kunstgerecht mit Zucker, Sago und einer Idee Zitronensäure versetzt, einer guten Weinsuppe gleichkommt – von der trefflichen *Hagebuttensauce* und dem reizend säuerlichen *Hagebuttenkompott* ganz zu schweigen. Das *Einsieden* mit *Zucker* und *Weinbeeren* ist natürlich in jenen Gegenden erst recht unbekannt. Die österreichische Küche dagegen ist nicht nur durchaus mit diesen Gerichten und Würzpräparaten vertraut, sondern hat überdies den Vorteil, ein ganz vortreffliches »Hetscherl-Compot« fix und fertig aus der Baumerschen Obst-Konservenfabrik in Perchtoldsdorf beziehen zu können.

Hahn gehört eigentlich unter die Rubrik *Haushuhn* – aber welcher halbwegs gewissenhafte Kenner möchte durch solche Unterordnung die durchaus dominierende Stellung des Hähnchens auch nur einen Augenblick zweifelhaft erscheinen lassen? Nach der Behauptung der Statistiker allerdings läßt die Kaiserstadt alljährlich nur etwa 500000 Paar *Hühner* über die Lippen springen, für den Feinschmecker aber ist Wien nicht die »Stadt der Hundl«, sondern die »Stadt der Händl«, schon weil der Mann das Haupt der Familie ist und dem Kind den Namen gibt. Wenn also die profane Welt von *jungen Hühnern* spricht, so spricht der Adept dagegen gewissenhaft von *Hendln* oder *Hähnchen*, einmal um die Manneswürde zu wahren, und zweitens weil er weiß, daß sich aus einem jungen Huhn hierzulande nur ein altes Huhn, aus einem Hähnchen aber nicht bloß ein Hahn, sondern auch ein Jungfernhahn oder ein Kapaun ziehen läßt. *Jungfernhähne* nennt man nämlich jene in die Mannheit hineingewachsenen Hähnchen, die liebevolle Sorgfalt durch strenge Klausur vor dem entnervenden Verkehr mit dem weiblichen Geschlecht bewahrt und die daher, wenn die Ehre und der Appetit sie ruft, in der ganzen Kraft- und Saftfülle einer wohlverlebten Jugend auf die Tafel treten. Der *Kapaun* dagegen ist der Hammel des Geflügelhofes, ein Kunststück, das die Festlandsgriechen von den Deliern, die Römer von den Griechen und das übrige Europa von den Italienern lernte, kurzum ein künstlicher Heiliger, der sich's auf Erden wohl sein läßt und sich ein Ränzlein anmästet – aber alles zum besten der Menschheit, die ihm daher auch die gebührende Verehrung zollt und ihn sogar dem Hähnchen vorzieht. Alle drei zusammen aber, Jungfernhahn, Kapaun und Hähnchen beiderlei Geschlechts, spielen eine der ersten Rollen in der Küche. Der Jungfernhahn präsentiert sich natürlich nur als *Spießbraten* und ist in dieser Form dem Fasan ebenbürtig, ihm an auserlesen feinem Geschmack sogar nicht selten überlegen. Der Kapaun wird nicht bloß am Spieß sondern auch in der Pfanne *gebraten* und außerdem *gedämpft* mit Trüffeln, mit Champignons oder mit Austern, mit Makkaroni, mit Reis oder mit weißer Ölsauce, häufig auch *gefüllt* oder als *Galantine* oder als *Pastete* auf den Tisch gebracht. Auch er darf sich in der Regel unbedenklich neben dem Fasan sehen lassen. Das Hähnchen endlich – du lieber Himmel, in welcher Form kommt eigentlich das Hähnchen *nicht* auf die Tafel! Gebraten und gebacken, gedünstet und gesotten, geschmort und mariniert, gespickt und gefüllt, als Frikassee und als Salat, als Rostbraten und Galantine, mit frischer Butter und mit Sardellensauce, mit grünen Erbsen und mit Reis, mit Mayonnaise, mit Blumenkohl, mit Paprika, mit Rahm, mit Krebsbutter, mit Hirsebrei, mit Champignons, à la tartare, à la Choicy, à la Caracalla, à la Villeroy – kurzum, es tritt in endlos verschiedenen Gestalten auf, am liebsten aber doch als *Wiener Backhendl*. Diese Backhendl, von geübter Hand geviertelt, mit Mehl, Eiern, Semmelbröseln und Salz kunstgerecht paniert und in glühendem Schmalz lichtbraun gebacken, ist nicht bloß eine Wiener Spezialität, sondern eine Tatsache der österreichischen Kulturgeschichte, die dem ganzen Lande zur Ehre gereicht:

Als Sieger tritt's einher, bezaubert und entzückt,
Weil es durch Güte uns und Hingebung beglückt.

Und diese Güte bewährt das Hähnchen noch im höheren Alter, wenn Sorgen des Hof- und Familienlebens schon sein Fleisch verhärtet und seine Säfte vermindert haben. »Alte Hennen geben die besten Suppen«, darunter die Königin aller Geflügelbrühen, die *Königinsuppe*, und alte Hähne liefern die vorzüglichsten *Hahnennieren* und *Hahnenkämme*, ebenso seltene wie kostspielige Gerichte, die nur alle zwei Jahre einmal auf die Tafel zu kommen pflegen. Daß zudem die Hennen das Eierlegen geradezu geschäftsmäßig betreiben, ist allgemein bekannt.

In Anbetracht dieser gehäuften Verdienste erscheint es beinahe sonderbar, daß das Haushuhn, vom Truthahn abgesehen, die jüngste Erwerbung des europäischen Geflügelhofes darstellt. In seiner indischen Heimat ist es allerdings schon vor mindestens 4000 Jahren gezüchtet, die alten Pyramidenbauer aber kannten es nicht. Bei den Griechen wird seiner zuerst von dem Dichter Theognis (um 500 v. Chr.) und später bei den Dramatikern als des »persischen Vogels« gedacht, von da ab aber muß es sich verhältnismäßig rasch über ganz Europa verbreitet haben, da Cäsar es im 1. Jahrhundert v. Chr. schon in Britannien vorfand. Nach Amerika nahm es schon Kolumbus auf der zweiten Reise (1493) mit, und jetzt ist es in allen fünf Erdteilen als Haustier in zum Teil sehr verschiedenen Rassen heimisch. Die vorzüglichsten Geflügelzüchter der Gegenwart sind die Franzosen, aber auch Österreich ober und unter der Enns liefert vorzügliche Hähnchen und Steiermark anerkannte Kapaune.

Hammel s. Schaf.

Hase, »ein lieblich angenehmes Tierlein, das einem Menschen eine Lust und Freude machet, dann alle anderen Tiere werden mit Gefahr gefangen, allein der Hase schadet niemand« (Colerus). Eben deshalb aber hackt alle Welt auf den armen Lampe los, und nur der brennende Eifer, mit dem er sich dem Fortpflanzungsgeschäft widmet, hat seine Ausrottung noch immer hintangehalten. Zur Cäsarenzeit glaubte man, Hasenfleisch mache schön, im Mittelalter hielt man es umgekehrt für säfteverderblich und melancholieerzeugend, in der Neuzeit indessen lebt man der triftigen Erkenntnis, daß das gut gespickte Hinterteil eines Viermonatshasen einen recht braven, schmackhaften und gesunden *Braten* gibt, der freilich nur ein Bürgeressen, aber auch für Aristokratenmagen sehr verlockend ist. Rammler und Häsin müssen vor dem Braten mariniert werden, man zieht daher vor, sie *gedämpft* mit saurem Rahm oder aber *en civet*, als *Salmis*, als Galantine *(Hasenpudding)*, als Sulze *(Hasenkuchen)* in warmer oder kalter *Pastete* oder *kalt* in *Aspik* aufzutragen, während das Vorderteil oder sogenannte »Hasenklein« (Kopf, Brust, Läufe und Lunge), in Österreich »das Junge« genannt, das als *Hasenschwarz* oder *Hasenpfeffer* allgemein beliebte Gericht liefert. Kenner ziehen die dunkler gefärbten *Berghasen* wegen ihrer Größe (es finden sich nicht selten Exemplare von $7^1/_2$–8 kg) den Flachlandhasen und alle Welt die jungen Hasen den alten vor. Der junge Hase, in der Küche auch *Dreiläufer* genannt (worunter aber eigentlich nur der Dreimonatshase zu verstehen ist), ist an der Hautfalte kenntlich, die sich beim Auseinanderziehen der Löffel auf dem Kopf bildet, während bei den alten die Haut an dieser Stelle fest aufgewachsen erscheint und also keine Falte schlägt; auch lassen sich die Löffel des jungen Tieres leicht einreißen – diese Probe wird aber immer nur ein recht gutmütiger oder recht unerfahrener Wildhändler gestatten. Von den Spielarten des Hasen sind besonders zwei beachtenswert: der *Stallhase*, der sonst den ehrsamen Namen des Kaninchens führt, und der äußerst merkwürdige *Dachhase*. Bei der bedauerlichen Vernachlässigung der Naturwissenschaften in unseren Schulen wird nämlich namentlich in den Städten und vorzugsweise in gewissen Gasthausküchen der wahre Hase recht häufig mit einem andern, beinahe ebenso großen Vierfüßler verwechselt, der auf den Dächern zu lustwandeln pflegt und den Zoologen schon seit längerer Zeit als Felis domestica L. oder Hauskatze bekannt ist. Diese Verwechslung ist in der Regel für die Katze tödlich, und eine stark gepfefferte Sauce tut dann das übrige. Wie gesagt, ist aber nur die naturwissenschaftliche Unwissenheit, die magna ignorantia rerum naturalium an solchem Mißgriff schuld und diese im vorliegenden Fall um so leichter zu begreifen, da der Hase zu den allerseltsamsten Geschöpfen unter Gottes Sonne gehört. Er hat nämlich statt Ohren *Löffel*, statt der Augen *Lichter*, statt des Schwanzes eine *Blume*, statt der Haare *Wolle*, statt der Vorderbeine *Läufe* und statt der Hinterbeine *Sprünge* und kann bei alledem weder laufen noch springen, sondern nur *gehen*, wobei er allerdings ein ganz ungewöhnlich beschleunigtes Verfahren liebt. Das Blei ist ihm aber seiner sprichwörtlichen Schwere zum Trotz doch über, und so werden im Durchschnitt jährlich im Königreich Preußen zwischen $2–2^1/_2$ Millionen, in Österreich-Ungarn zwischen $1^1/_4–1^1/_2$ Millionen Hasen erlegt, von denen Wien sich jährlich 190000–200000 Stück gut schmecken läßt.

Haselhuhn, *Waldhuhn* oder *Rothuhn*, ein ebenso schöner wie schmackhafter Vogel, der in der Größe zwischen dem Fasan und dem Feldhuhn steht, in kulinarischer Hinsicht aber das letztere um Pferdelänge und auch den ersteren noch um Haupteslänge überragt, kommt in ganz Europa und Asien strichweise im Hasel-, Birken- und Wacholdergebüsch namentlich der Gebirgswaldungen als Standvogel vor, ist aber nur in Skandinavien, Rußland und Sibirien häufig. Im eigentlichen Norddeutschland, in Holland, Dänemark und England findet es sich so gut wie gar nicht, in einiger Anzahl in Westfalen, im Rheinland und in Franken, schon häufiger in Bayern, Niederösterreich und Böhmen, in der Schweiz und in den Pyrenäen, ziemlich zahlreich endlich in Tirol, Kärnten und Steiermark sowie in Galizien und in Ungarn. Der jährliche Jagdertrag beziffert sich in den österreichischen Landen auf 10000–12000, im Königreich Preußen auf 1500–2500 Stück. Das Haselhuhn nährt sich von Knospen und Beeren, grast auch gern im Sauerklee und steht deshalb trotz Grimod und Brillat-Savarin in bezug auf den Geschmack über dem Fasan: Es ist »das schmackhafteste von allem Geflügel« (Vaerst), ein wahrer Fürsten- und Pfaffenbissen. Der äußerst delikate junge Vogel wird nach Weise des Feldhuhns *gebraten* mit Austernsauce serviert, ältere Individuen werden vor dem Braten in einem Bade von Wein und Weinessig mariniert oder *gespickt* oder *gedämpft* gegeben. Haselhuhn als Salmis aufzutischen ist eine Schändlichkeit, die mit der Entehrung einer Jungfrau auf gleicher Stufe steht. Die Hauptsaison ist der September und Oktober, doch ist das Haselhuhn auch im April zu haben – wenn der Jäger mit der Lockpfeife Bescheid weiß. Die Klosterküche des 14. Jahrhunderts servierte es mit einer ganz eigentümlichen Weinsauce mit Rainfarn, Petersilie und Salbei, die nicht ganz übel gewesen sein dürfte.

Haselnüsse sind die braunen Schalenfrüchte des wegen seiner pädagogischen Tätigkeit gefürchteten Haselstrauchs, der als Wildling über ganz Europa, Nordasien und Japan verbreitet ist und in mannigfachen Spielarten auch im Garten gezogen wird. Die Haselnuß ist die nordische Mandel, sie übertrifft sogar die wahre Mandel an eigentümlicher Würzigkeit, dem bekannten ebenso köstlichen wie undefinierbaren »Haselnußgeschmack«, und bildet daher nicht nur eine vorzügliche Dessertfrucht, sondern findet auch in der höheren Bäckerei bei Puddings, Torten usw. eine ziemlich ausgedehnte Verwendung. Der würzige Kern liefert außerdem 60 % eines lichtgelben, ungemein fein und milde schmeckenden Öls, das als Speiseöl sehr gesucht ist. Die Haselnuß bildet daher einen bedeutenden Handelsartikel, und zwar namentlich die sogenannte *Lamberts-* oder *Langbartsnuß* mit ihren Spielarten: der *Zellernuß* (vom Kloster Zell bei Würzburg zuerst gezogen), der *römischen* (die aus dem Pontus nach Rom kam), der französischen *Lyoner* und der spanischen *Barcelona-Nuß*, die in bedeutenden Mengen von Avellino in Italien, Gijon in Asturien, Barcelona und Lyon exportiert und auch auf den Schwarzenbergschen Gütern in Böhmen, im Werngrund, in Unterfranken und zu Maidstone in der Grafschaft Kent (wohin John Ray 1665 die Barcelona-Nuß verpflanzte) im großen gezogen werden. Die gemeine *wilde Hasel*, das Entzücken unserer und der Kummer der norddeutschen Jugend, für die sie durch das weltberüchtigte preußische Forstgesetz vom Jahre 1879 zu einer verbotenen Frucht geworden ist, wurde schon von den Bewohnern der Schweizer Pfahlbauten benutzt, ist aber ihrer geringeren Größe wegen kein Gegenstand der Ausfuhr. In Österreich und Ungarn kommen außerdem Bestände der *Baumhasel* oder *türkischen Hasel* vor, die 1582 durch David v. Ungnad aus Konstantinopel nach Niederösterreich gelangte und deren ältester und größter Stamm sich im Park von Merkenstein befindet.

Hauch s. Huchen.

Hausen, Mitinhaber der großen Kaviarfirma Stör & Co., wurde 1564 noch in Exemplaren von 2 und $2^1/_2$ q Schwere bei Wien gefangen, gelangte aber kaum hundert Jahre später höchstens noch bis Komorn und wurde von dort aus der Kaiserstadt zu Wagen zugeführt. Er bewohnt ausschließlich das Schwarze Meer, steigt aber zum Zweck des Laichens die Flüsse hinauf und wird bei dieser Gelegenheit namentlich in der Wolga zu Hunderttausenden gefangen, um seinen Rogen zu Kaviar und seine Fischblase zu Fischleim herzugeben. In Rußland ist sein grobes, rotes Fleisch wenig beliebt, in Wien dagegen, wo jährlich 7–10 q frischer Hausen auf den Fischmarkt kommen, wird es über Verdienst geschätzt und mit

3,5–5 Mark per Kilo bezahlt. Man bereitet es auf dem Roste oder dämpft es in der Kasserolle und serviert es mit Muschelsauce respektive mit Kapern.

Hausenblase ist die feinste Sorte Gelatine, die durch Trocknen der Innenhaut der Schwimmblase der Störfische gewonnen und im Durchschnitt sechsmal teurer bezahlt wird als die Knochen-Gelatine. Die echte Astrachaner Hausenblase, die aber nicht vom Hausen, sondern vom Stör, Scherg und Sterlet stammt, ist weiß mit bläulichem Schimmer, durchscheinend bis fast durchsichtig, völlig geruch- und geschmacklos und löst sich nach vorheriger Erweichung in kaltem Wasser in heißer Flüssigkeit so gut wie vollständig auf, um dann zu durchsichtigem, farblosem Gelee zu erstarren, wie man ihn eben in der Küche haben will. Vgl. Gelatine.

Hecht, der geborene Herr Von und privilegierte Ritter von der Landstraße, findet sich in allen mittleren und nördlichen Ländern Europas, Asiens und Nordamerikas, und zwar mit Vorliebe in hartgründigen Gewässern, da deren Klarheit und Untrübbarkeit ihm das Handwerk erleichtern, wenn er hinter einem Busch Wasserpflanzen auf Beute lauert. Als solche gilt ihm jeder Schwächere, gleichviel ob Ratte, Vogel, Frosch oder Fisch, und wenn man ihm nur Zeit läßt, so wächst er bei dieser entmenschten Lebensweise zu einem Riesen von 2 m Länge und bis zu 35 kg Gewicht heran. Ein einigermaßen genügsamer Mensch ist indessen schon mit einem Hecht von 5 kg zufrieden, wenn ihm derselbe nur *als Spießbraten* in der gehörigen Form präsentiert, d.h. mit Aal oder Speck gespickt und möglichst noch mit Kraftbrühe angerichtet wird, denn dieser Ritter mit der spitzen Schnauze ist der ärmste unter allen fettarmen Flußfischen. Es gibt sogar sehr wackere Männer und gründliche Kenner, denen schon mit einigen *gebackenen Grashechten* von je $^{1}/_{2}$ kg Schwere ganz zu ihrer Zufriedenheit gedient ist. Außerdem wird der Hecht *gesotten* mit holländischer, mit Sardellen- oder mit Paprika-Sauce, in *Schnitten* mit Mayonnaise, mit Krebsragout, mit Marschanskern oder mit Kräutern, *gefüllt* mit Senfsauce, *gezupft* mit Buttersauce oder mit Sauerkraut, *geschmort* mit Kräutern, als *Matelotte*, als *Salat*, als kaltes *Ragout*, als warme *Pastete* und auf noch weitere zehn oder fünfzehn verschiedene Arten zubereitet und bildet in jeder dieser Gestalten wegen seines festen, weißen, grätenarmen, sozusagen eleganten Fleisches ein gerngesehenes Gericht. Namentlich galt im 17. und 18. Jahrhundert die *Hechtleber* für eine Delikatesse ersten Ranges. Sie wurde in Schnitten mit der Milch oder dem Rogen an der Tafel herumgegeben, und jeder Tischgenosse hatte beim Zulangen einen »Leberreim« nach ein für allemal feststehendem Muster zum besten zu geben, etwa in folgender Weise:

»Die Leber ist vom Hecht und nicht von Schulzens Schwester,
Denn wäre sie von der, sie spräche gleich: Mein Bester...«

Die Alten dachten vom Hecht, dessen Leber noch immer ihr Ansehen behauptet, weit geringer als die Neuern. Erst das Christentum, das seiner als Fastenspeise bedurfte, brachte ihn zu Ehren, und schon die Schule von Salern zählte ihn daher ums Jahr 1100 zu den zehn gesunden Fischen. In England, wo man von jeher absonderlich war, wurde er im Mittelalter sogar über den Lachs geschätzt. Auch dem Oberösterreicher Freiherrn v. Hohberg galt er für »edler als der Karpfen«, und das hechtreiche Norddeutschland ließ sich diesen frommen Glauben gern gefallen, fing, räucherte und pökelte, soviel das Wasser nur immer hergeben wollte, und trieb mit seinen *Rauchhechten* und *Salz-* oder *Pökelhechten* einen schwunghaften Handel nach Süddeutschland, Österreich, Ungarn und Italien. Aus dem Rogen wurde *Ketzin* (s. Kaviar) bereitet, und zu Frankfurt an der Oder, das den Mittelpunkt dieses Handels bildete, bestand noch bis zu Ende des 18. Jahrhunderts eine eigene Zunft der »Hechtreißer«, die das Privilegium auf die Herstellung der gedachten drei Artikel hatte. Heute steht man dem Hecht etwas kühler gegenüber, ohne ihn deshalb zu unterschätzen, vielmehr gelten die Mittelhechte von 1–3 kg und auch die jungen *Grashechte* bis 1 kg Gewicht mit gutem Grunde für ebenso gesund wie schmackhaft. Der Fisch bildet daher noch heute einen bedeutenden Gegenstand der Fischerei. Die Laichzeit fällt in den März bis Mai, die Saison umfaßt daher die Monate Juli bis Februar – Zeit genug, um auch dem Saumseligsten Gelegenheit zur Bekanntschaft mit dem »Wasserwolf« zu gewähren.

Hefe, von Rumohr richtig als »das Hebende« definiert, oberdeutsch *Germ* von gären, ist die mehr oder weniger braune, breiartige Masse, die sich bei der Alkoholgärung am Grunde oder an der Oberfläche der Flüssigkeit absetzt und aus einzelligen, sich durch Teilung der Zelle vermehrenden Pflanzen, sogenannten »Sproßpilzen«, besteht. Die *Bierhefe* der Brauereien mit angenehm säuerlichen Geruch, aber von bitterem Geschmack und sehr geringer Haltbarkeit wird noch jetzt in der Brotbäckerei zum Auflokkern des Teiges verwendet, meistens aber bedient man sich statt ihrer der haltbaren, trockenen *Preßhefe,* die fabrikmäßig durch Auspressen der nassen Hefe zwischen Gipsplatten oder durch Zusatz von Stärkemehl erzeugt wird. In der höhern Bäckerei dagegen ist die Hefe wegen ihres bitteren Geschmacks nicht verwendbar und wird hier durch das bekannte Hirschhornsalz oder eines der beliebten Backpulver, in der Küche aber am vorteilhaftesten durch eine Mischung von doppeltkohlensaurem Natron und gereinigtem Weinstein ersetzt.

Heidekorn s. Buchweizen.

Heidelbeeren, in Österreich auch *Schwarz-* oder *Heubeeren,* in Norddeutschland *Bick-* oder *Blaubeeren,* die erbsengroßen, blauschwarzen Früchte des Heidelstrauchs, waren Römern und Griechen höchstens dem Namen nach bekannt, wurden aber in Mittel- und Nordeuropa, wo der Strauch wie im nördlichen Asien und in Britisch-Nordamerika weite Strecken bedeckt, von uralters her fleißig benutzt und bilden heutzutage für die ärmeren Bewohner der Gegenden, wo sie in Menge wachsen, einen sehr wichtigen Handelsartikel. Man genießt die Beeren roh, in Milch oder Weißwein mit Zucker als Kaltschale oder trocknet sie und kocht daraus mit Milch eine Suppe, die kalt ebenso gut mundet wie warm. Ferner bereitet man Mus und Kompott daraus und backt damit den delikaten Heidelbeerkuchen, gegen den der Kirschkuchen in das angestammte Nichts zurücksinkt. Endlich stellt man auch noch einen

Branntwein daraus her, der komischerweise *Heidelbeerkirsch* genannt wird, und verwendet sie in Norddeutschland in großen Mengen zum Weinfärben. Bremen und Hamburg allein führen nur zu diesem Zwecke jährlich für 30000 Mark Heidelbeeren ein.

Heilbutt, *Heiligenbutt, Helleflunder* oder *Pferdezunge,* der größte unter den Plattfischen, da er im Mittel 1–2 m lang und 1–2 q schwer auftritt, bewohnt das Eismeer, den Atlantischen Ozean und die Nordsee und wird in Sibirien, Norwegen und Island in großen Mengen gefangen. Sein Fleisch ist bei einem Fettgehalt von 5,2 % frisch eine wirkliche Delikatesse, kommt aber leider selbst in Norddeutschland fast nur gepökelt oder getrocknet auf den Markt.

Hering, und zwar *neuer Hering mit frischen Kartoffeln,* von maigrüner Petersilie und dottergelber Butter eskortiert, bildet zwar kein Zehnguldengericht, ist aber nach der Suppe eine ganz angenehme Augen- und Zungenweide und daher selbst in allerfeinsten Tafelkreisen wohlgelitten. Höher freilich steht der *frische Hering,* der mit der Milch *geröstet* oder aber *in Butter gebacken* selbst einen Bankdirektortisch nicht zu scheuen braucht, indessen mehr eine englische Spezialität als ein wirkliches kontinentales Sonntagsessen vorstellt. Einen weit größeren Wirkungskreis hat der *marinierte Hering,* der bevorzugte Wiederhersteller des alkoholgestörten individuellen Gleichgewichts und daher Mitwisser ganz beträchtlicher Mengen guter Vorsätze und sonstiger Katerideen –

O Hering, bester Hering, nimm meinen Schwur in Acht:
Nie mehr verkneip' ich wieder die keusche Mitternacht.

Ihm reiht sich der mit Essig und Gewürzen eingelegte *Brathering,* der zum Knäuel geballte *Rollmops,* der entgrätete *Delikateß-Hering* in Wein-, Senf- oder Tomatensauce und endlich noch der *Heringssalat* mit Äpfeln, das nordische Silvesteressen, an. Die größte Bedeutung jedoch und den weitesten Wirkungskreis hat der »Schneiderkarpfen«, d.h. der *Salz-* oder *Pökelhering,* das Allerweltsgericht, das für den minder gut situierten Europäer von derselben Wichtigkeit ist wie etwa die Kartoffel. Der Stockfisch könnte uns allenfalls gestohlen werden, ohne daß die Welt darüber aus den Fugen ginge, käme aber eines Tages der Hering uns abhanden, so würden zahllose kleine Wirtschaftsetats in die Brüche gehen und nicht wenige häusliche Finanzminister die Flinte ins Korn werfen. Die kleine Küche weiß eben aus dem braven Pökelhering manches zu machen, wovon die große sich nichts träumen läßt, wie denn den biederen Eichsfeldern nicht ganz ohne Ursache nachgesagt wird, daß sie mit einer einzigen Heringsnase neun verschiedene Suppen zu würzen verständen. Die Engländer und Iren treiben's freilich mit dem frischen Hering mindestens ebensoweit und verschonen zudem selbst die Neugeborenen nicht, sondern fangen sie alljährlich vom Mai bis September, wenn sie höchstens 8 cm lang sind, zu ganzen Millionen, um sie als *Whitebait* (Weißfutter) zu verspeisen. Selbst die englischen Minister verschmähen dies »Futter« nicht, sondern halten alljährlich kurz vor Schluß der Parlamentssession von Amts wegen in Greenwich ein feierliches Whitebait-Dinner ab.

Zur Biographie des Herings ist anzuführen, daß er der Alse allernächster Vetter ist, daß er den Nordatlantischen Ozean mit Einschluß der Nord- und Ostsee und das Nördliche Eismeer bewohnt und daß er in drei Unterarten vorkommt, nämlich als *Hochsee-Hering* bis 36 cm Länge und mit rund 9 % Fett im freien Ozean zwischen Norwegen und den Shetland-Inseln, als *Küsten-Hering* bis höchstens 30 cm Länge in der Nordsee und den Untiefen der westlichen Ostsee und endlich als *Ostsee-Hering* oder *Strömling* bis höchstens 25 cm Länge und mit kaum 5 % Fett in der östlichen Ostsee, im Eismeer und im Weißen Meer. Im Handel aber werden ferner unterschieden:

Brand-Heringe, deren Qualität und sorgfältige Verpackung durch das der Tonne eingebrannte amtliche Zeichen verbürgt ist;

Gewürz-Heringe, Jungfern-Heringe in Essig und Gewürz, die namentlich von Norwegen exportiert werden;

Grüne oder *Frische Heringe,* wie sie frisch aus dem Wasser kommen, sind sehr schmackhaft, aber im Binnenland immer noch selten;

Jacht- oder *Jäger-Heringe,* Heringe vom ersten Fang, die sogleich ausgeweidet und gesalzen und von den Transportschiffen nach dem Hafen befördert werden; sie bilden die erste Klasse der Salzheringe und sind im Binnenlande durchweg den grünen Heringen vorzuziehen;

Jungfern-, Maikens- oder *Matjes-Heringe,* noch nicht ganz geschlechtsreife oder, wenn reif, unfruchtbare Individuen mit sehr zartem und fettem Fleisch und von vorzüglichem Geschmack, kommen im Juni und Juli auf den Markt;

Lachs-Heringe, ausgesucht große Voll-Heringe, die nach dem Salzen noch geräuchert werden;

Öl-Heringe, nach Art der Sardinen in Öl gelegt, werden namentlich von Le Mans (Frankreich) aus exportiert;

Schot- oder *Hohl-Heringe,* auch *Ihlen* und durch Wortverstümmelung *Schoß-Heringe* oder gar *Schotten,* Heringe ohne Milch oder Rogen, schmal, mager und schlechtschmeckend wie alle Fische kurz nach dem Laichen, kaum noch für die Zuchthausküche brauchbar;

Voll-Heringe, mit Milch und Rogen gefüllt, nicht ganz so schmackhaft wie die Jungfern-Heringe, aber ausgiebiger.

Die besten Heringe liefert infolge der sorgfältigen Verpackung noch immer Holland, so daß die vorzüglichsten Sorten, wie namentlich die Emdener, fortdauernd als *Holländer* in den Handel kommen. Dann folgen in ziemlich gleicher Qualität die schottischen, die norwegischen und die Ostsee-Heringe und endlich die englischen. Französische Heringe kommen verhältnismäßig wenig ins Ausland. Ehre dem Hering, und möge der geringe Preis sein Ansehen ungeschmälert lassen.

Hermitage (zu deutsch *Einsiedelei* oder *Klause*) heißt das wenig umfangreiche, aber klassische Rebland des Städtchens Tain an der Rhone, das zu einem Teil bereits 1225 von einem deutschen Ritter von Starhemberg, zum andern seit 1309 von den Bernhardinern der Abtei Tain mit Reben besetzt ward und in drei terrassenförmig aufsteigenden Regionen, dem »Sande« (le greffieux), dem »Mittelstück« (le méal) und dem »Vogelgesang« (la chantalonette), der obersten und besten, rote wie weiße Gewächse erster Klasse liefert. Die einzelnen Lagen, im Bordelais Crus, in Burgund Clos genannt, heißen im Hermitage Mas. Der *weiße Hermitage* ist der dritte in der Reihe der weißen Hochgewächse Frankreichs, durch Feuer, Würze und köstlichen Grundgeschmack ausgezeichnet und steht dem Yquem und dem Mont-Rachet würdig, in seiner vorzüglichsten Sorte, dem *Mas Raucoule*, sogar ebenbürtig zur Seite. In Österreich wird er bisweilen unter dem weißen Burgunder aufgeführt, aber natürlich immer teurer notiert als dieser. Der *rote Hermitage* tut sich durch schöne Farbe, Markigkeit, Gehalt und Parfüm hervor, ist aber im Ausland weit weniger bekannt als der weiße. Die besten Sorten sind *Mas Meal, Mas Greffieux* und *Mas Beaume*.

Hetscherl, *Hetschepetsch* s. Hagebutten.

Himbeere, der Brombeere leibliche Schwester und den Alten gleich dieser nur als Wildling bekannt, erscheint zuerst bei Palladius (um 350 n. Chr.) als Kulturgewächs, fehlt aber im Verzeichnis der Gartenpflanzen Karls d. Gr. und wurde in der Tat während des Mittelalters diesseits der Alpen so wenig kultiviert, daß noch Champier von Lyon (gest. 1539) sie rundweg als fast ungenießbar bezeichnet. Schon um 1570 aber finden wir sie am Niederrhein im Garten heimisch, und in Oberösterreich unterschied man hundert Jahre später schon drei Sorten: die rote, die weiße und die glatte (ohne Dornen). Die frische Frucht riecht äußerst würzig, steht aber im Geschmack der gut gereiften Brombeere entschieden nach; man genießt sie in der Regel in Weinkaltschale ohne jede sonstige Zutat. Um so wichtiger ist sie in der Küche als *Himbeergelee* und *Himbeersaft* oder *Himbeersirup*, der als Zusatz zum Trinkwasser für Durstkranke jeder Art unersetzlich ist. Ein Teil Früchte mit zwei Teilen Weinessig maceriert, gibt den bekannten *Himbeeressig*, aus dem mit Wasser und Zucker die *Himbeerlimonade* bereitet wird. Endlich stellt man auch noch unter dem Namen *Himbeergeist* einen Branntwein daraus her. Bedeutende Himbeerplantagen befinden sich in Plombières bei Dijon und im Staate New York.

Hirsch, der Stolz der Wälder, bildet auch eine Zierde der Herrentafel, aber doch nur wegen des Vorzugs, der ihm als wahrem Edelwild in waidmännischem Sinne von Gott und Rechts wegen gebührt. Er ist der Rinderbraten des Reichen – ein weiteres Verdienst kann ihm der Gastronom trotz Winckell, Tschudi, Brehm und Wiel niemals zugestehen, denn das Wildbret des jagdbaren Hirsches ist hart, grob und trocken, kurzum mittelmäßig und außer der Feistzeit (August) überhaupt nicht oder kaum genießbar. Den besten Braten geben noch der *Rücken* und der *Zimmer* oder *Ziemer,* d.h. der Teil zwischen der »Blume« (dem Schwanz) und den kurzen Rippen. Auf die *Keulen* dagegen und den *Lenden-, Jungfern-* oder *Mehrbraten,* der aus zwei fleischigen Streifen am Rückgrat gerade über den Nieren bereitet wird, ist schon weniger Verlaß, und der sogenannte *Kehlbraten* endlich aus zwei Fleischstreifen über der Gurgel repräsentiert immer den äußersten Versuch, dem gewaltigen Tier doch wenigstens noch eine weitere Kleinigkeit für die Pfanne abzugewinnen. Der ganze Rest ist Kochfleisch und nur zu Gulasch oder Haschis brauchbar. Das Fleisch des weiblichen Tieres ist freilich um eine Nuance zarter, auf wirkliche Anerkennung aber kann nur das *Wildbret des Kalbes* Anspruch machen, das sowohl *als Spießbraten* wie in Gestalt *gerösteter Schnitten* oder feiner Koteletts treffliche Bissen abgibt; bekanntlich aber ist ein Hirschkalb selbst in der besten Küche ein gar seltener Vogel. Alles in allem darf man also einem Nichtjäger niemals zumuten, daß er sich an der Tafel für den Hirsch begeistere, denn ein so wahrhaft fürstliches Vergnügen der Birsgang auf den gekrönten Recken gewährt, eine so geringe Gaumenweide bietet das erlegte Tier. In Österreich ist der Edelhirsch am zahlreichsten im Lande ober und unter der Enns, in Steiermark und in Böhmen vertreten, und Wien verzehrt gewissenhaft, was in Niederösterreich an Rotwild erlegt wird, nämlich durchschnittlich 2000 Stück im Jahr, d.h. den fünften bis sechsten Teil des Gesamtertrags der Hirschjagd. Rumohr rät übrigens, den Hirschbraten mit Wermut zu würzen. – Wer Lust hat, mag's versuchen.

Hirschkolben, die weichen, zarten, um Johannis etwa handhohen Stangen des jungen Hirschgeweihs, sind der einzige wirkliche Leckerbissen, den der Edelhirsch auf die Tafel liefert. Sie werden blanchiert, d.h. in kaltem Wasser ausgelaugt, dann in Wasser weichgekocht, ihrer Haut entkleidet, in Scheiben geschnitten, im Verein mit den nötigen Trüffeln und etwas Zitronenschale mit Butter angelassen, endlich mit Fleischbrühe aufgekocht und als Ragout serviert. Der Wohlgeschmack dieses Gerichts ist weit größer als seine vielgerühmte Nahrhaftigkeit. Raffinierte Leckermäuler versäumen daher nicht, jedesmal um Johannis an allgemeiner Schwäche zu leiden und daraufhin einen oder den anderen gutmütigen Jagdnachbarn um Überlassung der Kolben des frisch erlegten Hirsches anzusprechen.

Hirse, der Weizen der Sanddistrikte, unter allen Rispengräsern dasjenige, das trotz vieltausendjähriger Kultur den ursprünglichen Charakter am treulichsten festgehalten hat, ist keineswegs indischen, sondern höchstwahrscheinlich arabisch-ägyptischen Ursprungs, aber schon in vorgeschichtlicher Zeit namentlich über Osteuropa, Westasien, Indien und China verbreitet worden. Man baut zur Zeit hauptsächlich zwei Sorten, die echte *Rispenhirse* und eine zweite Art mit blutroten Halmen und Blättern, die sogenannte *Blut-* oder *Mannahirse,* welche die *Mannagrütze* liefert. Die Nahrhaftigkeit der Hirse ist über allen Zweifel erhaben, mit der Verdaulichkeit aber hapert's ein wenig, und sie galt daher von jeher für ein Holzhacker- oder Bauerngericht. In Österreich und Deutschland verarbeitet man sie hauptsächlich zu Grütze und kocht daraus mit Milch oder Wasser den berühmten *Hirsebrei,* der mit einer möglichst dicken Lage von gestoßenem Zimt und Zucker als Vorspeise nicht übel ist. In Italien fabriziert man auch Hirsemehl und backt daraus Brot, das frisch angenehm schmeckt, aber sehr rasch spröde und trocken wird.

Hochheimer heißen nach dem alten Städtchen Hochheim auf dem rechten Mainufer die weißen Rheinweine vom Südabhang des Taunus, die zumeist aus Riesling-, zum kleineren Teil aus Silvaner Rebsatz gewonnen werden und sich durchgängig bei ausgesprochen aromatischem Geruch und Geschmack durch Körperlichkeit und ungemeine Haltbarkeit auszeichnen. Der eigentliche Hochheimer wächst beim hessischen Dorfe Kostheim unweit Mainz und vorzugsweise natürlich bei Hochheim. Die besten Hochheimer Lagen sind die allbekannte *Domdechanei* mit der Präsenz und dem Kirchenstück südlich vom Orte, der *Stein* dicht neben der Dechanei, ferner die *Kohlkaute* unmittelbar am Main, die *Wandkaute*, die *Hölle*, der *Lattenberg* usw. Den zweiten Rang nehmen die Gewächse des Dorfes Wicker bei Hochheim und des Nerobergs bei Wiesbaden ein, im dritten endlich stehen die Weine von Massenheim, Delkenheim, Flörsheim, Marxheim, Biebrich, Schierstein, Nordenstadt, Neuenheim, Wallau, Diedenbergen usw. Der Hochheimer ist im Ausland zum Vertreter des gesamten Rheinweins geworden, denn in England heißt derselbe ohne Unterschied Hock, dies Hock aber ist verkürzt aus Hockamore, wie die Briten des vorigen Jahrhunderts den Hochheimer sich mundgerecht zu machen suchten.

Hörsteiner s. Frankenwein.

Honig, der weiß- bis braungelbe, schwerflüssige Zuckersaft, den die Arbeitsbienen aus aufgesogenem Nektar und Blütenstaub im Kropf zusammenarbeiten und dann in den Zellen der Honigwaben zur weiteren Verwendung aufspeichern, gehört zu den allerältesten Nahrungs- und Genußmitteln der Gott- und Menschheit. Schon die Götter des Olympos stellten daraus mit Milch ihre Ambrosia her, den Hebräern der mosaischen Zeit erschien ein Land, »wo Milch und Honig fließt«, als der Inbegriff der Glückseligkeit, die Völker am Euphrat brauchten ihn als Dauermittel, und daher wurde Alexander der Große nach seinem Ableben in Honig eingemacht. Den Athenern war Honig vom Hymettos der reine Kaviar, die Römer schwelgten in Honig von Hyble auf Sizilien und waren über den Taxusgeschmack der korsischen Ware höchlichst ungehalten, und als die germanischen Franken im Jahre 529 n. Chr. die Thüringer überwunden hatten, da legten sie ihnen schleunigst einen Tribut an Honig auf, so daß die Thüringer Imker werden mußten, sie mochten wollen oder nicht. Die Einführung des Christentums brachte dann bei dem Wachsbedarf der Kirche die europäische Bienenzucht und Honigproduktion auf die höchste Stufe, bis zuerst die Reformation und dann die Zuckerfabrikation ihr einen Schlag versetzten, von dem sie sich trotz aller Bienenväter niemals wieder völlig erholen wird. – Der Honig ist im wesentlichen aus 10–33$^1/_3$ % Wasser und 64–80 % Traubenzucker (Dextrose und Lävulose) zusammengesetzt und enthält daneben noch Spuren von Wachs, Gummi, Stickstoffsubstanz, Phosphorsäure und Ameisensäure, bisweilen auch Oxalsäure. Die Zusammensetzung und daher Geruch und Geschmack des Honigs hängen aber wesentlich von seinem Ursprung ab, und eben aus diesem Gesichtspunkt unterscheidet man die verschiedenen Sorten und Spielarten, nämlich als *Maihonig* den aus den Frühjahrsblüten, als *Herbsthonig* den weniger aromatischen von den Spätblumen, ferner als *Heidehonig* den vom Heidekraut und Buchweizen der sandgesegneten Landstriche (Lüneburg und Polen) sowie als *Land-* oder *Krauthonig,* das bessere Produkt der fruchtbareren Gegenden, darunter namentlich den südfranzösischen *Lindenhonig* von Narbonne und den litauischen *Lippitzhonig,* die beide von den Lindenblüten jener Länder stammen und mit dem melilotusduftenden *Kleehonig* von Illyrien zu den berühmtesten Sorten gehören. Ferner unterscheidet man nach der Art der Gewinnung neben dem *Scheibenhonig,* der in den Waben zu Markte kommt, den *Jungfernhonig,* der nach dem Zerschneiden der Waben ausfließt, und den *Schleuderhonig,* der mittels einer Zentrifuge ausgeschleudert wird. Diese drei Sorten stellen den reinsten Honig dar, haben einen süßen, angenehmen Geschmack und rein aromatischen Geruch und gelten daher mit Recht für weit vorzüglicher als der dickflüssigere und dunkler gefärbte *gewöhnliche* oder *Auslaßhonig,* der durch Auspressen und Auskochen der Waben gewonnen wird und dadurch seine Frische und Reinheit verliert, weshalb man ihn nicht selten durch nachträgliches Erwärmen und Filtrieren klärt und dann als *gereinigten Honig* auf den Markt bringt. Der berühmte und teuer bezahlte *Rosenhonig* endlich gehört zwar eigentlich zu den Krauthonigen, da die Bienen ihn von den Blüten der immergrünen Kletterrose gewinnen und er diesen seinen wundervollen Geruch verdankt; der intelligente Imker gewinnt jedoch den Rosenhonig nicht von seinen Bienen, sondern stellt ihn aus Jungfernhonig mit Rosenessenz selber her, und so gehört der Rosenhonig in der Regel nicht zu den Naturerzeugnissen, sondern zählt mit dem *Borax-*, dem *Salicyl-* und dem *Tannin-Honig* zu den Kunstprodukten. In der modernen Küche ist der Honig als Speisezutat vollständig durch den Zucker verdrängt worden, der sich weit besser und weit leichter mit Mehl und Eiern, Crèmes und Saucen aller Art verbindet. Unersetzt und unersetzlich dagegen ist er als *Zukost* zum Weißbrot. Auf diesem Gebiet macht er der Butter und namentlich dem Sirup eine bedeutende Konkurrenz, die sich besonders in Norddeutschland in den letzten zwanzig Jahren sehr gesteigert hat. Zum Einmachen, besonders zur Herstellung von Fruchtkonserven, wird der Honig nirgends mehr verwendet, wohl aber braucht man nicht geringe Quantitäten in der Bäckerei zur Herstellung der Lebkuchen und Pfeffernüsse sowie in der Hauswirtschaft namentlich Englands und Osteuropas zur Bereitung des Honigweins.

Honigkuchen, *Pfefferkuchen, Gewürzkuchen* oder *Lebkuchen*, in der Schweiz *Leckerli*, werden in verschiedener Gestalt und Zusammensetzung fast allerorten, und zwar im wesentlichen aus stark mit Gewürz versetztem und mit Honig (betrugsweise auch mit Sirup) versüßtem Teig hergestellt und gehören, notabene wenn sie gut sind, zu den schmackhaftesten Dessertgebäcken und Weinnäschereien. Weit berühmt sind und waren von jeher die *Nürnberger Lebkuchen*, von denen schon der alte Vielwisser Wagenseil um 1690 versichert: »Beim Anblick der Honigkuchen, die in Nürnberg gebacken werden, läuft allen Feinschmeckern das Wasser im Munde zusammen.« Im 19. Jahrhundert erfreuen sich neben den Nürnbergern namentlich die *Basler Leckerli* eines großen und berechtigten Rufes, so daß sie sogar in den englischen Bisquitfabriken imitiert werden. Außerdem liefern aber auch Breslau, Erlangen und im Norden Thorn vortreffliche Ware, während die Städte Braunschweig und Halle a.d. Saale mehr in jenen großen, 5–7 cm dicken Honigkuchenlaiben glänzen, die nicht stückweis, sondern nach dem Gewicht verkauft und zu Saucen, Ragouts etc. verwendet werden.

Hopfen, niederdeutsch *Hoppen,* ist aller Welt als Grundsäule und T-Träger des wahren Biergeschmacks zur Genüge bekannt, und das nicht erst seit heute, denn im Jahre 768 kommen bereits Hopfengärten vor. Die Verallgemeinerung und Verweltlichung des Hopfenbaues fällt allerdings frühestens in das 10. Jahrhundert, denn wenigstens noch unter Karl dem Großen war er ein Privilegium der Klöster. So wichtig aber der Hopfen für die Brauerei, so wertlos ist er für die Küche. Aus den jungen Sprossen oder »Spargen« läßt sich allerdings mit Essig und Öl ein Salat bereiten, bei seiner angeborenen Bitterkeit aber vertritt er in diesem Falle den Spargel nur etwa mit demselben Erfolge, mit dem er selber noch zu Ende des 17. Jahrhunderts in den oberösterreichischen Brauereien – durch Weidenblätter vertreten wurde! Mehr darüber zu sagen, wäre vom Übel.

Huchen, *Hauch* oder *Donaulachs,* in der Tat ein Lachsfisch und obendrein eine rein österreichische Spezialität, da er sich nur in der Donau und in deren unmittelbar vom Gebirge kommenden rechtsseitigen Zuflüssen findet, »ist um so zarter, je eher er verzehrt wird, denn lang in Essig oder geselchet aufbehalten, wird er zähe und spissig. Hat ein mürbes Brät (Fleisch) sonsten, das sich leichtlich bröselt, daher er auch für einen verdaulichen und gesunden Fisch geachtet wird« (Hohberg). Das weiße und feste Fleisch ist allerdings schmackhaft, steht aber doch hinter Lachs und Saibling beträchtlich zurück und wird demenentsprechend niedriger bezahlt. In den naturwissenschaftlichen Handbüchern kommen noch immer Huchen von 2 m Länge und 50 kg Schwere vor, auf dem Markt indessen ist diese Sorte nicht zu haben. Galt doch schon am 11. Februar 1564 ein Vierzigpfünder für eine solche Merkwürdigkeit, daß Kaiserliche Majestät ihn »eigenhändig« zu besichtigen geruhten. Wien ist auch schon zufrieden, wenn nur 300 kg Huchen jährlich die Linie passieren, denn in den weitaus meisten Jahren muß es sich mit weniger begnügen.

Hülsenfrüchte sind Leute von Gewicht, mit denen ohne Anstoß nur ein sturmfester Magen und auf die Dauer nur eine charakterlose Zunge fertig zu werden vermag. Dem starken Stickstoffgehalt, der sie an Nahrhaftigkeit dem Getreide überlegen und dem Fleische nahezu oder völlig ebenbürtig macht, steht nämlich eine ebenso starke Schwerverdaulichkeit und, was schlimmer ist, ein ebenso starker Geschmack gegenüber, der keinem Menschen zu jeder Zeit und keinem auf die Dauer zusagt. Der Geschmack ist aber überhaupt ein so wichtiger Faktor beim Konsum, daß die Hülsenfrüchte auch in anderer Form trotz aller Lobreden und Missionspredigten der Diätetiker nur in unseren Zwangsnähranstalten, den Kasernen und den Zuchthäusern, wirklich die Stelle einnehmen, welche die Wissenschaft ihnen als einem der konzentriertesten aller Nahrungsmittel zuerkennt. Trotzdem wird aber, wenige anerkennenswerte Ausnahmen abgerechnet, auch in Zuchthaus und Kaserne niemand davon fett, und das liegt abermals am Geschmack, denn wer z.B. 50 g Erbsenbrei verzehrt, führt allerdings seinem Magen damit ebensoviel Eiweißstoffe zu, als wenn er 90 g Semmel äße – aber schon bei gleichem Appetit auf beide Speisen verdaut er nur 60 % und bei geringerer Neigung für die ewig wiederkehrenden »Kleinkalibrigen« gar nur 40–45 % des Erbsenstickstoffs gegen 80 % des Semmelstickstoffs, und da der Mensch nicht von dem lebt, was er ißt, sondern von dem, was er verdaut, so findet er sich zu seiner eigenen und der Wissenschaft Verwunderung schließlich mit Erbsenbrei weit schlechter ernährt als mit Semmeln. Summe: Der große Nährstoffgehalt der Hülsenfrüchte ist eine rein theoretische Wahrheit, die für die Praxis keine überwiegende Bedeutung besitzt, und den Ersatz der Zerealien durch die »weit nahrhafteren und billigeren Hülsenfrüchte« predigen heißt, sich einer jener in der Studierstube ausgeheckten pseudowissenschaftlichen Albernheiten schuldig machen, gegen die jeder Koch den Kochlöffel zu erheben berechtigt und im Interesse der essenden Menschheit sogar verpflichtet ist. In Wirklichkeit nehmen die Hülsenfrüchte in der europäischen Küche eine durchaus angemessene Stellung ein: Sie werden nicht übermäßig bevorzugt, aber auch keineswegs vernachlässigt. Was die grünen

Hülsenfrüchte anlangt, so gehören diese in kulinarischer Hinsicht ebensowenig zu den Hülsenfrüchten wie etwa ein fruchttragender Spargelstengel zu den Salatkräutern.

Hummer, Dir tönt mein Lied! Grob bis Du freilich, aber von göttlicher Grobheit und anstößig nur für jene Unglücklichen, die sich überhaupt vor jeder mannhaften Erscheinung fürchten und sich gegenüber der Gänseleberpastete und Dir von vornherein dem Tode verfallen fühlen. Allen andern bist Du hochwillkommen, magst Du gescheibelt mit *Mayonnaise und Aspik* Dich zum Tanze stellen oder bescheidenern Sinns Dich als *Suppeneinlage* mit Blumenkohl umwinden. Am schönsten freilich und am erhabensten erscheinst Du, wenn Du in einfacher Majestät *gesotten* mit dem Petersilienkranz einhertrittst, einem Herrscher gleich, dessen Purpurmantel der grüne Lorbeer des Siegers schmückt. Die Vorstudien zu dieser schönen Rolle treibt der Hummer im Nordatlantischen Ozean, wo er einen braun oder blau karierten Philosophenmantel trägt, gewissenhaft zu 30–45 cm Länge und Armsdicke aufwächst und sich schließlich an den Küsten Norwegens, der Nordsee und Nordamerikas im Köderkorb fangen läßt. Der Fang beziffert sich in Europa auf 5–6 Millionen Stück, in Amerika auf 8–9 Millionen Stück jährlich, der Verkauf erfolgt in Österreich und Deutschland nach dem Stück (in Wien zu 6–18 Mark je nach der Größe), in Frankreich nach dem Gewicht (zu durchschnittlich $2^1/_2$ Francs per Kilo). Die sogenannten *Prinzeß-Hummern* sind eine Büchsenkonserve aus Hummerfleisch, die von Amerika aus in den Handel kommt.

J

Jauersche Würste, schmackhafte kleine Bratwürste von etwa 15 cm Länge und 8 cm Umfang, die von der Stadt Jauer in Schlesien, wo sie zuerst im großen hergestellt wurden, den Namen haben und von etwa 1820–1850 im Delikatessenhandel eine Rolle spielten, seitdem aber in Norddeutschland ebenso populär geworden sind wie die Frankfurter und ganz wie diese von den fliegenden Händlern warm verkauft und von den Konsumenten mit geriebenem Meerrettich verzehrt werden.

Illoker s. Syrmische Weine.

Indianerfeige, *Kaktusfeige* oder *Wundfeige,* die vielkernige, rotgelbe, 2–3 cm lange Beerenfrucht der Fackeldistel und der daraus gezogenen sogenannten *indischen Feige,* wird auf Sizilien, in Algier und um Granada und Almeria in Spanien im großen kultiviert, ist aber nicht für den Versand geeignet und wird daher ausschließlich an Ort und Stelle als Obst verzehrt. Das blutrote Fleisch der Indianerfeige ist ungemein saftig und süß, die Frucht wird deshalb namentlich von den niederen Volksklassen sehr geschätzt.

Indische Vogelnester, *eßbare* oder *chinesische Schwalbennester,* gehören zu jenen außerordentlichen und wunderbaren Delikatessen, bei deren bloßem Namen man auf die Knie fallen und

Gott danken möchte – daß er Europa gnädigst vor solcher faden Albernheit bewahrt hat. Die famosen Nester sehen nämlich aus wie austernförmig platte oder auch löffelartig vertiefte Stücke durchscheinenden weißen Leims von etwas blättrigem Gefüge, verwandeln sich in heißem Wasser oder Fleischbrühe ohne Umstände in Gelee und schmecken – absolut nach nichts. Daraus wird nun mit möglichst kräftiger und vor allem stark gewürzter Kraftbrühe die berühmte *Vogelnestsuppe* (potage aux nids d'hirondelles) hergestellt, für die man in Le Havre 5 Francs, in Hamburg 3 Mark pro Portion bezahlt, wenn sie gerade zu haben ist, denn die Nester werden nur immer zufällig von einem Java- oder Chinafahrer mitgebracht und bilden in Europa keinen Handelsartikel, weil jeder nur einmal auf diese Fünf-Franken-Suppe hineinfällt und dann nie wieder. China dagegen, wo das Gericht, und bei dem dort beliebten übermäßigen Gewürzzusatz gewiß nicht ohne Grund, als Aphrodisiakum erster Klasse gilt, importiert jährlich 8–8$^1/_2$ Millionen Stück Schwalbennester hauptsächlich aus Java und läßt dafür etwa 1$^1/_2$ Millionen Dollars ins Ausland gehen. Auch Österreich versuchte daher im vorigen Jahrhundert, Anteil an diesem Handel zu gewinnen und legte 1778 zu Camorta auf den Nikobaren eine Faktorei für den Vogelnesterhandel an, die aber keinen Bestand hatte. Was den Ursprung der Nester anlangt, so werden sie von der Salangane oder Nesterschwalbe aus dem zähen Schleime oder Speichel hergestellt, den die Speicheldrüsen dieses Tierchens zur Nistzeit in großer Menge absondern, und besonders auf Java von einer eigenen Zunft der »Nestpflücker« unter dem Protektorat einer eigenen Gottheit, der Ratu-Loro-Segoro-Kidul (d.h. jungfräulichen Königin des Meeres), dreimal im Jahr, im April, im Juli und November, mit Lebensgefahr von den Felswänden herabgeholt, nach ihrer Reinheit von fremden Stoffen (Federn, Vogelkot etc.) und ihrer Weiße in zwei Sorten gesondert und in Kisten zu 35 kg Schwere zum Versand gebracht. Auf Java selber ist man vernünftig genug, diesen Leckerbissen unangetastet an sich vorübergehen zu lassen.

Ingwer, *Ingber* oder *Ingwerklauen* heißen die plattgedrückten

Nebenwurzeln des knolligen Wurzelstocks der Ingwerstaude, die in Südasien zu Hause, aber schon im 16. Jahrhundert durch Francesco de Mendoza nach Mexiko und dann auch nach den Antillen, Cayenne, Brasilien, Queensland und der afrikanischen Westküste verpflanzt worden ist. Die Wurzeln werden im Januar und Februar ausgestochen, in heißem Wasser gebrüht und entweder mit der Rinde *(ungeschälter Ingwer)* oder nach Entfernung derselben *(geschälter* oder *weißer Ingwer)* an der Sonne getrocknet und so nach Europa geliefert. Der Ingwer enthält neben 45–55 % Stärke, 10–12 % Wasser und etwa $3^1/_2$ % Fett noch $1^1/_2$–$2^3/_4$ % ätherisches Öl, und da gerade die gelbbraune Rinde reich an diesem Stoff ist, gilt der ungeschälte mit Recht für wertvoller als der geschälte, der überdies häufig mit Chlor gebleicht, wenn nicht mit Gips oder Kreide angestrichen ist. Griechen und Römer kannten die Droge zunächst nur als Arzneimittel, erst Apicius bezeichnet sie als Gewürz. In Deutschland wird der Ingwer zuerst um 1070 in den Haushaltsbüchern des Klosters Hirsau an der Nagold (Württemberg) erwähnt, spielte aber das ganze Mittelalter hindurch eine ebenso bedeutende Rolle wie der Pfeffer; namentlich war der in Zucker oder Honig eingemachte sogenannte *kandierte Ingwer* beliebt, der in bester Qualität in China aus der frischen, in den europäischen Konditoreien aber aus der getrockneten Wurzel hergestellt wird. In Frankreich vertrat sogar während des 18. Jahrhunderts die épice blanche oder petite épice (gestoßener Ingwer) vielfach die Stelle des mit hohem Eingangszoll belegten und daher vierfach kostspieligeren Pfeffers. Die Küche des 19. Jahrhunderts macht wie überhaupt von den Gewürzen, so auch vom Ingwer immer weniger Gebrauch. Österreich führte 1890 nur noch 1539, Deutschland gar nur 1508 q zum eigenen Gebrauch ein, und diese Ziffern gehen noch immer zwar ganz allmählich, aber stetig zurück. Guter Ingwer riecht angenehm aromatisch und schmeckt scharf, geradezu brennend gewürzhaft. Mit Fug rechnet man ihn daher zu den kräftigeren Magenreizern, und da die *Ingwer-Morsellen* und das *Ingwer-Bier* (ein leicht moussierendes Getränk aus Wasser, Hefe, Weinstein, Ingwer und Zucker) aus der Mode gekommen sind, so befleißigt man sich jetzt des *Ingwer-Liqueurs* als eines billigen und wirksamen Magenmittels.

Johannisbeere heißt nach ihrer Reifzeit (Ende Juni) die saftige Frucht des Johannisbeerstrauchs, der in ganz Nord- und Mitteleuropa, in Sibirien und Kanada heimisch ist, auch in Niederösterreich noch wild vorkommt und hier seinen wahren deutschen Namen *Ribisel* beibehalten hat. Die Frucht wird zum ersten Male um 1490 als uva di frati (Mönchstraube – weil von Mönchen gezogen, oder weil für Mönche gut genug?) in Italien, schon 1497 aber als Ribes Joannis von Joh. Tollat von Vochenberg auch in Deutschland erwähnt, und hundert Jahre später (1598) vermochte Joh. Bauhin bereits fünf Spielarten aufzuzählen. In England dagegen war sie noch 1557 als Obstfrucht völlig unbekannt, und sogar noch 1597 hatte man keinen eigenen Namen für sie, sondern half sich mit Umschreibungen, bis im 17. Jahrhundert die Bezeichnung red currant (rote Korinthe) üblich wurde. Von den verschiedenen Arten sind für die Küche zwei von Bedeutung, die *rote Johannisbeere* oder eigentliche *Ribisel,* in Bayern *Rübitzel* und *Fürwitzel* genannt, und die *schwarze Ribisel, Ahl-, Gicht-, Bocks-, Pfeffer-* oder *Wandelbeere* mit schwarzer oder ambrafarbener Frucht, deren eigentümlicher Wanzengeruch einzelnen Personen widerlich ist, während sie anderen vortrefflich mundet und in Branntwein dem gemeinen Mann für ein ausgezeichnetes Gichtmittel gilt. Beide Arten werden im Garten gezogen, doch behauptet die rote bei weitem das Übergewicht, denn ihre Verwendbarkeit ist eine so unbeschränkte, daß sie sich sogar einer Damengesellschaft unbedenklich en chemise präsentieren läßt. Reich an Apfel- und Zitronensäure, an Schleimzucker und Pektin, wird sie *roh* oder *mit Zucker eingemacht* zum Dessert gegessen, als *Kompott, Gelee* oder *Marmelade* auf den Tisch gebracht, zu *Kuchen* und *Torten* verwendet, mit Wasser und Zucker zu *Johannisbeerwein* verarbeitet oder aber in Gestalt von *Ribiselsaft* zur Mischung von Kühltränken für Kranke und Gesunde gebraucht. Um zu erfahren, wozu die Ribisel sich schickt, braucht man übrigens dem Goetheschen Rezept zuwider nicht durchaus »bei zarten Frauen«, sondern nur bei den Obst-Konservenfabriken von Ferd. Baumer in Perchtoldsdorf oder von Wucherer & Co. in Würzburg anzufragen. Seit 1812 existiert übrigens in unseren Gärten noch eine dritte Art, die *Goldribisel,* die zuerst 1806 westlich vom Felsengebirge in Nordamerika entdeckt wurde und deren große schwarze Beeren von der kleinen Welt als Näscherei gesucht sind.

Johannisberger, ein Hochgewächs vom Rhein, das sich selber lobt, sobald nur die Flasche geöffnet wird und sein unbeschreibliches Bouquet die Luft durchduftet. Schloß und Dorf Johannisberg liegen im Rheingau unweit Geisenheim dicht beieinander, aber nur das Weingelände des Schlosses, dem Fürsten Metternich gehörig, liefert den echten und gerechten Wein, dessen Ruf durch alle Lande geht und der, wenn auch nicht absolut der beste, doch immer einer der besten des Rheingaus ist. Dieser Schloß Johannisberger kommt in zwei Sorten vor, nämlich *Schloß Johannisberger Cabinet,* ausgezeichnet durch größte Reinheit des Stoffs und des Geschmacks und namentlich völlig frei von jener pikanten Säure, die den Rheinwein so oft für den Ausländer unleidlich macht, aber auch 7–35 Mark per Flasche wertend, und einfacher *Schloß Johannisberger,* dem Cabinetwein an würzhafter Süße und Konsistenz nachstehend, aber gleichfalls ein Wein ersten Ranges, der nur »gute«, katerlose Räusche schafft. Dem Schloßwein im allgemeinen ebenbürtig, bisweilen sogar dem Cabinet näherstehend, ist der *Johannisberger Klause* von der »kleinen Klause«, einem Berge südlich vom Schloßberg gegen Geisenheim zu. Die vierte Sorte endlich bildet der *Dorf Johannisberger* aus dem weiteren Umkreis des Schloßberges, dessen beste Lagen der bekannten Weinfirma Mumm zustehen. Der Dorf Johannisberger ist nur ein Rheingauer zweiter Klasse, nimmt aber unter diesen eine der ersten Stellen ein, wie man sich bei Eduard Sacher in Wien für verhältnismäßig wenig Geld gründlich überzeugen kann.

Johannisbrot, in Österreich Bockhörndl, heißen im landläufigen Deutsch die berühmten »Trebern«, die der verlorene Sohn während seiner berufsmäßigen Ausbildung zum Schweinehirten als ersten, zweiten und dritten Gang und überdies zum Nachtisch genoß. Es ging also dem Mann nach heutigen Begriffen noch gar nicht so schlecht, denn die wohlbekannten, glänzend dunkelbraunen, 10–20 cm langen und bis 3 cm breiten Schoten sind bei einem Zuckergehalt von etwa 40 % nebst 6 % Stickstoffsubstanz und $1^1/_2$ % Buttersäure ebenso wohlschmeckend wie nahrhaft und bilden daher noch heute im ganzen Mittelmeergebiet ein beliebtes Nahrungsmittel der unteren Volksklassen. Übrigens wächst diese eigentümliche Hülsenfrucht auf einem stattlichen Baum, dem *Karato*, auch *Karoben-* oder *Bockshornbaum*, für dessen Heimat dem gedachten verlorenen Sohn zuliebe in der Regel Palästina angesehen wird, während doch die hebräische Sprache nicht einmal einen eigenen Namen für ihn hat, sondern sich mit der griechischen Bezeichnung behilft. In Wahrheit ist der Karato in Anatolien, Syrien und Kyrene zu Hause, wurde von den Griechen nach Griechenland und Italien verpflanzt und endlich von den Arabern bis nach Marokko und Spanien verbreitet. Die besten, d.h. zuckerhaltigsten Sorten liefert noch immer Syrien, ferner Zypern, Kleinasien und endlich die Provinz Algarbien in Portugal, wo ein Baum nicht selten 40–50 kg trockener Früchte gibt. Die Schoten werden noch vor der Reife vorsichtig abgeschlagen und dann an der Sonne gedörrt oder z.B. auf Zypern ausgepreßt und auf diese Weise ein Sirup, der sogenannte *Kaftanhonig* (nach einem Flecken der Insel), daraus gewonnen oder aber, wie in Portugal und auf den Azoren, zur Fabrikation von feinem Sprit verwendet. Die Samen endlich liefern ein Kaffee-Surrogat, den sogenannten *Carobbe-Kaffee;* zur Zeit der Araber dienten sie den Edelsteinhändlern und Apothekern als Gewicht, und daher rechnet man im Brillantenhandel noch heute nach »Karaten«. Daß auch in Mittel- und Nordeuropa weit mehr Johannisbrot verknabbert wird, als man gewöhnlich meint und merkt, beweisen die Importziffern.

K

Vgl. den Buchstaben **C**

Kabeljau ist allen Stockfisches Anfang. Der 1–$1^{1}/_{2}$ m lange und bis 50 kg schwere Fisch, der sonst auch *Hochsee-Dorsch* heißt, bewohnt den Atlantischen Ozean und dessen Anhängsel mit Ausschluß des Mittelmeers vom 40.–75. Grad nördlicher Breite und wird vom Februar bis Ende Mai an den Lofoten, der Doggerbank und den Neufundlandbänken in solcher Menge gefangen, daß man den durchschnittlichen Gesamtertrag dieser Fischerei auf 3 Milliarden Kilogramm jährlich berechnet. Frisch nicht besonders schmackhaft und überhaupt bei dem Massenfang in diesem Zustand nur zum allergeringsten Teil verwendbar, wird der Kabeljau schon seit Jahrhunderten auf verschiedene Art zu Konserven verarbeitet und führt danach ganz verschiedene Namen. Geköpft, ausgeweidet und mit Salz eingepökelt heißt er *Laberdan*, gesalzen und auf den Klippen des Strandes an der Sonne getrocknet *Klippfisch*, gesalzen und an Stangengerüsten gedörrt *Stockfisch*, wovon wieder zwei Sorten vorkommen, nämlich der ganz entgrätete und daher platte norwegische oder holländische *Flachfisch* und der nur zu zweidrittel Körperlänge entgrätete französische *Rundfisch*. Leider wird der Kabeljau bei dieser etwas summarischen Behandlung nicht besser, sondern verhärtet sich im Gegenteil gerade beim Trocknen dermaßen gegen alle sanfteren Gefühle, daß er immer erst der Wasserfolter unterworfen und windelweich gedroschen werden muß (daher auch *Klopffisch*), bevor man ihn gebrauchen kann. Diese angehende Henkersarbeit suchen manche Köchinnen sich zu ersparen, der Einkauf gewässerten Stockfisches ist jedoch stets ein Zeichen von Leichtsinn, da kein Mensch wissen kann, wie der Fisch vor dem Wässern gerochen haben mag. Nahrhaft ist der Kabeljau immer, der frische auch gut verdaulich, der Laberdan schon schwerer und Klippfisch und Stockfisch am schwersten. Man gibt den Stockfisch *gesotten* mit gerösteten Zwiebeln oder mit Sardellenbutter, *gebacken* mit Senfsauce, mit Rahmsauce oder einfach mit grüner Petersilie, *gedünstet* mit Erdäpfeln, mit Öl und Knoblauch oder mit Sardellen und Kapern – ein Herrenessen bildet er indessen nie. Der frische Kabeljau wird nach Weise des Dorsches behandelt.

Käse ist Milchsulz oder Milchgelee, gehört also schon zu den Produkten höherer kulinarischer Einsicht und Erfahrung und kommt demgemäß nur bei wirklichen Kulturvölkern, zuerst bei den Hebräern, vor. David, der Sohn Isais, brachte um 1050 v. Chr. dem Hauptmann seiner Brüder »zehn frische Käse« zum Geschenk und fand dabei Gelegenheit, den Riesen Goliath umzubringen – ein Beweis, daß es stets zum Besten gereicht, wenn man dem Herrn Hauptmann oder seinem Stellvertreter ein Präsent macht. Die Griechen waren hundert Jahre später im Punkt der Käse schon bedeutend weiter: Wenn man um 900 v. Chr. im schönen Ionien den köstlichen Prammer von der Insel Kreta zechte, so rieb man nach dem Zeugnis Homers »mit eherner Raspel Ziegenkäse darauf«. In Rom kannte man zur Kaiserzeit schon ein ganzes Dutzend Sorten, darunter auch zwei Alpenkäse, den Docleante und den Vatusischen, schwärmte aber besonders für den Bithynischen Käse aus Kleinasien und für den unübertrefflichen gallischen Roquefort, der aber zu jener Zeit noch Caseus Nemaurensis hieß. Die Germanen dagegen beharrten damals noch bei der geronnenen Milch (lac concretum des Tacitus) und nahmen erst später mit der

Sache auch den Namen von den Römern herüber. In Österreich und Deutschland ist also der Käse verhältnismäßig jung und hat ja die Käsefabrikation überhaupt erst im 19. Jahrhundert einige Bedeutung gewonnen. Im 17. Säkulum waren indessen die Käse von Schloß Hardegg, vom Kloster Gaming und vom Städtchen Horn, wo man damals bereits Schweizer als Käsemacher in Dienst nahm, auch über die Grenzen der Provinz hinaus berühmt, wie heute etwa der Hagenberger Schloßkäse.

Käsebereitung ist im Prinzip äußerst einfach, denn es handelt sich dabei nur darum, den Käsestoff aus der Milch abzuscheiden und vom Molken zu trennen. Je nach der verwendeten Milch, je nach der Art der Abscheidung und endlich nach der Art des Salzens, Würzens, Pressens, Formens und Reifenlassens gewinnt man aber an Aussehen, Konsistenz und Geschmack sehr verschiedene Käsesorten, deren Zahl sich auf etwa 300 belaufen dürfte und von denen etwa die Hälfte auch im Handel vorkommt. Mit der einfachen Einteilung in *Kuh-*, *Ziegen-*, *Schaf-* und *Büffelkäse* ist unter diesen Umständen dem Gastronomen wenig geholfen, denn wer z.B. Schafkäse bestellt und daraufhin blauen Roquefort erwartet, hat absolut kein Recht zur Klage, wenn ihm statt dessen grüner Texelkäse aufgetischt wird. Zur Vermeidung derartiger schnöder Mißgriffe unterscheidet man deshalb zunächst zwei große Hauptklassen, nämlich:

Sauermilch- oder *Sauerkäse*, der aus natürlich (ohne Labzusatz) geronnener und in der Regel entrahmter Milch durch einfaches Erwärmen und nachmaliges Auspressen gewonnen wird, und

Süßmilchkäse oder *Süßkäse*, dessen Masse man aus süßer Vollmilch oder Halbmilch mittels Labzusatzes abscheidet und ebenfalls durch Pressen vom Molken befreit.

Innerhalb dieser beiden großen Hauptklassen unterscheidet man dann weiter je nach der Konsistenz der Sorten zwei Hauptgruppen, den *Hartkäse* und den *Weichkäse*, von denen der erstere eine mehr talgartige, der andere eine mehr butterartige Beschaffenheit hat. Damit ist beim Sauerkäse, der in harter Gestalt hauptsächlich durch den mit Salz und Kümmel gewürzten landläufigen

Wirtschafts- oder *Handkäse*, in weicher durch den allbekannten *Quark* und im Handel durch den Glarner *Schabzieger*, den Salzburger *Sperrkäse*, den *Vorarlberger* Sauerkäse, dem Mainzer *Handkäse* und den *Broccio* repräsentiert wird, die Einteilung erschöpft. Beim Süßkäse dagegen unterscheidet man ferner:

Rahmkäse aus reinem oder mit Milch versetztem Rahm, ausgezeichnet durch hohen Fettgehalt und saftigen Geschmack, wie z.B. der Gervaiskäse, der Briekäse, der Neuchateller, der Stilton usw.;

Fettkäse aus reiner, höchstens mit weniger Halbmilch oder aber auch mit etwas Rahm versetzter Vollmilch, daher in seiner Zusammensetzung der Milch ziemlich ähnlich (nur der Milchzucker und ein Teil der Salze fehlen), an Nahrhaftigkeit ihr gleich und an Wohlgeschmack ihr überlegen, wie z.B. der Emmentaler, der Edamer, der Chesterkäse, der Roquefort, der Gorgonzola etc.;

Halbfettkäse aus »Halb und Halb«, d.h. aus Vollmilch in Verbindung mit einem gleichen Teil Halbmilch, daher weniger fetthaltig und nahrhaft als der Fettkäse, aber von kräftigerem Geschmack als beispielsweise der Parmesan und der Battelmatt; endlich

Magerkäse aus unverbesserter Halbmilch, ärmer an Fett, aber reicher an Milchzucker und Stickstoffsubstanz als alle vorgenannten.

In Amerika, das gegenwärtig die größte Käse-Industrie auf Erden besitzt, hat man neuerdings sogar versucht, das Milchfett gänzlich oder teilweise durch andere Tierfette zu ersetzen, d.h. analog der Kunstbutter auch *Kunstkäse* herzustellen, der in der Tat als *Schmalzkäse* und *Oleomargarin-Käse* auch bereits in Europa eine Rolle zu spielen beginnt. Im Nährwert steht dieser Kunstkäse etwa unserm Halbfettkäse gleich, der Geschmack indessen ist eigentümlich kratzend, und wer nach Wiener Sitte das Mahl mit einer süßen Mehlspeise schließt, dürfte seiner Zunge gerade keine angenehme Abwechslung bereiten, wenn er das Dessert mit einer Scheibe Kunstkäse eröffnen wollte.

Schon seit Jahrhunderten nämlich bildet der Käse den kräftigen Schlußakkord jedes regelrechten Mahles und zugleich die verheißungsvolle Ouvertüre für den leckeren Nachtisch. Eine angemessenere Stellung im Menü dürfte auch in der Tat nicht für ihn zu finden sein, denn kraft seines Gehalts tilgt er den letzten Rest von Hunger, den der Gast bis dahin sich glücklich zu erhalten gewußt hat – eine Kunst, auf die nur der Kenner sich versteht –, und versetzt zugleich durch seinen pikanten Geschmack die Schmeckwarzen in jene gleichmäßige Spannung, die zur Würdigung der Süßigkeiten eines guten Desserts durchaus vonnöten ist. Auch auf die Verdauung scheint er anregend zu wirken, obgleich er selber nichts weniger als leicht verdaulich ist und daher diejenigen sich einer wahren Magenbeleidigung schuldig machen, die ihn zum Ersatzmann des Fleisches stempeln, der er seiner Zusammensetzung nach allerdings sein könnte, aber eben der schrecklichen Arbeit wegen, die er in größerer Menge dem Magen bereitet, niemals sein wird. Nur in Landstrichen mit armer Bevölkerung nimmt er als einzige Zukost zum Brot annähernd eine solche Stellung ein.

Käseklee s. Glarner Schabzieger.

Kaffee, der Wein der Denker, nimmt seiner ganz eigentümlichen Wirkung wegen eine Sonderstellung unter den narkotischen Genußmitteln ein, deren Bedeutung erst in allerjüngster Zeit vollständig erkannt worden ist. Während nämlich Tee, Alkohol, Koka, Tabak, Opium usw. ausschließlich als Sparmittel wirken, d.h. durch Herabsetzung der Lebhaftigkeit der Verbrennung den Stoffwechsel verlangsamen und dadurch die Arbeitsfähigkeit des Organismus verlängern, leistet der Kaffee seinerseits nicht nur dasselbe, sondern beschleunigt noch überdies einesteils die Assimilation der stickstoffhaltigen Nährstoffe und andernteils die Ausscheidung des Harnstoffes, so daß also unter seinem Einfluß die Funktionen des Körpers durchaus im Gleichgewicht bleiben und zugleich, da er den Körper zur Aufnahme größerer Mengen Stickstoffsubstanz befähigt, indirekt Arbeit geliefert wird. Kaffee ist daher das allerbeste Schmiermittel für die menschliche Maschine, das zwar keineswegs die eigentliche Triebkraft ersetzen kann, wohl aber deren Tätigkeit wesentlich erleichtert und überdies die vorzeitige Abnutzung der Maschinenteile verhindert. Deshalb glücklich die Stadt, die sich eines trinkbaren Kaffees rühmen darf, und dreimal glücklich du, Wien, dessen Kaffee nicht bloß trinkbar, sondern auch gut und bisweilen sogar vorzüglich ist. »Heiß wie die Hölle und schwarz wie den Teufel«, auf Wunsch auch »süß wie die Liebe«, kann man ihn überall haben, nur in Wien aber hat er jenes unvergleichliche Aroma, jenes ganz eigentümliche gewisse Je ne sais quoi im Geschmack, das Zunge und Nase bis in den dritten Himmel entzückt und sich selbst bei dem guten und berühmten Karlsbader Kaffee nicht wiederfindet. Macht das die blaue Donau, macht's der grüne Prater, machen's die feschen Köchinnen oder macht's die Wiener Luft? – Gott allein weiß es, soviel aber steht fest: Wer noch keinen echten Wiener Kaffee gekostet, der weiß kaum, wie reiner Kaffee schmeckt. Millionen Kaffeetrinker erfahren das freilich überhaupt nie, denn überall in Europa sieht man dem edlen Mohren drei Lieblingslaster nach: die Mesalliance mit dem Zucker, die seinen Geschmack verdirbt, die morganatische Ehe mit der Milch, die Geruch, Geschmack und Farbe zugleich vernichtet, und das leidige Konkubinat mit der Zichorie, das ihn vollständig auf den Hund bringt. Zahlreichen Personen wird freilich nur durch den Zichorienzusatz der Genuß des schwarzen Trankes ermöglicht, denn die Kaffeebohnen stehen hoch im Preis. Man würde auch in Deutschland trotz des Massenverbrauchs des Getränkes einen ganz anständigen Mokka zuwege bringen können, wenn dort nicht die Gewohnheit herrschte, keinen rohen, sondern nur fertig gerösteten Kaffee vom Kaufmann zu beziehen, der seinerseits, »um einer Verflüchtigung des Aromas vorzubeugen«, die in warmer Sodalösung gewaschenen Bohnen während des »Brennens« mit konzentrierter Zuckerlösung, Stärkesirup oder Vaselinöl besprengt, wodurch sie ein schön fettglänzendes Aussehen gewinnen, aber zugleich 3–15 % schwerer werden und 5–6 % mehr Wasser behalten als die ohne Zusatz gerösteten. Die anregende Wirkung des Kaffeegenusses beruht bekanntlich auf dem Koffein und war in der Heimat des Kaffeebaums, Abessinien, seit unvordenklichen Zeiten bekannt, bevor sich das Getränk im 16. Jahrhundert über den Orient und seit Mitte des 17. Jahrhunderts über Europa verbreitete. Die Gründung der ersten Kaffeehäuser in den verschiedenen Städten fällt ziemlich genau mit der Einführung des Kaffeegenusses in den betreffenden Ländern zusammen und ergibt nachstehende Reihenfolge: Konstantinopel 1554, Venedig 1624, Marseille 1644, London 1652, Paris 1671, Wien 1683, Nürnberg 1686, Hamburg 1687, Wittenberg 1700, Stuttgart 1712, Augsburg 1713, Leipzig 1720 und Berlin 1721. Natürlich stemmten sich allerhand Narren, denen jede Neuerung ein Greuel, auch der Einführung des Kaffees entgegen. Namentlich die burschikose Herzogin Sophie Charlotte von Orleans (gest. 1722) erblickte im Mokka einen wahren Würgengel, dem sie alle vorkommenden Todesfälle zuschreiben zu müssen glaubte. Allerdings war diese brave Herzogin überhaupt mit einem komischen Geschmack begabt. Bekanntlich gibt es auch noch heutzutage Leute, die den Kaffee für ein »Gift« ansehen oder angesehen wissen wollen, selbst diese aber wagen nicht zu leugnen, daß die Einführung des Dufttranks der Levante zu einem Segen für Europa geworden ist.

Kaffee-Surrogate sind allerdings niemals Genußmittel, aber bei der Volksbeliebtheit des schwarzen Trankes einerseits und dem hohen Preis der echten Kaffeebohnen andererseits eine leidige Notwendigkeit, welcher der weniger Bemittelte sich wohl oder übel fügen muß. Alle diese Ersatzmittel liefern eine schwarze Brühe von brenzligem Geruch und mehr oder weniger bitterem Geschmack, die sich mit viel gutem Willen wohl für Kaffee ansehen, selbst mit dem besten Willen aber niemals dafür trinken läßt, denn abgesehen vom Geruch und Geschmack fehlt ihr gerade der Bestandteil, der den wahren Kaffee ausmacht: das Koffein. Auch der Nährwert dieser schwarzen Gebräue ist in der Regel nicht weit her. Weshalb zieht also das Volk diese bitteren, fast widerlichen Abkochungen bei alledem dem hochgerühmten Haferbrei der alten Germanen vor? Die Antwort ist einfach: einmal weil der warme Trank schnell ermuntert und wärmt, zweitens weil die Bitterstoffe sowohl den Gaumen wie die Verdauung anregen, ohne wie die famose Morgen-Mehlsuppe den Magen zu belasten, und drittens auch wohl weil man sich dabei die Wirkung des guten, echten Kaffees vorstellt und sich schon durch diese Vorstellung belebt und angeregt fühlt (Autosuggestion). Nicht zu unterschätzen ist auch der Umstand, daß selbst der Ärmste nur selten irgendein Surrogat ohne Beimengung echten Kaffeepulvers verwendet. Die Zahl der Kaffee-Surrogate ist nahezu unbeschränkt, denn kein röst- und mahlbarer Rohstoff von irgendwelchem Geschmack ist sicher, nicht eines Tages von einem spekulativen Fabrikanten »entdeckt« und als allerneuester und natürlich auch allerbester Kaffee-Ersatz in die Welt eingeführt zu werden. Die bekanntesten Kaffee-Surrogate sind folgende:

Feigen-Kaffee, namentlich in Österreich und Süddeutschland beliebt, wird aus gerösteten und zerkleinerten Feigen hergestellt, kommt aber nur selten rein in den Handel, sondern wird in der Regel mit anderen Stoffen versetzt, so das *Karlsbader Kaffee-Gewürz* mit 1% Natriumbikarbonat, der *Wiener Gesundheits-Kaffee* mit Holzbirnen, der *Brünner Dampf-Kaffee* mit Rüben, der *Feigen-Kaffee* von *A. Hofer* in Salzburg mit Lupinen, der von *Emil Seelig* in Heilbronn mit Zichorien und Rüben, der von *Müller & Co.* in München mit Rohrzucker, der von *Ekhardt* ebenda mit Rohrzucker und Zichorie usw.;

Zichorien-Kaffee, namentlich in Norddeutschland, Nordfrankreich, Belgien, Holland und Dänemark an der Tagesordnung, neuerdings aber auch in Österreich immer mehr Boden gewinnend, weil er billiger ist als der Feigen-Kaffee, wird aus gerösteten und gemahlenen Zichorienwurzeln fabriziert und allerdings selten verfälscht, tritt aber, wenn man den vorteilhaft bekannten sogenannten *Anker-Zichorien* von Dommerich & Co. in Magdeburg-Buckau ausnimmt, eigentlich nie unter seinem wahren Namen, sondern entweder unter der Firma seines Erzeugers als *Brandt-, Frank-, Hauswaldt-, Reusch-* oder *Völker-Kaffee* oder je nach der Fabrikmarke als *Dom-, Stern-* oder *Löwen-Kaffee,* nicht selten auch unter einem Phantasienamen als *Victoria-, Germania-* oder *Spar-Kaffee* oder endlich mit beneidenswerter Unverfrorenheit gar als *Feinster Mokka-Kaffee, Indischer Sibonny, Bester Java-Kaffee* usw. auf;

Malz-Kaffee, durch die Empfehlung des würdigen Kaltwasser- und Barfüßer-Enthusiasten Pfarrer Kneipp in Wörishofen seit nunmehr drei Jahren en vogue gekommen und von der Firma *Franz Kathreiners Nachfolger* in München gar nach patentierter Methode bereitet, wird aus Gerstenmalz hergestellt und namentlich wegen seines hohen Nährwerts empfohlen – als ob man Kaffee als Nahrungsmittel gebrauchte! Hierher gehört unter anderem auch der kandierte *Gersten-* und *Malz-Kaffee* und der »mit Zucker geröstete«, d.h. gleichfalls kandierte *Korn-Kaffee*, beide von E. Seelig in Heilbronn a. N.;

Eichel-Kaffee aus gerösteten, geschälten und gemahlenen Eicheln, 1774 von M. J. Marx in Hannover erfunden, wird wegen seiner Heilkräfte in den Himmel erhoben, aber –

Noch trank keiner, dem's nicht graute,
Dieses Teufels-Fabrikat!

Außerdem liefern die Datteln den *Arabischen Dattel-Kaffee*, die Kichererbsen den *Deutschen Kaffee*, der sich der Abwechslung wegen bisweilen auch *Französischer Kaffee* nennt, die mexikanischen Schwarzbohnen den *Congo-Kaffee*, die Samen der Mogdad-Cassie den *Mogdad-* oder *Neger-Kaffee*, die Schalen der echten Kaffeebohne den *Sakka-* oder *Sultan-Kaffee*, die Bohnenfrüchte des Durabaums den *Sudan-Kaffee*, und damit nicht genug, wird auch noch aus den Wurzeln der Möhre, der Zuckerwurz und der Kuhblume, aus den Samen des Spargels, der Hagebutte und der Kaffeewicke, aus Traubenkernen, aus Felderbsen, aus Vogelwicken, aus Sojabohnen, aus Kastanien, aus Holzbirnen und Erdmandeln Kaffee gebrannt, so daß an Surrogaten wahrhaftig kein Mangel herrscht. Von dem aus diesen schönen Dingen bereiteten Tranke freilich muß man bekennen: Der ist der beste, den man nicht zu trinken braucht.

Kaiserling oder *Herrenpilz*, ein großer, prachtvoller Blätterschwamm mit rotem Hut und gelbem Stiel, der in Italien häufig, zerstreut aber auch in den Fichtenwaldungen Ungarns, Böhmens und Süddeutschlands vorkommt und überall für einen Bissen erster Güte gilt. Schon die Römer der Kaiserzeit würdigten ihn nach

Verdienst. »Der Speisen beste« nennt ihn Plinius mit Nachdruck, und Martial meint: »Gold und Silber läßt sich einem Boten anvertrauen, eine Sendung Kaiserlinge dagegen nicht, denn die würde der Schlingel unterwegs mit Stumpf und Stiel verzehren.« Der Kaiserling kommt als *Gemüse* und auch *gebacken*, hauptsächlich aber *mit Butter geschmort* und mit Rahm und geschälten Zitronenscheiben angerichtet auf den Tisch. Von anderen Pilzen und namentlich dem giftigen Fliegenpilz unterscheidet er sich, da er das Wasser, in welchem man ihn absiedet, gelb färbt.

Kalb ist das Kind der Kuh, Kalbfleisch daher Kinderfleisch oder »Halbfleisch«, wie das Sprichwort sagt. Es enthält nämlich, wenn fett, etwa $72^1/_2$ % Wasser, 19 % Eiweißstoffe, 6–$7^1/_2$ % Fett und 1–$1^1/_3$ % Salze (mageres hat etwa 6 % Wasser und mehr und ebenso viel Fett und Salze weniger), steht also an Nährwert dem Rindfleisch bedeutend nach. Außerdem aber findet sich unter den Eiweißstoffen mehr leimgebende Substanz als bei irgendeiner anderen Fleischart. Infolge dieses Leimgehaltes und bei der Weiche der Faser weicht es beim Kauen beständig dem Angriff der Zähne aus, so daß die regelrechte Verarbeitung eines Bissens gut anderthalbmal mehr Zeit erfordert als beim Rindfleisch, und da sehr viele Esser sich diese Arbeit ernstlich verdrießen lassen, so gilt das Kalbfleisch mit Grund für schwer verdaulich. Eines aber hat es vor allen andern Fleischarten voraus: den zarten und saftigen Geschmack, und eben deshalb spielt es eine sehr hervorragende Rolle auf der Tafel. Ein *gebratener Kalbsziemer* von 6–7 kg, der zugleich das köstliche Nierenstück in sich schließt, gehört unbedingt zu dem Tröstlichsten, was eine vorzügliche Küche zu bieten hat. Angesichts dieser pompösen und dabei soliden Schönheit fängt der stumpfste Appetit Feuer, fühlt die genußentfremdetste Zunge ein menschliches Rühren und löst sich der herbste Schmerz in sanftes, aus Hoffnung und Wehmut gepaartes Sehnen, so daß ein besseres Gericht für betrübte Erben, gebeugte junge Witwen und schmerzgebrochene Freunde gar nicht denkbar ist. Der *Nierenbraten* gilt für eleganter und ist in der Tat so verlockend, daß er sogar Männer von Geist verführt, die da sehr wohl wissen, daß er etwas fettig fade schmeckt und in dieser Hinsicht dem fleischigeren Schlegel nachsteht. *Kalbsbrust* ist weniger aristokratisch, hält aber im Geschmack die goldene Mittelstraße zwischen dem Nierenbraten und dem Rippenstück und bildet mit weißem Spargel, roten Krebsschwänzen und grünen Erbsen *gefüllt* und mit Champignonsauce angerichtet in Kenneraugen eine Schüssel ersten Ranges. Die *Leber* kommt gebacken oder als Karbonade, die *Lunge* als Mus, das *Hirn* gebacken, geröstet, gesulzt oder als Auflauf, der *Schwanz* glasiert, gebacken oder in weißer Sauce, das *Ohr* mit Meerrettich oder mit Frikasseesauce, das *Herz* gespickt, das *Gekröse* gedämpft, der *Kopf* und die *Füße* gebacken, die *Milz* gefüllt, die *Nieren* geröstet und die *Zunge* gesotten auf den Tisch. Daran reihen sich ferner die *Kalbskoteletten,* das *Kalbsfricandeau,* die *Kalbsrouladen,* die *Kalbsklopse* und nicht zuletzt die *Kalbsmilch-Gerichte,* als da sind Kalbsmilch-Suppe, Kalbsmilch in Butter gedämpft, Kalbsmilch in Papier, Kalbsmilch mit Frikasseesauce, Kalbsmilch mit Trüffeln usw. – Alles vollendete Schöpfungen der höheren Küchenkunst und leichter Verdaulichkeit und Wohlgeschmack.

Kaldaunen, in Niedersachsen *Kalunen* oder *Klunen,* in Obersachsen *Kutteln,* heißen die Baucheingeweide der größeren Schlachttiere mit Einschluß des *Gekröses,* d.h. der Bauchfellfalten, aber mit Ausschluß der Leber und der Milz. In zoll- bis fingerlange Stücke geschnitten, geben die Kaldaunen die allbekannten *Kuttelflecke,* die sich durch Nahrhaftigkeit und größte Verdaulichkeit vorteilhaft auszeichnen und daher in der Krankenküche eine der ersten Stellen einnehmen würden – wenn nur ihr Geschmack nicht gar zu weichlich wäre. Bei dem starken Leimgehalt der Kaldaunen sind *geröstete Kutteln* eine absolute Ungeheuerlichkeit, die aber nichtsdestoweniger immmer wieder vorkommt, obgleich jede honette Zunge sich durch dies widerwärtige Gericht tödlich beleidigt fühlen muß. In der Regel bereitet man daraus *Kuttelflecksuppe,* die mit Knoblauch gewürzt wird, oder man dünstet sie in Butter. Wiel empfiehlt, sie vorher in Weißwein zu marinieren und dann mit Kapern anzurichten – in der Tat nicht übel! Übrigens werden die Kutteln so fabelhaft schnell und gründlich verdaut, daß man um zwei Uhr mit dieser Speise bis zum Bersten gesättigt, doch bereits um vier Uhr vor erneuertem Hunger in Ohnmacht fallen kann.

Kalmus, der weißliche, stark aromatische Wurzelstock des Schwertheus oder Kalmusrohrs, einer rohrartigen indischen Sumpfpflanze, wurde wahrscheinlich noch zu Anfang des 16. Jahrhunderts ausschließlich aus oder über Italien bezogen, da der Nürnberger Anton Tucher 1513 neben venedischen Mandeln, Zukkerkand und Rharbarber auch 2 Lot »Chalmus und Galget« (Kalmus und Galgant) aus dieser Quelle kaufte. Angeblich soll die Pflanze erst 1574 nach Europa gelangt sein, und zwar über Konstantinopel. Da aber die Polen sie »Tatarenkraut« nennen und die Tataren einen ureigenen Namen für sie besitzen, so ist eine Einführung in Deutschland von Nordosten her keineswegs ausgeschlossen, um so mehr, da sie im Brandenburgischen schon um 1600 »heftig in den Gärten gezeuget« wurde. Hier und in Österreich war das Rohr um 1650 vollkommen eingebürgert, »allermaßen ich ganze kleine Teiche gesehen, die anstatt des Geröhrichs eitel Kalmus haben«, wie Hohberg erzählt. Der Wurzelstock liefert, in Scheiben geschnitten und mit Zucker eingesotten, das würzige, als Magenmittel berühmte *Kalmuskonfekt*, sowie in Branntwein gelegt den nicht minder trefflichen *Kalmusschnaps* und findet auch in den Liqueurfabriken mannigfache Verwendung.

Kakao, von Linné schwungvoll Theobroma (Götterspeise) zubenannt, heißt sowohl die durch Pulverisierung gerösteter und geschälter Kakaobohnen hergestellte braune Masse wie auch das durch Aufkochen dieser Masse in Milch, Wein oder Wasser bereitete warme Getränk. Die ei- oder mandelförmigen *Kakaobohnen* sind die Samenkörner der etwa handlangen, gelblichroten, mit weichem, weißlichem, süßsauerlichem Fruchtfleisch gefüllten Gurkenfrucht des immergrünen und immerblühenden Kakaobaums, der in verschiedenen Arten zwischem dem 23. Grad nördlicher bis zum 20. Grad südlicher Breite in Mittel- und Südamerika sowie auf den Antillen heimisch ist, dessen Kultur jedoch bis ums Jahr 1600 ausschließlich auf Mexiko beschränkt war, wo die Bohnen nicht bloß zur Bereitung des Chocolatl, sondern zur Zeit Montezumas auch als Scheidemünze dienten. Die Azteken »rotteten« die Bohnen im Erdreich, d.h. sie bedeckten dieselben nach der Herausnahme aus der Kakaogurke und oberflächlicher Säuberung mit Erde, bis das Fruchtfleisch völlig abgefault war, rösteten und pulverten sie dann und bereiteten ihren Chocolatl mittels kalten (!) Aufgusses auf eine Mischung aus diesem Bohnenpulver und Maismehl, Vanille und Cayennepfeffer. In dieser gepfefferten Gestalt wurde der Kakaotrunk 1520 bei der Eroberung Mexikos den Spaniern bekannt und von ihnen der Alten Welt mitgeteilt. Die Lobreden auf die ungemeine Nahrhaftigkeit dieser kalten Brühe fanden jedoch in Europa kein Gehör. Der Venezianer Benzoni erklärte 1572: Kakao sei eher ein Getränk für Schweine denn für Menschen, der spanische Jesuit Acosta nannte noch zwanzig Jahre später das Kakaotrinken eine Verirrung des Geschmacks, und holländische Freibeuter, denen auf einem spanischen Schiffe eine Ladung Kakao in die Hände fiel, warfen mit plumpem Spott die kostbaren Bohnen als Schafmist über Bord. Erst als sich gegen Ende des 16. Jahrhunderts unter den Händen der Spanier der kalte Chocolatl der Azteken in einen süßen und würzigen Warmtrank, die bekannte Schokolade, verwandelt hatte, kamen die Kakaobohnen in Europa immer mehr zu Ehren und begann der Baum über die Grenzen Zentralamerikas hinaus gesucht und kultiviert zu werden. Zunächst empfingen die Antillen, namentlich Jamaika und Haiti, den neuen Agri-Kulturzweig. Auf Sainte-Croix pflanzte 1649 ein Engländer den ersten Kakaostamm als Lustbaum in seinem Garten an, und auf Martinique (dessen Pflanzungen aber 1727 durch einen Orkan wieder vernichtet wurden) richtete 1660 ein Jude Benjamin die erste Kakaoplantage ein. Rascher und in ungleich größerem Maßstab gedieh der Kakaobau in Südamerika, namentlich in Venezuela, das um 1700 bereits 1500 hl, um 1760 an 3800 hl und um 1800 durchschnittlich 7000 hl Kakaobohnen jährlich ausführte. Noch heute nehmen nächst dem süßöligen *Soconusco* aus Guatemala und dem kleinen, schweren *Esmeraldas* aus Ekuador, die beide in Europa nur dem Namen nach bekannt sind, die venezuelischen Bohnen, der *Caracas* oder *Porto cabello* und der *Maracaibo*, die erste Stelle unter den Kakaosorten ein. Außerdem blüht der Kakaobau in Guyana (Berbice, Surinam und Cayenne), im nördlichen Brasilien (Maranham), in Kolumbien und in Peru sowie auf den Philippinen und den Canarias, wohin die Spanier, auf Bourbon, wohin die Franzosen, und auf Java, wohin die Holländer den Baum verpflanzt haben. – Der weitaus größte Teil dieser Einfuhr wird zu Schokolade verarbeitet, neben der der *einfache Kakao* während des ganzen 17. und 18. Jahrhunderts absolut nicht aufzukommen vermochte. Erst seit Mitte des 19. Jahrhunderts haben ihm die trefflichen Fabrikate der Holländer (J. C. Blooker in Amsterdam, Bensdorp & Co. in Amsterdam und C. J. van Houten & Zoon in Weesp) allmählich wieder Eingang verschafft, und heute wird er ganz entschieden von allen denen bevorzugt, die weniger auf das Aroma und den Geschmack als auf den Nährwert und die Verdaulichkeit ihres Getränkes zu sehen Ursache haben. Der Verdaulichkeit dieses reinen Kakaos stand jedoch der hohe Fettgehalt im Wege, der auf die Dauer für jede Zunge und jeden Magen unerträglich wird. Man entfettet daher die Masse durch starken Druck und stellt auf diese Weise den *entölten* oder *Puder-Kakao* her. Der aus diesem Puder-Kakao mit Wasser oder Milch und Zucker bereitete Warmtrank ist ebenso nahrhaft wie wohlschmeckend und obendrein so leicht verdaulich, daß selbst Magenkranke sich ohne üble Nachwehen (der denkbar größte Vorteil in ihrer Lage!) daran erbauen können. – Die Kakao-Industrie ist aber nicht bei dem einfachen Puder-Kakao stehengeblieben, sondern hat durch mannigfache Zusätze sowohl den diätetischen Wert wie den Geschmack des Produktes zu erhöhen gesucht. Diesem Bestreben verdanken der *Fleisch-Kakao* (von Blooker in Amsterdam) aus Kakao und trockenem Fleischpulver, der *Nährsalz-Kakao* (von Dr. Lahmann in Dresden) aus Kakao und Pflanzensalz-Extrakt, der *Malto-Leguminosen-Kakao* aus Kakao-, Malz- und Leguminosenmehl, der *Eichel-Kakao* aus möglichst entfettetem Kakao und Rösteichheln-Extrakt, der *Saccharin-Kakao* (von Sprüngli & Sohn in Zürich), der *Vanille-Kakao*, *Zimt-Kakao*,

Nelken-Kakao und andere Präparate dieser Art ihr Dasein in der Welt der eßbaren Dinge, aus der sie freilich unversehens mit Stumpf und Stiel verschwinden könnten, ohne daß darum eine Lücke in der Tonleiter der irdischen Genüsse entstehen würde. Mit aufrichtigem Schmerz dagegen vermißt der europäische Feinschmecker das köstliche *Kakao-Konfekt*, eine Delikatesse erster Güte, die in allen Kakaobau-Distrikten aus noch nicht völlig reifen Bohnen hergestellt wird, leider aber keinen weiten Transport erträgt. Nur eines vermag uns über diesen Mangel unserer Tafel zu trösten: der in seiner Art nicht minder köstliche *Kakao-Liqueur*, die feine, würzhafte, wahrhaft verführerische Crème de Cacao chouva à la vanille von Alexandre Droz & Co. in Bordeaux, ein Meisterstück der höheren Destillierkunst, dessen mild würziger, ölig süßer Geschmack noch lange auf der Zunge nachklingt und dem Amerika nichts Ähnliches an die Seite zu stellen hat, am allerwenigsten seine *Kakao-Chicha* aus dem mit Zucker vergorenen Fruchtfleisch der Kakaogurke, die kaum ein anderes Verdienst hat als den traurigen Ruhm, dem Trinker einen lärmenden Rausch und einen hartnäckigen Katzenjammer anzuhängen, zwei Dinge, vor denen uns der liebe Gott alle Zeit in Gnaden bewahren möge.

Kanarien-Sekt, aller Weine der Kanarischen Inseln (zu denen auch Madeira, Porto Santo, Falcon Bajo, Selvagem und die drei Desertas gerechnet werden) ehemaliger Gesamtname, der aber seit etwa fünfzig Jahren vollständig außer Gebrauch gekommen und durch die Bezeichnung *Madeira* ersetzt worden ist. Den berühmten Kanarien-Sekt des 16. Jahrhunderts, das mit Zucker und Zimt, Bratäpfeln und Eiern versetzte Leibgetränk des edlen, ewig jungen Sir John Falstaff, der mit gerechter Entrüstung gegen den Kalk und den »Hühnersamen« in seinem Wein protestierte, lieferten die trockenen Weißweine der gedachten Inseln, die heute als *Dry Madeira* auf der Weinkarte figurieren. Zu diesen Weißweinen gehören (neben dem Sercial und dem Boal von Madeira) vornehmlich die stark alkoholhaltigen, aber wenig parfümreichen *Vidogna*-Sorten von Teneriffa (Taracante, Matanza, Val d'Icod, Laguna, Orotava usw.), von Gomerg, Ferro und Palma (der ehemalige

Palm-Sekt!), die aber nie unter ihrem wahren Namen, sondern stets als Madeira und seit dreißig Jahren auch als Sherry auftreten. Dagegen gehört der heute als *Sekt von Teneriffa* (nach der ehemaligen Hauptstadt der Insel) oder als *Laguna-Sekt* bezeichnete ananasduftende, süße Liqueurwein, der kaum dem echten Madeira nachsteht, gar nicht in diese Klasse, sondern vielmehr zu den Malvasieren.

Kandis, *Kandiszucker* oder *Zuckerkand,* wird aus in Wasser gelöstem, mit Knochenkohle und Blut geklärtem Rohzucker in der Weise hergestellt, daß man den gereinigten und eingekochten Saft in kegelförmige, mit Fäden durchzogene Gefäße füllt und hier so langsam wie möglich auskristallisieren läßt, wobei die Kristalle in der bekannten schönen Gestalt an die Fäden anschießen. Die Farbe des Produktes (weiß, lichtgelb oder braun) hängt teils von dem verwendeten Rohstoff, teils von der Dauer des Einkochens ab, indem der Kandis um so dunkler erscheint, je stärker der Saft eingedickt wurde. Weit langsamer löslich und wohlschmeckender als der gewöhnliche Zucker, wird er als Näscherei und in allen Fällen verwendet, wo das Aroma eines Küchenproduktes möglichst wenig durch Versüßung beeinträchtigt werden soll.

Kanin, hochdeutsch in der Regel *Kaninchen,* niederdeutsch *Karnickel,* das bekannte höhlengrabende Ungeheuer, das mit furchtbarem Zahn die schrecklichsten Niederlagen unter den hochstrebendsten Kohlköpfen anzurichten imstande ist, gehört zwar zur allernächsten Verwandtschaft des braven Hasen und muß als *Stallhase* nicht allzu selten dessen Stelle vertreten, reicht ihm aber in kulinarischer Hinsicht nicht das Wasser. Das Kaninfleisch erscheint der schärfsten Saucen ungeachtet immer etwas matt und weichlich, sozusagen »von des Gedankens Blässe angekränkelt«, und wird daher von der feinen Küche Österreichs und Deutschlands gern umgangen, wofern nicht die eiserne Notwendigkeit ein anderes gebietet. In Frankreich, Belgien, Holland und England dagegen hat wenigstens die bürgerliche Küche das Kanin völlig akzeptiert und liefert es *gebraten, geschmort* oder als *Frikassee* ziemlich häufig auf den Tisch, während in Zentraleuropa höchstens das

Wildkanin zu dieser Ehre zu gelangen pflegt, das freilich als Frikassee kaum auf Beifall zu rechnen haben dürfte.

Kapaun s. Hahn.

Kapern oder *Kappern* heißen die noch unerschlossenen, zentimeterlangen, in Salz oder Essig eingelegten Blütenknospen des in ganz Südeuropa und Nordafrika heimischen Kapernstrauchs, mit denen schon die göttliche Phryne im Athen des 4. Jahrhunderts v. Chr. rasende Geschäfte machte und die noch heute zu den beliebtesten Würzen unserer Saucen, Ragouts, Frikassees und Katerfrühstücke gehören. Die Kaper wird um so höher geschätzt, je kleiner und fester sie ist, darum gelten die italienischen *Lipari-Kapern* und die *Puglieser* für die vornehmsten Sorten, denen sich dann die französischen *Nonpareilles, Capucines, Superfines* und *Capotes* anreihen. Als Surrogat der echten kamen schon um 1710 als »Bramkapern« die jetzt sogenannten *deutschen Kapern* (Blütenknospen des Bram-Ginsters) im Handel vor, und zwar wurden sie damals wie noch heute hauptsächlich von Flandern und Holland aus auf den Markt gebracht. Schon früher hatte man auch die gespornten unreifen Früchte der *Kapuzinerkresse*, die Beverning 1648 nach Holland brachte, nachdem sie schon 1580 aus Peru nach Wien gekommen, als Ersatzmittel für die Kaper gebraucht, wie man sie hin und wieder noch heute als solches oder auch nebst den Blättern zu Salat verwendet. Dagegen scheint die Verwendung der Blumenknospen der giftigen Dotterblume als Kapern-Surrogat nicht über die Mitte des 18. Jahrhunderts zurückzureichen und, wenn nicht direkt durch eine betrügerische Absicht, so doch jedenfalls durch die auffällige Ähnlichkeit beider Knospenarten veranlaßt worden zu sein.

Kapwein, *Cap-Madeira,* rote und weiße Dessertweine ersten Ranges – wenn sie gut und alt und rein, was aber leider ganz wider die Regel und das Herkommen ist. Der Baron Vaerst behauptet zwar, der Cap-Madeira sei dem echten Madeira vollkommen ebenbürtig und einzig aus diesem Grunde von den Engländern seit Besitznahme des Kaplandes (1806) aus dem Handel gezogen und selber getrunken worden – aber kann und darf man dem Urteil eines Mannes trauen, der seine Champagnerflasche zwölf Stunden unverkorkt läßt und dann den König der Weine aus einer Untertasse zu sich nimmt? In Wahrheit dürfte kein Gentleman des 19. Jahrhunderts je den Mut gehabt haben, irgendeinen Kapwein auf den Tisch zu bringen, sowenig es bisher einem deutschen Biedermann eingefallen ist, seinen Gästen *Kap-Rheinwein* (Cape Hock) vorzusetzen. Freilich liegt die Schuld nicht an und in den Kapweinen selber, sondern an der niederträchtigen Behandlung, die man ihnen bisher angetan hat. Die Weine werden sich also bessern (und haben sich wirklich im letzten Lustrum bereits gebessert), sobald sich nur erst die Herren Weinhändler der Kapstadt gebessert haben werden. Als Ausbund derselben – d.h. der Weine, nicht der Händler – gilt noch immer der *Constantia* (von den Plantagen Great- und Little-Constantia im Süden und dem Städtchen Stellenbosch im Osten der Kapstadt), ein durchsichtig rubinroter, ungemein süßer und würziger Liqueurwein, der einst von Klopstock angeodet, von Schubart als »Götterwein« gepriesen und von reichen Käuzen mit Gold aufgewogen wurde – alles nur seiner damaligen Seltenheit wegen; denn wenngleich im Gehalt den besten französischen Süßweinen ebenbürtig, steht er doch im Nachgeschmack hinter dem wahren Madeira und dem Rivesaltes zurück und dürfte manchem Schwärmer eine beinahe ebenso große Enttäuschung bereitet haben, wie sie im Jahre 1795 dem Herzog von Bedford zustieß. Dieser englische Große ließ bei einem zu Ehren des emigrierten Herzogs von Gramont veranstalteten Mahl zum Dessert eine unbezahlbare Flasche uralten Constantia auftischen und präsentierte eigenhändig seinem Gaste das erste Glas. Der Franzose trank, verneigte sich und erklärte den Wein für den köstlichsten und edelsten Tropfen unter der Sonne. Nun bediente sich der Engländer selber. Kaum aber hatten seine Lippen das Glas berührt, als er es mit einem dumpfen Schrei des Entsetzens fallen ließ und in seinen Sessel zurücktaumelte: Die Flasche enthielt – Bibergeil!

Karausche oder *Bauernkarpfen*, ein ziemlich alltäglicher Bewohner fast aller stehenden und ruhigen Gewässer Mittel- und

Nordeuropas und Mittelasiens, hat zwar trotz seiner Vorliebe für Schlamm und Sumpf ein leidlich wohlschmeckendes und weiches Fleisch, wird aber bei alledem wegen der zahlreichen Gräten und eines etwas süßlichen Beigeschmacks nur wenig geschätzt und kommt auf der besseren Tafel so gut wie gar nicht vor. Exemplare unter $^1/_4$ kg Schwere sind der Gräten wegen überhaupt nur als Bratfisch verwendbar.

Karlowitzer s. Syrmische Weine.

Karpfen gehört zu den alleransprechendsten und allereigensten Eigenschaften der Donau, denn im Schwarzmeer heimatberechtigt, ist der Edelfisch sicher auch von alters her im Hauptzufluß desselben zu Hause. Südeuropa dagegen scheint ihn erst, wenn auch schon Jahrhunderte v. Chr. Geb., durch die Unternehmungslust griechischer und römischer Gastronomen zugeführt erhalten und das Rheingebiet ihn erst durch die Klöster empfangen zu haben – wenigstens wird er um 1070 am Bodensee als Klosterfisch zuerst genannt. In Nordfrankreich soll er noch zweihundert Jahre später unbekannt gewesen sein, gelangte aber von dort aus 1514 durch Leonhard Mascal nach England und 1560 durch Peter Oxe nach Dänemark. Nach Brandenburg brachte ihn 1585 von Schlesien her der Oberst-Burggraf v. Nostitz (gest. 1588), aber erst 1769 kam er von der Mark nach Altpreußen und erst gegen Ende des 18. Jahrhunderts nach den russischen Ostseeprovinzen. Seit 1850 ist er von Europa her nach den atlantischen Staaten der Union und seit 1875 auch nach Kalifornien verpflanzt worden, immer mit dem überraschendsten und großartigsten Erfolg. Der brave Fisch ist aber nicht bloß bei seiner Fruchtbarkeit und Zählebigkeit vorzüglich gut zu züchten, sondern bei seinem Fett und seinem Wohlgeschmack auch vorzüglich gut zu essen. Schon *mariniert* erregt er eine günstige Vorstellung, *gebacken* stille Befriedigung, in *schwarzer Sauce* allgemeine Anerkennung, als *Ragout* ungeteilte Zustimmung, *gebraten* lauten Beifall, in *Gelee* aufrichtige Bewunderung und *blaugesotten* endlich jenes tiefe, innige Entzükken, für das die Auserwählten überhaupt keine Worte haben und das man daher kurz und bündig als »blaue Karpfen-Seligkeit« bezeichnet. Über den blauen Karpfen im ganzen gehen nur zwei Dinge: die höchst delikate *Karpfenmilch*, die auch gebacken als selbständiges Gericht auftritt, und die noch delikatere *Karpfenzunge*, d.h. der Gaumen des Fisches, ein wahres quinto elemento, wie die Spanier sagen, dessentwegen selbst verschämte Feinschmecker nicht selten um den Kopf des Tieres zu betteln wagen. – Gevatter Karpfen kann ein Alter von 100 Jahren und dabei eine Länge von $1^1/_2$ m und ein Gewicht von 35 kg erreichen, in der Regel ist er jedoch bescheidener und geht selten über 1 m Länge und 15 kg Schwere hinaus. Seine Laichzeit erstreckt sich über die Monate Mai, Juni und Juli, die Saison umfaßt daher den ganzen Herbst und Winter (Oktober–April). Unter den drei landläufigen Spielarten, dem gewöhnlichen, rundschuppigen *Edelkarpfen*, den gänzlich schuppenlosen *Lederkarpfen* und dem nur längs der Seiten mit einer geradlinigen Reihe großer Schuppen bekleideten *Spiegelkarpfen* oder *Karpfenkönig*, gilt der letztgenannte als der vornehmste, doch ohne deshalb besser zu schmecken als die beiden andern. In Frankreich sind die Rhone- und die Seine-Karpfen, in Deutschland die Rhein-Karpfen, in ganz Europa aber die Donau-Karpfen berühmt, die schon im 16. Jahrhundert zu Zehntausenden gefangen wurden, damals aber bei den ehrsamen Mitgliedern der Wiener Donaufischer-Genossenschaft sehr geteilte Gefühle erregten, da ihr reichliches Auftreten für ein Vorzeichen der Pest galt.

Kartoffeln oder *Erdäpfel*, die Wurzelknollen des Knollen-Nachtschattens, kamen schon in der ersten Hälfte des 16. Jahrhunderts durch die Spanier nach Südeuropa und später (1584) durch Walter Raleigh nach Irland, das zuerst von allen Ländern der Alten Welt den Kartoffelbau im großen versuchte. Der vielgenannte Sir Francis Drake steht in gar keiner Beziehung zur Einführung des Erdapfels, obgleich das Städtchen Offenburg in Baden ihm 1853 dieses vermeintlichen Verdienstes wegen ein hübsches Denkmal errichtet hat. In Wien wurde die erste Kartoffelstaude 1588 durch Carolus Clusius gezogen, und in Mitteleuropa gebührt dann auch dem alten Herzogtum Österreich die Ehre, die Kartoffel zuerst in größerer Menge, wenn auch immer noch ausschließlich im Garten angebaut und schon 1662 den *ersten Kartoffelspiritus* erzeugt zu haben. Das letztere berichtet der bekannte Chemiker und Projektemacher J. Joachim Becher (gest. 1682), der 1660–1662 in Wien lebte, und der gleichzeitige Freiherr v. Hohberg (gest. 1688) fügt hinzu: »Man kocht die indianischen Papas« (amerikanischer Name der Erdäpfel!) »und ißt sie warm oder auch, überbrüht und geschält, kalt mit Öl, Essig, Pfeffer und Salz. Sie sind allhier so fruchtbar und vermehren sich so gern, daß man fürgibt, in Kanada selbst seien itzt nicht so viel zu finden als bei uns.« In Niederösterreich freilich gewann die Vorliebe für die Mehlspeisen bald wieder das Übergewicht. Der Wiener Botaniker Wilhelm Heinr. Kramer hielt daher 1756 den Knollen-Nachtschatten nicht einmal für der Erwähnung würdig, und erst die schlechten Ernten im 8. Jahrzehnt des 18. Säkulums brachten die Kartoffel auch als Feldfrucht zu Ehren. Natürlich hatten allerlei weise Leute wie gegen jeden Fortschritt, so auch gegen die Einführung der Kartoffel ihre Bedenken und machten der Knolle namentlich ihre Verwandtschaft mit der etwas anrüchigen Familie *Nachtschatten* zum Vorwurf. Der letzte dieser traurigen Narren war wie gewöhnlich ein deutscher Professor, der Leipziger F. Th. Bratanek, der noch 1853 in seiner »Ästhetik der Pflanzenwelt« das unschätzbare und unersetzliche Knollengewächs mit seinem Fluch belegte. Fast ebenso wertlos sind die beliebten Deklamationen über den Kartoffelgenuß, die sich bei den Diätetikern und leider auch noch bei Wiel finden. Zur *ausschließlichen* Nahrung ist die Kartoffel bei ihrer Zusammensetzung aus rund 75 % Wasser, 21 % Stärkemehl, 2 % Stickstoffsubstanz und 0,15 % Fett freilich nicht geeignet – aber wer ißt denn auch seine Erdäpfel ohne alle Zutat, wenn er nicht etwa muß? Für den Müssenden ist aber bekanntlich der beste Rat verloren, und was die übrige Welt anlangt, so weiß dieselbe auch ohne gelehrte Demonstrationen, daß Kartoffeln mit Fett oder Fleisch vortrefflich munden und trefflich nähren, also ein *vorzügliches Nahrungsmittel* bilden, mögen sie »im Schlafrock« oder geschält, gedünstet oder gesotten aufgetischt werden. Denn kein zweites Küchengewächs ist in dem Maße und in so verschiedenen Gestalten für die Tafel verwendbar wie der anspruchslose Erdapfel. In Fleischsuppen wie in kalten Saucen, in zahllosen Schmorspeisen und Aufläufen, als Gemüse, als Salat, als Brei und als Pfannkuchen, in Klößen und in kleinen Pasteten, als Pellkartoffel, als Salzkartoffel und als Bratkartoffel, in Croquetten, in Schmarren, in Nudeln und Strudeln – überall und in allen möglichen Formen tritt der Erdapfel uns entgegen und ist dabei auf der Tafel ebenso am Platz wie auf dem Tische des schlichten Bürgers. Die Kartoffel trägt auch in der Tat mehr zur Volksernährung bei als selbst das Getreide, und zwar nicht bloß direkt, sondern auch indirekt, denn ohne sie wäre die Viehzucht Deutschlands, Dänemarks und Englands in dem Umfange, den sie jetzt hat, einfach unmöglich. Kurzum, sie ist für den gemeinen Mann unentbehrlich wie das Brot, für den Gastrosophen wertvoll wie das Getreide und für den Feinschmecker erfreulich wie das Bisquit.

Kastanie oder *Marone*, die süße, braunrindige Nuß der Edelkastanie oder des Kästenbaums, der vom Kaspi-See bis zum Busen von Biskaya wild wächst, dessen Kultur jedoch von Kleinasien ausging, in Südeuropa ein wahres Volksnahrungsmittel, das in Wasser gekocht *als Brei*, zumeist aber über dem Feuer *geröstet* verzehrt und, halb Näscherei halb Speise, als »Maroni arostiti!« (»Heiße Maroni!«) an allen Straßenecken feilgeboten wird. Die geschälte Kastanie enthält $7^1/_3$ % Wasser, 3 % Fett, $10^3/_4$ % Stickstoffsubstanz und unter 73 % eiweißfreien Stoffen $9^1/_2$ % Zucker und $38^1/_2$ % Stärkemehl, das sich teilweise beim Rösten ebenfalls in Zucker verwandelt und den süßen Geschmack der gebratenen Kastanien erzeugt. In Mittel- und Nordeuropa werden sie gekocht zu Suppe und Brei, gestoßen zu Pudding, Croquetten und Torten, hauptsächlich aber als *Füllsel* zu gebratenen Enten, Gänsen und Putern verwendet, deren Aroma dadurch eine eigene Feinheit, sozusagen einen Silberklang erhält. *Kandiert* spielt die Kastanie beim Dessert eine hervorragende Rolle. Die Schalenfrucht des wilden Kastanienbaums ist mehrsamig, die einzelne Kastanie daher kleiner als die Nuß der einsamigen Frucht des zahmen Kästenbaums, dessen große Kerne vorzugsweise *Maronen* heißen. Österreich hat in Südtirol, Görz und Gradisca, Istrien und Dalmatien Kastanienbau mit 10 000–12 000 q Jahresertrag, auch Deutschland besitzt am Rhein und im Elsaß Kastanienwälder; die besten Früchte kommen jedoch aus der Lombardei, aus Piemont, Sizilien, Korsika, Spanien, Portugal und Südfrankreich, wo Lyon den Mittelpunkt des Handels bildet und früher die Früchte Toskanas und Sardiniens, jetzt die Kastanien des Dauphiné und des Vivarais als Marrons de Lyon auf den Markt bringt.

Kaulbarsch s. Barsch.

Kaviar, diesseits des Pruth und der Weichsel eine Delikatesse, jenseits ein Volksnahrungsmittel, ist gesalzener Fischrogen, der in verschiedenen Gegenden in verschiedener Güte bereitet und danach in drei Hauptsorten geschieden wird. Die mindest geschätzte ist die rötliche *Botarga,* mit Essig eingelegter, gepreßter und geräucherter Pökelrogen der Meeräsche, des Zanders und des Thunfisches, wie er wahrscheinlich schon den Römern bekannt und von alters her in den italienischen Klöstern als Fastenspeise üblich war; diese Sorte wird in der Provence (Martigues), Italien (Alghero auf Sardinien und Trapani auf Sizilien), Dalmatien (Macarśca) und Griechenland (Missolonghi), seit 1854 aber auf Anregung spekulativer Griechen auch in Astrachan hergestellt und fast ausschließlich in Südeuropa und im Orient konsumiert. Schon geschätzter ist der braune, seit etwa 1750 in den Handel kommende *Hamburger* oder *Elb-Kaviar* aus Stör- und Hausenrogen, der aber nicht bloß von der Unterelbe und Holstein, sondern auch von Ostpreußen (Pillau), Frankreich (Mortagne sur Gironde) und hauptsächlich von Amerika (Hudson, Delaware und Eriesee) geliefert wird; er ist fast ebenso schmackhaft, aber durchgängig weniger haltbar und daher weniger für den Handel geeignet als der echte. Dieser echte *russische* oder Astrachan-Kaviar aus Stör-, Sterlet-, Scherg- und Hausenrogen wird am Unterlaufe des Ural, der Wolga, des Don, Dnjepr, Bug und Dnjester sowie an den Gestalten des Aralsees, des Kaspischen und des Asowschen Meeres gewonnen und kommt von Astrachan hauptsächlich auf dem Landwege nach Westeuropa, wobei Warschau eine Hauptstation bildet. Man unterscheidet bei dieser Sorte wieder mehrere Unterarten, nämlich den dunkelgrauen flüssigen oder *körnigen Kaviar* (russ. ikra), die Perle aller Fischkonserven, die im Winter mit möglichst wenig Salz bereitet und in Lindenholzfäßchen oder Blechbüchsen verschickt wird, und den schwarzen festen oder *Preß-Kaviar* (russ. pajusnaja), das schärfer gesalzene und durch Pressen in eine feste Masse verwandelte Produkt der Sommerfischerei, für dessen Blume wiederum der in lange, wurstförmige Säcke verpackte »Sack-Kaviar« gilt, während der zu 60–200 kg in leinwandausgeschlagene Fässer verpackte »Servietten-Kaviar« die zweite Sorte bildet; auch der sogenannte »Büchsen-Kaviar« in Blechbüchsen ist in der Regel Preß-Kaviar, aber mit feinstem Störtran oder Olivenöl versetzt. Die Herstellung einiger anderer Sorten, wie z.B. des mit Gewürzen verschärften »armenischen« oder »Türken-Kaviars« und des nach dem Salzen an der Sonne getrockneten »Sonnen-Kaviars«, ist schon seit Mitte des 19. Jahrhunderts aufgegeben worden. Dagegen bereitet man noch heute namentlich am Asowschen Meere den sogenannten *Ketzin* oder *roten Kaviar* aus Hecht-, Karpfen- und Karauschen-Rogen, der jedoch dem echten schwarzen Kaviar im Geschmacke bedeutend nachsteht, während der aus Hausenrogen bereitete *Donau-Kaviar* von Orsova am Eisernen Tor sich wenig oder gar nicht vom russischen unterscheidet. Der Geschmack des Kaviars ist durchaus einzig in seiner Art und deshalb schwer zu beschreiben, um so schwerer da der echte großkörnige Kaviar von glänzend grauschwarzer Farbe durchaus keinen Geruch hat und haben darf und weder nach Salz noch nach Fisch, dabei aber pikant und doch zugleich mild und lieblich schmeckt. Guter körniger Astrachan-Kaviar ist eben eine unvergleichliche Delikatesse, deren Eigentümlichkeit durch keine Zutat irgendwelcher Art entweiht werden darf. Aus diesem Grund ißt der gewitzigte Gourmet sie am liebsten mit hölzernem Löffel – in gerechter Besorgnis, ihr schon durch die Berührung mit einem Metalle den zarten Duft der Jungfräulichkeit abzustreifen. Beim feinkörnigen Elb-Kaviar dagegen greift er unbedenklich nach aller Welt Weise zur Zwiebel und zur Zitrone, denn diese beiden Würzen, die allerdings den Kaviargeschmack vollständig verdecken, fördern doch den letzten Zweck des Kaviargenusses: den Appetit zu reizen und dem Wein oder Bier den Weg zu bereiten, ohne dem Magen eine besondere Arbeit zuzumuten. Eben deshalb sind auch Schwarzbrot und Butter als Unterlage durchaus verwerflich und nur frisches oder geröstetes Weißbrot statthaft, eine Regel, die zwar keine Ausnahme leidet, in Westeuropa aber doch gewöhnlich außer acht gelassen wird. Hier erscheint der Kaviar zumeist zum Gabelfrühstück, und zwar in Österreich und Deutschland ziemlich häufig, während er in Frankreich und England ungleich seltener auf die Tafel kommt. Überhaupt ist der Kaviar verhältnismäßig spät und langsam zur Anerkennung gelangt, obgleich kein Geringerer als Papst Julius II. (1505–1514) zu seinen ersten und entschiedensten Verehrern gehörte und er (nach den bekannten Worten Hamlets zu schließen) auch den Engländern schon zu Ende des 16. Jahrhunderts nicht mehr fremd war. Noch im ersten Viertel des 19. Jahrhunderts haben weder Grimod noch Brillat-Savarin, noch Rumohr ihn auch nur der beiläufigen Erwähnung für wert erachtet. Gleichwohl ist der russische Kaviarhandel mindestens 400 Jahre alt, denn schon zu Anfang des 16. Jahrhunderts versorgte sich Italien (damals über Konstantinopel, später über Holland und England) mit dem wertvollen Leckerbissen, und die über ganz Europa als Delikatessenhändler verstreuten Italiener waren auch drei Jahrzehnte lang die einzigen Kaufleute, die diesen Artikel führten. Der großartige Aufschwung dieses Handelszweiges aber datiert von Mitte des laufenden Jahrhunderts und hat in dieser kurzen Zeit bereits seine »Kaviarfürsten« in Rußland erzeugt, wie das amerikanische Silber seine »Bonanzaprinzen« und der deutsche Rübenzucker seine »Zuckerbarone« erzeugt hat. Die jährliche Kaviarproduktion des Zarenreiches wird auf 8–9 Millionen Kilogramm (darunter etwa $^1/_2$ Million Kilogramm Ikra) geschätzt, Österreich aber importierte im Jahre 1890 zum eigenen Gebrauch 552 q im Wert von 425000 Mark und Deutschland 3067 q im Wert von rund 3 Millionen Mark.

Kefir oder *Kifir* (vom tatarischen Worte kef für Lust und Wonne, also »Lustwein«), bei den Kabardinen am Terek Kapir, bei den Lesghiern Kyppe, heißt ein kumysähnliches gegorenes Getränk tatarischen Ursprungs, das seit etwa 1880 in Rußland und seit 1885 in Deutschland ziemliche Verbreitung gefunden hat, dagegen in Österreich, der Schweiz und Frankreich weniger anzusprechen scheint. Das eigenartige Getränk wird in bester Qualität aus guter Kuhmilch durch Zusatz der sogenannten *Kefirkörner* bereitet, erbsengroßer, gelbweißer Kügelchen von spröder Beschaffenheit, die aus dem Käsestoffgerinnsel des Kefirs selbst durch Trocknen gewonnen werden und, in die frische Milch gebracht, als Gärungserreger wirken. Durch diese Gärung verwandelt sich das Kasein größtenteils in ein leichter verdauliches Halbeiweiß (Hemialbumose), der Milchzucker aber in Milchsäure, Kohlensäure und Alkohol. Der Kefir schäumt daher wie gutes Lagerbier und hat einen so erfrischend säuerlichen, angenehm prickelnden Geschmack, daß es unverantwortlich wäre, ihn einzig und allein den Kranken zu vergönnen und die Gesunden von diesem Genuß auszuschließen. Wenn im Sommer das Selterswasser schal, die Sauermilch zum Überdruß und die Tisane de champagne knapp wird, dann wird der Kefir, den man sich schlimmstenfalls selber bereiten kann, als ein rettender Engel und der Glaube der Mohammedaner begreiflich erscheinen, welche die Erfindung des schmackhaften Getränks dem Mohammed selber in die Sandalen schieben und die Kefirkörner »Hirse des Propheten« nennen. Besagte Körner sind von Ferencz Wolf, Direktor der Ackerbauschule zu Ekaterinodar im Kaukasus, oder von der Firma Dr. Nauck & Co. in Breslau zu beziehen, welche letztere den »Milch-Champagner« auch fertig versendet. Vgl. Kumys.

Kerbel, *Körbel,* auch *Garten-* oder *Küchenkerbel,* ein einjähriges Doldengewächs mit ausgeprägtem Anisgeruch, das vielfach im Hausgarten gezogen und als Gewürz an Kohl oder Hammel- und Hühnerfleisch gekocht oder auch mit Butter geschmort als Gemüse gegeben, zumeist aber als Salatzusatz verwendet wird. Die Pflanze ist im gemäßigten Westasien daheim, gelangte in den letzten Jahrhunderten vor Christus nach Griechenland und Italien, fehlt unter den Küchenpflanzen Karls des Großen und wird auch bei den Schriftstellern des Mittelalters nicht genannt, ist aber schon seit mindestens 400 Jahren in Österreich und Süddeutschland vollkommen eingebürgert und verwildert.

Kerbelrübe, des Küchenkerbels knollenfüßige Nichte, ist eine in Norddeutschland ziemlich beliebte, in Niederösterreich noch unbekannte Kulturform des *bolligen Kälberkropfs*, Rübenkerbels, Pimperleins oder Pimperlimpings, der in ganz Österreich, der Schweiz und Deutschland wild wächst und dessen starke, schwarzrindige Wurzel von alters her mit Pfeffer und Salz, Essig und Öl zu einem Salat verarbeitet wurde, der in Süddeutschland *Peperle-*, in Pommern *Köppken-Salat* hieß. Die deutsche Kerbelrübe hält im Nährwert und im Geschmack die Mitte zwischen der Kartoffel und der Kastanie, wird im Oktober verbrauchsfähig und ausschließlich als Gemüse, namentlich gut in Butter geschmort, als Beilage zu Kohl oder Spinat verwendet. Sie wurde zuerst um 1820 von der Gärtnerin Luise Corthum (gest. 1840 im Städtchen Zerbst gezogen und um 1855 von dem kaiserl. Obergärtner Jacques in Neuilly bei Paris auch in Frankreich eingeführt. Seit 1852 hat sie an der *Sibirischen Kerbelrübe* eine Nebenbuhlerin erhalten, die ebenso ertragreich und noch schmackhafter ist, so daß sie häufig wie die Pastinake und die Schwarzwurzel verwendet wird. Die Sibirierin wurde vom Gärtner Daniel Müller im Pflanzengarten zu Uppsala gezüchtet und namentlich durch den Garteninspektor Jühlke in Eldena bei Greifswald verbreitet.

Kichern oder *Kichererbsen*, in Steiermark *Sperberköpfel*, in Niedersachsen *Ziesern*, die graugrünen, nahezu vierkantigen Samenkörner der gleichnamigen Staude, haben trotz wiederholter Anbauversuche in Mittel- und Nordeuropa keinen Eingang gefunden, während sie allerdings in Südeuropa und namentlich in Spanien ein fast tägliches Nahrungsmittel bilden. Man verspeist die Körner zum Teil grün, und zwar entweder roh, wobei sie neben dem erbsenähnlichen einen säuerlichen Beigeschmack zeigen, oder man kocht sie in Wasser und genießt sie wie grüne Erbsen.

Die reifen Kichern, zu Brei verkocht und mit Pfeffer, Öl und Zitronensaft gewürzt, geben eine beliebte Fastenspeise der Italiener und Spanier, ihre Hauptrolle jedoch spielen sie als unerläßlicher Bestandteil der noch unerläßlicheren Olla potrida. Im übrigen sind sie wie alle Hülsenfrüchte nahrhaft, aber schwer verdaulich und als Gemüse nach unseren Begriffen kaum verwendbar, da sie zwar beim Kochen aufspringen, aber weder auseinandergehen noch die Schale abstoßen.

Kiebitz, das Rebhuhn der Sümpfe, wird in Österreich und Deutschland bei weitem nicht nach seinem Verdienst geschätzt. Man begnügt sich, im April und Mai die ziemlich großen, schwarz getüpfelten und schmackhaften *Eier* zu verspeisen, und vernachlässigt dagegen das Wildbret, das zwar im Frühjahr unschmackhaft, im September jedoch, wenn der fette Vogel sich zur Reise rüstet, sehr beachtenswert ist. *Geschmort* oder nach Weise der Bekassine am Spieß respektive in der Pfanne *gebraten,* bildet es einen nichts weniger als unleidlichen Bissen und darf getrost neben den Regenpfeifer gestellt werden. Die Belgier behaupten sogar: »Wer noch keinen Kiebitz gegessen, versteht nichts von Federwildbret«, und die Pariser geben ihnen insofern recht, als sie jährlich neben 15000 Regenpfeifern ebenso viele Kiebitze im Preise von $^1/_2$–1 Frank pro Stück über die Zunge spazieren lassen. Jung aus dem Neste genommen, läßt der Kiebitz sich nicht nur mit merklichem Vergnügen mästen, sondern auch vollständig zähmen, wie er denn z.B. auf den Hebriden durchaus zu den Haustieren gehört. Sein Wohngebiet umfaßt die ganze alte Welt von Nordafrika und Indien ab bis zum 61. Grad nördlicher Breite. In den nördlichen Ländern erscheint er daher als ausgeprägter Zugvogel, der im März eintrifft und im Oktober wieder abzieht, weiter gegen Süden jedoch und schon in England tritt er als Stand-, höchstens als Strichvogel auf. Der berüchtigte Kaffeehaus-Kiebitz ist ungenießbar.

Kipfel, eine Spezialität der Wiener Weißbäckerei, ist ein Hefegebäck aus Milch und Weizenmehl, welches die Gestalt eines Hornes oder Halbmondes hat und etwa 25 g wiegt. Bei der trotz seiner Leichtigkeit gewichtigen Rolle, die das Kipfel im Wiener Leben spielt, hat man sich schon vorlängst nach einem Erfinder für denselben umgesehen und schrieb diese Ehre dem löblichen Meister Peter Wendler zu, der die Form des Gebäcks 1683 zum Hohne auf den türkischen Halbmond in Aufnahme gebracht habe.

Gründlichere Forscher aber haben inzwischen klargelegt, daß die ehrsamen Wiener Bäckermeister schon am Weihnachtsabend des Jahres 1227 dem Fürsten Leopold eine Tracht Chipfen verehrten. Damit ist natürlich Peter Wendlers Ruhm für immer dahin, der des Kipfels aber strahlt nur um so heller, und welcher allseitigen Verehrung sich dies Wiener Kind erfreut, das wird sich zeigen, wenn es am Weihnachtsabend 1927 seinen 700. historischen Geburtstag feiert.

Kirschen schlechtweg sind ohne alle Widerrede *Süßkirschen*, die großen farbenprächtigen, zuckersaftigen Früchte des *Süßkirschen-*, *Vogelkirsch-* oder *Zwieselbaumes*, der sich schon von weitem durch seine stattliche Erscheinung von seinem jüngeren Bruder unterscheidet, dem mehr strauchartigen *Sauerkirschbaum* oder *Weichselstrauch* mit kleinerer und säuerlicher Frucht. Wie schon der in alle Sprachen übergegangene persische Name Keras verrät, sind beide Bäume Asiaten aus dem Landstriche südlich vom Kaspi-See gegen Westen bis zum Schwarzen Meer. Sie wanderten aber schon lange vor Beginn der Weltgeschichte nach Europa herüber – wenn nicht beide, so doch mindestens der Süßkirschenbaum, denn schon zur Bronzezeit, etwa 3000 Jahre v. Chr. Geb., speisten die Pfahlbauunternehmer der Schweiz und Norditaliens die saftige Süßkirsche, ohne im geringsten abzuwarten, bis der große Kenner Lukull 64 v. Chr. seinen berühmten Kirschbaum aus dem Pontus nach Rom bringen würde. Was Lukull dem römischen Garten zuführte, war nur eine besonders gute Sorte der Süßkirsche, die rasch die Oberhand über die minder guten Wildlinge erlangte und sogar deren ursprüngliche Benennung (corna?) in Italien in Vergessenheit gebracht zu haben scheint. Die Lukulluskirsche verbreitete sich binnen 120 Jahren über Gallien, an den Rhein, nach Belgien und sogar nach England, und aus ihrer Kreuzung mit dem heimischen Wildling, vielleicht auch mit der Sauerkirsche, in

Verbindung mit den sonstigen Kunstgriffen des Gartenbaus sind die zahlreichen Süßkirschen-Sorten hervorgegangen, unter denen die *Herzkirsche* (mit einer Vertiefung am Stiel und abgerundeter Spitze) sich des größten Rufes erfreut, ohne daß jedoch die rundliche *Knorpel-* oder *Krammelkirsche* mit festerem, knackendem Fleisch deshalb unterschätzt würde. Die Gewissenhaftigkeit der Gärtner hat natürlich für jede Spielart auch einen besonderen Namen geschaffen und spricht von schwarzen »Ochsenherzen«, rotgesprenkelten »Perlkirschen«, gelben »Schwefelkirschen«, gelbweißen »Wachskirschen«, roten »Blutherzkirschen« oder »Molkenkirschen«, schwarzen »Maikirschen« etc., wie sie unter den Krammelkirschen rotbackige »Zuckerkirschen«, gelbe »Bernsteinkirschen«, purpurschwarze »Lotkirschen«, schwarze »Spanier« usw. unterscheidet – die Kirschenzeit ist jedoch zu kurz und die einzelne Frucht zu geringfügig, als daß diese Benennungen nach Art der Apfel- und Birnennamen hätten volkstümlich werden können. Wahrhaft volkstümlich dagegen ist der Gebrauch der rohen Süßkirsche als Näscherei –

Wie Kirschen und Beeren behagen,
Muß man Kinder und Sperlinge fragen.

Auf diesem Gebiet ist die Süßkirsche der Schwester Sauerkirsche bei weitem überlegen, denn selbst delikate Gaumen finden an dem würzhaften Süßgeschmack namentlich der Herzkirschen den größten Gefallen, und mit Staunen sieht man nicht selten beim Dessert gerade die kleinsten Mündchen wahrhaft großartige Quantitäten der größten Kirschen mit verblüffender Schnelligkeit zum Verschwinden bringen. Für die Süßkirsche ist das stets das angemessenste und angenehmste Los, denn die nicht roh verzehrten verfallen ohne Unterschied dem Schicksal der Sauerkirsche, die sich ihrerseits nicht weniger verdient und sogar noch nützlicher macht als die elegantere Schwester.

Die *Sauerkirsche* darf vielleicht für die Urform der Familie angesehen werden, historisch aber tritt sie später auf als die Süßkirsche, und in der Literatur wird ihrer erst von Theophrast (um 350 v. Chr.) unter dem Namen Lakarte gedacht: Dagegen aber findet sich für sie bei den Albanesen, den Nachkommen der alten Pelasger, der eigentümliche Name Vyssine, der mit dem deutschen *Weichsel* und dem italienischen Visciola übereinkommt, und so ist eine sehr frühzeitige Einführung oder Einwanderung in Südosteuropa keineswegs ausgeschlossen. Wie dem aber auch sei, jetzt ist die Sauerkirsche wie die Süßkirsche über alle Länder der nördlich gemäßigten Zone und in gewisser Meereshöhe auch unter den Tropen verbreitet und kommt wie jene in unzähligen Spielarten vor, die sich in zwei große Gruppen sondern, die *Weichseln* mit dunkelrotem, färbendem Saft und die *Glaskirschen, Ammern* oder *Amarellen* mit nichtfärbendem hellem Saft. Die Glaskirschen haben einen süßsauren Geschmack und werden daher noch als Tafelfrüchte verwendet, während die Weichseln der bei ihnen vorwiegenden Säure halber nur äußerst selten zu dieser Ehre gelangen. Eine um so umfassendere Verwendung aber finden sie in der Küche. Man verkocht sie zu Kirschsuppen und Kirschmus, man backt Kirschknödel, Kirschkuchen, Kirschtorten und Kirschstrudel, man preßt sie aus und bereitet mit dem Saft Sulzen, Puddings, Crèmes und Gefrorenes, man kandiert sie, man trocknet sie, man gibt sie als Gelee und als Kompott, man legt sie in Zucker, in Branntwein, in Essig und in Honig ein, man bereitet aus ihnen Kirschsaft, Kirschlimonade, Kirschwasser, Kirschliqueur, Kirschwein, Ratafia, Scherbet und Maraschino – kurzum, man verwendet sie in jeder denkbaren Weise, und zum Schluß benutzt man auch noch die Steine, um sie hinterlistiger Weise dem guten Freunde oder der noch lieberen Freundin an die Nasenspitze zu schnellen. Die Verdienste der Kirsche, die im Zuckergehalt (10 %) unter allem Obst der Weintraube am nächsten steht, lassen sich aber überhaupt nicht in einem Atem aufzählen, man wolle daher hierzu die Artikel Scherbet, Maraschino und Kirschwasser vergleichen.

Kirschwasser, *Kirschgeist* oder kurzweg *Kirsch* wird aus den kleinen, bittersüßen Vogelkirschen in der Weise hergestellt, daß man die Früchte samt den Kernen zerstampft, dann die Masse bei mäßiger Temperatur gären läßt und endlich den geistigen Teil mittels Destillation abzieht. Das Kirschwasser zeichnet sich durch würzhaften Geschmack und angenehmen Geruch nach bittern Mandeln aus. Besonders beliebt sind die Schweizer *(Baseler Kirschwasser)* und die badischen Fabrikate *(Schwarzwälder Kirsch)*, doch liefert auch das Elsaß, namentlich der Flecken Gebweiler, eine sehr anerkennenswerte Sorte.

Kletzenbrot, ein in Österreich beliebtes, wohlschmeckendes Festgebäck aus Weizenmehl mit weichgekochten und zerkleinerten »Kletzen« (d.h. gedörrten Birnen), Backpflaumen, Rosinen, Walnuß- und Mandelkernen, das mit Slibowitz und Honig angemacht und mit Gewürznelken, Nelkenpfeffer und Orangenschalen gewürzt wird. Eine höhere Form des Kletzenbrots und eine wahrhafte Delikatesse bildet das *Fruchtbrot* (in Wien *Früchtenbrot!*), das man mit Datteln, Haselnüssen, Walnüssen, Kletzen, Backpflaumen, Zitronat, Rosinen, Pistazien und Weintrauben in der Weise herstellt, daß zunächst aus dem fruchtgeschwängerten Teig handlange Streifen geformt, diese Striezeln dann in einen Mantel aus Hefeteig geschlagen und endlich in dieser Hülle langsam gar gebacken werden, ein großes und geheimnisvolles Kunstwerk, dem kein anderes an die Seite zu stellen, wie der biedere Plinius bei etwas anderer Gelegenheit sich ausdrückt.

Kleinvögel sind ein äußerst delikater und dabei sehr umfassender Begriff – aber auch kaum mehr als eben ein Begriff, seitdem die moderne Vogelschutzgesetzgebung fast das ganze Heer der Kleinvögel mit alleiniger Ausnahme des ewig semperfreien Sperlings unter ihre Fittiche genommen hat. Es ist traurig, aber unantastbar wahr: wer zur Zeit in Österreich von Kleinvögeln spricht, der hat in erster Linie den *Meister Spatz* im Auge, denn Wachteln und Lerchen, Krammetsvögel und Ortolane gehören nicht in diese Klasse, sondern bilden selbständige Rubriken des Universal-Speisekatalogs. Nun ist zwar gegen einen jugendzarten, wohlbeleibten Spatz durchaus nichts einzuwenden, vielmehr die offenbare geistige Umnachtung der Norddeutschen zu beklagen, die diesen Lekkerbissen geradezu verabscheuen – aber im Stich gelassen von allen seinen Gefährten, von Fink, Meise, Goldhähnchen und Fliegenschnäpper, vermag der Sperling allein nicht jenes verführerische Gericht auf seiner Höhe zu erhalten, das einst dem Dichter sich darstellte als

> Ein Hain ohne Gleichen
> Von paradiesischen Leichen,
> Mit Zwiebeln bekränzet
> Und vom Erbsbrei umgrenzet.

Und nicht bloß die *gebratenen Kleinvögel*, sondern sogar die delikaten *Kleinvögel-Suppen* scheinen minder bezaubernd, seitdem man die traurige Gewißheit hat, daß immer nur der Spatz und immer wieder der Spatz die Kosten bestreitet. Dies Toujours moineaux! wird am Ende ebenso langweilig wie das Toujours perdrix!, und wenn die Feinschmecker und Gastrosophen bei alledem nicht wider den Vogelschutz murren, so liegt das einzig an dem veredelnden Einfluß, den die Feinschmeckerei auf alle ihre Bekenner ausübt und der diese zu jedem Opfer im Dienste des Ideals befähigt. Das gastronomische Kleinvögel-Opfer ist aber kein kleines Opfer, denn die Bezeichnung trifft alles eßbare Gevögel von und unter 21 cm Länge mit Ausschluß der Drosseln, der Feldlerche, der Wachtel und der Ortolane. Die Stellung der *Amsel* oder Schwarzdrossel ist einigermaßen zweifelhaft, indem einige Gastrosophen sie wie alle Drosseln als Krammetsvogel, andere sie dagegen mit mehr Recht als Kleinvogel behandeln; die *Kalanderlerche* aber gehört ebenso entschieden zu den Beccafichi wie die Kalandrelle und die Grasmücke oder wie Baumpieper und Wiesenpieper zu den Becfigues. Die meisten dieser fetten Vögelchen aber, Meisen und Finken, Pieper und Schmätzer, Rohrsänger und Bachstelzen, Ammern und Rotkehlchen, Grasmücken und Fliegenschnäpper, sind dank dem Vogelschutze nur noch für die Katze da, der hochherzige und legal gesinnte Mensch enthält sich ihrer, und Wien verspeist (Lerchen, Wachteln, Drosseln und Fettammern nebst 500 Dutzend Sperlingen inklusive) schon seit Jahren nur noch 2500–3000 Dutzend dieser Leckerbissen jährlich, während ihm um 1850 jährlich 10 000–12 000 Dutzend nicht zuviel waren. Sic tempora mutantur!

Klippfisch s. Kabeljau.

Kliesche, *Kleische* oder *Schuppenflunder,* ein Plattfisch von 30–40 cm Länge, lebt wie die Flunder, wohnt wie die Flunder und wertet wie die Flunder, mit der er auch in der Regel in einem Netz gefangen und in einem Korbe auf den Markt gebracht wird.

Knackwurst wird aus denselben Fleischsorten hergestellt wie die Zervelatwurst, nur wird das Fleisch vorher angebraten, um den Geschmack zu erhöhen. Siehe Zervelatwurst.

Knoblauch, in Österreich *Knofel,* ist zwar der Güter höchstes nicht, aber wegen seines eigentümlich durchdringenden Geruchs und Geschmacks entschieden das erste unter unseren heimischen Gewürzen, der Teufelsdreck oder das Silphion der modernen Küche. Dieser Vorzug gründet sich auf seinen Reichtum an sogenanntem Knoblauchöl, d.h. an organisch gebundenem Schwefel (0,16%), und an Phosphorsäure (0,45%), woran er wie an Stickstoffsubstanz (6¾%) alle seine Verwandten übertrifft, während sein Fett- und Zuckergehalt nahezu gleich Null ist. Da er nun außerdem 26⅓% stickstofffreier Substanz und 1½% Asche in sich schließt, so ist er ohne alle Frage schwer und schwerer verdaulich als irgendeine andere Lauchart, wie schon die fatalen Gas-Eruptionen verraten, zu denen er so leicht Anlaß gibt. Gesundheits- wie anstandshalber scheint deshalb geboten, ihn nur abgebrüht oder nur den ausgepreßten Saft zu verwenden oder auch, nach Rumohrs trefflicher Vorschrift, nur das betreffende Kochgeschirr mit einer frischen Zehe auszustreichen. Hauptsächliche Verwendung findet er in der *Knoblauchsauce* (Buttersauce mit Knoblauch gewürzt, ein nichts weniger als empfehlenswertes Gemisch!), in der *Knoblauchwurst* (Knackwurst mit Knoblauch, vortrefflich!) und beim Lamm- und Hammelbraten (schmackhaft und verdaulich, wenn man nicht den Knoblauch selber mitverschlingt!). In Südeuropa wird er auch als Suppen- und Gemüsegewürz, in Spanien besonderns bei der Brotsuppe und der Olla potrida gebraucht. Desgleichen ist er in Ungarn sehr beliebt und wird im Scherz wohl auch die »ungarische Vanille« genannt, womit man indessen der ungarischen Küche ebenso unrecht tut wie den Spaniern mit der nachgerade durch ewige Wiederholung zur Albernheit herabgesunkenen Behauptung, daß in ihrem Lande alles, Menschen und Dinge, nach Knoblauch röche. In besonderen Ehren steht er in der Gegend von Bologna, wo am 24. Juni ein großartiger Knoblaucheinkauf zur Landessitte gehört. Der Knoblauch gehört unstreitig zu den ältesten Kulturpflanzen, denn seine Heimat ist die Kirgisensteppe nordöstlich vom Kaspi-See, und doch finden wir ihn schon im grauesten Altertum in China und Indien, in Ägypten und Palästina und nicht minder im germanischen Norden, wo er (wie alle einigermaßen begabten Kräuter) für zauberkräftig galt und den Kindern zur Stählung ihrer Kraft und ihres Mutes in die Wiege gelegt wurde. Die mittelalterliche Klosterküche bereitete eine Knoblauchsauce aus Eigelb, Essig, Wasser und mit Salz abgeriebenen Knoblauchzehen. Seit dem 16. Jahrhundert aber ist der Knoblauch in Skandinavien, Dänemark, Norddeutschland und Holland mehr und mehr von der Zwiebel verdrängt worden, so daß sein Anbau im großen dort gänzlich aufgehört hat. In Niederösterreich dagegen finden sich schon ziemlich ausgedehnte Knoblauchfelder, und noch mehr ist dies in Ungarn der Fall. In Südeuropa, Ägypten, Indien und China wird der Knoblauchbau durchaus im großen betrieben und der Knoblauch als Appetitreizer und Verdauungspulver par excellence angesehen, was er für träge Magen allerdings auch sein mag, namentlich wenn deren Kräfte nicht durch schwere Fleisch- und Fettspeisen anderweitig in Anspruch genommen werden.

Knochen und *Knorpel* sind wegen ihres Leim- und Fettgehalts von nicht zu unterschätzendem Wert. Die Knorpel und die zelligen Knochen (Rückenwirbel, Rippen und Flachknochen) liefern beim Auskochen den Knochen- und Knorpelleim vulgo *Gelatine*, die Röhrenknochen aber enthalten das köstliche *Knochenmark*, das fast ganz oder doch zu neun Zehnteln aus reinem Fett besteht und wegen seines zarten Geschmacks eine stark begehrte Delikatesse bildet. Zur ausschließlichen Ernährung des Organismus freilich sind die Knochenbestandteile (entgegen der namentlich von Cadet de Vaux vertretenen Ansicht) nicht ausreichend, erstens weil sie nur zu 50–60% verdaut werden und zweitens weil Fett und Knochenleim nur Sparmittel sind, d.h. nur den Eiweißumsatz verlangsamen, ohne selber Eiweiß an den Körper abzugeben. Aber Knochen und Knorpel sind auch zu äußerst niedrigem Preis zu haben, und daher ist ihre Verwendung in der Küche, namentlich in Suppen, unter allen Umständen vorteilhaft.

Knödel, in Obersachsen *Klöße*, in Niedersachsen *Klümpe*, gesottene oder gebackene Ballen von sehr verschiedener Zusammensetzung und sehr verschiedener Größe, die in der Küche aus freier Hand geformt werden und nach ihren Hauptbestandteilen mannigfache Spezialnamen führen. *Knödel* schlechtweg sind in Wasser, Milch oder mit dem Gemüse zusammen gekochte Kugeln aus Weizenmehl mit Milch, Butter und Eiern (daher auch *Mehlklöße*, in Niederdeutschland, wo der Plural des Wortes ungebräuchlich ist, *Mehlklump*); diese Knödel bilden eine ländliche Sonntagsschüssel und treten nicht selten in einer Anzahl und mit einem Durchmesser auf, die mit staunender Bewunderung für die Fassungskraft und die Leistungsfähigkeit ländlicher Verdauungswerkzeuge erfüllen. Durch Beimengung in Milch erweichter Semmeln oder auch gerösteter Semmelwürfel entstehen die *Semmelklöße*, durch Zusatz von gekochten und geriebenen Kartoffeln die *Kartoffelknödel* usw. Als Suppeneinlagen erscheinen die Knödel in kleinerer Gestalt und in gewählterer Zusammensetzung, z.B. als *Fleischklößchen* (mit gehacktem oder geschabtem Fleisch), und als Beilage zum Gemüse verändern sie ihre ursprüngliche Knödelnatur in dem Grade, daß das Mehl völlig wegfällt, die an seine Stelle tretenden Semmelbrösel die absolute Minorität bilden, und das Gericht nicht gesotten, sondern in Butter oder Fett gebraten auf den Tisch kommt: das sind dann *Bratwurstklöße*. Die Knödel sind im allgemeinen schmackhaft, nahrhaft und sättigend, man darf sie also auch ohne ärztliche Verordnung genießen, sobald man nur Appetit darauf und einen leidlich gesunden Magen hat.

Kohl ist einer der wässerigsten, aber der gangbarsten Artikel in Küche und Literatur, weil er, zehnmal aufgewärmt und frisch garniert, immer wieder Gläubige und Liebhaber findet. Die jedesmalige frische Garnitur ist freilich die Hauptsache bei diesem Gericht, denn mit der Nahrhaftigkeit des edlen Krautes ist es nicht weit her: Ein ganzes Kilo Kohl enthält etwa 60 g Kohlenstoff und 2 g Stickstoff, alles übrige ist unverdauliche Faser oder pures Wasser! Ein Kohlgemüse auf englisch, d.h. in Wasser gekocht, ist deshalb die denkbar greulichste kulinarische Mißgeburt und über alles im Stande, das sanfteste Gastronomengemüt auf ewig mit der englischen Küche zu verfeinden. Zur Ehre der Menschheit muß jedoch konstatiert werden, daß abgesehen von den Briten alle Nationen über die Notwendigkeit gründlicher Fettdüngung bei den Kohlspeisen einverstanden sind und daß sogar viele Menschen am liebsten den Kohl möglichst ohne Kohl, nämlich als *Gartenhuhn*, d.h. ausgestochen und mit kräftigem Fleischgehäcksel gefüllt, genießen. Auch beim *Krautsalat* erachtet man die einfache Ölung nicht für ausreichend, sondern fügt angelassene Speckwürfel oder Speckschnitzel hinzu, und wer eine *Kohlsuppe*, einen *Schmorkohl*, einen *Reiskohl*, einen *Milchkohl* oder *Braunkohl* aufsetzt, der müßte sich die Augen aus dem Kopfe schämen, wenn er nicht die allerkräftigste Fleischbrühe zu diesen Gerichten verwendet und je nach den Umständen mit Butter oder Schweinefett nachgeholfen hätte. Beim Dünsten selber hat man daran zu denken, daß die Niedersachsen den Schmorkohl mit einem gewissen Nachdruck *Parforee-Kohl* nennen und allerdings auch par force behandeln. »Kohl muß kochen, daß ihm die Schwarte knackt«, heißt es in Westfalen und mit Grund, denn nur auf diese Weise läßt sich seine Schwerverdaulichkeit einigermaßen ausgleichen. Ganz zu beseitigen ist sie freilich gerade beim frisch verwendeten Kohl nie, und dieser steht daher als Windmacher und Kolikenerzeuger in beinahe noch schlimmerem Ruf als selbst die Hülsenfrüchte. Abgesehen vom Blumenkohl, vom Broccoli und vom Rosenkohl gilt das Gesagte von allen Kohlarten, und deren sind, namentlich wenn man die Spielarten mitzählt, fast bedenklich viele wie meist bei allen von uralters her gezogenen Kulturpflanzen. Man erleichtert sich deshalb die Übersicht durch Trennung aller Sorten in zwei großen Ordnungen, den *Kopfkohl* mit mehr oder weniger fest, aber unzweideutig um den Stamm zu einem Kopfe oder Haupt zusammengeschlossenen Blättern und den *Blätterkohl* mit frei vom Stamme abstehenden Blättern. An Kopfkohlarten aber unterscheidet man:

Weißkraut, Rotkraut oder kurzweg *Kraut,* auch *Kappus, Kappskraut* und *Hauptkraut,* in Österreich bisweilen *Häppelkraut* oder *süßes Kraut,* in Obersachsen auch wohl *Kumskohl,* die bekannteste und verbreitetste Kohlart mit gewölbten, weißgrün bis violettroten Blättern, die sich zu einem festen, dichten Kopf von beträchtlicher Größe zusammenschließen und vor allem das berühmte *Sauerkraut* liefern. Im allgemeinen wird zum Kochen und Einmachen die weiße, zum Salat die rote Spielart bevorzugt. Beliebte Varietäten sind zur Zeit das *Elsasser Kraut* mit breitem, ungemein großem Kopf, der *Zuckerhut* mit länglichem, spitzem Kopfe und der *Yorkkohl* mit kleinerem, aber ungemein festem Kopf;

Herzkohl, Blasenkohl, Welschkraut, Savoyer Kohl, Börskohl oder kurzweg *Börsch, Wirsch, Wirsing, Wersich,* in Wien *Kelch,* mit blasigrunzligen, grünweißen, nur locker zusammenschließenden Blättern, aber zarter und deshalb zu Suppen und Gemüse beliebter als das Weißkraut, noch dazu wenn er im Herbst als Begleiter eines oder mehrerer gedämpfter Rebhühner oder auch nur einer geschmorten Ente auftritt;

Rosenkohl, Sprossenkohl oder *Brüsseler Kohl,* eine erst zu Ende des 18. Jahrhunderts in Brabant gezogene Spielart mit zahlreichen, walnuß- bis apfelgroßen, fest geschlossenen Blattrosetten in den Blattwinkeln, die ein ungemein zartes, wohlschmeckendes und dabei wenig blähendes Gemüse abgeben.

Der Sprossenkohl bildet den Übergang zur Blätterkohl-Gruppe, von deren Arten zu nennen sind:

Winterkohl, Blau-, Braun- oder *Grünkohl, Blattkohl, Krauskohl* oder *Pflückkohl,* ein treffliches Wintergemüse mit mehr oder weniger hohem Stengel und mehr oder weniger krausen, lichtgrün bis braun oder violettblauen, vom Stamme abstehenden Blättern, deren Stärkegehalt sich unter der Einwirkung des Frostes in Zukker umsetzt und die daher erst nach erlittenem Frostschaden ihren vollen Wohlgeschmack entwickeln. In Frankreich, Süddeutschland, Österreich und ganz Südeuropa mit Ausschluß der spanischen Provinz Katalonien wird er weniger geschätzt als die übrigen Arten, in Holland und Norddeutschland dagegen und sogar in England weiß man ihn vollauf zu würdigen, und der in Bouillon gedämpfte, mit etwas Soja und Zucker sowie mit buttergebratenen Kastanien oder Kartoffeln vermengte und mit Mettwurst, Frankfurter Wurst, Bratwurst oder Gänsepökelfleisch belegte *Lange Kohl* der Niedersachsen ist ein Festtagsgericht, zu dem man niemandem Appetit, sondern nur einen widerstandsfähigen und tatkräftigen Magen zu wünschen braucht;

Kohlrabi, Oberkohlrübe, in Niederösterreich *Kohlrübe,* in Franken *Apfelkohlrabi,* ein Stengelgemüse, indem der Stengel über der Erde zu einem rundlichen bis faustgroßen Knollen anschwillt, der in Scheiben *geschmort* mit geriebener Muskatnuß oder *gefüllt* und *gesotten* verzehrt wird, in keiner Gestalt aber besondere Begeisterung zu erwecken vermag, da sein Geschmack stets ein fader bleibt und oft genug ins Holzige übergeht. Die beste, am wenigsten holzige Sorte ist noch immer die *Wiener Glas-Kohlrübe,* die in Norddeutschland vielfach gezogen wird und sich auch den Winter über aufbewahren läßt. Im übrigen ist der Kohlrabi ein steter Stein des Anstoßes und des Ärgernisses für die landwirtschaftlichen Schriftsteller, denn da in Norddeutschland die *Krautrübe* als *Kohlrübe* bezeichnet wird, so sind bei Weglassung des lateinischen Namens Verwechslungen so gut wie unvermeidlich. Vgl. Krautrübe.

Der Gemüsekohl mit allen vorstehend aufgeführten Abarten ist aller Wahrscheinlichkeit nach eine süd- und mitteleuropäische Pflanze, denn die alten Ägypter, Hebräer und Griechen kannten sie nicht. Erst nach Homer wurde sie in Kultur genommen oder von Norden oder Westen her nach Griechenland importiert. Zur Zeit Theophrasts (um 350 v. Chr.) unterschieden die Griechen bereits 3 Spielarten, Plinius (um 70 n. Chr.) kannte schon 6, Tournefort (um 1690) einige 20, de Candolle d. A. (um 1850) unterscheidet mehr als 30 Spielarten. In Deutschland war Kohl mindestens schon zur Zeit, als die Angelsachsen nach England gingen (449 n. Chr.), ein volkstümliches Gericht, und bis zur Mitte des 18. Jahrhunderts, in manchen Gegenden sogar bis in das 19. Jahrhundert hinein behaupteten *Kraut und Rüben* in der europäischen und namentlich in der deutschen Volksernährung dieselbe hervorragende Stellung, die jetzt die Kartoffel einnimmt. In Rußland ist die Kohlsuppe noch heute Nationalgericht und bildet mit Tee und Dobry Wudki das Trifolium der Landesgottheiten. Vgl. Sauerkraut.

Kohlrabi s. Kohl.

Kohlrübe s. Kohl und vgl. Krautrübe.

Kokosnuß, die eiförmige, einsamige, kindskopfgroße Steinfrucht der vielgepriesenen Kokospalme, die in zahlreichen Spielarten in allen Ländern zwischen den Wendekreisen kultiviert wird und für jene Gegenden von solcher Wichtigkeit ist, daß der Weltumsegler Georg Forster (gest. 1794) dem biederen Schwein kein größeres Kompliment zu machen wußte, indem er es die »Kokospalme des Nordens« nannte. In Europa dient die fettreiche Schale des Kerns der Kokosnuß seit 1890 zur Bereitung der *Kokosbutter,* des besten unter allen modernen Butter-Surrogaten.

Kolanuß, *Gura-* oder *Gurunuß,* die rötliche, kastaniengroße Frucht des in Guinea heimischen Spitz-Stinkbaumes, gehört daher zu den narkotischen Genußmitteln und bildet in ganz Nord- und Mittelafrika einen bedeutenden Handelsartikel, dient hier sogar als Zahlmittel und ist unter dem Namen *Bussi* auch im Süden des Schwarzen Erdteils bekannt. An sich nicht gerade wohlschmekkend, hinterläßt die Nuß doch beim Zerkauen einen angenehm süßen Nachgeschmack, den die Schwarzen über alles lieben. Die Wirkung ist der der Koka ähnlich oder gleich. Geröstet und gemahlen und mit dem bitteren Mehl aus den Früchten des Durabaumes gemengt, liefern die Gurunüsse bei ihrem Koffeingehalt das beste aller Kaffee-Surrogate.

Kolatschen, eine Spezialität des Böhmerlandes, sind kleine, runde Kuchen aus Hefenteig mit Butter und Eiern, die, wenn mit Pflaumenmus (Powidl) gefüllt, als »böhmische«, mit jedem andern Füllsel aber als »Karlsbader Kolatschen« bezeichnet werden. Die dritte Sorte bilden die »Troppauer Kolatschen«, ein Kunstbau, der aus sechs übereinander geschichteten und mit verschiedenen Marmeladen gefüllten einfachen Kolatschen besteht. Von dieser sechsstöckigen Troppauer Pyramide gilt das Wort:

Tout est beauté, tout est charme en elle –
An ihr ist alles reizend und berückend.

Konfekt, das »Labsal der Satten«, ist ein ebenso weitschichtiger wie süßer Begriff, denn man versteht darunter:

1. *Konfekt* im eigentlichen Sinne oder *Zuckerwerk,* hauptsächlich Gebäcke aus Stärkemehl und Zucker (Bisquit, Makronen, Pfeffernüsse, Mandelsterne etc.); 2. *Kanditen* oder *kandierte Früchte,* d.h. durch Eintauchen in flüssigen Zucker mit einer starken Zuckerkruste überzogene Samen und Pflanzenteile (z.B. Korianderkörner, gebrannte Mandeln, Anisplätzchen etc.); 3. endlich *trockene Konfitüren,* d.h. mit Zucker eingemachte und glasierte Früchte und Wurzeln (Quitten, Melonen, Aprikosen, Angelica, Kalmuswurzel usw.), für welche die Bezeichnung confectae schon im Jahre 1333 üblich war. Auffälligerweise hat die Konfektbereitung im Gegensatz zu allen anderen Zweigen der Küchenkunst seit dem 17. Jahrhundert nur sehr geringe Fortschritte gemacht, was sich nur dadurch erklären läßt, daß sie sich schon im Mittelalter in den besten Händen befand, nämlich in denen der Nonnen und der Apotheker, die mit vollster Hingebung gearbeitet und daher der Nachwelt nur wenig auf diesem Gebiet zu tun übriggelassen haben.

Konserven sind Nahrungs- und Genußmittel, deren von Haus aus geringe Haltbarkeit auf künstlichem Wege mehr oder weniger weit über die natürliche Grenze hinaus verlängert worden ist. Das Wort ist aber in diesem Sinne erst seit Mitte des laufenden Jahrhunderts im Gebrauch, und erst von diesem Zeitpunkt ab haben auch die Konserven angefangen, eine Rolle in der Kulturwelt zu spielen, eine anfangs recht bescheidene, gegenwärtig aber sehr entscheidende Rolle, denn im Zeitalter der Millionenheere hängt die Kriegstüchtigkeit eines Staates in erster Linie von der Leistungsfähigkeit seiner Konservenfabriken und erst in zweiter von der Güte seiner Bewaffnung ab. Die europäischen Großstaaten haben denn auch nicht versäumt, entweder selbst dergleichen Fabriken einzurichten oder mit bedeutenden Privat-Etablissements für den Bedarfsfall Verträge abzuschließen. Der Verbrauch an Konserven ist in Österreich-Ungarn ein verhältnismäßig sehr geringer, denn fester noch als selbst in Deutschland haftet hier beim Mittelstand das unselige mittelalterliche Vorurteil, daß eine tüchtige Hausfrau vorzugsweise in die Küche gehört, um Möhren zu schaben, Kartoffeln zu schälen, Bohnen zu brechen, Erbsen auszulesen usw. – Dinge, die die Maschine weit rascher und vor allem weit billiger besorgt als die beste Frau, die sicher den durch diese erbärmlichen Geschäfte in Anspruch genommenen Teil ihrer Zeit in der Kinderstube oder an der Seite des Mannes weit nützlicher für die Familie und die menschliche Gesellschaft verwenden könnte. Rund herausgesagt: Die berühmte deutsche Hausfrau verplempert viel zuviel Zeit in der Küche, und bevor sie diese »Tugend« nicht ablegt, wird sie nicht zur ebenbürtigen Gefährtin des Mannes werden. Die Verwendung der Konserven aber erspart sehr viel Zeit, sträubt sich also die Frau dagegen, so gibt es jetzt auf die Klage über ihre Aschenbrödelstellung nur noch die eine Antwort: Tu l'as voulu, Georges Dandin! Du hast's nicht besser gewollt . . . Die Konserve beeinflußt demnach nicht bloß bereits das Staatsleben, sondern sie wird auch das häusliche Leben des Volkes allmählich freier, würdiger, genußreicher gestalten, und die Nachwelt wird daher das 19. Jahrhundert weder das eiserne noch das papierene, sondern das »Jahrhundert der Konserven« nennen. Der Held dieses Jahrhunderts aber heißt nicht Napoleon I. und nicht Wilhelm I., sondern Appert, *François Appert.*

Denn obgleich es uralte Konservierungsmethoden gibt, obgleich die Römer das *Einpökeln,* für das man später in dem Holländer Beukelz einen eigenen Erfinder erfunden hat, bereits in ihren salsamentariis vollständig fabrikmäßig betrieben, obgleich schon im Mittelalter die Konfektbereitung, d.h. die Konservierung mittels Zucker, zur größten Vollkommenheit gebracht wurde, obgleich schon 1772 – also volle 80 Jahre vor Masson – der Pfarrer Joh. Georg Eisen zu Torma in Livland das schönste *komprimierte Gemüse* in »Kartusen« (Papierhülsen) und Blechbüchsen herstellte – trotz alledem war es dem 19. Jahrhundert und dem Koch/Konditor Appert vorbehalten, die Welt mit einer so rationellen Konservierungsmethode zu beschenken, daß selbst die Siebenmeilenstiefel-Fortschritte der neueren Technik und der neueren Chemie sie nicht zu überholen vermocht haben. Das sogenannte *Appertsche Verfahren* ist ebenso einfach wie sinnreich: Das Konservandum, gleichviel ob Fleisch, Fisch oder Gemüse, wird, roh oder oberflächlich abgekocht, möglichst dicht in eine klassisch verlötete Blechbüchse gepackt, dann der Deckel gleichfalls sorgfältigst aufgelötet, nun die Büchse 2–4 Stunden lang im Wasserbad lebhaft erhitzt – und die Konserve ist fertig. Mit aller Sorgfalt hergestellt, sind diese *Büchsen-Konserven* von fast unbegrenzter Dauer, wie denn z.B. der Inhalt einer noch von Appert selber herrührenden Büchse vom Jahre 1813 bei der Eröffnung auf der Londoner Ausstellung im Jahre 1851 vollkommen erhalten und schmackhaft befunden wurde. Trotz zahlloser Verbesserungsversuche ist man daher doch immer wieder zu diesem einfachen Verfahren zurückgekehrt, das von Appert zuerst 1810 veröffentlicht wurde und seit etwa 30 Jahren in Frankreich, England und Deutschland auch in den bürgerlichen Haushaltungen vollständig heimisch geworden ist.

Doch »Eines schickt sich nicht für Alle«, und so sind neben dem Appertschen Verfahren noch eine ganze Reihe zum Teil sehr ehrwürdiger *Konservierungsmethoden* im Gebrauch, und zwar, um nur die bekanntesten zu nennen, *für das Fleisch:* das Räuchern, das Pökeln, das Trocknen an der Luft und das Gefrierenlassen; *für Fische* außer den eben genannten noch das Marinieren und das Sieden in Öl; *für Gemüse:* das Trocknen und Komprimieren und das Einlegen mit Salz oder mit Essig; *für das Obst:* das Dörren oder Backen, das Einmachen in Zucker, Essig, Senf oder Cognac und das Einkochen zu Gelee; *für die Milch* ausschließlich das Kondensieren; *für die Butter* das Salzen und das Schmelzen; *für die Eier* das Übergießen mit Wasserglas und insbesondere für das Eigelb das

Trocknen mittels erhitzter Luft. Endlich gehören zu den Konserven auch noch die *Fleischextrakte*, die durch Auslaugen des Fleisches mit Wasser hergestellt werden und in der Küche kaum noch zu entbehren sind.

So nützlich und unentbehrlich aber die Konserven sind, so wird es doch keinem vernünftigen Menschen einfallen, sie völlig an die Stelle der frischen Nahrungsmittel setzen zu wollen. Diners aus lauter Konserven, wie Friedrich Wilhelm III. von Preußen eines gab, mögen recht interessant und unterhaltend sein, besonders schmackhaft sind sie sicher nicht. Die Konserven sollen nur zur Aushilfe und zur Abwechslung dienen – weiter nichts. Wer trotzdem unter allen Umständen Backobst dem frischen Obste vorzieht, der ist ein Narr, und wäre er auch der gescheiteste Mann auf Gottes Erdboden.

Kopfsalat s. Lattich.

Koriander, die runden, lichtbraunen bis strohgelben Früchte der gleichnamigen Doldenpflanze, riechen frisch oder unreif ganz energisch wanzenhaft, reif und gut getrocknet dagegen angenehm würzig und werden daher gern auf Backwerk, aber auch in gewissen Würsten und bei einigen Ragouts verwendet. Das Bockbier verdankt sein eigentümliches Aroma ausschließlich einem Zusatz von Koriandersamen. Kandiert heißen die Früchte *Aniskörner* oder *Aniskügelchen* und gelten mit Grund für die Verdauung zuträglich. Die Pflanze dürfte aus dem Orient stammen, wächst aber längst in ganz Südeuropa wild und findet sich auch in Deutschland, wo sie zuerst im Küchengarten Karls des Großen vorkommt, häufig verwildert. Seit dem 15. Jahrhundert schon wurde sie in Mitteleuropa in großem Umfang angebaut, steht jetzt aber als Kulturpflanze dem Anis bedeutend nach.

Korinthen, *Staphiden* oder *kleine Rosinen* heißen die getrockneten Beeren der kernlosen Rebe, die anfänglich nur in der Gegend von Korinth, seit langem aber auch im ganzen übrigen Griechenland und den Inseln, namentlich auf Zante, Ithaka und Kefalonia gezogen werden. Die reifen Beeren werden im Freien auf einer tennenartig zugerichteten Fläche an der Sonne getrocknet, dann in gemauerte geräumige Behälter geschüttet und darin mit den Füßen festgestampft. Erst zwecks des Verkaufes werden diese Magazine wieder geöffnet und die Ware dann für den Versand abermals mit den Füßen in Fässer eingetreten, um sie möglichst gegen Luftzutritt zu schützen. Gut gereifte und gut behandelte Korinthen haben eine blauschwarze (nicht rötliche!) Farbe und schmecken allerdings, da sie weniger Zucker und mehr freie Säure enthalten, pikanter als die Rosinen, niemals aber hervorstechend säuerlich. Ihre Verwendung und Verwendbarkeit zu Suppen, Kaltschalen, Backwerk, Saucen usw. ist eine fast unbeschränkte.

Kornelkirsche, *Dürlitze,* in Wien *Dirndel* oder *Dirndelbeere,* die kleine, blutrote Kernfrucht des gelben Hartriegels oder Dirnleins, der in ganz Süd- und Mitteleuropa als Wildling und darüber hinaus nach Norden wenigstens verwildert vorkommt. Die weinsäuerlichen Dirndeln werden mit Zucker eingesotten und geben in dieser Gestalt ein leidliches Kompott, dem jedoch besondere Vorzüge nicht nachzurühmen sind. Früher wurden sie höher geschätzt, noch vor der Reife abgenommen und wie Oliven in Salzwasser eingelegt. In Norddeutschland finden sie kaum noch Beachtung. Dort aber »baut« man aus dem hornharten Holz des Baumes, das schon dem Romulus Wurfspieße lieferte, die berühmten »Ziegenhainer«, nahezu unverwüstliche Wanderstäbe, die nach dem Dorfe Ziegenhain bei Jena heißen und den Jenenser Studenten ihren europäischen Ruf verdanken.

Krabben s. Garnelen.

Kräuterkäse s. Glarner Schabzieger.

Kramsvögel, in veralteter Schreibweise *Krammetsvögel,* in Ungarn und Steiermark *Kranewitter* oder *Kronewetter,* in der Schweiz *Reckholdervögel,* sonst auch im Gegensatz zu den Kleinvögeln *Großvögel,* heißen die in Europa vorübergehend oder dauernd seßhaften Angehörigen der Familie Drossel, insofern sie die Krams-, Krammets-, Kranewets- oder Wacholderbeere zu ihren Leibgerichten zählen. Es sind dies, und zwar in der Reihenfolge, in welcher sie im Herbst streichen: die *Ringamsel,* von 26 cm Leibeslänge, delikatem Geschmack und großer Fettfülle, aber ziemlicher

Seltenheit, die *Zippe* oder Singdrossel, von 22 cm Länge und schmackhaftem, in Weinländern sogar vorzüglichem Wildbret, der Zahl nach der zweithäufigste unter allen Kramsvögeln, sodann die *Rotdrossel*, auch Wein-, Blut- oder Buntdrossel, in einigen Gegenden auch Böhmle oder Böheimer, der delikateste und zum Glück auch gewöhnlichste der ganzen Sippe, 22 cm lang und bezaubernd fett, endlich die *Wacholderdrossel* oder der Ziemer, von 26 cm Länge, der wahre und eigentliche Kramsvogel, dessen Fleisch gerade im Herbst durch die von ihm bevorzugte Nahrung einen wunderbar würzigen Geschmack annimmt. Außerdem aber zählt man hierher noch die *Misteldrossel* von 26 cm Länge und die gemeine oder *Schwarzamsel* von nur 15 cm Länge, deren Fleisch jedoch an Saftfülle dem Wildbret der vier erstgenannten bedeutend nachsteht und die auch weit weniger häufig in den mit Vogelbeeren geköderten Dohnen oder Schneißen (Bügelschlingen) gefangen werden, die Misteldrossel, weil sie sich nicht viel aus den Vogelbeeren macht, und die Schwarzamsel, weil sie als deutscher Standvogel viel zu gewitzigt ist, um nicht den Mann im grünen Rock jeder Schandtat für fähig zu halten. Beim Verkauf unterscheidet man überdies noch zwischen den größeren *Ganzvögeln*, nämlich Ringamsel, Wacholderdrossel und Misteldrossel, von denen nur 2 Stück, und den kleineren *Halbvögeln*, Zippe und Rotdrossel, von denen je 4 Stück auf den »Klub« oder das Gebund gerechnet werden; die Schwarzamsel wird je nach der Gegend bald als Ganzvogel, bald als Halbvogel gehandelt, wertet aber bei Kennern stets am niedrigsten. Über die kulinarische Tüchtigkeit der Familie Turdus waren schon die Römer vollständig im klaren.

Unter den Vögeln gebührt, wie ich meine, der leckeren Drossel, unter den Säugern jedoch dem Hasen die Palme des Ruhmes – singt Martial, und noch anderthalb Jahrtausende später war Kaiser Ferdinand I. so sehr von dieser Wahrheit durchdrungen, daß zur Kramsvogelzeit täglich gebratene Ziemer auf die Tafel kommen mußten, obgleich er in seinem letzten Lebensjahre »gar selten davon aß«. Wien verleugnet also dies erhabene Vorbild, indem es jährlich – Kleinvögel, Krammetsvögel, Wachteln und Lerchen zusammengenommen – kaum noch 40000 Stück verzehrt, während Paris sich alljährlich mindestens eine Viertelmillion Grives et merles zu Gemüt zieht. In Österreich gehört auch der Kramsvogelfang gar nicht mehr zur eigentlichen Jagd, während er im Königreich Preußen im Durchschnitt jährlich $1^1/_4$ Million Leckerbissen auf die Tafel liefert. Denn der Kramsvogel ist ein entschiedener Leckerbissen, une vraie bouchée du roi, namentlich wenn er *gebraten* auftritt, aber auch dann noch, wenn er *als Püree* in der Suppe erscheint. Da nämlich die Drosseln selber Feinschmecker und deshalb vorzugsweise Beerenfresser und zudem in der Wahl der Beeren äußerst gewissenhaft sind, so stellt ihr Fleisch eigentlich nur eine ins Animalische übersetzte Beerenobstmarmelade erster Güte dar.

Krapfen, ein Wiener oder vielmehr ein oberdeutsches, in Wien aber mit ganz besonderer Sorgfalt behandeltes Faschingsgebäck aus mit Milch, Butter und Eidotter nebst etwas Zucker und Salz versetztem Hefeteig, auf dem nach dem Auswalken runde Scheiben markiert, mit fester Marmelade belegt, dann mit gleichem Teig bedeckt und endlich ausgestochen werden, worauf das Abbakken in siedendem Schmalz erfolgt und die Krapfen heiß und mit zu Sauce verdünnter Marmelade verspeist werden. Das ganze Verdienst der Krapfen beruht auf der Sorgfalt und Schnelligkeit der Bereitung, denn vor oder nach dem Abbacken kalt gewordene Exemplare sind zäh und überdies schwer verdaulich. In Norddeutschland kommt ein ähnliches Gebäck, das sich aber mit dem gut geratenen Wiener Faschingskrapfen in keiner Hinsicht messen kann, unter dem Namen der *gefüllten Pfannkuchen* vor.

Kraut s. Kohl und Sauerkraut.

Krautrübe oder *Steckrübe*, in Norddeutschland vorzugsweise *Kohlrübe*, gehört im Gegensatz zum Kohlrabi nicht zur Gemüsekohlsippe, sondern zum Geschlecht *Rapskohl*, das sich in zwei Linien teilt: den ölgebenden Raps oder Reps mit einer krausblätterigen, violettstieligen Spielart, die den als Wintergemüse beliebten *Schnittkohl*, die *Kelchbrockerln* oder *Pflanzeln* der Wiener liefert, und den Wurzelkohl oder die Krautrübe, deren dicker, fleischiger, mit zahlreichen Faserwurzeln besetzter Wurzelstock oft eine Schwere von $1^1/_2$–2 kg erreicht und sowohl als Gemüse wie als Viehfutter verwendet wird. Die *Kraut-*, *Steck-*, *Erd-* oder *Kohlrübe,* in Österreich *Unterkohlrübe,* in Böhmen und Schlesien *Dorsch,* in Pommern *Wruke,* in Franken *Erddorsch* oder *Erdkohlrabe,* in Hannover *Steckrübe,* wird in Österreich und Deutschland in mannigfachen Varietäten gebaut, unter denen für die Küche die Arten mit gelber Wurzel, namentlich die *spanische Kohlrübe* mit zartem, rotgelbem Fleisch und die *schwedische Kohlrübe* oder *Rutalaga* mit größerer und ziemlich wohlschmeckender Wurzel, beliebt sind. In der Regel kommt sie, in Scheiben oder Pflöcke geschnitten und mit Kartoffeln gemengt, als Gemüse auf den bürgerlichen Tisch. Die gute Küche bedient sich ihrer nur im Notfall, denn bei ihrem starken Wassergehalt von 85–95 %, demgegenüber die 3 % Zucker kaum ins Gewicht fallen, läßt sie sowohl an Schmackhaftigkeit wie an Nahrhaftigkeit viel zu wünschen übrig. Vgl. Rüben.

Krebs, der Kriecher (vom niederdeutschen krupen für kriechen) oder der Greifer (vom niederdeutschen gripen für greifen), genauer: *Flußkrebs,* ein gar vornehmer Tafelpatrizier, dem man sich zur Vermeidung böser Nachrede und noch böserer Flecken im weißen Linnen, nur mit farbiger Serviette vorstellen soll, lebt für gewöhnlich im dunkelbraunen Rock auf dem Grunde klarer, weichgründiger und mit löcherreichen Ufern versehener Gewässer Rußlands, Österreichs, Deutschlands und Frankreichs, übt sich dort voll philosophischer Beschaulichkeit im Gebrauch der Schere und im Sport des Rückwärtslaufens, in welchem er längst als Champion of the world anerkannt ist, erreicht dabei eine Länge von 10–12 cm und gibt sein Stilleben nur auf, um, durch die Taufe mit siedendem Wasser der Menschheit nähergerückt, in wahrhaft strahlender Schönheit auf dem Linnen der Tafel zu glänzen. Dabei verabscheut er, wie alle ideal veranlagten Gemüter, die Nähe eines lebendigen Schweines in solchem Grad, daß er aus Kummer darüber den Geist aufgibt, und schwärmt zugleich in dem Maß für das

Grüne, daß er sich mit einer Garnitur aus taufrischer Petersilie stets am wohlsten fühlt und am schönsten ausnimmt. Eine Schüssel rot gesottener Krebse, mit grüner Petersilie besteckt, bietet wirklich auf dem weißen Tafeltuche einen wundervollen Anblick. Auch Krebse in Wein gesotten (aber nicht etwa in Champagner, eine Vergeudung, die nicht fin, sondern geradezu queue de siècle ist!) und mit *Trüffelsauce* serviert, desgleichen Krebse *à la Bordelaise* und *Krebswürste mit Blumenkohl* bilden äußerst vornehme Erscheinungen, denen der Kenner stets mit Ehrfurcht naht. Und mit welchem Liebreiz umspielt und umspült die leckere *Krebssuppe* die kostende Zunge! *Gefüllte Krebsscheren* in Frikassee, in der Sauce oder als Garnitur bereiten gleichfalls eine höchst angenehme Überraschung, und Krebsbutter wie *Krebssauce* gehören längst zu jenen Dingen, deren man kaum noch entraten kann. Aber der Krebs ist schwer verdaulich und ruft Nesselsucht hervor – nun ja, aber doch nur bei je drei Personen auf tausend, und dieser kleinen Minorität wegen darf man dem braven Kruster wahrlich keine Injurien nachsagen. Die »laugenhafte Schärfe« des Krebsfleisches, von der Vaerst spricht, ist nicht erwiesen. Im 17. Jahrhundert aß man die Krebse roh mit Salz und Pfeffer, Essig und Öl, und schon damals war neben der Mark Brandenburg namentlich Ungarn wegen seines Krebsreichtums berühmt. »Es werden ganze Wagen voll, in Decken von Rohr eingemacht, nach Oedenburg, Preßburg und Wien geführt und allda um einen wohlfeilen Wert verkauft«, berichtet Hohberg (1682), und Marperger schreibt 1718: »Unter vielen Ländern Teutschlands hat wohl die Mark Brandenburg den größten Krebsfang, wie denn des Sommers kein Tag nicht hingehet, da nicht die aus Berlin abgehenden Posten und Fuhren eine Quantität derselben mitnehmen.« Der Oderkrebs ist noch heute berühmt und eilt im Sommer korbweise mit dem Nachtkurierzug von Berlin nach Paris, das jährlich etwa 150000 kg Krebse verbraucht. Aber auch die Krebse Ungarns und Österreichs behaupten ihren Ruf. In Süddeutschland gelten noch immer die Eichstädter für die vorzüglichsten. Doch wohlgemerkt: all das Gesagte gilt nur vom wahren *Edelkrebs*, dem Astacus nobilis Huxley, der beim Kochen sowohl unten wie oben rot wird. Der *Steinkrebs*, der besonders in Österreich, Deutschland und England in stark strömenden Gewässern mit steinigem Grunde haust und sich beim Kochen nur auf der Oberseite rötet, war schon dem Freiherrn v. Hohberg als minderwertig bekannt, und der blaßbeinige *Dohlenkrebs*, der in Mitteleuropa glücklicherweise nur im südwestlichen Deutschland vorkommt, ist höchstens zur Suppe und zu Saucen zu verwenden, in denen sein nichts weniger als feiner Geschmack keinen Schaden stiften kann. Übrigens gehört der Krebs durchaus zu den Sommervögeln, denn es steht geschrieben:

Die Monde ohne R sind gut zum Reisen,
Zum Hochzeitmachen und zum Krebsespeisen.

Kren s. Meerrettich.

Kresse s. Brunnenkresse, Gartenkresse, Kapuzinerkresse.

Kronsbeeren, *Stein-* oder *Preiselbeeren,* in Niederösterreich auch *Grankerlbeeren,* die scharlachroten, kugeligen Früchte des roten Heidelstrauchs, der in ganz Mittel- und Nordeuropa sowie im gemäßigten Asien und Amerika auf trockenem Heideboden und auf Bergrücken wild wächst. Die Preiselbeeren sind reich an Zitronensäure, schmecken daher herbsäuerlich und werden roh fast gar nicht genossen. In um so größerem Umfang aber werden sie sowohl in den Haushaltungen wie für den Handel mit Zucker eingekocht, da sie in dieser Gestalt eine äußerst haltbare Konserve abgeben, die sich jederzeit auf der Tafel mit Vorteil verwenden läßt. Auch dienen sie zur Bereitung eines etwas pikanten Branntweins, des sogenannten *Steinbeerwassers.* In Amerika begann man daher schon 1835 Kronsbeeren zu kultivieren, den rechten Aufschwung aber nahm diese Kultur erst seit 1845, als der Taglöhner Webb den Strauch versuchsweise in angeschwemmtem Sumpfland anpflanzte und dabei Ernten erzielte, die ihn mit der Zeit zum reichen Mann und die Kronsbeere unter den Beerenobstzüchtern des Staates New York populär machten. In Europa begnügt man sich noch immer mit dem Einsammeln der wildwachsenden Früchte, das vom September ab bis in den November hinein erfolgt, doch bildet die Beere auch hier, besonders für Norwegen,

Jütland und die Lüneburger Heide, einen ziemlich bedeutenden Ausfuhrartikel.

Kuchen ist durch Zusatz von Ei, Milch und Butter nebst Zukker, Mandeln und Rosinen idealisiertes Weißbrot, das in zahllosen Schattierungen auftritt, aber wie alle Ideale etwas schwer verdaulich ist und darum namentlich in frischem Zustand mit Vorsicht und Bedacht genossen sein will. Aus der Heerschar der verschiedenen Arten, die wieder in noch zahllosere Spielarten zerfallen, seien hier nur die drei Hauptformen genannt: der dünne und flache *Blechkuchen*, der bei größeren Gelegenheiten bis zu 50 cm breit und bis 150 cm lang wird, dann der saftig-säuerliche *Obstkuchen*, ein mit Obstschnitten oder Beerenfrüchten belegter Blechkuchen, der äußerst wohlschmeckend, aber nur bei sorgfältiger Bereitung und gehörig ausgebacken wohlverdaulich ist, endlich der *Napf-* oder *Topfkuchen*, der eigentliche Heros der Weißbäckerei, die im glücklichen Wien durchaus auf der Höhe des Jahrhunderts steht und Produkte liefert, die sich vollauf mit den berühmten Savarins, Gorenflots, Ammonites, Royers etc. der Pariser Patisserie messen können.

Kümmel, die braune, sichelförmige Teilfrucht des Feld- oder Wiesenkümmels, oberdeutsch *Kim* oder *Kimmig*, dem antiken Orient und den Altgriechen ein Geheimnis wie noch heute den Neugriechen, wurde zwar von den Römern der ersten Kaiserzeit als Gewürz gebraucht und auch im Garten gezogen, war ihnen aber bei alledem so fremd, daß Plinius das völlig kümmellose Karien in Kleinasien für die Heimat hielt, während in Wahrheit das ganze Gebiet vom Kaukasus nördlich bis nach Lappland und westlich bis nach Holland als Vaterland der Pflanze angesprochen werden muß. In Deutschland erscheint diese schon zur Zeit Karls des Großen neben dem nur als Arzneimittel gebrauchten *römischen Kümmel* als Kulturgewächs. Gegenwärtig wird sie namentlich in Thüringen, in der Provinz Sachsen, in Rußland, Holland und England in größerer Menge gebaut. Der Kümmel, im allgemeinen fett- und stickstoffreicher als Anis und Fenchel, enthält $3^3/_4$ % eines eigentümlichen ätherischen Öls, entwickelt aber nur einen schwachen Geruch, wo hingegen der Geschmack scharf, um nicht zu sagen beißend gewürzhaft ist. Seiner diätetischen Kräfte wegen – er fördert nicht nur die Verdauung, sondern stellt überhaupt Ordnung im Magen her, beseitigt Blähungen, stillt den Durchfall und treibt den Urin, weshalb *Kümmelsuppen* bei derartigen Palastunruhen in besonderem Ansehen stehen – wird er in der Küche, in der Bäckerei, in der Wursterei und der Käserei in weit größerem Umfang verwendet als seine drei Genossen: Fenchel, Anis und Koriander, und ebenso tritt er in der Brennerei bedeutsam hervor. Der *Allasch* (Doppelkümmel) erscheint in Österreich mit allem Nimbus eines Allerwelts-Magenmittels für sämtliche Stände, Geschlechter und Vorkommnisse. In Deutschland hat sogar das »Kümmeln« das ehemals beliebte »Schnapsen« völlig aus dem Sattel gehoben: Man betrinkt sich in Norddeutschland nicht, sondern man »bekümmelt« sich, und es gibt dort schon seit langem keine Schnapsbrüder mehr, sondern nur noch »Kümmelbrüder«.

Kürbisse, im Durchschnitt mit vollen 90 % Wasser gesegnet, nehmen nur einen sehr beschränkten Raum in der nord- und mitteleuropäischen Küche ein, obgleich das Durchschnittsgewicht der einzelnen Frucht nicht unter 2 bis 3 kg angesetzt werden darf. Im Gegensatz zur Gurke verwendet man vom Kürbis nur die reife Frucht, und zwar verkocht man sie in Österreich entweder mit Rahm und Essig oder nur mit Rahm zu Brei, oder man backt die vorher leicht gesalzenen Schnitten in Butter, oder man brät sie in Öl, oder man kocht sie auch wohl in Salzwasser und serviert sie dann mit Buttersauce – niemals aber legt man besonderes Gewicht auf dies Gemüse. In Norddeutschland werden die Schnitten von Liebhabern wie Melonenschnitten in mit Zucker verkochten Essig eingemacht, im allgemeinen aber die Pflanze fast ausschließlich als Viehfutter gebaut und verwendet (namentlich am Untermain); nur in der armseligen Rhônegegend verwendet man sie, wie zum Teil in Ungarn, seit 1770 als Zusatz zum Brotteig. In Südeuropa dagegen bildet Kürbis mit Bohnen zusammen gekocht ein sehr gewöhnliches Nahrungsmittel der unteren Stände und ist dementsprechend der Kürbisbau ein weit bedeutenderer als weiter nach

Norden. Auf dem Wiener Markt kommt hauptsächlich der *Feldkürbis* vor, vom Volksmund *Pluza* oder *Plutzer* genannt, daneben findet sich noch der *Riesenkürbis* und sehr vereinzelt der *Eikürbis*, der aus der Gegend von Astrachan stammt, während seine beiden Genossen höchst wahrscheinlich amerikanischen Ursprungs sind. Allerdings begeisterten sich schon Ägypter, Griechen und Römer für den Kürbis, Karl der Große ließ dergleichen auf seinen Landgütern pflanzen, und auch in der Bibelübersetzung Luthers kommen »Pfeben« vor – das waren aber sicher andere Arten als die, welche gegenwärtig auf unseren Feldern und in unseren Gärten gezogen werden. In Frankreich war eine Zeitlang der *westindische Kürbis* (franz. giraumont), eine Spielart des Feldkürbisses, sehr beliebt, daher ist in der französischen Küche noch heute viel vom giraumont die Rede, während in Wahrheit auch in Paris der Feldkürbis die Herrschaft hat.

Kuh s. Rind.

Kukuruz s. Mais.

Kumys (nach dem alten Reitervolk der Kumanen im jetzigen Persien benannt?) ist Kefir aus Stutenmilch, aber eben deshalb in Europa kaum in größerem Umfang herstellbar und daher im Laufe des letzten Jahrzehnts sowohl in Deutschland wie in Rußland beinahe völlig durch den ebenbürtigen Kefir verdrängt. Nicht wenig mag dazu auch der strenge Geruch und der abstoßend rohe Geschmack dieses Milchbranntweins beigetragen haben, der als Mast- und Heilmittel – »Kumys ist der größte Feind der Magerkeit«, lehrt die Weisheit der Baschkiren – allerdings seine Verdienste hat, da er alle Nährstoffe der Milch in leicht verdaulicher Form in sich schließt, als Genußmittel aber im zivilisierten Europa durchaus nicht an seiner Stelle ist.

Kunstbutter oder *Sparbutter* wurde auf Anregung Kaiser Napoleons III., dem die allmähliche, aber stetige Steigerung des Butterpreises von rund 6 Mark im Jahre 1840 bis auf rund 11 Mark im Jahre 1865 (pro 50 kg) zu denken gab, zuerst im Jahre 1869 von dem französischen Chemiker Mèges-Mouriès in einer eigenen Fabrik zu Poissy bei Versailles hergestellt. Der Deutsch-Französische

Krieg vernichtete diese Anstalt, da aber der Butterpreis inzwischen um weitere $^1/_2$ Mark gestiegen war, so nahm 1872 eine Pariser Société anonyme d'alimentation mit einem Kapital von 800000 Francs das Mèges-Mourièssche Patent wieder auf, erlangte unterm 12. April 1872 die Erlaubnis zum Verkauf ihres aus Rindstalg fabrizierten Buttersurrogats und machte damit so glänzende Geschäfte, daß man auch im Auslande Butternachahmungen versuchte. Zuerst hatten die Bemühungen des österreichischen Kerzenfabrikanten Sarg in Liesing bei Wien den gewünschten Erfolg, dessen Fabrikat 1874 vom Wiener Magistrat unter der Bezeichnung *Wiener Sparbutter* zum Verkauf zugelassen ward, dann folgte Amerika, wo jetzt in New York allein wöchentlich 2000 q Kunstbutter erzeugt werden, ferner Holland mit gegenwärtig 70, Preußen mit 31, Bayern mit 10, Württemberg mit 2 Fabriken usw. Die Grundlage der Fabrikation bildet allenthalben der Rindstalg, das Produkt unterscheidet sich daher von der Kuhbutter weniger im Fettgehalt, der bei beiden nahezu gleich ist, als in der Zusammensetzung des Fettes, indem die Kunstbutter mehr Palmitin, Stearin und Olein, aber nur $^1/_4$ % Butyrin, die Kuhbutter dagegen etwa $7^3/_4$ % Butyrin enthält. Nährwert und Verdaulichkeit der Kuhbutter und der Kunstbutter – welche letztere sich übrigens auch *Margarine, Butterine, Wiener Butter, holländische Butter* und sogar *Teebutter* nennen läßt – sind daher im allgemeinen gleich. Weiter aber haben sie nichts miteinander gemein, vielmehr ist der Butterinegeschmack gegenüber dem Buttergeschmack ein so lederner, daß nur ein mit allen sieben Todsünden belasteter Büßer auf den Gedanken kommen kann, die Kuhbutter bei Tisch durch die Kunstbutter zu ersetzen. Diese letztere ist eben ein Produkt der Not und daher auch immer nur zur Not, respektive zum Braten und zum Backen verwendbar.

Kutteln s. Kaldaunen.

Kwas ist eine Art künstlicher Sauerbrunn, den man sehr einfach dadurch herstellt, daß man Mehl, Obst oder Rüben mit Wasser anmacht und die Masse durch Zusatz von Sauerteig zum Gären bringt. Nachdem die Flüssigkeit sich geklärt hat, ist sie ohne weiteres trinkbar. Russen und Polen schwärmen für diesen säuerlichen Trank, deutsche Zungen können sich indessen schwer daran gewöhnen, namentlich wenn ihnen das Schwechater und das Pilsener nebst dem Gumpoldskirchner noch nicht ganz aus dem Gedächtnis gekommen sind.

L

Laberdan s. Kabeljau.

Lachs oder *Salm*, ein rechter Edelfisch und würdiger Vetter der Forelle, hält sich im Winter Mast und Studiums halber im Nordatlantischen Ozean und dessen Anhängseln auf, bereist aber im Sommer die nord- und mitteleuropäischen Ströme (sofern diese nicht, wie die Donau, zum Gebiet des Schwarzen Meeres und des Mittelmeeres gehören) bis hinauf zu ihren Quellbächen und gibt dabei vollauf Gelegenheit zum Fang. Übertroffen aber wird diese Liebenswürdigkeit des Fisches noch durch seine Schmackhaftigkeit, denn wenngleich dem Saibling und der Forelle an Feinheit nachstehend, bildet das hell oder dunkel rosenrote Lachsfleisch darum nicht weniger einen Kardinalbissen – doch wohlgemerkt: nur das *rote*, denn das weißliche stammt entweder vom Schwarzlachs oder von den ausgemergelten, talwärts zum Meer gehenden Tieren und ist nur zu sehr geeignet, dem unglücklichen oder unwissenden Käufer den Appetit auf Lachs für immer zu benehmen. Überhaupt ist der kulinarische Wert des Fisches je nach der Örtlichkeit und der Zeit des Fanges sehr verschieden. Man unterscheidet deshalb im Handel zunächst zwischen *Flußlachs* und *Meerlachs* und hält den ersten durchgängig für besser als den letzteren, unter dessen Vertretern wieder der fette, rotfleischige *Silberlachs* (der aber häufig, doch ohne Schaden für den Käufer, eine Meerforelle ist) weit über den mageren, weißfleischigen, dunkel gefärbten *Strand-* oder *Schwarzlachs* geschätzt wird, der sich immer in der Nähe des Strandes hält und weder die hohe See noch die Flüsse zu besuchen scheint. Unter den Flußlachsen ist wiederum der *Kupferlachs*, d.h. das ältere Männchen im kupfer- oder purpurroten Hochzeitskleid, zwar wegen seiner Größe (bis zu 1 m Länge und 20 kg Gewicht) angesehen, aber wegen seines zäheren Fleisches bei Kennern minder beliebt als der *Rotlachs*, d.h. das jüngere Männchen von 3–6 kg Schwere und zahlreichen roten Flecken auf den Seiten. In England reicht man dem *Grilse* oder *St.-Jakobs-Lachs*, d.h. dem jungen Fisch von 2–4 kg, die Palme, in Deutschland dagegen dem sogenannten *Wintersalm*, einer Art Rheinlachs mit fettem, dunkelrotem Fleisch, der ein volles Jahr im Strom verweilt, ohne die vom Meer mitgebrachte Silberfarbe zu verlieren, und erst im zweiten Jahr zum Laichen schreitet. Dieser Wintersalm, der schon an Ort und Stelle 6–9 Mark per Kilo wertet, hat den europäischen Ruf des *Rheinlachses* geschaffen und dadurch Veranlassung gegeben, den *Nordseelachs* überhaupt höher zu stellen wie den *Ostseelachs*, eine ganz unbegründete Anschauung, vielmehr hat der Ostseelachs vor dem Nordseelachs voraus, daß er nur 1–2 Mark, jener aber 3–6 Mark per Kilo kostet, ohne darum mehr als ebenso gut zu sein. Der Lachs gehört bei $12^3/_4$ % Schmergehalt, der sein Fleisch etwas schwer verdaulich macht, zu den entschiedenen Fettfischen und füllt daher in der kalten wie in der warmen Küche seinen Platz mit gleichem Erfolge aus. Hinreißend erscheint er schon, wenn er sich *blaugekocht* mit der obligaten Zitrone im Maul in voller Leibes- und Seelengröße am Horizont präsentiert, wahrhaft berückend aber wirkt sein Anblick, wenn er, ein Panzerkoloß umgeben von buntem Luftbootgesindel, inmitten eines Kranzes von roten Krebsen, gelben Zitronenscheiben, bunten Butterfleckchen und allerlei kunstreich geformten und gefärbten Aspikstücken daherschwebt, auf dem Rücken mit silbernen Spießen gespickt, an denen Krebse, Hahnenkämme und Trüffeln als Lampions und Wimpel figurieren: das ist der *Lach in Gala*, den nur gesehen zu haben schon für einen Genuß gilt, und dessen Herstellung das kulinarische Doktor-Examen bedeutet. Minder anspruchsvoll, aber nicht minder lecker erscheint der Fisch in *Wein gedämpft* mit italienischer Sauce, in *Salzwasser gesotten* mit Hummersauce, als *kalte Pastete* und als *Striemel-Lachs*. Dieser »Striemel-« oder »Strämel-Lachs« wurde ursprünglich an der Ostsee als Konserve hergestellt, indem man den Fisch in lange, schmale »Striemel« oder »Strämel« (Strähnen oder Streifen) zerlegte, diese einpökelte, ein wenig räucherte und dann briet und verspeiste; jetzt schneidet sich der Koch beiderlei Geschlechts seine *Lachsschnitten* selber und bringt sie in *Öl geröstet* mit Sardellensauce oder *in Butter gebraten* mit Senfsauce, mit Kapernsauce, mit feinen Kräutern usw. auf die Tafel. Als Konserve spielt der Quantität nach der abgesotten *marinierte Lachs*, den Norddeutschland, Dänemark, Norwegen, England und Amerika liefern, der Qualität nach aber der *geräucherte Lachs* die erste Geige, der namentlich von Elbing, von Danzig und von Mainz (Rheinlachs) in den Handel kommt und bei Jagdimbissen und Gabelfrühstücken ziemlich unentbehrlich geworden ist. Übrigens war der Fisch im Mittelalter weit häufiger in den europäischen Strömen als gegenwärtig und bildete eine gewöhnliche Fastenspeise. Am Bodensee wird er um 1070 als Fastengericht genannt, die Klosterküche des 14. Jahrhunderts gab ihn auch in Teig gebacken, und noch im 16. Jahrhundert machten Dienstboten in Hamburg, Bremen, Dessau usw. im Mietsvertrag zur Bedingung, daß ihnen Lachs nur zweimal wöchentlich aufgetischt werden dürfe. Diese Lachs-Hausse ist freilich längst vorüber, doch war noch im April 1870 der Fang in Danzig ein so reicher, daß das Kilo um 0,80 Mark abgegeben wurde.

Lachsforelle ist der Familienname eines par nobile sororum, der nach Lachsart wandernden *Meerforelle* und der nach Forellenart im Süßwasser seßhaften *Seeforelle*, die sich für den Fischkenner zwar in der Färbung und in der Bildung des Kopfes deutlich unterscheiden, in der Hauptsache aber, in ihrer kulinarischen Verwendbarkeit, durchaus Zwillingsschwestern darstellen. Die

Meerforelle lebt, wohnt, wandert und wertet wie der Lachs, wird wie dieser zubereitet und daher im praktischen Leben nirgends von ihm unterschieden. Die *Seeforelle* dagegen, auch *Seelachs* oder *Goldlachs, Grundforelle, Föhre* oder *Ferche, Rheinlanke* oder *Illanke* genannt, die bei einer Länge von 70 cm ein Gewicht bis 18 kg erreicht, hat ein weißes oder gelbliches Fleisch, das entschieden ebenso fett, dabei aber feiner ist als das des Lachses und deshalb nicht bloß à la Lachs, sondern auch à la Forelle behandelt zu werden verdient. Die Seeforelle bewohnt die tieferen Wasserbecken der mitteleuropäischen Alpenländer, sie ist daher auf dem Franz-Josefs-Quai in Wien selten, in manchen Jahren gar nicht zu finden, kostet aber – avis aux amateurs! – nur halb soviel wie der Lachs. Eine Spielart, die *Schwelle-* oder *Maiforelle,* silberweiß mit blaugrauem Rücken und höchstens 40 cm lang, ist jedoch als minderwertig und trocken sorglich zu meiden, während eine andere Spielart, die berühmten, in Essig eingelegten *Carpioni* del lago di Garda, nur genannt zu werden braucht, um den Kenner mit holder Sehnsucht zu erfüllen.

Lacrimae Christi, die kostbaren und köstlichen »Tränen des Herrn«, kommen in vier verschiedenen Sorten vor. Die einzig *echten Lacrimae,* nach dem Kloster auf dem Vorsprung des Vesuvs benannt und nach Wilhelm Hamm »vielleicht der einzige Wein Italiens, der ohne Widerstreit in die erste Rangklasse gehört«, bilden eine äußerst feurige, würzhafte und wohlschmeckende Flüssigkeit von lieblich hellroter Farbe und denkbar mildestem Parfüm, werden aber nur in sehr geringer Quantität gewonnen und kaum jemals in den Handel gebracht. Der Tränenwein des Handels ist vielmehr ein bernsteinfarbiger, gleichfalls vortrefflicher bouquetreicher Muskat, die *Lacrimae Christi della Somma,* die auf dem Ost- und Nordwestabhang der »Somma«, eines Bergrückens nördlich vom Krater des Vulkans, in größerer Menge produziert werden. Die dritte Sorte bilden die *Lacrimae Christi greco,* ein weißer, und die vierte Sorte die *Lacrimae Christi greco-paglia,* ein gelber Muskatwein von besonderer Würze und Feinheit, die beide am Fuß des Vesuvs bis nach Castellamara hin und darüber hinaus

aus Greco-Rebsatz gezogen werden. Diese vier wahren Vesuvweine werden von Kennern hochgeschätzt und bestens unterschieden, die Touristen aber müssen sich in der Regel mit einer Art Krokodilstränen begnügen, denn ihnen werden statt der echten Tränen in der Regel jene allerdings in ihrer Art gleichfalls vortrefflichen und oft sogar vorzüglichen Liqueurweine aufgetischt, die am Averner See und beim Dorfe Santa Maria di Capua weiß und rot in wunderbarer Fülle und anerkennenswerter Güte wachsen.

Lamm ist vom gastronomischen Gesichtspunkte aus Kalb aus dem Rindernen ins Schöpserne übersetzt, das heißt fader und unbestimmter im Geschmack, andererseits aber auch feiner und lokkerer in der Faser, daher leichter kaubar und verdaubar als Kalbfleisch. Ein Sechsmonatlamm von 35–40 kg oder auch nur ein Lammviertel von 5–6 kg bilden daher ein allerliebstes Geburtstagsangebinde, über das niemand ungehalten zu werden braucht. Aus dem Viertel läßt sich am Spieß wie in der Pfanne ein höchst vortrefflicher, weißer, zarter und saftiger *Lammbraten* oder *Lammhase* bereiten, der mit einer kräftigen Sauce niemals seine Wirkung verfehlt, vom ganzen Tier aber schneidet man aus Brust und Schulter Streifen zum *Back-Lamm* (»Lamm auf Wiener Art« nennen's die norddeutschen Kochbücher), verarbeitet die *Schlegel* in Rotwein mit Sardellen und Champignons zu Schmorfleisch, gibt die *Schulter* gefüllt, behandelt *Zunge* und *Ohren, Kopf* und *Füße* nach der beim Kalbskopf erprobten Weise und stellt endlich aus den Rippenstücken jene hochdelikaten, saftigen, lockeren *Lammkoteletten* her, die paniert oder geschwungen, aux fines herbes oder mit grünen Erbsen bei allen Kennern weit gesuchter sind als selbst in den Alpen das gepriesene Edelweiß. »Eine Lammcotelette sautée aux champignons, sauce tomate, ist das Sublimste, was die Küche bieten kann«, sagt Vaerst. »Man sollte sie nur à petit souper unter vier Augen verzehren.« O dieser Schelm und gründliche Kenner aller Geheimnisse – der chambres séparées! Genau genommen und alles wohl erwogen rechtfertigen auch nur die Lammkoteletten und das Backlamm (»Lämmernes gebackenes« heißt es auf den Speisekarten der Wiener Wirtshäuser) das Vorkommen des Lammes in der Küche, denn alle anderen Teile des Schafkindes gewähren in höherem Alter höhere Genüsse. Mit gutem Grund steht daher der Lammkonsum überall bedeutend hinter dem Hammelkonsum und dem Kalbkonsum zurück.

Languste, die berühmte Locusta der römischen Schwelger, ist ein mit langen Stirnstacheln (gleich einer Grille) bewaffneter Panzerkrebs von bräunlich-violetter Farbe, der im Mittelmeer sowie an der Südküste Englands zwischen den Klippen haust und eine Länge von 30–40 cm erreicht. Er wird wie der Hummer verwertet und ersetzt den Südeuropäern dies erhabene Krustentier, das im Mittelmeer seltener vorkommt.

Lattich, der Liebling Aphroditens, dessen breites Blattwerk einst dem schönen Adonis zur Wiege diente, und dessen saftiges Grün fort und und fort an Nachtigallsang und Maienduft, an Kapern und grüne Erbsen erinnert, ist der Hauptvertreter der wichtigen Klasse der Salatkräuter und wird daher im gemeinen Leben selber nur *Salat* oder *Gartensalat* genannt. Als Stammpflanze ist der gewöhnliche wilde Lattich zu betrachten, der sich nicht nur im mittleren und südlichen Europa, sondern auch im nördlichen Afrika, in Abessinien, im steinigen Arabien und in ganz Westasien von Palästina bis Sibirien und östlich noch im nördlichen Indien findet, während er in China fehlt und der Gartensalat dort erst zwischen 600–900 n. Chr. bekannt geworden ist. Aller Wahrscheinlichkeit nach reicht auch die Kultur des Lattichs nicht über die letzten Jahrhunderte v. Chr. zurück, denn weder im Sanskrit noch in der Bibel findet er sich erwähnt – es müßte denn Heinrich Heine recht haben und das Gras, das der König Nebukadnezar aß, in Wahrheit Gartensalat gewesen sein. Der Grieche Theophrast dagegen (um 350 v. Chr.) kannte schon drei Spielarten des kultivierten Lattichs, den *breitstengligen* (unseren »römischen Salat«), den *lakonischen* (unseren »Kopfsalat«, den die Neugriechen germanike salata, deutschen Salat, nennen) und den *rundstengligen* (unseren gewöhnlichen »Gartenlattich«). Plinius zählte dann schon sieben Spielarten, und in den Gartenbauschriften der Gegenwart finden sich einige 40 genannt. Die Matadore darunter sind: der *Kopfsalat* mit blasig runzligen, sich knospenartig zusammenschließenden Blättern, nach deren Farbe man vom gemeinen grünen Kopfsalat noch den rot gefleckten *Forellensalat* als besondere Spielart unterscheidet, der *krause Salat* mit mehr oder weniger geschlitzten krausen Blättern, und der *Schnittsalat, langblättrige* oder *römische Salat,* der in Paris Laitue romaine und in Rom Laitue parisienne, sonst aber von den Franzosen Chicon genannt wird, mit länglichen, steil aufrechten Blättern, die ihrer glasartigen Zerbrechlichkeit wegen von den Gärtnern aufgebunden werden, was dieser Art, die sich überdies infolge etwas stärkeren Fettgehalts durch weicheren Geschmack auszeichnet, den weiteren Namen *Bindsalat* eingetragen hat. Der Lattich besitzt infolge seines Gehalts an organischer Säure einen angenehm erfrischenden Geschmack und bildet daher, mit Öl und Essig angemacht, im heißen Sommer ein wahres Labsal für den Gaumen. Wer hätte sich nicht schon einmal in irgendeiner Dorfeinsamkeit, weitab von Champagner auf Eis und allem Gefrorenen, an Speckeierkuchen mit grünem Salat wahrhaft königlich erbaut? Gekochter und gefüllter Salat dagegen ist höherer Blödsinn, absurd wie gekochter Champagner, denn beim Kochen geht eben die eigenartige Frische des Lattichs verloren. Man speist diesen König aller grünen Salate vom frühesten Frühjahr an bis in den Herbst hinein, wo er endlich von der Zichorie und der Endivie abgelöst wird.

Laubenheimer, ein weißer Rheinhesse, der zwar mit der Liebfrauenmilch und dem Scharlachberger nicht in die Schranken treten kann, aber trotz seiner etwas hervorstechenden Säure als Tischwein sehr gesucht ist. Er kommt über Mainz und nicht selten unter dem Etikett des *Niersteiners* in den Handel.

Lauch s. Knoblauch, Porree und Schnittlauch.

Leber, das bedeutendste unter den Baucheingeweiden, enthält bei Säugern und Vögeln im Durchschnitt 71% Wasser, 13–15% Eiweißstoffe, 4–5% Leimstoff, $3^1/_2$% Fett, 5–6% Extraktivstoffe und $1^1/_2$% Salze und steht daher im Nährwert wie in Verdaulichkeit dem mageren Muskelfleisch gleich oder doch äußerst nahe. Fischleber ist bei größerem Wassergehalt (74%) und größerem

Reichtum an unlöslichen Eiweißstoffen ($9^1/_2$ %) weniger nahrhaft, aber infolge eines höheren Prozentsatzes an Extraktivstoffen ($8^1/_2$ %) an sich schmackhafter, so daß Hechtleber und Quappenleber beinahe der berühmten Gänseleber gleichgestellt werden. Außer diesen dreien gelten noch die Reh-, die Kalbs- und die Lammleber sowie die Hühner-, Enten- und die Taubenleber für Leckerbissen und werden in der Regel gebraten als selbständige Gerichte serviert, während man Schweins-, Rinder- und Hammelleber gewöhnlich nur zur Wurstfabrikation verwendet. Die Hammelleber indessen wird, wenigstens noch in Schottland, zu einem eigenartigen Ragout (Haggis) verarbeitet, und von den Arabern in Mesopotamien wird sie sogar roh gegessen. Guten Appetit, ihr Herren!

Lebkuchen s. Honigkuchen.

Lendenbraten, in Österreich und Süddeutschland *Lungenbraten,* in der Schweiz *Lummelstück,* in Niedersachsen *Mörbraten,* heißt jenes bei einem Tier mittlerer Größe etwa 50–55 kg schwere Stück vom Hinterteil des Rindes, das zwischen dem Schwanzstück einerseits und dem Rippenstück andererseits liegt. Aus diesem zarten, saftigen, doch nicht überfetten Stück wird der echte und gerechte deutsche *Ochsenbraten,* das weltberühmte Roastbeef der Engländer, hergestellt und werden jene erquicklichen und kräftigen *Lungenbraten, Filets* und *Beefsteaks* geschnitten, die unter allen Umständen der Anerkennung der Besten sicher sind und deren bloßer Anblick schon den appetitbenagtesten Tafelgenossen mit der tröstlichen Gewißheit erfüllt, daß er für diesmal noch dem Hungertod entgehen wird.

Lerchen bilden eine ganz besondere Gruppe unter den Kleinvögeln, indem sie nicht bloß eßbar, sondern auch jagdbar sind. Das Abkommen zwischen Österreich und Italien vom 5. November 1875 und ebenso das deutsche Reichs-Vogelschutzgesetz vom 22. März 1888 verbieten nur die Anwendung der auf dem Boden angebrachten Fallen und der großen Schlagnetze, nicht aber den Lerchenfang überhaupt. Nun haben zwar in Deutschland die, wie allbekannt, von den höchsten Humanitätsidealen erfüllten Polizeiverwalter und Amtsanwälte wiederholt den Versuch gemacht, glückliche Lerchenjäger durch Strafmandate in unglückliche zu verwandeln, haben aber zu ihrem aufrichtigen Schmerz erleben müssen, daß diese Versuche nur zur Erhärtung des urgermanischen Rechtsgrundsatzes führten:

Lerchen darf ein jeder fangen,
Fette Lerchen, die sind frei!

Stilvolle alte Jungfern und lyrische Vogelgelehrte, vor deren Augen ein Hungerkranker mit dem Tode ringen könnte, ohne daß sie ihm mit einer einzigen kleinen gebratenen Leipziger Lerche beispringen würden, beklagen das natürlich von ganzem Herzen und aus voller Feder. Nüchterne Naturforscher dagegen wissen sehr wohl, daß die famose »Ausrottung der lieblichen Sänger und nützlichen Insektenfeinde« eine ebenso billige wie schwungvolle Redensart ist, mit der man wohl den Profanum vulgus und diesen oder jenen gemütlichen oder sentimental veranlagten Feinschmecker ins Bockshorn jagen, niemals aber dem rechnenden und wägenden Gastrosophen imponieren kann. Denn wer Ohren zu hören hat, der höre: So wenig der Dohnenstrich bisher zu einer merkbaren Verminderung der Drosseln, so wenig hat der Lerchenstrich zu einer nachweisbaren Abnahme der Lerchen geführt! Der Mensch fängt und verzehrt also nur den Überschuß an diesen Vogelarten, dessen die Natur sich sonst auf andern, nicht minder gewaltsamen Wegen entledigen würde, und so ist das Lerchenessen nicht ein Verbrechen an der Natur, sondern ein Verdienst und eine Pflicht. Allerdings eine süße und angenehme Pflicht, denn eine ausgebeinte, feiste, schmucke Lerche ist allerdings nur *ein* Bissen, aber ein Bissen von wunderbarer Saftfülle und geradezu köstlichem Wohlgeschmack, der den ganzen Schmeckapparat bis in die feinsten Fibern hinein in namenloses Entzücken versetzt. Was die Personalien der Lerche anlangt, so gehört sie zum großen und hochachtbaren Geschlecht der Sperlingsvögel, heißt bei den Gelehrten Alauda arvensis L. oder *Feldlerche*, besitzt bei 18 cm Länge eine staunenswerte Anlage zum Fettwerden, bewohnt im Sommer ganz Europa und Mittelasien, zieht aber im Winter regelmäßig nach Süden und bis nach Afrika hinüber und wird bei dieser Gelegenheit im mittleren Deutschland, namentlich im anhaltischen Amt Gröbzig, in den preußischen Regierungsbezirken Halle an der Saale und Merseburg und im sächsischen Kreis Leipzig, in ziemlicher Anzahl gefangen und in Schachteln verpackt über Leipzig, als *Leipziger Lerche* in den Handel gebracht. Der Lerchenstrich fällt hier in die Mitte des Oktobers, und schon im 17. Jahrhundert (1666) war der Ruhm der Leipziger Lerchen eine ausgemachte Sache, beruht aber sicher nicht auf dem Knoblauchfraß der Tierchen, sondern auf dem einfachen Umstand, daß die genannten Distrikte einen sehr ausgedehnten und intensiven Getreidebau und zum Teil sogar einigen Weinbau besitzen, so daß die streichenden Vögel reichliche und gute Nahrung finden. Die Pariser Mauviettes sind übrigens ihren Leipziger Schwestern vollkommen ebenbürtig. Daß schon die Römer *gebratene* und sogar *gefüllte Lerchen* aßen, ist so gut wie selbstverständlich. Die delikaten *Lerchenpasteten* jedoch kamen erst seit etwa 1740 in Aufnahme und wurden damals wie noch zu Anfang des 19. Jahrhunderts zu Pithiviers, der Safran-Metropole des Orléanais am vorzüglichsten hergestellt. »Die Kruste derselben ist ausgezeichnet und ihr Würzgeschmack unübertrefflich!« ruft Grimod begeistert aus. Das 19. Jahrhundert hat noch die *Lerchen in Aspik* hinzugefügt, eine Glanzschüssel des Gabelfrühstücks, die durch kleine Stückchen Gansleber und Trüffeln einen ganz eigenen Reiz empfängt und wahrhaftig würdig ist, von Kennern mit Gewissenheit verspeist zu werden.

Liebesapfel s. Tomate.

Liebfrauenmilch fließt in köstlicher Frische und Lieblichkeit aus den Venusbrüsten jener edlen Reben, die zu Worms in den Ruinen des ehemaligen Liebfrauenklosters und des daran stoßenden Kapuzinergartens wachsen. Diese echte Liebfrauenmilch ist von wunderbarer Würze und wetteifert in der Blume mit den ersten Gewächsen des Rheingaus. Ihr nahe stehen die Produkte zweier anderer Gärten, des Luginslands und des Katterlochs, während die übrigen geringer sind. Gleichwohl gehen auch diese unter dem beliebten Namen, der überhaupt nicht wenig zur Verbreitung des Wormser Gewächses beigetragen hat und allerdings geeignet ist, selbst einen weniger vorzüglichen Trunk durch seinen hochpoetischen Klang einigermaßen zu verklären – wenigstens bei jenen Trinkern, denen an der Poesie mindestens ebensoviel gelegen ist wie am Wein selber.

Limburger Käse, nach seiner Gestalt auch *Backsteinkäse* genannt, ein beliebter Weichkäse aus Kuhmilch, von etwa 8 cm Höhe, doppelter Länge und Breite und 1 kg Schwere, wird in der belgischen Provinz Lüttich (namentlich im Städtchen Herve) aus Vollmilch bereitet und über Limburg in den Handel gebracht, ist aber zugleich die meist nachgeahmte unter allen Käsesorten, so daß es fast keine Gegend mit Käsefabrikation gibt, in der nicht auch Limburger hergestellt würde. Geschmack und Gehalt des Käses erscheinen demgemäß ungemein wechselnd, bald schärfer, bald milder, so daß die Zungenprobe über den Wert jeder einzelnen Sendung entscheiden muß. Die gewöhnlichen Fehler des Limburgers sind das Rissigwerden und das Auseinanderlaufen, die auf Fehlern bei der Bereitung beruhen und den Geschmack wesentlich beeinträchtigen, das Rissigwerden jedoch mehr als das Zerfließen.

Limonade, der landläufigste aller Kühltränke aus Wasser, Zukker und Zitronensaft, trägt den Namen von der *Limone* (Frucht von Citrus limonium Risso), die wir rundweg *Zitrone* zu nennen gewohnt sind (vgl. Zitrone). Durch Zusatz von anderen Fruchtsäften zur einfachen Limonade erhält man die *Kirsch-, Himbeer-, Johannisbeer-Limonaden* usw., während die *Brauselimonade* (franz. Limonade gazeuse) durch Imprägnierung der einfachen Limonade mit Kohlensäure hergestellt wird. Die Limonaden wirken infolge ihres Säuregehaltes durstlöschend und erfrischend, und ihren Geschmack fand schon zu Anfang des 18. Jahrhunderts der Kommerzienrat Paul Jacob Marperger so vortrefflich, daß er allen Ernstes den Vorschlag machte, sie den angezechten Gästen als Rheinwein aufzutischen und damit weiterer Trunkenheit einen Riegel vorzuschieben! In neuerer Zeit ist die Limonade etwas durch die *Orangeade* in den Hintergrund gedrängt worden, die mit

Apfelsinensaft bereitet milder schmeckt und ihres geringeren Säuregehalts wegen auch dem Magen zuträglicher ist.

Linse, die kleinsamigste und wenigst beliebte unter unseren Hülsenfrüchten, ist unstreitig den Mittelmeerländern angeboren, ward aber auch in Ungarn schon zur Steinzeit und in der Schweiz zur Bronzezeit kultiviert. Den alten Ägyptern war sie wohlbekannt, und welche wichtige Rolle sie als Nahrungsmittel bei den Hebräern spielte, erhellt aus der Geschichte Esaus, der sein Anrecht auf das Abrahamsche Majorat für ein »rotes Gericht«, d.h. für einen Brei aus *geschälten* Linsen, an seinen Bruder Jakob losschlug. Heute würde kaum noch eine holländische Millionenerbschaft um diesen Preis zu haben sein, denn die Linsen stehen bezüglich der Verdaulichkeit im denkbar schlechtesten Ruf, so daß man sie von ganzem Herzen dem biderben Landmann gönnt, dessen tatkräftiger Magen leichter mit derartigen Unholden fertig wird. *Linsen-Salat* und *kalte Linsen-Sauce* sind in der Tat das Schrecklichste, was man einem nur etwas feinfühligen Magen zumuten kann. Aber sogar in der Suppe betrachtet man das Linsen-Püree mit berechtigtem Mißtrauen, und selbst als Konserve findet die Linse weit weniger Verehrer als Erbsen und Bohnen, obschon sie diesen an Nährwert keineswegs nachsteht. Am häufigsten macht noch die französische Küche Gebrauch von ihr, schon weniger die österreichische und noch weniger die norddeutsche, in Spanien genießt sie höchstens der Arme, und in England wird sie sogar von diesem verschmäht, ist also vollständig shocking. Nubienfahrer dagegen rühmen den oberägyptischen Linsenbrei mit Zwiebeln als eine vollendete Delikatesse – der Nilkataraktenhunger muß also um einige Pferdekräfte stärker sein als unser Appetit, oder aber die ägyptische Linse, wie schon Rumohr annahm, die europäische an Wohlgeschmack übertreffen. Für die ihr erwiesene Geringschätzung aber hat sich die Linse an den Europäern bitter gerächt. Um 1850 kam von London aus ein Universal-Heil- und Nährmittel in den Handel, *Warton's Ervalenta,* die wirklich Wunder wirkte, indem sie die Kranken erleichterte und den windigen Fabrikanten schwer machte (an Geld und Gut nämlich) – das war grobes Linsenmehl mit etwas Weizenmehl. Die Lorbeeren Wartons aber ließen einen edlen Franzosen (?) nicht lange ruhig schlafen, und 1853 erschien Du Barrys *Revalenta arabica*, die gleichfalls beiden Teilen half, dem Publikum auf den Hund und dem Herrn Du Barry aufs Pferd – das war feines Linsenmehl mit etwas Salz. Das feine Linsenmehl mundete und bekam dem Publikum besser als das grobe, deshalb verklagte Herr Warton Herrn Du Barry, weil der Name Revalenta nur eine Umstellung aus Ervalenta und auf Täuschung des Publikums berechnet sei. Herr Du Barry mußte also sein Produkt umtaufen, und so erhielt die Welt 1855 die *Reconvalesciere* Du Barry, d.h. staubfein gepulvertes Linsenmehl mit etwas Salz und Kartoffelstärke zum schwindelnd niedrigen Preise von nur 3 1/2 Mark (nach heutiger Währung) per 373 g! Vergebens deckten Anselme Payen in Paris (gest. 1871) und Hermann Klencke in Hannover den Schwindel auf, die Reconvalescière und zahllose Nachahmungen derselben behaupteten sich bis in die sechziger Jahre hinein, und so kaufte das liebe Publikum jahrelang um schweres Geld, was es geschenkt nicht hätte genießen mögen.

Liptauer Käse, ein Landsmann des Brinsenkäses, in Österreich aber weit berühmter als dieser, wird als Weichkäse im ungarischen Komitat Liptau aus der Milch der Zackelschafe bereitet und in kleinen Holzfäßchen von 2–2 1/2 kg Inhalt versandt. Die Genußform ist eine eigentümliche: Man knetet nämlich den Käse mit Butter, Salz, Kümmel, Kapern, Paprika und Zwiebeln respektive frischem Schnittlauch zu einem Teig, der, wie Butter auf das Brot gestrichen, Appetitbissen liefert, die an Würze und Wirkung nichts zu wünschen übriglassen.

Liqueur ist veredelter Branntwein, etwa wie Schokolade veredelter Kakao und der Mensch ein veredelter Affe ist. Die Grundlage bildet der brave Alkohol, die Veredlung aber wird durch Fruchtsäfte, Kräuterextrakte, ätherische Öle, Gewürze und vor allem durch Zuckerzusatz bewirkt, nach dessen Menge man *Doppel-Liqueure* mit etwa 500 g und *Tafel-Liqueure* oder *Crèmes* mit etwa 700–1000 g Zucker auf 1 Liter Flüssigkeit unterscheidet. Die

Zahl der verwendeten Zusätze ist Legion, die Zahl der hergestellten Liqueure beläuft sich daher auf mindestens 2 Legionen. Aus Furcht indessen, das Gedächtnis ihrer Kunden zu überlasten, taufen die Fabrikanten ihre Produkte gern auf alte, bewährte Namen, so daß z.B. unter dem Titel *Absinth* einige dreißig, unter dem Namen *Goldwasser* einige fünfzig und unter der Firma *Kümmel* mindestens hundert und einige verschiedene Fabrikate durch die Welt spazieren. Der Liqueur ist eigentlich älter als der Branntwein, da schon Arnold von Villanova zu Ende des 13. Jahrhunderts ein »Goldwasser« herstellte, eigentlich zu Ehren aber kam er erst gegen Ende des 17. Jahrhunderts, als Ludwig XIV. diese »Herzstärkung«, die man bis dahin ausschließlich für Arznei angesehen hatte, regelmäßig zur Beförderung der Verdauung zu nehmen begann und sie dadurch zu einem Bestandteil der Tafel erhob. Seitdem bildet der Liqueur den Schlußpunkt und, wenn er vorzüglich ist, sogar das Ausrufungszeichen hinter jedem trefflichen und wohlgelungenen Mahl. Der Sonnenkönig bevorzugte den *Rossolis*, am verbreitetsten aber war der *Ratafia*. Die besten Sorten lieferte damals das Kloster Mariä Heimsuchung in dem noch heute wegen seiner Liqueure berühmten Flecken La Côte Saint-André bei Vienne, etwas später kamen dazu noch Straßburg i. E. und Nantes, dessen Fabrikate aber zumeist nach England gingen, wo man diesen »Herzstärkungen« das größte Interesse entgegenbrachte. Aber auch in Frankreich hatte der Liqueur nicht bloß glühende Verehrer, sondern auch leidenschaftliche Verehrerinnen, darunter namentlich die schöne, blonde, sentimentale Louise de la Valière (gest. 1710), die seit 1674 im Kloster lebte und dort ihre Sünden und Sorgen im Gebet und im Liqueur ertränkte; unter dem Deckel ihres Betpults stand beständig eine starke Batterie von Liqueurflaschen gegen die Anfechtungen des Bösen aufgefahren. In der Tat ist die Wirkung des Liqueurs der Branntweinwirkung vollkommen gleich. Er regt die Nerven an, fördert die Verdauung und das Denken, und da er überdies bei seinem Würzgeschmack und seinem reizenden Parfüm, seiner »Blume« möchte man sagen, im Augenblick des Genusses das Nec plus ultra aller feinen und kräftigen Geschmacksempfindungen gewährt, so ist er recht eigentlich der Schnaps des armen reichen Manns, der Lethe, in den sich alle Sorgen mit Wollust versenken lassen, und Wilhelm Busch hat deshalb recht:

Es ist ein Satz von altersher:
Wer Sorgen hat, hat auch Liqueur.

Lisbon, der treffliche Weißwein des Tajotales in der Provinz Estramadura, kommt in zwei Sorten vor, gewöhnlicher *Lisbon,* ein sehr feiner trockener Muskat, der aber kaum im Handel erscheint, und *Carcavellos* oder auch *Calcavella,* ein vorzüglicher Liqueurwein, der in bester Qualität in der Gegend des Klosters Belem bei Sacavem gezogen wird und im Ausland zumeist unter dem Namen des längst verstorbenen *weißen Portweins* auftritt.

Livarot, ein erst seit etwa vierzig Jahren in Frankreich sehr beliebt gewordener weicher Kuhkäse aus Magermilch, der vom Flekken Livarot bei Lisieux den Namen trägt, aber auch in anderen Dörfern des Calvados hergestellt wird. Er erscheint in Gestalt eines Zylinders von etwa 15 cm Durchmesser und Höhe.

Löffelkraut, die Nichte Meister Meerrettichs, kommt in Mitteleuropa in vier Arten vor, von denen die kulinarisch beste, das *Apotheker-Löffelkraut,* sich auch in Niederösterreich und Steiermark, nicht aber in Mähren und in Oberösterreich, findet. Das frische Kraut enthält ein eigenes ätherisches Öl und verbreitet daher beim Zerreiben einen stechenden Geruch. Der Geschmack ist kressenartig, man verwendet daher das Löffelkraut zu Salat, der als vorzügliches Skorbutmittel in Ansehn steht, und baut es zu diesem Zweck hin und wieder an. In Nordeuropa wird das wildwachsende bei Eintritt des Winters eingesammelt, in Schnee verpackt und nach und nach als Gemüse verzehrt. Auch nehmen bisweilen Seefahrer das frische Kraut, mit Salz in Fässer eingelegt, als Skorbutmittel mit auf die Reise.

Löwenzahn oder *Pfaffenröhrlein,* auch *Kuhblume, Kettenblume, Milch-, Butter-, Eier-, Dotter-, März-* oder gar *Maiblume, Pippau, Wiesen-Zichorie, Weihenschwanz* usw., sicher eines der namenreichsten, wenn auch nicht gerade namhaftesten Gewächse und mit seinen glänzend gelben Blumen nicht bloß in ganz Europa, sondern auch im gemäßigten Asien und in ganz Nordamerika allbekannt, liefert in seinen jungen Blättern einen ganz vortrefflichen *Salat,* der sogar als höchst zart und schmackhaft bezeichnet werden darf, wenn man sich die Mühe gibt, die Pflanze im Dunkeln zu ziehen. In Frankreich läßt man sich diese Arbeit nicht verdrießen und bringt die bleichgrünen Blätter wie die auf gleiche Weise gezogene Zichorie und auch wohl unter demselben Namen, nämlich als Barbes de capucin, in Menge auf den Markt. Am Rhein und in England benützt man fast nur die wildwachsende Pflanze, in anderen Ländern auch diese nur selten. Wiel empfiehlt die jungen Blätter, nach Entfernung der Spitzen wie Spinat gekocht, als *Gemüse* von fein bitterm Geschmack und leichter Verdaulichkeit für die Krankenküche.

Lorbeerblätter, die immergrünen, langförmigen Blätter des edlen Lorbeerbaumes, bilden eine sehr gesuchte und höchst geschmackvolle Zutat zu allerlei Fischsaucen, Jubiläen, Reissuppen, Siegesfesten, wilden Schweinsköpfen und zahmen Dichterstirnen und werden bei den gedachten Gelegenheiten namentlich in Deutschland in solcher Menge verbraucht, daß die Jahreseinfuhr von etwa 900 q kaum den Bedarf deckt. Die getrockneten Lorbeerblätter, wie man sie namentlich zur Fischsauce verwendet, gelten für um so vorzüglicher, je frischer und grünfarbiger sie sind und je würzhafter sie nach Lorbeeröl duften, sind aber eben wegen ihres Gehalts an diesem Öl diätetisch nicht ganz harmlos und daher wenigstens von Magenschwachen nach Kräften zu meiden.

Lorchel, ein der Morchel nahe verwandter sogenannter Scheibenpilz, der in Österreich, der Schweiz und Deutschland in fünf Arten vorkommt, von denen jedoch nur eine, die *Speiselorchel,* auch *Früh-* oder *Steinlorchel,* mit 5–7 cm breitem und 2–5 cm hohem, gelb- oder schwarzbraunem, unregelmäßig gefurchtem Hut, von wesentlicherer Bedeutung für die Küche ist. Die Speiselorchel ist ein Frühlingspilz, der im März bis Juni mit Vorliebe in Nadelholzwaldungen auf sandigem Boden auftritt und ein ungemein zartes, unter den Zähnen fast zergehendes Fleisch von wenig ausgeprägtem Geruch und Geschmack besitzt. Getrocknet gleicht er einer Kletze oder Hutzel (Birne), gibt aber, da er nicht geschält zu werden braucht, reichlich aus, ist auch in diesem Zustand mit größerer Zuverlässigkeit verwendbar, da der Saft des frischen Pilzes nicht jedem Magen zusagt. Vgl. Morchel.

Lunel, der Bruder des Frontignan, ist zwar weniger haltbar und von minder feinem Parfüm als dieser, gleichwohl aber oder vielleicht auch eben deshalb im Ausland der verbreitetste von den drei französischen Liqueurweinen ersten Ranges. Den Namen trägt er von dem Städtchen Lunel am Lunelkanal, der den Ort mit der Rhône verbindet, während zum nahen Montpellier eine Eisenbahn führt. Am besten ist der Lunel, der schon durch seine grellgelbe Farbe auffällt, über Bordeaux zu beziehen.

Lunge, das große zweilappige Brusteingeweide, besteht aus glatten Muskelfasern, Bindegewebe und elastischem Gewebe nebst Blut, enthält daher nicht unbedeutende Mengen (12–18 %) Stickstoffsubstanz und Fett ($2^1/_2$ %), ist also nahrhaft, indessen wenig schmackhaft und noch weniger gut verdaulich und wird deshalb selten oder nie als selbständiges Gericht, sondern mit Herz, Schlund und Milz zusammen als sogenannte *Geschlinge* hauptsächlich zur Wurstfabrikation verwendet.

Lungenbraten s. Lendenbraten.

M

Madeira, das feurige und süße Hochgewächs der gleichnamigen atlantischen Insel, ist der älteste unter jenen großen Welt- und Luxusweinen, die echt oder nachgemacht in allen Erdteilen zu haben sind, denn schon im letzten Viertel des 15. Jahrhunderts stand er auf der Höhe eines Ruhms, den der Portwein erst seit Anfang des 18. Säkulums, der Champagner erst seit 1815 und der Sherry erst seit 1840 erlangt haben. Das Weinfaß, in welchem der Herzog von Clarence am 18. Februar 1478 auf Befehl seines königlichen Bruders Eduard IV. von England ertränkt wurde, enthielt »Malvasier«, d.h. *Madeira-Malvasier* oder kurzweg *Malmsey*, wie man schon damals in England die beste Sorte des Madeira zu nennen geruhte. Diese beste Sorte ist ein höchst süßer, schmalziger, hochgeistiger Liqueurwein, der nur an der Südküste der Insel auf einem eng begrenzten Gebiet aus der griechischen Malvasiertraube gewonnen wird, die Dom Henrique el Navegador (gest. 1460) schon 1421 von Candia nach dem zwei Jahre zuvor entdeckten Madeira verpflanzen ließ. Er ist im Handel um so seltener, da er sechs Jahre zum vollen Ausreifen braucht und weil die besten Lagen der Krone Portugals gehören. Dem Malmsey gegenüber steht als der Wein des Handels der sogenannte *trockene* oder *Dry-Madeira*, ein mehr oder minder tief bernsteinfarbener Wein mit beinahe goldigem

Schimmer, dessen Zucker sich größtenteils in Alkohol verwandelt hat und der daher neben dem eigentümlichen Würzgeschmack ein leises, äußerst angenehmes Stechen auf der Zunge und im Gaumen erzeugt. In der Jugend hat der Dry-Madeira eine gewisse Herbheit und Strenge, die ihn zum sofortigen Genuß ungeeignet macht: Er erhält daher regelmäßig einen größeren Spritzusatz, der seinen Alkoholgehalt auf 16–20 % steigert, und wird zwecks schnellerer Zeitigung in heizbaren Magazinen gelagert, oder man läßt ihn eine Spazierfahrt nach Westindien machen, wodurch er nicht nur an Milde, sondern auch an Handelswert außerordentlich gewinnt, da dieser *gereiste Madeira* oder Vino de roda zwei-, drei- und sogar vierfach höher bezahlt wird als der ungereiste. In gastronomischer Hinsicht gehört der Dry-Madeira zu jenen Weinen, die nur gekostet, nicht eigentlich getrunken sein wollen. Man nimmt ihn beim Frühstück als Magenstärkung, bei Tafel aus kleinen Liqueurkelchen als coup d'après unmittelbar nach der Suppe, um die Zunge zu wetzen, auf der Jagd, auf der Reise usw. als coup de l'étrier und präsentiert ihn endlich in Gesellschaft mit Bisquit als kleine Erfrischung. Die anregende, belebende Wirkung eines Schlucks Madeira ist bekannt, und wenn der Portwein ihn vielleicht in dieser Hinsicht übertrifft, so wiegt er das durch die Schnelligkeit auf, mit der er wirkt und die ihn bei plötzlichen Anwandlungen von Schwäche zu einem durch nichts übertroffenen Weck- und Belebungsmittel macht. Die vorzüglichsten Sorten des Dry-Madeira sind der *Sercial* und der *Boal*, der schändlichste, aber verbreitetste der sogenannte *Elb-Madeira*, der in Neustadt-Magdeburg, Hamburg und Stettin gewerbsmäßig aus altem Weißwein mit Spritzusatz, Nußschalenextrakt und Kandis erzeugt wird. In Frankreich verfertigt man eine gleich edle Sorte aus Zider mit Honig, und in Amerika hat man gar »echten« Madeira aus einem Hopfenabsud mit Schwefelsäure, Honig und Jamaika-Rum hergestellt. Anlaß zu solchen teuflischen Nachahmungen war allerdings vorhanden, da die Weinproduktion Madeiras, nachdem sie schon seit 1840 immer geringer geworden, seit 1852 infolge der Verheerung durch den Traubenpilz vollständig stockte und erst seit 1858 ganz allmählich wieder gestiegen ist. Inzwischen hat nun der Kanarien-Sekt sich unter der Flagge des Madeira und der Sherry sich unter eigenem Namen eingebürgert, es wird daher für den Madeira schwer werden, das verlorene Terrain zurückzuerobern, selbst wenn die Insel ihn in Zukunft wieder in der alten Güte und Menge produzieren sollte. Von den Rotweinen der Insel kommt nur einer, der *Tinto, rote Madeira* oder *Insel-Burgunder* auf den Markt, der in der Jugend mildem Burgunder gleicht, im Alter aber seine rote Farbe verliert und einen (durch den Gehalt an Gerbstoff bedingten) herben Geschmack annimmt. Dieser rote Madeira dürfte auf dem Kontinent kaum oder höchstens zu Apothekerpreisen zu haben sein, wie er denn tatsächlich von ärztlicher Seite als Mittel gegen Dysenterie in Vorschlag gebracht worden ist. Vgl. Marsala.

Maibowle, *Waldmeisterbowle*, das verkörperte, weingewordene »Lied an die Freude«, der würzigste, herzerhebendste Frühlingsgruß Gastereas an ihre Jünger, wird in bester Qualität nur im Grünen, und zwar nach dem Verhältnis von 4 Flaschen Weißwein auf 1 Flasche Rotwein nebst 1 Flasche Schaumwein bereitet. Der Weißwein soll leicht, aber um Gottes und der Bowle willen nicht sauer, der Rotwein kräftig, doch nicht allzu herbe, der Schaumwein gut, wenn möglich Champagner sein. Bei besonders wichtigen Gelegenheiten ist man befugt, sich die Güte und Reinheit dieser Ingredienzen vom Lieferanten mit einem körperlichen Eid bekräftigen zu lassen. Am Tatort wird zuerst der Weißwein mitsamt dem Rotwein in die Bowle gegossen, dann die Mischung mit Zukker versüßt bis zu jenem kitzligen Punkt, wo der Säuregeschmack des Weines zurück-, der Süßgeschmack des Zuckers aber noch nicht hervortritt – es ist das der sogenannte »Indifferenzpunkt«, den selbst anerkannte Meister bisweilen verfehlen – und endlich der frische, sauber verlesene Waldmeister in möglichst großer Quantität hinzugefügt. Ist bis dahin kein Mißgriff und kein Unfall eingetreten, so darf der Bowlenkünstler getrost in die Zukunft blicken und sogar, während sein Kunstwerk »zieht«, mit einem feinen Branntwein oder Liqueur die Zunge putzen. Dann probt er, in welchem Grad die Bowle das Aroma des Waldmeisters angenommen hat, entfernt den duftenden Gesellen, sobald ihm die rechte Nuance erreicht scheint, setzt schnell und geschickt den Schaumwein zu und streckt sich endlich zu den Genossen auf die Bärenhaut, des Beifalls der Kenner im voraus gewiß. Eine solche Bowle ist an sich ein Hochgenuß, und im Grünen, sei's Garten, Park oder Wald, Lindenschatten oder Buchendüster, und womöglich von schöner, weicher, rosiger, kleiner Hand kredenzt, ist sie ein Göttertrank, dem zulieb man sich mit seinem Todfeind aussöhnen könnte – wenigstens so lange noch ein Tropfen in der Terrine ist. Weitere Zusätze als die angegebenen (etwa Zitronensäure, Orangenschale, Ananas etc.) sind bei der Maibowle als geschmackswidrige Rokoko-Schnörkeleien durchaus verwerflich und höchstens statthaft, wenn der Indifferenzpunkt verfehlt und der Trank von Hause aus verpfuscht wurde: Die echte und gerechte Maibowle von Meisterhand wird durch solche Schönpflästerchen nur entstellt. Die Maibowle war schon im 16. Jahrhundert im Österreich, Deutschland und Holland an der Tagesordnung, im 18. Jahrhundert vertrat sie sozusagen die Stelle des Champagners und bildete im Mai und Juni den Abschluß jeder größeren Sitzung, und auch im 19. Jahrhundert hat sie nicht an Beliebtheit verloren. Vgl. Waldmeister.

Mairübe s. Weißrübe.

Mais, *Welschkorn* oder *Türkischer* Weizen, in Ungarn, Österreich, der Türkei und Griechenland Kukuruz, in den USA rundweg Corn, die stattliche, geradezu imposante Halmfrucht des Westens, wird in Europa zum erstenmal im Jahr 1500 unter den Einfuhrartikeln der Stadt Sevilla erwähnt, verbreitete sich aber seitdem mit solcher Schnelle über den Süden des Kontinents, nach Afrika, Syrien, Kleinasien, nach den untern Donauländern und nach Ostindien, daß er schon um 1555 China erreicht hatte, ohne daß sich Näheres über die Stationen dieses Marsches angeben ließe. In Frankreich wird er zuerst 1536 durch Jean Ruelle, in Deutschland 1539 durch Hieronymus Bock genannt und erscheint 1565 als Zierpflanze im Stuttgarter Lustgarten. Nach dem Friaul brachte ihn 1590 Benedetto Miani, und schon 1610 bildete er einen ansehnlichen Ausfuhrartikel Venedigs. Innsbruck erhielt ihn 1647 von Rovereto her, doch zunächst mehr als Zier- denn als Nutzpflanze. »Er wird mehr Lust's wegen in die Gärten als in die Felder gebauet«, berichtet Hohberg 1682. »Die Hauer in Österreich bauen ihn auch gern in die Weinberge, wo ein wenig ein leerer Fleck ist, und hangen darnach die vielfarbigen Kolben in ihren Wohnzimmern zur Zierd' auf.« Auch in Steiermark und Niederösterreich begann die Maiskultur im großen erst zu Anfang des 18. Jahrhunderts, und nach Süd- und Klein-Rußland wurde sie erst seit 1840 durch Regierungsmaßregeln von Bessarabien aus verpflanzt. Jetzt freilich bilden in Kiew wie in Odessa *unreife Maiskolben,* in Salzwasser abgekocht und mit frischer Butter bestrichen, ein ungemein beliebtes Gericht, das möglichst tagtäglich als Delikatesse nach Art unserer grünen Erbsen auf den Tisch kommt, während in Bessarabien, der Bukowina, ganz Rumänien und Serbien (wo laut Verordnung vom Jahre 1837 jeder verheiratete Landwirt 3 Pflugtage Kukuruz zu bauen hat) die *Mamaliga,* d.h. Maismehl in Wasser, an Festtagen mit Eiern und Butter in Milch gekocht, wie in Norditalien die *Polenta* (Maismehl in Wasser und mit Salz gewürzt) ein allgemeines Volksnahrungsmittel bilden und sogar die Stelle des Brotes vertreten. Auch in Norddeutschland war *Maisbrei* in Milch, mit Butter gefettet, nach dem Zeugnis Marpergers zu Anfang des 18. Jahrhunderts ein bekanntes ländliches Gericht, aber weniger beliebt als der Buchweizenbrei; jetzt ist er völlig unbekannt. Die Maiskörner, die je nach der Spielart sehr verschieden (gelb, rot, blau oder weiß) gefärbt sind, stehen im Nährwert unserm Getreide mindestens gleich und werden in allen maisbauenden Ländern zur Herstellung von *Maismehl* verwendet, aus dem man, wie angegeben, Brei kocht oder Brot und Kuchen bäckt. In Irland führt der Maismehlbrei den Namen *Stirrabout* (Aufhelfer, Aufdiebeinebringer), im Far West der USA aber heißt er *Hominy* und liefert mit einer Beilage von Schweinefleisch das Nationalgericht Hog and hominy. Die Kaffern, bei denen der Mais seit 1860 die Durrha immer mehr zurückdrängt, bereiten aus den vorher gekochten Körnern ebenfalls einen Brei, den sie Isicaba nennen und neben saurer Milch nach irländischer Manier mit dem Löffel ausstechen. Zum Zweck des Backens vermengt man in Europa das Maismehl mit Roggen- oder Weizenmehl (vgl. Brot), in Amerika aber bereitet man daraus ohne Zusatz flache, dünne, ungesäuerte Kuchen, die in den USA *Johnny-cakes* oder *Corn-bread,* in den Südstaaten auch *Corn-dodgers* (Maiszwieback), in Mexiko aber *Tortillas* heißen. Außerdem verwendet man das Maismehl seiner Weiße wegen gern zu Puddings, Bisquits und sonstigem feinen Backwerk und bringt für diese Zwecke auch große Mengen Maisstärke unter dem Namen *Maizena* oder *Mondamin* in den Handel. Die *unreifen Kolben* werden geröstet (die Cancha der Peruaner), namentlich aber wie Pfeffergurken etc. in Essig eingelegt (*Maiskölbchen,* vgl. auch *Grünkorn*). Auch das reife Korn wird gedörrt und namentlich in Indien und im Orient auf der Reise unzerkleinert genossen. In Ungarn kommt er in Salzwasser gekocht oder auch gebraten als Dessert auf den Tisch. Endlich liefert der Mais auch ein Bier, die berühmte *Chicha* de maïs, die in manchen Gegenden geradezu das Trinkwasser vertritt und in fast ebenso vielen Sorten wie unser Gerstenbier vorkommt, und einen Branntwein, den *Pulque* de tlaolli der Mexikaner, das *Tis* der Apachen, dessen Genuß eines der Privilegien des aztekischen Adels ausmachte. Kurzum, das Welschkorn weiß sich unter den verschiedensten Umständen und in den verschiedensten Formen nützlich zu machen und würde bei seinem Reichtum an Stickstoffsubstanz unstreitig ein sehr gefährlicher Konkurrent für unsern Weizen sein, wenn dieser ihm nicht an Schmackhaftigkeit bedeutend überlegen wäre.

Maischwamm s. Musseron.

Maitrank ist im günstigsten Falle guter, leichter Weißwein, mit Waldmeister gewürzt und mit Zucker versüßt – also Maibowle im kleinen. Was man jedoch namentlich in den norddeutschen Schenken unter diesem Namen vorgesetzt erhält, ist ein mit Kumarin (ätherischer Duftstoff der Tonkabohne) versetzter Kunstwein, der wie Waldmeister duftet, wie Selterswasser mit Zucker mundet, wie Fusel benebelt und dem Trinker am Ende bekommt wie dem Hund das Gras. Dixi et animam salvavi.

Majoran, genauer *Sommer-* oder *Gartenmajoran,* in Österreich *Margron* oder *Makron,* in Niederdeutschland *Mairan,* ein fußhohes, weißblumiges Mitglied der aromatischen Innung der Lippenblütler und Inhaber eines vielfach zu Heilzwecken verwendeten ätherischen Öls, stammt aus Nordafrika und wurde in Griechenland schon zur Zeit Theophrasts (um 350 v. Chr.), in Italien mindestens seit Christi Zeit kultiviert. Nach Deutschland indessen kam die Pflanze wahrscheinlich erst zu Anfang des 16. Jahrhunderts, nach England nachweislich erst 1573, und in Oberösterreich bezog man noch zu Ende des 17. Säkulums den Samen alljährlich aus Italien. In Niederösterreich noch 1860 so gut wie unbekannt, wird sie jetzt nicht nur häufig in den Hausgärten, sondern am Neusiedler See auch im großen gebaut. Das Kraut dient, gedörrt und gepulvert, in der Küche als Gewürz, hauptsächlich an Wurstmasse, und führt daher in einigen Gegenden auch den Namen *Wurstkraut.*

Makkaroni s. Nudeln.

Makrelen, in Salzwasser *gesotten* oder in Öl *geröstet,* sind echte Lenzvögel und Frühlingsboten, obgleich nicht Chidher der Ewigjunge, sondern Neptun der alte Weißbart sie ins Land schickt. Auf dem Rücken stahlblau mit dunklen Querstreifen, auf den Flanken perlmutterweiß mit goldigem Schimmer, schlank wie eine Najade und bei 50 cm Länge etwa 1 kg schwer, kurzum ein Engel in Fischgestalt, bewohnt die Makrele neben dem Vetter Thunfisch den Atlantischen Ozean nebst Mittelmeer, Nord- und Ostsee vom 30. bis 71. Grad nördlicher Breite und verbirgt sich bescheiden in der Tiefe, bis die Sehnsucht nach Anerkennung ihrer Reize sie im Frühjahr mit der Allgewalt der Eitelkeit an die Küsten und ins Netz treibt. Der Hauptfang geschieht im Mittelmeer im April und Mai, an der französischen, holländischen und englischen Küste im Mai und Juni, in der Ostsee und am Gestade Norwegens, das jährlich 30–35 Millionen Stück in Eispackung nach England sendet, im Juni bis August. In Südeuropa wird die Makrele gesalzen und als Pökelfleisch in den Handel gebracht, weiter nördlich aber genießt man sie ausschließlich frisch und beeilt sich dabei nach Möglichkeit, da sie wie alle Frühlingsgemüse von höchst geringer Haltbarkeit ist. Oft liegt sie, mittels Schnelldampfers in den Hafen befördert, schon 6 Stunden nach dem Fang auf dem Rost, und sogar im äußerlich äußerst frommen Albion darf sie sonntags verkauft werden, was sonst keinem Fisch dort gestattet ist. In ihrer Frische stellt sie aber auch ein wirkliches Maigericht dar, denn das Fleisch ist sehr zart, von rührendem Wohlgeschmack und bei 19 % Stickstoff- und 8 % Fettgehalt vortrefflich nährend – nur nicht leicht verdaulich, so daß geröstete Makrele keineswegs jedes Magens Sache ist. Die alten Herren Römer, denen die Transportmittel des Altertums nur ausnahmsweise den Genuß des frischen Fisches gestatteten, machten ihn in anderer Weise nutzbar: sie stellten aus dem Fleisch nebst den Eingeweiden und dem Blute eine Art Harvey-Sauce her, die als Garum in der antiken Küche eine Hauptrolle spielte, aber auch einen ebenso pikanten Preis wie pikanten Geschmack hatte, indem einige Liter der besten Sorte (des spanischen aus Cartagena) auf rund 600 Mark kamen. Der Wiener Küche steht die frische Makrele fern, in Paris aber ist das Kilo für 1–1 1/2 Francs, in London das Stück für 1 Shilling, in den Ostseehäfen für 0,25–0,50 Mark und in Norwegen schon für 0,20 Mark zu haben.

Makronen, in Wien auch *Mandelbusserln* genannt, sind Mandelgebäcke von Walnuß- bis Aprikosengröße, die aus Zucker, Eiweiß und süßen Mandeln *(süße Makronen)* oder nur zur Hälfte aus süßen und zur andern Hälfte aus bitteren Mandeln *(Bitter-Makronen)* hergestellt und als Näscherei zur Schokolade oder beim Dessert verbraucht werden.

Malaga wird nicht bloß in der Axarquia, der etwa 14 Quadratmeilen umfassenden Umgegend der Hafenstadt Malaga, sondern in nicht geringer Quantität auch in der Sierra de Contraviesa südwärts von Malaga, im Magalete, dem Hügelland der Stadt Motril, und in den Alpujarras, dem Südstück der Sierra Nevada, gewonnen. Die beste Sorte ist der tief purpurrote *Malagamuskat* von beinahe öliger Konsistenz, bedeutendem Alkoholgehalt und äußerst gewürzhaft süßem Geschmack, der in gleicher Güte wie um Malaga auch bei Motril gedeiht. Dieser Sorte zunächst steht der mild aromatische *Tierno;* die eigentliche Handelssorte aber bildet der dunkel rotbraune, feurige *Pedro Ximenez* von ungemein süßem Geschmack, das Produkt der Jimenecia-Rebe, die zu Anfang des 16. Jahrhunderts von Madeira an den Rhein und die Mosel und erst von dort aus zu Ausgang jenes Säkulums durch den deutschen Winzer Peter Simon nach Granada verpflanzt wurde. Dieser Pedro-Ximenez oder *Pero-Jimen* ist in der Jugend beinahe bernsteingelb, dunkelt aber mit den Jahren nach und nimmt liebenswürdigerweise zugleich an Güte zu, so daß ein Fünfzigjähriger das Dreifache eines Fünfjährigen kostet. Er geht von Malaga aus in alle Welt, hauptsächlich aber nach England und Amerika. Als Dessertwein steht noch der *Malaga-Tintillo* in Ansehen. Er ist von gelbroter oder rosenroter Farbe, vielem Feuer, feinem Aroma und sehr angenehmem Geschmack, aber etwa um ein Viertel bis ein Drittel teurer als der Pero-Jimen.

Malvasier, ursprünglich ein feuriger, goldgelber Süßwein Griechenlands und der griechischen Inseln, der nach dem Exporthafen Malvasia di Napoli (jetzt Monemvasia) an der Ostküste Lakoniens, wenn nicht nach dem Dorf Malevisi bei Candia auf der Insel Kreta hieß, denn Kreta war im Mittelalter der Hauptproduzent dieses edlen Tropfens, exportierte noch zu Ende des 16. Jahrhunderts 200000 Faß in einem einzigen Jahre und baute noch um 1820 echten Malvasier aus der Siriki-, Sirichi- oder Siritschi-Traube bei Malevisi, bei Melidoni und beim Kloster Arkadi. Jetzt ist dieser eigentliche Malvasier, der im Mittelalter zu den Weinen ersten Ranges zählte und von unseren frommen, biederen Vorfahren mit geradezu grenzenloser Unverschämtheit nachgemacht wurde, völlig aus dem Handel verschwunden und eine ganze Reihe anderer Malvasiersorten an seine Stelle getreten. Griechenland liefert deren vier: den weißen, halbsüßen *Achaios* oder *Achaja-Malvasier* von Patras, den roten, feurigen *Malvasia-Nektar* (Ausbruch) ebendaher, den dunkelbraunen, eigenartigen *Monemvasia* aus Lakonien und den weißen, kräftigen *Argos-Malvasier,* gleichfalls aus dem

Peloponnes. Dazu kommen noch von den Inseln der goldfarbene, äußerst zarte *Gran Malvasia di Cephalonia* und der tiefrote, an Burgunder erinnernde *Misistra-Malvasier*, der aber nicht bei Misistra oder Mistra (dem alten Sparta), sondern auf der Insel Santorin wächst. – Italien erzeugt an Malvasiern in Piemont den weitberühmten und wirklich guten weißen *Canelli*, auf Sizilien den feurigen, rötlich schillernden *Catania* und vor allem auf den Liparen den weißen *Malvasia di Lipari* und den roten *Malvasia Stromboli*, beides geschätzte und vorzügliche Liqueurweine von feinem Parfüm und angenehm süßem Nachgeschmack. Bis gegen 1850 war auch der *Malvasia di Sorso* von Sardinien beliebt, der in Riesenflaschen von mehr als 25 Liter Inhalt versandt wurde, der aber seitdem vollständig aus dem Handel verschwunden ist. – In Spanien wird Malvasier an nicht wenigen Orten (Malaga, Xeres usw.), doch nur in geringer Quantität erzeugt. Selbst der berühmte ambrafarbige *Malvasia de Sitjes* aus Katalonien ist für das Ausland nur ein Buchwein, der niemals auf den Brettern der Tafel erscheint. Eine um so großartigere Rolle spielen dagegen die Malvasiere der atlantischen Inseln, der *Kanarien-Sect* und der *Madeira-Malvasier* oder *Malmsey*, die schon zu Ausgang des Mittelalters dem griechischen Malvasier Konkurrenz machten und ihn seit dem 17. Jahrhundert vollständig ersetzt haben. – Frankreich liefert den im Süden sehr gesuchten *Malvoisie de Roquevaire*, der aber kein Malvasier, sondern ein roter Muskateller ist und nur von seiner Ähnlichkeit mit dem Malvasier den Namen führt. – Österreich endlich bringt in Dalmatien verschiedene Malvasiere hervor, von denen namentlich der weißgelbe, etwas herbe *Malvasia di Ragusa* weiter bekannt ist. – Alle Malvasiere sind gute Dessert- und Liqueurweine, wer aber mit Genuß darin kneipen will, muß sie mit kohlensaurem Wasser mischen – andernfalls möchten ihm am nächsten Morgen sämtliche Haare zu Berge stehen und das grimmigste graue Elend aus allen Poren sehen.

Mandarinen s. Apfelsine.

Mandeln, die platten, eiförmigen, braunen, mit mehr oder minder harter und mehr oder minder dicker Steinschale umgebenen Samenkerne des Mandelbaums, zerfallen unter dem gastronomischen Gesichtspunkt in drei Klassen: in *Süßmandeln* von durchschnittlich 3 cm Länge und von angenehm süßöligem Geschmack, in *Bittermandeln* von 2 bis $2^1/_2$ cm Länge und von durchdringend bitterem Geschmack und in süße *Knack-* oder *Krachmandeln* mit leicht zerbrechlicher, korkiger, tief gefurchter Steinschale, deren Beseitigung eine noch weit leichtere und angenehmere Beschäftigung bildet als das Nüsseknacken. Die Krachmandel bildet eben deshalb einen sehr beliebten Bestandteil des Nachtisches, ist aber, seitdem man sie des schönen lichtgelben Aussehens der mit Schwefeldampf behandelten Schale wegen nur noch geschwefelt auf den Markt bringt, nicht ganz unbedenklich. Für die *Bittermandel* hat die Küche nur als Gewürz an Süßmandelgebäcken etc. Verwendung – abgesehen von dem jahrhundertealten, aber unzutreffenden Glauben durstiger Seelen, die da meinen, »wann sie deren ein Stück etliche vor dem Trinken auffressen, ihren Kopf und Magen so zu präparieren, daß sie hernach einen soviel stärkern Trunk vertragen können«. Was aber die *Süßmandel* anlangt, so hat die Küchensprache gar nicht Ausdrücke genug, um ohne umständliche Beschreibung all die süßen und verführerischen Backwerke und Tränke namhaft zu machen, bei denen diese Königin aller Nußfrüchte die Hauptrolle spielt. Da gibt es *Mandelbrote* und *Mandelbisquits* in allen denkbaren Schattierungen, *Mandeltorten* und *Mandelkuchen* in allen ersinnlichen Spielarten, *Mandelbögen* und *Mandelköche* in allen dagewesenen und noch nicht dagewesenen Nuancen, dazu *Mandelpuddings* und *Mandelkrapfen*, *Mandelbusserln* und *Mandelschmarren*, *Mandelsulzen* mit und ohne Gelatine, *Mandelkipfel*, *Mandelhippen*, *Mandel-Maultaschen*, *Mandelstrudel* und *Mandelstriezel*, *Mandelschnitten*, *Mandelrouladen*, *Mandelkarten* und sogar ganze *Mandelberge* mit Zucker übersponnen, ferner *Mandelsuppen* mit Zimt gewürzt, *Mandelsaucen* mit Meerrettich in kalter oder warmer Uniform, *Mandelgefrorenes* mit und ohne Rahm, *Mandelcreme* und vor allen Dingen *Mandelmilch*, der süße Labetrank, der jedem zivilisierten Europäer schon an der Wiege gesungen wird und zu dem er bei allen Diarrhö-Verlegenheiten unwandelbar seine Zuflucht nimmt.

Die *Süßmandel* enthält neben 6 % Wasser und 14 % Faserstoff und stickstoffloser Substanz rund 53 % Fett und 23$^1/_2$ % Stickstoffsubstanz, die *Bittermandel* nur 43 % Fett, aber 34$^1/_2$ % Stickstoffsubstanz und darunter 2$^1/_2$–4 % Amygdalin, dessen einer Bestandteil, die Blausäure, den bittern Geschmack und mit dem zweiten zusammen, dem Bittermandelöl, die (meistens sehr überschätzte) Giftigkeit des Kerns bedingt. Vom rein chemischen Standpunkt aus müssen also die Mandeln für äußerst nahrhaft angesehen werden, sie sind aber wie alle Nüsse schwer kaubar und daher auch schwer verdaubar. Wie der Käse sollten sie deshalb nur sparsam genossen werden, und das um so mehr, da sie in diesem Falle genau wie jener die Verdauung der übrigen Speise fördern. Wer galant sein will, mag sie daraufhin den »Käse der Damen« nennen – das Recht dazu hat er. Vgl. Marzipan.

Mangold ist zwar keine der ältesten, aber namentlich seit Einführung der Rübenzuckerfabrikaton eines der wichtigsten Kulturgewächse, das als Strandpflanze im ganzen Mittelmeergebiet wild vorkommt und unter der Pflege des Menschen in zwei Hauptspielarten, den Gartenmangold oder die Bete und den Rübenmangold oder die Runkelrübe, auseinandergegangen ist. Der *Gartenmangold* mit kaum daumendicker Wurzel, auch *Bete, Beißkohl, römischer Kohl, weißer* oder *sizilianischer Mangold* genannt, hat sein Verdienst im Blattwerk sitzen, das, in Milch oder Fleischbrühe gekocht, mit oder ohne Essig, ein einstmals im ganzen gemäßigten und nördlichen Europa hochgeschätztes, jetzt aber selbst vom gemeinen Mann ziemlich vernachlässigtes Sommergemüse liefert. Von einer aus der Schweiz stammenden Spielart, der *Cardonen-Bete* oder dem *Schweizer Mangold* mit zweifingerbreiten Blattstengeln, der 1764 durch den Apotheker Andreä nach Norddeutschland kam, benutzt man Stengel und Mittelrippe des Blattes zur Bereitung eines Herbstgemüses, das in Westfalen »Strepp-maus« (Strippenmus) heißt, den von der Mittelrippe abgestreiften Blattkörper aber als Spinat (»Winterspinat«). Ganz im Gegensatz zu diesem Gartenmangold hat die zweite Hauptspielart, der Rübenmangold, sein Verdienst in der Wurzel stecken, indem nicht nur eine seiner Varietäten, die allbekannte Zuckerrübe, sich zur Zuckerlieferantin für den ganzen Kontinent aufgeworfen hat, sondern eine zweite auch auf der guten Tafel eine ganz angesehene Stellung einnimmt. Diese zweite Unterart, die *Rotrübe, Rotbete* oder auch *rote Rübe,* hat grünlich-rote Blätter und eine durch und durch blutrote, ziemlich starke Wurzel, die, abgekocht und gescheibelt, mit Essig und Gewürzen angemacht und als Salat zum Fleisch verspeist wird. Beide Hauptspielarten des Mangold waren den alten Griechen und Römern wohlbekannt. In Deutschland treten sie zur Zeit Karls des Großen auf, nach England aber gelangten sie erst 1570. In neuerer Zeit haben sie sehr an Beliebtheit eingebüßt, namentlich der Gartenmangold, der auf der guten Tafel nirgends mehr geduldet wird.

Maraschino (franz. marasquin), ein Kirschliqueur, der nach Art des Kirschwassers aus den halbreifen Früchten der Marasca-Weichsel bereitet und durch Zusatz von 10 % Traubenwein veredelt wird. Der Hauptfabrikationsort dieses edlen und würzhaften Liqueurs ist Zara in Dalmatien. Vgl. Kirschen.

Margarine s. Kunstbutter.

Marille s. Aprikose.

Mark s. Fett und Knochen.

Markgräfler, badischer Weißwein aus Gutedel- und Riesling-Rebsatz, der in der »Markgrafschaft«, d.h. im südwestlichen Teil des Landes, bei den Flecken Feldberg, Hallingen, Lörrach, Efringen, Istein, Weil, Müllheim usw. auf den sonnigen Vorbergen des Schwarzwalds gezogen wird und wegen seiner Milde und seines eigentümlichen Wohlgeschmacks in der Schweiz und in Norddeutschland als Tischwein beliebt ist. Im Handel geht vielfach auch der etwas geringere *Kaiserstühler*, der seinen Namen von dem Gebirgsstock trägt, unter der Firma des Markgräflers.

Markobrunner, unter den Hochgewächsen des Rheingaues eines der edelsten, wächst dicht am Rhein auf einem Gelände, das teils zur Feldmark von Hattenheim teils zu Erbach gehört und nach einem auf der Grenzmark befindlichen Brunnen den Namen *Markobrunn* trägt. Unter dieser Bezeichnung kommt das Weingelände schon im Jahre 1104 vor.

Marmelade s. Gelee.

Maronen s. Kastanien.

Marsala, kräftiger, strohgelber, stark mit Weinsprit versetzter Weißwein von etwas strengem Geschmack, der bei Marsala auf Sizilien längs der Küste gezogen und in großem Umfang exportiert wird – teils um in Deutschland und namentlich in England getrunken, teils um in Frankreich (Cette und Marseille) in Madeira umgearbeitet zu werden, so daß drei Viertel des gegenwärtig im Handel befindlichen Madeiras sizilianischen Ursprungs sein dürften. Für den Export nehmen übrigens auch die Weißweine von Catania und vom Faro di Messina in der Regel den Namen des Marsala an.

Marzipan, in verschiedener, bisweilen künstlerisch vollendeter Gestalt auftretendes Konfekt aus Mandelbrei, das mit Rosenwasser angemacht und mit Gewürzen und Zucker verarbeitet wird, steht bei Philologen wie Gastronomen nicht ohne Grund im Ruf der Unverdaulichkeit. Den Liebhabern des Wortes ist freilich leicht zu helfen, sobald sie sich nur entschließen können, einmal beim Wort »Marzipan« fünf Minuten lang nicht an den heiligen Markus, den Schutzpatron der Bäcker und der Republik Venedig, zu denken. Das Marzipan ist nämlich kein »Markusbrot«, kein Marci panis, wie es im ausgeprägten Küchenlatein des absterbenden Mittelalters genannt wurde, sondern es ist Panis Martius, ital. Marzapane und daraus verdorben Massepain, zu deutsch *Märzbrot,* d.h. Osterbrot, das im März gebacken und zum Osterfest auf den Klostertisch kam – auf den Klostertisch zuerst, denn das Marzipan ist eine Erfindung der Klosterküche des Mittelalters, wenn auch keineswegs deren größtes Verdienst, da es im Punkt der Schwerverdaulichkeit alles übrige Gebäck übertrifft und zahllose Indigestionen auf dem Gewissen hat. Diese leidige Schwerverdaulichkeit beruht auf dem unerhört hohen Fettgehalt (etwa 31 % !) der Masse, der mit einem gleich hohen Zuckergehalt Hand in Hand geht, und dessen Bewältigung daher eine Aufgabe bildet, der gegenüber jeder nicht durchaus kerngesunde Magen sich zu einem kläglichen Non possumus genötigt sieht.

Matelote, zu deutsch *Matrosenmus*, eine Art Fischragout oder Fischfrikassee aus zwei oder mehr Fischsorten, das die französische Kochkunst der Küche des gemeinen Mannes entlehnt, durch allerlei pikante Zusätze veredelt und in dieser Gestalt auf dem ganzen Kontinent eingebürgert hat. Um 1750 war nicht einmal der Name, viel weniger das Gericht den Pariser Köchen bekannt, so daß also die Einführung der Matelote in die zweite Hälfte des 18. Jahrhunderts gesetzt werden muß.

Matzes oder *Mazzes* heißen die dünnen, ungesäuerten Osterbrote der Juden, die nur aus Wasser und Mehl bereitet und am Passahfest genossen werden.

Maulbeeren, die fleischigen, zuckersaftigen, weißen oder schwarzen Früchte des Maulbeerbaums, stehen im Stickstoff- und Wassergehalt den Äpfeln gleich, sind aber reicher an Zucker und freier Säure und daher von ausgeprägtem Beerenobstgeschmack. Man genießt sie entweder roh oder in Kompottform, kocht sie auch in Zucker ein und bereitet daraus Maulbeersaft und Maulbeersirup, der wie der Himbeersaft verwendet wird. Im ganzen spielt jedoch die Maulbeere nur in Südeuropa eine bedeutendere, in Mittel- und Nordeuropa dagegen eine ziemlich untergeordnete Rolle. Die europäische Küche bevorzugt übrigens sowohl des Geschmacks wie der Größe wegen die schwarze Art, während in Persien gerade das Umgekehrte der Fall ist, d.h. die weiße Art größer und wohlschmeckender und daher höher geschätzt wird. Beide Arten stammen aus Asien, aber während der schwarze Maulbeerbaum in Nordpersien heimisch ist, schon um 400 v. Chr. in ganz Kleinasien und Griechenland (doch nicht in Palästina!) bekannt war, um 50 n. Chr. nach Rom und unter Karl dem Großen nach Deutschland kam, stammt der weiße Maulbeerbaum, die Nahrungspflanze der Seidenraupe, aus China und Nordindien und gelangte erst 510 n. Chr. nach Konstantinopel und etwa zwanzig Jahre später nach dem Peloponnes, der nun der Hauptsitz der abendländischen Seidenproduktion und Maulbeerkultur wurde und davon den Namen »Morea« erhalten haben soll. Nach Sizilien kam der weiße Maulbeerbaum erst nach 1148, nach Frankreich erst um 1290 durch den Kreuzfahrer Guipape de Saint-Auban d'Allan, nach Toskana nicht vor 1340. Amerika erhielt ihn um 1530 durch Cortez, und gleichzeitig wurde er von Augsburg nach Württemberg (Reutlingen) verpflanzt. In Österreich wurde er noch 1680 durchaus für einen Fremdling angesehen, während der schwarze Maulbeerbaum für eingebürgert galt.

Maurachen s. Morchel.

Mayonnaise, richtiger Mahonnaise, weil die Komposition zu Ehren der Eroberung der Veste Mahon auf Menorca (1756) benannt wurde, zu deutsch *weiße Ölsauce,* ist eine kalte Tunke, die im wesentlichen aus gutem Provenceröl mit rohem Eigelb, Esdragonessig, weißem Pfeffer, Salz und etwas Zitronensaft hergestellt und zu kaltem Fleisch, Geflügel und Fisch gegeben wird. In der guten Küche fügt man den Grundbestandteilen ausnahmslos aufgelöstes kräftiges Aspik hinzu, während weitere Zutaten (Butter, Senf, Zucker, gestoßenes Bisquit, gekochte und zerriebene Eidotter etc.) entschieden verwerflich sind.

Meerkohl, ein Vetter des Rettichs, ist im Lande ober und unter der Enns unbekannt, kommt aber in einer aus dem Orient eingewanderten Art, dem Tatarenkohl, mit fleischiger, süßlich schmekkender Wurzel in Rumänien, Ungarn und Mähren vor und wird dort teils geschält wie Spargel als Salat oder gekocht wie Gemüse, die jungen Sprossen auch wohl wie Blumenkohl verspeist. Der gemeine Meerkohl dagegen, gewöhnlich *Seekohl* genannt, ist eine Strandpflanze mit kohlartigem Charakter, die an der deutschen Ostsee- und Nordseeküste und an den englischen Gestaden hin und wieder wild wächst und 1799 auf den Markt gebracht wurde. Man speist in England die frischen, unter Abschluß des Lichtes gezogenen Sprossen in Salzwasser abgekocht und mit zerlassener Butter und macht ein großes Aufheben von diesem Gericht, indessen – weder Deutschland noch Holland, noch Frankreich haben sich trotz wiederholter Anläufe die Pflanze wirklich zu eigen gemacht, und das stellt für den Kenner die Inferiorität des Seekohls gegenüber dem Spargel und dem Blumenkohl völlig außer Frage.

Meerrettich, in Österreich *Kren,* der nächste lebende Verwandte des Löffelkrauts und zugleich mit der Brunnenkresse verschwägert, ist im ganzen Osten vom Weißen Meer bis zum Kaspi-See heimisch und hat sich von dort aus über Westeuropa verbreitet, wo er jetzt, von den drei südlichen Halbinseln und der Bretagne abgesehen, allenthalben verwildert vorkommt. Griechen und Römer kannten den Meerrettich nicht, und noch heute ist sein Verbrauch in Südeuropa gleich Null. Nord- und Mitteleuropa dagegen ziehen ihn nicht nur in fast jedem Hausgarten, namentlich darf Böhmen nicht bloß als Kronland, sondern auch als Krenland bezeichnet werden. In Süddeutschland, wo er sich unter Karl dem Großen zuerst genannt findet, sind Bamberg, Schweinfurt, Nürnberg und besonders Niederbühl bei Rastatt, das seine Rettichstangen bis Paris versendet, in Norddeutschland Lübbenau im Spreewald und Berlin als Rettichstädte berühmt. Sogar im Staate New York hat der Krenbau seit etwa 1865 einen großartigen Umfang angenommen. Dies Vordringen des Meerrettichs steht im genauen Verhältnis zum Zurückweichen des Knoblauchs, so daß man den Kren mit Fug und Recht den lachenden Erben des Knoblauchs nennen kann. In der Tat ist der Kren weit mehr Gewürz als Gemüse. Als letzteres kommt er auf dem feinen wie auf dem bürgerlichen Tisch Österreichs und Deutschlands überhaupt nicht vor, und auch in der Schweiz und Frankreich gehört *Meerrettich-Gemüse,* in Fleischbrühe oder in Milch gekocht, nicht gerade zu den alltäglichen Gerichten. In ersterer Eigenschaft dagegen figuriert nicht nur der rohe geriebene Meerrettich als Stellvertreter des Senfs bei den »brennheißen Frankfurtern«, beim Pökelfleisch und anderen einfachen Fleischgerichten sowie als Hauptbestandteil einer sehr beliebten Fischsauce, sondern er wird auch teils roh, teils gedünstet in mannigfacher Verbrüderung mit Mandeln, Korinthen, Eidotter, Zitrone, Muskatnuß, Pfeffer, Knoblauch usw. zu Saucen verwendet. Gekochter Kren ist bekanntlich minder scharf und pikant als roher, weil durch das Kochen ein guter Teil des durchdringend scharfen Senföls verflüchtigt wird, auf dem der eigentümlich beißende Geschmack des Krens beruht. Da der Meerrettich – in jeder vernünftigen Küche wenigstens – nur zerrieben gegeben wird, so gibt er zu Klagen über Unverdaulichkeit keinen Anlaß und ist also in dieser Hinsicht seinem Bruder Rettich bei weitem überlegen.

Meerspinnen ist die volkstümliche Bezeichnung für mehrere Arten Bogenkrabben, deren rundliche Erscheinung und ungemeine Marschfertigkeit allerdings weit mehr an die flinke Spinne als an den gesetzten Krebs erinnern. In kulinarischer Hinsicht kommen davon besonders drei Arten in Betracht: der in allen europäischen Meeren häufige, 9–12 cm lange, mit braunem Rock und schwarzen Scheren versehene *Taschenkrebs,* der namentlich von den Engländern hoch verehrt wird; dann die noch häufigere, 4 cm lange, dunkel grünlich gefärbte *Strandkrabbe,* in Venedig granzo und masanetta, in Hamburg »Taschenkrebs«, an der besonders die Italiener ihr Vergnügen haben, und endlich die etwas minder gewöhnliche, 4–5 cm lange, auf braunem Grunde blaugefleckte *Samtkrabbe,* die nur in der Nordsee in größerer Menge vorkommt. Die Meerspinnen werden wie die Garnelen verwendet, namentlich dienen sie zu Garnituren und, mit Essig und Pfeffer gesotten, als Salat. Vgl. Garnelen.

Mehl, d.h. staubfein Zermahlenes oder Zermalmtes, läßt sich aus allen ordentlichen trockenen Substanzen herstellen (Steinmehl, Holzmehl, Knochenmehl usw.). Für den Gastronomen kommen aber natürlich nur die aus genießbarer Substanz gewonnenen Mehle, also Fleischmehl, Fischmehl, Wurzelmehl und Fruchtmehl, und unter diesen wieder vorzugsweise das Mehl in Betracht, welches sich zur Brotbereitung eignet, also das Fruchtmehl. Nicht alle Fruchtmehle sind jedoch in gleichem Maß zum Verbacken geeignet, vielmehr widerstehen namentlich die Hülsenfrucht- oder Leguminosenmehle in dieser Form sowohl dem Geschmack wie der Verdauung, und so versteht man unter *Mehl* im engsten und gewöhnlichsten Sinne ausschließlich das *Getreidemehl,* das aus Weizen, Roggen, Gerste, Hafer, Dinkel, Hirse,

Buchweizen, Mais und Reis hergestellt wird. Die hohe, geradezu unersetzliche Bedeutung dieses Getreidemehls für die menschliche Ernährung beruht auf seinem Stickstoffgehalt, aber nicht auf dem Stickstoffgehalt an sich (sonst würde das noch stickstoffreichere Leguminosenmehl den Vorzug verdienen), sondern in Verbindung mit dem Wohlgeschmack und der Verdaulichkeit der Halmfrüchte. Vor allem diese beiden Eigenschaften haben dem Getreidemehl die erste Stelle unter allen aus dem Pflanzenreich stammenden Nahrungsmitteln verschafft, und sie allein sichern ihm dieselbe für alle Zeiten – ein Memento für alle jene Köche und Gastgeber, guten Leute und schlechten Musikanten, die der bedauerlichen Ansicht sind, ein nahrhafter Tisch allein genüge, und auf den Wohlgeschmack, auf die Schönheit, Zartheit und Feinheit der Gerichte komme es erst in zweiter oder gar dritter Linie an. Die Feinheit insbesondere ist im Gegenteil ein so wesentliches Erfordernis einer vollendeten Speise, daß man sie rundweg der Einteilung der Mehlsorten zugrunde gelegt hat und in der modernen Hochmüllerei, die die Zerkleinerung der Körner zwischen tunlichst weit übereinander gestellten Steinen oder Walzen bewirkt und nach jedem einzelnen Mahlprozeß durch Sieben und Blasen eine Sichtung des Produktes vornimmt, mindestens 6 Mehlsorten unterscheidet: *Kaiserauszug*, Mehl Nr. 00, Nr. 0, Nr. 1, Nr. 2 und Nr. 3. Diese Hauptsorten werden dann noch in Untersorten zerlegt, wie z.B. das Mehl Nr. 0 in Prima 0 oder *Mundmehl* und in Secunda 0 oder *Semmelmehl*, und so unterscheidet man im ganzen nicht weniger als 12 Sorten, die aber nicht bloß äußerlich, sondern auch nach ihrem Nährwert verschieden sind; denn so viel steht freilich fest, daß ein Mehl, je feiner es ist, allerdings um so weniger Rohfaser und Asche, aber auch um so weniger Stickstoff und Fett enthält. Wenn jedoch grundgelehrte alte Häuser aus dieser Tatsache den niederschmetternden Schluß gezogen haben, daß die Kleie als Nahrungsmittel höher stehe als das Mehl Nr. 00, so haben sie dabei vor lauter Gelehrsamkeit zwei nicht minder wichtige Wahrheiten von entgegengesetzter Bedeutung übersehen, nämlich erstens, daß mit der Feinheit auch die Verdaulichkeit des Mehles steigt, so daß vom Mehl Nr. 00 volle 96 %, von der Kleie aber nur 91 % verdaut werden, und zweitens daß nur die möglichst gründliche Entfernung aller Hülsen und Schalen uns vor dem Unglück bewahrt, mit denselben einige Millionen angeflogener Pilzkeime verschlukken und unseren Magen zu einer Versuchsanstalt für Mikrobenkultur hergeben zu müssen.

Mehlspeisen sind die Pointen der Wiener Küche, eine immer überraschender, bestechender, blendender und beifallswürdiger als die anderen, Kompositionen von berückender Fülle und Lieblichkeit, gastronomische Ghaselen von so wunderbar verschlungenem Bau, daß der Laie staunend vor ihnen innehält und, wie der Hauptmann der Sieben Schwaben beim Anblick des Esels, verwundert ausruft:

Ka Hirschkuh is's und 's is ka Has' –
Du lieber Himmel, was is das?

Er hat ein Recht zu dieser Frage, denn die Wiener Mehlspeisen sind wirklich Wunder der Kunst. Was Grillparzer in seinen Dramen, Strauß in seinen Walzern, Makart in seinen Gemälden der Welt nur vorgaukelt: tiefes Gefühl, helle Lust am liebsten Leben und herzinniges Behagen am ewig Schönen – das alles und noch etwas mehr legt die echte Wiener Mehlspeis-Köchin in eine einzige Schüssel *Dalkerln,* in einen *Äpfel-Strudel,* in eine Schüssel *Zwetschgen-Knödel, Topfen-Tascherl* oder auch in einen einfachen *Kaiser-Schmarren.* Kein Wunder also, daß selbst der Laie von solcher Ideenfülle hingerissen wird und daß der Kenner sich nicht selten versucht fühlt, die Schöpferin dieser Kunstwerke auf dem nicht mehr ungewöhnlichen Wege durch die Kirche für alle Ewigkeit an sich zu fesseln. Kein Wunder aber auch, daß außer der Wiener keine Sprache der Welt reich genug ist, um den Begriff eines einzigen *Krammel-Pogatscherls* oder eines *Salzburger Nokkerls* mit allen seinen Feinheiten knapp und klar zum Ausdruck zu bringen. Dieser Teil der Wiener Küche kann nur an Ort und Stelle gründlich studiert werden, und vielleicht wird dies Studium noch zu einer wirklichen Revolution in der europäischen Tischordnung führen, denn bekanntlich schließt das französische, deutsche und englische Menü mit dem Gemüse, das Wiener aber mit einer Mehlspeise.

Melanzana, *Melanzanapfel* s. Eierbeere.

Melde s. Gänsefuß.

Melisse oder *Zitronenkraut,* ein Lippenblütler aus der Verwandtschaft der Salbei und des Majorans mit eiförmigen Blättern und kleinen weißen Blüten, ist in Südeuropa heimisch und scheint, obschon bereits von den Griechen als Heilmittel verwendet, erst nach der Zeit Karls des Großen nach Mitteleuropa verpflanzt worden zu sein, wo sie jetzt als Nutz- und Ziergewächs vielfach gezogen wird. Die Blätter riechen stark aromatisch, doch nur entfernt zitronenhaft, und liefern, mit Wasser destilliert, ein ätherisches Öl und ein Melissenwasser, das einen Bestandteil des weiland als Heiltrank hochberühmten Karmeliterwassers (Eau des Carmes) bildete. In England wird das Kraut bisweilen zur Maibowle verwendet.

Melniker heißt nach dem Städtchen Melnik in Böhmen, wo er in bester Qualität gezogen wird, der böhmische Rotwein aus blauem Burgunder-Rebsatz, ein feiner, gewürzreicher Stoff mit kräftiger Blume, der seines Gerbstoffgehaltes wegen vielfach als Krankenwein empfohlen wird.

Melonen, 1–2 kg schwere, ei- oder kugelförmige Gurkenfrüchte von weißer, gelber oder grüner Farbe und von der Gurke, dem Kürbis und der Arbuse hauptsächlich durch den höheren Zukkergehalt (2–2$^1/_2$ %) verschieden, werden in Südeuropa auf dem Feld, in Österreich-Ungarn zum Teil auf dem Feld, aber auch wie in Südfrankreich im Garten, in Deutschland, Nord- und Mittelfrankreich, England und Holland im Mistbeet gezogen und bilden, wenn gut, ganz vorzügliche, wenn mittelmäßig, höchst erbärmliche Tafelfrüchte. Die gute Melone kennzeichnet sich äußerlich durch den starken, fleischigen Stiel, durch verhältnismäßig hohes Gewicht und durch einen gewissen Grad von Härte. Das weiße oder gelbe Fleisch hat einen süßen, ananashaften Geschmack, riecht erfrischend würzhaft und ist von solcher Zartheit, daß es auf der Zunge zergeht. Die Melone wird daher mit Vorliebe zum

Nachtisch gegeben, und zwar ißt man die Schnitten *roh*, in Ungarn mit Paprika, am häufigsten aber mit *Zucker*, obgleich die Herren Perser dies für eine gastronomische Todsünde ansehen und Vaerst recht hat mit seinem Ausspruch: »Pfeffer, nicht Zucker sollte zur Melone gegessen und ein feuriges Glas Wein darnach getrunken werden – unter diesen Voraussetzungen ist sie ein leichtverdauliches Obst.« Wer seines Magens nicht sicher ist, tut am besten, die Melone zu meiden oder sie nach persischer Manier nüchtern und dann nach Vaersts Vorschrift zu genießen. Außerdem werden reife Melonen zu *Marmelade* eingesotten, unreife aber in Streifen geschnitten und in Österreich, Deutschland und Frankreich in Zukker, in England in Essig *eingekocht*. Die Melone ist in verschiedenen Spielarten in Indien und in Zentralafrika zu Hause, man genoß aber sowohl am Ganges wie am Nil nur die wildwachsenden Früchte. Erst zur Zeit Christi wurden daher Griechen und Römer mit der Frucht bekannt, konnten ihr aber keinen Geschmack abgewinnen. Das Vaterland der europäischen Melonenkultur ist daher nicht Italien, sondern Spanien, wohin die Araber zuerst bessere Sorten brachten, und daher, nicht aus Armenien, dürfte auch die treffliche Warzenmelone stammen, die in Italien zuerst im Garten des päpstlichen Schlosses Cantalupo in der Mark Ancona gezogen wurde und davon den Namen *Cantalupe* erhielt. Diese Cantalupe verbreitete sich schnell über ganz Italien und weiter nach Norden: König Karl VIII. brachte sie um 1490 nach Frankreich, und Kaiser Friedrich III. aß sich 1493 den Tod daran – wie anzunehmen steht, mit großem Vergnügen. Seitdem waren natürlich der Ruf und das Fortkommen der Melone gesichert. Spanien aber ist bei alledem in Europa ihr Leibland geblieben: sie ist die saure Gurke der Spanier, namentlich des Königreichs Valencia, dessen melones für die besten im ganzen Reiche gelten, zu Zehntausenden auf den Markt kommen und zur eigentlichen Melonenzeit, im August, nur 8–10 Cents (etwa 5 Kreuzer) per Stück kosten. Glückliches Valencia!

Meneser, *Menescher,* rote und weiße Gewächse aus dem Weinbezirk des Fleckens Menes bei Arad, nehmen eine der ersten

Stellen unter den Ungarweinen ein. Der *weiße Menescher* aus Magyarka-Rebsatz, stark, dauerhaft und verhältnismäßig billig, gehört zu den besten Bratenweinen und wird in bedeutender Quantität namentlich nach den unteren Donauländern ausgeführt. Der Rotwein aus der blauen Kadarka-Traube ist ihm indessen noch bei weitem überlegen. »Der echte *Menescher rote Ausbruch*, der nie die tief dunkelrote Farbe des imitierten zeigt, ist der feinste rote Dessertwein in der ganzen Welt, wie das auch auf der Pariser Ausstellung 1867 einstimmig anerkannt wurde« (Hamm). Natürlich ist er entsprechend teuer, bis 12 Mark per Flasche. Der nicht auf Ausbruch verlesene *rote Menescher* erscheint als dunkelroter, süßer, gewürzhafter und feuriger Ungar von schwerstem Kaliber und wird dem Tokayer gleich geschätzt, dem er zwar an Geist nachsteht, an Würzhaftigkeit dagegen überlegen ist.

Menü s. Tischkarte.

Merlan oder *Wittling*, eine Schellfischart von 40 bis 50 cm Länge, kommt nur an den nordatlantischen Küsten vor und wird ausschließlich frisch genossen oder doch höchstens für den lokalen Bedarf eingesalzen oder getrocknet. In Paris, wo er den ganzen Herbst und Winter über zu haben ist, ist er seines zarten weißen und leicht verdaulichen Fleisches wegen sowohl *gebacken* mit Senfsauce als in Butter *geröstet* ungemein beliebt.

Met (vom slawischen Worte med für Honig), das aus Wasser und Honig bereitete gegorene Getränk der Biervölker vor der Erfindung des Bieres und der Einführung des Weinbaus, riecht in guter Qualität nur schwach nach Honig, hat eine mehr oder weniger dunkelbraune Farbe und schmeckt bittersüß mit einem recht angenehmen Stich ins Aromatische, der von einem kleinen Zusatz von Hopfen und Gewürz herrührt. In dieser Qualität ist der Met ein ganz löblicher Durststiller – mehr aber nicht, wenigstens lassen sich Räusche von der Gründlichkeit und Tiefe, die man den alten Germanen nachrühmt, auf keinen Fall damit erzeugen. Die biedern Bärenhäuter werden also wohl mit Bilsenkrautsamen und dergleichen lieblichen Dingen nachgeholfen haben. Heute ist der Met in Österreich und Deutschland eine Mythe; nur in München soll sich noch eine Metkneipe befinden, und in Wien hat sich das altberühmte »Süße Löchel« im Mariengäßchen als Metausschank erhalten. Als Haustrank kommt der Met aber noch in Polen, den russischen Ostseeprovinzen und in Westrußland sowie in der Grafschaft Sussex im südlichen England vor.

Mettwurst s. Cervelatwurst.

Milch, die von den Brüsten der weiblichen Säugetiere nach der Niederkunft abgesonderte und zur Ernährung der Nachkommenschaft bestimmte weiße Flüssigkeit, besteht im wesentlichen aus Wasser, Kasein, Albumin, Fett, Milchzucker und Salzen. Das Mengenverhältnis dieser Bestandteile ist jedoch bei den verschiedenen Arten ein so verschiedenes, daß sich die Milch der einzelnen Tierklassen nicht bloß im Geschmack, sondern auch in der Verdaulichkeit unterscheidet. Für den erwachsenen und Gott sei Dank! leidlich gesunden Gastronomen ist indessen jede Milch verdaulich, und für ihn braucht daher nur die Tatsache registriert zu werden, daß keine Milch dem Gaumen besser zusagt als die *Kuhmilch.* Die Kuhmilch schmeckt voller als die Frauenmilch und die der Frauenmilch verwandte Eselsmilch, dabei ist sie milder als die eigentümlich streng schmeckende Büffel- und Ziegenmilch und doch nicht fade wie die Schafsmilch, deren Genuß schon nach wenigen Tagen Überdruß erregt. Wer *Milch* sagt, meint daher immer Kuhmilch, das Göttergeschenk, das man morgens nüchtern zum Frühtrunk, beim zweiten Frühstück warm mit Schokolade, zu Mittag als *Milchsuppe, Milchbrei, Milchreis, Milchnudeln* usw., nachmittags als *Milch-Kaltschale* mit Schneenocken zur Erfrischung und abends als *Sauermilch* mit geriebenem Roggenbrot und Zucker als bestes Schlafmittel genießen kann. Die Milch ist zudem bei allen feineren Gebäcken und Mehlspeisen absolut unentbehrlich, und da es ohne sie auch keinen Rahm, keine Butter, keine Buttermilch, keinen Käse und keine Sauermilch geben würde, so darf man getrost behaupten: ohne Milch würde die ganze Tisch- und Gesellschaftsordnung aus dem Leim gehen – nicht bloß in Europa, sondern auch in Kurdistan, wo männiglich Tag für Tag 2 bis 4 Liter frischer Milch genießt, in Indien, wo der Reisende statt aller Mahlzeiten oft genug nur auf Büffelmilch angewiesen ist, und in Arabien, wo der *Ayesch*, eine Art Milchklöße, zum täglichen Brot gehört. Bei alledem kann Milch allein den erwachsenen Menschen nicht oder doch nur sehr ungenügend erhalten, weil sie vom majorennen Magen nicht in gleichem Maße ausgenutzt wird wie vom Kindsmagen; für den Erwachsenen sind vielmehr Butter und Käse weit geeignetere Nahrungsmittel. Daher das Sprichwort: »Milch allein tut's nicht, man muß auch einbrocken.«

Konservierte Milch wurde schon seit alter Zeit von den Lappen durch Kochen der Flüssigkeit und Aufbewahrung in sorgfältig verschlossenen Rentierblasen hergestellt, in den Kulturländern aber ist man erst seit etwa 40 Jahren, und zwar zuerst in Amerika, auf ein ähnliches Verfahren verfallen und hat seitdem allerdings die primitive Methode der Rentierzüchter wesentlich verbessert. Im Handel kommen jetzt hauptsächlich zwei Milchkonserven vor: die *präservierte Milch*, d.h. Frischmilch, die in Flaschen mit eigentümlichem Verschluß bis auf 120° C erhitzt und dadurch keimfrei gemacht ist, so daß sie nach dem Öffnen der Flasche noch wochenlang süß bleibt, und zweitens *kondensierte Milch*, d.h. Milch, die durch Eindampfen größtenteils oder gänzlich ihres Wassergehalts beraubt ist und daher für den Gebrauch mit Wasser versetzt werden muß. Die kondensierte Milch kommt in drei verschiedenen Arten vor, nämlich mit *Zuckerzusatz kondensiert*, eine weiße, breiige Masse von süßem Geschmack, die in luftdicht verlöteten Blechbüchsen auftritt, zweitens *ohne Zusatz kondensiert*, eine stark gelbe, sirupzähe Masse von brenzligem, keineswegs angenehmem Geschmack, die in Blechbüchsen oder in Flaschen mit Gummiverschluß zu haben ist, und drittens als trockenes *Milchpulver*, ein weißes, süßes Pulver, welches mit heißem Wasser eine Milchlösung gibt. Rußland (Dr. Carricks Milchfabrik in Orenburg) bringt sogar *kondensierte Stutenmilch* in den Handel! Auch auf diesem Gebiet ist also für die verschiedenen Geschmäcker ausreichend gesorgt. Vgl. Rahm.

Mirabelle s. Pflaume.

Mischmasch ist der ehrliche deutsche Name jener etwas zweideutigen Präparate, die unter der englischen und daher weniger durchsichtigen Bezeichnung *Mixed-Pickles* in Glaskruken auf den Markt kommen. Das Mischmasch wird aus grünen respektive unreifen Vegetabilien: Gurken, Möhren, Maiskolben, Zwiebeln, Roten Rüben, Gartenbohnen, Blumenkohl, Radieschen usw. durch Einkochen mit Essig und scharfem Gewürz (Meerfenchel, Paprika, Ingwer usw.) hergestellt und gehört demgemäß weit eher zur Klasse der bekannten englischen Gewaltsaucen als zu den Gemüsekonserven, deren Stelle es jedoch beim Braten und namentlich beim Wildbraten vertritt. Nun ist ein rechter Gastronom allerdings von Gott und Berufs wegen zum Besitz eines hand- und standfesten Magens verpflichtet, und eine Portion Mischmasch wird ihm daher ebensowenig bange machen wie eine Portion Sauerkraut – wenn das Präparat nur gut und rein ist. Aber gerade mit diesen beiden Eigenschaften hapert's namentlich bei den Mixed-Pickles englischer Herkunft oft ganz bedenklich, und wer das wahrhaft strahlende Grün einer solchen Mischmasch-Kruke bewundert, der sollte jedesmal erst das Virgilsche Nimium ne crede colori (trau der Farbe nicht zuviel) erwägen, bevor er zugreift. Tatsache ist, daß die Farbe der Mixed-Pickles nur gar zu oft durch Grünspan erhöht und der Essig mit Schwefelsäure geschärft wird, und was diese beiden liebenswürdigen Zutaten für Rumor und Unheil im Magen anstiften, kann sich jeder denken. Der Kenner läßt daher in zweifelhaften Fällen lieber das beste Mischmasch vorübergehen, als daß er sich leichtsinnig einer derartigen Gefahr aussetzte. Wer daher nur einen Funken von Hochachtung für seinen und seiner Gäste Magen im Leibe hat, der wird nur solches Mischmasch auf den Tisch bringen, das in seiner eigenen Küche zubereitet wurde.

Mispel, in Niederdeutschland *Mespel* oder *Wispel,* in Franken *Hespel,* in Oberdeutschland und Oberösterreich *Nespel,* in Niederösterreich *Espel, Eschpel* oder *Asperl,* die braune, 2–3 cm lange, in eigentümlicher Weise mit den fünf langen Kelchzipfeln gekrönte Steinfrucht des Mispelstrauchs, behauptet noch zur Zeit der Reife einen hohen Grad von Herbe und Härte und muß erst durch den Frost oder durch längeres Lagern auf Stroh mürbe gemacht werden. »Mespeln un Mäkens werden op Beddestro zünftig makt« (Mispeln und Mädchen werden auf Bettstroh zünftig gemacht), lehrt daher die Weisheit der Niedersachsen. Teigig geworden, hat die Mispel einen angenehm säuerlichen, zusammenziehenden Geschmack und wird *roh* genossen oder mit Butter und Rotwein zu einem äußerst delikaten *Kompott* versotten, das, wenn von sirupähnlicher Konsistenz und gut gezuckert, als die Krone dieser Art von Küchenpräparaten gelten darf. Vor der völligen Verteigung mit Zucker eingekocht, liefert die Mispel auch eine gute *Konserve*, auf deren Herstellung man sich namentlich in Frankreich vortrefflich versteht. Der Mispelstrauch ist in den Wäldern des gemäßigten Europas vom Pruth ab bis zur Bretagne und wahrscheinlich auch in England heimisch und in ganz Mittel- und Südeuropa mit Ausnahme Griechenlands in verschiedenen Spielarten kultiviert. Die Römer brachten ihn zur Zeit Cäsars (ermordet 44 v. Chr.) aus Gallien nach Südeuropa, dem er bis dahin ebenso fremd war wie noch heute den Griechen und der ganzen Levante von Konstantinopel ab bis nach Kairo.

Die *welsche Mispel* dagegen, die glänzend rote oder gelbe mispelähnliche und mispelgroße Frucht des Azarolldorns, der in Niederösterreich selbst als Zierstrauch nicht oder nur ganz ausnahmsweise vorkommt, gehört dem Orient und dem Süden Europas an. Theophrast nennt den Strauch Krataigos, die Neugriechen aber Memetsylea. Mattioli (gest. 1577) erwähnt, daß er in den Weinbergen um Neapel ungemein häufig sei, und Brillat-Savarin erzählt, daß er unter Ludwig XIV. aus der Levante nach Frankreich verpflanzt wurde. Die walnußgroßen Früchte haben den echten Mispelgeschmack und werden an Ort und Stelle roh verzehrt oder kommen in Zucker eingemacht unter dem Namen *Lazzerola* oder *Azzarola* von Italien aus in den Handel.

Mittelschnepfe, *Doppelschnepfe* oder *Pfuhlschnepfe,* die kleinste, aber delikateste unter den in der europäischen Küche heimischen Schnepfenarten, brütet vorzugsweise in der Tundra Lapplands und Sibiriens und kommt nur vereinzelt als Brutvogel auch in Norddeutschland bis herab zu den anhaltischen Fürstentümern vor. Auf dem Strich, der sie über ganz Europa bis tief ins innere Afrika hinunterführt, ist sie im August die erste, auf dem Wiederstrich im Mai die letzte. Nur um eine Wenigkeit kleiner als die Bekassine, entwickelt sie sich im Herbst zu einem wahren Fettklumpen und liefert in dieser Gestalt einen *Spießbraten,* dessen Genuß einen viertelstündigen Aufenthalt im Paradies aufwiegt. Leider muß man bereits gute Konnexionen im Kreise der Grünröcke besitzen, um ihrer habhaft zu werden, denn da ihr weder die Vorsicht des Brachvogels noch der Zickzackflug der Bekassine eigen ist, so wird sie fast mit jedem Jahr seltener.

Mixed-Pickles s. Mischmasch.

Mockturtle-Suppe oder *Falsche Schildkrötensuppe,* eine Fleischsuppe mit einer Einlage von gesottenem Kalbskopf, Kalbshirn und Kalbszunge nebst Trüffeln, Champignons, Petersilie, Gewürznelke, Pfeffer, Tomaten usw., gehört nicht gerade zu den verdaulichsten, unstreitig aber zu den stimulierendsten Schöpfungen der Suppenküche und ist daher, wie Wiel hervorhebt, über alle Maßen zuträglich, sobald Kopf und Magen durch eine Bacchusfeier in jenen unqualifizierbaren Zustand geraten sind, der laut Mose I, Vers 2 die charakteristische Eigentümlichkeit der Erde vor dem ersten Schöpfungstag ausmachte. Vgl. Schildkröte.

Möhre, *Mohrrübe, Gelbrübe, Gelbwurzel* oder *Karotte,* in Österreich *Möra* oder *gelbe Ruaben,* in Schwaben rundweg *Rübe* und in Niedersachsen *Wurzel,* die ebenso am Kap, in Australien, Ostindien und Nordamerika wie in Europa bekannte Doldenpflanze, stammt von der über unsern ganzen Erdteil verbreiteten wilden oder Wiesenmöhre mit weißlicher, holziger, verästelter Wurzel und ist trotz mehr als zweitausendjähriger Kultur so wenig in ihrem Wesen verändert, daß sie, sich selber überlassen, schon nach wenigen Generationen in die Wildlingsform zurückschlägt. Spuren ihrer kulinarischen Verwendung haben sich in den Schweizer Pfahlbauten gefunden, die Griechen des 4. Säkulums v. Chr. kannten bereits den Möhrenbau, und aus dem 4. Jahrhundert n. Chr. wissen wir durch das Apicianische Kochbuch, daß die Römer sie in Öl gesotten mit römischem Kümmel oder in Wasser gesotten mit Salz, Öl und Essig aßen. Zu keiner Zeit aber ist die Möhre in Südeuropa auch nur annähernd von der Bedeutung gewesen, die sie vom frühesten Mittelalter ab für das gemäßigte Europa, namentlich für Deutschland und, seit der Zeit Heinrichs VIII. (gest. 1547), auch für England hatte. Die Möhre war das Seitenstück zum Weißkohl, *Kraut und Rüben*, das gewöhnlichste Gericht des gemeinen Mannes und so mit dem Volksleben verwachsen, daß zwar das Gericht seit dem endgültigen Sieg der Kartoffel zu Ende des 18. Jahrhunderts aus der Volksküche verschwunden, der Name aber mit veränderter Bedeutung lebendig geblieben ist. In Süddeutschland führten sogar einzelne Gegenden, wie z.B. der Strich um die Dörfer Ornbau und Lellenfeld in Franken, den Titel »Kraut- und Rübenland« mit demselben Stolz, mit dem andere Bezirke sich »goldene Auen« oder (in Norddeutschland) »Börden« nennen. Auch in Wien nahm man noch im letzten Viertel des 18. Jahrhunderts solchen Anteil an der »Möra«, daß man die grellrote, stattliche *Feldmöhre* das »Männlein«, die lichtrote oder gelbliche, zarte *Frühmöhre* oder eigentliche *Karotte* dagegen das »Weiberl« nannte. Der Kartoffel gelang es, diese Vorherrschaft der Gelbrübe zu brechen, weil der süßliche Geschmack namentlich der größeren Wurzel nicht jedem Gaumen angenehm ist, noch immer aber spielt die Rübe eine hervorragende Rolle in der Volksernährung. Im Verein mit dem Kohl kommt sie freilich selbst in der ländlichen Küche kaum noch vor, als Gemüse aber mit eingeschnittenen Kartoffelstücken gelangt sie noch heute in manchen Gegenden wöchentlich mindestens einmal auf den Tisch. Auf der guten Tafel indessen darf sie sich in dieser Gestalt nur zeigen, wenn sie noch ganz und gar im Lenze ihres Lebens steht und höchstens 15 g wiegt – dann wird ihr aber auch nicht selten die Ehre erwiesen, mit den grünen Erbsen in einen Topf getan oder doch gleichzeitig und neben denselben serviert zu werden. Von der älteren Wurzel macht die feine Küche nur in der *Gelbrüben-Suppe* Gebrauch. Ihres Zuckergehalts halber (durchschnittlich 6 %) wird die ältere Möhre in der Regel für besonders nahrhaft angesehen, bei dem hohen Wassergehalt aber von rund 85 % und bei ihrer nichts weniger als hervorragenden Verdaulichkeit kann von einem besonderen Nährwert der Gelbwurzel keine Rede sein. Auch der gemeine Mann wendet sich daher, je mehr er andere Nahrungsmittel kennenlernt, um so entschiedener von ihr ab.

Mohn, die Leibpflanze des Friedensbringers Morpheus und die Wappenblume der *Türkei*, ist für Asien als Opiumlieferant, für Europa als Ölgewächs von Bedeutung. Gutes *Mohnöl*, das aus dem kalt »geschlagenen« Samen bereitet wird, ist dünnflüssig, klar, von lichtgelber Farbe und von mildem, süßlichem Geschmack, der sich jedoch, auch wenn das *Öl* nicht ranzig wird, im Alter verliert. Als Speiseöl hat es um so höheren Wert, da es das verdaulichste von allen Pflanzenölen ist. Der Kaiserstaat hat Mohnbau und Mohnölfabrikation in Böhmen, Mähren und Niederösterreich und führt etwa 1000 q jährlich aus Deutschland ein: Bei alledem dürfte das Mohnöl als Speiseöl in Österreich nur die zweite Rolle spielen, während es in Deutschland und der Schweiz entschieden die erste Stelle einnimmt. In der englischen und französischen Küche kommt es unter seinem eigenen Namen gar nicht, als Bestandteil des »echten« Olivenöls jedoch nicht gerade selten vor. Der Mohnsamen, die weißen oder roten, braunen oder blauen *Mohnkörner* bilden mit gestoßenem Zucker eine heißbegehrte Kindernäscherei, die von den kleinen Leckermäulern mit feinem Verständnis den Mandeln gleichgestellt wird. In der Bäckerei verwendet man sie zu Mohnfladen, Mohnkuchen, Mohnstriezeln, Mohnzelten, Mohnkipfel usw., in der Volksküche der Mohnländer auch zu Mohnsuppe und Mohnbrei. Mohnnudeln und Mohnbeugel erfreuen sich in Österreich-Ungarn großer Beliebtheit.

Monte Comparto, das Vinum Labicum der Alten, das laut Horaz die Mitte hielt zwischen Falerner und Albaner, ist ein feuriger Weißwein des Kirchenstaats, der aber erst im vierten Lebensjahr seine volle Feinheit erlangt und vielleicht aus diesem Grunde im Handel selten ist.

Monte Pulciano, das »Manna von Pulciano«, der Rè d'ogni vine, wie der Dichter Redi ihn mit orientalischer Übertreibung nennt, ist ein Toskaner, der den Namen vom Jesuitenkloster unweit des Trasimenischen Sees führt. Das edle Gewächs, glänzend purpurrot und von hinreißendem Parfüm, ist allerdings ein Liqueurwein ersten Ranges, aber nur wenigen ist's vergönnt, ihn wirklich zu trinken, und so erweckt der Name bei den meisten eine recht unangenehme Erinnerung, denn der Kenner wird in Siena, in Arezzo und Monte Pulciano ebensogut »angeschmiert« wie der Laie. Was im Ausland unter dem Namen Monte Pulciano aufgetischt wird, wissen bisher nur die Götter und die geschworenen Weinfabrikanten jenseits und diesseits der Alpen.

Montilla, trockener Weißwein erster Klasse, wird in der Sierra de Montilla bei Córdoba aus der Pero-Ximen-Traube gezogen und ist dem Sherry, d.h. dem echten Sherry, vollkommen ebenbürtig.

Mont-Rachet s. Burgunder

Morchel, in Obersachsen *Morche,* in Bayern, Österreich und Steiermark *Maurache,* ein ansehnlicher, zartfleischiger und wohlschmeckender Pilz mit eiförmig spitzem, gelbbraunem oder braun-dunkelgrauem Hut, ist in verschiedenen Spielarten über ganz Europa, Asien und Nordamerika verbreitet und wird als eines der ersten und leckersten Frühlingsgemüse allenthalben hochgeschätzt, um so mehr, da er sich im eigentlichen Sinne des Wortes mit Stumpf und Stiel verzehren läßt. Die süddeutsche Klosterküche des 14. Jahrhunderts kochte ihn in dicker »Mandelmilch, mit Wine wol gemacht«, tat dazu »Würze genug«, färbte das Gericht mit Veilchenblüten bläulich und setzte es als »Morchenmus« auf. Die Mandelmilch vertrat also selbst noch im 14. Jahrhundert die Butter, ohne die wir uns die Herstellung eines stilvollen Morchelgemüses gar nicht denken können! Außer in der einfachen Gemüseform kommt der Pilz auch noch *gefüllt,* als *Suppeneinlage* und als *Saucenzutat* vor. Zu letzterem Zweck verwendet man zumeist die getrocknete Morchel, denn das brave Geschöpf läßt sich zum Besten der Menschheit ohne Murren nicht bloß am Bindfaden, sondern noch besser im Backofen dörren und bildet in diesem mumifizierten Zustand einen Handelsartikel, der für Mähren, Böhmen (Prag), Polen, Schlesien (Breslau) und Südfrankreich (Bordeaux) nicht ohne Bedeutung ist. Unter den vier in Österreich und Deutschland wachsenden Arten gilt die *Spitzmorchel* ihrer schlankeren Gestalt wegen für aristokratischer als die *Speisemorchel* und die böhmische *Katcenky*, im Geschmack aber hat sie weder vor diesem noch vor der im Gebirge hausenden *Glockenmorchel* das geringste voraus. Nur die *Erdmorchel* darf man nicht hierherziehen, denn das ist niemand anders als Ihre Majestät die Trüffel.

Moselwein, das leichte, helle, ins Grüne schimmernde Produkt der Rebhöhen längst der Mosel von Trier hinunter bis Kochem, ist freilich kein Potentat wie der Rheingauer, auch kein Edelherr wie der Franke, aber doch ein lieber, frischer, erquicklicher Gesell, ein Abbild des Frühlings, dessen Uniform er trägt und dessen milden Duft er um sich verbreitet, ein rechter Lenzwein und daher auch im grünen Maien so voll Übermut, daß er Arm in Arm mit dem Waldmeister sein Jahrhundert in die Schranken zu fordern imstande ist. Denn keinen besseren Saft gibt's für die rechte Maibowle als eben den Mosel mit seiner feinen, lieblichen Blume. Als Lenzwein par excellence hat er auch seine ganz besondere Eigenheit, einen ganz eigentümlichen, leisen, aber unverkennbaren »Erdgeschmack«, der jedoch der Liebe zu ihm keinen Eintrag tut, denn diesem kleinen Gebrechen steht eine große, eine ganz unschätzbare Tugend gegenüber: ein Moselrausch ist nämlich keine Sünde, sondern eine der bestbekömmlichsten Ausschreitungen, die man auf Erden vornehmen kann! Daher das lateinische Dictum: Vinum Mosellanum est omni tempore sanum – Moselwein ist jeder Stund' jedem Menschenkind gesund. Dieser Lobspruch ist ausnahmsweise auch ein Wahrspruch, und das erklärt die Beliebtheit des Mosels weit über die Grenzen seiner Heimat und Deutschlands hinaus. Unter den verschiedenen Sorten, die sich hauptsächlich durch den größern oder geringern Säuregehalt und das feinere oder geringere Bouquet voneinander unterscheiden, stehen in der ersten Reihe: der *Piesporter*, der *Brauneberger*, der *Josephshofer*, der *Bernkasteler*, der *Zeltinger*, der *Graacher*, der *Karthäuserhofer* und der *Grünhauser* sowie der

Neuberger, Oligsberger und *Geiersleyer* von den Schieferbergen des Dorfes Winterich. In die zweite Klasse gehören: der *Minheimer*, der *Uerziger*, der *Kinheimer*, der *Kueser, Lieserer* und *Lösenicher*, der *Trarbacher*, der *Wehlener*, der *Enkircher* u.a.m. Das vielgenannte *Moselblümchen* wächst eigentlich im Gemeindebezirk Cröv bei Wittlich auf dem linken Moselufer, in der Regel aber ist es ein mit Holunderblüten gewürzter Trank wie der »Königsmosel« u.a. Alle diese Weine sind Weißweine, Rotwein wird im eigentlichen Bezirk des Moselweins nur bis Piesport und bei Maring gewonnen.

Most heißt der durch Auspressen gewonnene Fruchtsaft, besonders der Trauben und des Kernobstes (Äpfel, Birnen und Quitten), bevor er in Gärung übergeht. Dieser Saft hat einen ausgeprägt süßen Geschmack und ist ein ebenso gesundes wie angenehmes Getränk, da ihm die berauschende Eigenschaft des Weines fehlt, die erst durch die Gärung, welche den Zucker des Mostes in Kohlensäure und Alkohol zerlegt, zur Entwicklung kommt. In der Gärung befindlicher Traubenmost (nur dieser!) heißt insbesondere *Brausewein, Federweißer, Sturm* oder *Sauser*, vergorener Traubenmost nach der ersten oder »Hauptgärung« *Jungwein, Neuer* oder *Heuriger* und erst nach der zweiten oder »stillen Gärung« wirklich *Wein* oder *grüner Wein*. Im Sherry-Weindistrikt Spaniens erhalten sogar die mostos erst nach vollendeter dritter oder »Lagergärung«, also nach völlig erlangter Reife, den Ehrentitel vino, während in Oberdeutschland und der Schweiz schon jeder einjährige Wein (vin d'une feuille, wie der Franzose sagt) als *Firnewein* bezeichnet wird. Die biedern *Obstmoste* dagegen, franz. Cidre, behalten von der Wiege bis zum Grabe den Mostnamen bei, und sollten sie, was ihnen freilich in ihrem ganzen Leben noch nicht widerfahren ist, das Alter Methusalems erreichen. Der Zider (um diesen schriftläufigen Namen zu gebrauchen) ist in den englischen Grafschaften Worcestershire, Gloucestershire und Devonshire, in der Bretagne, im preußischen Rheinland, in Unterfranken, in Oberösterreich usw. wohlbekannt, am stilvollsten aber wird er in »Mostindien« hergestellt, d.h. in jenem obstreichen Teil des Kantons Thurgau, dessen Mittelpunkt das Dorf Eschenz am Untersee bildet. In diesem Mostindien ist der Most wahrhaft zu Hause und bedeutet die Obsternte dasselbe, was anderwärts die Weinlese ist. Vgl. Zider und Federweißer.

Mumme s. Bier.

Muräne, 1 bis $1^1/_2$ m langer und bis 7 Kilo schwerer Aalfisch des Mitttelmeers, namentlich des Golfs von Neapel, dessen feines, fettes, schmackhaftes Fleisch den Römern der Kaiserzeit für eine der erhabensten Delikatessen galt und sie zur Anlage großartiger Teiche für die Muränenzucht, den Vidius Pollio gar zu dem Versuch der Fischfütterung mit Menschenfleisch veranlaßte. Ein Feinschmecker war dieser hochgeborene Schinder sicher nicht! Der Fisch wird noch heute zur Laichzeit (März und April) in Mengen gefangen und wie der Aal zubereitet, besitzt aber durchaus keinen Vorzug vor diesem und bildet daher keinen Handelsgegenstand. Die Verwechslung der *Muräne* mit der *Moräne* ist zwar schon hundertmal gerügt worden, aber immer noch sehr beliebt.

Mus verwandt mit *Schmaus,* hieß im ältern Deutsch die Mahlzeit überhaupt (also »Abendmus« für »Abendbrot«), dann in engerer Bedeutung das aus Pflanzenstoffen bereitete Beiessen zum Fleisch, das »Zugemüse« oder »Gemüse« der heutigen Sprache (daher z.B. »Musgarten« für »Krautgarten«), und endlich *jede zu breiartiger Konsistenz verkochte Substanz* (daher Hafermus, Brotmus, Lungenmus, Weinmus, Mandelmus usw.). In dieser letzteren umfassenden Bedeutung ist das Wort noch in Österreich und Süddeutschland im Gebrauch, so daß in diesen Ländern die Bezeichnungen Mus und Brei fast ohne jeden Unterschied angewendet werden. In Norddeutschland dagegen hat sich insofern eine Begriffstrennung vollzogen, daß *Brei* dort vorzugsweise ein aus trockener Substanz hergestelltes Gericht bedeutet (also Haferbrei, Reisbrei, Linsenbrei etc. – *nie* Hafermus, Reismus, Linsenmus), während *Mus* vorzugsweise für das zu Brei verkochte und zumeist als Zubrot verwendete Obst und Wurzelwerk (Apfelmus, Birnmus, Pflaumenmus und Rübenmus) gebraucht wird. Weiter als auf die Bezeichnung aber erstreckt sich der Unterschied zwischen der österreichischen und der deutschen Küche in diesem Falle nicht: beide bereiten ihre Muse und Breie auf dieselbe Weise und auch mit demselben Geschick.

Muskateller, im Mitteldeutsch *Muschatel,* trägt seinen Namen angeblich von dem Umstande, daß »Fliegen (muscae!) und Wespen mit besonderer Gier den Beeren nachstellen«, in Wahrheit aber wohl von dem ausgeprägt pikanten, meist an Moschus (muscus!) erinnernden Parfüm der reifen Traube. Dies Parfüm wechselt wie die Farbe der Beeren mannigfach ab, bald ins Rosenduftige oder Kamillenartige, bald ins Obstähnliche oder Wanzenhafte, immer aber ist es in irgendeiner ausgesprochenen Schattierung vorhanden, und diese Eigenschaft vor allem wird dem Wein im Mittelalter jene ungemeine Beliebtheit verschafft haben, die durch die allbekannte Anekdote von dem Augsburger Prälaten Johann v. Fugger, der sich am Est Est zu Tode nippte, köstlich illustriert wird, am ergreifendsten und innigsten aber im schönsten aller mittelalterlichen Weinlieder zum Ausdruck gekommen ist:

Der liebste Buhle, den i han,
Der leit (liegt) beim Wirth im Keller,
Er hat ein hölzern Röckli an
Und heißt: der Muskateller.

Der Muskateller des Mittelalters war süß, feurig und schwer, den heutigen Liqueurweinen seines Stammes ähnlich bis gleich und vorzugsweise italienischen Ursprungs, denn das Vaterland des Muskatellers ist Italien, wo die Rebe, die Vitis apiana des Plinius, schon zur Kaiserzeit nach ihrem Wert geschätzt wurde. Treffliche Kenner, darunter auch Hamm, glauben zwar nach den Berichten der Spätlateiner und der Humanisten, den antiken und mittelalterlichen Muskateller für ein überlegenes Gewächs halten zu müssen, wer jedoch mit der Ausdrucksweise des Mittelalters vertraut ist, das nur gar zu gern des schönen Effekts wegen die Mücke einen Elefanten und den Schuft einen großen Mann nannte, für den leidet es keinen Zweifel, daß die modernen Sorten den alten Marken mindestens ebenbürtig und wahrscheinlich sogar überlegen sind.

Der beste unter den dermaligen Muskatweinen Italiens ist nach Hamms zuverlässigem Spruche der *Monte Pulciano* (s.d.) – er zählt aber nicht, weil er nicht zu haben ist, und so verbleibt die erste Stelle dem bewährten *Est Est* oder *Monte Fiascone*, dem hitzigen, stark aromatischen Produkt der Höhen am Bolsener See, von dem der germanische Welschlandfahrer dem Landsmann Fugger zu Ehren noch heutigen Tages gern zu kosten pflegt, bis er die rote Marke nicht mehr von der weißen unterscheiden kann. Dem Est Est ebenbürtig ist die bernsteinfarbene *Lacrimae Christi della Somma*, und dieser zunächst steht der von alters her berühmte *Syracusaner*, der weiße, feurige, köstlich mundende *Suracusa Albanulle*, dessen geistiger Gehalt noch nie und von niemand in Zweifel gezogen worden ist. Dann folgen der rote, turmhoch beseligende *Catania*, der rötliche kaum minder schwere *Moscato Capriato*, der feurige, duftige *Monte Gibello* und der rote *Ätna-Madeira*, Essenza dell' Etna oder auch Nettare genannt – vier Sizilianer, deren Studium die berauschendste Wirkung übt, die man sich nur denken kann. Daran schließen sich die mildsüßen, fenchelschmeckenden roten Calabreser, der *Otranto* und der *Francavilla*, ferner die weißen und roten Weine von *Santa Maria di Capua*, die den Namen der Lacrimae Christi zu usurpieren pflegen, endlich der balsamduftende *Farnese* und der weiße, schwelgerisch süße *Orvieto*, dem sich in Toskana der gelbe, süße *Rio* mit ausgeprägtem Muskatnußbouquet und in Piemont der rühmlichst bekannte *Moscato von Canelli* an die Seite stellt. Dazu liefert Sardinien noch den trefflichen *Alghero-Muskat* und Elba den süßen, roten *Aleatico*, einen Kochwein, dessen Herstellung eines der süßesten Geheimnisse der Elbaner bildet. Und alle diese Weine sind nicht nur kostbar, sondern – was die Hauptsache ist! – auch trinkbar.

Gerade in dieser Hinsicht stehen die französischen Muskateller bei aller sonstigen Überlegenheit den italienischen entschieden nach: sie sind reine Liqueurweine, an denen man nur nippen darf, und daher zu einem engeren Freundschaftsbunde gänzlich unbrauchbar. Ihr Chorführer ist der mild süße *Rivesaltes* von Perpignan, der erste Damenwein der Welt, voll Feinheit, Duft und

Feuer und im Alter völlig dem Malvasier gleich. Ihm zunächst folgt der hochsüße, obstduftende *Frontignan*, dann der *Lünel*. Im zweiten Range stehen die minder feinen, aber gleichfalls äußerst gaumengerechten Muskatweine von Bergerac, der *Monbazillac* mit dem *Saint-Laurent des Vignes*, für deren vorzüglichste Marken der Raulis-Mestre, der Marsalet-Viger und der Consul-Erignak gelten. Dazu liefert das Languedoc den würzigen *Maraussan* und den gehaltvollen *Sauvian* (dessen beste Sorte der Despagnac bildet), die Grafschaft Avignon den *Beaume* und die Provence eine ganze Reihe von Sorten, von denen der *Cassis*, der *Roquevaire*, der *Barbantanne* und der *La Ciotat* von Marseille die nennenswertesten sind.

Spanien erzeugt neben dem purpurglühenden *Moskatel de Alicante* (s. Alicantwein) den köstlichen *Moscatel de Malaga* und *Moscatel de Motril* (s. Malaga) sowie im Sherrywein-Distrikt den goldgelben, süßöligen *Vino de Pajarete* und den hellgelben, kamillenduftenden *Manzanilla* (s. Sherry). Portugal bringt im weißen *Setuval* von der gleichnamigen Stadt in Estramadura eine sehr geschätzte Sorte auf den Markt. Ungarn liefert im weißen *Weyrer* vom Neusiedler See und im weißen *Badacsony* aus der Plattensee-Gegend nur Sorten dritten Ranges, die vom *Muskateller von Villany* und von *Tokay-Hegyallya* nur wenig übertroffen werden. Dagegen produziert Dalmatien nicht bloß die leidlichen weißen und roten *Moskatos von Arbe, Brazza, Spalato* und *Cattaro*, sondern auch den hocharomatischen, lünelähnlichen roten *Tartaro* von Sebenico und vor allem den purpurglühenden, rosenduftigen *Moscato di Rosa* von Almissa. Auch Istrien hat unter den Sorten seines einst weltberühmten Reinfalls einen trefflichen Muskateller (vgl. Reinfall). In Griechenland endlich ist, wie im Mittelalter Candia, gegenwärtig Cephalonia der Hauptsitz der Muskatellerproduktion, der drei Sorten auf den Markt bringt: den vollen, gehaltreichen Ausbruch *Moscato Nectar*, einen Damenwein ersten Ranges, den zarten, hochgelben *Gran Moscato di Lixuri* und den einfachen, aber edlen *Moscato di Argostoli*. Hamm nennt die Cephalonia-Muskate »entschieden die besten von ihrer Art« und sagt damit allerdings viel, aber doch nicht zuviel, weil sie an sich vorzüglich und überdies zur Zeit vielleicht die einzigen sind, die völlig unverkünstelt zum Verkauf kommen.

Muskatnüsse heißen die eiförmigen, netzartig gefurchten und inwendig marmorierten, braunen, steinharten Samenkerne des Muskatnußbaums, der auf den Molukken, besonders auf der Bandagruppe heimisch ist und dessen Geschichte daher mit der des Gewürznelkenbaums zusammenfällt – doch mit dem Unterschied, daß die Verpflanzung nach Bourbon, Mauritius, Madagaskar und Westindien keinen rechten Erfolg gehabt hat und daher noch immer die drei Bandainseln Lontar, Neira und Ai den Hauptsitz der Muskatnußkultur bilden. Die Frucht des Baumes ist eine walnußgroße, fleischige Beere, in der, von einer purpurroten Samenhülle umgeben, die Nuß steckt, und bildet in Zucker eingemacht eine ungemein würzige und schmackhafte *Konserve*, die aber nur selten nach Europa kommt. Die purpurrote, hautartige, vielfach zerschlitzte Samenhülle wird beim Trocknen safrangelb und liefert die *Muskatblüte* (span. Macis) des Handels, die als vorzügliches Küchengewürz dient. Die Nuß wird gleichfalls getrocknet, zum Schutze gegen Wurmfraß wiederholt in Kalkwasser getaucht, wobei sich Kalk in den netzartigen Furchen absetzt und ihr ein weiß bestäubtes Ansehen gibt, und unzerkleinert nach Europa verschickt, wo das Reibeisen sie für den Gebrauch in Pulver verwandelt. Ihr Geschmack ist ein ölig aromatischer, bei weitem nicht so scharf und beißend wie der des Pfeffers, und geriebene Muskatnuß daher besonders für feine Suppen und Mehlspeisen geeignet, deren zarter Geschmack unter der Pfefferwürze leiden würde. Die wertvollen Bestandteile der Nuß sind Fett und namentlich ätherisches Öl, an welchem die Macis sogar noch reicher ist als die Nuß, so daß ihr Gebrauch in der feinen Bäckerei durchaus am Platze erscheint, wenn auch das noch zu Anfang des 19. Jahrhunderts beliebte *Muskatenbrot*, in welchem neben Macis und Muskatnuß auch noch Zimt, Anis, Fenchel, Koriander und Gewürznelken eine Rolle spielten, mit Recht von der Tischfläche verschwunden ist. Ausgemacht ist, daß die Nuß der römischen Kochkunst fremd war und daß erst die Araber sie in die abendländische Küche einführten, in der sie vom 15. bis Anfang des 19. Jahrhunderts eine bedeutende Rolle spielte. Seitdem aber ist der Verbrauch so bedeutend zurückgegangen, daß Holland seit 1864 den Muskatnußbau auf Java völlig eingestellt hat. Nur die noch immer im Mittelalter stekkende englische Küche bedient sich ihrer heute noch im weitesten Umfang, und ihr zunächst steht die deutsche, namentlich die norddeutsche. Vgl. Nelkenpfeffer.

Muscheln schmecken im September am besten und das aus einem oder vielmehr zwei sehr triftigen Gründen, weil nämlich zu dieser Zeit erstens die Krebse nicht mehr gut und zweitens die Austern noch recht selten sind. Naturmenschen, Schiffbrüchige, Liebhaber und andere notleidende Geschöpfe essen diese Schaltiere roh ohne Salz und Serviette und haben dabei allerdings den Vorteil, daß ihr Mittagbrot nicht nur billig, sondern auch sehr verdaulich ist. Der gewöhnliche Europäer jedoch genießt sie nur im *eigenen Saft gesotten* entweder möglichst heiß mit einer Frikasseesauce aus Mayonnaise und gedachtem eigenen Saft der Tiere oder aber, nachdem sie gehörig in Essig und Öl mariniert und mit Pfeffer und Salz versehen wurden, *als Salat* in Aspik. In Norddeutschland kommen auch in Butter *gebratene Muscheln* vor – ein höherer Blödsinn, der selbst mit Agrest oder Zitronensaft unverdaulich bleibt. Dagegen haben in Salzwasser abgesottene und dann mit Pfeffer, Lorbeerblättern und Gewürznelken in Essig *eingelegte Muscheln* einen ungemein fein pikanten Geschmack und können nicht bloß wie frische verwendet, sondern auch mit Essig, Öl und gestoßenem Pfeffer ohne weiteres als Salat verspeist werden. Nahrhaft sind die Muscheln in hohem Grade, aber auch in hohem Grade schwer verdaulich und zudem stets etwas bedenklich etwa wie die lieben Pilze, so daß sie stets mit derselben Vorsicht geprüft werden müssen wie diese. Bei alledem ist der Muschelkonsum Europas ein sehr bedeutender. In England, Holland und Schottland deckt vielfach die herzförmige, schmutzig weiße *Herzmuschel* den Bedarf, die Muschel par excellence jedoch ist die ovale, annähernd keilförmige, violettblaue *Miesmuschel,* die sich in Menge an allen europäischen Küsten findet, in der Adria bei Venedig, an der Westküste Frankreichs bei La Rochelle (hier schon im Jahre 1246) und in der Nordsee bei Ellerbek an Pfählen – deshalb auch *Pfahl-* oder niederdeutsch *Paalmuschel!* – gezüchtet wird und auch den Wiener Tisch versorgt.

Musseron, franz. Mousseron von mousse für Moos, ist eine schon vor zweihundert Jahren ins Deutsche herübergenommene Bezeichnung ursprünglich für einen vorzugsweise im Moose wachsenden Pilz, die aber im Laufe der Zeit auch auf andere Arten übergegangen ist. Der *wahre Musseron, Moosling* oder *Mehlschwamm* mit einfarbig blaßweißem Hut von 1–5 cm Durchmesser auf meist schrägstehendem, gleichfarbigem Stengel, hat einen unvergeßlich ausgeprägt kräftigen Geruch nach frischem Mehl, ist zur Herbstzeit in Österreich, Deutschland und Frankreich im und unterm Waldmoos häufig und gilt allenthalben für ebenso wohlschmeckend wie gesund. Die gleiche, blaßweiße, bisweilen ins Bräunliche spielende Farbe, doch nur 2 cm Durchmesser und einen schwarzbraunen Stiel hat der *Lauchpilz, Küchen-Schwindling* oder *Knoblauch-Musseron,* der sich vom Frühjahr bis in den Herbst an Wegen und auf Lichtungen meist in größerer Anzahl beisammen findet, sich durch einen entschiedenen Knoblauchgeruch auszeichnet und deshalb mehr als Gewürz an Saucen und Ragouts als für sich verwendet wird. Dasselbe gilt vom *Kreisling, Krösling* oder *Nelken-Musseron,* einem Bruder des vorgenannten mit 5 cm breitem Hut von rot- oder lederbrauner Farbe und mit scharf würzhaftem, nelkenartigem Geruch, der sich indessen bei längerem Kochen vollständig verliert. Weit weniger ausgeprägt ist das Parfüm der eßbaren *Maischwämme,* unter denen in Österreich der *Pomona-Maischwamm* oder *Pomona-Musseron* mit 2–7 cm breitem, blaßgelbem, mehr oder weniger halbkugelförmigem Hut und weißem, derbem Fleisch die erste Stelle einnimmt, obgleich auch der leicht gelbliche, fast weiße *Spitz-Musseron* oder *Spitz-Maischwamm* mit kegelförmigem Hut, der wohl hauptsächlich die Übertragung des Musseron-Namens auf die Maischwämme veranlaßt hat, keineswegs selten ist. Diese beiden

Musserons haben keinen hervorstechenden, sondern nur einen schwach gewürzhaften Geruch. Alle diese Pilze aber zeichnen sich durch hohen Stickstoffgehalt (rund dreieinhalb Prozent) und durch Schmackhaftigkeit aus und werden daher in der Küche gern verwendet, wenngleich nicht in dem Maße wie die Morchel.

N

Nägelchen s. Gewürznelken.

Nase, *Näsling, Nösling* oder *Ösling,* auch *Zuppe, Kummel, Untermaul, Schnabel* oder *Schnappel,* in Westfalen *Schnäpel,* im Rheinland unrichtig *Makrele* und in Ostpreußen nicht minder verkehrt *Äsche* genannt, eine Karpfenart namentlich des Donau- und Rheingebiets, erreicht zwar eine Länge von 25 bis 40 cm und eine Schwere von $^1/_2$ bis 1 kg, hat aber wenig Löbliches an sich, »dann das Fleisch ist allezeit lind oder blutt (weichlich), gar keines oder ödes Geruchs und voller Gräten, voraus gegen den Schwanz« (Geßner). Auch der Oberösterreicher Hohberg verweist die Nase auf den Gesindetisch, fügt jedoch hinzu: »Wohlgeschmacker sind sie, wann sie, auf einem Rost gebraten, mit Rosmarin, Öl und Essig *eingemacht* sind, denn die Gräten werden endlich so weich, daß man sie mitsamt dem Fisch essen kann.« Immerhin hat der Näsling für die österreichische und süddeutsche Volksküche als billiger *Bratfisch* Bedeutung, da er im Frühjahr, wenn er zum Laichen in die Nebenflüsse tritt, zu Tausenden gefangen und zu $^1/_4$ bis $^1/_2$ Mark per Stück verkauft wird.

Neckarwein »ist Schleckerwein« – aber nur im beschränkten Sinne, denn was über Esslingen hinaus gegen die Alb zu gebaut wird, ist nur in besonders wohlwollenden Jahren genießbar und kommt daher überhaupt nicht in Frage. Die würzigen, geistvollen Weißweine des württembergischen unteren Neckartals von Esslingen bis herab nach Gundelsheim dagegen sind allerdings schlekkerhaft, wenn auch wenig haltbar und daher kein Gegenstand des Handels. Es geht auch trotz des mangelnden Absatzes ans Ausland kein Tropfen davon verloren, denn der Württemberger hält auf einen trinkbaren Schoppen ebensoviel wie auf eine treue Ehehälfte, und die Fremden, die das Land besuchen, stehen ihm getreulich bei, daß es nicht zur Aufhäufung verderblicher Vorräte komme, denn so eine Flasche Besigheimer oder Weinsberger läßt sich vortrefflich beplaudern, und »beplauderter Trank schmeckt und bekommt besser«. Zu den im Lande bestbekannten Gewächsen gehören: der Mönchberger von *Untertürkheim*, das »Zuckerle« von *Cannstatt*, der Käsberger von *Mundelsheim*, der Schalksteiner von *Besigheim*, der Burgberger von *Weinsberg* und der Hundsberger von *Weiler*. Bis zum Anfang des 19. Jahrhunderts bezeichnete man übrigens alle Weine Württembergs und Badens (mit Ausnahme des Seeweines), also auch die Gewächse des Enztals und des Remstals, den Markgräfler usw., als »Neckarwein«.

Nelkenpfeffer, *Piment* oder *Neugewürz* (weil die kontinentale Küche es erst seit Anfang des 19. Jahrhunderts in Gebrauch nahm), auch *Englisch-Gewürz* oder *Jamaikapfeffer*, eine pfefferkorn- bis erbsengroße, runzlige braune Beerenfrucht, stammt von der immergrünen Pfeffermyrthe, die als stattlicher Baum auf den Antillen heimisch, seit 1605 botanisch bekannt und von den Engländern seit 1868 auf Jamaika in Kultur genommen ist. Die zweisamigen Beeren werden vor der Reise gesammelt und an der Sonne getrocknet, wodurch sie die Runzeln und die braune Farbe erhalten. Der Geruch des Piments ist stark nelkenartig, der Geschmack rein gewürzhaft, namentlich weniger scharf als der des schwarzen Pfeffers, mehr muskatnußähnlich, wenn auch weniger fein. Der Nelkenpfeffer wird daher hauptsächlich statt der Muskatnuß verwendet und hat diese seit Anfang des 19. Jahrhunderts (d.h. seitdem die Holländer die sorgfältige Sortierung der Nüsse vernachlässigten) in der Tat mehr und mehr aus der Küche verdrängt.

Neuchâtel-Käse, seiner Spundform wegen in Paris Bondon oder Bonde genannt, trägt den Namen vom Städtchen Neuchâtel en Braye im Departement der Unter-Seine und erscheint als 7 cm lange und 5 cm dicke Walze in der Uniform der Treue – in Himmelblau. Mit dieser Zierlichkeit der äußeren Erscheinung verbindet der Bondon als echter fromage à tout bien einen bemerkenswerten Fettgehalt, einen milden, angenehmen Geschmack und einen sehr humanen Preis.

Neunaugen beruhen auf einem Versehen Vater Adams, der offenbar bei der Taufe dieser Tiere außer dem wirklichen Sehorgan und den sieben Kiemenspalten auch das Nasenloch jeder Körperseite unter die Augen gerechnet hat. Die Niedersachsen sagen daher lieber *Bricke* oder *Pricke*, vom Adjektivum pricke, das eine der reizendsten Eigenschaften der Damen bezeichnet, denn pricke bedeutet »drall und prall«, und pricke sein heißt »von kernig festem Fette strotzen« – wie ein frisches junges Mädchen, eine wohlgenährte frische Bratwurst oder ein hoffnungsvolles Schweinchen mit vielversprechendem Speckansatz. Das Neunauge ist in der Tat ein ausgesprochener Fettfisch, der mit 25 % Schmergehalt dem Aal am nächsten kommt, wie er denn überhaupt diesem Aristokraten ungemein ähnlich sieht bis auf den Kopf, der beim Aal spitz und fein geschnitten, beim Neunauge dagegen gorillaartig plump ist. In Europa kommen drei Neunaugenarten vor, von denen aber nur zwei von kulinarischer Bedeutung sind und von diesen nur eine, das Flußneunauge, sich auch in Österreich findet. Das *Flußneunauge*, die *Bricke* oder *Pricke* der Niedersachsen, bewohnt die Küstenmeere und Flüsse Europas, Nordamerikas und Japans, erreicht bei 30–40 cm Länge ein Gewicht von 75 bis 90 g und wird sowohl im Herbst, wenn sie dem Meere zueilt, wie im Frühjahr, wenn sie zum Laichen in die Flüsse zurückkehrt, namentlich in der Memel, Oder, Weichsel, Elbe und Weser, massenhaft gefangen und mariniert zum Versand gebracht. Von den österreichischen Bricken sagt Hohberg im Jahre 1682 »Werden für ein Herrenessen gehalten, aber ihr Brät ist zähe und hart verdaulich; zu Linz und Ebersberg im Lande ober der Enns kann man sie zur Laichzeit gar wohl bekommen.« Die zweite Art dagegen, das *Meerneunauge* oder die *Meerpricke,* bekannter unter dem Namen der *Lamprete,* die sich sonst in allen europäischen Meeren findet, fehlt im Schwarzen Meer und daher auch im Donaugebiet. Die Lamprete besucht die Flüsse nur im Frühjahr zur Laichzeit und bildet dann, da sie bei 70–90 cm Länge bis $1^1/_2$ kg schwer wird, einen wichtigen Gegenstand der Fischerei, namentlich in Frankreich, aber auch in Südengland und früher auch in Italien. Für den Versand wird sie ganz wie das gewöhnliche Neunauge zugerichtet, d.h. abgebalgt, leicht geröstet und dann in einer reichlich mit Lorbeerblättern und Gewürz versetzte Essiglake eingelegt oder aber geräuchert. In dieser Form gehören Neunauge und Lamprete zu den Dingen, die man von hinten in Angriff nehmen muß, um den rechten und vollen Genuß davon zu haben. Im übrigen wird das Neunauge ganz wie der Aal zubereitet und überdies als Garnitur zum Sauerkraut-Salat verwendet, ist aber dabei wirklich des Guten zuviel, denn dieser Salat ist schon an sich schwer verdaulich genug.

Nierenbraten s. Kalb.

Niersteiner, ein angenehmer weißer Tischwein vom Städtchen Nierstein in Rheinhessen, dessen beste Lage, der »Glöck« oder »Kleck«, sogar den Rheinweinen zweiter Klasse zugezählt wird und dem Niersteiner zu solchem Ansehen verholfen hat, daß jetzt die Mehrzahl der rheinhessischen Weine dritter und vierter Ordnung, wie z.B. der Laubenheimer, der Büdesheimer, der Bingener, der Oppenheimer, der Salzener, Wachenheimer, Alsheimer, Bechtheimer usw., zumeist als »Niersteiner« in die Welt gehen. Über Mainz zu beziehen.

Nockerl ist eine oberdeutsche Bezeichnung für *Kloß,* namentlich für den mit Milch angemachten oder wenigstens in Milch gekochten Mehl- oder Grießkloß, der allein als »Salzburger Nockerl« in nicht weniger als fünf verschiedenen Spielarten in der Wiener Küche auftritt. In dieser einfachen Gestalt ist das Nockerl eine der angenehmsten Mehlspeisen, »une beauté douce comme un mouton«. Man stellt aber auch aus geschabter Leber, passiertem Kalbshirn, gestoßenem Fisch, Kalbfleisch oder Hühnerfleisch

Nockerl her, die dem Grießnockerl und Eiernockerl noch überlegen sind und als Suppeneinlagen stets mit verdienter Hochachtung begrüßt werden.

Nordhäuser s. Branntwein.

Nudeln, Mehlspeispräserven, die aus Weizenmehl oder Grieß einfach mit kochendem Wasser oder mit Ei gefertigt werden, zerfallen ihrem Ursprung nach genau wie die dummen Streiche in fertig gekaufte und in selbstgemachte, nach ihrer Gestalt aber in drahtförmige *Fadennudeln,* in riemenförmige *Bandnudeln,* in schilfrohrstarke *Rohrnudeln* (Makkaroni), in knopfförmige *Körnernudeln* und in ein Gemisch von kleinen Sternen, Rädern, Ringen, Herzen, Kreuzen und anderen Figuren, das im Französischen unter dem Namen Semoules, im Deutschen unter dem Namen *Façon-* oder *Figurennudeln* zusammengefaßt wird. Alle diese Sorten liefern in Milch wie in Fleischbrühe anerkennenswerte Suppen, die Mund und Magen in angenehmer Weise auf die nachkommenden Dinge vorbereiten, die Fadennudeln überdies eine treffliche Unterlage für gekochtes Geflügel und die Rohrnudeln oder *Makkaroni* endlich mit Bechamelsauce und Parmesankäse oder auch mit Schinken ein so hochinteressantes Zwischengericht, daß der europäische Ruf der Makkaroni einzig und allein auf dieser Schüssel beruht. Diese Rohrnudeln in Salzwasser gesotten, ohne Zugabe bekanntlich die Werktags- und fettgetränkt neben einem Schluck niederträchtig sauren Sorrentiners die Festtagsspeise der edlen Lazaroni, sind nun allerdings die älteste unter den italienischen Nudelsorten und werden schon 1596 genannt, sie gingen aber erst zu Ende des 17. Jahrhunderts in die französische und frühestens um die Mitte des 18. Jahrhunderts in die deutsche Küche über. Freilich gibt schon Andreas Goretz aus Mähren 1701 ein Rezept zur »Suppe mit Macronen und jungen Hühnern«, aber dies Rezept ist aus dem Französischen abgeschrieben, und wo nach Goretz Makkaroni genannt werden, da sind keineswegs Rohrnudeln darunter gemeint, sondern – Fleckerl, viereckige oder rautenförmige Stücke aus Nudelteig, wie sie heute in der Fleckerl- oder Lasany-Suppe auftreten! Diese Fleckerl aber sind keineswegs, wie der Name *Lasany-*

Suppe anzuzeigen scheint, identisch mit den Lasagne der Italiener und den Lazagnes der Franzosen, sondern es ist eine Spielart der oberdeutschen wahren Nudeln, die zweimal, als Nulles (Nudelgebäck) und als Nouilles (Fleckel), in die französische Küche übergegangen sind. In Norddeutschland faßten die Makkaroni erst nach dem Siebenjährigen Krieg Fuß.

Früher und rascher ging die Verbreitung der *Fadennudeln* vor sich. Schon 1667 figurieren sie als wohlbekannte Suppeneinlage auf der französischen Tafel, 1712 erscheinen sie (aber in der Zubereitung noch an die alte oderdeutsche Nudel erinnernd!) im Nürnberger Kochbuch, 1715 in reiner Gestalt in des »Herrn v. Hohbergs Georgica curiosa aucta« und 1732 auf der Berliner Tafel, während Leipzig noch 1735 am Fleckel festhielt. Die Fadennudeln nannten sich ursprünglich Fidelini, und noch heute erscheint auf Schweizer Speisekarten eine »*Fideli-Suppe*«, die namentlich dem Norddeutschen, der sie sich natürlich sofort in eine »fidele Suppe« übersetzt, schweres Kopfzerbrechen verursacht, bis er sie endlich vor sich sieht und erschüttert ausruft: »Potz Danzig! Das sind ja Nudeln!«

Die *Façonnudeln* treten mit den Körnernudeln unter Ludwig XV. hervor und bildeten zu dessen Zeit bis 1762 das Karfreitagsdiner der königlichen Familie. Sie hatten damals eine ziemliche Größe und stellten nicht nur Hülsenfrüchte, sondern auch Fische dar. In Deutschland waren um 1780 die Nürnberger *Hafernudeln* in Haferkorngestalt (nicht etwa aus Hafermehl!) berühmt.

Durch und durch verschieden von diesen exotischen Präserven ist die eingeborene deutsche Nudel, der wir zuerst 1564 in Steiermark begegnen. Die deutsche Nudel, die jetzt als *Dampfnudel, Schmornudel* und *Schmalznudel* in den Kochbüchern figuriert und zu der auch die *Kartoffelnudel* gehört, ist keine Mehlspeispräserve, sondern ein fettes Backwerk, das auf der Stelle verzehrt werden muß, wenn es nicht unverdaulich und geschmacklos werden soll. Ihr Wesen und ihre Tugend beruhen ganz und gar darauf, daß der Teig jedesmal frisch bereitet und, vor allem daß er, zerstückt oder unzerstückt, in Fett gebacken wird – selbst wenn er nachher als Suppeneinlage dienen soll, wie das in einigen Gegenden Sitte ist! Ein solches Gebäck, aber mit Rosenwasser parfümiert, waren die französischen Nulles des 17. Jahrhunderts, die man in der Verzweiflung über den ohne Sachkenntnis absolut unerklärlichen Namen einem unfindlichen Erfinder Nullius in die Schuhe zu schieben pflegt, und sind noch heute die norddeutschen, auf allen dortigen »Freßmärkten« unvermeidlichen *Schmalzkuchen,* die wahren Makkaroni des Niedersachsen, die ununterbrochen mit dem Schöpflöffel aus dem brodelnden Fettkessel hervorgeholt, in Tüten aus Zeitungspapier gewickelt, mit Zucker bestreut und von Kunden, vornehm und gering, klein und groß, Mann und Frau, mit dem vollkommensten Ausdruck der Zufriedenheit und des Wohlbehagens verzehrt werden. Wer daher, wie leider geschieht, die steirischen Nudelbäcker des 16. Jahrhunderts mit den modernen Nudelfabrikanten zusammenstellt, begeht dieselbe Torheit, als wenn er die »Einspänniger« Kaiser Maximilians I. (Soldreiter mit nur einem Pferd) mit den dermaligen »Einspännern« (Kleinbauern mit nur einem Pferd) in einen Topf werfen wollte. Aber eine oberdeutsche, vielleicht speziell eine österreichische Erfindung, die mit Haut und Haaren, d.h. dem Wesen wie dem Namen nach, aus dem *Knödel* oder *Knudel* hervorgegangen ist, hat die Dunst- und Schmalznudel viel Zeit gebraucht, um in Norddeutschland heimisch zu werden. Bis 1730 kannte man dort und in Obersachsen nur die Stopfnudel, mit der die Gänse genudelt werden, die eßbare Nudel war überhaupt unbekannt. Als Speise werden »Nudeln« zum ersten Male 1732 im »Brandenburgischen Kochbuch« genannt, und 1740 erscheinen Name und Gericht vollständig eingebürgert – aber das waren, wie schon gesagt, die italienische Fadennudel und der *Mehlfleck,* der nun, weil aus demselben Teig bereitet und nur in der Dimension von der Fadennudel verschieden, zunächst in Obersachsen und dann auch in Niedersachsen den Nudelnamen annahm. Zum Unterschiede von der haarförmigen Fadennudel hieß er auch wohl *Hausmacher-Nudel,* wie noch jetzt in der Schweiz. Die autochthone deutsche *Dampf-* und *Schmornudel* dagegen gelangte erst im 19. Jahrhundert aus Süddeutschland in die norddeutsche Küche und ist dort heute noch nicht völlig heimisch geworden, wenigstens nicht in dem Grade wie ihre primitivste Form, die Schmalznudel, es unter dem Namen des »Schmalzkuchens« geworden ist.

Die Herstellung der italienischen Nudeln war bis zur Mitte des 17. Säkulums ein Privileg Italiens, namentlich Neapels und Genuas. Seitdem nahm Frankreich (Paris und Marseille) und in der zweiten Hälfte des 18. Jahrhunderts Süddeutschland (Nürnberg) in hervorragendem Maße an der Fabrikation teil. Preußen verbot daher 1783 alle Nudeleinfuhr, um seinen neuerrichteten Fadennudel-Etablissements in Berlin und Magdeburg auf die Beine zu helfen, und etwa gleichzeitig entstanden in Wien und Prag die ersten Makkaroni-Fabriken. Die italienischen Fabrikate behaupteten jedoch, weil sie infolge der Verwendung kleberreichen Weizens sich beim Kochen weniger leicht auflösen und breiig werden, ein entschiedenes Übergewicht, bis neuerdings die Franzosen durch Zusatz von frischem Kleber zu ihrem Weizenmehl sich auch diesen Vorzug angeeignet haben. Auch die österreichischen Makkaroni erfreuen sich eines guten Rufes.

Nüsse nude crude sind welsche oder *Walnüsse*, die mit fleischiger grüner Schale und harter brauner Kernkapsel versehenen Früchte des Walnußbaums, die sich nicht bloß wie die Haselnüsse in der Küche und als Dessertobst verwenden lassen, sondern auch ein sehr mildes, wohlschmeckendes, grünliches *Speiseöl* liefern, das an Verdaulichkeit dem Mohnöl nahekommt und nur den einen Fehler hat, daß es gar zu leicht ranzig wird. Die unreifen Früchte geben, mit Zucker eingemacht, ein gerngesehenes und noch lieber gegessenes *Nußkonfekt*, mit Zucker und Branntwein aber den hochachtbaren *Nußliqueur*, eines der angenehmsten Mund-Parfümiermittel, die dem Gastronomen zu Gebot stehen. Den Lehrbüchern zu Folge stammt der Urquell dieser Annehmlichkeiten aus Persien – in Wahrheit ist er ein halber Kosmopolit, dessen Heimat die kleine Strecke vom äußersten Japan bis an die Adria umfaßt und der sogar im Banat als eingeborener Wildling auftritt.

Die alten Griechen waren (unter uns gesagt) nur zu faul, sich um die Kultur des prächtigen Baumes zu bemühen, und warteten daher, bis ihnen Alexander der Große den kultivierten Stamm fix und fertig aus Persien mitbrachte. Weit früher schon dürfte Italien den Walnußbaum erhalten haben, und zwar von Karthago aus, wohin die Phönizier ihn gebracht hatten. Daraus erklärt sich die merkwürdige Tatsache, daß sich in norditalienischen Pfahlbauten aus dem 6. Jahrhundert v. Chr. Walnußschalen gefunden haben. Nach England scheint er schon mit den Angelsachsen gekommen zu sein (450 n. Chr.), und daß Karl der Große ihn diesseits des Rheines fleißig anpflanzen ließ, versteht sich von selber. In Österreich wird er in Dalmatien, Istrien und Ostgalizien, hauptsächlich aber in Krain und Steiermark gezogen, in Deutschland kommt er nur im badischen Oberland in größerer Menge vor. In der Schweiz ist der Nußbaum sehr verbreitet, den großen europäischen Bedarf jedoch decken vorzüglich Kleinasien, Piemont und Savoyen, Spanien und Frankreich. Vgl. Öl.

Nußberger s. Österreicher Wein.

O

Ober-Ingelheimer, ein trefflicher Tropfen vom Flecken Ober-Ingelheim im Selzgrund (unweit Bingens) in Rheinhessen, vollmundig, feurig und würzhaft, gilt als der zweitbeste Rotwein Deutschlands und macht sich glücklicherweise etwas weniger rar als sein Vorgesetzter, der Assmannshäuser. Er ist erst in neuerer Zeit zu Ansehen gekommen, denn noch um 1840 war er im Handel kaum bekannt und stand an Ruf dem weißen Scharlachberger und sogar dem Niersteiner nach.

Obers s. Rahm.

Obst ist das Eßbare, was im Gegensatz zu den eßbaren Wurzeln, Kräutern und Kräuterteilen hoch *oben* oder zu *oberst* wächst, also die genießbaren Baum- und Hochstrauchfrüchte. Dieser Deutung des Wortes entsprechend wird in der Küche das sogenannte *Beerenobst* (mit Ausnahme der Maulbeere und der Feige), weil an niedrigem Gesträuch wachsend, nicht zum eigentlichen Obst gerechnet, wohl aber das sogenannte *Schalenobst*, obgleich dasselbe einen vom eigentlichen Obst ziemlich abweichenden Charakter hat und fast nur beim Nachtisch mit demselben zusammentrifft. Außerdem schließt der Begriff alle sogenannten *Südfrüchte* und exotischen Früchte aus, soweit dieselben nicht auch in Mitteleuropa gedeihen und gezogen werden. Die heimischen Obstfrüchte aber teilt man der bequemeren Übersicht wegen in vier Klassen, nämlich:

Kernobst, bei welchem das eßbare Fruchtfleisch ein holziges Kerngehäuse mit mehreren Samen umschließt: Äpfel, Birnen, Mispeln und Quitten;

Steinobst, bei dem das eßbare Fruchtfleisch eine steinharte Kernkapsel (Stein) mit nur einem oder zwei Samen umgibt: Aprikosen, Kirschen, Pfirsiche und Pflaumen;

Schalenobst, bei welchem nur der Kern eßbar, die Fruchtschale dagegen, welche die Kernkapsel umgibt, ungenießbar ist: Kastanien, Mandeln, Nüsse und Haselnüsse;

Beerenobst, bei welchem die zahlreichen kleinen Kerne entweder im eßbaren Fruchtfleisch verteilt liegen (echte Beere: Ribisel) oder nur oberflächlich in dasselbe eingesenkt sind (unechte Beere: Erdbeere), vgl. Beerenobst.

Alle Obstfrüchte stimmen in dem Punkt überein, daß sie roh ebenso gut oder noch besser schmecken als gekocht oder sonstwie zubereitet. Dagegen unterscheidet sich das Schalenobst durch den Mangel an Obstsäure sehr wesentlich von den drei andern Klassen, die es zwar bei seinem geringeren Wassergehalt an Nährwert übertrifft, an Vollmundigkeit und an Aroma aber bei weitem nicht erreicht. Die gedachten drei Klassen aber gleichen sich darin, daß sie bei hohem Wassergehalt (78–90 %) reich an Zucker, Säuren, Salzen und vor allem an jenen flüchtigen Essenzen sind, die den wunderbar ansprechenden und wunderbar mannigfaltigen Obstgeruch erzeugen, auf dem vielleicht noch mehr als auf der Säure die vielfältige, bei keiner Klasse von Nahrungsmitteln wiederkehrende Verschiedenheit der vom Obst gewährten Geschmacksempfindungen und Geschmacksgenüsse beruht. Unter diesem Gesichtspunkte ist das Obst recht eigentlich das Konfekt der Natur oder natürliches Konfekt, und mit gutem Grunde nimmt es auf der Tafel seine Stellung neben dem wahren Konfekt, den Kanditen und dem parfümierten Zuckergebäck, ein. Von einem eigentlichen Nährwert kann beim Obst kaum die Rede sein: Wer 4 kg Birnen im Magen hat, ist noch um kein Haar besser genährt als der fromme Schweppermann, der bekanntlich nach geschlagener Schlacht zwei Eier zudiktiert erhielt. An Verdaulichkeit freilich läßt das Obst nichts zu wünschen übrig, im Gegenteil es beeilt sich namentlich im Sommer mit der Erledigung dieser Angelegenheit bisweilen dermaßen, daß der beste Mensch dadurch in die schändlichste Verlegenheit und größte Verzweiflung gestürzt werden kann.

Obstwein s. Zider und Most.

Ochse s. Rindfleisch.

Öl, die Mutter der Backfische und die Seele des Salats, ist flüssiges Pflanzenfett, das sich bei allen Pflanzen, zumeist aber in den Samen der sogenannten Ölgewächse findet und durch Auspressen mit oder ohne Anwendung von Wärme daraus abgeschieden wird. Das heiße Verfahren liefert mehr, das kalte weniger, aber reineres und besseres Öl. Von den *Ölgewächsen* werden einige dreißig hauptsächlich oder nur des Öles wegen in größerem Umfang kultiviert, darunter in Europa der Ölbaum, der Mohn, der Raps, der Rübensamen und die Sonnenblume, in Afrika die Ölpalme und der Butterbaum, in Asien der Sesam, die Ölmoringie und der chinesische Talgbaum, in Amerika die Paranuß und in Australien der Bankulnußbaum; internationale Ölpflanzen sind hautpsächlich die Kokospalme und die Erdnuß. Außerdem wird in Europa Öl zu Speisezwecken aus verschiedenen Nußfrüchten, namentlich aus Mandeln, Bucheln, Wal- und Haselnüssen, gewonnen. *Nußöl,* d.h. Walnußöl, scheint sogar während des Mittelalters wenigstens in der Bodenseegegend die Hauptrolle gespielt zu haben. Wer jedoch schlechthin »Öl« sagt, meint weder Nuß- noch Mandel-, weder Rüb- noch Mohnöl, sondern *Olivenöl,* das Öl in des Wortes engster und gemeinster Bedeutung, das man ehemals nicht bloß auf den Salat, sondern auch auf die Lampe zu gießen pflegte, das von alters her und in den südlichen Ländern noch heute die Stelle der Butter vertritt und das in der guten Küche der ganzen Welt geschätzt wird, und zwar um so richtiger und besser geschätzt wird, je gründlicher die Fleischbrühe seine ehemalige Alleinherrschaft gebrochen hat. Denn bei allen Verdiensten des

Olivenöls steht nicht zu leugnen, daß es bedeutend schwerer zu verdauen ist als Butter und Mohnöl und daß daher sein ausschließlicher Gebrauch zu einem Massenkonsum von Gewürzen führen muß, den der verständige Gastronom im Interesse seiner Zunge wie seines Magens lieber vermeidet. Ebenso unbestreitbar ist aber auch der überlegene Wohlgeschmack des an rechter Stelle verwendeten Olivenöls, wenngleich der vielzitierte Ausspruch Vaersts: »Man mag sagen, was man will, unsere nordische Butter ist gegen Luccheser Öl doch nur eine Schmiere« auf nichts weniger als auf einer Übertreibung des Herrn Baron beruht. Wer ein Stück Weißbrot zu bestreichen und dabei zwischen bester frischer Butter und bestem frischem Öl zu wählen hat, wählt die Butter, hat er das Stück Brot zu rösten, so wählt er das Öl, hat er aber ein Kalbskotelett zu braten, so gibt er wieder der Butter den Vorzug usw. Daß Liebhaber das beste frische Öl wie Liqueur zu trinken pflegen, beweist gar nichts, denn es gibt auch Liebhaber, die Butterbrot mit Spinne für einen Göttergenuß erklären. Gerade beim Öl kommt sehr viel, wenn nicht alles auf die rechte Stelle an. An rechter Stelle aber ist es nur bei kleineren und feinen Backgerichten und vor allem beim Salat – hier ist es geradezu unübertrefflich und unersetzlich. Die beste Sorte bildet das durchaus klare, weißgrünliche *Jungfernöl* von reinem Ölgeschmack und sehr geringem Geruch, das durch kaltes Auspressen der Oliven gewonnen wird und als *Nizza-Jungfernöl, Luccheser Olivenöl, Genua-Speiseöl, Feinstes Provenceröl* etc. im Handel figuriert. Die zweite Sorte, auf warmem Weg hergestellt, ist das gelbgrüne *Baumöl* von weit markanterem Geruch und Geschmack, aber immer noch erträglich, während die dritte Sorte, der man gar keinen eigenen Namen zu geben gewagt hat (der Volksmund nennt's mit Recht *Höllenöl*), an Geruch, Geschmack und Farbe das widerlichste aller Präparate darstellt, die überhaupt den Ölnamen führen. Die zweitwichtigste Ölart für die europäische Küche ist das *Mohnöl,* das an Verdaulichkeit über, an Wohlgeschmack aber unter dem Olivenöl steht und deshalb in den Ländern, wo dies die Herrschaft behauptet, selten oder niemals unter seinem eigenen Namen auf den Tisch kommt (vgl. Mohn). Was endlich noch den Nährwert und die diätetischen Eigenschaften des Öls anlangt, so steht es in dieser Hinsicht durchaus dem Tierfett gleich, d.h. es erzeugt Wärme, setzt aber kein Fleisch an und ist daher an sich kein vollkommenes Nahrungsmittel. Vgl. Fett.

Österreicher Wein macht das Sprichwort zuschanden, daß kein Prophet in seinem Vaterland Verehrung finde. Hätten die Trojaner nur halb soviel auf ihre Kassandra gehalten wie die Wiener auf ihren Heurigen, die Geschichte mit dem großen Holzpferd wäre ganz anders gekommen, und Troja stände heute noch! Natürlich muß aber der Prophet danach sein, und eben im Punkt der Appetitlichkeit mag's bei der seligen Kassandra wohl gehapert haben. Wäre sie mit dem ganzen Feuer des *Vöslauers*, mit der Feinheit des *Pfaffstättners*, mit der Grandezza des *Klosterneuburgers*, mit der Überlegenheit des *Gumpoldskirchners*, mit der Milde des *Mailbergers*, mit der Eleganz des *Weidlingers*, mit der Klarheit des *Nußbergers*, der Neckhaftigkeit des *Grinzingers* und der Verve des *Stinkenbrunners* aufgetreten, die Trojaner hätten sie gerührt ans Herz geschlossen und die Herbheit ihrer Rede vergessen, wie der Österreicher über den anderweitigen Tugenden seines Weines dessen Säure vergißt. Denn ein wenig sauer ist der Österreicher, in schlechten Jahren sogar in dem Umfang, daß der Franzose in seiner knappen Weise ihn als vin à deux oreilles (Wein, bei dem man beide Ohren hängen läßt) bezeichnen würde – aber er ist unter allen Umständen extraktreich und von reinem Geschmack und übt daher stets die Wirkung und die Anziehungskraft des rechten, wahren Rebenblutes. Rotweine erzeugt das Land unter der Enns nur zwei: den feurigen, bordeauxähnlichen *Vöslauer*, der zu Vöslau, Merkenstein und Gainfarn aus blauem Portugieser-Rebsatz gewonnen wird (der etwas schwere *weiße* Vöslauer ist seltener und steht nicht im ersten Range), und den leichteren, fein säuerlichen *Matzner* von Matzen im Marchfeld. Unter den zahlreichen Weißweinen ist der bouquetreiche *Klosterneuburger* aus Rieslingtrauben der edelste, der *Gumpoldskirchner* (s.d.) der berühmteste und der *Nußberger*, der die Gewächse von Nußdorf und des Kahlenbergs umfaßt, der bekannteste, wenigstens geht im Auslande aller weißer Österreicher unter dem Namen »Nußberger«, wie aller roter unter dem Namen »Vöslauer«. Daran schließen sich dann der *Bisamberger*, der *Retzer* aus grünem Veltliner, der *Petersdorfer (Perchtoldsdorfer), Enzersdorfer, Wolkersdorfer, Mannersdorfer, Haugsdorfer, Markersdorfer, Steiner, Kremser, Pulkauer, Retzbacher* usw., alles flotte, frische, fröhliche Gesellen, die lieber unterm grünen »Busche« getrunken als lange von einem Keller in den anderen geschleppt sein wollen. Das merkwürdigste Gewächs jedoch, hinreißender als der Nußberger, fesselnder als der Vöslauer, lieblicher als der Mailberger und beliebter als der Gumpoldskirchner ist – der Heurige. Über ein Glas Heurigen geht nichts als ein zweites Glas! Franz Graeffer, Historiker und Antiquar dazu, »der Wiener Herodot«, wie ihn Friedrich Schlögl nennt, bemerkt in dieser Angelegenheit: »Der Heurige ist unter den Weinen, was der Wiener unter den übrigen Leuten, der Wiener beim Heurigen daher ein doppelter Wiener«, richtiger: ein doppelter Wiener im Quadrat, denn nach den gewissenhaften Beobachtungen eines anderen Kenners kommen am richtigen Wiener, wenn er vorsichtig mit Heurigem gefüllt wird, nacheinander nicht zwei, sondern vier Lebewesen zum Vorschein: erstens der »Spitz«, der sich urgemütlich und seelenvergnügt gebärdet, zweitens der »Affe«, der sich durch den schief gesetzten Hut und tausend Possen kennzeichnet, drittens der »Drache«, der sich, ins Freie gelassen, im sausenden Zickzackflug von einer Straßenseite zur andern bewegt, und viertens endlich der »Seelöwe«, der entweder im Rinnstein hartnäckig seinem angestammten Element nachstrebt oder wutschnaubend und suchend, wen er verschlinge, mit fürchterlichem Brüllen um sich schaut und auch um sich schlägt –

Und wenn er nächsten Tags erwacht,
Da wundert ihn die Sache,
Denn in der Regel sieht er sich
Im Käfig auf der Wache.

Wer aber möchte angesichts dieser Wunder des Heurigen, welche die »Verwandlungen« des Ovidius Naso als Kinderspiel erscheinen lassen, den Satz zu bestreiten wagen, daß der Österreicher Wein ein rechter Prophet sei?

Olive heißt die 3–4 cm lange, grün, rötlich oder schwarz gefärbte, zwetschgenähnliche Frucht des immergrünen Ölbaums, der bekanntlich schon die Sintflut mitmachte und wahrscheinlich in Kleinasien und Syrien heimisch ist, aber auch in den übrigen Mittelmeerländern leicht und häufig verwildert. Der Frucht wegen schon von den Ägyptern, Phöniziern, Hebräern und Griechen kultiviert, kam der veredelte Stamm um 627 v. Chr. nach Mittelitalien und von da aus nach der Lombardei, nach der Riviera und Südfrankreich, während in Spanien, wohin ihn wahrscheinlich schon die Phönizier verpflanzt hatten – man denke an den berühmten Ölbaum von Bendinat auf Mallorca mit einem Stammesumfang von 12,22 m! –, erst die Araber seine Verbreitung und Kultur in Schwung gebracht zu haben scheinen. Noch im 16. Jahrhundert gelangte er auch nach Mexiko und Peru, hat aber für diese Länder nicht die hohe Bedeutung wie für das Mittelmeergebiet, wo die Olive nicht bloß Ölfrucht, sondern auch als Volksnahrungsmittel von Wichtigkeit ist. Reif ist die bald kirschenartig runde, bald pflaumenartig eiförmige Steinfrucht wegen ihres fad-bitteren Geschmacks ungenießbar, man nimmt sie daher kurz vor der Reife ab und kocht sie in *Salzwasser* oder entkernt sie und legt sie *in Essig* ein. Beide Arten kommen als *schwarze Oliven* in Kisten zumeist aus Griechenland oder als Olives verdales, Olives de Lucque, Spanish Queen-Olives, Olives sévillanes zumeist in Glasverpackung aus Italien, Spanien (dessen vorzüglichste Sorte die großen Oliven von Montoro am Guadalquivir bilden) und Südfrankreich in den Handel. Man verspeist sie, um den Appetit anzuregen oder die Verdauung zu befördern, und sie munden so vorzüglich, daß gar nicht selten der Magen schließlich die Zeche für den Gaumen bezahlen muß.

Olla potrida, zu deutsch etwa »Zergangenes«, ein altberühmtes spanisches Mischgericht von Fleisch und Gemüse, das in seiner Heimat ein für allemal die erste Schüssel unmittelbar nach der Suppe bildet. Die gewöhnliche Olla, die auch wohl rundweg Puchéra (Topfessen) oder wie der Kochtopf selber Puchéro genannt wird, besteht aus einem Gemisch von Kichererbsen, weißen Bohnen und Kohlblättern, das mit Würfeln von Speck und Hammelfleisch in Fleichbrühe gekocht und mit Salz, Pfeffer, Zwiebeln und wenigem Knoblauch gewürzt wird – allerdings ein recht nahrhaftes, aber gerade kein besonders appetitliches Gericht. Zur Herstellung der feinen Olla dagegen mengt man den drei vorgenannten Gemüsen, die vorher in Wasser weichgekocht werden, grüne Erbsen, Blumenkohl, Spargel, Kartoffeln, Selleriewurzeln und Quitten bei (daher der delikat weinsäuerliche Geschmack dieser Edelmanns-Olla!), kocht das Gemisch mit den angegebenen Würzen und mit einem Stück Speck, einem Stück rohen Schinken und einigen Stücken Knackwurst in kräftiger Fleischbrühe und bringt es als Zugemüse zum gedämpften Hammelfleisch auf den Tisch. In dieser Form ist die Olla ein wirklicher Leckerbissen ersten Ranges, der schon zu Anfang des 16. Jahrhunderts in die französische Küche, zu Ende desselben in die österreichische und etwas später unter dem verballhornten Namen *Olabatrie* auch in die obersächsische Küche überging. In etwas vereinfachter Gestalt behauptete sie sich als *Ollea* während des ganzen 18. Jahrhunderts auf der Wiener Tafel, während sie derselben jetzt ebenso fremd ist wie der norddeutschen, welche die Olla niemals angenommen hat.

Orange s. Apfelsine und Pomeranze.

Ortolane sind kleine Fettklumpen von 30 bis 50 g Schwere, die mit Zwiebeln am Spieß gebraten und mit viel Gefühl und großem Vergnügen halbdutzendweise verspeist werden. Wer nur drei Stück auf seinen Teil erhält, hat dieses persönliche Unglück schweigend und mit Würde hinunterzuschlucken, wem jedoch nur ein Stück zufällt, der darf laut die vernichtende Anklage erheben, das man ihm den Mund fettig gemacht, aber nicht gestopft habe. Im gemeinen Leben ist der Ortolan (*Fett-* oder *Garten-Ammer*), ein 16 cm langes Vögelchen aus dem Ammergeschlecht, das in Südeuropa häufig und auch in Mittel- und Nordeuropa strichweise vorkommt. Schon von den Römern als Leckerbissen geschätzt, wird das Tierchen noch heute in Italien, Südfrankreich und vorzugsweise auf den griechischen Inseln vielfach gefangen, im Käfig gemästet, bei genügend Fettleibigkeit erwürgt, abgesotten und mit Essig und Gewürz zu 200–400 Stück in kleine Fäßchen eingelegt, deren namentlich Zypern jährlich noch immer eine große Anzahl versenden soll – denn neuere Angaben über diesen Handel fehlen gänzlich. Überhaupt ist der überschwengliche Ruf, den der Vogel im 16. und 17. Jahrhundert in Italien und Frankreich, im 18. Jahrhundert in Österreich und Deutschland behauptete, seit Anfang des 19. Säkulums gründlich in die Brüche gegangen. In Wien bezahlte man das Stück zu Anfang des 18. Jahrhunderts mit 1 Pistole, d.h. mit 5 Talern damaligen und etwa 50 Mark heutigen Geldwertes, und in Norddeutschland gab man noch zu Ausgang des Jahrhunderts, als der Scheffel Roggen auf 8 Groschen stand, 16 Groschen pro Stück! Wenn kein weiteres, so hat die große Französische Revolution doch das Verdienst, dieser Albernheit ein Ende gemacht zu haben. Vaerst erzählt zwar, als ob er's noch selber erlebt hätte: »Der Ortolan à la provençale kommt in großen, ausgehöhlten Trüffeln nach Paris« – aber der Himmel mag wissen, aus welchem Wälzer der Herr Baron diese Angabe herausgefischt hat, für das 19. Jahrhundert ist sie widersinnig. Gegenwärtig rangiert der Ortolan ganz und gar in die Klasse des Becfigues (s. Kleinvögel) und zwar noch von Liebhabern gesucht, steht aber der Wachtel, der Lerche und dem Kramsvogel in der Achtung der Kenner nach.

Orvieto s. Muskateller.

P

Palm-Sekt s. Kanarien-Sekt.

Paprika, der ungarische Name der Beißbeere, ist seit 1866 auf Flügeln des Gulyas in das Schriftdeutsch eingedrungen und hat sehr zum Vorteil der Gemeinverständlichkeit die ehemaligen verwirrenden Bezeichnungen *Spanischer, Türkischer, Indischer, Roter* oder *Langer Pfeffer, Negerpfeffer, Guineapfeffer, Vogelpfeffer, Brasilianischer Kirschenpfeffer, Schoten-, Taschen-* oder *Kappenpfeffer, Quittenpfeffer* in den Ruhestand versetzt und in die Rumpelkammer getrieben. Klassisch sind heute nur noch die beiden Namen *Paprika* und *Cayennepfeffer,* unter welchem letzteren das gepulverte Gewürz zuerst um 1835 Eingang in die deutsche Küche fand, in der es aber noch 1852 durchaus zu den Raritäten gehörte. Die Paprikamutter, die *Beißbeere,* eine Angehörige der helden- und verbrecherreichen Familie der Röhrenblütler, ist ein strauchartiges Kraut Südamerikas, das, schon 1536 von Jean Ruelle erwähnt, zuerst von Nicolao Monardes (gest. 1578) genauer beschrieben wurde, über dessen Verpflanzung in die Alte Welt indessen keine Nachrichten vorliegen. Die Beißbeere wird jetzt in einigen dreißig Spielarten in allen warmen und heißen Ländern, in Europa namentlich in Spanien, Südfrankreich, Italien, Südungarn und Griechenland, sowie in Südrußland im großen kultiviert. Die

Frucht der vorzugsweise gezogenen langen Beißbeere ist eine kegel- oder walzenförmig grüne, bei der Reife sich rotgelb oder scharlachrot färbende Beere von 6 bis 10 cm Länge und $2^1/_2$–3 cm Durchmesser, die eine große Anzahl kleiner, flacher, gelbweißer Samen enthält. Diese Samen haben einen schwachen Würzgeruch, die ganze getrocknete Schote dagegen ist geruchlos, entwikkelt aber beim Zerkleinern oder Kauen einen fast unerträglichen stechend scharfen, brennendheißen Geschmack, der weder für den Gaumen noch für den Magen ein Labsal ist. Aus diesem Grund wird der *Paprika* vielfach nicht aus dem Samen mit anhangenden Schotenteilen allein hergestellt, sondern die Frucht vor dem Pulverisieren in Mehlteig verbacken, so daß das lichtrote Pulver bisweilen auf 14–15 Gewichtsteile Mehl nur 1 Teil Beißbeere enthält. In dieser Form bildet der Paprika in Ungarn Nationalgewürz, das bei allen möglichen und unmöglichen Gerichten zur Verwendung kommt, desgleichen in Wien als *Rosen-Paprika* in höchstem Ansehen steht und in England einen unerläßlichen Bestandteil des Mischmaschs ausmacht. Außerdem werden die unreifen *Grünen Schoten* entweder roh mit Tomaten- und Gurkenscheiben vermengt und mit Essig und Öl angemacht oder in Öl geschmort und mit Essig übergossen *als Salat* verzehrt. Auch kommen sie, in Essig eingelegt, unter dem Namen *Peperoni* oder *Pfefferoni*, wie die reifen Schoten in derselben Gestalt unter dem Namen *Piments rouges* als eine Art Pickles in den Handel. Daß der Paprika in mäßigen Dosen den Appetit reizt und die Verdauung fördert, daran keinen Zweifel, indessen

Der kluge Mann hält sich zurück
Und streift im Fluge nur das Glück,
Es gänzlich zu erschöpfen,
Ziemt nur den hohlen Köpfen.

Paradiesapfel s. Tomate.

Paranüsse, die erdgrauen, scharf dreikantigen, 4 cm langen Kerne der topfgroßen Frucht des am Orinoco heimischen und in beinahe ganz Südamerika kultivierten Juviabaums, haben bei hohem Ölgehalt einen haselnußähnlichen Geschmack und werden deshalb in Europa ebensogern gegessen wie in ihrem Vaterland, wo sie zu den beliebtesten Volksnahrungsmitteln gehören, etwa wie in Italien die Kastanien.

Parmesan-Käse, gelber lombardischer Hartkäse von der Gestalt und Größe des Emmentalers, kommt in zwei Arten vor, nämlich als halbfetter eigentlicher *Parmesan* aus der Provinz Reggio südlich vom Po (Parma ist nicht Produktions-, sondern nur Marktort!) und als magerer *Lodisaner* aus der Provinz Lodi nördlich vom Po. An Geschmack, Gestalt und Farbe einander täuschend ähnlich, unterscheiden sich beide Arten nur dadurch, daß der Parmesan einen etwas höheren Nährwert hat und an der Schnittfläche gelb bleibt, während der angeschnittene Lodisaner an der Luft eine grünliche Färbung annimmt. Außerdem unterscheidet man nach der Herstellungszeit die *Sommerkäse* von den *Winterkäsen* und nach dem Alter den annähernd reifen *Achtzehnmonat-Käse* vom völlig reifen Stravecchio. Der Parmesan braucht nämlich zum Reifwerden ebensoviel Zeit wie ein norddeutscher Doctor philosophiae, mindestens zwei und in der Regel sogar drei Jahre; man muß ihm aber nachrühmen, daß er diese Zeit vortrefflich nutzt, um seine löblichen Eigenschaften bis zum Kulminationspunkt zu entwickeln, und daraus folgt dann wieder mit Naturnotwendigkeit, daß ein fertiger Doktor der Philosophie weit billiger zum Mittagessen zu haben ist als ein vollkommener Stravecchio. Vom rein gastronomischen Standpunkt aus zählt übrigens der Parmesan weit mehr zum Gewürz als zum Käse. Die Makkaroni werden recht eigentlich erst durch die Parmesanzutat ein anständiges Gericht, und verschiedene Suppen und feine Gemüse (wie der Brokkoli) erhalten erst durch ihn den vollendeten Geschmack einer Delikatesse. Dabei nahrhaft und nicht schwerer verdaulich als jedes andere Gewürz, ist er in der Tat eine »Schmackreizung« erster Klasse, wirklich »Manna für den Mund und Balsam für den Magen«, und so wird man begreifen, daß er schon im 16. Jahrhundert einen Ausfuhrartikel Italiens (zunächst nach Frankreich) bilden und schon im 17. Jahrhundert auch in der österreichischen und der deutschen Küche heimisch werden konnte.

Pasteten sind Fleischbackwerke, die wie der normale Mensch aus zwei gegensätzlichen Teilen bestehen: einer mehr oder minder genießbaren äußeren Hülle aus Mehlteig mit Eiglasur und einem saftigen, duftigen, zu höheren Dingen berufenen Kern aus Fleisch oder Fisch mit Fett und Würzen. Der Kern, eigentlich ein Ragout höheren Stils, ist allerdings die Hauptsache, die Teighülle aber darum keineswegs nebensächlich, denn nur dank ihr, die sich opferfreudig der dörrenden Glut des Backfeuers preisgibt, vermag der Kern die Fülle seiner Tugenden zur duftigen Blüte zu entfalten. Der Teigmantel ist also wesentlich und unerläßlich für die Pastete: Wie einen Menschen ohne Seele kann es eher eine Pastete ohne Kern geben als umgekehrt. Deshalb führt auch das Gericht den Namen nach dem Teig, denn pasta bedeutet im Mittellatein einen Teig, und daher kommt mittellateinisch pastata und das neuhochdeutsche *Pastete*. Auch der Klassifikation der Pasteten liegt die Art und das Wesen der Umhüllung zugrunde. Man unterscheidet nämlich – abgesehen von der Einteilung in *warme* und *kalte* Pasteten, die nur von untergeordneter Bedeutung ist, da fast jede gediegene warme Pastete sich auch kalt stellen und kalt verzehren läßt – zunächst *eigentliche* oder *Vollpasteten*, bei denen der Kern wirklich in und mit der Hülle gar gebacken wird und *uneigentliche Hohl-* oder *Deckpasteten*, bei denen der Kern für sich vollständig fertig bereitet und dann erst in den gleichfalls für sich gar gebackenen Mantel eingesetzt oder eingefüllt wird. Die *Vollpasteten* haben, wie aus dem Wesen der Backkunst von selber folgt, den Vorzug der Saft-, Kraft- und Duftfülle und sind daher das wahre Element des Kenners, ganz ohne Rücksicht darauf, ob sie mit eßbarer Kruste aus feinem Butterteig oder ohne solche nur mit einer Hülle aus einfachem Mehlteig ihm zur Verfügung gestellt werden, denn in der Regel bekümmert er sich um die Kruste so wenig als möglich. Die *Deckpasteten* stehen zwar an Zungenreiz den Vollpasteten nach, ihr gastronomischer Wert wird aber durch die Überraschungen gesteigert, die sie bisweilen bieten. So wurde 1581 bei der Hochzeit Herzog Wilhelms von Bayern mit dem fürstlichen Fräulein Renate von Lothringen eine Riesenpastete aufgetragen, der beim Anschneiden in strahlender Rüstung der Zwerg Erzherzog Ferdinand von Österreich entstieg, um den Neuvermählten mit zierlicher Reverenz seinen Glückwunsch aufzusagen; hinter ihm drein kamen dann noch 40 wohlbereitete Schüsseln zum Vorschein, was alles »der damalige bayrische Mundkoch Peter Kayser zu großem Vergnügen seiner gnädigen Herrschaft zugerichtet hatte«. Noch im 18. Jahrhundert waren dergleichen scherzhafte *Prunkpasteten* nicht selten, das 19. Jahrhundert aber hat nach dem kläglich mißlungenen Versuch der Einführung sozusagen *symbolischer Pasteten* (also der Entenpastete in Gestalt einer Ente, der Kalbfleischpastete in Form eines Kalbskopfs etc.) völlig auf diese Spielart der Deckpasteten Verzicht getan. Die Gegenwart steht, soweit die Deckpasteten in Betracht kommen, im Zeichen der *Schüsselpastete*, d.h. der gehaltvollen und pikanten Salmis und Ragouts, die fertig in eine mit Butterteig ausgekleidete Schüssel praktiziert, mit einem Teigdeckel bedeckt und so zum zweiten Mal gedünstet werden, namentlich aber auch im Zeichen der *kleinen* oder sogenannten *Löffelpasteten*, die hin und wieder allerdings wie die Vollpastete, zumeist aber nach Art der Deckpastete bereitet werden und unmittelbar nach der Suppe einen delikaten Appetitbissen abgeben.

Die gastronomische Bedeutung der Pasteten kennzeichnet Vaerst zutreffend mit den Worten: »Die Pasteten sind das für die Küche, was die Redefiguren für das Gespräch sind – ihr Leben, ihre Zierde«, und in bezug auf die Herstellung bemerkt Rumohr nicht minder treffend: »Es läßt sich alles Ersinnliche zu Pasteten verwenden, und in der Zusammensetzung derselben kann ein braver Koch recht deutlich zeigen, daß er Einbildungskraft und Urteil besitzt« – wenn er dabei nur unverrückt den großen Fundamentalsatz aller Pastetenbäckerei im Auge behält:

Schön sollen des Gewandes Falten sein,
Doch schöner muß, was sie enthalten, sein.

Die Erfindung der Pasteten möchte Rumohr für die italienische Küche der Renaissance in Anspruch nehmen. Aber schon im deutschen Klosterkochbuch von 1350 wird nicht nur die Pastete ausdrücklich genannt, sondern findet sich unter dem Titel »Heidnische Küchen« (!) auch folgendes Pasteten-Rezept: »Man soll nehmen einen Teig und soll den dünne breiten, und nimm ein gesotten Fleisch und Speck gehacket und Aepfel und Pfeffer und Eier darin und backe das und gib's hin und versehr' (beschädige) es nicht.« Hat die Bezeichnung »heidnische Küchen« einen tatsächlichen Grund, wie anzunehmen steht, so ist also der Ursprung der Pastete bei den spanischen Mauren oder bei den syrischen Sarazenen zu suchen. Ihre Ausbildung aber empfing sie in der europäischen Klosterküche und dann nicht durch die Italiener, sondern durch die Franzosen, die von jeher Meister in der Backkunst waren. »Pasteten ist ein *französisch* Gericht von Teig gemacht, innen hohl und gefüllet wie ein Krapf«, definiert Sebastian Franck 1534 in seinem Weltbuch, und auf Franck darf man sich verlassen, denn der war ein Mann von Geschmack – obgleich er bisweilen nichts zu beißen und zu brechen hatte.

Pastinake, auch *Moorwurzel* oder *Hirschmöhre,* niederdeutsch *Balsternacke,* ein über ganz Mittel- und Südeuropa verbreitetes Doldengewächs mit weißer, fleischiger, zuckerhaltiger Spindelwurzel, die in schwarzem Boden ein Gewicht bis zu 3 und 4 kg erreicht und schon den Pfahlbauherren der Schweiz als Gemüse diente. Die Pflanze wurde von den Römern kultiviert, die gallischen Wurzeln aber galten im kaiserlichen Rom für eine ganz besondere Delikatesse und wurden vom Rhein als Tribut auf die kaiserliche Tafel geliefert. Auch in Deutschland stand sie als Seitenstück der Möhre in hohem Ansehen und ward in Menge gepflanzt, bis die Einführung der Kartoffel und die Ausbildung der Möhre zur feinen Karotte sie im letzten Viertel des 18. Jahrhunderts mehr und mehr in den Hintergrund drängte. Gegenwärtig ist sie aus der österreichischen Küche so gut wie gänzlich, aus der deutschen größtenteils verschwunden. In Frankreich kommt sie wohl bisweilen, am häufigsten noch in England auf die Tafel. Der Geschmack ist etwas schärfer als der Möhrengeschmack, in allen übrigen Eigenschaften aber steht die Pastinake der Möhre gleich und wird auch wie diese zubereitet.

Perlhühner, die ärgerlichen Schreier des Geflügelhofs, stammen aus Westafrika (Sierra Leone), wurden aber in Griechenland schon zur Zeit des Aristoteles (um 350 v. Chr.) als Haustiere gehalten, während sie in Italien noch 300 Jahre später ziemlich selten, daher teuer und als große Leckerbissen geschätzt waren. Zum Mittelalter finden sie sich nirgends erwähnt. Erst im 15. Jahrhundert tauchen sie, wahrscheinlich neuerdings von den Portugiesen aus Afrika herübergeholt, wieder in Europa auf und gelangten nun auch (1493) nach Amerika, wo sie seitdem auf Kuba vollständig verwildert sind und eine mehr bleigraue Grundfarbe angenommen haben. Im 18. Jahrhundert wurden sie in Österreich und Deutschland noch über das Feldhuhn geschätzt, gegenwärtig aber macht man nicht mehr Aufhebens von ihnen als vom braven Haushuhn, hält sie auch im großen und ganzen mehr zur Zierde als des Fleisches halber, dessen Wohlgeschmack unantastbar, aber doch nicht größer ist als der unserer heimischen Hühnerrassen.

Perlzwiebel s. Rockenbolle.

Petersilie, die Maiblume der europäischen Küche, oberdeutsch *Peterli, Peterling* oder *Peterlein,* gehört zur Sippe des Kümmels und ist mit Ausschluß des eigentlichen Griechenlands in ganz Südeuropa von Spanien bis Mazedonien zu Hause, kommt auch in Niederösterreich verwildert vor. Griechen und Römer benutzten ausschließlich die wilde Pflanze. Erst in der Liste Karls des Großen erscheint die Petersilie als Gartengewächs sowie um 1070 unter den Küchenkräutern des Klosters Hirsau in Württemberg. In England wurde sie als Kulturgewächs erst 1548 von Sardinien her eingebürgert. Etwa seit jener Zeit aber ist sie in ganz Europa das gemeinste und vielgebrauchteste aller Küchenkräuter, das unbekümmert um der Jahreszeiten Wechsel täglich in Maiengrün auf den Tisch kommt und uns den Frühling wenn nicht ins Herz, so doch in die Suppe, um Fisch und Braten zaubert, was in Ermangelung eines Bessern beinahe ebensogut ist. Die glänzend grüne Farbe und der aromatische Geruch des Krautes, der auf einem kleinen Gehalt an ätherischem Öl beruht, sichern der Petersilie um so mehr die erste Stelle unter unseren Blattgewürzen, da die Kultur in der krausblättrigen Spielart auch der Freude an der schönen Form ein Genüge geschaffen hat. Bemerkenswert ist überhaupt, daß die Kultur in der verhältnismäßig kurzen Zeit, seitdem sie sich mit der Petersilie beschäftigt, schon zwei so scharf verschiedene Spielarten wie die krausblättrige *Schnittpetersilie*, von der nur die Blätter als Gewürz benutzt werden, und die breitblättrige *Wurzelpetersilie* mit dicker, fleischiger, bis 60 cm langer Wurzel hervorzubringen und stehend zu machen vermocht hat. In Österreich und Deutschland freilich macht man von der Wurzel nur sehr geringen, meistens nur gelegentlichen Gebrauch, »weil ihr süßlicher Geschmack doch auf die Länge ermüden möchte«, wie Rumohr richtig bemerkt; in Frankreich dagegen und besonders in England sieht man das Petersilienwurzelgemüse beinahe für eine bemerkenswerte Schüssel an. Von der Schnittpetersilie aber gelten für ganz Europa noch heute die Worte Marbergers vom Jahre 1716: »In Summa, die grüne Petersilie ist ein Gewürz, so allen Speisen einen sehr schönen Geschmack gibt, auch zu allen gebrauchet wird, sowohl wegen des guten Geruchs, wie wegen ihrer Farbe.«

Pfau – ein großer Name und nichts dahinter, denn so hoch der feder- und farbenprächtige Gesell als Ziervogel zu schätzen ist, so wenig gastronomische Bedeutung wohnt ihm inne, man müßte ihn denn nach alter Sitte in vollem Federschmuck als Schaugericht auf die Tafel setzen. Die Henne soll freilich nach englischen Autoritäten in geschmacklicher Hinsicht »zwischen dem Huhn und dem Fasan die Mitte halten«, d.h. aber in ehrlichem Deutsch nichts anderes, als sie schmeckt weniger gut als beide, und vom alten Hahn ist aus trübseliger Erfahrung hinlänglich bekannt, daß keine Gewalt der Erde ihn mürbe zu machen im Stande ist. Halbwüchsige Pfauen sind allerdings minder verworfen, man muß ihnen sogar Zartheit und Wohlgeschmack nachrühmen, etwas Besseres als ein Backhendl aber läßt sich auch aus ihnen nicht herstellen. Mit diesen Tatsachen war auch das Altertum bereits vertraut, und eben deshalb verfielen Narren wie Vitellius und Heliogabal, die den Vogel gerade wegen seiner Kostbarkeit kulinarisch verwertet wissen wollten, auf die abgeschmackte Idee, Ragouts aus Pfauzungen und Pfauhirnen aufzutischen. Gleichwohl hat der Vogel, ganz abgesehen von diesen absurden Ausnahmegerichten, einst eine wichtige Rolle auf der Tafel gespielt. Ein Inder, d.h. in Ostindien und auf Ceylon heimisch und dort wahrscheinlich frühzeitig gezähmt, kam er – falls diese »Pfauen« Salomos nicht etwa Papageien gewesen sind! – zuerst unter Salomo, also etwa um 975 v. Chr., nach Palästina, gelangte aber auffälligerweise erst ein halbes Jahrtausend später »aus Asien« nach der Insel Samos in den Tempel der Juno und bald darauf (etwa um 425 v. Chr.) durch persische Gesandte nach Athen, wo er erst nach den Heerzügen Alexanders (um 325 v. Chr.) häufiger wurde. Italien empfing ihn entweder aus Griechenland oder aus Karthago, und der Sachwalter Hortensius Hortalus soll der erste gewesen sein, der ihn etwa um 70 v. Chr. auf die Tafel brachte. Zwischen 60 und 50 v. Chr. erfand dann ein gewisser Aufidius Lurco die Kunst der Pfauenmast, und damit begann die römische Pfauenzucht im Großen, die in der Folge einen solchen Umfang annahm, daß gegen Ende des 2. Jahrhunderts n. Chr. die Pfauen in Rom gemeiner gewesen sein sollen als die Wachteln. Der Vogel überstand daher auch den Zusammenbruch des Römischen Reiches und taucht um 800 n. Chr. auf den Maierhöfen Karls des Großen wieder auf, um fortan seine Schwanzfedern zur ritterlichen Helmzier und sich selber mit Kopf und Kragen zum Schaugericht auf der Herrentafel herzugeben. Pfauenbraten galt im ganzen Mittelalter gleich den goldenen Sporen für ein Privelegium des Ritterstandes; in Spanien war der Genuß desselben dem gemeinen Volk sogar durch ein eigenes Gesetz untersagt. Noch der geistreiche Leo X. schwärmte für gebratenen Pfau. Er geriet eines Tages in gewaltigen Zorn, als sein Koch das unberührt gebliebene Gericht, anstatt es aufzuheben, ins eigene Refektorium verpackt hatte, und als man sich über seine Heftigkeit wunderte, entschuldigte er sich witzig einlenkend mit den Worten: »Meiner Treu, ist der Herrgott wegen eines gestohlenen Apfels in Zorn geraten, so darf ich mich wohl auch wegen eines unterschlagenen Pfaus ereifern.« Jetzt darf jeder Pfau essen, der Lust und Geld hat – aber seltsam, nun mag ihn keiner mehr.

Pfeffer ist die Petersilie der Tropen, das gemeinste und unentbehrlichste Gewürz der heißen Länder und seit Jahrhunderten auch der gemäßigten Zone. Man unterscheidet zwei Arten, schwarzen und weißen, die aber beide von ein und derselben Pflanze stammen, dem etwa fingerstarken, rebenartig kletternden Schwarzpfefferstrauch Ostindiens, der namentlich an der Malabarküste, auf Ceylon und den Sundainseln, weniger in Westindien, gleich unserm Hopfen an Stangen gezogen wird und dessen annähernd erbsengroße, unreif grün, dann gelb und endlich gelbrot gefärbten und zu 20–30 Stück in kleinen Kolben beisammenstehenden Beerenfrüchte den Pfeffer geben. Zur Gewinnung des *schwarzen Pfeffers* werden die Beeren vor der Reife abgepflückt und schnell an der Sonne oder am Feuer getrocknet, wobei sie runzlig und schwarz werden. Der schwarze Pfeffer zeichnet sich durch größeren Gehalt an flüchtigem Öl vor dem weißen aus, schmeckt daher schärfer und wird in der Küche am meisten verwendet. Den *weißen Pfeffer* liefern die völlig reifen Beeren, die in Wasser gequellt, dann gedörrt und endlich durch einfaches Reiben zwischen den Händen von ihrer roten Schale befreit werden. Er schmeckt um eine Nuance rein würzhafter, d.h. minder beißend als der schwarze und gilt daher mit Grund für aristokratischer, obgleich es im 19. Jahrhundert nicht mehr zu den Geboten der Höflichkeit gehört, bei Anwesenheit eines vornehmen Gastes die Pfefferbüchse nur mit gestoßenem weißen Pfeffer zu füllen. Die diätetische Wirkung beider Arten ist die nämliche: Sie wecken den Appetit, fördern die Verdauung und beschleunigen dadurch die Ausscheidungen, sind daher auch als Hausmittel bei kleinen Verdauungsnöten ganz am Platze. Leicht und wenig raumsperrend wurde der Pfeffer, nachdem ihn das Abendland zuerst durch Alexanders Zug nach Indien (326 v. Chr.) näher kennengelernt (bis dahin hatten die Griechen ausschließlich die Körner des sogenannten *Mohrenpfeffers* aus Äthiopien und von der Pfefferküste als péperi bezeichnet), bald zu einem Handelsartikel, der schon zu Karls des Großen Zeit auch den Weg nach Deutschland fand und dessen Bedeutung seitdem mit jedem Jahrhundert gestiegen ist.

Pfefferkraut s. Bohnenkraut.

Pfefferkuchen s. Honigkuchen.

Pfefferminze, in Österreich auch *Prominzen,* die wegen ihres Ölgehalts hervorstechendste Vertreterin der Lippenblütler-Familie Minze, war vielleicht bereits den Griechen bekannt, da sie in Griechenland wild vorkommt, wurde jedoch erst um 1675 in England aufgefunden und zuerst 1696 durch den Botaniker John Ray beschrieben und als Arzneimittel empfohlen. In Süddeutschland kam sie seit 1780 hauptsächlich durch eine Schrift des Erlanger Professors Knigge in Aufnahme und hat dort die Gevatterin *Krauseminze* gänzlich verdrängt, während ihr das in Norddeutschland bisher noch nicht gelungen ist. Im Orient und in Griechenland ist das Pfefferminzkraut frisch und getrocknet als Gewürz besonders an Artischocken beliebt, wie in England am Braten, namentlich aber dient es zur Gewinnung des aromatischen, gelblichen Pfefferminzöls, mit welchem nicht nur die ebenso angenehmen wie gesunden *Pfefferminzplätzchen,* sondern auch der treffliche *Pfefferminz-Liqueur* hergestellt wird, eine wasserhelle, farblose Herzstärkung von ganz ausgeprägtem Geruch, deren Genuß eine angenehm kühlende Empfindung im Munde zurückläßt und vom Magen als wahre Balsamspende aufgenommen wird.

Pferdefleisch, zu zäh in der Faser und zu süßlich im Geschmack, so daß es sich nur mit ziemlichem Aufwand von Kaumuskelkraft und scharfem Gewürz genießen läßt, ist allerdings nichts weniger als eine Delikatesse, im Notfall aber *geräuchert* dem Büchsenfleisch und dem Corned-Beef entschieden vorzuziehen, und zwar nicht bloß des höheren Nährwerts, sondern vor allem auch des saftigeren Geschmacks wegen. Fleisch von jungen und wohlgenährten Tieren darf sich sogar bei angemessener Zubereitung neben dem Rindfleisch sehen lassen, wie die Germanen sehr wohl wußten. Bei ihnen galt Pferdefleisch für den auserlesensten Opfer- und Festtagsbraten, und eben diesem Roßbraten im Verein mit dem Bärenschinken und dem Wisent-Beefsteak, nicht aber dem famosen Haferbrei Sebastian Kneipps und Genossen, verdankten sie den besten Teil ihrer körperlichen Überlegenheit.

Erst um 740 wurde der Pferdefleischgenuß als heidnisch in Allemannien verboten, und Karl der Große sorgte in der Folge dafür, daß auch die norddeutschen Niedersachsen sich diesem Verbot fügten. Aber noch im 11. Jahrhundert wurde in den Klöstern am Bodensee Pferdebraten verspeist! Von einem »allgemeinen Widerwillen des Menschen gegen das Pferdefleisch« kann daher ebensowenig die Rede sein wie von einem dergleichen Widerwillen gegen die Austern. Das Leidige bei der derzeitigen Roßschlächterei ist nur, daß dem Schlächter fast ausschließlich alte, verlebte und abgetriebene Tiere in die Hände fallen, aus denen sich kaum etwas anderes machen läßt als Pferdewurst. Daß der geborene oder geschulte Gastronom mit solch einem Gericht nichts zu tun haben mag, ist selbstverständlich und durchaus berechtigt. Sünde aber wär's, deshalb dem weniger begabten Nebenmenschen das Pferdefleisch verekeln zu wollen.

Pfifferling s. Eierschwamm.

Pfirsich, die runde oder ovale, walnuß- bis eigroße Steinfrucht des Pfirsichbaums, in Österreich *Pferscha,* hieß bei den Römern »persischer Apfel«, weil diese Obstart seit und durch Alexander (also um 330 v. Chr.) aus Persien zunächst nach Rhodos und Ägypten, später auch nach Griechenland und zu Christi Zeit nach Italien, Iberien und Gallien gekommen war. Persien selber aber hatte den Baum nicht erzeugt, sondern dem Reich der Mitte entlehnt, wo er, von den Chinesen Tao genannt, schon seit 4000 Jahren kultiviert und die Frucht, To der Chinesen, beinahe für heilig angesehen wird. Süddeutschland empfing den Baum durch Karl den Großen – weiter aber läßt sich seine Geschichte vorläufig nicht verfolgen, namentlich ist durchaus unbekannt, wann und wo aus der ursprünglichen Art mit wolliger Frucht zuerst die glatte Pfirsich (nicht umgekehrt jene aus dieser, wie die Handbücher des Obstbaues gewöhnlich angeben!) hervorgegangen ist. Man unterscheidet nämlich, je nachdem die Frucht flaumig behaart oder glatt und das Fruchtfleisch leicht oder schwer vom Kern löslich ist, zwischen »Pfirsichen« und »Nektarinen« sowie zwischen »Kerngehern« und »Härtlingen« und teilt danach die 100–120 Pfirsichsorten in vier Hauptgruppen: *echte Pfirsiche* mit wolliger Schale und locker sitzendem Kern, *Härtlinge* mit gleichfalls behaarter Schale, aber fest am Fleische haftendem Kern, *Nektarinen* mit glatter Schale und leicht löslichem Kern und *Nußpfirsiche* oder *Brünolen*, gleichfalls mit glatter Schale, aber mit fest verwachsenem Kern. Außerdem pflegt man die Sorten mit gelbem Fleisch als *Safran-Pfirsiche* und die mit rotem Fleisch als *Blut-Pfirsiche* zu bezeichnen – was aber über diese sechs Bezeichnungen hinausgeht, ist nicht mehr Sache des Konsumenten, sondern einzig des Produzenten. In der Verwendung kommt die Pfirsich mit der Aprikose überein, doch ist sie gebacken weniger, dagegen zum Wein beliebter als diese. Aus den Pfirsichkernen wird überdies mit Branntwein und Zucker der ehemals berühmte *Persico* bereitet, der aber zur Zeit in so viel ganz erbärmlichen Spielarten in der Welt vorkommt, daß Vorsicht beim Gebrauche dringend zu empfehlen ist.

Pflaumen und *Zwetschen*, *Kriechen* und *Spillinge*, *Marunken* und *Mirabellen* sind recht angenehme und achtbare Erscheinungen, obgleich ihre Zivilstandsakten sich in der denkbar traurigsten Verfassung befinden und man in dieser Familie tatsächlich nicht weiß, wer Mutter oder Tochter, Tante oder Nichte ist. Auch die Pomologen können da nicht helfen, denn die sind selber in der allergrößten Verlegenheit, wie die erschreckliche Schar der Pflaumensorten, über die schon der alte Plinius jammerte, in ein regelrechtes System zu bringen sei, und die Philologen – du lieber Himmel! Die haben mit all ihrer Weisheit noch immer nicht herausgebracht, wie das prunum Damascenum (die Damaszener-Pflaume) der Lateiner sich in ein deutsches *Zwetsche* oder *Zwespe* hat verwandeln können. Bei dieser Lage der Dinge bleibt dem Gastronomen kein besserer Weg als der Anschluß an die Klassifikation, die der minder gelehrte, aber kenntnisreichere Freiherr v. Hohberg schon 1682 vornahm, indem er die Pflaumen völlig von den Kriechen sonderte. Die *Kriechen* kennzeichnen sich durch eine mehr rundliche als längliche Gestalt, durch eine zumeist scharf ausgeprägte Bauchfurche und vor allem durch einen mehr mehligen als obstsäuerlichen Geschmack, der auf dem Umstand beruht, daß sie doppelt soviel stickstofffreie Substanz (Stärke etc.) enthalten als die Pflaumen. Ihr Erzeuger, der Kriechenbaum, kommt in ganz Südeuropa, ganz besonders auch in der europäischen Türkei, ferner in Armenien und namentlich südlich vom Kaukasus gegen den Kaspi-See als Wildling vor, und die weißen, gelblichen oder braunroten Früchte, die eigentlichen *Kriechen* oder *Haferschlehen,* in Österreich *Fludern,* bildeten schon ein halb Jahrtausend v. Chr. einen Handelsartikel, den die Schweizer Pfahlbauinsassen in Menge aus Italien bezogen, so daß der Herleitung ihres Namens vom Volksnamen der Griechen nichts im Wege steht. Aus der Kreuzung der eigentlichen Krieche mit anderen Prunusarten sind in der Folge zahllose Unterarten entstanden, von denen etwa folgende Erwähnung verdienen: die mehr oder weniger gelb gefärbten *Spillinge* oder *Spenlinge* mit harter, säuerlicher Haut und wenig saftigem, fadsüßem Fruchtfleisch, die goldgelben, süßen *Eierpflaumen,* die oft die Größe eines Hühnereies, aber nie das edle Aroma der rechten Pflaume erreichen, die runden, süßen *Marunken* oder *Malonken* mit roten Flecken oder Tüpfeln auf gelbem Grund, ferner die grüngelben *Mirabellen* oder *Myrobalanen* von ausgeprägtem Süßgeschmack, die kandiert, gedörrt oder in Zucker eingemacht einen nicht unbedeutenden Handelsartikel bilden, und endlich die etwas härtlichen *Renekloden,* franz. Reine-Claudes, die nach der 1524 verstorbenen Gemahlin Franz I. von Frankreich heißen und sich durch grünes Fruchtfleisch und edlen Zuckergeschmack auszeichnen. Von allen diesen Kriechenarten sind aber nur die beiden letztgenannten, die Mirabellen und die Renekloden, tischfähig. Die übrigen, schon im 18. Jahrhundert als gesundheitsschädlich durch Polizeiverbote vielfach von den Märkten ausgeschlossen, finden jetzt kaum noch Beachtung und verschwinden infolge verbesserter Obstzucht und Bodenbenutzung immer mehr.

Ungleich höher als die Kriechen stehen auf dem Kurszettel der Gastronomie die eigentlichen oder *Edelpflaumen* notiert, deren Grundgestalt länglich, deren Grundfarbe blau und deren Geschmack süß weinig, aromatisch, rein und edel ist. Der Ahnherr dieser aristokratischen Sippe ist der eigentliche Pflaumen- oder Zwetschenbaum, dessen Heimat das Gebiet von Teheran westwärts bis ans Ionische Meer und nordwärts bis ans Schwarze Meer, an den Kaukasus und den Kaspi-See bildet. Aus Kleinasien ging der Baum nach Syrien über, und Damaskus wurde der Ausgangspunkt der Pflaumenkultur, von wo der Zwetschenstamm als *Damaszene* (aber beileibe noch keine französische Damaszene der Gegenwart, wie die dermaligen Pflaumen Griechenlands zeigen!) zwischen 300–150 v. Chr. nach Griechenland und um 140 v. Chr. nach Italien kam. Deutschland erhielt den Pflaumenbaum, wenn nicht früher, durch Karl den Großen. Als Hochschule der europäischen Pflaumenzucht aber erscheint im Mittelalter die Touraine, wo die kleine, blaurote wahre Zwetsche allmählich bis zur beinahe eigroßen, dunkelblauen *Königspflaume von Tours* veredelt wurde. Seit dem 15. Jahrhundert drang jedoch die kleinasiatische oder persische Pflaume auch von Südosten her nach Deutschland vor. Sie hatte in Byzanz eine Pflegestätte und den Namen Sebastika (Königspflaume) erhalten, gelangte von dorther zu den slawischen Bewohnern Rumeliens und Bulgariens, die sie als Svestka an die Ungarn weitergaben, und kam auf diesem Wege als *Zwetschke, Zwetsche, Zwespe* nach Österreich und Deutschland, wo der Niedersachse mit dem slawischen Namen kurzen Prozeß machte und ihn zu Quetsche zerquetschte. So klar dieser Vorgang an sich ist, so sehr verwirrt wird die Sache durch den Umstand, daß seit Mitte des 16. Jahrhunderts die edlen französischen Damaszenersorten *gleichfalls unter dem Zwetschennamen* in Deutschland Eingang fanden, denn dadurch ist der Anschein erweckt worden, als ob die wahre Zwetsche von Frankreich aus nach Osten spaziert wäre, was natürlich total unmöglich ist. Wenn also berichtet wird, daß der Heidelberger Hof 1560 einen Zwetschenstamm an den Stuttgarter Hof verschenkte und daß der Junker Levin Wurm 1583 den ersten Zwetschenbaum aus Darmstadt nach Großfurra in Thüringen brachte, so ist dabei sicher nicht an die Sliva Svestka der Donauländer, sondern an die Damas de Tours zu denken. Die richtige Konfusion aber haben natürlich erst die »großen Gelehrten« in die

Sache gebracht, allen voran der würdige Freund der Hexenprozesse und fanatische Gegner des Paracelsus, Thomas Erast von Basel (gest. 1583), der zuerst Brünn in Mähren und Brignoles in der Provence für ein und dieselbe Ortschaft ansah und dementsprechend die *böhmischen Backpflaumen* mit den *französischen Brunellen* oder *Prunellen* verwechselte. Daher die verwunderliche Tatsache, daß die berühmten »Brünner Zwespen« des 17. Jahrhunderts in Frankreich und nicht in Österreich wuchsen! Den Fortschritten der Pflaumenzucht hat jedoch diese grundgelehrte Unwissenheit keinen Eintrag getan, es sind vielmehr im Laufe der Zeit weit mehr (an 300) Sorten entstanden, als der Gastronom überhaupt vonnöten hat. Dieser unterscheidet im wesentlichen nur zwei Klassen: erstens die *Damaszene* mit großer, rundlich eiförmiger Frucht, deren Stein oben wie unten abgerundet und deren Fleisch weich, zart und rein süßsaftig erscheint, und zweitens die *Zwetsche* mit länglich eiförmiger Frucht von etwas weinsäuerlichem Geschmack, deren Fleisch etwas härtlich und deren Stein an beiden Enden spitz ist. Die Zwetsche mit ihren zahlreichen Spielarten ist das vorwiegende Steinobst der Donauländer, Österreichs und Deutschlands, das sowohl gedörrt *als Backpflaume* wie zu Marmelade verkocht als *Pflaumenmus* (in Böhmen Powidl) einen sehr bedeutenden Handelsartikel ausmacht. Daneben liefert die Frucht den aromatischen, weißgelben *Zwetschenbranntwein* oder *Slibowitz,* der in Polen, Galizien und Böhmen sowie besonders gut in Syrmien und Kroatien (Agram) hergestellt wird und in bester Qualität mit dem echten Schweizer Kirschwasser wetteifert. In Frankreich dagegen und in Spanien herrscht die Damaszene mit ihren Spielarten vor und liefert neben der Reneklode, geschält, entkernt und getrocknet, die delikaten *Prunellen* oder *Brunellen* (ursprünglich nach der Stadt Brignoles in der Provence Prunes de Brignoles), die in Kistenverpackung einen bedeutenden Versandartikel darstellen.

In diätetischer Beziehung erfreut sich die Pflaume eines ausgezeichneten Rufes. »Reinigend und kühlend, sind Pflaumen ein Labsal dem Leibe«, lehrte schon im Jahr 1101 die große Schule von

Salern, und noch heute bildet die *Zwetschensuppe* ein ebenso beliebtes wie bewährtes Hausmittel bei leichter Verstopfung. Noch höher aber schätzt der Gastronom die Frucht, wenn er sie im Herbst ganz ohne Gesundheitsrücksichten roh genießen kann. Denn würzig, süß und schmelzend erquickt sie wie ein Kuß von schwellendem Mädchenmund, nur muß sie wie der Kuß frisch von der Quelle genommen werden: Ist sie erst durch die Hände der Bahn und durch die Füße der Post gegangen, so ist mit der blauen Blume ihrer Jungfräulichkeit auch ihr größter Zauber dahin.

Pilze und *Schwämme*, diese rätselhaften, auffälligen Sonderlinge der Pflanzenwelt, haben von jeher den Tafelfreunden ebenso viel Genuß wie den Naturhistorikern Kopfzerbrechen bereitet. Daß Griechen und Römer sie als Fürstenbissen schätzten, kann nicht weiter auffallen, aber auch dem hl. Ambrosius (gest. 397) galten sie für Ambrosia, Papst Clemens VII. (gest. 1534) verbot in weiser Fürsorge für die Tafel des Vatikans ihre Verwendung in der bürgerlichen Küche des Kirchenstaates, und selbst Carolus Clusius, der 1571–1587 in Wien lebte, schwärmte für Pilze. Diesen großen Pflanzenforscher hatte Balthasar v. Batthyány (gest. 1590) durch Pfifferlinge in Butter für die gute Sache gewonnen, und Clusius brachte nun nicht bloß die gedünsteten Pfifferlinge in Mode, sondern stellte auch zum ersten Male die Zugehörigkeit der Pilze zum Pflanzenreiche außer Frage. Mit der Anerkennung der letzteren Wahrheit freilich nahm die Welt sich Zeit: glaubte doch selbst noch der geistvolle Pater Honoré Fabry (gest. 1688), berühmt durch seine schlagfertige Verteidigung der Chinarinde und noch berühmter durch seine tiefe Verehrung für die fetten Lerchen, die Pilze für eine Art Gichtknochen der Mutter Erde ansehen zu dürfen. Dagegen fand man gegen die Schmackhaftigkeit der zweifelhaften Geschöpfe nicht das geringste einzuwenden, sie kamen in Mode, und in Brüssel gehörte es während des 17. Jahrhunderts sogar zum guten Ton, eigenhändig im Walde von Soignies »Geelhühnchen« und Champignons für die Küche einzusammeln. Man begeisterte sich für das Schwammgeschlecht, und mit Grund, denn bei keinem zweiten Nahrungsmittel aus dem Pflanzenreich ist soviel Nährgehalt mit soviel Würzgeschmack gepaart wie bei den Pilzen. Man ist aber im 19. Jahrhundert noch weiter gegangen: Man hat die Pilze für »eine der Fleischnahrung nahestehende Speise« erklärt und ihnen eine großartige volkswirtschaftliche Bedeutung und Zukunft prophezeit. Das ist gelehrter Unsinn. Die Pilze enthalten (abgesehen von der Trüffel) im Durchschnitt 90 % Wasser, erst $3^1/_2$ kg frischer Pilze würden also den Tagesbedarf des Menschen an Stickstoff decken – vorausgesetzt, daß der ganze Gehalt an Rohnährstoffen verdaulich wäre! Nun ist aber gerade das Gegenteil der Fall. Die Pilze gehören zu den schwerstverdaulichen Speisen, von deren Stickstoffgehalt sich selbst der beste Magen nicht über 75 % anzueignen im Stande ist. Von einem Heranreichen an den Nährwert des Fleisches kann also unter keinen Umständen die Rede sein, und die Beeinträchtigung des Fleischkonsums durch den Pilzkonsum wäre ein volkswirtschaftliches Unglück, wenn nicht ein Verbrechen. Zum Glück hat es damit gute Wege. Die Bevölkerung betrachtet aus richtigem Instinkt nie und nirgends die Pilze als ein eigentliches Nahrungsmittel, sondern stets als einen Leckerbissen, den sie zwar mit Vergnügen verzehrt, mit noch größerem Vergnügen aber verkauft, um für das gewonnene Geld Fleisch und Brot einzuhandeln. Und dieser volkstümliche Standpunkt ist der einzig richtige. Die Pilze sind in erster Linie Genußmittel und gehören in erster Linie in die Herrenküche, weil nur diese ihnen jene sorgfältige Behandlung und jene gewählten Zutaten zuwenden kann, die zur vollen Entwicklung ihrer guten Eigenschaften durchaus notwendig sind. Dazu kommt noch, daß bei der Kurzlebigkeit und schnellen Verweslichkeit des ganzen Geschlechts selbst den besten unter ihnen nicht unbedingt zu trauen ist. Erst dann darf man sich mit gutem Gewissen mit ihnen einlassen, wenn man ihre Ehrlichkeit durch einen preisgegebenen silbernen Löffel hinlänglich erprobt hat. Wer also für die Pilze als Volksnahrungsmittel Propaganda machen will, der fange zur Vermeidung des Unheils damit an, daß er in jede Armemannsküche einen silbernen Löffel stiftet, das wird nicht nur seiner Seelenruhe und der Sache, sondern auch dem armen Mann ungemein zuträglich sein. Die Bereitung der Pilze bietet keine Schwierigkeiten, sobald nur gute Butter, guter Rahm, gute Fleischbrühe, gutes Gewürz und gutes Fleischfüllsel in genügender Menge zur Hand ist. Mit diesen kleinen Zutaten geben die mißfarbenen Gesellen wahrhaft hinreißende Schüsseln, deren Zauber die Riechnerven in süßen Taumel und die Zungennerven in sprachloses Entzücken versetzt.

Pinienkerne, *Piniolen* oder *Pignolen,* die von der schwarzbraunen Steinschale und der rotbraunen Samenhülle befreiten, flachen, weißen, $1^1/_2$ cm langen Samenkerne der Steinkiefer oder Pinie, haben frisch einen mandelartig süßen Geschmack und werden daher in der Küche und der Zuckerbäckerei ganz wie die süßen Mandeln verwendet, ohne diese jedoch dauernd ersetzen zu können, da sie bei ihrem Ölgehalt sehr dem Ranzigwerden unterworfen sind. Die Pinie bildet in Griechenland und Italien ganze Wälder (berühmt ist namentlich der 64 km lange Bosco bei Ravenna), wird aber auch in Südtirol der Kerne wegen kultiviert. In den Alpen sowie in Sibirien ersetzt ihn die Zirbelkiefer oder Russenzeder, deren dreikantige, fast haselnußgroße Samen, die sogenannten *Zirbelnüsse* mit gleichfalls weißem und mandelsüßem Kern, nicht bloß in Rußland als Leckerei wie zur Ölgewinnung dienen, sondern im November auch auf den süddeutschen Märkten (München, Augsburg usw.) häufig sind.

Pistazien oder *Pimpernüsse,* die haselnußgroßen, verschwommen dreikantigen, außen rötlich, innen grünlich gefärbten Samen des Pistazienbaums, sind betreffs ihres Geschmacks und ihrer Verwendbarkeit die Zwillingsschwestern der Pinienkerne, leider aber noch ein gut Teil leichter dem Verderben zugänglich als diese. Der Pistazienbaum ist in Syrien einheimisch und kam von dort um 35 n. Chr. durch den nachmaligen Kaiser Vitellius nach Rom sowie etwas später durch Flavius Pompejus nach Spanien. Gegenwärtig wird er hauptsächlich in Syrien, Kleinasien und Arabien sowie auf Sizilien und in Tunis kultiviert, während die Pistazienzucht in Spanien, Südfrankreich und Persien sich auf wenige Punkte beschränkt und ohne Belang ist.

Plötze s. Bratfisch.

Pökelfleisch oder *Salzfleisch*, sicher eine der ältesten Fleischkonserven und nicht erst 1347 durch den mythischen Holländer Willem Bökel oder Beukelsz zu Biervliet in Flandern in die europäische Küche eingeführt, wird entweder durch wiederholtes Einreiben des Fleisches mit Salz oder durch Einschichten der Fleischstücke in ein Faß mit je einer Lage Salz zwischen zwei Fleischschichten hergestellt. In der Regel mischt man dem Salz etwas Salpeter bei, um das schöne Rot des eingelegten Fleisches zu erhalten. Durch das Wasser des Fleisches wird das Salz gelöst und dringt allmählich tiefer in das Fleisch ein, laugt aber dabei dasselbe aus, indem es neben einigem Eiweiß hauptsächlich die Phosphorsäure und die Extraktivstoffe zur Lösung bringt. Dadurch büßt aber das Fleisch nicht nur an Nährwert, sondern auch an Schmackhaftigkeit ein, so daß durch und durch gepökeltes Rindfleisch um kein Haar besser ist als das berüchtigte Suppenfleisch. Noch schlimmer aber wird die Sache, wenn man dem Salze auch noch Lorbeerblätter, Knoblauch, Zwiebeln, Basilikum, Wacholderbeeren, Rosmarin, Gewürznelken und dgl. beimengt, denn unter der Einwirkung dieser Lake geht dem Fleisch auch die letzte Spur seines Eigengeschmacks verloren. Vgl. Rauchfleisch.

Polenta s. Mais.

Pomeranze oder *Orange*, die Halbschwester der Zitrone und Zwillingsschwester der Apfelsine, ist ursprünglich eine Anwohnerin des südlichen Himalaja und kam von dorther über Persien und Syrien gegen Ende des 9. Jahrhunderts zu den Arabern, die sie dann über die afrikanische Nordküste, nach Spanien und im Jahre 1002 auch nach Sizilien verbreiteten. In Norditalien erscheint der Pomeranzenbaum zuerst 1336 zu Nizza in Savoyen, in Frankreich 1421 zu Pampelonne im Languedoc, in Deutschland um 1550 zu Augsburg in Schwaben, in England 1595 zu Beddington bei London. Amerika empfing ihn spätestens zur Zeit des Pizarro (1531–1541). Gegenwärtig wird die Pomeranze hauptsächlich in Italien, Spanien, Portugal und auf den Azoren gezogen, und zwar in mehr als 150 Spielarten, die sich aber auf zwei Haupttypen zurückführen lassen: die *Bigarade* oder *Bitterorange* mit höckriger Schale und herbem Saft und die eigentliche *Pomeranze* oder *Süßorange* mit glatter Schale und süßem Saft. Soweit sich übersehen läßt, wird die Mehrzahl der Pomeranzen zu *Orangen-Marmelade* eingesotten, die besonders in England und Amerika beliebt ist und dort etwa dieselbe Rolle spielt wie in Österreich das Preiselbeer-Kompott oder in Norddeutschland die saure Gurke. In Büchsenverpackung bildet diese Marmelade einen Gegenstand des Delikatessenhandels, zeichnet sich aber dann gewöhnlich dadurch aus, daß sie gründlich mit Äpfeln und Rüben verfälscht ist; namentlich haben es die englischen Obstkonserven-Firmen in dieser Hinsicht erstaunlich weit gebracht. Ferner liefern die Pomeranzen, zerschnitten und mit Wein ausgelaugt, die allervortrefflichsten *Punsch-Essenzen*, mit Wasser die beliebte *Orangeade*, mit Butter die *Orangensauce*, mit Semmel, Essig, Öl und Meerrettich den *Orangen-Kren*, dann *Orangen-Torten*, *Orangen-Schnitten*, *Orangen-Creme*, *Orangen-Gefrornes*, mit aufgestreutem Zucker den sogenannten *Orangensalat* usw. Die *Schalen* nehmen in der Liqueurfabrikation eine wichtige Stellung ein und sind überdies bei Kreierung der trinkbaren Bischöfe und Kardinäle gänzlich unentbehrlich. Dem gleichen Zwecke dienen die unreifen Früchte, die, erbsen- oder kirschengroß, unreif eingesammelt, getrocknet oder in Zucker eingemacht und als Orangettes, Aranzinetti oder *Curaçao-Äpfel* in den Handel gebracht werden. Sogar mit den Blüten experimentiert die Küche, indem sie damit den *Orangenblüten-Auflauf* bereitet. Summa: Die Pomeranze ist ein äußerst brauchbares Geschöpf, und man schätzt daher trotz des rustikalen Anstrichs sogar die menschliche Varietät, die sogenannte »Landpomeranze« – wenn sie nur Geld hat.

Porree, *Porrey*, *Suppenlauch*, früher auch rundweg *Lauch*, ist die Kulturform des eigentlichen *Wildlauchs*, dessen Heimat das Mittelmeergebiet mit Einschluß der Azoren bildet. Der Porree gehört zu den ältesten Gemüsepflanzen, denn er wurde wahrscheinlich schon von den Ägyptern, sicher von den Hebräern, Griechen und Römern kultiviert. Durch die letzteren gelangte er als ausgeprägtes Kulturgewächs nach Gallien und Spanien, steht aber auf der Iberischen Halbinsel noch heute weit hinter dem Knoblauch und der Zwiebel zurück, während in Griechenland genau das Umgekehrte der Fall ist. Nach Süddeutschland wurde er, wenn nicht früher, durch Karl den Großen verpflanzt, nach England kam er gleichzeitig mit dem Lattich im Jahre 1562. Von den beiden Haupttypen, dem *Winter-Porree* und dem zarten *Sommer-Porree*, baute man in Österreich zu Ende des 17. Jahrhunderts nur den letzteren im Hausgarten und nannte ihn einfach »Lauch«, während der Winter-Porree nur bei den berufsmäßigen Gärtnern zu finden war und »Porro« genannt ward. Man benutzte vom »Lauch« sowohl die Zwiebel als auch die Blätter, scheint aber die letzteren bevorzugt zu haben und nannte daher die ganze Pflanze auch »Schnittlauch«, wofür dann seit Mitte des 18. Jahrhunderts, als man diese Spielart für sich zu züchten begann, zum Unterschiede vom wahren Schnittlauch die Bezeichnung *Perllauch* üblich wurde. Der Perllauch ist nichts anderes als ein verkrüppelter Porree, der, durch fortgesetztes Abschneiden der Blätter und Stengel am Fruchttragen verhindert, durch Bildung zahlreicher kleiner Zwiebeln für seine Fortpflanzung sorgt. Der Porree-Name selber drang erst seit dem letzten Viertel des 18. Jahrhunderts ins Volk, hat aber seitdem die Oberhand über alle übrigen gewonnen. Der Porree ist unter allen Zwiebelgewächsen das wasserhaltigste, bei alledem aber reich an Kali und an Phosphorsäure und bildet daher eine der feinsten und beliebtesten Suppenwürzen, ohne die eine rechte Hausfrau keine wahre Gemüsesuppe zustande bringen zu können meint.

Porter, schweres englisches Doppelbier von dunkler Farbe, bitterem Geschmack und ausgeprägtem Hopfengeruch, wurde zuerst um 1730 von dem Londoner Brauer Harwood hergestellt und erhielt zu Ehren seines hohen Extraktgehalts den Namen Porters' Beer (Sackträger-Bier), den man nachmals zu »Porter« verkürzte. Die Herstellung erfolgt nach dem Infusionsverfahren aus stark gedarrtem Malz unter Zusatz von Rohrzucker, und zwar liefert der erste Auszug den eigentlichen Porter mit rund 6 % Alkohol, 6 % Extrakt und $^{1}/_{2}$ % Zucker, während der zweite, minder gehaltvolle Stout (Kraftbier) und der dritte rundweg Small Beer (Dünnbier) genannt wird. Für den Export werden Porter und Stout in der Regel noch mit Rum oder Portwein gestärkt. Der Hauptsitz der Porterbrauerei ist noch immer London, daneben Edinburg, Dublin und Reading. Seit etwa 1860 indessen wird auch in Schweden, in Norddeutschland und in Böhmen guter Porter bereitet.

Portulak, *Purzelkraut, Grensel* oder *Kreusel,* ein über alle fünf Erdteile verbreitetes und überall verwildertes Küchengewächs vom Nelkenblütler-Stamm mit überaus saftigen, fleischigen Blättern und kleinen, glänzend gelben Blüten, scheint ursprünglich auf der Landstrecke vom westlichen Himalaja bis nach Griechenland seßhaft gewesen zu sein, sich aber schon in vorhistorischer Zeit über das ganze heiße und gemäßigte Asien und Europa verbreitet zu haben. Die Pflanze machte im Mittelalter und namentlich im 17. Jahrhundert, nachdem ein findiger Engländer sie 1652 als funkelnagelneu aus Südamerika zurückgeholt hatte, eine ziemlich ansehnliche Figur in der Küche und kam als Gemüse wie als Salat sogar auf die Tafel Ludwigs XIV. Der Portulakbau wurde daher seit jener Zeit ziemlich schwunghaft betrieben. Im 19. Jahrhundert indessen hat man mehr und mehr den Geschmack an dem salzig-säuerlichen Gericht verloren, und heute kommt die Pflanze nur noch vereinzelt, in manchen Gegenden gar nicht mehr in den Küchengärten vor. Hier und da sammelt man aber im Frühjahr die jungen Triebe und mengt die trübgrünen Blätter dem Löwenzahn-, Gänsefuß- und anderen Natur-Salaten bei, bringt sie auch wohl ab und zu neben anderen, milderen Kräutern in einer Frühlingssuppe unter. Im allgemeinen jedoch ist das Lied des Portulaks ausgesungen: Er ist vom Kraut zum Unkraut geworden.

Portwein, der zweitälteste unter den drei großen Weltweinen, trägt den Namen vom Ausfuhrhafen Oporto, wenn nicht etwa vom Lande Portugal selber, dessen gefeiertster Vertreter er in allen Zonen ist. Der natürliche Portwein, das Produkt der Rebhügel des Dourotales oder, genauer gesagt, jenes Teiles des Dourotales, der, etwa 95 km oberhalb Oporto beginnend, sich in einer Breite von 20 km und einer Länge von 40 km zu beiden Seiten des Flusses hinaufzieht, hat von Geburt eine hellrote Farbe und einen leidlichen Alkoholgehalt von 14–15 %. Der Portwein des Handels dagegen ist braun oder rotbraun und enthält 21–25 % Alkohol, weil er mit Holunderbeeren gefärbt und durch Zusatz von Spiritus alt, d.h. versandreif gemacht wird. In den eigentlichen Weinländern straft man deshalb den Old Port mit unverhohlener Verachtung und bedient sich seiner höchstens wie des ersten besten Liqueurs. Ihn zum Weltwein zu machen, blieb dem Volk vorbehalten, das während des 18. Jahrhunderts sogar die allzeit trunkfesten Deutschen im bestialischen Saufen überflügelte: Erst die Engländer brachten seit Anfang des 18. Säkulums den Portwein in Mode, und noch heute dürfte höchstens ein Engländer dem Gelüst nachhängen, eine ganze Flasche auf einen Sitz zu leeren. Alle anderen Nationen lassen ihn ausschließlich als Frühstückswein gelten und sind mit je einem Glas vollauf zufrieden, um so mehr, da er durchaus wasserscheu ist und in Verbindung mit diesem Element alle seine Reize einbüßt, sowohl den vollen, unmerklich süßen und leise stechenden Geschmack wie das ganz eigentümliche, nicht unangenehme Bouquet, das ihm allerdings nicht angeboren, sondern gleichfalls künstlich eingeimpft ist. Aus allen diesen Gründen ist der Porto das Gegenteil eines Gesellschaftsweines, vielmehr ein wahrer Separatisten- und Nihilistenwein, der Leibtrank der Ausgeschiedenen und Ausgestoßenen, der prädestinierten Selbstmörder und der unglücklich Liebenden im letzten Stadium der Verzweiflung. Eine Sorte indessen gibt es, der zulieb auch der wahre Gastrosoph sich gern der Gefahr der Spiritusvergiftung aussetzt. Es ist das der wirklich alte Portwein, der, jahrelang in der Flasche gelagert, all seine Unreinigkeiten an deren Wänden abgesetzt, jede Spur von Spritgeruch und Herbheit verloren und eine schön durchsichtige, leise ins Goldgelbe und ins Himmelblaue spielende Purpurfarbe erlangt hat. Aber dieser hochedle Tropfen, dessen süßer Burgundergeschmack die Zunge mit balsamischer Glut berührt, ist ebenso selten wie vortrefflich, und selbst in guten englischen Häusern begnügt man sich, statt seiner den gewöhnlichen Old Port auf den

Tisch zu bringen – nur gummiert man die Flaschen, bestreut sie mit Staub und umflort sie mit Spinnweben, um wenigstens den Schein zu retten. Leider aber lassen sich Zunge und Nase nicht so leicht betrügen wie das Auge. Obgleich Weltwein, gehört also der Porto keineswegs zu den auserlesensten seines Geschlechts, und es spricht entschieden für den guten Geschmack des 19. Jahrhunderts, daß er immer mehr Boden verliert und neuerdings sogar in England vom Bordeaux in den Hintergrund gedrängt zu werden beginnt. – Was den sogenannten *weißen Portwein* unserer Weinkarten anlangt, so hat dieser mit dem wirklichen Porto nichts gemein, sondern stammt aus dem Tajotal.

Poularden im älteren und eigentlichen Sinne sind weibliche Kapaune, hoffnungsvolle Hühnerjungfrauen, denen die unheilvolle Schere alle Aussichten auf das Vergnügen der Mutterschaft abgeschnitten hat. Neuerdings hat man jedoch erkannt, daß das Fett der edlen Weiblichkeit sich ziemlich unabhängig von der Liebe entwickelt, und begnügt sich daher mit der einfachen Klausur der Tierchen ohne alle Operation. Die auf diese Weise gezogenen reinen *Masthühner* sollen sogar leichter und vollständiger fett werden als die eigentlichen Poularden. Das Fettwerden aber ist in diesem Falle die große Hauptsache, denn »das Fett ist der Stolz der Poularde, wie die Schwindsucht der Stolz des lyrischen Dichters ist« (Grimod). Eine Poularde kann gar nicht fett genug sein, ist sie's aber, so liefert sie, besonders wenn man ihre Eingeweide durch Trüffeln ersetzt, den denkbar zartesten, saftigsten und würzigsten Braten, den je eines Menschen Nase gerochen und eines Menschen Zunge verschmeckt hat. Für eine solche *getrüffelte Poularde* könnte man seine letzte Liebe abschwören oder sonst ein heroisches Opfer bringen. Dergleichen Muster edler Feistigkeit sind aber fast nur in Frankreich zu finden, wo La Flèche, Le Mans, Houdan und die Bresse schon seit zweihundert Jahren um die Palme der Mästkunst streiten und ein Exemplar erster Güte mit $7^1/_2$–9 Francs bezahlt wird, während ein Wiener Masthuhn kaum jemals über $4^1/_2$ Mark zu stehen kommt. Bei diesem ist daher auch die Speckgarnitur unerläßlich wie bei einem Ritter das Wörtchen

»von«. Erst wenn kunstgerecht gespickt und gehörig mit Speck umbunden, erscheint das Masthuhn seines Namens würdig und gibt dann allerdings sowohl einen hochachtbaren *Spießbraten* wie *gedünstet* mit Austern- oder Muschelsauce eine sehr begehrenswerte Schüssel, die, wenn keine heroischen Entschlüsse zu zeitigen, doch einen äußerst reellen Genuß zu bieten vermag.

Powidel s. Pflaumen.

Preiselbeere s. Kronsbeeren.

Pricke s. Neunauge.

Prominzen s. Pfefferminze.

Prunellen s. Pflaumen.

Pudding, *englischer Kloß* oder *Serviettenkloß,* niederdeutsch *Budden* oder *Mehlbüdel,* oberdeutsch *Knopf,* neben dem Auflauf die vornehmste unserer Mehlspeisen, gilt allgemein für eine Originalschöpfung der englischen Küche, wie Penelope allgemein für ein Muster der Sittsamkeit gilt – aus Mangel an besserem Bericht. Der dermalige Pudding ist bekanntlich ein großer Kloß aus Mehl, Ei und Butter mit ungemein wechselnden Zutaten, der in einem Tuch oder einer Blechform in kochendem Wasser gar gesotten wird und in dieser Hülle eine Lockerheit des Gefüges und damit eine Kaubarkeit bewahrt, die ihn zum größten Segen für alle zahnlükkigen Zweifüßler macht. Das wesentliche bei der Bereitung, die conditio sine qua non des vollkommenen Puddings ist also, ähnlich wie bei der Pastete, die Hülle, die den Kloß vor der unmittelbaren Berührung mit dem Kochgeschirr und dem siedenden Wasser schützt und ihn dadurch zusammen und das Gefüge gleichmäßig locker erhält. Bei der Einfachheit dieser Methode und der Handgreiflichkeit des Prinzips ist es sicher im höchsten Grad auffällig, daß der »Poding« erst 1701 durch die »Haus- und Landbibliothek« des Andreas Glorez von Mähren in die deutsche Küchenliteratur eingeführt wurde, daß er noch 1740 so gut wie gar keine Bedeutung für die deutsche Tafel hatte und daß er erst seit etwa 1760, d.h. seitdem die Romane Fieldings und Smollets Furore machten, sich fast urplötzlich zu einem bevorzugten Gericht aufschwang. Der Hergang ist klar: Wie Homer den Weltruf der Penelope, so haben

Fielding und Smollet den europäischen Ruf des Puddings geschaffen. Sowenig aber Penelope trotz Homer eine Heilige war (wird sie doch des Vergehens gegen § 129 des österreichischen Strafgesetzbuches beschuldigt!), so wenig war der Pudding, wenngleich englische Nationalspeise, darum ein ursprüngliches und ausschließlich englisches Gericht. Nicht bloß hatte schon von alters her Oberdeutschland seinen *Knopf*, Niederdeutschland seine *Grützwurst* (ein Gemengsel von wenigem Fett und vieler Grütze, das in einen Schweinsdarm gefüllt und dann gesotten wird), sondern der *Beutelkloß*, der *Sackkuchen*, der *Büchsenkuchen* und andere dergleichen Präparate der deutschen Küche des 17. und 18. Jahrhunderts waren genau dasselbe, was man seit rund 1760 als »Pudding« zu bezeichnen begann. Und nicht einmal dieser Name ist auf englischem Boden gewachsen! Der Pudding der Engländer ist vielmehr von Hause aus dem Worte wie dem Wesen nach nichts anderes als der Boudin der Franzosen, d.h. eine mit Mehl, Ei, Gewürz, Nüssen, Mandeln usw. versetzte Fett- oder Blutwurst, ungefähr wie sie das nachstehende Klosterküchenrezept von 1350 beschreibt: »Nimm drei gesottene schmale Schweinsdärme. Dazu nimm ungesottene Schweinsflaumen (Nierenfett), als groß und lang die Därme sind, schneid das in feine Stücke, schlag zwei Eier dazu und nimm ein wenig schönes Brot und Pfeffer und Salz zu der Masse. Damit siede die Därme auf und fülle sie damit und stecke die drei kleinen in einen großen Darm. Was aber von dem Mengsel übrigbleibt, das gieße in den großen Darm und verbinde beide, die kleinen und den großen, an beiden Enden besonders. Dann sied es gar und gib sie heiß hin.« Diese klösterlich raffinierte Schachtelwurst entspricht im wesentlichen sowohl der Physké (mit Blut und Mehl gefüllten Dickwurst) der Altgriechen wie der *Grützwurst* der Niedersachsen, vor allem aber dem mit Rinderfett, Mehl, Pinienkernen, Mandeln etc. gestopften Botellus des Apicius, mit dem sie auch den Namen gemein hat. Der Botellus der Spätlateiner aber zeugte den Boto (mit Fett und Mehl gefüllten Rindsdarm) der Asturier wie den Boudin der Franzosen, und dieser zeugte wiederum den Pudding der Engländer, dessen allmählicher Übergang in den wahrhaft englischen Plumpudding (Rosinenpudding) sich nach dem Gesagten leicht begreifen läßt, da die hauptsächlichste Veränderung im Austausch des Tierdarms gegen ein Tuch besteht. Die stark gefettete und gewürzte Mehlwurst des Apicius ist also die Urform, aus der im wesentlichen all die trefflichen Mehlspeisen hervorgegangen sind, die wir heutigen Tags als »Puddings« bezeichnen, nicht weil sie samt und sonders aus England zu uns gekommen sind, sondern weil sie im englischen Tischleben und in den englischen Romanen die erste Violine spielen. Habent sua fata – botelli.

Mit der Tugend der Kaubarkeit und Leichtverdaulichkeit verbindet der Pudding den weiteren Vorzug, daß seine Nahrhaftigkeit und sein Wohlgeschmack durch die Zutaten und Beigaben auf das Mannigfaltigste und Erbaulichste abgeändert und gesteigert werden können. Welcher Unterschied z.B. zwischen dem mit Vanille gewürzten *Gries-* und dem mit Krebsbutter gefetteten *Krebspudding*, zwischen dem mit Kirschen versetzten *Brot-* und dem mit Nierenfett bereiteten *Plumpudding!* Art und Zahl dieser Zutaten ist ins Unabsehbare veränderlich und daher die Anzahl der küchenmöglichen Puddings nahezu unbegrenzt, ohne daß bei der durchgängigen Gleichartigkeit der Zubereitung eine Gliederung in Klassen angängig wäre. Indessen unterscheidet man für gewöhnlich drei Hauptgruppen, nämlich gebackene, warme und kalte Puddings. Die *gebackenen Puddings*, weiland »Sackkuchen«, »Büchsenkuchen« oder »Beutelkuchen« genannt, bei denen der Kloß nach dem Sieden in Stücke geschnitten und diese Stücke mit Butter in der Pfanne gebacken werden, behaupteten bis gegen 1760 das Übergewicht in der kontinentalen Küche; sie sind zwar leicht zu zerbeißen, aber schwer zu Brei zu zermalmen und daher nächst den berüchtigten *Mandelpuddings* die schwerverdaulichsten ihres Geschlechts. Seit 1760 ging die Hegemonie an die *warmen Puddings* über, die möglichst heiß, zum Teil sogar flammend, d.h. mit Beigabe angezündeten Araks, auf den Tisch kommen. Da jedoch in der Küche des 19. Jahrhunderts eher Überfülle als Mangel an warm verspeislichem süßem Backwerk herrscht, so haben seit etwa 1880 ganz entschieden die *kalten Puddings* die Oberhand gewonnen, die entweder wie die Sulzen mit Hausenblase bereitet oder in der Eismaschine gekühlt werden und im letzteren Fall, wenn sie feine Früchte (Erdbeeren, Aprikosen, Ananas, Apfelsinen etc.) enthalten, mit Fug und Vorteil das Gefrorene ersetzen. Der flammenlodernde *Plumpudding* insbesondere ist jetzt auf der feinen Tafel ebenso verpönt, als er früher beliebt war. Die Wiener Tafel marschiert in dieser Hinsicht durchaus an der Spitze der Zivilisation, und die Wiener Küche ist in bezug auf Puddingbereitung der französischen mindestens ebenbürtig, wie sie denn zum Volksfest vom 18. August 1864 den größten Pudding erzeugt hat, der je das Licht der Welt erblickte. Dies Ungeheuer wog die Kleinigkeit von 630 kg, und die Zusammensetzung erforderte neben 150 kg Rosinen 150 kg Korinthen, 125 kg Zucker, 100 kg Mandeln, 100 kg Nierenfett, 50 kg Zitronat, 4500 Eier, 10 Flaschen Rum, 15 kg Gewürz usw. volle acht Tage Zeit. Statt der Serviette bediente man sich eines Segeltuchs, das mit 25 kg Butter gesalbt und in einen Kessel von dünnstem Weißblech eingelassen wurde, der seinerseits wieder in einem großen, starken Sudkessel zu stehen kam. Das Ein- und Ausheben geschah mittels Flaschenzugs, und das Kochen dauerte fünf Tage und fünf Nächte, das Verspeisen dagegen kaum fünf Viertelstunden. Heu prodigium ventris (welch Wunder für den Magen!) darf man in diesem Falle mit weit größerem Rechte ausrufen als der brave Plinius, der seinerzeit schon über einen Spargel von 110 g Schwere aus dem Häuschen geriet.

Pulque, zur Zeit der Azteken Octli genannt, der weinartige Nationaltrank der Mexikaner, wird aus dem Saft des Maguey bereitet, indem man der Pflanze, sobald sie sich zum Treiben des Blütenschaftes anschickt, das Herz ausbricht, den austretenden Saft in irdene Gefäße füllt und mit oder ohne Zusatz durch Beimengung fertigen Pulques unverzüglich zur Gärung bringt. Mit Wasser und Zucker versetzt, liefert der Saft schon nach vierstündiger Gärung ein grüngelbes Getränk von angenehm süßem, bierähnlichem Geschmack, ohne Zusatz aber nach etwa vierundzwanzig Stunden eine mehr grünliche, molkenähnliche Flüssigkeit, deren Geschmack an unseren Apfelmost erinnert. In diesem Zustand ist jedoch der Pulque nur an den Produktionsorten erhältlich. Versandreif wird er erst nach 4–10 Tagen, und da der Versand fast ausnahmslos in rohen bockledernen Schläuchen erfolgt, so nimmt er auf dem Transport einen sehr fatalen Geruch nach angegangenem Fleisch oder faulen Eiern an, an den sich zu gewöhnen den Ausländer die größte Selbstüberwindung kostet. Bei alledem bildet er, da seine berauschende Wirkung kaum nennenswert ist, ein ebenso erfrischendes wie gesundes und in den wasserarmen Distrikten geradezu unentbehrliches Getränk. Der gemeine Mann freilich hält sich weniger an diesen Pulque fino als an den Tepáche, einen schmutzig graubraunen Trank von saurem, stechendem Geschmack und Geruch, der durch Zusatz von Rohzucker zu dem gärenden Saft bereitet wird und weit berauschender wirkt als der einfache Pulque. Der *Maguey*, ein Ananasgewächs mit dickfleischigen, dornigen, bis 2 m langen Blättern, wird nämlich in ganz Mittelamerika als wertvolle Nutzpflanze gezogen.

Pumpernickel s. Brot.

Punsch, ursprünglich ein ostindischer Warmtrank, der, weil aus fünf Ingredienzen (Wasser, Tee, Arak, Zucker und Limone) bereitet, vom Zahlwort panç (im Sanskrit pantschan), *fünf*, den Namen erhielt, auf gut deutsch also etwa »Fünferlei« genannt werden müßte. Von den englischen Seeleuten seit Ausgang des 17. Jahrhunderts adoptiert und auch in den Hafenstädten der Nordsee und des Kanals mindestens seit 1720 bekannt, fand der Punsch im Binnenland doch erst nach dem Siebenjährigen Kriege Eingang, wurde aber dann im Fluge allgemein beliebt, so daß man namentlich in Norddeutschland während der letzten drei Dezennien des 18. Jahrhunderts die Tee- und Warmbier-Abende vielfach durch »Punschiaden« (Punschkränzchen) ersetzte. Aus jener Zeit datiert die Sitte, wenn sonst nie im Jahre, so doch auf Silvester dem Punschgotte zu opfern. Auch bereitete man schon damals nicht bloß *warmen Punsch* mit Teewasser, sondern auch den beliebten *kalten Punsch* mit Rheinwein oder Champagner, zu dessen Herstellung Vaerst später ein originelles, aber beachtenswertes Rezept angegeben hat. »Ich habe die Gewohnheit«, sagt der preußische Baron, »am Ende eines reichen Diners alle angebrochenen Flaschen der verschiedensten Weine in eine Bowle gießen zu lassen, schwächere Weinsorten beizumischen, Zucker und viel Ananasscheiben, zwölf Stunden vorher in aufgelöstem Zucker gesättigt, dazuzutun, und habe dadurch stets ein köstliches Getränk gewonnen.« Allerdings ist das mehr Bowle als Punsch, das Rezept ist aber in der Tat nicht übel. Außer dem gewöhnlichen Punsch bereitet man – heutzutage indessen seltener als früher – auch *Eierpunsch*, indem man dem warmen Punsch Eier oder Eigelb zusetzt, *Milchpunsch*, der kalt aus der Flasche als Liqueur serviert wird, *Eispunsch*, *Königspunsch*, *Gesundheitspunsch* und in neuester Zeit besonders *Römischen Punsch* (Ponche à la romaine) aus Fruchtsirup, Orangensaft, Rum und Eis. Übrigens bedient man sich, namentlich wenn es sich um schnelle Bereitung handelt, in der Regel der *Punschessenzen* oder *Punschextrakte*, die im wesentlichen aus Arak oder Rum, Zitronensaft und Zucker hergestellt und durch Zugießen von Teewasser im Handumdrehen in Punsch verwandelt werden. Dergleichen Essenzen, deren Urbild das englische Shrub (verdorben aus *Scherbet!*) darstellt, kommen hauptsächlich von Stockholm, von Göteborg, von Posen und von Düsseldorf in den Handel, sind aber immer nur Nothelfer, die besser aus dem Spiel bleiben. Ein einsames Glas Warmpunsch ist übrigens ein gutes Hausmittel bei leichter Erkältung – vorausgesetzt, daß sich der Magen in Ordnung befindet, denn der Punsch wirkt allerdings wie auf den Geist ebenso anregend auf die Haut und die Blase, keineswegs aber auf den Magen und noch weniger auf die Zunge. Mit gutem Grund steht er daher in der rationellen Speiseordnung am Schluß des Desserts, und eben deshalb gehört der seit der Chikagoer Ausstellung aus Amerika importierte Brauch, ihn unmittelbar vor dem Geflügel oder Wildbret zu servieren, zu jenen Narrenstreichen des gastronomischen Dilettantentums, von denen man mit König Ottokar ausrufen möchte: »Nun, Erde, steh' mir fest, Du hast noch keinen größeren gesehen!«

Puter s. Truthahn.

Q

Quappe, in Österreich *Rutte*, in Krain *Memek*, in der Schweiz *Trische* oder *Treische*, in Süddeutschland *Aalraupe*, *Aalputte*, *Rufurk* oder *Rufolk*, in Norddeutschland *Quappaal*, *Aalquappe* oder *Welsquappe*, der einzige Süßwasserverehrer unter den Schellfischen, ist eine höchst geschmeidige Erscheinung von 40–60 cm Länge und 1–2 kg Schwere, die sich in ganz Asien, Europa und Nordamerika, vorzugsweise aber in den tiefen, klaren, stark strömenden Gewässern des Donaugebiets, des Oberrheins, Skandinaviens, Nordrußlands und Sibiriens findet und dort sogar hin und wieder ein Gewicht von 6–8 kg erreicht. Das weiße, fette Fleisch der Quappe ist von besonderem Wohlgeschmack und bildet, nach Art des Klippfisches gedörrt, in Nordeuropa und Nordasien ein wichtiges Nahrungsmittel sowie frisch einen Leckerbissen, der in Österreich, Rußland, der Schweiz und Frankreich mit 2–4 Mark pro Kilo bezahlt wird, während Engländer und Norddeutsche so wenig Verständnis dafür haben, daß man beispielsweise eine Elbquappe mit einer $^{1}/_{2}$ Mark pro Kilo kaufen kann. Ganz besonderer Verehrung erfreut sich der Fisch in Rußland und in der Schweiz, wo man die jungen, bis 20 cm langen Tiere *Moserle*, die alten, fetten Exemplare aber *Schnecktrischen* nennt und auch die echte *Quappensuppe* (Soupe de lottes à la russe) zu bereiten versteht, Quappenschnitten, in Weißwein gekocht, mit in Butter geröstetem Porree, Sellerie, Zwiebeln, Möhren usw., ein Fastengericht ersten Ranges, dem weder die deutsche Hechtsuppe mit Champignons noch die französischen Forellen in Champagner, noch das englische Whitebait in Madeira gleichkommt. Im übrigen wird die Quappe genau wie der Aal behandelt, doch mit dem Unterschied, daß die große, fette hellgelbe oder blaßrote Leber ganz besonders geschätzt und als *Quappenleberpastete* aufgetischt, gefeiert und verzehrt wird. Die Laichzeit fällt in den Winter (Ende Dezember bis Anfang März), die Quappensaison umfaßt daher die Monate Dezember, Januar und Februar; nach dieser Zeit schrumpft die Leber ein und wird ungenießbar. Der Fisch denkt aber auch hochherzig genug, um außer der Saison nur ganz ausnahmsweise ins Netz zu gehen.

Quargel sind eine Art kleiner Sauermilchkäse aus Magermilch, die mit Salz, bisweilen auch mit Kümmel gewürzt und zunächst in gewöhnlicher Zimmertemperatur vorgetrocknet, dann zur Entfernung des Schimmels mit heißem Wasser geputzt und endlich im Sommer an der Sonne, im Winter am Ofen nachgetrocknet werden. Des schärferen Geschmacks wegen feuchtet man sie auch wohl während der ersten Trockenperiode mit einigen Tropfen Bier oder Branntwein an. Nach dem Trocknen ist der Quargel genußreif. Diese echten und eigentlichen Quargel werden namentlich in der Gegend von Olmütz, besonders im Dorfe Nebotein hergestellt und heißen deshalb im Handel *Olmützer Quargel,* in Olmütz selbst aber *Neboteiner.* In ganz derselben Weise wird der *Schlesische Sauermilchkäse* bereitet – nur wird derselbe nicht bloß getrocknet genossen, sondern hauptsächlich für den Versand mit feuchtem Stroh oder auch in feuchte Läppchen gewickelt, in Fässer oder Steinguttöpfe eingeschichtet und darin bei Zimmertemperatur zur vollen Reife gebracht. Ferner gehören hierher der *Sperrkäse* aus dem Salzkammergut, der laibförmige *Vorarlberger Sauermilchkäse,* der kegel- oder zylinderförmige *Koppenkäse* vom Riesengebirge, der flache, runde *Harzkäse,* der viereckige *Ihlefelder Käse* aus Mecklenburg-Strelitz, das flach-zylindrische, aromatisch scharf schmeckende *Mainzer Handkäschen* u.a.m. Alle diese Käsesorten haben im Durchschnitt einen Gehalt von 45–55 % Wasser, 35–40 % Stickstoffsubstanz, 5 % Fett und 3–6 % Salz, sind also in Anbetracht ihres geringen Preises von großer Bedeutung für die Volksernährung. Von ausländischen Fabrikaten dürfte der kugelförmige *Krutt* der Kirgisen hierher zu rechnen sein, der allerdings nur etwa 10 % Wasser und $1^1/_3$ % Fett, aber 75 % Stickstoffsubstanz enthält, während die aus getrocknetem Schafquark bereitete *Ricotta* der Italiener mit $33^1/_3$ % Fett und 12 % Milchzucker schon mehr zu den ausgeprägten Fettkäsen gehört.

Quark, in Österreich und Oberdeutschland *Topfen* oder *Schotten,* in der Schweiz *Ziger, Bolder* oder *Buldern,* in Franken *Matte,* in Obersachsen *Matz,* in Schlesien *Weißkäse,* in Ostpreußen *Glumse,* ist weiche Käsemasse, die in der Regel aus abgerahmter Sauermilch durch Erwärmung und nachheriges leichtes Auspressen des Gerinsels gewonnen wird. Man würzt den Quark (soweit er nicht zur Käsebereitung dient) mit Salz, Kümmel, Schnittlauch oder fein zerschnittener Zwiebel, Paprika, versetzt ihn auch wohl mit süßer Milch oder etwas Rahm und verspeist ihn auf Weißbrot mit Butter – ein einfaches, billiges und schmackhaftes Gericht, das namentlich im Sommer ein sehr erquicklicher Imbiß und allen anderen Präparaten der »kalten Küche« vorzuziehen ist. Außerdem dient der Topfen, je nach Bedürfnis mit Rosinen, Mandeln, Butter, Eiweiß, Zitronenschale usw. gemengt, in der österreichischen, obersächsischen und süddeutschen Küche als Einlage für mancherlei Backwerk und süße Mehlspeisen (Topfenkuchen, Topfentascherl, Topfenstrudel, Topfennudeln, Topfenknödel etc.), in der norddeutschen, namentlich brandenburgischen Küche aber zur Herstellung des *Topfkäses,* indem man ihn mit Butter, Salz und Kümmel versetzt, in einem Topf aufs Feuer bringt, bis das Ganze sich zu einer gleichartigen Masse verbunden hat, die beim Erkalten zu einer Art Gelee erstarrt und dann ohne weiteres verzehrt werden kann.

Quendel, ein Würzkraut aus der Familie der Lippenblütler und Vetter des Majorans, der Salbei und des Bohnenkrauts, kommt in

Österreich und Deutschland in zwei Arten vor. Der *wilde Quendel, Feldquendel, Feldkümmel* oder *Feldthymian,* ein kleiner, aromatisch riechender Halbstrauch mit stumpfen Blättern und rosen- oder purpurroten Blüten, findet sich als Wildling auf sonnigen Triften und Hügeln, wird aber in der Küche höchstens als Tee verwendet. Der *Thymian* dagegen, *Gartenquendel* oder *römischer Quendel,* in Österreich auch *Kuttelkraut* (»Kudelkraut«) genannt, scheint erst im 16. Jahrhundert aus Südeuropa in die deutschen Gärten gelangt zu sein, wo er damals nicht bloß als Küchenkraut, sondern auch als Ziergewächs gepflegt wurde. Die ganze Pflanze riecht und schmeckt durchdringend, aber angenehm gewürzhaft, und findet daher als Fleischwürze, besonders für die Wurstfabrikation, sowie zu Saucen und bisweilen auch zur Bowle vielfache Verwendung.

Quitte, mittelhochdeutsch *Kitte* oder *Kütte,* in Österreich *Kide,* der goldene Apfel der Venus, der Eris und der Hesperiden, ist in dem weiten Gebiet südlich vom Kaspi-See und vom Kaukasus sowie in Anatolien heimisch und wurde von dorther schon vor mehr als dreitausend Jahren über die ganze Levante und nach Griechenland verpflanzt. Höchstwahrscheinlich ging die Kultur des Quittenbaumes vom nördlichen Persien aus, wie denn die $^1/_2$–$^3/_4$ kg schwere Haiwah von Jspahan noch heute an Duft, Fleischigkeit und Größe alle anderen Quitten übertrifft. Die Hebräer hatten zwar keinen eigenen Namen für dies Kernobst, kannten es aber sehr gut, denn Salomos vielgenannte »goldene Äpfel in silbernen Schalen« waren nichts anderes als Quitten; den Griechen lieferte ursprünglich das Städtchen Kydon auf Kreta (daher der griechische und der danach gebildete lateinische Name cydonia!) die vorzüglichste Sorte, aber schon zur Zeit Theophrasts (um 350 v. Chr.) kultivierte man in Hellas selber die beiden Hauptsorten, die Apfel- und die Birnquitte. In Italien war der Baum schon zu Catos Zeit (um 200 v. Chr.) bekannt, und nach Deutschland kam er, wenn nicht früher, durch Karl den Großen. Gegenwärtig ist er im ganzen Mittelmeergebiet, in den Donauländern mit Einschluß Niederösterreichs, in Tirol und zum Teil in Süddeutschland vollständig eingebürgert und nicht selten als Wildling zu finden, während er in Norddeutschland gegen das übrige Kernobst sehr in den Hintergrund tritt. Wie hoch man im 16. Jahrhundert die Quitte hielt, erhellt daraus, daß bei der Krönung Maximilians II. im Jahre 1562 lauter Quittenwerk auf die Tafel kam, das die Herzoginnen von Bayern und von Mantua nebst den übrigen neun Schwestern des Neugekrönten eigenhändig zubereitet hatten, und daß Ferdinand I., als er im März 1564 dem Kürfürsten August von Sachsen Quittenkuchen schickte, dem Leibarzt Naeve die sorgliche Aufbewahrung dieser Leckerei mit den rührenden Worten ans Herz legte: »Lieber, thut das, damit ich den Ruhm meiner Kuchen nicht verlieren möge.« Damals galten noch die Quitten von Mantua für die besten, hundert Jahre später aber bemerkt Hohberg: »Die aus Tirol von Bozen kommen, werden wegen ihrer Milde, Größe und Güte allen anderen vorgezogen«, und noch heute wird bekanntlich der Quittenkäse von Bozen ganz besonders geschätzt. Im allgemeinen jedoch läßt sich nicht verkennen, daß die Quitte seit dem 18. Jahrhundert in Mitteleuropa viel von ihrem ehemaligen Ansehen verloren hat, weil die Kultur, die doch mit Schwanz und Pferdefuß des Teufels fertig wurde, bei ihr Zeit und Mühe umsonst verschwendet und herzlich wenig ausgerichtet hat. Die Quitte ist noch heute ganz so hart und sauer wie vor 3000 Jahren, und noch heute müssen wir uns mit den beiden uralten Hauptsorten, der *Apfelquitte* mit apfelförmiger und der *Birnquitte* mit birnförmiger Frucht, begnügen, denn die gewöhnlich als dritte Form aufgeführte *portugiesische* oder *Porto-Quitte* ist in Wahrheit nur eine Spielart der Birnquitte, von der sie sich einzig durch die Größe und die tiefgelbe Farbe unterscheidet. In Wien dreht man übrigens die Sortenbezeichnung um und redet mündlich und schriftlich von »Quittenäpfeln« und »Quittenbirnen«, was ungefähr ebenso richtig ist, als wenn jemand *Seesalz* meint und *Salzsee* spricht. Wegen ihrer Herbheit wurden die Quitten schon im Altertum nur ausnahmsweise roh genossen: Gewöhnlich röstete man sie oder kochte sie mit Honig ein. Später trat an die Stelle des Honigs der Zucker, und seitdem ist die kulinarische Verwendung der duftenden, goldfarbenen Frucht im wesentlichen dieselbe geblieben, namentlich hat der *Quittenkuchen* oder *Quittenkäse* (Quitten mit Zucker und Zimt, Rosenwasser oder Zitronensaft, zu Marmelade verkocht und dann getrocknet), die Codognata der Italiener und Aiwaperwerdessi der Türken, sich durch die Jahrhunderte hindurch unverändert in der Küche erhalten. Quittenspalten, in Wein gedünstet, geben ein leckeres Kompott, Quittenmus mit Zucker, Malaga und Limonensaft in der Gefrierbüchse ein schmackhaftes *Gefrorenes;* daneben kommt *Quitten-Marmelade* und *Quitten-Backwerk* (Kipfel, Torten, Hohlhippen etc.) auf den Tisch; man bereitet auch wohl noch hin und wieder aus Quittensaft und Zucker *Quittenwein* – alle diese Präparate aber riechen ein wenig nach der Apotheke, gewähren daher keinen reinen Genuß und kommen immer mehr aus der Mode, so daß die Zeit nicht mehr fern scheint, wo man die Quitte nur noch ihres Duftes wegen schätzen wird.

R

Radieschen s. Rettich.

Ragout, niedersächsich *Peperpanne* (Pfefferpfanne) und neuhochdeutsch *Würzfleisch,* bezeichnet ein pikantes Gericht aus Fleischbrocken mit kräftiger, säuerlicher Sauce, deren Bestandteile Wein oder Essig, Fleischbrühe, saure Gurken, eingelegte Pilze, Trüffeln, Oliven, Sardellen, Zitronenschale und dgl. bilden. In der Regel werden zum Ragout Bratenreste verwendet, im bürgerlichen Haushalt auch gewöhnlich das Kopffleisch als *Rosinenfleisch* in Ragoutform aufgetischt; bei feierlichen Anlässen aber gibt man vorzugsweise Geflügelfleisch und Kleinvögel in dieser Gestalt. Eine besondere Klasse bilden die sogenannten *Klein-Ragouts,* die in Pastetenteig oder Muschelschalen als Zwischenspeise serviert werden und zu denen man hauptsächlich das *Salpicon* (gebratenes Geflügel und Pökelzunge, Kalbsmilch, Trüffeln, Champignons und Frikassee- oder Madeira-Sauce in kleinen Pasteten), das *Krebs-Ragout* (Krebsschwänze, Hühnerfleischklößchen und Champignons mit Kalbssauce) und das *Hahnenkamm-Ragout* rechnet. Unter den Geflügel-Ragouts erfreut sich in neuester Zeit das italienische Menuto oder *Hühnerflügel-Ragout* (entbeinte Hühnerflügel mit Geflügel-Haché gefüllt, in spanischer Sauce mit Weißwein, Butter, Rindermark, Kalbsmilch, Hahnenkämmen,

Hahnennieren, Zwiebeln und grünen Erbsen, das Ganze mit Blätterteigpastetchen garniert) wegen seines feinen und pikanten Geschmacks besonderer und wohlverdienter Beliebtheit, so daß es bei Fest- und Zweckessen bereits zur stehenden Schüssel geworden ist. Überhaupt kann ein größeres Diner ohne Ragout kaum als vollständig gelten, denn diese Würzspeise kitzelt nicht bloß die Zunge, sondern regt auch den etwas abgestumpften Appetit von neuem an und fordert zu weiteren Taten heraus. Für die Verdauung freilich sind viele und darunter gerade die schmackhaftesten Ragouts eine harte Nuß, aber »der Gourmand nimmt es damit nicht so genau und erwartet ein kleines Magenübel mit Stoizismus« (Vaerst), denn er weiß, daß die Welt unvollkommen ist und daß die Götter aus purem Neid vor den schönsten Ruhm den Schweiß und hinter das beste Ragout das Magendrücken gestellt haben.

Rahm, in Österreich *Obers,* in Böhmen *Schmetten,* in den Ostseeprovinzen *Schmant,* in Schlesien *Saum,* in Obersachsen *Sahne,* in Niedersachsen *Flott,* in Franken *Raum,* in Nürnberg *Kron* (süß) und *Milchrahm* (sauer), in der Schweiz *Nidel,* die an der Oberfläche ruhig stehender Milch in Gestalt einer gelblichen Haut sich absetzende Fettschicht, dient zwar hauptsächlich zur Butter- und in geringerem Umfang zur Käsebereitung, findet aber auch in ihrem natürlichen Zustand in der Küche Verwendung. Man gebraucht hier den Rahm vorzugsweise zur Bereitung der *Schlagsahne,* die einen wesentlichen Bestandteil von allerlei Backwerk und der zahlreichen Arten von *Obers-Gefrorenem* (Rahmscherbet) bildet, ferner zur Herstellung der *Rahmsauce* und der säuerlichen *Rahmsuppe* und endlich als schmackhaften Zusatz zum Kaffee und zum Tee. Der Nährwert des Rahms, d.h. sein Fettgehalt, ist im höchsten Grad von der Behandlung der Milch und von der Art der Gewinnung abhängig, und leider stehen Österreich und Deutschland in diesem Punkt gegen Frankreich und vor allem gegen England bedeutend zurück. Der gewöhnliche österreichische und deutsche Konsumrahm enthält im Durchschnitt 22 und im Maximum 30 % Fett, der englische dagegen durchschnittlich $45^1/_2$ % und der eingedickte Doppelrahm sogar $55^1/_2$ %. Außerdem erzeugt England noch ein ganz eigenartiges Sahne-Präparat, den sogenannten *Dickrahm von Devonshire* (Clouted Cream of Devonshire), der noch auf der Milch im Marienbad eingedickt wird und allerdings nicht besonders fein, vielmehr nach gekochter Milch schmeckt, dafür aber einen Fettgehalt bis zu 61 % aufzuweisen hat und ganz wie Butter benutzt werden kann. Die Verdaulichkeit des Rahms und der Rahmspeisen läßt nichts zu wünschen übrig – nur bei der *Rahmsauce mit Mandeln* und der *Bechamel-Sauce* ist einige Zurückhaltung geboten, da bei diesen beiden Küchenprodukten Öl und Fett gar zu sehr das Übergewicht haben.

Raki, der Nationalschnaps der Türken, ist eine Art Pflaumenbranntwein mit Mastix, der südlich des Balkan den Slibowitz ersetzt und diesen überhaupt durch geistigen Gehalt und würzigen Geschmack in den Schatten stellt. Die beste Sorte kommt von der Insel Chios.

Rape oder *Rappe,* neuhochdeutsch zu *Rapfen* oder *Raapfen* verunstaltet, in Obersachsen *Raubalet,* in Österreich *Schied,* ist der Name eines Karpfengenossen, der in der Donau sowie in den österreichischen und bayerischen Seen nichts weniger als selten ist, aber nur in den größeren Gewässern Norddeutschlands und Rußlands eine durchschnittliche Größe von 60–75 cm und ein Gewicht von 5–6 kg erreicht. Das Fleisch dieses Raubfisches ist weiß und schmackhaft, aber grätig und beim Kochen leicht zerfallend. Er wird daher in Österreich und Süddeutschland nur als *Bratfisch* verwendet, während in Norddeutschland die großen Exemplare, um das Zerfallen zu verhüten, in kaltem Wasser ans Feuer gebracht und *gesotten mit Meerrettichsauce* serviert werden. Die Laichzeit fällt in den April und Mai, und zu dieser Zeit ist nicht bloß der Fisch am fettesten, sondern das Fleisch auch fester als sonst. In den älteren Berichten über den Rapen herrscht übrigens eine kaum zu lösende Verwirrung, da die Berichtgeber ihn teils mit dem *Schiedling,* teils mit dem *Schiel* oder *Schill* zusammengeworfen haben. Vgl. Zander.

Rapunzel, *Rapüntjen,* s. Feldsalat.

Rapunzel-Sellerie, *Französische* oder *Gartenrapunzel, Sie-*

benschläfer, Nachtkerze, *Weinblume* oder *Rapontica*, auch *Weiderich* genannt, »weilen die Blätter sich den Weiden vergleichen, ist von zweierlei Sorten, eine mit roten, die andere mit goldgelben Blumen und wächset gern an feuchten Orten, in den Sümpfen und an den Gestaden der Flüsse und Bäche, daher sie auch in den Gärten muß wohl begossen werden« (Hohberg). Aus diesen Worten geht hervor, daß die Pflanze schon 1682 in Österreich vollständig eingebürgert und verwildert war, obgleich die Engländer erst 1614 den Samen aus Virginien herübergebracht und man sie auf dem Kontinent zum ersten Male 1619 im Pflanzengarten zu Padua gezogen hatte. Zu Hohbergs Zeit gebrauchte man indessen vom ganzen Gewächs nur einen Absud der Blätter als Kolikmittel. Erst im 18. Jahrhundert kamen die Franzosen der kulinarischen Verwendbarkeit der Rapunzel-Sellerie auf die Sprünge und tauften nun die Pflanze aus Herbe aux ânes (Eselskraut) in Jambon des jardiniers (Gärtnerschinken) um. In Österreich und Deutschland nennt man danach die gesottene, in Scheiben geschnittene und mit Essig, Öl und Pfeffer angemachte einjährige Wurzel *Schinkensalat*. Daneben verspeist man die Wurzel, in Fleischbrühe gekocht, auch als *Gemüse* und bereitet aus den jungen Blättern mit Öl und Speck einen *Frühlingssalat*, der um so höher geschätzt wird, je früher im Jahre er auf den Tisch kommt.

Rapunzelwurz, *Rapunzelglocke, Küchen-Glockenblume* oder *Rübenrapunzel,* eine Glockenblume mit blauer Blütenrispe und fingerdicker, süßlicher, weißer Wurzel, kommt in Österreich, der Schweiz, Süddeutschland, Thüringen, Frankreich und England auf Hügeln und Wiesen als Wildling vor und wird in Frankreich und England im Küchengarten gezogen, in Deutschland aber nur selten und in Österreich so gut wie gar nicht kultiviert. Die Wurzel liefert roh oder gekocht, mit Essig, Öl und Pfeffer einen etwas süßlichen Salat, von dem nichts Besonderes zu sagen ist, und wird auch hier und da als Beilage zu Fleisch und Fisch verwendet.

Ratafia, ein dem Spanischen entlehntes, wahrscheinlich aus recteficata (nämlich Aqua vitae) verstümmeltes Wort, bezeichnet eine besondere Gattung von Liqueuren, bei deren Bereitung an Stelle des Wassers frischer Obstsaft (zumeist mit den zerkleinerten Fruchtkernen) und an Stelle der Destillation das Aufgußverfahren tritt. Hierher gehören u.a. der *Himbeer-*, *Johannisbeer-*, *Kirsch-*, *Maulbeer-*, *Quitten-* und *Pomeranzen-Ratafia* sowie der schönfarbige, seinerzeit hochberühmte *Cassis*, der, aus zerquetschten Ahlbeeren bereitet und nach der Stadt Cassis in der Provence benannt, seit 1712 in Frankreich so viel Furore machte, daß sein Name dort auf die Ahlbeere selbst übergegangen ist (vgl. Johannisbeere). Ihrer Farbe wegen pflegte man diese Saft-Ratafias früher als *rote* zu bezeichnen und damit den älteren *weißen Ratafias* entgegenzusetzen, die vorzugsweise aus Aprikosen- und Pfirsichkernen oder grünen Nüssen bereitet werden und sich durch kräftigen Geruch und ausgeprägten, etwas pikanten Kerngeschmack auszeichnen. In der zweiten Hälfte des 19. Jahrhunderts ist der Name Ratafia so ziemlich in Vergessenheit geraten, da namentlich die weißen Ratafias immer mehr von den Crèmes verdrängt werden.

Rauchfleisch, in Oberdeutschland auch wohl *Selchfleisch*, wird durch mehrtägiges Einlegen mit Kochsalz und nochmaliges Räuchern über Holzfeuer hergestellt, ist also im Grunde genommen ein leiblicher Bruder des Salzfleisches. Dessenungeachtet zählt es nicht ohne weiteres zu den schlichten Nahrungsmitteln, sondern in seinen besseren und besten Formen zu entschiedenen Delikatessen. Da nämlich die Operationen, das Pökeln wie das Räuchern, saftentziehend wirken, demnach trockenes und grobfaseriges Fleisch, wie etwa Hase, Hirsch und Hammel, hart und holzig werden würde, so wählt man zur Herstellung dieser Konserve möglichst starke Stücke mit Fett durchwachsenen Fleisches, namentlich Rind, Schwein und Gans, und da nun der Holzrauch überdies den kratzenden Salzgeschmack des Pökels verflüchtigt, so erhält man auf diesem Weg äußerst saftige, wohlschmeckende und nahrhafte Präparate, die einen der schönsten Schätze der kalten Küche bilden. Die erste Stelle unter den Rauchfleischarten gebührt ohne Widerrede der *Rauchgans* oder *geräucherten Gänsebrust*, einem vorzugsweise in Pommern gedeihenden Gewächs mit durchschnittlich 40 % Wasser, 30 % Fett und $4^1/_2$ % Salz, dessen feiner, milder, schmelzender Geschmack dermaßen besänftigend auf scharfe Zungen einwirkt, daß verspätet heimkehrende Familienväter es ihren besseren Hälften mit größtem Erfolg als »Hafenbrot« oder sogenanntes »Drachenfutter« mitzubringen pflegen. An zweiter Stelle sind nebeneinander der *geräucherte Lachs* vom Rhein und von der Elbe, die *geräucherte Ochsenzunge* von Salzburg, Bologna, Adrianopel und Petersburg und der *geräucherte Schinken* von Westfalen und Bayonne zu nennen, eine herzerhebende Dreiheit mit etwa 8–10 % Salzgehalt und daher von etwas schwächerem Geschmack, eben deshalb aber auch von vorzüglicher Wirkung, wenn es den Magen anzuregen gilt: Einige feine Schnitten, ohne Zutat roh genossen, wirken Wunder, falls man sich vor der Mahlzeit vom ärgsten aller gastronomischen Übel, der Appetitlosigkeit, besessen fühlt. An dritter Stelle folgt das *Hamburger Rauchfleisch*, in Anbetracht seiner Schmackhaftigkeit und seines Nährwerts vielleicht die preiswerteste aller bis jetzt bekannten Fleischkonserven, zu der die großartigen Holsteiner und Mecklenburger Ochsen den Rohstoff liefern und deren Trefflichkeit nicht bloß auf dem Kontinent, sondern sogar in England allgemein anerkannt ist. In neuerer Zeit ist dazu noch der *geräucherte Roßschinken* gekommen, der an Nährwert allerdings alle vorgenannten Arten übertrifft, bei einem Salzgehalt von $12^1/_2$ % aber ungleich weniger schmackhaft und weniger zuträglich ist und daher für die bessere bürgerliche Tafel ebensowenig in Frage kommt wie die niedersächsische *Schälrippe*, das geräucherte Rippenstück des Schweines, das zumeist als Kochfleisch dient und in der Regel sogar gewässert werden muß, bevor man es genießen kann. Da die Fleischfaser unter der Einwirkung des warmen Rauches einschrumpft und hart wird, so steht das Rauchfleisch freilich an Verdaulichkeit hinter dem frischen Fleisch zurück. Bei einem guten Magen indessen hat dieser Nachteil nichts zu bedeuten, und selbst bei einem schwächeren wird er dadurch wettgemacht, daß der Wohlgeschmack des Rauchfleisches die Speichel- und Magendrüsen weit kräftiger anregt als irgendein anderes, mehr verdauliches, aber minder ansprechendes Gericht. Merkwürdig ist übrigens der Umstand, daß die Bezeichnung *Rauchfleisch* erst etwa seit 1820 das Bürgerrecht in der deutschen Sprache erlangt hat, während die Konserve selber zu den ältesten gehört, die die Menschheit überhaupt besitzt.

Rauschbeere, in Norddeutschland auch *Krähen-* oder *Affenbeere,* die schwarze, erbsengroße Frucht des immergrünen Felsenstrauchs oder Alpenrausches, eines heidekrautähnlichen, liegenden Strauches, der im Torfmoos der mittel- und nordeuropäischen Gebirge und Sibiriens wuchert und auch in der Alpenregion Niederösterreichs häufig ist. In Österreich und Deutschland werden die sauersaftigen Beeren nur gelegentlich genascht oder höchstens zur Bereitung einer Art herben Limonade verwendet; in Nordeuropa und Sibirien dagegen geben sie ein wahres Volksnahrungsmittel ab, das, zu Mus verkocht, in großen Quantitäten verzehrt wird.

Raute, *Garten-, Weide-* oder *Kreuzraute,* die bekannte ausdauernde Staude mit grünlichgelben Blüten und eigenartig widerwärtigem Geruch, ist im Mittelmeergebiet daheim, wurde aber schon von Karl dem Großen nach Deutschland verpflanzt und hier bis ins 17. Jahrhundert hinein nicht bloß als Arzneipflanze, sondern auch, wie schon bei den Römern, sowohl frisch wie getrocknet als Gewürz verwendet. In Österreich scheint man schon frühzeitig von ihrer Verwendung in der Küche abgekommen zu sein, denn Hohberg nennt sie nur als Arznei- und Ziergewächs. In Norddeutschland dagegen führen noch Rumohr (1832) und Vaerst (1850) sie als Gewürz- und als Salatpflanze auf, während heutzutage allerdings auch dort höchstens diejenigen sich zu einem Butterbrot mit gehackter Raute oder zu einem mit Raute gewürzten Kräutersalat bequemen, denen der Arzt diese Kasteiung auferlegt oder die von Haus aus mit einem Stockschnupfen auf Lebenszeit begnadet sind.

Rebhuhn s. Feldhuhn.

Regenpfeifer, *Grillvogel, Tutvogel, Goldkiebitz* oder *Goldre-*

genpfeifer, ein Stelzvogel von der Größe einer Feldtaube und naher Verwandter, Freund und Wintergefährte des Kiebitz, kommt als Zugvogel auf der ganzen nördlichen Erdhälfte vor und ist im Herbst (September bis November) auch in Österreich nicht gerade selten, findet aber hier so gut wie gar keine Beachtung. Diese Vernachlässigung ist ein Fehler und ein Unrecht, denn wie die Pariser Tafel beweist, liefert der Vogel *geschmort*, *gebacken* oder auch am *Spieß gebraten* (was freilich etwas zuviel Ehre für ihn ist) unter zehn Fällen neunmal ein ganz treffliches Gericht. Beim zehnten Mal muß man freilich wie beim Kiebitz auf einigen Trangeschmack gefaßt sein, der dann um so unausstehlicher erscheint, je weniger man auf solche Widerwärtigkeit gefaßt war.

Reh, die »Ziege des Waldes«, bis zum 58. Grad nördlicher Breite über ganz Asien und Europa (mit Ausnahme der Britischen Inseln) verbreitet, erfreut sich bei allen Nationen einer beinahe zärtlichen Zuneigung, weil es »ein liebes und anmuthiges Tierlein ist und mit der Güte seines Wildprets die Kleinheit seines Leibes ersetzt« (Hohberg). In der Tat kommt unter sonst gleichen Umständen dem Rehwildbret kein anderes an Wohlgeschmack und Zartheit gleich. Die günstigsten Umstände aber sind ein Alter des Wildes von 12 bis 18 Monaten sowie in Rücksicht auf die Jahreszeit die Monate Juni und Juli und der November, wo nicht nur der *Bock*, sondern auch die alte *Geis* oder *Ricke*, namentlich wenn sie nicht gesetzt hat, das beste und meiste Fleisch auflegen und zugleich innerlich, d.h. um Netz und Nieren, ungemein stark (feist) werden. Außerdem gelten das Wildbret der braunbehaarten und der Geisen für zarter als das der rotbehaarten und der Böcke und das Wildbret der Gebirgsrehe für schmackhafter als das der Flachlandrehe. Die besten Stücke sind wie beim Hirsch der *Schlegel*, der entweder gespickt mit Butter, Zwiebeln und Gewürz in der Pfanne oder im buttergetränkten Papierüberzieher am Spieß gebraten wird, und der *Rehrücken*, der sich zumeist als Braten in seinem eigenen Saft oder in der mit saurem Rahm verkochten Bratensauce, bisweilen aber auch als Ragout präsentiert. Der Rücken liefert auch die delikaten *Rehkoteletts*, die paniert entweder einfach in Butter oder besser auf dem Rost gebraten, in neuerer Zeit aber auch, gespickt, gedämpft und dann gebraten, auf gebackenem Reis über Kastanienpüree und mit Madeirasauce serviert werden. Für ganz besondere Delikatessen gelten die *Zunge* und vor allem die *Leber*, die aber in der Regel nur dem Weidmann blüht, da sie durchaus frisch sein muß, wenn sie dem Kenner genügen soll. Gewöhnlich häutet man sie ab und schneidet sie in dünne Scheiben, die dann mit Pfeffer, Salz und feingehackter Zwiebel bestreut und, in Mehl umgewendet, auf starkem Feuer möglichst rasch in Butter gebraten werden. Der rechte Jäger jedoch scheibelt die Leber, unmittelbar nachdem sie dem Körper entnommen, ohne sie zu putzen und abzuhäuten, bringt die Scheiben sogleich mit etwas Rehschweiß (Blut) in geschmolzener, mit zerhackter Zwiebel gewürzter Butter aufs Feuer, setzt Pfeffer, Salz, etwas Mehl und später eine gute Dosis Essig zu, läßt sie einige Male aufkochen und erhält auf diese Weise eines jener Gerichte, die Tote zu erwecken und Lebende vom Sterben abzuhalten vermögen. *Wiel*, der treffliche Diätetiker, empfiehlt daher die Rehleber nachdrücklich für den Krankentisch, auf dem das Rehwildbret überhaupt am Platze ist, da es in seiner Zusammensetzung (rund 75 % Wasser, 20 % Stickstoffsubstanz und 2 % Fett) dem großen Trost der Rekonvaleszenten, dem gewöhnlichen Haushuhn, am nächsten steht.

Reinfal oder *Rheinfall* (die zweite Silbe aber keineswegs das deutsche *Fall*, sondern das romanische Val für Tal) hießen im Mittelalter und noch bis zu Ende des 15. Jahrhunderts jene Weine, die vom oberen Rheintal her nach Deutschland gelangten. Es waren das zunächst die Gewächse des Rheintals selber vom Bodensee aufwärts bis zur Einmündung der Landquart, einer gesegneten Landstrecke, die noch heute im feurigen, dunkelfarbigen *Completer* von Malans den besten Rotwein der gesamten Schweiz sowie in den sogenannten *Herrschäftler Weinen* von Malans, Freins und Mayenberg (Kanton Graubünden), ferner im *Buchberger* von Rheineck und nicht minder im *Bernegger*, *Dornacher* und *Balgacher* des Kantons St. Gallen äußerst schätzenswerte Sorten liefert, die den alten Ruf des Rheinfalls vollkommen aufrechterhalten.

Dazu kamen dann noch über Chur herab die Weine des bis 1797 zu Graubünden gehörigen Veltlins (Val Tellina), der wohlbekannte *Veltliner*, dessen Stapelplatz noch heute Chur bildet, zumeist tiefgefärbte, herbe Sorten, unter denen der *Salsella* von Sandrio, der *Grumello* von Montagna und der *Inferno* von Pendolasco den ersten Rang einnehmen, während andererseits der *Sforzato* von Tirano sich durch seine angenehme Süße und der weiße *Aromatico* von Chiavenna sich durch seinen Wurzgeschmack hervortut. Außer diesen Alpenweinen führte aber auch noch ein Weißwein Istriens den Namen *Reinfal* – sei's wegen seiner Trockenheit, die an den Geschmack des Veltliners erinnert, oder sei's, daß er ursprünglich gleichfalls auf der uralten Handelsstraße über den Splügen von Venedig her in die nördliche Schweiz und nach Deutschland gelangte. Dieser weiße Reinfal, der schon bei den Griechen als »Prätetianer« und bei den Römern als »Puciner« bekannt und beliebt war, trägt gegenwärtig nach einem Dorf des Küstenlandes nördlich von Triest den Namen *Prosecco* und kommt vornehmlich über Triest und über Venedig in den Handel. An letzterem Orte wird er häufig mit Malvenblüte in Rotwein umgefärbt und dem Veltliner ähnlich gemacht, dem er zudem an geistigem Gehalt mindestens ebenbürtig ist. Übrigens gilt sowohl der Schweizer wie der Prosecker Reinfal für ungemein gesund, und schon der alte Plinius war dieser Meinung.

Reis, der Ernährer fast der halben Menschheit, ist wahrscheinlich ein Urbewohner Ostasiens, wenigstens wurde er dort von den Chinesen schon vor rund 5000 Jahren »entdeckt« und als Getreidepflanze in Dienst genommen. Von China her gelangte der Reisbau noch vor dem Einbruch der Arier nach Indien, dann westwärts in die Länder am Euphrat, wo Alexander der Große ihn vorfand, um spätestens im letzten Säkulum v. Chr. auch nach Syrien. Die Araber verpflanzten ihn im 7. Jahrhundert unserer Zeitrechnung nach Ägypten und etwas später nach Spanien, und von dorther gelangte er zuerst 1468 nach Italien (Pisa). Nach Westindien brachte ihn Kolumbus schon 1493, doch vorerst noch ohne Erfolg. Besser glückte die Einführung durch Antonio Ribera in Peru (1560) und durch die Jesuiten in Paraguay (1580) und noch besser 1690 die Verpflanzung von Madagaskar her nach Carolina, das sich seitdem zum vorzüglichsten Reislieferanten Europas aufgeschwungen hat. In Frankreich wurde während des 17. Jahrhunderts im Languedoc und in der Provence, in Deutschland während des 18. Jahrhunderts im Bistum Bamberg Reisbau betrieben, dann aber, da der Reis als Wasserpflanze eine förmliche Versumpfung der Felder erfordert, aus Sanitätsrücksichten verboten, wie denn auch in Spanien und Italien die Reiskultur aus demselben Grund schon seit Ende des 16. Jahrhunderts eine bedeutende Einschränkung erfahren hatte und heute hauptsächlich auf das Königreich Valencia und die Lombardei und Piemont zurückgedrängt ist. Die Kultur hat im Laufe der Zeit nicht weniger als 1404 Spielarten geschaffen, von denen der *Yumi* oder *Kaiserreis*, der um 1700 von Kaiser Kang-Hi gezogen wurde, schon im vierten Monat reift und zwei Ernten im Jahre ermöglicht; der sogenannte *Bergreis*, der im Gegensatz zum ursprünglichen oder *Sumpfreis* auch auf trockenem Boden gedeiht, und der *Klebreis*, der sich beim Kochen nicht in Brei, sondern in äußerst haftbaren Kleister verwandelt, in botanischer Hinsicht die bemerkenswertesten sind. Für den Handel und die Küche dagegen kommen in Betracht: der lange, weiße, beinahe durchsichtige *Carolina-Reis* aus dem Süden der Vereinigten Staaten, dem angeborene Tugend und dankenswerte Sorgfalt der Erzieher den ersten Rang verschafft haben; sodann der weiße oder gelbliche, kleinkörnige *Java-Reis*, der »Tafel-Reis« des vorigen Jahrhunderts, der sich indessen jetzt mit der zweiten Stelle begnügen muß; ferner der rötliche, grobkörnige *Bengal-Reis* und der dünne, weiße *Patna-Reis* aus Ostindien, die alljährlich in ungeheuren Quantitäten nach Europa kommen und den größten Teil des Bedarfes decken; dazu der mehr runde, dicke *italienische Reis*, der vorzugsweise nach Österreich, der Schweiz und Frankreich ausgeführt wird; endlich die mittleren und geringeren Sorten, wie der *Rangun-Reis* aus Pegu, der *Valencia-Reis* aus Spanien, der *ägyptische Reis*, der *Arrakan-Reis* aus Hinterindien u.a.m. Früher kam der exotische Reis zumeist als *Braß* oder *Bray*, d.h. geschält, zum Versand, seit

Mitte des 19. Jahrhunderts aber wird auf dem europäischen Markt der *Paddy*, d.h. rohe Reis, bevorzugt und die Frucht erst auf den Stampfmühlen der Importländer enthülst.

Die Verdaulichkeit alten, mindestens halbjährigen Reises – der frische erzeugt gerne Diarrhöe! – läßt nichts zu wünschen übrig; die beliebte *Reissuppe mit Huhn* zählt daher, wenn der Reis gehörig gequellt und gekocht worden ist, mit Recht zu den verbreitetsten Krankenspeisen. Sein Nährwert dagegen ist bei dem überwiegenden Stärkemehl- und geringen Eiweißgehalt (83–85 % und 3–6 %) ein ziemlich niedriger, so daß er sich in dieser Hinsicht nur wenig über die Kartoffel erhebt. Gleichwohl bildet er das Hauptnahrungsmittel von etwa 750 Millionen Menschen. Reismehl liefert in ganz Ostasien Brot und Kuchen; im ganzen Orient gehört der *Pillaw* oder *Pilau*, auf indisch *Bhat* (eigentlich nur geschälter Reis, in Wasser gekocht und mit Salz gewürzt, in Persien aber in Wasser gesottener und mit Butter gefetteter Reis über einem in der Haut gebratenen Lamm; in Griechenland Reis mit Zwiebeln, Paprika, Tomaten und Safran um einen soliden Kern aus frischem Lamm- oder geräuchertem Rindfleisch; in Rußland Reis, in Fleischbrühe gekocht, mit Butter gefettet und mit Zwiebeln gewürzt usw.) zu den tagtäglichen Gerichten, und in Indien glaubt keine Seele ohne *Curry* (Reisbrei mit Currypulver und mit Fisch oder Geflügelfleisch gemengt) satt und selig werden zu können. Aber auch in der europäischen Küche gewinnt der Reis immer mehr Boden. Der deutsche *Milchreis* (Reis, in Milch gekocht mit Butter gefettet und mit Zucker oder einem Mengsel aus Zucker und Zimt bestreut) kommt freilich unter der Bezeichnung »Ris von Kriechen« (Griechenreis) schon im Klosterkochbuch von 1350 vor, und in der mittelalterlichen Küche spielten die *Blamensiers* (verstümmelt aus Blanc-manger), eine Art Curry, das aber mit Mandelmilch statt mit Wasser bereitet, mit Schweineschmalz gefettet und statt des Gewürzes mit Rosen oder Veilchen, Äpfeln, Rosinen, Safran, Honig oder Zucker versetzt ward, keine geringere Rolle – aber alle diese Gerichte waren Herrenessen, Festspeisen, Luxusschüsseln, die nur bei feierlichen Anlässen auf die Tafel kamen. Seit der Mitte des 19. Jahrhunderts dagegen hat sich der Reis immer entschiedener den Volksnahrungsmitteln zugesellt und macht mehr und mehr den Graupen Konkurrenz, ohne jedoch seinen Charakter als Luxusspeise gänzlich zu verleugnen, denn noch immer fällt der größte Reisverbrauch in die Perioden wirtschaftlichen Aufschwungs, in Frankreich in die Jahre 1866–1870, in Deutschland in die Jahre 1871–1874. Offenbar werden nicht bloß die *Reisknödel, Reisstrudel, Reiscroquettes, Reispuddings, Reisaufläufe* und *Reiscremes,* sondern auch die höheren Reisgerichte der modernen Küche in guten Jahren mehr poussiert als in schlechten. Zu diesen höheren Schüsseln aber gehören in erster Linie die *italienischen Reisbirnen,* Reiscroquette-Masse mit getrüffeltem Gansleberfüllsel, in Birnenform gebracht, gebacken und mit italienischem Salat serviert, und vor allem das *italienische Curry* (Poulet au risot), gespicktes Huhn mit Knochenmarkfüllsel, in Wein gedämpft, auf Reis gebettet und mit Parmesanreibsel bestreut, ein Gericht

Wie die Palme voll Anmut
Eine Zierde der Natur –

nur leider nicht besonders verdaulich und daher mit geziemender Zurückhaltung zu genießen. *Reismehl* und *Reisgrieß,* namentlich von Bremen in den Handel kommend, werden als Suppenstoff verwendet, der Grieß auch vielfach in der Brauerei als Malzersatz gebraucht. Außer zur Speise dient der Reis aber auch zur Herstellung geistiger Getränke. Auf Java bereitet man daraus *Arak,* in Indien *Cange* und in der Türkei *Boza,* zwei bierartige Getränke; in Japan endlich die schwächliche *Sakaradu,* eine Art obergärigen Biers von geringer Güte, ferner den kohlensäurefreien *Sake* oder *Saki,* eine Art Reiswein, und aus dem Klebreis insbesondere das süße *Mirin.* Vgl. Wasserhafer.

Reitzker s. Brätling.

Renke s. Blaufelchen und Sandfelchen.

Rentier, das dem Hirschgeschlecht angehörige Milch-, Schlacht-, Zug-, Last- und Reittier der Bewohner des hohen Nordens beider Welten; erreicht die mitteleuropäische Tafel nur noch mit seiner *Zunge*, von welchem Artikel in Schweden und Norwegen jährlich an 120000 Stück in Büchsen eingelegt und in den Handel gebracht werden. Vaerst erklärt diese Delikatesse für etwas trocken und empfiehlt dazu Remouladensauce – wonach sich bei vorkommender Gelegenheit zu richten.

Rettich, oberdeutsch auch *Radi,* niederdeutsch *Reddick,* das allbekannte Gartengewächs mit rübenförmiger Wurzel, wird in der Regel für einen geborenen Chinesen ausgegeben. Da er sich indessen noch nie im Reich der Mitte als Wildling hat betreten lassen, so dürfte seine Urheimat einige Meilen weiter westlich, und zwar südlich vom Kaukasus, zu suchen sein, von wo er dann schon in vorgeschichtlicher Zeit einerseits nach China und andererseits nach Europa gelangt sein dürfte – falls er nicht etwa gar nur die Kulturform des über das ganze gemäßigte Europa verbreiteten wilden oder Kriebelrettichs bildet! Dies dahingestellt, bleibt doch ausgemacht, daß bereits die Bauhandwerker der Pyramidenzeit sich an der bissigen Wurzel erbauten und daß schon das Germanien des Arminius Riesenrettiche von Kindesgröße erzeugte, wie sie heute nur noch bei Brünn in Mähren, bei Erfurt in Thüringen und im fernen Indien gezogen werden. Man unterscheidet zur Zeit drei Hauptformen: den zweijährigen *Winterrettich* mit schwarzer Wurzel, den einjährigen *Sommerrettich* mit weißgrauer Wurzel und den zierlichen *Monatsrettich* oder das *Radieschen* mit haselnußgroßer, weißer, blauer oder roter Wurzel. Von diesen drei Inkarnationen der Familie Raphanus ist das Radieschen die vornehmste: Es darf als Frühlingsgruß des Küchengartens selbst auf fürstlicher Tafel erscheinen und wird mit Butter oder Salz von männiglich mit riesigem Vergnügen roh gegessen – d.h. soweit männiglich gute Zähne hat. Von den beiden anderen Formen, die sich nie so hoch versteigen, feiert der Winterrettich, gescheibelt und mit Salz oder Essig gewürzt, vornehmlich auf dem Biertisch seine Triumphe, während der mildere Sommerrettich roh mit Essig und Öl und Kümmel als *Rettichsalat* oder gekocht in der *Rettichsauce* den Speisetisch des Bürgers ziert; beide treten auch wohl, in Streifen geschnitten und gesotten, als Beilagen zu Fisch oder Rindfleisch auf. Als Kuriosum sei dabei des Umstandes gedacht, daß der gescheibelte Rettich für minder verdaulich gilt als der der Länge nach gespaltene. Die Bissigkeit der Retticharten beruht auf dem Gehalt der Wurzel an organisch gebundenem Schwefel, an Phosphorsäure und Senföl. Diesem letzteren insbesondere verdankt der Rettich seine magenreizende Wirkung und damit den größten Teil seiner Beliebtheit, die sich übrigens auf Österreich und den deutschen Süden beschränkt, denn im Norden ist seine Stelle eine äußerst untergeordnete.

Rhabarber, in Österreich, Deutschland und der deutschen Schweiz fast nur als Zierpflanze geschätzt, liefert in England, Belgien, Frankreich und der französischen Schweiz ein *Kompott,* das wegen seines feinen, eigenartig säuerlichen Geschmacks für die Blume dieser Art von Süßspeisen gelten darf. Es werden dazu die daumenstarken Blattstiele der Pflanze in fingerlange Stücke geschnitten, diese Stücke nach Art des Spargels geschält, dann in siedendem Wasser aufgekocht, das Wasser abgegossen und endlich mit der nötigen Behendigkeit über dem Feuer der erforderliche Zucker zugesetzt. Ferner verwendet man die geschälten und gesottenen Stücke zur Herstellung einer *Rhabarber-Pastete,* indem man in der Mitte einer Tortenform eine umgestülpte Tasse stellt, um und über diese, jede Lage gehörig mit Zucker bestreuend, die Stücke aufschichtet, bis die Form gefüllt ist, dann einen Deckel aus Blätterteig darüber gibt und das Ganze in den Ofen bringt; beim Backen sammelt sich in der Tasse eine Art Fruchtsaft, der, wenn die Pastete umgestülpt (so daß die Tasse sich in natürlicher Stellung oben befindet) auf den Tisch kommt, die klassische Tunke zu diesem delikaten Backwerk abgibt. Um *Rhabarber einzukochen,* legt man die Stengelstücke ungeschält mit Zucker (auf 4 Gewichtsteile Rhabarber etwa 3 Gewichtsteile Zucker) in eine Schüssel, gießt nach zwölf Stunden den ausgetretenen Saft ab, kocht diesen bis zum Dickwerden, tut die Rhabarberstücke in den Sud und schüttet das Ganze nach weiterem viertelstündigem Kochen in das Konservenglas, wo es, nach dem Erkalten kunstgerecht verbunden, sich vorzüglich hält. Der Lieferant dieser Delikatessen ist nun aber nicht der echte Rhabarber, dessen Wurzel das gefürchtete »Kinderpulver« gibt, das »Hunde jammern, Menschen rasend machen kann«, denn dieser ist erst 1867 aus Tibet in den Pariser Pflanzengarten gelangt, sondern vielmehr Kulturformen des *Küchen-Rhabarbers* und des *pontischen Rhabarbers*, von denen namentlich der erstere in den europäischen Blumengärten häufig ist. Auf dem Londoner Gemüsemarkt führte ihn um 1760 ein Mr. Myatt aus Deptford ein, und seitdem bilden die Spring-tarts und Rhubarbpies (Frühlingstorten und Rhabarber-Pasteten) einen äußerst schätzenswerten Bestandteil der englischen Tafel. In Brüssel nahmen die Gemüsegärtner den Rhabarberbau im Jahre 1826 auf; am Rhein (Düsseldorf) zieht man die Pflanze zu Küchenzwecken seit etwa 1880, und in Dessau kam sie zuerst im Mai 1894 auf den Markt. In Ungarn wird vorzugsweise der pontische Rhabarber für die Küche kultiviert. Die rechte Zeit für den Rhabarber sind übrigens die Monate April bis Juni, denn von Juli ab beginnen die Blattstiele holzig und daher unbrauchbar zu werden.

Rheinanke, *Rheinauge,* s. Blaufelchen.

Rheingauer, das unvergleichliche Produkt jenes gesegneten Landstrichs zwischen Biebrich und Lorsch, wo die Luft frei, das Wasser frisch und der Wein froh macht, zählt zwar nicht zu den gefeierten Weltweinen, wohl aber zu den gefeiertsten Weinen der Welt. Mag auch sein trockener, säuerlich pikanter Geschmack dem Südländer nicht behagen, sein wundervolles Bouquet ist unerreicht, und an Haltbarkeit wird er von keinem andern Wein übertroffen. Die besseren Sorten, mit einer einzigen Ausnahme goldig blinkende, weiße Gewächse, gehören durchweg zu den schweren Weinen.

Der Rheingauer ist eine grundehrliche Haut: Er wirft den Zecher unter die Bank, aber er martert ihn nicht mit nachfolgendem Haarweh. Daher das Sprichwort: »Rheingauer Gut macht eher arm als krank«, das sich schon im Aufruhr-Jahr 1525 bewährte, indem die Bauern die gewaltige Zeche, die sie damals in Johannisberger Stiftswein gemacht hatten, nachmals mit schwerem Geld bezahlen mußten. Dieser *Johannisberger* ist der Fürst unter den

Hochgewächsen des Rheingaues, und von ihm wie vom *Markobrunner* und *Gräfenberger*, desgleichen vom roten *Aßmannshäuser* und vom edlen, nur durch Adoption hierher gehörigen *Hochheimer* ist bereits in besondern Artikeln die Rede gewesen. Dem Johannisberger am nächsten steht der *Steinberger* vom Steinberg zwischen Kiedrich und Hallgarten, dessen beste Marken, der Rosengarten, das Zehntstück und der Goldene Becher, zwar weniger bouquetreich sind als der Princeps, ihn aber an Kraft und Feuer nicht selten übertreffen. Die dritte Stelle nimmt seit einigen dreißig Jahren der *Rauenthaler* ein, der zwar schon 1840 einen Namen hatte, aber erst seit 1863 zu rechter Würdigung gelangte; die vorzüglichsten Lagen Rauenthals (an der Straße von Walluf nach Schwalbach) sind der Gehran, der Wieshell, Rotenberg, Baiken, Hühnerberg, Pfaffenberg, Geierstein u.a.m. Weit älter ist der Ruf des milden, duftigen *Rüdesheimers*, dessen Marke »Berg« aus Orleans-Rebsatz schon Karl der Große angepflanzt haben soll; an den Berg schließen sich als ebenbürtig die Marken Hinterhaus und Rottland, dann Bischofsberg, Schloßberg, Engerweg, Wilgert, Wüst, Platz und Kiesel. An letzter Stelle endlich ist noch der *Geisenheimer* zu nennen, gleich dem Rauenthaler eine neuere Größe, die erst durch die verbesserte Kultur geschaffen worden und am besten auf dem Rothenberg, in guter Qualität aber auch auf dem Morschberg, Lickerstein, Klauserweg, Kapellengarten und Kosakenberg gedeiht. Denn folgen die Gewächse zweiten und dritten Ranges, vorn die zweiten Lagen von Johannisberg, Geisenheim und Rüdesheim, dann der *Hattenheimer*, der *Winkeler*, der *Kiedricher*, der *Oestricher*, der *Hallgartner*, der *Vollradsberger*, *Eltviller*, *Erbacher*, *Schiersteiner*, *Eibinger*, *Wallufer*, *Mittelheimer* usw. Auch diese Sorten zeichnen sich durch Blume und Feinheit aus; es sind »singende Weine«, die das Herz zur Fröhlichkeit, den Mund zum Sange stimmen und daher an der Tafel wie am Zechtisch immerdar willkommen sind.

Rheinwein ist Reimwein, Dichterwein, die deutsche Hippokrene, deren begeisterndes Naß sich im Hirn des Trinkers fast von selber in fließende Verse umsetzt, die zudem den großen Vorzug genießen, nur zum kleinsten Teil niedergeschrieben und zum noch kleineren kleinsten Teil publiziert zu werden. Bei alledem ist die Zahl der gedruckten Rheinweinlieder Legion, und man darf behaupten, daß dies edle Gewächs mehr Lob- und Dankgedichte inspiriert hat als alle übrigen Spirituosen zusammengenommen. »Ich habe Weine von allerhand Arten in meinem Keller«, erklärte Kaiser Ferdinand I., »jedoch aber ist der rheinische Wein zum täglichen Gebrauch unter allen der fürtrefflichste. Er kann Hitze und Frost ausstehen; er kann Wasser und Alles, was nur hineingethan wird, verdauen, ja er kann alle Aufstöße, so ihm widerfahren, vertragen und bleibet doch allezeit guter Wein, läßt sich wohl trinken und schmecket alle Tage.« Und warum? Das setzt kurz, aber erschöpfend der englische Mediziner Druitt auseinander. »Begabt mit nur leichtem Alkoholgehalt«, sagt er, »aber dennoch dauernd haltbar in Folge ihrer Reinheit und von so hervorragendem Arom wie keine andern, sind die rheinischen Weine der rechte Trunk zur Erregung intellektueller Heiterkeit. Sie vermehren den Appetit, erheitern, ohne Abspannung und schweren Kopf zu hinterlassen, reinigen das Blut, kräftigen die Nerven, machen die Zunge frei und stillen den Durst. Ich halte daher nicht mit dem Bekenntnis zurück, daß ich es für einen Fortschritt der Heilkunde ansehen würde, wenn sie diese Weine häufiger verordnete als bisher.« Wer sind nun aber diese wackeren Gesellen? Im weitesten Sinne alle Gewächse des Rheintales nebst dessen Seitenlanden und Nebentälern von Basel herab bis zum Siebengebirge. Der Sprachgebrauch räumt jedoch den Neckarweinen sowie den Produkten Badens und des Elsasses eine selbständige Stellung ein und beschränkt damit die Bezeichnung *Rheinwein* auf die Gewächse der Pfalz, des Rheingaues, Rheinhessens, des Unterrheins, der Mosel und der Ahr. Der Begriff umfaßt also die teuersten deutschen Weine, den Johannisberger Cabinet, den Steinberger Cabinet-Nassau, den Rüdesheimer Berg Cabinet-Auslese usw. im Preise bis zu 40 Mark per Flasche, bis herab zum grauenhaften »Flickschneider« oder »Garibaldi«, bei dessen bloßem Anblick die Zündlöcher der Kanone zu Haarröhrchen einschrumpfen und der zerrissenste Ellenbogen sich augenblicklich krampfhaft zusammenzieht. Diese netten Sorten behalten jedoch die frummen Rheinländer notgedrungen für sich selber – der Sage nach, um damit den Essig zu schärfen –, und so tun sie dem guten Rufe des Rheinweins keinen Abbruch.

Ribisel s. Johannisbeere.

Rindfleisch, das Fleisch des Stieres oder des Ochsen und der Kuh, besitzt nicht nur einen volleren Geschmack, sondern auch ein dichteres Gewebe als alle übrigen Schlachtfleischarten, und gilt daher mit Recht für nahrhafter als diese. Wie selbstverständlich begründen aber auch hier Geschlecht, Alter und Ernährung des Tieres sowie der Körperteil, dem das Fleisch entstammt, mannigfache Unterschiede. Das beste Fleisch mit zarter und doch nicht weichlicher Faser liefert der ausgewachsene, gut gemästete Ochse vom 4. bis zum 8. Jahre; mit dem 12. Jahre tritt eine entschiedene Entwertung ein. Kuhfleisch, durchweg fettärmer als Ochsenfleisch, ist von Tieren vom 3. bis zum 5. Jahr am zartesten. Jüngeres Fleisch gibt saftige Braten, aber schwache Fleischbrühe; älteres vortreffliche Fleischbrühe, wird aber beim Braten holzig. Was die einzelnen Stücke anlangt, so gilt für die Blume allen Rindfleisches der *Lendenbraten,* dem deshalb ein eigener Artikel gebührt. Diesem zunächst steht das *Schwanzstück,* in Österreich *Ortscherzel* oder auch *Schwanzörtel,* aus dem jene saftigen *Rumpsteaks* geschnitten werden, die, in Butter geröstet und mit gebratenen Kartoffeln garniert, auf dem Kontinent noch beliebter sind als in ihrem englischen Vaterland. An dritter Stelle folgt das *Rippenstück,* in Österreich die *Beiried,* und an vierter endlich das *Hüftstück* mit dem *Schenkelstück.* Diese Beststücke, die höchstens um ein Drittel höher bezahlt werden als z.B. Fleisch aus der Brust oder vom Hals, haben gleichwohl den dreifachen Nährwert, sind also tatsächlich weit billiger als jene geringeren Stücke. Vor allem aber hat man beim Kauf auf glänzend rote Farbe des Fleisches und lichtgelbe Farbe des Fettes zu sehen: Ist das Fleisch bräunlichrot und das Fett dunkelgelb, so hat man es mit einem bejahrten Stück zu tun, an dem der gewiegteste Koch sein Können ganz umsonst verschwenden würde. Man hätte diesem hochverdienten Tier längst ein Nationaldenkmal errichten müssen, wenn nicht der Undank zu den Lieblingslastern der Menschheit gehörte. Übrigens ist des großartigen Konsums ungeachtet die Artenzahl der Rindfleischgerichte verhältnismäßig eine ziemlich beschränkte. Die erste Stelle darunter gebührt unstreitig dem Beefsteak, eine Weltspeise, die in verschiedenen Formen vorkommt, nämlich als *englisches Beefsteak*, aus fingerstarken Lendenbratenscheiben, die mit Butter, Zwiebeln und Kartoffeln in der Pfanne gebraten werden; als *deutsches Beefsteak* aus Rindfleischgehäcksel mit Ei, auf gleiche Weise bereitet als *Tataren-Beefsteak* aus rohem Rindfleischgehäcksel mit Ei, Essig, Öl, Pfeffer, Zwiebeln, Kapern und Salzgurken gemengt und mit Sardellen belegt; als *griechisches Beefsteak* aus gleichen Teilen Rind-, Kalb- und Schweinefleischgehäcksel mit erweichter Semmel und gedünstetem Reis, in Butter gerösteten Zwiebeln und Champignons gemengt und mit allerlei Gewürz in einer aus Rahm, Essig und Fleischbrühe gemischten Sauce gedünstet etc. Das *französische Beefsteak*, in Norddeutschland »Filet-Beefsteak«, in der Schweiz »deutsches Beefsteak« genannt, wird nur einige Minuten länger gebraten als das englische, verliert aber eben dadurch Saft und Kraft. Das englische Beefsteak ist von allen das saftigste und verdaulichste, das Tataren-Beefsteak das pikanteste und kräftigste, das deutsche das leichtest kaubare und daher für Zahnlücker zuträglichste. Kaum minder populär ist der *saure Rindsbraten* alias Bœuf à la mode, vielleicht der einzige Modeartikel, der sich rühmen darf, zweihundert Jahre alt und immer noch modern zu sein; ferner der *Rostbraten* aus dem Rippenstück geschnitten, der aber nicht bloß auf dem Rost, sondern auch à la provençale auf einem Zwiebelbett in der Pfanne gebraten oder à la bonne femme in der Kasserolle gedünstet und gedämpft wird, seltener dagegen das umfangreiche *Roastbeef;* gleichfalls aus dem Rippenstück, das in England am Spieß, auf dem Kontinent in der Pfanne bereitet und mit Salzkartoffeln nebst Meerrettich serviert wird. Dazu kommen dann noch der *Lungenbraten* in seinen verschiedenen Gestalten, die gespickten *Rindfleischschnitzel*, das *italienische Rindfleisch* aus dem Schwanzstück, gedünstet und mit dem unvermeidlichen Parmesan bestreut, der *Ritterbraten* aus dem Rippenstück mit Schinkenknödeln und Sauerkraut, der *Saftbraten*, das *Gulasch*, der *Klops* usw. *Ochsenzunge* in säuerlicher Kapernsauce oder in Gelee ist ebenso verdaulich wie schmackhaft und gehört geräuchert zu den edelsten Rauchfleischsorten. *Nieren*, *Leber* und *Gehirn* werden wie die entsprechenden Stücke vom Kalb verwertet, stehen diesen aber in jeder Hinsicht nach; nicht minder bleibt das *Herz*, gespickt und am Spieß gebraten, immer ein zähes und trockenes Gericht. Schätzbarer und geschätzter sind der Gaumen, der jene ansprechende Sulzspeise liefert, die in Österreich als *ungarisches Rebhuhn*, in Deutschland als *Ochsenmaulsalat* bekannt ist, und der Schweif, aus dem die Engländer die berühmte Ox-tail-soup bereiten, die so oft die niederschmetternde Ouvertüre ihrer Gala-Mahlzeiten bildet.

Roche s. Dornroche.

Rockenbolle, franz. Rocambole, ist höchstwahrscheinlich nur eine Spielart des Knoblauchs, dessen Stelle sie, weil minder scharf, in der feinen Küche vertritt. Die Pflanze wird erst im 16. Jahrhundert genannt und scheint sich, dem Namen nach zu schließen, von Deutschland aus verbreitet zu haben; nach England kam sie von Holland her im Jahre 1596. Man verwendet übrigens nicht bloß die Wurzelknolle, sondern auch die an der Dolde sich entwickelnden Brutzwiebelchen als Fleischwürze. Diese erbsengroßen Brutzwiebelchen werden gemeinhin *Perlzwiebeln* genannt und nicht selten mit den in Österreich wenig bekannten echten Perlzwiebeln verwechselt oder zusammengeworfen. Die *echten Perlzwiebeln*, d.h. die erbsen- bis haselnußgroßen Wurzelknollen des *Perllauchs*, einer Kulturform des Porrees, sind jedoch erst nach der Rockenbolle, nämlich im 18. Jahrhundert, in Deutschland in Aufnahme gekommen, und noch jünger, nämlich der Mitte des 19. Jahrhunderts angehörig, sind die in Essig eingelegten Perlzwiebeln, die erst seit höchstens 40 Jahren einen Gegenstand des Delikatessenhandels bilden. Man verwendet diese Gewürzkonserve als pikanten Zusatz zu Ragouts, Saucen, italienischem Salat usw.

Roggen, der Nährvater der Schwarzbrotesser, d.h. eines Drittels der europäischen Menschheit, gehört unstreitig zu den Urbewohnern des Kaiserstaats, denn er verwildert hier nicht nur leichter als in sonst einem Land, sondern wurde auch nach Ausweis der Gräberfunde in Ungarn bereits vor und in Mähren mindestens während der Bronzezeit kultiviert, dahingegen die Römer ihn erst im Jahrhundert n. Chr. als Getreide der Tauriner im Alpengebiet kennenlernten, die Griechen ihn erst im 2. Jahrhundert n. Chr. aus Thrakien und Mazedonien erhielten, das mittlere und westliche Europa ihn erst den Hunnen und der Völkerwanderung zu verdanken scheint, Kalabrien ihn erst zur Hohenstaufenzeit und Sizilien gar erst im 18. Jahrhundert empfing. Über seine intimeren Familienverhältnisse indessen waren die Gelehrten lange im Zweifel, bis es endlich 1890 dem Russen Batalin gelang, im perennierenden Bergroggen den Stammvater unseres ein- oder zweijährigen Ackerroggens zu ermitteln. Der Roggen ist nun zwar, da er sich nie so fein vermahlen läßt wie der Weizen, weniger verdaulich und das Roggenmehl bei einem Durchschnittsgehalte von $58^{1}/_{2}$ % Stärke, 7 % Gummi, $11^{1}/_{2}$ % Stickstoffsubstanz, 3–9 % Zucker, 2 % Fett und $13^{1}/_{2}$ % Wasser weniger nahrhaft als das Weizenmehl, aber die Pflanze stellt auch weit geringere Ansprüche an den Boden und an die Sonne und kommt daher auch in Gegenden vor, wo der Weizenbau völlig untunlich ist. Sie bildet daher nicht nur in Rußland und Deutschland das Hauptgetreide, sondern auch in Österreich wird jährlich annähernd doppelt soviel Roggen als Weizen gewonnen und durchweg im Land selber verbraucht, während von der Weizenernte der fünfte bis sechste Teil ins Ausland geht. Der Roggen liefert geröstet ein erträgliches und ziemlich verbreitetes *Kaffee-Surrogat* sowie der Destillation unterworfen den sogenannten *Kornbranntwein*. Das Mehl aber dient hauptsächlich zur Bereitung verschiedener Brotsorten, über die sich im Artikel *Brot* Näheres findet.

Am Niederrhein wird es auch mit Wasser oder Milch zu einem *Brei* verkocht, der mit frischer Butter nicht übel schmeckt, jedoch wie Kleister an den Zähnen klebt und daher ein Zwangsmittel zum

Langsamessen darstellt, welches nicht nach jedermanns Geschmack sein dürfte.

Rohrhuhn oder *Bläßling* heißt in Österreich das *Wasser-* oder *Bellhuhn*, ein schwarzgekleideter, reger und zierlicher Stelzvogel von der Größe eines Haushuhns, der alle schilfreichen Teiche Mitteleuropas und Mittelasiens als Sommerfrischen benützt und wegen seines Tran- oder richtiger Schlammgeschmacks zu den Fastenspeisen zählt. Als solche kommt er in der österreichischen, süddeutschen und französischen Küche noch ziemlich häufig vor, während man ihn in Norddeutschland gründlich verabscheut; denn wenn auch der ausgelernte Federschütze, um den Moorgeschmack des Wildbrets zu beseitigen, dem frisch erlegten Vogel sogleich mittels einer Federspule die Haut aufbläst und diese nach der Heimkunft samt dem anhangenden Fett sorglich ablöst (wie denn überhaupt das Rohrhuhn für den Küchenzweck stets enthäutet werden muß!), so unterbleibt doch diese Maßregel bei den für den Markt bestimmten Exemplaren und muß daher in der Küche durch eine Massenverwendung scharfer Gewürze ersetzt werden, welche durchaus dem Geiste der modernen Kochkunst widerstrebt. Das Rohrhuhn liefert daher immer nur Schüsseln zweiten Rangs, gleichviel, ob es mit Wurzelwerk und Zwiebel als Fastensuppe oder mit Wacholderbeeren und Honigkuchen in Rotwein *gedünstet* oder endlich *gebraten* auf den Tisch kommt.

Rollgerste s. Gerste.

Rollmops s. Hering.

Romadur, *Romandur, Ramatur* oder *Ramandour* ist der rätselhafte Name eines Weichkäses im Charakter des Limburgers, der namentlich im bayrischen Allgäu aus Vollmilch bereitet wird und in Stanniolverpackung in den Handel kommt. Der einzelne Käse ist etwa 12 cm lang, 4–5 cm hoch und breit und hat ein durchschnittliches Gewicht von 400 g.

Roquefort, der König der Käse, wird hauptsächlich im Departement Aveyron aus reiner Schafmilch bereitet, in den natürlichen Höhlen des Kalkgebirges Combalou, in denen beständig eine Temperatur von 4–6 ° C herrscht, zur Reife gebracht und in Holzkisten, seltener in geflochtenen Weidenkörben, auf den Markt geliefert. Der feste, weiße, blaumarmorierte Laib bildet einen Zylinder von 18–20 cm Durchmesser, 8–10 cm Höhe und 2–2$^1/_2$ kg Schwere und besitzt bei einem Gehalt von 30–33$^1/_2$ % Fett, 27$^1/_2$ % Stickstoffsubstanz und 3 % Milchzucker einen wahrhaft lieblichen Geschmack, der dem Käse die Bewunderung aller Kenner verschafft und ihn im 19. Jahrhundert zum Weltkäse hat werden lassen.

Man liefert den Roquefort in zwei Sorten, als weniger fetten *Jungkäse* (Fromage nouveau), der in den Monaten Januar bis April bereitet wird und 3–3$^1/_2$ Mark per Kilo wertet, und als *Altkäse* (Fromage vieux), das Produkt der Monate Mai und Juni, das vom September ab auf den Markt kommt und mit 3$^3/_4$–4$^1/_2$ Mark per Kilo bezahlt wird. Alle Nachahmungsversuche, an denen es natürlich nicht gefehlt hat, sind bisher kläglich mißlungen: Der Roquefort ist einzig in seiner Art. Und nicht bloß das, sondern er ist zugleich der Alterspräsident aller lebenden Luxuskäse, denn der caseus Nemausensis, dem man zu des Plinius Zeiten in Rom das größte Lob spendete, kann kaum ein anderer gewesen sein, als eben der Roquefort, da nicht bloß die Heimat beider dieselbe ist, sondern Plinius auch ausdrücklich bemerkt, daß gedachter Käse um so besser munde, je frischer und weicher er sei – ein Satz, der noch heute für den Roquefort seine Gültigkeit hat.

Rosen, die duftenden Blüten namentlich der weißen und der Gartenrose fanden bis ins 19. Jahrhundert hinein in der Küche Verwendung, indem man teils die unzerstückten Blumen in eine Mischung von Eigelb, Zucker, Süßmandelbrei, Zimt und Zitronenschale getunkt und dann in Schmalz oder Butter gebacken, als *gefüllte Rosen* oder, in siedenden Zucker getaucht, als *kandierte Rosen* oder, in mit Wein angemachten Teig umgedreht und in Schmalz gebacken, als *gebackene Rosen* aufsetzte oder indem man die Blätter und Knospen zerstampfte und zerhackte und daraus mit den entsprechenden Zusätzen *Rosencreme, Rosensulz, Rosengefrorenes, Rosenkaltschale, Rosenkonserve* und sogar *Rosenbrötchen* zur Bereitung einer *Rosen-Milchsuppe* (!) herstellte. Alle diese Mixturen gelten gegenwärtig für Präparate vom allerschlechtesten Geschmack. Ebenso entschieden hat sich die Neuzeit vom *Rosenwasser* abgewendet, das noch zu Ruhmohrs Zeit (um 1830) in Norddeutschland vielfach gebraucht wurde, besonders zur Bereitung des sogenannten *Rosenwasserbreies*, eines Mehlbreies, der mit Zucker und Safran gewürzt und in Wein mit Rosenwasser gekocht wurde; nur ganz vereinzelt wagt sich noch die eine oder andere »schöne Seele« von Küchenfee mit einem *Rosengelee* (Apfelgelee mit Rosenwasser parfümiert) hervor, erntet aber in der Regel schlechten Dank mit dieser poetischen Anwandlung. Im Orient dagegen stehen der *Rosenessig* als Salatwürze und der *Rosenzucker* als Konfekt noch immer in besonderem Ansehen.

Rosinen, im deutschen Kinderlied neben Zucker und Mandelkern das Ideal allen Naschwerks, sind gedörrte Weinbeeren, die aus Kleinasien und Südeuropa auf den Markt kommen und als Uvae passae schon den Römern der vorchristlichen Zeit bekannt waren. Man unterscheidet der Größe nach *kleine Rosinen*, für die aber gegenwärtig die Bezeichnung *Korinthen* vorgezogen wird, und *große Rosinen*, ehemals auch *Meerträublein* genannt, von denen die geringern Sorten abgebeert als *einfache Rosinen*, die bessern aber vom Fruchtstand ungelöst als *Traubenrosinen* in den Handel gelangen. Als beste Ware gelten die großen, fleischigen, zuckerreichen *Malaga-Traubenrosinen* aus Spanien und die zolllangen, platten, entkernten *Damaszener Rosinen* aus Syrien, deren älterer Name *Cibeben* (angeblich aus dem Inselnamen Zypern entstanden!) noch hin und wieder als Gesamtbezeichnung gebraucht wird. Daran schließen sich die kleineren, aber honigsüßen *Sultanin-Rosinen* oder *Smyrna-Rosinen* aus Anatolien, die *Massilier-Rosinen* aus Italien und der Provence, die *Picardan-Rosinen* aus dem Languedoc usw. Wie die Mandeln, standen auch die Rosinen früher in weit höherem Ansehen als gegenwärtig, wo das norddeutsche *Rosinen-Fleisch* (gebratenes Rindfleisch mit brauner Sauce, dem gleichzeitig Essig und Rosinen zugesetzt werden) das einzige Fleischgericht sein dürfte, bei dem sie noch Verwendung finden. Eine Hauptrolle aber spielen sie noch immer bei der

Puddingbereitung, in der Küchenbäckerei, als Dessertobst und – in der Weinfabrikation.

Rosmarin, ein sparrig ästiger Strauch des Mittelmeergebiets mit blaßblauen Lippenblüten und lederartig derben, linealen Blättern von kampferartigem Geruch und würzhaft bitterm Geschmack, wurde schon im Altertum und wird noch heute in Südeuropa sowohl als Fleischwürze wie beim Marinieren der Fische verwendet. In Deutschland findet sich der Rosmarin als Würzkraut schon unter den Gartenpflanzen Karls des Großen; in England wird er zuerst 1548 erwähnt – hier wie dort aber gilt er fast ausschließlich als Ziergewächs, von dem man in der Küche um so weniger wissen mag, als in vielen Gegenden kleine Rosmarinsträuße den Schmuck der Leidtragenden bei Leichenbegängnissen bilden.

Rostbraten s. Rindfleisch.

Rotrübe s. Mangold.

Roussillion-Weine heißen vorzugsweise die drei vorzüglichen Liqueurweine des Departements der Ostpyrenäen, der *Rivesaltes*, der rote *Grenache* und der weiße *Maccaber*, deren schon in besonderen Artikeln gedacht wurde. Sie waren ehedem weit gesuchter als jetzt, wo sie selbst in Frankreich außerhalb ihrer Provinz nur den Liebhabern bekannt sind. Die übrigen Weine des Roussillion, durchweg dunkle, schwere Rotweine der zweiten Rangklasse, sind mehr Arzneien als süffige Stoffe und werden daher unvermischt nur in minimalen Dosen konsumiert.

Rüben s. Mangold, Möhre, Krautrübe und Weißrübe.

Rüdesheimer s. Rheingauer.

Rum ist westindischer Branntwein, der vornehmlich auf Jamaika, Kuba und den Inseln unter dem Wind, aber auch in Guyana, Brasilien, auf Madagaskar, Mauritius und in Ostindien aus der Melasse des Zuckerrohrsaftes bereitet wird, indem man die Melasse, mit Wasser verdünnt und mit »Dunder« (dem Destillationsrückstand früherer Rumbereitungen) versetzt, der Gärung überläßt und dann destilliert. Des feinern Aromas wegen fügt man auch hin und wieder Kräuter hinzu oder destilliert guten Rum zum zweitenmal über dergleichen Kräuter, um den besonders kräftigen *Bay-Rum* zu gewinnen, während der minderwertige *Neger-Rum* nur aus Zuckerabfällen erzeugt wird. Die edelste Sorte ist der *Jamaika-Rum* mit 70–77 % Alkoholgehalt; er erscheint frisch vollkommen farblos, nimmt aber im Fasse gleich dem Kognak ein gelbliches Aussehen an und wird überdies mit Karamel nachgefärbt. Wohl dem, der eine Flasche wirklichen und wahren Jamaika-Rums sein eigen nennt, denn die 1000–1200 hl Rum, die Wien alljährlich konsumiert, sind zum weitaus größten Teil Imitationen, sogenannter *Façon-Rum*, der aus Weingeist und Wasser zusammengemischt und mit Rumessenzen oder Rumäther aromatisiert wird. Der Rum war zwar schon in der zweiten Hälfte des 18. Jahrhunderts auf dem europäischen Kontinent bekannt, fand aber erst seit etwa 1815 wirklich Eingang und wurde erst von 1830 ab Volksgetränk. Seine Einführung ist den Engländern zu verdanken, die ihn noch heute über den Kognak schätzen.

Rumpsteak s. Rindfleisch.

Rundfisch s. Dorsch.

Runkelrübe s. Mangold.

Rutte s. Quappe.

Ryftaler oder *Ryfwein*, in neuhochdeutscher Verballhornung auch *Reiftaler*, heißen die weißen Gewächse des Waadtlands, die am Nordostufer des Genfer Sees bei den Ortschaften Cully, Desaley, Chexbres und Saint Saphorin gewonnen werden. Es sind das tiefgoldige, eigenartig aromatische, feine und starke Weißweine, die zu den edelsten des ganzen Schweizerlandes zählen und auch dem Ausländer zusagen. Der Ryfwein kommt über Vevey und Lausanne in den Handel.

S

Sachertorte nennt sich eine Schokoladentorte höherer Art, die sich vor ihren Gefährtinnen noch besonders auszeichnet, indem sie unter der glänzenden Schokoladen-Robe noch ein Hemd von Aprikosen-Marmelade trägt. Die Sachertorte scheint berufen, den Namen ihres Schöpfers noch späteren Generationen in Erinnerung zu bewahren, denn sie bildet eine Wiener Spezialität, eine jener »süßen Torheiten«, an denen die Kaiserstadt von jeher ein ganz unbändiges Vergnügen gefunden hat und die ihr nirgends mit vollem Effekt nachgemacht werden. Die Sachertorte wird in allen vornehmen Wiener Konditoreien und Restaurants gut imitiert, aber jene bezaubernde, liebliche Anmut, welche den Original-Erzeugnissen der Firma *Eduard Sacher* eigen – ist unnachahmlich. Man meint ein Gedicht von Heine auf der Zunge zu haben. Kein Wunder, daß jährlich mehr als 20 000 Exemplare davon in die Welt gehen.

Safran, die zollangen, dreiteiligen, dunkel- oder gelbroten Blütennarben des Küchenkrokus, eines Liliengewächses, das im Orient, Hellas und Italien heimisch ist und schon vor Christi Zeit in Persien, Kleinasien und Nordafrika kultiviert wurde, enthält als wesentlichen Bestandteil neben einem gelben Farbstoff ein ätherisches Öl von durchdringendem Geruch, das ihm frühzeitig eine

Stelle als Würzmittel verschafft hat. Die Griechen streuten Safran auf den Bohnenbrei und ins Brautbett, die Römer wappneten sich mit Safrankränzen und Safrantränken gegen die übermächtigen Geister des Weins, die Schule von Salern feierte die duftende Droge als herzerfreulich und gliederstärkend, und in der Küche des 16. Jahrhunderts (1567) heißt es: »Zu allen Saucen, allen Suppen, allen Fastenspeisen gehört Safran; ohne Safran würde es kein rechtes Püree, keinen Erbsenbrei, keine gediegene Sauce geben (Henry Etienne).« Diesem Massenverbrauch entsprach der Umfang des europäischen Safranbaues. Die Araber hatten das Gewächs im 8. Jahrhundert nach Spanien verpflanzt, und von dort aus fand es zugleich mit seinem arabischen Namen Zarafan den Weg nach Frankreich, England und Deutschland. Die beste Pflege aber wurde diesem Kulturzweig seit dem 15. Jahrhundert in Österreich zuteil, wohin ein Ritter v. Rauheneck die Pflanze schon 1198 angeblich aus dem Orient gebracht haben soll. Noch heute gilt der satt braunrote *österreichische Safran* für die beste Sorte, wird aber nur noch zum kleineren Teil von Österreich, zum größeren von der französischen Landschaft Gâtinais auf den Markt geliefert. In Österreich geht die Safrankultur immer mehr zurück, weil die Droge als Gewürz mehr und mehr außer Gebrauch kommt. Das 19. Jahrhundert hat den Safran seines aufdringlichen Geruchs wegen schon vor langem in die Bauernküche verwiesen, und auch hier verliert er beständig an Terrain. In der französischen und norddeutschen Küche ist er bereits vollständig fremd geworden, und auch in Österreich, Süddeutschland und der Schweiz kommt er auf der guten Tafel nicht vor. Er gehört also zur Reihe jener starken Gewürze, die von der feinen, organisierten Neuzeit verabscheut werden, und das mit gutem Grund, denn, in einiger Menge genossen, bewirkt er Blutandrang nach dem Kopf, und mancher Schlagfluß, der früher dem Tee, dem Kaffee, der Schokolade usw. zur Last gelegt wurde, rührte von übermäßigem Safrangenuß her.

Sago ist eine Art Stärkemehl von weißer, brauner oder rötlicher Farbe, das namentlich in Ostindien und Australien von der Sagopalme gewonnen wird, indem man das Mark des Baumes mit Wasser behandelt und das auf diese Weise gewonnene Mehl an der Sonne trocknet. Um den *Perlsago* zu bereiten, feuchtet man das Mehl wieder an, schüttelt es in einem Tuch, bis es sich von selber körnt, dörrt dann die Körner mit geringem Zusatz von *Kokosöl* unter beständigem Umrühren in einer eisernen Pfanne und läßt sie endlich an der Sonne nachtrocknen. Diese harten Sagograupen quellen in warmem Wasser ziemlich rasch zu einer durchsichtigen, schleimigen Masse auf und bilden eine beliebte *Suppeneinlage*, obgleich ihr Geschmack nur gering und ihr Nährwert nahezu gleich Null ist. Selbst in den Produktionsländern wird daher der Sago weit weniger geschätzt als Reis und Mais. Europa lernte ihn erst im 18. Jahrhundert kennen, und zwar England, das noch heute den größten Sagoverbrauch aufweist, im Jahre 1727, Frankreich seit 1740 und Deutschland seit 1744. In Mitteleuropa braucht sich übrigens niemand mit den Kennzeichen der ausländischen Sagosorten abzuplagen, denn in der österreichischen, der deutschen und der Schweizer Küche ist der echte ostindische Sago ungemein selten. Hier begnügt man sich mit dem sogenannten *deutschen Sago* aus Kartoffelstärkemehl, der in eigenen Fabriken im Großen produziert wird und glücklicherweise, da er so gut wie gar keinen Geschmack hat, kein Gericht verdirbt. Im Gegensatz zum echten Sago löst er sich in kaltem Wasser, wozu jener sich nie herbeiläßt.

Sahne s. Rahm.

Saibling, *Salmling, Röthel* oder *Ritter*, nennt sich ein glänzend beschuppter Kavalier aus dem hohen Haus Salm, der die tieferen Seen des Alpengebiets, Skandinaviens und Großbritanniens bewohnt und in der Regel 20–30 cm lang und 1–2 kg schwer wird, ausnahmsweise aber auch eine Länge bis 50 cm und ein Gewicht bis 5 kg erreicht. Der Saibling gehört zu den edelsten Geschöpfen unter dem Wasserspiegel und wird mit 10 Mark per Kilo nicht zu teuer bezahlt, denn *blaugesotten* mit Mayonnaise oder in Aspik steht er der Bachforelle zwar an Farbenschönheit nach, übertrifft sie aber an Zartheit und Wohlgeschmack. Lachs und Lachsforelle und selbst die delikate Äsche kommen neben ihm gar nicht in Betracht. Glückliches Wien, das sich jährlich an 900–1000 kg dieses Edelfisches erquicken darf!

Sake, *Sakurada,* s. Reis.

Salami s. Zervelatwurst

Salat, wörtlich »Gesalzenes« (vom mittellateinischen salare, salzen), ist im wesentlichen ein Mischgericht aus rohen oder gesottenen Pflanzenteilen, Essig, Öl und Salz, dessen Erfindung wahrscheinlich bis in die ältesten Kulturschichten und dessen Hoffähigkeit sicher bis ins 7. Jahrhundert v. Chr. zurückreicht, da nach dem Zeugnis Daniels des Propheten schon der große Nebukadnezar von Babylon (604–561 v. Chr.) »Gras aß wie ein Ochse«, d.h. sich jenes Würzgericht aus frischen Nesselsprossen munden ließ, das noch heute am Euphrat unter dem Namen Salata bekannt und beliebt ist. Die Römer nannten eine solche kalte Schüssel Salgama, die späteren Italiener aber Insalata oder Salata, und unter diesem Namen, der sich allmählich zu Salade abschliff, ging das Gericht an die Franzosen über, die es seit dem 16. Jahrhundert ins Unendliche variiert haben, so daß gegenwärtig vier Klassen von Salaten zu unterscheiden sind: der *Blattsalat* aus den Blättern, Blüten oder Stengeln der Lattich-, Kohl-, Lauch- und Kressearten, des Spargels, des Hopfens, Löffelkrauts, Estragons, Boretsch, Löwenzahns, Ampfers, Portulaks, Champignons, der Endivie, Nessel, Rapunzel, Kaper, Tripmadam, Fetthenne usw., dann der *Wurzelsalat* aus den Wurzeln oder Knollen der Sellerie, Petersilie, Schwarzwurz, Kartoffel, Zwiebel, Trüffel, der Retticharten, der Rübenarten etc., ferner der *Fruchtsalat* aus den saftigen Früchten der Erbse, Bohne, Gurke, Tomate sowie aus Äpfeln, Orangen, Pfirsichen oder Aprikosen, und endlich der *Fleischsalat* namentlich aus leimreichem Fleisch (Schnecken, Kutteln und Ochsenmaul), aber auch aus pikanten Fischkonserven, wie Hering und Sardelle, oder aus allerlei gesottenen und gebratenen Fleischresten, sei's Kalb, Geflügel, Fisch oder Hummer. Unter diesen Fleischsalaten ist der *Kalbshirnsalat* der albernste, der *Hummersalat* der trockenste, der *Heringsalat* der populärste, der *italieni-*

sche Salat (aus Sardelle, Hering, Neunauge, Salami, Schinken, Kalbsfuß, Apfel, Gurke, Rotrübe und Olive mit kalter Senfsauce) der unvermeidlichste und der *Zigeunersalat* (franz. Salade Murger), aus gesottenen Geflügelmagen und Kalbsfuß mit Zwiebel, Kerbel, Estragon, Senf und Pfeffer, der neueste, während unter den Pflanzensalaten der einfache *Lattichsalat* den gemeinen Mann, der *bunte Salat*, aus allen möglichen Kräutern zusammengemengt, den liberalen Bürger und der *russische Salat aus* Gelbrüben, Kartoffeln, Kapern, Sellerie, Apfel, Gurke, Hering und Sardelle mit saurem Rahm und Zucker den Aristokraten repräsentiert.

Kaum weniger mannigfaltig als die wesentlichen Bestandteile sind die Würzen des Salats, unter denen neben dem Essig der Wein, neben dem Öl der Speck, neben dem Salz der Zucker figuriert, und je nach Gelegenheit auch die Zitronensäure und der saure Rahm, das Eigelb und das Gänseschmalz, der Pfeffer, der Senf, die Zwiebel, der Schnittlauch, der Estragon, der Kerbel, der Boretsch, die Bratensauce usw. eine Rolle spielen. Im allgemeinen behaupten jedoch wie unter den Grundstoffen die Vegetabilien, so unter den Würzen Essig, Öl und Salz das Übergewicht. Die rechte Verwendung dieser drei Substanzen bildet den Schwerpunkt der Salatbereitung, und das Sprichwort lehrt mit Grund, daß die Herstellung eines klassischen Salats fünf Personen erfordere: einen Geduldigen, der die Kräuter verliest, einen Verschwender, der das Öl spendet, einen Geizigen, der den Essig zumißt, einen Weisen, der das Salz abwägt, und einen Narren, der alles gründlich durcheinander mengt. Wo ein Mitglied dieser Fünfeinigkeit aus der Rolle fällt, ist als Sechster noch ein Hungerkranker vonnöten, der das Gericht verzehrt; denn nichts schmeckt trostloser als ein versalzener, nichts bekommt weniger gut als ein versauerter Salat. Der gerechte und vollkommene Salat soll und muß die Zunge kitzeln, ohne zu brennen, den Gaumen erfrischen, ohne zu kratzen, und den Magen anregen, ohne zu überreizen. Ein solcher Salat ist ein verkörpertes Ideal und bildet die würdigste Begleitung für den Braten. Dies Ideal wird aber allemal verfehlt nicht bloß durch ein

Zuviel an Essig und Salz, wie es dem haarsträubenden deutschen *Gasthaussalat* eigen ist, sondern auch wenn der Essig vor dem Öl zugesetzt wird, wie dies aus Unerfahrenheit in manchen Küchen vorzukommen pflegt. Die Salatbereitung hat also bei aller Einfachheit des Gerichts ihre eigenen Schwierigkeiten, und wer alle ihre Klippen zu vermeiden weiß, darf daher nicht nur für ein äußerst brauchbares Mitglied der menschlichen Gesellschaft gelten, sondern wird auch einer Dosis Ruhms nicht ermangeln, denn wie der Lateiner sagt: »Nihil tam parvum est, quod non gloriam parere possit«, oder zu deutsch: »Es ist kein Verdienst so gering, daß man dafür nicht mit einem Orden bedacht werden könnte.« Vgl. auch Lattich.

Salatrübe s. Mangold.

Salbei, eine stark aromatische Labiate des europäischen Südens, die schon zu Karls des Großen Zeit als Arznei- und Würzpflanze in die mitteleuropäischen Gärten gelangte und sich, wenn auch ihre kulinarische Verwendung stetig abnimmt, doch als Ziergewächs darin behaupten wird. Für die Küche kommen von den zahlreichen Arten nur zwei in Betracht: die *Muskatellersalbei* oder der *Scharlei,* die, in Österreich so gut wie unbekannt, in Westdeutschland auf sonnigen Rainen verwildert vorkommt und den eigentümlichen Geruch der Muskatellertraube besitzt, so daß die Blätter vielfach in der Weinfabrikation, namentlich zur Parfümierung der Obstweine, verwendet werden, und die *Garten-* oder *Kranzsalbei,* mit weichbehaarten Blättern und blaßblauer, rötlicher oder weißer Blüte, die bis über den Polarkreis hinaus in den Gärten gezogen wird. Diese Gartensalbei, in Österreich *Salfa,* in Niedersachsen *Sälwe* genannt, dient vielfach als Würze des Schweinebratens, verschiedener Fischbraten, besonders des Aals und des Blaufelchens, und namentlich zum Marinieren der Fische, da ihr durchdringender Geruch und etwas bitterer Geschmack die Fadheit des Fischfleisches vorteilhaft verdeckt. Sie mit Schmalz abzubacken, ist nahezu gänzlich außer Gebrauch gekommen. In England wird sie seit Ende des 17. Jahrhunderts im Großen kultiviert und im Lande selber zur Parfümierung des Gloucesterkäses verwendet, hauptsächlich aber nach China exportiert, wo sie als Heilmittel und Tee-Ersatz in größtem Ansehen steht.

Salm s. Lachs.

Salmi, franz. Salmis, eine Art Ragout von Federwildbret, zu dessen Herstellung das rohe Geflügel, nachdem die Brust abgelöst und bei größeren Arten (Rebhuhn, Ente, Fasan etc.) auch die Eingeweide entfernt wurden, in einem Mörser zerstampft und die Masse mit Fleischbrühe und Würzen zu einem Brei eingekocht wird, während die Brüste in Butter gedünstet und endlich, in mundgerechte Stücke zerlegt, auf dem Brei zu Tisch gegeben werden. Das Salmi bildet ein ebenso anziehendes wie leicht zu verarbeitendes Nebengericht und erinnert durch diese schönen Eigenschaften an die liebenswürdige und liebesselige Gräfin Salmagondi, eine der Hofdamen der Maria von Medici (1600–1631), die das Gericht in Frankreich eingeführt haben und aus deren Namen durch Verkürzung die Bezeichnung Salmi entstanden sein soll. Höchstwahrscheinlich jedoch hängt der Name mit dem lateinischen sal als allgemeine Bezeichnung für Gewürz zusammen und bedeutet nichts anders als die mittelalterliche salmicius, eine Würzspeise.

Salz oder genauer *Kochsalz,* eine Verbindung von $39^1/_3$ Teilen Natrium mit $60^2/_3$ Teilen Chlor, die, fertig gebildet, als hartes *Steinsalz* in der Natur vorkommt, für den Speisezweck aber hauptsächlich aus dem Meerwasser und der Sole durch Verdunstung gewonnen wird, ist das kostbarste aller Gewürze und unentbehrlich für die Küche, »denn fade schmeckt jedes Gericht, dem es an Salze gebricht«. Das Salz verbessert den Geschmack der Nahrung und reizt dadurch nicht nur zu vermehrtem Essen, sondern fördert auch, indem es die Drüsen des Mundes und des Magens zur Saftabsonderung anregt, das Geschäft der Verdauung. Zugleich geht neben dieser anregenden noch eine unmittelbar nährende Wirkung einher. Indem nämlich durch die Vegetabilien dem Organismus eine überwiegende Menge Kali zugeführt wird und diese Kalizufuhr eine erhöhte Ausscheidung von Natronsalzen zur Folge hat, entsteht im Körper ein Manko von Natrium, das sich nur durch den Genuß von Kochsalz ausgleichen läßt. Während daher die reinen Fleischfresser allerdings ohne Salzzufuhr auskommen können und wirklich auskommen, ist das Kochsalz bei reiner Pflanzennahrung und bei gemischter Kost durchaus unentbehrlich und demnach nicht bloß ein Gewürz, sondern ein wirkliches Nahrungsmittel, dessen Verbrauch sich in Europa auf 12–20 g per Tag und Kopf der erwachsenen Bevölkerung beziffert. Endlich spielt das Salz, indem es bei Berührung mit feuchten Substanzen deren Wasser an sich zieht und dadurch die Zersetzung hintanhält, von alters her auch bei der Herstellung von Konserven eine sehr bedeutende Rolle. Die Salzgewinnung und der Salzhandel reichen daher bis in die ältesten Zeiten zurück; um den Besitz von Steinsalzlagern und Solquellen wurden hartnäckige Kriege geführt, der Salztransport rief frühzeitig gebahnte Handelsstraßen und in Österreich die erste Eisenbahn von Linz nach Budweis ins Leben, und noch heute bildet das kostbare Mineral in salzarmen Ländern einen hochgeschätzten Leckerbissen oder dient, wie in Abessinien, geradezu statt kleiner Münze. Sogar auf die Entwicklung des Ackerbaues wirkte das Salz bestimmend ein, indem es die Aufnahme zahlreicher Vegetabilien in den Kreis der menschlichen Nahrungsmittel beförderte. »Salz« wird daher in beinahe allen Sprachen für Gewürz überhaupt, »Salz und Brot« für Nahrung im allgemeinen gebraucht. »Cum sale panis latrantem stomachum bene leniet« (Salz und Brot schützt vor dem Hungertod), sagt Horaz, und der biedere Deutsche meint: »Salz und Brot macht die Wangen rot«, fügt aber voll Überzeugung sogleich hinzu: »Doch belegte Butterbröter machen sie beträchtlich röter.«

Salzfleisch s. Pökelfleisch.

Sandfelchen oder *Bodenrenke* heißt in Süddeutschland ein Vetter des Blaufelchens, der den Wohnsitz, die Laichzeit, die Größe und Schwere mit diesem gemein hat, in bezug auf Zartheit und Wohlgeschmack des Fleisches aber nicht mit ihm wetteifern kann. Der Sandfelchen stirbt fast augenblicklich, sobald er seinem Element entrissen wird, und kommt daher nur mariniert oder geräuchert in den Handel. In Norddeutschland ersetzt ihn der sogenannte *Ostseeschnäpel*, d.h. die *Wandermaräne*, die den Sommer über im Meer lebt, im Herbst aber die Süßwasserseen der Norddeutschen Tiefebene, Finnnlands, Schwedens und Dänemarks aufsucht, dort ihren Laich absetzt und erst im März mit der inzwischen ausgeschlüpften Brut in den Ozean zurückkehrt.

Sandwich ist der englische Name eines mit Rauchfleisch, Zunge, Schinken, Lachs, Gänsebrust etc. belegten und mit einer zweiten Brotschnitte bedeckten Butterbrots, das in Norddeutschland, wo man statt des Weißbrots Hausbrot dazu nimmt, den biedern Namen einer *Klappstulle* führt. Die englische Bezeichnung soll sich von einem Grafen von Sandwich herschreiben, einer determinierten Spielratte aus der Zeit Georgs III., die sich dergleichen belegte Brötchen an den Spieltisch bringen ließ, um nicht des Essens wegen die Karten beiseite legen zu müssen.

Sardelle s. Anchovis.

Sardine oder *Pilchard*, ein 15–25 cm langer Seefisch vom Heringsgeschlecht, der das Mittelmeer und den Atlantischen Ozean bewohnt und alljährlich während der Sommermonate zu Millionen gefangen wird. Der Pilchard wird genau wie der Anchovis verwendet, d.h. ausgeweidet und gesalzen als *Sardelle*, hauptsächlich aber in Öl gesotten als *Ölsardine* in den Handel gebracht. Auf dem Kontinent bildet Concarneau bei Lorient den Hauptort des Sardinenfangs, die Zentralstelle für die Bereitung der Ölsardinen aber Nantes, das jährlich 300000 Büchsen von dieser Fischkonserve versendet.

Sauce, niederdeutsch *Stippe*, hochdeutsch *Tunke* und unter diesem Namen schon von Marperger (1718) zutreffend von der *Brühe* unterschieden, ist im wesentlichen eine würzhafte, mehr dick- als leichtflüssige Beigabe zu allerlei fester Speise und sowohl dem Namen wie der Sache nach aus der mittelalterlichen Salsa hervorgegangen, von der es im Jahre 1101 heißt:

»Salbei, Knoblauch, Salz und Wein, dazu Pfeffer und Peterlein geben im richtigen Gemisch rechte Salse auf den Tisch.«

Das Klosterkochbuch von 1350 führt außerdem Safran, Weinbeeren, Äpfel, Speck, Eigelb und Essig als Zutaten auf, und in den

Pariser Statuten für die Salsen- und Mostrich-Fabrikanten (Saussiers et Moustardiers) vom Jahre 1394 wird vorgeschrieben: »Wer *Gewürzsauce* (sausse appelée Cameline) bereiten will, soll guten Zimt, guten Ingwer, gute Gewürznäglein, gute Paradieskörner, gutes Weißbrot und guten Essig dazu nehmen.« Aus diesen Salsen, die annähernd mit unsern *kalten Saucen* übereinkommen, entwickelten die Franzosen vom 16. Jahrhundert ab die eigentliche moderne Sauce, indem sie zur Verdickung das Mehl, zur Fettung und Bindung das Öl, die Butter und vor allem die Fleischbrühe heranzogen, und nun, aus der Fülle ihres Herzens und ihrer Vorräte schöpfend, jenes Heer interessanter Tunken schufen, auf dem ein gut Teil der Überlegenheit der modernen Küche überhaupt und der französischen Küche im besondern beruht. Die moderne Sauce erleichtert nämlich nicht nur wie die Salse die Einverleibung der festen Speise auf rein mechanische Weise, sondern sie erhöht auch deren Verdaulichkeit und Nährwert und verleiht ihr vor allen Dingen jenen würzhaft kitzelnden Geschmack, der den verschlafensten Appetit auf die Beine zu bringen und zur Tat zu entflammen weiß. Mit Recht suchte daher der geistvolle Tatar Krim-Girai das »Geheimnis der Zivilisation« in der Sauce, denn die Sauce ist für ein gut Gericht ein Schleier, den die Zivilisation über die natürlichen Reize breitet, um sie um so anziehender zu machen. Dies lokkende Wesen ist namentlich den *weißen* oder, nach französischer Ausdrucksweise, *blonden Saucen* eigen, denn der Franzose spricht frischweg von »Blondinen« und »Brünetten«, wo der bedachtsame Deutsche von »Weißen« und von »Braunen« redet. Die *Brünetten* unter den Saucen, das sind jene kräftigen, pikanten, bluterhitzenden Kompositionen, die vorzugsweise im Geleit der dunklen Fleischsorten und des Wildbrets auftreten und die kräftigste, mit Wurzelwerk und Bratensauce verkochte und mit gebräuntem Mehl versetzte Fleischbrühe zur Grundlage haben, während die sanften, lieblichen *Blondinen*, die sich mit Vorliebe an zartes Kalbfleisch, Lamm, Geflügel usw. anschließen, auf der denkbar dezentesten Verbindung feinen Mehls mit guter Butter und reiner Fleischbrühe beruhen und die Berührung mit allen scharfen Kräutern und Würzen möglichst meiden. Das Urbild dieser Blondinen, deren Erzeugung, ihrer Zartheit entsprechend, die größte Sorgfalt und den feinsten Takt erfordert, ist die allbekannte gezwiebelte *Rahmsauce* (franz. Béchamel), eine Erfindung des Haushofmeisters Ludwigs XIV. Marquis de Béchamel, die sich mit Recht der Anerkennung der Weisen und des Beifalls der Besten erfreut. Die Brünetten ihrerseits werden nicht minder würdig durch die *Robert-* oder *Schalotten-Sauce* repräsentiert, die pikante Unterlage für aufgeschlagene Eier und beliebte Beigabe zu Koteletten jeder Art, deren Urheber Robert, Mundkoch König Franz' I. von Frankreich, war. Unter den schon erwähnten *kalten Saucen* auf der Grundlage von Essig mit Öl, Aspik oder Rahm, die namentlich zu kaltem Fleisch, Fisch, Hummer oder gekochtem Ei gegeben werden, nimmt die *Mayonnaise* oder richtiger *Mahonnaise*, hervorgegangen aus der Küche des Herzogs v. Richelieu und zu Ehren der Eroberung von Mahon auf Menorca im Jahre 1756 benannt, die erste Stelle ein, während in der Klasse der *süßen Saucen*, der begünstigten Begleiterinnen des Puddings, der Dampfnudeln, Wuchteln usw., deren Grundlage Rahm, Milch, Wein oder Fruchtsaft bildet, das Präsidium der *Vanille-Sauce* zustehen dürfte, da auf deren geneigter Mitwirkung der Erfolg einer ganzen Reihe trefflicher Mehlspeisen beruht.

Im Gegensatz zu diesen *Haussaucen*, die nur bei Bedarf angefertigt werden, mit wenigen Ausnahmen sehr dem Verderben unterworfen sind und neben der Würzkraft noch einen gewissen Nährwert besitzen, stehen die *Markt-* oder *Handelssaucen*, die, weil zumeist in England hergestellt, auch wohl geradezu als *Englische Saucen* bezeichnet werden. Diese Handelssaucen, im allgemeinen aus stärkstem Essig, Pfeffer, Paprika, Senf und Ingwer mit vielem Salz zusammengemischt, sind im wesentlichen flüssige Gewürze von größter Schärfe, wahrhaft gewaltsame Appetitreizer, die von Magenschwachen durchaus gemieden werden müssen und denen auch der Magenstarke mit Vorteil aus dem Wege geht, da manche englische Delikatessenfabrikanten sich durch nichts weniger als durch Gewissenhaftigkeit bei der Arbeit und durch Bescheidenheit beim Geldnehmen auszuzeichnen pflegen. Wirklich nützlich werden die Handelssaucen nur, wenn man sie durchaus als Gewürzessenzen betrachtet und dementsprechend nicht anders als tropfenweis zur Schärfung der Haussaucen verwendet. Bei alledem hat eine ziemliche Anzahl derselben auf dem Kontinent Eingang gefunden, darunter namentlich – von der eigenartigen Soja abgesehen – die grimmig scharfe, schwarzbraune Great Western-Sauce aus Essig, Salz, Paprika und Knoblauch mit zahlreichen andern Gewürzstoffen, ferner die angenehm säuerliche, braunrote Sauce succulente aus Essig, Knoblauch und Schalotte mit Weizenmehl, Tomaten und rotem Johannisbeer-Gelee, die breiartig dickflüssige, grün oder gelb gefärbte King of Onde-Sauce, die salzige, dunkelbraune *Harvey-Sauce* (Harvey's Fish-Sauce), die mit Bolus gefärbte *Krabben-Sauce* (Essence of Shrimps), die dunkelrote *Anchovis-Sauce* (Essence of Anchovis), die *Beefsteak-Sauce*, die *Nabob-Sauce*, die *Trüffel-Sauce*, die *Worcestershire-Sauce* usw. Als empfehlenswert ist endlich noch die *Tomaten-Sauce* (Tomato-Sauce) aus Tomaten, Salz, Pfeffer und Muskatblüte zu nennen, die freilich in der Regel nicht aus London, sondern aus Bozen bezogen wird, darum aber nicht weniger trefflich mundet und den besten Produkten Tirols beigezählt werden muß.

Sauerampfer nennt der Hochdeutsche ganz ohne Not – denn das nordische amper bedeutet schon an sich sauer, scharf oder herbe – einen einheimischen Vetter des exotischen Rhabarbers, der, in etwa 20 Arten über ganz Europa verbreitet, in Frankreich bereits um 1550 und in Deutschland um 1565 im Garten kultiviert wurde. Gegenwärtig zieht man hauptsächlich drei Arten für die Küche: den *großen Ampfer*, der allenthalben in Europa auf Wiesen und Rainen wild vorkommt, den *französischen* oder *Schildplattampfer*, der zu Ende des 17. Jahrhunderts in die deutschen Gärten gelangte, und den sogenannten *englischen Spinat*, eine englische Erfindung des 19. Jahrhunderts, die aber dem alten Plinius schon als »Gartenampfer« bekannt gewesen und nur eine Kulturform des in Südeuropa und Niederösterreich häufigen krausblättrigen Ampfers zu sein scheint. Der Ampfer zeichnet sich in allen Lebenslagen durch einen Gehalt an saurem oxalsaurem Kalium aus, die jungen Blätter werden daher vielfach als Salatwürze benutzt, hauptsächlich aber wie Spinat zu *Gemüse* verwendet und bilden in dieser Gestalt, mit gekochten Eiern garniert, eine recht verehrliche, gesunde und nahrhafte Schüssel der Frühlingstafel. Für ganz besonders delikat und schmackhaft aber gilt Ampfergemüse mit in Salzwasser gesottenen Hopfenkeimen als Beigabe zu Backfisch oder Koteletten. Die Sauerampfer-Sauce ist in der bürgerlichen Wiener Küche sehr gerne gesehen. Siehe auch Alse.

Sauerkraut, das Nationalgericht der Niedersachsen, wird aus möglichst fein gehobeltem Weißkraut hergestellt, indem man dasselbe unter Zusatz von Salz, Dill, Kümmel und Apfelschnitten, auch wohl Wacholderbeeren und Weintrauben, in ein Faß einstampft und der Gärung überläßt, die den Zuckergehalt des Kohls in Milchsäure umsetzt und auf diesem Wege der einfachen Konserve einen eigentümlich pikanten Geschmack und Geruch mitteilt. Auf diesem eigenartigen Duft in Verbindung mit lichtblondem Teint und möglichster Feinfädigkeit beruht die Schönheit und Vortrefflichkeit des Sauerkrauts, das, roh mit Essig, Öl, Salz, gestoßenem Pfeffer und Kapern und mit Neunaugen garniert, einen überaus löblichen *Salat* liefert, gekocht und gedünstet aber eine der solidesten und zuträglichsten Bei- und Unterlagen abgibt, die man einem Braten, einer Gänsebrust, einem Spickaal, einem Stück Pökelfleisch oder Rauchlachs, einer Karbonade oder Bratwurst usw. nur immer bereiten kann. Sauerkraut mit gebackenen Sardellen, Austern, Hering oder Speckbückling ist gleichfalls nicht zu verachten, wenn der Kohl nur gehörig gefettet und gründlich gedünstet wurde. Auch jene etwas befremdliche Zusammenstellung von Erbsbrei und Sauerkraut, die der Niedersachse »Lehm mit Stroh« nennt, ist durchaus berechtigt und verdient mindestens eine ehrende Erwähnung. Alle diese Gerichte zeichnen sich aber nicht bloß durch Nährkraft und Wohlgeschmack, sondern auch – und das ist die schönste Seite des Sauerkrauts! – durch einen verhältnismäßig hohen Grad von Verdaulichkeit aus. Schon die Gärung lockert nämlich die zähe Kohlfaser, durch die Operation des Dünstens wird sie dann vollends windelweich, und endlich trägt die Milchsäure auch noch zur Lösung der Eiweißstoffe des Fleisches mit solchem Eifer bei, daß selbst der Schweinebraten und der Spickaal so vieler Liebenswürdigkeit nicht lange widerstehen können, sondern sich im Magen baldigst in lauter Wohlgefallen auflösen. Den »Theriak unter den Speisen« nannte daher Guarinoni in Prag das edle Präparat schon zu einer Zeit (um 1580), wo sein Weltruf noch in den Windeln lag. Allerdings reicht nach dem Zeugnis des Geographen Georg Torquatus der Sauerkohlhandel Magdeburgs elbaufwärts und elbabwärts mindestens bis in die Mitte des 16. Jahrhunderts zurück; außerhalb des Reiches jedoch gelangte die Konserve erst im 18. Jahrhundert zur Anerkennung, und zwar zunächst in Amerika durch die während des Unabhängigkeitskrieges dahin verkauften niederdeutschen Landeskinder, unter deren Einfluß sich die Engländer zum Sauerkraut bekehrten und es als Skorbutmittel in ihrer Marine einführten. Frankreich akzeptierte den Sauerkohl erst 20 oder 25 Jahre später, nämlich seit etwa 1800, nachdem seine Soldaten während der Revolutionskriege damit vertraut geworden waren. Seitdem huldigt ihm jedoch Paris mit einer Hingebung, die in Deutschland kaum übertroffen werden dürfte: den ganzen Winter über erscheint es auf den gewähltesten wie auf den einfachsten Tafeln, und erst wenn die Radieschen sich zeigen, nimmt es Abschied. In Frankreich gilt alles Sauerkraut für aus Straßburg gebürtig, in Niedersachsen aber behauptet Magdeburg den angestammten Ruf als größte Kohlstadt nach wie vor und versendet sein berühmtes Fabrikat nach allen Richtungen der Windrose über ganz Europa und sogar nach Amerika. Die Wiener »Sauerkräutler« begnügen sich mit dem vaterländischen Renommee ihrer Erzeugnisse. Zum Export haben sie sich noch nicht aufgeschwungen.

Sauser s. Federweißer.

Schabzieger s. Glarner Schabzieger.

Schachtelkäse, ein vorzüglicher Weichkäse, welcher allein echt in den Fürstlich *Wrede*'schen Meiereien zu Mondsee und

Hochalpe (Oberösterreich) erzeugt und von der fürstlichen Gutsverwaltung als »Mondseer Schachtelkäse« (fl. 1,70 das Kilo) versendet wird.

Schaffleisch, in Österreich und Bayern durchweg *Schöpsenfleisch*, in Norddeutschland *Hammelfleisch* genannt, hat weichere Fasern, ein loseres Gewebe und einen zarteren Geschmack als das Rindfleisch, ist aber minder nährkräftig als dieses und daher mehr für Leute von sitzender Lebensweise, für Frauen und Kranke geeignet. Je nach der Mästung des Tieres setzt es sich aus $16^1/_2$–17 % Eiweißstoffen, 1 bis $1^1/_3$ % Salzen, 55–75 % Wasser und 6–28 % Fett zusammen, welcher letztere Bestandteil jedoch in der feineren Küche größtenteils entfernt und durch Butter ersetzt wird, weil er dem Fleisch einen nichts weniger als anziehenden Talggeschmack mitteilt. Seiner Weichheit wegen eignet sich das Schaffleisch durchgängig mehr zum Braten als zum Kochen, um so mehr, da es gesotten ziemlich fade schmeckt und sich ziemlich schwer verdaut. Gebraten gilt es im allgemeinen für leichter verdaulich als Rindfleisch, doch nicht ganz zutreffend, denn die Verdauung nimmt immerhin drei Stunden in Anspruch, und namentlich altes Hammelfleisch macht dem Magen ebensoviel zu schaffen wie altes Rindfleisch. Das beste Fleisch liefern Tiere von 2–4 Jahren, nachdem sie die nahrhafte Sommerweide genossen haben, also im Herbst; als die besten Stücke aber gelten die Keule und das Schulterblatt, dann folgen das Nierenstück, das Halsstück und die Brust. Die *Hammelkeule* (franz. Gigot de mouton) kommt in Österreich, Deutschland und England bisweilen noch *gesotten*, in der Regel aber wie in Frankreich nur gebraten auf den Tisch, und zwar entweder »mürbe geklopft wie ein ertappter Dieb und bluttriefend wie ein Schreckensmann« als aristokratischer *Spießbraten*, oder in Butter gedünstet und mit Gemüse garniert als schlichter *Naturbraten*, oder endlich gespickt, gebeizt und mit Wildbretsauce versehen als sogenannter falscher *Rehschlegel*, der aber trotz seiner illegalen Herkunft mindestens ebenso viele Anhänger zählt wie der echte. In neuester Zeit wird die Keule auch geräuchert, und dieser Hammelschinken, in Madeira gebeizt und dann nach Art des bekannten *Schöpsen-Ragouts* mit Weißrüben gedämpft, in Begleitung spanischer Sauce unter dem Titel *Navarin* aufgetischt – ein Name, der den denkenden Esser einesteils an die beigegebenen Rüben und andernteils an Navarra, die angebliche Heimat dieser reinen Pariser Erfindung, erinnert, glücklicherweise aber dem gastronomischen Wohllaut des Gerichts keinen Eintrag tut. Minder angesehen als die Keule, aber nicht minder zart und anziehend ist die *Hammelschulter,* die geschmort, geröstet und gebacken auftritt, sowie der *Schöpsenrücken,* der nicht bloß als Spieß- und Schmorbraten vorkommt, sondern auch die ungemein beherzigenswerten *Hammelsteaks* und das klassische *steirische Schöpserne* liefert. Die *Hammelbrust* spielte früher, am Spieß gebraten und mit grüner Petersilie garniert, als sogenannter *Philosophenbraten* eine gefeierte Rolle, jetzt fördert sie zumeist in geschmortem Zustand der Menschheit höhere Zwecke, während das *Halsstück* sich in Kruste gebacken, in Rotwein gedämpft oder als *Schöpsen-Gulyas* präsentiert. Neben diesen umfangreichen Schüsseln zieht das Heer der *Hammelrippchen* (franz. Côtelettes de mouton) einher, einfach in Butter oder gefüllt und paniert auf dem Rost, oder in der Pfanne gebraten, mit grünen Erbsen, mit weißen Bohnen, mit Brechspargel, mit Zwiebelpüree, mit Spinat, mit Linsenbrei usw., und würdig schließen sich ihnen die *Hammelzungen* an, die, in Salzwasser gesotten, dann gespalten und gedünstet, mit brauner Sauce, in Butter geröstet, mit allerlei Gemüse oder gefüllt, mit einem Speckhelm auf dem Tisch erscheinen. Auch der schwierigen und daher heute etwas vernachlässigten, weiland aber beim Gabelfrühstück gänzlich unerläßlichen *geschwungenen Hammelnieren* ist zu gedenken, eines feinen Bissens, den Salomo sicher noch nicht kannte, als er die Worte schrieb: »Alles hat seine Zeit« – denn diese Nieren haben durchaus keine Zeit, sie müssen im Laufschritt bereitet und im Flug gegessen werden. Zu diesen internationalen Schaffleischgerichten stellt dann noch fast jedes Land eine oder mehrere Sonderschüsseln, so Altengland seine *Hammelpastete,* seinen *Hammelpudding* und sein kartoffelumkränztes *Irisch Schmorfleisch*; Frankreich seine *gebackenen Hammelohren* (Oreilles de mouton en croûte), an denen man sich unbändig hungrig essen kann; das Zarenreich seine gepfefferten *russischen Hammelschnitten*, die, mit Speck geröstet, den Reisbrei krönen; Persien neben dem bekannten Pillau seine *Fettschwanzscheiben*, Scheiben von 2–5 kg schweren Anhängseln des Tatarenschafs, die in bunter Reihe mit Hammelkeulenschnitten und Lorbeerblättern am Spieß gebraten werden; Griechenland seine *Schöpsenfleischklöße* mit Parmesan und Tomatensauce etc. Übrigens reicht der Hang zum Hammelfleisch bis in die Kinderschuhe der Menschheit zurück, denn eines Hammelbratens wegen schlug Kain als Vertreter der notleidenden Landwirtschaft den schwelgerisch industriellen Abel tot, und als es sich im Lager vor Troja um die kunstgerechte Herstellung eines Schöpsen-Spießbratens handelte, machte selbst Achill, obgleich von mütterlicher Seite mit den Göttern verwandt, durchaus keine Umstände, das verantwortliche Amt eines Küchenchefs zu übernehmen. In der Tat dürfte das Schaf das älteste unserer Haustiere sein, denn keines derselben weicht in solchem Grad von seinen wilden Vorfahren ab wie das beliebte Sinnbild der Geduld und Furchtsamkeit, dem mit der Freiheit jede Spur von Intelligenz ausgegangen zu sein scheint. Gegenwärtig ist das Schaf als Schlachttier hauptsächlich für Persien, wo es gut neun Zehntel des gesamten Fleischbedarfs liefert, und für Großbritannien von Bedeutung, wo nicht bloß die vorzüglichsten Mastschafe gezogen, sondern auch die an Krankheit verendeten Tiere unbedenklich verspeist werden. Auf dem Kontinent dagegen macht sich seit mehreren Jahren ein Rückgang im Konsum bemerkbar. Wie man immer vom biedern Schaf denken mag, eines steht sprichwörtlich fest: Der wahre Schöps paßt auf jede Tafel.

Schaid oder *Schaidel*, in Wien *Schaiden*, in Bayern *Scharn* oder *Schaden*, heißt mundartlich wahrscheinlich nach seiner dunklen Farbe (also Schatten!) der *Wels*, *Weller* oder *Waller*, ein großmäuliger, plumper Riese bis zu 3 m Länge und 250 kg Schwere, der die größeren Gewässer Mittel- und Osteuropas bewohnt und namentlich auch in der Theiß, der Donau und dem Neusiedler See sein

Wesen treibt, im Bodensee dagegen ziemlich selten ist und in Großbritannien, in Südeuropa, in Frankreich und den Gewässern westlich der Elbe gänzlich fehlt – doch wahrscheinlich nur infolge erlittener Verfolgung, da Ausonius ihn noch im 4. Jahrhundert unter den Bewohnern der Mosel aufführt. Der Schaiden ist ein ausgeprägter Fettfisch, eben deshalb aber nur im Jünglingsalter brauchbar, denn später wird das Fleisch hart und tranig. Im 17. Jahrhundert wurde der Fisch in daumendicke Schnitten geteilt, dann gesalzen, gesotten und mit Limonensaft gewürzt; jetzt paniert man in der Regel die Schnitten, bäckt sie dann in Butter ab und serviert sie dann mit irgendeinem Salat, oder man brät sie, kocht sie mit Rahm auf, tut Kapern dazu und bringt sie mit Bratkartoffeln oder dergleichen zu Tisch.

Schalet, wienerisch *Scholet,* das rechte Sabbat- und Nationalgericht der Juden und zweifelsohne identisch mit jenen »Fleischtöpfen Ägyptens«, nach denen die Kinder Israels während ihrer Wüstenpromenade eine so herzinnige Sehnsucht empfanden und dem *Heine* und *Börne* begeisterte Worte spendeten, ist nach *Saphirs* durchdachten Worten nichts anderes als eine Verbindung des Klassischen mit dem Romantischen. »Man nimmt«, sagt der Wiener Humorist, »klassische Graupen und romantische Erbsen, mischt sie untereinander, gibt dem Ganzen einen realen Durchmesser aus geselchtem Rindfleisch und bringt es freitags in den ›allgemeinen Ofen‹ – natürlich mit mehrerem Fett und etwas Odeur de Knoblauch darunter. Bis Samstag mittag läßt man dann die Romantik mit der Klassik amalgamieren, sie die Grundsätze des realen Selchfleisches einsaugen und so das Ganze zu einem eigenen System werden, zum wunderbaren Schalet . . . Das Schalet ist wie das Schicksal der Juden, nicht gekocht und nicht gebraten, nicht im Kochbuch bürgerberechtigt und nicht zünftig mit den anderen Speisen – und dennoch nahrhaft und ausgiebig und ergreifend.« So war es noch vor etwa vierzig Jahren um das Schalet bestellt, seitdem aber hat die alles beleckende Kultur auch an ihm seine Macht erprobt. Es hat in einem der geistvollsten und gründlichsten deutschen Kochbücher, der »Schnellküche für Gesunde und Kranke« von Frau v. Sz. (2. Aufl., Düsseldorf 1884), das Bürgerrecht erhalten; es ist aus dem Gemeindeofen in die Privatküche übergegangen; es hat das dürre Selchfleisch mit saftigem Rohfleisch nebst Markknochen und den überkräftigen Knoblauch mit der milderen Zwiebel vertauscht; es hat sich vor allen Dingen zur Aufnahme der mannhaften Grundsätze einer kräftigen Rauchwurst und der feinen Maximen eines Hutzel- oder Kletzenkloßes aufgeschwungen und ist so zu einer anerkannt überlegenen Schüssel geworden, der zum völligen Eintritt in die hohe internationale Küche nur noch eines fehlt: ein hübscher französischer Titel. Aber auch der wird sich finden, so gut er sich für das deutsche Sauerkraut gefunden hat, das den Franzosen nimmer munden wollte, bis ein findiger Kopf an die Stelle des schleppenden Chou en compôte und des scharfen Sourcroute das verführerische schmelzende Choucroute setzte.

Schalotte, *Schlotte, Aschlauch* oder *Eschlauch,* eine Kulturform der gewöhnlichen Sommerzwiebel, die als Skorodon askalonikon (Askalonische Zwiebel) schon den Griechen des 4. Jahrhunderts v. Chr. bekannt war, sich desgleichen als »Askalon-Zwiebel« schon bei Plinius beschrieben findet und nicht erst durch die Kreuzfahrer, sondern bereits durch Karl den Großen nach West- und Mitteleuropa gelangte. Gegenwärtig wird sie nicht bloß in ganz Europa, sondern auch in Ostindien im Garten gezogen, und hier wie dort an Stelle der Zwiebel als Würze namentlich zu Saucen und Salaten benutzt. In diätetischer Hinsicht kommt sie völlig mit der Stammpflanze überein, und in bezug auf den Geschmack verhält sie sich zur Zwiebel wie diese selber zum Knoblauch. Mit oder ohne Gewürz in Essig eingelegt, bildet sie seit langem einen Artikel des Delikatessenhandels.

Schaumwein, ursprünglich eine Benennung des Champagners, die zuerst zwischen 1820 und 1830 in den Kreisen norddeutscher Gutsbesitzer geläufig wurde und dann auch in die Schriftsprache überging, in neuerer Zeit aber fast nur noch für solche moussierende Weine gebraucht wird, die nicht aus der Champagne stammen. Der Ausdruck ist also gewissermaßen zur technischen

Bezeichnung für alle jene Nachahmungen geworden, zu denen die stetig wachsende Beliebtheit des »Weins der Könige« den Anlaß gab. Solche Nachahmungen wurden in Frankreich schon zu Anfang des 9. Jahrhunderts und in England während der zwanziger Jahre hergestellt; die Sache blieb jedoch ohne Bedeutung, bis seit 1835 deutsche Unternehmer (Kaufmann Häusler zu Hirschberg in Schlesien und Gutsbesitzer Knapp zu Appenweier in Baden) die Schaumweinfabrikation in Angriff nahmen. Ihre Fabrikate, die aber zunächst noch immer unter französischer Flagge segelten, fanden Abnehmer und bald auch Konkurrenten – nicht bloß in Deutschland, wo man schon um 1850 über 40 Schaumweinfabriken zählte, sondern auch in Frankreich, in der Schweiz, in Österreich, in Ungarn und selbst in Rußland. Unter diesen zahllosen Imitationen gilt der *Waadtländische Champagner* von Vevey im Waadtland für die gelungenste. In Frankreich werden der ungestüme *Vin d'Arbois* aus dem Jura, der würzige *Saint Peray* von Tain im Languedoc und der feine *Vin mousseux d'Anjou* von Savonnières und Saint-Aubin gerühmt. In Deutschland nehmen der Sparkling Hock (von Lauteren in Mainz), der Sparkling Moselle (von Kehrmann in Koblenz), der Sparkling of Walporzheim und der *Ingelheimer Mousseux* (von Dietrich & Ewald in Rüdesheim) die erste Stelle ein; in Österreich marschieren der *Törley Talisman*, der *Vöslauer Schaumwein*, der *Vin de Cabinet* (von Prüchler in Budapest) und der *Kleinoscheg* von Granz an der Spitze der Zivilisation; in Rußland wird der *Donskoi* von Tscherkask in der Ukraine und der *Krim-Champagner* von Sewastopol und Feodosia gefeiert; in Italien erfreut sich der Asti spumante von Asti in Piemont des größten Rufs usw. Alle diese Marken werden nach französischer Methode durch Vergärung in der Flasche erzeugt, keine einzige aber kommt in der Feinheit des Geschmacks dem echten Champagner vollständig gleich – »dagegen hilft kein Patriotismus, und wer da anders behauptet, hat keine Zunge« (Hamm). Noch weniger ist das natürlich mit jenen geringeren Sorten der Fall, die durch Imprägnierung gezuckerten Naturweins mit flüssiger Kohlensäure hergestellt werden, wie beispielsweise der *Wiener Sekt*.

Diesen bleibt jedoch ein Vorzug nachzurühmen: sie sind so billig, daß mit ihrer Hilfe selbst der mäßig Bemittelte sich zum Luxus eines Sektrausches erheben kann, und sowie nach *Nestroy* es zweckdienlicher erscheint, von einem Baron getrennt, als mit einem Schneider vereinigt zu leben, so ist bekanntlich der schlechteste Sektrausch immer noch geistvoller als der beste Bierrausch.

Schellfisch, ein Familien-, Wohn- und Schicksalsgenosse des Dorsches, von dem er sich durch hellere Farbe und geringere Größe (höchstens 60 cm Länge und 8 kg Schwere) unterscheidet, wird hauptsächlich vom Oktober bis Mai an den deutschen und dänischen Küsten der Nordsee gefangen und frisch oder gesalzen ins Binnenland versandt. Die feinere Küche verwendet ihn nur frisch und setzt ihn *gesotten, gebacken* oder *in Schnitten* (mit Sardellensauce) in Kurs, bevorzugt ihn aber wegen seines schmackhafteren und leicht verdaulichen Fleisches ganz entschieden vor dem Dorsch.

Scherbet oder *Sorbet* (vom arabischen scharbat, Trank), ein süßer Kühltrank der Orientalen, der in einfachster Gestalt aus einem Aufguß frischen Wassers über zerquetschte Rosinen besteht, in der besseren türkischen Küche aber nach Art unserer Limonaden aus einem Fruchtsirup mit Wasser bereitet, mit Moschus gewürzt und mit Schnee gekühlt wird. In der europäischen Küche versteht man unter Sorbet vorzugsweise eine Art Halbgefrorenes von Orangen, Weichseln, Himbeeren, Aprikosen, Ananas etc. mit Weinzusatz, das vor dem Braten in Gläsern serviert zu werden pflegt. Bemerkenswerte Spielarten sind der *Waldmeister-Sorbet* aus Wasser, Weißwein, Zucker, Orangenspalten und Zitronensaft mit Waldmeister und der *Yankee-Sorbet* (Sorbet à l'américaine) aus Fruchtsirup, Wasser, Rheinwein und Zitronensaft.

Scherg, *Scherk* oder *Schirkel,* eine Störart von 2 m Länge, die in der Donau, Theiß und Drau, besonders aber im Schwarzen Meer zu Hause ist und als Kaviarlieferant alle Hochachtung verdient. Das Fleisch des Schergs wird wie das seines erhabenen Verwandten, des Hausen, benutzt.

Schiffszwieback, im 17. und 18. Jahrhundert *grober Zwieback* genannt, wurde damals und noch im ersten Drittel des 19. Säkulums vorzugsweise aus Roggenmehl hergestellt, indem man den Teig möglichst scharf durchbuk, dann zerschnitt und die Stücke von neuem im Backofen röstete. Jetzt bereitet man ihn aus ungesäuertem Weizenteig mit möglichst wenig Wasser, indem man dünne, rechteckige Tafeln formt, dieselben auch wohl, um das Austrocknen zu fördern, mit Löschern versieht und dann in Zinnschüsseln knochendürr bäckt. Dieser Schiffszwieback hält sich, vor Nässe bewahrt, jahrelang und stellt, da er mehr Nährstoff enthält als die gleiche Gewichtsmenge Brot, eine ganz zweckmäßige Nahrung dar – nur muß er vor dem Gebrauch im Wasser aufgeweicht werden.

Schildkröte, das ehrbare Sinnbild der Häuslichkeit und rechtmäßige Wappentier der guten Stadt London, deren Bürgermeister die Schildkrötensuppe zu seinen heiligsten Amtspflichten zählt, kam bei Griechen und Römern wahrscheinlich nur als Arzneimittel zur Geltung und findet sich erst in einer Abhandlung des Franzosen Etienne Daigue vom Jahre 1530 als Fastenspeise genannt. Noch ein Menschenalter später, auf der Tafel Kaiser Ferdinands I., scheint das Gericht wenigstens in Österreich und Deutschland gefehlt zu haben; im folgenden Säkulum dagegen hatte sich hier bereits eine wirkliche Schildkrötenzucht entwickelt. »Die Schildkröten leben gern an morastigen, schilfigen und moosichten Orten«, erzählt Hohberg (1682), »werden aber auch in den Gärten in kleinen Teichen aufgezogen, die, wenn um und um mit Bachsand beschüttet und von dem Überlast anderer Tiere befreiet, ihnen eine Gelegenheit geben, ihre Eier dahin zu legen und auszubrüten, so aber selten geschieht. Sie werden hier so heimisch, daß sie gewöhnen, die Speise, sonderlich Schnecken, aus der Hand zu nehmen, wie ich zu Saalaberg in Unterösterreich gar oft gesehen und selbst probiert habe.« Hohbergs Bericht bezieht sich auf unsere bekannte schwarzgrüne, gelb punktierte *Teichschildkröte,* die im Gebiet der Donau, der Weichsel, der Oder und der Elbe verhältnismäßig häufig ist, eine Panzerlänge bis zu 20 cm und ein Gewicht bis zu $2^1/_2$ kg erreicht, im Königreich Preußen noch um 1825 einen Ausfuhrartikel der Neumark (Warthe-Niederung) nach Schlesien und Posen bildete und in Wien, wo man das Stück gegenwärtig mit 1–2 1/2 Mark bezahlt, regelmäßig auf den Markt kommt – allerdings je nach der Gunst der Umstände in sehr verschiedener Menge, so daß 1889 z.B. 908, im Jahre 1890 dagegen nur 20 Stück zum Verkauf gestellt wurden. In Frankreich und Südeuropa gesellt sich zu dieser Art die kleinere, mit schwarzen, gelbgeränderten Panzerplatten bekleidete *Griechenschildkröte*, die besonders in waldigen Gegenden Griechenlands, Süditaliens und Siziliens in Menge vorkommt und dort einen stehenden Marktartikel ausmacht. Das meiste Schildkrötenfleisch jedoch liefert die große, grüne *Suppenschildkröte*, eine riesenhafte Meerbewohnerin bis zu 2 m Panzerlänge und 500 kg Schwere, die namentlich aus Westindien (Jamaika) vielfach lebend nach Europa gebracht und in den Seestädten ausgepfundet wird, in neuerer Zeit aber in noch größeren Umfang zur Herstellung anerkennenswerter Büchsen-Konserven dient, die unter der Bezeichnung Real Turtle Meat und Real Turtle Soup in den Handel kommen. Mit diesem Material wird das französische *Schildkröten-Ragout* (Tortue en ragoût), das amerikanische *Schildkröten-Frikassee* und vor allem die englische *echte Schildkrötensuppe* (Real Turtle Soup) hergestellt, dies Ideal einer mundigen Suppe, ein überaus köstliches, kräftiges und würzhaftes Gericht ersten Rangs, das des Gaumens der Erfahrensten und des Segens der Einsichtvollen würdig ist, dessen Tugend aber freilich weit weniger auf dem Schildkrötenfleisch als auf den Zutaten beruht: auf der Kraftbrühe und dem Madeira-Wein, der Butter und dem Rindermark, den Kalbfleisch- und Krebsknödeln, den Zwiebeln, den Champignons, der Soja, dem Paprika, der Salbei, dem Quendel usw. Diese hervorragende englische Komposition, die noch um die Mitte des 19. Jahrhunderts nur in den Seestädten bekannt war, verdrängt jetzt auch im Binnenland mehr und mehr die leichter verdauliche, mit Weißbrot, Butter, Zwiebel, Agrest oder Zitronensaft bereitete und höchstens mit Fleischbrühe, Spargeln und Trüffeln gestärkte *magere Schildkrötensuppe* (Potage de tortue), die vom 16. Jahrhundert ab als Fastenschüssel in der kontinentalen

Küche gang und gäbe ist, aber freilich nie für etwas Besonders galt, da das Schildkrötenfleisch, wenngleich nahrhaft und wohlschmekkend, doch im allgemeinen vor gutem Kalb- oder Rindfleisch nichts voraus hat. Daraus erklärt sich zugleich, wie die im wesentlichen aus Kalbskopf, Kalbsbein, Schinken, Kern- und Nierenfett mit Sherry, Madeira oder Weißwein bereitete *falsche Schildkrötensuppe* (Mock Tortle Soup) – von Wiel mit höchster Wahrheit als unübertreffliche Katerarznei empfohlen! – zum Nebenbuhler der echten Suppe werden und ihr zum Teil den Rang ablaufen konnte. Mit Ausnahme der mageren Suppe, die sich durchaus für den Krankentisch eignet, sind alle diese Gerichte harte Nüsse für schwache Mägen, und dasselbe gilt von den *gedämpften Schildkrötenscheiben*, die ausschließlich aus frischem Fleisch geschnitten, in Essig gebeizt, mit Sardellen gespickt und mit Pfeffersauce und Pfeffergurken serviert werden.

Schinken, das gesalzene und geräucherte Dickbein des Schweins, stellt nicht bloß das wasserärmste und dabei fettreichste, sondern zugleich nächst der Gänsebrust das schmackhafteste unter allem Rauchfleisch dar. Indessen ist weder der Rohstoff, der sogenannte *frische Schinken,* noch die Bereitungsweise allerorten gleich gut, vielmehr zeichnen sich in jedem Lande ganz bestimmte Ortschaften und Gegenden durch ein besonders gelungenes Produkt aus, so in den Ländern der österreichisch-ungarischen Krone in Prag, Tyrnau, Kaschau und Debreczin, in Italien Chianti, in Spanien die Provinzen Asturien und Granada, in Frankreich Bayonne, in England York, in Schottland Dumfries, in Norddeutschland Kiel, Braunschweig und Westfalen (namentlich Münster und Osnabrück), in Süddeutschland Mainz etc. In Wien wird neben dem fünf- bis zehnpfündigen *Prager* besonders der doppelt schwere *westfälische Schinken* geschätzt und kommt nicht bloß *gesotten, gebacken* oder *in Madeira,* sondern auch mit *Eiern* oder in *Gelee,* d.h. glasiert und mit Gelee und Trüffeln garniert, auf Butterbrot zu Tisch; in England verehrt man namentlich den *Bratschinken* (Jambon à l'anglaise) auf Kartoffelbrei mit getrüffelter Madeira-Sauce, und in Frankreich schwärmt man für die klassische, von Jaquet erfundene und von Lesage verbesserte *Schinkenpastete,* während der Spanier sich kaltlächelnd für den *Asturier-Schinken* mit Zuckerüberzug und Sirupgarnitur erwärmt, den schmackhaft zu finden man allerdings einige Jahre unter Don Carlos gedient haben oder doch aktives Mitglied einer fliegenden Bande gewesen sein muß. *Schinkenknödel* dagegen, *Schinkenstrudel, Schinkenfleckerl* und *gefüllte Schinkenrolle* sind besonders in Süddeutschland sehr beliebt. Die Krone aller Schinkenspeisen ist und bleibt jedoch der *rohe Schinken,* besonders wenn er, von blinkenden Weinflaschen flankiert, schneeweiß und rosenrot im Mittelpunkt des Frühstückstisches thront. Sein Anblick erweckt die schönsten Hoffnungen, und er hält, was er verheißt, denn guter roher Schinken ist in Wahrheit Manna für den Mund und Balsam für den Magen.

Schinkensalat s. Rapunzel-Sellerie.

Schiraswein, das süße, braunrote, stark alkoholhaltige Produkt des Tales Goller bei Schiras und daher in Persien selber *Goller* (Gulari) genannt, wird zwar noch heute in seinem Vaterland mit derselben Begeisterung getrunken, mit der einst Hafis ihn besungen hat, gelangt aber nur in ganz geringer Menge zur Ausfuhr, einesteils, weil die Mittel und die Anregung zur Ausdehnung der Produktion fehlen, und anderteils, weil der harte, rauhe Geschmack des Weins bei der ersten Bekanntschaft eine gewisse Enttäuschung erzeugt. Man muß ihn erst längere Zeit getrunken haben, bevor man sich mit ihm befreunden kann, und die Folge ist, daß er im Ausland mehr gepriesen als geschätzt wird.

Schlackwurst s. Cervelatwurst.

Schlehen, die kleinen, runden, blaubereiften Früchte des Schwarzdorns, der in allen Vorhölzern und Hecken Europas zu Hause ist, werden bei einer unausstehlichen Herbheit erst durch den Frost, der eine Umbildung des Stärkemehls in Zucker veranlaßt, einigermaßen genießbar und haben nur noch sehr geringe Bedeutung für die Küche. In der Moldau und Walachei ißt man sie vielfach roh und dörrt sie zum Wintervorrat; in Österreich und Deutschland kocht man sie mit Essig, Zucker, Sirup und Gewürzen ein oder stellt eine *Marmelade* daraus her. Zerstampft mit Traubenzucker und Traubenmost zusammen der Gärung überlassen und endlich mit Kornbranntwein versetzt, geben sie den roten, ziemlich kräftigen *Schlehenwein,* der in einigen Gegenden des Kaiserstaats geradezu als *Oporto* bezeichnet wird.

Schleihe, auch *Schlei, Schlüpfling* oder *Schuster,* in Niedersachsen *Slie,* eine Karpfengattung, die bis 50 cm lang und 4 kg schwer wird und bei exemplarischer Anspruchslosigkeit über ganz Europa verbreitet ist, sich aber keineswegs überall der verdienten Anerkennung erfreut, sondern namentlich in Ungarn (wo man ihn »Zigeunerfisch« nennt), in Österreich, in Süddeutschland und der Schweiz vielfach unterschätzt wird. Allerdings findet sich die Schleihe bei ihrer angeborenen Vorliebe für Sumpf und Moder häufig mit dem abstoßenden Schlammgeschmack behaftet; wenn sie aber aus klarem Fließwasser stammt oder nur längere Zeit darin aufbewahrt wurde, so ist ihr weißes, fettes Fleisch von untadeligem Wohlgeschmack und liefert *blaugesotten,* nach Art der Karpfen, *gebacken* oder auch *gedämpft mit Sardellensauce* anerkennenswerte und sogar vorzügliche Schüsseln. An Verdaulichkeit steht sie freilich wegen ihres Fettes dem Karpfen nach. Die Laichzeit fällt in das Frühjahr, die Saison umfaßt daher die Monate April, Mai und namentlich den Juni.

Schmalz s. Butter und Schweinefett.

Schmerle oder *Grundel* – nicht mit dem *Gründling* zu verwechseln, von dem sie sich schon auf den ersten Blick durch den teilweisen Mangel der Schuppen und die sechs starken Barteln am Maul unterscheidet – auch *Bartgrundel, Moosgrundel, Mös* und *Göse,* ein zierlicher Edelfisch von 10 bis 12 cm Länge, bewohnt die kleineren, schnellfließenden Gewässer Mitteleuropas, namentlich Böhmens, Tirols und der Schweiz sowie Sachsens, Brandenburgs und Hessens, ist aber leider nur fast nur an Ort und Stelle verwertbar, da er an der Luft sofort abstirbt und das Fleisch seinen Wohlgeschmack verliert. Auf dem Markt ist daher die Schmerle nicht zu finden. Die Laichzeit fällt in den April und Mai. Die Zubereitung stimmt Punkt für Punkt mit der des Gründlings überein, doch wird das Fischchen bisweilen auch nach Art des Neunauges mit Gewürzen eingelegt, um länger auszudauern. Vgl. Gründling.

Schnecken sind zwar der Erdengüter höchstes nicht, doch aber zur Erregung angenehmer Empfindungen geeignet. Als Füllsel für einen saftigen Kapaun gebraten, vermögen sie sogar weniger empfängliche Gemüter mit stiller Sehnsucht zu erfüllen, und in der Gestalt von *Tartarin-Schnecken,* die mit gemesserten Zwiebeln, Schalotten und Tomaten in Butter gedünstet, mit Bratensauce getränkt, mit gehackten Knoblauchzehen und Feinkräutern gewürzt und mit frischer Butter serviert werden, bereiten sie unstreitig beinahe ebensoviel Vergnügen wie die Aufschneiderei ihres unvergeßlichen Paten, des großen Tartarin von Tarascon. Auch mit Kapern und Sardellen in legierter Buttersauce *gedünstet* oder mit Knoblauchbutter *geröstet* und auf duftiges Sauerkraut gebettet oder *gefüllt* mit Essig und Öl gegeben, verfehlen sie eines angenehmen Eindrucks nicht. Die deutsche Küche des 18. Jahrhunderts schwang sich sogar zu *Schneckenklößen, Schnecken-Pasteten, gebackenen Schnecken* und endlich auch zu *gespickten Schnecken* auf, die sie mit rührender Sorgfalt am Spieße briet; der Neuzeit dagegen genügt schon der einfache *Schneckensalat* und die schlichte *Schneckensuppe,* die als angenehme Abwechslung sogar von verhärteten Fastenbrechern geschätzt wird. Diese Suppe wird in England bisweilen aus der gewöhnlichen Gartenschnecke mit weißem oder gelbbraunem Gehäuse und in Frankreich auch wohl aus der großen, schwarzen Nacktschnecke bereitet; sonst aber und besonders in Deutschland verwendet man zu diesem wie zu allen anderen Schneckengerichten ausschließlich die hellbraune, graustreifige, beinahe hühnereigroße *Schnirkel-, Weinberg-* oder *Dekkelschnecke,* die eben deshalb einen Gegenstand des Delikatessenhandels und sogar der Viehzucht bildet. Als den Begründer der Schneckengärtnerei nennt Plinius den antiken Hagenbeck Fulvius Lupinus, der um 50 v. Chr. bei Tarquinir in Etrurien die ersten Schneckengehege anlegte und zugleich eine eigene Mast für seine Zöglinge erfand, die indessen artlich von unserer, nur in Mitteleuropa heimischen, eßbaren Schnecke verschieden gewesen sein dürften. Im Mittelalter nahmen die Klöster die Schneckenzucht wieder auf, und hauptsächlich in Deutschland wurden die Schnekkengerichte so beliebt, daß selbst die Reformation ihre Popularität nicht zu erschüttern vermochte: in Anhalt gehörten sie beispielsweise noch während des 17. Jahrhunderts zu den Leckerbissen der Herrentafel. Damals gab es auch in Niederösterreich Schneckengärten, während Ungarn diese Einrichtung erst um 1860 durch den Pomologen Siebenfreud in Tyrnau kennenlernte. Während des 18. Säkulums trat allmählich Schwaben als Schneckenproduzent hervor, und gegen Ende desselben begann Ulm nicht nur Wien zu versorgen, sondern auch nach Italien zu exportieren, bis Vorarlberg und die Schweizer Kantone St. Gallen, Appenzell, Zürich und Graubünden dieses Geschäft an sich zogen. Um 1825 wurde der jährliche Schneckenversand von Ulm die Donau hinunter auf 400 Tonnen à 10 000 Stück berechnet. Norddeutschland aber hatte sich inzwischen ganz entschieden von der Schneckenkost abgewendet, und mit der Zeit ahmten Österreich und der Süden dieses Beispiel nach. Von 1840 ab ging daher der Ulmer Molluskenhandel ganz allmählich den Krebsgang, und heute spielt er nur noch eine sehr bescheidene Rolle – doch stehen die »schwäbischen Schnecken« in Wien noch immer im Ansehen. Wie die Austern und Muscheln ist die Schnecke ein vorzugsweise leimhaltiges Nahrungsmittel; sie bedarf daher einer Säurezutat, um gut verdaulich zu werden, und zugleich eines Zusatzes von Butter oder Öl, der ihre Fettarmut ausgleicht. Mit diesen Beigaben bildet sie ein recht gesundes und sogar nahrhaftes Essen und rechtfertigt damit das Sprichwort: »Besser a Schneck, als gar kein Speck!«

Schneehuhn, im weißen Winterrock mit schwarzem Schwanz, eine wahrhaft blendende Erscheinung, hat die Größe eines Steinhuhns und bewohnt die Alpenkette, die Pyrenäen, die Hochgebirge Schottlands und Skandinaviens sowie den ganzen Norden Asiens und Amerikas. Auf österreichischem Boden, auf dem durchschnittlich im Jahre 1500 bis 1800 Stück zum Abschuß gelangen, ist es hauptsächlich in Tirol und Vorarlberg vertreten, kommt aber auch in Steiermark, Kärnten und Niederösterreich vor. In

Norddeutschland glänzt es durch vollständige Abwesenheit. Hier bezeichnet man vielmehr als »Schneehuhn« dessen nächsten Verwandten, das etwas kleinere *Moorhuhn* oder *Weißhuhn*, das nicht die Berghöhen, sondern die Moore Schottlands, Skandinaviens und des nördlichen Rußlands bewohnt und von dorther in jedem Winter zu Tausenden erlegt und nach England und Deutschland verschickt wird. Beide Hühner werden genau wie das Feldhuhn zubereitet, zeichnen sich aber durch den leicht bittern »Vogellebergeschmack« vor demselben aus und stehen dementsprechend in der Achtung der Kenner um einige Grade höher.

Schnepfe, genauer *Wald-* oder *Holzschnepfe,* niederdeutsch *Sneppe,* franz. Bécasse, ein äußerst humaner Zugvogel, der alljährlich im März und April den ebenso beliebten wie berühmten »Schnepfenstrich« veranstaltet; kommt in zwei Arten vor, von denen die eine annähernd die Größe eines Feldhuhns (doch ohne dessen Fleischigkeit und Schwere) besitzt, die andere aber um ein Drittel kleiner ist. Wenngleich im Geschmack um eine Nuance derber als die Bekassine, zählt die Schnepfe nichtsdestoweniger zu den besten und gesuchtesten Bissen, und das nicht bloß im Herbst, wo sie auf der Zinne ihres Fettes steht, sondern auch im Frühling, wo sie freilich etwas ausgemergelt, aber bei dem Mangel an anderweitigem Wildbret und Geflügel äußerst wertvoll und doppelt willkommen erscheint. Man verspeist sie *gefüllt* mit Trüffel- und Gänselebergehäcksel, als *kalte Pastete,* als *Salmi* und – last not least! – am *Spieß gebraten* mit Schnepfendreck- und Kresse-Garnitur. »Der Schnepf ist nämlich eines von dem köstlichen Wildprett, das man mitsammt dem Ingeweid zu essen pflegt« (Hohberg) und dies Eingeweide, das man entweder im Leibe des Vogels selber oder mit Speck, Weißbrot, Eigelb und Sardelle zusammengehackt und auf dünne Brotschnitten gestrichen, für sich im Ofen bäckt, führt den waldfrischen, poetischen Namen *Schnepfendreck.* Vgl. Bekassine und Mittelschnepfe.

Schnittkohl s. Krautrübe.

Schnittlauch, die harmloseste von allen Laucharten und daher auch im Garten als Beeteinfassung verwendbar, findet sich wild in ganz Europa, Sibirien und Kanada und ward im alten Rom besonders durch Nero zu Ehren gebracht, der zur Kräftigung seiner edlen Tenorstimme Schnittlauch mit Öl zu essen pflegte. Die dunkelgrünen, röhrenförmigen Blätter werden abgeschnitten, kleingehackt und als Würze zu Salaten und Saucen verwendet oder roh auf Butterbrot verspeist. Suppen damit zu würzen, ist nicht mehr modern. Dagegen benutzt man die länglichen Zwiebeln einer Spielart, des sogenannten *Jakobs-* oder *Fleischlauchs,* statt Knoblauchs, namentlich zu Rind- und Hammelfleischgerichten.

Schöps s. Schaffleisch.

Schokolade, die aus geschälten und zermahlenen Kakaobohnen mit Zucker und Gewürzen hergestellte Masse und das daraus bereitete süße braune Getränk ist allerdings aus dem *Chocolatl* oder »Kakaowasser« der Azteken hervorgegangen, hat aber von allen dessen Eigenschaften nur die Farbe und die Nahrhaftigkeit bewahrt. Der Chocolatl war ein mit Paprika versetzter Kühltrank von scharfem und bitterem Geschmack (s. Kakao), er fand daher in Europa trotz seines Nährwertes durchaus keinen Anklang, bis man endlich durch die Beseitigung der Paprikawürze, die Einführung der Zuckerzutat und die Aufnahme der Bereitung mit kochendem statt mit kaltem Wasser den Charakter des Getränkes total veränderte. Erst in dieser neuen Gestalt gewann der amerikanische Trank die Zungen und die Herzen, und erst gegen Schluß des 16. Jahrhunderts entwickelte sich die Schokoladefabrikation zu einem Industriezweig. Dieser bildete zunächst ein Privilegium Mexikos und Spaniens, schon 1606 aber verpflanzte ihn der Florentiner Antonio Carletti, der die Fabrikationsgeheimnisse in Westindien kennengelernt hatte, auch nach Italien, und 1609 machte der Kreole Juan de Cardenos in Mexiko das ganze Verfahren in einer eigenen Schrift bekannt. Nach Frankreich wurde die Schokolade im Jahre 1615 durch Anna von Österreich gebracht, hauptsächlich aber durch spanische Mönche verbreitet, die ihre französischen Ordensbrüder mit dieser Delikatesse beschenkten, und schon 1660 war sie an der Seine so beliebt, daß das Schokoladen-Monopol dem Inhaber Chaillon, einem Hofbeamten der spanischen Gemahlin

Ludwigs XIV., reichen Gewinn abwarf, bis die Errichtung inländischer Fabriken gegen Ende des Jahrhunderts es hinfällig machte. In London wurde 1657 die erste Schokoladenschenke eröffnet, in Holland aber trat erst 20 Jahre später (1679) Cornelis Bontekoe (gest. 1685) mit Erfolg für den braunen Würztrank ein. Mit gleichem Eifer verfocht Bontekoe, seit 1683 Leibarzt am Berliner Hofe, die Schokolade auch in Deutschland, wo sie freilich schon 1644, doch erfolglos, durch eine kleine, in Nürnberg gedruckte Schrift empfohlen worden war. Die Einführung des exotischen Trankes ging nicht ohne Anstoß vonstatten. Die Fanatiker des Herkommens verschrien das neue Getränk seines Nährgehaltes wegen als ein fastenwidriges Nahrungsmittel, und es war ein großes Glück für die Spanier, daß der berühmte Kasuist Antonio Escobar y Mendoza (gest. 1669) sich gegen diese Auffassung aussprach und den Grundsatz: Liquidum non frangit jejunium (Flüssigkeit ist kein Fastenbrecher) auch für die Schokolade gelten ließ. In Italien dagegen erklärte sie 1666 der Kardinal Francesco Maria Brancaccio (gest. 1675) ausdrücklich für ein Nahrungsmittel, dessen Genuß mit dem Fastengebot unvereinbar sei. Ihren ärgsten Feind aber hatte die braune Schönheit in einem Wiener Kind, dem Arzt Joh. Franz Rauch, der sie 1722 in seiner Abhandlung »Von der Luft und den Nahrungsmitteln« feierlichst als die Ursache aller Schäden und Laster seiner Zeit denunzierte und dadurch natürlich alle Lacher auf die Schokoladenseite brachte. Der brave Gelehrte würde sich im Grabe umdrehen, wenn er erführe, daß es zur Zeit nicht weniger als 11 Schokoladenfabriken mit 402 Arbeitern in der Kaiserstadt gibt und daß Österreich überdies im Durchschnitt jährlich 25 000 kg fertiger Schokolade einführt.

Wo aber lag die Ursache jenes ingrimmigen Hasses gegen die zungenschmeichelnde, samtweiche Schöne? Einzig in ihren Tugenden! »Die Milch der Greise« hat Baron Vaerst sie mit gerechter Begeisterung genannt, der alte Herr Kommerzienrat Marperger dagegen bemerkt im Jahre 1718 recht verdrießlich: »Viele junge Weiber geben solchen Trank ihren alten Männern gar willig des Abends, um ihr Leben zu verlängern, wie sie zu reden pflegen –

wann man's aber morgens genießet, wird es wohl besser sein.« Dabei ist jedoch nicht zu vergessen, daß man damals allerdings bei der Bereitung der Schokolade des Guten etwas zuviel tat, indem man nicht bloß die Masse außer dem Vanille noch mit Cardamomen, Zimt, Gewürznelken, Orangenwasser und Moschus versetzte, sondern auch noch dem Getränk Anis, Pfeffer, Madeira oder Kanariensekt und Eier beimengte.

Einfache, gute Gewürz-Schokolade in Milch oder Wasser aber, wie sie dem heutigen Geschmack entspricht, ist durchaus kein Philtrum, vielmehr gerade die Milch-Schokolade bei Magenschwäche äußerst dienlich, da sie fast in der Regel besser bekommt und leichter verdaut wird als reine Milch. Auch die Zugabe von ungequirltem Ei verdirbt nichts, alle anderen Zutaten dagegen, soweit sie nicht einen rein arzneilichen Zweck verfolgen, sind ebenso widersinnig wie bedenklich, da sie einerseits den feinen, samtweichen Würzgeschmack des Getränkes ruinieren und anderseits den Magen überreizen. Auch die *Ambra-Schokolade*, Brillat-Savarins berühmte »Schokolade der Betrübten«, die man sich mit 30 g Ambra auf die große Tasse bereitet, darf einzig als Arzneitrank zur schnellen Wiederherstellung der durch körperliche oder geistige Anstrengung aufgezehrten Kräfte genommen werden und ist in diesem Falle allerdings ein Göttertrank von wunderbarer Wirkung. Wer sie dagegen, wie das vorkommt, *vor* der Strapaze nimmt, der handelt ungefähr ebenso klug wie jener, der im voraus oder auf Vorrat zu schlafen versucht.

Die Schokolade kommt in sehr verschiedener Güte im Handel vor, ohne daß man ihr von außen anzusehen vermag, wes Geistes Kind sie eigentlich ist. Die guten Sorten riechen, auch wenn die Tafel alt ist, angenehm würzhaft (niemals ranzig), schmecken rein und mild (nicht rauh oder trocken) und setzen namentlich beim kochen weder oben Fettaugen noch auf dem Boden des Gefäßes eine unlösliche Grundsuppe ab. Die französischen und schweizerischen Sorten schmecken in der Regel etwas süßer als die österreichischen und deutschen, sind also stärker mit Zucker versetzt, haben aber dafür einen höheren Gehalt an Theobromin. Die *spani-*

sche Schokolade dürfte noch heute, wie vor 300 und 200 Jahren, die beste sein; ihr zunächst steht die *französische* und die *portugiesische*, dann folgen die *schweizerische*, die *österreichische* und die *deutsche*, dann kommt eine lange Strecke gar nichts und endlich tief unten die *englische* Schokolade, von der sich nichts sagen läßt als: Beatus qui procul! ... Bedeutende Schokoladenfirmen der einzelnen Länder sind: Mennier in *Paris*, die großartigste Schokoladenfabrik der Erde, die täglich 50000 kg zu liefern vermag; Ph. Suchard in *Neuchatel;* P. W. Gaedke in *Hamburg;* Gebr. Stollwerck in *Köln* a. Rh.; Robert Berger in *Pössneck* (Thüringen); J. Küfferle & Co., Tschinkel, Boxler's Nachfolger in *Wien* u.a.m.

Hinsichtlich der Zusammensetzung unterscheidet man einfache, nur aus Kakaomasse und Zucker bereitete *Gesundheits-Schokolade* und mit Zucker und Gewürzen bereitete *Gewürz-* und *Vanille-Schokolade*. Außerdem aber gibt es noch eine lange Reihe von medizinischen Schokoladen mit Zusatz von Arzneistoffen, wie z.B. weiße Schokolade mit Salep, Eisen-Schokolade mit Jodeisen, China-Schokolade mit Chinarinde, Moos-Schokolade, Schokolade mit Rizinusöl, Orangen-Schokolade, Nuß-Schokolade, Kola-Schokolade, Nährsalz-Schokolade, Pepton-Schokolade, Kalmus-Schokolade, Eichel-Schokolade, Kastanien-Schokolade etc. Und wer daran noch nicht genug hat, dem liefert die Kakaofirma Blooker in Amsterdam auch noch eine Fleisch-Schokolade, die aber, wie zur Ehre der Menschheit konstatiert werden muß, bisher noch wenige Unglückliche in Versuchung geführt hat, denn der Appetit überwindet freilich Kautschuk, wie das Sprichwort sagt, vor einem Mengsel von Fleisch und Schokolade aber schreckt er doch zurück.

Scholle, *Maischolle* oder *Goldbutt*, die nächste Blutsfreundin der Flunder und der Kliesche, bewohnt vorzugsweise die Nordsee, kommt aber auch im Mittelmeer vor und wurde unter der Bezeichnung *Platteise* schon im 16. Jahrhundert von Triest aus in frischem Zustand für die kaiserliche Küche nach Wien geschickt. Die Scholle erreicht bei einer Durchschnittslänge von 60 cm ein Gewicht von 6–7 kg, ist wie alle Flachfische ungemein haltbar, daher für den Versand geeignet, und zeichnet sich durch zartes und wohlschmeckendes Fleisch aus. Die jüngeren und kleineren Exemplare werden gern *gebacken* aufgetischt, die älteren kommen meist *geräuchert* in den Handel und werden wie die Flundern verwertet. In Wien ist die frische Scholle zur Zeit unbekannt, und man belegt statt ihrer den erhabenen Steinbutt mit diesem Namen.

Schwarzwurzel oder *spanische Scorzonere,* »eine durch einen großen Teil von Europa verbreitete, echt wilde, sicher hier nicht erst verwilderte Pflanze aus der Familie der Korbblütler, die den Beinamen der *spanischen* nur deshalb erhielt, weil man sie einst in Spanien zuerst gegen den Biß der Vipern anwandte« (Neilreich) und weil sie in Spanien zuerst für die Küche kultiviert wurde. Aus Spanien kam sie als Küchenpflanze etwa um 1651 nach Frankreich und aus Flandern kurz vor 1682 nach Österreich. Weder hier noch in Deutschland hat sie sich indessen dauernd einzubürgern vermocht, in Niederösterreich ist sie sogar während der letzten dreißig Jahre völlig aus den Gärten verschwunden, und in Wien versteht man zur Zeit unter Schwarzwurzel nicht die Scorzonere, sondern ihre nächste Base, die *Haferwurz,* mit der sie die Art der Zubereitung zu Gemüse und Salat gemein hat und auch im süßbittern, an Spargel erinnernden Geschmack übereinstimmt.

Schwein, schon als Wappentier des heiligen Antonius allen Wohlgesinnten achtenswert und dazu denkwürtig durch die Tatsache, daß es bereits vor Erschaffung der Welt, so ums Jahr 5000 v. Chr. Geb., von den Chinesen gezähmt wurde, gehört ohne Widerrede zu den kostbarsten und unersetzlichsten Perlen in der Krone der Kultur. Nicht bloß verdienstvoll, sondern wie ein Prinz von Gottes Gnaden ganz und gar aus Verdiensten zusammengesetzt, schwitzt das Schwein greifbarsten Segen aus allen Poren. Aus seinen Gesäßmuskeln geht der *Schinken,* aus den Flanken der *Speck,* aus dem Nierentalg das *Schweineschmalz,* aus den Eingeweiden das Heer der *Würste* hervor; aus dem Schulterstück entspringen *Schnitzel,* aus den Rippen *Kotelettes,* aus den Schenkeln *Spießbraten, Schmorbraten* und *gefüllte Schweinsschlegel,* die *Brust* geht mit Leichtigkeit in den gedämpften, der *Rücken* in den gebratenen, die *Füße* in den getrüffelten Zustand über; das Haupt verwandelt sich unter kundigen Händen in *ungarisches Rebhuhn* oder *österreichischen Schweinskopf,* und endlich läßt das gesamte Muskelgewebe nebst Fettverbrämung sich nicht nur als *Kochfleisch,* sondern auch zu *Pökelfleisch,* zu *Rauchfleisch* und zu *Haché* verwenden. Dies Schweine-Haché aber, in Norddeutschland auch »Bratwurstfleisch« genannt, bildet wiederum die unerläßliche Grundlage für eine lange Reihe von Klößen und Füllseln: der gebratene Truthahn würde ohne diese Einlage einen seiner schönsten Reize verlieren, und die italienische *Makkaroni-Pastete* der Neuzeit wäre ohne Schweine-Haché einfach unmöglich. Die Schlesier müßten ohne Schwein sogar auf die Seligkeit verzichten, denn ihr *Himmelreich* besteht aus Schweinepökelfleisch mit Mehlklößen und Birnen. Und wer würde auf die Trüffel verfallen sein, hätte nicht das ehrenwerte Rüsseltier den Weg zu dieser kostbaren Lekkerei gewiesen? Wenig Belang hat der Vorwurf der Schwerverdaulichkeit, der in Wahrheit gar nicht das Schweinefleisch, sondern vielmehr den mundfaulen Esser trifft: regelrecht gekaut, setzt eine Schweinskotelette der Verdauung nicht mehr Schwierigkeiten entgegen als eine Kalbskotelette. An Nahrhaftigkeit dagegen steht das Schweinefleisch allerdings hinter dem Rindfleisch und dem Schaffleisch zurück, und zwar um so mehr, je fetter es ist. Alles das gilt auch vom Fleisch des *Wildschweins.* Das Schwarzwildbret ist zäher und von strengerem Geschmack als das gewöhnliche Schweinefleisch, diesem also weder in diätetischer noch in rein gastronomischer Hinsicht ebenbürtig; doch bildet der *Wildschweinskopf* noch immer eine sehr beliebte Erscheinung auf der Herrentafel und ist auch wegen des kernhaften, getrüffelten Füllsels durchaus der Aufmerksamkeit würdig, die man ihm erweist. In Norddeutschland schätzt man ganz besonders den *Frischlingskopf,* der in Weinessig gesotten, mit gebranntem Zucker überzogen und mit kalter Berliner Sauce aus Eigelb, Öl, Essig, Senf und Johannisbeer-Gelee serviert wird. Ein ähnliches Glanzgericht bildet das mit Kastanien oder Äpfeln gefüllte *gebratene Spanferkel,* das mit gepfeffertem Krautsalat zu Tisch kommt und dessen Haut und Ohren zu den begehrenswertesten Dingen in dieser Welt gehören. Das *Spanferkel* in *Öl* mit Aspik und Senfsauce ist weniger vornehm, doch um so verdaulicher. Überhaupt neigt das Schwein alles in allem mehr zur Demokratie als zur Aristokratie; es ist das bevorzugte animalische Nahrungsmittel der arbeitenden Klassen und behauptet sich um so mehr in dieser Stellung, weil es sich viel leichter als jedes andere Schlachttier aufziehen und mästen läßt, und zweitens weil die Aufbewahrung des Fleisches nur geringe Schwierigkeiten macht. Übrigens ist bei keinem andern Schlachttier die Art des Futters von so wesentlichem Einfluß auf die Beschaffenheit des Fleisches wie beim Schwein. Vgl. Schinken, Schweinefett, Speck und Wurst.

Schweinefett, im engeren Sinn nur das Nierenfett des Schweins, im weiteren Bestand aber alles Fett am Schwein überhaupt, aus dem durch Ausschmelzen der *Schweineschmer* oder das *Scheineschmalz* gewonnen wird, während der bei der Operation verbleibende Rückstand, aus gebräunten, häutigen Stücken bestehend, die *Grieben,* in Bayern *Krämel,* liefert. Schweineschmalz guter Qualität besteht zu 99³/₄% aus reinem Fett, ist weiß, geruchlos, weich, ohne zu zerlaufen, in Wasser unlöslich und schmeckt fade. An der Luft wird es nach einiger Zeit gelb und ranzig und ist in diesem Zustand äußerst unzuträglich. Nächst der Butter das häufigste unter allen tierischen Fetten, dient es gleich jener vorzugsweise zum Schmalzen der Speisen beim Dämpfen, Backen und Braten, wird aber auch als Zukost zum Brot verwendet. Fast ausschließlich dem letzteren Zweck dient eine Sorte von grüner oder graugrüner Farbe, die beim Sieden der Würste abgeschöpft wird und daher den Namen *Wurstschmalz* führt, aber wenig haltbar ist und daher keinen Handelsartikel bildet.

Schweizer Käse s. Emmentaler- und Gruyère-Käse.

Seebarsch, der Lupus der Römer, den Apicius mit Pfeffer, Kümmel, Zwiebel, Persilie und Raute kochte und mit einer Sauce aus Fischsülze, Öl und Honig anrichtete, bewohnt vorzugsweise, ohne jedoch im Atlantischen Ozean zu fehlen, das Mittelmeer und hält sich dort truppweis in der Nähe der Flußmündungen auf, in die er im Hochsommer zum Laichen eindringt und gefangen wird. Im Durchschnitt bei $^1/_2$–1 m Länge nur 3–5 kg schwer, erreicht er in den Lagunen von Venedig ein Gewicht bis 10 kg und bildet dann ein sehr begehrtes Prunkstück der feinen Tafel, auf der er aber seines festen, weißen, wohlschmeckenden Fleisches wegen auch bei geringerer Größe stets die verdiente Anerkennung findet. Man siedet ihn in Weißwein und serviert ihn mit spanischer Sauce.

Seeforelle s. Lachsforelle.

Seekrebs s. Hummer.

Seewein, weißer und roter, führt den Namen vom Bodensee, an dessen Ufern er namentlich zu Meersburg, Schloß Bodman, Hagne, Unkerlingen, Konstanz und auf der Insel Reichenau gezogen wird. Der Seewein glänzt durch eine ganz eigenartige Säure, die unter allen Weinen ihm zuerst die Bezeichnung als »Dreimännerwein« eintrug, in seiner Heimat jedoch für eine Tugend und sogar für gesund gilt. Indessen hat ihn eine bessere Behandlung seit etwa vierzig Jahren sehr gehoben, und namentlich der *rote Meersburger* aus der Bodenseetraube (blauer Silvaner) gilt jetzt mit Recht für eine auch in weiteren Kreisen genießbare Sorte. Er erinnert im Geschmack an die südlichen Weine, muß aber durchaus jung getrunken werden, da er wie aller Seewein bei längerem Lagern merklich an Güte einbüßt.

Seezunge, in Wien *der Sol,* ist *gesotten* mit Salzkartoffeln und Holländersauce, *gebacken* mit Remouladensauce, auf dem Rost *gebraten, gedämpft* oder *gefüllt* auch im Binnenland wohlbekannt, da sie bei ihrer Haltbarkeit den weitesten Versand gestattet. Der Fisch findet sich im Atlantischen Ozean von den Lagunen des Mittelmeers an bis hinauf zum 64° n. Br. und erreicht bei einer Länge von 30–60 und einer Breite von 10–20 cm ein Gewicht bis 4 kg; man will indessen in neuerer Zeit bemerkt haben, daß, jedenfalls infolge massenhafter Vernichtung der jungen Brut, seine Durchschnittsgröße stetig abnimmt. Obgleich unter allen fettarmen Fischen der ärmste, da sein Fleisch bei 86% Wasser nur $^1/_4$% Fett und 12% Stickstoffsubstanz enthält, an Nährwert also hinter allen anderen Fischen zurückbleibt, gilt die Seezunge doch ihres

Wohlgeschmacks wegen nächst dem Steinbutt für den vorzüglichsten unter den Flachfischen und wird daher in den Küstenstädten der Nordsee mit 1–1$^1/_2$ Mark per Kilo bezahlt, während man ein ganzes Schock frischer Flundern z.B. dort schon für 2 Mark haben kann.

Sekt, englisch Sack, eine Verkürzung des spanischen Vino seco für Trockenbeerwein, ist ein ungemein schmiegsamer Name, der sich ohne Umstände den Lieblingsweinen jedes Zeitalters anpaßt. Ursprünglich in England für die Malvasiere der Kanarischen Inseln, den berühmten *Kanariensekt*, im Gebrauch, ging er später auf den *Walmsey* oder Madeira-Malvasier über, wurde dann im dritten Jahrzehnt des 19. Säkulums von dem Schauspieler Ludwig *Devrient* auf den Champagner übertragen und dient heute zur Bezeichnung aller moussierenden Weine.

Selchfleisch s. Rauchfleisch.

Sellerie, in Österreich *Zeller*, ein Grand unter den Salatkräutern, dessen Ahnherr, der wilde Sellerie mit magerem Blatt und schmächtiger Wurzel schon im Homer genannt wird und sich von Abessinien bis Schweden und vom Kaukasus bis zum Himalaya an salzhaltigen Quellen als Wildling findet. Die kultivierte Pflanze wird zuerst im 4. Jahrhundert v. Chr. von Theophrast aufgeführt, und später gedenken Plinius und Apicius ihrer – während des ganzen Mittelalters aber ist von ihr in der Küche nie die Rede. Erst gegen Mitte des 17. Jahrhunderts taucht sie, aus Italien eingeführt, in Frankreich auf, um sich von dort nach Deutschland und den Niederlanden zu verbreiten. In Österreich mußte man nach Hohbergs Bericht noch 1682 den Samen aus dem Ausland kommen lassen, und der Schweizer Heß beschreibt sie noch 1690 als eine Neuheit. In England wurde sie sogar erst seit 1704 durch den französischen Marschall Tallard bekannt, als dieser nach der Schlacht bei Hochstädt als Gefangener in London weilte. Gegenwärtig gehört der Sellerie zu den häufigsten und beliebtesten Küchengewächsen Europas und wird in zwei Abarten gezogen, als *Knollensellerie* mit krautrübengroßer Wurzelknolle und kurzgestielten Blättern und als *Bleich-*, *Kraut-* oder *Stangensellerie* mit verästelter Wurzel und ungemein lang gestielten Blättern. Am Bleichsellerie, einem Kulturprodukt des 19. Jahrhunderts, das in England, den Niederlanden, Frankreich und Italien vorherrscht, sind die langen, fleischigen Blattstiele die Hauptsache und geben roh einen sehr gefeierten Salat, beim Knollensellerie dagegen, der in Österreich und Deutschland den Vorrang behauptet, sieht man vor allem auf die Wurzel und verwertet die Blätter nur als Suppenwürze. In Berlin versteht man unter *Sellerie* nur die Wurzel, in Paris nur das Kraut (Vaerst), Wien aber hält in diesem Fall zu Berlin, d.h. zum Knollensellerie, und weiß diesen in der mageren wie in der Bouillonsuppe, besonders aber *als Gemüse* mit Parmesankäse oder Ochsenmark, in Öl *gebacken* oder auch *gefüllt* in brauner Sauce auf lobwürdigste Weise zu verwerten. Höchst anerkennenswert ist der herz- und nierenergreifende *Selleriesalat* mit Pfeffer und Rahm, eine Hochzeitsschüssel für Schlafmützen-Temperamente, die sich in Norddeutschland besonderer Gunst erfreut. Der Sellerie enthält nämlich unter allen Wurzelgewächsen die größte Menge Phosphorsäure und organisch gebundenen Schwefels (fast $^3/_4$ und über $^1/_5$% !), er wirkt daher sanft erregend, und Grimod hat somit recht: »Selleriesalat ist kein Gericht für Junggesellen«. Der Schalk! . . . er tat diesen Ausspruch nur, weil er wußte, daß ein Verbot die beste Empfehlung ist.

Senf heißt der Same zweier nahe verwandter Gewächse, des Senfkohls, dessen rundliche, dunkelbraunrote Samenkörner als *schwarzer Senf*, und des gemeinen Senfkrauts, dessen kugelrunde, gelbliche Samen als *weißer Senf* bezeichnet werden. Beide Pflanzen kommen in Nordafrika, Süd- und Mitteleuropa und im gemäßigten Westasien wild vor, als Ackergewächs aber behauptet in Österreich, Südeuropa, Frankreich und England der Senfkohl und dagegen in Deutschland der gemeine Senf den Vorrang, während in Holland beide einander das Gleichgewicht halten. Gerieben und mit Wasser angerührt, gibt der weiße Senf einen Brei von scharfem Geschmack, aber ohne Geruch, während der aus dem schwarzen Senf bereitete Brei ebenso scharf riecht wie schmeckt. Diese Schärfe beruht auf dem Dasein eines flüchtigen Öls, von dem der schwarze Senf rund 1,3%, der weiße aber nur 0,8% enthält. Fein zermahlen geben die Senfkörner das *Senfmehl*, aus welchem, indem man Mehl beider Senfarten zusammenmengt und mit Weinessig (früher Weinmost) nebst anderen Zutaten versetzt, der *Mostrich* oder *Möstrich* bereitet wird, der indessen in Österreich und Oberdeutschland ebenfalls kurzweg »*Senf*« heißt. Über Mostrichfabrikation und Mostrichhandel zu Ausgang des 17. Jahrhunderts bemerkt der Freiherr v. Hohberg: »In Österreich wird des Senfmehls von schwarzem und weißem zusammengemischt, mit süßen gesottenen und klein zerschnittenen Limoni-Schalen zu einer dicklichen Consistenz gesotten und, wenn er zu dick werden will, mit süßem Most wieder angemacht; theils machen ihn auch nur mit Essig oder gmeinem guten Wein mit oder ohne Zucker an und behalten ihn also zum Gebrauch. Sonst aber wird er in Österreich in kleine, eine halbe oder ganze Maß haltende Fäßlein eingemacht und also weit verführt und aufgekauft von den Kaufleuten, die ohnedies ihren Wein daselbst einkaufen.« Und weiterhin heißt es: »An andern Orten wird das Senfmehl mit Essig oder Wein zu einem Teig verrührt, daraus Zelten formiert und aufgedörrt, die man dann mit süßem Wein zu einer Salson abtreiben kann« – das war also schon eine Trockenkonserve, eine Art Senftafeln, an deren Stelle jetzt das mit Weizenmehl versetzte *englische Senfpulver* getreten ist. Übrigens hat jedes Land seine eigenen Zutaten und daher auch seinen eigenen Mostrich. Im Far West der Union hält man sich an den Ackersenf, in Griechenland und Spanien verwendet man Raukesamen; in England hilft man mit Paprika, Weizenmehl und Kochsalz nach; in Frankreich würzt man mit Feinkräutern, Zimt, Ingwer, Knoblauch, Zwiebeln, Thymian und Estragon, am Rhein mit Rheinwein, Zucker, Zimt und Gewürznelken; im Brandenburgischen mit Zucker, Nelken und Piment etc. etc. Kurzum, fast jeder Mostrichmacher arbeitet nach einem besondern Rezept, und die Mostriche sind dann auch nicht selten danach, d.h. zum Haarausraufen und Gallespeien. Zur Geschichte des Mostrichs verdient noch angeführt zu werden, daß sich schon bei Columella (um 50 n. Chr.) eine Vorschrift zur Bereitung guten

Tafelsenfs und später bei Palladius (um 350 n. Chr.) eine zweite findet, das Senfpräparat mithin zu den klassischen Würzen gehört. Die Ärzte freilich sind ihm niemals grün gewesen. Sie anerkennen seine verdauungsfördernde Tätigkeit und geben zu, daß die *Senfsäure* den angenehmen Dingen hienieden beizuzählen sei – aber er arbeitet ihnen zu kräftig, reizt die Schleimhäute des Magens allzusehr, und so wird ihm dann von dieser Seite ein vernichtendes Urteil gesprochen. »Unter den Magenfeinden spielt der Senf eine Hauptrolle«, heißt es bei *Wiel.*

Sesamöl, ein licht goldgelbes, geruchloses, etwas dickflüssiges Öl von mildem und angenehmem Geschmack, wird durch Auspressen der Samen des Sesam gewonnen, einer einjährigen Staude der Sunda-Inseln, die aber schon vor 3000 Jahren gegen Osten nach China und gegen Westen bis Ägypten verbreitet wurde und heute in zwei Arten, einer gelbsamigen und schwarzsamigen, in allen warmen und wärmeren Ländern, u.a. auch in Griechenland, im Großen gebaut wird. Noch vor zwanzig Jahren war in Österreich und Deutschland das Sesamöl fast nur in den Apotheken zu finden, seither aber hat es nicht nur eine Stelle unter den Industrieölen erobert, sondern beginnt auch als Speiseöl dem Mohnöl und sogar dem Olivenöl starke Konkurrenz zu machen, da es haltbarer ist als diese beiden.

Sherry s. Xeres.

Shrimps s. Garnelen.

Sirup (vom arabischen scharûb für Süßsaft) wird jeder durch Auspressen zuckerhaltiger Planzenteile gewonnene und durch Einkochen verdickter Zuckersaft, insbesondere aber jene braune, zähflüssige, süße Masse genannt, die bei der Zuckerfabrikation durch Reinigung der abfließenden Melasse gewonnen wird. Dieser gewöhnliche Sirup bildet einen bedeutenden Konsumartikel, denn er wird vom gemeinen Mann vielfach anstatt des Zuckers zum Süßen der Speisen wie auch als Zukost zum Brot gebraucht. In der feineren Küche dagegen und in der Konditorei bedient man sich vorkommenden Falls der sogenannten *Fruchtsirupe*, die auf einfache Weise durch Eindampfen von Fruchtsäften (Birnen-, Himbeer-, Erdbeer-, Kirschen-, Berberitzen-Saft usw.) mit Zuckerzusatz bereitet werden. Die ausgezeichnetsten unter diesen Fruchtsirupen sind der rote *Kirsch-*, der weiße *Mandel-* und der blaue *Veilchensirup*, denn bei diesen drei findet sich schöne Farbe mit angenehmem Geruch und feinem Geschmack zu einem harmonischen Ganzen vereinigt.

Slibowitz s. Pflaumen.

Somlauer (sprich Schomlauer), vorzüglicher, ungarischer Weißwein vom Somlauer Gebirge unweit des Plattensees, wird aus dem sogenannten Lämmerschwanz bereitet, einer Traubenart, deren eigenartiger Geschmack mit Recht für unnachahmlich gilt. Bei alledem kommt weit mehr Somlauer in den Handel, als überhaupt an Ort und Stelle wachsen kann, denn auch im Ungarnland finden sich dienstfertige Gemüter, die gern der Welt den Willen tun, und die Welt – will betrogen sein, wär's auch mit Rosinenwasser.

Sonnenblumenöl, aus den Samen der Sonnenblume gepreßt, kam in größerer Menge zum ersten Male 1865 aus Rußland auf den Markt und hat sich seitdem in Westeuropa ziemlich eingebürgert. Klar, von hellgelber Farbe und von mildem Geschmack, dient es hauptsächlich zu technischen Zwecken und zur Vermehrung des Olivenöls, wird aber auch vielfach als Speiseöl benützt. Die Samen selber werden in Südrußland von den Bauern, in Österreich und Deutschland von den Kindern als Leckerei gegessen. Die Blütenknospen lassen sich wie Artischocken zubereiten – von dem Geschmack dieser Pseudo-Artischocken ist indessen nicht viel zu sagen. Die Pflanze selber, ausgezeichnet durch stattlichen Wuchs, die beinahe tellergroße Blütenscheibe und den ausgeprägtesten Heliotropismus, gelangte 1569 aus Amerika nach Südeuropa, fand sich schon 1598 als Zierpflanze im Württembergischen, war aber in Österreich noch 1682 fremd. Als Ölpflanze gewann sie seit 1840 in Südrußland Bedeutung und wurde als solche etwa seit 1845 auch in Baden, seit 1855 in Niederösterreich und Ungarn in Kultur genommen. In Norddeutschland ist sie durchaus Zierpflanze geblieben und kommt nur im Garten vor.

Sorbet s. Scherbet.

Soya oder *Soja*, engl. Shoya, eine pikante Handelssauce Japans von brauner Farbe und dicklicher Konsistenz, wird aus Gerste oder Weizen, Salz, Wasser, Hefe und gerösteten Sojabohnen (Frucht von Soja hispida Moench, einer Base unserer Gartenbohne) mittels äußerst langsamer, 1–3 Jahre beanspruchender Vergärung hergestellt und in undurchsichtigen Flaschen, in denen sie gegen die Zersetzung durch Licht und Luft geschützt ist, in den Handel gebracht. Bei durchschnittlich $1^1/_3$% Stickstoff-, $1^1/_3$% Dextrin- und $3^3/_4$% Zuckergehalt übertrifft die Soja alle andern Handelssaucen an Nährwert, wie sie ihnen denn auch an Haltbarkeit und pikantem Aroma überlegen ist. In Japan, dessen Jahresproduktion sich zwischen 540–720 Millionen Liter bewegt, bildet sie daher ein wahres Volksnahrungsmittel, das zu keiner Mahlzeit fehlen darf und zum Teil das Fleisch zu ersetzen hat. In Europa wurde die Soja dem Namen nach 1764 durch den Schweden Karl Gustav Ekberg bekannt, scheint auch damals schon gelegentlich nach England und Holland gekommen zu sein, ihre Zusammensetzung aber blieb so sehr Geheimnis, daß man sie ohne Umstände mit dem ostindisch-englischen Catchup zusammenwarf, woher diesem noch heute der Name *indische Soya* (India Soja) im Gegensatz zur echten Japan-Soya anhaftet, was sich um so leichter rechtfertigen läßt, da zur Herstellung des ostindischen Catchup gleichfalls Sojabohnen verwendet werden. Auf jener Verwechslung beruhen auch die Rezepte zur Soja-Bereitung in den europäischen Kochbüchern, die unter diesem Namen nichts anderes als eine Art Champignonessenz verstehen. Die Feinheiten der japanischen Soyafabrikation sind noch immer ein Geheimnis, wirkliche Soya ist daher einzig und allein aus Japan selber zu erhalten.

Spanferkel s. Schwein.

Spargel, das Kaisergemüse, wächst in ganz Europa und im gemäßigten Westasien auf sandigem Auenboden wild, stieß daher wahrscheinlich sehr beizeiten auf Liebhaber und ward auch, wenn Frau Unger richtig gesehen hat, schon von den alten Ägyptern kultiviert, während die vorchristlichen Griechen ihn nur als Arzneigewächs und die Böotier nur zur Fabrikation von Brautkränzen benutzt zu haben scheinen. Rom nahm den Spargelbau um 200 v. Chr. auf, und der alte Greiner Cato war der erste, der eine Anweisung zur rationellen Spargelzucht verfaßte. Zur Kaiserzeit tat sich Ravenna durch Sprossen von überwältigender Dimension hervor, und Plinius vermerkt mit Nachdruck, daß unter allen Gartengewächsen dem Spargel die größte Sorgfalt gewidmet wird. Zugleich erwähnt der Kompilator, daß in Süddeutschland sich wilder Spargel auf den Feldern finde. Mit diesem Widling begnügten sich die Deutschen bis ins 16. Jahrhundert hinein – soweit sie nämlich überhaupt schon Spargel aßen, denn die Bewohner von Böhmen und Mähren z.B. wurden erst seit 1530 durch den späteren Kaiser Ferdinand in diesen Genuß eingeweiht, d.h. um dieselbe Zeit, zu der die Spanier die Spargelzucht bereits in Mexiko einführten. Die ersten Spargelbeete in Deutschland werden 1565 im Stuttgarter Lustgarten und 1578 am Niederrhein erwähnt. Bald darauf erscheint Ulm als der Mittelpunkt der neuen Kultur, die in Deutschland rasche Fortschritte machte. England erhielt den Spargelbau erst um 1660 aus Flandern, und auch in Norddeutschland fand er erst um diese Zeit Eingang, gewann dort aber nur äußerst langsam Boden, denn noch um 1850 belief sich die Jahresproduktion Erfurts auf höchstens 1200–1500 kg, während z.B. Schwetzingen in Baden bereits die zehnfache Menge erzeugte. Zur Zeit sind Frauenhofen (bei Horn), Aggsbach (bei Melk), Korneuburg, Wolkersdorf, Matzen und Laa in Niederösterreich, Jungbunzlau in Böhmen, Görz im Küstenland, Ulm, Darmstadt und Schwetzingen in Süddeutschland, Berlin und Braunschweig in Norddeutschland, Marchiennes, Besançon und Argenteuil in Frankreich, Gent und Brüssel als Spargelorte berühmt. In Norddeutschland wird allgemein der *weiße Spargel* angebaut, dessen starke Triebe man höchstens 1–2 cm aus der Erde herauswachsen läßt, bevor man sie 20–25 cm tief im Boden absticht, in den übrigen Ländern dagegen herrscht der *Ulmer* oder *grüne Spargel* vor, dessen schlankere Sprossen sich 15–18 cm über die Beetfläche erheben dürfen und dann nur 5–8 cm tief im Boden abgeschnitten werden. Über die Vorzüge dieser beiden Spielarten läßt sich streiten, denn wenn der weiße Spargel zarter ist, so ist der grüne dagegen von ausgeprägterem Geschmack – ganz unbestreitbar aber und über jeden Zweifel erhaben ist die Vorzüglichkeit des Spargels im allgemeinen. Eine »Schmeichelei für den Gaumen« nennt ihn schon der alte Cato, und Plinius ergänzt diese Charakteristik, indem er ihn als »die zuträglichste Speise für den Magen« bezeichnet, ein Lobspruch, der seitdem von allen Bromatologen ohne Unterschied der Konfession wiederholt worden ist. Die neueren Gesundheitslehrer fügen nur hinzu, daß die Zuträglichkeit in specie auf dem Asparagin beruhe, einem wunderbaren Stoff, der die Herzleiden hebt, die Wassersüchtelei beseitigt und den Harn aromatisiert. Doch von dieser physiologischen Eigenheit abgesehen, steht nicht zu leugnen, daß schon die einfache *Spargelsauce* etwas Verlockendes, die schlichte *Spargelsuppe* etwas Frühlingsahnungserweckendes an sich hat, daß der *Spargelspitzensalat* und der *Spargeleierkuchen* dies Gefühl erheblich steigern und daß endlich der *unzerstückte Spargel* mit brauner Butter, in züchtiger Begleitung eines Hühnchens oder eines höheren Koteletts den Menschen zu jener Höhe der Empfindung emporflügelt, wo ihm »außer der Vorlage alles Wurst ist«, wie Bismarck zu sagen pflegte. Der Spargel kommt noch *mit Mayonnaise, mit Morcheln* sowie in *Erbsenform* vor und läßt die Tafel selbst im dicksten Winter nicht im Stich, gehört vielmehr als *Büchsenspargel* gerade im Winter zu den begehrtesten und verdienstvollsten Schönheiten der Gesellschaft.

Spatz, *Sperling,* s. Kleinvögel.

Speck, die auf dem Rücken und den Rippen des Schweins zwischen Haut und Fleisch abgelagerte Fettschicht, wird vorzugsweise gleich dem Schinken gepökelt und geräuchert in den Handel gebracht und in der Küche als Bratenhemd zum Spicken, bei Bereitung von Speckkuchen, Speckknödeln, Eierkuchen, Specksuppe, allerlei Füllseln usw. verwendet. Guter Speck ist fest, von gelblicher Farbe – geräucherter *weißer* Speck von angenehmem, sogenanntem »Nuß«-Geschmack und enthält 75 Prozent reines Fett. Ausgesuchte, mit einigem Fleisch durchwachsene Ware führt den Namen *Herrenspeck* und wird besonders geschätzt. In Wien ist der ungarische *Paprikaspeck* beliebt, in Norddeutschland der westfälische, in London der von Wiltshire und Cumberland usw. Bei der Leichtigkeit, mit welcher der Speck sich kauen läßt, ist seine Verdaulichkeit unter allen Umständen größer als die des Schweinefleisches und kommt der des guten, frischen Schaffleisches vollständig gleich.

Spelz s. Dinkel.

Spinat, in Südwestdeutschland auch *Binetsch,* eine einjährige Staude aus der näheren Verwandtschaft der Gartenmelde, gelangte aus ihrer persischen Heimat wahrscheinlich erst in nachchristlicher Zeit einerseits nach Indien und China und andererseits durch die Araber nach Spanien und Italien, von wo aus sie etwa zu Anfang des 14. Jahrhunderts (1305) nach Frankreich, später nach Deutschland, 1525 nach Mexiko und 1568 über Holland nach England kam und allmählich überall die Melde als Gemüsepflanze aus dem Felde schlug. Bei $3^1/_2$% Stickstoffgehalt nicht ganz ohne Nährwert, dabei leicht verdaulich, von angenehmem Geschmack und neun Monate im Jahre marktgängig, bildet der Spinat eines unserer besten Wintergemüse, das freilich mit größter Sorgfalt und vielem Fett behandelt, auch wohl mit Brunnenkresse, Sauerampfer oder Schnittlauch geschärft werden muß, wenn es Eindruck machen soll. Man gibt ihn *als Gemüse* »mit Ochsenaugen« (d.h. mit gebackenen Eiern), mit gerösteten Semmelschnitten oder mit gebratenen Kartoffeln, man stellt mit Estragon, Sauerampfer und Petersilie eine *Feinkräutersauce* aus ihm her und bereitet endlich daraus die sogenannte *Spinatbutter,* die als Färbemittel für Saucen, Aspiks, Suppen, Gemüse usw. ausgezeichnete Dienste tut.

Sprit, *Spiritus,* s. Alkohol.

Sprotte, auch der *Sprott* oder *Breitling,* ein 10–15 cm langes Kerlchen vom Stamme Hering, aber vom alten Hering durch die Größe, vom jungen durch den scharfen, kantigen Bauch unterschieden, bewohnt die Nord- und Ostsee und wird namentlich bei Kiel und Eckernförde sowie an der englischen Küste jährlich im Mai und Juni zu Millionen gefangen. Die Sprotte wird teils frisch verkauft, wertet in dieser Gestalt nur wenige Pfennig per Kilo, teils wird sie mit Gewürz eingelegt als *Anchovis*, besonders scharf gesalzen und gewürzt als *russische Sardelle* und hauptsächlich geräuchert als *Kieler Sprotte* in den Handel gebracht. Als solche bildet sie einen trefflichen Belag für Butterbrote, ist aber, da sie neben 60% Wasser und 22¾% Stickstoffsubstanz 16% Fett enthält, also zu den entschiedenen Fettfischen gehört, keine Speise für papierene Mägen.

Stachelbeeren, die an Farbe und Größe mannigfach verschiedenen Früchte des in rund 250 Sorten kultivierten Stachelbeerstrauchs, liefern schon vor der Reife, mit Zucker verkocht, ein lekkeres und sehr begehrtes *Kompott,* dessen Verdienst besonders durch den Umstand gehoben wird, daß es das erste seiner Gattung im Jahre zu sein und den Reigen der frischen Obstkompotte zu eröffnen pflegt. Die reifen Beeren dienen gleich den Johannisbeeren zur Bereitung von Saucen, Gelee, Marmelade, Stachelbeersaft und Stachelbeerwein oder werden unverletzt mit Zucker eingekocht. Auch Stachelbeerkuchen und Stachelbeer-Pudding liegen nicht außerhalb des Bereichs der realen Erscheinungen, und Stachelbeer-Agrest wurde wenigstens in früherer Zeit vielfach hergestellt; noch heute heißt die Frucht danach in Niederösterreich *Agras,* in Ungarn *Egres.* Bei alledem reicht die Kultur des Stachelbeerstrauchs nicht über das 16. Jahrhundert zurück, obgleich Strauch und Frucht schon in südfranzösischen Dichtungen des 12. und 13. Säkulums genannt werden. Der Stammvater unserer Kultursorten, der Rauchbeerstrauch, findet sich nämlich in ganz Europa, in Nordafrika, am Kaukasus und am Himalaja auf steinigem Grunde wild, und die Frucht wurde, wie noch heute Brombeeren, Hagebutten und Schlehen, mannigfach benutzt, ohne daß man an eine Kultur des Strauches dachte. Dies scheint zuerst von Mönchen unternommen worden zu sein, denn Hohberg führt den Namen »Klosterbeere« für Stachelbeere auf. Die größte Ausdehnung hat der Stachelbeerbau in England erlangt.

Stärkemehl, *Satzmehl, Kraftmehl* oder kurzweg *Stärke,* einer der im Pflanzenreiche häufigsten Stoffe, da es u.a. den Hauptbestandteil der Getreidekörner, des Markes gewisser Palmen und der Knollen oder Wurzelstöcke zahlreicher Phanerogamen ausmacht, gehört gleich dem Fett zu den stickstofflosen Substanzen; setzt sich beim Kauen unter dem Einfluß des Speichels und der Magensäfte in Dextrin und Zucker um und dient dem Organismus als Respirations- und Oxydationsmittel, wird aber auch zum Teil in Fett übergeführt und befördert daher auch den Fettansatz im Körper. Man gewinnt es, indem man die stärkehaltigen Pflanzenteile möglichst zerstückt und dann mit Wasser schlämmt, wobei das Amylum sich auf dem Grund absetzt (daher »Satzmehl«). Reines Stärkemehl erscheint als geruch- und geschmackloses Pulver von glänzend weißer Farbe; in dieser Reinheit läßt es sich jedoch in vielen Fällen nur mittels umständlicher Operationen herstellen, und nicht wenige Stärkemehle zeigen daher einen ausgeprägten Beigeschmack. Zur Verwendung als Nahrungsmittel eignen sich selbstverständlich nur solche Arten, die gar keinen oder einen angenehmen Geschmack besitzen, und das sind im wesentlichen: das *Arrowrost*, der *Sago*, die *Tapioca*, das *Manioc* und im gewissen Sinne auch die stickstoffhaltige *Semolina*, ein Mahlprodukt aus bestem, härtestem Weizen, das in Spanien, Süditalien und Südrußland hergestellt und dort zur Breibereitung, in Frankreich aber zum Kuchenbacken, in England zu Puddings und in Algier zur Bereitung des *Kukusu* benutzt wird, eines ziemlich komplizierten Nationalgerichts, dessen Hauptbestandteil neben der Semolina allerlei Gemüse, Geflügelfleisch und Butter bilden und das ebenso gut schmeckt, wie es schwierig zusammenzusetzen ist.

Steckrübe, s. Krautrübe und Weißrübe.

Steinbeere s. Kronsbeere.

Steinberger s. Rheingauer.

Steinbock, der unzugängliche Monarch des Hochgebirges, ist aus Abbildungen sattsam bekannt, in natura aber seltener als ein weißer Sperling, und das nicht erst seit gestern. Dieses »Thier«, erzählt Kaiser Ferdinand im Jahre 1564, »ist in ganz Deutschland nicht mehr zu finden. Einer ist noch in Kärnten, der Herr Kutzschacher genannt, der reichste unter denen von Adel, der hat derselben noch etliche – sonsten hat ihr Geschlecht ganz aufgehört.« Das ist freilich nicht streng wörtlich zu nehmen, denn der letzte Steinbock wurde in den österreichischen Alpen erst 1705 geschossen, zur selben Zeit, wo der damalige Bischof von Salzburg, Graf Joh. Ernst v. Thun, den lange gehegten und auf 297 Stück angewachsenen Bestand des Floitentals in Tirol vollständig abschießen ließ – für die österreichische Küche aber war der Steinbock allerdings schon damals ein Märchen aus vergangener Zeit, das auch die 1867 im Salzkammergut ausgesetzten Exemplare nicht zu neuer Wirklichkeit zu erheben vermocht haben. Über die kulinarischen Qualitäten dieses Hochwildbrets ist daher nichts Näheres bekannt; man wird aber schwerlich fehlgreifen, wenn man ihn vorkommenden Falls wie die Gemse traktiert – was sich wenigstens diejenigen merken mögen, die ihre Sommerfrische im Himalaja abzuhalten gedenken, da der Steinbock dort noch häufig vorkommen soll.

Steinbutt, in Wien ein Ausnahmefall, daher vielfach mit der Scholle zusammengeworfen und selten mit jener Hochachtung behandelt, die ihm von Gott und von Rechts wegen gebührt; wird im Durchschnitt 40–50 cm lang und 3–5 kg schwer, erreicht aber auch bei einer Länge von 90 und einer Breite von 60 cm ein Gewicht bis 18 kg und darf dann nur *im ganzen gesotten* aufgetragen werden, denn es steht geschrieben: »Der Steinbutt, der wegen seiner Schönheit der *Fasan des Meeres* heißt und wegen seines majestätischen Umfangs den Titel eines *Königs der Fasten* verdient, würde aufhören, den Stolz und Ruhm einer reichen Tafel zu bilden, wenn man ihn vor dem Servieren zerstückte: ein hübscher Kranz aus grüner Petersilie und eine besonders gereichte Buttersauce genügen zur Begleitung« (Grimod). Es schadet indessen durchaus nicht, wenn man diesen König etwas pomphafter herausputzt, ihm beispielsweise einen Hummer und dem Hummer einen Krebs auf den Rücken setzt, die ganze Pyramide aber durch einen Spieß zusammenhalten läßt und mit einer Trüffel krönt. Allerdings aber ist zur Zubereitung eines solchen Riesen ein Waschkessel vonnöten, wie schon bei Brillat-Savarin des weiteren zu lesen steht, und da dies Möbel noch nicht in allen Küchen an der Tagesordnung ist, so läßt die feine Tafel (und wahrlich nicht zu ihrem Schaden!) auch den zerstückten Steinbutt passieren, mag er *gedämpft* mit italienischer Sauce oder als *Steinbuttsalat* mit Mayonnaise oder *gesotten* mit Krabbensauce und Champignongarnitur auftreten. Den Namen führt dieser edelste unter den Flachfischen von den oft ziemlich beträchtlichen Knochenhöckern, mit denen seine linke Körperseite (bei ihm die Augenseite) mehr oder weniger reichlich besetzt ist. Er bewohnt den Atlantischen Ozean vom Mittelmeer ab bis zum 70° n. Br., namentlich aber die Nordsee und den Kanal, und bildet dort einen der wertvollsten Gegenstände der Fischerei.

Steinhuhn, ein feldhuhnähnlicher, aber größerer Vogel mit glänzendrotem Schnabel und blaßroten Beinen, während im Gefieder Aschgrau mit einem rötlichen Anflug vorherrscht; war im 16. Jahrhundert noch in den Bergzügen längs des Rheins, z.B. St. Goar, zu finden, kommt aber jetzt nur noch im Alpengebiet (Schweiz, Oberbayern und Tirol), im Küstenland, in Italien, in Griechenland nebst den anliegenden Inseln und in Asien ostwärts bis nach Südchina vor. »Das Steinhuhn«, sagt Grimod, »verhält sich zum gemeinen Rebhuhn wie der Kardinal zum Bischof«, d.h. es liefert im wesentlichen dieselben köstlichen Schüsseln, aber die Schüsseln haben den Vorzug der Seltenheit und verdienen daher mit mehr als alltäglicher Andacht verzehrt zu werden. Tirol und das Küstenland versorgen die österreichische Küche mit 3000–3500 Steinhühnern jährlich. Ebenso delikat, aber in Westeuropa wenig selten ist das gleich große *Rothuhn*, das in Südfrankreich, Spanien und Portugal nebst den zugehörigen Inseln bewohnt und seit etwa 1780 auch nach England verpflanzt worden ist. Beim Rothuhn herrscht auch im Gefieder die rote Farbe vor, namentlich aber prangen die Beine im schönsten Karmin.

Steinpilz oder *Herrenpilz*, auch *Löcherschwamm*, ausgezeichnet durch den auffallend dicken, lichtbraunen, bis 15 cm langen Stiel und den gewölbten, hell- oder kastanienbraunen, bis 25 cm breiten Hut, kommt in ganz Europa vom Juni bis in den Oktober in dichten Laub- wie Nadelwaldungen vor und gehört zu den größten Lieblingen der Pilzfreunde – mit Recht, denn sein weißes, derbes Fleisch ist von schwachem, aber angenehmem Geruch und von etwas süßlichem, beinahe nußartigem Geschmack, so daß es roh genossen werden kann. Der Steinpilz kommt in Fleischbrühe *gesotten, gedämpft, gebacken* und *gebraten,* in anziehendster Gestalt aber als *russische Pilzpastete* auf den Tisch, zu welch letzterem Gericht man den Hut in Scheiben schneidet, diese mit Pfeffer, Salz und einem Hauch Knoblauch oder Rockenbolle würzt, dann in Öl und Bechamel dünstet, in Wechsellagen mit rohem Schinken, Persilie und Zwiebel aufschichtet, das Ganze in Teig schlägt, mit brauner Sauce befeuchtet und im Ofen bäckt. Man kocht den Steinpilz auch mit Gewürzen in Essig ein, und ganz vorzüglich eignet er sich, wie alle Röhrenpilze, zum Dörren an der Sonne oder in der Ofenwärme. Russen und Polen schätzen ihn beinahe dem Fleisch gleich, und in Frankreich, wo ihn seit 1738 der Polenkönig Stanislaus Leszczyński hoffähig machte, wird er auch künstlich gezüchtet.

Sterlet, *Styrel, Stürl* oder *Störl,* steht zwar seinem großen Bruder, dem Stör, an Leibeslänge bedeutend nach, da er im Durchschnitt nur 30–50 cm und nur ausnahmsweise 1 m lang wird, übertrifft ihn aber nach dem Urteil der meisten Kenner an Zartheit und Schmackhaftigkeit. Namentlich in Rußland gilt sein fettes, weiches Fleisch für eine Leckerei ersten Ranges, und zwar bevorzugt man besonders die gelbbäuchigen Exemplare aus der Oka, Scheksna und nördlichen Dwina und bezahlt sie nicht selten mit 20 Mark per Kilo. Preußen versuchte daher schon unter Friedrich dem Großen und nochmals 1856, den köstlichen Fisch in Pommern einzubürgern, jedoch die Sterlets gingen nicht auf diese Absicht ein: sie mästeten sich allerdings Bäuche an, »als wie der Doktor Luther«, verzichteten aber auf das Vergnügen der Fortpflanzung. Das Vorkommen des Sterlets ist daher immer noch auf das Schwarze Meer und den Kaspi-See nebst ihren Zuflüssen sowie auf die Ströme Sibiriens beschränkt. Bei Wien erscheint er regelmäßig, und es gelangen daher in gewöhnlichen Jahren durchschnittlich 2000, in guten (wie 1891) auch 4000 kg Sterlet à $3^1/_2$–5 Mark auf dem Fischmarkt zum Verkauf. Der Rogen des Fisches liefert den feinsten Kaviar, seine Schwimmblase die feinste Hausenblase, sein Fleisch wird wie das seiner Verwandten, des Störs, des Hausens und des Schergs, zugerichtet und mit anerkennenswertem Eifer verspeist.

Stilton-Käse, ein Weichkäse ersten Ranges aus Vollmilch mit Rahmzusatz, erscheint als Zylinder von 25 cm Höhe und $3^1/_2$–4 kg Gewicht und wird vorzugsweise in der Grafschaft Leicester, aber auch in den Grafschaften Huntingdon und Northampton hergestellt und über Stilton in den Handel gebracht. In guter Qualität zeigt er sich bei aller Weichheit etwas brüchig und im Innern mit einigem Schimmel. Die rechte Weihe indessen erhält er erst dadurch, daß man am oberen Ende eine 3 cm starke Scheibe abschneidet, in die Mitte des Stumpfes eine Höhlung von der Größe eines Weinglases eingräbt und diese immer wieder mit Sherry, Portwein oder Madeira füllt, bis der Käse eine oder zwei Flaschen des edlen Rebenblutes »getrunken« hat: in dieser Weise behandelt, erlangt der Stilton einen wunderbar feinen Geschmack. Eine Abart des echten ist der *Yorkshire-Stilton,* der hauptsächlich in Cotherston hergestellt wird, aber seinen Ahnen an innerem Fettgehalt bedeutend nachsteht.

Stint muß sich trotz seiner hohen Geburt und noblen Verwandtschaft – er stammt aus dem Hause Salm – von der ostpreußischen Straßenjugend den Spottreim nachschreien lassen:

»Stint, Stint, Stintfisch,
Stinkst schon, wenn du lebendig bist.«

In der Tat duftet der kleine Bursche ganz energisch nach faulen Salzgurken, und wenn Brillat-Savarin dem in *Provenceöl gebakkenen* Stint nachrühmt: »Der Stint ist die Baumlerche der Gewässer: dieselbe Kleinheit, dieselbe Feinheit, dasselbe Parfüm« – so ist das einzig und allein vom Stint des Kanals zu verstehen, der allerdings wie alle Meerstinte weniger intensiv riecht und daher ziemlich geschätzt wird. Der Fisch kommt sowohl in den Binnenseen wie an den Küsten Großbritanniens, Skandinaviens, Rußlands und Norddeutschlands in großartigen Mengen vor und wird zur Laichzeit im März und April in Massen gefangen. Wegen des bösen Geruchs, der bei den Flußstinten geradezu unausstehlich ist, müssen die Fische abgesotten werden, bevor man sie zum Backen verwenden kann. Immer aber wird dieses Geruchs wegen nur der Liebhaber sich mit vollem Behagen an dem wirklich delikaten Fleisch erbauen, und daher das norddeutsche Sprichwort: »Stint gehört in's Armenhaus.«

Stockfisch s. Kabeljau und Long.

Stör, ein Vetter des Hausen und selbst ein Riese von durchschnittlich 2 bis 3 m Länge, strebt die Erfüllung der edlen und schönen Aufgabe an, jene Gegenden mit Kaviar zu versorgen, die sich nicht der holden Gegenwart des Sterlets, Schergs und Hausen zu erfreuen haben. Während er daher im Kaspi-See, im Schwarzen Meer und im Donaugebiet fehlt, ist er im Mittelmeer, in der Nordsee sowie an den europäischen und amerikanischen Küsten des Atlantischen Ozeans keine Seltenheit und wird dort, wenn er im Frühjahr zum Laichen in die Flüsse eindringt, in ziemlicher Anzahl gefangen. Das Fleisch kommt größtenteils frisch, aber auch mariniert und geräuchert in den Handel und ist zwar weniger delikat als das des Sterlets, aber immerhin wohlschmeckend und sehr begehrt. Aus dem Rogen wird der feinkörnige, sogenannte *Elbkaviar* hergestellt, der zwar im frischen Zustand ganz vortrefflich, aber wenig haltbar ist. In Norddeutschland bildete noch um 1850 *marinierter Stör* einen Ausfuhrartikel nach England, jetzt reicht indessen der Ertrag der Fischerei nicht mehr zur Deckung des eigenen Bedarfs hin.

Stracchino, auch *Schachtelkäse* genannt (weil bei der Herstellung statt der Seihtücher zylindrische Schachteln mit durchlöchertem Boden benutzt werden), ein strohgelber Weichkäse aus Vollmilch, der in der Gegend von Mailand, namentlich in Gorgonzola und Casaretto, fabriziert wird und teils in Backstein-, teils in Walzenform, jedes Stück in Musselin gewickelt und mit einer Hülle aus starkem Papier versehen, in den Handel kommt. Der Stracchino wird während des Reifens wiederholt mit Butter oder Olivenöl bestrichen und soll dieser Manipulation seinen feinen und milden Geschmack verdanken. Der in Deutschland hergestellte Stracchino ist in der Regel stark gesalzen und schmeckt daher nicht mild, sondern äußerst pikant, ist dafür aber haltbarer als der echte, der schon durch ein zwölfmonatiges irdisches Dasein gründlich verbittert und ungenießbar zu werden pflegt.

Streber, in Oberösterreich *Strichzagel,* im Salzkammergut *Zink* oder *Zint,* in Siebenbürgen *Spindel* oder *Reppfisch,* in Bayern *Pfeiferl,* ein bei 10–15 cm Länge höchstens 120 g schweres Fischchen aus der Familie der Barsche, das ausschließlich in den größeren Flüssen des Donaugebiets vorkommt, aber nirgends häufig ist. Das nämliche gilt von seinem größeren, bis 30 cm langen und bis 500 g schweren Vetter und Gefährten, dem *Zindel* oder *Zingel,* von dem Hohberg berichtet: »Er wird auch in Ungarn in der Theiß und in Bayern in der Isar, meistens aber in der Donau, um Preßburg, Wien, auch Regensburg gefangen und unter die Herrenfische gerechnet, denn er hat ein fürtrefflich gesundes, weißes, härtliches, wohlgeschmackes Brät.« In der Tat werden beide Fische von Kennern sehr geschätzt, aber bei ihrer Kleinheit und ihrem vereinzelten Vorkommen zumeist nur von Anglern erbeutet und sind daher auf dem Markte nicht zu haben.

Strömling s. Hering.

Sulzen s. Gelee.

Suppe, das Objekt jener gefühlvollen Tätigkeit, die der Niederdeutsche *supen,* der Oberdeutsche *supfen* und der Hochdeutsche *schlürfen* nennt, ist eine aus Flüssigem mit mehr oder weniger fester Einlage bestehende Warmspeise, die mit dem Löffel gegessen wird. Der Löffel bietet nicht bloß die Bequemlichkeit, das warme Gericht mit dem geringsten Kraftaufwand in so vielen und so kleinen Portionen zum Mund zu führen, wie dem Esser beliebt, sondern er schafft vor allem auch die Möglichkeit, ohne weitere Umstände mit den flüssigen zugleich jene mehr festen Bestandteile in den Mund zu bringen, ohne welche eine Suppe nicht vollständig, d.h. nur Brühe oder Trank ist. Der Löffel ist daher bei der Suppe unentbehrlich, so unentbehrlich, daß beispielsweise der sächsische

Hofnarr Kyau, als man ihm einst bei Tafel das wichtige Instrument vorenthielt und gleichwohl mit den Worten: »Ein Schuft, wer seine Suppe nicht ißt!« zum Essen drängte, die Suppe keineswegs zu trinken versuchte, sondern eiligst aus Brotrinde einen Notlöffel konstruierte, den er hinterdrein mit den Worten: »Auch Schuft, wer seinen Löffel nicht ißt!« der Suppe nachfolgen ließ, womit er natürlich die Lacher auf seine Seite brachte. Die Unentbehrlichkeit des Löffels kennzeichnet zugleich die Suppe als Produkt einer späteren und höheren Kultur, denn der Löffel mußte natürlich erst erfunden sein, bevor man ihn gebrauchen und auf seinen Gebrauch eine neue Gattung von Gerichten gründen konnte. Daraus ergibt sich aber die sonderbare Tatsache, daß die moderne Tafel eigentlich mit dem verkehrten Ende zuerst auf die Welt gekommen ist, indem sich unstreitig zuerst das Dessert aus Baumfrüchten, dann der Spießbraten, der Rostbraten, der Schmorbraten, das Gemüse und das Ragout und erst ganz zuletzt die Suppe entwickelt hat. Völker, die mit der Kultur auf gespanntem Fuß leben, wie die Maori und die Patagonier, kennen daher die Suppe überhaupt nicht; andere, die zwar von der Kultur beleckt, aber noch nicht vollständig durchdrungen sind, wie die Engländer, die Hamburger und die Massilier, bedienen sich statt der Suppe eines schwerkalibrigen Ragouts, das sie *Schildkrötensuppe*, *Aalsuppe* oder *Krabbensuppe* nennen; eine dritte Sippe endlich, die etwas altfränkisch hinter der Zeit zurückgeblieben ist, wie die Spanier und die Schweden, genießt die Suppe zum Schluß des Mahles, denn sie regt den Magen an, ohne ihn zu belasten; sie bringt ihn in die rechte Stimmung und bereitet ihn in schonender Weise auf die kommenden Anstrengungen vor. Nur beim Gabelfrühstück kommt sie in Wegfall, weil man diese Mahlzeit mit einem Gläschen Liqueur einzuleiten pflegt, das dem Magen nämlichen Dienst erweist, d.h. ihn zur Absonderung der Verdauungssäfte anregt. Die Suppe ist daher keine beiläufige, sondern eine höchst wichtige Sache, und das um so mehr, da sie den ersten Eindruck von dem bevorstehenden Mahl gibt, und der erste Eindruck, wie bekannt, nicht selten der entscheidende ist. »Aus der Suppe«, sagt Châtillon-Plassis, der jüngste der französischen Gastrosophen, »aus ihrer Zusammensetzung, ihrem Geschmack, ihrer mehr oder weniger gelungenen Vorführung schließt man auf das ganze übrige Diner. Behandelt daher die Suppe mit all' der Sorgfalt, die ein Komponist auf die Ouvertüre seiner Oper verwendet! Hat das Diner nur drei Akte wie eine komische Oper, so mag die Suppe schlicht bürgerlich sein. Ist aber das Mahl ein vollständiges gastronomisches Drama in fünf Akten und zehn Abteilungen, so leite man es mit einer Suppen-Ouvertüre ein, die einen Vorgeschmack von den kommenden Herrlichkeiten gibt.« Der Gebrauch schreibt bekanntlich für diesen Fall sogar zwei Suppen vor, eine einfache und eine mit Haché, Geflügel, Fisch etc. versetzte. Beim Servieren ist vor allem nie zu vergessen, daß die Suppe eine Warmspeise ist und daher möglichst heiß auf den Teller kommen muß.

Die Zahl der möglichen Suppen ist unendlich, die Zahl der wirklich vorhandenen unberechenbar, da die üblichen Suppenstoffe zu den mannigfachsten und sonderbarsten Kombinationen, Variationen und Permutationen die Hand bietet. Gleichwohl hat Wiel einen nicht zu übersehenden Klassifikationsversuch gemacht. Er teilt nämlich die Suppe mit Rücksicht auf die als Grundlage dienende Flüssigkeit in vier Gattungen: *Wassersuppen, Milchsuppen, Wein-* und *Biersuppen* und viertens *Fleischbrüh-* oder *Bouillonsuppen* und unterscheidet innerhalb dieser Gattungen wiederum je nach der Einlage zwischen *Fleischsuppen* und *Pflanzensuppen.* Durch weitere Zerlegung der Fleischsuppen in *Schlachtfleischsuppen, Wildbretsuppen, Geflügelsuppen, Fischsuppen* etc. und der Pflanzensuppen in *Gemüsesuppen, Mehlsuppen, Obstsuppen* usw. würde sich dies Schema leicht vervollständigen lassen – doch wäre diese Arbeit ohne weiteren Zweck, da sie weder das Verständnis für die Suppe noch deren Bereitung erleichtern würde. Die Hauptsache bleibt immer, daß die Suppe gut schmeckt und gut bekommt. In letztgedachter Hinsicht sind aber nicht bloß die köstlichen Schildkröten- und Fettfischsuppen nebst den derben Hülsenfruchtsuppen, sondern auch das hochgepriesene *Hafermus*, die beliebte *Zwiebelsuppe* und die sogenannte *Einbrenn-*

suppe stets als verdächtig zu betrachten. Der Nährwert der Suppe ist natürlich von ihrer Zusammensetzung abhängig und daher so verschieden wie die *Bettelmannssuppe* (Schwarzbrot mit Salz in Wasser) von der Soupe à la Camérani, die eine Portion für zwei Personen auf 60 Franken zu stehen kam. Ein Punkt indessen verdient hervorgehoben zu werden: daß nämlich den *Wein-* und *Biersuppen* ein Wert beigelegt zu werden pflegt, den sie weder besitzen noch überhaupt besitzen können, weil erstens der Alkohol überhaupt kein Nahrungsmittel ist und zweitens weil er beim Kochen sich verflüchtigt und zum Schornstein hinausfährt. Bei alledem steht nicht zu leugnen, daß die Weinsuppe auch ihre Reize hat und daß es unrecht wäre, ihr den Abschied zu geben, nur weil der Esser sich keinen Schmerbauch und keine Hünenkraft an ihr zuziehen kann.

Syrmier-Wein, das feurige Produkt der Rebgelände Syrmiens, gelangt in mehreren vorzüglichen Sorten auf den Markt. Obenan steht der ebenso feine wie starke *Karlowitzer*, der in Rot, in Weiß und als Schillerwein vorkommt und sehr gesucht und hoch bezahlt wird; weit berühmt ist auch der überaus süße *Karlowitzer Wermut*, ein starker, aromatischer Liqueurwein, der aus Spitzgläsern kleinsten Kalibers getrunken wird. Dem Karlowitzer ziemlich ebenbürtig ist der nicht minder berühmte *Illoker* der fürstlich Odescalchischen Besitzungen, ein Schillerwein von besonderer Feinheit und angenehmen Geschmack; auch ihm steht ein Liqueurwein zur Seite, der sich durch schöne, rubinrote Farbe und angenehmes Aroma auszeichnet. An dritter Stelle sind noch der *Thenciner* Rotwein, der *Salaksia*-Schillerwein, der *Slaukamer*, der *Cerevicer* und der *Pristiner* zu nennen, sämtlich als fein und gehaltvoll bewährt, im Ausland jedoch selten unter ihrem eigenen Namen, sondern zumeist unter dem des Karlowitzers zu finden. Stapelort für die syrmischen Weine ist Agram, die Hauptstadt Kroatiens.

Tauben *mit grünen Erbsen*, der Wappenvogel der Venus, mit der Festschärpe des Wonnemonds umgürtet, bilden das reizendste Stück poetischen Stillebens, das dem Menschen in natura vorkommen kann. Junge Tauben sind zwar jederzeit zu haben, die *Maitauben* aber sind entschieden die besten und übertreffen ihre Geschwister in demselben Grad, wie die ersten grünen Erbsen alle ihre Nachfolgerinnen übertreffen. Eine Schüssel ersten Rangs bilden sie freilich deshalb noch lange nicht, denn die junge Taube an sich – die ältere kommt gar nicht in Betracht, weil sie ihrer Dürre wegen höchstens im Suppentopf verwendbar ist – stellt bei 75% Wasser- und nur 1% Fettgehalt einen so überaus mageren Bissen vor, daß die Zartheit ihres Fleisches daneben gar nicht zur Geltung kommt. Bei der Taube sind daher Speck und Bratenbutter mindestens ebenso unentbehrlich wie bei einer Schauspielerin die Schminke und das Lampenlicht, und man darf mit Grund behaupten, daß ihr Ansehen bei den Gastronomen weit mehr auf den Zutaten als auf ihrem eigenen inneren Wert beruht – was freilich, wie man hört, auch beim Menschen bisweilen vorkommen soll. Und das gilt nicht bloß von der gewöhnlichen Haustaube, sondern auch von den verschiedenen Wildtaubenarten: der Holztaube, der Ringeltaube und der berühmten Turteltaube. Bei alledem steht aber nicht zu bestreiten, daß die Taube, gehörig gespickt oder gefüllt, am Spieß oder in der Pfanne *gebraten*, in Butter *gedämpft*, *eingemacht*, *gebacken* oder *geröstet*, als *Salmi*, als *Ragout*, als *Kotelett* und sogar als *Pastete* immer einen angenehmen Eindruck macht und die Achtung verdient, mit der man ihr in solchen Fällen begegnet. Ihre ganz besondere Bedeutung für die Küche aber und hauptsächlich für den Krankentisch beruht darauf, daß sie, dank ihrer vertraulichen Stellung, zur Göttin der Liebe mit unerschöpflicher Liebeslust und Liebeskraft begnadet ist und es daher in ihrer Familie nie an jungem Nachwuchs fehlen läßt. Diese Produktionslust hat insbesondere für Wien die gute Folge, daß es jährlich mindestens 750000 Tauben verspeisen kann, ohne sich finanziell zu ruinieren, da der Preis hier nur 0,35–0,85 Mark pro Stück beträgt, während er sich in Paris genau auf das Doppelte stellt. Wie in Österreich, steht die Taubenzucht auch in Italien, Frankreich, Belgien, Holland und England in Blüte, während in Norddeutschland Taubentürme selten und das Produkt ein höchst mittelmäßiges ist, so daß *Vaerst* von der norddeutschen Taube mit vollem Recht sagt: »Ein liebenswürdiger Vogel, schön in der Luft, aber schlecht in der Schüssel.«

Tee heißen sowohl die getrockneten Blätter des Teestrauchs wie auch das mittels Aufgusses daraus bereitete warme Getränk. In China war der Tee nach Bretschneiders Feststellung schon um 2700 v. Chr. bekannt, das westliche Asien jedoch erhielt erst im 9. Jahrhundert n. Chr. durch die beiden Araber Wahab und Abu Said und Europa erst 1550 durch einen Perser, der sich in Venedig aufhielt, Kunde von diesem Genußmittel. Nach Paris kam der erste Tee 1636, nach Moskau 1638, und 1648 erschien in Paris der erste medizinische Tee-Traktat von den beiden Ärzten Morisot und de Mauvillain. In Deutschland gedenkt seiner zuerst die Apothekertaxe der Stadt Nordhausen vom Jahre 1657, London aber besaß bereits im folgenden Jahr in der Börse eine Teeschänke. Seit 1650 begannen die Holländer regelmäßig Tee nach Europa zu bringen, 1655 bezog England zum erstenmal Tee unmittelbar aus Ostindien, und von da ab begann das Teetrinken allmählich Sitte zu werden –

natürlich nicht ohne den heftigsten Widerspruch derjenigen, die in allem, was ihnen nicht in der Wiege gesungen worden, den Satan wittern. In Deutschland trat seit 1676 namentlich der brandenburgische Leibarzt Bontekoe wie für den Kaffee und die Schokolade auch für den Wein der Chinesen in die Schranken, und in Österreich war derselbe schon 1682 wohl bekannt, doch hat der Tee eigentlich nur im Norden und besonders in den Seestädten Wurzel gefaßt. Der Tee ist fashionable und wird unter Umständen mit weißen Glacéhandschuhen angefaßt – der Kaffee aber ist beliebter und dürfte es bleiben, weil er vollmundiger ist. Wahre Teeländer dagegen sind England, Holland, Rußland, Australien und der größte Teil von Nordamerika. Die Mutterpflanze des »Teekrauts«, wie man im 17. Jahrhundert sagte, der *Teestrauch*, ist ein immergrüner, bis 3 m hoher Strauch aus der Familie der Camelien, der in Ober-Assam und dem südlichen Alpenlande Chinas sowie auf der Insel Hainan wild wächst und am meisten in China und Japan, seit etwa dreißig Jahren aber in immer steigendem Umfang auch in Ostindien, auf Java, auf Ceylon und in Brasilien kultiviert wird. Die Tee-Ernte, d.h. das Abstreifen der derben, bei 5 cm Breite bis 10 cm langen Blätter, findet dreimal im Jahr statt und liefert, wenn die Blätter rasch über lebhaftem Feuer getrocknet und unter starkem Druck gerollt werden, den *grünen Tee*, bei langsamem Dörren der Blätter dagegen den *schwarzen Tee*, der sich durch sein eigentümliches Aroma auszeichnet. Beide Arten erscheinen in zahlreichen Sorten auf dem Markt, und zwar der *grüne Tee* vornehmlich als *Hyson* (»Frühlingsblüte«) in sorgfältig und gleichmäßig gerollten, länglichen Blättern, als *Young Hyson* (junger Hyson) aus besonders jungen und feinen Blättern, als *Hyson-Skin* (Hyson-Abfall) in etwas bröcklicher Ware, als *Chucha* (»Perltee«, engl. Gun-powder, in Deutschland häufig *Kaisertee* oder *Imperial*) in kugelig gerollter Ware und endlich als *Twankey* aus älteren, unregelmäßig gerollten Blättern – eine mittelmäßige Sorte, aber die häufigste von allen. Die landläufigen Sorten des *schwarzen Tees* sind: *Congu* (Kung-fu, »Auslese«) aus den größten Blättern bereitet, *Pecco* oder *Pekon* (Pehháu, »weißer Flaum«) aus den noch unentwickelten, weißbehaarten Blattknospen durch mäßiges Dörren gewonnen, *Souchong* (Sia-u-schung, »kleiner Tee«), eine aus den zartesten jüngeren Blättern bereitete vorzügliche Sorte, Oolong (Ulong, »schwarzer Drache«), *Capor, Boe* oder *Boha* u.a.m. Außerdem stellt man in China noch durch Pressen eine dritte Art, den *Ziegeltee* her, der von den nordasiatischen Völkerschaften nicht sowohl als Getränk, sondern als Gemüse konsumiert wird, und endlich in Japan eine vierte Art, den *Gelben Tee*, der im allgemeinen mit dem grünen übereinkommt. In Europa wird durchgängig der schwarze Tee bevorzugt, weil er, minder reich an Gerbsäure als der grüne, einen milderen Geschmack hat. Die Wirkung des Tees auf den Organismus ist die nämliche wie die des Kaffees und beruht, wie bei diesem, auf einem Alkaloïd, dem Teein, das die gleiche Zusammensetzung und die gleichen Eigenschaften hat wie das Koffein. Ganz besonders sensitive Beobachter wollen zwar herausgefunden haben, daß der Kaffee mehr die Phantasie, der Tee mehr den Verstand anrege, nur haben sie es bisher nicht der Mühe für wert gehalten, ihre Beweise vorzulegen. Weit treffender hat *Wiel* die Wirkung des warmen Tranks erfaßt, indem er sagt: »Wer durch die Wunderlichkeiten des Lebens selber wunderlich geworden, der trinke Tee; es wird ihm wieder warm und heiter im Gemüte werden, wenigstens auf einige Stunden. Und wer im Winter halb erstarrt nach Hause kommt, der trinke Tee. Kein Mittel erwärmt so schnell und angenehm wie eine Tasse warmer Pecco« – und wäre er auch ohne Rum!

Thunfisch oder *Thun*, der größte unter allen wegen ihres Fleisches verfolgten Fischen, erreicht bei einer durchschnittlichen Länge von 2–3 m ein Gewicht bis zu 500 kg und bewohnt hauptsächlich das Mittelmeer, kommt jedoch in geringer Anzahl auch im Atlantischen Ozean vor. Des Laichens wegen sucht der Thun im Mai und Juni die Küsten auf und wird zu dieser Zeit in riesigen Netzen, den sogenannten »Tonnaren«, zu Hunderten erbeutet. Sein derbes, rotes Fleisch, das zubereitet zumeist an Rindfleisch erinnert, ist an den verschiedensten Körperstellen von verschiedener Qualität und spielt noch immer in der spanischen, südfranzösischen und italienischen Volksküche eine sehr hervorragende Rolle, schmeckt aber roh und etwas tranig, und wird daher von der besseren Küche durchgängig verschmäht. Am meisten wird noch das Bauchstück (ital. Sorra) geschätzt, das frisch in Scheiben mit Olivenöl *auf dem Rost gebraten*, und mit Remouladensauce begossen oder *in Salzwasser gesotten* mit Öl und Zitronensaft, ein saftiges, nahrhaftes und wohlschmeckendes Gericht gibt, hauptsächlich aber, leicht geröstet und mit Gewürzen in Öl eingelegt, als *Thun in Öl* einen Artikel des Delikatessenhandels bildet; doch scheint es, als ob diese leckere Fischkonserve, namentlich soweit sie von Frankreich aus in den Handel kommt, nicht sowohl vom Thun als von seiner Base, der *Albicore*, herstamme, die nur eine Länge von 1 m und ein Gewicht von höchstens 50 kg erreicht, deren Fleisch sich aber durch Weiße, Feinheit und Wohlgeschmack vor dem Thunfisch auszeichnet. Die Albicore haust, ohne im Mittelmeer zu fehlen, vorzugsweise im Ozean und wird später als der Thun, nämlich im Juli und August, an den spanischen und französischen Küsten, besonders im Golf von Biscaya, gefischt.

Thymian s. Quendel.

Tintenfische oder *Kuttelfische*, besser *Meerkutteln*, sind wunderliche Geschöpfe aus der Klasse der Weichtiere, welche die Beine am Kopf, das Knochengerüst auf dem Rücken und statt des Blutes Tinte, d.h. einen schwarzen oder braunen Saft, im Leibe haben. Das Paradies der Kuttelfische ist das Mittelmeer, und in Italien sind sie auf jedem Fischmarkt zu finden; am häufigsten der *Kalmar*, der (ohne die Arme) im Durchschnitt 20 cm lang und bis 10 kg schwer wird und dessen zartes, wohlschmeckendes Fleisch für einen wirklicen Leckerbissen gilt. Fast ebensosehr wird der *kleine Blackfisch* oder *kleine Tintenfisch* geschätzt, während der durchschnittlich 15 cm lange, allbekannte *gemeine Tintenfisch* in Wien *Sippe*, in Italien Seppa genannt, sich keines besondern Rufs in der Küche erfreut. Dasselbe gilt von der *Moschuskuttel*, deren durchdringender Moschusgeruch zwar dem Italiener keine Kopfschmerzen macht, deren Fleisch aber jeder Spur von Wohlgeschmack entbehrt. Recht gesucht dagegen, so lange er jung ist und nicht über 500 g wiegt, ist der achtarmige *Kielfuß*, der Polpo der Italiener und Poulpe der Franzosen, der auch an den atlantischen Küsten Frankreichs viel gefangen, dort aber fast nur als Angelköder verwendet wird. Das Fleisch der Meerkutteln kommt dem Schneckenfleisch am nächsten, ist aber durchgängig zäher. In Italien gehören diese Weichtiere durchaus zu den Volksnahrungsmitteln und werden nicht selten sogar roh verzehrt. In Wien kommen der Kalmar und die Sippe auf dem Markt vor und werden mit Essig in Salzwasser gesotten oder gebacken aufgetischt, gelten aber mit Recht für ein Armenessen. Im 16. Jahrhundert freilich durften sie sich sogar auf der Hofburg zeigen und wurden, in Butter gebacken, für einen Kaiserbissen angesehen.

Tintillo de Rota, der einzige Rotwein des spanischen Sherry-Distrikts, wird bei Rota unfern Saulmar und an der Bucht von Cadiz aus einer eigenartigen, kleinen, tiefroten Traube gewonnen. Süß und gehaltvoll, gibt er einen guten Dessertwein und einen noch besseren Krankenwein ab – »aber nie bevor er eine Anzahl von Jahren abgelagert war«.

Tischkarte oder *Speisezettel*, im veralteten Stil *Küchenzettel*, französisch Menu, ist ein Verzeichnis der fertig gehaltenen Speisen und Getränke in der Reihenfolge der Zusammenstellung, in der sie auf den Tisch kommen sollen. Sie repräsentiert mithin den Situationsplan oder richtiger die Ordre de bataille des Mahles, die der Gast durchaus kennen muß, soll er nicht in schmachvoller Unwissenheit über die dem Ganzen zugrunde liegende höhere Idee greuelhafte Mißgriffe begehen, durch unzweckmäßige Manöver den Erfolg der köstlichsten Gerichte gefährden, an durchaus ungeeigneten Stellen seine besten Kräfte vergeuden und schließlich lange vor dem letzten Gang alle Aktionsfähigkeit verlieren, was ihn natürlich der Ehre unwürdig machen würde, mit der dampfenden Opferschale, vulgo Kaffeetasse, in der Hand an der Feier des Tedeum teilzunehmen. Die Notwendigkeit eines solchen Wegweisers leuchtete auch schon den Alten ein, und Athenäos (um 200 n. Chr.) bezeugt ausdrücklich, daß der Gastgeber jedesmal zu Beginn der Tafel mit einer Liste der kommenden Gerichte versehen wurde.

In den Stürmen der Völkerwanderung ging dann freilich der Küchenzettel der Welt verloren, aber schon zu Ausgang des Mittelalters sehen wir ihn wieder zum Vorschein kommen. Anno 1489 und auf dem Reichstag zu Regensburg war's, daß Herzog Heinrich der Quade von Braunschweig dadurch Aufsehen erregte, daß bei Tafel »eine lange Zedul bei ihm liegen that, die er oftermal besähe«. Neugierig erkundigte sich Graf Haug v. Montfort nach dem Zweck – »also ließ ihn der Herzog die Zedul sehen. Darin hatt' ihm der Küchenmeister alle Essen und Trachten in der Ordnung ufgezeichnet, und kunnt' sich also der Herr Herzog mit dem Essen darnach richten und synen Appetitom uff die besten Trachten sparen.« Aber obgleich das Vorteilhafte dieser Neuerung auf der Hand lag, gewann der Küchenzettel doch nur äußerst langsam Terrain – wahrscheinlich weil die Menschen im allgemeinen und die hohen Herrschaften im besonderen sich von jeher besser aufs Essen als aufs Lesen verstanden haben – und eigentlich ist er erst im 19. Jahrhundert dank der Hilfe des Buch- und Steindrucks zu der Stufe der Verallgemeinerung gelangt, die ihm im Interesse der Menschheit gebührt. Das 19. Jahrhundert hat ihn, der sonst im stattlichsten Format mit Goldschnitt, aber nur in einem einzigen Exemplar zu erscheinen pflegte, in eine handlichere Form gebracht; es hat den riesigen Zettel in eine zierliche Karte verwandelt und legt ihn bei nur einigermaßen feierlichen Gelegenheiten in mindestens ebenso vielen Exemplaren auf, als Plätze an der Tafel vorhanden sind. Nur bei Mahlen im kleineren Kreis ist die Tischkarte im Manuskript zulässig, aber auch in diesem Fall verlangt der gastronomische Anstand mindestens ein Exemplar auf je sechs und, wenn am runden Tisch gespeist wird, sogar schon auf je drei Personen. Bemittelte Gastgeber von Geschmack sorgen überdies für eine künstlerische Ausstattung ihrer Speisezettel, und das mit gutem Grund, denn die Tischkarte ist nicht bloß das einzig dauernde Andenken an den Tafelgenuß – die Indigestionen vergehen bekanntlich wieder –, sondern sie bildet zugleich ein äußerst instruktives Aktenstück, eine gastronomische Abhandlung in nuce, die der Aufbewahrung und des nachträglichen ernsthaften Studiums würdig ist. Für den Gastrosophen ist nämlich das Menü kein bloßer Theaterzettel mit dem Titel des Stücks und der Liste der Mitwirkenden, sondern ein vollständiges Szenarium des ganzen Dramas, an dem sich manche hergebrachte Theorie prüfen und sich manche neue entwickeln läßt – vorausgesetzt natürlich, daß das Menü klassisch und daher die Aufführung des Stücks von durchschlagender Wirkung war. Die ganze Theorie der Tischkarte aber beruht auf der unumstößlichen Wahrheit, daß jedes vollkommene Mahl aus drei Hauptteilen besteht: *Eingang, Braten* und *Nachtisch,* wie das die französische Tafel noch gegenwärtig durch das Auftragen in drei Gängen zum Ausdruck bringt. Unter diesen drei Teilen des Mahles macht der erste den Menu-Komponisten das meiste Kopfzerbrechen, denn es handelt sich dabei nicht bloß darum, einen lockenden Anfang in möglichst spannender Weise auszuspinnen, sondern auch einen interessanten und fesselnden Übergang zum zweiten Teil zu finden. Der *Eingang* umfaßt daher bei einem großen Mahl: 1. den *Vortrunk* (Absinth, Gin); 2. die *Vorkost* (Austern, Kaviar); 3. die *Suppe* in einfacher und in gefüllter Gestalt; 4. den *Nachtrunk* (Marsala, Madeira, Sherry); 5. den *kalten Imbiß* (Schinken, Zervelatwurst, Krabben); 6. die *Fischschüssel* in warmer, dann in kalter Form; 7. den *warmen Imbiß* (kleine Pasteten, Schinken in Burgunder); 8. die *Gemüseschüssel* (Sauerkraut mit Fasan, grüne Erbsen mit Lachs) und endlich 9. den *Übergang* (getrüffelte Gänseleber, Hummer in Gelee). Die kleine Pause nach dem Übergang pflegt in neuester Zeit nicht gerade zum Besten der Verdauung mit Sorbet oder kaltem Punsch ausgefüllt zu werden. Dann folgt *Bratengang,* und zwar in der Regel zunächst ein gewürzter *Vorbraten* (getrüffelter Truthahn, Rehrippen mit Trüffeln); dann der *Hauptbraten* (Rehziemer, Rindskeule, Schnepfen, Wachteln, Kapaun) nebst feinem Gemüse, Salaten und Kompott, ferner drittens die warmen und kalten *Mehlspeisen* und viertens das *Gefrorene.* Der dritte Gang oder *Nachtisch* endlich umfaßt unabänderlich *Käse, Obst* und *Konfekt,* häufig auch noch den *Kaffee,* der aber auch im Salon eingenommen werden kann. Das vorstehende Normal-Menu ist nun aber keineswegs unabänderlich; es gestattet vielmehr außer zahllosen Variationen nicht bloß die Elimination ganzer Abschnitte, sondern auch gewisse Permutationen zwischen Bestandteilen des ersten und des zweiten Gangs.

Tokayer, der wundertätige Wein des Ungarlandes, von dem geschrieben steht:

»Golden schäumt er im Pokal,
Hell wie Himmelskerzen,
Wie der Liebe Götterstrahl
Glüht im Menschenherzen« –

wird auf der Hegyallya gewonnen, einem vulkanischen Gebirgszug im Zempliner Komitat in Oberungarn, der die Rebpflanzungen von 21 Ortschaften auf seinem Rücken trägt. Das beste Produkt liefern darunter die drei Flecken Talya, Mad und Tarczal, wo die edelste Sorte, der *Mezesmale* (Honigstrahl), auf einer dem königlichen Haus gehörigen Strecke von kaum 200 m gedeiht, und die drei Dörfer Lißka, Kisfalud und Zsadámy. Tokay hat dem edlen Tranke nur als Marktort, nicht als Erzeugungsort den Namen gegeben. Der Wein der Hegyallya kommt in sechs Sorten vor, nämlich 1. *Ordinari* (»Ordinärer«), aus jenen Trauben bereitet, aus denen die Trockenbeeren zur Gewinnung des Ausbruchs ausgebrochen wurden, ein Tischwein ohne Spur von Süße, der nur im Land selber getrunken wird; 2. *Szomorodner* (»Natürlicher«), aus Trauben mitsamt den Trockenbeeren bereitet, eine wenig süße, aber kräftige und bouquetreiche Sorte von eigenartig aromatischem Geschmack, daher ein bedeutender Ausfuhrartikel namentlich nach Rußland und Polen; 3. *Ausbruch*, im Auslande vorzugsweise als »Tokayer« bezeichnet, wird aus einem Faß (128–135 l) gewöhnlichen Mosts unter Zusatz von 1–5 Butten (à 12 l) Trockenbeeren hergestellt und je nach dem Maße des Zusatzes als einbuttiger, zweibuttiger etc. bezeichnet; 4. *Forditas*, durch Aufguß gewöhnlichen Weins auf die bei der Ausbruchbereitung entstandenen Trockentraubentrester gewonnen, eine ziemlich aromatische und etwas süße Sorte; 5. *Maslas*, durch Zusatz gewöhnlichen Weins zu 12–18 Monate gelagertem Ausbruch bereitet, gewürzhaft und von äußerst lieblichem Geschmack; endlich 6. *Essenz*, der aus den Trockenbeeren, während sie in den Bottichen aufbewahrt werden, von selber ausfließende süße Saft, »das edelste, süßeste, duftigste und wohlschmeckendste, was es von Weinen in der Welt gibt« (Hamm). Der Tokayer, d.h. der Ausbruch, ist wenigstens dem Namen nach aller Welt bekannt, denn mit Ausnahme des Madeira wird kein zweiter Wein mit solcher Unverschämtheit nachgeahmt, als das süße Produkt der Hegyallya, obgleich trotzdem jeder, der eine gesunde Zunge und nur ein einzig Mal echten Tokayer gekostet hat, die Fälschung auf der Stelle herausschmeckt. Ebenso bekannt sind seine Vorzüge als Dessertwein und als Krankenwein, weniger aber scheint man zu wissen, welchen Wert er zur Winterszeit als Jagdbegleiter besitzt. Der Wiener Aristophanes *Nestroy* sagt: »eine Maß Wein macht wärmer, als drei Ellen Barchent«, ein Schluck Tokayer aber wärmt, wenn man gründlich durchgefroren ist, augenblicklich, ohne hinterher jene gefährliche Müdigkeit zu erzeugen, wie das die böse Gewohnheit des Kognaks und der Liqueure ist.

Tomate, *Gold-* oder *Liebesapfel,* in Österreich *Paradiesapfel,* im Volksmund Paradeis, heißt die apfelförmige, stark gerippte, im reifen Zustand glänzend rot oder gelb gefärbte Beere der Tomatenstaude, eines einjährigen Nachtschattengewächses, das wahrscheinlich eine Kulturform der in Südamerika wildwachsenden Kirschtomate mit kleiner, kugelrunder Frucht darstellt und schon vor der Ankunft der Europäer in Peru, vielleicht auch in Mexiko eifrig angebaut wurde. Die Pflanze kam im 16. Jahrhundert durch die Spanier und Portugiesen nach Europa und gelangte durch die letzteren frühzeitig nach den Molukken sowie um 1760 nach Barbados. In Süddeutschland wurde sie zu Ende des 16. Jahrhunderts vereinzelt als seltene Zierpflanze gepflegt, in Österreich aber war sie noch 1682 unbekannt; hier fand ihr Anbau erst seit 1820 allgemeinen Eingang. Auch Paris lernte den Liebesapfel erst seit 1789 durch die Südfranzosen kennen, die die Revolution nach der Hauptstadt führte, und in Norddeutschland hat die Tomatenkultur bisher nur an ganz vereinzelten Punkten (z.B. um Berlin) Fuß gefaßt – freilich aus dem sehr zureichenden Grunde, weil die norddeutschen Paradiesäpfel nie den fein weinsäuerlichen Geschmack der Früchte des Südens besitzen, der indessen nicht auf einem Gehalt an Weinsäure, sondern an Zitronensäure beruht. Der Liebesapfel liefert eine anerkannt feine Suppenwürze, namentlich aber unübertreffliche Saucen. »Durch Tomatensauce wird das mittelmäßigste Fleisch zu einem wahren Leckerbissen«, behauptet Grimod, und jedenfalls steht fest, daß unter allen Handelssaucen die Soya von Tokio und die *Paradeissauce von* Bozen den Preis verdienen. Aber auch *als Gemüse*, d.h. mit Fleischgehäcksel gefüllt, mit Parmesankäse bestreut und mit Buttersauce serviert, leistet die Tomate Vorzügliches. In Anerkennung all dieser Verdienste legt man sie in Essig und sogar im Wasser ein, oder man dünstet sie, drückt sie durch das Sieb und dörrt dann die Masse, in Tafeln geformt, an der Luft, oder man stellt mit oder ohne Zucker eine Marmelade daraus her, das sogenannte *Paradeismark*. In Spanien verspeist man die Tomate sogar roh, indem man sie in horizontaler Richtung in der Mitte zerschneidet und dann beide Hälften mit Salz bestreut; desgleichen stellt man einen frischen Salat daraus her. Schnöde Verleumdung dagegen ist die Behauptung, daß sie den Fidschi-Insulanern die Sauce zu ihrem Menschenbraten und Menschensuppenfleisch liefere. Diese Schande lastet vielmehr auf der *Borodina-* oder *Kannibalen-Tomate*, einem strauchartigen, echten Nachtschattengewächs, dessen rote Beeren allerdings zu dem angegebenen Zweck Verwendung finden und das daher auf den Fidschi-Inseln bei jeder Bure (Opferstätte) regelrecht angebaut wird.

Topfen s. Quark.

Topinambur oder *Erdbirne*, früher auch *Erdapfel*, die Schwester der Sonnenblume, kam um 1600 durch Marc Lescarbot aus ihrer Heimat Nordamerika (in Südamerika fehlt sie gänzlich!) nach Frankreich, wurde 1616 im Garten des Kardinals Farnese in Rom gepflegt, gelangte 1617 aus Virginien nach England und war 1682 nach Hohbergs Versicherung in Österreich bei weitem häufiger als die Kartoffel. Das nämliche hatte in Frankreich statt, denn die Ecole du Potages vom Jahre 1749 berichtet: »Der Topinambur ist das allerschlechteste Gemüse, indessen nährt sich der gemeine Mann davon.« Aus dieser hervorragenden Stellung ist der Topinambur indessen in Mittel- und Nordeuropa schon seit 120 Jahren durch die Kartoffel gänzlich verdrängt worden, denn ihre längliche, höckerige, rotschalige Wurzelknolle ist zwar roh von angenehmem, wie man sagt, artischockenähnlichem Geschmack, gekocht jedoch widerlich süß und kratzend. Die Erdbirne wird daher hauptsächlich zum Viehfutter verwendet und nur hier und da als Salat, seltener mit Kartoffeln vermengt, als Gemüse gegessen.

Torten im engeren Sinne sind dicke, kuchenähnliche Gebäcke aus Butterteig, die entweder nur mit einer Zuckerglasur überzogen und mit Zuckerguß verziert sind – *Sandtorten* – oder noch ein Füllsel aus Marmelade oder Mus enthalten – *Obsttorten*. Man stellt auch Torten mit Fleischfüllsel her, diese sind aber, genaugenommen, vielmehr als Pasteten mit eßbarer Kruste zu betrachten, wie z.B. die berühmte *Marine-Torte* in Gestalt eines stattlichen Segelschiffes, das mit Klößen aus Hecht-Haché, Champignons, Austern und Krebsschwänzen und mit glänzenden Hummerscheren befrachtet erscheint, während auf der Seite des silbernen Hauptmasts sich eine Trüffel wiegt und Hummerschwänze sich im Tauwerk schaukeln. Die Sachertorte, die Linzer Torte und manche andere haben es zur europäischen Berühmtheit gebracht.

Tortilla s. Mais.

Trappen oder *Trappgänse*, in England bereits völlig ausgerottet, in Frankreich, Spanien und Deutschland nur noch Gelegenheitswild, sind auf den Ebenen Mittelasiens, Südrußlands, der Donauländer und namentlich auch Ungarns noch immer eine häufige und daher auch auf der Wiener Tafel keine sehr seltene Erscheinung. Der Trappe erreicht eine Länge von 110 cm und ein Gewicht von 12 bis 15 kg, ist also der größte unter den Landvögeln Europas und wird deshalb durchweg zur hohen Jagd gerechnet, eine Ehre, der er sich überdies durch die ungemeine Vorsicht und Schlauheit würdig macht, mit welcher er dem Menschen in genere und dem Jäger in specie aus dem Wege geht. Der junge Trappe, zwischen Michaelis und Martini geschossen, ist ein zarter und wohlschmeckender Bissen, der als Hauptbraten jeder Tafel zur Ehre gereicht. Der alte dagegen leidet an der nämlichen fleischlichen Verstocktheit und Härtigkeit wie der Auerhahn und wird daher von Kennern mit der nämlichen Sorgfalt gemieden wie jener.

Trauben bilden bei ihrem Wohlgeschmack, ihrer Saftfülle und der Zartheit des Zellenfleisches ein sehr beliebtes und sehr verdauliches Obst, das nicht bloß als Leckerei, sondern auch als Arznei, und zwar bei der sogenannten »Traubenkur« sogar bis zu 3 Kilo per Tag, mit großem Vergnügen verspeist wird. Natürlich kann jede reife Traube als *Tafeltraube* dienen; man belegt jedoch nur solche Sorten mit diesem Namen, die sich neben ihrem Wohlgeschmack auch durch Größe, zarte Hülse und schöne Form der Beeren auszeichnen, darunter namentlich die verschiedenen *Muskatellersorten*, die *Gutedelvarietäten*, den roten und den grünen *Silvaner*, den blauen *Portugieser*, den frühblauen *Burgunder*, das große blaue *Ochsenauge*, die blaue und die weiße ungarische *Eicheltraube*, die *Zyperntraube*, die *Meraner Kurtraube* (Edelvernatsch), den weißen *Elbling*, den blauen *Trollinger* u.a.m. Der Handel mit diesen Tafeltrauben gewinnt von Jahr zu Jahr an Ausdehnung, besonders wird der Absatz nach England, Norddeutschland und Rußland immer bedeutender. Auch Wien bezieht nicht unbedeutende Mengen ausländischer Trauben, und zwar nicht bloß die prächtigen französischen, sondern auch jene mehr bestechenden langbeerigen spanischen Sorten, an deren hartem Fleisch man höchstens in der grimmigsten Not, d.h. im März und April, Gefallen finden kann. Früher kamen die meisten Tafeltrauben getrocknet auf den Markt, in neuerer Zeit zieht man jedoch trotz des höheren Preises allgemein die frisch konservierten Trauben vor. Namentlich macht Paris alljährlich im Frühling in diesem Artikel bedeutende Geschäfte, da die dort befolgte Methode, die Trauben an ihrem Holz hängend aufzubewahren, die Ware wunderbar frisch erhält. Außer Frankreich liefern Portugal, Spanien, Italien, Smyrna und Astrachan bedeutende Mengen Tafeltrauben nach dem Norden, wo sie namentlich in den Monaten zwischen Weihnachten und Ostern zu den gefeiertsten, aber auch kostspieligsten Bestandteilen des Desserts gehören.

Trepang heißt der geräucherte Kadaver verschiedener Meergurkenarten, wurstförmiger Mitglieder der sehr interessanten Klasse der sogenannten Stachelhäuter, die im ganzen südasiatischen Inselmeer zwischen Sumatra bis Neu-Guinea in 5–9 m Tiefe auf sandigem Grund zu Hause sind, dort von regelrecht, wenn auch primitiv ausgerüsteten Fischerflotten aufgesucht, eingefangen, zunächst mit Tarroblättern in Seewasser, dann in süßem Wasser gesotten, endlich auf Hürden über schmauchendem Feuer gründlich getrocknet und zum Schluß für den Versand in Säcke verpackt werden. Die empfindlichen Tiere schnurren bei dieser etwas summarischen Behandlung um die Hälfte und sogar um Dreiviertel ihrer Länge ein, die Käufer, die Chinesen, schätzen die Ware jedoch überhaupt nicht nach der Größe der Stücke, sondern nach ganz anderen, durchaus mysteriösen Eigenschaften, von denen eben nur ein Chinese sich einen Begriff machen kann. Die nach Europa gelangenden Stücke wiegen zwischen 125 und 400 g, scheinen aber ausgesuchte Ware zu sein, da man in China 1100 Stück auf den Pikul ($61^1/_2$ kg) rechnet, das Durchschnittsgewicht also nur 56 g beträgt. Für den Küchenzweck wird der Trepang in erster Linie gereinigt, d.h. man kratzt mit einem Messer die äußere kalkige Schicht ab, dann 24–48 Stunden in Wasser gelegt, wobei er ins Aufquellen gerät und eine Farbe annimmt; sodann wird die Wurst aufgeschlitzt, von den Eingeweiden befreit, gründlich ausgewaschen und endlich in nudelförmige Streifen und mit allen möglichen Gewürzen zu einer kräftigen Bouillonsuppe verkocht. »An sich haben die Trepangs, sowenig wie die Vogelnester, keinen eigenen Geschmack. Es sind weiche, milchig aussehende Gallertklumpen, die von den Europäern ihrer leichten Verdaulichkeit, von den üppigen Chinesen aber wegen der ihnen zugeschriebenen Reizwirkung genossen werden« (Semper).

Trische, *Trüsche* s. Quappe.

Trüffel, nächst dem Salz das edelste der Gewürze, nächst der Kartoffel die kostbarste der Knollen, kommt in Europa und Afrika in drei Gattungen vor, die sich hauptsächlich durch die Beschaffenheit ihres Fleisches unterscheiden. Die Römer der Kaiserzeit schätzen am meisten die kartoffelrunde, weißgelbe oder ungleichmäßig braune *Kabylen-Trüffel*, die noch heute in Nordafrika eifrig gesucht und von den Kabylen in Milch gekocht oder geröstet mit Fettbrühe verspeist wird, bisher aber keinen Handelsartikel bildet. In Norditalien, Österreich (besonders Böhmen), Deutschland und Rußland (Moskau) findet sich die rundliche, blaßbraune, wasserhell marmorierte *Weißtrüffel*, deren Parfüm indessen nur schwach ist. Neben ihr kommt in Italien die ähnlich gefärbte, aber zu den Schwarztrüffeln gehörige *Albino-Trüffel* vor, doch weit weniger häufig als die längliche, weißgelbe, eigentliche italienische *Blondtrüffel* mit braun- bis rubinrotem Fleisch, eine Schwarztrüffelart, die zu Anfang des 16. Jahrhunderts im Handel häufig war, jetzt aber durch die kugelrunde, reinschwarze Wintertrüffel mit grauschwarzem Fleisch verdrängt ist. Diese *Wintertrüffel*, in Frankreich und Italien die häufigste aller Trüffelarten, ist der Perigord-Trüffel ähnlich bis auf die Hauptsache, das unnachahmliche und unübertreffliche Aroma, und wird daher betrübend oft betrugsweise an Stelle des echten »Diamanten der Küche« untergeschoben. Über ganz Mitteleuropa, auch Norditalien, Ungarn, England und das südliche Schweden verbreitet, doch nirgends besonders häufig ist die schwarzbraune, stark eingeschnürte *Maitrüffel* mit weißlichem, bräunlich geadertem Fleisch, die mit ihrer minderwertigen Gefährtin, der unangenehm nach Moschus riechenden und bitter schmeckenden *Gekrösetrüffel*, einen nicht unbedeutenden Handelsartikel ausmacht; auch in Deutschland, wo man sie in Scheiben schneidet und trocknet und namentlich in Gotha und Waltershausen (Thüringen) die berühmte *Trüffelwurst* daraus herstellt. Wer aber rundweg »Trüffel« sagt, der meint keine von all den genannten, sondern einzig und allein die schwarze, leicht ins Rötliche spielende *Edel-* oder *Perigord-Trüffel* mit bläulich-schwarzem oder tief braunrotem, von schwarzen und weißen Adern durchsetzten Fleisch, jenem echten »Diamanten der Küche«, auf dem der Ruf der *Gänseleberpasteten* von Straßburg, der

Entenleberpasteten von Toulouse und der *Rebhuhnpasteten* von Angoulême und Périgueux beruht, dem der Truthahn und der Fasan den größten Teil ihres Ansehens verdanken und der sein Lieblingsland, das steinige, gestrüppreiche Périgord (Departement Dordogne), in den Augen aller Gastronomen mit einem Heiligenschein umgibt, den weder der treffliche Montbazillar noch die ausgezeichneten Schinken, noch die rühmenswerten Hechte, noch die köstlichen Rothühner demselben je verschafft haben würden. Die Edeltrüffel kommt allerdings im ganzen französischen Süden, in Oberitalien, in Deutschland und sogar in England vor, aber nur im Périgord und den angrenzenden Landstrichen zahlreich genug, um die Grundlage eines Handels mit einem jährlichen Umsatz von 15 bis 16 Millionen Francs abzugeben. Der französische Trüffelhandel hat Carpentras, Périgueux, Paris und Straßburg im Elsaß zu Mittelpunkten, während die Thüringer Trüffeln über Leipzig, die süddeutschen, schlesischen und böhmischen über Wien, die italienischen über Mailand auf den Markt kommen. Die jährliche Trüffelproduktion beläuft sich in Frankreich auf $1^1/_2$ Millionen, in Deutschland auf etwa 1000 Kilo, wovon 450 kg auf das Königreich Preußen entfallen. Wie schon angedeutet, wurde die Trüffel bereits von den Römern der Kaiserzeit gewürdigt, und daß die christliche Geistlichkeit diese schöne Tradition festhielt, erhellt u.a. aus dem tiefempfundenen Dankschreiben, das der heilige Ambrosius (gest. 397) wegen einer Trüffelsendung an den Bischof von Como erließ. Während der nächsten tausend Jahre scheint man freilich der schwarzen Majestät wenig Aufmerksamkeit geschenkt zu haben, denn erst unter der Regierung Karls VI. (1370–1422) soll man in Frankreich mit ihr vertraut geworden sein. Aus späterer Zeit ist bekannt, daß Papst Clemens VII. (gest. 1534) und König Franz von Frankreich (gest. 1547) entschiedene Trüffelverehrer waren, daß man um 1680 nicht bloß in Paris, sondern auch schon in Straßburg und in Antwerpen Trüffeln speiste, während man sie in Österreich noch nicht einmal dem Namen nach kannte, daß sie aber um 1720 schon hin und wieder von den sogenannten »Italienern« in Deutschland feilgehalten wurden, wenn sie auch damals noch nicht mehr Raum auf der deutschen Tafel einnahmen als heute etwa die Vogelnester und der Trepang. Inzwischen hatte man in Italien das Trüffelsuchen mittels abgerichteter Hunde zu einer wahren Kunst ausgebildet, die 1712 durch den damaligen Erbprinzen Friedrich Ludwig von Württemberg, den der Hof von Savoyen in Turin mit dergleichen Trüffelhunden beschenkt hatte, auch nach Deutschland verpflanzt ward. Anno 1720 ließ König August II. zehn Trüffelhunde aus Italien nach Polen kommen; 1722 nahm der Förster Backhaus zu Toma im Herzogtum Gotha, 1724 der Graf Wackerbart in Kursachsen die Trüffeljagd auf; um dieselbe Zeit wurde in Preußen der Italiener Bernado Vanini für das Gebiet des Fürstentums Halberstadt zum privilegierten Trüffeljäger ernannt, und wenig später ging man in Rußland dazu über, sogar den würdigen Meister Petz auf dieses Geschäft einzuüben. Noch 1860 wurden im Dorfe Liapino bei Moskau vier Bären zum Trüffelsuchen gehalten! In Frankreich begann der Aufschwung der Trüffeljagd und des Trüffelhandels erst seit 1770. »Noch um 1780«, erzählt Brillat-Savarin, »war die Trüffel in Paris eine Seltenheit. Man fand sie damals, und auch nur in kleinen Posten, nur im Hôtel des Américains und im Hôtel de Provence, zwei bekannten Delikatessenläden jener Zeit, und ein getrüffelter Truthahn war ein Luxus, den man nur auf der Tafel der großen Herren und der Größen der Halbwelt antraf.« Vierzig Jahre später aber zeigte die Pariser Tafel in bezug auf die Trüffel schon dasselbe Bild, das jetzt die feine Küche aller Länder bietet. »Man wagt gar nicht mehr, sich zur Teilnahme an einem Gastmahl zu bekennen, bei dem kein getrüffeltes Gericht aufgetischt wurde, und eine Zwischenschüssel mag noch so gut sein, sie präsentiert sich schlecht, wenn sie nicht mit Trüffeln garniert ist.« Worin aber steht eigentlich das allgemein anerkannte und geschätzte Verdienst der schwarzen Majestät? In erster Linie sicher in dem wundervoll würzhaften und zugleich pikanten Duft, mit dem sie die Nase kitzelt und auch die ihr zugesellten Stoffe aromatisiert, aber doch nicht in diesem Duft allein, sondern in dessen enger Verbindung mit angenehmem Geschmack, leidlichem Nährwert, ziemlicher Verdaulichkeit und dem Rufe – daß sie der Liebe günstig sei. Vom Dasein dieser letztgedachten Eigenschaft war man während des 17. Jahrhunderts in der Provence so fest überzeugt, daß die Sitte es den Damen als Verbrechen anrechnete, wenn sie in Herrengesellschaft Trüffeln speisten. So ängstlich ist die Welt glücklicherweise schon lange nicht mehr, und soviel man weiß, ist sie wirklich noch nicht darüber zugrunde gegangen. Die Trüffel tritt hauptsächlich in Saucen, in Braten-, Wurst- und Pastetenfüllseln und als Garnitur auf, erscheint aber auch selbständig in der *Trüffelpastete*, mit Gansleber-Haché *gefüllt*, in Madeira gekocht *auf Muscheln* und mit Wein und Fleischbrühe gesotten *in der Serviette*. Diese Truffes en serviette wirken auf der Tischkarte ganz besonders amüsant durch den vielverheißenden Zusatz au vin de Champagne (in Champagner gesotten), denn heutzutage macht sich kein gewiegter Küchenkoch mehr der Torheit schuldig, Champagner zu kochen: wenn's hochkommt, setzt er ihn dem Gastgeber auf die Rechnung, trinkt ihn aber, anstatt ihm die Schande des Kochtopfs anzutun, und tut recht daran. Frisch kommen die Trüffeln in locker geflochtenen Körben zum Versand. Man siedet sie aber auch in Wein oder Schweineschmalz ab und legt sie dann in Italien mit Olivenöl, in Frankreich mit Schweineschmalz in Büchsen ein. In Deutschland wird die Maitrüffel in der Regel gescheibelt und dann getrocknet, verliert aber dabei sowohl an Geruch wie Geschmack.

Truthahn, *Welschhahn, Türkischer Hahn*, in Österreich *Indian* und *Pockerl*, in Siebenbürgen *Kartschhahn*, in Oberdeutschland *Grutt*, in Niedersachsen *Schruthahn, Puter, Kalkun* oder *Kuhne*, in Preußen *Kurre*, »ist, wie Herr Heresbach bezeugt, erst ums Jahr Christi 1530 in unsern Ländern bekannt geworden, wird aber nunmehr wegen seiner Größe und zarten guten Fleisches auf allen reichen Maierhöfen ernähret« (Hohberg). Der Truthahn stammt aus Amerika, wo er noch heute in der Union und in Mexiko als Federwild häufig ist, wurde bereits von den Azteken als Haustier gehalten und gelangte wahrscheinlich schon 1505 durch Amerigo Vespucci nach Portugal sowie noch vor 1516 als Geschenk des Bischofs Alexander Garaldini an Papst Leo X. nach Italien, wo seiner

1557 in einem Luxusgesetz des Rates von Venedig und 1570 im Kochbuch des päpstlichen Mundkochs Bartolomeo Scappi gedacht wird. Nach England soll er 1524 gekommen sein und fand hier so rasche Verbreitung, daß man schon 1555 einen Truthahn um 4 Schillinge kaufen konnte und daß er schon 1573 für den gewöhnlichen Weihnachtsbraten der Landjunker und Gutspächter galt. Frankreich erhielt ihn, wenn nicht schon früher aus Spanien, wahrscheinlich durch den Admiral Philipp Chabot, Seigneur de Brion, der 1532 England besuchte, und von den Franzosen ward der Vogel gleich von vornherein so richtig geschätzt, daß die Städte ihn bei Besuchen des Königs als Ehrengeschenk reichten und daß er 1570 auf der Hochzeitstafel Karls IX. prangte – woraus dann gute Leute und schlechte Historiker den falschen Schluß gezogen haben, er sei in Frankreich damals noch selten gewesen. Deutschland hatte den Puter, wie erwähnt, um 1530 erhalten, und 1570 erzählt Conrad v. Heresbach: »Heut zu Tage werden in Deutschland schon da und dort große Heerden davon gezogen, theils der Seltenheit wegen, theils wegen ihrer Größe, indem sie sehr schmackhaft sind und als Leckerbissen bei Gastmahlen gelten.« In der Tat wurden 1578 bei der Hochzeit Wilhelms v. Rosenberg zu Krommenau in Schlesien 600 »indianische Hühner« verspeist, und der Kurmainzer Mundkoch Max Rumpolt führt 1581 bereits 21 Truthahngerichte in seinem Kochbuch auf. Die deutsche Truthahnzucht ist seit dem Dreißigjährigen Krieg gründlich in Verfall gekommen, um so eifriger aber wird der Vogel in Frankreich und England und ganz besonders in Spanien sowie in Ungarn gezogen, wo sich zum Teil noch bis heute die rührende Sitte erhalten hat, die Freude über den Besuch eines teuern Freundes durch das Auftischen eines gebratenen fetten Truthahns an den Tag zu legen. Über den *gebratenen Indian* mit Brunnenkreßgarnitur aber gehen nur zwei Dinge: der *gefüllte Truthahn* und vor allem der *getrüffelte Truthahn* mit gebratenen Ortolanen und in Wein gedünsteten Trüffeln garniert; »diese Götterspeise, deren Ruhm und Preis (!) noch immer wächst, dies milde Gestirn, bei dessen Aufgang die Feinschmecker jeden Bekenntnisses glänzen, strahlen und vor

Vergnügen mit der Zunge schnalzen« (Brillat-Savarin). Die Füllung mit *schwarzen Oliven*, in Frankreich, Spanien und Italien an der Tagesordnung, hat bisher in den olivenlosen Ländern keinen Anklang gefunden, wohl aber weiß man hier die in *Fett gebackenen* oder *gefüllten und in Weißwein gedünsteten Puterflügel* nach Gebühr zu schätzen und begrüßt sie sogar als Suppeneinlage mit großem Vergnügen, wie man auch den in Butter *gebratenen Truthahnschnitten* mit Mayonnaise volle Gerechtigkeit widerfahren läßt. Auch wenn der Vogel bereits die weißgrauen Kinderschuhe ausgetreten und das erste Lebensjahr hinter sich hat, weiß er *gedämpft* mit Reis oder *in Gelee* oder als *Frikassee* noch immer für sich zu erwärmen, und selbst die Reste liefern mit Bechamelsauce, Butter und Pfeffer noch ein ehrenwertes *Hachis*, dem ein Kranz von Spiegeleiern ganz besonders gut zu Gesicht steht. Dabei besitzt das Puterfleisch alle Vorzüge des Geflügelfleisches; es ist nicht bloß schmackhaft, sondern auch überaus nahrhaft und verdaulich und somit eine wahre Perle für die Tafel des Kranken wie des Gesunden.

Tiroler Wein, als Tischwein nicht bloß in Österreich, sondern auch in der Schweiz und Süddeutschland bekannt und beliebt, kommt in roten und weißen Sorten vor, wobei indessen der Rotwein der Quantität und im ganzen auch der Qualität nach den Vorrang behauptet. Im Handel kommen namentlich folgende rote Sorten vor, die sich durch Milde und Süffigkeit auszeichnen. Der *Teroldico* von Salliano und S. Michele, der *Marzemino* und der rote *Kreuzbichler* von Bozen, der *Isera* von Rovereto, der *Traminer* von Schloß Rametz und S. Michele, der *Riesling*, der *Negraro*, der *Trentino*, der *Kalterer Seewein* u.a.m. Unter den weißen Sorten, die im allgemeinen rauher und herber erscheinen als die roten, nimmt der *weiße Kreuzbichler* von F. Tschurtschenthaler in Bozen die erste Stelle ein; er ist vielleicht zur Zeit der beste Wein des Tiroler Landes überhaupt. Neben ihm sind noch der altberühmte *Terlaner* und der *Nosiolo* zu nennen – wenn er aus guter Lage stammt.

U

Uckelei oder *Weißfisch*, in Niedersachsen *Icklei* oder *Witing*, ist der gemeinsame Name dreier am Bauch mit silberglänzenden Schuppen bekleideter Fischchen vom Karpfengeschlecht, die in fast allen stehenden und langsam fließenden Gewässern nördlich der Alpen überaus häufig sind und die schon Hohberg in einem Atem zusammen nennt, indem er schreibt: »Die Lauben, Weiß- und Schneiderfische laichen im Majo und Junio und werden im Attersee im Strich zu Tausenden auf einem Zug gefangen.« Am bekanntesten und häufigsten unter den dreien ist der Lauben, auch *Spitz* oder *Donaulauben*, in der Schweiz *Lauck*, *Lauge* oder *Agönen*, in Süddeutschland *Laugele* oder *Albe* mit stahlblauem Rükken und von schlanker Gestalt, wodurch er sich von dem beinahe ebenso häufigen *Schußlauben*, *Schneiderfisch* oder *Schuster*, auch *Alandbleke* genannt, unterscheidet, der wie er eine Länge von 10–12 cm, aber einen gedrungeneren Bauch und einen dunkelgrau gefärbten Rücken hat. Der Dritte im Bunde ist der *Seelauben* oder *Schiedling* mit dunkelgrünem Rücken und von 15–25 cm Länge, der Größte der ganzen Sippe, der vorzugsweise die Seen vom Bayernland ostwärts bis zur Krim bewohnt und zur Laichzeit in großen Mengen gefangen wird. Alle drei Fische gehören bei $72^3/_4$% Wasser- und 8% Schmergehalt zu den Fettfischen, haben kein ganz unschmackhaftes, aber überaus grätiges und etwas trockenes Fleisch, sie gelten daher für minderwertig und kommen in der Regel mit den *Bratfischen* zusammen unter dem Sammelnamen *Weißfische* auf den Markt.

Ungarwein ist das echte Feuerwasser, denn so mannigfaltig an Geschmack und Gehalt die Sorten erscheinen und so reichlich alle Nuancen vom göttlichen Nektar der Hegyallya bis zur trostlosen Sauerkrautbrühe des Alföld vertreten sind, eines ist allen allgemein: der südländisch feurige Charakter, der den Nordländer anfangs allerdings befremdet, der ihn aber um so stärker fesselt, sobald beide, der Wein und der Mensch, erst miteinander vertraut geworden sind. Dies letztere Geschäft und die Qual der Wahl zu erleichtern, hat Stefan Molnár alle Ungarweine, weiße wie rote, in fünf Klassen gegliedert, und Wilhelm Hamm hat diese Klassifikation mit solcher Gründlichkeit ergänzt und durchgeführt, daß man an der Hand dieser beiden Kenner absolut nicht irren kann, sollte man auch nur wenig persönliche Bekanntschaften unter den braven Ungarn haben. Was zunächst die *Weißweine* anlangt, so stellen Molnár und Hamm in die erste Klasse derselben die »Ausbrüche« und die eigentlichen Süßweine, darunter an erster Stelle natürlich den funkelnden *Tokayer*, dem sein eigenes Kapitel gebührt, und zweitens den im Ausland nicht minder bekannten *Ruster Ausbruch* von den Ufern des Neusiedler Sees, den Rust, Kismarton und Oedenburg in den Handel bringen, der aber dreifache Vorsichtsmaßregeln erfordert, wenn man nicht statt seiner ein elendes Rosinengebräu erwischen will. Die zweite Weißweinklasse bilden die sogenannten »Bratenweine«, darunter namentlich der *Bodacsonyer*, der *Szent Gerry*, der *Fülöp*, der *Szent Bekalla*, der *Köneskalla*, der *Halop*, *Bacs*, *Abrahamsberger* u.a.m. vom Plattensee, ferner der *Somlauer*, dessen schon in einem eigenen Artikel gedacht wurde, dazu der *Villanyer* mit seinen besten Sorten: Fünfkirchner, Szent Lörniczer, Szegnörder, Kisfaluder, Görcsönyer, Nádasder, Pécsvárader usw., dann der wunderbare bouquetreiche *Poganyvarer*, der eigenartige *Kis-Czeller* oder *Klein-Simlauer* von Sághegy aus dem Eisenburger Distrikt, der

Ofner und die besten Marken des *Neszmelyer*, der *Erlauer*, der *Szent Peter*, der *Noszvajer*, *Szaloker*, *Debröer*, *Kapolnaer*, *Viszontaer*, *Teleker*, *Doroczer* etc., endlich der *Ermelleker*, der *Meneser* und der *Syrmier*. In die dritte, die Klasse der sogenannten »Sortenweine«, gehören hauptsächlich die Siebenbürger Gewächse herrschaftlichen Ursprungs, wie der *Riesling* des Barons Apor in Tófalva, der Baronin Kemény in Csombord, des Grafen Kocsárd Kun in Alyógy und des Grafen Teleky in Czelna, dann der *Semillon* des Grafen Mikó in Maros *Szilvas* und des Johann Paget in Gyéres, ferner der *Leanyka*, der *Sauvignon*, der *Muskateller*, *Rozsamali* und *weiße Burgunder*, ebenfalls aus Siebenbürgen, dazu der *Czerjo* von Pencz bei Waitzen und von Moór bei Stuhlweißenburg, der dem Lünel ähnelnde *Weyrer* vom Neusiedler See, der *Sarfeher* von Neszmély, der aromatische *Kovacsi* von Diósd, der *Bakator* von Ermellek, der *Muskateller* von Badacsony am Plattensee und von Villány, der *Mustafer* von Magyarád u.a.m. Aus der reich vertretenen Klasse der »Tischweine« sind als Matadore der *Unghvarer* und *Szerednyer* aus dem Ungher Komitat, der *Magyarader* aus dem Arader Bezirk und der berühmte grasgrüne *Vaaler* aus dem Weißenburger Komitat zu nennen. Die fünfte Klasse der Weißweine endlich bilden die »Sandgartenweine« des Niederlands, die mit Sauerbrunnen und Sodawasser genießbar gemacht werden müssen und die man am besten weder nennt noch kennt. Ähnlich ist es um die »Schillerweine« bestellt, welche die fünfte Klasse der ungarischen *Rotweine* bilden und in jeder Rotweingegend vorkommen – sobald die Trauben das Reifwerden versäumt haben. Von roten »Tischweinen« dagegen sind zu nennen die leichteren Sorten von *Ofen*, *Visonta* und *Tolna* sowie der *Graner* und der *Waitzener*. In der dritten Klasse der Rotweine, der Klasse der »Sortenweine«, ragen hervor: der *Carbenet* und der *Merlot* von Gyéres und Gomaás in Siebenbürgen, der *Oporto* von Sóly, von Neszmély und Vár-Palota, der *Saint-Laurent* von Magyarbél bei Szempcz, der *Burgunder* von Tétény, Ofen, Boglár und Kis-Tapolczány und der *Kadarka* von Ménes und Erlau. Auf der Liste der roten »Bratenweine« stehen der *Adelsberger* und der

Blocksberger von Ofen, dann der *Meneser*, der *Erlauer*, der *Pauliser*, der *Szegssarder* und *Kakasder*, der *Villanyer* und *Sikloser* obenan. Die roten »Ausbrüche« endlich sind in aufsteigender Linie: Der *Karlowitzer* aus Syrmien, der *Werschetzer*, der *Pomar* aus der Ofener Gegend und als Krone aller der köstliche *Meneser Ausbruch*, der feinste rote Dessertwein. Übrigens hat es dem Ungarwein deutscherseits nie an Anerkennung gefehlt, wie das gut deutsche Sprichwort beweist: »Ungarwein macht die Frauen schön und die Männer wacker.«

V

Vanille, die Trüffel der Tropen, erscheint als langgestreckte, dunkelbraune, etwas fettglänzende, weiche und biegsame, mit glänzend weißen Kristallen bedeckte Schote von 15–24 cm Länge, 6–8 mm Breite, $2\frac{1}{3}$–3 mm Dicke und 4 bis 5 g Schwere und ist die Kapselfrucht (keine Schote!) eines mächtigen Schlinggewächses, des Vanillestrauchs, einer der sehr wenigen Orchideen, die nicht als Schmarotzer leben, sondern bodenständig auf eigenen Wurzeln fußen. Die Heimat der Pflanze ist Mexiko, wo sie schon von den Azteken kultiviert und zur Aromatisierung des Kakao benutzt wurde, mit dem zugleich die Spanier sie kennengelernt haben. Zu Ende des 16. Jahrhunderts bekam Clusius die Frucht bei dem Hofapotheker Morgan in London zu Gesicht und gab dürftige Nachricht davon. Ausführlicher berichtet 1694 der Franzose Pomet, daß Vanille in beträchtlicher Menge aus Spanien eingeführt und in Frankreich zur Parfümierung der Schokolade und des Schnupftabaks verwendet werde. Die nämliche Verwendung fand sie nach dem »Compendieusen Haushaltungs-Lexikon« um 1728 auch in Deutschland, während Marperger, der Verfasser des »Küch- und Keller-Dictionariums«, sie 1716 noch durchaus nicht kannte. Nachdem die Vanille 1721 in den englischen Arzneischatz aufgenommen worden, gelangte 1739 auch die lebende Pflanze in die englischen Gewächshäuser, und ein Jahrhundert später (1836) glückte es dem Gärtner Neumann, sie im Pariser Pflanzengarten zum Fruchttragen zu bringen. Inzwischen war der Preis des kostbaren Gewürzes von 20–24 Taler per Kilo auf 60–80 Taler gestiegen, der Botaniker Perrotet unternahm daher 1839 die Verpflanzung des Vanillestrauchs nach der Insel Réunion, und zehn Jahre später (1849) kamen die ersten drei Kilo jener *Bourbon-Vanille* in den Handel, die jetzt den Markt beherrscht, da die Ausfuhr aus Mexiko, die 1802 noch 1793 000 Stangen betrug, immer mehr herabgeht und auch in Java, wo man schon 1819 Versuche angestellt, aber erst seit 1841 mit der Vanillezucht Erfolg hatte, der Anbau seinen Höhepunkt überschritten hat. Neben der echten Vanille wird in Mexiko noch von den wildwachsenden Pflanzen die dürre und weit weniger aromatische *wilde Vanille* eingesammelt. Außerdem kommen die 2–3 cm breiten Früchte des südamerikanischen Guyana-Vanillestrauchs als *Guyana-Vanille*, die nur 5 cm langen und $1^1/_2$ cm breiten Früchte des Palmen-Vanillestrauchs als *Palmen-Vanille* und hauptsächlich die 14–15 cm langen und bis $2^1/_2$ cm breiten Früchte des Pompona-Vanillestrauchs als *La Guayra-* und *Pompona-Vanille* oder kurzweg *Vanillon* im Handel vor, unterscheiden sich aber von der echten, vollwertigen Ware nicht bloß durch die angegebenen Größenmaße, sondern vor allem auch durch den Geruch, der insbesondere beim Vanillon weniger an Vanille als an Tonkabohne und Benzoë erinnert. Wie bei der Trüffel, nur in noch höherem Grade, ist nämlich auch bei der Vanille das eigenartige Aroma die Hauptsache. Dies wundervolle, undefinierbare, weil unvergleichliche Aroma, das auf dem Gehalt der Schote an Vanillin beruht, macht den Ruhm und das Verdienst der echten Vanille aus und hebt sie turmhoch über alle Surrogate und anderen Gewürze hinaus. Auf diesem zauberischen Duft beruht auch die Reizwirkung, die ihr keineswegs ohne Ursache zugeschrieben wird. Unsere Damen hat der Instinkt aber längst auf die rechte Fährte gebracht, und nichts erscheint ihnen leckerer, anziehender, begehrenswerter als *Vanille-Schokolade, Vanille-Eis, Vanille-Creme, Vanille-Zucker, Vanille-Nudeln* und *Vanille-Strudeln*. Vielleicht eben darum ist aber auch die Vanille nicht bloß das köstlichste, sondern zugleich nächst dem Safran das kostspieligste aller Gewürze.

Veltliner s. Reinfal.

Verdea, einer der wenigen Weißweine des toskanischen Gebiets und als Lieblingswein Friedrichs des Großen von historischem Interesse, führt seinen Namen von der etwas ins Grünliche spielenden Farbe. Er ist entschieden herb, aber parfümreich und von feinem Geschmack, wird zu Arcetri im Toskanischen gewonnen und kommt über Florenz in den Handel.

Vöslauer s. Österreicher.

Vogelnester s. Indianische Schwalbennester.

Vogelsalat, *Vögerlsalat,* s. Feldsalat.

Void-Käse, ein in Frankreich recht beliebter Verwandter des Limburgers, wird im Maas-Departement in der Gegend des Fleckens Void aus Vollmilch hergestellt und von dorther in den Handel gebracht. Der Käse hat die Backsteingestalt des Limburgers, ein Gewicht von 500–550 g und einen, wenn auch nicht gerade feinen, doch zusagenden Geschmack.

W

Wacholderbeeren, die runden, schwarzbraunen, graublau bereiften Früchte des gemeinen Wacholders, der mit Ausnahme der heißen Regionen auf der ganzen nördlichen Erdhälfte heimisch ist, sind verhältnismäßig reich an Zucker (7%), Fett (2,8%) und Stickstoffsubstanz (0,9%) und zeigen frisch bei süßlichem Anfangsgeschmack einen aromatisch-bittern Nachgeschmack, der bei längerem Lagern der Früchte ins leicht Säuerliche übergeht. Dieses Würzgeschmacks wegen, der auf einem Gehalt an ätherischem Öl beruht, verwendet man die Beere in der Küche zum »Wildmachen« von Schlachtfleischragouts, zur Aromatisierung des Sauerkrauts und namentlich als Wildbretwürze, insbesondere bei Schwarz- und Federwildbret, wo sie so sehr am Platz sind, so daß die aus Fleischsaft, Kraftbrühe, Weißwein, Orangensaft und Wacholderbeeren bereitete Kramsvögel-Tunke den großen Grimod zu dem geflügelten Worte hinriß: »In dieser Sauce könnte man seinen eigenen Vater verzehren!« Wie alle Gewürze, fördern die Wacholderbeeren die Verdauung und wirken zugleich günstig auf die Schweiß- und Harnausscheidung. Aber obgleich in Italien an Wacholdergesträuch kein Mangel ist, wurden die kulinarischen Verdienste der Beeren doch erst im Mittelalter entdeckt. Gegenwärtig bilden dieselben einen nicht unbedeutenden Handelsartikel; auch in Österreich und besonders in Ungarn. Frankreich führte 1880 nicht weniger als 1059650 kg von diesem Artikel ein – hauptsächlich zur Branntweinfabrikation.

Wacholderbranntwein, auch Borowitschka genannt, wird in den verschiedenen Ländern in sehr verschiedener Weise hergestellt. So zeigen der französische Genèvre, der englische Gin und der gute deutsche Wacholderbranntwein den ausgeprägten Liqueur-Charakter, während der holländische Genever, der preußische Machandel und die polnische Borowitschka sich ebenso entschieden als feine Branntweine darstellen. Alle Sorten gelten, weil über Wacholderbeeren abgezogen, für heilsam und werden in bedeutender Menge konsumiert. Eines besonders ausgezeichneten Rufs erfreuen sich der *Old Tom Gin* in England, der *Schiedamer* in Holland und der *Tiegenhoffer Machandel* in Preußen. Auch der friesische *Doornkaat* (nach dem Brenner benannt!) ist ein achtenswertes Fabrikat. Der gemeine Wacholderschnaps dagegen wird leider Gottes allerorten aus dem denkbar niederträchtigsten Fuselspiritus mit Kreosot bereitet, mit Salz gewürzt und mit Terpentin aromatisiert.

Wachtel, der kleinste unter den europäischen Hühnervögeln, aber doch ein großer Leckerbissen, lebt der Familientradition zuwider als Zugvogel und tritt demgemäß in jedem Herbst seine Afrikafahrt an, nachdem er sich auf den Weizenfeldern und in den Weingärten Mitteleuropas mit der erforderlichen orientalischen Körperfülle versehen hat. Diese Fettmassen dürfen trotz aller Vogelschutzphantasterei der Küche und dem Nationalvermögen nicht verlorengehen. Mit der Schlinge, dem Netz und dem Feuergewehr wird daher dem feisten Wanderer nachgestellt, und so werden in Österreich etwa 90000, in Preußen etwa 100000 Stück jährlich eingebracht; namentlich aus Böhmen, Mähren, Niederösterreich, Steiermark und vor allem aus Galizien sowie aus den preußischen Provinzen, Schlesien, Posen und Rheinland. Das Wildbret ist ebenso zart wie schmackhaft, erzeugt indessen bei seinem Fettgehalt leicht Übersättigung. Die würdigste und zweckmäßigste Zurichtung der Wachtel ist der *Spießbraten*. »Man bekundet jedesmal eine großartige Unwissenheit, wenn man sie anders als gebraten auf den Tisch bringt, denn ihr Aroma ist äußerst flüchtiger Natur und löst sich, verfliegt und verschwindet, sobald man den Vogel mit einer Flüssigkeit in Berührung bringt« (Brillat-Savarin). Das wahre Vergnügen erfordert indessen Mannigfaltigkeit, und so kommen die Wachteln mit Recht und mit schönstem Erfolg auch als *Pfannenbraten*, *gefüllt* mit Trüffelgarnitur und *gedämpft* auf Gemüse oder mit Makkaroni auf den Tisch.

Waffel, im 18. Jahrhundert auch *Eisenkuchen*, ist ein dünner, viereckiger Kuchen aus Butterteig mit oder ohne Hefe, der im sogenannten Waffeleisen zwischen zwei netz- oder gitterförmig gerillten Blechen gebacken wird, infolgedessen nach Art einer Wabe gegittert erscheint und gewöhnlich mit Zucker bestreut oder mit Marmelade bestrichen verspeist wird. Die Art der Zubereitung läßt keinen Zweifel darüber, daß die Waffeln so althergebracht sind wie die Oblaten. Eines verbreiteten und wohlverdienten Rufes erfreuen sich die *Wiener Waffeln*, denen man auch in der Schweiz und in Deutschland vielfach und immer mit Vergnügen begegnet.

Waldmeister oder *Waldmeier*, auch *Herzensfreud*, *Musch*, *Möschen* oder *Meserig*, d.h. Muskatkraut, sind die poetischen Namen jenes vegetabilischen Maikönigs, ohne den die Maibowle ein erst noch zu entdeckender Genuß sein würde, wie sie das für die Griechen, die Römer und sogar die »alten Teutschen« war; denn obgleich das schmucke, saftgrüne, duftende Kraut mit den weißen Blütendolden, das heutzutage in Paris während der Wintermonate sogar als Topfpflanze eine Rolle spielt, in den kühlen Gründen der Laubwaldungen Nord- und Mitteleuropas nichts weniger als selten ist und unmöglich der menschlichen Aufmerksamkeit entgehen konnte, erkannte man doch erst im späteren Mittelalter die herzerquickenden Kräfte desselben und gebrauchte es auch dann nur als Medizin, nicht als Würze, denn der Maitrank des Mittelalters und noch des 17. Jahrhunderts wurde ausschließlich nach pseudomedizinischen, nicht nach gastronomischen Prinzipien zusammengestellt. Noch der Freiherr v. Hohberg (gest. 1688), so sehr er den Waldmeister rühmt, hat von der Maibowle keine Ahnung! Freilich spielte die »Herzensfreud'« auch damals schon in den Maitränken die Hauptrolle, aber erst das 19. Jahrhundert hat ihre Verdienste ohne Einschränkung anerkannt und sie von der ebenso lästigen wie überflüssigen Begleitung der Erdbeer-, Himbeer- und Gichtbeerblätter, der Schafgarbe, des Veilchens, des Fingerkrauts, der Gänseblume usw. befreit. Der köstliche Duft des Waldmeisters, in dem Grade mit unserem Erinnerungsbild vom Frühling verwachsen, daß er uns selbst im dicksten Winter augenblicklich an Maienluft und Waldesgrün gemahnt, beruht auf dem Gehalt nicht bloß der Blüten, sondern auch der Blätter an Cumarin, jenem kampferähnlichen Stoff, der sich auch in der Tonkabohne und in anderer Mischung auch im Steinklee findet. Bei der Bowlenbereitung teilt sich das Cumarin dem Wein mit, wie jeder Bowlenverehrer weiß. Nicht jeder aber scheint zu wissen, daß die Bereitung des käuflichen *Waldmeister-Extrakts* auf dieselbe Weise geschieht und daß er grausam geprellt wird, wenn man ihn dies äußerst einfache Präparat als ein Wunder der neueren Chemie bezahlen läßt.

Waldschnepfe s. Schnepfe.

Walnuß s. Nüsse.

Wasser ist ein notwendiger und unersetzlicher Stoff, ja von allen unentbehrlichen Dingen das allerunentbehrlichste, so daß man es zum Besten der Menschheit erfinden müßte, wenn's nicht schon vorhanden wäre. Zahlreiche Versuche haben ergeben, daß der Mensch sich nötigenfalls ohne Weib, ohne Geld, ohne Champagner, ohne Brot und sogar ohne Verstand durchs Leben schlagen kann, ohne Wasser aber ist's noch keinem gelungen, weil jeder, der's versuchte, schon nach vier Wochen so schmutzig war, daß er allenthalben kleben blieb und an seinem Fortkommen zweifeln mußte. Aber nicht bloß als Reinigungsmittel sondern ganz besonders auch als Nahrungsmittel ist das Wasser von höchster Wichtigkeit, genauso wichtig und so wertvoll wie das Fett, das Eiweiß und die Stärke. Es macht mehr als zwei Drittel des menschlichen

Körpergewichts aus, es ist in hervorragender Weise an der Blutbildung und am Geschäft des Stoffwechsels beteiligt, es hilft unermüdlich die festen Nahrungsmittel auflösen und kaubar und verdaubar machen; es steht fortwährend auf dem Posten, um bei unvernünftiger Überheizung des inneren Menschen mittels der Transpiration Abkühlung zu schaffen, es ist unablässig für die Wegführung der verbrauchten Stoffe aus dem Körper bemüht; kurzum, es ist zu allen möglichen Dingen gut und unentbehrlich, so unentbehrlich, daß die blühendste Schönheit binnen kurzer Frist unabwendbar zur ledernen Mumie eintrocknen müßte, wenn sie ihrem Leib den täglichen Bedarf von 2–3 Kilo Wasser vorenthalten wollte – nicht zu gedenken der zahlreichen Müller, die ohne Wasser gänzlich auf dem Trockenen sitzen, sowie der armen Bierbrauer und Weinhändler, die ohne Wasser unausbleiblich Bankrott machen würden. Wenn bei alledem der mittlere und nördliche Europäer, soweit er Zivilist ist, dem Wasser weder als Nahrungs- noch als Genußmittel Gerechtigkeit widerfahren läßt, so sind drei Umstände daran schuld, nämlich: 1. das Klima, denn um einen Trunk Wasser richtig würdigen zu lernen, muß man einen Kursus in der französischen Fremdenlegion durchmachen oder wenigstens zur Mittagszeit ein Stündchen unter den berühmten Bleidächern kampieren; 2. die geradezu fabelhafte Billigkeit des Wassers, die von keinem anderen Nahrungsmittel erreicht, geschweige denn übertroffen wird; 3. aber die Gewohnheit, das brave Naß nur in Form von Getränken zu genießen, an denen der Wassergehalt als eine Art notwendigen Übels erscheint, als da sind: Wein, Bier, Milch, Branntwein, Kaffee, Tee usw. In manchen Gegenden freilich sind diese Surrogate des Trinkwassers durchaus unumgänglich, weil dort, wie z.B. in den norddeutschen Mooren, die Natur selber die Flüssigkeit nur in einem Zustand liefert, der selbst den Durstigen vom Genuß abschreckt, während an anderen Stellen der Mensch die Verunreinigung des Wassers auf sich nimmt und mittels der Abfälle aus seinem Haushalt und seiner Industrie so gründlich zustande bringt, daß selbst die Fische, obgleich von Kindesbeinen her an Wasser gewöhnt, schließlich der Giftbrühe überdrüssig werden und zum Wanderstab greifen. Chemisch reines Wasser, aus zwei Teilen Wasserstoff und einem Teil Sauerstoff bestehend, findet sich in der Natur überhaupt nicht, selbst nicht in dem berühmtem Loka-Elf, einem Flüßchen bei Örebro in Schweden, das ausschließlich über Granit fließt und daher die wenigste Gelegenheit zur Verunreinigung hat. Die Beimengungen sind teils organischer Abkunft und dann stets bedenklich, größtenteils aber anorganischer Natur, und zwar, von der atmosphärischen Luft abgesehen, hauptsächlich Kohlensäure und Kalksalze, welche letzteren durch die erstere gelöst erhalten werden und sich in Gestalt fester Krusten absetzen, sobald jene entweicht. Auf dem Gehalt oder dem Mangel an diesen Stoffen beruht der Unterschied zwischen Trinkwasser und Kochwasser, oder, wie man gewöhnlich sagt, hartem und weichem Wasser. Das kohlensäurereiche Wasser bildet nämlich eben infolge des Gehalts an Kohlensäure, die das Naß kristallhell erscheinen läßt, das Gefühl der Kühle erzeugt und anregend auf den ganzen Organismus einwirkt, ein vorzügliches Getränk, gibt aber infolge des Gehalts an Kalksalzen, die sich beim Erwärmen der Flüssigkeit als Kruste an die Speisen ansetzen und deren Weichwerden erschweren, ein schlechtes Kochwasser ab: Man nennt es daher *hartes Wasser* und im Gegensatz dazu das kohlensäurearme, das ein gutes Kochwasser, aber schlechtes Trinkwasser darstellt, *weiches Wasser*. Hartes Wasser läßt sich durch vorheriges Abkochen oder durch Zusatz von einer Messerspitze voll kohlensaures Natron per Liter leicht in gutes Kochwasser verwandeln, während die Umwandlung weichen Wassers in brauchbares Trinkwasser rasch durch einen Zusatz von sogenannter Brauselimonade zu erreichen ist. Mit Rücksicht auf die Herkunft unterscheidet man 1. *Regenwasser:* weich, aber nichts weniger als rein, sondern in Gutluft-Distrikten wenigstens mit Ammoniak, Salpetersäure, Staub und 300 Mikrobenkeimen per Liter, in Schlechtluft-Distrikten auch noch mit Kohle, Schwefelsäure, Chlor und bis zu 20000 Mikrobenkeimen auf den Liter verunreinigt, daher – entgegen der gewöhnlichen Ansicht! – nur als Waschwasser und zur Branntweinfabrikation empfehlenswert; 2.

Quellwasser: hart, je nach den Bodenschichten, die es von seinem Ursprung bis zur Erdoberfläche passiert, mehr oder weniger reich an mineralischen Bestandteilen, dagegen arm an organischen (wenn nicht aus bituminösem Schiefer kommend!), an Salpetersäure und Chlor und frei von Ammoniak, daher Trinkwasser erster Güte; 3. *Brunnenwasser*, d.h. Quellwasser, das nicht von selbst zutage tritt, sondern durch besondere Vorrichtungen gehoben wird: hart, bei Antritt seiner oberirdischen Laufbahn ganz dem Quellwasser gleich, häufig aber durch miserable Fang- und Leitungsgeräte (faulende Holzröhren) und in dichtbevölkerten Distrikten fast stets durch die in den Boden gelangenden Fäulnisstoffe grauenhaft verunreinigt, daher mindestens in Großstädten nur dann zu verwenden, wenn die chemische Untersuchung die Unschädlichkeit erwiesen hat; endlich 4. *Flußwasser:* weich, je nach den geologischen Verhältnisen und dem Kulturzustand der Strecke, die es durchläuft, von sehr verschiedenem Gehalt, aber bei seiner Menge, seiner rastlosen Bewegung und der durch Pflanzen und Mikroorganismen bewirkten Selbstreinigung nie so gefährlich wie unter Umständen das Brunnenwasser, daher filtriert, wie es die Leitungen der Städte liefern, das beste Kochwasser. Eine fünfte Art Wasser, das *Mineralwasser* in seinen zahllosen Spielarten, ist nicht als Nahrungs-, sondern als Arzneimittel zu betrachten. Das Wasser, das »silberne Naß«, wie man es zum Unterschied vom Wein nennt, hat von jeher, von Pindar bis Wiel, begeisterte Lobredner gefunden, keinen geistvolleren aber als Brillat-Savarin, der da sagt: »Das Wasser ist das einzige Getränk, das den Durst wirklich stillt – deshalb kann man auch immer nur eine geringe Menge davon trinken.«

Wassermelone s. Arbuse.

Wassernuß, eine merkwürdige Wasserpflanze aus dem Geschlecht der Myrtenblüten, bewohnt Seen und Sümpfe Sibiriens, der Kaukasusregion und des gemäßigten Europa von Norditalien bis Dänemark, fehlt aber auf den Inseln des Mittelmeers und in Großbritannien und verliert auch auf dem Kontinent trotz mannigfacher Schutz- und Kulturversuche immer mehr Terrain. Häufig ist sie nur noch im preußischen Oberschlesien (Breslau), in Anhalt (Dessau, Zerbst) und in einigen Gegenden Frankreichs. Die Früchte, *Wassernüsse, Wasserkastanien, Spitznüsse, Stachelnüsse, Jesuitenmützen* oder *Traben*, in Niederösterreich *Hirschgrandeln* genannt, erscheinen als 3 cm hohe, 4 cm breite, unreif grün, später dunkelbraun bis schwarz gefärbte und mit vier Dornen bewaffnete Nüsse, die einen herzförmigen, weißen, mehligen Kern einschließen, dessen annähernden Kastaniengeschmack schon die Pfahlbauern der Schweiz zu schätzen wußten. Diese Kerne bilden noch heute roh oder gesotten oder geröstet mit Butter oder Speck eine Leckerei des gemeinen Mannes und der Kinder in den Landstrichen, wo die Pflanze sich noch findet. Der Handel mit den Nüssen aber hat vollständig aufgehört, nur in Breslau findet man sie noch ab und zu auf dem Markte.

Wasserrübe s. Weißrübe.

Weichsel s. Kirsche.

Wein, das »goldene Naß« im Gegensatz zum silbernen, dem schlichten Wasser, ist in den Augen der Theologie ein »süßes Satansgift«, in den Augen der Wissenschaft vergorener Most oder Traubensaft, dessen Zuckergehalt in Alkohol übergeführt worden, in den Augen der Kenner aber göttliche »Liebfrauenmilch«, die der Dichter nur nach Verdienst feiert, wenn er sagt:

»Wein ist der Glättstein
Des Trübsinns, der Wetzstein
Des Stumpfsinns, der Brettstein
Des Siegers im Schach.
Ja, Wein ist der Meister
Der Menschen und Geister
Der Feige macht dreister
Und stärket, was schwach,
Der Kranke gesund macht,
Hohlwangige rund macht,
Verborgenes kund macht
Und Morgen aus Nacht.«

Die Bestandteile dieses Zaubersaftes sind außer dem unvermeidlichen Wasser in erster Linie Alkohol, Extraktivstoffe und Zucker, ferner Essigsäure, Bernsteinsäure, Apfelsäure und Weinsäure, dazu Weinstein, Gummi, Glyzerin, Fett, Oenanth-Äther und – namentlich im Rotwein – Farbstoff und Gerbstoff, endlich noch Kali, Kalk, Magnesia, Mangan, Phosphorsäure, Schwefelsäure, Borsäure, Chlor und einige andere minder häufige und minder wichtige Mineralstoffe. Der Alkohol bestimmt den Gehalt und die Haltbarkeit des Weins, der Zucker mit dem Glyzerin den Süßgeschmack, die Säuren die Bekömmlichkeit, die Farbenstufe und den Grad der Herbheit, der Oenanth-Äther aber den eigentlichen Weingeruch oder die *Blume*, während das *Aroma* durch die bereits in der Traube enthaltenen besonderen Riechstoffe (Muskateller) und das *Bouquet* durch einige noch nicht näher bekannte Ätherverbindungen erzeugt wird, die sich erst infolge der Gärung entwickeln (Rheinwein). Die Mischungsverhältnisse aller dieser Bestandteile sind je nach der Rebsorte, der Lage, dem Jahrgang und der Behandlung des Mostes verschieden, und aus dieser Verschiedenheit entspringt die kaum berechenbare Anzahl von Sorten, die eine Klassifikation notwendig macht, obgleich diese nirgends schwerer ist als beim Wein, weil jene Verhältnisse fortwährend wechseln und überdies kaum merkliche Übergänge von einer Sorte zur andern vorhanden sind. Gewöhnlich unterscheidet man sechs Klassen: und zwar 1. *Süßweine*, ausgezeichnet durch hohen Zuckergehalt und ausgeprägten Süßgeschmack, gleichviel ob jener Reichtum an Zucker ihnen von Natur eigen ist oder erst durch besondere Operationen an den Trauben oder am Most entwickelt wird, also Liqueurweine, Strohweine, Ausbrüche und Essenzen, wie der Malaga, der Lunel, der Roussillon u.a.m.; 2. *Trockenweine* (franz. Vin sec), Süßweine mit mehr strengem Geschmack, wie der Tokayer, Madeira, Kanarien-Sekt usw.; 3. *Sauerwein*, bei geringem Zuckergehalt reichlich mit Weinsteinsäure gesegnet und daher von saurem Geschmack, wie Rheinwein, Moselwein, herber Ungar etc.; 4. *starke* oder *geistige Weine*, durch einen Alkoholgehalt von mehr als 10% und durch entsprechende Wirksamkeit gekennzeichnet, wie der edle Burgunder, der Portwein, der Monembasia usw.; 5. *Tannin-Weine,* bei reichem Gehalt an Gerbstoff durch einen zusammenziehenden Geschmack charakterisiert, wie der gesamte Bordeaux, der Kamarite, auch einzelne Rheinweine; 6. endlich *Schaumweine,* ausgezeichnet durch den Gehalt an hirn- und gaumenerfrischender Kohlensäure, als da sind: Sparkling Hock und Champagner. Neben dieser Klassifikation nach den vorherrschenden Bestandteilen geht noch eine andere Einteilung aus mehr gastronomischem Gesichtspunkt einher, die folgende Klassen unterscheidet: 1. *Ausbruchweine,* d.h. Natur-Süßweine, bei denen die Gärung infolge des überwiegenden Zuckergehalts nicht sämtlichen Zucker in Alkohol überzuführen vermochte und die bei geringem Säure- und hohem Extraktgehalt einen feinen, durchaus harmonischen Geschmack haben, deshalb auch die erste Klasse der Süßweine bilden; 2. *Liqueurweine,* künstliche Süßweine, bei denen durch Zusatz von Alkohol ein Teil des Zuckergehalts auf künstlichem Weg vor der Zersetzung bewahrt bleibt, die aber an Extraktgehalt den Ausbruchweinen um ebensoviel nachstehen, wie sie ihnen an Alkoholgehalt überlegen sind, daher minder fein auf die Zunge fallen und auch im Preis bescheidener sind; 3. *Bouquetweine,* Weine von säuerlichem Geschmack, aber ausgezeichnet durch den Gehalt an eigenartigen Geschmacks- und Duftstoffen, die größtenteils durch die Gärung entstehen, teils aber auch durch das Alter entwickelt werden können (»Altersgeschmack«) und die damit gesegneten Sorten zu vorzüglichen Zechweinen qualifizieren; 4. *schwere Tischweine,* Sorten ohne Bouquet und ohne Süße, aber von geringem Säuregehalt und ausgeprägtem Vollgeschmack, wie die zahlreichen österreichischen und ungarischen Flaschenweine; 5. *leichte Tischweine,* Sorten von geringem Gehalt, die bei Tisch »wie Wasser« getrunken werden können, deshalb nicht allzu sauer sein dürfen; 6. endlich *Halbweine* oder *Arbeiterweine,* Sorten geringster Qualität mit wenig Alkohol und viel Säure, die nur als Durststiller von Bedeutung sind. Die Bezeichnung nach der Farbe, wie *Rotwein, Weißwein, Bleichert, Schiller* usw. sind rein äußerlich und haben nicht die geringste Beziehung zur Qualität des Weines. Im allgemeinen kommt es nun aber weniger darauf an, welchen Wein, als was für Wein man trinkt, und mit Rücksicht darauf zählt Wilhelm Hamm, der Mohammed der Önologie, als Kennzeichen eines gut ausgegorenen, reinen Gewächses folgende auf: »Er muß kristallhell sein, einen reinen Ton im Glase haben und beim Schütteln in einer nicht ganz gefüllten Flasche wenig Luft und Schaum erzeugen. Auch dem Auge muß ein guter Wein gefällig erscheinen, denn unzweifelhaft beeinflußt der Anblick Geschmack und die Wirkung: Niemand wird Gefallen haben an einem dicken, trüben, flockigen Saft, der wie Bier und Milch dem Glase jenen hellen Klang benimmt, der gleichfalls ein Kennzeichen der Güte ist. Junge, unvergorene Weine sind niemals *flacker*, unter welchem Beiwort man den höchsten Grad von Klarheit und Dünnflüssigkeit begreift. Und auch alter, vollständig ausgegorener Wein wird leicht durch Zusätze, z.B. Zucker, um die schöne Eigenschaft des Flakkerseins und der klaren Lichtbrechung im Glase betrogen.« Über die Wirkung guten und reinen Weins auf den Organismus sind ausnahmsweise sogar die Gelehrten einig. Wie alle gegorenen Getränke beschleunigt er den Kreislauf des Blutes, schafft dadurch rote Wangen und glänzende Augen, fördert die Verdauung, indem er den Magen zur Saftabsonderung anregt, und beflügelt vor allem die Einbildungskraft bis zu dichterischem Schwunge. »Die Steigerung dieser Tätigkeit aber«, sagt Moleschott, »hat eine Erleichterung der Ideenverbindung, eine Schärfung des Gedächtnisses zur Folge. Auch die Sinne werden in ihrer Empfänglichkeit geschärft, die Eindrücke werden schnell und klar wahrgenommen. Das Urteil wird leichter gebildet, weil die Tatsachen, aus denen es geschöpft wird, durch die lebendige Vorstellung und das geweckte Gedächtnis näher beisammen liegen. Diese Erleichterung der Denkbewegungen und Beweglichkeit der Vorstellungen ist von großer Leichtigkeit aller willkürlichen Muskelbewegungen begleitet. Die Stimme wird voller und kräftiger, die Müdigkeit und Abspannung, die sich infolge angestrengter Arbeit einstellt, verschwindet, und so entsteht ein Gefühl von Lust und Wohlbehagen, von erhöhter Kraft und neugestähltem Mut, das auch die geistigen

Verstimmungen, Sorge, Gram und Furcht, verscheucht.« Weniger wissenschaftlich, aber um so packender hat der Volksmund sein Urteil über die herzerfreuende und herzerleichternde Wirkung des Weingenusses in dem Reim ausgesprochen:

»Der Wein bringt Träume von Engelein,
Beim Bier fallen einem nur die Schulden ein.«

Guter Wein galt und gilt daher allenthalben für eine Gnadengabe Gottes, die man nicht verachten darf, und selbst der koranfeste Muselmann behauptet: »Den Wein, der zu großen Taten führt, hat der Prophet nicht verboten«, und hält sich in diesem edlen und schönen Glauben an einen der besten, an den Champagner. Der durchschnittliche Weinverbrauch pro Kopf der Bevölkerung beträgt zur Zeit in Frankreich 102,1, in Spanien 79,4, in Portugal 75,9, in Italien 70,7, in der Schweiz 47, in Österreich-Ungarn 21,1, in Deutschland 4,8, in Holland 3, in England 2, in Norwegen 0,9 und in Schweden 0,5 l im Jahre. Die verbreitetsten Sorten sind der Portwein, der Champagner und der Madeira, die drei »Weltweine« Hamms, dann der Burgunder, der Bordeaux, der Xeres und der Rheinwein, am verrufensten aber sind die Produkte von Aschau in Oberösterreich, von Lecore bei Florenz, von Surâne bei Paris, von Grüneberg in Schlesien, von Naumburg an der Saale, von Sipplingen am Bodensee, »denn der Sipplinger ist der sauern sauerster«, und von Meißen an der Elbe nebst Grimma an der Mulde,

»Denn Meißner Wein und Grimmer Most,
Die ziehn zusammen West und Ost.«

Übrigens ist kein Mensch verpflichtet, zum Dreimännerwein zu schwören, denn wozu wüchse guter Wein, wenn man den schlechten wollt' trinken?

Weißhuhn s. Schneehuhn.

Weißrüben oder *Wasserrüben*, die »Rüben« ohne Beiwort des deutschen Volksmunds und schon zu des Plinius Zeit »nächst dem Wein und dem Getreide die drittwichtigste Feldfrucht der Leute jenseits des Po«, gehören nicht etwa zum Hause Beta, genannt Mangold, sondern zum Hause Brassica, genannt Kohl, in welchem sie mit dem Ölrübsen zusammen die Linie Rapa, Rübsen oder Rübenkohl, ausmachen. Die Stammutter dieser Linie, aus der die Kultur einerseits den Rübsen und andererseits unsere Weißrübe gezüchtet hat, findet sich wild in Dänemark, Skandinavien, Finnland, Rußland, Sibirien und nördlich vom Kaspisee und hatte sich schon vor dem Einbruch der Arier über ganz Europa verbreitet, während Indien sie erst nach jener Epoche und das südwestliche Asien (Persien, Kleinasien, Arabien) sie erst nach der Zeit der Hebräer empfing, in deren Sprache die Rübe nicht einmal einen Namen hat. Vor der Einführung der Kartoffel spielte die Weißrübe eine ungemein wichtige Rolle in der Volksernährung, wie heute nur noch im spanischen Galizien und in einigen Gegenden Rußlands, wo die Amerikanerin noch keine Gegenliebe gefunden hat. Den Namen *Wasserrübe* trägt dies Wurzelgewächs sehr mit Recht, denn es ist bei 85–95 % Wassergehalt tatsächlich das wasserreichste unter allen in diese Klasse gehörigen Vegetabilien; eine Ausnahme macht nur die als *Teltower Rübe* bekannte Spielart, die nur 82 % Wasser und dabei $3^1/_2$ % Stickstoffsubstanz nebst $1^1/_4$ % Zukker enthält. In Österreich wird die Weißrübe auch *Halmrübe* genannt, weil die bei der Ernte im Boden gebliebenen Wurzeln häufig im folgenden Sommer in Stengel schießen und zwischen den Getreidehalmen zur Blüte kommen. Die Wurzeln werden auf verschiedene Weise, namentlich aber mit *Zucker gedünstet*, als Gemüse aufgetischt, in Österreich und noch mehr in Bayern auch auf der Rübenhachel geschnitten und dann wie Sauerkraut eingemacht. Die jungen Triebe der eingewinterten Pflanzen bilden in Süddeutschland ein sehr beliebtes grünes Gemüse. Von den zahlreichen Spielarten wird hauptsächlich die frühe *Mairübe*, sodann für den Herbst die *Malteserrübe* und für den Winter die stattliche *Wilhelmsburger*, die *Brotfelder* und die lange *Ulmer* angebaut. Ganz besonderer Hochachtung aber erfreut sich wegen ihres pikanten Geschmacks und ihres höheren Nährwerts die kleine, 5–15 g schwere *märkische* oder *Teltower Rübe*, eine Delikatesse, deren Ruf bis ins 16. Jahrhundert zurückreicht und die den großen Dichter und Minister Goethe in die lebhafteste Unruhe versetzte – wenn sie nämlich nicht pünktlich von Berlin her in Weimar eintraf. In Paris lernte man die Teltower Rübe erst nach dem Krieg von 1806 kennen, und der preußische General Graf Henckel v. Donnersmark, der 1809 die Seinestadt besuchte, weiß eine launige Anekdote von dem neuen Gericht aufzutischen. »Eines Tages«, erzählt er, »speiste ich bei dem Justizminister Cambacérès und hatte meinen Platz zwischen dem bayerischen Minister Graf Montgelas und dem berühmten Gastronomen d'Aigrefeuille. Zum Dessert kamen kleine Teller, auf denen 6–8 Rübchen lagen. Auf meine scherzhafte Frage, was das für eine Seltenheit wäre, erhielt ich von d'Aigrefeuille die gravitätische Antwort: ›Des navets de Teltow.‹ Nun konnte ich nicht unterlassen, ihn zu fragen, wo denn Teltow läge, und er mit einer Miene, die seine Verwunderung über meine Beschränktheit ausdrückte, und aus Mitleid die Hand vorhaltend, damit meine Unwissenheit nicht an's Licht käme, antwortete mit Nachdruck: ›En Amérique!‹« – Teltow ist ein Städtchen 10 Kilometer südwestlich von Berlin, wo die Rüben seit Jahrhunderten im elendesten Sandboden gezogen werden, daher zwerghaft bleiben, aber einen eigentümlich würzhaften Geschmack annehmen, der sie zu einem wahren Leckerbissen macht. Der Teltower recht ebenbürtig ist nur noch die *Fettinger Rübe* vom Flecken Fettingen bei Burgau in Schwaben, während die bekannte *bayrische Rübe* diesen beiden entschieden nachsteht, wenngleich auch sie ihre Verdienste hat.

Weizen, die wichtigste und älteste Getreidepflanze der Alten Welt, ist ursprünglich vielleicht in Mesopotamien zu Hause, wurde aber schon im Jahre 3359 v. Chr. in Ägypten, um 2700 v. Chr. in China und in einer kleinkörnigen Spielart um 1000 v. Chr. auch von den Bewohnern der norditalienischen und Schweizer Pfahlbauten kultiviert, die unseren gewöhnlichen Weizen erst zu Christi Zeit von den Römern erhielten. Nach den Antillen kam der Weizen 1494 durch Kolumbus, nach Mexiko 1528, nach Lima 1535, nach Paraguay 1580, nach Tahiti 1768, nach Java 1784, und heute ist der Weizenbau nicht bloß über die ganze gemäßigte und subtropische Zone beider Welten, sondern auch über die Nachbarschaft des Äquators verbreitet – hier freilich nur in einer Meereshöhe von 3000 Metern. Das Weizenkorn enthält neben $13^1/_3$% Wasser und

69% Stärke auch 12% Stickstoffsubstanz (Protein) und 2% Fett; es übertrifft daher den Reis, den Mais und seine drei europäischen Kollegen sowohl an Nahrhaftigkeit wie an Wohlgeschmack und bildet in der Tat das Hauptnahrungsmittel Europas. Wie der Roggen kommt es kaum anders als in Mehl- oder Grießform zur Verwendung, liefert aber erforderlichenfalls auch Grütze, Graupen und Stärke und dient zum Bierbrauen und Branntweinbrennen. Ungemahlen wird es jetzt in Europa nicht mehr genossen, wohl aber war dies noch im vorigen Jahrhundert der Fall, wo man in Frankreich die Fromentée und in England das Frumenty oder Frumity daraus herstellte, ein ländliches Sonntagsgericht aus enthülstem Weizen, in Milch gekocht und mit Zucker und gestoßenem Zimt bestreut, also genau das Urbild des gegenwärtigen Reisbreies. In Syrien bereitet man aus ungemahlenem Weizen eine Art Getreidekonserve, das *Bürgul,* indem man die Körner mit Hefe einkocht und dann den Brei an der Sonne dörrt. Dieser Kornkuchen hält sich jahrelang und wird mit Öl bestrichen verspeist. Vgl. Brot und Mehl.

Wels s. Schaid.

Wermutwein, süßer Kräuterwein, der namentlich in Südeuropa hergestellt wird, indem man entweder das frische Wermutkraut mit Most siedet, den übrigen Most mit diesem Sud versetzt und so vergären läßt, oder indem man das Kraut getrocknet und grob gepulvert in einem Leinwandbeutel durch das Spundloch in das mit fertigem Wein gefüllte Faß hängt, bis die Flüssigkeit die Würze aufgesogen hat. Da bei letzterer Operation Alkohol in die Pflanzenzellen übergeht, so erscheint der Wermutwein minder geistig als der zu seiner Herstellung verwendete Naturwein; man pflegt aber diesem Unglück durch Alkoholisieren des Präparats abzuhelfen und steigert sogar den Alkoholgehalt in einzelnen Fällen bis auf 20%. Der bekannteste unter den Wermutweinen ist der toskanische Vermuth di Torino, ein sehr schätzenswerter und geschätzter Appetitwecker (besonders zum Vortrunk geeignet!). Der ungarische *Wermut von Badacsony* gehört nicht hierher, sondern ist ein Kochwein ohne Kräuterzusatz.

Whiskey oder *Whisky* (vom irischen Uisge, Wasser), englischer und amerikanischer Branntwein, der dort wie auf dem europäischen Festland aus Getreide (mit Einschluß des Kukuruz), Kartoffeln oder Weißrüben hergestellt, vielfach aber nicht rein, sondern mit Wasser vermischt getrunken wird. Eine der vorzüglichsten Sorten, den Malt-Whisky, bereitet man aus Gerste, die über Torffeuer gemälzt worden, daher jung einen nichts weniger als anmutenden Torfgeschmack zeigt und erst nach längerem Lagern genußreich wird. Unter den englischen Sorten sind die Fabrikate von Kinahan & Co. in Dublin und von Dunville & Co. in Belfast berühmt, während man in Amerika besonders den Monougahela-Whisky von Pennsylvanien sowie den Mac Brayer-Whisky und den Anderson-Whisky aus Kentucky schätzt.

Wiener Würstchen s. Frankfurter Würstchen.

Wildbret, das Fleisch der wildlebenden Tiere oder kurzweg des Wildes, ist ein Segen für die Küche und wird stets als Leckerbissen in Ehren gehalten und als angenehme Abwechslung im Einerlei der Schlachtfleischgerichte mit Freuden begrüßt werden, wenngleich die Zeit der blinden Verehrung, die mehr der Stellung der Herren Jagdbesitzer als dem Wert der Ware Rechnung trug, für immer dahin ist. Heute finden der altersgraue Hirsch und der betagte Auerhahn trotz ihrer schönen Titel als »Stolz der Wälder« und »Wonne des Weidmanns« auf der feinen Tafel keine Beachtung mehr, sondern werden mit derselben Geringschätzung behandelt wie ein Stück greisenhaften Kuhfleisches oder das bekannte ehrwürdige Rebhuhn, das man höchstens einem Todfeind aufzutischen sich erlaubt. Die Vergötterung des Hautgout, des famosen »Fäulnisgeschmacks«, zählt neuerdings zu den überwundenen Standpunkten, gerade wie die Verehrung des Altertums für den Teufelsdreck und die Begeisterung des Mittelalters für den Wanzengeruch der schwarzen Johannisbeere. Unstreitig aber ist diese Wandlung des Geschmacks eine Wendung zum Besseren, denn sie macht der unwürdigen Nachsicht gegen Schüsseln ein Ende, die längst als minderwertig bekannt waren, aus hergebrachter Ehrfurcht vor dem Namen »Wildbret« aber immer noch in der feinen

Küche geduldet wurden und den Kenner nicht selten in die unangenehme Zwangslage brachten, entweder seinen Magen oder seinen Gastgeber vor den Kopf stoßen zu müssen. Im einzelnen ist das Wildbret natürlich ebenso verschieden wie die Tierarten, von denen es stammt; im allgemeinen aber läßt es sich dahin charakterisieren, daß es, und zwar sowohl das Federwildbret wie das Haarwildbret, ein dichteres Gewebe besitzt, d.h. mehr Faserstoffe und weniger Fett und Wasser enthält als das Schlachtfleisch und das Hausgeflügel, und demgemäß unter den Zähnen fester und widerspenstiger erscheint. Das Wildbret ist daher weniger leicht kaubar, aber sein Geschmack ist entschiedener, ausgeprägter, weniger fade, und sein Gehalt an Stickstoffsubstanz ist größer. Es bildet deshalb ein ganz vorzügliches Nahrungsmittel, das allerdings gute Kauwerkzeuge und einen dienstfähigen Magen verlangt, aber auch ausgezeichnet nährt, wenn diese Bedingungen erfüllt werden. Dabei bildet sein kräftiger Geschmack einen verlockenden Köder sowohl für diejenigen, die des alltäglichen Schlachtfleisches überdrüssig sind, als auch für Kranke und Genesende, die nach einem Reizmittel für den mangelnden Appetit suchen oder auch ein plötzliches Verlangen zu befriedigen wünschen. Mögen daher die Wirtschaftsgelehrten immerhin an den Fingern vorrechnen, daß ein Hase während seines Lebens mehr an Nahrungswerten auffrißt, als er je im Tode zurückerstatten kann; das Vergnügen, welches der Genuß eines zarten Dreiläufers bereitet, deckt diesen Ausfall reichlich, und nicht bloß der Tisch des Millionärs, sondern auch der des schlichten Bürgers und des Kranken würde unter der Ausrottung des Wildes leiden, wie sie mehrfach von übereifrigen Nationalökonomen befürwortet worden ist, die über der unablässigen Beschäftigung mit ponderablen Werten ganz vergessen haben, daß es noch etwas Höheres gibt als das Sattwerden, nämlich mit Genuß satt zu werden.

Wodka, der Wein des gemeinen Russen, ist in *guter* Qualität dem westeuropäischen Kornbranntwein und Whisky ebenbürtig, zumeist aber nur ein ganz gewöhnlicher Kartoffelschnaps, für den und an dem sich zu begeistern eben nur einem Russen möglich ist.

Wurst ist eine altklassische Komposition, deren schon Homer gedenkt, indem er Antinous, den Sohn des Eupithes, im königlichen Palais auf Ithaka die Worte sprechen läßt:

»Höret, was ich Euch sage, Ihr edelmütigen Freier!
Hier sind Ziegenmagen, mit Fett und Blute gefüllet,
Die wir zum Abendschmaus auf glühende Kohlen geleget.
Wer nun am tapfersten kämpft und seinen Gegner besieget,
Dieser wähle sich selbst die beste der bratenden Würste.«

Eine solche Magenwurst nannten die Griechen Physké, während ein Darm, mit Blut, Fett, zerschnittenem Fleisch und Mehl gefüllt, den Namen Chordeuma, oder wenn das Füllsel aus gehacktem und gewürztem Fleisch bestand, den Namen Allas führte. Noch wurstreicher waren die Römer. Sie besaßen außer den griechischen Physké und Chordeuma, die sie Botellum, und der Allas, die sie Tomaculum nannten, die berühmte Lucania, eine lange, dünne Bratwurst aus der Landschaft Lukanien in Unteritalien, und vor allem die göttliche Hilla, ein gallisches Fabrikat, dem in der Gegenwart etwa die Knackwurst entspricht. Die Gallier waren es denn auch, die während des Wirrwarrs der Völkerwanderung wie die Kunst des Brotbackens so auch die des Wurstmachens als heiliges Vermächtnis hüteten, um sie später den Germanen mitzuteilen, die, wie der englische Pudding lehrt, bei der Abreise der Angelsachsen (449 n. Chr.) noch nicht über die Fabrikation der traurig berühmten *Grützwurst* hinausgekommen waren (vgl. Pudding). Eine solide, dauerhafte Wurst zu bauen, ist dem Engländer heute noch nicht gegeben. Um so besser versteht man diese Kunst auf dem Kontinent, wo neben den schon in Sonderartikeln behandelten *Blut-*, *Zervelat-*, *Erbs-* und *Frankfurter Würsten* noch manche andere hochschätzbare Sorte fabriziert wird. Da ist zunächst die pikante *Knoblauchwurst* aus Zervelatwurstmasse mit Knoblauchzusatz, dann die *Knackwurst* aus gleicher, aber vor der Verarbeitung angebrätelter Masse, ferner die gewöhnliche *Bratwurst* aus frischem Schweinefleisch, Schinken und Speck mit Salz-, Pfeffer- und bisweilen auch Kümmelwürze, dazu die graufarbige *Leberwurst* aus dem gesottenen »Geschlinge« (Brust- und

Baucheingeweide) nebst Fett, Schwarten und Sehnen mit oder ohne Mehlzusatz; die *Trüffelwurst* aus Leberwurstmasse mit Trüffelzusatz; die *Schwartenwurst* oder *Sülze* aus weißgekochten Schwarten, etwas Blut und fettem Schweinefleisch; die *Weiß-* oder *Semmelwurst* aus Blutwurstmasse mit Zusatz von Weißbrot, das vorher in Wasser aufgeweicht wurde. Die Grützwurst, die Rosinenwurst u.a.m. Die Verdaulichkeit und der Nährwert der Wurst hängen natürlich von ihrer Zusammensetzung ab; im allgemeinen ist jedoch nicht zu verkennen, daß die Zerkleinerung des Fleisches (soweit sie durch nachfolgendes übermäßiges Räuchern wieder wettgemacht wird) die Verdauung nicht unwesentlich erleichtert, so daß gute Wurst, die nicht allzuviel Fett enthält, sich auch für den Krankentisch empfiehlt.

Wurstkraut s. Bohnenkraut und Majoran.

X

Xeres, von den Engländern »mit bekannter Geschicklichkeit« zu *Sherry* verstümmelt, heißt der berühmteste Süßwein Spaniens nach der ansehnlichen Stadt Xeres (in neuerer Schreibweise Jerez) de la Frontera, die 32 km nördlich von Cadiz zwischen den westlichen Ausläufern des Gebirgszuges von Granada liegt und mit dem Städtchen Puerto de Santa Maria an der Bai von Cadiz den Stapelplatz für die Weine der Provinzen Cadiz, Sevilla und Cordova bildet. Der Xeres, an sich ein entschiedener Trockenwein, der aber für den Handel stark mit eingesottenem Most versüßt wird, bedarf zu seiner Entwicklung einer langen Lagerzeit, die er in luftigen, hohen und weiten Gewölben über der Erde, den »Bodegas«, durchmacht, woselbst die verschiedenen Jahrgänge ein und derselben Sorte eine sogenannte *Solera* bilden, innerhalb der die ältern Jahrgänge stets aus den nächstjüngern aufgefüllt werden und stets der älteste Jahrgang zuerst zum Verkauf kommt. Für die besten Sorten gelten, ohne daß sich eine eigentliche Rangordnung aufstellen läßt: der hellgelbe *Manzanilla* von San Lucas de Barrameda, ein hochfeiner Trockenwein mit eigenartigem Kamillen-Aroma, der aus der Palomino-Traube bereitet und zumeist im Lande selber getrunken wird; der *Montilla* und der *Amontillado* aus der Sierra de Montilla in der Provinz Cordova, dunkelgelbe Trockenweine aus

Pero Ximen-Rebsatz, die dem feinen Xeresano in jeder Hinsicht ebenbürtig sind; der süße, goldgelbe *Paxarete* vom gleichnamigen Städtchen, der aber nur noch in geringer Quantität auf den Markt kommt; der *Pero Ximen de Jerez*, ein dunkelgelber Süßwein, der vielfach zum Versüßen anderer Weine dient; der rote *Tintillo de Rota* u.a.m. *Ranco* bezeichnet keine bestimmte Sorte, sondern alten, reifen Wein überhaupt, und desgleichen ist *Brown-Sherry* kein besonderes Gewächs, sondern wird aus einer beliebigen Sorte durch Zusatz von Pero Ximen oder sonst einem mit eingekochtem Most vergorenen Süßwein hergestellt. Der Ruf des Xeres ist noch keine zehn Dezennien alt; gleichwohl darf der goldene Spanier bereits auf den Titel eines Weltweins Anspruch machen. Erst 1812 sprach König Georg IV. von England die unmaßgebliche Meinung aus: »Der verdammte Madeira bringt mir die Gicht, ich will's einmal mit dem Sherry versuchen« – seitdem aber kam der Xeres rasch in Aufnahme und hat nicht nur den Platz des vom Unglück verfolgten Madeira eingenommen, sondern sogar den Portwein in den Hintergrund verdrängt, auch in England. Schon als Erlöser vom Port, der gar kein Wein, sondern ein Kunsterzeugnis ist, verdient der Xeres Dank und Anerkennung, selbst wenn sein eigenes Verdienst nicht so groß wäre. Der Hauptkonsument für Xeres ist England, wo jetzt die Sherries 45% der gesamten Weineinfuhr ausmachen. Auf dem Kontinent segelt er noch vielfach unter der Flagge des Madeira, doch gewinnt er in Deutschland immer mehr Boden und wird hier besonders als Frühstückswein sehr bevorzugt.

Y

Yams oder *Ignamen*, kraut- und strauchartige Gewächse aus der Familie der Lilienblütler mit windendem Stengel und knolligem, stärkemehlhaltigem Wurzelstock, bilden unter dem Namen der Dioscoreen eine eigene Sippe mit etwa 200 Arten, von denen rund 25 in den tropischen und subtropischen Ländern der Alten wie der Neuen Welt kultiviert werden. Die mehlartige Wurzel, bei den verschiedenen Arten von sehr verschiedener Gestalt und Größe, wird nämlich wie unsere Kartoffel geröstet, gesotten oder gedämpft als Gemüse verspeist, enthält aber einen scharfen, giftig wirkenden Bitterstoff, der vor der Zubereitung durch Auswässern entfernt werden muß, und steht sowohl im Geschmack wie an Verdaulichkeit der Kartoffel und sogar der Batate nach. Für die europäische Küche hat höchstens der *China-* oder *Bataten-Yam*, franz. Igname de Chine, einige Bedeutung, der 1850 durch den französischen Konsul de Montigny in Shanghai nach Paris kam und einige Jahre lang Miene machte, die durch ihre lange Krankheit mißliebig gewordene Kartoffel zu ersetzen. Zum Glück ist es bei den bloßen Versuchen geblieben und der Yam heute höchstens noch als Rarität im Küchengarten eines Liebhabers zu finden.

Yaourt, ein Kühltrank der Türken, auf dessen Bekanntschaft

Baron Vaerst vor vierzig Jahren die Liebhaber ungemein neugierig machte, ist nichts anderes als Kefir, jene Neugier also jetzt leicht zu stillen.

Z

Zärthe, die Base der Brachsen, sonst auch *Blaunase, Näsling, Schnöpel* oder *Sindel* genannt, bewohnt das Donaugebiet, Rußland, Norddeutschland und Schweden, ohne zwischen Süß-, Salz- und Brackwasser einen Unterschied zu machen, und erreicht bei 20–30 cm Länge ein Gewicht bis zu $^1/_2$ kg. Trotz seines Grätenreichtums wird der Fisch wegen seines zarten Fleisches sehr geschätzt und bildet in der Tat einen der vorzüglichsten Bratfische, *geräuchert* aber eine Delikatesse, die dem Brachsen ebenbürtig ist. Die Laichzeit umfaßt die Monate Mai und Juni und liefert namentlich in Rußland Hunderttausende der Fische ins Netz. Leider beschränkt man sich dort auf das Einpökeln und das Dörren des Fangs, so daß die geräucherte Zärthe bei weitem nicht so häufig ist, wie sie es sein könnte.

Zander oder *Sander,* in Süddeutschland *Zahnmaul,* in Österreich *Schill* und *Fogosch,* ungar. Fogas, einer der wertvollsten und wichtigsten europäischen Süßwasserfische von durchschnittlich 45–50 cm Länge und 1 bis $1^1/_2$ kg Gewicht, nicht selten aber auch über 1 m lang und bis 15 Kilo schwer, bewohnt vorzugsweise kühle, festgründige Gewässer Mitteleuropas, namentlich Rußlands, Österreich-Ungarns, Deutschlands und Südschwedens, ist aber schon im Wesergebiet selten und fehlt im Rheingebiet, in Frankreich und England gänzlich. Auch an der Ostsee, von woher er sonst in bedeutender Menge gesalzen und getrocknet in den Handel kam, beginnt er bereits seltener zu werden, wird aber dafür etwa seit 1880 in großartigen Quantitäten (angeblich 400000 q jährlich) von Astrachan her auf den Markt gebracht. Berühmt ist der Zander des Plattensees, der *Fogosch*, den man früher sogar für eine eigene Art ansah (daher heißt auch der Donau-Zander in Ungarn nicht Fogas, sondern Süllö). Übrigens scheint auch der Fogosch seltener zu werden, denn seit 1885, wo noch rund 10000 kg auf den Wiener Markt kamen, ist die Zufuhr von Jahr zu Jahr zurückgegangen und beträgt jetzt nur noch zwischen 4000–5000 kg. In der Küche wird der Schill im wesentlichen wie der Hecht behandelt, er tritt also in Essigwasser *gesotten* mit Senfsauce, in Butter *gedünstet* mit Kräutern, *gepflückt* mit Sauerkraut in Fett *gebacken* sowie in *Schnitten* geröstet, gebacken, mit Mayonnaise oder mit Austern auf. Außerdem aber wird er in Wein *gesotten* oder gespickt und dann *gedämpft* mit italienischer Sauce serviert, und in Ungarn bereitet man aus Fogoschgehäcksel und Maismehl eilängliche Klöße, die Fogasgombocz oder *Zanderklößchen*, die, mit Tomatensauce angerichtet, zu den Schüsseln erster Klasse zählen.

Zervelatwurst, *Salamiwurst*, wird nicht aus Hirnmasse, sondern so ziemlich aus dem Gegenteil, aus dem möglichst fein zermesserten Schinkenfleisch des Schweins mit Zusatz von Rind-, Büffel-, Pferde- oder Eselfleisch bereitet. In Norddeutschland führt eine besonders (bis zu 1 1/2 m) langgestreckte Form den Namen *Schlacke* oder *Schlackwurst*, ist aber keineswegs der traurigen Familie der Hochofen- und Vesuvschlacken verwandt, sondern gehört dem edlen Geschlecht der Schleckereien an. Eine weitere norddeutsche Spielart ist die *Mettwurst*, die aber nicht aus fein gehackter Masse, sondern aus kleinen Fleischwürfeln hergestellt wird, weil diese beim Harträuchern für den Sommerbedarf weniger an Saft verlieren. Im 18. Jahrhundert besaß Italien, wo man der Wurstmasse außer Pfeffer und Salz noch Rotwein und Knoblauch zuzusetzen pflegt, beinahe ein Zervelatwurst-Monopol, namentlich waren die Salami von Bologna über ganz Europa verbreitet und standen im besten Ruf. In der ersten Hälfte des 19. Jahrhunderts glänzten neben Bologna auch Wien, Prag und Nürnberg in der Salamifabrikation, gegenwärtig aber sind Gotha, Göttingen und Braunschweig nebst Wolfenbüttel die Mittelpunkte dieses Industriezweiges. Doch haben in jüngster Zeit norddeutsche Fachmänner in Wien ein Etablissement für Schlackwurstfabrikation errichtet, das mit seinen vorzüglichen Produkten bereits den österreichischen Markt zu beherrschen beginnt. Über die Schmackhaftigkeit, Zuträglichkeit und Nahrhaftigkeit eines möglichst großen Stückes Zervelatwurst kann höchstens der im Zweifel sein, dem dieser Genuß von einem kieselherzigen Arzt bei Leibes- und Lebensstrafe verboten worden ist.

Zichorie, die Verzweiflung aller anständiger Kaffeetrinker, da sie sich nur gar zu oft im sträflichen Verkehr mit dem edlen Mokka betreffen läßt, wird aus den gerösteten und grob gepulverten, dann mit Wasser oder Sirup angemachten und in Formen gepreßten langen, weißen, möhrenförmigen Wurzeln der gemeinen *Zichorie, Wegewarte,* der *Hindläufte* hergestellt, die zu diesem scheußlichen Zweck namentlich in Mitteldeutschland, aber auch in Böhmen, in Österreich und in Ungarn, in Holland, Belgien und England planmäßig angebaut wird. Wie die Menschheit eigentlich auf dies niederträchtigste aller Kaffee-Surrogate verfallen konnte, bleibt rätselhaft, da der bekannte und gefürchtete Aufguß, vulgo »Zichorienbrühe«, höchstens in der Farbe, sonst aber in absolut keinem Stücke auch nur die entfernteste Ähnlichkeit mit dem Kaffee hat und überdies bei fortgesetztem Genuß nicht bloß die Zunge, sondern auch den Magen ruiniert. Als Kaffee-Ersatz im großen hergestellt und angepriesen wurde die Zichorie zuerst 1763 durch den braunschweigischen Major v. Hein und den Kaufmann Chr. G. Förster, die die erste Zichorienfabrik in Braunschweig und 1770 eine zweite in Berlin errichteten, aber noch schlechte Geschäfte mit ihrem Fabrikat machten. Erst die unselige Kontinentalsperre half der Zichorienindustrie auf die Beine. Ein milderes Urteil als das Kaffee-Surrogat verdient das *Zichoriengemüse.* In Frankreich zieht man die Zichorie im Keller als Wintersalat und bringt die auf diese Weise gewonnenen bleichgrünen Blätter als »Kapuzinerbärte« auf den Tisch.

Zider (franz. cidre), der altdeutsche Name des gegorenen Obstmostes, wird heute als gemeinschaftliche Bezeichnung der Obstweine gebraucht, die man in der Normandie und in Württemberg hauptsächlich aus Äpfeln (»Frankfurter Apfelwein«), in Oberösterreich und Bayern vorzugsweise aus Birnen (»Birnmost«) herstellt. Weniger alkoholhaltig und säurereicher als der Traubenwein bildet der Zider namentlich im Sommer ein recht angenehmes und zuträgliches Getränk, das auch Fieberkranken gereicht werden darf. In neuerer Zeit wird er, namentlich der säureärmere Birnmost, vielfach zu Schaumwein verarbeitet.

Ziege, *Ziegenfisch,* s. Dünnbauch.

Ziegenfleisch ist zäh, lehrt das Sprichwort; es braucht sich daher niemand zu wundern, wenn er es in keinem Kochbuch erwähnt findet. Dem Schicksal des Gegessenwerdens entgeht aber die »Kuh des Proletariers« darum doch nicht. Vielmehr bildet ihr Fleisch in Gebirgsländern, so z.B. in der Schweiz, ein durchaus gewöhnliches Nahrungsmittel, das dem Schaffleisch gleicht, aber etwas ärmer an Fett, etwas fester in der Faser und etwas strenger im Geschmack ist und daher dem Hammelfleisch niemals vorgezogen wird, obgleich es ganz entschieden nährkräftiger ist als dieses. Anders liegt die Sache beim Ziegenlamm. Das Fleisch des Böckleins und der Kitze gilt noch heute für einen delikaten Bissen gerade wie vor rund 4000 Jahren, als Jakob seinem Vater Isaak einen Braten daraus zurichtete, der den alten Herrn bis in den siebenten Himmel entzückte. Besonders feine Zungen wollen sogar eine Art Wildgeschmack daran wahrnehmen, und so bildet der Ziegenlammbraten nicht bloß in Europa, sondern auch in Indien eine Festschüssel, die allerdings höheren Ansprüchen durchaus gewachsen erscheint.

Ziemer s. Krammetsvögel.

Zimt oder *Caneel,* die getrocknete, braunrote, der äußeren Haut wie des inneren Bastanhangs entkleidete Astrinde mehrerer Bäume aus dem Geschlecht der Lorbeergewächse; kommt im Handel in drei Sorten vor, nämlich erstens *Ceylon-Zimt*, von dem auf der Insel Ceylon heimischen echten Zimtstrauch, die schönfärbigste, feinste und würzhafteste Sorte; zweitens *China-Zimt*, von der im südöstlichen China heimischen Zimtcassie, dunkelfarbiger und von etwas herberem Geschmack als die vorige; drittens *Malabar-* oder *Holzzimt*, von verschiedenen Arten wildwachsender Zimtbäume in Indien, auf den Philippinen, den Sunda-Inseln usw., die geringste Sorte mit scharfem, schleimigem, adstringierendem Beigeschmack und von fahl gelbbrauner oder grünlich brauner Farbe, daher weniger als »ganzer Zimt« in Röhrengestalt denn als »gestoßener Zimt« in Pulverform bei den Kaufleuten zu finden. Der *China-Zimt* gehört zu den ältesten aller Gewürze: Er war unter dem Namen *Kwei* schon 2700 Jahre v. Chr. bei den Chinesen im Gebrauch. Wahrscheinlich ist er auch das erste Gewürz, das in den Welthandel überging, denn unter der Rinde *Kaina-maa*, die eine königlich ägyptische Flotte im 17. Jahrhundert v. Chr. neben Gold, Elfenbein und Affen aus dem Osten holte, dürfte nichts anderes als Zimt zu verstehen sein. Bei den Griechen wird er zuerst von Herodot (um 450 v. Chr.) erwähnt; die Römer der Kaiserzeit kannten nicht bloß den Zimt, sondern auch schon eine Art Zimtöl, in Frankreich kommt er zuerst 716 in einer Schenkungsurkunde Chilperichs II. für das Kloster Corbie bei Amiens und in Deutschland 745 neben 2 Pfund Pfeffer als Geschenk des römischen Diakons Gemmulus an den Erzbischof Bonifazius von Mainz vor. Im 9. Jahrhundert wurde er im Kloster St. Gallen bereits als Fischwürze benutzt, und noch heute ist der China-Zimt unser eigentlicher Küchenzimt, der zur Aromatisierung feiner Saucen und Mehlspeisen, warmer Getränke, eingelegter Fische, höherer Kuchen und Backwerke sowie allbeliebter Reis- und Maisbreie vielfache Verwendung findet, wenn auch freilich nicht mehr in dem Umfang wie namentlich im 18. Jahrhundert. Der *Ceylon-Zimt* wird erst 3000 Jahre nach dem China-Zimt zum erstenmal erwähnt, und zwar in einem Handelsvertrag, den der Ceylonese Al-Hadj-Abu-Othman im Jahre 1283 dem ägyptischen Sultan Kilawun, genannt Almansor, in Vorschlag brachte. Um dieselbe Zeit wird auch bereits des *Malabar-Zimts* gedacht, der Handel mit diesen beiden Sorten blieb jedoch unbedeutend, bis 1656 die Holländer Ceylon in Besitz nahmen und den Zimthandel nach ihrer Weise monopolisierten. Zur Ware erster Qualität indessen schwang der Ceylon-Zimt sich erst abermals hundert Jahre später auf, nämlich seitdem der holländische Gouverneur J. W. Falk (gest. 1781) mit Unterstützung eines seiner Beamten, De Koke, 1765 eine regelrechte Zimtbaumkultur ins Leben rief, während man sich bis dahin mit dem Einsammeln der Rinde von wildwachsenden Bäumen begnügt hatte. Die Kultur aber verteuert natürlich das Produkt, und so findet der Ceylon-Zimt fast nur in der Apotheke, nicht aber in der Küche Verwendung.

Zirbelnuß s. Pinienkerne.

Zitronat, *Zedrat* oder *Sukkade,* wird in Italien und Spanien aus den großen bis 3 kg schweren Früchten des Zitronatbaums (einer Abart des Zedrat- oder echten Zitronenbaums) hergestellt, indem man diese Zitronatzitronen grün, d.h. vor der Reife, vom Baum nimmt, in Stücke schneidet, mit Wasser abkocht und endlich mit Zucker oder Sirup einmacht. Das Zitronat bildet ein höchst schmackhaftes Gewürz für allerlei Ragouts, Saucen und Backwerk, kann aber auch ohne Schaden und mit viel Vergnügen ohne sonstige Zutat genossen werden.

Zitronen heißen die Früchte sämtlicher Mitglieder der Linie Citrus medica, des sehr alten, ehrenwerten und löblichen Geschlechts der Orangengewächse, nämlich die Sauerzitrone oder Limone, die Süßzitrone oder Limette, der durch Adams fatalen Biß für alle Ewigkeit mit Eindrücken gekennzeichnete Adamsapfel, und endlich die echte Zitrone oder Zedrate mit ihren beiden Spielarten, der goldgelben, dünnschaligen Bergamott- und der großen, narbigen Zitronatzitrone. In Mittel- und Nordeuropa indessen versteht man unter Zitrone ganz ausschließlich die ziemlich dünnschalige *Sauerzitrone* oder *Limone,* die ein fast unentbehrliches Gewürz unserer Küche und unserer Tafel bildet und alljährlich in vielen Millionen Exemplaren verbraucht wird. Gleichwohl scheint gerade der Limonenbaum später als alle anderen Zitronenarten aus seiner ostindischen Heimat über Medien und Persien nach Europa gelangt zu sein, wenigstens verdankt er die Aufnahme seiner Kultur in Ägypten, Nordafrika und Südeuropa erst den Arabern, während der erste Zitronenbaum z.B. schon zur Zeit des Palladius (im 5. Jahrhundert n. Chr.) über ganz Italien verbreitet war. Wie es scheint, wußte man nichts Rechtes mit den sauren Früchten anzufangen, denn obschon die Limone bereits 1260 auf Sizilien und in Toskana gezogen wurde, findet sich noch bei Jovius Pontanus (gest. 1505) die Bemerkung, daß sie nirgends als Speise verwertet werde. Schon sechzig Jahre nach Pontanus aber gehörten eingemachte Zitronen Tag für Tag zum Dessert der kaiserlichen Tafel in Wien, und wenn auch das 19. Jahrhundert speziell auf diese langweilig herzustellende Leckerei so ziemlich wieder verzichtet hat, so verbraucht es dagegen um so großartigere Mengen *Zitronenschalen* und *Zitronenscheiben* als Gewürz und zu Garnituren sowie endlose Quantitäten *Zitronensaft* zu einfachen Kühltränken, Limonaden, Bowlen, Punsch usw. London allein konsumiert jährlich an 18 Millionen Zitronen, verschlingt also nahezu eine Jahresernte der beiden Limonen-Inseln Paros und Naxos, die an 20 Millionen Stück im Jahr erzeugen. Für die beste Sorte gelten die glatten, feinschaligen Limonen von Rom, die aber im Handel nicht zu haben sind. Diesen zunächst stehen die von Genua und aus der Riviera (San Remo und Menton), dann folgen die griechischen, die norditalienischen, die sizilianischen und spanischen und endlich die portugiesischen (Porto-Zitronen), die in der Regel etwas bitter sind, von unerfahrenen Köchen aber ihrer dicken und festen Schale wegen nicht selten für ganz ausgezeichnet angesehen werden. Seit etwa dreißig Jahren hat auch Kalifornien (Los Angeles) den Zitronenbau aufgenommen und liefert bereits bedeutende Quantitäten für den amerikanischen Markt. Außer den frischen kommen auch *marinierte Limonen* im Handel vor, werden jedoch mehr zu technischen Zwecken als in der Küche verwendet.

Zitronenöl oder *Zedroöl* wird durch Auspressen der äußersten Schichten der Zitronenschale gewonnen und wie das feinere, durch Destillation ausgezogene *Zitronenblütenöl* bei Bereitung feiner Liqueure und Konfitüren verwendet.

Zitronensäure, ein treffliches, 1784 von Scheele hergestelltes Präparat, das zur See gegen den Skorbut und zu Lande gegen den Ärger über schlechten Zitronensaft schützt. Der *Zitronensaft*, der in großen Mengen in der Türkei, Italien, Sizilien, Toulon, Marseille und Westindien hergestellt wird, hat nämlich, wenn beim Auspressen der Zitronen auch die Kerne zerquetscht wurden, einen unangenehm bitteren Geschmack und ist mit dieser unliebsamen Beigabe in der Küche absolut nicht zu gebrauchen. Die Zitronensäure, die durch eine Reihe einfacher chemischer Prozesse in wasserhellen Kristallen aus dem gelblichen, wohlriechenden Saft abgeschieden wird, ist daher ein sehr willkommener Eratz für diesen – freilich kein an sich vollständiger, denn es bedarf, nachdem 1 Teil Säure in 15 Teilen Wasser gelöst worden, noch einer kleinen Beigabe von Zitronenöl, um der Lösung auch das Aroma des Saftes zu verleihen. In dieser Form aber füllt sie die Stelle des Saftes bei der Bereitung säuerlicher Getränke und Speisen mit vollkommenstem Erfolg aus.

Zucchetti, ein italienisches Gemüse, sind Kürbisschnitten, die, mit Öl in der Röhre gebraten oder einfach in Salzwasser abgekocht, mit Buttersauce serviert werden – ein ganz schmackhaftes, wenn auch etwas süßliches Gericht. In Genua verwendet man dazu eine Kürbisart mit kurzfaserigem brüchigem Fleisch und brät die Schnitten ohne alle Zutat auf Kohlen.

Zucker ist süßes Salz, d.h. nicht nur Würzstoff, sondern zugleich Nahrungsmittel, das im Körper zur Neubildung verbrauchter Substanzen dient. Dieser Doppelbedeutung entsprechend, findet er sich nicht bloß in beinahe allen eßbaren Pflanzen, sondern auch im Fleisch, im Blut und besonders in der Milch der Tiere und darf überhaupt für die verbreitetste chemische Verbindung der organischen Welt gelten. Seine Hauptquelle war bis ins 19. Jahrhundert hinein das *Zuckerrohr*, dessen Heimat in Hinterindien, namentlich Cochinchina, zu suchen ist, von wo aus es sich zuerst nach Vorderindien verbreitete. In China wird die Pflanze erst im 2.

Jahrhundert v. Chr. und der Zucker erst im 4. Jahrhundert n. Chr. erwähnt – doch mit dem Bemerken, daß bereits im Jahre 286 n. Chr. das Reich Funam jenseits des Ganges dem Reiche der Mitte einen Tribut an Zucker entrichtet habe. Die Fabrikation selber nahm in China erst zwischen 627–650 n. Chr. ihren Anfang. Ägyptern und Hebräern blieb der Zucker unbekannt, die Griechen aber erhielten durch den indischen Zug Alexanders Kenntnis von dem köstlichen Stoff und führten auch den Sanskritnamen Sarkara oder Sakkara in die abendländischen Sprachen über. Doch noch zur Zeit des Plinius wurde der Zucker nur als Heilmittel gebraucht. Erst seitdem die Araber das Zuckerrohr nicht bloß in der Levante und in Ägypten (woher die Venetianer schon im Jahre 996 Zucker holten), sondern seit dem 10. Jahrhundert auch in Südspanien und in Sizilien verpflanzten, und namentlich seitdem die Kreuzfahrer den Wert der weißen Substanz im Orient genauer schätzengelernt hatten, erlangte der Zucker allmählich eine Stellung als häufiges Genußmittel, die dann um so unerschütterlicher wurde, je weiter sich der Ausbau der Pflanze ausdehnte. Zunächst gelangte das Rohr 1420 von Sizilien nach Madeira, von dort 1503 nach den Kanarischen Inseln und 1531 nach Brasilien. Um 1529 wurde es nach San Domingo, um 1530 nach Mexiko, 1643 nach Barbados, 1644 nach Guadeloupe, 1650 nach Martinique, 1654 nach Bourbon verpflanzt usw. Zu einem eigentlichen und alltäglichen Nahrungsmittel indessen ist der Zucker erst im 19. Jahrhundert geworden, nachdem die Forschungen des Berliner Apothekers Marggraf 1747 und die Versuche des Berliner Chemikers Achard 1796 in der *Runkelrübe* eine zweite großartige Zuckerquelle erschlossen hatten. Zunächst schien nur Frankreich sich die neue Industrie zunutze machen zu wollen; um 1810 aber wurden zu Quedlinburg in der preußischen Provinz Sachsen und 1830 zu Staatz in Niederösterreich durch den Grafen Colloredo-Mannsfeld sowie zu Kleinkuchel bei Prag durch den Fürsten von Öttingen-Wallerstein gleichfalls Rübenzukkerfabriken ins Leben gerufen, und seitdem haben Österreich und Deutschland alle anderen Länder auf diesem Gebiete überflügelt. Im Handel kommt der Zucker in drei Formen vor: als *Kandis*, von dem in einem besonderen Artikel gehandelt wird, als *Brot-* oder *Hutzucker* in der Gestalt eines glänzend weißen Kegels, des sogenannten »Zuckerhuts«, und drittens als *Puder-* oder *Farinzucker* in Form eines weißen Pulvers. In der guten Küche wird allgemein der Hutzucker verwendet. Näheres über die kulinarische Rolle dieses universellen Nahrungsmittels anzuführen, hieße den Plattensee in die Donau schütten, denn jedem Kinde ist bewußt, daß vom einfachen Zuckerwasser bis zum hocharomatischen Kakaoliqueur, von der Ribisel bis zur Ananas, von der Mehlsuppe bis zur Mayonnaise zahllose Speisen und Getränke nach Zucker schreien wie der Hirsch nach frischem Wasser. Der Zucker ist eben schlechthin unentbehrlich, und selbst in jenen gottverlassenen Erdwinkeln, wo man ihn in gesonderter Gestalt noch nicht kennt, wird er wenigstens in der Milch der Tiere, den Früchten der Erde und dem Obst der Bäume genossen, denn auch dort huldigt der Mensch unbewußt dem Satz: »Zucker ist süß, und süß ist gesund.«

Zuckerwurzel, *Görlein, Gierlein* oder *Gierwurz*, ein perennierendes Doldengewächs aus der Verwandtschaft des Sellerie, des Dills, der Petersilie usw., liefert in ihren süßen, würzhaft schmeckenden Wurzeln, die nach Art der Möhren zubereitet werden, ein recht leckeres und gut verdauliches Gemüse, das in Südwestdeutschland sehr geschätzt wird, während die Pflanze in Norddeutschland selten und in Österreich so gut wie unbekannt ist. Als Heimat der Zuckerwurzel galt früher China; sie findet sich jedoch wild nur in dem weiten Gebiet vom Kleinen Altai bis ins nördliche Persien und muß schon früher nach Deutschland gekommen sein. Jedenfalls ist es auffallend, daß die beste Sorte noch jetzt am Rhein und um Frankfurt am Main gezogen wird.

Zunge, von alters her als Leckerbissen berühmt und durch das Diktum der Salerner:

> Reddit lingua bonum nutrimentum medicinae:
> Nahrung, die gut wie Arznei, gibt die Zunge –

auch noch mit dem Breve der Bekömmlichkeit versehen, zeichnet sich durch eigenartigen Wohlgeschmack und hohen Nährstoffgehalt aus und wird daher allerseits mit Zuvorkommenheit aufgenommen, beinahe ohne Rücksicht darauf, ob sie vom Ochsen oder vom Büffel, vom Hammel, vom Schwein oder vom Rentier stammt. Südamerika bringt sogar geräucherte Pferdezungen in den Handel! In der Regel werden die Zungen, um ihnen die bekannte schöne Farbe zu geben, mit Salz und Salpeter eingelegt und dann geräuchert oder getrocknet. Man verwendet sie aber auch frisch und serviert sie gesotten, gedämpft oder geröstet mit mannigfachen Beigaben. Da sie kalt ebenso vortrefflich mundet wie warm, so bildet sie einen fast unentbehrlichen Bestandteil der »kalten Küche« und spielt namentlich bei Jagdmahlen und Gabelfrühstücken eine Rolle. Für einen ganz besonderen Schatz erachtet man die Karpfenzunge, die aber nicht jedem ins Maul fällt, der da möchte.

Zweikorn s. Dinkel.

Zwetsche, *Zwetschke,* s. Pflaume.

Zwieback, ursprünglich »Zweiback«, die etwa seit 1600 in Aufnahme gekommene Verdeutschung des französischen Bisquit, bezeichnet ohne Zusatz in Norddeutschland den *Milchzwieback,* den man aus Semmelteig mit Milch herstellt und, nachdem er altbacken geworden, zum zweitenmal in den Ofen bringt und röstet. Vgl. Bisquit und Schiffszwieback.

Zwiebel, in Österreich und Bayern *Zwiefel,* in der Schweiz *Zibeln,* in Thüringen *Zippel,* in Niederdeutschland *Bolle,* ist eine Asiatin, die sich in dem weiten Gebiet vom Ganges bis zum Jordan wild findet, schon in vorhistorischer Zeit aber einerseits nach China und andererseits nach Ägypten gelangte, wo man sich so tief in ihre Reize versenkte, daß sie nicht bloß aus Liebe verspeist, sondern auch zum Gaudium der Römer im eigentlichen Sinn des Wortes vergöttert wurde. Kaum weniger war sie bei den Hebräern beliebt, und daß sie auch unter den alten Deutschen glühende Verehrer hatte, beweist der Vorwurf des Sidonius an die Burgunder: Sie röchen nach Knoblauch und nach Zwiebeln. Dieser böse Duft, in Verbindung mit einem nicht geringen Grad von Schwerverdaulichkeit und dazu der stechende Geschmack, der aber bei den südeuropäischen Zwiebeln bei weitem nicht so ausgeprägt erscheint wie diesseits der Alpen, sind die schwache Seite der Zwiebel. Für die Zwiebel *als Gemüse* ist kein Platz mehr auf der guten Tafel: Die Zwiebelsuppe und selbst der berühmte Zwiebelbrei à la Soubise begegnen heute nur noch kräftigst abwehrenden Handbewegungen. Als *Gewürz* dagegen, in kleiner Menge diesem oder jenem Gericht passend beigefügt, ist die Zwiebel durchaus an ihrem Platz. Ist sie doch recht eigentlich die Vanille des armen Mannes, der sich bei derberen Schlüsseln auch der feinen Küche ohne Bedenken bedienen kann, sosehr sie sonst die Schalotte zu bevorzugen Ursache hat. Vielleicht erlebt aber auch die Zwiebel noch einst eine großartige Rehabilitation und Wiedereinführung in die beste Gesellschaft, denn die große Schule von Salerno lehrt:

Contritis cepis loca denudata capillis
Saepe fricans, poteris capitis reparare decorem –

Salbst mit zerstoßener Zwiebel du emsig das haarlose Haupt dir,
Zeigt bald von neuem die Glatze mit lockigem Schmuck sich belaubt dir.

Zyperwein (ital. cipro), der Wein der Insel Aphroditens, gilt schon im dicksten Nebel der Vorzeit für ein ganz auserlesenes Gewächs,

Das dem Nektar Ganymedens,
Das der Jugendquelle Edens
Gleich an Glut und Zauberkraft.

Die beste Sorte ist der anfangs dunkelrote, mit den Jahren heller werdende *Komturwein* (Vino della commanderia), der auf dem Boden einer ehemaligen Templer-Commende bei Limasol an der Südküste der Insel erzeugt und wegen seines milden Malvasiergeschmacks in Europa besonders geschätzt wird. Die zweite Sorte, ein alkoholreicher Muskateller, steht in weit geringerem Ansehen, wird aber trotz seines unliebsamen Teergeschmacks, der mit der Zeit allerdings zurücktritt, nicht bloß in Kleinasien und Ägypten, sondern auch in Österreich und Deutschland häufig als Dessertwein getrunken. Europa bezieht beide Sorten hauptsächlich über Triest.

Zyperwurz s. Erdmandel.

Jennifer Estep

HARD FROST

MYTHOS ACADEMY
COLORADO II

Aus dem Amerikanischen
von Michaela Link

PIPER

Von Jennifer Estep liegen im Piper Verlag vor:
Bigtime (Serie)
Black Blade (Serie)
Elemental Assassin (Serie)
Mythos Academy (Serie)
Die Splitterkrone (Serie)
Bitterfrost. Mythos Academy Colorado 1
Hard Frost. Mythos Academy Colorado 2
Coldest Frost. Mythos Academy Colorado 3

Unser Versprechen für mehr Nachhaltigkeit
• Klimaneutrales Produkt
• FSC®-zertifiziertes Papier
• Hergestellt in Europa

FSC www.fsc.org
MIX
Papier aus verantwortungsvollen Quellen
FSC® C083411

Ungekürzte Taschenbuchausgabe
ISBN 978-3-492-28224-6
August 2021

Titel des amerikanischen Originalmanuskripts:
»Hard Frost«

Umschlaggestaltung: zero-media.net, München
Umschlagabbildung: Getty Images (CoffeeAndMilk; mammuth)
Satz: Satz für Satz, Wangen im Allgäu
Gesetzt aus der Dante
Druck und Bindung: CPI books GmbH, Leck
Printed in the EU

1

»Ich hasse Exkursionen.«

Ich sah meine Freundin Zoe Wayland an. »Warum sagst du das?«

Sie zuckte die Achseln. »Weil Exkursionen immer in Katastrophen enden.«

»Und warum sagst du *das*? Exkursionen sind toll. Sie bieten eine Abwechslung vom langweiligen Schultrott. Eine Gelegenheit, den Campus zu verlassen, an unbekannte Orte zu kommen, jede Menge coole Sachen zu sehen. Und das Allerbeste, eine Ausrede, bei den ganzen Unterrichtsfächern zu fehlen, die wir nicht mögen.«

Zoe schnaubte. »Für dich vielleicht, Spartanerin. Aber für mich sind Exkursionen immer ätzend.«

»Warum?«

Statt mir zu antworten, nahm Zoe eine Zange von ihrem Schreibtisch. Sie spielte ein paar Sekunden mit der Zange herum, bevor sie sie beiseitelegte und stattdessen nach einem Hammer griff. Schraubenzieher, Schraubenschlüssel, sogar eine kleine Lötlampe. Diese ganzen Werkzeuge und noch mehr stapelten sich auf der einen Seite ihres Schreibtischs, neben Schwertern, Dolchen und mehreren Pfeilen. Zoe war ein Genie, wenn es um Erfindungen ging, und sie liebte es, sich Waffen und allerlei Gerätschaften für das Team Midgard auszudenken, die wir in unserem Kampf gegen die Schnitter des Chaos einsetzen konnten.

Nacheinander nahm Zoe Werkzeuge und Waffen, irgendwelche Metallteile und ineinander verhedderter Drähte, als wolle sie das Durcheinander ordnen, aber dann legte sie alles wieder an die gleiche Stelle zurück.

Wann immer sie etwas in die Hand nahm, strömten hellblaue Magiefunken aus ihren Fingerspitzen und erloschen wieder. Walküren gaben immer mehr Magie ab, wenn sie aufgewühlt oder gerührt waren. Wenn sie so weit war, würde Zoe mir schon erzählen, was ihr zu schaffen machte.

Aber noch war sie nicht so weit. Sie rutschte herüber und begann, mit den Scheren, Bändern und Stoffballen auf der anderen Seite ihres Schreibtischs herumzuspielen. Kleider und Schmuck kreierte sie ebenso gern wie Waffen und Gerätschaften. Zoe schnappte sich ein durchsichtiges Plastikkästchen voller roter, herzförmiger Kristalle, mit denen sie oft ihre Entwürfe verschönerte. Sie schüttelte das Kästchen und ließ die Kristalle darin herumklappern, bevor sie den Behälter wieder auf ihren Schreibtisch stellte.

Schließlich seufzte sie und sah mich aus ihren haselnussbraunen Augen an. »Ich hasse Exkursionen, weil ich die nervige Veranlagung habe, auf Autofahrten mit Übelkeit zu reagieren. Jedes Mal.«

Ich zog die Brauen hoch. »Dir wird vom Autofahren übel?«

Sie sackte auf ihrem Stuhl zusammen. »Na ja, eher vom Busfahren. Ich weiß nicht, warum, aber immer wenn ich in einen Bus steige, um zu irgendeiner blöden Exkursion zu fahren, wird mir schlecht und ich muss mich übergeben, noch bevor wir ankommen. Du kannst Mateo fragen. Ich habe ihm über die Stiefel gekotzt, als wir im letzten Jahr zum Powder Skiresort gefahren sind. Alle im Bus haben gesehen, wie ich mein Mittagessen buchstäblich wieder ausgespuckt habe. Es war *echt* peinlich.«

»Nun, dann ist es ja gut, dass wir keine Exkursion machen und dass wir nicht mit dem Bus fahren.«

»O nein«, antwortete Zoe sarkastisch. »Wir erkunden nur

ein paar unheimliche alte Tunnel, die unter der Mythos Academy liegen, der Schule der Kriegerkids, der mythologischen Ungeheuer und der Artefakte, die mythologische Ungeheuer beschwören. Was könnte da schon schiefgehen?«

Ich verdrehte die Augen. »Ach, komm schon. Wo bleibt deine Abenteuerlust?«

Sie seufzte wieder und rutschte noch tiefer in ihrem Stuhl herunter.

Ich richtete meine Aufmerksamkeit wieder auf meinen eigenen Schreibtisch und überzeugte mich davon, dass ich alles für unsere sogenannte Exkursion parat hatte. Eine Taschenlampe, eine Digitalkamera, ein Notizbuch, mehrere Stifte, zwei Wasserflaschen und ein paar Schokoladenkekse. Okay, okay, es war wahrscheinlich übertrieben, Proviant mitzunehmen, aber Zoe hatte recht. An der Mythos Academy wusste man nie, was alles passieren konnte, und wenn wir doch in den Tunneln festsitzen sollten, wollte ich nicht verhungern, bevor uns jemand rettete.

Ich war vielleicht nicht die Einzige, die Durst hatte, daher öffnete ich eine der Flaschen und goss eine ordentliche Portion Wasser in einen kleinen, grünen Topf auf meinem Schreibtisch. Er enthielt eine wunderschöne Blume mit zarten, weißen Kronblättern und einer herzförmigen, smaragdgrünen Blüte in der Mitte. Das Wasser versickerte in der Erde, und das Frostfeuer stellte sich auf und breitete die Blätter weit aus, als wolle es mir danken.

»Bitte schön«, säuselte ich und streichelte eins seiner samtigen Blütenblätter. »Da ist etwas Wasser für dich.«

»Habe ich dir schon mal gesagt, wie seltsam es ist, dass du mit dieser Blume redest?«, spottete Zoe.

»Hör nicht auf sie«, sagte ich immer noch an die Blume gewandt. »Sie ist bloß eifersüchtig, dass sie nichts genauso Hübsches auf ihrem Schreibtisch hat.«

Das Frostfeuer richtete sich vor Stolz noch weiter auf. Ich

streichelte ein letztes Mal seine Blätter, dann schraubte ich meine Wasserflasche zu.

Ich stopfte den Proviant in meine grüne Umhängetasche und schaute um mich, um sicherzugehen, dass ich nichts vergessen hatte. Zoe und ich befanden uns im Hauptbesprechungsraum im Bunker, der unter der Bibliothek der Altertümer auf dem Campus der Mythos Academy in Snowline Ridge, Colorado, lag. Nur wenige Menschen wussten vom Bunker, da er das supergeheime Hauptquartier des Teams Midgard war, einer Gruppe von Schülern und Erwachsenen, die die Aufgabe hatten, einen neuen Kreis von Schnittern des Chaos zu bekämpfen.

Ein langer, rechteckiger Tisch beherrschte eine Seite des Raums. Die Stühle dazu waren zu den Monitoren gedreht, die den größten Teil einer Wand einnahmen. Zoes Schreibtisch stand zusammen mit meinem auf der einen Seite des Tischs in der Mitte, während sich auf dessen anderer Seite zwei weitere Schreibtische befanden.

Einer dieser Tische wies einen Laptop sowie zwei Tastaturen und zwei Monitore auf. Mehrere Miniatur-Footballbälle aus Schaumstoff, Fuß- und Tennisbälle waren zwischen das Computerzubehör gestopft. Dieser Schreibtisch gehörte Mateo Solis, dem Römer und Computerguru des Teams Midgard, einem unserer Freunde.

Streitäxte, Schwerter und andere Waffen sowie Bücher über Mythengeschichte, zwischen deren Seiten Notizzettel steckten, um bestimmte Textstellen zu markieren, bedeckten den zweiten Schreibtisch. Dieser Platz gehörte Ian Hunter, dem Wikinger, der neben meiner Wenigkeit der Krieger des Teams war.

Mein Blick wanderte zum hinteren Ende des Raums, wo sich mehrere Reihen von deckenhohen Regalen befanden. In vielen Regalen standen Bücher, aber es waren keine normalen Taschenbücher oder Hardcover. Nein, diese Bände waren alle extrem alt, mit zerlesenen Seiten, ramponierten Einbänden und ausgefransten Buchrücken. Viele davon sahen aus, als würden sie zu Staub zerfallen, wenn man sie aus den Regalen zog oder gar versuchte, darin zu lesen. Aber die Bücher – und das Wissen, das sie enthielten – waren viel gefährlicher, als es den Anschein machte.

Was auch für alle anderen Artefakte hier galt.

Waffen, Rüstungen, Schmuck, Kleidung und mehr lagen neben den Büchern in den Regalen. Goldene Schwerter, silberne Schilde, Diamantringe, Bronzesandalen. Hier war ein Artefakt schöner als das andere und jedes verfügte über irgendeine Magie, die es sehr, sehr mächtig machte.

Wie etwa die Panzerhandschuhe Maats, benannt nach der ägyptischen Göttin der Wahrheit. Sobald man die goldenen Panzerhandschuhe anlegte, konnte man sie nicht mehr ausziehen und musste alle Fragen, die einem gestellt wurden, wahrheitsgemäß beantworten. Oh, man konnte natürlich schon versuchen, sich der Magie des Artefakts zu widersetzen, aber für jede Lüge, die man erzählte, wurden die Panzerhandschuhe ein klein wenig heißer, bis sie schließlich in Flammen standen und einen bei lebendigem Leib verbrannten.

Aber das war nur einer von Dutzenden von Gegenständen, die einen verbrennen, gefrieren lassen oder sonst irgendwie zu Tode foltern konnten. Ganz zu schweigen von den Artefakten, die dazu führten, dass man Monster sah, die gar nicht da waren, sich in jemanden verliebte, den man hasste, oder die Verstand und Herz sonst irgendwie durcheinanderbrachten, sodass man seinen freien Willen verlor.

Ich lehnte mich zur Seite und spähte in einen der Gänge zu einem Regal an der Hinterwand. Mein Blick fiel auf einen Glaskasten, der ganz für sich allein stand. Im Gegensatz zu anderen Kriegern besaß ich keine verstärkte Sehkraft, also konnte ich die Vitrine von hier aus nicht deutlich erkennen, aber ich wusste genau, was sie enthielt: eine Schatulle aus poliertem Gagat, dessen Oberfläche von silbernen Ranken überzogen war, die sich um kleine, herzförmige, rubinrote Blumen schlangen.

Die Schmuckschatulle war vor einigen Wochen vom Team Midgard aus dem Cormac Museum geholt worden. Wir hatten Covington, den Anführer der Schnitter, daran gehindert, das Artefakt zu stehlen, aber uns war überhaupt nicht klar, worum es sich handelte, welche Magie es besaß oder was es enthielt. Trotzdem, etwas an der Schatulle machte mir echt Gänsehaut. Es genügte, in ihre Richtung zu schauen, und ich fing an zu zittern und fragte mich, was so Besonderes an dem Artefakt war, dass Covington bereit gewesen war zu töten, um es in seinen Besitz zu bringen …

»Nun, was mich betrifft, ich freue mich auf unser Abenteuer, Rory.« Eine Stimme mit einem melodischen irischen Akzent unterbrach meine Gedanken.

Ich schaute zum Stuhl rechts von mir. Ein silbernes Schwert in einer schwarzledernen Scheide stand auf der Sitzfläche, aber es war keine gewöhnliche Waffe. Nein, in den Griff dieses Schwerts war ein Frauengesicht eingelegt: eine zierliche Augenbraue, die runde Wölbung eines Auges, ein hoher Wangenknochen, eine scharfe Hakennase, herzförmige Lippen und ein geschwungenes Kinn. Das Schwert richtete den Blick auf mich und ich schaute in sein tiefes, dunkles, smaragdgrünes Auge.

»Danke, Babs«, sagte ich. »Es ist schön zu sehen, dass wenigstens eine es aufregend findet, Karten von den Tunneln anzufertigen.«

Zoe schnaubte. »Babs ist dein Schwert. Sie geht dorthin, wo du hingehst, daher muss sie alles, was du tust, aufregend finden.«

Babs rümpfte die Nase. »Hör nicht auf sie, Rory. Es wird ein Riesenspaß, die Tunnel zu kartografieren. In der Tat erinnert es mich an eine Zeit vor Jahren in Cypress Mountain, als einer meiner früheren Krieger gerade einen Fenriswolf durch den Wald verfolgte …«

Und schon redete sie über dieses längst vergangene Abenteuer. Babs, nun ja, sie plapperte gern. Für mich war sie eine liebenswerte Schrulle, aber Zoe warf mir einen vielsagenden Blick zu, nahm einen silbernen Dolch von ihrem Schreibtisch und drückte auf den blauen Stein, der in den Griff eingelassen war, sodass blau-weiße Elektrizitätsfunken an der Klinge auf- und abzischelten. Zoe warf mir einen weiteren beredten Blick zu und teilte mir damit wortlos mit, dass sie Babs mit ihrem Elektrodolch einen Stromschlag verpassen würde, wenn das Schwert nicht endlich die Klappe hielt.

»Also schön«, sagte ich mitten in Babs' Geschichte hinein. »Ich bin bereit. Was ist mit euch?«

»Bereit!«, zirpte Babs.

Zoe seufzte erneut, stand aber auf. Sie griff sich ein blaues Glitzerstirnband aus dem Chaos auf ihrem Schreibtisch, um sich damit ihr gewelltes, schwarzes Haar aus dem Gesicht zu halten. Dann holte sie aus dem Durcheinander von Gegenständen eine Puderdose hervor und tupfte sich ein wenig Puder auf die Nase, obwohl ihre mokkabraune Haut bereits makellos war. Für einen letzten Touch zog sie den Reißverschluss des blauen Overalls, den sie über ihren gewohnten Sachen trug, hoch. Rote Kristallherzen formten den Schriftzug *Walkürenpower* auf der Brusttasche.

»Bereit«, murmelte sie.

Ich beäugte ihren strapazierfähigen Overall. »Wir gehen durch die Tunnel und kartografieren sie. Wir haben nicht vor, uns durch die Wände zu graben.«

Zoe stemmte die Hände in die Hüften und noch mehr blaue Magiefunken strömten aus ihren Fingerspitzen. »Und ich gehe nicht das Risiko ein, mir meinen neuen Kaschmirpullover schmutzig zu machen oder Spinnweben auf meine Jeans zu kriegen. Kapiert, Spartanerin?«

»Kapiert, Walküre.« Ich grinste. »Also, lasst uns zu unserer Exkursion aufbrechen.«

Sie stöhnte. »Du musstest es so nennen, nicht wahr? Jetzt ist schon der Wurm drin.«

»Kotz mir nur nicht auf die Stiefel, und alles wird gut«, neckte ich sie.

Zoe warf mir einen düsteren Blick zu, aber ihre Lippen verzogen sich zu einem verlegenen Lächeln. Ich grinste zurück.

Was auch geschah, sie würde immer meine Freundin sein.

Ich schob mir die Tasche mit meiner Ausrüstung über die Schulter und hakte Babs' Schwertscheide an meinen Gürtel, während Zoe den Elektrodolch in ihrer Tasche verstaute. Dann verließen wir den Besprechungsraum und gingen durch einen langen Gang in den hinteren Teil des Bunkers.

An einer Tür hing ein Schild mit der Aufschrift *Treppenhaus*, aber statt die Tür zu öffnen, ging ich zu einem Bücherregal an der Wand und drückte auf einen kleinen, silbernen Knopf daneben. Ein grünes Licht blitzte auf und scannte meinen Daumenabdruck. Einige Sekunden später erlosch das Licht, das Bücherregal fuhr knarrend zur Seite und gab den Blick auf einen steinernen Gang frei.

Aufregung überkam mich. Schon immer hatte ich Krimis wie die Bücher von Nancy Drew, die Sherlock-Holmes-Abenteuer und die alte Scooby-Doo-Zeichentrickserie geliebt. Meine absoluten Lieblingsgeschichten waren solche, in denen es um Dinge wie Geheimgänge und versteckte Fächer ging. Seit ich von den Tunneln erfahren hatte, war ich scharf darauf gewesen, sie zu erkunden. Heute hatte ich Zoe endlich dazu überreden können, mitzukommen.

Zoe spähte in den Tunnel. »Ich kann immer noch nicht glauben, dass du einen herrlichen Sonntagnachmittag darauf verschwenden willst, durch diese unheimlichen Tunnel zu latschen. Ich könnte ein Nickerchen machen. Eine neue Waffe erfinden. Mir stundenlang irgendeine Fantasysendung reinziehen. Du weißt schon, etwas, das *Spaß* macht.«

»Das hier wird jede Menge Spaß machen. Außerdem geht es nicht nur darum, die Tunnel zu erkunden.« Ich zog einen Stift und ein Notizbuch aus meiner Tasche. »Es geht auch darum, sie zu kartografieren. Ich will wissen, wohin jeder einzelne Tunnel führt und wo auf dem Campus sich die geheimen Eingänge befinden.«

»Warum? Es ist nicht so, als wüssten die anderen Mythos-Schüler von den Tunneln. Das Team Midgard – wir – sind die Einzigen, die von ihrer Existenz wissen.«

»Covington kennt sie wahrscheinlich«, sagte ich mit scharfer Stimme. »Was bedeutet, dass ich sie ebenfalls kennen muss.«

Bei meinem harschen Ton zuckte Zoe zusammen, aber Mitgefühl und Verständnis traten in ihre Züge.

Covington war der oberste Bibliothekar an der Akademie von Colorado gewesen, bis er sich als Schnitter des Chaos zu erkennen gegeben hatte. Als sei das noch nicht schlimm genug, hatte Covington auch meine Eltern ermordet, Rebecca und Tyson Forseti, als sie sich von den Schnittern hatten lossagen wollen.

Ich war so wütend auf meine Eltern gewesen, dass sie ihre Beteiligung an der bösen Gruppe verheimlicht und mir nie erzählt hatten, dass sie Schnitter-Assassinen waren, und vor allem, dass sie nicht die noblen, ehrlichen Spartanerkrieger waren, für die ich sie immer gehalten hatte. Aber herauszufinden, dass Covington sie getötet und ihnen die Schuld für seine Verbrechen in die Schuhe geschoben hatte, war hundert Mal schlimmer. Er hatte mir meine Eltern genommen, bevor ich auch nur die Chance gehabt hatte, sie zu fragen, warum sie Schnitter gewesen waren.

Bis vor wenigen Wochen hatte ich gedacht, dass Covington im Gefängnis säße, doch dann fand ich heraus, dass er der geheimnisvolle Sisyphus war, der Anführer einer neuen Gruppe von Schnittern, die die Macht in der mythologischen Welt übernehmen wollten. Covington hatte versucht, mich dazu zu bringen, mich ihm anzuschließen und ein Schnitter zu werden. Er hatte behauptet, es sei mein spartanisches Schicksal. Als ich ablehnte, hatte er ein Artefakt – einen juwelenbesetzten Apate-Ring – eingesetzt, um mich gegen meinen Willen zum Schnitter zu machen. Mit Babs' Hilfe war es mir gelungen, die Magie des Artefakts abzuwehren. Aber das Überraschende war, dass meine Eltern mir ebenfalls geholfen hatten, obwohl sie schon tot waren.

Ich schüttelte meinen Arm und ein silbernes Bettelarmband glitt an meinem rechten Handgelenk hinab. Ein silbernes Herzmedaillon sowie zwei andere Anhänger hingen an der Kette – eine winzige, silberne Pfeife und ein silbernes Frostfeuer mit einem herzförmigen Smaragd in der Mitte.

Meine Eltern hatten mir das Armband im vergangenen Jahr zu meinem sechzehnten Geburtstag geschenkt. Das Herzmedaillon enthielt ein Foto von uns dreien. Ich hatte das Geschenk geliebt und das Armband jeden Tag getragen – bis ich herausfand, dass meine Eltern Schnitter waren. Ich war so wütend und unglücklich über ihren Verrat gewesen, dass ich das Armband abgerissen und auf ihr Grab geworfen hatte, doch meine Tante Rachel hatte es mir irgendwann zurückgegeben.

Nachdem ich dem Team Midgard beigetreten war, hatte ich mir wieder angewöhnt, das Armband zu tragen als eine Erinnerung daran, dass ich kein Schnitter zu sein brauchte und dass ich meinen eigenen Lebensweg wählen konnte. Doch meine Eltern hatten noch ein Geheimnis gehabt. Sie hatten mir nicht erzählt, dass das Armband eigentlich Freyas Armband war, ein mächtiges Artefakt, das den Träger vor der Magie anderer beschützte. Es hatte mich vor Covington und seinem verderbten Ring gerettet. Er mochte meine Eltern ermordet haben, aber sie hatten mich trotzdem, so gut sie konnten, vor ihm beschützt. Dafür würde ich ihnen immer dankbar sein.

Ich schloss die Augen und konzentrierte mich auf die Kühle

des Armbands an meinem Handgelenk, das sich wie ein Ring aus hartem Frost anfühlte, der meine Haut küsste. Ich ließ diese Kühle, diesen Frost, in meinen Geist sickern und insbesondere in mein Herz, bis es meinen Zorn darüber, dass Covington immer noch da draußen war und die Fäden seiner Verschwörung gegen mich und das Team Midgard zog, einfror. Ich *würde* den Bibliothekar zur Strecke bringen und eines Tages meine Rache bekommen, aber heute war nicht dieser Tag, und das musste ich akzeptieren. Als ich mich wieder beruhigt hatte, öffnete ich die Augen und schaute zu Zoe hinüber.

»Covington war hier lange Zeit oberster Bibliothekar«, sagte ich mit leiserer Stimme. »Linus Quinn und Takeda glauben nicht, dass er etwas über den Bunker oder die Tunnel weiß, aber ich würde mich nicht darauf verlassen. Es sähe Covington ähnlich, zu versuchen, sich durch die Tunnel in den Bunker zu schleichen und die Schmuckschatulle und andere Artefakte zu stehlen. Ich will vorbereitet sein auf alle krummen Dinger, die er sich einfallen lassen könnte. Die Kartografierung der Tunnel ist eine Möglichkeit, sich vorzubereiten.«

Verständnis und Mitgefühl traten erneut in Zoes Züge und blaue Magiefunken tropften wie Tränen von ihren Fingerspitzen, beinahe so, als weine ihre Walkürenmagie über meinen offensichtlichen Schmerz.

»Ich stimme Rory zu«, meldete Babs sich von ihrem Platz an meinem Gürtel zu Wort. »Es kann nicht schaden, herauszufinden, wohin die Tunnel führen. Außerdem macht es bestimmt Spaß. In der Tat erinnert es mich an den Tag, an dem ich in der Kanalisation von Ashland war und einem abscheulichen Nemeischen Pirscher gefolgt bin …«

Das Schwert fing an, über ein anderes Abenteuer zu faseln, das es erlebt hatte, aber Zoe und ich hörten gar nicht hin.

»Bitte«, sagte ich leise. »Ich muss das tun. Auch wenn eine Kartografierung der Tunnel dumm und nutzlos erscheint. Ich muss einfach *irgendetwas* tun, statt nur herumzusitzen und darauf zu warten, dass Covington zuschlägt. Sonst werde ich noch verrückt.«

Sie nickte. »Du brauchtest nur zu fragen.« Zoe zog den Reißverschluss ihres Overalls noch ein wenig höher und streckte die Hand aus. »Gib mir die Kamera. Ich werde Fotos machen, während du deine Schatzkarte zeichnest, wichtige Stellen mit einem X markierst und all so etwas.«

Ich grinste und reichte ihr die Kamera. Dann betraten wir zusammen den Tunnel.

Das Bücherregal fiel hinter uns zu und für einen Moment war alles pechschwarz. Ich trat vor und die Beleuchtung in der steinernen Decke flammte auf. Die durch Bewegung aktivierten Lampen schalteten sich jeweils ein, wenn wir näher kamen, und wieder aus, wenn wir an ihnen vorbeigegangen waren. Nach ungefähr fünfzehn bis zwanzig Metern zweigte ein Tunnel nach rechts ab. Ich blieb stehen und zeichnete ein X auf meine Karte.

Wir gingen einen Tunnel nach dem anderen entlang, um zu sehen, wohin sie führten. Durch fünf Haupttunnel gelangte man in die fünf Hauptgebäude auf dem oberirdischen Hof der Mythos Academy – in das mathematisch-naturwissenschaftliche Gebäude, das für Englisch und Geschichte, den Speisesaal und die Sporthalle. Und natürlich führte der Tunnel, von dem aus wir aufgebrochen waren, zurück zum Bunker und in die Bibliothek der Altertümer, dem letzten Gebäude auf dem Hof.

Jeder Tunnel endete an einer Tür. An jeder einzelnen drückte ich den silbernen Knopf und benutzte meinen Daumenabdruck, um sie zu öffnen und festzustellen, wo wir gelandet waren. Ich wusste bereits, dass der Sporthallentunnel in Takedas Büro endete, da er uns diesen Weg schon früher gezeigt hatte, aber die anderen geheimen Eingänge überraschten mich. Ein Eingang war in einem Versorgungsraum des mathematisch-naturwissenschaftlichen Gebäudes, einer in einem

Arbeitszimmer im Gebäude für Englisch und Geschichte und einer in der kaputten Tiefkühltruhe in der Küche des Speisesaals.

Als wir endlich mit den fünf Haupttunneln durch waren, bedeckten alle möglichen Linien, Kringel und Xe meine Karte und ich summte eine fröhliche Melodie vor mich hin.

»Du hast viel zu viel Spaß bei dieser Sache«, nörgelte Zoe.

Ich grinste. Sie verdrehte die Augen, hob aber ihre Kamera und machte ein Foto von mir.

Mehrere weitere Nebentunnel zweigten von den fünf Haupttunneln ab und führten vom Hof weg und weiter auf den Campus. Wir kartografierten auch diese. Die Tunnel schlängelten sich über das ganze Gelände und führten zu allen möglichen Orten – zu den Mädchen- und den Jungenwohnheimen, zu Schuppen voller Gartengeräten und anderem Zeug. Ich hatte das Gefühl, als erkundeten wir ein cooles, unterirdisches Spinnennetz, und konnte es gar nicht erwarten zu schauen, wohin der nächste Tunnel führte.

Zwei Stunden später hatten wir alle Tunnel und geheimen Eingänge verzeichnet, bis auf einen besonders langen Gang, der den Campus zu verlassen und in die Stadt Snowline Ridge zu führen schien. Ich hätte gerne weitergemacht, um zu sehen, wo dieser Tunnel mündete, aber Zoe brummelte unzufrieden vor sich hin wegen all der Lauferei, die wir bereits hinter uns gebracht hatten. Also machten wir uns stattdessen auf den Weg zurück zum Bunker.

Wir kamen zu einer großen Kreuzung, die ich für das Zentrum des Spinnennetzes hielt und von der aus die fünf Haupttunnel zu den verschiedenen Bereichen des Hofs führten. Zoe ging vor mir her um die Ecke und betrat den Tunnel, der uns in die Bibliothek zurückbringen würde. Sie sah über die Schulter zu mir nach hinten und öffnete den Mund, wahrscheinlich um zu sagen, wie froh sie sei, dass wir endlich fertig waren, doch da stolperte sie über etwas, taumelte vorwärts und stieß gegen die

Wand. Ihre Beine flogen unter ihr weg und sie setzte sich heftig auf den Hintern.

»Zoe! Geht es dir gut?« Ich eilte zu ihr.

»Alles in Ordnung«, antwortete sie. »Nur mein Stolz hat eine Schramme abgekriegt. Hilf mir bitte hoch.«

Sie ergriff meine Hand und ich zog sie auf die Füße. Zoe schaute um sich, bis ihr Blick auf einem Haufen loser Ziegelsteine landete, die an einer der Wände lagen.

»Blöde Steine«, murrte sie.

Zoe trat mit dem Stiefel dagegen, woraufhin einer der Ziegelsteine zu Splittern zerfiel. Zoe glaubte nicht, dass sie die gleiche magische Kraft besaß wie andere Walküren, aber ich vermutete, dass sie viel stärker war, als ihr klar war.

Ich hockte mich hin und starrte auf den Haufen Ziegelsteine. »Sieht so aus, als hätte jemand diese Ziegelsteine absichtlich aus der Wand gebrochen. Siehst du, da hat jemand den Mörtel von den Steinen gekratzt.«

»Warum sollte jemand Steine aus der Wand reißen?«, fragte Babs.

»Vielleicht weil der Betreffende etwas dahinter verstecken wollte«, antwortete ich.

»Ein versteckter Schatz?« Zoe merkte auf. »Also, *das* wäre cool.«

Mein Herz klopfte vor Aufregung. Die Entdeckung eines versteckten Schatzes wäre der *perfekte* Abschluss für unsere Erkundung der Tunnel. Ich hakte Babs' Scheide von meinem Gürtel und lehnte das Schwert an die Wand, damit es sehen konnte, was vor sich ging. Ich besaß nicht Zoes Walkürenkraft, aber die Ziegelsteine waren nicht sehr schwer. Ich räumte sie aus dem Weg und legte eine dunkle Stelle frei, die etwa die Ausmaße eines großen Buchs hatte. Dann beugte ich mich vor, leuchtete mit meiner Taschenlampe in das Loch und begriff … dass es nur ein leerer Hohlraum war.

Ich bewegte das Licht hin und her, aber es befand sich nichts in der Wand. Es war eine leere, hohle Stelle ohne irgendwelche versteckten Schätze. Enttäuschung machte sich in mir breit. Ich seufzte, aber ich griff nach den Ziegelsteinen und schob sie wieder in die Wand, sodass sie nicht mehr im Weg lagen und wir nicht wieder über sie stolpern würden.

Ich hatte gerade den letzten Ziegelstein zurückgeschoben, als in der Ferne ein lautes Knarren erklang.

Sofort war ich auf den Füßen und stellte mich neben Zoe.

»Hast du das gehört?«, flüsterte sie.

Ich nickte. Wir spähten in die Tunnel und versuchten auszumachen, woher das Geräusch gekommen war.

»Hey!«, rief eine leise Stimme. »Hier entlang!«

Zumindest dachte ich, dass die Stimme das sagte. Die seltsamen Echos in den Tunneln überlagerten sich und verzerrten alles, sodass es schwer war, die Worte genau zu verstehen oder zu erkennen, wem die Stimme gehörte. Trotzdem vermutete ich, dass meine düstere Vorhersage von vorhin sich bereits bewahrheitet hatte und Covington hier war. Dass er von den Tunneln wusste und versuchte, durch sie in den Bunker zu schleichen und Artefakte zu stehlen, allen voran die Schmuckschatulle.

Eine Abfolge durchdringender, gleichmäßiger, dumpfer Aufschläge erscholl und bestätigte meinen Verdacht. Ich war vielleicht nicht in der Lage gewesen, die verzerrten Worte zu verstehen, aber dieses Geräusch kannte ich. Schritte, und das von mehr als einer Person.

Es waren noch andere in den Tunneln – und sie kamen in unsere Richtung.

2

Zoe und ich sahen uns einen Moment lang an. Dann verfielen wir beide jäh in Aktivität.

Zoe ließ meine Kamera fallen, zerrte ihren Elektrodolch aus der Tasche und hob die Waffe in Angriffsposition. Ich sprang zur Seite, schnappte mir Babs von ihrem Platz an der Wand und zog das Schwert aus seiner Scheide.

»Schnell!«, flüsterte ich Zoe zu. »Wir müssen aus diesem Tunnel raus in einen anderen!«

Sie nickte und eilte in den Tunnel, der zum mathematisch-naturwissenschaftlichen Gebäude führte. Direkt in dessen Eingang blieb sie stehen und hockte sich hin, um sich kleiner zu machen. Ich warf Babs' Scheide beiseite und wollte mich schon zu Zoe gesellen, aber sie deutete mit dem Finger in Richtung Decke.

»Das Licht!«, zischte Zoe. »Wir müssen das Licht ausschalten!«

Die Lampen, die in die Tunneldecke eingelassen waren, brannten immer noch hell und beleuchteten uns, und da sie durch Bewegung aktiviert wurden, leuchteten sie weiter, solange wir nicht still saßen. Ich suchte den Tunnel mit den Augen nach etwas ab, das ich nach den Lampen werfen konnte, um sie kaputt zu machen, aber ich entdeckte etwas noch Besseres – einen Lichtschalter.

Ich hätte ihn beinahe übersehen, da er in dem gleichen Grauton wie die Steine gehalten war, aber der Schalter befand sich im Bibliothekstunnel, nur wenige Schritte entfernt von der Stelle, wo ich die losen Ziegelsteine in die Wand zurückgeschoben hatte. Ich eilte hinüber und drückte auf den Schalter.

Das Licht erlosch mit einem leisen Klicken und tauchte den Bibliothekstunnel und den Rest der Kreuzung in Dunkelheit.

»Rory!«, zischte Zoe abermals. »Wo bist du?«

»Hier drüben beim Lichtschalter«, flüsterte ich. »Ich werde mich in den Tunnel zum Gebäude für Englisch und Geschichte schleichen. Bleib du im mathematisch-naturwissenschaftlichen Tunnel. Auf diese Weise können wir sie von zwei Seiten gleichzeitig angreifen.«

»Verstanden«, flüsterte sie zurück.

Ich tastete mich an der Wand entlang, bis ich zur Tunnelöffnung kam, dann schlüpfte ich hinein und ging in die Hocke. Zoe und ich verstummten, aber die anderen redeten weiter und ihre angespannten, besorgten Stimmen hallten von den Wänden wider.

»Was ist passiert?«

»Warum ist das Licht ausgegangen?«

Ich konnte nicht ausmachen, wie viele andere Personen es waren, aber ich schätzte mindestens zwei, vielleicht mehr, falls Covington seine Schnitter mitgebracht hatte. Normalerweise würde es mich nicht weiter beunruhigen, mich einem Haufen Bösewichte zu stellen, da das in der Mythos Academy ziemlich normal war, vor allem für eine Spartanerin wie mich. Aber sosehr ich mich auch bemühte, ich konnte im Dunkeln nichts sehen und ich konnte nicht gegen etwas kämpfen, das ich nicht sah …

Moment mal. Ich *konnte* etwas sehen.

Ein schwaches, silbernes Licht leuchtete in diesem Tunnel, gerade eben hell genug, um die Wände auszumachen. Ich schaute mich um und fragte mich, ob an der Decke eine Notbeleuchtung angebracht war oder ob Zoe ihr Telefon fallen gelassen hatte. Es kostete mich ein paar Sekunden zu begreifen, dass das Leuchten von *mir* ausging – oder vielmehr von meinem Schwert.

Babs' Klinge erstrahlte in einem schwachen, silbernen Licht. Ich bewegte das Schwert hin und her und fragte mich, ob ich es mir nur einbildete, doch das Leuchten blieb, schwach, aber stetig. Also lehnte ich das Schwert an die Wand und rutschte ein Stück zurück, damit ich es besser sehen konnte.

»Babs«, flüsterte ich. »Warum leuchtest du?«

Ihr grünes Auge bewegte sich nach unten und sie untersuchte ihre eigene Klinge. »Hm. Nun, das ist neu. Ich glaube nicht, dass ich je zuvor im Dunklen geleuchtet habe.« Ihr halbes Gesicht hellte sich auf. »Aber es gefällt mir. Dieser silbrige Schimmer macht wirklich das Beste aus meinen Gesichtszügen, findest du nicht auch? Es ist so viel schmeichelhafter als all das andere grelle Licht hier unten …«

»Konzentration, Babs, Konzentration.«

Einen Moment lang schmollte sie wegen meiner Unterbrechung, bevor sie wieder auf ihre Klinge herunterschaute. »Nun, ich weiß es nicht. Vielleicht hat es etwas damit zu tun, dass du meinen Fluch aufgehoben hast?«

Als mir Babs vor einigen Wochen in der Bibliothek der Altertümer zum ersten Mal aufgefallen war, hatte ich keine Ahnung gehabt, dass das Schwert verflucht gewesen war und dass jeder Krieger, der es ergriff, nur drei Kämpfe damit bestreiten konnte, bevor er starb. Doch ich hatte den Fluch aufgehoben, weil ich Babs trotzdem benutzt und mich geopfert hatte, um meine Freunde im Cormac Museum vor ein paar Typhon-Chimären zu retten. Ich liebte Babs. Sie war jetzt meine Waffe und außerdem eine meiner besten Freundinnen, deshalb hatte ich gedacht, dass ich alles über sie wusste. Aber sie hatte recht. Das Leuchten war definitiv neu.

»Vielleicht liegt es aber auch daran, dass ich jetzt die Waffe eines Champions bin«, fuhr Babs fort. »Vielleicht hat Sigyn mir ein wenig zusätzliche Magie verliehen, als sie dich gebeten hat, ihr Champion zu sein.«

Champions waren Krieger, die hier im Reich der Sterblichen für die Götter und Göttinnen arbeiteten. Gwen Frost, meine Cousine, diente Nike, der griechischen Göttin des Sieges, sodass man sagen konnte, dass es den Familien Frost und Forseti gegeben war, Champion zu werden. Gwen hatte Loki besiegt, den bösen nordischen Gott des Chaos, und jetzt war es an mir, zur Heldin zu werden, da ich für Sigyn, die nordische Göttin der Hingabe, arbeitete.

Sigyn hatte mich beauftragt, Covington aufzuhalten und seinen mysteriösen, bösen Plan zu vereiteln. Es war eine Aufgabe, eine Berufung, die ich mit Freuden angenommen hatte. Natürlich wollte ich mich an Covington rächen, weil er meine Eltern ermordet hatte, aber als Spartanerin, als wahre Kriegerin, wollte ich auch andere Menschen beschützen. Niemand sollte den Schmerz, das Unglück und den Kummer durchmachen müssen, die ich erlebt hatte. Die beste Art, das zu erreichen, war, Covington und seine Schnitter aufzuhalten.

»Jepp, Sigyn hat mir wahrscheinlich ein wenig zusätzliche Magie verliehen. Das muss es sein«, befand Babs. »Sieh dir meine Runen an. Eigentlich sind sie es, die an mir leuchten.«

Sie hatte recht. Eine Reihe von Runen war in ihre Klinge geritzt und jede einzelne schimmerte wie ein schwacher Stern. Für alle anderen sahen die Runen wahrscheinlich aus wie zufällige Kratzer, da nur ein Champion imstande war, die Worte auf seiner eigenen Waffe zu lesen, aber ich konnte mühelos jeden einzelnen Buchstaben und die Worte, zu denen sie sich zusammensetzten, erkennen – *Hingabe ist Kraft*.

Vielleicht war es eine Botschaft von Sigyn, dass Covington hier war, dass ich all meine Kampfkünste und meine Heilmagie einsetzen musste, um ihn zu besiegen. Entschlossenheit durchströmte mich. Ich streckte die Hand aus, um wieder nach Babs zu greifen, und in dem Moment wurde mir klar, dass das

Schwert nicht das Einzige war, das leuchtete – auch mein Armband tat es.

Die silberne Kette und die daran befestigten Anhänger schimmerten genau wie Babs' Klinge. Hier musste Freyas Magie am Werk sein. So oder so, wenn ich das Schimmern sah, dann konnten es auch die anderen Personen im Tunnel sehen, wer immer sie auch waren, daher zog ich den Ärmel meines Shirts über das Armband, um es zu verdecken. Außerdem schnappte ich mir Babs und hielt sie hinter mein rechtes Bein, um das Leuchten ihrer Klinge so gut wie möglich zu dämpfen.

Dann hielt ich nach einer anderen Waffe Ausschau.

Wenn Covington eine Gruppe von Schnittern hergebracht hatte, dann würde ich alles brauchen, was ich in die Finger bekommen konnte, um sie zu besiegen. Dank Babs' Licht konnte ich meine Tasche sehen, die im Tunnel der Bibliothek lag. Zoe hatte ihren Elektrodolch, aber ich hatte mir gar nicht erst die Mühe gemacht, irgendwelche Dolche in meine Tasche zu packen. Ich *brauchte* keine richtige Waffe wie andere Krieger. Als Spartanerin besaß ich die angeborene, magische Fähigkeit, mir jede Waffe – oder irgendeinen anderen Gegenstand – greifen zu können und automatisch zu wissen, wie ich damit jemanden töten konnte. Diese Fähigkeit war es, die Spartaner zu herausragenden Kriegern und enorm gefährlich machte.

Mein Blick flog zu meiner Tasche und deren Inhalt, der sich auf dem Boden verteilt hatte, als ich alles fallen gelassen, mir Babs geschnappt und das Licht ausgeschaltet hatte. Mir boten sich drei Möglichkeiten – die Digitalkamera, die Zoe benutzt hatte, das Notizbuch, das meine Karte der Tunnel enthielt, oder der Stift, mit dem ich geschrieben hatte.

Die Kamera konnte ich jemandem über den Kopf hauen, aber das Plastik würde dabei zerbrechen, und nach diesem einen Schlag wäre die Kamera unbrauchbar. Das Notizbuch konnte ich zusammenrollen und damit jemandem ins Gesicht stechen, aber es war zu dünn und zu leicht, um großen Schaden anzurichten. Ich hatte keine Zeit, den Draht aus dem Buchrücken zu ziehen, um ihn zu einer Waffe zu machen.

Blieb also der Stift.

Ich machte einen Satz vorwärts, schnappte mir den Stift vom Boden und ging dann wieder in Position. Ich warf den Stift in der Hand ein paarmal hoch, um ein Gefühl für Gewicht, Stärke und Balance zu bekommen. Im Gegensatz zu meinem Fotoapparat und dem Notizbuch war der Stift aus Metall, was bedeutete, dass er sich im Kampf ein wenig länger halten würde. Er war zwar nicht annähernd so spitz und stark wie Zoes Elektrodolch, aber er würde genügen müssen. Meine Finger schlossen sich fester um den Stift. Ich würde schon damit zurechtkommen. So war das bei uns Spartanern.

»Rory!«, zischte Zoe wieder aus dem mathematisch-naturwissenschaftlichen Tunnel. »Was ist los?«

»Ich mache mich nur bereit für den Kampf«, flüsterte ich zurück. »Behalte deine Position bei, sie kommen.«

Wir verstummten beide.

Die anderen hatten ebenfalls aufgehört zu reden, aber ihre Schritte wurden lauter und schneller und sie kamen näher, als hätten sie ihr Tempo erhöht und joggten jetzt auf uns zu. Ich schaute um die Ecke des Tunnels zum Gebäude für Englisch und Geschichte. Am anderen Ende des Bibliothekstunnels erschien ein kleines Licht, obwohl der schwache Schein und die Art, wie es auf- und abhüpfte, mich auf den Gedanken brachten, dass es ein Telefon war, das jemand hielt, und keine Taschenlampe.

»Hey!«, rief einer von ihnen. »Ich sehe eine Tasche! Und noch ein paar andere Sachen!«

»Das sehe ich auch! Sie müssen hier unten sein!«, pflichtete ein anderer dem ersten Sprecher bei.

Die Schritte wurden immer lauter und schneller. Die Schnitter kamen jetzt mit vollem Tempo auf uns zugerannt und weniger als eine Minute später stürmten zwei schattenhafte

Gestalten am mathematisch-naturwissenschaftlichen Tunnel vorbei, wo Zoe sich versteckt hielt. Ich packte Babs und meinen Stift fester und machte mich zum Angriff bereit.

Eine Sekunde später rasten die beiden Gestalten an der Öffnung des Englisch-Geschichte-Tunnels vorbei, in dem ich mich versteckte. Mit lautem Gebrüll stürmte ich vorwärts und griff sie an.

Einen Moment lang dachte ich, Zoe hätte ebenfalls gebrüllt. Es klang beinahe so, als hätte sie das Wort »Stopp« gerufen, obwohl ich keine Ahnung hatte, warum sie das sagen sollte.

Der Schatten vor mir wirbelte herum und ich fand mich mitten im Kampf wieder.

Zuerst schlug ich mit meinem Stift um mich und versuchte, ihn dem Schatten in die Kehle zu rammen. Aber der Schatten war schneller als erwartet. Er blockte den Schlag ab und hielt mir die Handgelenke fest.

Normalerweise konnte ich, wenn ich mit jemandem kämpfte, sehen, was der andere tun würde, bevor er es wirklich tat. Ich konnte erkennen, wie heftig ein Gegner mich schlagen würde, wie oft, sogar aus welchem Winkel er auf mich zielen würde. Es war meine spartanische Magie, die sich zeigte. Die Beteiligung an einem Kampf war für mich wie eine Hauptrolle in meinem persönlichen Actionfilm – der Vorteil lag immer bei mir, da ich der anderen Person immer ein paar Schritte voraus war.

Doch hier in der Dunkelheit konnte ich nicht so gut sehen wie sonst, was diese spezielle Fähigkeit einschränkte. Trotzdem, ich war in viele Kämpfe verwickelt gewesen, daher konnte ich abschätzen, was der Mann als Nächstes tun würde. Und tatsächlich, er bog mein Handgelenk nach hinten und versuchte, mich dazu zu bringen, den Stift fallen zu lassen, daher kam ich ihm entgegen und gab meine improvisierte Waffe frei. Er lockerte für eine Sekunde seinen Griff und gab mir damit genug Zeit, vorzupreschen und ihm den Ellbogen in den Magen zu rammen. Der Atem entwich seinen Lungen mit einem lauten *Uff!* und ich wirbelte herum und entzog mich seinen langen Armen.

Der Mann erholte sich schnell und stürzte sich wieder auf mich. Ich hörte das schwache Zischen einer Waffe, die die Luft durchschnitt, und hob Babs in Verteidigungsposition.

Klirr!

Unsere Waffen krachten gegeneinander und übertönten alles andere. Und dann entbrannte der Kampf erst richtig.

Hin und her ging es in dem Tunnel. Mit jedem Angriff und Gegenangriff verzeichnete ich alles, was ich über den Mann erfuhr. Er war groß und schnell, aber er besaß nicht die Supergeschwindigkeit eines Römers. Dafür war er außerordentlich stark, was mir verriet, dass er ein Wikinger war. Wegen der schummrigen Dunkelheit konnte ich nicht genau sagen, welche Art von Waffe er benutzte, aber sie wirkte massig und schwer. Wahrscheinlich eine Axt. Wikinger zogen diese Waffen im Allgemeinen Schwertern vor.

Ungeachtet der Tatsache, dass der Mann versuchte, mich in Stücke zu hacken, grinste ich, als er herumwirbelte und unsere Klingen wieder und wieder aufeinanderkrachten. Das war noch so etwas Verrücktes an den Spartanern. Es kam mir völlig natürlich vor, um mein Leben zu kämpfen, als sei es etwas, das ich tun *sollte*, als mache es einen großen Teil von mir aus. Ich würde niemals etwas anderes sein können als eine Kriegerin.

Das machte mir größere Sorgen, als ich zugeben mochte. Spartanerin hin oder her, ich wollte nicht mein ganzes Leben damit verbringen, gegen Schnitter zu kämpfen. Selbst Krieger brauchten gelegentlich eine Pause und selbst der beste Krieger konnte auf dem Schlachtfeld sterben. Ein geglückter Schlag, ein einziger Moment des Zögerns oder der Ablenkung, mehr brauchte es nicht, um einen ins Grab zu schicken. Aber ich schob meine Sorgen beiseite, denn wenn ich diesen Kampf gewinnen wollte, musste ich mich konzentrieren.

Der Typ war *gut*, ein würdiger Gegner für meine spartanischen Kampfkünste, und es erforderte mein ganzes Geschick, ihn daran zu hindern, mich in Streifen zu schneiden. Ich hatte seit langer Zeit nicht mehr gegen jemanden gekämpft, der so begnadet war wie er, und das würde es umso befriedigender machen, ihn zu besiegen. Ich lächelte wieder, noch glücklicher als zuvor, doch dann kam mir ein anderer, beunruhigender Gedanke.

Ein hochgewachsener, starker Wikinger, der eine Axt benutzte und ein großer Krieger war? Kämpfte ich womöglich gegen …

Das Licht flammte auf und ich erstarrte überrascht. Der Typ, gegen den ich kämpfte, erstarrte ebenfalls. Wir beide blinzelten und blinzelten und versuchten, unsere Augen dazu zu bringen, sich an das grelle Licht zu gewöhnen, das jetzt die Tunnel durchflutete. Ich starrte den Typen vor mir an und er erwiderte meinen Blick.

Er war groß und muskulös und schwang eine riesige Axt, die er schon zum nächsten Schlag über die Schulter gehoben hatte. Er trug schwarze Jeans und Stiefel und sein Bizeps trat deutlich unter dem Ärmel seines dunkelgrauen T-Shirts mit Knopfleiste hervor, als er jetzt die Waffe sinken ließ.

Die Tunnelbeleuchtung brachte die honigfarbenen Strähnen in seinem zerzausten, dunkelblonden Haar, seine perfekten Wangenknochen, seine gerade Nase und sein markantes Kinn zur Geltung. Man kombiniere den muskulösen Körper mit seinem guten Aussehen und er war absolut zum Anbeißen, doch ich konzentrierte mich wie immer auf seine Augen. Sie waren von einem hellen, durchdringenden Grau und glänzten so strahlend wie die scharfe Schneide seiner Axt. Seine Augen hatte ich schon immer geliebt, von unserer ersten Begegnung an …

Ian Hunter betrachtete mich mit einer Mischung aus Überraschung, Erleichterung und Erheiterung. Nach ein paar Sekunden räusperte er sich und schaute demonstrativ nach unten. Zuerst fragte ich mich, was er da anstarrte, aber dann begriff ich, dass ich ihm Babs' Schneide nur zwei Zentimeter vor die Kehle hielt.

»Hallo, Rory«, begrüßte Ian mich mit tiefer, donnernder Stimme. »Meinst du, du könntest dein Schwert jetzt bitte senken?«

3

Ich stand mit großen Augen wie erstarrt da und versuchte, die Tatsache zu verarbeiten, dass ich gerade Ian Hunter angegriffen hatte, ein Mitglied des Teams Midgard.

Es war schlimm genug, meinen Teamkameraden zu attackieren, aber was es noch um ein Vielfaches schlimmer machte, war die Tatsache, dass ich ernsthaft in Ian verknallt war. Und ich hatte ihn nicht nur angegriffen. O nein. Ich hätte ihm beinahe seinen verdammten Kopf abgeschlagen, weil ich irrtümlicherweise angenommen hatte, er sei ein Schnitter.

Gut gemacht, Rory. Wirklich gut.

Heiße Röte überzog meine Wangen und trotz der kühlen Luft brannte mein Gesicht. Ganz zu schweigen von dem Schreck und der Verlegenheit, die mein Herz zum Hämmern brachten. Aber zumindest konnte das außer mir niemand sehen oder fühlen.

»Rory?«, fragte Ian. »Ist alles okay? Du guckst so komisch.«

Ich stolperte rückwärts, weg von ihm, und ließ mein Schwert fallen. »Ja, sicher«, murmelte ich. »Tut mir leid. Ich dachte, du wärst ein Schnitter.«

Ian grinste, was ihn nur noch großartiger aussehen ließ. »Keine Sorge.« Er boxte mir sachte gegen die Schulter. Na ja, sachte für einen Wikinger. »Verwechslungen und heimliches Anschleichen unter Teamgefährten sind nur Spiel und Spaß, richtig?«

»Teamgefährten«, murmelte ich und massierte mir die Schulter, während mir schwer ums Herz wurde. »Richtig.«

»Ich bin nur froh, dass Rory dich angegriffen hat und nicht mich«, ertönte eine weitere Stimme.

Ian und ich drehten uns um und sahen Mateo Solis, ebenfalls Mitglied des Teams Midgard, im Tunnel hinter uns stehen. Mateo war um etliche Zentimeter kleiner als Ian mit seinen eins achtzig und mit dem schlanken Körperbau eines Läufers viel schmaler gebaut. Sein dunkelbraunes Haar und seine Augen glänzten in der Beleuchtung, die seine Haut ebenfalls aussehen ließen wie polierte Bronze.

Mateo trug dunkelblaue Laufschuhe und eine Khakihose sowie ein dunkelblaues T-Shirt auf dem *Lochness Pride* stand, was, wie ich annahm, irgendeine Footballmannschaft in Cloudburst Falls, West Virginia, war, denn der Name der Kleinstadt stand am unteren Stoffrand. Zudem zeigte es ein Bild des Ungeheuers von Loch Ness – oder zumindest eines seiner Tentakel –, das einen Football über eine Brücke warf. All die seltsamen Sportnamen und Mannschaftslogos würde ich wohl nie verstehen. Warum sollte das Loch-Ness-Ungeheuer jemals Football spielen?

Mateo grinste Ian und mich an, dann schüttelte er den Kopf. »Ich schätze mich glücklich, dass Zoe uns erkannt und mich aus eurem epischen Duell herausgehalten hat.«

Zoe schnaubte. »Und Rory und Ian können sich beide glücklich schätzen, dass ich den Lichtschalter gefunden habe, bevor sie sich gegenseitig in Stücke zerteilen konnten.«

»Wir hatten nur ein wenig Spaß. Das tun Wikinger und Spartaner nun mal. Richtig, Rory?« Ian zwinkerte mir zu und ließ mich auf diesem Wege wissen, dass es in Ordnung war und er das Gleiche getan hätte, wären unsere Positionen vertauscht gewesen.

Meine Verlegenheit ließ ein wenig nach und ich erwiderte sein Grinsen. »Es ist *genau* das, was Wikinger und Spartaner tun.«

Zoe stemmte die Hände in die Hüften. Blaue Magiefunken

zischten aus ihren Fingerspitzen und fielen auf den Boden. »Nun, jetzt, da wir alle wieder Freunde sind, warum erzählt ihr uns nicht, warum ihr gedacht habt, es sei eine gute Idee, sich an uns heranzuschleichen?«

»Wir haben uns nicht herangeschlichen«, protestierte Mateo. »Du hast mir erzählt, dass du und Rory die Tunnel kartografieren geht. Das war kein Geheimnis. Du jammerst schon seit Tagen deswegen.«

Ich sah Zoe an. Sie hatte mir gegenüber nichts davon gesagt, dass sie die Tunnel nicht erkunden wollte. Zumindest nicht bis heute Nachmittag. Sie hielt den Blick starr auf Mateo gerichtet, zuckte jedoch zusammen und weitere Magiefunken sprühten aus ihren Fingerspitzen. Schuldig im Sinne der Anklage.

»Wir haben euch gerufen«, sagte Ian. »Habt ihr uns nicht gehört?«

»Bei uns kamen nur verzerrte Worte und das Geräusch von Schritten an, daher wussten wir nicht, dass ihr es wart«, antwortete ich. »Warum seid ihr uns überhaupt gefolgt? Wir waren gerade auf dem Weg zurück in die Bibliothek.«

Ians Gesichtsausdruck wurde ernst. »Takeda hat uns geschickt. Er hat eine neue Mission für uns und will, dass alle in den Bunker kommen.«

Ich verkrampfte mich. »Geht es um Covington? Hat das Protektorat ihn endlich gefunden?«

Ian warf mir einen mitfühlenden Blick zu. Er wusste, wie sehr ich mir wünschte, Covington zu finden, aber er schüttelte den Kopf. »Takeda hat nichts gesagt, doch es schien wichtig zu sein. Also, kommt mit. Wir müssen zurück und herausfinden, was los ist.«

Ich schnappte mir meine Tasche und den Rest meiner Sachen vom Boden. Dann gingen wir alle vier durch den Bibliothekstunnel zurück in den Bunker.

Zehn Minuten später saßen wir an unseren gewohnten Plätzen am Besprechungstisch, mit Mateo und Ian auf der einen und Zoe und mir auf der anderen Seite. Babs, wieder in ihrer Scheide, lehnte auf einem Stuhl neben mir.

Schritte ertönten in einem der Flure und zwei Erwachsene traten ein. Einer war ein Mann von Anfang dreißig mit schwarzem Haar, dunkelbraunen Augen und von schlanker Statur. Er trug anthrazitgraue Sneakers und einen Jogginganzug in derselben Farbe. Um seinen Hals hing eine silberne Pfeife, die sein Outfit als Sporttrainer komplett machte.

Außerdem kam eine Frau von Ende zwanzig herein, mit den gleichen langen, glänzenden, schwarzen Haaren und grünen Augen wie ich, obwohl ich immer gefunden hatte, dass sie viel hübscher war. Sie trug eine weiße Kochjacke über einer weiße Hosen und Sneakers, was sie als Mitglied des Mensateams auswies.

Hiro Takeda, ein Samurai und der Anführer von Team Midgard, flüsterte Rachel Maddox, Spartanerin und meine Tante, etwas zu, woraufhin sie in leises, fröhliches Lachen ausbrach.

Es war lange her, seit ich sie das letzte Mal so hatte lachen hören.

Tante Rachel war die jüngere Schwester meiner Mutter und hatte mich nach dem Tod meiner Eltern bei sich aufgenommen. Sie war entsetzt gewesen zu erfahren, dass Rebecca und Tyson Forseti Schnitter waren, und hatte zusammen mit mir unter all den unangenehmen Konsequenzen leiden müssen, die die Taten meiner Eltern nach sich gezogen hatten. Die Trauer, die unbeantworteten Fragen, die zornigen Blicke und die hasserfüllten Bemerkungen der Schüler, Professoren und Angestellten der Akademie. Tante Rachel hatte das alles geschultert und noch viel, viel mehr.

Takeda lächelte Tante Rachel an und ihr ganzes Gesicht leuchtete auf, als sie sein Lächeln erwiderte. Hm. Die beiden hatten sich nicht besonders gemocht, als ich Team Midgard vor einigen Wochen beigetreten war, aber das Eis war langsam geschmolzen und jetzt waren sie … nun, ich war mir nicht ganz sicher, *was* sie waren, aber wenn sie einander glücklich machten, dann war ich ebenfalls glücklich. Tante Rachel verdiente jemand Besonderen nach all dem Kummer, dem Schmerz und dem Elend, das meine Eltern über sie gebracht hatten.

Takeda nickte uns zu und nahm seinen Platz an der Stirnseite des Tischs ein. Dann legte er den Stapel mit Ordnern, die er bei sich hatte, auf den Tisch und fing an, sie durchzublättern.

Tante Rachel schob sich auf den Stuhl neben Babs, dann beugte sie sich zu mir vor und sah mich an. »Wie war es in den Tunneln? Habt ihr etwas Interessantes gefunden?«

Ihr Blick war warm und ihre Stimme hell und neckend. Sie wusste, wie sehr ich Geheimnisse liebte und wie aufgeregt ich bei dem Gedanken gewesen war, die Tunnel zu erkunden. Sie hatte mich heute Morgen sogar mit einem neuen Karma-Girl-Notizbuch überrascht, damit ich darin die Karten von den Tunneln festhalten konnte.

»Es war echt toll. In den Tunneln gibt es viel mehr Verzweigungen, als ich dachte, und du wirst nicht glauben, wohin einige davon führen. Hast du gewusst, dass es einen geheimen Eingang in der kaputten Tiefkühltruhe der Speisesaalküche gibt?«

»Wirklich? Den musst du mir mal zeigen.« Tante Rachel drückte meine Hand. »Es freut mich, dass du dich heute amüsiert hast.«

Ich erwiderte ihre Geste. »Freut mich auch.«

Takeda legte den letzten seiner Ordner beiseite und signalisierte, dass es an der Zeit sei, anzufangen. Ich drückte noch einmal Tante Rachels Hand, dann drehten wir uns zu dem Samurai um.

Takeda nahm ein Gerät, das wie eine Fernbedienung für einen Fernseher aussah, vom Tisch. »Wie ihr alle wisst, hat das

Protektorat seit dem Kostümball im Herbst versucht, eine neue Gruppe von Schnittern aufzuspüren.«

Das Protektorat war in der mythologischen Welt die Polizei. Seine Angehörigen jagten Schnitter des Chaos und sperrten sie ein. Außerdem kümmerten sie sich um Verbrechen, die sich auf die Schüler der Mythos Academy, auf ihre Familien und andere Krieger rund um die Welt auswirkten.

Takeda drückte auf einen Knopf auf der Fernbedienung. Fotos von verschiedenen Bibliotheken, Museen und Lagerhäusern tauchten auf den Wandmonitoren auf, darunter mehrere Aufnahmen des Cormac Museums, in dem im Herbst der Kostümball stattgefunden hatte. »Bisher war es das Ziel dieser neuen Gruppe von Schnittern, mächtige Artefakte zu stehlen. All das ist unter der Leitung von Covington, dem Anführer der Schnitter, und seiner rechten Hand, Drake Hunter, geschehen.«

Takeda drückte auf einen weiteren Knopf und abermals tauchten zwei Fotos auf den Monitoren auf.

Auf dem ersten Foto war ein relativ kleiner Mann mittleren Alters mit haselnussbraunen Augen und Haaren sowie einem eine Spur dunkleren braunen Ziegenbärtchen zu sehen. Covington lächelte und seine Zähne leuchteten weiß in seinem rötlichen Gesicht, aber er kniff die Augen zusammen und sein Lächeln wirkte eher raubtierhaft als freundlich.

Das zweite Foto zeigte einen großen, muskulösen Typen mit goldenem Haar von ungefähr Anfang zwanzig. Er war einige Jahre älter als meine Freunde und ich, die wir alle siebzehn waren. Die Augen des Typen waren von einem durchdringenden Blau und er hatte die gleichen tollen Wangenknochen, die gleiche gerade Nase und das gleiche markante Kinn wie Ian. Die Ähnlichkeit zwischen ihnen war unübersehbar. Auf dem Foto sprach Drake gerade in sein Handy und schaute mit funkelndem Blick zur Seite.

Ich verkrampfte mich und Ian tat das Gleiche. Ich hasste

Covington dafür, dass er meine Eltern ermordet hatte, aber Ians Situation war noch schlimmer als meine. Drake, sein älterer Bruder, hatte versucht, ihn für die Schnitter zu rekrutieren, aber bei Ians Weigerung hatte Drake versucht, ihn zu töten.

Meine Eltern mochten gelogen haben, was ihre Tätigkeit bei den Schnittern betraf, aber zumindest wusste ich, dass sie mich geliebt und versucht hatten, die böse Gruppe zu verlassen. Außerdem hatten sie mich niemals so verraten, wie Drake Ian verraten hatte. Diese Art von Verrat, diese Art von Grausamkeit, zerschnitt einem das Herz in hundert scharfkantige Stücke, die man nie wieder recht zusammenfügen konnte, wie sehr man sich auch bemühte.

»Hat das Protektorat herausgefunden, wo Drake und Covington sich verstecken?«, knurrte Ian. Seine grauen Augen glühten förmlich vor Zorn und er hatte die Hände auf dem Tisch zu Fäusten geballt.

Ich wusste genau, wie er sich fühlte. Meine Hände waren ebenfalls zu Fäusten geballt, obwohl ich meine unter dem Tisch behielt.

»Bedauerlicherweise nicht«, antwortete Takeda mitfühlend. »Aber wir glauben zu wissen, wo sie sich morgen möglicherweise aufhalten.«

Zoe runzelte die Stirn. »Was soll das denn heißen?«

»Wir haben einen speziellen Gast, der uns über eine Telefonkonferenz zugeschaltet wird. Ich lasse sie das Ganze erklären.« Takeda drückte auf einen weiteren Knopf auf der Fernbedienung. Die Fotos von Covington und Drake verschwanden und der große Monitor in der Mitte wurde schwarz. »Miss Cruz? Sind Sie da?«

Er drückte weiter auf Knöpfe, aber nichts geschah. Nach mehreren Sekunden räusperte Mateo sich betont und streckte die Hand aus. Takeda übergab ihm seufzend die Fernbedienung. Mateo drückte auf mehrere Knöpfe und eine Live-Aufnahme von einem Mädchen erschien auf dem mittleren Monitor.

Sie war ziemlich hübsch, mit blondem Haar, schwarzen Augen und bernsteinfarbener Haut. Sie trug einen rosafarbenen Pullover und befand sich anscheinend gerade in ihrem Wohnheimzimmer, denn die Wände hinter ihr waren ebenfalls rosa, genauso wie alle Möbel.

Daphne Cruz war mit meiner Cousine Gwen Frost befreundet und die entschlossene Walküre hatte Gwen und dem Rest ihrer Freunde geholfen, Loki in der Schlacht um die Mythos Academy auf dem Campus in Cypress Mountain in North Carolina zu besiegen.

»Hallo?«, sagte Daphne. »Hallo? Hallooo?«

Ich beugte mich vor und winkte. »Hi, Daphne. Kannst du uns jetzt sehen?«

Sie lächelte. »Ah, da seid ihr ja. Hey, Rory. Rachel. Alle anderen, die ich nicht kenne.«

Alle murmelten ihre Hallos und Daphne schaute in die Mitte ihres Bildschirms. »Takeda, richtig?«

Er nickte. »Der bin ich. Danke, dass Sie sich Zeit für uns nehmen. Warum erzählen Sie den anderen nicht, was Sie herausgefunden haben?«

Sie lehnte sich auf ihrem rosa Stuhl zurück. »Nun, seit Gwen vor ein paar Wochen aus Colorado zurückgekommen ist und uns erzählt hat, was mit Covington passiert ist, haben wir uns von hier aus mit dem Ganzen beschäftigt und versucht, in Erfahrung zu bringen, wo er vielleicht als Nächstes zuschlagen wird. Da die Schnitter Artefakte gestohlen haben, hat Gwen mich gebeten, eine Datenbank mit allen bekannten Artefakten zu erstellen.«

»Ich arbeite an etwas Ähnlichem, aber es war ziemlich überwältigend«, warf Mateo ein. »Weißt du, wie viele Artefakte es da draußen gibt? Hunderte, wenn nicht Tausende.«

»Genau«, antwortete Daphne. »Darum bin ich auch zu dem

Schluss gekommen, das Ganze etwas einzugrenzen. Also habe ich ein Programm geschrieben, das alle bekannten Informationen über Artefakte sucht und analysiert, um festzustellen, welche davon die gefährlichsten und mächtigsten sind und sich deshalb möglicherweise auf dem Wunschzettel der Schnitter befinden. Das alles ist sehr technisch und langweilig.«

»Ich finde nicht, dass es langweilig ist«, widersprach Mateo aufgeregt. »Ich finde es *toll* und du bist eine Technikgöttin.«

Daphne lächelte und zuckte die Achseln, als sei es keine große Sache, aber einige prinzessinnenrosa Magiefunken knisterten um sie herum und verrieten mir, dass sie das Kompliment zu schätzen wusste.

Sie war jedoch nicht die Einzige, die Magie verströmte. Einige blaue Funken zischelten neben mir in der Luft, verursacht durch Zoe, die in einem schnellen, ärgerlichen Rhythmus mit den Fingern auf den Tisch klopfte. Sie musterte stirnrunzelnd Mateo, der das Kinn in die Hand gestützt hatte und mit einem verzückten, träumerischen Gesichtsausdruck auf den Monitor – und Daphne – starrte. Seltsam. Es machte beinahe den Eindruck, als sei Zoe angesichts von Mateos Faszination für das Mädchen eifersüchtig.

»Wie dem auch sei«, fuhr Daphne fort, »ich habe einige Artefakte gefunden, die in Bibliotheken und Museen in der Nähe von Snowline Ridge aufbewahrt werden und die für die Schnitter vielleicht von Interesse sein könnten. Takeda habe ich bereits eine Liste mit diesen Gegenständen gemailt.«

Er nickte zum Zeichen, dass er die Informationen erhalten hatte.

»Aber es gibt ein Artefakt, das den Eindruck macht, als wäre es genau Covingtons Ding. Es heißt Selkets Schreibfeder.«

Daphne drückte eine Taste auf ihrem Laptop. Auf den anderen Wandmonitoren erschienen Fotos, die alle das Gleiche zeigten: eine altmodische, große, schwarz glänzende Schreibfeder.

»Stammt diese Feder von einem Schwarzen Rock?«, fragte Tante Rachel.

Schwarze Rock waren riesige mythologische Vögel, die die Schnitter häufig in der Schlacht einsetzten und auch, um auf ihnen von einem Ort zum anderen zu fliegen. Ich studierte die Feder. Sie sah auf jeden Fall so aus, als könnte sie von einem der Vögel stammen, vor allem da kleine, dunkelrote Streifen um die schwarze Feder herumliefen, als seien die Ränder in Blut getaucht worden. Rockfedern hatten das gleiche unheimliche Muster.

Takeda schüttelte den Kopf. »Bedauerlicherweise ist das nicht die Feder eines Rocks. Sie stammt von etwas viel, viel Schlimmerem.«

Daphne drückte auf einige weitere Tasten und mehrere Nahaufnahmen der Schreibfeder erschienen.

Ian blinzelte zu den Bildschirmen hinüber. »Einen Moment mal. Was ist das da unten an der Feder? Das Schreibende sieht aus wie eine Art … Kreatur.«

Übelkeit stieg in mir auf und ich beugte mich vor, um mir die Fotos genauer ansehen zu können. Ian hatte recht. Die schwarze Feder war nicht einfach am unteren Ende zugeschnitten wie ein Gänsekiel, den man früher zum Schreiben verwendet hatte, sondern war dort mit einer silbernen mythologischen Kreatur versehen, die große Ähnlichkeit mit einem Schwarzen Rock hatte.

Sie bestand in etwa aus der gleichen vogelartigen Gestalt und den Flügeln eines Rocks, aber ihr Kopf sah eher aus wie der eines Hahns mit einem scharfzackigen Kamm. Statt in Federn schien der Schwanz der Kreatur in eine Klapperschlange auszulaufen und endete in einem einzelnen Stachel an der Stelle, an der die Tinte aus der Feder fließen sollte. Ein kleiner Rubin glitzerte im Auge der Kreatur. Ihr Schnabel war weit geöffnet, als wolle sie etwas verschlingen.

Ich schauderte.

Es war keine Kreatur – das hier war ein *Monstrum.*

»Das ist ein Selket-Basilisk«, flüsterte Tante Rachel.

Ich hatte schon von Basilisken gehört, doch noch nie einen mit eigenen Augen gesehen. Im Gegensatz zu Fenriswölfen und Nemeischen Pirschern, die größere, stärkere mythologische Versionen von Wölfen und Panthern waren, existierten in der Natur keine Basilisken. Sie waren magische Mischwesen und konnten nur von einem machtvollen Artefakt heraufbeschworen werden.

Die tiefe Übelkeit in meinem Magen intensivierte sich und wurde zu einem Knoten aus kaltem, schwerem Grauen. Die Basilisken schienen eine unheimliche Ähnlichkeit mit Chimären zu haben, andere Ungeheuer, die nur von einem Artefakt wie Typhons Zepter gerufen werden konnten. Ein Schnitter hatte das Zepter vor einigen Wochen aus unserer Bibliothek der Altertümer gestohlen und seither setzten Covington und Drake es ein. Covington hatte im Cormac Museum Chimären heraufbeschworen und ich wäre von den Ungeheuern getötet worden, wären da nicht die Eir-Greife gewesen, die mich gerettet hatten.

»Diese Schreibfeder, dieses Artefakt, beschwört Basilisken herauf, nicht wahr?«, fragte ich.

Takeda warf mir einen grimmigen Blick zu. »Allerdings. Der Legende zufolge hat Selket mit dem Schwarzen Rock experimentiert und versucht, eine schnellere, stärkere Art der Vögel zu erschaffen. Aber ihre Gifte verwandelten die Rocks in etwas Finsteres und Abscheuliches und die Basilisken waren geboren. Selket nahm die Feder eines Basilisken, machte daraus diese Schreibfeder und tränkte das Artefakt mit ihrer Magie, sodass sie die Kreaturen rufen konnte, wann immer sie wollte. Basilisken sind extrem gefährlich und können einen mit ihren rasierklingenscharfen Schnäbeln und Krallen mühelos in Fetzen reißen.«

Wir alle lehnten uns auf unseren Stühlen zurück und versuchten, ein wenig Abstand zwischen uns und die Fotos auf den Monitoren zu legen. Selbst Daphne in North Carolina rutschte auf ihrem Stuhl herum.

»Selket ist die ägyptische Göttin, die mit Giften in Zusammenhang gebracht wird«, überlegte ich laut. »Lassen Sie mich raten. Basilisken sind ebenfalls giftig?«

»Ja, das sind sie.« Takeda deutete auf die Fotos. »Seht ihr diese Zacken auf dem Kamm des Basilisken und den Stachel auf seinem Schwanz? Sie sind voller Gift. Ein Kratzer ist alles, was nötig ist, um die meisten Menschen zu töten. Der Tod tritt normalerweise binnen weniger Minuten ein.«

»Na wunderbar«, murmelte ich. »Weil ja noch nicht genug mythologische Ungeheuer herumlaufen und versuchen, uns zu töten.«

Stille senkte sich über den Besprechungsraum, während alle die Informationen über die neue Bedrohung verdauten.

Daphne räusperte sich. »Sobald die Schreibfeder in meinem Programm auftauchte, habe ich Gwen Bescheid gegeben, und sie hat mich gebeten, euch ebenfalls einzuweihen. Ich habe alle Informationen, die ich über das Artefakt besitze, an das Team Midgard weitergeleitet.«

Takeda nickte. »Ich habe Ihre E-Mail bekommen. Vielen Dank.«

Daphne nickte ihm ihrerseits zu. »Außerdem lasse ich einige andere Programme und Suchanfragen nach Artefakten laufen, unter anderem nach dieser unheimlichen Schmuckschatulle aus dem Cormac Museum. Sie bereitet Gwen wirklich Sorgen, vor allem, da sie keine Schwingungen davon empfangen konnte.«

Mein Blick flackerte zu dem Regal im hinteren Bereich des Raums, wo die Schatulle stand. Gwen besaß psychometrische Magie, sodass sie, wann immer sie einen Gegenstand berührte, automatisch seine Geschichte erfuhr. Außerdem war sie imstande, die Gefühle aller Menschen, die den Gegenstand benutzt hatten, zu sehen und nachzuempfinden. Aber als sie die Schatulle berührt hatte, hatte sie nichts gesehen oder gefühlt, nicht einmal eine einzige Erinnerung oder ein Aufflackern von Emotionen. Der Knoten des Grauens in meinem Magen wurde noch ein wenig kälter und schwerer, aber ich drehte mich wieder dem Monitor zu und konzentrierte mich abermals auf Daphne.

»Bisher habe ich nichts über die Schatulle herausgefunden, was seltsam ist, da man denken sollte, dass *irgendjemand* da draußen *irgendetwas* darüber wissen müsste.« Sie schüttelte den Kopf und ihr blondes Haar flog ihr um die Schultern. »Aber ich werde weitersuchen und euch Bescheid geben, sobald ich etwas herausfinde.«

»Vielen Dank, Miss Cruz«, sagte Takeda. »Wir übernehmen den Rest.«

»Sie brauchen sich nicht bei mir zu bedanken. Ich bin immer froh, im Kampf gegen die Schnitter mitzuhelfen. Viel Glück.« Daphne nickte uns zu, dann beugte sie sich vor und tippte auf eine Taste an ihrem Computer. Ihr Bild verschwand und der zentrale Monitor wurde wieder schwarz.

Die Fotos von Selkets Schreibfeder blieben auf den anderen Bildschirmen zurück und ich konzentrierte mich auf die silberne Spitze, den Teil, der geformt war wie ein Basilisk.

Der Knoten in meinem Magen wurde noch kälter und noch schwerer als zuvor. Die Schnitter hatten bereits Typhons Zepter in ihrer Gewalt. Wir konnten nicht zulassen, dass sie ein weiteres machtvolles Artefakt stahlen, erst recht nicht eines, das noch mehr Ungeheuer heraufbeschwören konnte. Doch ich hatte ein ganz, ganz schlechtes Gefühl. Covington und Drake waren uns bereits drei Schritte voraus.

Ich fragte mich nur, wer das Artefakt als Erster in die Hände bekommen … und wer dabei alles sterben würde.

4

Wir studierten die Fotos von Selkets Schreibfeder noch eine Minute länger. Dann schob Takeda seinen Stuhl vom Tisch zurück und stand auf. Doch die Lagebesprechung war alles andere als vorüber.

»Sobald Miss Cruz mich kontaktiert hat, habe ich angefangen, Informationen über Selkets Schreibfeder zusammenzustellen.« Takeda reichte die Ordner, die sich vor ihm auf dem Tisch stapelten, weiter, bis jeder einen hatte. »Die Geschichte des Artefakts, seine angeblichen Kräfte, die verschiedenen Museen, die es im Laufe der Jahre besessen haben. Hier ist alles, was an Informationen für die Öffentlichkeit zugänglich ist. Aber das Interessanteste ist der Ort, an dem es sich gegenwärtig befindet.«

Ich blätterte im Ordner. Es war alles ziemlich gewöhnlicher Kram, die Art trockener, langweiliger Informationen, die man in jedem Mythengeschichtsbuch fand. Also übersprang ich die Berichte und blätterte zum hinteren Teil des Ordners mit dem Foto von einer grauen, steinernen Villa. Sie wirkte eher wie ein Museum und nicht wie das Zuhause eines Menschen. Das Bild musste im Frühling aufgenommen worden sein, denn leuchtend bunte Blumen blühten in der Gartenanlage rund um das Haus.

Ich kniff die Augen zusammen. »Hey, das kenne ich doch. Das ist das Idun-Anwesen.«

»Was?«, fragte Zoe.

Ich hielt das Foto hoch, sodass alle es sehen konnten. »Diese elegante Villa voller mythologischer Artefakte und gewöhnlicher Antiquitäten ist das Idun-Anwesen. Es steht in einem Naturschutzgebiet, daher gibt es dort Gärten, Wanderwege und mehr. Es liegt ungefähr dreißig Minuten vom Campus entfernt. Die Akademie hat irgendeine Art von Partnerschaft mit dem Anwesen, daher machen wir manchmal Exkursionen dorthin. Es zieht auch viele Touristen an, vor allem im Frühling, wenn alles blüht.«

Takeda nickte. »Das stimmt, Rory. Es ist außerdem zufällig der Ort, an dem sich gegenwärtig Selkets Schreibfeder befindet. Das Artefakt ist seit mehr als einem Jahr Teil einer Ausstellung auf dem Anwesen.«

Ein Ruck der Überraschung durchfuhr mich. »Moment mal. Mein Mythengeschichtskurs will *morgen* zu dem Anwesen fahren. Um sich genau diese Ausstellung anzusehen. Professor Dalaja ist total aufgeregt wegen des Ausflugs. Sie redet schon seit Wochen davon. Das kann kein Zufall sein.«

»Ich halte es ebenfalls nicht für einen Zufall.« Takeda fing an, im Raum auf und ab zu gehen. »Wir wissen, dass Covington und Drake Artefakte stehlen, daher hat das Protektorat ein Auge auf Orte wie das Idun-Anwesen.«

»Sie glauben, dass die Schnitter die Exkursion als Tarnung benutzen werden«, sagte Ian, der Takedas Gedankengang nachvollzog. »Sie denken, dass Covington und Drake sich in die Villa schleichen werden, während die Mythos-Schüler dort sind, um Selkets Schreibfeder zu stehlen, genau wie sie sich im Schutz des Kostümballs im Herbst ins Cormac Museum geschlichen haben in dem Versuch, die Schmuckschatulle zu stehlen.«

»Ja, das glaube ich. Bisher haben die Wachen des Protektorats in der Nähe des Idun-Anwesens keinen Hinweis auf Schnitter entdeckt, aber bei den vielen Schülern, die morgen dorthin fahren, kommt Covington vielleicht auf die Idee, dass er in die Villa schlüpfen, das Artefakt stehlen und unbemerkt entkommen kann. Natürlich wissen wir nicht mit Bestimmtheit, dass

Covington es auf Selkets Schreibfeder abgesehen hat oder ob er überhaupt etwas von dem Artefakt weiß. Aber wenn ja, dann ist die Exkursion eine zu gute Gelegenheit für ihn, um sie sich entgehen zu lassen.« Takeda hielt in seinem Auf und Ab inne. »Und die Schreibfeder ist nicht das Einzige, bei dem ich Sorge habe, dass die Schnitter versuchen könnten, es zu stehlen.«

Zuerst verstand ich nicht, was er meinte, aber dann wurde mir bewusst, dass mich alle anstarrten. Takeda, Ian, Zoe, Mateo, Tante Rachel. Selbst Babs, die während der Lagebesprechung geschwiegen hatte, sah mich an. Besorgnis lag auf dem metallenen Gesicht des Schwerts.

Jetzt dämmerte es mir und die Erkenntnis gesellte sich zu dem kalten, schweren Grauen in meinem Magen. »Oh. Sie glauben, dass Covington es wieder auf mich abgesehen hat.«

»Er hat versucht, dich im Cormac Museum zu einem Schnitter zu machen«, sagte Takeda. »Und er ist nicht der Typ, der einfach aufgibt. Nicht wenn er weiß, was für eine gute Kriegerin du bist. Und vor allem nicht, wenn man seine Geschichte mit deinen Eltern bedenkt.«

Takedas Stimme war freundlich und er stellte lediglich Tatsachen fest, aber seine Worte ließen mich trotzdem zusammenzucken. Covington war – in Ermangelung eines besseren Wortes – der Boss meiner Eltern gewesen. Er war derjenige, der meinen Eltern ihre Schnitteraufträge gegeben hatte, und er war es, der ihnen gesagt hatte, was sie stehlen, wen sie verletzen und wen sie töten sollten. Als ich ihn im Cormac Museum zur Rede gestellt hatte, hatte der böse Bibliothekar gesagt, er wolle, dass ich den Platz meiner Eltern einnähme, um ihm zu helfen, das Protektorat zu vernichten. In dieser Nacht hätte er mich beinahe zu einem Schnitter gemacht, und das war etwas, das mir im Laufe der letzten Wochen jede Menge Albträume beschert hatte. Es bereitete mir immer noch Sorgen, mehr, als ich jemals irgendjemandem gegenüber zugeben würde.

»Du und das Artefakt werden sich beide zur selben Zeit auf

dem Anwesen befinden«, fuhr Takeda fort. »Wie du schon sagtest, Rory, das kann kein Zufall sein. Ich denke, dass Covington auftauchen wird und dass er versuchen wird, dich und das Artefakt in die Finger zu bekommen.«

Noch mehr Grauen erfüllte mich, aber ich drängte das Gefühl beiseite und reckte das Kinn vor. Dann drückte ich die Schultern nach hinten. »Gut.«

»Bist du verrückt?« Zoe warf die Hände in die Luft und blaue Magiefunken zischten aus ihren Fingerspitzen. »Warum ist das gut?«

»Weil wir wissen, wo er sein wird, was bedeutet, dass wir eine Chance haben, ihn festzunehmen und ihn aufzuhalten, bevor er jemand anderem etwas antun kann.«

Tante Rachel schüttelte den Kopf. »Nein. Das Risiko eines Besuchs des Anwesens ist für dich zu groß.«

»Das Risiko, *nicht* hinzugehen, ist zu groß«, konterte ich. »Wer weiß, wo Covington als Nächstes zuschlagen wird, wenn wir ihn morgen nicht kriegen? Oder wie viele weitere Artefakte er vielleicht stiehlt? Oder wie viele weitere Menschen er vielleicht verletzt und tötet? Ich muss es tun. Nicht nur für all die unschuldigen Menschen da draußen, sondern auch für mich. Und vor allem für meine Eltern.«

Diesmal zuckte Tante Rachel sichtlich zusammen. Sie wollte ebenfalls Rache an Covington für den Tod meiner Eltern. Ihr Spartanerblut brannte genauso auf Vergeltung wie meines, aber die Sorge stand ihr ins Gesicht geschrieben. Sie wollte mich nicht an Covington verlieren, so wie sie ihre Schwester verloren hatte.

»Das ist der Grund, warum ich Team Midgard beigetreten bin«, erklärte ich. »Das ist der Grund, warum ich zugestimmt habe, Sigyns Champion zu werden. Also, bitte, lasst mich das tun. Lasst mich zum Anwesen fahren und Covington aufhalten. Lasst mich die Spartanerkriegerin sein, die meine Eltern aus mir machen wollten. Die ich sein will.«

Tante Rachel presste die Lippen zu einem dünnen Strich zusammen. Ihr Gesicht war immer noch voller Sorge, aber langsam traten Verständnis und Akzeptanz in ihre grünen Augen, zusammen mit einer gehörigen Portion Stolz. Nach mehreren Sekunden nickte sie. Ich beugte mich vor und drückte ihre Hand. Sie drückte meine noch fester.

»Keine Sorge«, sagte Mateo. »Wir sind ein Team, schon vergessen? Wir passen auf Rory auf. Wir werden nicht zulassen, dass ihr etwas zustößt.«

»Nein, das werden wir nicht«, stimmte Ian mit sanfter, ernster Stimme zu. »Das werden wir nicht.«

Ich sah den Wikinger an. Seine Hände waren immer noch zu Fäusten geballt und seine Augen glühten geradezu vor Entschlossenheit. Mir stockte der Atem und ein leichter Schwindel erfüllt mein Herz. Ich schenkte ihm ein dankbares Lächeln. Ian lächelte zurück, aber dann wandte er den Blick ab, als sei ihm das, was er empfand, plötzlich peinlich. Ja, genau, mir auch.

Ich konzentrierte mich wieder auf Takeda. »Ich nehme an, Sie haben bereits damit begonnen, das Anwesen auszukundschaften?«

Er nickte. »Ja, und ich habe auch darüber nachgedacht, wie Covington und Drake versuchen könnten, sich in die Villa zu schleichen und das Artefakt zu stehlen. Das alles steht in euren Ordnern.«

»Gut. Dann lassen Sie uns herausfinden, wie wir sie aufhalten und alle anderen schützen können.«

Die übrigen Mitglieder des Teams Midgard griffen nach ihren Ordnern und gingen noch einmal die Informationen darin durch, aber ich wandte mich zu Zoe um.

»Du weißt, was das bedeutet.« Ich zog die Augenbrauen hoch. »Es ist dieselbe Sache, über die wir vorhin gesprochen haben, kurz bevor wir in die Tunnel gegangen sind.«

Sie stöhnte. »Sag es nicht. *Wag* es nicht, es zu sagen.«

Ich grinste sie an. »Schnall dich an, Walküre. Wir fahren auf eine Exkursion.«

Wir gingen die Informationen durch, die Takeda über Selkets Schreibfeder und das Idun-Anwesen gesammelt hatte, und legten uns einen Plan zurecht, um Covington, Drake und die anderen Schnitter gefangen zu nehmen, falls sie morgen auftauchen sollten.

Als wir fertig waren, war es nach sechs. Mir tat der Kopf weh und ich war bereit, den Bunker zu verlassen und für den Abend damit aufzuhören, über Artefakte, Ungeheuer und Schnitter nachzudenken. Wir erhoben uns alle und gingen unserer jeweiligen Wege.

Zoe wollte an ihrer jüngsten Apparatur arbeiten, daher schnappte sie sich ihre Sachen und ging in einen der Versorgungsräume in einem anderen Teil des Bunkers. Mateo klemmte sich seinen Laptop unter den Arm und folgte ihr. Takeda hatte noch etwas in seinem Büro in der Turnhalle zu tun und Tante Rachel musste in den Speisesaal zurück, um ihre Vorbereitungen für die morgigen Mahlzeiten zu beenden, also machten die beiden sich gemeinsam auf den Weg zu dem geheimen Eingang in die Tunnel.

Ian ließ ein Lächeln aufblitzen. »Wenn es dir recht ist, fahre ich mit dir nach oben, Rory. Ich muss nur noch schnell etwas aus der Waffenkammer holen, dann treffen wir uns am Aufzug.«

Mein Herz setzte einen Schlag aus, wie es das immer tat, wenn Ian mich so anlächelte. Okay, okay, wann immer er mich anlächelte, Punkt. »Natürlich.«

Ian verschwand im Flur und ließ mich allein im Besprechungsraum zurück. Ich lauschte, aber die Stimmen der anderen waren verstummt. Ich hörte nicht einmal mehr das leise Geräusch ihrer Schritte. Gut so. Ich musste noch nach einer Sache schauen, bevor ich ging, und dabei wollte ich von keinem gesehen werden.

Ich schaute zu Babs hinüber, aber ihr Auge war geschlossen und ein leises Schnarchen drang aus ihrem Mund. Sie war während der Lagebesprechung eingeschlafen. Ich ließ das Schwert angelehnt auf seinem Stuhl stehen und ging zu den Regalen im hinteren Teil des Raums.

Ich wanderte die Gänge auf und ab und untersuchte all die Waffen, Rüstungen, Schmuck- und Kleidungsstücke in den Regalen. Neben jedem Gegenstand lag eine weiße Karte mit Informationen darüber, wem das Stück gehört hatte und welche magischen Eigenschaften der Gegenstand mutmaßlich besaß. Im Laufe der letzten Wochen hatte ich mir eingeprägt, wo sich jedes einzelne Artefakt befand. Außerdem hatte ich alle Informationen auf den Karten auswendig gelernt. Mein Blick wanderte von einem Regal zum anderen, während ich mich davon überzeugte, dass sich alles an seinem angestammten Platz befand und nichts fehlte.

Ich machte jetzt schon seit Wochen immer denselben Kontrollgang. Meine Freunde hätten mir gesagt, ich sei paranoid, dass wir die Einzigen wären, die überhaupt vom Bunker wussten und die Artefakte vollkommen sicher wären. Aber Covington war sehr, sehr gerissen und er war lange Zeit der oberste Bibliothekar gewesen. Es lag durchaus im Bereich des Möglichen, dass er vom Bunker und seinem Schatz an Artefakten wusste. Also wartete ich, wann immer ich hier herunterkam, bis ich allein war, und dann überprüfte ich, ob alles immer noch dort war, wo es hingehörte.

Lieber paranoid als anschließend etwas bereuen, gerade wenn es um die Schnitter ging.

Ich blieb vor einem Glaskasten mit einem silbernen Armband stehen, das genauso aussah wie das an meinem rechten Handgelenk. Die weiße Karte hinter dem Glas gab an, das Armband habe Freya gehört, der nordischen Göttin der Liebe, aber es war eine Fälschung, da ich das echte Artefakt am Arm trug.

Ich befühlte die dünnen, zarten, silbernen Kettenglieder an meinem Handgelenk. Ich wusste noch immer nicht, wie oder wann meine Eltern das Artefakt gestohlen hatten, aber niemandem schien es aufzufallen, dass ich es trug. Ich hatte nach Informationen über das Armband gesucht, bisher jedoch nichts gefunden, nicht einmal, wo man es aufbewahrt hatte, bevor es im Bunker gelandet war. Es war eine Sackgasse wie alles andere in letzter Zeit. Seufzend ließ ich die Kettenglieder los und ging weiter.

Schließlich erreichte ich das Regal ganz hinten. Meine Schritte wurden langsamer und ich blieb vor einer langen, rechteckigen Schmuckschatulle aus poliertem Gagat stehen. Zumindest sah sie aus wie eine Schmuckschatulle. Wir wussten nicht mit Bestimmtheit, was es war, und deshalb stand die Schatulle immer noch einzeln in einem Glaskasten in einem Regal.

Glänzende, silberne Ranken flossen über den Deckel aus mitternachtsschwarzem Stein und aus jeder einzelnen sprossen silberne Dornen, die sich um mehrere leuchtende, blutrote Rubine schlängelten. Die meisten Menschen hätten die Schatulle ziemlich hübsch gefunden, vor allem die Art, wie die verschnörkelten Ranken in Blumen mündeten. Aber ich fand eher, dass die Edelsteine wie blutige Herzen aussahen, die wieder und wieder von den spitzen, silbernen Dornen aufgespießt wurden.

Je länger ich die Schmuckschatulle anstarrte, umso mehr erschien sie mir wie ein klaffendes, schwarzes Loch, da der Stein alles Licht verschluckte, statt es zu reflektieren. Und nicht nur das Licht wurde vom Artefakt aufgesaugt, sondern auch all meine Hoffnung, denn wir wussten immer noch nicht, was die Schatulle bewirkte oder was sie enthielt, geschweige denn, welche bösen Dinge Covington damit anstellen wollte.

Ich schaute mich um und lauschte abermals, aber ich war immer noch allein, daher öffnete ich den Kasten und legte den gläsernen Deckel beiseite. Dann holte ich tief Luft, beugte mich vor und griff nach der Schatulle.

Zusätzlich zu meinem Kontrollgang untersuchte ich jedes einzelne Mal, wenn ich im Bunker war, die Schmuckschatulle. Ich hoffte, dass ich einen Hinweis, der mir zuvor nicht aufgefallen war, finden würde oder vielleicht einen Geistesblitz hatte.

Die Schatulle war überraschend leicht, auch wenn der schwarze Stein sich warm anfühlte, was mir immer unheimlich war. Ich drehte die Schatulle hin und her und strich mit den Fingern darüber, aber ich sah immer noch keine Möglichkeit, sie tatsächlich zu *öffnen*. Außerdem schüttelte ich die Schatulle, konnte aber nicht hören, was – wenn überhaupt etwas – darin sein mochte. Noch eine Sackgasse.

Seufzend stellte ich das Artefakt zurück in den Kasten und schloss das Glas darüber. Noch einen Moment betrachtete ich die schwarze Schmuckschatulle, dann wandte ich mich ab und ging wieder in die Mitte des Besprechungsraums.

Wenn ich nur meine Furcht, meine Sorge und meine Paranoia genauso leicht hinter mir hätte lassen können.

5

Ich ging zu meinem Tisch im Bunker, hängte mir den Träger meiner Umhängetasche quer über die Schulter und schnappte mir Babs von ihrem Stuhl. Das weckte das Schwert endlich aus seinem Schlummer und es ließ ein lautes, kieferknackendes Gähnen hören.

Ich verließ den Besprechungsraum und ging durch den langen Flur, bis ich einen kleinen, viereckigen Raum erreichte. Graue Protektoratsroben hingen an den Metallhaken, die die Wände säumten, aber ich schob mich an ihren vorbei zum Aufzug. Die Tür war offen, daher trat ich hinein, um auf Ian zu warten. Ich schickte mich an, Babs' Scheide an meinem Gürtel zu befestigen, aber sie räusperte sich demonstrativ, daher hob ich das Schwert hoch, sodass ihr Auge mit meinen auf einer Höhe war.

»Stimmt irgendetwas nicht?«, fragte ich. »Machst du dir Sorgen wegen der morgigen Mission?«

»O nein«, erwiderte Babs. »Keineswegs. Ich habe vollstes Vertrauen in dich, Rory, und ich bin außerordentlich stolz, dir helfen zu dürfen, gegen Covington, Drake und all die anderen Schnitter zu kämpfen. Ich freue mich darauf. Weißt du, es ist schon einige Wochen her, seit wir uns in einer veritablen Schlacht wiedergefunden haben.«

Babs mochte große, elegante Worte wie *vollstes*, *außerordentlich* und *veritabel* benutzen, aber sie war genauso blutrünstig und auf Schlachten gegen Schnitter erpicht wie Vic, Gwens sprechendes Schwert.

Babs richtete ihr grünes Auge auf mich. »Aber vorläufig ist alles perfekt und du wirst keine bessere Chance bekommen als diese.«

»Keine bessere Chance wofür?«

»Du. Ian. Allein in einem Aufzug.« Sie wackelte mit ihrer einen Augenbraue. »Fürwahr, es ist die *perfekte* Gelegenheit für Romantik, wenn es je eine gegeben hat. Zumindest solltest du ihn um ein richtiges Date bitten.«

Babs wusste alles über meine Schwärmerei für Ian. Okay, okay, alle wussten alles über meine Schwärmerei für Ian, vielleicht sogar der Wikinger selbst.

Sicher, Ian hatte mir das Leben gerettet, indem er mit Pans Pfeife die Eir-Greife ins Cormac Museum gerufen hatte, damit sie mir beim Kampf gegen die Chimären halfen. Und er hatte mir die Pfeife später geschenkt, damit ich sie an meinem Bettelarmband befestigen konnte. Er hatte mir außerdem das Frostfeuer in dem Topf auf meinem Schreibtisch geschenkt. Wir hatten während der letzten Wochen eine Menge toller Gespräche geführt, aber das eine Thema, das noch nie von uns erörtert worden war, waren wir beide – oder ob es überhaupt ein *wir* gab.

Ich stand auf Ian und ich glaubte, dass er auch auf mich stand, aber ich hatte noch nie einen Freund gehabt und keine Ahnung, wie man einem Typen sagte, was man für ihn empfand.

Ich seufzte und wusste, dass ich es bereuen würde, aber ich konnte mir die naheliegende Frage nicht verkneifen. »Zumindest? Was hat dir denn sonst noch so vorgeschwebt?«

»Nun, wenn *ich* mit einer Waffe, auf die ich ein Auge geworfen hätte, allein in einem Aufzug wäre, würde ich ihm ein Kompliment machen, würde ihm zum Beispiel sagen, wie hübsch und glänzend seine Klinge ist. Dann würde ich noch ein wenig flirten, ihm ins Auge sehen, mich vorbeugen und …« Babs brach ab und schloss ihr Auge, spitzte die Lippen und machte

Kussgeräusche, als knutsche sie leidenschaftlich ein anderes Schwert ab.

»Du würdest mit ihm rumknutschen«, beendete ich ihren Satz, dann runzelte ich die Stirn. »Aber wie würdest du das anstellen? Müsste dich nicht jemand an das andere Schwert halten, damit du es küssen könntest? Wie genau würde das laufen?«

Babs riss ihr Auge auf und eine leichte Röte überzog ihre metallene Wange. »Das *Wie* ist nicht wichtig. Darüber sprechen wir, wenn du älter bist. Ruiniere die Romantik nicht, indem du über die Logistik nachdenkst. Außerdem reden wir nicht von mir. Wir reden von dir, Rory.«

»Langsam wünschte ich mir wirklich, wir täten es nicht.«

Babs beachtete mein Murren nicht und redete weiter, so wie sie es immer tat. »Wir wissen beide, dass das Leben viel zu kurz ist, vor allem für Krieger und Waffen wie uns. Du musst einen Schritt auf ihn zumachen, bevor ein anderes Mädchen dir zuvorkommt. Hast du dir Ian in letzter Zeit mal angesehen? Er ist groß und muskulös, ganz zu schweigen von diesen wunderschönen grauen Augen. Für einen sterblichen Jungen ist er wirklich ein Schnittchen.«

Das Geräusch von Schritten war jetzt zu hören und Ian erschien am anderen Ende des Flurs. Dunkelblondes Haar, graue Augen, breite Schultern, muskulöse Brust. Babs hatte recht. Schnittchen war definitiv ein Wort, das Ian Hunter gut beschrieb.

Babs bemerkte ihn ebenfalls. »Ich sage es dir, Rory. Du musst dir diesen Jungen schnappen und ihn küssen, bevor es zu spät ist ...«

»Still!«, zischte ich. »Er kommt!«

Sie öffnete den Mund, um noch etwas hinzuzufügen, aber ich ließ das Schwert an meine Seite sinken und hängte die Scheide an meinen Gürtel. Ausnahmsweise einmal kapierte Babs den Wink und verstummte. Vorläufig.

Ian trat in den Aufzug. »Tut mir leid, dass das so lange gedauert hat.«

»Kein Problem.«

Er sah mich an und ich erwiderte seinen Blick, ließ seine schönen Gesichtszüge auf mich wirken. Ich holte Luft und nahm seinen Duft wahr, seinen reinen Geruch nach Seife, der so typisch für Ian war …

»Ähm, Rory?«

Ich taumelte ein wenig näher zu ihm. »Ja?«

Er deutete mit dem Kopf auf die Schalttafel. »Willst du nicht drücken, damit wir losfahren können?«

»Oh! Ja, richtig. Tut mir leid.«

Innerlich wand ich mich. Ich ließ den Kopf sinken, damit er die verlegene Röte auf meinen Wangen nicht sah, und presste den Daumen auf eine Öffnung in der Metalltafel. Ein grünes Licht blitzte auf und scannte meinen Fingerabdruck. Dann ertönte ein leises Piepsen. Die Schalttafel glitt zur Seite und offenbarte eine weitere mit den richtigen Zahlen der Stockwerke drauf. Ich drückte auf den Knopf für *Ebene Zwei*. Die Tür schloss sich und der Aufzug glitt langsam nach oben. Aus dem Augenwinkel beobachtete ich Ian, aber er betrachtete die Zahlen auf der Schalttafel und sah zu, wie sie aufleuchteten, während wir an den einzelnen Stockwerken vorbeifuhren.

»Mua. Mmua-mmua. Mmua!«

Ich runzelte die Stirn und fragte mich, was dieses seltsame Geräusch war und wo es herkam. Dann wurde mir klar, dass es Babs war, die die gleichen, nicht besonders subtilen Knutschlaute von sich gab wie eben. Die Röte in meinen Wangen brannte noch ein wenig heißer.

Ian legte den Kopf schräg. »Hörst du das auch?«

»Nein!«, antwortete ich mit lauter Stimme und versuchte, Babs zu übertönen. »Ich höre gar nichts.«

Glücklicherweise beschloss das Schwert, so gnädig zu sein und die Kussgeräusche einzustellen.

Der Aufzug wurde langsamer und hielt dann an, aber die Tür öffnete sich nicht sofort. Stattdessen gab es ein leises Sirren, das mir sagte, dass die Scanner in diesem Teil der Bibliothek sicherstellten, dass niemand in der Nähe war, der uns aus dem geheimen Aufzug treten sehen konnte. Das war nichts Neues. Wir mussten immer ein paar Sekunden warten, bis die Scanner ihre Arbeit aufnahmen, aber diesmal schien es eine *Ewigkeit* zu dauern. Vielleicht lag das aber auch daran, dass ich mit Ian allein war.

Babs' Worte gingen mir immer wieder durch den Kopf. Ich sah Ian an und dachte, wie leicht es wäre, mich zu ihm umzudrehen, ihm die Arme um den Hals zu legen, mich auf die Zehenspitzen zu stellen und meine Lippen auf seine zu drücken. Tatsächlich *wollte* ich es sogar – ich wollte dem Wikinger genau zeigen, was ich für ihn empfand. Ich ging sogar so weit, die Hand zu heben, um sie ihm auf die Schulter zu legen, aber in der letzten Sekunde kniff ich und ließ die Hand wieder fallen.

Jepp. Jetzt war es offiziell. Ich drehte langsam durch. Das war der einzige Grund, der mir einfiel, warum ich es überhaupt ernsthaft in Erwägung gezogen hatte, Liebesratschläge von einem sprechenden Schwert anzunehmen.

Endlich – *endlich* – blitzte ein Licht auf der Schalttafel grün auf, die Aufzugtür öffnete sich, und Ian und ich stiegen im ersten Stockwerk der Bibliothek aus. Ein hölzernes Bücherregal fiel hinter uns zu und verbarg den geheimen Eingang.

Ian und ich schauten uns um und überprüften, dass wirklich niemand uns aus dem Aufzug hatte steigen sehen, aber wir waren allein – abgesehen von den Statuen.

Weiße Marmorfiguren von Göttern und Göttinnen aus allen Kulturen der Welt säumten den ersten Stock der Bibliothek. Artemis, die griechische Göttin der Jagd, umklammerte ihren Bogen und einen Pfeil. Thor, der nordische Donnergott, hielt seinen Hammer hoch über dem Kopf. Anubis, der ägyptische Gott des Jenseits, balancierte eine Waage auf der Handfläche. Diese und viele, viele weitere Götter und Göttinnen standen im Pantheon, aber ich blickte auf eine bestimmte Statue, die sich in der Nähe des Aufzugs befand – Sigyn, die nordische Göttin der Hingabe.

Bevor ich Team Midgard beigetreten war, hatte Sigyn mit gesenktem Kopf und hängenden Schultern dagestanden, als versuche sie, sich inmitten all der anderen Götter zu verstecken. Ihre Gesichtszüge hatten außerdem Kummer ausgestrahlt, als lasteten all die bösen Dinge, die Loki, ihr ehemaliger Gemahl, getan hatte, schwer auf ihrer Seele und ihrem Gewissen statt auf dem seinen. Aber jetzt hielt sie den Kopf hoch erhoben, stand ganz gerade da und auf ihren Zügen lag Ruhe und Entschlossenheit.

Die Gefühle der Göttin spiegelten meine eigenen wider. Ja, klar, ich war vielleicht ein wenig verärgert und frustriert und versuchte, herauszufinden, was Covington im Schilde führte, aber es fühlte sich gut an, Teil von Team Midgard und Sigyns Champion zu sein. Es gab mir das Gefühl, als würde ich etwas Wichtiges mit meinem Leben anfangen und außerdem dabei helfen, etwas von dem Schmerz und dem Leid wiedergutzumachen, das meine Eltern als Schnitter verursacht hatten.

Ian bemerkte, dass ich zu Sigyn hinüberschaute. »Deine Göttin?«

»Ja.«

Er nickte ihr zu. Einen Moment später piepste sein Telefon. Ian nickte der Statue noch einmal zu, dann drehte er sich weg, um sich die Nachricht anzusehen.

Sobald er ihr den Rücken zuwandte, verengten sich Sigyns steinerne Augen, als schaue sie sich den Wikinger genau an. Es hatte ihr wohl gefallen, wie respektvoll er gewesen war, denn ihre Lippen verzogen sich zu einem kleinen Lächeln und sie zwinkerte mir zu, beinahe, als ermutige sie mich, einen Schritt auf Ian zuzumachen, so wie Babs es vorhin vorgeschlagen hatte.

Ich verdrehte die Augen. Was mein Liebesleben – oder dessen Abwesenheit – anging, hatten alle eine Meinung. Aber dennoch lächelte und nickte auch ich der Göttin zu, um ihr Respekt zu zollen.

Ian steckte sein Telefon wieder weg und wir ließen die Statuen hinter uns, gingen die Treppe hinunter und betraten das Erdgeschoss, das Hauptstockwerk.

Mit fünf Etagen war die Bibliothek der Altertümer das höchste Gebäude auf dem Campus. Es war aus dem gleichen dunklen Stein gebaut wie der Rest der Akademie. Freigelegte Holzbalken, die als Stützen für die Wände und die oberen Stockwerke dienten, zogen sich kreuz und quer über den schwärzlichen Stein, als bildeten sie ein riesiges, goldenes Tic-Tac-Toe-Muster. Bunte Teppiche mit unzähligen indianischen Symbolen und Göttern, darunter der Schelmengott Coyote, bedeckten den Boden.

Den Mittelbereich der Bibliothek bildete ein großer, viereckiger Turm mit drei Flügeln, die davon abgingen. Ich schaute zur Turmdecke mit ihren Buntglasscheiben hinauf, die mit silbernen Nähten zusammengefügt waren. Saphirblau, Smaragdgrün, Rubinrot, Opalweiß, Amethystviolett. Diese und mehr Farben leuchteten an der Decke und die einzelnen Teile fügten sich zu einem wunderschönen Feld von Wildblumen zusammen, so wie die, die man in den Eir-Ruinen finden konnte.

Je länger ich zu den Blumen hochschaute, umso mehr schienen sie sich zu bewegen, als wehe eine geisterhafte Brise über die Decke und zerzause ihre leuchtenden, juwelenfarbenen Blütenblätter. Der Anblick entlockte mir ein Lächeln und schenkte mir ein Gefühl von Frieden, Glück und Hoffnung, so wie Sigyn, deren Statue mir oben zugezwinkert hatte. Ich schaute noch ein Weilchen zur Decke empor, dann senkte ich den Blick.

Ian und ich standen in der Mitte eines breiten Gangs, der

von einer Doppeltür hinüber zum langen Ausleihtresen im Zentrum der Bibliothek führte. Hölzerne Studiertische befanden sich in Gruppen auf beiden Seiten der Ausleihe und ein silberner Kaffeewagen stand ein wenig abseits davon. Einige Schritte entfernt flankierten gut gepolsterte Sessel und Sofas einen riesigen, freistehenden steinernen Kamin. Dahinter zogen sich hohe, dunkle Gänge durch den Rest des Erdgeschosses. Hunderte von Büchern säumten jedes Regal, während Artefakte in gläsernen Vitrinen am Ende der Gänge glänzten.

Ich konzentrierte mich auf einen leeren Platz in der Nähe des Ausleihtresens. Anders als die Wildblumen an der Decke schenkte mir dieser Bereich kein Gefühl von Frieden. Nein, er tat mir bis in die Seele weh, da dies die Stelle war, an der Covington meine Eltern ermordet hatte.

Binnen eines Augenblicks stiegen die Erinnerungen in mir auf, bohrten sich wie Schwerter in meinen Geist und überlagerten alles andere. Die Bibliothekare an der Ausleihe, die anderen Jugendlichen, die im Raum umhergingen, selbst Ian an meiner Seite – sie alle verschwanden, ersetzt durch das ekelerregende Bild meiner auf dem Boden liegenden Eltern, eingehüllt in schwarze Schnitterroben, ihre Schwerter neben sich. Ich hatte das Gefühl, als sei ich durch die Zeit zu jenem schrecklichen Tag zurückgereist und starrte wieder voller Entsetzen auf die blicklosen Augen und schmerzverzerrten Gesichter meiner Mom und meines Dads. Ich hatte sogar den metallischen Blutgeruch in der Nase, der aus ihren Wunden quoll und in einem widerwärtigen Scharlachrot den Boden färbte …

Jemand, der vor dem Kaffeewagen in der Schlange stand, stieß ein lautes Lachen aus und riss mich aus meinen Erinnerungen.

Schmerz, Verlust und Sehnsucht durchschnitten mich wie Messer, die sich in mein Herz bohrten, aber die Klingen waren nicht mehr ganz so scharf wie zuvor. Ich würde den schrecklichen Anblick meiner toten Eltern nie vergessen, aber ich fand mich langsam mit ihrem Tod und der Tatsache, dass sie Schnitter gewesen waren, ab.

Es hatte geholfen, Team Midgard beizutreten und mich bereit zu erklären, Sigyns Champion zu werden. Das Gleiche galt für meine Freundschaft mit Ian, Zoe und Mateo. Aber ich würde mich erheblich besser fühlen, wenn Covington endlich wieder im Gefängnis war, wo er hingehörte – oder tot. Mir war es egal, wie wir den Schnitter aufhielten, Hauptsache, wir sorgten dafür, dass er nie wieder jemandem so wehtun konnte, wie er meinen Eltern und mir wehgetan hatte.

Ein weiteres schallendes Gelächter riss mich gänzlich aus meinen düsteren Gedanken.

Da es Sonntagabend war, wimmelte es in der Bibliothek von Schülern. Jeder einzelne Platz an den Studiertischen war von Schülern besetzt, die für Tests paukten oder versuchten, ihre Hausaufgaben fertig zu bekommen, bevor der Montagmorgen über sie hereinbrach. Weitere Schüler warteten in der Schlange vor dem Kaffeewagen, erpicht darauf, ein wenig Zucker und Koffein in Form von Gebäck und Mokkas zu ergattern, um ihren Arbeitseifer anzuheizen, während andere auf den Sofas um den Kamin herumlümmelten.

Ian blieb, wo er war, und trat von einem Fuß auf den anderen, als wolle er die Bibliothek noch nicht verlassen. Ich zögerte und fragte mich, ob ich Babs' und Sigyns Rat beherzigen und ihn endlich um ein richtiges Date bitten sollte. Der Kaffeewagen war gleich dort drüben. Wir konnten uns zwei Becher heiße Schokolade besorgen und uns ein stilles Plätzchen zwischen den Regalen suchen, um uns hinzusetzen und miteinander zu reden.

Mein Blick wanderte über Ians dunkelblondes Haar, seine attraktiven Gesichtszüge und seine breiten Schultern. Vielleicht konnten wir auch etwas Intensiveres und Interessanteres tun, als nur zu reden. Wir wären nicht die ersten Schüler, die zwischen den Bücherregalen rumknutschten. Es war praktisch eine Mythos-Tradition, genau wie der Kampf gegen Schnitter und Ungeheuer in der Bibliothek.

Ein neuerliches Erröten brannte auf meinen Wangen bei dem Gedanken daran, Ian zu küssen, während ein warmes, kribbelndes Gefühl mein Herz überflutete und ich beschloss, das Risiko einzugehen. Babs hatte recht. Das Leben war wirklich viel zu kurz, vor allem für Spartaner wie mich.

»Hey, Ian … ich habe gedacht … falls du Zeit hast … falls du nicht beschäftigt bist … wollen wir uns einen Becher heiße Schokolade besorgen … und vielleicht … bei den Regalen abhängen?«

Ich wand mich und fand es schrecklich, wie atemlos meine Stimme klang und wie furchtbar ich über meine eigenen Worte stolperte. Gab man mir ein Schwert und einen Feind, gegen den ich kämpfen konnte, war ich pure, tödliche, spartanische Anmut. Aber bat man mich, etwas so Einfaches zu tun, wie mit einem Typen zu reden, den ich mochte, wurde ich wortkarg und unbeholfen. Aber ich hatte es getan, ich hatte Ian um ein Date gebeten – sozusagen – und es gab kein Zurück mehr.

Ian blinzelte, als hätte ich ihn überrascht. Dann wurde der Ausdruck in seinen Augen weicher und er lächelte mich an. Mein Herz flatterte. Er würde Ja sagen. Er würde tatsächlich *Ja* sagen.

Ian lächelte mich noch einen Moment länger an, dann öffnete er den Mund …

»Hey, Ian«, erklang eine helle, kokette, weibliche Stimme.

Überrascht drehten Ian und ich uns um und sahen ein Mädchen den Gang entlang auf uns zukommen. Mit ihrem glatten, blonden Haar, ihren haselnussbraunen Augen und ihren langen Beinen sah sie aus wie ein Model, das direkt von einer Zeitschriftenseite herunter in die Bibliothek getreten war. All ihre Kleider, angefangen von ihrem violetten Kaschmirpulli bis hin zu ihren schwarzen Stiefeln und Jeans, rühmten sich irgendeines Designerlogos, genau wie die violette Handtasche, die sie über dem Arm hatte. Goldene Magiefunken flackerten in der Luft und ließen sie noch schöner und perfekter erscheinen.

Kylie Midas war eine Schülerin aus dem zweiten Schuljahr, genau wie Ian und ich. Sie war außerdem zufällig eines der beliebtesten Mädchen an der Mythos Academy. Mathe-Ass, Mitglied der Schulband und Homecoming-Queen. Kylie hatte bei allem, was sie tat, Erfolg und sie ließ alles, was sie tat, außerordentlich cool erscheinen. Allein der Zulauf zum Matheclub hatte sich an dem Tag, nachdem sie eingetreten war, verdreifacht.

Obwohl wir im selben Jahrgang waren, hatten Kylie und ich uns nie angefreundet. Wir teilten einfach nicht die gleichen Interessen. Mathe war nicht mein Lieblingsfach, ich konnte kein Musikinstrument spielen und ich würde viel lieber in der Turnhalle trainieren, als mich als Homecoming-Queen aufstellen zu lassen. Also hatte ich sie ignoriert und sie hatte das Gleiche mit mir gemacht.

Bis sich herausgestellt hatte, dass meine Eltern Schnitter-Meuchelmörder gewesen waren.

Danach hatte Kylie mich schlicht und ergreifend gehasst, so wie alle anderen Schüler. Lange Zeit hatten alle gedacht, dass meine Eltern mehrere Schüler in der Bibliothek getötet hätten – Schüler, mit denen Kylie befreundet gewesen war –, daher machte ich ihr keinen Vorwurf daraus, dass sie mich verabscheute. Aber Kylie war gemeiner zu mir gewesen als die meisten. Selbst nachdem herausgekommen war, dass Covington und nicht meine Eltern ihre Freunde getötet hatte, machte sie immer noch fiese Bemerkungen. Außerdem hatte sie mehr als einmal grausame, hassenswerte Dinge über mich zu Ian, Zoe und Mateo gesagt. Es war, als hasste sie mich so sehr für meine bloße Existenz, dass sie mir weder Freunde oder Glück gönnte.

Kylie blieb direkt neben mir stehen, sah mich jedoch nicht einmal an – was keine Überraschung war. Stattdessen schenkte sie Ian ein strahlendes Lächeln.

»Hey, Ian«, schnurrte Kylie wieder. »Ich dachte, du kommst nicht in die Bibliothek. Das hast du mir doch vorhin auf meine SMS geantwortet.«

Ian hatte Kylie eine SMS geschickt? Warum sollte er das tun? Ich schaute zu der Walküre mit ihrem perfekten Haar und ihren hübschen Gesichtszügen. Mir wurde schwer ums Herz. Warum sollte er das *nicht* tun, war die bessere Frage.

Ian trat abermals von einem Fuß auf den anderen. »Es hat sich etwas ergeben und ich musste doch herkommen.«

Er schaute mich an und ich begriff, dass er von unserer Mission morgen sprach, auf der wir Covington gefangen nehmen wollten. Mir wurde noch ein wenig schwerer ums Herz. Er hatte doch keine Zeit mit mir verbringen wollen. Nicht wirklich. Es hatte sich nur als Teil der Lagebesprechung ergeben.

Kylie schlenderte weiter auf Ian zu, hob die Hand und spielte mit einem der Knöpfe an seinem Hemd. Ich knirschte unwillkürlich mit den Zähnen.

»Ich treffe mich jetzt mit Gretchen, sonst hätte ich dir erlaubt, mir einen Kaffee zu spendieren«, murmelte sie.

Ian zuckte zusammen, sagte jedoch nichts. Er sah mich nicht an. Mittlerweile war mein Herz bis ganz nach unten zu den Knöcheln abgestürzt.

»Wie dem auch sei, wir sehen uns morgen früh gesund und munter wieder«, fuhr Kylie fort. »Halt mir einen Platz im Bus frei, Süßer.«

In welchem Bus? Dann begriff ich, dass sie von der Exkursion zum Idun-Anwesen sprach. Natürlich. Kylie belegte auch einen Mythengeschichtskurs, genau wie Ian und ich. Alle Kurse von Professor Dalaja fuhren zu dem Anwesen. Und jetzt würde ich nicht nur nach Schnittern Ausschau halten müssen, sondern auch noch den ganzen Tag lang Kylie mit Ian flirten sehen. Wunderbar. Einfach wunderbar.

»Ja, klar«, antwortete Ian mit schwacher Stimme. »Bis morgen.«

»Ich freu mich drauf, Wikinger.«

Kylie ließ ein weiteres strahlendes Lächeln aufblitzen und schob sich an Ian vorbei. Sie wiegte sich in den Hüften, als sie zu der Doppeltür hinüberging. Ian und ich schauten ihr nach und als die Tür hinter ihr zuknallte, zuckte er noch einmal zusammen.

Ich drehte mich zu ihm um, verschränkte die Arme vor der Brust und wartete, aber er sagte nichts. Es sah so aus, als sei es an mir, den ersten Schritt zu tun – wieder einmal.

»Ich wusste gar nicht, dass du mit Kylie … befreundet bist.« Obwohl ich die Worte am liebsten geschrien hätte, gelang es mir, dass meine Stimme ruhig und gleichmäßig blieb.

Ian zuckte die Achseln. »Sie ist nur ein Mädchen aus meinem Sportkurs.«

Die Kränkung bohrte sich mir wie ein Pfeil ins Herz. Kylie Midas war nicht nur irgendein Mädchen. Nicht für *mich*. Nein, für mich war sie die eine Person, die sich ständig mächtig ins Zeug legte, um mich an all die schrecklichen Dinge zu erinnern, die meine Eltern getan hatten.

»Ich verstehe. So wie ich ein Mädchen aus dem Team Midgard bin?«

Ian schüttelte den Kopf. »So ist das nicht, Rory.«

»Wirklich? Wie ist es dann? Denn für mich sieht es so aus, als wolle Kylie für ihren Teil erheblich mehr sein als nur irgendein Mädchen aus deinem Sportkurs.«

Ian öffnete den Mund, als wolle er mir sagen, was los war. Aber einen Moment später presste er die Lippen zusammen und schüttelte den Kopf. »Zwischen mir und Kylie läuft nichts. Vertrau mir. Sie ist nicht mein Typ.«

Ich wollte ihm glauben – ich wollte es wirklich, wirklich –, aber ich hatte auch geglaubt, dass meine Eltern gute Menschen waren und dass sie unmöglich Schnitter sein konnten. Und man hatte ja gesehen, wie sich *das* entwickelt hatte.

»Ist ja egal«, murmelte ich. »Ich muss jetzt los.«

Ich machte Anstalten, mich an ihm vorbeizuschieben, aber Ian stellte sich vor mich und versperrte mir den Weg.

»Warte. Was ist mit der heißen Schokolade und dem Abhängen?«

Ich sah ihn an. Die Deckenbeleuchtung betonte die honigfarbenen Strähnen in seinem dunkelblonden Haar sowie seine hübschen Gesichtszüge. Ich schwankte, aber dann flüsterte Kylies Stimme durch meinen Kopf.

Hat sie wirklich gedacht, nur weil sie in North Carolina geholfen hat, würden wir vergessen, was ihre Eltern getan haben? Oder was sie gewesen sind? Ist es nicht schon schlimm genug, dass wir mit ihr im Unterricht sitzen müssen? Muss sie auch noch in die Bibliothek kommen?

Und das waren ein paar von den netteren Sachen, die sie über mich gesagt hatte.

Ich wollte nicht einfach irgendein Mädchen für Ian sein, und ich wollte definitiv nicht um ihn kämpfen, schon gar nicht mit Kylie Midas. »Ich habe keinen Hunger mehr. Außerdem sollte ich lieber nach Hause gehen. Ich muss noch etwas für die Schule tun.«

»Oh. Okay.« Enttäuschung blitzte in seinen Zügen auf. Zumindest glaubte ich das, aber die Regung verschwand, so schnell sie gekommen war. »Nun, dann sehen wir uns wohl morgen früh.«

»Ja. Bis morgen früh.«

Ich ging an ihm vorbei. Irgendwie hoffte ich, dass Ian mich zurückrufen würde, dass er mich bitten würde, stehen zu bleiben, und dass er mir sagen würde, ihm läge genauso viel an mir wie mir an ihm.

Aber er tat es nicht – er tat gar nichts in der Richtung.

Ich erreichte die Doppeltür. Ich hätte einfach weitergehen und die Bibliothek verlassen sollen, aber ich konnte es mir nicht verkneifen, stehen zu bleiben und über meine Schulter zu schauen.

Ian stand immer noch im Gang und starrte mir nach. Er zögerte, dann hob er die Hand und winkte mir zum Abschied. Ich biss die Zähne zusammen, hob jedoch ebenfalls die Hand und winkte zurück. Dann drehte ich mich um, ging durch die Tür und ließ ihn zurück.

Ich wusste nicht, was zwischen Ian und Kylie lief, und erst recht wusste ich nicht, was zwischen Ian und mir lief, aber ich musste vorsichtig sein. Meine Eltern hatten mir mit ihren Lügen das Herz zerquetscht und ich wollte nicht noch einmal verletzt werden, erst recht nicht von dem Wikinger, der mir das Herz auf eine vollkommen andere, aber gleichermaßen schmerzhafte Weise brechen konnte.

6

Ich trottete durch den Flur, öffnete eine Tür, die nach draußen führte, und stapfte die Bibliothekstreppe hinunter.

Die Sonne war bereits hinter dem Snowline Ridge Mountain untergegangen und Dunkelheit hatte sich über die Bibliothek sowie die anderen Gebäude auf dem oberen Hof – das mathematisch-naturwissenschaftliche, das für Englisch und Geschichte, den Speisesaal und die Turnhalle – gesenkt. Die Schatten ließen die großen, dunkelgrauen Steinblöcke, aus denen die Gebäude erbaut waren, aussehen wie Säulen aus schwarzer Tinte, die jeden Moment auslaufen würde.

Gepflasterte Pfade durch das Gras führten zu den Gebäuden und darüber hinaus in die umliegende Landschaft. Hohe, schmiedeeiserne Lampen säumten die Wege, obwohl ihr goldener Schein mehr Schatten zu erschaffen schien, als er verbannte. Aber vielleicht waren es meine eigenen wirren, düsteren Gedanken über Ian und Kylie sowie Covington und Selkets Schreibfeder, die alles dunkler und finsterer erscheinen ließen als sonst.

Ich schaute über den Schulhof und untersuchte die Statuen an den Gebäuden. Zwischen allen Bauten hockten Fenriswölfe, Nemeische Pirscher und Dutzende anderer mythologischer Kreaturen.

Die anderen Schüler beachteten die Statuen nicht weiter, aber ich liebte es, mir die Kreaturen anzusehen. Die Statuen mochten unbeweglich an ihrem Standort stehen, aber sie waren nur ein paar Sekunden und ein wenig Magie davon entfernt, sich aus ihren steinernen Verankerungen loszureißen und aktiv zu werden, um die Schüler zu beschützen, wie sie es dieses Jahr während der Schlacht an der Akademie in North Carolina getan hatten.

Ich entdeckte ein paar Typhon-Chimären inmitten der Statuen, aber ich sah keine Selket-Basilisken. Vielleicht waren die Basilisken mit ihren stacheligen Hahnenkämmen und ihren Klapperschlangenschwänzen einfach zu grotesk, als dass jemand sie zu Statuen hatte machen wollen.

Ich schaute mir die Kreaturen an, die mir am nächsten waren: zwei Statuen von Eir-Greifen, die auf den Steinblöcken zu beiden Seiten der Bibliothekstreppe hockten. Ich nickte den Greifen zu, wie ich es immer tat. Die Statuen sahen mich für einen Moment an, bevor ihre steinernen Augen sich langsam senkten und sich dann mit einem verstohlenen Zwinkern wieder hoben. Ich grinste sie an und mir kam ein Gedanke: Warum Statuen anstarren, wenn ich das Original sehen konnte?

Aufregung stieg in mir hoch. Immer noch grinsend nickte ich den Statuen abermals zu, dann machte ich mich auf den Weg über den Schulhof.

Einige andere Schüler taten das Gleiche. Sie waren auf dem Weg zum Speisesaal, um sich etwas zum Abendessen zu holen, oder zur Turnhalle, um noch ein letztes abendliches Waffentraining einzuschieben. Ich schaute mich um, aber Kylie konnte ich nirgends entdecken. Gut. Ich hatte null Verlangen, ihr noch einmal zu begegnen. Ausnahmsweise hatte ich einmal Glück und alle ignorierten mich. Kein grausames Wort und kein Getuschel verfolgten mich durch das Gras.

Es war erst Mitte Oktober, aber in Snowline Ridge waren die Abende bereits kühl. Ich steckte die Hände in die Taschen meiner grünen Lederjacke, als ich den Schulhof verließ und den Hügel hinunter zu den Schülerwohnheimen ging. Hier hingen noch mehr Jugendliche rum, verschickten mit ihren Handys Nachrichten und wanderten von den Mädchenwohnheimen zu den Jungswohnheimen und wieder zurück, aber alle hatten es eilig, zu ihren Freunden oder Dates zu kommen, und auch sie ignorierten mich.

Ich ließ die Wohnheime hinter mir, ging durch ein Kiefernwäldchen und erreichte das steinerne Cottage, in dem ich mit Tante Rachel am Rand der Akademie lebte. Mehrere Lampen brannten im Haus und in der Küche sah ich Tante Rachel stehen, die Hamburger in einer Grillpfanne wendete. Hmm. Und noch besser, ich entdeckte eine Schüssel mit Bruchschokolade, die auf einer der hinteren Platten auf dem Herd schmolz. Also gab es wahrscheinlich Schokoladenfondue zum Nachtisch. Doppelt hmm. Meine Schwäche für Süßigkeiten war so ausgeprägt wie mein Geschick als Kämpferin und ich konnte mühelos eine Schüssel Schokoladenfondue verdrücken – oder auch drei.

Tante Rachel war mit dem Kochen beschäftigt, aber sie hatte den Tisch noch nicht gedeckt. Es blieb mir noch einige Zeit, bevor das Abendessen fertig war. Zeit genug für das, was mir vorschwebte.

Statt ins Cottage zu treten, zog ich mich unter die Bäume zurück und stieg einen nahe gelegenen Hügel hinauf. Im Wald war es noch dunkler als auf dem Schulhof, aber der Mond war inzwischen aufgegangen und spendete mehr als genug Licht, damit ich mich orientieren konnte. Außerdem hatte ich mir diesen steilen Pfad schon vor langer Zeit eingeprägt. Als ich oben ankam, schmerzten meine Beine und meine Lunge brannte, aber das machte mir nichts aus.

Die Aussicht war es wert.

Ich ließ die Kiefern hinter mir und trat auf eine große, ebene Lichtung auf dem Hügel. Frostfeuer sprenkelte die Lichtung. Die weißen Blätter der Pflanzen glänzten im Licht von Mond und Sternen wie Perlen. Ich pflückte eine der Blumen, hielt sie mir unter die Nase und holte tief Luft. Die dunkelgrüne, herzförmige Blüte in der Mitte hatte einen frischen, reinen Duft wie Blumen gemischt mit kaltem, frischem Schnee. Der gleiche Wohlgeruch lag immer über den Eir-Ruinen, da dort so viele Frostfeuerblumen wuchsen. Ich atmete noch einmal tief durch, dann steckte ich mir die Blume hinterm Ohr ins Haar.

Die Lichtung war halbmondförmig und fiel an einem Ende in einer steilen Felswand ab. Ich ging bis an deren Kante und schaute hinab. Ich konnte unter mir im Tal ausgebreitet die ganze Akademie sehen. Die Beleuchtung der Gebäude ließ sie wie goldene Ostereier glänzen, die sich in den Teppich aus dunkelgrünem Gras schmiegten.

»Tolle Aussicht«, ertönte eine Stimme.

Erschrocken schaute ich mich um und fragte mich, ob Ian mir hier herauf gefolgt war, aber dann wurde mir klar, dass Babs gesprochen haben musste. Das Schwert war still gewesen, seit ich in der Bibliothek aus dem Aufzug gestiegen war, und ich hatte fast vergessen, dass ich es immer noch um die Taille trug.

Ich hakte Babs' Scheide von meinem Gürtel und lehnte sie an einen Felsen, damit auch sie die Aussicht genießen konnte.

»Wirklich tolle Aussicht«, wiederholte sie.

»Ja. Es ist einer meiner Lieblingsplätze auf dem Campus, neben dem Dach der Bibliothek.«

Sie sah mich an. »Das Dach der Bibliothek, die Eir-Ruinen und jetzt dies. Was ist das nur mit dir und hoch gelegenen Orten? Stammst du von einer Ziege ab oder warum kletterst du regelmäßig hier herauf?«

»Haha. Sehr witzig.« Ich zuckte die Achseln. »Ich weiß auch nicht, warum ich hoch gelegene Orte so gerne mag. Vielleicht weil sie normalerweise gute Verstecke vor Leuten wie Kylie Midas sind.«

»Ich habe sie mit Ian flirten sehen.« Babs ächzte. »Es tut mir leid, Rory.«

Ich zog wieder die Schultern hoch und versuchte, so zu tun, als sei es mir egal. Dabei wussten wir beide, dass es das keineswegs war.

»Wie dem auch sei«, wechselte ich das Thema. »Ich bin nicht nur wegen der Aussicht den ganzen Weg hier hochgestiegen. Ich habe noch etwas anderes vor.«

Ich schob mir den Ärmel meines Shirts hoch. Freyas Armband baumelte an meinem Handgelenk. Ich zog die winzige, silberne Pfeife von der Kette.

»Mal sehen, ob die Greife heute Abend da draußen sind und zuhören.«

Ich hob die Pfeife an die Lippen und blies sanft hinein. Die Pfeife gab keinen Laut von sich – zumindest keinen, den ich hören konnte –, aber ich blies noch zwei weitere Male hinein. Die ganze Zeit über stellte ich mir die Eir-Greife vor, insbesondere Balder, den Anführer, und Brono, sein Kind. Dann ließ ich die Pfeife sinken und befestigte sie wieder an meinem Armband.

»Und jetzt warten wir«, sagte Babs.

»Müssen wir wohl …«

Ein Windstoß fuhr mir ins Haar und zwei Schatten kamen aus dem Nachthimmel geschossen.

Die Greife waren schon da.

Ich schaute auf und sah zwei Eir-Greife über mir in der Luft schweben. Die Kreaturen hatten den Kopf und die starken, machtvollen Flügel eines Adlers und den Körper sowie den langen Schwanz eines Löwen. Ihr Fell und ihre Flügel waren von einem wunderschönen Bronzeton und ihre Augen leuchteten in der gleichen, herrlichen Farbe, beinahe so, als hätte man zwei Laternen in ihr Gesicht eingelassen. Ihre schwarzen Schnäbel und Krallen reflektierten das Mondlicht, das diese glänzen ließ wie poliertes Ebenholz und deren rasierklingenscharfen Enden hervorhob. Die Greife hätten mich mühelos in Fetzen reißen können, doch ich wusste, dass sie mir niemals etwas zuleide tun würden.

Balder, das ausgewachsene Männchen, ließ sich als Erster auf den Boden fallen, gefolgt von Brono, seinem kleineren

Sohn. Ich lief auf die beiden zu und schmiegte mich an Balders Hals.

»Ich bin euch ja so dankbar, dass ihr gekommen seid! Ich habe die Pfeife nicht gehört, daher wusste ich nicht, ob sie funktioniert.«

Der Greif schnaubte, was mir verriet, dass ich mich umsonst gesorgt hatte, dann stupste er mich mit dem Flügel an. Ich grinste und kraulte ihm den Kopf.

Brono war einige Schritte entfernt und sah Babs mit großen Augen an. Das Greifenbaby hockte sich hin und kroch langsam immer näher und näher, pirschte sich wie eine Katze auf der Jagd nach einer Maus an das Schwert heran. Dann beugte es sich vor und öffnete den Schnabel, als wolle es das Schwert beißen …

»Ich bin *kein* Löwenzahn«, sagte Babs scharf. »Also *denke* nicht einmal daran, mich zu fressen.«

Brono ließ ein lautes Kreischen hören und sprang zurück, als hätte die Stimme des Schwerts ihn erschreckt. Aber schnell überwand er seine Überraschung, ließ sich im Gras nieder und spähte wieder zu Babs hinüber, noch faszinierter als zuvor.

Ich lachte, ging zu ihm und tätschelte auch ihn.

Die beiden Greifen ließen sich abwechselnd von mir streicheln. Dann liefen sie über die Lichtung, rissen mit Schnäbeln und Krallen die Blumen aus dem Gras und machten sich über die Blütenblätter und Stiele her. Ich saß neben Babs auf dem Boden und beobachtete die Kreaturen.

Es war jetzt nach sieben und die Abendluft wurde stetig kühler. Ein strenger Frost hatte sich bereits über das Land gelegt. Er begann hier auf der Lichtung und erstreckte sich den ganzen Weg hinab über den felsigen Hügel und bis zu den Bäumen darunter. So weit das Auge reichte, waren Eiskristalle zu sehen, die alles mit ihrem glänzenden, silbrigen Schimmer überzogen, aber mir machte die Kälte nichts aus.

Hier oben auf dem Hügel, nur mit Babs, den Greifen, den

Blumen und dem Frost als Gesellschaft, hatte ich endlich das Gefühl, wieder atmen zu können.

Selbst wenn ich einen guten Tag hatte, verspürte ich manchmal das Bedürfnis, mich davonzustehlen und für ein Weilchen allein zu sein. Hier, in der kalten, dunklen Stille, konnte ich über alles, was passiert war, nachdenken. Und heute Abend hatte ich jede Menge Stoff zum Nachdenken: Selkets Schreibfeder und die gefährlichen Basilisken, die damit heraufbeschworen werden konnten. Die Schnitter, die wahrscheinlich morgen auf dem Idun-Anwesen versuchen würden, das Artefakt zu stehlen. Die mysteriöse schwarze Schmuckschatulle im Bunker. Covingtons finstere Pläne für die Schatulle. Was auch immer zwischen Ian und Kylie vor sich ging.

All diese Gedanken und mehr wirbelten mir durch den Kopf, aber hier oben, hoch über der Akademie, überwältigten sie mich nicht länger und ich war in der Lage, sie nüchtern zu betrachten.

Die Schnitter würden vielleicht versuchen, Selkets Schreibfeder zu stehlen, aber meine Freunde und ich würden sie daran hindern. Wir würden Covington und Drake endlich gefangen nehmen. Dann würde es keine Rolle mehr spielen, was Covington von der Schmuckschatulle oder von mir wollte, da er wieder im Gefängnis säße. Was Ian und Kylie betraf, nun, ich wusste immer noch nicht, was ich vom Verhältnis der beiden halten sollte, daher beschloss ich, nicht mehr an sie zu denken. Zumindest nicht heute Abend.

»Ich habe es dir schon einmal gesagt. Ich bin *kein* Löwenzahn.«

Babs' Stimme durchschnitt meine Gedanken und als ich hinüberschaute, sah ich, dass Brono sich schon wieder an sie heranschlich. Das Schwert öffnete den Mund, um ihn ein weiteres Mal zu tadeln, aber das Greifenbaby schoss vorwärts, schnappte sich Babs vom Boden und begann, mit dem Schwert im Schnabel auf der Lichtung herumzulaufen. Dabei stieß

Brono die ganze Zeit über kurze, vergnügte Kreischlaute aus, als spielten sie beide ein Spiel und er wäre unbestritten der Sieger.

»Lass mich runter!«, brüllte Babs. »Du sabberst mich ja total voll!«

Brono kreischte abermals und lief noch schneller. Balder stieß ein lautes Schnauben aus, als lache er über die Mätzchen seines Sohns. Ja, genau, das tat ich auch.

Ich saß da, beobachtete Brono und lachte gemeinsam mit Balder. Die Greife, die Aussicht und sogar Babs' verärgerte Schreie – ich sog alles in mich auf, entschlossen, diesen glücklichen Augenblick zu genießen und mir eine weitere gute Erinnerung zu schaffen, die mir half, all die schlechten Erinnerungen in meinem Herzen zu überdecken.

7

Irgendwann wurde Brono seines Spiels müde und legte Babs ab. Ich tätschelte die Greife noch einmal, bedankte mich bei ihnen, dass sie dem Ruf der Pfeife gefolgt waren, und verabschiedete mich. Die beiden neigten den Kopf, dann schlugen sie mit den Flügeln und schnellten in den Himmel empor, um zu ihrem Zuhause in der Nähe der Eir-Ruinen zurückzufliegen.

Ich schnappte mir Babs von dort, wo Brono sie fallen gelassen hatte, und hängte ihre Scheide an meinen Gürtel.

»Igitt!«, sagte sie. »Brono hat mich vollgesabbert! Wofür hält er mich? Für ein verdammtes Spielzeug, auf dem man herumkauen kann? Ich habe mich in meinem ganzen Leben noch nie so abscheulich gefühlt …«

Das Schwert schwadronierte weiter. Ich unterdrückte ein Grinsen und ging den Hügel hinab zurück zum Cottage.

Als ich Babs gesäubert hatte, war Tante Rachel mit der Vorbereitung des Abendessens fertig. Wir setzten uns in die Küche, um zu essen. Tante Rachel hatte klassische Bacon-Cheeseburger mit allem Drum und Dran gemacht, dazu Fritten mit Parmesankruste und einem Senf-Honig-Dip. Es war eine meiner Lieblingsspeisen und ich verschlang meinen Hamburger und die Pommes zusammen mit einem Glas Himbeertee.

Zum Nachtisch hatte Tante Rachel Schokoladenfondue gezaubert, genau wie ich es mir gedacht hatte, und sie stellte einen Teller mit Erdbeeren, Riesen-Marshmallows und einigen Stücken von ihrem selbst gebackenen Rührkuchen auf den

Tisch, um es in die warme, geschmolzene Schokolade zu tunken. Lecker. Nachtisch machte immer alles besser und das Schokoladenfondue war das perfekte Ende für einen nicht besonders perfekten Tag.

Am nächsten Morgen klingelte mein Wecker viel zu früh, aber ich kroch stöhnend aus dem Bett und machte mich fertig. Ich zog meine gewohnten schwarzen Jeans und Stiefel an, dazu ein langärmliges, grünes Shirt und meine grüne Lederjacke. Das silberne Armband mit seinen drei Anhängern hatte ich am Handgelenk und Babs' Scheide an meinem Gürtel.

Ich kämmte mir mein schwarzes Haar und tupfte mir etwas Himbeergloss auf die Lippen. Dann schnappte ich mir meine Tasche, überzeugte mich, dass ich Schulbücher, Notizhefte, Stifte und die anderen Schulsachen hatte, und ging in die Küche.

Tante Rachel wartete mit einer braunen Papiertüte in der Hand und einem besorgten Ausdruck auf dem Gesicht an der Haustür. Sie musste im Speisesaal arbeiten, daher fuhr sie nicht mit dem Rest des Teams Midgard zum Idun-Anwesen.

»Ich habe ein paar Müsliriegel mit Cranberrys und Mandeln gemacht, falls du vor dem Mittagessen Hunger bekommst«, sagte sie.

Ich nahm ihr die Tüte ab. »Danke.«

Tante Rachel nickte, dann öffnete sie den Mund, als wollte sie etwas sagen, mich vielleicht sogar bitten, nicht zum Anwesen mitzufahren. Aber sie hatte mir vor einigen Wochen versprochen, dass sie meine Arbeit im Team Midgard unterstützen würde, daher zog sie mich am Ende nur fest an sich.

»Sei vorsichtig«, flüsterte sie.

Ich erwiderte ihre Umarmung. »Bin ich doch immer.«

Wir lösten uns voneinander. Tante Rachel lächelte, aber ihr Gesicht war noch immer verkniffen vor Sorge. Ihre Besorgnis entsprach meiner eigenen, doch ich zwang mich, Tante Rachel anzulächeln. Dann umarmte ich sie noch einmal und verließ das Cottage.

Auf dem Weg über den Campus aß ich den ersten Müsliriegel. Knusprige, goldene Haferflocken, säuerliche Cranberrys und knackige, geröstete Mandeln, alles bedeckt mit einer klebrigen, süßen Honigglasur. Der Riegel war so gut, dass ich gleich noch einen herunterschlang. Ich hätte auch noch die anderen zwei hinterherschieben können, aber ich zwang mich, sie für später aufzuheben.

Ich schloss mich den Schülern an, die aus ihren Wohnheimen kamen und den Hügel zum oberen Hof hinaufgingen. Am Rand des Schulhofs blieb ich stehen und schaute mich um, um mich davon zu überzeugen, dass niemand mich beobachtete. Dann zog ich ein kleines Plastikteil aus meiner Jeanstasche und schob es mir ins Ohr.

»Könnt ihr mich hören? Wo seid ihr?«, fragte ich mit leiser Stimme.

Ein Römer, der vorbeiging, warf mir einen seltsamen Blick zu und eilte hastig weiter, weil er dachte, dass ich Selbstgespräche führte. Ich war vielleicht paranoid und stellte mir vor, dass die anderen Jugendlichen insgeheim Schnitter waren, aber das hieß noch lange nicht, dass ich mit Leuten redete, die nicht da waren. Das Tragen eines Ohrhörers war Routine auf den Missionen von Team Midgard, damit meine Freunde und ich uns gegenseitig hören und uns miteinander verständigen konnten.

Eine Sekunde später erklang Zoes Stimme in meinem Ohrhörer. »Mateo und ich sind auf dem Schulhof, genießen unser Frühstück und beobachten, wie alle sich für den Ausflug fertig machen.«

Ich entdeckte meine Freunde auf einer der Eisenbänke, die im Gras verteilt standen. Zoe hatte eine Tasse Kaffee in der Hand. Mateo zog Donuts mit Zuckerguss aus einer Tüte und stopfte sie sich in den Mund, so schnell seine römische Schnelligkeit es ihm gestattete.

Unser Plan war simpel. Ian und ich nahmen ganz normal mit den anderen Schülern an der Exkursion zum Idun-Anwesen teil. Takeda hatte Zoe und Mateo vom Unterricht freigestellt. Die drei würden ebenfalls zum Idun-Anwesen fahren und sich mit den Sicherheitskräften des Protektorats treffen, die während der vergangenen Wochen die Villa bewacht hatten. Mateo würde sich Zugang zum Sicherheitssystem des Anwesens verschaffen. Sobald Covington und Drake auf den Überwachungskameras auftauchten, würden die Wachen des Protektorats zugreifen, die Schnitter von den Schülern isolieren und sie festnehmen.

Ich nickte meinen Freunden zu. Zoe nickte zurück, während Mateo nur einen Donut in meine Richtung schwenkte. Dann machte ich mich auf den Weg zum Gebäude für Englisch und Geschichte.

Normalerweise hätten sich die Schüler an einem solch kalten Morgen beeilt, ins Warme zu kommen, aber jetzt drängten sich über fünfzig Jugendliche an den Treppen vor dem Eingang. Alle, die an der Exkursion teilnahmen, sollten hier draußen warten, damit besser geprüft werden konnte, wer anwesend war.

Ich verharrte am Rand der Menge. Mehrere Schüler rückten von mir ab, weil sie nicht neben der Tochter berüchtigter Schnitter-Assassinen stehen wollten, aber daran war ich gewöhnt. Ein paar warfen mir böse Blicke zu und ein Typ öffnete sogar den Mund, wahrscheinlich um eine sarkastische Bemerkung zu machen. Oh, bitte. Als hätte ich nicht alle Beleidigungen bereits tausend Mal gehört.

Der grausame Spott und das Getuschel hatten sehr wehgetan, vor allem direkt nach dem Tod meiner Eltern, aber seit ich bei Team Midgard dabei war, machte mir das nicht mehr annähernd so viel aus wie früher. Vor allem, weil ich wusste, dass Ian, Zoe und Mateo immer meine Freunde bleiben würden, ganz gleich, was die anderen Schüler über mich sagten.

Ich bedachte den Typen mit einem harten, ausdruckslosen Blick, woraufhin er den Mund schloss und sich auf sein Handy konzentrierte. Die anderen Jugendlichen mochten über mich tuscheln, aber nur sehr wenige von ihnen waren tatsächlich mutig genug, mir irgendetwas davon ins Gesicht zu sagen. Schnittereltern hin oder her, ich war immer noch Spartanerin und die anderen Schüler wussten, wie mühelos ich sie vermöbeln konnte, wenn ich wollte.

Sobald ich mir sicher war, dass sonst niemand versuchen würde, mich zu schikanieren, ließ ich den Blick über die Menge wandern. »Ian?«, murmelte ich. »Bist du schon da?«

»Oh, und ob er da ist«, sagte Zoe spitz. »Er redet schon seit fünf Minuten mit seiner neuen besten Freundin.«

Ich wollte gerade fragen, was sie damit meinte, als ein helles, perlendes Gelächter erklang, das die anderen Gespräche übertönte. Ich presste die Zähne aufeinander und das Herz sank mir in die Kniekehlen. *Dieses* Lachen kannte ich. Ich hatte es oft genug gehört.

Ich schaute nach links und sah Ian neben Kylie Midas stehen.

Kylie sah in einer schwarz-grau karierten Jacke, einem schwarzen Pulli, grauen Leggins und grauen Stiefeln so umwerfend aus wie immer. Ein graues Stirnband, das bedeckt war mit quadratischen, schwarzen Kristallen, hielt ihr das blonde Haar aus dem Gesicht und eine niedliche, schwarze Handtasche baumelte an ihrem Arm. Sie stand mit mehreren ihrer Walkürenfreundinnen zusammen. Als eine von ihnen etwas sagte, lachte Kylie und wedelte mit der Hand, was dazu führte, dass goldene Magiefunken aus ihren Fingerspitzen strömten.

Ian hob die Hand ans Ohr, was mir verriet, dass er Zoes sarkastische Worte durch seinen eigenen Ohrhörer mitgekriegt hatte. Er schaute sich um und begriff, dass ich ihn und Kylie anstarrte. Er zuckte zusammen, dann trat er vor, als wolle er auf mich zukommen, aber Kylie hakte ihn unter und hielt ihn fest. Sie ließ ein strahlendes Lächeln aufblitzen und begann erneut, mit ihren Freundinnen zu reden.

Ich wartete einen Moment lang ab in der Hoffnung, Ian würde sich losreißen, zu mir kommen und sich mit mir unterhalten. Aber er blieb, wo er war, und zog nur eine Schulter hoch, als versuche er, sich dafür zu entschuldigen, dass er sich bei dem Mädchen einschmeichelte, von dem er wusste, dass es mir schon so lange das Leben schwer machte.

Ich bedachte ihn mit einem kalten Blick und wandte ihm den Rücken zu. Entschuldigung *nicht* angenommen.

Zoe und Mateo beobachteten uns noch immer von ihrer Bank aus. Zoe sah mich an und reckte den Daumen hoch. Zumindest eine hier gab mir Rückendeckung …

Kylies Lachen trällerte erneut durch die Luft, noch lauter als zuvor, und ihre Freundinnen fielen in ihr Gekicher ein. Ich biss die Zähne zusammen.

Wir hatten noch nicht einmal den Schulhof verlassen und es war bereits abzusehen, dass es ein sehr, sehr langer Tag werden würde.

Endlich öffnete sich eine der Türen des Gebäudes und eine Frau kam die Treppe herunter. Sie trug einen langen, grauen Trenchcoat über einem grauen Hosenanzug und schwarze, hochhackige Schuhe. Ihre Tasche hatte die Form eines riesigen, gebundenen Buchs mit Griffen daran. Eine silberne Brille mit runden Gläsern prangte auf der Nase der Frau und betonte ihre schwarzen Augen und sie hatte dunkelvioletten Lipgloss aufgelegt, der ihren wunderschönen, bernsteinfarbenen Hautton zur Geltung brachte. Ich wusste nicht genau, wie alt sie war, aber wahrscheinlich in den Sechzigern, wenn man nach den grauen Strähnen in ihrem kurzen, schwarzen Haar ging. Trotzdem hatte sie eine frische, jugendliche Ausstrahlung, als hätte sie mehr Energie als jeder ihrer Schüler, trotz des Altersunterschieds von mehreren Jahrzehnten.

»Guten Morgen, Schüler«, rief sie melodisch.

»Guten Morgen, Professor Dalaja.« Trotz meiner Wut auf Ian und Kylie stimmte ich mit allen anderen in die Begrüßung ein.

Professor Dalaja blieb am Fuß der Treppe stehen und ließ den Blick über die Schülerschar schweifen. Ein Lächeln umspielte ihre Lippen und mein eigenes Gesicht verzog sich ebenfalls zu einem Grinsen. Mythengeschichte war eines meiner Lieblingsfächer und Professor Dalaja war ein maßgeblicher Grund dafür. Sie war so erbarmungslos fröhlich, lächelte und lachte immer, dass man gar nicht anders konnte, als sie zu mögen. Außerdem war sie eine wunderbare Geschichtenerzählerin, die die alten Mythen und Legenden über die Götter, Göttinnen, Krieger und mythologischen Kreaturen wirklich zum Leben erweckte.

Dalaja gehörte außerdem zu den wenigen Lehrern, die mich immer fair behandelt hatten, selbst nachdem die Wahrheit über meine Eltern herausgekommen war.

»Na los, Leute«, sagte sie mit lauter, fröhlicher Stimme. »Lasst uns die Anwesenheitsprüfung hinter uns bringen und dann losfahren, um ein paar wirklich coole Dinge zu lernen!«

Professor Dalaja zog ein Klemmbrett aus ihrer Buchtasche und rief einen Namen nach dem anderen auf, auch meinen, und vergewisserte sich, dass alle da waren. Sobald sie alle abgehakt hatte, machten wir uns auf den Weg über den Schulhof zur Turnhalle.

Ich schaute zu Zoe und Mateo hinüber, die immer noch auf ihrer Bank saßen. »Seid ihr euch sicher, dass ihr nicht mit allen anderen im Bus fahren wollt?«

Durch meinen Ohrhörer erklang Zoes Schnauben. »Damit mir darin schlecht werden kann, noch bevor wir das Anwesen überhaupt erreichen? Nein danke.«

»Vertrau mir«, fügte Mateo hinzu. »Du willst nicht, dass Zoe dir auf die Stiefel kotzt.«

Ich konnte sehen, dass Zoe ihm einen bösen Blick zuwarf. Ich grinste und winkte ihnen ein letztes Mal diskret zu, bevor ich den Schulhof verließ.

Professor Dalaja führte die Schüler zum Parkplatz hinter der Turnhalle, wo ein Reisebus auf uns wartete, um uns zum Anwesen zu bringen. Aber der Bus war nicht das einzige Gefährt hier. Ein Lieferwagen mit der Aufschrift *Pork Pit Catering* an der Seite stand ebenfalls auf dem Parkplatz und ich entdeckte Takeda auf dem Fahrersitz.

»Keine Sorge, Leute«, erklang Takedas Stimme in meinem Ohr. »Der Lieferwagen ist abfahrbereit und wir werden dem Bus vom Campus zum Anwesen folgen.«

»Roger«, flüsterte eine Stimme neben mir.

Ian hatte sich endlich zu mir bequemt. Ich schaute mich um, konnte Kylie aber nirgends entdecken. Sie war anscheinend bereits eingestiegen.

»Wo ist deine neue beste Freundin?«, fragte ich.

Ja, stimmt, ich war total schnippisch, aber ich hatte gedacht, Ian und ich wären … nun, ich wusste nicht genau, *was* wir eigentlich waren. Aber ich hatte von ihm erwartet, dass er vor den anderen Schülern zumindest meine Anwesenheit zur Kenntnis nehmen würde. Das war es, was Teamgefährten – *Freunde* – taten.

»Hör mal, Rory, das von vorhin tut mir leid«, hob Ian an. »Ich habe auf dem Schulhof auf dich gewartet, als Kylie zu mir kam. Ich wollte dich nicht ignorieren.«

Sein Gesichtsausdruck war aufrichtig und seine Stimme vor Reue ganz rau. Es minderte meine Verletztheit ein wenig, wenn auch nicht völlig.

»Egal«, murmelte ich. »Ich habe heute größere Sorgen als Kylie Midas. Lass uns einfach zu dem Anwesen fahren, das Artefakt schützen und Covington und Drake aufhalten. Okay?«

Ian nickte. »Okay.«

Mittlerweile waren wir die beiden Letzten, die noch auf dem Parkplatz standen. Ian stieg in den Bus und ich folgte ihm. Da wir so spät eingestiegen waren, waren nur noch zwei Plätze im hinteren Teil des Busses frei.

Kylie lächelte Ian an und klopfte auf den freien Platz neben sich. »Bitte sehr. Ich habe ihn für dich reserviert.«

Natürlich hatte sie das. Ian sah mich über die Schulter hinweg an. Ich biss jetzt schon zum dritten Mal die Zähne zusammen, aber ich machte eine ruckartige Kopfbewegung, um ihm zu sagen, dass er ruhig Platz nehmen solle. Ich wollte mit Sicherheit nicht neben Kylie sitzen.

Der einzige andere freie Platz war direkt auf der anderen Seite des Gangs. Gretchen Gondul, auch eine Schülerin des zweiten Jahrgangs, saß am Fenster und tippte auf ihrem Tablet herum. Gretchen war eine Walküre und eine der besten Freundinnen Kylies. Normalerweise waren die zwei unzertrennlich, aber Kylie hatte ihrer Freundin anscheinend gesagt, dass sie sich dorthin setzen solle, damit Kylie den Platz neben sich für Ian freihalten konnte.

Gretchen war recht hübsch mit ihrem kurzen, blonden Haar, den blauen Augen und der hellbraunen Haut. Sie trug einen flauschigen, hellblauen Pulli und dazu schwarze Leggins und Stiefel. Auf ihren französisch manikürten Fingernägeln glitzerten winzige durchsichtige Kristalle, die zu denen am oberen Rand ihrer eckigen, schwarzen Brille passten.

Ich hatte noch nie mit Gretchen geredet, daher wusste ich nicht viel über sie. Mateo hatte mehrere Kurse mit ihr und erzählt, wie klug sie sei und wie gut sie mit Computern umgehen könne. Im Gegensatz zu Kylie und den anderen Walküren hatte Gretchen sich nie mit Gemeinheiten gegen mich ins Zeug gelegt, aber sie hatte auch nie versucht, nett zu mir zu sein. Mir kam es immer so vor, als ob ihr Beliebtheit oder die Zugehörigkeiten zu einer Schulclique gleichgültig waren, vor allem, da sie ständig mit ihrem Handy, ihrem Tablet oder ihrem

Laptop zugange war, wenn ich sie auf dem Schulhof oder im Speisesaal sah.

Hellgraue Magiefunken strömten aus Gretchens Fingerspitzen, während sie auf ihrem Tablet herumtippte. Sie machte keine Anstalten, damit aufzuhören, daher räusperte ich mich, um ihre Aufmerksamkeit zu erregen. Sie schaute zu mir hoch und ich deutete auf den freien Platz, fragte stumm, ob ich mich setzen dürfe. Gretchen zuckte die Achseln und wandte sich sofort wieder ihrem Getippe zu.

Ich ließ mich auf den Sitz fallen und stellte meine Tasche auf den Boden. Auf der anderen Seite des Gangs gestikulierte Kylie, sodass goldene Magiefunken in der Luft flimmerten.

»Freust du dich auf die Exkursion?«, fragte Kylie, die offensichtlich nur und ausschließlich mit Ian redete.

Er schaute mich an, bevor er sie ansah. »Ja, natürlich. Das Anwesen soll cool sein, oder?«

Seine Stimme hatte den nichtssagenden, neutralen Ton, den man benutzen würde, wenn man mit einem Fremden sprach oder, nun ja, mit jemandem, neben dem man zufällig im Bus saß. Aber so, wie Kylie ihn anlächelte, hätte man denken können, er hätte ihr gerade seine ewige Liebe erklärt.

»Oh, es ist *fantastisch.* Die Villa ist so elegant und ich liebe all die Antiquitäten und die Gartenanlage. Halt dich an mich und ich lasse dir eine große Führung zuteilwerden.« Sie zwinkerte ihm zu.

Gretchen schnaubte und verdrehte die Augen angesichts Kylies unverhohlenem Flirten. Ja, genau, ich auch.

»Eigentlich hat Rory bereits angeboten, mich herumzuführen«, sagte Ian mit fester Stimme. »Wir arbeiten an einem Sonderprojekt, um ein paar Extrapunkte zu kriegen, daher müssen wir zusammenbleiben.«

Er schaute herüber und lächelte mich an. Es war die Wahrheit. Wir arbeiteten an einem besonderen Projekt – der Festnahme von Covington und Drake – und wir mussten wirklich zusammenbleiben. Aber er versuchte auch offensichtlich, wiedergutzumachen, dass er mich vorhin ignoriert hatte, indem er Kylie jetzt einen Korb gab. Ich ertappte mich dabei, dass ich sein Lächeln erwiderte.

Kylies Lächeln verschwand und alle Magiefunken in der Luft erloschen. »Oh.«

Ian zog sein Handy hervor und schrieb eine SMS. Wahrscheinlich ließ er Mateo wissen, dass wir im Bus saßen und alles in Ordnung war, da wir nicht durch unsere Ohrhörer mit den anderen reden konnten, solange Kylie und Gretchen neben uns saßen.

Kylie öffnete den Mund, als wolle sie noch etwas zu Ian sagen, aber dann presste sie die Lippen aufeinander und starrte stattdessen aus dem Fenster.

Ich sollte kein Mitleid mit Kylie Midas empfinden. Nicht nach all den grausamen Dingen, die sie über meine Eltern und mich gesagt hatte. Aber zu sehen, wie verletzt sie war, ließ überraschend Mitgefühl in mir aufwallen. Vielleicht weil ich wusste, wie es sich anfühlte, in Ian Hunter verknallt zu sein.

»Eins zu null für Rory«, murmelte Gretchen leise, sodass nur ich es hören konnte.

Ihre bissigen Worte überraschten mich, vor allem da Kylie ihre beste Freundin war.

»Das war gemein«, murmelte ich zurück.

Gretchen zuckte die Achseln. »Im Krieg und in der Liebe ist alles erlaubt, stimmt's? Vor allem an der Mythos Academy.«

Sie konzentrierte sich wieder auf ihr Tablet und ich spähte auf ihren Bildschirm. Gretchen tippte gerade irgendeinen Computercode ein, der für mich nur nach Kauderwelsch aussah. Als sie damit fertig war, strich sie mit dem Finger über den Bildschirm. Mehrere Fotos der Villa und der Artefakte des Idun-Anwesens zischten vorbei. Wahrscheinlich wollte sie sich für die Notizen, die wir heute für Professor Dalaja machen sollten, schon mal ein bisschen vorarbeiten.

Ich wendete mich von Gretchen ab und schaute wieder über den Gang. Ian schrieb immer noch SMS, während Kylie stoisch aus dem Fenster starrte, so stumm und mit so versteinerter Miene wie zuvor. Diesmal stiegen statt Mitgefühl Gewissensbisse in mir auf.

Ja, Kylie war absolut abscheulich zu mir gewesen und ich hatte oft davon geträumt, dass mir die perfekte Erwiderung auf ihre Gemeinheiten einfallen würde, um sie an ihren Platz zu verweisen. Aber offensichtlich stand sie auf Ian und ich wollte es ihr nicht unter die Nase reiben, dass er heute mit mir zusammen sein würde. Das wäre kleinlich und gemein, so wie Gretchens Worte gerade. Ich wollte nicht so sein.

Ich dachte daran, mich über den Gang zu beugen und Kylie zu fragen, ob sie Ian und mich bei unserem Streifzug durch die Villa begleiten wolle, aber sie würde mir wahrscheinlich nur einen angewiderten Blick zuwerfen und gleich wieder aus dem Fenster schauen. Außerdem konnte ich das nicht tun. Nicht wenn Ian und ich die Hoffnung hatten, die Schnitter zu erwischen. Ich mochte Kylie zwar nicht, aber ich wollte sie auch nicht in Gefahr bringen.

Also lehnte ich seufzend den Kopf an den Sitz. Ich hatte vorhin absolut recht gehabt: Es würde ein sehr, sehr langer Tag werden.

8

Dreißig Minuten später verringerte der Bus das Tempo, dann bogen wir von der Straße ab und fuhren durch ein großes, offenes Eisentor, bevor wir eine Einfahrt hinauftuckerten und auf einem Parkplatz anhielten.

Wir hatten das Idun-Anwesen erreicht.

Ich griff nach meiner Tasche und stieg mit allen anderen aus dem Bus. Wir liefen über den Parkplatz und mehrere Schüler hoben ihre Handys, um Fotos und Videos von allem zu machen.

Das Idun-Anwesen war vor allem berühmt wegen der großen Villa mitten auf dem Gelände. Sie war aus dunkelgrauem Stein erbaut. Jeder der drei Gebäudeflügel ragte fünf Stockwerke in die Höhe und wies mehrere schlanke Türmchen auf. Große Panoramafenster waren in jedem Stockwerk zu finden, glänzend wie Diamanten in dem dunklen Stein. Auch mehrere Balkons zogen sich über die Front der Villa, damit man beeindruckende Ausblicke auf das umliegende Gelände genießen konnte.

Zig Hektar perfekt gepflegten Rasens erstreckten sich in alle Richtungen und wurden in der Ferne von hohen Kiefern und anderen Nadelbäumen eingerahmt. Einige kleine Blumenbeete sorgten für bunte Farbtupfer auf dem Grün, obwohl sich die meisten der Gärten hinter der Villa befanden.

Alles sah noch genauso aus, wie ich es von unserer Exkursion im letzten Jahr in Erinnerung hatte, bis hin zu den Fahnen, die die Türmchen krönten. Jede einzelne weiße Fahne zeigte das Logo des Anwesens: ein großes, goldenes *I*, das in Schnörkeln endete und in eine rote, herzförmige Blume auslief. Das Logo war auch überall in der Villa zu finden, angefangen bei den Teppichen über die Glastüren bis hin zu den Zierleisten, die die Decken schmückten.

Ich ließ den Blick von den Fahnen sinken und schaute mich um, aber Takeda, Zoe und Mateo waren nirgends zu entdecken. Ich sah auch keine der Protektoratswachen mit ihren grauen Roben und Schwertern, aber das war wenig überraschend. Der Plan sah vor, alles normal erscheinen zu lassen, vor allem die Security oder vielmehr deren Mangel, um die Schnitter in Versuchung zu führen, das Artefakt zu stehlen. Dann würde die Falle zuschnappen und wir könnten sie gefangen nehmen.

Ian stupste mich mit dem Ellbogen an. Er legte den Kopf schräg und ich entdeckte Takedas Lieferwagen, der zwischen einigen anderen Autos am anderen Ende des Platzes geparkt war.

»Mateo«, sagte Ian mit leiser Stimme. »Wo seid ihr?«

In meinem Ohrhörer war es während der Fahrt zum Anwesen still geblieben, aber nun hallte darin ein fernes Geräusch, so als tippe jemand auf eine Tastatur. Da wir den Bus endlich verlassen hatten, konnten Ian und ich wieder mit den anderen durch unsere Funkgeräte reden, solange wir darauf achteten, nicht allzu viel Aufmerksamkeit auf uns zu ziehen.

»Ich bin mit Takeda und Zoe im Sicherheitsbüro der Villa im Ostflügel«, erklang Mateos Stimme in meinem Ohr. »Ich habe die Bilder von den Überwachungskameras vor mir und wir sehen uns alles auf den Monitoren an. Also lächeln. Ihr werdet gefilmt, zusammen mit allen anderen.«

Ein schwaches Sirren ertönte und eine Sicherheitskamera, die an einem der Lichtmasten auf dem Parkplatz befestigt war, drehte sich in unsere Richtung. Ich streckte ihr die Zunge heraus. Mateos Lachen dröhnte mir ins Ohr.

»Rory, Ian, nehmt an der Führung teil, als sei alles ganz normal.« Diesmal war es Takeda, der sprach. »Wir geben euch Bescheid, sobald wir Covington, Drake oder irgendwelche anderen Schnitter auf den Monitoren entdecken. In dem Fall würden die Protektoratswachen von ihren Positionen im Wald vorrücken, die Schüler schützen und die Schnitter festnehmen.«

»Roger«, flüsterte ich.

Die Eingangstür der Villa wurde geöffnet, ein Mann trat heraus und kam zu Professor Dalaja herüber. Auf seinem weißen Jackett war auf der Brusttasche das verschnörkelte *I* in Rot aufgestickt, das ihn als einen der Angestellten des Hauses auswies. Lächelnd schüttelte er Dalaja die Hand, um sie willkommen zu heißen. Die beiden unterhielten sich kurz, bevor der Mann nickte und in Richtung Villa zurückging.

Professor Dalaja wedelte mit der Hand. »Hier entlang, Schüler!«, rief sie. »Die Mitarbeiter sind für unsere Führung bereit, also lasst uns mit dem Lernen anfangen!«

Sie steuerte auf die Eingangstür zu und alle Schüler schlurften hinter ihr her.

Ian ließ die Hand auf die schwarze Sporttasche sinken, die über seiner Schulter hing, und seine Finger schlossen sich um die Axt, die unter dem Stoff versteckt war. »Bist du bereit? Denn ich bin es absolut.«

Er presste die Lippen aufeinander und Entschlossenheit glänzte in seinen Augen – die gleiche Entschlossenheit, die in meinem Herzen pochte. Wir wussten beide, dass es Zeit war, es anzupacken, und dass wir uns gegenseitig Rückendeckung geben mussten, falls die Schnitter auftauchten.

Babs' Scheide war an meinem Gürtel befestigt und ich rieb mit dem Daumen über ihren Griff. »Ich bin bereit, Covington gefangen zu nehmen. Wenn ich es verhindern kann, wird er kein einziges Artefakt mehr in die Finger bekommen.«

Ian nickte mir zu und ich nickte zurück. Dann folgten auch

wir, die Hände immer noch auf unseren Waffen, Professor Dalaja und dem Rest der Schüler in die Villa.

In der Villa sah es noch immer genauso aus, wie ich es in Erinnerung hatte. Große, weitläufige Räume mit Tischen und Stühlen aus Mahagoni und dick gepolsterten roten Samtsofas. Graue Marmorböden und Wände, die von weißen Streifen durchzogen waren – fast wie von Wolkenbändern, die durch den Stein liefen. Kristallkronleuchter an den Decken.

Alles war antik, elegant und auf Hochglanz poliert. Es war die Art von Gebäude, in denen man Kindern einschärfte, nichts anzufassen und sich auch auf nichts zu setzen. Daher die roten Samtseile, mit denen die meisten Möbel, Lampen, das Porzellan und andere Dekorationsstücke abgesperrt waren.

Angestellte in weißen Jacken standen in den Raumecken. Sie lächelten und nickten, als wir vorbeischlenderten, als seien sie froh, uns zu sehen, obwohl in mir der Verdacht aufkam, dass sie in Wirklichkeit da waren, um sicherzustellen, dass niemand etwas beschädigte.

Ich beäugte jeden Einzelnen, an dem wir vorbeigingen. Ich würde es Covington und Drake durchaus zutrauen, ein paar ihrer Schnitter in das Personal des Anwesens einzuschleusen, aber niemand wirkte verdächtig. Andererseits waren Schnitter sehr geübt darin, sich vor aller Augen sichtbar zu verstecken. Das hatte ich von meinen Eltern gelernt.

Fünfzehn Minuten später schlenderten wir durch einen weiteren mit Möbeln vollgestopften Salon und betraten dann eine Waffenkammer. Schwerter, Dolche, Äxte und Speere hingen neben Schilden, Panzerhandschuhen und anderen Rüstungsteilen an den Wänden. Auch Glasvitrinen füllten den Raum und in jeder war eine Waffe ausgestellt. Ich wurde gleich aufmerksamer, genau wie Ian und mehrere andere Schüler. Endlich kamen wir zu den interessanten Sachen.

»Und jetzt sind wir in dem Bereich, in dem es mit den Waffen und den anderen Artefakten, wegen denen wir hergekommen sind, losgeht«, sagte Professor Dalaja. »Also, verhalten Sie sich wie die braven, fleißigen Schüler, die Sie, wie ich weiß, tief im Inneren sind, holen Sie Ihre Stifte und Notizblöcke hervor und fangen Sie an, mitzuschreiben.«

Ein kollektives Stöhnen erhob sich von den Jugendlichen, auch von Ian und mir. Wir zwei waren hier, um Schnitter zu fangen, nicht um Notizen über Artefakte zu machen.

Trotz des allgemeinen Stöhnens lächelte Professor Dalaja immer noch. »Nun, es liegt ganz und gar bei Ihnen, ob Sie sich Notizen machen, aber geben Sie nicht mir die Schuld, wenn Sie nicht vorbereitet sind für den morgigen Test über all das, was wir hier sehen werden. Der Test, der als bedeutender Anteil in Ihre Note dieses Halbjahrs einfließt.«

Wieder schwoll das kollektive Stöhnen an, diesmal noch lauter, aber Dalaja lächelte unverdrossen weiter.

»Und das ist das herrliche Geräusch von lernenden Schülern«, kommentierte sie.

Ich hätte es sicherlich nicht so genannt, aber wir folgten ihrem Vorschlag, wühlten in unseren Taschen und zogen Stifte und Notizbücher hervor. Alle bis auf Gretchen Gondul, die immer noch über die Bilder auf ihrem Tablet wischte. Ich hatte keine Ahnung, wie sie sich auf diesem Ding Notizen machen wollte. Vielleicht war sie faul und nahm den Vortrag einfach auf. So oder so, es war ihr Problem, nicht meins, daher richtete ich meine Aufmerksamkeit wieder auf meine Lehrerin.

»Wir stehen hier in der Waffenkammer«, erklärte Dalaja. »Vor vielen Jahren war diese Villa das Hauptquartier des Protektorats, daher all die Waffen und Rüstungen. Als das Protektorat sein Hauptquartier an die Akademie in New York verlegte, beschloss der Besitzer des Anwesens, die Villa in ein Museum umzuwandeln, damit jeder in der mythologischen Welt es besuchen kann.«

Dieses Detail hatte sich nicht unter den Informationen befunden, die Takeda uns gegeben hatte, aber es machte Sinn, dass das Protektorat einen Ort wie diesen als Ausgangsbasis genutzt hatte. Ich fragte mich, wem das Idun-Anwesen eigentlich gehörte. Hätte es mir gehört, hätte ich es mit niemandem teilen wollen, und mit Sicherheit wäre es von mir nicht in ein Museum verwandelt worden. All diese Waffen auszustellen, schrie geradezu nach Ärger. Andererseits war ich, wenn es um Schnitter ging, die Artefakte stahlen, viel, viel paranoider als die meisten anderen.

Professor Dalaja redete einige Minuten und wies uns auf verschiedene Waffen und Rüstungen hin, dann gingen wir in den nächsten Raum weiter. Und den übernächsten … und den überübernächsten … Professor Dalaja versorgte uns mit einem stetigen Strom von Geschichten über Artefakte und ich brauchte mehrere Seiten für meine Notizen.

»Wow«, erklang Zoes Stimme in meinem Ohr. »Diese Frau ist ein wandelndes, sprechendes Lexikon, wenn es um Artefakte geht. Gibt es irgendetwas, das sie nicht weiß?«

Ich blinzelte. Professor Dalajas Vortrag war so interessant gewesen, dass ich meinen Ohrhörer ganz vergessen hatte, ebenso wie die Tatsache, dass Zoe, Mateo und Takeda uns über die Sicherheitskameras beobachteten.

»Nein«, antwortete ich leise. »Wenn es um Artefakte geht, ist Professor Dalaja eine Expertin. Sie weiß mehr über Artefakte als jeder andere Mensch, der mir je begegnet ist – Nickamedes, den Bibliothekar der Akademie in North Carolina, eingeschlossen.«

»Vielleicht sollten wir sie nach der schwarzen Schmuckschatulle fragen«, murmelte Ian. »Möglicherweise weiß sie etwas darüber oder könnte uns zumindest ein paar Quellen vorschlagen, die uns verraten, was es mit dieser Schatulle auf sich hat oder was sie bewirkt.«

»Das ist vielleicht gar keine schlechte Idee.« Diesmal erklang Takedas Stimme in meinem Ohr. »Wenn wir wüssten, dass wir ihr vertrauen können. Ich bin immer noch dabei, Informationen über die Professoren und Angestellten der Akademie zu sammeln, um sicherzugehen, dass keiner von ihnen ein Schnitter ist.«

Professor Dalaja ein Schnitter? Der Gedanke war mir noch nie gekommen. Mit ihrer silbernen Brille, ihren freundlichen Augen und ihrer fröhlichen Ausstrahlung war sie mir immer wie eine besonders enthusiastische Wissenschaftlerin erschienen. Nicht mehr und nicht weniger. Ich konnte mir einfach nicht vorstellen, dass sie mit Covington zusammenarbeitete, um Artefakte zu stehlen und anderen Menschen Schaden zuzufügen.

Doch ich hätte auch nie gedacht, dass meine Eltern zu so etwas in der Lage waren.

Ich beäugte die Professorin, die auf einen Stab zeigte, der angeblich Hermod, dem nordischen Götterboten, gehört hatte. Sie begann, mit Aufregung in der Stimme zu erzählen. Schnitter hin oder her, Zoe hatte recht. Die Professorin genoss es ganz offensichtlich, über Artefakte zu sprechen. Vielleicht würde ich sie nach der Schmuckschatulle fragen. Covington wusste bereits, dass wir die Schatulle in unserem Besitz hatten, und wir mussten herausfinden, warum sie so wichtig war, bevor er einen Weg fand, sie aus dem Bunker zu stehlen.

Professor Dalaja beendete ihren Vortrag über den Stab und wir gingen in den nächsten Raum. Dieser Bereich hatte den gleichen grauen Steinboden wie der Rest der Villa, aber die Wände und die Decke waren aus Glas und ließen das morgendliche Sonnenlicht hereinströmen. Statt Möbeln oder Artefakten füllten alle möglichen Pflanzen den Raum. Lorbeer, Hyazinthen, Anemonen, Frostfeuer. Ich entdeckte sogar zwei Palmen in der Ecke. Die meisten der Blumen waren in Tontöpfen untergebracht, die zusammen mit Säcken voller Erde, Handschuhen und Gartenwerkzeugen auf hüfthohen Tischen standen.

»Das ist der Wintergarten und das Gewächshaus der Villa«, rief Professor Dalaja. »Hier züchten und pflanzen die Gärtner des Anwesens die Blumen. Diese Blumen werden wir draußen später in den Gärten sehen. Die Glaswände und die Decke lassen jede Menge Licht für die Blumen herein …«

Sie redete weiter, während ich zu einem der Tische hinüberwanderte und nach einem kleinen Papierpäckchen mit Samen griff. Wie alles andere auf dem Anwesen trug das Päckchen einen Stempel mit dem verschnörkelten *I*, das zu einer roten Blume wurde.

Ian trat neben mich. »Hast du etwas Interessantes gefunden?«

Ich legte das Samenpäckchen wieder auf den Tisch. »Nein. Nur Blumen und Gartenutensilien.«

Er nickte und ging zur anderen Seite des Raums, wo Professor Dalaja auf verschiedene Arten von Blumen aufmerksam machte. Ich wollte ihm schon folgen, doch eine Kaskade goldener Funken zog meine Blicke auf sich. Als ich nach rechts schaute, sah ich, wie Kylie mich wütend anfunkelte.

Sie hatte die Arme vor der Brust verschränkt und die Funken strömten wie Regentropfen aus ihren Fingerspitzen. Offensichtlich war sie wütend, dass Ian und ich die Führung zusammen machten. Kylie drehte sich um und sagte etwas zu Gretchen, wahrscheinlich eine gehässige Bemerkung über mich, aber Gretchen ignorierte ihre Freundin und tippte weiter auf ihrem Tablet herum.

Kylie schätzte es nicht, ignoriert zu werden, und sie bedachte mich mit einem weiteren zornigen Blick, als sei es meine Schuld, dass Gretchen sich mehr für ihr Tablet interessierte als für ihre Freundin. Dann stampfte sie zum anderen Ende des Raums. Nachdem Gretchen noch einige Male über ihr Tablet gewischt hatte, folgte sie Kylie, obwohl ihr Blick die ganze Zeit über auf ihren Bildschirm geheftet war.

Die beiden Walküren hatten vor mehreren an der Wand

befestigten Glasregalen gestanden. Nun begab ich mich in die Richtung der Regale, weil ich diesen Teil des Wintergartens noch nicht besichtigt hatte. Noch mehr Gartenhandschuhe und -geräte sowie mehrere Tontöpfe drängten sich auf den Fächern.

Ich wollte mich gerade von dem Durcheinander von Gegenständen abwenden, als ein Sonnenstrahl auf das oberste Regalbrett traf, wodurch irgendetwas, das da oben lag, blutrot aufblitzte. So, als sei dort etwas, das aus einem Rubin oder einem anderen Edelstein bestand und nicht aus gewöhnlichem Glas, Metall oder Ton wie alles andere.

Ich verzog das Gesicht. Was war das? Ich glaubte nicht, dass das Ding ein Artefakt sein konnte, da es einfach so auf dem Regal lag und nicht in einer schützenden Glasvitrine untergebracht war wie die anderen Artefakte. Es handelte sich wahrscheinlich nur um irgendeinen Pflanzentopf oder ein Gartengerät, das man rot angemalt hatte. Aber aus irgendeinem Grund wurde ich dieses unangenehme Gefühl im Magen nicht los, also stellte ich mich auf die Zehenspitzen, um zu erkennen, was das für ein Gegenstand war …

»Das wär's dann für den Wintergarten«, rief Professor Dalaja. »Folgen Sie mir, bitte.«

Sie steuerte auf die offene Glastür am anderen Ende des Wintergartens zu. Mehrere Schüler schoben sich zwischen mich und das Regal und mir blieb nichts anderes übrig, als mich von ihnen zu Ian mitziehen zu lassen, der an der Tür wartete.

»Okay, Leute«, erklang Mateos Stimme in meinem Ohr. »Es geht los. Selkets Schreibfeder ist in der Bibliothek, dem Raum, in den ihr als Nächstes geht.«

»Roger«, murmelten Ian und ich unisono.

Ich steckte meinen Stift und mein Notizbuch weg und Ian packte ebenfalls seine Sachen ein. Wir wollten beide die Hände frei haben, falls die Schnitter angriffen. Dann betraten wir die Bibliothek.

Auch dieser Raum sah noch so aus, wie ich ihn vom vergangenen Jahr in Erinnerung hatte. Deckenhohe Regale vollgestellt mit Büchern. Ein großer, steinerner Kamin, flankiert von Polstersesseln. Dicke Läufer auf dem Boden. Ein riesiger Kristallkronleuchter an der Decke.

Ja, alles war genau wie früher, bis hin zu all den Artefakten, die hier ausgestellt waren.

Mehr als drei Dutzend Glasvitrinen standen in der Mitte der Bibliothek und trennten den Raum in zwei Hälften. Weitere Vitrinen säumten die Wände zu beiden Seiten des Kamins, während andere an den Stirnseiten der Bücherregale und an weiteren Stellen in der Bibliothek verteilt waren. Jede Vitrine enthielt mindestens ein Artefakt. Unter dem hellen Licht des Kronleuchters glänzten Waffen, Rüstungen und Schmuckstücke aller Art. Die Bibliothek beherbergte mehr Artefakte als alle anderen Räume zusammen. Hier gab es fast so viele Objekte wie im Bunker.

Professor Dalaja ging zu den Artefakten in der Mitte des Raums. Die Schüler folgten ihr, aber Ian und ich blieben zurück.

»Wo ist die Feder?«, fragte ich leise.

»Südöstliche Ecke«, erwiderte Mateo. »Dort drüben müssten zwei Vitrinen sein, die für sich allein stehen. Die Schreibfeder befindet sich in einer von ihnen.«

Ich spähte in die betreffende Richtung. Zwei Artefaktvitrinen standen in dieser Ecke. »Ich sehe sie.«

»Sorg dafür, dass die Feder sicher in ihrer Vitrine bleibt«, sagte Ian. »Ich behalte die Tür und die Fenster im Auge und schaue nach Schnittern.«

Ich nickte.

Ian blieb, wo er war, und sein Blick wanderte zwischen der offenen Tür hinter uns und den Fenstern hin und her. Ich schlenderte weiter und ging an der Schülerschar vorbei, um näher an Selkets Schreibfeder heranzukommen.

Takeda und die anderen glaubten, dass Covington und

Drake persönlich erscheinen würden, um die Feder zu stehlen, aber ich machte mir Sorgen, dass sie Unterstützung haben würden – vielleicht sogar von jemandem, der sich in diesem Moment in der Bibliothek aufhielt.

Was Covington zu einem wirklich abstoßenden Menschen machte, war die Tatsache, dass er für seine neue Armee von Schnittern Schüler der Mythos Academy rekrutiert hatte. Jugendliche wie Lance Fuller, ein Junge, in den ich verknallt gewesen war, bevor er, nun ja, versucht hatte, mich umzubringen. Lance hatte sich wegen des Todes seines Dads am Protektorat rächen wollen und sich deshalb mit Covington und Drake zusammengetan. Ich hatte Lance im Cormac Museum getötet, um Ian zu retten, aber Lance war wahrscheinlich nicht der einzige Jugendliche, den Covington rekrutiert hatte.

Die anderen Schüler, Professor Dalaja und die Mitarbeiter des Anwesens, die draußen vor der Tür standen – jeder von ihnen konnte ein Schnitter sein, was bedeutete, dass Ian und ich ungemein vorsichtig vorgehen mussten.

Ich schaute mich um, aber alle konzentrierten sich auf Dalaja, die über Artefakte sprach, und niemand achtete auf Ian oder mich. Selbst Kylie hatte aufgehört, mir böse Blicke zuzuwerfen, und machte sich Notizen. Vielleicht irrte ich mich. Vielleicht gab es hier keine Schnitter.

Lässig ging ich um die anderen Schüler herum, als wollte ich die Artefakte in der Mitte des Raums besser sehen. Ich wartete ein paar Sekunden ab, aber niemand schaute in meine Richtung, daher entfernte ich mich von den anderen und ging zu den beiden Vitrinen in der anderen Ecke.

Ich blieb stehen und spähte in die erste Vitrine, die ein poliertes Gagat-Amulett enthielt. Es war größer als mein Handteller und hing an einer langen, silbernen Kette. Dünne, zarte, silberne Ranken schlangen sich um das Amulett, als beschützten sie den schwarzen Stein, doch in der Mitte des Schmuckstücks klaffte ein großes Loch, als fehlte dem Amulett ein Edelstein oder irgendetwas in der Art. Neugierig las ich die Beschreibung auf dem Schild in der Vitrine.

Das Amulett der Chloris. Dieses Amulett gehörte einst Chloris, der griechischen Göttin der Blumen. Chloris hat das Amulett mit ihrer Magie getränkt. Wer immer es trägt, kann alle Blumen, Ranken, Bäume und andere Pflanzen sowie weitere magische Gegenstände, die mit Blumen, Pflanzenwachstum und dergleichen in Verbindung stehen, kontrollieren …

Was Artefakte betraf, schien das Amulett ziemlich harmlos zu sein. Was konnte man schon mit Blumen machen? Jemanden zum Niesen bringen?

Trotzdem, irgendetwas an dem Amulett kam mir vage bekannt vor, als hätte ich es – oder zumindest seine Farben und Formen – schon mal irgendwo gesehen. Ich konnte mich allerdings nicht daran erinnern, wann oder wo das gewesen sein sollte.

Ich schüttelte den Kopf. Natürlich konnte ich das Amulett schon einmal gesehen haben, als wir die Bibliothek im letzten Herbst besucht hatten. Oder vielleicht weckte es Erinnerungen in mir, weil ich mich mit so vielen Artefakten beschäftigt hatte, seit ich versuchte, die Schnitter daran zu hindern, weitere mächtige Artefakte zu stehlen. So oder so, die Schnitter waren nicht hinter diesem Amulett her, daher ging ich zur nächsten Vitrine weiter.

Jackpot.

Selkets Schreibfeder sah genauso aus wie auf den Fotos, die ich bei der Lagebesprechung gestern im Bunker gesehen hatte – eine große, glänzend schwarze Feder mit einer zu einem kleinen Basilisken geformten Schreibspitze. Auf den ersten Blick sah es aus, als schwebe sie in der Luft, doch ich konnte die durchsichtigen Fäden sehen, mit denen das Artefakt in der Vitrine aufgehängt worden war.

Je länger ich Selkets Schreibfeder anstarrte, umso klarer wurde mir, dass die Fotos ihr nicht gerecht wurden. Die schwarze Feder glänzte wie feuchte Tusche und die dunkelroten Streifen an den Rändern schienen sich ständig zu kräuseln, als würde im nächsten Moment Blut aus der Feder tropfen.

Ich schauderte, aber ich beugte mich trotzdem herunter, um einen besseren Blick auf die silberne Schreibspitze unten an der Feder zu bekommen. Einmal mehr fiel mir auf, welch große Ähnlichkeit die vogelähnliche Gestalt und die Flügel des Basilisken mit denen eines Schwarzen Rocks hatten. Aber dort endete die Ähnlichkeit auch schon, denn der Hahnenkamm sowie der Klapperschlangenschwanz des Basilisken verwandelten ihn in ein wahrhaft groteskes Monstrum. Ein winziger Rubin krönte sowohl jede spitze Zacke des Kamms des Basilisken als auch den Stachel an seinem Schwanzende. Diese Rubine wie auch der größere Rubin im Auge der Kreatur zwinkerten mir zu, als wollten sie mich warnen.

Wieder überlief mich ein Schauder. Ich richtete mich auf und wandte der Vitrine den Rücken zu. Jetzt, da ich wusste, dass das Artefakt sicher war, wollte ich es nicht länger anschauen. Vielleicht war es abergläubisch, aber ich hatte die Befürchtung, dass ich, wenn ich die Feder zu lange anstarrte, vielleicht irgendwie deren Magie aktivieren und versehentlich einen Basilisken heraufbeschwören würde.

Also beobachtete ich stattdessen die Bibliothek. Alle anderen konzentrierten sich immer noch auf Professor Dalaja, bis auf Ian, der mit dem Rücken zur Wand in einer Ecke stand. Er betrachtete stirnrunzelnd Gretchen, die einige Schritte von ihm entfernt stand, aber sie wischte immer noch über die Abbildungen auf ihrem Tablet und schaute nicht einmal zu ihm hinüber.

Ians und mein Blick trafen sich und er zuckte die Achseln, womit er mir zu verstehen gab, dass alles in Ordnung war.

»Mateo«, flüsterte ich. »Kannst du auf den Sicherheitskameras irgendetwas sehen? Irgendeinen Hinweis auf Covington, Drake oder andere Schnitter?«

»Fehlanzeige«, antwortete Mateo. »Die Einzigen in der Villa seid ihr und die Angestellten des Anwesens. Auf dem Rasen oder in den Gärten draußen ist auch niemand. Ich sehe nicht einmal jemanden durch den Wald gehen. Falls Covington und Drake hier sind, ist es ihnen bisher gelungen, alle Kameras zu umgehen.«

»Vielleicht sind sie ja gar nicht hier«, meldete Zoe sich zu Wort. »Vielleicht wissen sie gar nichts von dem Artefakt.«

»Vielleicht«, murmelte Takeda, der sich jetzt in das Gespräch einschaltete. »Aber dieses Risiko dürfen wir nicht eingehen. Selbst wenn keiner der Schnitter heute auftaucht, müssen wir Selkets Schreibfeder trotzdem in den Bunker bringen, um sie zu schützen.«

Ich schauderte ein drittes Mal. Ich wollte dieses unheimliche Artefakt nicht in meiner Nähe haben, aber wenn es unten im Bunker war, war zumindest niemand in der Lage, es zu benutzen, schon gar nicht Covington.

»Rory, Ian, bleibt auf euren Positionen«, sagte Takeda. »Wir werden das Ganze von hier aus überwachen.«

»Roger«, flüsterte ich.

Ian wiederholte das diskret und wir blieben beide, wo wir waren. Ich bewachte das Artefakt und Ian behielt die Tür und die Fenster im Auge. Ich schloss die Finger um Babs' Griff, bereit, das Artefakt gegen Covington, Drake oder jeden anderen zu verteidigen, der es haben wollen könnte.

Die Minuten vergingen und jede schien langsamer zu verstreichen als die vorangegangene, aber alles blieb, wie es war. Professor Dalaja hielt ihren Vortrag, die Schüler machten sich Notizen, Ian und ich standen diskret Wache und hielten Ausschau nach Ärger.

Fünfzehn Minuten später klatschte Professor Dalaja in die Hände. »Also gut, Leute. Damit ist der erste Teil unserer Führung abgeschlossen. Wir machen jetzt eine Mittagspause und kommen dann in einer Stunde zurück, um den Rest der Villa zu erkunden. Hier entlang, bitte. Die Angestellten haben im Hauptspeisesaal ein wunderbares Essen für uns vorbereitet.«

Dalaja verließ die Bibliothek. Die Schüler stopften ihre Stifte und Notizbücher in ihre Taschen, zogen ihre Handys heraus und folgten ihr.

Ich sah zu der Sicherheitskamera an der Decke hoch, die mir am nächsten war. »Was sollen wir tun?«

»Es würde verdächtig wirken, wenn ihr zurückbleibt, also geht und esst mit allen anderen zu Mittag«, erklang Takedas Stimme in meinem Ohrhörer. »Es sieht nicht so aus, als würden die Schnitter auftauchen, aber wir werden die Augen offen halten für den Fall, dass sie es doch tun.«

Ich nickte, ging zu Ian hinüber und wir verließen wie die anderen die Bibliothek.

Wir schlenderten zurück durch den Wintergarten und einen Flur bis zum Speisesaal. Hier war keins der Möbelstücke mit einem Seil abgesperrt. Mehrere lange Tische standen in der Mitte des Raums. Kleinere Tische voller Platten mit belegten Broten, Obst, frischem Gemüse, Nudelsalat und Keksen säumten die Wände.

Das munterte mich auf. Die Schnitter waren zwar nicht erschienen, aber zumindest gab es Kekse zum Mittagessen. Kekse machten *immer* alles besser.

Ian und ich waren die Letzten, die den Speisesaal betraten, und zwei Angestellte schlossen hinter uns die Glastür. Ich nahm an, sie wollten nicht, dass die Schüler ohne Kontrolle von Erwachsenen durch die Villa spazierten. Vielleicht hatten sie Angst, dass wir unter den roten Samtseilen hindurchschlüpfen und die Antiquitäten beschädigen würden, wenn sie nicht da waren, um uns im Auge zu behalten. Oder sie wussten von der Angewohnheit der Schüler der Mythos Academy, an unpassenden Orten rumzuknutschen. So oder so, diese ganzen

Kekse würden nicht von selbst gegessen werden, also stellte ich mich in die Schlange und Ian trat hinter mich.

Das Mädchen vor mir schaute über ihre Schulter. Es war Kylie. Ich unterdrückte ein Stöhnen. Natürlich landete ich in einer Schlange hinter ihr. Sie starrte mich eine Sekunde lang an, bevor ihr Blick zu Ian flackerte. Dann schürzte sie die Lippen, wirbelte wieder herum und fing an, mit dem Mädchen vor sich zu reden.

Ich beachtete Kylie nicht weiter und als ich an der Reihe war, schnappte ich mir ein Panini mit Schinken und Käse, ein paar Erdbeeren und Weintrauben und eine Portion Nudelsalat. Schließlich gelangte ich zu dem Tisch mit den Desserts. Es gab drei Sorten Kekse – welche mit Schokolade, mit Hafermehl und Rosinen und mit Kirschen und Mandeln – und einer sah köstlicher aus als der andere. Mein Magen knurrte erwartungsvoll.

»Kommt zu Mama«, flüsterte ich.

Ich griff nach der Metallzange, um mir die Leckerbissen auf den Teller zu legen, und hatte mir gerade einen Schokoladenkeks gesichert, als es einen lauten Knall gab.

Was war das?

Ich schaute zu Ian hinüber, der die Stirn runzelte und sich offensichtlich ebenfalls fragte, was es mit diesem Geräusch auf sich hatte.

Es knallte ein zweites, dann ein drittes Mal. Inzwischen sahen sich alle im Speisesaal um und wunderten sich, was los war.

Und dann ging das Licht aus.

9

Urplötzlich erlosch das Licht und es herrschte totale Finsternis.

Der Speisesaal befand sich mitten in der Villa, was bedeutete, dass er keine Fenster hatte, und ich konnte rein gar nichts sehen, nicht einmal die Platten mit Keksen vor mir auf dem Tisch.

»Hey! Was ist denn jetzt los?«

»Warum ist das Licht ausgegangen?«

»Ist das ein Schnitterangriff?«

Das Wort *Schnitterangriff* schien durch den ganzen Raum zu hallen. Binnen eines Augenblicks brüllten und schrien alle Schüler durcheinander. Ich hörte Geschirr zerbrechen und Stühle über den Boden schleifen, als wollten alle weg vom Buffet und den Esstischen, um nach dem nächsten Ausgang zu suchen.

»Bewahren Sie Ruhe! Alle mal herhören, Ruhe bewahren!«, erhob sich Professor Dalajas Stimme über dem Lärm, aber die aufgescheuchte Schülerschar übertönten sie schnell.

Jemand rannte mit voller Wucht gegen mich. Meine Tasche glitt von meiner Schulter und fiel auf meinen Stiefel. Nach der Explosion goldener Funken zu urteilen, war es Kylie, die mit mir zusammengestoßen war, obwohl die Funken schnell erloschen und die Dunkelheit sie wieder verschluckte. In dem Versuch, den panischen Schülern auszuweichen, drückte ich mich an den Tisch mit den Desserts.

»Mateo!«, überschrie ich das Chaos. »Was ist los? Hast du das Licht ausgemacht?«

Einen Moment lang war es vollkommen still in meinem Ohrhörer und ich dachte schon, unsere Funkgeräte hätten zusammen mit der Elektrizität den Geist aufgegeben. Aber dann erklang ein schwaches Knistern in meinem Ohr.

»Ich habe das Licht nicht ausgemacht«, brüllte Mateo. »Ich habe überhaupt nichts getan! Jemand hat sich in das Sicherheitssystem eingehackt!«

Das konnte nur das Werk von Covington, Drake und den anderen Schnittern sein. Sie hatten abgewartet, bis alle im Speisesaal waren, und jetzt setzten sie ihren bösen Plan in die Tat um … was immer das für ein Plan war.

Meine Gedanken gingen automatisch zu den Worst-Case-Szenarien. Covington hatte wahrscheinlich vor, so viele Artefakte wie möglich zu stehlen, bevor er Drake und den anderen Schnittern den Befehl gab, die Villa mit den darin festsitzenden Schülern der Mythos Academy niederzubrennen …

Eine Hand berührte meine Schulter. Ich unterdrückte einen überraschten Aufschrei, während meine Finger sich zur selben Zeit fest um die Metallzange schlossen, die ich immer noch in der Hand hatte, und ich überlegte, welche verletzlichen Stellen ich angreifen konnte. Augen, Nase, Kehle. Auf eine dieser Stellen konnte ich im Dunkeln mit der Zange zielen …

Das Licht eines Handys flammte auf und vertrieb etwas von der Dunkelheit. Ich begriff, dass Ian mich an der Schulter berührte. Das war Ian, kein Schnitter. Ich entspannte mich und legte die Zange wieder auf den Tisch.

Ian hatte seine Sporttasche nicht mehr über der Schulter, doch seine Streitaxt hing jetzt an einer Schlaufe an seinem Gürtel. Er musste die Waffe aus seiner Tasche geholt haben.

Einige der anderen Schüler folgten seinem Beispiel, zogen ihre Handys hervor und benutzten sie als improvisierte Taschenlampen. Der vereinte Schein der Displays war hell genug, um die panisch herumrennenden Jugendlichen sowie einige der Möbel zu erkennen.

»Die Schnitter haben anscheinend den Strom abgeschaltet!«, brüllte Ian über die fortgesetzten Schreie der anderen hinweg. »Wir müssen zurück in die Bibliothek!«

»Ich weiß«, rief ich. »Los, nach da drüben! Zur Tür!«

Er nickte und wir rannten los. Ian lief voran, da er noch immer sein Telefon als Taschenlampe benutzte, und ich folgte ihm. Wir waren höchstens zehn Meter von der Flügeltür entfernt, aber die anderen Schüler rannten und stolperten um uns herum und wir mussten mehrmals stehen bleiben, bis wir endlich dort waren.

Ich fasste nach einer der Türklinken, aber sie ließ sich nicht bewegen. »Abgeschlossen! Die Tür ist abgeschlossen.«

»Nicht mehr lange!«, rief Ian zurück.

Er trat vor, griff nach der Klinke und drückte sie mit seiner ganzen Wikingerkraft nach unten.

Knirsch!

Das Schloss zerbarst und die Glastür sprang auf. Ian riss sie auf und wir schossen aus dem Speisesaal.

Ian und ich rannten ins Nebenzimmer, aber dort war es genauso dunkel wie im Speisesaal. Ian musste stehen bleiben und den Raum mit dem Licht seines Telefons ableuchten, damit wir sehen konnten, wo wir hinliefen.

»Hey! Hier drüben!«

»Da lang!«

»Diese Tür ist offen!«

Hinter uns schwoll der Lärm an, als die anderen zu der offen stehenden Tür fanden und aus dem Speisesaal strömten.

Ian und ich ignorierten den Aufruhr und rannten weiter. Er hielt sein Handy vor sich, um unseren Weg zu beleuchten, aber wir kamen trotzdem nur langsam voran, da keiner von uns gegen irgendwelche Möbel laufen wollte.

Mehrere Sekunden später erreichten wir eine weitere verschlossene Doppeltür am anderen Ende des Raums. Während Ian sich daranmachte, sie aufzuhebeln, zog ich Babs aus ihrer Scheide und hielt sie hoch, sodass ich ihr Gesicht sehen konnte. Das Auge des Schwerts war geschlossen, was mir verriet, dass sie während der Führung ein Nickerchen eingelegt hatte, wie es ihre Art war, wenn ich Schulkram zu erledigen hatte.

»Babs? Ich hoffe, du hattest ein schönes Nickerchen, aber jetzt ist es Zeit, aufzuwachen.«

Ihr Auge klappte sofort auf. »Oh, es war hervorragend. Professor Dalaja hat so eine beruhigende Stimme. Aber mach dir keine Sorgen, Rory. Jetzt bin ich hellwach. Ich bin immer wach, wenn Schnitter in der Nähe sind. In die Schlacht! Zum Ruhm! Zum Sieg!«

Sie hätte weiter gekräht, aber ich drehte das Schwert um, sodass ich sie am Griff hielt. Trotzdem spürte ich, wie ihre Lippen sich noch an meiner Hand bewegten, obwohl meine Finger ihre Stimme dämpften.

Ian hatte inzwischen die Tür aufgekriegt. Seite an Seite liefen wir ins Nebenzimmer. Und in das dahinter … und das dahinter …

Wir rannten durch die Villa, so schnell wir konnten. Je weiter wir kamen, desto einfacher wurde es, da es hier Fenster gab, die die Mittagssonne hineinließen. Als wir im Wintergarten ankamen, hatten wir mehr als genug Licht zum Sehen und Ian steckte sein Telefon wieder ein.

Wir blieben beide stehen, rissen unsere Waffen hoch und schlichen durch den Wintergarten, wobei wir uns sehr genau umschauten für den Fall, dass irgendwelche Schnitter hinter den Tischen voller Topfpflanzen lauerten. Aber der Raum war leer und wir näherten uns der Wand mit der Flügeltür, die in die Bibliothek führte.

Ich schaute hoch zur Decke, doch die dort angebrachten Lampen waren dunkel, was mir verriet, dass wir immer noch keinen Strom hatten.

»Mateo?«, flüsterte ich. »Wir sind an der Tür zur Bibliothek. Was passiert bei euch?«

Das schnelle Trommeln tippender Finger hallte durch meinen Ohrhörer, als hätte Mateo winzige Dolche an seinen Fingerspitzen und würde wiederholt damit auf seine Tastatur einstechen.

»Nichts«, blaffte er. »Das passiert hier. Absolut *nichts*. Ich komme nicht in das System hinein. Schlimmer noch, kein Strom bedeutet keine Sicherheitskameras. Wenn die Schnitter hier sind, kann ich sie nicht sehen.«

»Rory, Ian.« Diesmal knisterte Takedas Stimme in meinem Ohr. »Ich habe die Protektoratswachen im Wald verständigt und sie sind auf dem Weg zur Villa, um die Schüler in Sicherheit zu bringen. Zoe und ich haben das Sicherheitszentrum verlassen und kommen jetzt zu euch.«

»Roger«, sagte ich. »Ian und ich gehen in die Bibliothek. Wenn die Schnitter da drin sind, werden wir sie beschäftigen, bis ihr uns helfen könnt.«

»Seid vorsichtig«, antwortete Takeda.

»Ja, genau«, meldete Zoe sich zu Wort. »Versucht, nicht zu sterben, bevor wir da sind.«

Obwohl sie mich nicht sehen konnte, grinste ich. »Ich würde nicht im Traum daran denken.«

Durch meinen Ohrhörer konnte ich Mateo immer noch tippen und Takeda den Protektoratswachen Befehle zurufen hören, aber ich blendete sie aus und sah Ian an. Er nickte zum Zeichen, dass er bereit war. Ich nickte zurück, dann beugte ich mich vor und drückte die Türklinke herunter.

Im Gegensatz zu den ganzen anderen Türklinken, die uns untergekommen waren, ließ sich diese hier mühelos herunterdrücken, und die Tür öffnete sich knarrend.

Die Schnitter waren definitiv hier.

Das war der einzige Grund, den es dafür geben konnte, dass diese Tür sich öffnen ließ, während alle anderen abgeschlossen gewesen waren. Covington musste klar geworden sein, dass die Protektoratswachen das Anwesen beobachteten. Anscheinend hatte er einen Weg gefunden, in die Villa einzudringen und sich an einem Ort nah an der Bibliothek zu verstecken. Als er so weit war, zuzuschlagen, hatte er sich in das Sicherheitssystem eingehackt, sodass er per Fernsteuerung alle anderen Türen abschließen konnte, um die Wachen aufzuhalten, während er Selkets Schreibfeder stahl.

War dem bösen Bibliothekar bewusst, dass ich ebenfalls hier war? Wahrscheinlich schon, da er uns immer drei Schritte voraus zu sein schien. Vielleicht dachte er, ich würde in die Bibliothek kommen, um nach dem Artefakt zu sehen. Vielleicht *wollte* er mich hier haben, damit er noch einmal versuchen konnte, mich mit einem Apate-Juwel zu verhexen und mich zu einem Schnitter zu machen.

Eine kalte Faust der Furcht legte sich um mein Herz. Covington hatte mich vor einigen Wochen im Cormac Museum beinahe unter seine Kontrolle gebracht. Es wäre ihm gelungen, wenn da nicht Babs' Gefasel und die schützende Macht von Freyas Armband gewesen wären. Seither hatte ich dem Tag, an dem ich dem Schnitter wieder gegenüberstehen würde, mit Grauen entgegengesehen. Ich hatte keine Ahnung, welche anderen Artefakte Covington möglicherweise in seinem Besitz hatte. Vielleicht etwas noch Stärkeres als Apate-Juwelen. Etwas, das mir meinen freien Willen vollends nehmen würde. Etwas, das mich zu einem Schnitter machen würde, ganz gleich, wie sehr ich mich dagegen zur Wehr setzte.

Panik erfasste mich und vermischte sich mit meiner Furcht, aber ich packte Babs' Griff fester und zwang mich, mich auf das andere Gefühl zu konzentrieren, das jetzt in mir aufstieg – Zorn.

Zorn darüber, dass Covington meine Eltern ermordet hatte. Dass er ihnen seine Verbrechen in die Schuhe geschoben hatte. Und dass er mich benutzten wollte, um seine Drecksarbeit zu erledigen, so wie er meine Mom und meinen Dad benutzt hatte.

Diesen weißglühenden Zorn hielt ich ganz fest und ließ ihn in meinem Herzen brennen, bis er all meine Furcht, das Grauen und die Panik zu Asche verbrannt hatte. Ich würde *niemals* ein Schnitter werden und ich würde *niemals* für Covington arbeiten. Ich hatte Babs, Freyas Armband und meine Spartanerfähigkeiten. Das war mehr als genug, um mit dem, was Covington mir entgegenschleudern konnte, fertigzuwerden.

Jedenfalls redete ich mir das ein. Wenn ich den Gedanken nur lange und stark genug festhielt, würde er vielleicht tatsächlich wahr werden.

So oder so, ich hatte einen Job zu erledigen und ein Artefakt zu schützen. Also holte ich tief Luft und atmete langsam wieder aus, um Kraft zu tanken. Dann schlüpfte ich durch die offene Tür und betrat die Bibliothek.

Ich flitzte nach rechts und hockte mich hinter die erstbeste Vitrine. Ian lief nach links und tat das Gleiche auf der anderen Seite. Wir warteten beide ab, aber ich hörte nichts außer dem schnellen Bumm-bumm-bumm meines Herzens, das in meiner Brust hämmerte. Ich sah Ian an und er nickte mir zu. Dann schoben wir uns beide vorwärts und spähten um die Ecke unserer jeweiligen Vitrine.

Die Bibliothek war leer – total, absolut *leer*.

Ich drehte den Kopf ruckartig nach links und rechts, blinzelte und blinzelte, aber nichts änderte sich. Niemand außer uns war in der Bibliothek.

»Rory, Ian, wie ist die Lage bei euch?«, erklang Takedas Stimme in meinem Ohr.

Ich kam auf die Füße und trat hinter meinem Schaukasten hervor. Ian tat das Gleiche und lief dann in die gegenüberliegende Ecke des Raums, um nach dem Artefakt zu sehen.

Ich schaute mich abermals um, aber die Bibliothek war genauso verlassen wie zuvor. »Hier ist niemand. Kein Covington, kein Drake, keine Schnitter. Die Bibliothek ist leer. Ich wiederhole. Die Bibliothek ist leer.«

»Bleibt, wo ihr seid«, sagte Takeda. »Wir sind unterwegs.«

»Roger.«

»Das spielt keine Rolle«, knurrte Ian. »Die Schnitter sind bereits hier gewesen.«

Mir wurde ganz anders und ich ging zu ihm hinüber, obwohl ich bereits erriet, was ich vorfinden würde. Und tatsächlich, Glassplitter übersäten den Boden an der Stelle, an der der Deckel der Vitrine zerschmettert worden war. Die Fäden darin waren ebenfalls abgerissen worden, zusammen mit dem Artefakt.

Selkets Schreibfeder war verschwunden.

Die Schnitter hatten das Artefakt direkt vor unserer Nase gestohlen. Obwohl Ian und ich in der Bibliothek gewesen waren, trotz des Sicherheitssystems und der im Wald wartenden Protektoratswachen, war es den Schnittern gelungen, die Schreibfeder in die Finger zu bekommen …

Knarr.

Ian und ich wirbelten beide bei dem leisen Geräusch herum. Mein Blick flog durch den Raum und ich fragte mich, was das Geräusch hervorgerufen hatte. Dann hörten wir es wieder und ich sah, dass eines der Fenster leicht geöffnet war.

»Das Fenster«, murmelte Ian. »Auf diesem Wege müssen die Schnitter die Bibliothek verlassen haben.«

Er eilte zum Fenster hinüber, zog es ganz auf und schaute hinaus, wahrscheinlich in der Hoffnung, einen Blick auf die Schnitter zu erhaschen, die über die Wiese liefen, aber ich blieb, wo ich war, neben der Vitrine des Artefakts. Sosehr ich es hasste, es zuzugeben, Covington und Drake waren schlau. Außerdem gingen sie wie immer geschickt zu Werke. Sie hatten diesen Überfall perfekt geplant und waren wahrscheinlich längst fort.

Noch mehr Zorn brauste durch mich hindurch. Ich trat mit dem Stiefel gegen die hölzerne Seite der Vitrine …

Krächz! Krächz-krächz! Krächz!

Ich erstarrte, als ich die lauten, durchdringenden Rufe hörte. Sie erinnerten mich an die schrecklichen, unmenschlichen Schreie, die Typhon-Chimären von sich gaben, obwohl diese Laute viel höher und schriller waren wie der Ruf, den ein Schwarzer Rock vielleicht ausstoßen würde – oder etwas, das zum Teil Rock war.

Ich umfasste Babs fester und drehte mich langsam um. Ich sah nichts, daher schaute ich zu Ian hinüber. Er hatte die Zähne zusammengebissen und seine Knöchel waren um den Griff seiner Axt ganz weiß. Er sah zu mir herüber, dann schaute er demonstrativ nach oben.

»Auf dem Kronleuchter«, flüsterte er und bewegte dabei kaum die Lippen.

Ich hob den Blick zu dem kristallenen Kronleuchter in der Mitte der Decke. Als wir den Raum betreten hatten, war ich so darauf konzentriert gewesen, was vor mir lag, dass ich mir nicht die Mühe gemacht hatte, zu dem hochzuschauen, was möglicherweise *über* mir sein könnte. Jetzt, da ich es sah, wünschte ich, ich hätte nicht hochgeschaut, denn es war noch schrecklicher, als ich für möglich gehalten hätte.

Das Monstrum hockte auf einem Arm des Kronleuchters wie auf einem Ast. Seine schwarzen Federn und sein großer, kräftiger Körper ließen es wie einen Tintenfleck aussehen, der über die durchsichtigen Kristalle auslief. Seine Augen brannten in einem hellen, unheimlichen Blutrot und die gleiche Farbe zog sich durch sein schimmerndes Gefieder. Der Schnabel und die Klauen des Monstrums waren von einem glänzenden Schwarz, genau wie die scharfen Zacken, die den Hahnenkamm auf seinem Kopf krönten. Das Ungeheuer beugte sich nach unten und spähte zu mir herüber. Mir wurde klar, dass jede Zacke eine rote Spitze hatte, genau wie der Stachel am Ende seines langen Klapperschlangenschwanzes.

Die Schnitter mochten Selkets Schreibfeder gestohlen haben, aber sie hatten auch etwas in der Bibliothek zurückgelassen.

Einen Basilisken.

10

Langsam hob ich Babs in Angriffsposition. Drüben bei den Fenstern tat Ian das Gleiche mit seiner Axt. Der Basilisk kniff die Augen zusammen und schwenkte den Kopf von einer Seite zur anderen, als überlege er, wen von uns er als Erstes angreifen sollte.

»Leute«, sagte ich mit leiser, gepresster Stimme in meinen Ohrhörer. »Das Artefakt ist verschwunden, aber in der Bibliothek befindet sich ein Basilisk. Ich wiederhole. In der Bibliothek befindet sich ein Basilisk.«

»Wartet! Wir sind fast da«, kam prompt Takedas Antwort. Ich hörte, wie er den Protektoratswachen den Befehl zurief, sich in der Bibliothek einzufinden.

Der Basilisk beugte sich noch ein wenig weiter zu uns herunter, was den Kronleuchter hin und her schwingen und die Kristalle klimpernd aneinanderschlagen ließ.

Normalerweise hätte ich das leichte, perlende Geräusch recht angenehm gefunden, beinahe wie Musik, aber im Moment erinnerte es mich an einen Vogel, der an eine Fensterscheibe pickte. Vielleicht lag das aber auch daran, dass der Basilisk immer wieder seinen riesigen, schwarzen Schnabel auf- und zumachte, als wolle er mir mit seiner Spitze direkt ins Herz hacken.

»Ich habe gestern Abend in einem meiner Mythengeschichtsbücher etwas über Basilisken gelesen«, murmelte Ian. »Sie werden von lauten Geräuschen, plötzlichen Bewegungen und Sachen, die glänzen, angezogen.«

Ich zuckte zusammen. »Du meinst, glänzende Sachen wie die Waffen, die wir beide in der Hand haben?«

»Genau solche Sachen«, antwortete er leise.

Babs stieß ein entrüstetes Schnauben aus. »Nun, ich glänze und bin stolz darauf.«

Ihre gedämpfte Stimme war nicht allzu laut, aber sie erregte die Aufmerksamkeit des Basilisken, wie Ian es prophezeit hatte, und das Monstrum beugte sich noch weiter vor. Der Blick seiner dunkelroten Augen ruhte auf dem Schwert. Der Basilisk hatte sich entschieden – er würde zuerst Babs und mich angreifen. Was hatten wir doch für ein Glück!

»Dies ist *nicht* der richtige Zeitpunkt, um darüber zu reden, wie toll du bist, Babs«, zischte ich.

Glücklicherweise beachtete das Schwert meine Warnung und verstummte, aber der Schaden war bereits angerichtet. Der lange, schwarze Schwanz des Basilisken peitschte von einer Seite zur anderen und ließ die roten Rasseln an dessen Ende in einer deutlichen Warnung gegeneinanderklappern.

Das Monstrum war nur noch Sekunden davon entfernt, mich anzugreifen. Ich starrte es an und studierte jede noch so kleine Einzelheit an ihm. Man musste seinen Feind kennen, bevor man ihn töten konnte.

Der Basilisk war so schwer, dass sich die Metallkette des Kronleuchters von der Decke gelockert hatte und Gipswolken durch die Luft stoben. Mit seinen scharfen Krallen hatte er den Metallarm, auf dem er hockte, zerkratzt und eingedellt und er spreizte immer wieder seine mächtigen Schwingen, als würde er jeden Moment losfliegen wollen.

Ich überlegte, wie ich das Monstrum töten konnte, bevor es mich tötete. Ich sollte definitiv dem spitzen Stachel an seinem Schwanzende aus dem Weg gehen, genau wie den Zacken auf seinem Kopf. Der Basilisk konnte mich mit diesen Zacken nicht nur aufspießen, Takeda zufolge waren sie auch noch extrem giftig. Ich mochte Heilmagie besitzen, aber ich wusste nicht, ob sie ausreichte, um dem Gift des Basilisken entgegenzuwirken. Dieses Risiko wollte ich nicht eingehen, daher durfte ich nicht zulassen, dass mir das Ungeheuer mit einem seiner Zacken auch nur den leisesten Kratzer zufügte.

Doch selbst wenn ich den Zacken entging, konnte der Basilisk mich noch mit seinem scharfen, spitzen Schnabel töten. Ein Hieb davon könnte die Wirkung eines Schwerts haben, das mir in die Brust gerammt wurde. Die Kreatur konnte mich darüber hinaus mit seinen Krallen zerreißen oder mit seinen Flügeln gegen eine Wand schmettern.

Zacken, Schnabel, Krallen, Flügel. All diesen Gefahren musste ich ausweichen, was mir nur eine einzige Stelle ließ, an der ich angreifen konnte – den weichen, gefiederten Bauch des Basilisken.

Natürlich. Der Bauch war fast immer eine Schwachstelle, sei es bei Ungeheuern oder Sterblichen. Ich hatte Chimären getötet, indem ich ihnen eine Klinge in den Bauch gerammt hatte, und ich wettete, dass dies auch bei dem Basilisken funktionieren konnte.

Ich *hoffte*, dass es auch bei dem Basilisken funktionieren konnte.

»Okay, Folgendes ist der Plan«, flüsterte ich Ian zu. »Wenn der Basilisk mich angreift, fängst du laut an zu brüllen und attackierst ihn von der Seite. Das lenkt den Basilisken ab und er wird sich in deine Richtung drehen, sodass ich ihn von unten angreifen und ihn in die Seite stechen kann.«

»Wird das ausreichen, um ihn zu töten?«, flüsterte Ian zurück.

»Das werden wir dann herausfinden.«

Ich drehte Babs langsam zur Seite, brachte das Schwert in Position. Drüben an den Fenstern machte Ian sich ebenfalls bereit. Über uns auf dem Kronleuchter duckte sich der Basilisk und spreizte die Flügel.

»Auf drei«, flüsterte ich. »Eins, zwei, drei …«

Bevor Ian und ich etwas tun konnten, wurde die Tür am anderen Ende der Bibliothek aufgerissen und Kylie Midas stürmte herein.

Genau wie Ian und ich es getan hatten, marschierte Kylie in den Raum, ohne den Basilisken zu bemerken, der über ihrem Kopf auf dem Kronleuchter saß. Sie eilte durch die Bibliothek und zeigte mit dem Finger auf mich, sodass goldene Magiefunken überall hinspritzten.

»Rory Forseti! Ich wusste doch, dass du etwas im Schilde führst!«, knurrte sie. »Ich wusste es! Was machst du da? Stiehlst du Artefakte wie deine Schnittereltern?«

Ich zuckte zusammen, aber nicht wegen ihrer harten Worte. Laute Geräusche, plötzliche Bewegungen, Sachen, die glänzten. Häkchen, Häkchen, Häkchen. Nein, ich zuckte zusammen, weil Kylie gerade alles Erdenkliche getan hatte, um die Aufmerksamkeit des Basilisken zu erregen.

Das Monster riss den Kopf zur Seite und seine blutroten Augen weiteten sich, als es sich nun auf sein neues Ziel konzentrierte. Mit einem lauten, aufgeregten *Krächz!* schwang der Basilisk sich vom Kronleuchter und schwebte auf Kylie zu, die Krallen ausgestreckt, als sei sie ein Fisch, den er aus einem Fluss ziehen, davontragen und als Mittagessen verschlingen wollte.

Sie sah sich um. »Was macht hier so einen schrecklichen Lärm?«

Wir hatten keine Zeit, etwas zu erklären, und Kylie hätte mir wahrscheinlich ohnehin nicht geglaubt, daher machte ich mir nicht die Mühe, eine Warnung auszurufen. Stattdessen ließ ich Babs fallen, breitete die Arme weit aus und machte einen Satz nach vorne.

Für einen Moment wusste ich nicht, ob ich schnell genug sein würde, aber meine Spartanerinstinkte gaben mir den Sekundenbruchteil eines Vorsprungs gegenüber dem Basilisken. Außerdem konnte ich berechnen, wie tief er herabschießen würde. Ich knallte gegen Kylie, rang sie nieder und warf uns beide zu Boden, weg vom Angriff des Basilisken.

Na ja, fast weg.

Kylie schrie und hielt sich den Arm, als hätte der Basilisk sie mit seinen Krallen gekratzt, aber ich hatte keine Zeit, um festzustellen, wie schwer sie verletzt war. Nicht wenn ich uns beide retten wollte.

Ich kroch von ihr weg und ging in die Hocke. Der Basilisk war vor dem Kamin gelandet und jetzt wirbelte er herum, spreizte die Flügel und schwang sich wieder in die Luft. Die Kreatur schoss zur Decke empor, drehte dann um und stürzte sich wieder direkt auf mich herunter. Im letzten Moment warf ich mich zur Seite und sprang hinter eine der Artefaktvitrinen.

Krach!

Die Krallen des Basilisken schrammten über die Vitrine und ließen das Glas zersplittern. Ich jaulte auf und riss den Arm hoch, versuchte, mich zu schützen, aber trotzdem bohrten sich Glasscherben in meine Haut. Einen Augenblick lang spürte ich ein heißes Brennen, aber im nächsten Moment durchflutete ein kühles, tröstliches Gefühl meinen Körper und wusch das Brennen jeder einzelnen Wunde weg. Meine Heilmagie setzte ein und reparierte meine Haut.

Gut. Das war gut.

Nicht so gut war, dass der Basilisk sich bereits wieder in meine Richtung drehte.

Ich stand auf und taumelte davon, versuchte, ein wenig Abstand zwischen mich und den Basilisken zu legen, aber diesmal war ich nicht schnell genug. Der Flügel der Kreatur rammte sich in meinen Brustkorb und schleuderte mich drei Meter weit durch die Bibliothek.

Ich krachte gegen eines der Bücherregale, die die Wand säumten, und landete auf dem Boden. Mehrere Bücher rutschten aus ihren Regalen, türmten sich über mir auf und fügten mir weitere Verletzungen zu. Der Schmerz explodierte in meinem Rücken und ich fühlte mich wie eine Stoffpuppe, die ein Kind in einem Wutanfall weggeworfen hatte, um dann obendrein darauf herumzutrampeln.

Ich stöhnte, aber wieder durchströmte das kühlende Gefühl meiner Heilmagie meinen Körper und brachte alle Schäden in Ordnung. Meine Magie ermöglichte es mir, den Berg von Büchern abzuschütteln und mich taumelnd zu erheben.

Krächz! Krächz-krächz! Krächz!

Ich riss den Kopf hoch. Der Basilisk stand direkt vor mir und diesmal konnte ich ihm nicht ausweichen. Er warf den Kopf zurück, dann pickte er nach mir, bereit, mir seinen Schnabel in die Brust zu bohren …

Bumm!

Der Basilisk schrie und torkelte von mir weg. Der Kupfergestank von Blut erfüllte die Luft. Mehrere dunkelrote Tropfen spritzten auf den Boden und verbrannten die Teppiche wie Säure. Etwas Glänzendes hatte sich in die schwarzen Flügel der Kreatur gebohrt. Ian hatte seine Axt nach dem Monstrum geworfen, um mich zu retten.

Ich grinste ihn an und er erwiderte das Grinsen.

Dann eilte er durch den Raum, riss Kylie auf die Füße und schob sie auf das offene Fenster zu. »Los, raus hier!«

Kylie streckte die Hände nach ihm aus, als wünschte sie sich, er würde mitkommen, aber Ian wich ihr aus und lief zur nächsten Vitrine, die einen Speer enthielt. Er rammte den Ellbogen gegen das Glas, damit er nach der Waffe greifen konnte, aber der Speer war lang und sperrig und die Spitze blieb an etwas in der Vitrine hängen. Ian knurrte und zerrte daran, aber ich merkte, dass er noch mehrere Sekunden brauchen würde, um die Waffe herauszubekommen.

Der Basilisk drehte sich wild um sich selbst, versuchte, Ians Axt vom Flügel zu schütteln, und spritzte überall Blut hin. Ein paar Tropfen fielen auf das Bücherregal neben mir und fraßen sich durch das Holz.

Ich musste das Monstrum töten, bevor es uns wieder angriff, aber um das zu tun, brauchte ich eine Waffe, etwas, das erheblich schärfer und stärker war als die Bücher, die den Boden übersäten.

»Rory! Rory!«, rief Babs. »Hier drüben!«

Das Schwert lag in der Ecke, wo ich es fallen gelassen hatte, um Kylie zu Boden zu reißen.

Mit einem lauten, zornigen *Krächz!* schüttelte der Basilisk ein letztes Mal den Flügel und warf Ians Axt ab, die durch den Raum flog und sich in eines der Bücherregale grub. Das Ungeheuer drehte sich in Ians Richtung. Fluchend kämpfte er immer noch mit dem Speer. Ich beschloss, dem Basilisken jemand anders anzubieten, auf den er sich konzentrieren konnte: mich.

Ich riss eines der Bücher vom Boden hoch, holte aus und warf es, so kräftig ich konnte. Der dicke, schwere Band flog durch die Luft und traf den Basilisken an seinem verletzten Flügel. Direkt ins Schwarze.

Das Monstrum krächzte abermals und wandte mir den mörderischen Blick seiner dunkelroten Augen zu.

»Hey, Vogelhirn«, brüllte ich und wedelte mit den Händen. »Hier drüben! Fang mich, wenn du kannst!«

Ich rannte los. Wieder krächzte der Basilisk, diesmal vor Wut, und huschte hinter mir her wie ein Hahn, der einen Wurm durch einen Scheunenhof jagte. Ich bewegte mich so schnell wie möglich und flitzte zwischen den Vitrinen und anderen Möbeln hindurch.

Ich schaute über meine Schulter. Statt um die Trümmer herumzugehen oder darüber hinwegzufliegen, senkte der Basilisk den Kopf und benutzte die Zacken auf seinem Kamm wie einen Rammbock, um alles, was sich ihm in den Weg stellte, fortzustoßen. Und er würde das Gleiche mit mir machen, wenn ich Babs nicht rechtzeitig erreichte.

Ich riss den Kopf wieder herum und rannte noch schneller,

den Blick aus zusammengekniffenen Augen ausschließlich auf Babs konzentriert. Ich hatte nur einen Versuch.

»Rory!«, rief Ian hinter mir. »Vorsicht!«

Ich sah den Schatten des Basilisken neben mir auf dem Boden und er wurde jeden Augenblick größer und größer. Die Kreatur war nur noch ganz kurz davon entfernt, sich auf mich zu stürzen und mich mit seinen Krallen in Fetzen zu reißen. Mit einer letzten Kraftanstrengung warf ich mich auf den Boden.

Glücklicherweise lagen in diesem Teil des Raums keine Läufer und ich schlitterte über den rutschigen Stein wie ein Kind auf einem Schlitten. Hui. Ein Grinsen legte sich über mein Gesicht. Vielleicht hätte ich in Panik geraten sollen, weil ein Monstrum kurz davor war, mich zu töten, aber das war eine der verrückten Eigenarten von Spartanern. Solche Situationen erschienen uns beinahe *spaßig*. Beinahe.

Ich rutschte weiter, streckte die Hand aus und riss Babs vom Boden hoch.

»Hinter dir!«, brüllte das Schwert, obwohl meine Hand sich über seinem Griff schloss und seine Stimme dämpfte. »Hinter dir!«

Ich machte mir nicht die Mühe zu antworten. Ich wusste genau, wie nah der Basilisk dran war, mich zu töten. Tatsächlich verließ ich mich sogar darauf.

Meine Rutschpartie trug mich den ganzen Weg bis hinüber zur Wand. Ich prallte dort gegen das Bücherregal, rollte mich sofort weg, um den herabfallenden Bänden auszuweichen, und sprang mit einem Satz wieder auf die Füße.

Der Basilisk war direkt vor mir. Die Kreatur beugte sich vor, erpicht, mich mit dem Schnabel aufzuspießen, und achtete nicht darauf, wo sie hintrat. Großer Fehler. Einer der Füße des Basilisken glitt auf den Büchern auf dem Boden aus und er verlor das Gleichgewicht, während er auf mich zutaumelte.

Ich zögerte keinen Augenblick. Sobald der Basilisk in Reichweite war, duckte ich mich unter seinem schlagenden Flügel hindurch, preschte vor und versenkte Babs in seinem Bauch.

Der Basilisk schrie tödlich getroffen auf. Das hohe, durchdringende Kreischen ließ mich zusammenzucken, aber ich biss die Zähne zusammen und rammte ihm das Schwert noch tiefer in den Bauch. Das Monstrum schrie abermals, dann …

Puff!

Der Basilisk löste sich in einer Wolke winziger, schwarzer Federn auf.

Das Verschwinden des Monstrums ließ mich das Gleichgewicht verlieren. Ich taumelte vorwärts, direkt hinein in die schwarzen Federn, die sich sofort an meine Kleider, meine Hände und sogar an mein Gesicht und mein Haar hefteten. Ich wedelte mit der Hand und versuchte, die Federn loszuwerden, aber dadurch klebten sie nur umso fester an mir. Es war ein Gefühl, als würden hundert weiche, kleine Finger gleichzeitig meine Haut kitzeln. Meine Nase juckte und ich fing an, heftig zu niesen.

»Rory!« Ian kam auf mich zugelaufen, einen sorgenvollen Ausdruck auf dem Gesicht. »Alles okay?«

»Es geht mir – *Hatschi!* – gut.«

Und das stimmte wirklich. Mit jeder Sekunde überflutete mehr und mehr von der kühlen, tröstlichen Kraft meinen Körper, während meine Magie all meine Schnittwunden, Prellungen und Blutergüsse heilte. In zwei Minuten würde ich so gut wie neu sein.

Ians Züge wurden sanft und Erleichterung erfüllte seine Augen. Er trat vor und breitete die Arme aus, als wolle er mich an sich ziehen.

Mein Herz fing erwartungsvoll an zu pochen. Jetzt war er da. Der Moment, in dem aus Ian und mir mehr werden würde als bloße Teamgefährten. Er beugte sich vor, aber wieder befiel mich dieses Kribbeln, sogar noch stärker als zuvor.

»Hatschi!« Ich nieste wieder heftig, was Ian jäh innehalten ließ. »Entschuldige bitte.«

Ich lächelte ihn an, aber mittlerweile tränten meine Augen und ich brauchte ein Taschentuch, um mir die Nase zu putzen. Ian bedachte mich mit einem amüsierten Blick, streckte die Hand aus und tätschelte meine Schulter, darauf bedacht, keine der Federn an die Finger zu bekommen.

»Kein Problem«, sagte er. »Ich bin nur froh, dass es dir gut geht …«

»Hatschi!«

Ich nieste schon wieder und ruinierte damit offiziell den besonderen Augenblick, denn Ian ließ die Hand sinken und machte einen Schritt nach hinten.

Typisch für – *Hatschi!* – mich.

Eine Minute später kamen Takeda und Zoe zusammen mit mehreren Protektoratswachen, die graue Umhänge trugen, in die Bibliothek gerannt. Sie hatten ihre Waffen gezogen, die sie sinken ließen, als sie begriffen, dass nichts mehr da war, wogegen sie kämpfen konnten.

Zoe eilte zu Ian und mir herüber. Beim Anblick all der Federn, die an mir klebten, weiteten sich ihre Augen. »Was ist denn mit dir passiert?«

Ich öffnete den Mund, um es ihr zu erzählen, aber was herauskam, war – *Hatschi!* – ein weiteres Niesen.

Zoe erbarmte sich meiner und wir gingen in das WC im Flur zum Wintergarten, wo sie mir half, diese blöden Federn loszuwerden.

»Wie hast du so viele von den Dingern abgekriegt? Und warum sind die so klebrig? Fast so wie kleine Blutegel«, murmelte Zoe, als sie mir eine weitere Handvoll abpflückte und in den Mülleimer warf.

»Keine Ahnung.« Ich betupfte meine immer noch tränenden Augen mit einem Papiertaschentuch, dann putzte ich mir die Nase. »Ich wollte den Basilisken einfach nur töten, bevor er mich töten konnte. Ich hatte keine Ahnung, dass ich allergisch auf ihn reagieren würde. Das macht das Biest in meinen Augen doppelt böse.«

»Nun, ich verstehe nicht, was daran so eine große Sache ist«, bemerkte Babs, die ich an einen Stuhl gelehnt hatte. »An *mir* kleben keine Federn. Es muss an all dem Öl liegen, das du neulich benutzt hast, damit ich so schön glänze. Sieh dir meine Klinge an. Es ist, als hättest du mich gerade erst poliert.«

Das Schwert bewunderte sich summend in dem antiken Spiegel an der Wand. Ich warf ihm einen missmutigen Blick zu und putzte mir abermals die Nase.

Das Licht ging an und dem entnahm ich, dass Mateo den Strom und das Sicherheitssystem der Villa wieder unter seiner Kontrolle hatte. Zoe und ich entledigten uns der restlichen klebrigen Federn, wuschen uns die Hände und gingen zurück in die Bibliothek.

Mateo saß an einem Tisch und Ian und Takeda standen neben ihm. Zoe und ich gingen zu ihnen. Mateo lächelte und sagte, er sei froh, dass es mir gut gehe. Dann begann er, auf einem Laptop zu tippen.

»Was ist passiert?«, fragte ich. »Wer hat sich in das System gehackt?«

Er schüttelte den Kopf. »Das weiß ich noch nicht, aber wer auch immer es war, er hat irrsinnig gute Computerkenntnisse. Aber keine Sorge. Ich lade gerade die Aufnahmen der Überwachungskameras herunter. Ich werde schon dahinterkommen.«

Ich sah Takeda an. »Irgendeine Spur von Selkets Schreibfeder? Oder von Covington und Drake?«

Er schüttelte den Kopf. »Nein. Mehrere Wachen durchkämmen die Villa und die Gärten, aber bisher konnten wir keine Spur von den Schnittern entdecken. Es ist, als hätten Covington und Drake sich einfach in Luft aufgelöst.«

Das überraschte mich nicht, aber trotzdem schlug eine

Welle der Enttäuschung über mir zusammen. »Wie haben sie es angestellt? Auf den Aufnahmen der Überwachungskameras finden sich doch bestimmt Spuren von ihnen.«

Takeda schüttelte wieder den Kopf. »Ich weiß nicht, wie es ihnen gelungen ist, die Kameras zu umgehen, aber bisher haben wir sie auf keinem der Aufnahmen entdeckt.«

Eine der Protektoratswachen ging auf Takeda zu und nahm ihn beiseite.

»Vergesst mal für eine Sekunde die Schnitter«, meldete Zoe sich zu Wort. »Was machen wir mit *ihr*?«

Sie deutete mit dem Kopf auf Kylie, die auf einem der wenigen Stühle saß, die während der Schlacht mit dem Basilisken nicht zerstört worden waren.

»Bei Team Midgard dreht sich alles um Anonymität und darum, so zu tun, als seien wir ganz normale Schüler, genau wie alle anderen«, fuhr Zoe fort. »Kylie ist das beliebteste Mädchen der Schule. Wenn sie ihren Freunden davon erzählt, was sie heute gesehen hat, spricht es sich binnen Minuten in der ganzen Akademie herum. Dann wissen alle, dass die Schnitter ein Artefakt gestohlen haben.«

Sie hatte recht. Der ganze Sinn von Team Midgard bestand darin, die neue Gefahr durch die Schnitter unter dem Deckel zu halten, damit die Mythos-Schüler sich endlich entspannen und ihr Leben weiterleben konnten. Wenn irgendjemand begriff, dass die Schnitter einen weiteren Angriff planten, würden sich Furcht, Panik und Sorge wie ein Lauffeuer in der Akademie in Colorado ausbreiten, genau wie auf den anderen Campussen.

»Ich werde mit ihr sprechen«, bot Ian an. »Vielleicht kann ich sie dazu überreden, den Mund zu halten.«

»Nein«, widersprach ich. »Lass mich das übernehmen.«

Er bedachte mich mit einem überraschten Blick. Ja, genau, ich war ebenfalls überrascht. Ich war mir nicht sicher, warum ich mit Kylie sprechen wollte. Schließlich war sie in die Bibliothek gestürmt und hatte mich beschuldigt, ein Schnitter zu sein. Sie würde wahrscheinlich kein Wort von dem glauben, was ich sagte, ungeachtet der Tatsache, dass ich ihr das Leben gerettet hatte. Trotzdem, ich musste es versuchen. Ich wollte mich nicht mit Kylie anfreunden, aber ich wollte sie auch nicht zur Feindin haben. Um die Wahrheit zu sagen, hatte ich ihre zornigen Blicke und sarkastischen Bemerkungen über meine Eltern satt. Vielleicht war das hier eine Chance für uns, den Streit zu beenden und zumindest höflich miteinander umzugehen. Also holte ich tief Luft, drückte die Schultern durch und ging zu Kylie.

Der Ärmel ihres Pullovers war aufgerissen und ein paar lange, üble Kratzer zogen sich über ihren rechten Arm, wo die Krallen des Basilisken sich in ihre Haut gebohrt hatten. In der linken Hand umklammerte sie ein Taschentuch und wischte damit das Blut ab, das immer weiter aus den Kratzern sickerte. Ihre Bewegungen waren langsam und unbeholfen und sie zuckte immer wieder vor Schmerz zusammen.

»Komm. Lass mich dir helfen.«

Ich nahm sanft ihr Handgelenk und hielt ihren Arm hoch, damit ich mir die Schnitte besser ansehen konnte. Sie waren viel tiefer, als ich gedacht hatte, die Art von Wunden, die Wellen brennenden Schmerzes durch den ganzen Körper fließen ließen, sobald man irgendwie den Arm bewegte. Mitleid erfüllte mich, zusammen mit einem weiteren Aufbranden meiner kühlen, tröstlichen Kraft, beinahe als wolle die Magie in meinem Körper Kylie helfen und ihre Verletzung heilen …

»Ih!«, zischte Kylie und zuckte vor mir zurück. »Nimm deine kalten Finger von mir. Was hast du gemacht? Sie in Eiswasser getaucht?«

Ich ballte die Faust, aber ich zwang mich, die Hand sinken zu lassen und Ruhe zu bewahren. »Ich wollte mich nur davon überzeugen, dass bei dir alles in Ordnung ist.«

Der Blick ihrer haselnussbraunen Augen flackerte an mir

vorbei. Sie starrte die Protektoratswachen an, die dabei waren, Trümmer aufzuheben, Stühle und Tische wieder hinzustellen und Fotos von der Vitrine zu machen, in der sich Selkets Schreibfeder befunden hatte. Ein Wachposten versuchte, den Haufen Federn zusammenzukehren, die der Basilisk zurückgelassen hatte, obwohl sie immer wieder an seinem Besen festklebten.

»Es geht mir gut«, sagte Kylie mit etwas sanfterer Stimme. »Alles in allem.«

Sie verstummte und sah sich immer noch in der Bibliothek um. Ein Schauder durchlief sie und ich spürte, dass sie daran dachte, wie nah dran der Basilisk gewesen war, sie in Fetzen zu reißen.

Ich räusperte mich. »Hör mal, wegen dem, was passiert ist …«

Sie schnaubte. »Kommt jetzt, dass ich den Mund halten soll oder du lässt mich von deinen Protektoratsfreunden ins Gefängnis werfen?«

»Natürlich nicht. Das würde ich niemals tun und sie auch nicht.« Ich legte eine kurze Pause ein. »Aber es wäre besser, wenn du das für dich behalten könntest. Der Basilisk ist fort. Alle sind bereits in Panik, weil das Licht ausgegangen ist. Es ist nicht nötig, ihnen zu erzählen, dass wirklich Schnitter hier waren und dass sie mit einem Artefakt ein Monstrum heraufbeschworen haben.«

»Noch mehr Schnitter?« Kylie seufzte. »Natürlich gibt es noch mehr Schnitter. Es gibt *immer* noch mehr Schnitter.«

Einmal mehr flackerte ihr Blick an mir vorbei, aber diesmal konzentrierte er sich auf Ian, der mit Zoe sprach. Am Tisch hämmerte Mateo weiter auf seinen Laptop ein.

»Ich habe wirklich gedacht, Ian mag mich.« Sie senkte den Blick und Traurigkeit erfüllte ihre Stimme. »Er hat mich letzte Woche gefragt, ob ich im Sportunterricht seine Übungspartnerin sein wollte, und er hat mir so viele Fragen gestellt. Er schien echtes Interesse an mir zu haben.«

Ich runzelte die Stirn. Ian hatte gesagt, dass zwischen ihm und Kylie nichts sei, warum also sollte er sie sich im Sportunterricht als Partnerin wünschen? Und warum hatte er ihr Fragen gestellt?

Kylie stieß ein bitteres Lachen aus. »Aber er schert sich überhaupt nicht um mich. Ich habe bemerkt, wie er dich heute Morgen auf dem Schulhof angesehen hat und wie er hinübergelaufen ist, um nach dir zu schauen, nachdem du den Basilisken getötet hattest. Er steht total auf dich. Zuerst Lance Fuller und jetzt Ian Hunter.« Sie schüttelte den Kopf. »Was finden Typen nur so unwiderstehlich an Rory Forseti?«

Ich zuckte zusammen. Ich hörte den Schmerz in ihrer Stimme, aber ich konnte ihr nicht erzählen, dass Lance ein Schnitter gewesen war und versucht hatte, mich dafür zu gewinnen, ebenfalls einer zu werden. Das waren Geheimnisse des Teams Midgard, von denen niemand sonst etwas zu wissen brauchte. Außerdem würde die Information Kylie wahrscheinlich nur dazu bringen, mich noch mehr zu hassen, als sie es ohnehin schon tat.

»Es tut mir leid«, murmelte ich. »Heute Morgen im Bus habe ich gemerkt, wie sehr du Ian magst. Er ist ein netter Kerl. Ich bin mir sicher, dass er dich nicht absichtlich verletzt oder getäuscht hat.«

»Warum tut dir das leid?«, blaffte sie. »Du hast gewonnen und ich habe verloren. So einfach ist das. Aus irgendeinem Grund, den ich nicht verstehe, mag er dich tatsächlich. Er und Zoe Wayland und Mateo Solis. Sie sind deine neuen besten Freunde. Ich habe versucht, Ian zur Vernunft zu bringen. Ich habe ihm gesagt, dass deine Eltern Schnitter waren, aber er wollte nicht auf mich hören.«

»Ian weiß bereits, dass meine Eltern Schnitter waren«, knurrte ich zurück. »Wie könnte er das auch nicht wissen? Du und die anderen, ihr lasst es mich nie vergessen. Nicht für eine einzige miese Sekunde.«

Kylie presste die Lippen aufeinander und so etwas wie Reue blitzte in ihren Augen auf. Aber sie entschuldigte sich nicht und ich wusste, dass sie das auch nicht tun würde. Ich hatte gesagt, dass es mir leidtat, und mehr konnte ich nicht tun.

»Du solltest einen von den Protektoratswachen bitten, sich deinen Arm anzusehen«, sagte ich.

»Mein Arm ist in Ordnung«, murmelte Kylie. »Nur ein paar Kratzer. Siehst du? Sie bluten nicht einmal mehr.«

Sie wischte ein letztes Blutströpfchen ab und zeigte mir, dass die hässlichen Schnittwunden zu dünnen, rosigen Linien verblasst waren. Ich runzelte abermals die Stirn. Seltsam. Die Verletzungen hatten vor einer Minute noch wirklich tief und schmerzhaft ausgesehen. Vielleicht waren sie mir wegen all des Blutes schlimmer vorgekommen, als sie es tatsächlich waren.

Ich sah Kylie noch einmal an. Ich musste noch etwas sagen, etwas, das mich schon seit Langem bewegte. »Es tut mir wirklich leid, dass du gedacht hast, Ian würde dich lieber mögen, als er es tut. Ich weiß, wie es ist, in einen Typen verknallt zu sein, der nicht genauso empfindet. Aber dass meine Eltern Schnitter waren, ist nicht meine Schuld. Überhaupt nicht. Kein bisschen. Ich bedaure all die schrecklichen Dinge, die sie getan haben, und all die Menschen, die sie verletzt haben, aber das geht auf ihre Kappe. Nicht auf *meine*. Das waren ihre Taten, ihre Fehler, nicht meine, und ich arbeite mit dem Protektorat zusammen, um dafür zu sorgen, dass die Schnitter niemandem mehr wehtun. Ich hoffe, das wirst du von jetzt an im Hinterkopf haben.«

Ich starrte Kylie noch einen Moment lang an, dann drehte ich mich um und ließ sie allein in der Ecke sitzen.

11

Ich gesellte mich wieder zu Ian und Zoe, die immer noch hinter Mateo standen.

Dank seiner Römerschnelligkeit flogen Mateos Hände geradezu über die Tasten, sodass ich ihnen kaum folgen konnte. Ich öffnete den Mund, um zu fragen, ob er schon etwas herausgefunden hatte, aber Zoe schüttelte den Kopf und warnte mich, ihn nicht zu unterbrechen, wenn er im Flow war.

Zoes Blick senkte sich auf meinen Arm und sie zog verwirrt die Brauen zusammen. »Warum kratzt du dir den Arm?«

Ich schaute hin. Es war mir nicht bewusst gewesen, aber ich hatte wieder und wieder die Fingernägel in meinen rechten Unterarm gebohrt. »Keine Ahnung. Es juckt einfach.«

»Vielleicht hast du von den Basiliskenfedern einen Ausschlag bekommen.« Zoe kicherte über ihren schlechten Scherz.

Ich verdrehte die Augen, aber irgendwie machte ich mir Sorgen, dass sie recht haben könnte, daher krempelte ich meinen Ärmel hoch. Zu meiner Erleichterung sah die Haut ganz normal aus. Meine Heilmagie würde wahrscheinlich verhindern, dass ich Ausschlag bekam, selbst wenn sie mich nicht davor gerettet hatte, wegen all der Federn immer wieder niesen zu müssen. Aber mein Arm juckte immer noch und ich kratzte mich, bis das Gefühl endlich nachließ.

Takeda beendete sein Gespräch mit den Protektoratswachen und kam zu uns. »Die Wachen sind jetzt fertig mit der Evakuierung und Durchsuchung der Villa. Alle Schüler der Akademie befinden sich auf dem Parkplatz. Die Wachen haben außerdem mit Professor Dalaja gesprochen und sie hat zugestimmt, die Exkursion abzubrechen.«

»Warum haben Sie nicht mit ihr gesprochen und ihr erzählt, was los ist?«, fragte ich.

»Weil ich, soweit alle anderen Professoren wissen, der neue Sportlehrer bin«, antwortete Takeda. »Ich muss meine Tarnung aufrechterhalten, genau wie ihr, und je weniger Leute von Team Midgard wissen, umso besser.«

»Also haben auch die Wachen Professor Dalaja nicht erzählt, dass Rory, Kylie und ich in der Bibliothek waren, als der Basilisk angegriffen hat«, fasste Ian zusammen.

»Das ist richtig. Die Wachen haben Dalaja gesagt, sie hätten einen anonymen Tipp bekommen, dass es einen Raubversuch geben könnte, was der Grund dafür ist, warum das Protektorat die Villa überwacht. Sie haben ihr nicht erzählt, dass Selkets Schreibfeder gestohlen wurde und dass die Person, die das Artefakt entwendet hat, einen Basilisken entfesselt hat.«

Also würden Takeda und das Protektorat die ganze Sache unter den Teppich kehren, genau wie sie es getan hatten, als Lance Fuller das Chimärenzepter aus der Bibliothek der Altertümer gestohlen hatte oder als Covington und Drake versucht hatten, die unheimliche schwarze Schmuckschatulle aus dem Cormac Museum in die Hände zu bekommen.

»Dalaja will die Schüler nicht mehr als nötig beunruhigen und hat zugestimmt, allen zu erzählen, dass das Licht wegen eines Kurzschlusses ausgegangen sei.« Takeda nickte Ian und mir zu. »Also müsst ihr zwei zum Parkplatz gehen und mit dem Bus zusammen mit den anderen zur Akademie zurückfahren. Ich habe bereits jemanden beauftragt, Kylie nach draußen zu bringen.«

Schritte schlurften über den Boden und Kylie ging mit einer Protektoratswache an uns vorbei. Sie hielt den Blick geradeaus gerichtet und sah weder Ian noch mich noch sonst irgendjemanden an, als sie die Bibliothek verließ.

»Warum müssen wir wieder in den Bus?«, fragte Ian. »Sollten wir nicht besser hierbleiben und dabei helfen, herauszufinden, wie es Covington und Drake gelungen ist, das Artefakt zu stehlen?«

»Das können wir in Erfahrung bringen, wenn wir wieder im Bunker sind«, antwortete Takeda. »Im Moment ist es das Wichtigste, die Schüler sicher in die Akademie zurückzubringen. Also müsst ihr zwei, du und Rory, im Bus mitfahren und so tun, als sei alles in Ordnung.«

Es war definitiv *gar nichts* in Ordnung, aber Takeda wollte die Schüler nicht verunsichern. Das konnte ich verstehen. Jetzt konnten wir nur hoffen, dass Kylie Stillschweigen bewahren würde über alles, was sie gesehen und gehört hatte.

Takeda bat Ian und mich, gleich in den Bunker zu gehen, wenn wir in der Akademie ankamen, und versprach, dass er, Zoe und Mateo auch dorthin kommen würden, sobald sie hier fertig waren. Dann verließen Ian und ich die Bibliothek.

Wir kehrten zurück in den Speisesaal, der einem Katastrophengebiet glich. In ihrer Panik hatten die Mythos-Schüler fast alle Tische und Stühle umgeworfen, wodurch viele im allgemeinen Chaos kaputtgegangen waren. Das ganze Essen war auf dem Boden gelandet und zu einer dicken, suppigen Schweinerei zertrampelt worden, einschließlich der Kekse. Mein Magen grummelte vor Enttäuschung.

Ein paar der Angestellten des Anwesens standen an einer Wand, die Augen und Münder weit geöffnet, als seien sie so schockiert über die gewaltige Schweinerei, dass sie einfach nicht wussten, wo oder wie sie mit dem Aufräumen anfangen sollten.

Ich ging auf Zehenspitzen über den breiigen Teppich aus zermatschten Sandwiches und plattgetretenem Obst und fand meine Umhängetasche unter einem der umgeworfenen Buffettische. Ian fischte ebenfalls seine Sporttasche aus den Trümmern. Dann schlüpften wir durch eine Seitentür, gingen um die Villa herum und traten auf den Parkplatz, wo die anderen Schüler schon um den Bus herumstanden.

»Ein Kurzschluss? Wirklich?«

»Das kam mir aber nicht wie ein Kurzschluss vor.«

»Ich sage immer noch, dass es irgendeine Art von Schnitterangriff war.«

Die Schüler warfen mit all diesen Theorien und einem Dutzend weiteren um sich, während sie sich fragten, was geschehen war. Sie waren alle so beschäftigt damit, zu reden und mit ihren Handys zu simsen, dass niemand bemerkte, wie Ian und ich uns unauffällig wieder zu ihnen gesellten.

Bis auf Professor Dalaja.

Sie stand mit einer der Protektoratswachen am Rand des Parkplatzes, doch ihre schwarzen Augen blickten genau auf Ian und mich. Oje. Ich konnte es nicht ändern, dass sie uns gesehen hatte, daher nickte ich ihr zu, als sei alles in bester Ordnung und die Tatsache, dass Ian und ich dreißig Minuten nach allen anderen aus der Villa schlüpften, völlig normal.

Sie beäugte uns noch ein paar Sekunden länger, dann wandte sie sich wieder dem Wachposten zu.

Eine Krise war damit gebannt. Jetzt mussten wir uns um eine weitere potenzielle Gefahr kümmern.

Ich entdeckte Kylie bei Gretchen, etwa sechs oder sieben Meter entfernt. Im Gegensatz zu allen anderen redeten oder simsten die beiden nicht. Kylie hatte den Kopf gesenkt und kaute an einem Fingernagel, während Gretchen mit dem Fuß auf dem Boden wippte und ihr Tablet checkte, sichtlich bereit, in den Bus zu steigen und abzufahren.

Professor Dalaja beendete ihr Gespräch mit dem Mann vom Protektorat, dann winkte sie, um die Aufmerksamkeit der Schüler zu gewinnen. »In Ordnung, Leute. Alle mal herhören.«

Die Schüler verstummten. Dalaja sah zuerst einen Schüler an, dann einen anderen. Ihr Blick verweilte für einen Moment auf mir, bevor er weiterwanderte.

»Okay, es hat sich bestätigt. Ein Kurzschluss hat das Licht ausgehen lassen und die Türen verschlossen. Anscheinend hatte die Villa in letzter Zeit eine Menge … Probleme mit der Elektrik, weshalb die Protektoratswachen hier waren und nach dem Rechten gesehen haben.« Sie schürzte die Lippen, als hätten die Lügen einen sauren Geschmack in ihrem Mund hinterlassen. »Wie dem auch sei, jetzt ist alles wieder in Ordnung, aber ich habe beschlossen, dass wir trotzdem in die Akademie zurückkehren sollten.«

Ein kollektives Stöhnen erhob sich von den Schülern. Jetzt, da es angeblich kein Problem mehr gab, wollte niemand in die Schule zurück. Es machte mehr Spaß, herumzustehen und über das Geschehene zu tratschen.

»Ich weiß, ich weiß. Sie sind alle sehr enttäuscht, dass Sie heute nichts mehr lernen werden«, fuhr sie fort. »Aber keine Sorge. Ich habe trotzdem vor, Sie über das, was wir uns heute Morgen angesehen haben, abzufragen.«

Ein weiteres Stöhnen, ein wenig lauter diesmal.

Professor Dalaja lächelte. »Und ich plane außerdem, Ihnen allen ein paar Extrapunkte dafür zu geben, dass Sie die Sache heute so sportlich genommen haben.«

Diesmal wogte statt eines Stöhnens ein vielfaches *Juhu!* durch die Menge.

»Kommt, Leute. Lassen Sie uns fahren.«

Dalaja wedelte abermals mit der Hand und die Schüler bildeten eine Schlange, um in den Bus zu steigen. Unsere Lehrerin stand an der Tür und hakte ihre Anwesenheitsliste ab, um sich davon zu überzeugen, dass alle da waren. Wieder einmal waren Ian und ich die Letzten in der Schlange. Professor Dalaja kniff die Augen zusammen, als wir uns ihr näherten, und sie musterte uns, beinahe so, als wolle sie sich vergewissern, dass wir keine sichtbaren Verletzungen hatten.

»Rory, Ian«, sagte sie. »Ich bin so froh, dass es Ihnen gut geht und Sie während des … Zwischenfalls nicht verletzt wurden.«

Zwischenfall? So, wie sie es sagte, kam es mir vor, als wüsste sie bereits, was geschehen war. Aber wie konnte das sein? Vielleicht waren die Protektoratswachen doch nicht so überzeugend gewesen, wie Takeda gehofft hatte. Vielleicht hatte die Professorin eine der Wachen über das gestohlene Artefakt reden hören und über die Verwüstung, die der Basilisk angerichtet hatte.

Dann kam mir ein noch viel beängstigenderer Gedanke. Vielleicht war Professor Dalaja ein Schnitter.

Nein. Das konnte nicht sein. Sie war im Speisesaal gewesen, als das Licht ausgegangen war, und ich hatte gehört, wie sie versucht hatte, alle zu beruhigen. Sie war definitiv nicht diejenige, die Selkets Schreibfeder gestohlen und den Basilisken heraufbeschworen hatte.

Aber das bedeutete nicht, dass sie den Schnittern nicht dabei geholfen haben konnte, das alles zu tun.

Niemand wusste mehr über das Idun-Anwesen als Professor Dalaja. Wenn irgendjemand Covington und Drake geholfen haben konnte, unbemerkt in die Villa zu schlüpfen, Selkets Schreibfeder zu stehlen und spurlos wieder zu verschwinden, dann war sie es.

»Rory?«, fragte Dalaja mit besorgter Miene. »Ist alles in Ordnung mit Ihnen? Sie sehen so blass aus.«

»Oh, es geht mir gut. Ich schätze, die ganze Aufregung hat mich einfach ein wenig überwältigt.«

Ich zwang mich, sie anzulächeln, als würde mein Herz nicht schmerzen und als würde mein Magen sich nicht bei dem Gedanken zusammenziehen, dass sie möglicherweise ein Schnitter sein könnte. Dalaja war meine Lieblingslehrerin und sie war mir gegenüber immer gerecht und freundlich gewesen. Ich wollte nicht glauben, dass sie ein Schnitter war, aber ich konnte die Möglichkeit auch nicht ausschließen. Nicht nachdem meine Eltern mich so gründlich getäuscht hatten.

Ich machte Anstalten, in den Bus zu steigen, aber sie streckte eine Hand aus und hinderte mich daran. Ich verkrampfte mich. Ian, der neben mir stand, tat das Gleiche.

Dalaja trat einen Schritt auf mich zu und ich ließ die Hand auf Babs' Griff fallen, bereit, das Schwert herauszuziehen. Ich wollte der Professorin nicht wehtun, aber wenn sie mich angriff …

Sie pflückte etwas von meiner Schulter und hielt es hoch. Eine kleine, schwarze Feder mit einem Hauch von Rot glänzte zwischen ihren Fingerspitzen. »Eigenartig. Woher kommt die?«

Ich verzog das Gesicht. Ian auch. Zoe war diese Feder anscheinend entgangen, als sie mir vorhin geholfen hatte, mich von meinem Federkleid zu befreien.

Ich zwang mich, Dalaja noch einmal anzulächeln. »Ich habe mich auf eins der dicken, fetten Kissen in der Bibliothek gesetzt. Wahrscheinlich stammt sie daher. Sie wissen doch, wie viele Federn in diesen Dingern stecken.«

Ja, stimmt, das war eine total lahme Ausrede. Ich merkte, dass Dalaja mir nicht glaubte. Ich hätte mir auch nicht geglaubt, wenn man bedachte, wie hoch und schrill meine Stimme geklungen hatte.

Professor Dalajas Blick flackerte von mir zu der Feder und wieder zurück. Nach ein paar Sekunden ließ sie die Hand sinken, die Basiliskenfeder immer noch in den Fingern. »Nun, Sie sollten jetzt beide besser einsteigen.«

»Ja, klar. Danke, Professor.«

Ich duckte mich und stieg in den Bus. Ian folgte mir. Wir mussten warten, bis die Schüler vor uns ihre Plätze eingenommen hatten.

Ian beugte sich vor. »Was sollte das gerade?«, flüsterte er. »Glaubst du, sie weiß, dass wir in der Bibliothek gegen den Basilisken gekämpft haben?«

»Keine Ahnung«, flüsterte ich zurück. »Aber sie hat gesehen, wie wir uns auf den Parkplatz geschlichen haben, und die

Feder an meiner Jacke hat die Sache gewiss nicht besser gemacht. Wenn wir Glück haben, denkt sie vielleicht, dass wir irgendwo rumgeknutscht haben.«

Ian legte den Kopf schräg. »Rumgeknutscht, was?«

Zu spät wurde mir klar, was ich gesagt hatte, und eine heiße Röte stieg mir in die Wangen. »Ähm, ja.« Ich hätte in diesem Moment aufhören sollen zu reden, aber aus irgendeinem Grund sprach ich einfach weiter, so wie Babs es immer tat. »Nicht, dass ich jemals darüber nachdenke, mit dir rumzuknutschen oder so.«

Ians Mundwinkel zuckten in die Höhe und wurden zu einem durchtriebenen, wissenden Lächeln.

Zum zweiten Mal hätte ich aufhören sollen zu reden, aber ich hatte zu viel Zeit mit Babs verbracht, denn die Worte sprudelten mir weiter aus dem Mund, jedes peinlicher als das vorangegangene. »Ich meine, Rumknutschen ist eine ebenso gute Entschuldigung wie jede andere, richtig? Es ist total glaubwürdig. Alle Mythos-Schüler machen das, gerade in der Bibliothek.«

Hitze blitzte in seinen Augen auf und ließ sie glänzen wie silberne Sterne. Er beugte sich noch dichter zu mir. »Dann sollten wir es vielleicht auch irgendwann einmal ausprobieren.«

Beim Klang seiner leisen, tiefen Stimme verkrampften sich meine Zehen und die Wärme in meinen Wangen breitete sich in ganz andere Teile meines Körpers aus. Flirtete er etwa gerade mit mir?

Glücksgefühle erfüllten mich, aber sie wurden schnell von Panik verdrängt. Ich wusste nicht, wie man flirtete. Was sollte ich sagen? Was *konnte* ich sagen, ohne wie eine komplett liebeskranke Idiotin zu klingen?

Die Schüler vor mir bewegten sich endlich. Ich hatte mich bereits ausreichend in Verlegenheit gebracht, daher eilte ich den Gang entlang. Genau wie auf der Fahrt hierher waren nur noch zwei Sitze ganz hinten übrig – und auf der anderen Seite des Gangs saß Kylie.

Anders als heute Morgen hatte die Walküre Ian keinen Platz freigehalten. Stattdessen saß sie am Fenster und Gretchen auf dem Platz am Gang neben ihr. Ausnahmsweise einmal spielte Gretchen nicht an ihrem Tablet herum. Stattdessen klopfte sie mit den Fingern in einem schnellen Stakkato auf ihr Bein, als könne sie es gar nicht erwarten, von hier wegzukommen. Ja, genau, so ging es mir auch.

Kylie sah mich an, dann flackerte ihr Blick zu Ian hinüber. Verletztheit schimmerte in ihren Augen und einige goldene Funken strömten aus ihren Fingerspitzen. Schnell ballte sie die Hände zu Fäusten, als wolle sie die Funken und den verräterischen Hinweis auf ihre Gefühle verbergen, dann starrte sie aus dem Fenster.

Als ich sah, wie getroffen sie war, brachte das meine eigene verwirrende Mischung aus Hilflosigkeit und Panik angesichts des Flirts mit Ian zum Erlöschen. Die heiße Röte wich langsam aus meinen Wangen, auch wenn dafür ein mehr als nur ein wenig beißendes Schuldgefühl an ihre Stelle trat.

Vor dem Basilisken hatten wir Kylie zwar gerettet, aber ohne es zu beabsichtigen hatten Ian und ich ihr in gewisser Weise viel mehr wehgetan als die Krallen des Monstrums.

12

Die Rückfahrt zur Akademie verlief ereignislos und dreißig Minuten später bog der Bus auf den Parkplatz der Turnhalle ein. Endlich zu Hause.

Zu meiner Überraschung war Gretchen schon auf den Beinen und schritt den Gang entlang, ehe der Bus ganz zum Stehen gekommen war. Seltsam. Warum hatte sie es so eilig, auszusteigen? Vielleicht war ihr von der Fahrt schlecht geworden, so wie es Zoe immer passierte, und sie wollte sich nicht vor allen anderen die Seele aus dem Leib kotzen.

Kylie schien ebenfalls überrascht zu sein, dass ihre Freundin sie einfach zurückließ. Sie sprang auf und eilte den Gang entlang, obwohl sie Gretchen nicht einholen konnte, weil jetzt schon andere Schüler aufstanden, in den Gang hinaustraten und ihr den Weg versperrten.

Da Ian und ich im hinteren Teil des Busses saßen, waren wir die Letzten, die ausstiegen. Als wir den Bus verließen, waren die meisten anderen bereits verschwunden. Gretchen war längst fort, aber Kylie stand noch mit einigen ihrer Freundinnen da.

Ian und ich gingen an ihnen vorbei und Kylie drehte uns demonstrativ den Rücken zu, als wir näher kamen. Ich biss die Zähne zusammen in der Erwartung, dass sie eine sarkastische Bemerkung darüber machen würde, dass meine Eltern Schnitter gewesen waren, aber sie blieb stumm und überließ den anderen Mädchen das Reden. Seltsam. Ich hätte gedacht, dass Kylie jetzt noch gemeiner sein würde als gewöhnlich, aber vielleicht hatte sie beschlossen, mir eine Atempause zu gönnen, da ich sie vor dem Basilisken gerettet hatte.

Inzwischen war es nach zwei Uhr und der Unterricht war für den Tag vorbei. Pulks von Schülern wanderten über den Schulhof und gingen zum Speisesaal, um etwas zu essen, zur Bibliothek, um mit den Hausaufgaben anzufangen, oder den Hügel hinunter, um in ihre Wohnheime zurückzukehren und sich zu entspannen. Und natürlich hatten alle ihre Telefone in der Hand, um das Neueste vom Tag zu erfahren.

»Hast du gehört, was bei der Exkursion passiert ist?«

»Ja! Das Licht ist ausgegangen und alle haben sich zu Tode erschrocken.«

»Nein, Mann. Ich habe gehört, es seien Schnitter gewesen. Und sie hätten alle angegriffen.«

Natürlich betraf der größte Teil des Tratsches unsere Exkursion und jedes aufgeregte Gerücht war lächerlicher als das vorangegangene. Ich verzog das Gesicht und beschleunigte meine Schritte. Ian blieb neben mir.

Wir suchten uns unseren Weg durch die vielen Schüler, überquerten den Schulhof und betraten die Bibliothek der Altertümer. Im ersten Stock schlüpften wir in den geheimen Aufzug und fuhren damit hinunter in den Bunker.

Wir traten in den Besprechungsraum, aber es war noch niemand da. Takeda, Zoe und Mateo brauchten anscheinend länger als erwartet, um auf dem Idun-Anwesen fertig zu werden.

Ich ging zu meinem Schreibtisch, nahm meinen Ohrhörer heraus und legte ihn und meine Tasche beiseite. Außerdem hakte ich Babs' Scheide von meinem Gürtel. Das Schwert musste ein Nickerchen gehalten haben, denn es öffnete jetzt sein Auge und blinzelte mich einige Male an, immer noch im Halbschlaf. Ich stellte Babs auf einen Stuhl am Besprechungstisch. Babs gähnte, dann klappte sie ihr Auge wieder zu und schlief weiter.

Ian zog ebenfalls seinen Ohrhörer heraus und nahm dann

seine Axt aus seiner Tasche. Ich spähte in den Flur, aber der Aufzug war immer noch hier unten und es sah nicht so aus, als würden Takeda, Zoe und Mateo in den nächsten Minuten erscheinen. Gut. Das gab mir Zeit, Ian etwas zu fragen, das mich umtrieb, seit ich in der Villa mit Kylie gesprochen hatte.

»Warum hast du Kylie gefragt, ob sie im Sportunterricht deine Übungspartnerin sein will?«

Ian rutschte die Axt aus der Hand und die Waffe fiel krachend auf seinen Schreibtisch. Bei dem Knall zuckte er zusammen und schaute zu Babs hinüber, aber das Auge des Schwerts blieb geschlossen und ihre Atmung gleichmäßig. Babs hatte einen festen Schlaf. Manchmal dachte ich, sie könnte auch einen Feueralarm verschlafen.

»Was?«, fragte Ian. »Was hast du gesagt?«

»Du hast mich schon richtig verstanden. Warum hast du sie gebeten, deine Übungspartnerin zu sein? Kylie hat mir erzählt, dass du im Sportkurs mit ihr geredet hättest. Deshalb hat sie gedacht, du würdest sie mögen.«

Ian verzog das Gesicht, sagte jedoch nichts.

»Nun?«, fragte ich ein drittes Mal, meine Stimme schärfer als zuvor. »Was läuft da?«

»Nichts – zwischen mir und Kylie läuft gar nichts.« Ians Stimme war leise und klang angespannt und er senkte den Kopf, statt mir in die Augen zu schauen. Ian Hunter mochte ein großer Krieger sein, aber er war ein schlechter Lügner.

Doch warum log er in diesem Punkt? Kylie zufolge hatte Ian sich freiwillig gemeldet, ihr Übungspartner zu sein, und er hatte ihr eine Menge Fragen gestellt. Ja, ich hätte auch gedacht, dass er mich mag, wenn er das bei mir gemacht hätte. Aber Ian behauptete, er habe in dieser Hinsicht kein Interesse an Kylie. Also, was war es dann?

Immer noch in Gedanken lehnte ich mich mit der Hüfte an den Besprechungstisch. Und plötzlich fiel mir wieder ein, wo wir waren und was wir als Team Midgard taten.

»Moment mal. Spionierst du Kylie nach?«

Ian zuckte zusammen. Eine schuldbewusste Röte kroch seinen Hals hinauf und bestätigte meinen Verdacht. »So etwas in der Art.«

»Aber warum solltest du das tun …?« Ich brauchte meine Frage nicht zu beenden, denn ich kannte den Grund. »Du glaubst, dass sie ein Schnitter ist, nicht wahr?«

Ian antwortete nicht, aber die Röte kroch noch ein wenig höher an seinem Hals hinauf und verteilte sich über seine Wangen.

Ich schüttelte den Kopf. »Kylie ist vielleicht total gemein, aber sie ist *kein* Schnitter.«

»Woher weißt du das?«

Ich seufzte. »Weil sie mit ein paar von denen, die Covington in der Bibliothek der Altertümer getötet hat, befreundet war. Du weißt schon, die Morde, die er meinen Eltern in die Schuhe geschoben hat. Das ist der Grund, warum Kylie mich so hasst. Sie hat lange Zeit geglaubt, meine Eltern hätten ihre Freunde getötet.«

Das war der Grund, warum ich nie wirklich den Versuch unternommen hatte, mich gegen Kylie und ihren grausamen Spott zu verteidigen. Oh, meine Eltern mochten ihre Freunde nicht getötet haben, aber sie hatten andere Menschen auf dem Gewissen, und irgendwie hatte ich das Gefühl, als würde ich jedes hasserfüllte Wort verdienen, das Kylie und die anderen über mich tuschelten.

Ich drängte diese Gedanken beiseite und konzentrierte mich wieder auf Ian. »Also, warum spionierst du ihr nach? Hat Takeda dich darum gebeten? Ist das eine Midgardmission, von der ich nichts weiß?«

Ian trat von einem Fuß auf den anderen, aber er musste begriffen haben, dass ich nicht aufhören würde, Fragen zu stellen, denn er hob endlich den Kopf und sah mich an. »Nein, Takeda hat mich nicht gebeten, Kylie auszuspionieren.« Er reckte das Kinn ein wenig höher und straffte die Schultern. »Ich habe selbst beschlossen, es zu tun.«

Alles, was er sagte, verstärkte nur meine Verwirrung. »Aber warum, wenn es nicht Teil einer Mission ist?«

»Wegen dir«, sagte Ian leise. »Ich habe es für dich getan, Rory.«

Ich fuhr zurück. Ich hätte nicht schockierter sein können, wenn er nach seiner Axt gegriffen und sie mir in den Bauch gerammt hätte. »Für mich? Warum solltest du das für mich tun?«

»Wegen Covington und all dem, was er dir angetan hat. Aber hauptsächlich weil er versucht hat, dich zum Schnitter zu machen.«

»Was hat das mit Kylie zu tun?«

Ian zuckte die Achseln. »Sie war mit Lance Fuller befreundet und es war offensichtlich, dass sie mehr als nur eine Freundin für ihn sein wollte. Ich dachte, Lance hätte ihr vielleicht etwas über Covingtons Pläne mit dir erzählt. Oder was Drake und die anderen Schnitter mit den gestohlenen Artefakten vorhaben.«

»Und hast du etwas herausgefunden?« Ich senkte die Stimme zu einem Flüstern und kaltes Grauen schoss mir in die Magengegend. Covingtons Magie abzuwehren war mit das Schwerste gewesen, was ich je getan hatte, und im Stillen machte ich mir Sorgen, dass ich es nicht noch einmal schaffen würde. Dass er mich irgendwann doch in einen Schnitter verwandeln würde, ganz gleich, wie sehr ich mich bemühte, ihm zu widerstehen.

Ian schüttelte den Kopf. »Nein. Kylie weiß gar nichts. Sie denkt das Gleiche wie alle anderen, dass Lance an eine andere Akademie gewechselt hat. Sie war ziemlich aufgewühlt, wann immer ich die Rede auf ihn gebracht habe. Anscheinend hat sie ihn angerufen und ihm SMS geschickt, aber er hat auf keine ihrer Nachrichten reagiert.«

Natürlich hatte Lance nicht reagiert. Er war *tot*. Aber statt den anderen Mythos-Schülern die Wahrheit zu sagen – dass ich

Lance auf dem Herbstkostümball getötet hatte, um Ian zu retten –, hatten Takeda und das Protektorat es so aussehen lassen, als hätte er auf eine andere Schule gewechselt.

Ich hatte nicht viel über die Lüge nachgedacht und bestimmt nicht die Tatsache in Betracht gezogen, dass Lance vielleicht Freunde hatte, die sich um ihn sorgten, da er, wenn sie ihn anriefen, nie zurückrief. Aber Ian hatte anscheinend darüber nachgedacht und Kylies Sorge und Schmerz wegen Lance benutzt, um sie nach Informationen über die Schnitter auszuhorchen – Informationen, die sie gar nicht hatte, da sie kein Mitglied der bösen Organisation war.

Je länger ich darüber nachdachte, wie Ian Kylie benutzt und manipuliert hatte, umso wütender wurde ich. Denn genau so etwas würde ein echter Schnitter tun.

»Ich habe dich nicht gebeten, Kylie auszuspionieren«, sagte ich scharf. »Ich habe dich *nie* darum gebeten, etwas Derartiges zu tun. Schon gar nicht für mich.«

Ian runzelte die Stirn. »Aber ich habe das nur getan, um dich zu schützen. Um herauszufinden, was Covington von dir will.«

»Und auch darum habe ich dich nie gebeten. Ich bin eine Spartanerin. Ich brauche deinen Schutz nicht.«

»Doch, du brauchst ihn, Rory.«

Ich ballte die Hände zu Fäusten. »Wie bitte?«

Ian zuckte zusammen und begriff, dass er genau das Falsche gesagt hatte. Er öffnete den Mund zu einer Erklärung, aber ich kam ihm zuvor.

»Ich bin eine Kriegerin und ein Mitglied des Teams Midgard, genau wie du«, fauchte ich. »Ich brauche genauso wenig Schutz wie du, Wikinger.«

Ian verzog störrisch den Mund. Er fand scheinbar immer noch, dass er im Recht gewesen war, was nur noch mehr Zorn durch mich hindurchschießen ließ.

»Vergiss mich mal für einen Moment. Was ist mit Kylie? Hast du gedacht, es sei fair, sich an sie ranzumachen? Was ist mit ihren Gefühlen? Hast du je darüber nachgedacht?« Ich konnte nicht glauben, dass ich Kylie Midas nach all den schrecklichen Dingen, die sie zu mir gesagt hatte, verteidigte. Aber sie hatte nicht verdient, was Ian mit ihr gemacht hatte. »Sie weiß jetzt, dass du nicht auf sie stehst, und nach dem, was sie heute in der Villa gesehen hat, wird sie wahrscheinlich begreifen, dass du auf Informationen über Lance aus warst. Und sobald sie eins und eins zusammengezählt hat, wird sie sehr verletzt und zornig sein, falls sie das nicht jetzt schon ist. Wahrscheinlich wird sie genauso empfinden, wie ich empfunden habe, als ich herausfand, dass Lance ein Schnitter war und sich nur für mich interessierte, weil Covington ihm aufgetragen hatte, mich zu rekrutieren.«

Ian zuckte abermals zusammen und echtes Bedauern erfüllte seine Züge. »Ich ... darüber habe ich nicht nachgedacht.«

»Es scheint, als hättest du überhaupt nicht viel nachgedacht«, blaffte ich.

Wir starrten uns an. Ians Gesicht verzog sich in neuem Bedauern und ich spürte, dass es ihm wirklich leidtat, aber das änderte nichts an dem, was er mit Kylie gemacht hatte. Es verminderte meinen Zorn nicht und es änderte mit Sicherheit nichts daran, wie verletzt und verraten ich mich in diesem Moment fühlte.

Ich war ein ebenso guter Krieger wie der Wikinger, genauso stark, klug, gnadenlos und raffiniert. Ich brauchte seinen Schutz nicht. Ich *wollte* seinen Schutz nicht. Nicht so. Nein, ich wollte, dass er mich wie eine Ebenbürtige behandelte, genau wie ich ihn, denn das taten echte Teamgefährten, echte Freunde.

Ian stieß den Atem aus. »Es tut mir leid, dass ich dich hintergangen habe, Rory. Du hast recht. Ich hätte es dir erzählen sollen und ich hätte Kylie nicht so benutzen dürfen.«

»Nein, das hättest du nicht«, knurrte ich.

»Das ist mir jetzt klar«, erwiderte er leise. »Und ich bedaure es wirklich – alles. Ich wollte weder dir noch Kylie wehtun.«

»Nun, das hast du aber«, brummte ich. »Du hast uns beiden wehgetan.«

Ian öffnete den Mund, wahrscheinlich, um sich noch einmal zu entschuldigen, aber am Ende des Flurs bimmelte der Aufzug und unterbrach Ian. Die anderen waren da, es war also an der Zeit, herauszufinden, wie die Schnitter Selkets Schreibfeder gestohlen hatten. Darum ging es, wenn man Mitglied von Team Midgard war – das zu tun, was notwendig war, um das Wohl der Allgemeinheit aufrechtzuerhalten. Und in diesem Moment war es für mich notwendig, meine Gekränktheit und meinen Ärger beiseitezuschieben und mich darauf zu konzentrieren, die Schnitter aufzuspüren.

Ich seufzte. »Wir müssen uns an die Arbeit machen und alles darauf anlegen, Covington und Drake zu finden, bevor sie jemandem mit dem Artefakt Schaden zufügen.«

Ich zog mir einen Stuhl hervor und setzte mich an den Besprechungstisch. Nach einem Moment nahm Ian mir gegenüber Platz. Er begriff, dass ich immer noch sauer war, aber er wusste auch, dass die Schnitter zu fangen wichtiger war als das, was zwischen uns lief.

Außerdem würde es mir wirklich sehr helfen, mich besser zu fühlen, wenn wir Covington und Drake fänden und aufhielten.

Schritte näherten sich und leises Murmeln war zu hören. Dann traten Takeda, Zoe und Mateo zusammen mit Tante Rachel ein. Meine Tante trug ihren weißen Kochkittel, als käme sie direkt aus dem Speisesaal. Takeda musste ihr gesimst haben, dass wir wieder da waren.

»Rory, da bist du ja!«, begrüßte sie mich.

Ich stand auf und Tante Rachel umarmte mich fest.

»Takeda hat mir erzählt, was in der Villa passiert ist. Von dem schrecklichen Basilisken in der Bibliothek. Ich bin so froh, dass dir nichts passiert ist«, flüsterte sie mir ins Ohr.

Ich umarmte sie ebenfalls. »Ich auch.«

Takeda, Zoe und Mateo nahmen ihre Plätze am Tisch ein. Tante Rachel und ich setzten uns ebenfalls hin. Mateo klappte seinen Laptop auf und begann zu tippen. Seine Finger flogen über die Tastatur.

»Du wirst dieses Ding noch in Brand setzen, so schnell wie du tippst«, zog Zoe ihn auf.

Der Blick seiner dunkelbraunen Augen fiel für einen Moment auf sie und ein kleines Grinsen umspielte seine Lippen. »Ich mache nur meinen Job. Aber keine Sorge. Ich habe alles hochgeladen und wir haben … jetzt … Zugang dazu.«

Er drückte auf eine letzte Taste und Fotos von der Bibliothek des Anwesens erschienen auf den Wandmonitoren. Sie zeigten alle das Gleiche – die leere, zerschmetterte Vitrine, in der sich Selkets Schreibfeder befunden hatte. Angespanntes Schweigen senkte sich über den Raum.

Takeda seufzte. »Sosehr ich es hasse, es zuzugeben, es ist uns nicht gelungen, das Artefakt zu schützen. Schlimmer noch, wir haben keine Ahnung, wie sich die Schnitter in die Bibliothek schleichen, die Feder stehlen und unbemerkt entkommen konnten. Keiner der Männer des Protektorats, die im Wald um das Anwesen herum postiert waren, hat etwas gesehen, genauso wenig die Angestellten in der Villa.«

»Außerdem habe ich, sobald wir heute Morgen das Anwesen erreicht hatten, meine neue Gesichtserkennungssoftware in das Sicherheitssystem der Villa eingespeist«, fügte Mateo hinzu. »Selbst wenn keiner der Wachen sie bemerkt hat, hätte meine Software Covington und Drake trotzdem erkennen müssen. Zumindest bevor jemand das System gehackt hat und der Strom ausgefallen ist. Ich frage mich langsam, ob es einen Fehler in meinem Programm gibt. Und wenn das der Fall ist, dann bedeutet das, dass die Akademie ebenfalls angreifbar ist.«

Vom Protektorat war eine Datenbank mit allen bekannten Schnittern angelegt worden, aber Mateo hatte ein Programm geschrieben, um speziell Covington und Drake identifizieren zu können, und er hatte die letzte Woche damit verbracht, seine neue Software auf den Sicherheitskameras der Akademie zu installieren. Mateo zufolge würden die Sicherheitskameras Covington und Drake entdecken und erkennen, sobald sie auch nur einen Fuß auf den Campus gesetzt hätten, falls sie jemals in die Akademie eindringen sollten. Dann würde Mateo eine Benachrichtigung auf seinem Handy und seinem Laptop erhalten, dass die Schnitter hier waren, und wir konnten alle entsprechend reagieren und sie gefangen nehmen.

Mateo fuhr sich frustriert mit einer Hand durchs Haar. »Ich weiß nicht, was passiert ist. Entweder ist mein Programm fehlerhaft oder die Schnitter haben es irgendwie geschafft, jede einzelne Sicherheitskamera in der Villa zu umgehen, was so ziemlich unmöglich ist, wenn man bedenkt, wie viele es davon gibt.« Seine Stimme klang besorgt und auch ein bisschen enttäuscht und er sackte auf seinem Stuhl herunter.

Zoe zeigte mit dem Finger auf ihn. »Dein Programm ist *nicht* fehlerhaft. Du bist Mateo Solis und du bist brillant, wenn es um Computer geht. Du wirst herausfinden, wie die Schnitter die Kameras besiegen konnten, und du wirst es in Ordnung bringen, damit ihnen das nie wieder gelingt.«

Blaue Magiefunken schossen aus ihrem Zeigefinger, strömten über den Tisch und landeten auf Mateo, wo sie wie Glühwürmchen flackerten, bevor sie langsam erloschen. Er schenkte ihr ein dankbares Lächeln. Zoes strenge Miene wurde sanfter und sie erwiderte sein Lächeln.

Zoe war jetzt zwar definitiv nicht eifersüchtig wie neulich, als Mateo mit Daphne Cruz gesprochen hatte, aber trotzdem nahm ich eine seltsame Schwingung bei ihr wahr. Als stecke hinter ihrer Ermutigung von Mateo viel mehr als nur der Umstand, dass sie eine gute Freundin war. Interessant. Höchst interessant.

»Sehen wir uns die Bänder der Überwachungskameras an

und schauen, ob wir herausfinden, wie die Schnitter die Kameras umgehen konnten«, sagte Takeda.

Mateo streckte die Arme aus, ließ dann die Knöchel knacken und schüttelte die Finger aus. Dann beugte er sich vor und tippte wieder in seinen Laptop.

Die Fotos der leeren Artefaktvitrine verschwanden und wurden durch Bilder aus den Überwachungskameras abgelöst. Mateo richtete es so ein, dass jeder Monitor Einblicke aus einem anderen Winkel in der Villa bot. Er drückte auf eine letzte Taste und die Aufnahmen liefen über die Bildschirme.

Wir schauten zu, wie der Bus auf den Parkplatz fuhr, die Schüler ausstiegen und mit Professor Dalaja ins Haus gingen. Von dort aus ging die Professorin von einem Raum zum nächsten und deutete auf die verschiedenen Artefakte, während die Schüler, Ian und ich eingeschlossen, sich Notizen machten.

»Vielleicht haben die Schnitter sich als Angestellte des Anwesens getarnt«, meinte Tante Rachel.

»Das haben wir bereits überprüft«, antwortete Takeda. »Alle Angestellte arbeiten dort seit Jahren und sie waren alle anwesend – in der Zeit vor und nach dem Angriff.«

»Vielleicht haben Covington und Drake ein Artefakt benutzt, um den Kameras zu entgehen«, sagte Zoe.

»Das ist eine Möglichkeit«, pflichtete Takeda ihr bei.

Alle fingen an, durcheinanderzureden und eine Theorie nach der anderen zu entwerfen, aber nichts schien ganz zu passen und wir kamen einfach nicht dahinter, wie die Schnitter ungesehen an den Kameras hatten vorbeikommen können. Auf den Monitoren führte Professor Dalaja die Schüler in den Speisesaal und alle stellten sich in die Schlange fürs Mittagessen. Die Kameras flackerten und eine Sekunde später wurden die Bildschirme schwarz.

»Und hier enden die Aufnahmen«, erklärte Mateo.

Mehrere Sekunden lang schwiegen alle.

In einer seltenen Zurschaustellung von Frustration massierte sich Takeda die Schläfen. »Okay, sehen wir uns das Band noch einmal an und schauen, ob uns noch etwas dazu einfällt.«

»Klar. Ich rufe es noch einmal auf«, sagte Mateo.

Er fing erneut an zu tippen. Alle anderen standen auf, um eine Pause zu machen und sich die Beine zu vertreten, aber ich blieb sitzen und trommelte mit den Fingern auf den Tisch. Die ganze Situation erinnerte mich an ein Rätsel in einem verschlossenen Raum aus einem Detektivroman. In diesen Geschichten war etwas Wertvolles sicher in einem Raum eingeschlossen, aber der Gegenstand wurde trotzdem immer gestohlen und der Detektiv musste herausfinden, wie der Dieb das scheinbar unmögliche Verbrechen begangen hatte.

Die Bibliothek war nicht abgeschlossen gewesen, aber Selkets Schreibfeder war gestohlen worden, obwohl die Villa von Protektoratswachen umzingelt gewesen war. Geheimnisse um verschlossene Räume gehörten zu meinen Lieblingsgeschichten, aber in diesem Fall war die Situation viel frustrierender und weniger amüsant. Trotzdem, in den Geschichten fand der Detektiv immer die Lösung und ich war fest entschlossen, das Gleiche zu tun.

Also hörte ich auf, darüber nachzudenken, wie die Schnitter das Artefakt *vielleicht* gestohlen haben könnten. Ich verdrängte unsere ganzen Theorien, Spekulationen und wilden Ideen, lehnte mich auf meinem Stuhl zurück und dachte über das nach, was ich tatsächlich wusste, über das, von dem ich absolut und felsenfest *überzeugt* war.

Jemand hatte sich in das Sicherheitssystem der Villa gehackt und den Strom ausfallen lassen. Während die Lampen und die Kameras außer Betrieb gewesen waren, hatte jemand Selkets Schreibfeder gestohlen und das Artefakt benutzt, um den Basilisken zu beschwören und seine eigenen Spuren zu verwischen. Ian und ich waren in die Bibliothek geeilt und ich hatte den Basilisken getötet.

Das war alles. Mehr war da nicht. Das war alles, was passiert war.

Eine neuerliche Welle der Frustration schlug über mir zusammen. Ich ging die Fakten wieder und wieder durch, aber sie blieben unverändert.

Hacker. Kameras und Licht außer Gefecht gesetzt. Gestohlenes Artefakt. Zurückgelassener Basilisk. Plötzlich kam mir ein Gedanke. Oder vielmehr eine neue Möglichkeit, die Fakten zu betrachten.

Hacker. Kameras und Licht außer Gefecht gesetzt. Gestohlenes Artefakt. Zurückgelassener Basilisk.

Das war alles. Mehr war da nicht, weil *sonst nichts passiert war.*

Die ganze Zeit über hatten wir angenommen, dass Covington und Drake das Artefakt gestohlen hätten, aber sie waren tatsächlich von niemandem in der Villa *gesehen* worden. Mateo glaubte, sein Computerprogramm sei fehlerhaft und hätte es nicht vermocht, die Schnitter zu entdecken, während Zoe vorgeschlagen hatte, dass die Schnitter ein Artefakt benutzt haben könnten, um sich vor den Sicherheitskameras zu verstecken.

Aber was war, wenn es eine andere, einfachere Erklärung gab? Was, wenn niemand Covington und Drake gesehen hatte, weil sie *gar nicht dort gewesen waren?*

Meine Gedanken wirbelten durcheinander, aber je länger ich darüber nachgrübelte, umso sicherer war ich, dass ich recht hatte.

»Die Schnitter waren gar nicht da«, erklärte ich.

Zoe sah mich an. »Was hast du gesagt?«

»Die Schnitter waren nicht da.« Diesmal war meine Stimme schon lauter und kräftiger.

»Die Schnitter waren nicht wo?«, fragte Ian.

Ich stand vom Tisch auf und fing an, im Raum auf und ab zu gehen. »Mateo sagt, dass sein Programm und die Sicherheitskameras Covington und Drake zu keiner Zeit entdeckt haben.«

Mateo seufzte. »Na und? Mit meinem Programm muss irgendetwas nicht stimmen.«

»Also, was ist, wenn Zoe recht hat und dein Programm nicht fehlerhaft ist? Was ist, wenn es genauso funktioniert hat, wie es funktionieren sollte?«

Er runzelte die Stirn. »Aber wie kann das sein?«

»Weil die Schnitter *nicht da waren.*« Ich zeigte mit dem Finger in Richtung der Aufnahme, die auf den Wandmonitoren erstarrt war. »Das ist der Grund, warum die Protektoratswachen sie nicht gesehen haben, und es ist der Grund, warum sie nicht auf den Kameras aufgetaucht sind. Covington und Drake waren *nie auf dem Anwesen.*«

Wir alle verstummten. Meine Freunde schauten von den Monitoren zu mir und wieder zurück. Ich konnte beinahe sehen, wie die Rädchen in ihren Köpfen sich drehten, während sie begriffen, was es bedeutete, dass Covington und Drake nicht in der Villa gewesen waren.

Tante Rachel kam als Erste dahinter. »Aber wenn Covington und Drake nicht da waren, dann hieße das ja …«

»… dass jemand anders das Artefakt gestohlen hat«, beendete ich ihren Gedankengang. »Jemand anders hat Selkets Schreibfeder gestohlen.«

13

Schock zeichnete sich auf den Zügen meiner Freunde ab und erneut senkte sich Schweigen über den Besprechungsraum, während sie meine Worte verdauten.

»Bist du dir sicher?«, fragte Takeda.

»Ja. Das ist die einzige vernünftige Erklärung.«

Er nickte. »In Ordnung. Aber wenn Covington und Drake das Artefakt nicht gestohlen haben, wer war es dann? Wir können bereits die Angestellten des Anwesens ausschließen, und Professor Dalaja und die Mythos-Schüler waren die einzigen weiteren Anwesenden während des Diebstahls. Die Schüler befanden sich im Speisesaal, als das Licht ausging, weshalb wir dachten, Covington und Drake hätten das Artefakt gestohlen. Das ist außerdem der Grund, warum die Protektoratswachen die Schüler nicht durchsucht haben, bevor sie die Villa verließen. Wir sind nicht davon ausgegangen, dass sie etwas mit dem Diebstahl zu tun haben.«

Ich schüttelte den Kopf. »Ich weiß nicht, wer das Artefakt gestohlen hat, aber ich werde es herausfinden. Wer ist dabei?«

Die anderen murmelten ihre Zustimmung und wir setzten uns alle wieder an den Tisch. Mateo rief noch einmal die Aufnahmen der Überwachungskameras auf und selbst Babs erwachte, öffnete ihr Auge und schaute sie sich mit uns an.

»Was ist mit Kylie Midas?«, fragte Zoe und zeigte auf die Walküre auf einem der Monitore. »Sie wirft euch beiden während der Führung immer wieder böse Blicke zu. Sie kannte Lance Fuller. Vielleicht ist sie wie er ein Schnitter.«

Ian und ich sahen uns an. Er zuckte zusammen und öffnete schon den Mund, um den anderen zu erzählen, dass er Kylie ausspioniert hatte, aber ich kam ihm zuvor.

»Kylie hat das Artefakt nicht gestohlen«, stellte ich klar. »Sie hat direkt vor mir gestanden, als das Licht ausging. Auf gar keinen Fall hätte sie vor Ian und mir in der Bibliothek gewesen sein, geschweige denn das Artefakt stehlen und den Basilisken beschwören und dann entkommen können. Außerdem hat sie den Basilisken gar nicht gesehen, als sie in die Bibliothek gestürmt ist. Er hätte sie getötet, wenn ich sie nicht aus dem Weg gestoßen hätte. Glaubt mir, Kylie war es nicht.«

Ian zuckte wieder sichtlich zusammen, doch er nickte und dankte mir stumm dafür, dass ich sein Geheimnis für mich behalten hatte. Ich zuckte die Schultern und sah ihn an. Noch war ich nicht recht bereit, ihm zu verzeihen, was er mit Kylie und mir gemacht hatte, aber es war nicht nötig, den anderen davon zu erzählen.

»Also, wenn es nicht Kylie war, wer war es dann?«, fragte Zoe. »Denn alle anderen haben sich vollkommen normal verhalten.«

»Ich hasse es, das zu sagen, aber was ist mit Professor Dalaja?« Tante Rachel sah mich an. »Ich weiß, du magst sie, Rory, aber …«

»Aber es wäre nicht das erste Mal, dass jemand, den ich mag, sich als Schnitter entpuppt«, vollendete ich ihren Gedanken. »Ja, ich habe das auch schon überlegt, aber schaut euch die Monitore an. Ihr könnt sie im Speisesaal sehen, wenn das Licht ausgeht. Ich glaube auch nicht, dass sie es war.«

Das war das Ende der Aufnahmen der Überwachungskameras, also rief Mateo sie ein drittes Mal auf und wir sahen sie uns noch einmal an.

Kylie und Dalaja hatten wir ja schon ausgeschlossen, also beobachtete ich jetzt die anderen Mythos-Schüler. Einer von ihnen musste das Artefakt gestohlen haben. Es gab einfach keine andere vernünftige Erklärung.

Doch Zoe hatte recht. Alle Schüler hatten sich vollkommen normal benommen. Sie waren herumgelaufen, hatten sich Notizen gemacht und miteinander getuschelt. Nichts Ungewöhnliches.

Die meisten verbrachten mehr Zeit damit, verstohlene Blicke auf ihre Handys zu werfen, als die Artefakte zu betrachten. Das galt ganz besonders für Gretchen Gondul. Ich sah sie nicht ein einziges Mal von ihrem Tablet aufschauen. Sie war so auf ihr Gerät fixiert, dass es mich überraschte, dass sie nicht gegen eine Wand gerannt war. Sie mochte Professor Dalajas Vortrag aufgezeichnet haben, aber ich wettete, dass sie bei dem Test morgen trotzdem durchfallen würde.

Einen Moment mal. Zum ersten Mal bemerkte ich, dass Gretchen ihr Tablet in der Armbeuge hielt und mit der anderen Hand etwas darauf tippte. Wenn sie den Vortrag aufgezeichnet hätte, hätte sie das Gerät hochgehalten und nicht an sich gedrückt. So, wie sie es umklammert hielt, erinnerte sie mich an Mateo, der sein eigenes Tablet immer so umfasste, wenn er durch den Bunker schlenderte und das Sicherheitssystem checkte.

Vielleicht hatte Gretchen das Gleiche getan. Vielleicht hatte sie das Sicherheitssystem der Villa abgecheckt – oder sich dort eingehackt.

Mateo hatte gesagt, sie habe irre gute Computerfähigkeiten, daher bezweifelte ich nicht, dass sie es hätte tun können. Tatsächlich kam mir langsam der Verdacht, dass *niemand sonst* es hätte tun können.

Ich beachtete die anderen Schüler nicht, sondern beobachtete nur Gretchen, aber sie folgte der Professorin wie alle anderen. Die Salons, der Wintergarten, die Bibliothek. Ich konzentrierte mich auf sie, aber sie würdigte der Artefaktvitrine, in der Selkets Schreibfeder lag, nicht eines Blickes und verließ mit allen anderen die Bibliothek, als die Führung zu Ende war. Trotzdem beobachtete ich sie weiter auf den Monitoren.

Gretchen befand sich mitten unter den Schülern, die aus der Bibliothek trotteten, und sie blieb in der Mitte der Truppe, als alle durch den Wintergarten in den Nebenraum gingen …

Gretchen duckte sich zur Seite, öffnete eine Tür und war weg. Niemand beachtete sie und die anderen Schüler gingen an ihr vorbei. Gretchen verschwand so geschickt und so schnell, dass es mir nicht einmal aufgefallen wäre, hätte ich sie nicht im Auge behalten.

»Mateo?«, fragte ich.

»Ja?«

»Was ist das für eine Tür auf der rechten Seite im Flur, dort beim Wintergarten?«

»Mal sehen …« Er drückte auf einige Tasten auf seinem Laptop. »Oh, nur ein WC.«

Ich dachte zurück. Das war dasselbe WC, in dem Zoe mir geholfen hatte, die Basiliskenfedern von meinen Sachen und meiner Haut loszuwerden.

»Warum fragst du?«, sagte Mateo.

»Nur so.«

Jedenfalls noch.

Der Rest der Jugendlichen strömte vorbei, darunter Ian und ich. Wir gingen zum Mittagessen in den Speisesaal, aber ich behielt die WC-Tür im Auge. Eine Minute verstrich, dann zwei, dann drei. Die Tür öffnete sich nicht und Gretchen tauchte nicht wieder auf. Sicher, sie hätte einige Minuten gebraucht, um die Toilette zu benutzen und sich die Hände zu waschen, aber es hätte nicht *so* lange dauern dürfen.

Es sei denn, sie machte dort drin etwas anderes. Wie zum Beispiel, sich in das Sicherheitssystem zu hacken und das Licht und die Kameras ausgehen zu lassen.

Einen Moment später bestätigte sich mein Verdacht. Die Lichter flackerten und die Aufnahmen der Überwachungskameras gingen aus, aber Gretchen befand sich immer noch im WC.

Mateo drückte auf einen Knopf und die Aufnahme lief weiter, nur dass sie diesmal zeigte, was geschehen war, nachdem der Strom wieder da war. Ich ignorierte die Aufnahmen von Ian, mir und meinen Freunden in der Bibliothek und konzentrierte mich auf die Kameras, die den Parkplatz zeigten. Und tatsächlich, Gretchen stand bei den anderen Schülern.

Ich kniff die Augen zusammen. Das WC, in dem sie gewesen war, befand sich auf der anderen Seite der Villa. Auf keinen Fall konnte sie so schnell auf den Parkplatz gelangt sein. Es sei denn, sie war diejenige, die das Artefakt gestohlen, das Bibliotheksfenster im Erdgeschoss geöffnet hatte und hindurchgestiegen war. Von dort aus konnte sie mühelos um das Haus herumgerannt sein, um sich unter die andern zu mischen und so zu tun, als sei sie zusammen mit allen anderen aus dem Speisesaal gestürzt.

Noch verräterischer: Gretchen starrte nicht länger auf ihr Tablet. Natürlich nicht. Sie brauchte es nicht mehr.

Ich beobachtete Gretchen auf dem Monitor. Sie ging auf und ab und sah auf ihre Armbanduhr. Sie war nicht aufgeregt. Nicht wie die anderen Schüler. Nein, sie machte sich Sorgen. Sie wollte in den Bus steigen und zur Akademie zurückfahren, bevor irgendjemand begriff, was sie getan hatte.

Ich zeigte auf den Bildschirm. »Sie war es. Gretchen Gondul. Sie ist diejenige, die Selkets Schreibfeder gestohlen hat.«

Ich brachte Mateo dazu, den Film zurückzuspulen. Als wir ihn uns noch einmal anschauten, deutete ich auf Gretchen, die ins WC ging, und erklärte den anderen meine Theorie. Alle schwiegen, dann seufzte Mateo.

»Ach, Mann, nicht Gretchen«, murmelte er. »Warum müssen immer alle supercoolen, superklugen Mädchen Schnitter sein?«

Zoe schnaubte und verdrehte die Augen.

Takeda schüttelte den Kopf. »Das ist das Problem. Ich glaube nicht, dass sie ein Schnitter ist.«

»Wie meinen Sie das?«, fragte Tante Rachel.

»Als Team Midgard seinerzeit hierhergekommen ist, bin ich die Namenslisten der Akademie durchgegangen und habe Nachforschungen über die Schüler angestellt, um diejenigen zu finden, die möglicherweise Schnitter waren oder vielleicht dazu verführt werden könnten, sich den Schnittern anzuschließen. So habe ich von Lance Fuller erfahren«, sagte Takeda. »Ich werde das Gleiche auch bei den Professoren, den Bibliothekaren und den anderen Angestellten tun, um mich davon zu überzeugen, dass auch von ihnen keiner ein Schnitter ist.«

»Und?«, hakte Ian nach.

»Und soweit ich weiß, ist Gretchen Gondul kein Schnitter«, sagte Takeda. »Sie war noch nie auch nur in die geringsten Schwierigkeiten verwickelt. Warum also sollte sie das Artefakt stehlen?«

»Vielleicht will sie sich am Protektorat rächen, genau wie Lance Fuller«, schlug Zoe vor.

»Das glaube ich nicht«, widersprach Takeda. »Beide Eltern von Gretchen leben und es geht ihnen gut, also hat sie keinen Grund, auf Rache zu sinnen. Warum sollte sie also das Artefakt stehlen? Was hat sie damit vor?«

Keiner von uns kannte die Antworten. Wir warfen noch mit ein paar weiteren Theorien um uns, aber keine davon schien zu passen.

Takeda sah wieder Mateo an. »Kannst du die Bilder der Überwachungskameras der Akademie aufrufen und mit deinem Gesichtserkennungsprogramm versuchen, Gretchen zu finden? Ich will wissen, ob sie noch auf dem Campus ist.«

Mateo nickte, zog seinen Laptop näher zu sich und fing an zu tippen. Einige Sekunden später tauchten Bilder auf den Monitoren an der Wand auf, worauf Live-Aufnahmen vom oberen Hof, vom Inneren des Speisesaals, von der Turnhalle und von den anderen Gebäuden zu sehen waren.

»Ich hab sie!«, rief Mateo triumphierend. »Sie sitzt mit Kylie Midas und ihren Walkürenfreundinnen am Kamin in der Bibliothek der Altertümer.«

Er drückte auf ein paar weitere Tasten und eine Ansicht der Bibliothek erschien auf dem mittleren Monitor. Gretchen saß neben Kylie auf einem der Sofas, die links und rechts vom Kamin standen. Mehrere andere Mädchen hatten es sich auf den Sesseln um sie herum bequem gemacht. Alle schienen sich zu unterhalten und sich zu amüsieren, bis auf Gretchen, die ihre Freundinnen ignorierte und auf ihrem Handy SMS verschickte.

Takeda stieß einen leisen Fluch aus.

»Was ist los?«, fragte Tante Rachel. »Jetzt, da Sie wissen, wo sie sich befindet, können Sie doch die Protektoratswachen hinschicken, um sie zu verhaften.«

Takeda schüttelte den Kopf. »So einfach ist das nicht. Wir wissen nicht, was Gretchen mit Selkets Schreibfeder gemacht hat. Wenn sie die Protektoratswachen sieht, könnte sie in Panik geraten, vor allem, wenn sie das Artefakt noch bei sich hat.«

Tante Rachel erbleichte. »Sie könnte weitere Basilisken beschwören und da sie in der Bibliothek ist …«

»Sie könnte eine Menge unschuldiger Schüler verletzen«, beendete Takeda grimmig ihren Gedankengang.

»Aber das könnte sie jederzeit, irgendwo auf dem Campus«, bemerkte Zoe. »Auf dem Schulhof, im Speisesaal, sogar in ihrem Wohnheim. Überall sind Schüler.«

»Nun, wir können nicht herumsitzen und darauf warten, dass sie das Artefakt benutzt«, wandte Ian ein. »Wir müssen eine Möglichkeit finden, es uns zurückzuholen.«

»Damit sie es zuerst bei uns anwendet und wir von Basilisken getötet werden können? Klasse«, murrte Zoe. »Einfach Klasse.«

Die anderen redeten weiter und überlegten, was zu tun war.

Ich starrte auf den Monitor und sah zu, wie Gretchen SMS in ihr Handy tippte.

Ich kannte Gretchen Gondul nicht, zumindest nicht gut, aber sie war bisher sehr schlau gewesen. Sie hatte sich in das Sicherheitssystem der Villa eingehackt, die Kameras ausgeschaltet, damit niemand sah, wie sie das Artefakt stahl, und war mit allen anderen im Bus zurück in die Akademie gefahren. Und jetzt war sie mit ihren Freundinnen in der Bibliothek und benahm sich, als sei alles bestens und als hätte sie nichts Unrechtes getan.

Gretchen hatte sich nicht all die Mühe gemacht, nur um ein Artefakt zu stehlen. Sie hatte irgendetwas mit Selkets Schreibfeder vor und ich konnte mir nicht vorstellen, dass es darum ging, in der Bibliothek Basilisken heraufzubeschwören. Wenn sie das Artefakt hätte einsetzen wollen, um Mythos-Schülern Schaden zuzufügen, hätte sie das in der Villa oder auf der Rückfahrt mit dem Bus in die Akademie bereits tun können. Nein, Gretchen verfolgte einen anderen Plan.

Tante Rachel bemerkte meine Schweigsamkeit. »Rory? Was denkst du?«

Meine Freunde drehten sich zu mir um.

»Ich weiß, wie wir uns Selkets Schreibfeder von Gretchen wiederholen können, ohne dass irgendjemand zu Schaden kommt.«

»Wie?«, fragte Takeda.

»Ganz einfach.« Ich grinste. »Wir machen das Gleiche wie sie. Wir stehlen uns das Artefakt zurück.«

Fünfzehn Minuten später standen Mateo und ich im zweiten Stock der Bibliothek der Altertümer und schauten von der Galerie in den ersten Stock hinunter.

Schüler tummelten sich an den Studiertischen, blätterten in Büchern, kritzelten Notizen und tippten auf ihren Laptops. Andere Jugendliche drängten sich um den Ausleihtresen und stellten den Bibliothekaren Fragen. Noch mehr Schüler warteten in der Schlange vor dem Kaffeewagen, um sich süßes Gebäck oder einen dringend benötigten Schuss Kaffee zu besorgen, bevor sie sich wieder auf ihre Bücher stürzten. Und natürlich lümmelten sich die erheblich weniger Fleißigen auf den Sesseln und Sofas um den Kamin herum, simsten und unterhielten sich laut und aufgeregt.

»Warst du bei der Exkursion dabei?«

»O ja. Es war *echt* unheimlich, als das Licht ausging.«

»Irgendjemand meinte, es sei ein Kurzschluss gewesen.«

»Also ich habe gehört, dass Schnitter dort waren.«

Die Gesprächsfetzen drangen bis zu uns herauf. Ich verzog das Gesicht und drehte mich von der Galerie weg.

»Glaubst du wirklich, dass das funktioniert?«, fragte Mateo.

Ich zuckte die Achseln. »Keine Ahnung, aber du bist der Einzige von uns, der mit Gretchen zusammen Kurse hat. Du solltest derjenige sein, der mit ihr redet, wenn es so weit ist.«

Er schaute wieder in den ersten Stock hinunter. Gretchen saß immer noch am Kamin, aber sie hatte endlich ihr Handy beiseitegelegt und redete und lachte mit ihren Freundinnen.

Mein Plan war simpel. Mateo, Takeda, Tante Rachel und Ian würden Gretchen beobachten. Wenn es so aussah, als schickte sie sich an zu gehen, würde Mateo sie ansprechen und über ein Projekt reden, an dem sie gerade in ihrem Informatikkurs arbeiteten. Mateos Ziel bestand darin, Gretchen so lange wie möglich in der Bibliothek festzuhalten, aber wenn sie sie doch verließ, dann würde Ian mir eine SMS schicken und es mich wissen lassen. Wir hatten beschlossen, nicht unsere gewöhnlichen Ohrhörer zu benutzen, damit Mateo nicht von unseren Gesprächen abgelenkt wurde, falls er mit Gretchen reden musste.

Takeda, Tante Rachel und Ian waren bereits hinunter ins Erdgeschoss gegangen. Takeda plauderte mit einer Bibliothekarin am Ausleihtresen, Tante Rachel blätterte an einem der

Studiertische in einem Kochbuch und Ian stand in der Schlange vor dem Kaffeewagen. Die drei würden hierbleiben und Mateo Rückendeckung geben, sodass Zoe und ich in der Zwischenzeit die Bibliothek verlassen, in Gretchens Wohnheim gehen und in ihr Zimmer einbrechen konnten.

Ich bezweifelte, dass Gretchen das Artefakt an einem so naheliegenden Ort wie ihrem Zimmer versteckt hatte, aber es war einen Versuch wert. Selbst wenn das Artefakt nicht da war, würden wir vielleicht auf irgendeinen Hinweis stoßen, wo es sich befand oder was sie damit vorhatte.

Mateo trat nervös von einem Fuß auf den anderen und nahm seinen Rucksack erst in die eine Hand, dann in die andere.

»Zoe müsste jeden Moment mit ihrer Dietrich-Pistole hier oben sein und dann gehen wir zu Gretchens Wohnheim«, sagte ich. »Wir dürften nicht lange brauchen, um ihr Zimmer zu durchsuchen. Mach dir keine Sorgen. Ehe du dich's versiehst, ist es schon vorbei. Denk dran, du brauchst nicht mit Gretchen zu reden, es sei denn, es sieht so aus, als wolle sie gehen.«

»Ich weiß. Keine Sorge, Rory. Ich werde euch nicht enttäuschen.« Mateo schenkte mir ein nervöses Lächeln. »Dann sollte ich wohl mal zu den anderen hinuntergehen.«

»Viel Glück.«

Er nickte, dann drehte er sich um und lief zur Treppe.

Ich wartete, bis seine Schritte verklungen waren, dann ging ich zu Sigyns Statue.

Mit ihrem hoch erhobenen Kopf, der geraden Haltung und dem Haar, das ihr über die Schultern fiel, sah die nordische Göttin der Hingabe genauso aus wie immer – bis auf ihren Gesichtsausdruck. Als ich gestern Nacht hier gewesen war, hatte Sigyn ruhig und heiter gewirkt. Aber jetzt war ihre Stirn gefurcht, ihre Kiefer verkrampft und ihre Lippen zu einer dünnen Linie zusammengepresst, als mache sie sich genauso große Sorgen wegen des verschwundenen Artefakts wie ich.

Je länger ich die Statue betrachtete, umso schuldiger fühlte ich mich. Mir wurde schwer ums Herz, mein Magen krampfte sich zusammen und heiße Tränen stiegen mir vor Frustration in die Augen. Mir hätte klar sein müssen, dass Gretchen irgendetwas im Schilde führte. Ich hatte mir die anderen Schüler in der Bibliothek der Villa genau angesehen und mich gefragt, ob einer von ihnen vielleicht etwas verbarg. Aber ich war so damit beschäftigt gewesen, mir wegen Covington und Drake den Kopf zu zerbrechen, dass ich nicht gesehen hatte, was direkt vor mir lag. Jetzt war Gretchen im Besitz des Artefakts und wir hatten keine Ahnung, was für schreckliche Dinge sie damit möglicherweise anstellen würde.

»Es tut mir leid«, flüsterte ich Sigyn zu. »So leid. Du hast mich als deinen Champion erwählt und ich habe dich total enttäuscht.«

Die Göttin antwortete mir nicht. Jedenfalls nicht mit Worten. Aber ihre Stirn glättete sich, ihr Kiefer entspannte sich und ihre Mundwinkel zogen sich langsam nach oben, beinahe so, als ermutige sie mich, weiterzumachen. Nicht nur das, es wehte auch eine schwache Brise über die Galerie, die mit ihrer kühlen, sanften Berührung meine Wangen küsste und die heißen Tränen trocknete, die in meinen Augen brannten.

Das alles zu sehen und zu fühlen und zu wissen, dass Sigyn immer noch an mich glaubte, obwohl nicht einmal ich selbst in diesem Moment so recht an mich glaubte, ließ neue Entschlossenheit in mir aufsteigen. Ich hob das Kinn, drückte die Schultern durch und blinzelte die letzten Tränen weg.

»Du hast recht«, sagte ich. »Ich habe immer noch Zeit, das in Ordnung zu bringen. Ich muss nur das Artefakt finden und alles wird gut. Danke, Göttin. Schönes Gespräch. Wirklich schönes Gespräch.«

Sigyns Blick glitt langsam zu mir hinunter und sie zwinkerte mir zu. Ich riss die Hand hoch und salutierte, dann drehte ich mich um und ging zurück auf die Galerie, um weiter Gretchen im Auge zu behalten.

14

Eine Minute später stieg Zoe aus dem geheimen Aufzug und betrat die Galerie. Dann gingen wir beide hinunter ins Erdgeschoss. Wir blieben im Schatten der Bücherregale stehen und schauten uns in der Bibliothek um, aber alles war unverändert.

Takeda unterhielt sich immer noch mit der Bibliothekarin, während Rachel ihr Kochbuch studierte. Ian hatte seinen Kaffee bekommen und saß mit Mateo an einem der Studiertische. Beide schauten immer wieder zu Gretchen hinüber, die nach wie vor am Kamin saß, und Mateos Finger klopften in einem schnellen, nervösen Rhythmus auf den Tisch. Vielleicht blieb sie hier und er brauchte gar nicht mit ihr zu reden.

So oder so, Zoe und ich mussten loslegen, daher verließen wir die Bibliothek, traten nach draußen und gingen zügig über den Schulhof. Nicht schnell genug, um Verdacht zu erregen, aber wir trödelten auch nicht.

»Also …«, hob Zoe an, als wir ungefähr zur Hälfte über den Schulhof gegangen waren. »Was läuft da zwischen dir und Ian?«

»Wie meinst du das?«

»Ich meine, dass ihr zwei super, super angespannt ausgesehen habt, als wir in den Bunker zurückgekommen sind. Hat es etwas mit Kylie Midas zu tun?«

»Ich will nicht darüber reden«, murmelte ich. »Außerdem haben wir eine Mission, schon vergessen?«

Zoe stupste mich mit dem Ellbogen an. »Und meiner Meinung nach können wir gleichzeitig reden und gehen. Das nennt man Multitasking, Spartanerin. Vielleicht hast du schon mal davon gehört.«

Ich verdrehte die Augen, sagte jedoch nichts.

»Na schön, dann lass mich raten«, sagte Zoe. »Du hast herausgefunden, dass Ian Kylie angequatscht und ausspioniert hat, um zu sehen, ob sie etwas über die Schnitter weiß.«

Ich war so überrascht, dass ich stehen blieb. »Woher weißt du das?«

Ihre haselnussbraunen Augen glänzten zufrieden. »Weil ich schlau und toll bin und viel weiß.«

Ich verdrehte schon wieder die Augen. »Und woher weißt du es wirklich?«

»Weil ich Ian von klein auf kenne.« Sie hielt inne. »Und vielleicht hat er vor nicht allzu langer Zeit das Gleiche mit mir gemacht.«

»Wie meinst du das?«

Zoe verzog das Gesicht, als bereue sie es plötzlich, etwas gesagt zu haben. Jetzt war sie diejenige, die nicht reden wollte, daher stupste ich sie mit dem Ellbogen an.

»Meiner Meinung nach können wir gleichzeitig reden und gehen. Das nennt man Multitasking, Walküre. Vielleicht hast du schon mal davon gehört.«

Zoe schnaubte, als ich ihre eigenen Worte gegen sie einsetzte, aber dann gingen wir beide weiter. Wir erreichten den Rand des Schulhofs und machten uns auf den Weg den Berg herunter. Sie seufzte.

»Wenn du es unbedingt wissen musst, als Ian, Mateo und ich letztes Halbjahr an der Akademie in New York waren, war ich unglaublich verknallt in einen Typen namens Antonio«, erzählte sie. »Ian hat sich immer als mein großer Bruder betrachtet, also hat er beschlossen, sich mit Antonio anzufreunden und zu schauen, ob er in Ordnung ist, ob er auch auf mich steht – das volle Programm.«

»Das klingt peinlich«, bemerkte ich trocken.

»Oh, es war *total* peinlich, vor allem da Ian mir vorher nicht erzählt hatte, was er tat. Er hat sogar Mateo dazu gebracht, ihm zu helfen, und Mateo hat sich in Antonios Handy und sein E-Mail-Programm gehackt.« Zoe schüttelte den Kopf. »Ich hatte keine Ahnung, was sie da trieben, bis ich eines Tages zufällig nach Mateos Telefon gegriffen habe, weil ich dachte, es sei meins, und da habe ich gesehen, dass er sich Antonios E-Mails angeschaut hat.«

»Und wie ist es weitergegangen?«

»Ich war *echt* wütend und habe Ian und Mateo die Leviten gelesen.« Blaue Funken explodierten aus Zoes Fingerspitzen, was mir verriet, *wie* sauer sie gewesen war. »Ich habe ihnen gesagt, wenn sie nicht aufhören würden, Antonio auszuspionieren, würde ich es Takeda erzählen.«

»Und was ist dann passiert?«

»Mateo hat es verstanden und sofort aufgehört, Antonio nachzuspionieren. Er war eigentlich von Anfang an dagegen gewesen. Aber Ian zu überzeugen, war schwieriger.«

Ich runzelte die Stirn. »Warum?«

»Ian hat behauptet, er wolle sicherstellen, dass Antonio kein Schnitter ist.« Zoe blieb stehen. »Vergiss nicht, dass das alles passiert ist, nachdem Ian herausgefunden hatte, dass Drake ein Schnitter ist. Ian hat gesagt, er wolle nicht, dass ich so getäuscht würde, wie sein Bruder ihn getäuscht habe.«

»Aha.«

Und jetzt ergab plötzlich alles einen Sinn. Ian hatte seinen großen Bruder geliebt und zu ihm aufgeschaut. Er war am Boden zerstört gewesen, als er herausfand, dass Drake ein Schnitter war. So wie ich am Boden zerstört gewesen war, als ich die Wahrheit über meine Eltern erfahren hatte. Ian und ich waren vielleicht große Krieger, aber wir waren beide blind gewesen gegenüber den Menschen, die wir liebten. Jetzt waren wir beide paranoid und hatten Angst, noch einmal gelinkt und verletzt zu werden. Diese Paranoia war unser beider Achillesferse.

Zoe räusperte sich und ein schuldbewusster Ausdruck trat in ihre Züge. »Ich habe Ian irgendwann letzte Woche vor der Turnhalle mit Kylie reden sehen. Ich konnte mir nicht vorstellen, warum er mit ihr reden sollte, daher habe ich mich an die beiden angeschlichen und gehört, wie er sie über Lance Fuller ausgefragt hat. Da habe ich begriffen, dass er sie ausspioniert, genau wie er Antonio ausspioniert hat. Und als ich euch vorhin im Bunker gesehen habe, wurde mir klar, dass du es ebenfalls herausgefunden hast. Es tut mir leid, Rory. Ich hätte es dir erzählen sollen.«

»Das ist nicht deine Schuld. Ian ist auch dein Freund. Du warst in einer schwierigen Situation.«

»Er ist mein Freund, aber er kann manchmal ein absoluter Idiot sein«, erwiderte Zoe. »So wie du dich im Moment wie eine absolute Idiotin aufführst.«

»Was? Wieso führe ich mich wie eine Idiotin auf?«

Sie wedelte mit der Hand und ließ weitere blaue Magiefunken in der Luft knistern. »Du und Ian, ihr seid absolut verrückt nacheinander, also warum gebt ihr es nicht einfach zu? Statt euch ständig nicht besonders unauffällig schöne Augen zu machen?«

»Nun, mein Urteilsvermögen war in letzter Zeit nicht besonders verlässlich, vor allem, wenn es um Typen geht«, verteidigte ich mich. »Erinnerst du dich an meine epische Verknalltheit in Lance Fuller? Der Schnitter, der vor ein paar Wochen versucht hat, uns zu töten? Ich habe das nicht vergessen.«

»Ian ist *nicht* Lance Fuller. Klar, er hat einen Fehler gemacht, als er Kylie ausspioniert und dir nichts davon erzählt hat, aber er ist trotzdem ein toller Typ. Ganz zu schweigen von der Tatsache, dass er auf dich steht und du auf ihn.« Zoe stupste mich erneut mit dem Ellbogen an. »Also, schnapp dir den Jungen endlich und küss ihn. Nichts ist einfacher.«

Sie gab mir den gleichen Rat wie Babs, aber für mich war daran überhaupt nichts einfach. Das war es nie, wenn es um meine Gefühle ging, besonders darum, mich zu öffnen und jemandem von Grund auf zu vertrauen. Außerdem wollte ich nicht länger darüber reden, daher wechselte ich das Thema.

»Und was ist mit dir? Du bist jetzt seit einigen Wochen hier. Hast du ein Auge auf jemanden geworfen?«

Zoe zuckte die Achseln. »Eigentlich nicht. Ich habe mit ein paar Typen geflirtet, aber niemand hat mich um ein Date gebeten. Und selbst wenn es jemand täte, bezweifle ich, dass ich Ja sagen würde.«

»Warum nicht?«

»Nun, es ist nicht so, als hätte ich viel freie Zeit, neben dem Unterricht, der Arbeit an meinen Erfindungen und meiner Tätigkeit im Team Midgard. Außerdem finde ich es toll, meine Zeit mit euch zu verbringen. Wofür sollte ich jemand anders brauchen?« Sie seufzte. »Außerdem würde mir Mateo ewig damit in den Ohren liegen, wenn ich mit jemandem ausginge.«

Ihre Worte ließen mich an die komischen Schwingungen denken, die ich während der vergangenen zwei Tage zwischen ihr und Mateo wahrgenommen hatte. Vielleicht waren sie gar nicht so komisch.

»Warum sollte er das tun?«

Sie seufzte wieder. »Weil es ihm Spaß macht, mich zu peinigen.«

»Du meinst wohl, dich aufzuziehen.«

»Nein, ich meine, mich zu peinigen.« Zoe schnaubte. »Erinnerst du dich, dass ich dir erzählt habe, wie Mateo sich in Antonios Telefon gehackt hat? Nun, Mateo fand heraus, dass Antonio einen zahmen Hamster hatte.«

»Und …?«

»Und Antonio hat seinen zahmen Hamster geliebt. Er hat ihm niedliche Outfits angezogen und ihm sogar ein kleines Laufställchen gebaut. Es war wirklich süß, wie sehr er sich um das Tier gekümmert hat.«

»Aber?«

»Aber ich war allergisch gegen den Hamster und da hat Antonio mir gesagt, er könne einfach nicht mit einem Mädchen ausgehen, das sein geliebtes Haustier nicht zu schätzen wüsste.« Zoe zuckte zusammen. »Es war *so* beschämend. Mateo hat mich wochenlang damit aufgezogen.«

Ich konnte es mir nicht verkneifen. Ich kicherte leise.

Zoe boxte mir gegen die Schulter. Ich hüstelte, um den letzten Rest meines Gelächters zu kaschieren, und beschloss, erneut das Thema zu wechseln.

»Was denkst du, warum Mateo dich deswegen so sehr aufgezogen hat?«

»Keine Ahnung«, murmelte sie. »Vielleicht weil Mateo manchmal die Reife eines Siebenjährigen hat.«

»Es könnte noch einen anderen Grund geben.«

»Was denn zum Beispiel?«

Ich zuckte die Achseln. »Vielleicht steht er auf dich.«

Zoe blinzelte und blinzelte, als sei ihr dieser Gedanke noch nie gekommen. Ihre Schritte verlangsamten sich und sie blieb mitten auf dem Weg stehen. Für einen Moment war alles still und ruhig. Dann brach ein Schauer blauer Funken aus Zoes Fingerspitzen.

»Mateo?«, prustete sie. »Und ich? *Mateo und ich?*«

»Ja.« Ich grinste. »Mateo und Zoe.«

»Mateo und ich.« Sie wiederholte die Worte, als entstammten sie einer fremden Sprache, die sie zu lernen versuchte. »Mateo und ich.«

»Mateo und Zoe. Zoe und Mateo. Warum ist das so eine seltsame Vorstellung?«

»Weil … weil wir seit *Jahren* befreundet sind«, sagte sie. »Wir haben praktisch alles zusammen gemacht, von klein auf. Ich habe in ihm immer nur einen meiner besten Freunde gesehen. Nicht … *mehr.*«

Sie starrte ins Leere, einen sanften und entrückten Ausdruck in ihren haselnussbraunen Augen, als liefen vor ihrem inneren Auge all ihre Erlebnisse mit Mateo ab und sie versuche, eine tiefere Bedeutung in ihnen zu entdecken.

»Nun, vielleicht solltest du in ihm etwas *mehr* sehen. Oder zumindest die Möglichkeit in Erwägung ziehen.«

»Ja, klar.« Zoe blinzelte immer noch und weitere Magiefunken schossen aus ihren Fingerspitzen.

Ich verkniff mir wieder ein Grinsen. Ich hatte Zoe die Idee in den Kopf gesetzt. Jetzt lag es bei ihr, etwas damit anzufangen.

Wir gingen weiter bis zur Eingangstür des Walhalla-Wohnheims, einem der Mädchenwohnheime.

Ich schaute mich um, aber ich sah niemanden über die Wege gehen oder durchs Gras trotten. In mehreren Zimmern des Wohnheims brannte Licht und von irgendwoher da drinnen hörte man das schwache Murmeln eines Fernsehers, aber sonst war alles still. Eine bessere Gelegenheit als diese würden wir nicht bekommen.

Wir hätten auf den Summer neben der Tür drücken und eines der Mädchen, die hier wohnten, herbeirufen können, um uns hereinzulassen. Aber dann würde dieses Mädchen wahrscheinlich wissen wollen, warum wir hier waren, und wir konnten ihr schließlich nicht einfach erzählen, dass wir Gretchens Zimmer nach einem gestohlenen Artefakt durchsuchen wollten. Daher die Heimlichtuerei.

»Also schön«, flüsterte ich Zoe zu. »Dann mal los.«

Sie griff in ihre Handtasche und nahm etwas heraus, das aussah wie eine kleine Pistole, aus deren Lauf drei Metallzangen ragten. Zoe summte leise eine fröhliche Melodie vor sich hin, als sie die Pistole in das Schloss schob. Ein mehrfaches *Klick-klick-klick* war zu hören und weniger als eine Minute später war die Tür offen.

Zoe zog ihre Dietrich-Pistole aus dem Schloss, hielt sie hoch und warf sich mit dem Ding in Pose. »Klappt jedes Mal wunderbar.«

Sie schob das Gerät wieder in ihre Handtasche und wir schlüpften ins Wohnheim. Ein langer Flur mit Zimmern an beiden Seiten und eine Treppe am anderen Ende lag vor uns. Gemeinsam schlenderten Zoe und ich durch den Flur, als hätten wir jedes Recht dazu, hier zu sein, obwohl keine von uns in diesem Wohnheim lebte.

Wir kamen an einem großen Gemeinschaftszimmer vorbei, wo sich mehrere Mädchen auf ein Sofa gequetscht hatten, Popcorn aßen und sich irgendeine Datingshow ansahen. Alle Augen waren auf den Bildschirm gerichtet und niemand beachtete uns, als wir an der Tür vorbeigingen.

Zoe und ich schlichen weiter. Wir kamen an die Treppe, stiegen in den ersten Stock und gingen einen weiteren Flur entlang.

»Welches Zimmer war es noch mal?«, flüsterte ich.

»Zwei-Null-Acht«, flüsterte Zoe zurück. »Da ist es.«

Wir blieben vor einer Tür stehen, auf die die Zahl Zweihundertacht gemalt war – Gretchens Zimmer.

Zoe zog wieder ihre Dietrich-Pistole hervor und kurz darauf betraten wir das Zimmer. Ich zog die Tür hinter uns zu und verschloss sie, während Zoe das Licht einschaltete.

Gretchens Wohnheimzimmer sah aus wie alle anderen in der Mythos Academy: Ein Bett an der Wand. Ein Schreibtisch mit Computerequipment an der anderen Wand. Ein Schminktisch neben einem Bücherregal. Eine Kammer voller Klamotten und Schuhe in der Ecke.

Wie alle anderen hatte Gretchen ihrem Raum eine persönliche Note verliehen. Ein Karma-Girl-Poster über dem Bett. Ein weiteres Poster mit einer hübschen, nächtlichen Szene des Midway in Cloudburst Falls, West Virginia, an der Schranktür. Trophäen für all die Mathe- und Computerwettbewerbe, die sie gewonnen hatte, säumten den oberen Teil des Bücherregals.

Gretchen war vielleicht schlau, aber sie war nicht gerade

ein Ordnungsfreak. Stifte, Notizblöcke und Schulbücher waren über den Schreibtisch verstreut und Kleider und Schuhe übersäten den Boden. Die Bettdecke lag zur Hälfte auf dem Boden.

»Glaubst du wirklich, sie hat hier drin Selkets Schreibfeder versteckt?«, fragte Zoe.

»Nun, es wäre sicherlich nicht leicht, das Artefakt in dieser Unordnung zu finden. Wahrscheinlich hat sie es bei sich, aber vielleicht finden wir etwas, das uns verrät, warum sie es gestohlen hat und was sie damit zu tun gedenkt.«

Ich schickte Ian eine SMS, um ihn wissen zu lassen, dass wir in Gretchens Zimmer waren, dann machten wir uns an die Arbeit. Zoe setzte sich an den Schreibtisch und schaute die Bücher und das Computerequipment durch, außerdem durchsuchte sie die Schubladen. Ich machte das Gleiche mit dem Schminktisch.

Schmuck, Make-up, Bürsten, Stirnbänder, Fläschchen mit Nagellack und duftender Lotionen. Alles ganz gewöhnliche Dinge, die jedes Mädchen in seinem Zimmer hatte. Das einzig halbwegs Interessante war die Schublade voller Brillen. Ich nahm einige der Gestelle in die Hand, die alle unterschiedliche Farben und Formen hatten und mit glitzernden Glassteinen beklebt waren. Ich setzte eine auf, aber in ihnen war nur Fensterglas statt geschliffene Linsen. Es schien, dass Gretchen Brillen nur trug, um ein modisches Statement abzugeben, und nicht, weil sie sie tatsächlich benötigte.

Trotzdem untersuchte ich alles sehr sorgfältig und ging sogar so weit, die Flaschen zu öffnen, für den Fall, dass sie etwas anderes enthielten als Nagellack und Lotion. Aber alles war genau das, was es zu sein schien. Daher hob ich den Blick, um festzustellen, ob am Rahmen des Schminkspiegels irgendwelche Bilder steckten.

Wenn man bedachte, dass Gretchen mit der superbeliebten Kylie befreundet war, hätte ich erwartet, dass der ganze Spiegel voller Fotos wäre. Aber es klemmte nur ein einziges Bild dort, das Gretchen mit einem Mann und einer Frau zeigte, die ich für ihre Eltern hielt, da Gretchen das blonde Haar des Mannes und die blauen Augen und das Lächeln der Frau hatte.

Aber das Eigenartige war, dass das Foto durchgerissen worden war, mit Gretchen auf der einen Hälfte und ihren Eltern auf der anderen. Warum bewahrte sie ein zerrissenes Foto auf? War es versehentlich durchgerissen worden?

Ich hatte keine Ahnung, daher schaute ich zu Zoe hinüber. »Irgendwas gefunden?«

»Noch nicht.«

»Ich auch nicht. Lass uns weitersuchen.«

Zoe nickte, stand auf und nahm die Kammer in Angriff, um festzustellen, ob Gretchen irgendetwas in den Taschen ihrer Sachen oder in ihren Schuhen versteckt hatte.

Nachdem ich in den Schubladen des Schminktischs nur Schmuck und Make-up gefunden hatte, ging ich zum Bett und spähte unter die Matratze, dann unter das Bettgestell selbst. Dort war nichts als ein vergessener, halb verspeister Schokoriegel und einige riesige Staubmäuse.

Zoe durchsuchte noch immer die Kammer, daher ging ich zum Bücherregal und überflog die Titel auf den Regalbrettern. Bücher über Mythengeschichte, dicke, fette Fantasyromane, jede Menge Bände über Mathematik und Computerwissenschaft. Nichts Ungewöhnliches, aber ich nahm trotzdem einige Bücher in die Hand und blätterte sie durch, für den Fall, dass Gretchen etwas zwischen den Seiten versteckt hatte. Es fielen jedoch keine Notizen oder anderen Papiere heraus, also schob ich die Bücher zurück ins Regal.

Frustriert wollte ich gerade Zoe fragen, ob sie inzwischen etwas gefunden habe, als mir ein dunkel violettes Polohemd auffiel, das aus dem Papierkorb neben dem Bücherregal hing, als hätte Gretchen es fallen lassen, ohne sich darum zu scheren, wo es landen würde. Neugierig fischte ich das Shirt aus dem Müll und hielt es hoch.

Es zeigte einen grinsenden Totenkopf mit gekreuzten Knochen. *Club D* stand im Bogen über dem Totenschädel und Weinlaub rankte sich um die Knochen darunter. Die Schrift und die Grafik waren in Weiß gehalten, ebenso wie der Name *Gretchen*, der auf der linken Seite des Shirts stand.

Der Totenschädel, die Knochen und das Weinlaub waren das Logo für den Club Dionysos – auch bekannt als Club D –, einer Disco am Stadtrand von Snowline Ridge. Ich war noch nie dort gewesen, aber er bot einen beliebten Partyort vor allem für die älteren Mythos-Schüler. Eines der Dinge, die den Club so attraktiv machten, war die Tatsache, dass er neben einem Friedhof lag. Tote scherten sich nicht darum, wie laut die Musik um zwei Uhr morgens im Club lief oder wie viele Jugendliche herausgetaumelt kamen und sich die Seele aus dem Leib kotzten.

Gretchen arbeitete offensichtlich als Kellnerin dort, da ihr Name auf dem Shirt stand. Ich hatte keine Ahnung, warum sie es in den Müll geworfen hatte, da es nicht schmutzig war, aber ich legte es dorthin zurück, wo ich es gefunden hatte. Gretchen sollte schließlich nicht wissen, dass wir ihr Zimmer durchsucht hatten.

»Okay, das ist seltsam.« Zoe trat aus der Kammer.

»Was?«

»Das hier. Ich habe es in einem Karton mit alten Aufsätzen ganz hinten in der Kammer gefunden.«

Sie reichte mir ein kleines, dünnes Buch und ich hielt es ins Licht, damit ich den verblichenen Titel auf dem Titel lesen konnte: *Antiquitäten & Artefakte: Preisempfehlungen*.

Ich gab ihr das Büchlein zurück. »Na und? Das ist ein Buch aus der Bibliothek. Siehst du den Ausleihcode auf dem Rücken? Gretchen hat es wahrscheinlich für die Recherche für einen Aufsatz benutzt und vergessen, es zurückzugeben.«

»Ich glaube nicht, dass sie es vergessen hat. Schau dir an, was sie damit gemacht hat.«

Zoe blätterte in den Seiten. Jede einzelne Seite war auf irgendeine Weise markiert. Einige Stellen waren mit Textmarker bearbeitet oder unterstrichen und neben Abbildungen waren Sternchen gekritzelt worden.

Schon der Anblick ließ mich innerlich stöhnen. Ich machte nicht einmal Eselsohren in ein Buch, geschweige denn, dass ich hineinschrieb, aber Gretchen hatte diesen Band vollkommen ruiniert. Sie hatte so viele Stellen im Buch markiert, dass ich einen Teil der eigentlichen Texte und Überschriften nicht einmal lesen konnte.

»Wovon handelt dieses Buch noch mal?«, fragte ich.

»Antiquitäten & Artefakte: Preisempfehlungen«, las Zoe vom Titelblatt, dann spähte sie auf eine der Seiten, auf denen nicht ganz so viel geschrieben stand. »Es sieht so aus, als würde das Buch dir verraten, was bestimmte Antiquitäten und Artefakte wert sind. Siehst du? Neben den Schwertern auf dieser Seite stehen Preise.«

Ich konnte mir vorstellen, dass Gretchen das Buch ausgeliehen und es für irgendeine Hausaufgabe benutzt hatte, aber die Seiten waren so stark markiert, dass es schien, als hätte sie das Buch lange Zeit in ihrem Besitz gehabt und als habe sie es wieder und wieder gelesen. Warum sollte sie das tun? Es sei denn … sie wollte tatsächlich wissen, was die Antiquitäten und Artefakte wert waren.

Einen Moment mal. Konnte es bei alldem um *Geld* gehen?

»Lass mich mal sehen, bitte.«

Zoe gab mir das Buch. Ich blätterte bis ganz nach hinten und überflog das Stichwortverzeichnis, welches der einzige Teil des Buchs war, der nicht markiert war. Ich blätterte zum Buchstaben S und fuhr mit dem Finger über die Seite, suchte, suchte, suchte …

Selkets Schreibfeder, Seite 131.

Ich erstarrte und fragte mich, ob ich mich verlesen hatte,

aber auch als ich blinzelte, stand es unverändert da, also schlug ich Seite 131 auf.

Ein Foto von Selkets Schreibfeder nahm den größten Teil der Seite ein.

Eine riesige schwarze Feder mit einer silbernen Spitze in der Form eines Basilisken, auf der ein Rubinauge saß – das Artefakt sah genauso aus, wie wir es heute in der Villa gesehen hatten. Gretchen hatte Textmarker benutzt, Sätze unterstrichen und Sternchen an fast jedes einzelne Wort auf der Seite gemalt. Ich musste durch die chaotischen Tintenstriche blinzeln, um die Worte unter dem Foto lesen zu können.

Diese Schreibfeder ist eines der wenigen bekannten Artefakte, die Selket, der ägyptischen Göttin, die mit Giften in Verbindung gebracht wird, gehört haben. Sie besteht aus einer einzelnen Feder mit einer silbernen Spitze in Form eines Basilisken. Die Spitze ist der interessanteste Teil des Artefakts. Sie deutet auf die Kreaturen hin, die durch die Person, die die Schreibfeder in Händen hält, beschworen und kontrolliert werden können. Zur Zeit dieses Drucks wurde der Wert der Schreibfeder auf mehr als zwei Millionen Doller geschätzt …

»Zwei Millionen Dollar«, flüsterte ich. »Zwei Millionen Dollar!«

»Was denn?«, fragte Zoe. »Wovon sprichst du?«

Ich zeigte auf die Dollarsumme. Zoes Augen weiteten sich langsam und sie sah mich an.

»Gretchen hat das Artefakt nicht gestohlen, um damit jemanden zu verletzen«, erklärte ich. »Sie will es verkaufen.«

15

Zoe und ich starrten beide auf das Buch, den Blick auf die Dollarsumme gerichtet.

»Zwei Millionen Dollar.« Zoe schüttelte den Kopf. »Ich kann nicht glauben, dass das Artefakt *zwei Millionen Dollar* wert ist. Wenn ich das gewusst hätte, wäre ich selbst versucht gewesen, es zu stehlen.«

»Nun, ich kann mir den Wert durchaus vorstellen. Es war schlimm genug, mich einer Typhon-Chimäre zu stellen, aber dieser Selket-Basilisk war noch schlimmer. Eine Menge Leute wären bereit, zwei Millionen Doller dafür zu zahlen, einen Basilisken beschwören zu können, wann immer sie wollen.«

Zoe nickte. »Okay, nehmen wir an, du hast recht. Wo ist das Artefakt? Und wann und wo und an wen plant Gretchen, es zu verkaufen?«

»Ich weiß es nicht …«

Mein Handy summte und unterbrach mich. Ich zog es aus meiner Tasche und las die Nachricht von Ian: *Gretchen verlässt die Bibliothek. Seht zu, dass ihr verschwindet.*

»Wir müssen los«, sagte ich zu Zoe.

»Aber wir haben das Artefakt noch nicht gefunden«, protestierte sie.

»Ich glaube nicht, dass es hier ist. Wenn Gretchen wirklich vorhat, die Schreibfeder zu verkaufen, dann hat sie sie bei sich. Was bedeutet, dass sie sie benutzen kann, um Basilisken zu beschwören, wenn sie uns in ihrem Zimmer vorfindet. Wir müssen verschwinden. Auf der Stelle.«

Mit meinem Handy machte ich ein Foto von der Seite mit Selkets Schreibfeder und warf Zoe dann das Buch zu, damit sie es wieder in die Kammer zurücklegen konnte. Ich schaute mich um und überzeugte mich davon, dass wir alles genauso hinterließen, wie wir es vorgefunden hatten. Zoe kam aus der Kammer und wir schalteten das Licht aus, verließen Gretchens Zimmer und schlossen die Tür hinter uns ab.

Schnell liefen wir hinunter ins Erdgeschoss. Es saßen immer noch alle im Gemeinschaftszimmer und sahen fern, aber niemand schaute hoch, als wir vorbeieilten. Zoe und ich schlüpften zur Haustür hinaus, traten in die kühle Nachtluft und gingen die Treppe hinunter.

Zoe stieß nervös den Atem aus. »Ich bin froh, dass wir das hinter uns haben.«

»Ja, ich auch …«

Ein Handy klingelte und unterbrach mich schon wieder. Zuerst dachte ich, Ian würde mich anrufen, aber dann wurde mir klar, dass das Geräusch nicht von meinem Telefon kam. Vor uns trat ein Mädchen mit blondem Haar und schwarzer Brille in den Schein der Straßenlaternen, die den gepflasterten Weg säumten. Mir stockte der Atem.

Gretchen Gondul kam direkt auf uns zu.

Ich erstarrte. Mit aufgerissenen Augen und offenem Mund stand ich da, obwohl ich glücklicherweise keinen Laut von mir gab. Ian hatte mich informiert, dass Gretchen auf dem Weg hierher sei, aber ich hatte nicht damit gerechnet, dass wir ihr direkt in die Arme laufen würden.

Ich wohnte hier nicht, genauso wenig wie Zoe, daher würde Gretchen, falls sie uns entdeckte, begreifen, dass irgendetwas nicht stimmte. Und da sie höchstwahrscheinlich Selkets Schreibfeder bei sich hatte, würde das großen, großen Ärger für uns bedeuten in der Form eines großen, großen Basilisken.

Zoe war genauso überrascht wie ich, aber sie erholte sich viel schneller. Sie packte mich hinten an der Jacke und zerrte mich von der Treppe weg. »Schnell!«, zischte sie. »Versteck dich! Da drüben!«

Sie huschte gebückt um die Ecke des Wohnheims und ging in seinem Schatten in die Hocke. Ich folgte ihr und hockte mich ebenfalls hin. Zoe riss ihren Elektrodolch aus der Handtasche, während ich Babs' Griff umfasste. Dann spähten wir zusammen um die Ecke.

Gretchen starrte in unsere Richtung.

Die Walküre stand mitten auf dem Pfad und hielt ihr Telefon in der Hand, obwohl es aufgehört hatte zu klingeln. Sie kniff die Augen zusammen, als versuche sie, in den Schatten etwas zu erkennen. Sie musste gesehen haben, wie wir um die Ecke des Gebäudes geflitzt waren. Zoe und ich umfassten beide unsere Waffen ein wenig fester …

Gretchens Telefon klingelte erneut. Sie schaute in unsere Richtung und Zoe und ich blieben, wo wir waren. Keine von uns wagte es, sich zu bewegen. Schließlich, nach einer gefühlten Ewigkeit, wandte Gretchen sich ab und nahm den Anruf entgegen.

»Ja?«

Ich atmete erleichtert aus. Zoe tat das Gleiche.

Ich rechnete damit, dass Gretchen die Treppe hinauf und ins Wohnheim gehen würde, aber stattdessen lief sie vor dem Gebäude auf und ab und sprach in ihr Telefon.

»Hm-hm … hm-hm …«

Zoe flüsterte mir ins Ohr: »Was denkst du, mit wem sie da redet?«

Ich zuckte die Achseln. Ich hatte keine Ahnung, aber wir konnten nicht verschwinden, bevor Gretchen ins Haus gegangen war. Ich hoffte nur, dass sie nicht die ganze Nacht hier draußen stehen und reden würde.

»Natürlich habe ich es«, sagte sie mit einem scharfen Unterton in der Stimme. »Ich habe Ihnen doch gesagt, dass ich es tun würde. Jetzt ist es an Ihnen, die Summe zu bezahlen.«

Mir stockte schon wieder der Atem. Sie sprach anscheinend von Selkets Schreibfeder, was bedeutete, dass die Person am anderen Ende der Leitung ihr mysteriöser Käufer war. Plötzlich war ich höchst interessiert an ihrem Telefongespräch.

»Morgen Abend. Acht Uhr. Club D.« Gretchen hielt inne. »Ich habe noch etwas anderes, das Sie wahrscheinlich interessieren wird, also verspäten Sie sich nicht.«

Noch etwas? Hatte Gretchen ein weiteres Artefakt vom Idun-Anwesen gestohlen? Oder vielleicht aus der Bibliothek der Altertümer?

Sie beendete das Gespräch und schob ihr Telefon in ihre Hosentasche. Dann sah sie sich um, als wolle sie sich davon überzeugen, dass niemand sie belauscht hatte. Schließlich lief sie die Stufen hinauf und verschwand im Wohnheim.

Zoe machte Anstalten, sich zu bewegen, aber ich hielt sie am Arm zurück.

»Warte«, flüsterte ich. »Für den Fall, dass sie zurückkommt.«

Also hockten wir da und warteten, aber Gretchen tauchte nicht wieder auf. Nach ungefähr drei Minuten standen Zoe und ich auf.

»Du hattest recht«, sagte sie. »Gretchen will das Artefakt verkaufen.«

»Komm«, erwiderte ich. »Wir müssen zurück in den Bunker und es den anderen erzählen.«

Eine Viertelstunde später saßen Zoe und ich mit Takeda, Tante Rachel, Ian und Mateo im Bunker am Besprechungstisch.

»Ich bin froh, dass es vorbei ist«, sagte Mateo, seine Stimme ein wenig schrill und nervös. »Ich war mir sicher, dass Gretchen das Artefakt herausholt und einen Basilisken beschwört, der mich in Stücke reißt.«

Mein Plan war aufgegangen. Gretchen hatte die Bibliothek verlassen wollen, aber Mateo war zu ihr hinübergegangen, hatte mit ihr über ihr Kursprojekt gesprochen und sie lange genug abgelenkt, dass Ian Zoe und mir eine SMS schicken konnte, damit wir Gretchens Zimmer verließen.

Nachdem uns Mateo über alle Einzelheiten seiner Begegnung mit Gretchen informiert hatte, erzählten Zoe und ich den anderen davon, wie wir das Buch über Artefakte in Gretchens Zimmer gefunden und ihr Telefongespräch belauscht hatten.

Ich reichte Mateo mein eigenes Telefon. Er verband es mit seinem Laptop und fing an zu tippen. Ein paar Sekunden später erschien das Foto, das ich von der Buchseite mit Gretchens Markierungen gemacht hatte, auf dem mittleren Wandmonitor.

»Den Unterlagen zufolge hat Gretchen das *Antiquitäten & Artefakte*-Buch ungefähr vor einem Jahr aus der Bibliothek entliehen. Sieht so aus, als hätte sie den Bibliothekaren erzählt, sie hätte es verloren, und für einen Ersatz bezahlt.« Mateo sah mich an. »Glaubst du, so lange plant sie schon, die Schreibfeder zu stehlen?«

Ich zuckte die Achseln. »Keine Ahnung, aber Professor Dalaja fährt im Herbsthalbjahr immer mit ihren Klassen zum Idun-Anwesen. Vielleicht hat Gretchen sich gefragt, was die Artefakte wert sind, als wir im letzten Jahr dort waren.«

»Und morgen Nacht will sie Selkets Schreibfeder zusammen mit dem, was sie noch gestohlen hat, verkaufen«, sagte Tante Rachel.

Mateo drückte auf ein paar weitere Tasten auf seinem Laptop. »Dem Protektorat zufolge sind weder vom Idun-Anwesen noch aus der Bibliothek der Altertümer weitere Artefakte verschwunden. Wenn Gretchen also noch ein Artefakt gestohlen hat, kommt es irgendwo anders her.«

»Das andere Artefakt spielt eigentlich keine Rolle«, warf Ian ein. »Ich bezweifle, dass es gefährlicher ist als Selkets Schreibfeder. Aber haben wir eine Vorstellung davon, wer Gretchens Käufer sein könnte?«

»Bedauerlicherweise nicht«, antwortete Takeda. »Gretchen ist kein Schnitter, also bezweifle ich, dass sie die Artefakte an diese verkaufen würde. Natürlich können wir das nicht ausschließen, aber Schnitter nehmen sich Waffen und Artefakte normalerweise mit Gewalt, statt für sie zu bezahlen. Vielleicht hat Gretchen einen Privatsammler gefunden. Es gibt einen großen Schwarzmarkt für mythologische Artefakte, genau wie für berühmte Kunstwerke.«

Ian nickte. »Warum hat Gretchen also beschlossen, sich mit ihrem Käufer im Club Dionysos zu treffen?«

Ich dachte an das violette Shirt in ihrem Zimmer. »Ich glaube, sie arbeitet da. Mateo, kannst du das herausfinden?«

Er begann wieder zu tippen. »Du hast recht, Rory. Ihren Social-Media-Accounts zufolge kellnert Gretchen dort.«

Weitere Fotos erschienen auf den Monitoren, auf denen Gretchen mit Serviertabletts im Club zu sehen war. Auf den Fotos lächelte sie, vor allem auf denen mit Kylie und dem Rest ihrer Freundinnen, aber je länger ich die Bilder betrachtete, umso mehr erschien es mir, dass Gretchens Lächeln nicht ganz bis zu ihren Augen reichte und dass sie lediglich für die Kamera posierte, statt wirklich glücklich zu sein.

Takeda sah am Tisch in die Runde. »Wir wissen, wo Gretchen, das Artefakt und ihr Käufer morgen Abend sind, daher müssen wir uns darauf konzentrieren, wie wir das Artefakt wieder an uns nehmen und sie festnehmen können. Einverstanden?«

Alle nickten.

»Rory, was kannst du uns über den Club erzählen?«, fragte Takeda.

»Nicht viel. Ich bin noch nie dort gewesen, aber viele Mythos-Schüler feiern gern Partys in dem Club, zusammen mit den gewöhnlichen sterblichen Jugendlichen, die in der Gegend wohnen. Soweit ich gehört habe, ist der Club immer voll.«

»Das bedeutet, dass morgen Abend eine Menge Leute da

sein werden«, sagte Takeda. »Gretchen hat wahrscheinlich vor, das Gedränge zu nutzen, um die Tatsache zu vertuschen, dass sie ein Artefakt verkauft.«

Mateos Finger flogen über seine Tastatur und er rief die Website des Club Dionysos auf den Monitoren auf. Dann klickte er durch die Seiten, auf denen lächelnde, lachende, tanzende und feiernde Menschen im Club zu sehen waren. Wir gingen die Website durch, ebenso wie Dutzende von Fotos, die in den sozialen Medien gepostet worden waren, aber wir fanden nichts Ungewöhnliches. Der Club Dionysos sah aus wie eine ganz gewöhnliche Disco: ein Tresen, eine Tanzfläche, Tische und Stühle, eine Küche im hinteren Teil des Clubs, ein Parkplatz davor.

Takeda rief die Protektoratswachen an und brachte sie auf den neusten Stand. Dann nutzten wir die folgende Stunde, um uns auf die Mission vorzubereiten. Da Club D voller Menschen sein würde, beschloss Takeda, Ian, Zoe und mich hineinzuschicken, während er und Mateo uns vom Lieferwagen aus überwachen würden.

»Eure Mission besteht ausschließlich in der Aufklärung«, sagte Takeda. »Ihr mischt euch unter die anderen Jugendlichen und behaltet Gretchen und ihren Käufer im Auge. Die Protektoratswachen werden draußen warten. Wir lassen Gretchen sich mit ihrem Käufer treffen und das Artefakt gegen das Geld eintauschen, dann warten wir darauf, dass beide den Club verlassen. Sobald sie draußen sind, kommen die Wachen ins Spiel: Sie isolieren Gretchen und ihren Käufer, nehmen sie fest und bringen das Artefakt an sich, ohne irgendjemanden im Club zu gefährden.«

Alle nickten wieder. Es war ein guter Plan, der am ehesten gewährleistete, dass niemand zu Schaden kam.

»Was ist mit der Zeit bis zu dem Verkauf?«, fragte Tante Rachel. »Werden Sie Gretchen morgen den Unterricht besuchen lassen?«

Takeda zuckte die Achseln. »Wir haben keine Wahl. Wenn Gretchen nervös wird oder sich bedroht fühlt, könnte sie das Artefakt benutzen, um hier auf dem Campus Basilisken zu beschwören. Das wäre eine Katastrophe. Also müssen wir so tun, als sei alles ganz normal und als wüssten wir nicht, dass sie das Artefakt gestohlen hat. Das schließt ein, dass wir ihr erlauben, morgen ihren alltäglichen Beschäftigungen nachzugehen. Aber keine Sorge. Ich werde sie von den Protektoratswachen beschatten lassen und sie über die Sicherheitskameras beobachten. Wenn es so aussieht, als wolle sie das Artefakt benutzen, greifen wir ein und umstellen sie.«

Wir arbeiteten noch ein paar weitere Details aus, dann packten alle ihre Sachen zusammen, um nach Hause zu gehen. Während die anderen beschäftigt waren, schlenderte ich zu den Regalen mit Artefakten im hinteren Teil des Raums hinüber. Ich hatte keine Zeit, die ganzen Gänge abzugehen, daher ging ich direkt zu dem Regal, auf dem die schwarze Schmuckschatulle stand. Wir hatten heute bereits ein Artefakt verloren und ich wollte mich davon überzeugen, dass die Schatulle sicher an ihrem Platz stand.

Zum Glück war alles in Ordnung und die Schatulle befand sich da, wo sie immer war. Ich bezweifelte, dass irgendjemand seit meinem Besuch gestern Abend in der Nähe des Artefakts gewesen war, aber ich untersuchte es trotzdem ein wenig genauer. Eine Schmuckschatulle aus poliertem Gagat mit silbernen Ranken und Dornen, die in herzförmigen Blumen aus Rubin ausliefen.

Die Schatulle sah aus wie immer, aber je länger ich sie anstarrte, umso bekannter erschien sie mir, vor allem die Art, wie die silbernen Ranken über den schwarzen Stein liefen und sich um die Rubinblumen herumschlängelten. Ich hatte diese Muster schon irgendwo gesehen. Ich *wusste*, dass es so war, obwohl ich mich nicht erinnern konnte, wann oder wo. Ich würde es heute Abend nicht mehr herausfinden, aber vielleicht konnte mir morgen jemand helfen. Also zog ich mein Handy aus der Tasche und knipste ein paar Fotos von der Schatulle.

Dann steckte ich mein Handy weg und betrachtete erneut das Artefakt. Die Schatulle beschwor vielleicht keine Basilisken wie Selkets Schreibfeder, aber ich hatte das ungute Gefühl, dass das, was darin war, noch viel, viel gefährlicher war.

Schaudernd wandte ich den Blick von der Schatulle ab und ging zurück in den vorderen Teil des Raums, um mir meine Sachen zu schnappen und zusammen mit allen anderen aufzubrechen.

16

Ausnahmsweise einmal wachte ich am nächsten Morgen früh auf. Ich duschte, zog mich an und schnappte mir zwei übrig gebliebene Müsliriegel mit Cranberrys und Mandeln zum Frühstück. Dann verabschiedete ich mich von Tante Rachel, die in ihre Kaffeetasse starrte und an diesem Tag nur langsam wach wurde, und verließ das Cottage.

Ich aß mein Frühstück auf dem Weg zum Schulhof. Mir begegneten nur wenige andere Schüler. Ich eilte hinüber zum Gebäude für Englisch und Geschichte, stieg die Treppe hinauf und ging hinein.

Eine Minute später betrat ich eines der Klassenzimmer. Hier war niemand, aber eine Tür im hinteren Teil des Raums stand offen. Dahinter hörte ich jemanden auf einer Tastatur tippen und folgte dem Klappern.

Die Tür führte in ein großes Büro. Deckenhohe Bücherregale zogen sich über zwei der Wände, aber auf den Regalen war viel mehr zu finden als nur Bücher. Silberne Schwerter, juwelenbesetzte Dolche, Statuen aus Stein, Glaskugeln, kristallene Briefbeschwerer. All das und vieles mehr glänzte in den Regalen und wo immer ich auch hinschaute, gab es etwas Neues zu sehen. Es war beinahe wie eine aus einem einzigen Raum bestehende Version des Idun-Anwesens.

Professor Dalaja tippte auf ihrem Laptop, der auf dem antiken Holzschreibtisch im hinteren Teil des Raums stand. Nun, ich nahm zumindest an, dass irgendwo da ein Schreibtisch begraben sein musste. Der Platz um den Laptop herum war frei, aber den Rest des Tischs bedeckten unordentliche Stapel von Papieren, haufenweise Büroklammern und Gummibandknäuel. Bunte Tintenschreiber waren über die Papierstapel verteilt und wirkten wie schwarze, blaue und rote Pinselstriche vor dem Hintergrund der weißen Papiere. Selbst die Luft roch leicht nach Papier, aber mir machte der muffige Geruch nichts aus. Er erinnerte mich an die Bibliothek der Altertümer.

Ich klopfte an die offene Tür. »Professor Dalaja? Kann ich mit Ihnen sprechen?«

»Rory! Natürlich. Kommen Sie herein.«

Professor Dalaja deutete auf einen der Stühle vor dem Schreibtisch und ich nahm darauf Platz.

Die Professorin brachte, was immer sie getippt hatte, zu Ende, dann klappte sie ihren Laptop zu und sah mich an. »Was kann ich für Sie tun?«

»Ich habe mich gefragt, ob ich einen freiwilligen Aufsatz über Artefakte schreiben könnte.«

Sie runzelte die Stirn. »Aber Sie brauchen keine Zusatzpunkte. Ihre Noten sind hervorragend.«

»Ich weiß, aber ich würde es trotzdem gern tun.«

Das war natürlich gelogen. Wer wollte schon freiwillig Hausaufgaben machen? Niemand. Aber Team Midgard hatte nichts über die schwarze Schmuckschatulle in Erfahrung bringen können und wir mussten herausfinden, warum sie Covington so wichtig war. Und wenn es irgendjemanden an der Akademie gab, der vielleicht etwas über die Schatulle wusste, dann war es Dalaja. Zoe hatte gesagt, die Professorin sei ein wandelndes Lexikon der Artefakte, und diese Theorie wollte ich auf die Probe stellen.

Mehr als einmal war mir der Gedanke gekommen, die Campusbibliothekare zu bitten, mir bei meinen Nachforschungen über die Schmuckschatulle zu helfen, aber dann hatte ich mich doch dagegen entschieden. Covington war jahrelang oberster Bibliothekar gewesen und ich konnte nicht darauf vertrauen, dass die anderen Bibliothekare nicht auch Schnitter waren. Professor Dalaja schien eine sicherere und weniger offenkundige Wahl zu sein. Außerdem war sie immer nett zu mir gewesen. Natürlich konnte sie trotzdem ein Schnitter sein, aber das Risiko musste ich eingehen.

»Schwebt Ihnen etwas Bestimmtes vor?«, fragte sie.

»Ja.« Ich nahm mein Handy aus der Tasche und rief eines der Fotos von der schwarzen Schmuckschatulle auf, das ich gestern Abend im Bunker gemacht hatte. »Ich habe diese Schatulle in einem Buch entdeckt und fand sie cool. Ich habe mich gefragt, ob ich meinen Aufsatz darüber schreiben könnte.«

Ich drehte mein Telefon um und zeigte ihr das Foto. Die schwarzen Augen der Professorin weiteten sich hinter ihren Brillengläsern, als sei sie überrascht, aber dann nickte sie.

»Interessant«, murmelte sie. »Obwohl das eher aussieht wie ein Foto, das Sie selbst gemacht haben, und nicht wie eines aus einem Buch.«

»Ähm … es war ein sehr … lebensechtes Foto … in dem Buch.« In meinem Versuch, die Tatsache zu kaschieren, dass es ein echtes Foto der tatsächlichen Schatulle war, genau wie sie es gesagt hatte, stolperte ich über meine eigenen Worte. Ich hatte nicht erwartet, dass sie es bemerken würde.

»Interessant«, wiederholte sie, obwohl ich diesmal den Eindruck hatte, dass sie davon sprach, meine fadenscheinigen Ausreden zu durchschauen. »Aber wenn Sie die Schatulle in einem Buch gesehen haben, wissen Sie dann nicht bereits alles darüber?«

Verflixt. Daran hatte ich nicht gedacht. »Ich, ähm, erinnere mich nicht, in welchem Buch ich sie gesehen habe. Daher der Aufsatz für Zusatzpunkte. Außerdem habe ich mich gefragt, ob Sie vielleicht etwas über die Schatulle wissen. Um mir zu helfen, einen Anfang zu finden.«

Professor Dalaja zog die Augenbrauen hoch. Ganz offensichtlich glaubte sie mir nicht. Ja, klar, ich hätte mir auch nicht geglaubt. Dalaja sah mich sekundenlang an, als versuche sie, herauszufinden, was ich wirklich im Schilde führte.

Schließlich schüttelte sie den Kopf und lehnte sich auf ihrem Stuhl zurück. »Es tut mir leid, Miss Forseti, aber ich habe diese Schatulle noch nie zuvor gesehen.«

Enttäuschung stieg in mir auf. »Sind Sie sich sicher?«

»Ja. Und wie ich schon sagte, Sie brauchen keinen Aufsatz für Zusatzpunkte zu schreiben. Obwohl ich mich an Ihrer Stelle mit anderen Artefakten beschäftigen würde.«

»Mit welchen anderen Artefakten?«

»Mit denen, die wir bei unserer Exkursion gesehen haben.« Sie legte den Kopf schräg. »Erzählen Sie mir nicht, Sie hätten den Test heute vergessen?«

Bei dem Trubel um Gretchen hatte ich ihn tatsächlich völlig vergessen. »Ach ja, den.«

»Ja, den. Sie haben noch ein paar Minuten Zeit, um zu lernen, bevor der Unterricht anfängt, obwohl ich mir sicher bin, dass Sie sich bei dem Test sehr gut schlagen werden«, meinte Professor Dalaja. »Also, wenn das alles ist, ich muss jetzt weiterarbeiten.«

»Ja, sicher. Natürlich. Danke.«

Ich steckte mein Telefon ein und stand auf. Dann nickte ich der Professorin zu, drehte mich um und verließ das Büro. Sie hatte recht. Ich musste lernen, also setzte ich mich auf meinen angestammten Platz im Klassenzimmer, holte meine Notizen hervor und sah sie durch. Nach ein paar Minuten schaute ich nach links in das Büro, dessen Tür immer noch offen war.

Professor Dalaja starrte mich an.

Obwohl sie ihren Laptop wieder aufgeklappt hatte, spähte sie über dessen Rand zu mir herüber. Sie hatte nachdenklich die Lippen geschürzt, und ein besorgter Ausdruck stand in ihren Zügen. Als sie bemerkte, dass ich sie dabei beobachtete, wie sie mich beobachtete, zwang sie sich, mich anzulächeln und ihre Aufmerksamkeit wieder auf den Bildschirm zu richten.

Kaltes Unbehagen rieselte mir den Rücken herunter. Ich war ein Risiko eingegangen, als ich der Professorin das Foto von der Schmuckschatulle gezeigt hatte, aber ihre Reaktion war trotzdem seltsam. Wenn sie ein Schnitter gewesen wäre, hätte sie mich doch wohl angegriffen und zu erfahren verlangt, wo das Protektorat die Schatulle aufbewahrte. Das hatte sie nicht getan. Sie hatte mir nicht im Mindesten gedroht, aber ich hatte trotzdem das Gefühl, als wüsste sie erheblich mehr über die Schatulle, als sie zugegeben hatte.

Doch ich konnte nichts anderes tun, als mich wieder meiner Arbeit zu widmen und zu hoffen, dass es kein Riesenfehler gewesen war, mich der Professorin anzuvertrauen.

Nach und nach füllte sich das Klassenzimmer mit den anderen Schülern. Es läutete, Dalaja kam aus ihrem Büro und der Test begann. Trotz aller Ablenkungen des gestrigen Tages hatte ich den Eindruck, dass ich ganz gut zurechtkam.

Der Morgen verging schnell. Wann immer ich auf dem Schulhof war, hielt ich nach Gretchen Ausschau. Ich sah sie nicht, aber das war nicht ungewöhnlich, da wir keine Kurse zusammen hatten. Zum Mittagessen traf ich mich mit meinen Freunden im Speisesaal und Mateo schickte mir während des ganzen Nachmittags SMS. Gretchen schien sich bedeckt zu halten und ihrem gewohnten Alltag nachzugehen, daher taten wir das Gleiche.

Nachdem der Unterricht für mich zu Ende war, erledigte ich meine Hausaufgaben und aß mit Tante Rachel im Cottage zu Abend. Dann, als es Zeit wurde, ging ich zur Bibliothek der Altertümer und in den Bunker herunter, um letzte Vorbereitung für die Mission zu treffen.

Takeda und meine Freunde waren bereits im Besprechungsraum und wir gingen den Plan noch einmal durch. Niemand hatte Gretchen mit Selkets Schreibfeder gesehen, aber sie musste das Artefakt bei sich haben und würde es definitiv mit in den Club nehmen. Den Protektoratswachen zufolge hatte Gretchen ihr Wohnheim bereits verlassen, um zum Club D zu fahren.

Takeda ging uns voran zum hinteren Ende des Bunkers, wo er mittels seines Daumenabdrucks das Bücherregal öffnete und den geheimen Eingang in die Tunnel freilegte. Wir gingen hinein und das Deckenlicht sprang an.

Wir liefen durch die Tunnel, vorbei an der Stelle, an der die losen Ziegelsteine gelegen hatten, als Zoe und ich uns vor einigen Tagen hier umgesehen hatten. Ich warf einen Blick auf die Stelle, aber die Ziegelsteine steckten in der Wand, genau so, wie wir sie zurückgelassen hatten.

Wir erreichten das Ende des Tunnels, durch den man in Takedas Büro in der Turnhalle gelangte. Von dort aus gingen wir zum Parkplatz, wo der Lieferwagen stand. Takeda setzte sich auf den Fahrersitz und schaltete klassische Musik ein, während wir Übrigen uns auf die Rückbank quetschten, und los ging's.

Eine Viertelstunde später bog Takeda von der Straße und parkte den Lieferwagen auf dem gepflasterten Platz vor Club Dionysos. Ich spähte durch die Windschutzscheibe.

Club D befand sich in einem großen zweistöckigen Gebäude aus grauen Ziegeln. Ein neonviolettes Schild in der Form des Clublogos – ein grinsender Totenschädel mit gekreuzten Knochen, um die sich Weinlaub rankte – leuchtete über der Eingangstür auf und lud dazu ein, einzutreten und die Nacht durchzutanzen. In der Ferne, am anderen Ende des Parkplatzes, grenzte ein vier Meter hoher, schwarzer Zaun aus Schmiedeeisen den Club gegen den weitläufigen Friedhof nebenan ab.

Es war noch nicht einmal acht Uhr, aber es war bereits gerammelt voll. Ältere Teenager und Leute in den Zwanzigern standen herum, redeten, simsten und lachten. Einige rauchten, während andere ein Glas in der Hand hielten. Sie hatten ihre Drinks mitgenommen und die Party auf den Parkplatz verlegt. Die Fenster im vorderen Bereich des Clubs waren verdunkelt, daher konnte ich nicht erkennen, wie viele Leute drinnen waren, aber ich hörte das stetige Wummern der Musik bis hier draußen.

Takeda drehte sich auf dem Fahrersitz zu uns. »Okay, Zoe. Zeit für die Kommunikationsgeräte.«

Zoe nahm einen durchsichtigen Plastikkasten aus ihrer Handtasche, öffnete ihn und reichte jedem einen Ohrhörer. Wir machten unsere üblichen Checks, um uns davon zu überzeugen, dass wir uns gegenseitig hören konnten. Dann öffnete Ian die Hintertür des Lieferwagens und Zoe und ich stiegen mit ihm aus. Takeda verließ seinen Platz und kam um den Wagen herum zu uns.

Mateo blieb im Wagen, wo er an dem Tisch voller Monitore und anderem Computerequipment saß, das an eine Wand des Lieferwagens geschraubt war. Er ließ die Knöchel knacken, dann beugte er sich vor und begann, auf einer Tastatur zu tippen. Wenige Sekunden später erschienen Ansichten des Clubs sowohl von außen als auch von drinnen auf den Bildschirmen.

»In Ordnung, Leute«, sagte Mateo. »Ich habe mich in das Sicherheitssystem des Clubs gehackt, also habe ich alles da drin im Blick. Gleich werde ich mein Gesichtserkennungsprogramm durchlaufen lassen, um zu schauen, ob ich irgendwelche bekannten Schnitter, mythologische Verbrecher oder Sammler entdecke. Irgendjemand, der daran interessiert sein könnte, das Artefakt zu kaufen.«

»Die Protektoratswachen sind bereits vor Ort und warten in Autos in den umliegenden Straßen«, fügte Takeda hinzu. »Ihrer Aussage zufolge ist Gretchen vor einer Viertelstunde in den Club gekommen, um ihre Schicht zu beginnen. Behaltet Gretchen im Auge und stellt fest, ob ihr den Käufer identifizieren könnt. Sobald Gretchen und ihr Käufer den Tausch vornehmen und den Club verlassen, werden die Wachen sie beide festnehmen und das Artefakt sicherstellen.«

Ian, Zoe und ich nickten. Takeda stieg in den hinteren Teil des Lieferwagens zu Mateo und Ian schloss die Tür.

Ian, Zoe und ich gingen auf die Disco zu. Wir rückten langsam in der Schlange von Jugendlichen, die auf Einlass warteten, vor, bezahlten den Eintritt und betraten den Club. Sobald wir durch die Tür kamen, attackierte Musik meine Ohren. Ich verzog das Gesicht, weil es so irrsinnig laut war. Ian tat das Gleiche, aber Zoe fing sofort an, zu dem rockigen Beat zu tanzen. Wir gingen durch einen kurzen Flur und vorbei an einer Garderobe. Zumindest wäre es in einem normalen Club eine Garderobe gewesen. Aber da der Club D größtenteils von Mythos-Schülern besucht wurde, nahm das Mädchen dort zusammen mit Mänteln auch Schwerter und Dolche entgegen. Zoe hatte ihren Elektrodolch in ihrer Handtasche und Babs' Scheide hing an meinem Gürtel. Ians Streitaxt war viel zu groß, um sie in den Club mitzunehmen, ohne Aufmerksamkeit zu erregen. Also hatte er sich dafür entschieden, sich zwei Dolche in die Stiefel zu stecken.

Meine Freunde und ich gingen schnell an dem Raum vorbei, bevor das Mädchen uns entdeckte. Wir gaben unsere Waffen nicht ab. Nicht angesichts der Tatsache, dass Gretchen immer noch Selkets Schreibfeder hatte.

Der Flur führte in einen riesigen Raum, der von einer hölzernen Tanzfläche beherrscht wurde. Dutzende von Jugendlichen schwenkten die Arme und wiegten die Hüften zu dem stampfenden Beat, während ein DJ auf einem erhöhten Podest Stücke auf einem aufwendigen Plattenteller eines Soundsystems abspielte. Weitere Jugendliche saßen auf violetten Sofas, die um die Tanzfläche herum gruppiert waren, und redeten, simsten, knutschten und schlugen bei Essen und Getränken zu.

Neben der Tanzfläche befand sich die zweite sehr wichtige Einrichtung des Clubs: ein eleganter Tresen aus Glas und Chrom, der von der Vorderseite des Raums bis ganz zur hinteren Wand und der Schwingtür, die in die Küche führte, reichte. Ein Schild in der Form des Club-Logos mit dem grinsenden Totenschädel, den gekreuzten Knochen und dem Weinlaub hing über dem Tresen an der Wand. Es leuchtete in einem strahlenden Neonviolett und tauchte die Tanzenden in ein gespenstisches Licht. Eine riesige, silberne Discokugel drehte sich in der Mitte des Raums unter der Decke und die reflektierenden Lichtstrahlen verstärkten die Partyatmosphäre.

»Okay, Leute«, sagte Mateo. »Ich habe mir schon mal das Publikum angeschaut, aber Gretchen konnte ich bisher noch nicht entdecken.«

Trotz der dröhnenden Musik hörte ich seine Stimme laut und deutlich durch meinen Ohrhörer.

Zoe bemerkte meine Überraschung und zeigte auf ihren eigenen Ohrhörer. »Nachdem wir vor einigen Wochen auf der Party bei Lance Fuller zu Hause waren, habe ich ein wenig mit der Akustik herumgespielt. Jetzt filtern die Ohrhörer so etwas wie Musik automatisch heraus. Das heißt, ganz gleich, wie laut es hier drinnen wird, wir können Mateo trotzdem hören und umgekehrt.«

Ich sah sie an und reckte einen Daumen hoch. Sie warf mir ein Grinsen zu.

Ian berührte mich am Arm, dann zeigte er auf eine Treppe, die zu einer Galerie aus Metall führte. Die Galerie erstreckte sich über das ganze erste Stockwerk. Dort oben befanden sich noch mehr Jugendliche, die auf ihre Handys schauten oder am Geländer lehnten und das Geschehen unter sich auf der Tanzfläche verfolgten.

»Ich gehe da hoch und versuche, Gretchen zu finden«, sagte Ian.

Ich nickte. »Zoe und ich bleiben hier unten und tun das Gleiche.«

»Die Tanzfläche nehme ich mir vor!«, rief Zoe.

Sie grinste, ließ erneut die Hüften kreisen und machte sich

auf den Weg. Ian ging die Treppe hoch, während ich um die Tanzfläche herumschlenderte.

Ich hielt mich am Rand der Gäste und musterte alle genau, aber ich entdeckte weder Gretchen noch sonst irgendjemanden, der den Eindruck machte, als führe er etwas im Schilde. Alle tanzten, lachten, redeten und tranken völlig unbekümmert. Club D war nach Dionysos benannt worden, dem griechischen Gott des Weins und, na ja, des Feierns, und die Mythos-Schüler sprachen beidem reichlich zu. Der Geruch von Bier hing in der Luft wie eine dicke, säuerliche Wolke und mischte sich mit den Parfums, Rasierwassern und dem Schweiß all der Menschen auf der Tanzfläche.

Ich drehte eine Runde durchs Erdgeschoss, sah aber nichts Verdächtiges und landete an der Theke im hinteren Teil des Raums. Einige Schritte entfernt traten Kellner in violetten Shirts mit dem in Weiß aufgestickten Logo des Club D mit Tabletts voller frittierter Mozzarellasticks, würziger Chicken Wings, Käsefritten und mehr durch die Schwingtür der Küche. Ich beäugte die Kellner, die an mir vorbeiliefen, um ihre Bestellungen abzuliefern, aber Gretchen war nicht dabei. Ich schaute durch die Glasfenster der Schwingtür, sah sie aber auch nicht in der Küche.

Da ich an der Theke stand, würde es verdächtig wirken, dass ich nichts zu trinken hatte. Daher bestellte ich mir ein Gingerale und ließ dann den Blick erneut über die Gästemenge wandern. »Ich sehe Gretchen nicht«, murmelte ich. »Was ist mit euch?«

»Fehlanzeige«, antwortete Ian. »Noch keine Spur von ihr.«

Ich schaute nach oben. Ian lehnte am Geländer auf der anderen Seite des Clubs und tat so, als schaue er auf sein Handy, aber sein Kopf bewegte sich von einer Seite zur anderen, während er die Menge unter sich absuchte.

»Auch auf der Tanzfläche keine Spur von ihr«, meldete Zoe sich zu Wort.

Ich konnte ihre blauen Magiefunken ausmachen, die in der Menge der sich wiegenden Leiber flackerten.

»Ich sehe sie auch nicht auf den Aufnahmen der Überwachungskameras«, erklang Mateos Stimme in meinem Ohr. »Aber die Protektoratswachen haben beobachtet, wie sie das Gebäude betreten hat, also muss sie hier irgendwo sein. Ich werde weitersuchen. Ihr tut das Gleiche.«

Ich blieb auf meinem Posten an der Theke und nippte an meinem Gingerale, während ich mich wieder suchend in der Menge umschaute. Alle tranken, tanzten und feierten, genau wie zuvor.

Meine Gedanken schweiften ab und eh ich es mich versah, ließ ich alles Revue passieren, was während der vergangenen zwei Tage geschehen war. Wir hatten herausbekommen, dass Gretchen Selkets Schreibfeder gestohlen hatte. Waren in ihrem Zimmer gewesen, um es zu durchsuchen, und hatten das Buch mit der Preisliste der Artefakte gefunden. Wir hatten das Gespräch mit ihrem mysteriösen Käufer belauscht. Begriffen, dass sie sich mit dem Käufer im Club treffen würde.

Es kam mir alles ein wenig … *zu einfach* vor.

Okay, den Basilisken auf dem Idun-Anwesen zu töten, war alles andere als *einfach* gewesen. Aber seither hatte sich alles als überraschend simpel entpuppt. Normalerweise fanden wir nicht so schnell heraus, was die Bösen im Schilde führten. Gretchen war kein Schnitter, also verhielt sie sich vielleicht nicht so vorsichtig wie Covingtons Leute. Doch je länger ich darüber nachdachte, umso mehr gewann ich den Eindruck, dass bei dieser Sache etwas nicht stimmte …

»Sind die Käsefritten für dich?«

Eine Stimme drang in meine Gedanken und ich bemerkte den Kellner, der vor mir stand. Ich verkrampfte mich, schaute auf den Teller in seinen Händen und fragte mich, ob das hier irgendein Trick war.

Aber das war es nicht.

Dampf stieg von den Fritten auf, die mit einer dicken Schicht geschmolzenem Cheddar und Monterey-Jack-Käse bedeckt und mit Baconstückchen bestreut waren. Die Pommes sahen unglaublich lecker aus und rochen auch gut. Mein knurrender Magen verriet mir, dass sie echt waren.

Aber ich war immer noch misstrauisch, daher sah ich den Mann an, dann die Pommes und dann wieder den Mann. Er war einfach nur ein Kellner mit einem Teller voller Essen und stellte keine Bedrohung für mich dar.

Ich schüttelte den Kopf. »Tut mir leid. Die habe ich nicht bestellt.«

Der Mann wirkte verwirrt, zuckte die Achseln und ging zur Bar hinüber, wahrscheinlich, um herauszufinden, wer die Mahlzeit bestellt hatte. Mein Magen knurrte wieder. Käsefritten waren eines meiner Lieblingsgerichte. Vielleicht hätte ich doch sagen sollen, sie wären für mich …

Eine Hand legte sich auf meine Schulter und etwas Hartes und Scharfes drückte sich in meinen Rücken. Ich erstarrte. Jemand drückte mir einen Dolch an die Wirbelsäule.

»Hallo, Rory«, flüsterte mir Gretchen Gondul ins Ohr. »Ich hatte gehofft, dass du auftauchen würdest.«

17

Ich drehte langsam den Kopf nach rechts, damit ich sie besser sehen konnte.

Gretchen trug ein violettes Shirt und schwarze Jeans wie die anderen Kellner. Eine kurze, schwarze Perücke bedeckte ihr blondes Haar und sie hatte ihre Brille abgelegt. Kein Wunder, dass meine Freunde und ich sie nicht entdeckt hatten. Sie hatte sich die ganze Zeit vor aller Augen versteckt, direkt zwischen den anderen Kellnern.

»Hi, Gretchen«, sagte ich langsam. »Wie geht's?«

Ich wusste nicht, ob meine Freunde sie gesehen hatten, daher beschloss ich, sie durch die Ohrhörer wissen zu lassen, dass Gretchen hier war.

»Gretchen ist da!«, knisterte Ians Stimme in meinem Ohr. »Sie steht drüben an der Bar mit Rory!«

»Ich sehe sie«, sagte Zoe. »Halt durch, Rory! Ich komme!«

Gretchen betrachtete mich aus zusammengekniffenen blauen Augen. »Nimm den Ohrhörer heraus. Sofort. Und leg dein Telefon auf den Tresen.«

»Klar.«

Statt zu gehorchen, schaute ich schnell nach links und rechts und suchte nach etwas, das ich als Waffe gegen Gretchen benutzen konnte. Ich entdeckte mein Gingerale, das ich kurz zuvor auf die Theke gestellt hatte. Ich brauchte nur mit der freien Hand danach zu greifen und Gretchen das Glas ins Gesicht zu schmettern. Dann konnte ich ihr den Dolch aus der Hand reißen und in die Offensive gehen.

Wieder bohrte sie die Spitze ihres Dolchs in meinen Rücken. »Denk nicht mal daran, deine Spartanerfähigkeiten gegen mich einzusetzen. Wenn du auch nur eine falsche Bewegung machst, ramme ich dir diesen Dolch in den Rücken und lasse dich verbluten.«

Ihr kalter, harter Ton verriet mir, dass sie es ernst meinte. Also tat ich wie geheißen und nahm meinen Ohrhörer heraus. Ich zog außerdem mein Handy aus der Tasche und legte beides auf die Theke.

Gretchen ließ mein Telefon, wo es war, aber sie schnappte sich den Ohrhörer und warf ihn in mein Gingerale. Ein wenig statisches Rauschen erklang, aber es verstummte schnell. Ich zuckte zusammen. Zoe würde mich umbringen, weil ich ihr Gerät ruiniert hatte.

Falls Gretchen ihr nicht zuvorkam.

»Bewegung«, blaffte die Walküre. »Durch die Küchentür.«

Ich hatte keine Wahl, daher trat ich durch die Schwingtür in die Küche. Herde übersät mit Töpfen und Pfannen, Teller mit Speisen auf den Arbeitsplatten, schmutziges Geschirr, das im Spülbecken schwamm. Alle Angestellten waren damit beschäftigt zu kochen, zu putzen und Speisen von A nach B zu tragen. Niemand zuckte auch nur mit der Wimper, als Gretchen mich schnell durch die Küche führte.

Sie ließ mich einen kurzen Flur entlanggehen und durch eine weitere Tür treten. Vor uns führte eine Treppe nach unten.

Mit einer Hand schloss Gretchen die Tür hinter uns ab, darauf bedacht, dass ihr Dolch sich die ganze Zeit in meinen Rücken bohrte. »Die Treppe runter«, zischte sie. »Ein bisschen schneller.«

Ich tat, was sie befahl. Wir gingen immer weiter nach unten, bis wir im Keller ankamen, der voller Tische und Stühle mit fehlenden Beinen war. Aus den schmutzigen, abgenutzten Polstern einiger eingesackter Sofas lugten Sprungfedern hervor. Eine dicke Staubschicht bedeckte alles und ich zog die Nase kraus, um ein Niesen zu unterdrücken.

»Warum hast du mich hier heruntergebracht? Hoffst du darauf, dass ich allergisch reagiere und mich zu Tode niese?«, fragte ich bissig.

»Halt die Klappe und beweg dich«, blaffte Gretchen.

Sie legte mir fest eine Hand auf die Schulter und zwang mich, auf die gegenüberliegende Seite des Kellers zu gehen. Im Gegensatz zu den anderen Wänden, die aus Beton waren, bestand diese aus kleinen, miteinander verbundenen Feldsteinen.

»Drück auf den dritten Stein von links«, befahl Gretchen. »Den auf Augenhöhe mit dem Totenkopf, den gekreuzten Knochen und dem Weinlaub.«

Ich blinzelte. Tatsächlich, ein kleines Emblem mit Totenschädel, gekreuzten Knochen und Ranken war in diesen Stein geritzt. Es passte zu dem Clublogo auf Gretchens Shirt. »Warum?«

»Tu es einfach«, blaffte sie abermals.

Ich drückte auf den Stein. Zu meiner Überraschung ließ er sich mühelos in die Wand schieben. Ein leises *Klick* ertönte, ein Teil der Wand glitt zurück und offenbarte einen dunklen Flur. Das Herz sackte mir in die Kniekehlen.

Anscheinend war ich nicht die Einzige, die etwas für geheime Tunnel übrighatte.

»Los«, sagte Gretchen. »Rein da.«

Statt ihrem Befehl zu folgen, schaute ich über meine Schulter hinter mich. Aus diesem Winkel konnte ich die Tür oben an der Treppe sehen, daher legte ich den Kopf schräg und lauschte. Hier unten im Keller war die hämmernde Musik nur noch ein dumpfes Dröhnen. Ich konzentrierte mich, aber ich konnte nicht hören, dass die Tür geöffnet wurde, Schritte oder Rufe erklangen oder irgendetwas anderes, das mir anzeigte, dass mir meine Freunde zu Hilfe kamen.

Ian und Zoe kämpften sich wahrscheinlich immer noch

durch das Gedränge. Ohne meinen Ohrhörer hatte ich keine Ahnung, ob sie gesehen hatten, dass Gretchen mich durch die Küchentür gestoßen hatte. Ich konnte nur hoffen, dass Mateo es auf den Sicherheitskameras gesehen hatte. Aber selbst wenn meine Freunde dahinterkamen, dass ich von Gretchen in den Keller gebracht worden war, würden sie kostbare Minuten brauchen, um zu begreifen, dass es einen geheimen Tunnel gab, und herauszufinden, wie man ihn öffnete.

Es sei denn, ich hinterließ ihnen einen Hinweis.

»Worauf wartest du?«, fragte Gretchen scharf.

»Oh, keine Ahnung«, gab ich bissig zurück. »Nenn mich verrückt, weil ich nicht mit dem Mädchen, das mir ein Messer an den Rücken presst, in einen dunklen Tunnel treten will.«

Sie packte mich fester an der Schulter und drückte mir die Spitze ihres Dolchs noch ein wenig härter gegen die Wirbelsäule. »Du hast das Messer bald *in* deinem Rücken, wenn du nicht tust, was ich sage.«

Während sie noch damit beschäftigt war, mir zu drohen, griff ich mit der linken Hand nach dem Bettelarmband an meinem rechten Handgelenk.

»Bewegung«, sagte Gretchen. »Jetzt. Oder du blutest.«

»In Ordnung. Immer mit der Ruhe.«

Ich trat von einem Fuß auf den anderen, als versuchte ich, von ihrem Dolch wegzukommen. Das versuchte ich wirklich, aber die Bewegung ermöglichte es mir außerdem, Pans Pfeife von meinem Armband zu ziehen. Ich schloss die Finger um die Pfeife, um sie vor Gretchens Blicken zu verbergen, und ließ die linke Hand sinken.

»Ich sage es dir nicht noch einmal«, warnte Gretchen mich.

»Okay, okay. Ich gehe ja schon in den unheimlichen Tunnel.«

Als ich einen Schritt vorwärts machte, öffnete ich die Finger und schnippte die Pfeife nach links. *Klimper.* Sie landete auf dem Boden vor der Wand, genau da, wo der verzierte Feldstein war. Hoffentlich würden meine Freunde die Pfeife entdecken und begreifen, dass sie sich die Wand genauer anschauen sollten.

»Du hast das Ganze jetzt lange genug hinausgezögert. Geh schon. Na los.«

Gretchen drückte ihren Dolch in meine Wirbelsäule. Diesmal schnitt die Klinge durch mein T-Shirt und stach mich in den Rücken. Ich zischte bei dem scharfen, brennenden Schmerz und spürte mein eigenes warmes Blut über die Haut laufen.

»Beim nächsten Mal geht die Klinge ganz in deine Wirbelsäule«, knurrte Gretchen.

Wieder entnahm ich ihrem kalten, harten Ton, dass sie es todernst meinte, und mit ihrer Walkürenkraft konnte sie mir tatsächlich mühelos den Dolch bis zum Heft in den Körper stoßen und mich tödlich verletzen.

Mir gingen die Zeit und die Optionen aus, daher holte ich tief Luft und trat in die Dunkelheit.

Die Wand schloss sich rauschend hinter uns und schnitt uns vom Club ab. Anders als in den Tunneln unter der Akademie sprangen keine Deckenlampen an, sodass wir uns in völliger, undurchdringlicher Dunkelheit wiederfanden.

Ich zögerte, weil ich im Dunkeln nicht über irgendetwas stolpern oder fallen wollte, aber Gretchen stieß mich vorwärts. Ein paar graue Funken strömten aus ihren Fingerspitzen und spendeten für einen kurzen Moment Licht, aber sie erloschen zu schnell, als dass sie mir einen ordentlichen Blick auf den Tunnel erlaubt hätten.

»Los, vorwärts«, knurrte sie.

Sie verfügte anscheinend wie viele andere Mythos-Schüler über ein verstärktes Sehvermögen, denn die Dunkelheit schien ihr nichts auszumachen. Wann immer ich langsamer wurde oder über meine eigenen Füße stolperte, stieß sie mich ungeduldig weiter.

Vielleicht lag das aber auch daran, dass sie genau wusste, wohin wir gingen.

Da ich nichts sehen konnte, sandte ich meine anderen Sinne aus und lauschte umso mehr auf Schritte, Rufe oder irgendwelche anderen Geräusche, die darauf hingewiesen hätten, dass meine Freunde den Tunnel entdeckt hatten. Aber die einzigen Laute kamen von dem schwachen Schlurfen meiner Stiefel auf dem Boden und sogar diese Geräusche wurden rasch von der Dunkelheit verschluckt.

Ich holte ein paarmal tief Luft. Der Gang roch alt und muffig wie die Tunnel unter der Akademie. Er war wahrscheinlich mit den Akademietunneln verbunden, vielleicht durch den Korridor, den Zoe und ich nicht erkundet hatten. Aber Gretchen schien mich von der Akademie wegzuführen statt darauf zu, daher hatte ich keinen Schimmer, wohin wir gingen. Soweit ich wusste, konnten wir gerade auf dem Weg zum Mittelpunkt der Erde sein.

Hier unten war die Luft viel kühler als oben im Club. Die Kälte kroch in meine Kleider und drang mir in die Knochen. Ich schauderte, und zwar nicht nur deshalb, weil es hier unten so eisig war.

Ich befand mich in sehr, sehr ernsten Schwierigkeiten.

Ich wusste nicht, warum Gretchen mich entführt hatte. Vielleicht war ihr klar, dass ich für das Protektorat arbeitete. Vielleicht hatte sie vor, mich als Geisel zu behalten, damit sie fliehen konnte. Vielleicht schwebte ihr auch etwas noch viel Schlimmeres vor. Sie hatte mich mit Sicherheit nicht hier heruntergebracht, um mich herumzuführen, und ich musste von ihr wegkommen. Oder zumindest musste ich mir die Chance verschaffen, mich zur Wehr zu setzen.

Babs war immer noch an meinem Gürtel festgemacht, da Gretchen sich nicht die Mühe gemacht hatte, mich zu entwaffnen. Sie brauchte mir mein Schwert auch gar nicht wegzunehmen. Sie hatte sich so positioniert, dass sie jetzt eher neben als hinter mir ging, aber sie umklammerte immer noch mit einer Hand meine Schulter und nach wie vor hatte sie die Möglichkeit, mir ihren Dolch in den Rücken zu rammen, bevor ich auch nur die Hand nach Babs ausstrecken konnte. Ich musste irgendeinen Weg finden, wie ich mich aus Gretchens Griff winden und mir einige Sekunden Zeit verschaffen konnte, um mein Schwert zu ziehen.

Bei dem Gedanken an Babs kam mir eine Idee. Ich wusste nicht, ob es genügen würde, um Gretchen abzulenken, aber einen Versuch war es wert.

»Warum tust du das?«, fragte ich.

Einen Moment lang dachte ich, die Walküre würde mir keine Antwort geben, aber dann erklang ihre Stimme in der Dunkelheit. »Warum tue ich was?«

»Das hier. Alles. Warum hast du auf dem Idun-Anwesen Selkets Schreibfeder gestohlen? Was hast du damit vor? Was hast du mit mir vor? Warum bist du zu einem Schnitter geworden? Willst du dich wegen irgendetwas am Protektorat rächen?«

Eine Frage nach der anderen sprudelte mir über die Lippen. Gretchen dachte wahrscheinlich, ich hätte solche Angst, dass ich anfing zu faseln. Und *genau* das tat ich auch. Ich nahm mir ein Beispiel an Babs und redete, redete, redete, so laut und so schnell wie möglich. Hoffentlich würde mein Geplapper Gretchen ärgern und sie dazu bringen, einen Fehler zu machen. Vielleicht würde ihre Wachsamkeit lange genug nachlassen, damit ich den Spieß umdrehen konnte. Nebenbei konnte ich Informationen sammeln, denn ich wusste wirklich nicht, warum sie das alles tat und was sie mit dem Artefakt vorhatte – und mit mir.

»Ein Schnitter?«, fragte Gretchen. »Warum glaubst du, ich sei ein Schnitter?«

Dank Takedas Nachforschungen wusste ich, dass sie kein Schnitter war, aber es schien mir eine gute Idee zu sein, sie zum

Reden zu bringen. »Weil du ein Artefakt gestohlen hast. Das tun Schnitter doch.«

»Oh, bitte«, spottete sie. »Du solltest eine etwas höhere Meinung von mir haben. Ich bin kein Schnitter. Die Schnitter und das Protektorat und ihr dummer kleiner Krieg könnten mir gar nicht gleichgültiger sein.«

Ich drehte den Kopf, damit ich ihr Gesicht sehen konnte. »Wie meinst du das?«

Gretchen umklammerte meine Schulter noch fester. Ein Schauer grauer Funken flackerte in der Luft und beleuchtete den angewiderten Ausdruck auf ihrem Gesicht. »Die ganze Sache ist sinnlos. Absolut *sinnlos*. Loki mag fort sein, aber die Menschen führen immer schlimme Dinge im Schilde. Es wird *immer* Schnitter geben, ganz gleich, wie sehr das Protektorat sich bemüht, sie alle ins Gefängnis zu bringen.«

Sosehr ich es hasste, es zuzugeben, sie hatte nicht unrecht. Es würde immer ein paar Menschen geben, die anderen schadeten, weil sie etwas haben wollten, das jemand anders besaß. Oder weil sie dachten, sie seien besser als alle anderen. Oder auch nur weil es ihnen Spaß machte, anderen wehzutun.

»Ich habe es satt. Die Schnitter, das Protektorat, all die Kämpfe.« Gretchens Gesicht verzerrte sich noch ein wenig mehr. »Aber weißt du, was ich wirklich leid bin?«

»Was?«

»Die verdammte Mythos Academy.«

Das war nicht das, was ich von ihr zu hören erwartet hatte. Ganz und gar nicht. »Wie meinst du das?«

Gretchen seufzte. »Ich habe es satt, ständig so viel zu schuften. Ich habe meinen lausigen Job in diesem lausigen Club satt, habe es satt, dumme, verwöhnte, reiche Kids zu bedienen, nur um mir Klamotten und etwas zu essen und Computerkram leisten zu können.«

Die meisten der Mythos-Schüler waren reich, wie Gretchen sagte, aber es klang nicht so, als gehöre sie dazu.

»Weißt du, wie viel Geld die Mythos-Schüler jede Woche im Club D ausgeben? Es ist der *Wahnsinn*. Ganz zu schweigen davon, wie viel sie für Kleidung und Schuhe in den Geschäften von Snowline Ridge verpulvern.« Gretchen stieß ein bitteres Lachen aus. »Ich bin letztes Wochenende mit Kylie einkaufen gewesen. Sie hat fünfhundert Dollar für eine *Handtasche* ausgegeben. Ich habe mit Müh und Not fünf Dollar für einen Kaffee zusammengekratzt.«

»Was ist mit deinen Eltern?«, fragte ich und drehte wieder den Kopf, um Gretchen anzusehen. »Unterstützen sie dich nicht? Geben sie dir kein Taschengeld oder so?«

Weitere graue Magiefunken knisterten in der Luft und beleuchteten erneut ihr Gesicht. »Meine Eltern sind nutzlos«, höhnte sie. »Sie haben sich scheiden lassen, als ich neun war. Mein Dad ist nach Ashland gezogen und hat wieder geheiratet. Er hat jetzt eine neue Familie und mich hat er total vergessen. Seit Jahren bekomme ich nicht einmal eine Geburtstagskarte von ihm.«

Obwohl sie mir ein Messer in den Rücken drückte, tat mir bei dem offenkundigen Schmerz in ihrer Stimme trotzdem das Herz weh. Ich dachte an das Foto, das an ihrem Schminkspiegel klebte. Gretchen hatte allein auf einer Seite des zerrissenen Fotos gestanden und ihre Eltern auf der anderen.

»Mein Dad zahlt meiner Mom sogar Alimente, aber sie gibt alles für Make-up, Klamotten und Sportkurse aus. Da mein Dad sie wegen einer anderen Frau verlassen hat, ist meine Mom besessen von dem Wunsch, einen neuen Ehemann zu finden, der noch wohlhabender, attraktiver und erfolgreicher ist als mein Dad. Ich war letztes Jahr in den Herbstferien zu Hause und habe meine Mom um Geld für einen neuen Laptop gebeten. Sie hat versprochen, ihn mir in der folgenden Woche zu schicken.«

Ich konnte mir die naheliegende Frage nicht verkneifen. »Was ist passiert?«

Gretchen stieß ein verbittertes Lachen aus. »Sie hat das Geld genommen und ist auf so eine blöde Single-Kreuzfahrt gefahren. Sie hat mir sogar eine lächerliche Postkarte aus einem der Häfen geschickt.«

Letzten Herbst? Das war ungefähr zu der Zeit, als wir das erste Mal auf das Idun-Anwesen fuhren. Damals hatte Gretchen das Buch über die Artefakte in der Bibliothek ausgeliehen. »Lass mich raten. Da hast du beschlossen, Selkets Schreibfeder zu stehlen.«

»Ganz genau.«

»Warum gerade dieses Artefakt? Warum hast du nicht etwas aus der Bibliothek der Altertümer auf dem Campus genommen?«, fragte ich. »Wäre das nicht einfacher gewesen?«

»Natürlich wäre es einfacher gewesen, aber Selkets Schreibfeder ist mehr wert als alles, was es in der Bibliothek gibt. Es war das wertvollste Artefakt auf dem Idun-Anwesen.« Gretchen hielt inne. »Nun, eines der wertvollsten. Ich hatte auch daran gedacht, diese eine Kette zu stehlen, aber ihr fehlt ein Juwel, daher ist sie nicht so viel wert. Dann habe ich noch daran gedacht, ein Andenkenkästchen mitzunehmen, aber ich glaube, das ist derzeit im Lager. Es war nicht bei den anderen Sachen in der Bibliothek.«

»Was hast du denn eigentlich vor? Das Artefakt verkaufen, das Geld nehmen und die Akademie für immer verlassen?«

»Darauf kannst du wetten.«

»Okay, aber warum bist du im Club zu mir gekommen?«, fragte ich. »Warum bist du nicht einfach durch diesen Tunnel verschwunden?«

»Weil ich dich in der Bibliothek der Villa gesehen habe«, antwortete Gretchen. »Ich war gerade aus dem Fenster geklettert, als du und dein Wikingerfreund in die Bibliothek gestürmt seid.«

»Also hast du den Basilisken beschworen, um uns aufzuhalten und deine Spuren zu verwischen.«

»Natürlich. Ich konnte nicht zulassen, dass ihr mich mit dem Artefakt erwischt und meine ganze harte Arbeit zunichtemacht.«

Ärger erwachte in mir angesichts ihres sachlichen Tons. Ian und ich wären beinahe gestorben, aber Gretchen tat es nicht leid, den Basilisken gerufen zu haben. Nicht ein bisschen. Und es hätte ihr bestimmt auch nicht leidgetan, wenn das Monstrum uns getötet hätte.

»Und hast du Kylie nicht in die Bibliothek kommen sehen?«, fragte ich mit rauer Stimme. »Sie ist doch deine beste Freundin und der Basilisk hätte um ein Haar auch sie getötet.«

»Nein, ich habe sie nicht gesehen, aber selbst wenn, wäre es mir egal gewesen«, entgegnete Gretchen in dem gleichen sachlichen Ton. »Kylie ist meine Freundin, aber ich würde niemals zulassen, dass sie oder sonst irgendjemand mir in die Quere kommt. Ich lasse mich von niemandem aufhalten. Nicht jetzt, da ich kurz davor stehe, alles zu bekommen, was ich mir je gewünscht habe.«

Noch mehr Ärger regte sich in mir. Ian und ich gehörten zu Team Midgard, also hatten wir gewusst, welches Risiko es bedeutete, in die Bibliothek zu gehen. Bei Kylie war es anders. Ich mochte Kylie vielleicht nicht, aber sie hatte es nicht verdient, von einem Basilisken angegriffen zu werden, nur damit ihre angebliche Freundin ein Artefakt stehlen konnte.

»Aber warum bist du im Club zu mir gekommen?«, wiederholte ich meine Frage. »Warum hast du mich hier heruntergebracht?«

»Auch nachdem auf dem Anwesen das Licht wieder angegangen ist, hatte ich noch Zugang zum Sicherheitssystem. Ich wollte mich davon überzeugen, dass niemand mich in Verdacht hat, daher habe ich mir, als wir wieder in der Akademie waren, auf dem Handy die Aufnahmen angesehen. Ich habe dich mit deinen Freunden in der Bibliothek der Villa darüber reden hören, wie verzweifelt ihr nach dem Artefakt sucht«, sagte Gretchen. »Ich habe deinen Wikingerfreund im Club bemerkt, was bedeutet, dass der Rest deiner Protektoratsfreunde auch irgendwo in der Nähe herumlungert. Aber jetzt werden sie so damit beschäftigt sein, nach dir zu suchen, dass ich in dem allgemeinen Durcheinander entwischen kann.«

»Mateo hatte recht«, murmelte ich. »Du bist wirklich klug.«

»Klüger als ihr Idioten«, sagte Gretchen stolz. »Und bald werde ich auch noch erheblich reicher sein.«

Ich schüttelte den Kopf. »Ich weiß, dass du es schwer hattest, aber viele Kinder haben beschissene Eltern. Vertrau mir. Das weiß ich aus eigener Erfahrung. Aber Artefakte zu stehlen und Menschen wehzutun, das löst deine Probleme nicht.«

»Oh, was weißt du schon darüber?«, blaffte Gretchen. »Du und deine Tante, ihr seid reich, genau wie alle anderen in der Akademie.«

Ich hätte Tante Rachel und mich nicht als reich bezeichnet. Nicht so wie einige der anderen Schüler mit ihren Kreditkarten ohne Limit, ihren protzigen Schmuckstücken und den teuren Autos. Aber ich brauchte mich auch nie zu fragen, ob ich genug Geld hatte, um mir zum Mittagessen einen Cupcake zu kaufen oder einen Wintermantel oder einen neuen Kriminalroman, auf den ich mich gefreut hatte.

Trotzdem, so leid mir Gretchen tat, ich würde sie nicht damit davonkommen lassen. Selkets Schreibfeder war gefährlich und musste zusammen mit den anderen Artefakten im Bunker sicher verwahrt werden. Ganz zu schweigen von der Tatsache, dass Gretchen Ian und mich durch die Beschwörung des Basilisken beinahe umgebracht hätte. Das würde ich ihr auch nicht einfach so durchgehen lassen. Niemand tat meinen Freunden – oder was immer Ian für mich war – ungestraft weh.

Niemand.

Ich wusste nicht, wie lange es noch dauern würde, bevor wir unseren Bestimmungsort erreichten, aber es war mir gelungen, Gretchen abzulenken, während wir miteinander gesprochen hatten. Sie hielt meine Schulter nicht mehr ganz so fest wie zuvor. Ich musste versuchen, abzuhauen, solange ich noch die Chance dazu hatte …

In der Dunkelheit flackerte weit entfernt ein Licht auf.

Wir waren anscheinend um eine Ecke im Tunnel gebogen oder in einen anderen Gang getreten. In der einen Sekunde war alles pechschwarz. In der nächsten erschien ein goldener Schein, der hell und stetig leuchtete.

»Schneller«, fauchte Gretchen. »Und hör auf, so zu tun, als könntest du nichts sehen.«

Ich wollte zurückgiften, dass ich wirklich nichts hatte sehen können, aber das hätte mir wahrscheinlich einen weiteren Kratzer im Rücken von ihrem Dolch eingetragen, also hielt ich den Mund.

Der goldene Schein kam näher und wurde noch heller. Ich blinzelte einige Male und versuchte, mich an das Licht zu gewöhnen.

»Endlich«, murmelte Gretchen. »Ich dachte schon, wir würden hier nie ankommen.«

Bevor ich sie fragen konnte, wo *hier* war, stieß sie mich weiter. Diesmal ließ sie meine Schulter los und ihre Walkürenkraft katapultierte mich aus dem Tunnel in die Mitte eines viel größeren, offenen Raums.

Ich stolperte vorwärts, aber ich schaffte es, mich zu fangen, bevor ich hinfiel. Sobald ich mein Gleichgewicht wiedererlangt hatte, zog ich Babs aus ihrer Scheide. Ich wirbelte herum und riss das Schwert hoch, in der Erwartung, dass Gretchen mich angreifen würde. Aber stattdessen stand sie dicht am Eingang des Tunnels und lehnte sich mit der Schulter an die Wand.

Was war hier los? Warum hatte sie mich hierhergebracht?

Mein Blick huschte nach links und nach rechts. Wir standen in einem runden Raum aus übereinandergetürmten Steinen. Mehrere Laternen hingen an Eisenhaken, die in die Wände eingelassen waren, auch wenn ihr Licht wenig dazu beitrug, die Dunkelheit zu vertreiben. Hier war es noch kälter als im Tunnel und mein Atem bildete dünne Wolken in der Luft.

Ich schaute mich um. Die Wände waren nicht glatt, vielmehr waren Kuhlen hineingegraben worden, beginnend knapp über dem Boden bis ganz hinauf zur Decke. Wofür waren die?

Ohne Gretchen aus den Augen zu lassen, für den Fall, dass sie mich doch angriff, schob ich mich näher an die Hohlräume heran. Etwas Bleiches glänzte darin, obwohl ich nicht ganz erkennen konnte, was es war. Ich trat zur Seite. Ein Lichtstrahl aus den Laternen durchdrang die Dunkelheit und offenbarte …

… einen menschlichen Schädel.

Die charakteristische Form war nicht zu verwechseln, ebenso wenig wie die anderen Knochen, die darum herum angeordnet waren. Ein Skelett – ein menschliches Skelett – lag in dieser ausgehöhlten Nische. Ich unterdrückte ein Kreischen und taumelte von der Wand weg. Mein Blick schoss zu allen Seiten, aber wohin ich auch schaute, ich sah überall das Gleiche.

Knochen, Knochen und noch mehr Knochen.

In allen Öffnungen fanden sie sich, ruhten in Frieden. Zumindest bis Gretchen und ich hierhergekommen waren und sie gestört hatten. Ich schauderte, aber das hatte nichts mit der Kälte zu tun.

Ich stand in einer Krypta.

»Oh, was ist los, Rory?«, verspottete mich eine vertraute Stimme. »Hast du Angst vor ein paar alten Knochen? Also wirklich, ich hätte gedacht, eine Spartanerin wie du wäre daran gewöhnt, Tote zu sehen.«

Schritte schlurften über den Boden auf mich zu. Ich wirbelte herum und ein Mann in den Zwanzigern trat aus den Schatten am anderen Ende der Krypta. Er war hochgewachsen und kräftig gebaut, mit blondem Haar, blauen Augen und ansprechenden Gesichtszügen. Er trug einen schwarzen Schnitterumhang über einem grauen Hemd, dunklen Jeans und schwarzen Stiefeln und an seinem Gürtel hing ein Schwert mit einem in den Griff eingelassenen Rubin.

Drake Hunter, Ians älterer Bruder.

Meine Augen weiteten sich. Wenn Drake hier war, bedeutete das …

»Vielleicht hat Rory Angst, dass wir sie hier unten zurücklassen, damit sie zusammen mit allen anderen verrotten kann«, erklang eine weitere vertraute Stimme.

Ein Mann mittleren Alters trat aus der Dunkelheit neben Drake. Er war klein und dünn, mit hellbraunem Haar, haselnussbraunen Augen und einem Ziegenbärtchen. Auch er trug einen Umhang über Hemd, Jeans und Stiefeln, obwohl seiner von einem blutigen Schnitterrot war. Er hatte ebenfalls ein Schwert am Gürtel, zusammen mit zwei kleinen Dolchen, jeweils mit einem Rubin im Griff. Die Juwelen glommen zusammen mit dem auf Drakes Schwert wie blutige Fackeln in einem schauerlichen, roten Licht.

Covington, der Anführer der Schnitter und der Mann, der meine Eltern ermordet hatte.

Ich hatte mich geirrt. Ich steckte nicht nur in Schwierigkeiten.

Es bestand die Gefahr, dass ich hier nicht mehr lebend herauskam.

18

Ich starrte Covington an. Er lächelte und wirkte so arrogant und selbstbewusst wie eh und je. Binnen eines Augenblicks verschwand die Krypta und ich war wieder im Cormac Museum, in der Nacht, in der er versucht hatte, mich zum Schnitter zu machen.

Werde ein Schnitter … werde ein Schnitter … werde ein Schnitter.

Ich hörte Covingtons verschlagene Stimme im Geiste wieder und wieder diese Worte flüstern und sah diesen ekelerregenden, roten Schnitternebel, der sich über alles legte und meine Sicht trübte, genau wie in jener Nacht im Museum. Dieselbe eigenartige Trägheit breitete sich in mir aus und drohte, mich in einem Meer kalter Taubheit zu ertränken. Das Schlimmste von allem war, dass ich spürte, wie ich schwankte, spürte, wie ich schwach und klein und müde wurde. Ich spürte, wie ich anfing aufzugeben, anfing nachzugeben …

Nein – nein – nein!

Das waren Erinnerungen. Schreckliche Erinnerungen, keine Frage, aber nicht mehr als Erinnerungen. Nur das. Ich blinzelte, und die Sinneseindrücke verschwanden, wenn auch nicht der Schmerz, die Beunruhigung, das Grauen und die Furcht, die sie nach sich zogen.

So etwas ging nie mehr weg – *niemals*.

Aber Covington hatte mich damals nicht zum Schnitter gemacht und er würde mich auch jetzt nicht zu einem machen. Ich würde ihm nicht *erlauben*, mich zum Schnitter zu machen. Nicht jetzt und auch nicht später. Das einzig Gute an meinen schrecklichen Erinnerungen war das letzte Gefühl, das sie mitbrachten: weißglühenden Zorn.

Ich klammerte mich an diesen Zorn, ließ ihn durch mich hindurchströmen und alle anderen Gefühle wegbrennen, bis meine Brust sich anfühlte, als sei sie voller heißer Dolche, die mit jedem harten, schmerzhaften Schlag meines Herzens tiefer und tiefer in mich hineinstachen. In diesem Moment wünschte ich mir nichts mehr, als Babs hoch über meinen Kopf zu heben und Covington die Klinge in sein schwarzes Herz zu stoßen. Ich trat sogar einen Schritt vor, um genau das zu tun …

»Rory«, murmelte eine leise Stimme. »Tu das nicht. Das ist genau das, was er will.«

Ich brauchte einen Moment, um zu begreifen, dass es Babs war, die sprach, obwohl ich sie so fest umklammert hielt, dass meine Hand ihre Stimme dämpfte. Ich war die Einzige, die ihre geflüsterten Worte hörte, aber das genügte, um mich aufzuhalten.

So schwer es war, ich drängte meinen Zorn beiseite und konzentrierte mich auf das Gefühl von Babs' Griff in meiner Hand, zusammen mit der kühlen Berührung meines Bettelarmbands an meinem Handgelenk. Diese Wahrnehmungen trösteten mich und halfen mir, meine Gefühle außen vor zu lassen und mir die Situation wie eine Spartanerin anzuschauen.

Babs hatte recht. Covington stand absolut bewegungslos da, aber Drake hielt etwas in der Hand und wippte auf den Füßen vor und zurück, als bereite er sich auf einen Angriff vor. Der Wikinger versuchte, den Gegenstand in seiner Hand hinter seinem Bein zu verbergen, aber ich erhaschte einen Blick auf einen langen, dünnen Glaszylinder.

War das … eine Spritze?

Ein übelkeitserregendes Gefühl überflutete meinen Magen. Drake hatte statt einer Waffe eine Spritze in der Hand, was bedeutete, dass die Schnitter mich nicht töten wollten. Vielmehr wollten sie mich unter Drogen setzen. Aber warum sollten sie das tun wollen? Es sei denn …

… sie wollte mich mitnehmen.

Wenn Covington mich entführte, konnte er noch einmal versuchen, mich zu einem Schnitter zu machen. Wenn man bedachte, wie viele Artefakte er schon gestohlen hatte, war wahrscheinlich irgendetwas in seinem Besitz, womit es ihm früher oder später auch gelingen würde. Ich konnte nicht ewig gegen ihn kämpfen, nicht einmal mit Babs in der Hand und Freyas Armband am Handgelenk. Das übelkeitserregende Gefühl in meinem Magen intensivierte sich und ich hätte mich am liebsten übergeben.

Ich drängte das alles beiseite und lauschte in der Hoffnung, Schritte hinter uns im Tunnel zu hören. Doch es blieb still in der Krypta und der Tunnel blieb dunkel. Ich hörte nichts, was darauf hinwies, dass Ian und Zoe den geheimen Gang gefunden hatten und mir zu Hilfe kamen.

Ich war auf mich allein gestellt.

Wieder überfielen mich Furcht und Sorge, so heftig, wie es einen Augenblick zuvor mein Schmerz und mein Zorn getan hatten, aber ich zwang all meine Gefühle tief, tief, tief auf den Grund meines Herzens, wo ich sie fest verschloss. Auch wenn meine Freunde nicht hier waren, war ich dennoch eine Kriegerin und gab nicht auf. Ich musste jetzt stark sein – stark wie ein Spartaner –, daher umfasste ich Babs mit noch festerem Griff und sorgte dafür, dass ich mit dem Rücken zu einer der Wände der Krypta stand. Dann konzentrierte ich mich wieder auf Covington.

»Was machen Sie denn hier?«, knurrte ich.

Er lächelte mich erneut an. »Begrüßt man so einen alten Freund?«

»Wir sind *keine* Freunde.«

»Ah, aber wir werden es bald genug sein.«

Sein optimistischer Tonfall ließ mir einen Schauer über den

Rücken laufen, aber ich hielt mein Schwert hoch erhoben und meine Gefühle fest unter Kontrolle. Ich wusste nicht, was Covington plante, aber ich würde nicht auf seine Tricks hereinfallen. Wenn er mich betäuben wollte, dann musste er herkommen und es selbst tun.

Gretchen verdrehte die Augen. »Oh, bitte. Genug geplaudert. Sie können später mit ihr reden. Ich habe die Spartanerin hergebracht, so wie Sie es wollten. Also, wo ist mein Geld?«

Überraschung durchzuckte mich. Deshalb hatte sie mich also hier heruntergezerrt. Nicht um mich als Geisel zu benutzen, sondern um mich an die Schnitter auszuliefern.

»Wo ist mein Artefakt?«, konterte Covington. »Schließlich war Rory nur ein Teil unserer Abmachung.«

Artefakt? Das übelkeitserregende Gefühl in meinem Magen verstärkte sich ein drittes Mal. Ich sah Gretchen an. »Du verkaufst Selkets Schreibfeder an *Covington*?«

»Natürlich tu ich das. Wer sonst würde so viel dafür bezahlen?«

Gutes Argument. Covington hatte sich nicht auf dem Idun-Anwesen aufgehalten, daher hatte das Team Midgard angenommen, Gretchen wolle die Schreibfeder an jemand anders verkaufen, aber wir hätten es besser wissen sollen. Niemand liebte und begehrte Artefakte so sehr wie Covington. Er hatte bereits Typhons Zepter in seinem Besitz, um Chimären zu beschwören. Natürlich wollte er Selkets Schreibfeder haben, damit er auch Basilisken kontrollieren konnte. Er war also der Käufer, mit dem sie gestern Nacht gesprochen hatte. Noch etwas anderes, das Gretchen gesagt hatte, ging mir durch den Kopf.

»Als du gestern Nacht vor eurem Wohnheim mit Covington telefoniert hast, hast du ihm gesagt, du hättest außer Selkets Schreibfeder noch etwas für ihn. Was hast du damit gemeint?«, fragte ich, obwohl ich das ungute Gefühl hatte, die Antwort bereits zu kennen.

Gretchen schien nicht überrascht zu sein, dass ich ihren Anruf mitbekommen hatte. »Oh, ja, genau. Ich habe dich und deine Walkürenfreundin um mein Wohnheim herumstreichen sehen. Da habe ich begriffen, dass ihr euch zusammengereimt hattet, dass ich das Artefakt gestohlen habe. Also beschloss ich, zwei Basilisken mit einer Klappe zu schlagen, sozusagen. Da ich wusste, dass ihr mich belauscht habt, habe ich euch in meinen Plan eingeweiht, das Artefakt heute Nacht im Club zu verkaufen. Und die andere Sache, die Covington haben wollte? Das bist du, Rory.«

Ich schnappte nach Luft. Takeda und die anderen hatten recht gehabt. Covington hatte mich immer noch im Visier und jetzt war ich von den anderen isoliert und ihm ausgeliefert.

»Falls es ein Trost ist, Covington hat zugestimmt, für dich fast genauso viel zu bezahlen wie für das Artefakt«, fuhr Gretchen fort.

Ich verkniff mir einen Fluch. Gretchen hatte die ganze Zeit mit uns gespielt – mit *mir* gespielt. Sie hätte wirklich Schnitter werden sollen. Sie war genauso verschlagen und manipulativ wie sie.

»Aber woher kennst du Covington überhaupt?«, fragte ich.

Gretchen zuckte die Achseln. »Durch Lance Fuller.«

»Lance? Was hat Lance damit zu tun?«

Sie zog wieder die Schultern hoch. »Kylie ist es vielleicht nicht aufgefallen, aber Lance war nicht gerade unauffällig, was die Tatsache betraf, dass er ein Schnitter war. Er hat immer mit unserer Clique geredet und geschaut, ob er nicht jemanden rekrutieren könnte. Eines Tages hat er mich angequatscht und ich habe beschlossen, Informationen aus ihm herauszuholen. Am Ende gab er mir eine Kontaktnummer für Drake.«

»Ich dachte, du wärest kein Schnitter«, sagte ich vorwurfsvoll.

»Oh, das bin ich auch nicht«, antwortete Gretchen. »Aber ihr Geld lässt sich genauso gut ausgeben wie das aller anderen.«

Sie lächelte, aber ihre blauen Augen blieben absolut kalt. Es scherte sie nicht, wie gefährlich Selkets Schreibfeder war, wie viele Basilisken Covington damit beschwören konnte oder wie viele Unschuldige zu Schaden kamen. Nein, Gretchen Gondul interessierte sich für nichts anderes als für Geld.

Sie sah wieder zu den Schnittern hinüber. »Zurück zu unserem Geschäft. Sie wollen Ihr Artefakt? Nun, hier ist es.«

Sie lehnte immer noch an der Wand der Krypta, griff in einen der Hohlräume und zog eine durchsichtige Plastiktüte hervor. Sie hielt die Tüte ans Licht und präsentierte die schwarze Feder darin, dann machte sie einen Schritt vorwärts und warf die Tüte auf den Boden.

Covingtons Blick landete auf der Tüte und zufrieden verzog er die Lippen zu einem arroganten, höhnischen Grinsen. Ich verkrampfte mich. Ich kannte diesen Gesichtsausdruck. Ich war nun nicht mehr die Einzige, die in Schwierigkeiten war. Das Gleiche galt auch für Gretchen. Sie wusste es nur noch nicht.

Ich hätte sie warnen können, tat es jedoch nicht. Ihr war sicherlich klar, dass Covington etwas Schreckliches mit mir machen würde, aber sie hatte mich trotzdem zu ihm gebracht. Wenn es nach mir ging, war sie auf sich allein gestellt.

Gretchen hatte sich in die Mitte der Krypta begeben, sodass sie nicht länger den Tunnelausgang blockierte, und Covington und Drake waren auf das Artefakt auf dem Boden konzentriert. Da war sie. Meine Chance zu entkommen. Ich brauchte nur in den Tunnel zu sprinten und den Weg zurück zum Club zu finden. Ich konnte es schaffen. Ich wusste, dass ich es konnte.

Aber ich beschloss, es nicht zu tun.

Ich war ein Mitglied von Team Midgard und es war meine Aufgabe, Schnitter daran zu hindern, noch mehr Artefakte in ihren Besitz zu bringen. Ich durfte Covington nicht mit Selkets Schreibfeder aus der Krypta entkommen lassen, nicht einmal, um mich selbst zu retten. Ich würde bis zum Ende kämpfen. Das war es, was Spartanerkraft für mich bedeutete.

Aber als Spartanerin gehörte es für mich auch dazu, genau zu wissen, wann ich angriff und wann ich noch abwarten sollte – und jetzt war die Zeit zum Abwarten. Covington plante irgendeine List. Ich würde ihn machen lassen und seinen Plan zu meinem Vorteil nutzen.

»Ich will mein Geld sehen«, verlangte Gretchen. »Auf der Stelle.«

Covington nickte Drake zu. Der Wikinger ließ die Spritze, die er in der Hand gehalten hatte, in die Hosentasche gleiten. Dann ging er zur Wand, griff in einen anderen Hohlraum und zog eine Aktentasche heraus. Drake kam näher und stellte die Aktentasche ein paar Schritte von dem Artefakt entfernt auf den Boden.

»Auf drei«, sagte er und sah Gretchen an. »Eins, zwei, drei.«

Er beugte sich vor und riss die Plastiktüte an sich, während sie sich die Aktentasche schnappte. Sie wichen schnell voreinander zurück. Drake gab die Tüte an Covington weiter.

Gretchen stellte die Aktentasche auf den Boden, öffnete die Schließen und hob den Deckel an. Sie schnappte nach Luft, dann sprang sie auf und kickte die Aktentasche weg.

»Das Ding ist leer!«, knurrte sie.

Die Tasche schlitterte über den Boden und blieb vor meinen Füßen liegen. Es befand sich nicht das Geringste darin.

»Natürlich ist sie leer«, höhnte Covington. »Hast du wirklich gedacht, ich würde dir Millionen von Dollars zahlen, wenn ich dir das Artefakt auch einfach abnehmen kann? Dummes Mädchen.«

Gretchen ballte die Hände zu Fäusten und versprühte graue Funken um sich herum. Sie trat einen bedrohlichen Schritt vorwärts, aber Covington riss die Hand hoch und sie blieb stehen.

Zuerst dachte ich, er habe eine Waffe in der Hand, aber es war etwas viel, viel Schlimmeres. Covington hielt Typhons Zepter umklammert, einen dicken, goldenen Stab, der ungefähr so lang war wie mein Unterarm. Eine kleine Figur, ebenfalls aus Gold, krönte das Zepter: eine Chimäre mit dem pantherartigen Leib eines Nemeischen Pirschers. Widderhörner wuchsen der Kreatur aus der Stirn und ein Skorpionenstachel prangte an ihrem Schwanzende.

Allein beim Anblick der winzigen, goldenen Chimäre überlief mich ein Schauer. Typhon-Chimären waren genauso furchtbare Ungeheuer wie Selket-Basilisken, ein Mischmasch von Kreaturen direkt aus dem schlimmsten Albtraum eines mythologischen Kriegers. Covington brauchte das Zepter nur in einer heftigen Bewegung zu schwenken und damit eine Acht in die Luft zu zeichnen und schon konnte er so viele Chimären heraufbeschwören, wie er wollte.

Gretchen hatte das Buch mit den Artefakten studiert, daher wusste sie genau, was das für ein Zepter war und welche Ungeheuer es rufen konnte. Aber statt besorgt zu sein, grinste sie Covington an.

»Wissen Sie, ich dachte mir schon, dass Sie versuchen würden, mich zu hintergehen«, sagte sie. »Schließlich ist das typisch für Schnitter. Stimmt's, Rory?«

Ich reagierte nicht. Sie erwartete ohnehin nicht, dass ich etwas sagte.

Gretchen grinste immer noch. Sie hob die Hände, dann griff sie langsam hinter sich und zog etwas aus der Gesäßtasche ihrer Jeans – eine schwarze Feder mit blutroten Rändern und einer silbernen Spitze am unteren Ende.

Covingtons Augen weiteten sich, dann wurden sie wieder schmal. Ekel verzerrte seine Züge und er warf die Plastiktüte weg. Sie rutschte über den Boden und kam neben der Aktentasche zu meinen Füßen zu liegen.

»Du hast mir eine Fälschung gegeben«, knurrte er.

»Glauben Sie wirklich, ich hätte Ihnen das Artefakt gegeben, wenn ich es einfach behalten und das Geld für mich einstreichen könnte?«, spottete Gretchen. »Dummer Schnitter.«

Die beiden versuchten, sich gegenseitig niederzustarren. Aus dem Augenwinkel sah ich Drake langsam unter seinen schwarzen Umhang greifen und sein Schwert zücken. Das hier konnte jetzt nur noch auf eine einzige Weise enden. Ich umfasste Babs Griff fester und machte mich bereit …

»Stopp!«, erscholl eine andere Stimme. »Das gilt für alle! Sofort stehen bleiben!«

Schritte schallten über den Steinboden und dann kamen meine Freunde in die Krypta gerannt. Ian lief an der Spitze, einen Dolch in jeder Hand. Zoe rannte hinter ihm her und ihr Elektrodolch sprühte blau-weiße Funken.

Ian machte einen Schritt nach vorn, riss seine Dolche hoch und zielte damit auf Gretchen und die Schnitter. »Auf Befehl des Protektorats stehen hier alle unter Arrest!« Seine Stimme dröhnte wie Donner durch die Krypta.

Einen Moment lang sahen wir uns alle an. Ich, Gretchen, die Schnitter, meine Freunde.

Dann wurde Ian bewusst, dass Gretchen Selkets Schreibfeder in der Hand hielt und Covington Typhons Zepter umklammerte. Seine Augen weiteten sich. »Zurück!«, brüllte er. »Zurück in den Tunnel!«

Aber es war zu spät.

Gretchen bewegte die schwarze Schreibfeder hin und her, als schreibe sie ein riesiges B in die Luft. Gleichzeitig hob Covington die Hand und zeichnete mit dem goldenen Zepter rasch eine Acht. Winzige, schwarze Federn spritzten wie Tinte aus der silbernen Spitze der Schreibfeder, während aus dem Ende des goldenen Zepters schwarzer, aschiger Rauch explodierte. Die Federn und der Rauch verfestigten sich schnell zu den beiden monströsen Kreaturen, die sie repräsentierten.

Neben Gretchen stand ein Basilisk, dessen Zacken auf seinem Kopf beinahe die Decke der Krypta berührten. Eine Chimäre hockte neben Covington und versengte mit ihren riesigen Pfoten den Steinboden.

Gretchen und Covington starrten sich einen endlosen Augenblick lang angespannt an. Dann schlug Gretchen mit ihrer Schreibfeder erneut durch die Luft, während Covington sein Zepter hochriss.

Sofort griffen der Basilisk und die Chimäre einander an.

19

Die beiden Ungeheuer warfen sich in der Mitte der Krypta gegeneinander.

Der Basilisk krächzte, während die Chimäre schrie. Die schrillen, nicht menschlichen Laute hallten von den Wänden wider, als die Kreaturen versuchten, sich gegenseitig in Stücke zu reißen. Schwarze Federn und Fell wirbelten durch die Luft, zusammen mit Blutstropfen, die in die Hohlräume in den Wänden flogen und die Knochen darin bespritzten. So viel zu »Ruhe in Frieden«.

Gretchen sprang nach rechts und wirbelte herum, um den Kreaturen auszuweichen. Covington und Drake jagten hinter ihr her, aber Gretchen sah sie kommen und rannte los. Ich runzelte die Stirn und fragte mich, wo sie hinlief, da sie direkt auf eine Wand zuhielt …

Gretchen verschwand.

Ernsthaft, sie *verschwand* einfach. In der einen Sekunde drohte sie mit dem Gesicht gegen die Wand zu knallen. In der nächsten war sie weg, als sei sie direkt durch den Stein spaziert.

Ich kniff die Augen zusammen. Nicht einmal Walküren konnten durch festen Stein gehen. Es musste dort noch einen geheimen Gang geben.

Covington und Drake rannten ebenfalls direkt auf die Wand zu und auch sie verschwanden einen Moment später. Definitiv gab es dahinten einen Geheimgang. Das musste der Weg sein, über den die Schnitter in die Krypta gelangt waren, da sie nicht durch den Clubtunnel gekommen waren wie Gretchen und ich.

»Rory!«, brüllte Ian. »Rory!«

Ich sah ihn an. Ich stand immer noch an der Wand der Krypta und bemühte mich, den kämpfenden Ungeheuern nicht in die Quere zu kommen. Ian und Zoe hatten sich gezwungen gesehen, in den Tunnel zurückzuweichen, um nicht das Risiko einzugehen, von den Kreaturen zerquetscht zu werden.

Ich winkte meinen Freunden zu. »Mir geht es gut!«

Erleichterung erfüllte Ians Züge und er machte einen Schritt vorwärts, als wolle er zu mir kommen.

Krächz!

Der Basilisk spreizte die Flügel und stürzte sich erneut auf die Chimäre. Die beiden Monster wälzten sich über den Boden und versuchten, sich gegenseitig in Stücke zu reißen. Ian stockte in seiner Bewegung und Zoe streckte die Hand aus, hielt ihn am Shirt fest und riss ihn aus dem Weg, bevor die Kreaturen ihn umwerfen und zertrampeln konnten.

Aber Ian gab nicht auf. Er versuchte ein zweites Mal, um die Ungeheuer herumzulaufen, doch wieder bewegten sie sich in dieselbe Richtung und versperrten ihm den Weg.

Sie versperrten allerdings nicht den meinen.

Die Ungeheuer bewegten sich immer wieder von der Mitte der Krypta hinüber zum Tunneleingang und zurück. Ich betrachtete die Stelle in der Wand, wo Gretchen, Covington und Drake verschwunden waren, dann schaute ich wieder zu den Monstern. Meine Spartanerinstinkte sprangen an, sodass ich jede Bewegung voraussehen konnte, die die Kreaturen machen würden.

Der Basilisk würde abermals die Flügel spreizen. Die Chimäre würde dem Angriff ausweichen und versuchen, ihrem Widersacher ihre Hörner in die Seite zu rammen. Der Basilisk würde diesem Angriff ausweichen und mit seinem stachelbewehrten Schwanz um sich schlagen, um die Chimäre zum Rückzug zu zwingen. Und so weiter und so weiter. Der Kampf würde noch lange toben, bis eine der Kreaturen einen Glückstreffer landete und es schließlich schaffte, die andere zu töten.

Wenn ich das Timing richtig hinbekam, konnte ich den Flügeln und Pfoten der Ungeheuer ausweichen, durch die Krypta sprinten und den Geheimgang suchen. Es war gefährlich, Gretchen, Covington und Drake allein hinterherzugehen, vor allem, da sie weitere Ungeheuer beschwören konnten. Doch das war unsere einzige Chance, sie zu erwischen. Bis der Basilisk und die Chimäre ihren Kampf beendet hätten, wären Gretchen und die Schnitter längst fort und die Artefakte mit ihnen.

Auch Ian war das klar. Sorge blitzte in seinen Augen auf, aber er nickte mir zu. Er wusste, wie wichtig das hier war.

»Ich verfolge sie!«, brüllte ich. »Kommt nach, wenn ihr könnt!«

»Sei vorsichtig!«, rief Zoe.

»Wir kommen gleich nach!«, fügte Ian hinzu.

Ich reckte den Daumen hoch, dann richtete ich meine Aufmerksamkeit wieder auf die Ungeheuer. Der Basilisk schlug mit den Flügeln und startete in die nächste Kampfrunde, was bedeutete, dass ich mich in Bewegung setzen musste.

Und zwar *sofort*!

Ich stieß mich von der Wand ab und sprintete direkt auf die Ungeheuer in der Mitte der Krypta zu. Die Chimäre schrie den Basilisken an, nahm Anlauf und stürmte dann vorwärts, versuchte, der anderen Kreatur ihre Widderhörner in die Seite zu rammen. Für einen Augenblick befand ich mich zwischen den beiden Monstern, so dicht an ihnen dran, dass ich die dunkelroten Streifen im Fell der Chimäre sehen und das Flügelschlagen des Basilisken in der Luft um mich herum spüren konnte. Dann warf ich mich zu Boden und rollte an den Pfoten der Chimäre und den Krallen des Basilisken vorbei.

Ich rollte, rollte, rollte, bis ich die Ungeheuer hinter mir gelassen hatte. Dann sprang ich auf die Füße und eilte hinüber zur Wand der Krypta.

»Wo ist er? Wo ist er?«, murmelte ich und strich über die staubigen Steine, auf der Suche nach dem Geheimgang.

»Rory!«, erklang Babs' gedämpfte Stimme. »Da drüben! Rechts von dir!«

Ich lief in die Richtung und bemerkte Spinnweben, die an den Steinen flatterte. In dem fahlen Licht sah die Wand aus der Ferne völlig glatt und geschlossen aus, aber jetzt, da ich direkt davor stand, sah ich, dass diese Stelle aus der Wand hervorsprang. Als ich um diese Kante spähte, entdeckte ich einen weiteren pechschwarzen Tunnel.

Ich schaute noch einmal über meine Schulter, aber die Ungeheuer bekämpften sich immer noch, was bedeutete, dass meine Freunde noch immer im Tunneleingang auf der anderen Seite der Krypta festsaßen.

»Lauf!«, brüllte Ian. »Lauf, Rory, lauf!«

Ich nickte ihm zu, dann holte ich tief Luft und stürzte mich in die Dunkelheit.

So gern ich rennen, rennen, rennen wollte, um meine Feinde einzuholen, zwang ich mich doch, langsam ein paar Schritte zu gehen und dann stehen zu bleiben. Dieser Tunnel war so dunkel wie die anderen davor. Ich konnte leicht über einen losen Stein stolpern und mir den Knöchel brechen. Dann hätte ich keine Chance mehr, irgendjemanden einzuholen.

Ich fluchte. Ich hätte mir eine der Laternen von der Wand der Krypta schnappen sollen. Jetzt würde ich kostbare Zeit verschwenden und umkehren müssen. Ich drehte mich um, um zurückzugehen. Bei der Bewegung rutschte mir mein Bettelarmband übers Handgelenk und mir kam eine Idee. Vielleicht brauchte ich gar keine Laterne. Vielleicht hatte ich auch so genug Licht, um etwas zu sehen. Ich krempelte meinen Ärmel hoch, sodass mein Armband darunter hervorschaute.

Und tatsächlich, die silbernen Kettenglieder mit dem Herzmedaillon und dem Frostfeueranhänger leuchteten, genau wie sie es getan hatten, als Zoe und ich die Tunnel der Akademie erkundet hatten. Das Armband hatte wahrscheinlich auch geleuchtet, als Gretchen mich zuvor durch den anderen Flur gestoßen hatte, doch mein Shirt hatte es zu dem Zeitpunkt verdeckt.

Mit diesem bisschen Licht fasste ich Babs an der Klinge und hob das Schwert hoch, sodass wir Auge in Auge dastanden. »Hey, Babs. Glaubst du, du kannst wieder so cool leuchten wie neulich in den Tunneln?«

Ihr grünes Auge wurde schmal. »Wofür hältst du mich? Für eine verdammte Taschenlampe? Ich kann das nicht einfach an- und abschalten, wann immer du es willst.«

»Babs …«

Sie seufzte. »Ich weiß, ich weiß. Die Schnitter kommen davon und wir sitzen in diesem dunklen, abscheulichen Tunnel fest. Ich kann ja mal versuchen, zu leuchten. Auch wenn ich mir immer noch nicht ganz sicher bin, wie ich das eigentlich gemacht habe …«

Das Schwert plapperte weiter drauflos, wie es das immer tat. Langsam begannen die Runen, die in Babs' Klinge geritzt waren, zu leuchten, genau wie mein Armband. Je mehr Babs redete, umso heller und stetiger wurde das Licht, bis ich mühelos die Runen auf der Klinge lesen konnte. *Hingabe ist Kraft.* Wie es schien, war auch Babs' Quasselei eine gewisse Kraft.

»Nun?«, fragte Babs, als sie endlich einmal lange genug innehielt, um Luft zu holen. »Funktioniert es? Leuchte ich schon? Denn ich gebe mir wirklich extrem große Mühe, jetzt für dich zu leuchten.«

»Du machst das großartig«, sagte ich und verkniff mir ein Grinsen. »Rede einfach weiter. Aber leise. Wir wollen doch nicht, dass die Schnitter bemerken, dass wir uns an sie heranschleichen. Okay?«

»Okay«, flüsterte Babs. »Ich werde weiterreden. Setz du dich in Bewegung, damit wir die Schnitter einholen können …«

Das vereinte Leuchten von Freyas Armband und Babs' Klinge vertrieb die schlimmste Dunkelheit und ich ging weiter. Ich war ungefähr fünfzehn Meter in den Tunnel eingedrungen, als mir klar wurde, dass ich das Krächzen und die Schreie des Basilisken und der Chimäre, die miteinander kämpften, nicht mehr hörte. Die dicken Wände saugten alle Geräusche auf, bis auf Babs' gewispertes Geplapper, meinen heiseren Atem und das leise Scharren meiner Stiefel auf den losen Steinen, mit denen der Boden übersät war. Zumindest hoffte ich, dass das lose Steine waren und nicht, nun ja, Knochen. Besser, nicht nach unten zu schauen.

Ich bewegte mich schnell und leise und blieb immer wieder stehen, um mich umzuschauen und zu lauschen. Neben Babs' leisem Gefasel glaubte ich, weit weg das schwache Geräusch von Schritten zu hören. Ich konzentrierte mich darauf, aber ich konnte nicht ausmachen, ob ich mich Gretchen, Covington und Drake näherte oder ob ich meine eigenen Schritte hörte, deren Echo die Wände zurückwarfen.

Ich eilte weiter. Sechs oder sieben Meter später bog sich der Tunnel und plötzlich befand ich mich in einem kleinen Raum, an dessen Wänden Laternen hingen. Eine Treppe führte zu einer offenen Tür hinauf. Ich blinzelte und fragte mich, ob ich mir die Lichter und die Treppe nur einbildete, aber alles blieb unverändert.

»Babs?«, unterbrach ich das Geplapper des Schwerts.

»Ja, was?«

»Du kannst jetzt aufhören zu reden.«

»Oh. Okay.« Enttäuschung erfüllte ihre Stimme. »Dann brauche ich nicht mehr zu leuchten?«

»Nein. Es wird Zeit zu kämpfen.«

Das Schwert verstummte und ich drehte es um, sodass ich es am Griff hielt. Einmal mehr schaute ich mich um und lauschte, aber ich war ganz allein, daher schlich ich die Treppe hoch.

Meine Schritte machten mehr Lärm, als mir lieb war, aber

ich biss die Zähne zusammen und ging weiter. Die steinerne Tür oben an der Treppe stand weit offen. Dort angekommen spähte ich hinaus.

Ich war auf dem Friedhof.

Ein grauer Gehweg aus Pflastersteinen, der gleich hinter der Tür anfing, zog sich ungefähr fünfzehn Meter hin und verzweigte sich dann in alle Richtungen. Altertümliche Straßenlaternen säumten die Wege. Tagsüber wären deren Ranken aus schwarzem Schmiedeeisen ganz hübsch gewesen. Aber in dieser Nacht erinnerte mich die Art und Weise, wie sich das Eisen um die goldenen Kugeln krümmte, an dünne, skeletthafte Finger, die jeden Moment mit einem Schnippen alle Lichter löschen konnten.

Die Gehwege wanden sich vorbei an tadellos gepflegten Rasenstücken, auf denen verstreut verwitterte Grabmale neben kleinen Türmchen und anderen Grabsteinen standen. In Stein gehauene Gestalten von Nemeischen Pirschern, Fenriswölfen, Eir-Greifen und anderen mythologischen Kreaturen krönten viele der Steine und Türmchen. Die Schatten ließen die Kreaturen aussehen, als würden sie gleich von ihren Plätzen springen und mich angreifen. Ich schauderte. Ich hatte es in der Akademie immer geliebt, mir die Statuen anzuschauen, aber die Figuren hier schienen mir eher Feinde als Freunde zu sein.

Allem Anschein nach befand ich mich auf dem Gelände, das neben Club Dionysos lag und das ich aus dem Lieferwagen gesehen hatte, als wir auf den Parkplatz des Clubs gefahren waren. In der Ferne hörte ich das schwache *Bumm-bumm-bumm* der Musik, die immer noch im Club dröhnte.

Ich stand noch ein paar Sekunden in der Tür, lauschte auf Schritte hinter mir und hoffte, Ian und Zoe würden die Treppe heraufgelaufen kommen. Aber alles blieb still, was bedeutete, dass es bei mir lag, Gretchen, Covington und Drake zu stoppen. Ich packte Babs noch fester, löste mich von der Türschwelle und betrat den Friedhof.

Ich hatte keine Ahnung, in welche Richtung meine Widersacher verschwunden waren, daher schlug ich den Pfad ein, der nach rechts abbog. Er verlief parallel zu dem Zaun, der sich um den Friedhof herumzog. Wenn ich Glück hatte, würde ich Gretchen oder die Schnitter vielleicht irgendwo entdecken.

Meine Schritte hallten von den Pflastersteinen wider und kamen mir viel lauter vor als im Tunnel, also trat ich ins Gras, obwohl es das nicht viel besser machte. Die Temperatur war in der Nacht stark gesunken. Meine Stiefel knirschten über den kalten, hart gefrorenen Boden und ich machte fast genauso viel Lärm wie auf den Pflastersteinen. Meine Schritte waren außerdem deutlich für jeden sichtbar, der mir möglicherweise nachschlich. Aber an alldem konnte ich nichts ändern und deshalb lief ich einfach weiter.

Ich blieb häufig stehen, sah mich immer wieder um und lauschte, aber die Musik des Clubs war jetzt gänzlich verklungen und das einzige Geräusch war das unheimliche Pfeifen des Windes, der über die Grabsteine wehte.

Babs' Lippen bewegten sich unter meiner Hand und ich lockerte meinen Griff, damit ich ihre leisen Worte hören konnte. »Könnte es hier noch unheimlicher sein?«

»Nein«, flüsterte ich zurück. »Das glaube ich nicht.«

Ich lief weiter. Der Pfad führte zu einem Tor in dem schmiedeeisernen Zaun, der den Friedhof umgab, aber es war mit einem schweren Vorhängeschloss gesichert und ich sah keine Schritte im Gras oder Abdrücke auf den gefrorenen Gitterstäben, die darauf hingewiesen hätten, dass irgendjemand über den vier Meter hohen Zaun geklettert war. Also wendete ich mich zu einem anderen Pfad und lief wieder tiefer in den Friedhof hinein.

Der Friedhof war wie ein Labyrinth, mit Pfaden, die sich in alle Richtungen verzweigten. Einige davon führten in Sackgassen, während andere in weiten Schleifen zum Ausgangspunkt zurückführten. Nach einer Weile vermischten sich für mich all die Rasenstücke und Grabsteine und plötzlich sahen alle gleich aus. Ich bewegte mich langsam vorwärts in dem Bemühen, mich zu orientieren und im Geiste eine Karte des Friedhofs anzulegen, damit ich mich nicht hoffnungslos verirrte …

Wisch-wisch. Wisch-wisch.

Das leise Geräusch kam von irgendwo vor mir, als schlurfe jemand mit den Füßen durchs Gras. Ich duckte mich hinter den nächstbesten Grabstein, auf dem ein steinerner Basilisk hockte. Der Schnabel der Kreatur war geöffnet und die Schatten ließen es so aussehen, als würde er sich vorbeugen und nach mir picken. Ich schauderte und wandte den Blick ab.

Vollkommen reglos stand ich da und versuchte, über das wilde Schlagen meines Herzens hinweg etwas zu hören, aber ich nahm nichts wahr. Gerade wollte ich hinter dem Grabstein hervorschleichen, als ich einen Schatten ausmachte, der über das Gras fiel und langsam immer näher kam. Also umfasste ich Babs mit festem Griff, stieß leise den Atem aus und machte mich bereit. Dann, als der Schatten in Reichweite war, sprang ich auf, umrundete die Grabsteinkante und hob mein Schwert, bereit, die Person – oder das Ding – auf der anderen Seite anzugreifen.

Gretchen war noch ungefähr anderthalb Meter entfernt und schlurfte schon auf den nächsten Pfad zu. Offensichtlich hatte sie mich aus dem Augenwinkel gesehen, denn sie drehte sich um und kam in meine Richtung. Ich wappnete mich und erwartete, dass sie mich angreifen würde, aber ihre Bewegungen waren dafür zu langsam und zu unbeholfen.

»Hilf … mir …«, ächzte sie heiser.

Sie streckte die Hand aus und da sah ich das Blut.

Die Vorderseite ihres Shirts war voll davon, sodass es aussah wie eine riesige Zielscheibe. Covington und Drake mussten sie irgendwo auf dem Friedhof angegriffen haben. Schnell schaute ich mich um, sah die Schnitter jedoch nicht.

»Hilf … mir …«, kam es wieder von Gretchen.

Ihre Beine knickten ein und sie taumelte gegen mich, sodass

sie mir Babs aus der Hand schlug. Das Schwert landete einige Schritte entfernt mit der Spitze voraus im Gras. Ich versuchte, Gretchen festzuhalten, aber ich besaß nicht ihre Walkürenkraft, daher landete sie auf dem Rücken im Gras.

Ich hockte mich neben sie »Gretchen? Gretchen!«

Als sie hustete, schäumte Blut hoch und quoll über ihre Lippen. Ich fluchte und schob ihr Shirt hoch, damit ich mir ihre Verletzung ansehen konnte.

Es war schlimm.

Irgendjemand, wahrscheinlich Drake, hatte Gretchen ein Schwert in den Leib gerammt. Die Wunde war so breit, so tief und so gezackt, dass meine Heilmagie sich in mir regte, obwohl ich nicht diejenige war, die verletzt war. Ich fluchte wieder, drückte Gretchen die Hände auf den Bauch und versuchte, den Blutstrom zu stoppen, obwohl es dafür bereits zu spät war.

Gretchen starrte zu mir hoch. Ihre blauen Augen leuchteten vor Schmerz, während ihr Tränen über die Wangen liefen. »Deine Hände … sind kalt …«

Ich zuckte zusammen und versuchte, sie zurückzuziehen, um ihr nicht noch mehr Schmerzen zuzufügen, aber sie legte ihre blutigen Hände auf meine und hielt sie fest.

»Nein«, murmelte sie. »Fühlt sich gut an … besser …«

Ich wusste nicht, wie lange wir so verharrten, wie lange Gretchen auf dem Boden lag und ich die Hände auf ihre Wunde drückte. Es war wahrscheinlich nicht mehr als eine Minute, obwohl es mir wie eine Stunde vorkam.

Gretchens Lippen öffneten sich zu einem freudlosen Grinsen. »Ich hätte doch … die Kette … nehmen sollen.«

»Was? Wovon sprichst du?«, fragte ich.

Sie öffnete den Mund, um mir zu antworten, aber alles, was herauskam, war ein leiser Seufzer. Ihr Kopf rollte zur Seite, ihre blauen Augen waren plötzlich still und starr und ihr Körper erschlaffte.

Tot – Gretchen war tot.

20

Zitternd atmete ich aus und hockte mich auf die Fersen. Gretchen starrte in den Nachthimmel empor, als bewundere sie die Sterne, aber die würde sie nie wieder sehen – und auch sonst nichts.

Ich verzog das Gesicht und presste mir die Hände auf meinen eigenen Bauch, der plötzlich wehtat, aber nach ein paar Sekunden verging der Schmerz und mir war nur noch übel. Das passierte einem, wenn man jemandem beim Sterben zusah.

Ich stieß noch einmal den Atem aus, dann beugte ich mich vor und schloss sanft Gretchens Augen. Meine Finger hinterließen rote Flecken von ihrem Blut auf ihrem Gesicht. Bei dem schauerlichen Anblick verzog ich das Gesicht.

Babs steckte immer noch im Gras und schaute auf Gretchen herunter. »Armes Mädchen«, sagte sie mitfühlend. »Damit hat sie wohl nicht gerechnet, nicht wahr? Sie dachte, sie sei so schlau, aber das war nicht der Fall. Nicht wirklich.«

»Nein«, sagte ich heiser. »Das ist nie der Fall, wenn Covington seine Finger im Spiel hat. Er ist immer klüger als alle anderen.«

Trotz des Blutes an meinen Fingern fuhr ich mir mit der Hand durchs Haar, als könne ich damit die ganzen schrecklichen Erinnerungen aus meinem Gehirn tilgen. Es kümmerte mich nicht, wie furchtbar ich aussah. Nicht nachdem ich gerade Gretchen hatte sterben sehen. Ja, sie hatte ein Artefakt gestohlen, Ian, Kylie und mich in Gefahr gebracht und mich Covington ausgeliefert, aber sie tat mir trotzdem leid. Gretchen hatte sich ein besseres Leben gewünscht. Sie hatte es nur falsch angefangen und den ultimativen Preis für ihren Fehler gezahlt.

»Glaubst du …?« Babs brach ab.

»Was?«

Sie räusperte sich. »Glaubst du, Gretchen hat das Artefakt noch bei sich?«

Ich verzog wieder das Gesicht. Sosehr mir die Idee missfiel, ich musste nachschauen. Also beugte ich mich vor und durchsuchte die Vordertaschen von Gretchens Jeans. Ein zerknülltes Papiertaschentuch, eine Tube Lippenbalsam, ihr Handy. Ich tat das Papiertaschentuch dorthin zurück, wo ich es gefunden hatte, steckte aber die anderen Dinge in meine eigene Hosentasche. Vielleicht konnte Mateo auf Gretchens Handy Informationen über die Schnitter finden.

Dann drehte ich Gretchen vorsichtig auf die Seite, damit ich in ihren Gesäßtaschen nachsehen konnte. Die erste Tasche war leer, daher rollte ich Gretchen auf die andere Seite. In der Krypta hatte sie das Artefakt aus dieser Tasche gezogen, also schob ich die Finger ganz hinein. Etwas Weiches und Dünnes steckte darin. Ich griff danach und zog es ans Licht, aber es handelte sich nicht um Selkets Schreibfeder.

Es war ein Stück Papier. Es war zu einem ordentlichen, kleinen Quadrat gefaltet. Ich klappte es schnell auseinander und hielt es in das Licht der Straßenlaterne, die mir am nächsten war. Alle möglichen Symbole bedeckten das Blatt. Federn und vogelähnliche Kreaturen, die ich für Basilisken hielt, beanspruchten die Mitte des Papiers und Kreise, Kettenglieder, Blumen, Ranken und Herzen liefen um die Seitenränder des Blatts herum, beinahe wie ein Rahmen.

Zuerst dachte ich, es sei nur Gekritzel, das Gretchen sich in die Tasche gesteckt hatte. Aber einige der Linien waren besonders verstärkt, vor allem die Herzen, als hätte sie sie immer wieder nachgezogen oder sie vielleicht sogar aus einem Buch abgepaust. Alles auf der Seite war mit gewöhnlicher, schwarzer Tinte gezeichnet worden, bis auf die Herzen, die knallrot ausgemalt worden waren. Seltsam.

Ich hielt Babs das Papier hin, damit sie es sich ansehen konnte. »Was hältst du davon?«

Sie studierte die Symbole. »Sieht für mich aus wie ein Haufen Unsinn. Was siehst du darin?«

»Ich weiß es nicht«, murmelte ich. »Das ist das Problem.«

Ich faltete das Papier wieder zusammen und schob es zu Gretchens Handy in meine Hosentasche. Das Blatt war Gretchen wichtig genug gewesen, um es heute Nacht bei sich zu tragen, obwohl sie gedacht hatte, dass sie Selkets Schreibfeder verkaufen und die Akademie für immer verlassen würde. Es musste *irgendetwas* bedeuten, selbst wenn ich in diesem Moment nicht dahinterkam, was.

Dann nahm ich Gretchens Hände und faltete sie sorgfältig auf ihrem Bauch. Jetzt, da sie die Augen geschlossen hatte, sah sie beinahe aus, als würde sie schlafen, aber ich wusste es natürlich besser. Trotz allem, was sie getan hatte, schmerzte mich ihr Tod. So jung, doch jetzt war sie für immer fort.

Was für eine schrecklich traurige Verschwendung.

Aber genau das taten die Schnitter. Sie nahmen und nahmen und nahmen und hinterließen nichts als Blut, Verrat, Elend und Tod …

Babs schnappte erschrocken nach Luft und ihr Auge weitete sich. »Rory! Pass auf!«

Ich riss den Kopf gerade rechtzeitig herum, um zu sehen, wie Drake ausholte, um mich anzugreifen. Aber statt einer Waffe umklammerte er die Spritze, die er schon in der Krypta bei sich gehabt hatte. Ich wusste nicht, was sie enthielt – ein Gift, ein Betäubungsmittel oder etwas anderes –, aber ich konnte nicht zulassen, dass er mich damit stach.

Ich kniete immer noch, daher warf ich mich nach vorn, rollte mich übers Gras und versuchte, Abstand zwischen den

Wikinger und mich zu bringen. Ich kam direkt neben Babs in der Hocke auf die Füße. Mit einer einzigen geschmeidigen Bewegung pflückte ich mir das Schwert vom Boden, sprang auf und riss die Waffe in Angriffsposition.

Drake stutzte, immer noch mit der Spritze in der Hand.

»Lass sie fallen«, zischte ich. »Sofort!«

Er zögerte, daher schlug ich mit meinem Schwert nach ihm. Mit meinen Spartanerkampfkünsten konnte ich ihn mühelos erstechen, bevor er eine Chance hatte, nach seinem eigenen Schwert zu greifen, das an seine Taille gegürtet war. Drake warf die Spritze zu Boden, aber statt besorgt zu wirken, breitete sich ein selbstgefälliges Grinsen auf seinem Gesicht aus.

Krächz! Krächz-krächz! Krächz!

Bei diesen schrecklichen Lauten gefror mir das Blut in den Adern. Ich zwang mich, mich langsam zur Seite zu drehen, obwohl ich genau wusste, was ich vorfinden würde.

Covington stand einige Schritte entfernt – mit einem Basilisken neben sich.

Vielleicht war es die Tatsache, dass wir uns im Freien befanden, aber dieses Monstrum wirkte noch größer als die in der Bibliothek und in der Krypta. Es schwang den Kopf von einer Seite zur anderen und richtete seine blutroten Augen auf mich, als sei ich ein Wurm, den es fürs Abendessen in Erwägung zog.

Covington hob die Hand und zeigte mir die schwarze Schreibfeder. Diesmal hatte er keine Fälschung, sondern das richtige Artefakt. Gretchen musste es fallen gelassen haben, als die Schnitter sie angegriffen hatten.

»So sieht man sich wieder, Rory«, schnurrte Covington. »Ich hatte gehofft, dass du die Heldin spielen und uns auf den Friedhof folgen würdest. Du und ich, wir haben noch eine Rechnung offen.«

»Sie haben recht«, knurrte ich. »Ich habe Sie noch nicht getötet.«

Er zog eine Augenbraue hoch. »Versuchst du immer noch, den Tod deiner Eltern zu rächen? Das wird nie passieren.«

Oh, es würde passieren. Selbst in diesem Moment studierte ich alles an Covington und versuchte, herauszufinden, wie ich mein Schwert in seiner Brust versenken konnte, bevor er den Basilisken auf mich hetzte.

Covington riss den Kopf zu Drake herum, der vortrat und die Spritze vom Boden aufhob.

»Du hast zwei Optionen, Rory«, stellte Covington klar. »Du kannst still mitkommen …«

Drake hielt die Spritze hoch und drückte den Kolben gerade weit genug hinunter, dass ein Tropfen durchsichtiger Flüssigkeit aus der Nadel trat.

»Oder du kannst hierbleiben und dich von meinem Basilisken in Stücke reißen lassen«, beendete Covington seinen Satz.

Der Basilisk trat von einem Fuß auf den anderen und seine schwarzen Krallen zogen tiefe Rillen in das Gras und die Erde. Mit mir konnte das Monster mühelos das Gleiche machen.

Ich unterdrückte ein Schaudern und konzentrierte mich wieder auf den Bibliothekar. »Warum wollen Sie, dass ich Sie begleite? Damit Sie wieder den Versuch starten können, mich zu Ihrer Schnittermarionette zu machen?«, knurrte ich. »Ich habe Sie bei diesem Spiel bereits einmal geschlagen, erinnern Sie sich?«

Er senkte den Blick auf Babs in meiner Hand und Zorn blitzte in seinen haselnussbraunen Augen auf. »Ja, bedauerlicherweise hatte dein sprechender Zahnstocher ein wenig mehr Magie, als ich dachte.«

»Sprechender Zahnstocher? *Sprechender Zahnstocher?*«, brüllte Babs. »Kommen Sie her und ich werde Ihnen zeigen, wer ein sprechender Zahnstocher ist, Sie Schnitterabschaum!«

Obwohl ich die Hand über ihrem Mund hatte, ertönte ihre Herausforderung dennoch laut und deutlich. Ich grinste. Babs schreckte nie vor einem Kampf zurück, was einer der Gründe war, warum ich sie liebte.

»Lass doch die Hinhaltetaktik, Rory«, sagte Covington. »Wir wissen beide, dass du nicht als Basiliskenfutter enden willst. Also, leg dein Schwert auf den Boden und komm mit. Ich werde dich nicht noch einmal darum bitten.«

Ein kaltes, hartes Licht leuchtete aus seinen Augen. Wenn ich Drake nicht erlaubte, mich zu betäuben, damit die Schnitter mich wegtragen konnten, würde Covington dem Basilisken befehlen, mich anzugreifen. Auch wenn er mich zu seinem Schnitter-Lakaien machen wollte, wäre es ihm genauso recht, wenn ich heute Nacht hier starb.

Mein Blick wanderte von Drake, der die Spritze in der Hand hielt, zu dem Basilisken, der immer noch die Krallen durch die Erde zog.

Die einfachste Entscheidung, die ich je zu treffen hatte.

Ich stieß ein lautes Gebrüll aus, hob mein Schwert und stürmte auf Covington zu.

Angesichts meines Angriffs weiteten sich Covingtons Augen und ihm klappte vor Überraschung der Unterkiefer herunter. Er hatte wirklich geglaubt, dass ich kampflos aufgeben würde.

Niemals.

Ich würde lieber gegen hundert Basilisken kämpfen, als seine Marionette zu werden. Heute, morgen, immer.

Aber Covington war ein Römer und seine Schnelligkeit erlaubte es ihm, sich rascher zu erholen, als ich die Entfernung zwischen uns überwinden konnte. Er wich meinem Angriff aus, riss die Schreibfeder hoch und senkte sie dann in einem grimmigen Schlag. Die Bewegung erinnerte mich an einen Matador, der vor einem Stier eine rote Flagge schwenkte, um ihn dazu zu bringen, anzugreifen.

Es war außerdem das Signal, auf das der Basilisk gewartet hatte.

Das Monstrum kreischte und spreizte die Flügel, dann versuchte es, mir ordentlich eins überzubraten. Ich taumelte zur Seite, um ihm auszuweichen, aber meine Stiefel rutschten im Gras weg. Ich prallte heftig gegen einen der Grabsteine und landete auf dem Hintern.

Bevor ich mich hochrappeln – geschweige denn mein Schwert heben – konnte, um mich zu verteidigen, hüpfte der Basilisk schon auf mich zu, hob seinen langen, schlangenartigen Schwanz über den Kopf und rammte mir den Stachel mit der roten Spitze an seinem Ende tief in die linke Seite.

Ich schrie auf, als der Stachel in meinen Körper eindrang und mir die Haut, die Muskeln und Sehnen aufschlitzte, und ich schrie abermals auf, als der Basilisk den Stachel wieder herausriss. Als Spartanerin hatte ich meinen gerechten Anteil an Kämpfen durchgestanden. Man hatte mich mit Stäben geschlagen, mit Pfeilen beschossen, mit Dolchen geritzt und mit Schwertern gestochen. Ganz zu schweigen davon, wie übel die Chimären mich vor ein paar Wochen im Cormac Museum zerkratzt hatten.

Aber das hier war schlimmer – *wesentlich* schlimmer.

Der Schmerz der Stichwunde war nicht auszuhalten und es tat so weh, dass ich kaum Luft holen konnte. Tränen liefen mir übers Gesicht und ich konnte nicht sagen, ob ich schrie oder schluchzte. Wahrscheinlich beides gleichzeitig. Die ganze Zeit über, selbst während ich um Atem rang, wartete ich darauf, dass meine Magie einsetzte, dass die kühle, tröstliche Kraft in mir aufstieg und begann, die Wunde zu heilen.

Aber ich spürte meine Magie nicht. Ich spürte die kühlende, tröstliche Kraft nicht.

Alles, was ich spürte, war das Gift.

Seht ihr diese Zacken auf dem Kamm des Basilisken und den Stachel auf seinem Schwanz? Sie sind voller Gift. Ein Kratzer ist alles, was nötig ist, um die meisten Menschen zu töten. Takedas Stimme dröhnte durch meinen Kopf. Er hatte uns erzählt, wie tödlich das Gift eines Basilisken war, und jetzt erlebte ich es aus erster Hand.

Ich hatte nicht erwartet, dass es so wehtun würde.

Obwohl der Basilisk seinen Stachel bereits wieder aus meiner Seite herausgerissen hatte, explodierte Feuer in der Wunde. Das Brennen breitete sich schnell in meinem ganzen Körper aus und wurde mit jedem Schlag meines Herzens heißer und intensiver. Immer noch weinend und um Luft ringend schaute ich an meiner Seite herunter und erwartete fast, dass mein Blut kochte und mir die Haut von den Knochen schmolz. Blut strömte aus der Wunde, aber es kochte nicht, obwohl ich das Gefühl hatte, als würde ich bei lebendigem Leib von innen gegart.

Langsam – ganz, ganz langsam – zwang ich mich, mit dem Schluchzen aufzuhören und mich auf meine Atmung zu konzentrieren. Ein und aus, ein und aus, ein und aus. Das war alles, was ich tun musste. Meine Magie würde jetzt jeden Moment einsetzen und mich heilen. Die kühle Kraft würde die Qual verringern.

Es passierte nichts.

Ich spürte noch mehr Brennen, noch mehr Gift, noch mehr Schmerzen.

Ich hatte noch nicht viele Gelegenheiten gehabt, die Kraft einzusetzen, die mir von Sigyn verliehen worden war, daher wusste ich nicht, ob sie Grenzen hatte und wenn ja, welche. Aber langsam kam mir der Verdacht, dass die Magie des Basilisken größer war als meine und dass das Ungeheuer mich zu schwer verletzt und vergiftet hatte, als dass meine Magie wirken konnte.

Genau wie Gretchen würde ich hier draußen sterben.

Ich schaute zu ihrem Leichnam hinüber und beinahe hätte ich vor Verzweiflung aufgeheult. Auch wenn ich mich dafür entschieden hatte, Covington anzugreifen, statt mich entführen zu lassen, wollte ich nicht sterben. Das wollte letztlich niemand. Nicht einmal der mutigste, stärkste Krieger. Nicht einmal eine Spartanerin wie ich.

Ich schluckte einen gequälten Aufschrei herunter, denn ich konnte nicht ändern, was geschehen war. Der Basilisk hatte mich schrecklich verletzt, das war nun einmal so. Jetzt konnte ich nur noch versuchen, das Monster mit mir ins Verderben zu reißen. Wenn ich schon starb, würde ich das wie eine wahre Spartanerin tun, was bedeutete, dass ich bis zum Ende kämpfen würde.

Der Basilisk zog den Kopf zurück und krächzte triumphierend.

»Rory!«, brüllte Babs, deren Mund sich unter meiner verschwitzten Handfläche bewegte. »Tu etwas! Wehr dich! Bevor er dich tötet!«

Wenn ich genug Atem gehabt hätte, hätte ich ihr gesagt, dass ich bereits vom Basilisken getötet worden war und jetzt nur noch versuchen konnte, das Monster zu erledigen, bevor es mich in Fetzen riss. Der Basilisk mochte mich vergiftet haben, aber ich würde nicht auch noch für sein verdammtes Abendessen herhalten.

Mit zusammengebissenen Zähnen blinzelte ich die Tränen des Schmerzes weg, die mir übers Gesicht strömten. Dann umfasste ich Babs fester und wartete darauf, dass der Basilisk nah genug herankam.

Ich saß noch immer im Gras und das Monster stieß ein weiteres lautes Krächzen aus. Dann öffnete es den Schnabel und beugte sich vor, als wolle es in der Wunde in meiner Seite herumstochern und sich meine Leber oder irgendein anderes Organ als Imbiss herausziehen.

Genau im richtigen Moment riss ich Babs hoch und rammte ihre Klinge direkt in das dunkelrote Auge des Basilisken.

Diesmal war es der Basilisk, der schrie. Blut spritzte aus der Wunde auf meine Hand, aber dieses Brennen war nichts im Vergleich zu dem Gift, das sich noch immer durch meinen Körper fraß, daher rammte ich mein Schwert noch tiefer in das Auge der Kreatur. Das hier war das Letzte, das ich jemals tun würde. Ich würde das Monster töten, vernichten, erledigen …

Der Basilisk schrie ein letztes Mal, dann zerfiel er in einer Wolke von Federn.

Das Gefieder regnete auf mich herab wie schwarzer Schnee. Als hätte ich nicht schon genug Schmerzen, begann meine Nase zu zucken und ich konnte es nicht verhindern.

Hatschi!

Ich nieste.

Und nieste.

Und nieste noch mal.

Jedes laute, heftige Niesen ließ noch mehr Schmerz durch mich hindurchschießen. Ich fiel auf den Boden. Mit der Schulter knallte ich gegen etwas Kaltes und Hartes und mir wurde klar, dass ich an einem Grabstein lehnte. Und es war nicht irgendein Grabstein, sondern der, hinter dem ich mich zuvor versteckt hatte. Der, auf dem dieser bescheuerte Basilisk hockte.

Manchmal verabscheute ich Ironie wirklich.

Schritte knirschten im Gras und Covington und Drake ragten über mir auf.

Covington schüttelte den Kopf. »Oh, Rory. Du weißt einfach nicht, wann du aufgeben solltest, was?«

Drake hielt die Spritze hoch. »Willst du sie noch mitnehmen?«

»Natürlich nicht. Es gibt kein bekanntes Heilmittel gegen Basiliskengift. Sie ist in drei Minuten tot. Wenn sie Glück hat.«

Covington hockte sich hin, sodass er auf Augenhöhe mit mir war. Inzwischen war ich vollkommen erschöpft. Ich hatte nicht einmal mehr die Kraft, Babs zu heben, um zu versuchen, ihn zu töten, obwohl er direkt neben mir war.

Er betrachtete die schwarze Schreibfeder in seiner Hand. Ich dachte schon, er würde noch einen Basilisken beschwören, um mir den Rest zu geben, aber er ließ die Feder sinken und sah mich abermals an.

»Es ist wirklich ein Jammer, dass du dich hast töten lassen, Rory. Ich hatte dir eine große Rolle zugedacht in meinem Plan, die mythologische Welt zu verändern.«

»Was für ein … Plan?«, ächzte ich. »Artefakte stehlen … und Menschen töten?«

»Oh, hier geht es um so viel mehr als nur darum, Menschen zu töten.« Ein spöttisches Grinsen umspielte Covingtons Lippen. »Warum Menschen töten, wenn man sie stattdessen dazu bringen kann, einem zu dienen?«

Sein siegesgewisser Gesichtsausdruck und sein verschlagener Ton erfüllten mich mit Grauen. Die ganze Zeit über hatte ich gedacht, Covingtons Plan bestehe darin, genug Artefakte zu horten, um dann in den Krieg gegen das Protektorat zu ziehen. Aber jetzt klang es so, als schwebte ihm etwas anderes vor. Etwas viel Finstereres, als einen Krieg anzufangen. Warum glaubte er, alle würden ihm dienen? Was führte er im Schilde? Und wie viele Menschen würde er dabei verletzen?

Ich wusste es nicht und ich konnte nichts tun, um ihn aufzuhalten. Nicht solange noch immer Blut aus der pulsierenden Wunde in meiner Seite strömte und das Basiliskengift meinen Körper versengte.

Covington richtete sich auf und steckte Selkets Schreibfeder in eine der Taschen seines roten Schnitterumhangs. »Leb wohl, Rory.« Er nickte ruckartig zu Drake hinüber. »Nimm dein Schwert und gib ihr den Rest. Ich will die Gewissheit haben, dass sie tot ist, bevor wir gehen.«

Drake grinste. »Mit Vergnügen.«

Er schob die Spritze in seine Hosentasche, warf seinen schwarzen Schnitterumhang zurück und zückte sein Schwert.

»Leb wohl, Spartanerin.« Drake grinste und hob sein Schwert.

Ich biss die Zähne aufeinander und spannte alle Muskeln an,

um meinen Körper dazu zu bringen, sich zu bewegen, aber ich spürte nichts als das Gift, das in meinen Adern brannte. Ich versuchte es noch einmal, doch meine Arme und Beine wollten nicht kooperieren. An den Grabstein gelehnt konnte ich nur daliegen und zusehen, wie Drake mit seinem Schwert auf meine Brust zielte …

Ein Dolch flog durch die Luft und bohrte sich in Drakes Schulter. Der Schnitter schrie auf und taumelte zurück. Mein Kopf rollte nach rechts und plötzlich war da Ian, der über einen Grabstein setzte und sich auf seinen Bruder stürzte. Die beiden landeten in einem Knäuel im Gras und schlugen und traten aufeinander ein.

Covington wich vor ihnen zurück, schob seinen Umhang beiseite und nahm etwas von seinem Gürtel. Zuerst dachte ich, er griffe nach einer Waffe, aber dann nahm ich einen goldenen Schimmer zwischen seinen Fingern wahr. Mir wurde klar, dass er das Chimärenzepter in der Hand hatte. Seine Lippen verzogen sich zu einem grausamen Lächeln und er richtete das Zepter auf Ian …

Ein Hagel blau-weißer Funken blitzte in der Luft auf und Covington schrie auf. Zoe hatte sich von hinten an ihn herangeschlichen und ließ nun mit ihrem Elektrodolch einen Stromstoß nach dem anderen durch seinen Körper zischen. Covington knurrte und schlug mit der Faust um sich, aber Zoe wich seinen unbeholfenen Schlägen aus und attackierte ihn weiter mit Stromstößen.

Er brüllte und taumelte vorwärts, versuchte, von den schmerzhaften Funken wegzukommen. Das Chimärenzepter entglitt ihm, schlug klirrend auf einen der Grabsteine auf und fiel ins Gras.

Doch das Zepter musste irgendwie in der Luft eine Acht geschrieben haben, denn eine schwarze Aschewolke sprühte aus dem Ende und verfestigte sich zu einer Furcht einflößenden Chimäre. Die Kreatur fauchte und riss den Kopf hin und her, als sei sie sich nicht sicher, wen sie angreifen sollte. Nach ein paar Sekunden konzentrierte sie sich auf den bösen Bibliothekar und schlich näher an ihn heran.

»Stopp!«, befahl Covington. »Ich habe gesagt, stopp!«

Das Monstrum beachtete ihn nicht und kam weiter auf ihn zu. Um die Chimäre kontrollieren zu können, musste Covington das Zepter tatsächlich in der Hand halten. Jetzt wich er vor der Kreatur zurück. Zoe tat das Gleiche.

Das goldene Zepter lag zwischen den beiden im Gras. Zoe sah Covington an und er starrte zurück. Dann sprangen sie beide gleichzeitig auf und griffen nach dem Artefakt.

Na ja, Covington griff nach dem Zepter und Zoe griff nach ihm. Seine Hand schloss sich um das Zepter und er wollte es gerade hochreißen, als Zoe mit ihrem Elektrodolch angriff und diesmal die Klinge benutzte, um ihm eine tiefe Schnittwunde am Unterarm zuzufügen. Covington fauchte vor Schmerz und ließ das Zepter erneut fallen. Zoe machte einen Schritt vorwärts und trat das Artefakt hinter sich, wo er es nicht erreichen konnte. Die Chimäre schaute zwischen den beiden hin und her, nach wie vor unsicher, wen sie angreifen sollte.

Ian und Drake rangen immer noch miteinander, aber Drake gewann schließlich die Oberhand, setzte sich auf Ian und schlug seinem Bruder immer wieder mit der Faust ins Gesicht. Ian hob ächzend die Hände, um sich zu verteidigen, aber Drake fuhr fort, ihn zu schlagen. Jeder Hieb war heftiger als der vorangegangene.

Zoe setzte sich immer noch gegen Covington zur Wehr, aber ich musste Ian helfen, bevor Drake ihn totschlug. Außerdem war ich näher an Ian dran. Also ignorierte ich meine schmerzenden Verletzungen, so gut ich konnte, und wippte von einer Seite zur anderen in dem Versuch, genug Schwung zu gewinnen, um mich auf den Boden rollen zu können. Jede Bewegung hatte rot glühende Pein zur Folge, die wie ein Blitz durch mich hindurchfuhr, aber ich kroch weiter. Langsam schob ich mich vom Grabstein herunter und warf mich nach vorn ins Gras.

Die kleine Bewegung kostete mich die wenige Kraft, die ich noch hatte. Die rot glühende Pein stieg abermals in mir auf und raubte mir den Atem. Ich hätte gerne aufgegeben. Ich wollte einfach nur im Gras liegen, die Augen schließen und den Schmerz alles andere überdecken lassen. Aber das konnte ich nicht tun. Das *würde* ich nicht tun. Nicht solange Ian in Gefahr war. Also ignorierte ich meine starken Schmerzen und kroch langsam dorthin, wo Ian und Drake miteinander kämpften. Irgendwie hielt ich Babs auf dem Weg dorthin fest und schleifte das Schwert mit mir durchs Gras.

»Komm schon, Rory«, ermutigte Babs mich die ganze Zeit über. »So ist es richtig, meine Kriegerin. Du kannst es schaffen. Weiter so. Jetzt ist es nur noch ein kleines Stück …«

Jede Bewegung ließ noch mehr Blut aus der tiefen Stichwunde in meiner Seite quellen, ließ noch mehr Gift meine Adern versengen. Schweiß lief mir übers Gesicht und vermischte sich mit den Tränen, die mir ständig aus den Augen strömten, und weiße Sterne blinkten am Rand meines Gesichtsfelds. Trotzdem kroch ich weiter, einen langsamen, qualvollen Zentimeter nach dem anderen.

»Drake! Vergiss ihn!«, brüllte Covington und wich zurück. »Lass uns verschwinden! Sofort!«

Zoe schwang ihren Elektrodolch nach dem Schnitter und versuchte, ihn gegen einen der Grabsteine zu treiben, aber Covington nutzte seine Römerschnelligkeit, um ihr auszuweichen, und rannte davon.

Zoe machte Anstalten, ihm zu folgen, aber die Chimäre knurrte sie an und sie hielt inne. Sie richtete ihren Dolch auf das Monster und drückte auf den blauen Edelstein im Griff, woraufhin wieder elektrische Funken über die Klinge zischten. Statt die Kreatur dazu zu bringen, sich zurückzuziehen, schien die knisternde Elektrizität die Chimäre zu faszinieren. Sie schritt jetzt vor Zoe auf und ab.

Zoe schaute hinter sich, doch sie war offensichtlich nicht in der Lage zu sehen, wo das goldene Zepter im Gras gelandet war. Also biss sie sich auf die Unterlippe, hob ihren Dolch ein wenig höher und stellte sich der Chimäre.

Endlich hatte ich es bis zu den beiden Wikingern hinüber geschafft. Drake drosch immer noch auf Ian ein und war dabei, seinen Bruder zu einer blutigen Masse zu schlagen. Zuerst dachte ich, Drake schlage Ian so heftig und so schnell, dass Ian einfach keinen eigenen Hieb landen konnte. Ich blinzelte einige Male und konzentrierte mich auf die beiden. Ian hielt die Arme hoch, um Drakes Schläge abzuwehren, aber er versuchte nicht, zurückzuschlagen.

Trotz allem, das Drake getan hatte, wollte Ian seinen Bruder nicht verletzen. Nicht ernsthaft. Das konnte ich verstehen. Ich wusste auch nicht, ob ich dazu imstande gewesen wäre, gegen meine Eltern zu kämpfen, hätten sie noch gelebt. Aber Drake war nicht mein Bruder und ich würde nicht zulassen, dass er Ian totschlug.

Ich konnte nicht aufstehen, aber ich hielt noch immer Babs in der Hand. Daher holte ich tief Luft und sammelte meine verbliebenen Kräfte. Ich hob das Schwert und zog es über die Rückseite von Drakes Wade, da das der einzige Körperteil von ihm war, an den ich heranreichte.

Es war ein schwacher, unbeholfener Hieb, aber Babs erledigte den größten Teil der Arbeit. Die scharfe Klinge des Schwerts schnitt Drake tief in die Haut, die sofort anfing zu bluten.

Der Wikinger jaulte vor Überraschung auf, trat um sich und erwischte dabei meine verletzte Seite. Neuer Schmerz explodierte in der Wunde. Mir blieb wieder die Luft weg. Ich hätte nicht geglaubt, dass meine Schmerzen noch schlimmer werden konnten, als sie es bereits waren. Es fühlte sich so an, als hätte Drake mir mit seiner Wikingerkraft die Rippen gebrochen. Ich landete stöhnend auf dem Rücken. Babs entglitt meinen Fingern und fiel ins Gras.

»Rory!«, brüllte sie. »Steh auf, Rory! Steh auf!«

Aber der Schmerz war zu groß. Ich konnte nur noch daliegen und nach Luft ringen, während Drake sich von Ian herunterwälzte, sich aufrappelte und sein Schwert aus dem Gras hob. Drake wandte sich von mir ab und nahm seine Waffe hoch. Diesmal würde er mich nicht verfehlen.

»Stirb, Spartanerin!«, zischte er. »Stirb …«

Peng!

Ein Armbrustbolzen flog durch die Luft, traf Drake an der Schulter und ließ ihn herumwirbeln.

Mir wurde leichter ums Herz. Mateo war da.

Der Römer kam zu uns gelaufen, gefolgt von Takeda. Ian und Zoe hatten anscheinend ihre Funkgeräte benutzt, um ihm mitzuteilen, dass wir auf dem Friedhof waren. Mateo blieb stehen, um einen weiteren Bolzen in seine Armbrust zu spannen, während Takeda sein Katana hochriss und direkt auf Drake zuraste.

Drake schwang knurrend sein eigenes Schwert, aber ihm war offensichtlich klar geworden, dass er den Samurai nicht besiegen konnte. Zumindest nicht solange Mateos Armbrustbolzen noch in seiner Schulter steckte. Drake beherzigte schließlich Covingtons Rat und lief davon, tauchte in die Dunkelheit ein. Takeda rannte hinter dem Schnitter her und verschwand ebenfalls.

Mateo hatte seine Armbrust geladen. Als er aufsah, zischte die Chimäre und Mateo wurde klar, dass sie Zoe bedrohte. Entschlossenheit erfüllte seine Züge. Er legte die Finger an die Lippen und stieß ein lautes, trommelfellzerreißendes Pfeifen aus. Die Chimäre zischte wieder, wirbelte jedoch herum und rannte durchs Gras, direkt auf Mateo zu.

Er wartete, bis das Monster in Reichweite war, dann hob

er kühl seine Armbrust, zielte und schoss ihr einen Bolzen direkt ins Auge. Die Chimäre zischte ein letztes Mal, dann verschwand sie in einer Wolke schwarzen, abscheulichen Qualms.

»Zoe!«, rief Mateo und eilte zu ihr hinüber. »Alles okay bei dir?«

»Es geht mir gut!« Sie sah sich hektisch um. Ein paar Sekunden später fand sie, was sie suchte, und riss das Chimärenzepter vom Boden hoch. »Ian?«

Er richtete sich langsam auf. »Bei mir ist alles in Ordnung. Rory?«

Ich öffnete den Mund, um ihm zu antworten, aber alles, was herauskam, war ein leises, schmerzerfülltes Stöhnen.

»Rory?«, fragte Ian noch einmal. »Rory!«

Er kam zu mir herübergestolpert, dorthin, wo ich im Gras lag. Vor Schmerz liefen mir die Tränen die Wangen hinunter, aber ich blinzelte sie weg und konzentrierte mich auf Ian. Schnittwunden und Blutergüsse blühten wie hässliche rote und violette Blumen in seinem Gesicht. Außerdem hatte Drake ihm zwei blaue Augen verpasst. Oder vielmehr hatte er sie sich von Drake verpassen *lassen*.

Ich hob die Hand an sein blutiges, zerschundenes Gesicht. Ich wünschte, ich hätte Ian seinen Schmerz nehmen können. Nicht nur den Schmerz, der von seinen Verletzungen herrührte, sondern den Schmerz über Drakes Verrat, der tief in sein Herz eingedrungen sein musste. Ich kannte diese vernichtende Qual. Es war der gleiche Schmerz, den ich noch immer in meinem eigenen Herz spürte, wenn ich an all die schrecklichen Dinge dachte, die meine Eltern getan hatten.

Ich öffnete den Mund, um etwas zu sagen – ich war mir nicht ganz sicher, was –, aber alles, was herauskam, war ein schwaches Husten. Ich spürte, wie mir Blut übers Gesicht lief, so heiß wie das Basiliskengift, das noch immer in meinen Adern brannte. Meine Lider schlossen sich flatternd, aber ich zwang mich, sie wieder zu öffnen.

Ian schnappte entsetzt nach Luft und die Angst verdunkelte seinen Blick. »Rory? Rory!« Obwohl er schrie, wirkte seine Stimme schwach und kam wie aus weiter Ferne. »Mach nicht die Augen zu! Rory, bleib wach!«

Ich versuchte, wach zu bleiben. Das tat ich wirklich. Aber die vielen winzigen Sterne, die vor meinen Augen aufblitzten, verschmolzen zu einer massiven Wand aus Weiß und verblassten dann zu Grau. Als selbst diese Farbe schließlich versickerte, verschluckte mich die Schwärze.

21

Ich erwachte im Gras.

Einen Moment lang dachte ich, ich befände mich noch auf dem Friedhof und würde aus dem Gras zum Vollmond emporschauen, der weit, weit über mir am sternklaren Nachthimmel hing. Aber dann wehte ein Windstoß über mich hinweg und brachte einen frischen, reinen Geruch mit sich wie duftende Blumen, die sich mit frischem Schnee vermischten.

Ich schloss die Augen und holte tief Luft, genoss das vertraute, tröstliche Aroma. Ein und aus, ein und aus, ein und aus. Je länger ich diesen frischen Duft einatmete, umso besser und stärker fühlte ich mich. Ich seufzte vor Glück. Ich hätte ewig hier liegen und dieses Aroma genießen können …

Jemand räusperte sich.

Ich riss die Augen auf und stemmte mich langsam auf den Ellbogen hoch. Das war der Moment, in dem ich begriff, dass ich nicht mehr auf dem kalten, harten, frostüberhauchten Rasen des Friedhofs lag. Stattdessen war dieses Gras unglaublich warm, weich und grün, trotz des Nachthimmels über mir.

Ein paar Schritte entfernt machte das Gras einem Teppich von Wildblumen in allen Größen, Formen und Farben Platz. Der silberne Mond und die Sterne intensivierten die Farben der Blumen und ließen die saphirblauen, smaragdgrünen, rubinroten, opalweißen und amethystvioletten Blütenblätter wie glänzende, geschliffene Juwelen leuchten.

Zwischen den Blumen sprossen hier und dort kleine Bäume und grüne Kletterpflanzen, die sich bis ganz hinüber zu den rissigen Mauern und verwitterten Steinhaufen zogen, die den Hof umgaben. Der Mond und die Sterne hoben die Bären, Kaninchen, Füchse, Singvögel und Greife hervor, die in die zerborstenen Steine eingeritzt worden waren. Es schien, als wanderten die Tiere von einem Stein zum anderen.

Ich befand mich in den Eir-Ruinen oder zumindest in einer geträumten Version dieser Ruinen – und Sigyn war da.

Die nordische Göttin der Hingabe hockte auf dem Rand des zerstörten Brunnens in der Mitte des Hofs. Sie trug ein weißes Kleid, das im Mondlicht leuchtete, und ihre Füße waren nackt. Ihr dickes Haar floss in langen Wellen über ihre Schultern und ihre Augen schimmerten wie zwei schwarze Perlen in ihrem leuchtenden Gesicht. Alte, verblasste Narben zogen sich kreuz und quer über ihre Hände und Arme, aber die Unvollkommenheiten steigerten die Schönheit der Göttin nur.

Sigyn hielt einen Strauß Wildblumen in Händen, als sei sie umhergewandert und habe sie gepflückt, während sie darauf gewartet hatte, dass ich aufwachte und dieses seltsame Traumreich betrat, in dem wir uns immer trafen, wenn sie mit mir reden wollte. Oder wenn ich, nun ja, beinahe starb.

Sie lächelte mich an. »Hallo, Rory.«

»Ähm, hallo.«

Ich stand auf. Noch immer trug ich dieselben blutigen und mit Grasflecken übersäten Sachen, die ich auf dem Friedhof angehabt hatte, aber die hässliche Stichwunde in meiner Seite war verschwunden und das Basiliskengift versengte mir nicht länger die Adern. Es sah aus, als hätte meine Heilmagie endlich gewirkt und mich doch noch gerettet. Gut. Das war gut.

Weniger gut war die Tatsache, dass ich keine Ahnung hatte, warum ich hier war. Bisher hatte ich nicht unbedingt einen Mordserfolg als Sigyns Champion gehabt. Eher hatte ich mich als epische Versagerin entpuppt. Vor allem diesmal, da Covington mit Selkets Schreibfeder geflohen war. Vielleicht hatte die Göttin mich hergebracht, um mir zu sagen, dass sie mich nicht länger als ihren Champion haben wolle. Bei dem Gedanken tat mir das Herz weh, aber ich zwang mich, Sigyn anzulächeln, als sei alles bestens.

»Also …« Ich brach ab, denn ich wusste nicht genau, was ich sagen sollte. »Wie ist es dir ergangen?«

Sigyn zog eine schwarze Augenbraue hoch, amüsiert über meinen Versuch, ein normales Gespräch anzuregen. Ja, das kam ihr wahrscheinlich dumm vor. »Gut. Und dir?«

»Oh, du weißt schon. Ich versuche bloß, Artefakte zu schützen, Schnitter aufzuspüren und mich nicht von Basilisken umbringen zu lassen. Solche Sachen.«

Ihr Lächeln wurde breiter und sie stieß ein leises, erfreutes Lachen aus. Der Laut nahm mir etwas von meiner Besorgnis. »Komm. Geh ein Stück mit mir. Ich möchte dir etwas zeigen.«

Ohne ihren Wildblumenstrauß aus den Händen zu legen, erhob sie sich. Wir verließen gemeinsam den Hof und gingen tiefer in die Ruinen hinein.

Tante Rachel und ich wanderten regelmäßig zu den Eir-Ruinen hinauf. Ich hatte schon Stunden damit zugebracht, sie zu erkunden, vor allem, nachdem meine Eltern im vergangenen Jahr gestorben waren. Ich glaubte eigentlich, jede Ecke der Ruinen zu kennen, aber Sigyn führte mich um eine zusammengefallene Mauer in einen offenen Hof, den ich noch nie zuvor gesehen hatte. Vielleicht existierte dieser Hof ja nur hier im Traumreich der Göttin.

Im Gegensatz zum Haupthof mit seinen wunderschönen Regenbogenblüten, gab es hier nur zwei Farben und es wuchsen nur zwei Arten von Blumen – dunkelrote und schneeweiße. Und sie schienen sich nicht besonders zu mögen.

Die überwiegende Mehrheit der Blumen hatte große, rote Blüten, so groß wie meine Handfläche. Sie hatten zwei blutrote Blütenblätter, die durch eine stachelige, schwarze Mitte miteinander verbunden waren und in einen gleichermaßen stacheligen, schwarzen Stiel übergingen. Die Blumen sahen eher aus wie auf Stöcke gespießte Herzen als wie Pflanzen. Ich rechnete fast damit, dass Blut aus ihnen heraustropfte. Natürlich geschah das nicht, aber allein der Anblick der Blumen ließ mich schaudern.

Die roten Blumen drängten sich in der Mitte zusammen und jede einzelne war nach außen gerichtet, beinahe so, als funkelten sie die spärlichere Gruppe kleiner, weißer Blumen, die die Ränder des Hofs säumte, böse an. Flecken brauner Erde teilten die beiden Blumengruppen wie Gräben auf einem Schlachtfeld.

Ich hockte mich hin, streckte die Hand aus und berührte eine der Blumen am Rand. Weiße Blütenblätter mit einem dunklen, smaragdgrünen Herz in der Mitte. Es war ein Frostfeuer wie die Topfblume, die Ian mir geschenkt hatte und die auf meinem Schreibtisch im Bunker stand.

Ich erhob mich und zeigte auf die roten Blumen. »Wie nennt man die? Ich habe sie noch nie gesehen.«

»Diese Blumen werden Rote Narzissen genannt«, erklärte Sigyn. »Sie haben ihren Namen von Narziss, dem sterblichen Mann, der sich selbst mehr liebte als alles andere. Sie sind sehr selten und ziemlich gefährlich.«

Ich runzelte die Stirn. »Wie um alles in der Welt kann eine Blume gefährlich sein?«

»Schau her.«

Sigyn hob ihren Strauß an die Nase und atmete den süßen Duft ein. Dann warf sie die Wildblumen mit einem bedauernden Seufzen mitten in die Roten Narzissen.

Einen Moment lang geschah gar nichts.

Dann begannen die Roten Narzissen zu zittern. Langsam drehten sie sich alle zu den neuen Blüten in ihrer Mitte. Eine der Narzissen beugte sich vor und berührte mit ihren Blütenblättern die eines Veilchens, das neben ihr gelandet war.

Die fröhlichen, violetten Blütenblätter des Veilchens nahmen sofort ein hässliches Dunkelrot an.

Ich schnappte nach Luft und machte einen Schritt nach hinten.

Einen weiteren Moment lang geschah nichts.

Dann bewegten sich sämtliche Rote Narzissen gleichzeitig und berührten schnell mit ihren Blütenblättern die anderen Blumen. Eine nach der anderen verschwanden die blauen, grünen, roten, weißen und violetten Wildblumen, ersetzt durch das gnadenlose Blutrot der Narzissen. Nicht nur das, die tatsächlichen Formen der Blumen veränderten sich ebenfalls. Ihre Blütenblätter wanden sich und wuchsen, bis sie genauso aussahen wie die Roten Narzissen: Zwei Blütenblätter formten ein Herz mit einer stacheligen, schwarzen Mitte.

Es war gleichzeitig faszinierend und beängstigend und abscheulich.

In weniger als zwei Minuten war es vorbei und die Wildblumen in ihrer ursprünglichen Form waren verschwunden, verwandelt in Rote Narzissen. Ein ekelhaftes, süßliches Parfum erhob sich von allen Narzissen, den alten wie neuen gleichermaßen, und erfüllte den ganzen Hof. Von dem Duft wurde mir richtig schlecht.

»Manchmal sind die einfachsten Dinge die gefährlichsten«, murmelte Sigyn mit Traurigkeit in der Stimme.

»Aber was ist mit den Frostfeuerblumen? Warum sind sie noch hier? Warum verwandeln die Roten Narzissen sie nicht auch?«

»Frostfeuerblumen haben bemerkenswerte Heilkräfte«, antwortete die Göttin. »Es sind die einzigen Blumen, die dem Gift der Roten Narzissen widerstehen können.«

Ich befühlte den silbernen Frostfeueranhänger an meinem Armband. »Deshalb hast du mir also ein Frostfeuer gegeben. Es ist ein Symbol für die Heilmagie, die du mir geschenkt hast.«

Sie nickte. »So etwas in der Art.«

Ich schaute zu den Frostfeuerblumen, sah, wie sie den Hof säumten. Ein dünner Ring von Schneeweiß fasste all dieses blutige Rot ein. »Die Frostfeuerblumen halten die Roten Narzissen zurück, nicht wahr? Sie verhindern, dass die Narzissen sich ausbreiten und die anderen Blumen in den Ruinen vernichten.«

»Ja.«

Wir verstummten beide, jede von uns in ihre eigenen Gedanken versunken. Ich starrte wieder die Frostfeuerblumen an. Obwohl sie viel kleiner waren als die Roten Narzissen, standen die weißen Blumen hoch aufgerichtet da, wie winzig kleine Wächter, die einen viel größeren, gefährlicheren Feind im Zaum hielten. Sie beugten sich nicht, knickten nicht ein, zauderten nicht.

Ich seufzte. »Lass mich raten. Das ist eine Metapher. Covington ist eine Rote Narzisse und ich bin ein Frostfeuer, richtig? Du hast einmal gesagt, ich sei die Einzige, die ihn aufhalten könne.«

Sigyn nickte abermals. »So etwas in der Art.«

So etwas in der Art? Was bedeutete das? Ich hätte am liebsten die Augen verdreht, besann mich dann aber eines Besseren. Gwen hatte mir erzählt, dass Nike, die griechische Göttin des Sieges, immer in Rätseln zu ihr sprach. Ich nahm an, das war eine Eigenart von Göttinnen. Aber ich war der Rätsel müde, daher beschloss ich, ganz direkt zu sein.

»Weißt du, was Covington im Schilde führt?«, fragte ich. »Warum er unbedingt Selkets Schreibfeder haben wollte? Warum er Artefakte stiehlt? Er hat mir gesagt, er tue es nicht nur, weil er einen weiteren Schnitterkrieg mit dem Protektorat anzetteln will. Es ist noch etwas anderes im Gange. Und dann gibt es da diese seltsame, schwarze Schmuckschatulle, die er aus dem Cormac Museum zu stehlen versucht hat. Weißt du, was es mit dieser Schatulle auf sich hat? Oder was drin ist?«

Die Göttin sah mich an, sagte jedoch nichts.

»Bitte«, flehte ich und Verzweiflung mischte sich in meine Stimme. »Du musst mir *irgendetwas* erzählen. Ich habe keine

Ahnung, was Covington vorhat, und das bedeutet, dass ich nicht weiß, wie ich ihn aufhalten soll. Ich habe das Gefühl, im Moment weiß ich überhaupt nichts.«

Sie legte den Kopf schräg, sodass ihr das gewellte, schwarze Haar über die Schulter fiel. »Wie meinst du das?«

Ich seufzte. »Ich meine, ich habe keine Ahnung, was heute Nacht auf dem Friedhof mit meiner Heilmagie schiefgegangen ist. Sicher, der Basilisk hat mich mit seinem Stachel gestochen und vergiftet, aber meine Magie hätte eigentlich wirken und mich heilen müssen. Doch ich habe sie nicht gespürt. Ich habe meine Magie überhaupt nicht gespürt. Habe ich irgendetwas falsch gemacht? Hast du … hast du mir meine Magie aus irgendeinem Grund wieder weggenommen? Vielleicht weil ich Covington noch nicht aufgehalten habe, wie du es dir von mir erhofft hast?«

Meine Stimme senkte sich zu einem Flüstern und die Angst schnürte mir die Kehle zu. Ich hatte meine Heilmagie erst seit ein paar Wochen, aber ich betrachtete sie bereits als einen Teil von mir und ich hatte mich fest darauf verlassen, dass sie mir helfen würde, Covington, Drake und die anderen Schnitter zu besiegen.

Sigyn berührte mich sanft an der Schulter. Selbst durch meine Kleidung hindurch spürte ich die kühle Kraft, die durch ihre Fingerspitzen floss. Sie tröstete mich auf die gleiche Weise, wie meine Heilmagie es immer tat.

»Natürlich habe ich dir deine Magie nicht weggenommen«, sagte sie. »Das würde ich nie tun. Außerdem kann man jemandem, dem man Magie gegeben hat, diese nicht wieder wegnehmen. Niemand kann das. Nicht einmal die Götter selbst.«

»Warum hat meine Magie dann nicht gewirkt? Was ist schiefgegangen? Muss ich mich stärker konzentrieren oder so etwas?«

»Du hast nichts falsch gemacht, Rory. Basilisken sind extrem gefährlich. Es hat einfach eine Weile gedauert, bis deine Magie dem Gift der Kreatur entgegenwirken konnte. Das Wichtigste ist, dass du weitergekämpft hast, obwohl du schreckliche Schmerzen hattest.« Der Blick aus Sigyns schwarzen Augen ruhte fest auf mir. »Du musst *immer* weiterkämpfen, selbst wenn es so scheint, als sei alle Hoffnung verloren.«

Ich hatte das Gefühl, dass sie versuchte, mir etwas Wichtiges zu sagen, ohne es tatsächlich in Worte zu fassen, genau wie sie es getan hatte, indem sie mich hergebracht und mir die Blumen gezeigt hatte. Doch wieder einmal verstand ich ihre subtile Botschaft einfach nicht. Allerdings hatte ich das sehr, sehr schlechte Gefühl, dass mein Leben – und das Leben meiner Freunde – davon abhing, dass ich die Antworten auf meine Fragen fand.

Sigyn berührte mich noch einen Moment an der Schulter, dann ließ sie die Hand sinken und trat zurück. »In einem Punkt hast du recht. Covington muss aufgehalten werden, denn er hat viel finsterere Dinge im Sinn, als lediglich einen weiteren Krieg anzufangen.«

»Ich werde einen Weg finden, ihn aufzuhalten«, versprach ich und versuchte, meine Stimme trotz meiner Verwirrung stark und sicher klingen zu lassen. »Ganz gleich, was ich dafür tun muss.«

Sie lächelte, obwohl ihr Gesicht eher traurig als hoffnungsvoll war. »Sei vorsichtig mit dem, was du dir wünschst, Rory. Auf Wiedersehen.«

Sie schloss die Augen, neigte den Kopf und ihr langes, weißes Gewand wallte um ihren Körper, als stünde sie mitten in einem heftigen Schneesturm. Ein silbernes Licht loderte auf, so grell, dass ich die Augen schließen musste. Als ich sie wieder öffnete, war Sigyn fort und ich war mit den Narzissen und den Frostfeuerblumen allein im Hof.

Ein weiteres leuchtendes, silbernes Licht loderte auf und einen Moment später verschwanden auch die Blumen.

Und dann ich.

Im einen Moment hatte ich bei den Blumen im Hof gestanden. Im nächsten lauschte ich dem gleichmäßigen *Piep-piep-piep* eines Monitors, der meinen Puls zirpte.

Ich öffnete die Augen. Es kostete mich einige Sekunden, um mich auf die Decke zu konzentrieren, aber ich erkannte sie wieder, genau wie die grauen, steinernen Wände. Ich lag in einer der Krankenzimmer im Bunker.

Seufzend vor Erleichterung richtete ich mich langsam auf. Ich lag in einem Krankenhausbett und irgendjemand hatte mich gewaschen, während ich bewusstlos gewesen war. Jetzt trug ich ein weißes T-Shirt und eine dazu passende Schlafanzughose. Ich zog mein T-Shirt hoch und starrte auf die Stelle an meiner Seite, wo der Basilisk mich mit seinem stacheligen Schwanz gestochen hatte. Meine Haut war wieder glatt und gesund. Keine Spur der Verletzung war zurückgeblieben und ich spürte auch das Gift nicht mehr in meinem Körper. Sigyn hatte recht gehabt. Meine Magie hatte gewirkt und meine Verletzungen schließlich geheilt, auch wenn ich immer noch müde war und mich ziemlich schlapp fühlte.

Das stetige Piepsen des Herzfrequenzmonitors nervte mich, daher zog ich den Plastikclip von meinem Finger, um ihn zum Schweigen zu bringen.

Das Geräusch von leisen Atemzügen erregte meine Aufmerksamkeit und als ich nach rechts schaute, sah ich Babs auf einem Stuhl lehnen. Das Auge des Schwerts war geschlossen und es schnarchte.

Und sie war nicht die Einzige.

Ian saß auf einem Stuhl zu meiner Linken. Sein Kopf lehnte an der Wand und ein tiefes, gleichmäßiges Schnarchen grummelte aus seiner Brust. Takeda musste Ian geheilt haben, denn von der Tracht Prügel, die Drake ihm verpasst hatte, war nichts mehr auf seinem Gesicht zu sehen. Seine blauen Augen, seine aufgeplatzten Lippen, die Schnittwunden und die Blutergüsse, die seine Wangen getüpfelt hatten – das alles war verschwunden und er sah wieder aus wie Ian, bis hin zu seinem zerzausten, blonden Haar.

Babs murmelte etwas Zusammenhangloses und Ian gab zur Antwort ein lauteres, tieferes Schnarchen von sich, beinahe so, als unterhielten sie sich. Ich grinste. Wenn ich mein Handy bei mir gehabt hätte, hätte ich aufgenommen, wie die beiden schnarchten, und sie später damit aufgezogen.

Doch im Moment war ich einfach nur dankbar, am Leben zu sein.

Ian musste das Rascheln meiner Decke gehört haben, denn er öffnete die Augen, blinzelte einige Male schläfrig und schaute zu mir herüber. Als er bemerkte, dass ich wach war, stand er sofort auf, kam zu mir und setzte sich auf die Bettkante.

»Was machst du?«, fragte er. »Warum hast du dich aufgesetzt? Du musst dich ausruhen.«

Er streckte die Hand aus, als wolle er mir helfen, mich wieder hinzulegen, aber ich stoppte ihn mit einer Handbewegung.

»Es geht mir gut. Ich kann sitzen. Ich will sitzen.«

Besorgnis schimmerte in seinen Augen, doch er nickte und lehnte sich zurück. »Wie fühlst du dich?«

»Besser. Weil ich, du weißt schon, nicht tot bin.«

Ich hatte es als Scherz gemeint, aber Ian verkrampfte sich und seine Hände ballten sich auf der Decke zu Fäusten.

»Es tut mir so leid, dass du verletzt worden bist. Zoe und ich sind einfach nicht an dem Basilisken und der Chimäre in der Krypta vorbeigekommen. Wir mussten abwarten, bis die beiden Kreaturen sich gegenseitig zerfetzt hatten, bevor wir dir folgen konnten. Wir haben es schließlich durch den Tunnel und über die Treppe zum Friedhof hinaufgeschafft und kamen gerade nach draußen, als wir dich schreien hörten.« Er hielt inne, als habe er Mühe, die Worte auszusprechen. »Es war einer der schrecklichsten Laute, die ich je gehört habe.«

»Es ist nicht deine Schuld. Ich habe mich dafür entschieden, den Basilisken anzugreifen.«

Ich erzählte ihm, dass Covington mir die Wahl gelassen hatte, entweder unter Drogen gesetzt entführt zu werden oder gegen den Basilisken zu kämpfen.

Ians Kiefer verkrampfte sich. Er sprang auf und ging im Raum umher, als müsse er irgendetwas tun, das ihm half, seinen Zorn zu besänftigen. »Ich kann nicht glauben, dass Drake dich betäuben wollte. Was stimmt nicht mit ihm?«

»Du kannst doch nichts dafür. Drake hat einen freien Willen, genau wie wir. Du kannst nicht kontrollieren, was er tut, und du bist *nicht* verantwortlich für sein Handeln.«

Ian schüttelte den Kopf, während er weiterhin im Raum auf und ab ging.

Ich biss mir auf die Unterlippe und überlegte, ob ich ihn danach fragen sollte, was auf dem Friedhof zwischen ihm und seinem Bruder vorgefallen war. Bei Sigyn in den Eir-Ruinen war ich ganz direkt gewesen und deshalb beschloss ich, es nun auch bei Ian zu sein.

»Warum hast du dich nicht gewehrt?«

»Was meinst du?«, fragte er.

»Auf dem Friedhof. Als Drake dich zusammengeschlagen hat. Warum hast du das zugelassen?«

Ian zuckte zusammen. Eine schuldbewusste Röte kroch seinen Hals hinauf und er blieb endlich stehen. »Ich wollte mich wehren. Wirklich. Nachdem ich Drake bei Lance Fuller zu Hause und dann im Cormac Museum wiedergesehen hatte, dachte ich, ich hätte endlich mit ihm abgeschlossen. Abgeschlossen damit, dass er mein Bruder ist, und insbesondere damit, dass er mir wichtig ist.«

»Aber?«

Ian seufzte und setzte sich auf die Bettkante. »Aber immer, wenn ich ihn sehe, denke ich an die Zeit, die wir als Kinder miteinander verbracht haben. Drake war mein verdammter *Held*. Es fällt mir schwer, diese Erinnerungen zu ignorieren, obwohl ich von all den schrecklichen Dingen weiß, die er getan hat.«

Seine Stimme wurde zu einem rauen Flüstern. »Selbst jetzt noch, nachdem er mir Schlimmes angetan hat, mir und den Menschen, die mir wichtig sind.«

Ian verstummte und der Blick seiner grauen Augen ging in die Ferne, als denke er noch immer an den Helden, den er in seinem Bruder gesehen hatte. Einen Moment später schüttelte er den Kopf und kehrte ins Hier und Jetzt zurück.

»Aber du brauchst dir keine Sorgen mehr um mich zu machen. Drake hätte mich heute Nacht getötet, wenn du ihn nicht aufgehalten hättest. Ich habe meine Lektion gelernt und weiß jetzt, dass ich ihn nicht mehr retten kann.« Ian nahm meine Hand. »Er wird dir nie wieder wehtun, Rory. Das verspreche ich dir. Ganz gleich, was ich dafür tun muss.« Entschlossenheit lag in seinen Zügen und ein dunkler, gefährlicher Unterton schlich sich in seine Stimme. Ich schauderte. *Ganz gleich, was ich dafür tun muss.* Dasselbe hatte ich in den Eir-Ruinen zu Sigyn gesagt. Dass Ian diese Worte jetzt mir gegenüber wiederholte, erschien mir wie ein schlechtes Omen.

Ich flocht meine Finger zwischen seine. »Hauptsache, uns beiden geht es gut.«

Ian bedachte mich mit einem schiefen Lächeln, aber ich spürte, dass er mir nicht wirklich glaubte. Ja, ich glaubte mir auch nicht. Keinem von uns ging es auch nur annähernd gut.

»Du versuchst immer, alles von der positiven Seite zu betrachten«, sagte er. »Das ist eine deiner Eigenschaften, die ich am meisten an dir mag.«

»Nur eine meiner Eigenschaften?«, neckte ich ihn in dem Bemühen, die Stimmung etwas aufzuhellen. »Bedeutet das, dass es noch andere gibt?«

Ein verführerisches Grinsen breitete sich auf seinem Gesicht aus. »O ja, es gibt noch andere. Zu viele, um sie zu zählen.«

Er lächelte mich an und ich grinste zurück. Plötzlich begriff ich, wie nah er bei mir saß, und spürte seine Finger zwischen meinen, während die Wärme seiner Haut sich auf meine übertrug. Ian bemerkte es ebenfalls. Er machte Anstalten, sich zu lösen, aber ich festigte sanft den Griff, mit dem ich seine Hand hielt. Ich wollte nicht, dass er wegging.

Ian schaute auf unsere ineinander verschlungenen Hände, dann sah er wieder zu mir auf. Das Lächeln glitt langsam von seinem Gesicht und seine Augen verdunkelten sich zu einem wunderschönen Gewitterwolkengrau. Er befeuchtete sich die Lippen und beugte sich vor, als wolle er mich küssen. Mein Herz hämmerte in meiner Brust und mir stockte der Atem. Ian beugte sich ein wenig weiter vor und ich öffnete erwartungsvoll die Lippen. Er tat das Gleiche und sein warmer, weicher Atem streifte mein Gesicht …

Babs schmatzte und gab einen lauten Schnarchlaut von sich, was den besonderen Moment zunichtemachte.

Ich dachte daran, mich vorzubeugen und ihn trotzdem zu küssen, aber Ian lehnte sich nach hinten und seine Hand glitt aus meiner.

Er räusperte sich. »Ich habe etwas für dich. Etwas, das du im Club fallen gelassen hast.«

Er zog Pans Pfeife aus seiner Hosentasche hervor. Bei allem, was heute Nacht passiert war, hatte ich ganz vergessen, dass sie nicht wie immer an meinem Armband hing.

»Du hast die Pfeife gefunden.«

Er nickte. »Zoe hat dein Handy auf der Theke gesehen und deinen Ohrhörer in dem Glas Gingerale gefunden. Da war uns klar, dass Gretchen dich in den hinteren Teil des Clubs geführt hat. Schließlich haben wir uns bis nach unten in den Keller vorgearbeitet. Ich habe die Pfeife auf dem Boden vor der Wand gesehen und begriffen, dass du sie absichtlich zurückgelassen hast. Zoe und ich haben den geheimen Tunnel gefunden und, nun ja, den Rest kennst du. Darf ich?«

Ich streckte ihm mein rechtes Handgelenk entgegen und Ian fädelte die Pfeife wieder auf mein Armband. Seine Finger verweilten dort und ich unterdrückte ein weiteres Schaudern. Ich fragte mich, ob er spürte, wie mein Puls raste. Wahrscheinlich. Mir kam mein Puls genauso laut vor, wie es das Pulsmessgerät gewesen war.

Ians Handy summte. Er ließ mein Handgelenk los, zog das Telefon hervor und las die Nachricht, die er bekommen hatte. »Takeda will wissen, ob du schon wach bist. Die anderen sind im Besprechungsraum, einschließlich deiner Tante Rachel. Sie will dich nach Hause mitnehmen.«

»Gut.« Ich schaute zu Babs hinüber. »Im Gegensatz zu einigen Leuten kann ich nicht einfach überall schlafen.«

Babs stieß einen weiteren lauten Schnarcher aus, so als wisse sie, dass ich von ihr sprach. Ian und ich schauten uns an und brachen beide in Gelächter aus.

Der Lärm genügte, um Babs aus ihrem friedlichen Schlummer zu wecken. Das Schwert öffnete langsam sein Auge.

»Was ist?«, murmelte Babs. »Was habe ich verpasst? Was ist so witzig?«

»Nichts, Babs. Überhaupt nichts.« Ich lachte wieder, dann warf ich die Decke zur Seite und stieg aus dem Bett.

22

Ian ging zum Besprechungsraum, um den anderen mitzuteilen, dass ich wach war. Ein weißer Morgenmantel lag auf einem Tisch neben einer Plastiktüte, die die Sachen enthielt, die ich in der Nacht getragen hatte. Ich zog den Morgenmantel über meinen weißen Pyjama, schnappte mir Babs und die Tüte und verließ das Krankenzimmer.

Sobald ich den Bunker betrat, kam Tante Rachel zu mir gelaufen und umarmte mich stürmisch. Sie sagte nichts, aber ein Beben durchlief sie und ich wusste, dass sie gegen die Tränen ankämpfte.

»Alles okay«, flüsterte ich. »Alles okay.«

Sie umarmte mich noch fester. Nach einer Minute ließ sie mich los und drehte sich weg, wobei sie sich die Tränen aus den Augen wischte. Auch ich musste mir ein paar Tränen wegwischen.

Zoe und Mateo umarmten mich ebenfalls und Takeda tätschelte meine Schulter. Ich zog meine besten Freunde an mich und nickte Takeda zu.

Ein goldenes Glitzern erregte meine Aufmerksamkeit. Das Chimärenzepter, das Zoe auf dem Friedhof aufgehoben hatte, lag auf dem Besprechungstisch. Irgendjemand, wahrscheinlich Takeda, hatte das Zepter bereits in eine Artefaktvitrine gelegt. Die Rubinaugen der Chimäre schienen mich durch das Glas anzufunkeln. Ich unterdrückte ein Schaudern. Nun, zumindest brauchten wir uns keine Sorgen mehr darum zu machen, dass Covington weitere Chimären beschwor, obwohl er ja noch Selkets Schreibfeder in seinem Besitz hatte. Es war ein kleiner Sieg, doch heute Nacht nahm ich, was ich kriegen konnte.

Abgesehen von dem Zepter war der Tisch überraschend leer. Ich hatte erwartet, dass er mit Papieren und Fotos übersät wäre und meine Freunde daran arbeiteten, die Schnitter aufzuspüren. Allerdings lagen weder Ordner noch Mappen auf dem Tisch und die Monitore an der Wand waren dunkel.

»Was ist los?«, fragte ich. »Wollen wir nicht über die Mission reden?«

Takeda schüttelte den Kopf. »Heute Nacht gibt es keine Lagebesprechung, insbesondere nicht für dich, Rory. Du musst dich noch ausruhen.«

»Außerdem«, sagte Zoe bissig, »gibt es gar nichts zu besprechen.«

»Wie meinst du das?«

Mateo seufzte. »Covington und Drake konnten vom Friedhof entkommen und wir haben keine Ahnung, wohin sie verschwunden sind. Ich habe alle Aufnahmen aus den Überwachungskameras und von den Blitzern aus der Gegend des Clubs durchgesehen, aber es ist, als hätten sie sich in Luft aufgelöst. Puff! Einfach weg.« Er riss die Hände hoch, um seine Worte zu unterstreichen.

»Keine Sorge«, sagte Takeda mit fester Stimme, als er meine erschütterte Miene sah. »Wir werden die Schnitter finden. Aber heute Nacht will ich, dass alle nach Hause gehen.«

Er klang gelassen und ruhig wie eh und je, aber ich hörte die Zweifel aus seinen Worten heraus. Die Schnitter hatten ein weiteres mächtiges Artefakt in ihrem Besitz und wir würden sie nicht finden, bis sie gefunden werden wollten. Ich wusste es und Takeda und alle anderen wussten es ebenfalls.

Wieder einmal hinkten wir drei Schritte hinterher. Doch ich konnte das Gefühl nicht abschütteln, dass Covington eher früher als später erneut zuschlagen würde.

Trotz meiner Heilmagie war ich erschöpft von dem Kampf auf dem Friedhof, daher protestierte ich nicht, als Tante Rachel verkündete, dass sie mich nach Hause bringen würde. Alle murmelten etwas zum Abschied, packten ihre Sachen und verließen den Bunker. Selbst Takeda fuhr mit uns im Aufzug nach oben. Er war genauso angewidert und entmutigt von der letzten Flucht der Schnitter wie alle anderen.

Als Tante Rachel und ich über den Campus zu unserem Cottage gingen, war es bereits nach Mitternacht. Sie bot mir an, mir einen Imbiss zuzubereiten, aber mir war nicht nach Essen zumute, daher umarmte ich sie, wünschte ihr eine gute Nacht und ging ins Bad, um heiß zu duschen.

Zwanzig Minuten später war ich wieder in meinem Zimmer. Babs lehnte auf ihrem Stuhl in der Ecke und schnarchte schon wieder. Ich wollte gerade auch ins Bett steigen, als ich die Plastiktüte aus dem Bunker auf meinem Schminktisch sah. Tante Rachel musste sie dorthin gestellt haben, während ich in der Dusche gewesen war.

Sehnsüchtig starrte ich einen Moment lang auf mein Bett, dann ging ich seufzend zum Tisch und setzte mich. Ich konnte mir genauso gut ansehen, ob irgendwelche von meinen Sachen zu retten waren, bevor die Flecken darin sich noch mehr festsetzten, als sie das bereits getan hatten. Also öffnete ich die Tüte und nahm die einzelnen Sachen heraus.

Mein langärmliges Shirt war total zerrissen und voller Blut, daher warf ich es in den Mülleimer, aber meine Jeans waren relativ blutfrei. Ich beschloss, sie zu waschen. Gute Jeans waren schließlich schwer zu finden.

Ich wollte die Jeans gerade in den Wäschekorb werfen, als ich bemerkte, dass da etwas in der Hosentasche war. Also schob ich die Hand hinein und holte die Sachen heraus – eine Tube Lippenbalsam und ein Handy. Ich runzelte die Stirn, weil ich die Sachen nicht kannte, aber dann wurde mir klar, wem sie gehört hatten.

Gretchen.

Ich starrte die beiden Dinge an. Himbeerlippenbalsam und ein Telefon in einer weißen, transparenten Hülle. Es waren so kleine, normale Gegenstände. Sie hätten genauso gut mir gehören können. Ich hatte den gleichen Lippenbalsam und die Handyhülle unterschied sich nicht besonders von meiner glitzergrünen. Und wären da nicht meine Freunde und meine Heilmagie gewesen, wäre ich heute Nacht auf dem Friedhof gestorben, genau wie Gretchen.

Ich schauderte und schob die Sachen auf die andere Seite des Tischs. Ich würde sie morgen in den Bunker mitnehmen. Der Lippenbalsam war nichts Besonderes, aber vielleicht konnte Mateo mithilfe von Gretchens Handy die Schnitter aufspüren.

Ich knüllte meine Jeans zusammen und wollte sie gerade in den Wäschekorb werfen, als ich ein leises Knistern hörte. Es steckte noch etwas in der Tasche, also zog ich auch das heraus.

Gretchens Zeichnung.

Sie sah nicht anders aus als auf dem Friedhof: ein einzelnes Blatt Papier voll mit schwarzen Federn und Basilisken, mit Kreisen, Kettengliedern, Blumen, Ranken und roten Herzen, die an den Rändern des Zettels entlangliefen. Wie schon auf dem Friedhof hatte ich noch immer keine Ahnung, was das alles bedeutete oder warum Gretchen es für so wichtig gehalten hatte, dass sie den Zettel bei sich trug.

Vielleicht entging mir hier etwas, irgendein Muster oder ein anderer kleiner Hinweis, den Gretchen hinterlassen hatte. Ich drehte das Papier um, aber auf der Rückseite stand nichts. Auch als ich es ins Licht hielt, entdeckte ich nichts Neues. Nur Federn und Basilisken und Ranken und Blumen. Trotzdem hatte ich das Gefühl, dass die Lösung direkt da auf der Seite stand, versteckt unter den ganzen Tintenstrichen, daher legte ich die Zeichnung wieder auf den Tisch, beugte mich darüber und studierte sie noch ein bisschen genauer.

Eine Minute verstrich, dann zwei, dann drei, und ich hatte immer noch keinen brillanten Geistesblitz. Mittlerweile tat mir der Kopf weh und die Bilder verschwammen vor meinen Augen. Ich gestand mir meine Niederlage ein, zumindest für heute Nacht, und legte die Zeichnung mit dem Rest von Gretchens Sachen beiseite. Vielleicht würde ich ja morgen etwas Neues in den Kritzeleien entdecken oder meinen Freunden würde etwas auffallen, das mir entgangen war.

So oder so, ich war vollkommen erschöpft, daher warf ich endlich meine schmutzigen Jeans in den Wäschekorb und ging ins Bett.

Sobald mein Kopf das Kissen berührte, versank ich in einen tiefen, traumlosen Schlaf, und mein Wecker klingelte viel zu früh am nächsten Morgen. Ich stöhnte, rollte mich auf die Seite und zog mir das Kissen übers Ohr, versuchte, den schrillen Weckton zu dämpfen. Aber er kannte keine Gnade, also kroch ich aus dem Bett.

Es war ein neuer Tag an der Mythos Academy, was bedeutete, dass ich zum Unterricht musste, als sei gestern Nacht überhaupt nichts passiert. Als hätte der Basilisk mich nicht beinahe getötet. Als hätte ich Gretchen nicht sterben sehen. Aber das war das Leben eines Kriegers, das war das Leben im Team Midgard, und es war das Leben, das ich mir ausgesucht hatte, im Guten wie im Schlechten.

Ich warf mir ein langärmliges Shirt über, sprang in meine Jeans, schnappte mir Babs und meine Tasche und machte mich auf den Weg in die Küche.

Tante Rachel saß am Tisch und nippte an einer Tasse Kaffee. Sie war anscheinend schon eine ganze Weile auf, denn sie hatte bereits Frühstück gemacht. Und nicht nur irgendein Frühstück. Auf dem Tisch standen fast ein Dutzend Teller und auf jedem türmten sich die Speisen. Alle möglichen Düfte vermischten sich miteinander und mein Magen knurrte erwartungsvoll.

»Was ist das alles?«, fragte ich.

Tante Rachel wedelte mit der Hand über die Teller. »Arme Ritter mit Blaubeeren, Rührei, Brötchen mit Bratensoße, gebratener Schinken, Speck, Kartoffelpuffer und ein Obstsalat mit Erdbeeren und Kiwis. All deine Lieblingsgerichte.«

»Warum hast du so viel gemacht? Das reicht ja für eine ganze Armee.«

»Ach, nur so.« Ihre Stimme klang hell, aber ihr Gesicht war blass und angespannt.

Kochen war Tante Rachels Methode, mit Problemen fertigzuwerden. Nach dem Tod meiner Eltern hatte sie Stunden in der Küche zugebracht und komplizierte, fantastische Mahlzeiten und Desserts gezaubert, obwohl keiner von uns danach zumute gewesen war, sie zu essen. Ich wusste, dass das hier ihre Art war, mit der Tatsache fertigzuwerden, dass sie mich gestern Nacht beinahe verloren hätte. Es war außerdem ihre Art, mir zu zeigen, wie sehr sie mich liebte.

»Nun, es sieht fantastisch aus und riecht auch lecker.« Ich grinste. »Wo ist mein Teller?«

Tante Rachel grinste zurück. Wir häuften Essen auf unsere Teller und begannen zu essen.

Die Gerichte waren sagenhaft. Dekadente Arme Ritter. Lockere, luftige Eier und Brötchen. Kräftige, herzhafte Bratensoße und Schinken. Speck. Kartoffelpuffer mit Käse. Süßes Obst mit einem Spritzer Limone. Ich spülte das alles mit Orangensaft herunter und nahm mir einen Nachschlag.

Während wir aßen, redeten wir über ganz normale Dinge. Meine Kurse, Tante Rachels Arbeit im Speisesaal, das Wetter. Keine von uns erwähnte die Schnitter. Babs tat das auch nicht, obwohl sie einen stetigen Strom von Geplapper darüber von sich gab, wie schön und glänzend sie an diesem Morgen aussah. Ian hatte das Schwert gereinigt, als ich nachts im Krankenzimmer gelegen hatte.

Ich leerte meinen zweiten Teller bis auf den letzten Krümel

und seufzte vor Glück. »Das war umwerfend. Du bist so gut zu mir, Tante Rachel.«

»Ich weiß.« Sie grinste und machte Anstalten, aufzustehen und das Geschirr zu spülen.

»Warte. Darf ich dir noch etwas zeigen? Ich habe es gestern Nacht auf dem Friedhof gefunden. Bei … Gretchen.« Ich hasste es, die Stimmung zu verderben, aber ich brauchte ihre Hilfe.

Tante Rachels Augen weiteten sich. »Oh. Natürlich, Schätzchen. Du kannst mir alles zeigen, jederzeit. Das weißt du doch.«

Ich zog Gretchens Zeichnung aus der Tasche und legte sie flach auf den Tisch, wo Tante Rachel und Babs sie sehen konnten. Ich bekam sie einfach nicht aus dem Kopf und wollte nicht bis heute Nachmittag warten, um sie jemandem im Bunker zu zeigen.

Wie so oft ergriff Babs als Erste das Wort. »Für mich sieht es immer noch wie ein Haufen Unsinn aus. Gretchen mag klug gewesen sein, aber sie konnte nicht besonders gut zeichnen. Diese Basilisken ähneln eher schwarzen Klecksen als sonst etwas.« Die Kunstkritik wurde vom Naserümpfen des Schwerts begleitet.

»Ich glaube nicht, dass es Unsinn ist. Gretchen hat wahrscheinlich die Federn und Basilisken gezeichnet, weil sie Selkets Schreibfeder stehlen wollte«, überlegte Tante Rachel laut. »Was die Ranken und die anderen Dinge betrifft, hat sie dabei vielleicht an die Blumen des Idun-Anwesens gedacht, da sich das Artefakt dort befand.«

Ihre Erklärung machte Sinn, aber ich hatte trotzdem das Gefühl, als würde mir etwas Wichtiges an der Zeichnung entgehen, etwas Offensichtliches, das alles, was in den letzten Tagen geschehen war, erklären würde.

Minutenlang starrten wir auf die Kritzeleien, aber uns fiel nichts Neues ein, daher faltete ich die Zeichnung zusammen und stopfte sie mir wieder in die Hosentasche.

»Tja, danke, dass ihr es euch angeschaut habt.«

Babs zwinkerte mir zu, aber Tante Rachel klopfte mit den Fingern auf den Tisch und dachte immer noch nach.

»Aber eine Sache lässt mich nicht los«, sagte sie.

»In Bezug auf die Zeichnung? Was?«

Sie schüttelte den Kopf. »Nicht in Bezug auf die Zeichnung. Jedenfalls nicht direkt. Ich frage mich Folgendes – warum Basilisken?«

»Wie meinst du das?«

Tante Rachel nahm ihre Gabel vom Teller und wedelte damit durch die Luft, als sei sie ein Artefakt. »Covington hatte bereits Typhons Zepter. Zumindest bis er es gestern Nacht auf dem Friedhof fallen gelassen und Zoe es aufgehoben hat.«

»Und?«

»Also konnte er mit dem Zepter schon so viele Chimären beschwören, wie er wollte«, führte Tante Rachel ihre Überlegungen weiter aus. »Warum musste er auch noch Selkets Schreibfeder haben?«

»Weil er ein habgieriger Schnitter ist, der gern Artefakte benutzt, um Menschen wehzutun«, meldete Babs sich zu Wort.

Tante Rachel nickte. »Das ist sicherlich richtig, aber Covington tut niemals etwas ohne ein ganz spezielles Ziel oder einen Grund. Also, wozu braucht er Basilisken? Warum Basilisken statt Chimären?«

Ihre Worte ließen mir einen kalten Schauer über den Rücken laufen. Ich hatte so konzentriert versucht zu verhindern, dass das Artefakt vom Idun-Anwesen gestohlen wurde, und dann alles getan, um es von Gretchen zurückzubekommen. Dabei hatte ich nicht viel darüber nachgedacht, warum Covington es eigentlich haben wollte. Genau wie Babs hatte ich angenommen, er wolle es, weil er habgierig war und Artefakte hortete, um sie gegen das Protektorat einzusetzen. Schließlich war das der Grund, warum Daphne Cruz uns überhaupt auf die Schreibfeder aufmerksam gemacht hatte.

Aber was war, wenn Tante Rachel richtiglag und mehr dahintersteckte? Was, wenn Covington Selkets Schreibfeder und die Basilisken aus einem ganz bestimmten Grund haben wollte? Aber welcher Grund konnte das sein? Was konnte Covington mit Basilisken machen, das er mit Chimären nicht konnte?

Mir schwirrte der Kopf, aber mir fielen nur noch mehr Fragen ein. Doch Tante Rachel hatte mir etwas gegeben, bei dem ich ansetzen konnte, und eine ganz neue Entschlossenheit strömte durch mich hindurch.

»Ich weiß nicht, warum Covington Basilisken braucht, aber ich werde es herausfinden.«

Tante Rachel drückte meine Hand. »Das weiß ich. Jetzt hilf mir beim Abwaschen oder wir kommen beide zu spät.«

Ich half ihr, die Teller zur Küchenzeile zu tragen, damit sie die Reste von unserem Essen in den Kühlschrank stellen konnte. Während wir arbeiteten, schoss mir der gleiche Gedanke durch den Kopf wie am Morgen der Exkursion.

Der Tag heute würde lang werden.

Ich hoffte nur, dass es der Tag war, an dem ich endlich ein paar Antworten bekam.

23

Als ich endlich fertig war, Tante Rachel zu helfen, war es schon fast acht Uhr. Ich schnappte mir Babs und meine Tasche und rannte über den Campus.

Ich rechnete damit, dass ich zu spät zum Unterricht kommen würde, aber auf dem oberen Hof wimmelte es immer noch von Schülern, als ich dort ankam, also verlangsamte ich meine Schritte, um Atem zu holen. Ich sah mich um und fragte mich, ob irgendjemand Gretchen schon vermisste. Die Schüler tratschten, simsten und schlürften ihren Kaffee. Alles schien ganz normal, so auch die gemeinen Blicke, mit denen mich viele der Jugendlichen bedachten, als ich an ihnen vorbeiging.

»Rory! He, Rory!«, erklang eine Stimme.

Ich drehte mich um und sah Zoe auf mich zulaufen. »Hey.«

»Selber hey.« Ihre haselnussbraunen Augen verdunkelten sich und sie musterte mich besorgt von Kopf bis Fuß, als suche sie nach Verletzungen, obwohl sie wusste, dass meine Magie mich in der vergangenen Nacht geheilt hatte. »Wie fühlst du dich?«

Ich zuckte die Achseln. »Insgesamt ganz gut. Ich muss nur …«

»Was?«

»Ich muss die ganze Zeit an Gretchen denken.«

Mehr brauchte ich nicht zu sagen. Zoe war genau wie ich eine Kriegerin, daher wusste sie alles über die seltsame Mischung aus Glück, Erleichterung, Schuldgefühlen und Bedauern, die man empfand, wenn man eine Schlacht überlebte, bei der jemand anders gestorben war – selbst wenn dieser Jemand ein Feind gewesen war.

Zoes Augen wurden noch ein wenig dunkler. »Ja, ich auch.«

Einen Moment lang standen wir schweigend da. Dann hakte Zoe sich bei mir unter.

»Nun, ich bin froh, dass es dir gut geht. Ich kann nicht zulassen, dass meine beste Freundin sich anders als prächtig fühlt.«

Ich zog die Augenbrauen hoch. »Beste Freundin, hm?«

Zoe verdrehte die Augen. »Na klar.«

»Also schön, beste Freundin. Begleite mich zum Unterricht.«

Sie grinste und wir gingen über den Schulhof. Ich schaute mich noch einmal um. Es war ein typischer Morgen an der Mythos Academy. Alle waren immer noch damit beschäftigt zu reden, zu simsen und Kaffee zu trinken. Ein paar Typen warfen sich einen Football zu. Mateo war auch dabei und Zoe und ich blieben stehen, um ihm zuzuschauen.

»Hey, Mateo!«, rief einer der Jungs. »Lauf nach außen!«

Der Junge warf den Football, so weit er konnte. Mateo rannte wie ein geölter Blitz los und fing mühelos den Ball, was er seiner erstaunlichen Römerschnelligkeit verdankte. Er bemerkte Zoe und mich und kam auf uns zugelaufen.

»Meine Damen.« Mateo klemmte sich den Ball unter den Arm, machte mit der anderen Hand eine ausladende Geste und verbeugte sich tief vor uns, als sei er ein altmodischer Ritter, der zwei Hofdamen begrüßte.

Zoe verdrehte wieder die Augen. »Angeber.«

Er richtete sich auf und grinste. »Alles nur, um die liebreizende Walküre zu beeindrucken.«

Die Jungs riefen nach Mateo. Er zwinkerte Zoe zu, dann joggte er zurück zu den anderen, damit einer von ihnen erneut den Football werfen konnte. Zoe sah ihm mit einem Lächeln auf den Lippen nach und blaue Magiefunken knisterten in der Luft um sie herum.

Ich stupste sie an. »Mateo sieht heute süß aus. Findest du nicht?«

Sie warf mir einen säuerlichen Blick zu. »Ich weiß, was du vorhast, aber Mateo und ich werden kein Paar. Wir sind Freunde. Das ist alles.«

»Freunde, die sich insgeheim anschmachten«, zog ich sie auf.

»Was auch immer«, murmelte Zoe. »Ich will nicht darüber reden. Komm mit. Ich muss in den Unterricht und du auch.«

Sie ging den Pfad entlang. Zoe hatte sich immer noch bei mir eingehakt und zog mich mühelos mit sich. Manchmal kannte sie ihre eigene Walkürenkraft nicht.

Wir hatten das Gebäude für Englisch und Geschichte beinahe erreicht, als ich Ian entdeckte – und er war nicht allein.

Kylie war bei ihm. Die beiden standen ganz für sich unter einem der Ahornbäume, die dem Schulhof Schatten spendeten.

»Warte mal«, sagte ich. »Geh mal kurz etwas langsamer.«

Zoe schlenderte weiter, aber ich stemmte die Fersen in den Boden, sodass sie endlich stehen blieb und meinen Arm losließ. »Was ist?«

Ich nickte ruckartig in Richtung Ian und Kylie und wir schauten beide zu ihnen hinüber. Ian sagte etwas zu dem Mädchen. Ich konnte nicht hören, was er sagte, aber Kylies Gesicht blieb kalt und verschlossen. Ab und zu schossen ein paar goldene Funken aus ihren Fingerspitzen.

»Sie sieht sauer aus«, flüsterte Zoe.

Ich nickte. In der Tat.

Ian bemerkte die Funken ebenfalls. Er zuckte sichtlich zurück, redete aber weiter. Schließlich, ungefähr eine Minute später, verstummte er und sah sie an, wartete auf eine Antwort.

Kylie starrte Ian kurz an, dann stach sie mit dem Finger in seine Richtung. Weitere goldene Funken knisterten und zischten in der Luft zwischen ihnen. »Du, Wikinger, bist ein kompletter und totaler *Idiot*.«

Ihre Stimme schallte über den ganzen Schulhof und alle starrten die beiden an. Eine schuldbewusste Röte kroch an Ians Hals hinauf, aber Kylie verdrehte die Augen, machte auf dem Absatz kehrt und stolzierte davon. Sie marschierte über den Schulhof, direkt an Zoe und mir vorbei.

Als sie uns bemerkte, schwenkte sie in unsere Richtung ab. Ich wappnete mich in der Erwartung, dass sie mir einen giftigen Blick zuwerfen würde, wie sie es immer tat. Aber stattdessen blieb Kylie stehen und schaute mir in die Augen.

»Ich hätte das schon früher sagen sollen, aber danke, dass du mir neulich das Leben gerettet hast.«

Wieder tönte ihre Stimme über den Schulhof und die anderen schauten von mir zu Kylie und wieder zurück. Alle begannen zu tuscheln und fragten sich, wovon sie redete. Mehrere Kids schickten SMS von ihren Handys.

Ich verzog das Gesicht. Die Neuigkeit, dass Kylie Midas tatsächlich mit mir gesprochen hatte, würde noch vor Beginn der ersten Unterrichtsstunde in der ganzen Akademie die Runde gemacht haben. Es gefiel mir nicht, im Zentrum der allgemeinen Aufmerksamkeit und des Tratsches zu stehen, aber Kylie war höflich zu mir gewesen und ich schuldete ihr eine Antwort.

»Sicher«, erwiderte ich. »Kein Problem.«

Kylie nickte mir zu. Ich nickte zurück und sie ging an mir vorbei. Zoe und ich sahen zu, wie sie die Treppe zum Gebäude für Englisch und Geschichte hinaufeilte.

»Was war das denn gerade?«, fragte Zoe. »Ich dachte, sie hasst dich.«

»Ja, genau. Das dachte ich auch.«

Schritte hallten über die Pflastersteine und Ian kam auf uns zu. Er begrüßte Zoe mit einem Nicken, dann sah er mich an.

»Ich habe mich bei Kylie dafür entschuldigt, wie ich sie behandelt habe, und ihr gesagt, wie leid es mir tut, dass ich sie belogen habe. Ich wollte, dass du das weißt, und mich bei dir auch noch mal entschuldigen.« Aus seinen grauen Augen leuchtete aufrichtiges Bedauern und seine Stimme war sanft und voller Reue. »Es tut mir wirklich leid, Rory. Ich wollte weder dich noch Kylie verletzen und erst recht wollte ich dein Vertrauen nicht missbrauchen.«

Ich dachte daran, dass Zoe mir erzählt hatte, wie Ian diesen Typen ausspioniert hatte, in den sie an der New Yorker Akademie verliebt gewesen war. Auf seine eigene Weise hatte Ian versucht, sie zu beschützen, und er hatte gedacht, dass er auch mich beschützte, wenn er Kylie nach Lance Fuller und den Schnittern ausfragte.

»Alles klar. Entschuldigung angenommen.« Ich stach mit dem Finger in seine Richtung, genau wie Kylie es getan hatte, wenn auch ohne die coolen Magiefunken der Walküre. »Aber tu das *nie* wieder. Ich kann auf mich selbst aufpassen und weder du noch sonst irgendjemand muss meine Kämpfe für mich austragen.«

»Ich verspreche es«, erwiderte Ian mit ernster Stimme. Dann leuchtete sein Gesicht auf und er zeichnete sich ein X auf die Brust. »Ich schöre es bei meinem Leben.«

Er meinte es offensichtlich als Scherz, aber ich konnte mir nicht verkneifen, ihn anzufauchen. »Sag das nicht. Das bringt Unglück.«

Sowohl Ian als auch Zoe starrten mich an, verwundert über meinen scharfen Ton.

Wieder verzog ich das Gesicht. »Und jetzt muss ich mich entschuldigen. Ich wollte dich nicht anblaffen. Ich bin einfach ein wenig nervös nach allem, was gestern Nacht passiert ist.«

»Ist schon gut«, sagte Ian. »Ich glaube, im Moment sind wir alle ein wenig angespannt.«

Das war eine totale Untertreibung, aber diesmal hielt ich den Mund und nickte stattdessen.

»Ich sag euch was. Treffen wir uns doch alle zum Mittagessen im Speisesaal. Ihr zwei, ich, Mateo. Ich lade euch ein.« Ein neckendes Grinsen breitete sich auf Ians Gesicht aus. »Ich würde dir sogar einen Cupcake als Entschuldigung spendieren, Rory.«

Ich verdrehte die Augen. Ian hatte mich *Cupcake* genannt, als wir uns das erste Mal begegnet waren, und es war zu so etwas wie einem Running Gag zwischen uns geworden. Jetzt versuchte er, die Stimmung aufzuhellen, daher spielte ich mit.

»Nur einen?«, schnaubte ich. »Das ist wohl kaum eine angemessene Entschuldigung.«

»Und wie viele Cupcakes stellen eine angemessene Entschuldigung dar?«, erkundigte Ian sich immer noch in neckendem Tonfall.

»Da Cupcakes mein absoluter Lieblingsnachtisch sind?« Ich klopfte mir mit dem Finger auf die Lippen, als dächte ich ernsthaft über die Frage nach. »Drei. Mindestens. Alle mit Schokolade. Und Schokoladenglasur. Und Streuseln. *Unmengen* von Streuseln.«

»Ich denke, das lässt sich arrangieren.«

Ian lächelte. Ich grinste ihn an und sah in seine wunderschönen grauen Augen …

»Oh, küsst euch endlich«, murmelte Zoe.

Eine heiße Röte explodierte in meinen Wangen und ich wandte den Blick von Ians Augen ab. Er räusperte sich und trat von einem Fuß auf den anderen.

Zoe öffnete den Mund, wahrscheinlich um eine weitere sarkastische Bemerkung zu machen, aber ein Gong ertönte und zeigte damit an, dass die erste Stunde gleich anfangen würde. Noch einmal Glück gehabt.

»Also schön, wir sehen uns beim Mittagessen«, zirpte ich munter, dann wirbelte ich herum und ging auf das Gebäude für Englisch und Geschichte zu.

Ich lief die Treppe hinauf und eilte zur Tür. Einige andere Schüler waren vor mir und ich musste darauf warten, dass sie weitergingen, daher schaute ich über meine Schulter hinter mich.

Zoe war zu ihrem eigenen Unterricht aufgebrochen, aber Ian stand immer noch auf dem Schulhof. Er hob die Hand und winkte mir zu. Obwohl meine Wangen vor Verlegenheit noch immer brannten, erwiderte ich die Geste.

Als ich in das Gebäude ging, keimte ein sehr spartanischer Gedanke in mir auf. Manchmal, dachte ich, war es einfacher, mich einem weiteren Basilisken zu stellen, als zu versuchen herauszufinden, was zwischen Ian und mir lief.

Nur Sekunden bevor Professor Dalaja den Raum betrat und die Tür hinter sich schloss, schob ich mich auf meinen Platz in Mythengeschichte. Die Professorin legte ihre Tasche in Buchform auf ihr Pult und nahm einen dicken Papierstapel heraus.

»Guten Morgen, Schüler«, begrüßte Dalaja uns gut gelaunt. »Ihr werdet euch freuen zu hören, dass ich den Test über unsere Exkursion zum Idun-Anwesen benotet habe.«

Aus mehreren Ecken kam ein Stöhnen.

»Nun, nun, davon will ich nichts hören. Ihr habt euch alle gut gehalten, vor allem angesichts des … Stromausfalls.« Ihr Blick landete für einen Moment auf mir. »Wie dem auch sei, lasst mich die Blätter verteilen, und ihr könnt es euch selbst ansehen.«

Professor Dalaja ging zwischen den Tischen entlang und reichte jedem seinen Test. Als sie mir meine Arbeit auf mein Pult legte, las ich mir die Note und die handschriftlichen Bemerkungen oben auf dem Blatt durch. *Eins Plus. Exzellente Analyse der Geschichte, der Magie und der Einsatzmöglichkeiten der Artefakte.*

»Gute Arbeit, Miss Forseti«, lobte Dalaja. »Sie haben die beste Note.«

Ich setzte mich aufrechter hin. Es mochte mir nicht gelungen sein, Covington daran zu hindern, gestern Nacht mit Selkets Schreibfeder zu verschwinden, aber zumindest hatte ich irgendetwas in dieser Woche richtig gemacht.

Dalaja ging nach vorn und begann mit ihrem Unterricht. Wie immer erzählte sie uns eine großartige Geschichte, aber meine Gedanken schweiften ab. Schließlich zog ich Gretchens Zeichnung hervor und starrte sie erneut an, fragte mich, was die Kritzeleien bedeuteten …

Ich schreckte auf, als es läutete. Es schien, als hätte ich mich gerade erst hingesetzt, aber der Unterricht war vorüber und alle anderen verließen den Raum. Ich hatte vom Unterricht absolut nichts mitbekommen.

Ich stand auf und schnappte mir Gretchens Zeichnung und meine Tasche. Ich schaute zu Professor Dalaja hinüber, die an ihrem Pult vorne im Klassenzimmers saß und sich Notizen machte. Ich betrachtete die Zeichnung, dann Dalaja, dann wieder die Zeichnung. Wenn irgendjemand mir helfen konnte herauszufinden, was Gretchens Kritzeleien bedeuteten – falls sie überhaupt etwas bedeuteten –, dann war es Professor Dalaja.

Trotzdem zögerte ich. Dalaja hatte sich seltsam verhalten, seit wir vom Idun-Anwesen zurückgekehrt waren. Ich glaubte nicht, dass sie ein Schnitter war, aber ich hatte mich schließlich schon früher geirrt. So oder so, Covington hatte Selkets Schreibfeder und ich musste in Erfahrung bringen, was er damit vorhatte. Die Zeit wurde knapp. Also beschloss ich, das Risiko einzugehen. Ich hoffte nur, dass ich diesmal der richtigen Person vertraute.

»Entschuldigung, Professor?«

Sie sah mich an. »Ah, Miss Forseti. Kommen Sie, um weitere Fragen über Artefakte zu stellen?«

»So etwas in der Art. Ich habe darüber nachgedacht, ob Sie vielleicht einen Blick auf das hier werfen und mir sagen könnten, was es Ihrer Meinung nach bedeutet.« Ich legte die Zeichnung vor Professor Dalaja auf den Schreibtisch.

Sie schob ihre Brille ein wenig höher auf die Nase, zog das Papier näher zu sich heran und starrte auf die Zeichnung. Sekundenlang studierte sie den Zettel, bevor sie mich ansah. »Haben Sie das selbst gezeichnet?«

Ich schüttelte den Kopf. »Nein, nicht direkt. Ich, äh, habe es von der Zeichnung einer Freundin abgepaust. Es ist … ein mythisches Gemälde … das sie abgezeichnet hat.«

Ja, stimmt, es war eine echt lahme Ausrede und ich konnte die Lüge aus meiner Stimme heraushören. Genau wie Dalaja, nach der Art zu schließen, wie sie mich mit hochgezogenen Augenbrauen musterte, aber sie besah sich die Zeichnung noch einmal.

»Nun, das hier sind offensichtlich Federn und Vögel.« Sie zeigte auf die Abbildungen in der Mitte. »Ein Schwarzer Rock oder etwas Ähnliches, wenn ich raten müsste.«

»Ja, das denke ich auch. Aber ich habe mich gefragt, was es mit den anderen Symbolen auf dem Blatt auf sich hat. Mit all den Ranken und Blumen und Herzen. Was denken Sie, was das bedeutet?«

»Keine Ahnung. Sieht für mich einfach wie Kritzeleien aus. Warum fragen Sie nicht Ihre Freundin, wie das Gemälde heißt?«, schlug Professor Dalaja vor. »Dann können Sie die Informationen selbst nachschlagen.«

»Den, äh, Namen weiß sie nicht mehr. Sie hat das Bild nur irgendwo im Internet gesehen.« Noch mehr lahme Ausreden.

Professor Dalaja sah mich wieder an und fragte sich offensichtlich, was ich im Schilde führte, aber dann richtete sie ihre Aufmerksamkeit erneut auf die Zeichnung. »Nun, ich würde sagen, das hier sieht aus wie Efeu oder eine ähnliche Ranke. Was die Blumen betrifft …« Sie hielt inne, als denke sie darüber nach, was sie sagen sollte. »Sie erinnern mich an Frostfeuer.«

Frostfeuer? Ich wusste nicht viel über Blumen im Allgemeinen, aber die auf Gretchens Zeichnung waren definitiv *keine* Frostfeuerblumen.

»Das stimmt nicht. Frostfeuer sind wirklich hübsch. Die hier sind überhaupt nicht hübsch.«

Professor Dalaja warf mir einen scharfen Blick zu, als hätte ich etwas Verdächtiges gesagt. Ich wusste einfach nicht, was ich von ihr halten sollte. In der einen Minute behandelte sie mich wie ihre Lieblingsschülerin und in der nächsten benahm sie sich, als sei ich ein Schnitter, der versuchte, ihr ein Geheimnis abzuringen. Es war, gelinde gesagt, verwirrend. Vor allem da ich immer noch nicht wusste, ob sie ein Schnitter war oder nicht.

Sie gab mir die Zeichnung zurück. »Tut mir leid, aber so sehen sie für mich aus.«

»Okay, also, danke, dass Sie es sich angeschaut haben.«

»Jederzeit, Miss Forseti. Und jetzt, wenn Sie mich entschuldigen würden, muss ich mich auf meinen nächsten Unterricht vorbereiten.« Sie richtete ihre Aufmerksamkeit wieder auf die anderen Papiere auf ihrem Pult.

Ich musste ebenfalls zu meinem nächsten Kurs, daher faltete ich die Zeichnung zusammen, schob sie in meine Hosentasche und ging zur Tür. Kurz bevor ich in den Flur trat, schaute ich noch einmal über meine Schulter.

Professor Dalaja sah mich mit einem besorgten Ausdruck auf dem Gesicht an. Einmal mehr gewann ich das Gefühl, dass sie, was mich betraf, gleichzeitig misstrauisch und beunruhigt war. Seltsam. Was war los mit ihr? War sie ein Schnitter? Ich konnte es einfach nicht sagen.

Sie nickte mir zu, dann schob sie die Papiere auf ihrem Pult zusammen. Ich blieb, wo ich war, aber sie sah nicht noch einmal in meine Richtung, daher trat ich hinaus in den Flur.

Trotzdem hatte ich auf dem Weg zu meinem nächsten Unterricht das komische Gefühl, dass Dalaja etwas in Gretchens Zeichnung gesehen hatte, das mir entgangen war.

Etwas Gefährliches.

24

Trotz der vielen Gedanken über Gretchen, ihre Zeichnung, Covington und alles andere, das mir im Kopf herumschwirrte, vergingen meine übrigen Unterrichtsstunden an diesem Morgen schnell und schon war Mittagszeit.

Ich befand mich im mathematisch-naturwissenschaftlichen Gebäude und packte nach meiner Differenzialrechnungsstunde gerade meine Sachen zusammen, als mein Telefon piepste. Es war eine Nachricht von Ian.

Bin jetzt auf dem Weg in den Speisesaal. Wir sind doch zum Mittagessen verabredet, oder?

Ich lächelte und schickte ihm eine SMS zurück. *Natürlich. Du schuldest mir noch drei Cupcakes, erinnerst du dich?*

Ich wartete und Ian simste nach weniger als einer Minute zurück. Die Nachricht? Drei Cupcake-Emojis:

🧁🧁🧁

Ich lachte und steckte mein Handy weg.

Wenige Minuten später betrat ich den Schulhof. Ich hatte mir Zeit dabei gelassen, Ian zu schreiben und meine Sachen einzusammeln, daher lag der Schulhof verlassen da. Nur zwei Typen eilten die Treppe in das Gebäude für Englisch und Geschichte hinauf. Meine Freunde waren wahrscheinlich längst im Speisesaal, daher beschleunigte ich meine Schritte, um rasch am Englisch-Geschichte-Gebäude vorbeizugehen. Während der nächsten Stunde würde ich Gretchen und Covington ganz und gar vergessen, mit meinen Freunden abhängen und mich entspannen …

Mein Telefon klingelte. Ich blieb stehen und zog es aus der Tasche. Mateo rief an. Seltsam. Warum jetzt, wenn er doch wusste, dass wir uns gleich beim Mittagessen sahen?

»Hi«, begrüßte ich ihn. »Was gibt's?«

»Rory!«, rief Mateo. »Wo bist du?«

»Auf dem Schulhof unterwegs zum Speisesaal. Warum?«

»Ich hatte einen Treffer auf meiner Gesichtserkennungsapp. Die Schnitter sind hier!«

»Was meinst du damit, sie sind hier?«, fragte ich. »Hier in der Akademie?«

»Ja, hier in der Akademie!«, bestätigte Mateo. »Eine der Sicherheitskameras hat Covington und Drake eingefangen, als sie auf dem Weg in das Gebäude für Englisch und Geschichte waren. Ich habe Takeda angerufen, aber er ist unten im Bunker und wird einige Minuten brauchen, um dort hinzukommen. Er hat uns aufgetragen, draußen zu warten und das Gebäude zu beobachten, bis er die Protektoratswachen rufen kann, damit sie ihm helfen, die Schnitter festzunehmen. Ian, Zoe und ich schnappen uns jetzt unsere Sachen und verlassen den Speisesaal.«

»Das Gebäude für Englisch und Geschichte?« Ich betrachtete das Bauwerk, neben dem ich stand. »Bist du dir sicher?«

»Natürlich bin ich mir sicher!«

Ich dachte an die beiden Leute, die ich hatte hineinlaufen sehen. Ich hatte keinen guten Blick auf sie werfen können, aber das mussten die Schnitter gewesen sein. »Covington geht es doch nur darum, Artefakte zu stehlen«, überlegte ich laut. »Warum sollte er dort hineingehen statt in die Bibliothek …?«

Ein Bild von den Büchern und Artefakten in Professor Dalajas Arbeitszimmer trat vor mein inneres Auge. Dorthin wollten Covington und Drake. Ich war mir ganz sicher.

»Sie haben es auf die Artefakte in Dalajas Büro abgesehen!«, brüllte ich in mein Handy. »Ich stehe direkt vor dem Gebäude! Ich gehe rein!«

»Nein, Rory, warte …« Mateo wollte noch etwas hinzufügen, aber ich hatte das Telefon bereits wieder eingesteckt.

Ich raste hinüber zum Gebäude für Englisch und Geschichte. Während ich rannte, ließ ich meine Umhängetasche fallen und riss Babs aus ihrer Scheide.

»Rory!«, brüllte sie. Ihre Lippen bewegten sich an meiner Handfläche. »Du solltest lieber auf die anderen warten!«

»Wenn ich das tue, töten sie vielleicht Professor Dalaja!«, rief ich zurück.

Babs redete weiter und ihre Lippen kitzelten mich an den Fingern, aber ich blendete sie aus und konzentrierte mich auf das Gebäude. Mein Blick flog zu allen Seiten, während ich die Fenster an der Front betrachtete und nach irgendwelchen Bewegungen dahinter Ausschau hielt. Durch die Scheiben konnte ich Covington und Drake nirgends ausmachen. Sie mussten bereits in Professor Dalajas Klassenzimmer sein. Mein Herz krampfte sich immer heftiger zusammen.

Vor dem Gebäude waren nicht viele Stufen, aber es schien eine Ewigkeit zu dauern, sie hinaufzurennen und eine der Türen aufzureißen. Sosehr ich mir wünschte, in das Klassenzimmer der Professorin zu stürmen, zwang ich mich trotzdem, meine Schritte zu verlangsamen und nah an den Wänden zu bleiben.

Ich eilte schnell und leise den Flur entlang und blieb an jedem einzelnen Klassenzimmer, an dem ich vorbeikam, stehen und spähte hinein. Covington und Drake waren geschickte Krieger und ich konnte es mir nicht leisten, mich von ihnen oder irgendwelchen Basilisken, die sie möglicherweise beschworen, überraschen zu lassen.

Doch die Klassenzimmer waren leer, also lief ich weiter. Dann blieb ich stehen und schaute um die Ecke in den Flur, in dem Dalajas Klassenzimmer lag.

Die Tür stand weit offen.

Mir wurde ganz flau im Magen, aber ich umklammerte

Babs fester und schob mich auf Zehenspitzen weiter den Flur entlang, sah mich immer wieder um und lauschte auf alle Geräusche um mich herum. Ich schlich bis zum Türrahmen und spähte in das Klassenzimmer.

Leer – es war leer.

Ich schaute über die Pulte und Stühle, aber Dalaja war nicht hier, ebenso wenig wie Covington und Drake. Mein Blick wanderte an den Möbeln vorbei zu der Tür im hinteren Teil des Raums, durch die man in das Arbeitszimmer der Professorin gelangte.

Auch sie stand weit offen.

Natürlich, dort mussten die Schnitter sein. Das war der Raum, in dem sich die Bücher und die Artefakte befanden.

Ich ging auf das Arbeitszimmer zu und drückte mich dabei wieder eng an die Wand. Auf keinen Fall wollte ich, dass die Schnitter mich durch das Klassenzimmer gehen sahen und begriffen, dass ich mich an sie anschlich.

Je näher ich der Tür kam, umso klarer wurde mir, dass sie nicht einfach nur offen stand, sondern nur gerade noch so in ihren Angeln hing. Irgendjemand hatte die Tür beinahe aus dem Rahmen gerissen, höchstwahrscheinlich Drake mit seiner Wikingerkraft.

Ich bewegte mich weiter auf die Tür zu, schaute mich um und lauschte immer noch, aber kein Laut drang aus dem Arbeitszimmer. Kein Gebrüll, keine Rufe, keine Schreie, nichts. Mit jeder lautlosen Sekunde, die verrann, krampfte mein Herz sich ein wenig fester zusammen. Wenn es etwas zu hören gegeben hätte, zum Beispiel die Geräusche eines Kampfs, hätte ich wenigstens gewusst, dass Professor Dalaja noch lebte.

Die Stille ließ mich annehmen, dass sie bereits tot war.

Endlich erreichte ich die Tür. Ich holte tief Luft und bereitete mich auf das, was auch immer mich auf der anderen Seite der Tür erwarten würde, vor. Dann spähte ich in den Raum.

Das Büro glich einem Schlachtfeld.

Die beiden Stühle vor dem Schreibtisch waren in Stücke geschlagen und der Schreibtisch umgekippt worden. Die Holzbeine ragten in die Luft und erinnerten mich an eine riesige, braune Schildkröte, die auf dem Rücken lag und außerstande war, sich aufzurichten. Alles, was sich auf dem Schreibtisch befunden hatte – Papiere, Stifte, sogar der Kaffeebecher der Professorin – lagen jetzt auf dem Boden, das meiste davon zertrümmert, als hätte jemand darauf herumgetrampelt.

Mein Blick zuckte nach links und rechts zu den Bücherregalen an den Wänden. Viele der Schwerter, Dolche, Statuen und anderen Artefakte, die in den Regalen gelegen hatten, waren jetzt neben Dutzenden von Büchern auf dem Boden verstreut. Glasscherben übersäten den Teppich und viele Juwelen waren aus ihren Fassungen geschlagen und zertreten worden. Die scharfkantigen Juwelensplitter sahen aus wie bunte Schneeflocken, die inmitten der Hügel aus weißem Papier ruhten.

Es herrschte ein solches Chaos, dass ich nicht erkennen konnte, welches Artefakt – falls überhaupt eines – aus den Regalen gestohlen worden sein könnte. Aber eines sah ich sehr, sehr deutlich – die Blutspritzer auf den Fenstern im hinteren Teil des Arbeitszimmers.

Normalerweise musste ich in einen Kampf verwickelt sein, bevor meine Spartanerinstinkte sich bemerkbar machten, aber diesmal sah ich das Ganze vor meinem inneren Auge ablaufen: Covington und Drake schleichen sich ins Klassenzimmer. Drake reißt mit seiner Wikingerkraft die Tür auf. Die Schnitter stürmen ins Arbeitszimmer. Professor Dalaja springt überrascht von ihrem Schreibtisch auf. Drake rennt zu ihr und schlägt mit seinem Schwert nach ihr. Dalajas Blut fliegt durch die Luft und bespritzt sämtliche Fenster …

Galle stieg mir in der Kehle auf, aber ich schluckte sie herunter und zwang mich, einen Schritt nach vorn zu machen und zu den blutverschmierten Fenstern zu gehen. Ich wusste genau, was ich vorfinden würde, wenn ich um den umgekippten

Schreibtisch herumging, aber ich musste es trotzdem mit eigenen Augen sehen. Das Grauen krampfte mir den Magen zusammen, aber ich schob mich näher an den Schreibtisch heran … und näher … und noch näher … bis ich dahinter schauen konnte …

Nichts – hinter dem Schreibtisch war nichts.

Keine Papiere, keine zerschmetterten Artefakte, kein Leichnam.

Ich hatte erwartet, Professor Dalaja tot auf dem Boden liegen zu sehen, aber sie war nicht da. Die Professorin aß fast immer in ihrem Arbeitszimmer zu Mittag, daher wusste ich, dass sie hier gewesen sein musste, als die Schnitter angegriffen hatten. Ich wusste auch, dass es ihr Blut war, das die Scheiben herunterlief. Covington und Drake hatten sich mit Sicherheit nicht selbst verletzt und dieses Blut hinterlassen. Also, wenn Dalaja nicht hier war, wo war sie dann?

Ich ließ den Blick über die zerschmetterten Artefakte auf dem Boden schweifen, dann betrachtete ich noch einmal den umgekippten Schreibtisch. Angesichts der Zerstörung schien es, als sei es den Schnittern wichtig gewesen, den Raum so schnell wie möglich wieder zu verlassen. Aber warum? Was hatte sich in diesem Teil des Arbeitszimmers befunden, das so besonders war? Die Artefakte hatten in den Regalen gelegen und nicht hier hinten, wo Dalaja immer saß …

Diese Frau ist ein wandelndes, sprechendes Lexikon, wenn es um Artefakte geht. Gibt es irgendetwas, das sie nicht weiß?, raunte Zoes Stimme in meinem Kopf. Das hatte sie während der Exkursion über Dalaja gesagt und ich hatte denselben Gedanken gehabt, als ich die Professorin nach der schwarzen Schmuckschatulle und Gretchens Zeichnung gefragt hatte.

Covington und Drake waren nicht hinter einem Schwert, einer Statue oder irgendeinem anderen traditionellen Artefakt her. Nein, sie hatten es auf die Person abgesehen, die mehr über Artefakte wusste als jeder andere.

Professor Dalaja.

Ein Dutzend Fragen sprudelte in mir hoch, besonders die, warum die Schnitter Dalaja ins Visier genommen hatten. Aber das war vielleicht gar nicht wichtig. Das Einzige, was jetzt zählte, war, Covington und Drake daran zu hindern, mit der Professorin den Campus zu verlassen.

Ich warf einen Blick aus dem Fenster, sah draußen jedoch niemanden. Daher verließ ich das Büro, eilte durch das leere Klassenzimmer und trat wieder in den Flur. Ich wandte mich jetzt nicht in die Richtung, von der aus ich das Gebäude betreten hatte, sondern in die entgegengesetzte. Im Gehen schaute ich aus jedem Fenster und suchte zugleich den Boden nach dem Blut der Professorin ab.

Mein Telefon klingelte und ich zerrte es aus meiner Tasche, blieb dabei aber nicht stehen.

»Mateo?«

»Ja. Wo bist du?«, fragte er.

»Im Gebäude für Englisch und Geschichte. Covington und Drake hatten es nicht auf Artefakte abgesehen. Sie haben Professor Dalaja entführt. Suchst du sie auf den Kameras und sagst mir, wo sie jetzt sind?«

»Bin schon dabei. Ich sitze unten auf einer Bank auf dem Schulhof und rufe gerade die Aufnahmen der Überwachungskameras auf meinem Laptop auf. Ian und Zoe sind schon auf dem Weg zu dem Gebäude.«

Durch das Telefon hörte ich Mateo tippen. Ich lief weiter durch den Flur und schaute durch jedes einzelne Fenster, ohne dabei den Boden aus dem Blick zu verlieren. Dann kam ich um die Ecke und betrat einen anderen Flur. Vor mir entdeckte ich einen Fleck auf einer Tür, die nach draußen führte, und ich lief rasch hin, um mir das genauer anzusehen. An der Türklinke aus Metall klebte Blut. Professor Dalaja war definitiv hier vorbeigekommen.

»Ich hab sie!«, rief Mateo. »Sie sind gerade hinter dem Styx-

Wohnheim verschwunden. Es sieht so aus, als seien sie auf dem Weg zum Haupttor. Ich kann zwei schwarze SUVs erkennen, die dort auf der anderen Straßenseite parken. Damit scheinen sie ihre Flucht geplant zu haben.«

»Verstanden. Ich bin jetzt auf dem Weg dorthin.«

»Du musst auf Ian und Zoe warten!«, brüllte Mateo mir ins Ohr.

Das konnte ich nicht. Meine Freunde waren auf der anderen Seite des Gebäudes und ich war näher am Styx-Wohnheim dran als sie. »Ich kann nicht warten! Die Schnitter könnten Professor Dalaja jeden Moment töten! Sag den anderen, dass sie mir folgen sollen, und ruf mich wieder an, falls die Schnitter die Richtung ändern!«

»Rory, warte …«

Mateo brüllte mich wieder an, aber ich beendete das Gespräch, steckte das Handy in die Tasche und lief zur Tür hinaus in die Nachmittagssonne.

Ich stürzte aus dem hinteren Teil des Gebäudes für Englisch und Geschichte hinaus. Diese Tür führte nicht zum oberen Hof, sondern auf eine kleine Wiese, auf der sich einige Schüler gern zwischen den Unterrichtsstunden heimlich eine Zigarette ansteckten. Aber jetzt war die Wiese verlassen. Ich lief durchs Gras und stürmte den Hügel hinunter, auf die Schülerwohnheime in der Ferne zu.

Sosehr ich es hasste, es zuzugeben: Covington und Drake hatten sich den perfekten Zeitpunkt ausgesucht, um Dalaja zu entführen. Alle Schüler, Professoren und Angestellten saßen im Speisesaal und aßen zu Mittag, sodass der Rest vom Campus menschenleer war. Ich kam an keiner einzigen Person vorbei, während ich auf die Wohnheime zurannte. Hinter mir konnte ich leise Rufe hören. Worte konnte ich zwar nicht ausmachen, aber ich hätte schwören können, Ians und Zoes Stimmen zu hören.

In dem Moment, als das Styx-Wohnheim in Sicht kam, klingelte mein Handy. Ich zog es aus meiner Tasche, während ich weiter auf das Wohnheim zulief. »Mateo! Rede mit mir!«

»Ian und Zoe sind hinter dir und Takeda und ich verlassen in diesem Moment den Schulhof. Takeda hat die Protektoratswachen gerufen. Sie fahren von der Stadt aus zur Akademie, werden die Autos der Schnitter umstellen und ihnen den Fluchtweg abschneiden.«

»Rory!«, brüllte Takeda mir durch Mateos Handy zu. »Warte auf uns! Geh nicht näher an die Schnitter ran! Lass sie uns umstellen!«

»Ich muss Dalaja retten!«, brüllte ich zurück.

Ich wusste nicht, ob er mich hörte, aber ich war jetzt fast beim Styx-Wohnheim angekommen. Deshalb steckte ich mein Handy wieder weg. Ich musste mich darauf konzentrieren, die Schnitter zu finden.

Ich rannte weiter, bis ich die Vorderseite des Wohnheims erreichte. Dann verlangsamte ich meine Schritte und joggte zur Seite des Hauses, während ich zugleich versuchte, wieder zu Atem zu kommen. Mateo hatte gesagt, die Schnitter seien in diese Richtung gegangen, daher spähte ich um die Ecke für den Fall, dass sie noch da waren. Aber die Wiese hinter dem Wohnheim lag verlassen da und ich konnte keine Bewegung in dem Wald dahinter ausmachen.

Hier war niemand.

Ich wollte mein Telefon hervorholen und Mateo bitten, sich die Kameraaufnahmen noch einmal anzusehen, um sicherzustellen, dass die Schnitter in diese Richtung gegangen waren. Da fiel mir ein, dass Tante Rachel beim Frühstück gesagt hatte, Covington täte niemals irgendetwas ohne einen Grund. Was war so Besonderes am Styx-Wohnheim? Warum sollte Covington erst hierherkommen, statt direkt zu den Wagen zu laufen, die vor dem Haupttor warteten?

Ich ging im Gras auf und ab und versuchte, so zu denken

wie die Schnitter. Covington musste wissen, dass irgendjemand ihn auf den Sicherheitskameras entdecken und Takeda verständigen würde. Er war wahrscheinlich vorbereitet auf die Taktiken, die Takeda und die Protektoratswachen einsetzen würden, um ihn festzunehmen. Also, wenn ich Covington gewesen wäre, wohin würde ich gehen, um dem Protektorat nicht in die Arme zu laufen und vom Campus zu fliehen?

Ich betrachtete die Kiefern in der Ferne. Die Bäume – ich würde mich so lange wie möglich zwischen den Bäumen verstecken.

An den Bäumen waren keine Sicherheitskameras angebracht und das Kieferndickicht zog sich vom Styx-Wohnheim bis ganz hinunter zum Haupttor. Ich hatte keine Ahnung, wie Covington glaubte, zu seinen SUVs zu gelangen und den Protektoratswachen zu entkommen, aber ich war bereit zu wetten, dass er sich vorläufig im Wald versteckte.

Ich überquerte die Wiese und sprintete zu dem Baum, der mir am nächsten war. Dort blieb ich stehen und spähte in das Wechselspiel aus Sonnenlicht und Schatten, aber ich sah und hörte nichts. Also steckte ich Babs in den Boden, zog mein Handy hervor und schickte Mateo eine SMS. Ich teilte ihm mit, dass ich glaubte, die Schnitter hätten Professor Dalaja in den Wald gezerrt. Dann stopfte ich mir mein Handy wieder in die Tasche.

»Was glaubst du, was die Schnitter vorhaben?«, fragte Babs.

»Der Wald ist das perfekte Versteck. Niemand geht hier je hin, nicht einmal Schüler, die nach einem stillen Plätzchen zum Rummachen suchen. Der Boden ist zu uneben und steinig. Außerdem ist das so ziemlich der einzige Ort auf dem Campus, den die Sicherheitskameras nicht abdecken. Vertrau mir. Die Schnitter sind da drin.«

»Also schön«, flüsterte Babs. »Lass uns hineingehen und sie in Stücke hacken, aye?«

»Aye«, flüsterte ich zurück.

Ich griff mir das Schwert, stand auf und ging unter die Bäume.

Die Sonne leuchtete hell am Himmel, aber die dunkelgrünen Zweige der Kiefern breiteten sich aus wie Flügel und warfen dunkle, verzerrte Schatten in alle Richtungen. Der scharfe, klebrige Geruch von Harz erfüllte die Luft und ich musste mir in die Nase kneifen, um ein Niesen zu unterdrücken. Alles war still, bis auf das Pfeifen des Windes, der über die Baumwipfel wehte und die Bäume knarren und von einer Seite zur anderen schwanken ließ. Auch wenn es mitten am Tag war, ließ irgendetwas an den Bäumen, den Schatten und dem Wind den Wald so dunkel und unheilverkündend erscheinen wie den Friedhof in der vergangenen Nacht …

Klatsch.

Klatsch-Klatsch.

Klatsch.

Ich erstarrte. Wenn ich mich nicht irrte, war das das Geräusch von Fäusten, die auf Fleisch trafen. Jemand wurde verprügelt – richtig heftig.

Ein leises Stöhnen erklang, gefolgt von einem Hustenanfall, was meinen Verdacht bestätigte. Ich umklammerte Babs fester und eilte weiter, lief von einem Baum zum nächsten und ließ mich von den Schmerzenslauten leiten.

»Wo ist sie?«, erscholl Covingtons Stimme.

Ich ging beim nächsten Baum in Deckung und blickte hinter dem Stamm hervor. Eine kleine Lichtung im Wald tat sich auf. Covington stand in der Mitte der freien Fläche über Professor Dalaja gebeugt, die vor ihm kniete.

Dalaja drückte sich mit der rechten Hand den linken Arm an die Brust. Ihre Hände und ihr Arm waren blutig, genau wie der zerrissene Ärmel ihrer Bluse. Einer der beiden Schnitter musste ihr mit dem Schwert den Arm verletzt haben, was auch das ganze Blut in ihrem Arbeitszimmer erklärte. Ich konnte nicht erkennen, wie schwer die Verletzung war, aber ich seufzte unhörbar vor Erleichterung angesichts der Tatsache, dass Dalaja noch lebte.

Ich ließ den Blick über die Lichtung wandern, konnte Drake jedoch nirgends entdecken. Vielleicht war er zum Haupttor gegangen, um sich davon zu überzeugen, dass die Luft rein war für ihre Flucht.

Covington schien es nicht eilig zu haben, fortzukommen. Daher stieß ich Babs abermals in die Erde, nahm mein Handy hervor und schickte Mateo eine weitere SMS, in der ich ihn wissen ließ, was hier gerade passierte. Dann schaltete ich mein Telefon auf stumm und schob es zurück in meine Tasche.

Ich starrte Covington an. Ausnahmsweise einmal trug er statt seines roten Schnitterumhangs ein Hemd und Jeans. Seine Hände waren leer, auch wenn ein Schwert neben einigen Dolchen um seine Taille gegürtet war. Aber ich machte mir keine Sorgen. Ich hatte ihn schon früher im Kampf besiegt. Jetzt würde ich es wieder tun und diesem Albtraum zu guter Letzt ein Ende setzen.

Ich schnappte mir Babs und schob mich durch den Wald vorwärts. In Anbetracht von Covingtons Römerschnelligkeit hatte ich nur eine einzige Chance, ihn zu erledigen. Deshalb musste ich so nah wie möglich an ihn heran, bevor ich unter den Bäumen hervorstürmte.

»Ich frage Sie noch einmal«, sagte Covington. »Wo ist sie? Dank Gretchen Gondul weiß ich, dass Sie sie haben.«

Er schlug Professor Dalaja mit der Faust ins Gesicht, sodass ihr Kopf nach hinten geworfen wurde. Dalaja fiel mit einem leisen Stöhnen auf die Seite. Covington umkreiste sie, blieb stehen und versetzte ihr einen fiesen Tritt gegen den verletzten Arm. Dalaja heulte schrill und qualvoll auf und drückte sich erneut den Arm an die Brust.

Ich runzelte die Stirn. *Sie*? Welche *Sie*? Covington musste über irgendein Artefakt sprechen. Aber was hatte Gretchen damit zu tun? Sie war tot, dank der Schnitter.

Covington ging wieder um die Professorin herum. Ich schob mich voran und versteckte mich hinter dem Baum, der ihm am nächsten war. Noch einmal schaute ich mich um. Drake war nicht zu sehen. Ich hörte leises Rufen in der Ferne, konnte aber nichts Genaues verstehen. Vielleicht hatten die Protektoratswachen Drake festgenommen. Das war meine Hoffnung, aber ich konnte es mir nicht leisten, noch länger darauf zu warten, dass Hilfe kam. Daher hob ich Babs in Angriffsposition und machte mich bereit, zuzuschlagen.

Ich beobachtete, wie Covington weiter im Kreis um die Professorin herumging. Als er das nächste Mal an mir vorbeikam und mir den Rücken zukehrte, sprang ich auf die Füße, stürmte hinter den Bäumen hervor und rannte direkt auf ihn zu.

Aber er war trotzdem noch zu schnell für mich.

Covington musste das Rascheln der Blätter unter meinen Stiefeln gehört haben, denn er fuhr ruckartig herum, unmittelbar bevor mein Schwert ihm den Rücken aufreißen konnte. Er wich meinem Hieb aus, drehte sich und zog sein eigenes Schwert.

Er blinzelte, als überrasche es ihn, dass ich hier war, aber ein kaltes, berechnendes Lächeln breitete sich auf seinen Zügen aus. »Oh, hallo, Rory. Ich hatte nicht erwartet, dich wiederzusehen. Ich dachte, du wärst gestern Nacht mit Gretchen auf dem Friedhof gestorben. Aber ich schätze, dass Takeda seine Heilmagie eingesetzt hat, um dich vom Basiliskengift zu retten.«

Im ersten Augenblick verstand ich nicht, wovon er redete. Dann wurde mir klar, dass er noch nichts von meiner neuen Heilkraft wusste. Nun, ich würde ihn nicht eines Besseren belehren.

»Professor?«, rief ich. »Geht es Ihnen gut?«

Dalaja richtete sich langsam auf und drückte ihren verletzten Arm an die Brust, wobei sie immer wieder zusammenzuckte. »Es geht mir gut, aber Sie müssen hier weg, Rory. Da draußen gibt es noch einen Schnitter.«

»Ich weiß. Machen Sie sich keine Sorgen. Ich bin Spartanerin, schon vergessen? Ich habe das unter Kontrolle.«

Sie nickte und versuchte, mich anzulächeln, aber ihre Miene ähnelte eher einer schmerzerfüllten Grimasse.

Ich richtete meine Aufmerksamkeit wieder auf Covington. »Takeda ist in diesem Moment mit den Protektoratswachen auf dem Weg hierher, um Sie festzunehmen.«

Covingtons Lächeln wurde noch breiter, als mache es ihm nicht die geringsten Sorgen, dass er kurz davor stand, wieder geschnappt und ins Gefängnis geworfen zu werden. »Das werden wir ja sehen. Ich bin froh, dass du hier bist, Rory. Wir hatten gestern Nacht keine Gelegenheit, unser Gespräch zu Ende zu führen.«

Ich ließ mein Schwert in meiner Hand herumwirbeln und suchte nach einer Möglichkeit, um ihn anzugreifen. »Sie meinen, als Sie mich aufgefordert haben, mich zu entscheiden, mich entführen zu lassen oder mit dem Basilisken zu kämpfen? Blitzmeldung. Ich würde mich immer wieder für den Basilisken entscheiden.«

Bei meiner Beleidigung verengten sich Covingtons Augen, aber er ließ in seiner Wachsamkeit nicht nach und ließ auch nicht seine Waffe sinken. »Tatsächlich ist mir in letzter Zeit etwas anderes im Kopf herumgegangen – wie du die Wirkung meines Apate-Rings im Cormac Museum bekämpft hast. Das Artefakt hätte dich zwingen müssen, jedem Befehl zu gehorchen, den ich dir gebe, trotz des sprechenden Schwerts in deiner Hand. Aber so ist es nicht gekommen und du warst in der Lage, dich der Magie des Rings zu widersetzen. Ich muss wissen, warum.«

»Pures Glück, nehme ich an.«

Ich hielt den Blick fest auf seine Augen gerichtet und ließ mir nicht die kleinste Gefühlsregung ansehen, erst recht nicht meine Sorge. Ich trug wie gewöhnlich Freyas Armband und wenn Covington begriff, dass es ein Artefakt war, würde er versuchen, es mir abzunehmen. Schlimmer noch, ich wusste nicht, ob ich ohne das Armband stark genug wäre, um mich der abscheulichen Magie und den Artefakten, die er möglicherweise noch in seinem Besitz hatte, zu widersetzen. Die Furcht packte mich. Babs und das Armband waren die einzigen Gründe, warum Covington mich im Museum nicht zu einem Schnitter gemacht hatte, und ich konnte es mir einfach nicht leisten, eines von beidem zu verlieren.

Covington lächelte mich erneut an. »Oh, ich bezweifle, dass du *so viel* Glück hattest. Aber ich werde schon noch hinter dein Geheimnis kommen. Das tue ich immer. Schließlich war ich derjenige, der entdeckt hat, dass deine Eltern planten, die Schnitter zu verlassen. Ich habe es den Anführern gesagt, dass deine Eltern abtrünnig werden würden, aber sie haben mir nicht geglaubt. Also habe ich mich selbst um Rebecca und Tyson gekümmert. Es war eines der befriedigendsten Dinge, die ich je getan habe.«

Weißglühender Zorn strömte durch meine Adern bei seinen grausamen, herzlosen Worten, aber ich biss die Zähne zusammen und behielt meine Position bei. Covington versuchte, mir wehzutun, mich abzulenken und mich dazu zu bringen, eine Dummheit zu begehen, wie zum Beispiel blindlings auf ihn loszustürmen. Also konzentrierte ich mich auf das Gefühl von Babs in meiner Hand und meinem Bettelarmband an meinem Handgelenk. Das tröstliche Gewicht des Schwerts und die kühle, leichte Berührung des Armbands halfen mir, mich auf etwas anderes als meinen eigenen Schmerz, meine Seelenqual, meine Angst und meinen Zorn zu konzentrieren.

Ich starrte Covington an und analysierte alles an ihm. Wie seine Füße sich in die Blätter drückten, wie hoch er sein Schwert hielt, selbst die Art, wie er blinzelte und versuchte, durch das Spiel von Licht und Schatten auf der Lichtung zu schauen.

Ich würde dem hier – und ihm – auf der Stelle ein Ende machen.

Covington öffnete den Mund, wahrscheinlich, um mich abermals zu verspotten, aber ich riss Babs hoch und stürmte auf ihn zu. Er setzte seine Römerschnelligkeit ein, um zur Seite zu treten, wie ich es erwartet hatte, aber ich ließ ihn nicht entkommen, indem ich mit dem Schwert zustieß und ihm eine Schnittwunde am linken Unterarm zufügte. Covington zischte und fuhr wieder herum, aber statt zuzuschlagen und meinen Angriff mit einem eigenen zu kontern, blieb er auf Abstand. Feigling.

Ich ging wieder auf ihn zu, doch dann raschelten rechts von mir Blätter und Drake sprang mit einem Schwert in der Hand auf die Lichtung.

»Die Protektoratswachen haben die SUVs umstellt!«, brüllte er. »Wir müssen mit Plan B weitermachen!«

Bei meinem Anblick blieb Drake wie angewurzelt stehen, aber seine Überraschung währte nicht lang. Er stieß ein lautes Gebrüll aus und stürmte auf mich zu. Ich trat ihm entgegen.

Krach-krach-klirr!

Krach-krach-klirr!

Hin und her wogte der Kampf zwischen uns auf der Lichtung, während Drake sein Schwert wieder und wieder nach mir schwang und ich seine harten, brutalen Hiebe parierte. Ich rechnete damit, dass Covington sich in den Kampf einmischen und versuchen würde, mich von hinten zu erstechen, wie er es mit meinen Eltern gemacht hatte, aber er eilte hinüber zu Dalaja.

Der Professorin war es gelungen, auf die Füße zu kommen und einen abgestorbenen Ast hochzuheben. Sie schwang ihn nach Covington, aber wegen ihrer Verletzungen war es ein schwacher, unbeholfener Schlag. Er wich dem Angriff mühelos aus, dann riss er ihr den Ast aus der Hand und warf ihn beiseite.

Ich machte Anstalten, zu Dalaja zu kommen und ihr zu helfen, aber Drake trat vor und schnitt mir den Weg ab.

»Rory! Rory!«, rief jemand aus der Ferne.

Ich parierte Drakes jüngsten Angriff und wirbelte lange genug von ihm weg, um zu antworten. »Hier drüben! Unter den Bäumen!«

Drake knurrte und schlug wieder mit seinem Schwert zu, aber ich duckte mich, wirbelte herum und trat ihm gegen das Knie. Sein Bein knickte ein und ich hob mein eigenes Schwert, um es Drake über den Rücken zu ziehen. Kein tödlicher Hieb, aber hoffentlich einer, der ihn kampfunfähig machen würde, bis die anderen hier eintrafen.

Ich wollte gerade meine Klinge sinken lassen, als ich aus dem Augenwinkel einen großen Schatten und das Glitzern von Krallen entdeckte …

Ich warf mich auf den Boden und nach rechts, rollte weg, so schnell ich konnte.

Krächz!

Ein Basilisk landete mit einem lauten Schrei auf der Lichtung und grub die Krallen in die Stelle, an der ich eben noch gestanden hatte.

Ich rollte weiter und versuchte, mich möglichst weit von dem Monster zu entfernen. Meine Schulter schlug gegen einen großen Felsbrocken, der halb zwischen den Blättern vergraben gewesen war. Dadurch kam ich jäh zum Stillstand und verlor obendrein Babs. Das Schwert flog mir aus der Hand und landete irgendwo in den Bäumen.

»Rory!«, brüllte Babs. »Pass auf! Hinter dir!«

Wieder fiel der Schatten des Basilisken über mich. Diesmal pickte die Kreatur mit dem Schnabel nach mir und versuchte, mich mit der scharfen Spitze tödlich zu verletzen. Ich wartete bis zum letztmöglichen Moment, dann taumelte ich weg von dem Steinbrocken.

Der Basilisk hackte mit dem Schnabel gegen den Stein, der daraufhin zersplitterte. Aber der Stein war erheblich stärker und härter als mein Körper. Der Basilisk flatterte schwach mit den Flügeln und torkelte umher, während er versuchte, seine unerwartete Benommenheit abzuschütteln.

Ich ging in die Hocke und sah zu Covington hinüber. Er hatte sein Schwert in die Scheide gesteckt, aber er hielt jetzt etwas viel, viel Schlimmeres in der Hand – Selkets Schreibfeder. Er fuhr mit der schwarzen Feder durch die Luft, als schreibe er ein großes *B*. Er hatte den ersten Basilisken bereits beschworen und würde weitere herbeirufen, es sei denn, ich stoppte ihn.

»Rory! Rory!«

Ich schaute zu den Bäumen, wo Babs gelandet war. Ich konnte sie rufen hören, aber sehen konnte ich das Schwert nicht und Covington würde wahrscheinlich einen weiteren Basilisken beschwören, vielleicht sogar mehrere, bevor ich sie fand. Ich musste ohne mein Schwert gegen den Schnitter und seine Monster kämpfen.

Glücklicherweise war ich Spartanerin und das bedeutete, dass ich alles als Waffe benutzen konnte, daher suchte ich den Boden um mich herum ab. Dank des Basilisken, der den Felsbrocken zerstört hatte, lagen jetzt mehrere faustgroße Steine auf der Lichtung. Ich nahm mir einen davon und auch noch den Ast, den Dalaja fallen gelassen hatte. Dann wirbelte ich herum, um mich erneut Covington und dem Basilisken entgegenzustellen.

Nur dass da jetzt nicht mehr ein Basilisk stand – es waren drei.

Covington hatte zwei weitere Ungeheuer beschworen. Schlimmer noch, er zwang gerade Professor Dalaja, auf einen der Basilisken zu klettern. Dalaja zog sich mühsam auf den Rücken der Kreatur und Covington schwang sich schnell hinter ihr hinauf. Der Basilisk krächzte und breitete die Flügel aus.

Covington tut niemals etwas ohne ein ganz spezielles Ziel oder einen Grund. Also, wozu braucht er Basilisken? Warum Basilisken statt Chimären?, raunte Tante Rachels Stimme in meinem Kopf. Sie hatte diese Fragen heute Morgen beim Frühstück gestellt und jetzt kannte ich die Antwort.

Weil Basilisken etwas konnten, zu dem Chimären nicht in der Lage waren: Basilisken konnten fliegen. Covington hatte offensichtlich begriffen, dass die Protektoratswachen ihm den Weg zu den Autos vor dem Tor der Akademie abschneiden würden, daher hatte er beschlossen, die Basilisken als Plan B für seine Flucht zu benutzen. Er würde buchstäblich frei wie ein Vogel davonfliegen.

Es sei denn, ich hielt ihn auf.

Immer noch mit dem Stein und dem Ast in den Händen stieß ich ein lautes Brüllen aus und stürmte auf Covington zu. Er wedelte jedoch nur mit der Hand. Daraufhin schwang sich einer der Basilisken in meine Richtung, hob den Flügel und machte sich bereit, diesen auf mich herunterkrachen zu lassen …

Plötzlich hörte ich einen dumpfen Aufschlag.

Eine Wikingeraxt zischte über die Lichtung und versenkte sich in der Brust des Basilisken, der vor Schmerz schrie und dann in einer Wolke schwarzer Federn verschwand. Mir wurde leichter ums Herz. Ian war da.

Er kam auf die Lichtung gerannt, dicht gefolgt von Zoe, Mateo und Takeda. Ich drehte mich zu meinen Freunden um.

Ian fing meinen Blick auf und seine Augen weiteten sich. »Rory! Runter!«

Ich duckte mich, als ein Dolch durch die Luft pfiff, genau da, wo mein Kopf eben noch gewesen war. Als ich herumwirbelte, stand Drake hinter mir. Bevor ich aus dem Weg stolpern konnte, schlug er mir ins Gesicht.

Schmerz explodierte in meinem Kiefer. Mein Kopf wurde zurückgeworfen, meine Beine knickten ein, ich schlug heftig auf dem Boden auf und verlor meine behelfsmäßigen Waffen. Bevor ich mich bewegen oder auch nur daran denken konnte, mich zur Wehr zu setzen, beugte Drake sich vor, packte die Rückseite meines Shirts und riss mich auf die Füße. Dann wirbelte er mich herum und hielt mir einen weiteren Dolch an die Kehle.

»Stehen bleiben«, zischte er, »oder sie stirbt!«

Ich erstarrte und meine Freunde taten das Gleiche. Einen Moment lang bewegte sich niemand. Keiner sagte auch nur ein Wort. Dann hob Ian langsam die Hände und trat vor. Er sah mich kurz an, dann konzentrierte er sich gänzlich auf seinen verräterischen Bruder.

»Drake«, sagte Ian mit leiser, drängender Stimme. »Tu das nicht. Lass Rory gehen, wir können über alles reden.«

»Wow«, höhnte Drake. »Du versuchst immer noch, mich zu retten, nicht wahr? Selbst nach allem, was ich dir und deinen Freunden angetan habe. Erbärmlich, kleiner Bruder. Echt erbärmlich.«

Ian ballte die Fäuste, hielt sie aber erhoben und versuchte weiter, seinem Bruder Vernunft einzureden. »Komm schon, Mann. Ich kenne dich und das hier bist du nicht.«

Drake schüttelte den Kopf. »Du kennst mich ganz und gar nicht. Du hast mich *nie* gekannt. Du hast nur immer den großen Helden in mir gesehen, den du sehen wolltest. Nun, das bin ich nicht, kleiner Bruder. Das bin ich nie gewesen. Du warst nur einfach zu dumm, um das zu begreifen.«

Ian zuckte zusammen, aber er versuchte es noch einmal. »Bitte, Drake. Du brauchst das nicht zu tun. Lass Rory gehen.«

»Ich muss das absolut tun. Andernfalls wirst du es nie verstehen. Du willst wissen, wer ich wirklich bin?« Drake stieß ein leises, Furcht einflößendes Lachen aus. »Lass es mich dir zeigen.«

Er spannte die Muskeln an und ich erkannte, dass er sich bereit machte, mir die Kehle aufzuschlitzen. Meine Gedanken überschlugen sich und ich versuchte, mir eine Möglichkeit einfallen zu lassen, ihn aufzuhalten. Ich würde versuchen müssen, die Hand irgendwie zwischen die Klinge und meinen Hals zu bekommen. Besser eine aufgeschnittene Hand als eine durchgeschnittene Kehle.

»Drake!«, bellte Covington. »Halt! Ich will sie lebend!«

Der Körper des Wikingers war angespannt, als denke er daran, seinen Boss zu ignorieren, nur um seinem Bruder eine grausame Lektion zu erteilen.

»Drake!«, rief Covington wieder. »Setz sie auf den Basilisken und lass uns verschwinden!«

Der Moment verstrich und Drake ließ seinen Dolch endlich um den Bruchteil eines Zentimeters sinken. Ich stieß einen leisen Seufzer der Erleichterung aus.

»Deine Freundin kann sich glücklich schätzen, dass Covington sie lebend will«, verspottete Drake seinen Bruder, dann packte er mich mit festerem Griff. »Los, Spartanerin. Und keine Spielchen, oder ich werde dir die Kehle aufschlitzen, ganz gleich, was Covington sagt.«

Er drückte den Dolch so fest an meine Kehle, dass er die Haut aufschlitzte und ein Blutstropfen meinen Hals hinunterrann. Der kleine, stechende Schmerz entlockte mir ein Zischen, aber ich tat wie geheißen und ließ mich von ihm rückwärts zerren.

Ian senkte langsam die Fäuste. Es gab nichts, das er oder sonst einer meiner Freunde tun konnte, da Drake mich töten würde, bevor sie auch nur einen einzigen Schritt machten. Ian starrte seinen Bruder an, dann richtete er den Blick auf mich.

So viele Gefühle glitzerten in seinen grauen Augen. Zorn. Kummer. Resignation. Aber sie schmolzen schnell und verhärteten sich zu etwas viel, viel Stärkerem – Entschlossenheit.

»Keine Sorge, Rory«, rief Ian. »Wir werden dich retten.«

»Keine Sorge«, konterte ich. »Ich werde mich selbst retten.«

Er grinste ein wenig angesichts meiner Selbstsicherheit, aber wir wussten beide, wie gefährlich meine Lage war. In der Sekunde, in der Covington mich nicht länger brauchte, würde er mich umbringen oder Drake den Befehl dazu geben. Dies war vielleicht das letzte Mal, dass ich meine Freunde sah. Ich konzentrierte mich auf jeden einzelnen von ihnen – Zoe, Mateo und Takeda – und lächelte und versuchte, ihnen zu zeigen, wie viel sie mir bedeuteten. Dann sah ich wieder Ian an. Wenn das hier mein letzter Augenblick mit ihm war, dann wollte ich ihm sagen, was ich für ihn empfand.

»Ian, ich …«

Bevor ich die Worte herausbringen konnte, bohrte Drake mir wieder seinen Dolch in den Hals und schnitt mir so das Wort ab. »Halt die Klappe und steig auf den Basilisken! Jetzt!«

Ich hatte keine Wahl. Ich kletterte auf den Rücken der Kreatur und Drake sprang hinter mir hinauf. Er hielt noch immer seinen Dolch in einer Hand und ich hatte keine Chance auf Gegenwehr, ohne dass er mich mit der Waffe aufgeschlitzt hätte.

Ian, Zoe, Mateo und Takeda wichen nicht von der Lichtung. Ein Ausdruck der Qual lag auf ihren Gesichtern. Man sah ihnen an, dass sie am liebsten vorgestürmt und etwas – irgendetwas – getan hätten, um mich und Professor Dalaja zu befreien. Aber das war unmöglich, ohne dass die Schnitter uns beide töteten.

Stumm versuchte ich, meinen Freunden zu vermitteln, dass es in Ordnung war, dass ich Verständnis hatte und wusste, dass sie alles in ihren Kräften Stehende tun würden, um mich zu finden und zu retten.

»Besser, du hältst dich fest«, zischte Drake. »Du könntest sonst herunterfallen, Spartanerin.«

Obwohl es das Letzte war, was ich wollte, packte ich die Federn des Basilisken und presste die Beine an seinen Leib. Auch wenn Covington mich lebend wollte, traute ich es Drake durchaus zu, mich mitten in der Luft von der Kreatur herunterzustoßen.

Drake krallte seine Hände ebenfalls in die Federn des Monsters. »Los!«, brüllte er.

Der Basilisk stieß ein weiteres lautes Krächzen aus und schlug mit den Flügeln. Ians besorgtes Gesicht war das Letzte, was ich sah, bevor der Basilisk abhob und in den Himmel schoss.

25

Auf dem Basilisken zu fliegen war nicht mit dem Fliegen auf Eir-Greifen zu vergleichen.

Auf Balder und Brono hatte ich mich immer vollkommen sicher gefühlt, aber die schwarzen Federn des Basilisken waren viel glatter als das bronzene Fell der Greife und die Bewegungen waren so sprunghaft, dass ich Angst hatte, jeden Augenblick herunterzufallen. Drake machte die Sache nicht besser, da er mir weiterhin seinen Dolch in die Seite drückte. Er schien bereit, mich zu erstechen, falls ich eine Dummheit machte. Wahrscheinlich wünschte er sich, dass ich herunterfiel, aber ich grub die Finger nur noch tiefer in die rutschigen Federn des Basilisken und presste beide Beine an dessen Leib. Damit gelang es mir irgendwie, mich auf ihm zu halten.

Ich hatte Babs auf der Lichtung verloren, aber Pans Pfeife hing noch immer an meinem Armband und ich überlegte, das Artefakt zu benutzen, um die Greife zu rufen, so wie ich es neulich Nacht auf dem Hügel getan hatte. Allerdings wagte ich es nicht, den Basilisken loszulassen, nicht einmal mit einer Hand und nicht einmal für die wenigen Sekunden, die ich brauchen würde, um die Pfeife an die Lippen zu führen und hineinzublasen.

Vor mir zischte Covington auf seinem eigenen Basilisken mit Professor Dalaja durch die Luft. Ich klammerte mich weiter fest und prägte mir die Landschaft unter mir ein, um herauszufinden, wohin wir flogen.

Die Straßen und Läden von Snowline Ridge rasten beinahe zu schnell unter mir hindurch, um sie zu erkennen, genau wie die Nadelwälder, die den Berg bedeckten. Ich nahm an, dass wir von dem Berg weg zu irgendeinem Vorort von Denver oder vielleicht sogar in die Stadt selbst flogen, aber ein paar Minuten später ließen sich die Basilisken in einer Spirale nach unten fallen.

Wir flogen über einige Bäume und eine große, graue steinerne Villa erschien, umringt von leuchtenden, bunten Blumen. Ich erkannte sie sofort. Schließlich war ich erst vor zwei Tagen auf einer Exkursion hier gewesen.

Das Idun-Anwesen.

Covington war bereits in Besitz von Selkets Schreibfeder. Also, was machten wir hier?

Ich wusste es nicht und ich wollte nicht lange genug bleiben, um es herauszufinden. Der Basilisk kam dem Boden näher … und näher … und näher …

Ich spannte die Muskeln an. Sobald die Füße der Kreatur den Boden berührten, plante ich, herunterzuspringen, herumzuwirbeln und Drake anzugreifen.

Aber Drake musste erraten haben, was ich vorhatte. Als wir nur noch anderthalb Meter über dem Boden waren, stieß er mich von dem Basilisken hinunter. Ich jaulte überrascht auf und streckte die Arme aus, um meinen Sturz abzufangen, aber meine Landung war trotzdem unsanft. Schmerz schoss durch die linke Seite meines Körpers und das Hirn wurde mir ordentlich durchgeschüttelt. Einen Moment später begann meine Heilmagie zu wirken und linderte die Beulen und Blutergüsse, aber ich war immer noch benommen.

Drake ließ den Basilisken landen und hüpfte von der Kreatur herunter, den Dolch immer noch in der Hand. »Jetzt bist du nicht mehr so tough, Spartanerin, wie?«, höhnte er. »Los, wir gehen.«

Er packte mich am Arm und zerrte mich auf die Füße. Das

plötzliche Aufstehen hatte zur Folge, dass mein Kopf noch heftiger schmerzte, auch wenn meine Heilmagie dem langsam entgegenwirkte.

Covington war mit seinem Basilisken bereits gelandet und schob jetzt Professor Dalaja vor sich her. Drake zwang mich, hinter ihnen herzugehen.

Die Basilisken waren am Rand der Wiese gelandet, die das Anwesen umgab, und wir trotteten nun durch das Gras auf die Villa zu. Ich hatte die Gärten während der Exkursion nicht zu sehen bekommen, aber jetzt gingen wir an einem Wildblumenbeet nach dem anderen vorbei, jedes leuchtender, hübscher und bunter als das vorangegangene. Vielleicht bildete ich es mir nur ein, aber die Blumen schienen die Köpfe zu drehen und uns zu beobachten, wie sie es immer taten, wenn ich mit Sigyn in der Traumlandschaft der Eir-Ruinen war. Ich schauderte. Unheimlich.

Wir ließen die Blumen hinter uns und kamen an eine große, steinerne Terrasse hinter der Villa. Ich schaute mich um und erwartete, ein paar Wachen oder Angestellte hineinlaufen zu sehen, aber das Anwesen wirkte ruhig und verlassen.

Professor Dalaja bemerkte meine Verwirrung. »Das Protektorat hat das Anwesen nach der Exkursion geschlossen. Außer uns ist niemand hier.«

Mein Magen verkrampfte sich, meine Hand kroch zu meinem Armband und meine Finger legten sich um Pans Pfeife. Schon wieder dachte ich daran, das Artefakt zu benutzen, um die Greife zu rufen, aber Covington hatte immer noch Selkets Schreibfeder in der Hand. Selbst wenn ich in die Pfeife blies, konnte er jederzeit weitere Basilisken beschwören, zusätzlich zu den beiden, die bereits hier waren.

Ich brauchte mehr als nur die Greife. Ich brauchte meine Freunde. Aber die Pfeife konnte nur Kreaturen rufen, nicht Menschen, und es war nicht so, als könnte ich Brono bitten, Ian und die anderen auf die gleiche Art und Weise zu holen, wie er neulich mit Babs im Schnabel auf der Lichtung herumgelaufen war.

Oder vielleicht doch?

Mir kam eine Idee. Vielleicht war es doch möglich, die Greife *und* meine Freunde gleichzeitig zu rufen. Ich wusste nicht, ob es funktionieren würde, aber es war die einzige Chance, die Professor Dalaja und ich hatten.

Die Schnitter stießen uns zu der Doppeltür der Villa hinüber. Ich gab Dalaja diskret mit den Fingern ein Zeichen, um ihre Aufmerksamkeit zu erregen, dann ließ ich die Hand auf mein Armband fallen und klopfte mit dem Zeigefinger auf Pans Pfeife.

Professor Dalajas Augen verengten sich. Sie wusste alles über Artefakte, also erkannte sie die Pfeife natürlich. Sie zwinkerte mir zu und teilte mir so mit, dass sie einen Plan hatte. Ich zwinkerte zurück.

»Schön weitergehen«, knurrte Drake.

Er versetzte der Professorin einen Stoß, der sie dazu veranlasste, so zu tun, als stolpere sie. Dalaja fiel zu Boden und ich wusste, dass dies meine Chance war, die Pfeife zu benutzen.

»Professor Dalaja!«, rief ich aus.

Ich trat schnell vor und beugte mich über sie. Ich wandte Covington und Drake den Rücken zu, zog den Kopf ein und hob mein rechtes Handgelenk. Dann legte ich die Lippen an Pans Pfeife und blies so kräftig hinein, wie ich nur konnte. Im Geiste stellte ich mir Balder und Brono vor, aber die Greife waren nicht die Einzigen, die ich vor meinem geistigen Auge hatte. Ich dachte auch an Ian. An sein Lächeln, sein Lachen, seine wunderschönen, grauen Augen.

Ian, dachte ich. *Findet Ian und meine Freunde und bringt sie her. Bitte. Bevor es zu spät ist …*

Hinter mir hörte ich das unverkennbare Geräusch eines Schwerts, das aus der Scheide gezogen wurde.

»Steht auf«, knurrte Drake wieder. »Alle beide. Oder ihr werdet es bereuen.«

Mir lief die Zeit davon, daher ließ ich die Pfeife von den Lippen und die Hand wieder an meine Seite fallen. Dann half ich Professor Dalaja auf die Füße. Gemeinsam drehten wir uns wieder zu den Schnittern.

Drake hatte seinen Dolch gegen ein Schwert eingetauscht und stach mit der Waffe in Dalajas Richtung, dann deutete er damit auf einen Kasten mit der Alarmanlage an der Seitenwand der Villa. »Schalten Sie das Sicherheitssystem aus. Sofort.«

Ich sah meine Professorin an. »Warum denken die beiden, Sie hätten den Code für die Alarmanlage?«

»Das weißt du nicht?« Covington ließ ein kurzes, erheitertes Lachen hören. »Dalaja ist nicht nur irgendeine steinalte Lehrerin. Sie mag es vorziehen, sich beim Vornamen nennen zu lassen, aber sie stammt aus einer berühmten, mythologischen Familie. Ist es nicht so, Professor Idun?«

Überraschung durchzuckte mich. Idun? Sie verzog das Gesicht und bestätigte mir damit Covingtons Aussage und auch, dass ihr voller Name Dalaja Idun lautete.

»Dalaja Idun?«, fragte ich. »Das bedeutet dann ja …«

Covington vollendete meinen Gedankengang. »… dass die Professorin tatsächlich die Besitzerin des Anwesens und all seiner schönen, schönen Artefakte ist.«

Ich sah Dalaja an, die zur Bestätigung die Achseln zuckte.

»Deswegen machen wir also immer Exkursionen hierher. Und das ist der Grund, warum Sie so viel über die Artefakte wissen«, sagte ich. »Weil Sie alle *Ihnen* gehören.«

»Mehr oder weniger«, antwortete sie. »Obwohl die Artefakte mir nicht *gehören*. Nicht wirklich. Ich bin lediglich ihre gegenwärtige Hüterin, so wie meine Vorfahren es vor mir waren. Das ist die Tätigkeit der Familie Idun. Wir sammeln Artefakte und beschützen sie vor Schnittern und allen anderen, die sie missbrauchen würden.«

Drake lachte bellend und spöttisch auf. »Eine schöne Hüterin sind Sie, wenn man bedenkt, dass wir gleich in Ihre große glänzende Villa eindringen und die mächtigsten Objekte stehlen werden, die Sie haben.«

Dalaja richtete sich zu ihrer vollen Größe auf und Stolz und Entschlossenheit erfüllten ihre Züge. »Ich habe keine Angst davor zu sterben, wenn ich dadurch die Artefakte schützen kann, Schnitter.«

»Das werden wir ja sehen.« Drake bedachte sie mit einem bösartigen Grinsen und ließ das Schwert in der Hand herumwirbeln, aber Professor Dalaja reckte das Kinn vor und erwiderte ungerührt seinen Blick.

»Schluss jetzt«, schaltete Covington sich ein.

Er hob Selkets Schreibfeder. Hinter ihm nahmen die Basilisken, die auf dem Rasen umhergelaufen waren, Habtachtstellung ein. Covington sah die Basilisken an, überzeugte sich davon, dass er sie unter Kontrolle hatte, und schaute dann wieder zu Dalaja hinüber.

»Entweder Sie schalten jetzt das Sicherheitssystem aus und öffnen die Tür, oder ich werde Rory von meinen neuen Schoßtieren in Stücke reißen lassen«, erklärte er. »Ihre Entscheidung, Professor.«

Die Basilisken schwenkten den Kopf von einer Seite zur anderen und kamen herbeigehüpft, den Blick ihrer dunkelroten Augen auf mich gerichtet. Ich schauderte, aber ich zwang mich, nicht zurückzuweichen, und schüttelte den Kopf.

»Nein. Tun Sie es nicht, Professor. Der Schutz der Artefakte ist wichtiger als alles andere.«

»Und das ist einer der Gründe, warum Sie meine Lieblingsschülerin sind.« Dalaja lächelte bedauernd. »Und deswegen kann ich Sie nicht sterben lassen. Es tut mir leid, Rory.«

Bevor ich ihr sagen konnte, dass sie warten solle, öffnete sie den Kasten mit der Alarmanlage und tippte eine Reihe von Zahlen auf das Tastenfeld darin. Das Licht auf dem Feld blitzte von Rot zu Grün und ein schwaches Summen erklang, als die Tür sich entriegelte.

»Großartig«, kommentierte Covington. »Jetzt können wir uns endlich das holen, für das wir hergekommen sind. Professor, wenn Sie so freundlich sein wollen, voranzugehen.«

Dalaja öffnete die Doppeltür und trat ein. Covington folgte ihr. Drake schwang wieder sein Schwert in meine Richtung. Ich ballte die Fäuste, aber mir blieb nichts anderes übrig, als in die Villa zu treten.

Die Tür fiel hinter uns zu. Glücklicherweise blieben die Basilisken draußen, obwohl sie herangehüpft kamen und die geschlossene Tür anstarrten, als wollten sie die Glasscheiben aus den Rahmen picken, hereinstürzen und Jagd auf uns machen. Ich schauderte und wandte den Blick von den Ungeheuern ab.

»Bewegung«, blaffte Drake.

Er schwang abermals sein Schwert nach mir und ich ging hinter Covington und Professor Dalaja her. Wir liefen durch die Villa, von einem Raum zum nächsten. Covington blieb ab und zu stehen, um irgendetwas zu bewundern, aber er nahm nichts in die Hand, sondern ging nach einer Weile weiter.

Schließlich landeten wir in der Bibliothek. Natürlich. Dort gab es die meisten Artefakte.

Ich sah mich um, aber die Protektoratswachen hatten das Chaos von der Basiliskenschlacht beseitigt. Das zerbrochene Glas und die zerschmetterten Möbel hatte man entfernt und die Bücher wieder an ihren Platz in den Regalen gestellt. Die einzigen verbliebenen Spuren des Kampfs waren der Kronleuchter, der gerade so noch an der Decke hing, und die leere Stelle in der Ecke, wo Selkets Schreibfeder in ihrer Vitrine gelegen hatte.

Zu meiner Überraschung ging Covington direkt auf diese Ecke zu. Er hatte die Schreibfeder bereits, worauf also konnte er es noch abgesehen haben?

Einen Moment später bekam ich die Antwort auf meine Frage, als er vor der Vitrine direkt neben der, in der die Schreibfeder gewesen war, stehen blieb. Covington schlug mit dem Ellbogen gegen das Glas und zertrümmerte es, dann griff er hinein und nahm sich das Artefakt darin. Er drehte es um und zeigte seine Beute vor.

Ein Amulett hing von seinen Fingern.

Es war dasselbe Artefakt, das mir bei der Exkursion aufgefallen war – eine lange, silberne Kette mit einem polierten Gagat-Amulett, um das sich feine, silberne Ranken wanden. Genau wie zuvor hatte ich das Gefühl, diese Formen und Farben schon einmal gesehen zu haben, obwohl mir auch jetzt nicht einfiel, wann oder wo.

»Das Chloris-Amulett«, erklärte Covington befriedigt. »Endlich. Danach suche ich schon sehr, sehr lange. Mir war gar nicht klar, dass es sich hier befindet, bis Gretchen Gondul gefragt hat, ob ich sie dafür bezahlen würde, es zu stehlen.«

Ich hätte doch … die Kette … nehmen sollen, wisperte Gretchens Stimme in meinem Kopf. Sie hatte diese Worte letzte Nacht auf dem Friedhof zu mir gesagt und jetzt wusste ich, wovon sie gesprochen hatte.

Je länger ich das Amulett betrachtete, umso klarer wurde mir, dass das runde Objekt und die Kette genauso aussahen wie die Zeichnungen auf Gretchens Zettel, der immer noch in meiner Tasche steckte. Das waren keine willkürlichen Kritzeleien gewesen. Nein, Gretchen hatte Kreise und Kettenglieder gezeichnet, weil sie geplant hatte, das Amulett zu stehlen, genau wie sie die Federn und Basilisken gezeichnet hatte, um Selkets Schreibfeder abzubilden.

Aber was war so Besonderes an dem Amulett? Auf dem Schild mit der Beschreibung stand, dass es Blumen, Ranken und dergleichen kontrollieren könne. Was cool war, aber doch wohl kaum gefährlich.

Ich schaute zu Professor Dalaja hinüber, die besorgt wirkte.

Sie schüttelte den Kopf. »Also, jetzt haben Sie das Amulett. Was jetzt? Ohne das Narziss-Herz ist es nutzlos. Sie sehen doch selbst, dass das Juwel fehlt.«

Sie hatte recht. In der Mitte des Amuletts klaffte ein großes Loch, als fehle ihm ein Stück. Aber worum handelte es sich bei dem Narziss-Herz? Und was bewirkte es?

Das Seltsamste war jedoch, dass es nicht das erste Mal war, dass ich den Namen *Narziss* hörte. Gestern Nacht in der Traumlandschaft der Eir-Ruinen hatte mir Sigyn die unheimlichen Roten Narzissen gezeigt.

Manchmal sind die einfachsten Dinge die gefährlichsten. Das hatte die Göttin zu mir gesagt und mir drängte sich jetzt das ganz, ganz üble Gefühl auf, dass diese Blumen irgendetwas mit dem Amulett zu tun hatten.

Covington tat das Argument von Professor Dalaja mit einer Handbewegung ab. »Ein unwichtiges Detail. Vor allem, da ich genau weiß, wo sich das Narziss-Herz befindet.« Er streifte sich die silberne Kette über den Kopf, sodass das schwarze Amulett auf seiner Brust lag. Dann sah er Dalaja wieder an. »Und jetzt zu der anderen Sache, deretwegen ich hier bin. Wo ist die Schatulle?«

Zuerst war ich mir nicht sicher, ob ich richtig gehört hatte, aber er starrte Dalaja weiterhin an und ich wusste, dass ich mir die Worte nicht eingebildet hatte. Ein Schreck durchzuckte mich und verwandelte sich dann rasch in kaltes Grauen. Nein. Das konnte einfach nicht sein. Nicht schon wieder. Aber ich konnte mir die unausweichliche Frage nicht verkneifen.

»Schatulle?«, flüsterte ich. »Was für eine Schatulle?«

»Oh, du weißt, wie sie aussieht, Rory.« Covington hielt die Hände ein Stück weit auseinander. »Sie ist ungefähr so groß, aus solidem Stein gefertigt, mit ganz vielen silberner Ranken, die über den Deckel laufen.«

Er beschrieb die schwarze Schmuckschatulle, die wir im Cormac Museum sichergestellt hatten. Nur dass er nicht von genau dieser Schatulle reden konnte – er sprach von einer anderen.

Es gab noch eine Schatulle.

Der Schreck raubte mir den Atem, sodass ich tatsächlich schwankte. Covington hatte so viel Zeit und Mühe auf den Versuch verwandt, die schwarze Schmuckschatulle zu stehlen, dass mir nie in den Sinn gekommen war, es könnte *noch eine* Schatulle geben.

Obwohl mein Herz wie wild klopfte und mein Magen sich zusammenkrampfte, holte ich tief Luft und sah mich in der Bibliothek um. Schwerter, Schilde, sogar der Speer, den Ian sich während des Kampfs mit dem Basilisken zu greifen versucht hatte. All diese Artefakte und noch mehr glänzten in ihren Vitrinen, aber ich sah keine Schatullen. Nicht eine einzige. Vielleicht irrte er sich. Vielleicht war die zweite Schatulle gar nicht hier.

Covington sah Dalaja an, doch die schwieg und reckte trotzig das Kinn vor. Er lächelte und wedelte abermals mit Selkets Schreibfeder in der Luft. Was tat er …?

Eine Abfolge scharfer Klopflaute erklang an den Fenstern. Ich schaute in die Richtung und unterdrückte einen Aufschrei. Die beiden Basilisken standen direkt draußen vor der Bibliothek und machten einmal mehr den Eindruck, als wollten sie sich durch das Glas picken, hereinkommen und mich auffressen.

»Zwingen Sie mich nicht, Sie noch einmal zu fragen, Dalaja«, warnte Covington. »Rory würden die Konsequenzen Ihres Handelns nicht gefallen.«

Die Professorin sah mich mit einem erschütterten Gesichtsausdruck an. Ich schüttelte den Kopf, um sie zu bitten, nicht nachzugeben, aber sie seufzte.

»Die Schatulle ist im Wintergarten.«

»Ah«, sagte Covington. »Natürlich. Das macht Sinn.«

Warum machte das Sinn? Ich hatte keine Ahnung, was vor sich ging.

Covington machte eine einladende Geste und Professor Dalaja schlurfte aus der Bibliothek in den Wintergarten. Drake bedrohte mich mit seinem Schwert und mir blieb nichts anderes übrig, als Covington und Dalaja zu folgen.

Der Wintergarten sah genauso aus wie bei unserer Exkursion. Ein riesiger Raum mit gläserner Decke und gläsernen Wänden, die viel Licht hineinließen für die Blumen, die in ihren Tontöpfen standen. Ich schaute mich um, aber ich sah keine Schatullen. Nur Unmengen von Blumen, Töpfen und Gartenwerkzeug.

Wie die kleine, silberne Pflanzschaufel, die ein paar Schritte entfernt von mir auf dem Tisch lag.

Sie befand sich halb versteckt hinter einem grünen Topf, der einige Frostfeuerblumen enthielt. Ich sah Drake an, aber er beobachtete Dalaja. Er bemerkte die Pflanzschaufel nicht, daher drehte ich mich zur Seite und trat zwischen ihn und den Tisch. Ich hatte eine behelfsmäßige Waffe gefunden. Jetzt brauchte ich nur noch den richtigen Moment abzuwarten, um sie zu benutzen.

Covington lief von einer Seite des Wintergartens zur anderen und wieder zurück. Sein Blick wanderte über die Blumen, Töpfe und Gartenutensilien. Etwas auf der anderen Seite des Raums erregte seine Aufmerksamkeit und er ging darauf zu.

»Ah, da ist sie ja«, schnurrte er. »Sie haben sie vor aller Augen sichtbar versteckt. Schlau, Dalaja. Sehr schlau.«

Er ging zu den Glasregalen, die eine der Wände säumten. Dann reckte er sich, schob einige Samenpäckchen und andere Dinge beiseite und zog etwas von einem Regalbrett. Als er sich umdrehte, hielt er eine Schatulle in den Händen.

Er hatte recht. Sie hatte genau die gleiche Größe und Form wie die schwarze Schmuckschatulle im Bunker. Es liefen sogar die gleichen silbernen Ranken und Dornen über den Deckel.

Aber dort endete die Ähnlichkeit auch schon. Die Schatulle im Bunker bestand aus poliertem Gagat und war bedeckt mit kleinen, herzförmigen Rubinen, die Schatulle in Covingtons Händen jedoch war das genaue Gegenteil. Sie war von einem dunklen Rot, als sei sie aus einem einzigen, blutroten Rubin geschnitten, und besetzt mit herzförmigen Gagat-Stückchen.

Kaltes Grauen durchfuhr mich und ich hätte beinahe nach der Pflanzschaufel auf dem Tisch gegriffen. Aber Covington stand am anderen Ende des Raums und es war mir nicht möglich, nah genug an ihn heranzukommen, um ihn zu erstechen, bevor Drake eingreifen und mir den Weg abschneiden würde. Also zwang ich mich zu warten.

Ich hielt den Atem an und fragte mich, ob Covington die Schatulle öffnen und die Magie darin – was immer es war – entfesseln würde, aber er bewunderte lediglich den blutroten Stein und das Blinken und Glitzern der Gagat-Herzen.

»Ist sie nicht wunderschön?«, fragte er mit leiser, ehrfürchtiger Stimme. »Ich kann die Macht beinahe spüren, die durch den Stein strömt. So viel Macht.«

Niemand sagte etwas, aber Drake trat von einem Fuß auf den anderen, als mache er sich Sorgen, Covington könnte das Artefakt gegen ihn einsetzen. Ja, darüber würde ich mir auch Sorgen machen.

»Was ist das?«, flüsterte ich.

»Man nennt sie die Chloris-Schatulle. Es ist eine von mehreren, die der gleichnamigen griechischen Göttin gehört haben.« Covington lächelte mich an. »Möchtest du sehen, was darin ist, Rory? Du bist doch bestimmt neugierig, vor allem, da du verhindern wolltest, dass ich die schwarze Chloris-Schatulle in die Finger bekomme.«

Er bekam keine Antwort von mir, aber das erwartete er ohnehin nicht.

Er ging zu einem Tisch in der Mitte des Raums, nicht weit von meinem Platz entfernt, und stellte die Schatulle dort ab. Ruckartig nickte Covington Drake zu und dieser stieß Professor Dalaja vorwärts, bis sie neben dem Tisch stand. Ich machte

Anstalten, nach der Pflanzschaufel zu greifen, aber dann stand Drake wieder mir gegenüber, sodass ich vorerst die Hand sinken lassen musste.

Dalaja starrte die Schatulle mit einer Mischung aus Ehrfurcht, Grauen und Abscheu an. So schön das Artefakt auch schien, sie wusste, wie gefährlich es war.

Sie schüttelte den Kopf. »Ich habe keine Ahnung, wie man die Schatulle öffnet, falls es das ist, worauf Sie aus sind.«

»Natürlich wissen Sie, wie man sie öffnet«, widersprach Covington. »Sie sind die Hüterin der Artefakte, schon vergessen? Über jedes einzelne Artefakt hier wissen Sie, was es zu wissen gibt, und dieses hier ist keine Ausnahme. Ganz besonders nicht dieses hier.«

Sie presste die Lippen zu einer schmalen Linie zusammen. Covington hatte recht. Sie wusste tatsächlich, wie man die Schatulle öffnete.

»Oh, kommen Sie schon, Dalaja«, sagte er. »Muss ich Rory wirklich noch einmal bedrohen?«

Er hob die schwarze Schreibfeder. Eine Sekunde später erklang eine Abfolge scharfer, vertrauter Klopflaute von draußen. Ich schaute nach links. Die Basilisken waren direkt an den Scheiben des Wintergartens und warteten nur darauf, sich durch das Glas zu picken, um an mich heranzukommen.

Dalaja sah mich an und Bedauern erfüllte ihre Züge. Sie straffte die Schultern und reckte erneut das Kinn vor. Sie würde Covingtons Forderungen nicht nachgeben. Dieses Mal nicht. Was immer in der Schatulle war, es war einfach zu gefährlich. Dalaja hatte auf Zeit gespielt, genau wie ich, und gehofft, dass Pans Pfeife funktioniert hätte und meine Freunde auftauchen würden. Aber es schien, als hätten die Greife die Botschaft nicht empfangen, was bedeutete, dass die Professorin und ich auf uns allein gestellt waren.

Ich schenkte ihr ein grimmiges Lächeln und sagte ihr damit, dass ich es verstand. Sie durfte diese Schatulle nicht öffnen, nicht einmal wenn es bedeutete, mich den Basilisken zu opfern.

Dalaja sah Covington wieder an. »Selbst wenn es Ihnen gelingt, die Schatulle zu öffnen, wird das Protektorat Sie trotzdem aufhalten.«

»Und das ist der Punkt, in dem Sie sich irren«, bemerkte Covington. »Niemand kann mich aufhalten. Nicht solange ich Rory auf meiner Seite habe.«

Er, Dalaja und Drake sahen mich an. Ein Frösteln überlief mich und mir wurde speiübel. Covington würde, was immer in dieser Schatulle war, gegen mich einsetzen, genau wie ich es befürchtet hatte.

»Was ist so Besonderes an mir?«, blaffte ich. »Warum sind Sie so wild entschlossen, mich zu Ihrem Schnitterlakaien zu machen?«

In Covingtons Augen glitzerte ein kaltes, hartes Licht. »Deine Eltern dachten, sie könnten sich von den Schnittern abwenden. Könnten sich von *mir* abwenden. Ich habe ihnen gezeigt, wie sehr sie sich irrten. Jetzt werde ich dafür sorgen, dass ihre geliebte Tochter in ihre Fußstapfen tritt.«

Ärger kochte in mir hoch. »Ist es nicht genug, dass Sie sie ermordet haben? Warum können Sie mich nicht einfach in Ruhe lassen? Was habe ich Ihnen eigentlich getan?«

Er zog eine Augenbraue hoch. »Du meinst, abgesehen davon, dass du mich in den Eir-Ruinen vor Gwen Frost und ihren Freunden zu Brei geschlagen hast? Oder der Tatsache, dass ich danach monatelang in einem Protektoratsgefängnis verrotten musste? Hast du das alles vergessen? Denn ich habe es ganz bestimmt nicht vergessen, Rory.«

Ich ballte so fest die Fäuste, dass meine Fingernägel sich in meine Handflächen bohrten, aber ich ignorierte den Schmerz. »Sie haben meine Eltern *ermordet*, ganz zu schweigen von all den unschuldigen Schülern in der Bibliothek der Altertümer, nur um die Tatsache zu vertuschen, dass Sie ein Schnitter sind.

Sie haben alles verdient, was Sie bekommen haben, und noch ein wenig mehr. Ich hätte Sie in den Ruinen töten sollen, als ich die Gelegenheit dazu hatte, aber ich habe versucht, ein guter Mensch zu sein. Ich habe versucht, ein *besserer* Mensch zu sein als Sie.«

»Ja, du hättest mich tatsächlich töten sollen«, sagte Covington. »Und genau das wird das hier so befriedigend machen. Das Spartanermädchen, das mich hätte töten können, tut all die schrecklichen Dinge, die ich ihr befehle. Genieße deine letzten Momente der Freiheit, Rory.«

Bei seinen Worten wurde mir eiskalt und ich wusste, dass ich jetzt handeln musste, daher stürzte ich mich auf die Pflanzschaufel auf dem Tisch. Es war mir egal, ob Covington die Basilisken erneut auf mich hetzen würde. Lieber wollte ich im Kampf gegen die Ungeheuer sterben, als seine Marionette zu sein.

Aber wieder einmal war ich zu langsam.

Unmittelbar bevor meine Hand sich um die Stichwaffe schließen konnte, packten mich starke Arme von hinten und drückten mir meine eigenen Arme an die Seiten. Ich trat um mich und wehrte mich wie wild, aber Drake hob mich mit seiner Wikingerkraft mühelos hoch und schüttelte mich brutal.

»Hör auf zu kämpfen oder ich zerquetsche dich wie eine Weintraube«, warnte er mich.

Ich hörte nicht auf, mich zu wehren, daher schleuderte mich Drake gegen die nächstbeste Wand. Mein Kopf schlug gegen Glas, Schmerz schoss durch meinen Schädel und machte mich ganz benommen. Trotz meiner Bemühungen erschlaffte ich in Drakes Armen.

»So kommen wir der Sache schon näher«, bemerkte er.

Dann trug er mich zu Covington und Dalaja hinüber. Covington zog einen Dolch aus einer der Taschen an seinem Gürtel.

»Keine Sorge«, murmelte er. »Das wird nicht wehtun … nicht sehr.«

Er fuchtelte mit dem Dolch vor mir herum, als würde er gleich vortreten und mich damit aufschlitzen. Aber er hatte etwas anderes im Sinn.

Statt mich mit dem Dolch zu verletzen, wirbelte Covington herum und stach damit auf Professor Dalaja ein.

26

»Nein!«, schrie ich. »Nein! Nein! Nein!«

Aber es war zu spät. Covington riss Dalaja die Klinge aus der Brust. Sie brach auf dem Boden zusammen und stöhnte vor Schmerz auf. Blut spritzte auf den Boden, doch ich konnte nicht erkennen, wie schwer sie verletzt war.

»Keine Sorge, Rory«, murmelte Covington. »Ich habe kein lebenswichtiges Organ getroffen. Außerdem weiß ich nicht genau, wie viel Blut ich brauche, daher kann ich sie nicht töten. Jedenfalls noch nicht.«

Er drehte sich um und hielt den Dolch über die Schatulle auf dem Tisch. Professor Dalajas Blut tropfte von der Klinge auf den roten Stein.

Zuerst geschah gar nichts und die Blutstropfen benetzten nur den Deckel der Schatulle. Aber dann lösten die Tropfen sich langsam in dem Stein auf wie Regen, der in die Erde sickerte. Die schwarzen Herzen auf der Schatulle glänzten in einem sanften, finsteren Licht. Die silbernen Ranken und Dornen drehten und wanden sich, beinahe so, als ordneten sie sich neu an. Mehrere leise und metallische Laute ertönten, als würde sich in der Schatulle eine Art von Mechanismus drehen.

Einen Moment später brach das Geräusch ab und der Deckel der Schatulle sprang auf.

Covingtons triumphierendes Lächeln ließ mir das Blut in den Adern gefrieren. »Mal sehen, was drin ist.«

Er legte den blutigen Dolch auf den Tisch, griff nach der Schatulle und klappte sie ganz auf. Trotz des Grauens, das mich erfüllte, beugte ich mich vor und versuchte zu sehen, was darin lag. Drake, genauso neugierig wie ich, tat das Gleiche. Es schien, als hätte sein Boss auch ihm nicht erzählt, was sich in der Schatulle befand.

Die Lösung des Rätsels? Rubine.

Unmengen an Rubinen.

Dutzende kleiner Rubine füllten die Schatulle. Covington grub die Hand in den Haufen und ließ sie sich durch die Finger rinnen. Einer der Edelsteine flog an die Seite der Schatulle, prallte davon ab und landete auf dem Tisch.

»Hoppla«, sagte er und griff nach dem Edelstein. »Wir wollen doch keinen dieser Steine verlieren.«

»Rubine?«, fragte ich sarkastisch. »Sie haben sich die ganze Mühe für ein paar lausige Rubine gemacht?«

»Oh, sie funkeln vielleicht wie Rubine, aber es sind keine Edelsteine. Sie sind etwas viel Selteneres und Spezielleres. Es sind Samenkörner.«

Ich runzelte die Stirn. Samenkörner? Wovon sprach er? Wozu brauchte er ausgerechnet Samenkörner?

Covington hielt mir das Objekt hin, damit ich es mir ansehen konnte. Auf den ersten Blick sah es aus wie ein kleiner Rubin, dessen Facetten im Licht, das durch die Glaswände fiel, blinkten. Aber ich schaute es mir genauer an und begriff, dass er recht hatte.

Es war tatsächlich ein Samenkorn.

Es war geformt wie ein blutrotes Herz, mit einer harten, schwarzen Spitze am unteren Rand, die aussah wie ein kleiner Dorn. Ich betrachtete die rote Schatulle auf dem Tisch. Das Samenkorn hatte die gleiche Größe und Form wie die Gagat-Herzen, die auf der Schatulle glitzerten, und ich war bereit zu wetten, dass es außerdem den Rubinherzen auf der schwarzen Chloris-Schatulle im Bunker ähnelte.

Dann habe ich noch daran gedacht, ein Andenkenkästchen mitzunehmen, aber ich glaube, das ist derzeit im Lager. Es war nicht bei den anderen Sachen in der Bibliothek, wisperte noch einmal Gretchens Stimme in meinem Kopf. Auch dies hatte sie letzte Nacht auf dem Friedhof zu mir gesagt. Jetzt ergaben ihre Worte einen Sinn.

Neben den Kreisen und Ketten hatte sie auch Ranken, Blumen und rote Herzen auf ihrer Zeichnung festgehalten. Jetzt wusste ich genau, was diese Symbole darstellten. Gretchen hatte über alle Artefakte des Anwesens recherchiert. Ihr musste klar geworden sein, dass die Chloris-Schatulle irgendwo hier war, und auch, was sie enthielt. Vielleicht hatte sie sie Covington gegenüber sogar erwähnt, als sie angeboten hatte, Selkets Schreibfeder zu stehlen und sie Covington zu verkaufen. So oder so, er hatte das Ganze hier in Gang gesetzt und jetzt hatte er zu guter Letzt die Schatulle mitsamt ihrer Samenkörner.

»Was für eine Art Samen ist das?«, fragte ich, obwohl ich das ungute Gefühl hatte, die Antwort bereits zu kennen. »Was ist so besonders daran?«

»Jedes einzelne dieser Samenkörner wird zu einer Roten Narzisse heranwachsen«, erklärte Covington.

Das ungute Gefühl intensivierte sich und beinahe drehte sich mir der Magen um. Sigyn hatte mir in der vergangenen Nacht in den Eir-Ruinen die Roten Narzissen gezeigt. Ich war in dem Glauben gewesen, dass die giftigen Blumen nur eine Metapher für meinen Kampf gegen Covington darstellten. Mir war nicht klar gewesen, dass die Göttin mir zeigte, worauf genau der Schnitter es abgesehen hatte.

Covington drehte das Samenkorn bald in diese, bald in jene Richtung und untersuchte es wie zuvor die Schatulle. »So ein einzigartiges Geschöpf. Im Gegensatz zu manchen Blumen, die andere Pflanzen mit ihren Blättern und Wurzeln ersticken, tut die Rote Narzisse etwas viel Finstereres. Ihr Gift verwandelt andere Blumen und macht sie ebenfalls zu Roten Narzissen.«

Ich dachte daran, wie oft Covington in den letzten Wochen versucht hatte, mich als Schnitter zu rekrutieren. Wie oft ich mich geweigert hatte. Und wie oft er mir erklärt hatte, dass ich zum Schnitter werden würde, ob ich es wollte oder nicht.

»Das ist es also«, flüsterte ich. »Das ist Ihr Plan. Sie wollen die Protektoratsmitglieder mit Roten Narzissen vergiften und sie in Schnitter verwandeln, sie zu Ihren Marionetten machen.«

Es klang verrückt, vor allem, da ich keine Ahnung hatte, wie die Samenkörner Menschen in Schnitter verwandeln würden, geschweige denn, wie Covington sie anschließend unter seine Kontrolle bringen wollte. Dann fiel mein Blick auf das schwarze Amulett an seinem Hals und plötzlich kannte ich die Antwort.

»Das Amulett«, flüsterte ich. »Es erlaubt Ihnen, die Roten Narzissen zu kontrollieren, nicht wahr? Und jeden, der mit ihrem Gift in Kontakt kommt.«

Ich starrte Covington an und ausnahmsweise einmal wünschte ich mir tatsächlich, er würde den Kopf in den Nacken werfen, laut lachen und mir erklären, wie dumm ich sei. Dass dies nicht sein Plan sei. Dass er etwas viel Normaleres und Harmloseres mit den Samenkörnern vorhatte.

Aber natürlich hatte ich dieses Glück nicht.

»Genau das werde ich mit ihnen machen«, antwortete er. »Deine Erklärung ist etwas zu simpel, aber ich will dich nicht mit den Details langweilen.«

Professor Dalaja lag immer noch der Länge nach auf dem Boden, aber sie schaute jetzt Covington an. »Das … klappt niemals … Sie werden niemals … damit … durchkommen …«

»Ich bin bereits damit durchgekommen.« Er legte den Kopf schräg und musterte sie auf die gleiche Weise, wie die Basilisken ihre Opfer musterten. »Wissen Sie, ich wollte eines der Samenkörner an Ihnen testen, Dalaja, um mich davon zu überzeugen, dass sie wirken, aber ich habe keine weitere Verwendung für Sie.«

Sie schaute zu ihm hoch und Schmerz schimmerte in ihren

Augen. Sie war zu schwach, um etwas zu erwidern, geschweige denn, sich zu wehren.

»Aber dank Ihnen, Dalaja, habe ich hier das perfekte Testobjekt.« Covington drehte sich zu mir um. »Würdest du mir da nicht zustimmen, Rory?«

Entsetzen erfüllte jeden einzelnen Teil meines Körpers und überdeckte alles andere. Das hier war mein zum Leben erwachter schlimmster Albtraum; das, wovor ich mich mehr als vor allem anderen gefürchtet hatte, seit Covington im Cormac Museum zum ersten Mal versucht hatte, mich in einen Schnitter zu verwandeln.

»Ich hatte vor, mit den Samenkörnern deine Eltern auf ewig an mich zu binden, aber ich bin recht glücklich darüber, dass du hier bist, um ihren Platz einzunehmen.« Covington lächelte und mir gefror erneut das Blut in den Adern. »Du bist talentierter als sie beide zusammen, vor allem, wenn es um deine Kampfkünste geht. Machen wir dich also zu der meinen, wie du es die ganze Zeit über hättest sein sollen.«

»Nein!«, schrie ich. »Nein, nein, nein!«

Drake hielt mich immer noch fest. Ich trat und schlug mit aller Macht um mich, aber er war ein Wikinger und viel, viel stärker als ich. Je mehr ich kämpfte, umso fester wurde sein Griff um meine Arme. Seine Finger bohrten sich in meine Muskeln, drückten schmerzhaft auf die Knochen darunter. Trotzdem wehrte ich mich weiter.

Doch Drake war zu stark und Covington zu schnell.

Der Anführer der Schnitter war sofort bei mir. Bevor ich reagieren konnte, packte er meine linke Hand, drückte mit Gewalt meine Finger auseinander und presste das Samenkorn in die Mitte meiner Handfläche.

»So«, sagte er. »Das dürfte genügen. Lass sie los.«

Drake ließ die Arme sinken und trat zurück.

Ich taumelte und starrte auf das rubinrote Samenkorn, das in meiner Handfläche glitzerte. Ich spürte nichts. Keinen stechenden Schmerz, kein giftiges Brennen, gar nichts. Nur das minimale Gewicht des Samenkorns in meiner Hand. Vielleicht irrte Covington sich. Vielleicht hatte der Samen gar keine Macht. Vielleicht war es nur ein Samenkorn und mehr nicht …

Das Samenkorn begann zu klopfen und zu pulsieren, als halte ich ein lebendiges Herz in der Hand. Ich kreischte und versuchte, es von mir zu schleudern, aber das Samenkorn klebte an meiner Haut. Dann hörte das Pulsieren auf, so schnell es eingesetzt hatte, und der Samen regte sich nicht mehr.

Ich stieß den Atem aus. Vielleicht stimmte etwas nicht mit ihm. Vielleicht besaß es nicht die Magie, die Covington in ihm vermutete …

Der kleine, schwarze Dorn am Ende des Samenkorns begann zu vibrieren. Die Bewegung erinnerte mich an den stachelbewehrten Schwanz eines Basilisken, der hin und her peitschte. Bevor ich etwas tun konnte, richtete sich der Dorn auf und stach mir dann tief in die Hand.

Ich schrie, als der Dorn mir die Haut aufriss.

Es war nicht so, dass der Dorn mich einfach nur stach und damit hatte es sich. O nein. Ich konnte tatsächlich *fühlen*, wie er sich immer tiefer und tiefer durch die Muskeln in meine Hand hineinbohrte, und ich konnte tatsächlich *sehen*, wie er sich durch meine Hand schlängelte wie ein dünner, schwarzer Wurm, der sich unter meine Haut grub. Der Rubinsamen blieb jedoch, wo er war, und sah aus wie ein in meine Handfläche tätowiertes, blutiges Herz.

Covington und Drake wichen vor mir zurück, aber ich versuchte gar nicht, wegzulaufen. Obwohl ich immer noch schrie, wusste ich, dass ich den Samen loswerden musste, bevor ich irgendetwas anderes tat. Babs hatte ich dieses Mal nicht bei mir, daher konzentrierte ich mich auf die einzige andere Sache, die mich vielleicht retten konnte.

Freyas Armband.

Es hing immer noch an meinem rechten Handgelenk und das silberne Kettchen fühlte sich auf meiner fiebrigen Haut kalt wie Eis an. Vielleicht bildete ich es mir nur ein, aber das Armband mit dem Herzmedaillon und dem Frostfeueranhänger schien in einem kaum merklichen Silberschein zu leuchten.

Der schwarze Dorn schlängelte sich langsam meinen Arm hinauf, riss mir weiter das Fleisch auf, und ein Brennen durchflutete meine Adern, das mit jeder Sekunde stärker und heißer wurde. Das Basiliskengift war schmerzhaft gewesen, aber das Gift der Roten Narzisse war schlimmer – sehr viel schlimmer.

Meine Beine zitterten. Ich stolperte durch den Raum und stieß gegen den Tisch. Beinahe wäre ich in die Knie gegangen, aber ich zwang mich, meine Aufmerksamkeit auf das Armband zu konzentrieren, auf den Ring aus hartem Frost um mein Handgelenk. Ich musste jetzt hart und kalt und stark sein. Das war meine einzige Möglichkeit, das Ganze hier zu überleben.

Die Konzentration auf das Armband hielt mich vom Schreien ab, aber sie linderte nicht den Schmerz des Dorns, der meinen Arm hinaufkroch, und wirkte auch nicht gegen das Gift, das durch meinen Körper pulsierte.

»Du solltest nicht versuchen, dagegen anzukämpfen«, riet Covington mir. »Nach allem, was ich gelesen habe, macht das den Transformationsprozess nur schmerzhafter.«

Drake starrte mich mit unverhohlener Neugier an. »Was bewirkt dieser Dorn?«

»Der Dorn infiziert sie mit dem Gift der Roten Narzisse, wenn er durch ihren Körper wandert«, erläuterte Covington. »Sobald der Dorn ihre Brust erreicht, bohrt er sich in ihr Herz und dann kann sie nichts mehr retten.«

»Aber wird dieser Dorn, dieses Samenkorn, es Ihnen ermöglichen, sie zu kontrollieren?«, fragte Drake.

»Das ist der Punkt, an dem das Amulett ins Spiel kommt«, antwortete Covington. »Chloris ist die griechische Göttin, die mit der Pflanzenwelt in Verbindung gebracht wird. Sie kann alle möglichen Blumen kontrollieren, selbst etwas so Tödliches wie die Rote Narzisse. Ihr Amulett hat die gleiche Macht. Auch wenn ein Stück fehlt, steckt immer noch genug Magie darin, um es mir zu ermöglichen, Rory zu kontrollieren, sobald sie ganz infiziert ist.«

Ich hätte am liebsten zurückgefaucht, dass ich das Amulett zerstören würde, genauso wie ich das Apate-Juwel zerstört hatte, das er im Cormac Museum gegen mich eingesetzt hatte. Doch der schwarze Dorn kroch weiter an meinem Arm hinauf und es tat zu sehr weh, um zu sprechen.

Obwohl ich am ganzen Körper zitterte, hob ich die rechte Hand und grub die Fingernägel in meine linke Handfläche, um das Rubinsamenkorn herauszureißen. Damit erreichte ich zwar, dass es etwas blutete, aber das Samenkorn hatte sich zu tief in meine Haut eingegraben, als dass ich es hätte herauskratzen können …

Aus dem Augenwinkel sah ich etwas metallisch glänzen. Es war der Dolch, mit dem Covington Professor Dalaja verletzt hatte. Er lag nur ein paar Schritte entfernt auf dem Tisch. Ich konnte mir das Samenkorn nicht mit den Fingernägeln aus der Handfläche ziehen, also brauchte ich etwas Stärkeres, etwas Schärferes.

Es würde wehtun.

An diesem Punkt sackte ich über dem Tisch zusammen. Der Gedanke an den Dolch war das Einzige, was mich davon abhielt, aufzugeben. Irgendwie zwang ich mich, mich wieder aufzurichten, obwohl meine Beine zitterten und ich wie verrückt schwankte. Drake machte einen Schritt vorwärts, um mich erneut festzuhalten, damit der Dorn sein abscheuliches Werk vollenden konnte. Doch Covington, der sich offensichtlich über meine Qual amüsierte, bedeutete ihm, mich loszulassen. Auf dem Boden presste Professor Dalaja, zu geschwächt, um mir zu helfen, immer noch die Hand auf die Wunde in ihrer Brust. Ich war auf mich allein gestellt.

Ich schleppte mich vorwärts, einen langsamen Schritt nach dem anderen, den Blick fest auf den Dolch gerichtet. Niemand versuchte, mich aufzuhalten, nicht einmal, als ich die Klinge vom Tisch riss.

Wieder umspielte ein amüsiertes Lächeln Covingtons Lippen. »Glaubst du wirklich, dass du mich töten kannst, bevor der Dorn und das Gift der Roten Narzisse endgültig von dir Besitz ergreifen? Oh, Rory. Du solltest es besser wissen.«

»Ich weiß ... dass ich Sie ... im Moment ... nicht töten kann«, zischte ich zwischen Wellen von Schmerz. »Aber ich bin mir ... ziemlich sicher ... dass ich dieses *Ding* ... töten kann.«

Ich hob den Dolch. Zu spät begriff Covington, was ich vorhatte. Er versuchte noch, mich aufzuhalten, aber ausnahmsweise war ich einmal schneller als er.

Ich stach mir mit dem Dolch in die eigene Hand.

27

Ich bohrte den Dolch tief in meine Handfläche, direkt neben den Rubinsamen, schnitt durch mein Fleisch und grub mir das abscheuliche Ding in langsamen Sägebewegungen aus dem eigenen Körper.

Blut spritzte aus der gezackten Wunde und noch mehr Schmerz überflutete mich. Wenigstens lenkte mich diese neuerliche Qual von dem Dorn ab, der immer noch unter meiner Haut umherkroch. Und was noch besser war, der Dorn hörte jetzt auf, sich meinen Arm hinaufzubewegen und zog sich tatsächlich zurück, rutschte wieder herunter. Okay, ich wusste nicht, ob das wirklich *besser* war, da es noch mehr wehtat als zuvor, aber zumindest kroch er jetzt nicht immer näher an mein Herz heran. An diesem Punkt war mir jeder kleine Sieg, den ich erringen konnte, recht.

Es kümmerte mich nicht, wie sehr es wehtat. Ich würde *nicht* zu Covingtons Marionette werden. Wenn es nötig war, würde ich mir dafür die eigene Hand abhacken. Ich würde alles tun, um diesem schrecklichen, schrecklichen Schicksal zu entrinnen.

»Drake!«, zischte Covington. »Halte sie auf!«

Drake machte einen Schritt vorwärts, aber Professor Dalaja ließ den Fuß vorschnellen und traf ihn am Knie. Er stürzte und landete direkt auf ihr. Angesichts ihrer Verletzungen wusste ich nicht, woher Dalaja die Kraft nahm, aber sie schlang Drake den Arm um den Hals und versuchte, ihn zu erwürgen.

»Lauf, Rory!«, rief Dalaja. »Lauf!«

Covington zog sein Schwert und kam auf mich zu, aber Dalaja stieß erneut den Fuß vor. Es gelang ihr, auch Covington zu Fall zu bringen. Er stürzte auf die Knie, knurrte und machte Anstalten, wieder aufzustehen.

Ich konnte nicht gegen ihn kämpfen und mir gleichzeitig das Samenkorn aus der Hand schneiden, also beschloss ich, Dalajas Rat zu befolgen. Ich fand es schrecklich, sie zurückzulassen, aber wenn ich Covingtons Marionette war, konnte ich ihr auch nicht helfen. Ich musste zuerst das Samenkorn aus meinem Körper entfernen. Dann würde ich zurückkehren und die Professorin retten.

Also drehte ich mich um und lief aus dem Wintergarten.

Ich rannte an allen Ausstellungsräumen vorbei, die wir während der Exkursion besucht hatten. Nun, *rennen* war eine Übertreibung. Tatsächlich konnte ich nur vorwärtsstolpern. Ich stieß gegen Möbel, schaffte es aber, auf den Beinen zu bleiben und weiterzulaufen.

Ich hatte keinen Plan, abgesehen davon, dass ich von Covington wegwollte und das Samenkorn in meiner Hand loswerden musste. Irgendwie gelangte ich nach draußen auf die Terrasse, von der aus wir die Villa betreten hatten. Ich stolperte auf die Wiese …

Krächz. Krächz-krächz. Krächz.

Ich hatte vergessen, dass die beiden Basilisken immer noch hier draußen waren. Sie hüpften herum und schienen gerade einem Schmetterling nachzujagen.

Da ich nicht von ihnen bemerkt werden wollte, duckte ich mich hinter einen großen Übertopf in Form eines Greifs, der am Rand der Terrasse stand und mit Frostfeuerblumen gefüllt war. Es war kein tolles Versteck, aber ich ging jede Wette ein, dass ich das Samenkorn überhaupt nicht mehr aus meiner Hand bekommen würde, wenn ich es nicht innerhalb der nächsten Minute entfernte.

Ich zitterte am ganzen Körper, aber ich umfasste den Dolch fester und machte mich mit der Klinge ans Werk, sägte erneut mit unbeholfenen, ruckartigen Bewegungen in meine Hand. Der Schmerz war fast unerträglich und ich musste die Zähne zusammenbeißen, um nicht zu schreien. Selbst dann kamen noch leise Zisch- und Knurrlaute über meine Lippen und Tränen liefen mir in stetigen Bächen über die Wangen.

Der Samen musste spüren, was ich da tat, denn er wehrte sich. Der Dorn wand sich unter meiner Haut und stach mich wieder und wieder, sandte immer neue Wellen brennenden Gifts durch meinen Körper.

Meine Hände waren ganz rutschig vor lauter Blut und Schweiß. Jedes einzelne Nervenende in meiner linken Handfläche fühlte sich an, als stünde es in Flammen. Aber ich schnitt weiter, schnitt und schnitt. Endlich gelang es mir, tief genug zu graben, um die Spitze des Dolchs unter das Samenkorn zu schieben, das immer noch wie Leim an meiner Handfläche klebte.

»Wo ist sie?«, donnerte Covingtons Stimme durch die offene Tür.

»Ich sehe hier Blut auf dem Boden!«, brüllte Drake. »Ich glaube, sie ist nach draußen gelaufen!«

Schritte näherten sich. Es hieß jetzt oder nie. Also wappnete ich mich gegen die Qual, von der ich wusste, dass sie kommen würde, bohrte mir den Dolch noch tiefer in die Haut und versuchte, mit dessen Spitze das Samenkorn aus meiner Hand zu hebeln.

Der Dolch rutschte ab und ließ noch mehr Blut aus der Wunde spritzen. Ich wurde beinahe ohnmächtig von dem heißen, sengenden Schmerz, aber ich sägte und sägte, schob mehr und mehr von dem Dolch unter das Samenkorn, während ich gleichzeitig versuchte, es mir aus der Hand zu schneiden.

Irgendwie funktionierte es.

Das Samenkorn löste sich endlich – *endlich* – aus meiner

Handfläche. Trotz des ganzen Blutes sah ich, dass der winzige, schwarze Dorn an dessen Ende herumzappelte und sich aufstellte, als wolle er sich gleich wieder in meine Hand bohren. Mit einem lauten Schrei riss ich die Hand weg und schleuderte das Samenkorn fort, bevor es sich wieder an mich heften konnte.

Der Samen landete auf dem Steinboden zu meinen Füßen. Mein Blut musste irgendwie seine Magie geweckt haben, denn er leuchtete jetzt in einem hellen, ekelerregenden Schnitterrot. Abscheu stieg zusammen mit einer weiteren Welle von Schmerz in mir auf und ich hob den Fuß, um das Samenkorn zu zertreten. Vom Blut war es ganz glitschig. Es schoss unversehrt unter meinem Stiefel hervor, also setzte ich ihm nach und trat erneut darauf. Aber wieder rutschte es unter meinem Stiefel weg wie ein Spinne, die versuchte, sich nicht zerquetschen zu lassen.

Entschlossenheit durchströmte mich noch stärker als der Schmerz in meiner Hand. Ich würde dieses Ding hier und jetzt töten. Mein Stiefel schien keine Wirkung zu haben, daher ließ ich mich auf die Knie fallen, drehte den blutverschmierten Dolch herum, sodass ich ihn an der Klinge hielt, und stieß mit dem Griff auf das Saatkorn.

Als ich es diesmal traf, stieß es ein leises Quieken aus, als wäre es mir endlich gelungen, es zu verletzen. Ich biss die Zähne zusammen, hob den Dolch und ließ den Griff wieder auf das Samenkorn krachen.

Und ich hörte nicht auf.

Wieder und wieder schlug ich mit dem Griff des Dolchs auf das Samenkorn ein. Endlich – *endlich* – bekam der Samen Risse. Ich hob den Dolch ein letztes Mal, dann ließ ich ihn, so fest ich konnte, niedersausen.

Krach!

Das Samenkorn explodierte in ein Dutzend scharfer, rubinroter Splitter. Jeder Splitter strahlte noch immer das unheimliche schnitterrote Licht aus, aber das Leuchten verblasste schnell. Die Splitter wurden schwarz und verschrumpelten, bevor sie sich in schwarze Asche auflösten, die der Wind davonwehte.

Immer noch strömten mir Tränen und Schweiß übers Gesicht. Ich ließ mich rückwärts gegen den steinernen Übertopf fallen und konzentrierte mich auf meine Atmung. Ein und aus, ein und aus, ein und aus. Um mich herum drehte sich alles, mein Blut tropfte von meiner Hand und das heiße, feurige Gift brannte noch immer in meinen Adern.

Ich wusste nicht, wie lange ich dort kauerte und ein Schreien unterdrückte trotz der starken Schmerzen, die in Wellen durch mich hindurchschossen. Aber langsam, ganz, ganz langsam, hörte mein Kopf auf, sich zu drehen, und ich fühlte mich wieder wie ich selbst. Nun, soweit ich mich mit einer verstümmelten Hand wie ich selbst fühlen konnte. Ich starrte die ganze Zeit auf meine Handfläche und wartete – hoffte –, dass meine Heilmagie sich bemerkbar machen und den gröbsten Schmerz wegnehmen würde.

Und das tat sie.

Das feurige Gefühl des Gifts der Roten Narzisse ließ langsam nach und an seine Stelle trat eine kühle, tröstliche Kraft. Die gezackten Wundränder schlossen sich, während meine Heilmagie meine Hand flickte und sie wieder so aussehen ließ, wie es sich gehörte.

Ich mochte den Samen losgeworden sein, aber ich hatte ja noch ein anderes Problem – die Schnitter.

Drake kam aus der Villa gestürmt und auf die Rasenfläche gerannt, dicht gefolgt von Covington. Die Basilisken jagten immer noch dem Schmetterling nach, aber jetzt drehten sie die Köpfe, um die Schnitter zu mustern.

Blut glitzerte auf Drakes Schwert, aber er schien nicht verletzt zu sein. Mein Herz krampfte sich zusammen. Wahrscheinlich hatte er Dalaja etwas angetan, aber im Moment konnte ich ihr nicht helfen. Wenn ich Glück hatte, würde ich mir gerade mal selbst helfen können.

Obwohl ich vom Blutverlust immer noch geschwächt war, rappelte ich mich hoch und griff nach dem blutigen Dolch auf dem Boden, zusammen mit einem kleinen Topf voller Frostfeuerblumen. Nicht die besten Waffen, die ich je gehabt hatte, aber sie würden ihren Zweck erfüllen.

Drake musste gesehen haben, wie ich mich bewegte, denn er wirbelte herum. »Da ist sie!«

Er kam auf mich zugerannt und die Basilisken stürmten hinter ihm her. Ich wusste nicht, ob die Ungeheuer Drake jagten oder ob Covington ihnen den Befehl gegeben hatte, mich zu töten, doch das war mir egal. Ich sah die Kreaturen an, zielte auf die, die mir am nächsten war, und warf den Blumentopf.

Volltreffer.

Der Blumentopf erwischte den Basilisken direkt zwischen den Augen. Der Tontopf explodierte beim Aufprall. Der Basilisk kreischte und stolperte gegen das Monstrum neben sich. Beide Kreaturen fielen in einem Durcheinander schwarzer Flügel zu Boden.

Die Basilisken mochte ich damit ausgeschaltet haben, wenigstens für ein paar Minuten, aber jetzt schwang Drake sein Schwert nach meinem Kopf.

Ich duckte mich vor dem Hieb, wirbelte zu ihm herum und zielte mit meinem Dolch auf ihn. Er wich ruckartig zur Seite aus, aber es gelang mir trotzdem, ihm eine lange Schnittwunde auf der rechten Wange zuzufügen. Knurrend schwang er erneut sein Schwert und trieb mich nach hinten.

Gleichzeitig griff er sich an die Wange, dann ließ er die Hand sinken und starrte auf das Blut an seinen Fingern. Zorn blitzte in seinen blauen Augen auf. »Dafür lasse ich dich zahlen, Spartanerin!«

»Versuch's doch!«, knurrte ich zurück.

Brüllend stürmte Drake auf mich zu und ich auf ihn.

Klirr-klirr-klong!

Klirr-klirr-klong!

Hin und her bewegten wir uns kämpfend über die Terrasse. Drake war ein Wikinger und deshalb viel stärker als ich, aber durch meine Spartanerinstinkte war es mir möglich, seine Angriffe vorherzusehen und ihnen auszuweichen. Ich wehrte mich mit einer Abfolge schneller Gegenschläge und schaffte es, ihm einige Schnittwunden auf den Armen zuzufügen, aber mit seinem Schwert hatte er eine viel größere Reichweite als ich mit meinem Dolch. Ich kam einfach nicht nah genug an ihn heran, um ihn mit einem Schlag zu schwächen, ohne dass er mich in Stücke hacken würde.

Keiner von uns konnte sich einen klaren Vorteil erkämpfen, aber ich würde trotzdem verlieren. Die Basilisken lagen noch auf dem Boden und krächzten sich gegenseitig an, aber schon näherte sich Covington.

»Lebend!«, rief er. »Ich will sie lebend!«

Drake knurrte, aber er hörte auf, zu versuchen, mir den Kopf abzuschlagen. Stattdessen schwang er sein Schwert hin und her und trieb mich über die Terrasse. Er versuchte, mich an die Wand zu drücken, damit er und Covington mich zur Kapitulation zwingen konnten, und es gab nichts, das ich tun konnte, um ihn aufzuhalten …

Kreisch!

Kreisch-kreisch!

Kreisch!

Vertraute Rufe erklangen und drei große Gestalten tauchten am Himmel auf. Neue Hoffnung erfüllte mich. Die Greife waren da. Und sie waren nicht allein.

Die Greife rauschten auf die Villa zu. Ian saß auf Balders Rücken und Brono, das Baby, sowie ein dritter ausgewachsener männlicher Greif flogen links und rechts von ihrem Anführer.

Gleichzeitig ertönte ein Brüllen, das immer näher und näher kam. Zuerst dachte ich, dass einer der Greife dieses Geräusch machte, aber dann schoss ein weißer Lieferwagen um die Ecke der Villa und kam auf dem Rasen zum Stehen, wo er Gras und Erde hochschleuderte. Die Türen öffneten sich und Takeda, Zoe, Mateo und Tante Rachel sprangen aus dem Wagen, alle mit Waffen in den Händen.

Covington begriff, dass er Gefahr lief, überrannt und gefangen genommen zu werden, und er fuhr fluchend mit Selkets Schreibfeder durch die Luft. Die beiden Basilisken rappelten sich sofort hoch, spreizten die Flügel und bewegten sich auf meine Freunde zu.

»Nehmt euch in Acht vor ihren Stacheln!«, brüllte Takeda. »Passt auf, dass sie euch nicht vergiften!«

Er und Tante Rachel schwangen ihre Schwerter nach einem der Basilisken, während Zoe den anderen mit ihrem Elektrodolch angriff und Mateo schützte, der mit der Armbrust auf das Monster feuerte.

Covington knurrte und fuhr mit der Schreibfeder durch die Luft, um drei weitere Basilisken zu beschwören. Eins der Ungeheuer blieb auf dem Boden liegen, aber die beiden anderen schlugen mit den Flügeln, erhoben sich in die Luft und flogen auf die Greife zu. Die Basilisken krachten mit Brono und dem dritten Greif zusammen. Nur Balder wich den Kreaturen aus und flog in einer Spirale auf den Boden zu.

»Rory! Rory!«, schrie Ian, der immer noch auf Balders Rücken saß.

Ich winkte, um ihm zu zeigen, dass mit mir so weit alles okay war, dann richtete ich meine Aufmerksamkeit auf Covington. Ich musste ihn aufhalten, bevor er weitere Basilisken herbeirief. Also duckte ich mich, als Drake sein Schwert das nächste Mal nach mir schwang, wirbelte rechts herum und sprang über einen der steinernen Übertöpfe. Ich hielt lange genug inne, um mir einen weiteren kleinen Blumentopf von der Terrasse zu schnappen, dann rannte ich auf den bösen Bibliothekar zu.

»Covington!«, brüllte Drake. »Hinter Ihnen!«

Bei der Warnung drehte Covington sich um, aber ausnahmsweise einmal war er zu langsam, selbst mit seiner Römerschnelligkeit, und ich schmetterte ihm den Blumentopf an den Kopf. Der Tontopf zersprang beim Aufprall und versprühte Splitter, Erde und Frostfeuerblumen nach allen Seiten.

Covington jaulte auf und taumelte rückwärts. Selkets Schreibfeder hielt er weiter fest in der Hand, aber ich hatte ihm die Konzentration genommen und keine weiteren Basilisken tauchten auf.

Ich ließ meinen Dolch in der Hand umherwirbeln und ging auf ihn zu. »Diesmal werden Sie es nicht schaffen, zu verschwinden. Sie kommen wieder ins Gefängnis, wo Sie hingehören.«

Covington grinste mich an. »Das werden wir ja sehen.«

Er riss erneut Selkets Schreibfeder hoch und der dritte Basilisk, der sich noch auf dem Boden befand, stürzte sich kreischend auf mich. Aber ich hatte damit gerechnet und machte einen Hechtsprung vorwärts, rollte mich durchs Gras und brachte mich vor dem Monster in Sicherheit. Ich schlug gegen einen weiteren steinernen Übertopf und obwohl Schmerz durch meine Schulter schoss, rappelte ich mich wieder hoch.

Auf dem Rasenstück vor mir war Balder endlich gelandet. Ian glitt vom Rücken des Greifs und kam auf mich zugerannt, seine Streitaxt fest in der Hand.

»Rory!«, schrie Ian gellend. »Hinter dir!«

Ich duckte mich gerade noch rechtzeitig, um zu vermeiden, dass Drake mir das Schwert in den Leib rammte. Ich wirbelte herum, um ihn erneut anzugreifen, aber Drake trat mir mit seinem Stiefel gegen das Knie und mir knickte das Bein ein. Ich jaulte auf, als ich zu Boden stürzte. Mein Dolch rutschte mir aus der Hand und rollte ins Gras, sodass ich jetzt keine Waffe mehr hatte, aber ich zwang mich, wieder aufzustehen. Noch mehr Schmerz schoss durch mein Knie. Ich konnte kaum stehen.

»Stirb, Spartanerin!« Drake holte zu einem letzten tödlichen

Hieb aus. Er würde mich töten, obwohl Covington es ihm verboten hatte.

Ich konnte nicht ausweichen, daher streckte ich den Arm aus in dem Versuch, den brutalen Schlag abzublocken …

»Rory!«, brüllte Ian. Seine Stimme wurde lauter und kam näher. »Rory!«

Rechts von mir tauchte ein Schatten auf. In der letzten Sekunde, unmittelbar bevor Drake mich aufspießen konnte, stellte Ian sich vor mich und Drake stieß statt mir seinem Bruder das Schwert in den Bauch.

Die Axt rutschte Ian aus der Hand und fiel zu Boden. Er öffnete den Mund, um etwas zu sagen, aber nur ein dünnes Rinnsal Blut kam heraus.

»Ian!«, schrie ich. »Nein!«

Drake starrte Ian an. Für einen Moment glitt Überraschung über die Züge des Schnitters, aber dann lächelte er. »Leb wohl, kleiner Bruder«, höhnte er.

Drake riss sein Schwert aus Ians Bauch, dann stieß er seinen Bruder gegen mich. Trotz der Schmerzen in meinem Bein gelang es mir, ihn aufzufangen.

»Ian?«, flüsterte ich.

Seine grauen Augen leuchteten auf und er umfasste mit einer Hand mein Gesicht. »Du brauchst nicht so zu schreien, Rory. Ich bin ja da. Ich bin immer da gewesen.«

Seine Stimme senkte sich zu einem Flüstern und er beugte sich vor, als wolle er mich küssen. Dann sackte er in sich zusammen und seine Knie knickten ein. Er entglitt meinen Händen und brach zusammen.

28

»Ian!«, schrie ich. »Ian!«

Statt mir zu antworten, hustete er wieder und noch mehr Blut rann aus seinem Mund und über seine eine Gesichtshälfte.

»Drake!«, brüllte Covington. »Lass uns verschwinden! Jetzt!«

Ich riss den Kopf hoch und mein Blick irrte über den Rasen. Meine Freunde kämpften noch immer neben dem Lieferwagen gegen die beiden Basilisken, während die Greife in einen Kampf mit den anderen beiden Kreaturen, die sie angegriffen hatten, verstrickt waren. Covington saß auf dem letzten Basilisken und machte sich bereit, davonzufliegen.

Drake rannte zu ihm und kletterte hinter Covington auf den Rücken des Basilisken. Meine Freunde und auch die Greife befanden sich auf der anderen Seite des Rasens, was bedeutete, dass ich den Schnittern am nächsten war. Ich hatte zwei Möglichkeiten: entweder hinter Covington und Drake herlaufen und sie daran hindern, zu entkommen, oder Ian retten.

Ich entschied mich für Ian.

Ich ließ mich neben ihm auf die Knie fallen. Das Brüllen, Kreischen und Zischen der verschiedenen Kämpfe durchschnitt die Luft, aber ich blendete das alles aus und konzentrierte mich nur auf Ian. Seine Augen waren schmerzerfüllt, aber trotzdem lächelte er mich an.

»Rory …«, stieß er heiser hervor. »Es ist nicht deine Schuld … ich wollte … dich nur retten …«

Seine Lider schlossen sich flatternd. Ich packte ihn an den Schultern und schüttelte ihn.

»Bleib wach, Ian! Bleib wach!«, brüllte ich, aber es hatte keinen Sinn.

Seine Augen blieben geschlossen und sein Kopf rollte zur Seite. Verzweifelt schüttelte ich ihn erneut, aber er reagierte nicht. Also ließ ich seine Schultern los, beugte mich vor und riss sein Hemd auf, um mir anzusehen, wie ernst seine Verletzung war.

Sie war ernst – sehr, sehr ernst.

Drake hatte Ian sein Schwert tief in den Bauch gerammt. Das dunkle, fast schwarze Blut, das aus der Wunde quoll, verriet mir, dass es eine tödliche Verletzung war. Tränen strömten mir übers Gesicht und ein Schluchzen saß in meiner Kehle fest. Warum Ian? Mich hatten Covington und Drake entführt, daher hätte ich diejenige sein sollen, die verwundet wurde. Nicht Ian.

Doch meine Tränen und meine Reue würden Ian nichts nutzen, daher wischte ich beides weg, beugte mich vor, drückte die Hände auf seinen Bauch und versuchte, den Blutfluss zu stoppen.

»Takeda!«, schrie ich. »Ich brauche Sie! Ich brauche Ihre Heilmagie!«

Aber er kämpfte immer noch an Tante Rachels Seite mit dem Basilisken und würde Ian nicht rechtzeitig erreichen. Selbst wenn es Takeda gelänge, herzukommen, wusste ich nicht, ob seine Magie stark genug war, um die Wunde zu heilen, bevor …

Bevor Ian starb.

Ein weiteres Schluchzen stieg in meiner Kehle auf, aber ich schluckte den schrecklichen Gedanken herunter und drückte noch fester auf die Wunde.

Ian schnappte nach Luft und seine Lider öffneten sich flatternd. Für einen Moment machte ich mir Sorgen, dass ich ihm nur noch mehr Schmerzen zufügte, aber dann entspannte sich sein Gesicht und er lächelte mich wieder an.

»Kalt …«, ächzte er. »Deine Hände sind kalt …«

»Tut mir leid!«

Ich wollte schon die Hände wegnehmen, aber er legte seine Hände auf meine.

»Nein«, keuchte er. »Fühlt sich gut an … besser …«

Ich biss mir auf die Unterlippe und fragte mich, ob ich trotzdem loslassen sollte. Ich wollte ihm nicht noch mehr Schmerzen zufügen. Ich machte Anstalten, die Hände unter seinen wegzuziehen, als mir ein sehr merkwürdiger Gedanke kam.

Ian war nicht der Einzige, der während der letzten paar Tage gesagt hatte, meine Hände seien kalt.

Ih! Nimm deine kalten Finger von mir. Was hast du gemacht? Sie in Eiswasser getaucht? Kylie Midas' Stimme hallte in meinen Ohren wider. Das hatte sie zu mir gesagt, als ich ihr eine Hand auf den Arm gelegt hatte, um nachzuschauen, wie schwer der Basilisk in der Bibliothek sie verletzt hatte.

Deine Hände … sind kalt … Diesmal wisperte Gretchen Gonduls Stimme in meinem Kopf. Ich hatte auf dem Friedhof auf ihre Wunde gedrückt und versucht zu verhindern, dass sie verblutete. Und genau wie bei Ian hatte ich Anstalten gemacht, Gretchen loszulassen, aber sie hatte mich darum gebeten, es nicht zu tun.

Nein … Ihre Stimme flüsterte wieder durch meinen Geist. *Fühlt sich gut an … besser …*

Meine Gedanken rasten und ich dachte an alles, was geschehen war. Kylie hatte ein paar abscheuliche Schnittwunden am Arm gehabt – bis ich sie berührt hatte. Aber als sie sich dann das Blut abgewischt hatte, waren ihre Wunden zu kleinen Kratzern verblasst. Gretchen war an ihren Verletzungen gestorben, aber ihr Schmerz hatte nachgelassen, als ich Druck auf ihre Wunde ausgeübt hatte. Es war beinahe so, als hätte die bloße Berührung von mir genügt, damit sie sich besser fühlte.

Ich runzelte die Stirn und starrte auf meine Hände, die ich immer noch auf Ians Bauch presste. Wie war es möglich, dass

Gretchen sich durch mich besser gefühlt hatte, als sie im Sterben lag? Und was hatten meine kalten Hände damit zu tun …?

Meine Heilmagie.

Wann immer ich verletzt war, und sei es auch nur ein Kratzer, machte sich eine kühle, tröstende Kraft bemerkbar und heilte meine Verletzungen. Was war, wenn meine Magie noch mehr vermochte? Was, wenn meine Kraft stärker und vielschichtiger war, als mir bewusst gewesen war? Was war, wenn ich andere Menschen heilen konnte?

Was war, wenn ich Ian jetzt damit retten konnte?

Ich dachte an Gwen. Ihre psychometrische Magie verriet ihr die Geschichte eines Gegenstands. Sie ermöglichte es Gwen auch, Gefühle, Wahrnehmungen und sogar Kraft aus Menschen zu ziehen – ebenso wie die Magie es ihr ermöglichte, Gefühle, Wahrnehmungen und Erinnerungen direkt in andere hineinströmen zu lassen. Gwen brauchte nur jemanden zu berühren.

Was war, wenn ich mit meiner Heilmagie das Gleiche tun konnte?

Gwen war ein Champion, genau wie ich, und außerdem meine Cousine. Vielleicht hatten unsere Göttinnen uns vergleichbare Kräfte geschenkt. Vielleicht funktionierte unsere Magie auf ähnliche Weise, da wir miteinander verwandt waren. Vielleicht hatte meine Heilmagie mit Gwens psychometrischer Macht mehr gemein, als mir bewusst gewesen war.

Ein Windstoß fegte über den Rasen und zwei weiße Frostfeuerblumen aus den Töpfen, die ich zerbrochen hatte, wurden durchs Gras gepustet, bis sie direkt neben mir landeten.

Frostfeuerblumen haben bemerkenswerte Heilkräfte. Sigyns Stimme murmelte in meinem Geist und ich wusste, was ich tun musste. Ich hatte meine Heilmagie erst seit ein paar Wochen und ich hatte noch nie zuvor versucht, jemand anderen damit zu heilen, aber ich würde alles geben, was ich hatte.

Ich könnte es nicht ertragen, Ian zu verlieren, nachdem ich schon meine Eltern verloren hatte.

Ich drückte fester auf Ians Wunde und er stöhnte vor Schmerz auf. Ich verzog das Gesicht, weil ich ihm wehtat, aber dann schloss ich die Augen und konzentrierte mich auf das kühle Strömen meiner Heilmagie tief in meinem eigenen Körper.

Vielleicht lag es an der schrecklichen Erinnerung an das Rote Narzissensamenkorn, das sich in mich hineingeschlängelt hatte, aber ich stellte mir meine Kraft als Blume vor – eine wunderschöne, weiße Frostfeuerblume, die tief in meinem Herz verwurzelt war. Ich malte mir aus, wie dieses Frostfeuer wuchs und wuchs und die weißen Blütenblätter aus meinem Herz hinauf an die Oberfläche meiner Haut strebten, wo sie festhingen wie kleine Schneeflocken. Dann holte ich tief Luft und stellte mir vor, wie all diese Schneeflocken langsam an meinen Armen herunterrutschten und sich in meinen Handflächen sammelten, als halte ich büschelweise weiße Frostfeuerblütenblätter in den Händen.

Als Nächstes würde ich all diese Blütenblätter, all diese kühle, tröstliche Kraft aus meinem Körper, zu Ian hinüberschieben. Die Wunde würde aufhören zu bluten, ihre gezackten Ränder würden sich langsam von selbst zusammenziehen und dann heilen. Sobald die Wunde verheilt war, würde sein Herz wieder in seinem gewohnten starken, stetigen Rhythmus schlagen und seine Atmung würde ruhig und gleichmäßig werden.

Ich malte mir all das im Geiste aus: Meine Kraft in seinen Körper schieben. Den Blutverlust stoppen. Die Wunde verschließen. Seinen Schmerz lindern. Ich dachte an jeden einzelnen Schritt, wieder und wieder, bis es zu einem Mantra wurde, das ich stumm wiederholte.

Die Rufe meiner Freunde, das Kreischen der Greife, das Krächzen der Basilisken. Selbst die Sonne auf meinem Gesicht und der Wind, der mein Haar zerzauste – das alles verblasste, bis ich nur noch meine Hände auf Ians Bauch spürte und die kalte Kraft, die von mir zu ihm floss wie ein Frostfeuer, das immer wieder erblühte. Mein ganzer Fokus lag darauf, Ian all meine Magie zu geben, all meine Heilenergie, all meine Kräfte, um ihn von der Schwelle des Todes zurückzuholen.

Und langsam fing es an zu wirken – aber nicht ohne einen Preis.

Ein scharfer Schmerz stach in meinen eigenen Bauch, genau an der Stelle, wo auch Ian verwundet war. Ich sog zischend die Luft ein und krümmte mich, aber ich drückte weiter mit beiden Händen auf seine Wunde. Ich schaute nach unten, doch auf meinem Shirt war kein Blut zu sehen, also machte ich weiter.

Je mehr ich mich auf Ian konzentrierte, umso stärker wurde der Schmerz in meinem Bauch. Ich ließ nur für eine Sekunde in meiner Magie nach und es tat sofort weniger weh. Ich dachte zurück und begriff, dass das Gleiche bei Kylie und Gretchen passiert war. Ich hatte die Hand auf Kylies verletzten Arm gelegt und mein eigener Arm hatte zu jucken begonnen. Ich hatte auf Gretchens Wunde gedrückt und ein Ziehen im eigenen Magen verspürt. Das Gleiche schien auch hier der Fall zu sein.

Genau wie Gretchen hatte Ian eine tödliche Verletzung zugefügt bekommen. Vielleicht konnte meine Magie ihn nicht heilen. Vielleicht war ich nicht stark genug. Vielleicht konnte ich ihn nicht retten.

Zum dritten Mal stieg ein Schluchzen in meiner Kehle hoch, aber ich zwang es herunter. *Nein.* Ich würde nicht aufgeben. Auf dem Friedhof hatte ich mir gewünscht, ich könnte Ian seinen Schmerz nehmen, und genau das würde ich jetzt tun. Ich war eine starke Spartanerin, ich war stark genug für uns beide. Ich *würde* Ian retten, ganz gleich, wie weh es tat, und wenn es mich am Ende das eigene Leben kostete.

Tränen und Schweiß liefen mir übers Gesicht und brannten in meinen Augen, aber ich biss trotz des Schmerzes die Zähne zusammen und machte weiter.

Das Blut, das aus Ians Bauch quoll, versiegte zu einem Rinnsal und hörte dann ganz auf. *Meine Kraft in seinen Körper schieben. Den Blutverlust stoppen. Die Wunde verschließen. Seinen Schmerz lindern.*

Die ersten beiden Punkte hatte ich hingekriegt, also konzentrierte ich mich auf die letzten beiden. Ich stellte mir vor, dass Ians Haut zusammenwuchs und sich glättete, als sei er nie verwundet worden.

Und genau das geschah.

Seine Wunde heilte, sein Herz schlug gleichmäßig und stark und sein Atem wurde ruhiger.

Aber während Ian sich von seinen Verletzungen erholte, bekam ich immer stärkere Schmerzen.

Je mehr Magie ich in ihn hineinfließen ließ, umso mehr Schmerzen verspürte ich meinerseits. Ich musste die Zähne zusammenbeißen, um nicht zu schreien, aber ich hörte nicht auf. Das Einzige, was zählte, war, ihn zu retten.

Irgendwann wurde mir bewusst, dass meine Freunde bei mir standen. Takeda, Tante Rachel, Zoe, Mateo und die drei Greife. Sie alle sahen mich in einer Mischung aus Entsetzen und Faszination an. Tränen und Schweiß liefen mir über die Wangen und mein Gesicht war zu einem schauerlichen, schmerzerfüllten Ausdruck verzerrt. Mit dem ganzen Blut auf meinen Händen sah ich aus, als wäre ich einem Horrorfilm entsprungen.

»Rory?«, flüsterte Tante Rachel. »Was hast du getan?«

Ich beachtete sie und den Rest meiner Freunde nicht weiter und ließ noch mehr Heilmagie in Ian hineinfließen. Ich musste wissen, dass er wieder gesund werden würde. Ich konnte nicht aufhören – ich *würde* nicht aufhören –, bis ich wusste, dass er wieder in Ordnung kommen würde.

Schließlich, gerade als ich dachte, ich könne die Qual nicht länger ertragen, öffneten sich langsam und flatternd Ians Lider und der Blick seiner grauen Augen fokussierte sich auf mich.

»Rory?«, flüsterte er. »Geht es dir gut?«

Das war der Moment, in dem ich wusste, dass ich endlich loslassen konnte.

Ich brauchte eine Sekunde und ich musste mich konzentrieren, aber schließlich gelang es mir, die Hände von Ians Bauch zu nehmen und meine Heilmagie gehen zu lassen.

Eine Sekunde später erreichte mich der Schmerz, jetzt noch stärker als zuvor.

Ich fiel schreiend neben Ian zu Boden und umklammerte meinen eigenen Leib, als hätte man mich mit einem Schwert durchbohrt und nicht ihn.

»Takeda!«, brüllte Tante Rachel. »Was ist mit ihr?«

Wenn er ihr antwortete, hörte ich es nicht. Der Schmerz schlug erneut über mir zusammen und ich stürzte in die Dunkelheit.

Zum zweiten Mal in ebenso vielen Tagen erwachte ich im Gras bei den Eir-Ruinen.

Eine lange Zeit lag ich einfach nur da und konzentrierte mich auf die großen, weißen, aufgeplusterten Wolken, die über den hellblauen Himmel zogen. Die Formen erinnerten mich an Frostfeuerblumen. Ich lächelte und meine Lider schlossen sich wieder …

»Hallo, Rory«, rief eine vertraute Stimme.

Ich riss die Augen auf und setzte mich aufrecht hin. Dann sah ich Sigyn auf dem Rand des zerborstenen Brunnens sitzen, einen Strauß Wildblumen in Händen, so wie bei meinem letzten Besuch hier. War das wirklich erst in der gestrigen Nacht gewesen? Es kam mir vor, als sei inzwischen ein ganzes Leben vergangen.

Die Göttin erhob sich, kam zu mir und streckte die Hand aus. Ich nahm sie und Sigyn zog mich auf die Füße. Sie lächelte, dann reichte sie mir die Blumen. Ihr Strauß gestern Nacht war eine Mischung aus Wildblumen gewesen, aber dieser bestand zur Gänze aus Frostfeuern.

Ich drehte den Strauß herum und bewunderte die schneeweißen Blütenblätter und die smaragdgrünen Herzen, die im Zentrum jeder Blüte glitzerten. Der Strauß war mit das Hübscheste, was ich je gesehen hatte. Und der Duft … ich hielt mir den Strauß unter die Nase und holte tief Luft. Duftende Blumen gemischt mit frischem, reinem Schnee. Ah.

»Willst du ein Stück mit mir gehen, Rory?«, fragte Sigyn.

Ich nickte und wir machten uns auf den Weg über den großen Hof. Über uns leuchtete hell die Sonne und eine gleichmäßige Brise schob die Marshmallow-Wolken über den Himmel. Die Wildblumen funkelten wie ein Teppich aus Edelsteinen unter unseren Füßen und ihr reiner, frischer Duft kitzelte mich in der Nase. Es war ein wunderschöner Herbsttag. Ich schaute mich um und versuchte, alles gleichzeitig in mich aufzunehmen.

Aber der Anblick der Wildblumen erinnerte mich an all das Hässliche, das auf dem Anwesen geschehen war. Ich hob die linke Hand, sodass ich sie mir ansehen konnte. Kein Blut war darauf zu sehen. Meine Handfläche war glatt und unversehrt, als hätte ich mir nie das Rote Narzissensamenkorn aus der Haut geschnitten. Ich schauderte und ließ die Hand sinken.

»Wie fühlst du dich?«, fragte Sigyn, als könne sie meine Gedanken lesen.

»Müde. Sehr, sehr müde. Aber davon abgesehen geht es mir gut …« Mir kam ein neuer Gedanke und ich wirbelte zu ihr herum. »Ian! Was ist mit Ian passiert? Geht es ihm auch gut?«

»Du erinnerst dich nicht?«, fragte sie.

»Ich erinnere mich daran, dass Drake ihm ein Schwert in den Bauch gerammt hat und dass ich dann versucht habe, ihn mit meiner Magie zu heilen. Aber je mehr ich das versuchte, desto stärker spürte ich selbst den Schmerz seiner Verwundung …«

Ich brach ab und meine Hand fiel auf meinen Bauch, aber jetzt spürte ich keinen Schmerz mehr. Nur eine abgrundtiefe Erschöpfung, als müsste ich sofort ins Bett kriechen und eine Woche lang schlafen. Das Gefühl war so intensiv, dass meine Schritte immer langsamer wurden und ich ins Taumeln geriet und mich beinahe im Hof hingesetzt hätte. Ich holte tief Luft. Dabei stieg mir eine weitere Wolke des Frostfeuerdufts in die Nase. Irgendwie half das frische Aroma mir, mich besser und stärker zu fühlen. Die Erschöpfung ließ nach, aber nicht meine Sorge.

»Geht es Ian gut?«, flüsterte ich. »Habe ich … ihn gerettet?«

Sigyn nickte und ich atmete erleichtert aus.

»Ja, du hast ihn geheilt, Rory. Der Wikingerjunge wird leben, dank dir und deiner Spartanerkraft.«

Ich runzelte die Stirn. »Meiner Spartanerkraft? Wovon redest du? Ich dachte, du hättest mir Heilmagie gegeben.«

Sie nickte wieder. »Ich habe dir tatsächlich Heilmagie gegeben, aber es ist an dir, diese Kraft nach deinem Willen zu nutzen. Weißt du noch, was auf Babs' Klinge geschrieben steht?«

»*Hingabe ist Kraft*«, zitierte ich die Runen. »Aber was hat das mit meiner Heilmagie zu tun?«

»Deine Heilmagie, deine innere Kraft, kommt aus deiner Hingabe an andere.«

Ich schüttelte den Kopf. »Das verstehe ich nicht.«

»Du hast dich im Cormac Museum in einem Raum voller Chimären eingeschlossen, um zu verhindern, dass deine Freunde getötet werden. Und heute hast du deine Magie eingesetzt, um den Wikingerjungen zu heilen, ungeachtet der Tatsache, dass es dir Schmerzen bereitet hat. Ungeachtet der Tatsache, dass du seine Wunde gespürt hast, als sei es deine eigene. Ungeachtet der Tatsache, dass du dachtest, du würdest vielleicht an seiner Stelle sterben.« Sie sah mich aus ihren schwarzen Augen an. »Deine Magie, deine Kraft, deine Stärke kommen von deiner Bereitschaft, dich zu opfern, um die Menschen zu beschützen, die du liebst, ganz gleich, welchen Schmerz du selbst dafür ertragen musst. Das ist einer der vielen Gründe, warum ich dich zu meinem Champion gewählt habe, Rory.«

Ich runzelte erneut die Stirn und versuchte, ihre Worte zu verstehen. »Du willst damit also sagen, dass ich nicht nur mich selbst heilen kann, sondern auch andere?«

»Wenn du hingebungsvoll genug bist, stark genug. Ja, dann kannst du andere Menschen heilen, so wie du den Wikingerjungen geheilt hast. Aber es geht nicht nur ums Heilen. Du teilst deine Kraft und du kannst das auf jede Weise tun, die dir angemessen erscheint.«

Woher sollte ich wissen, ob ich hingebungsvoll genug war? Stark genug? Würde es immer so wehtun, wenn ich jemanden heilte? Und auf welche andere Art und Weise außer dem Heilen konnte ich meine Kraft mit jemandem teilen? Diese Fragen und ein Dutzend weiterer gingen mir durch den Kopf, aber bevor ich sie stellen konnte, streckte Sigyn die Hand aus.

»Da wären wir wieder.«

Ich sah mich um. Ich hatte mich so auf ihre Worte konzentriert, dass mir nicht klar gewesen war, dass wir wieder im selben Hof waren, den sie mir in der vergangenen Nacht gezeigt hatte.

Dem Hof voller Roter Narzissen.

Die Blumen sahen unverändert aus. Jede einzelne wies zwei rote, herzförmige Blütenblätter mit einem stacheligen, schwarzen Zentrum auf, das in einen ebensolchen Stiel überging. Die Roten Narzissen standen in der Mitte des Hofs. Noch immer umringt von den weißen Frostfeuerblumen.

Ich starrte erst ein Frostfeuer an, dann ein anderes. Trotz ihrer geringen Größe standen sie gerade aufgerichtet und den Roten Narzissen zugewandt da, ohne auch nur zu zucken. Ich wünschte, ich wäre auch so tapfer, aber der Anblick der Blumen erfüllte mich mit Grauen und ich konnte nicht umhin, daran zu denken, wie das Rubinsamenkorn versucht hatte, die Kontrolle über mich zu erlangen.

Ich sah Sigyn an. »Du wusstest, dass Covington hinter den Samen der Roten Narzisse her war.«

»Ich habe es vermutet.«

»Was hat er mit ihnen vor?«

»Was denkst du?«

Mein Magen krampfte sich zusammen. »Er will noch mehr Blumen erschaffen, noch mehr Samenkörner.« Meine Stimme senkte sich zu einem Flüstern. »Mehr Schnitter.«

Sie nickte und bestätigte meine schlimmsten Ängste. »Wenn er genug Samenkörner bekommt, genug Blumen, genug Schnitter, dann wird er schnell unaufhaltsam werden. Er wird die gesamte mythologische Welt versklaven.«

»Wie kann ich ihn aufhalten?«, fragte ich. »Könnte ich nicht einfach die Samenkörper zerstören? Das Korn, das er bei mir einsetzen wollte, konnte ich ja zerquetschen.«

Die Göttin schüttelte den Kopf und ihr schwarzes Haar wallte ihr um die Schultern. »Rote Narzissen sind nicht wie andere Blumen. Sie sind Artefakte und ihre Samen haben mehr mit Apate-Juwelen gemein als mit Samen. Meistens erfordert es Magie oder ein Artefakt von gleicher oder noch größerer Macht, um sie zu zerstören. Du konntest diesen Samen heute zerquetschen, weil du fest entschlossen warst, ihn zu zerstören, und du hast deine Magie eingesetzt, deine Kraft, die dir dabei geholfen hat.«

»Dann werde ich sie alle zerstören«, sagte ich halsstarrig. »Ich werde noch den letzten Narzissensamen finden und sie alle zerquetschen. Und wenn ich mit den Samen fertig bin, werde ich das Gleiche mit den unheimlichen Chloris-Schatullen machen, in denen die Samenkörner aufbewahrt werden. Und auch mit dem Chloris-Amulett, das Covington gestohlen hat.«

»Ganz gleich, was es dich selbst kostet?«, fragte Sigyn ernst. »Denn der Preis ist ziemlich hoch. Es wird dich alles kosten, was du liebst.«

Für einen Moment geriet ich ins Wanken. Aber dann erinnerte ich mich an das schreckliche Gefühl dieses schwarzen Dorns, der in meine Handfläche stach und sich unter meine Haut wühlte, um die Kontrolle über mich zu übernehmen. Ich wollte nicht, dass noch jemand diesen Schmerz erdulden musste, diese Qualen, erst recht nicht meine Freunde. Wenn ich das verhindern konnte, würde ich es tun.

Ich schob die Schultern zurück, reckte das Kinn vor und sah der Göttin in die Augen. »Es ist mir egal, was es kostet. Ich werde einen Weg finden, Covington aufzuhalten. Ganz gleich, was ich dafür tun muss.«

Ganz gleich, was ich dafür tun muss. Die Worte entwickelten sich langsam zu meinem Mantra. Ich hoffte nur, dass ich stark genug war, um mein Versprechen Sigyn – und mir selbst – gegenüber zu halten.

Die Göttin lächelte. »Und genau darum habe ich dich als meinen Champion erwählt.«

Der feste Glaube an mich, der aus ihren Augen leuchtete, gab mir das Gefühl, als könne ich es schaffen. Als könne ich Covington wirklich ein und für alle Mal stoppen. Ich nickte Sigyn zu und sie nickte zurück.

Dann trat sie einen Schritt beiseite. »Bis wir uns wiedersehen, Rory.«

Sie neigte den Kopf und das vertraute, intensive silberne Licht flammte auf. Ich schloss die Augen vor der grellen Helligkeit und als ich sie wieder öffnete, war Sigyn fort und ich war allein im Hof.

Bis auf die Blumen.

Ich betrachtete die Roten Narzissen, dann die Frostfeuer, dann endlich den Strauß in meinen Händen. Ich ließ mich auf die Knie fallen, band die rote Schleife los, die den Strauß zusammenhielt, und schob den Stiel jeder Frostfeuerblume in den Boden, pflanzte sie dort ein, so gut ich konnte.

Das dauerte nicht lange und als ich fertig war, ging ich in die Hocke. »Ich dachte, ihr könntet Verstärkung gebrauchen.«

Die Frostfeuer nickten, als verstünden sie meine Worte. Ich lächelte sie an.

Aber je länger ich sie betrachtete, umso klarer wurde mir, *wie* müde ich immer noch war. Diesmal konnte ich mich nicht davon abhalten, mich neben die Frostfeuerblumen zu legen. Wieder überkam mich abgrundtiefe Erschöpfung, stärker als zuvor, und die weißen Blütenblätter und die smaragdgrünen Herzen der Blumen waren das Letzte, was ich sah, bevor meine Augen sich schlossen.

29

Zum dritten Mal erwachte ich im Gras.

Ich riss die Augen auf und schnappte nach Luft. Für einen Moment erinnerte ich mich nicht, wo ich war oder was vor sich ging, aber dann beugte Ian sich mit sorgenvollem Gesicht über mich.

»Rory! Alles okay?«

Ich schaute zu ihm hoch und sah in seine wunderschönen Augen. Dann hob ich die Hand und legte sie an seine Wange, obwohl meine Finger blutige Spuren auf seinem Gesicht hinterließen.

»Ian, ich …«

Jemand räusperte sich und ich begriff, dass wir nicht allein waren.

»Komm«, sagte Ian. »Lass mich dir helfen.«

Er legte mir die Hand in den Rücken und half mir, mich aufzusetzen. Ich lag immer noch auf dem Rasen des Idun-Anwesens und meine Freunde standen um mich herum: Zoe, Mateo, Tante Rachel, die drei Greife. Alle waren sie hier, auch Takeda, der neben mir auf dem Boden kniete.

Ich schaute auf Takedas Hand an meinem Arm und begriff, dass ich seine warme Heilmagie spürte, die in mich hineinfloss. Takeda musste seine Kraft benutzt haben, um mir zu helfen, nachdem ich Ians Schmerz auf mich genommen hatte … oder was auch immer ich da getan hatte. Ich war mir noch nicht hundertprozentig sicher, was eigentlich passiert war.

»Wie fühlst du dich?«, fragte Takeda.

»Gut. Ein wenig müde.«

Er schenkte mir ein erschöpftes Lächeln. »Da bist du nicht die Einzige.«

Takeda stieß den Atem aus, dann hockte er sich hin. Er sah so müde aus, wie ich mich fühlte. Tante Rachel setzte sich neben ihn und vergewisserte sich, dass es ihm gut ging. Sie sah mich an und ich drückte ihre Hand, um sie wissen zu lassen, dass mit mir alles okay war.

Ich schaute mich auf dem Rasen um, konnte Covington, Drake oder den Basilisken aber nicht sehen. Mir sackte das Herz in die Kniekehlen. »Die Schnitter?«

»Weg«, knurrte Zoe. »Sie sind mit diesem bescheuerten Basilisken abgehoben und weggeflogen.«

Ich unterdrückte einen Fluch. Natürlich waren sie entkommen. Ich öffnete den Mund, aber irgendjemand beantwortete meine Frage, bevor ich sie auch nur stellen konnte.

»Sie sind nicht die Einzigen, die entkommen sind.«

Ich riss den Kopf herum. Professor Dalaja saß erschöpft und voller Blut ein paar Schritte entfernt auf dem Boden.

»Professor!«

Ich machte Anstalten, zu ihr hinüberzukriechen, aber sie winkte ab. »Wir können uns später noch umarmen«, sagte sie. »Wenn wir alle nicht mehr kurz davor stehen, vor Erschöpfung zusammenzubrechen.«

Ich sah sie für einen Moment an, dann kroch ich zu ihr und umarmte sie trotzdem.

»Das reicht jetzt aber«, brummte sie, hob aber den Arm und erwiderte meine Umarmung.

Ich löste mich von ihr und ein anderer Gedanke kam mir in den Kopf. »Was ist mit der Chloris-Schatulle? Habt ihr nachgeschaut, ob sie noch im Wintergarten ist?«

»Schatulle?«, fragte Takeda scharf. »Was für eine Schatulle?«

Dalaja verzog bedauernd das Gesicht und schüttelte den Kopf. »Ich habe danach gesucht, aber die Schatulle ist verschwunden, ebenso wie alle Samenkörner. Covington hat sie offensichtlich mitgenommen.« Mitgefühl spiegelte sich in ihren Augen. »Es tut mir leid, Rory. Ich wünschte, ich hätte ihn aufhalten können.«

Grauen breitete sich in meiner Magengrube aus, aber ich zwang mich, sie anzulächeln. »Es ist nicht Ihre Schuld.«

»Doch, ist es«, widersprach sie. »Ich dachte, ich würde die Schatulle schützen, wenn ich sie hier in der Villa aufbewahre, und dass es schlau von mir war, sie im Wintergarten zu verstecken, als sei sie gar kein Artefakt. Aber damit habe ich es den Schnittern nur leichter gemacht, sie zu stehlen.«

»Nein«, sagte ich. »Sie haben die Schatulle versteckt und sie jahrelang geschützt. Sie haben getan, was Ihre Aufgabe ist, und Ihre Vorfahren wären stolz auf Sie gewesen, Professor.«

Dalaja beugte sich vor und umarmte mich erneut. Ich erwiderte die Geste.

Eine Brise wehte über den Rasen und etwas Weiches kitzelte meine Hand. Ich schaute nach unten. Eine der Frostfeuerblumen war neben mir im Gras gelandet. Ich griff danach, hob sie an meine Nase und holte tief Luft, genoss ihren frischen, reinen Duft.

»Was für eine Schatulle?«, fragte Ian. »Wovon redet ihr zwei da?«

Ich drehte das Frostfeuer in der Hand, dann pflanzte ich es vorsichtig in die Erde. Die Blütenblätter bebten, beinahe so, als bedanke die Blume sich bei mir. Ich streichelte die Blütenblätter für einen Moment, dann sah ich wieder Ian an.

»Lasst uns zurück in den Bunker fahren und ich erzähle euch alles.«

Takeda forderte Verstärkung durch das Protektorat an, damit dieses die Villa bewachen und feststellen konnte, ob die Schnitter noch andere Artefakte gestohlen hatten. Ich streichelte die Greife und dankte ihnen dafür, dass sie gekommen waren. Sie flogen davon und meine Freunde und ich stiegen in den Lieferwagen, um zur Akademie zurückzufahren.

Drei Stunden später waren alle gesund und gewaschen zurück im Bunker. Ian, Zoe, Mateo, Tante Rachel, Takeda und auch Babs, die man aus dem Wald geborgen hatte, saßen am Besprechungstisch. Ich dagegen stand vor den Regalen im hinteren Teil des Raums zusammen mit dem neuesten Mitglied von Team Midgard – Professor Dalaja.

Ein aufgeregtes Leuchten stand in Dalajas Augen, als sie sich umschaute. »Ich kann es nicht fassen, dass das Protektorat all diese Artefakte angehäuft hat. Unglaublich. Einfach unglaublich!«

»Sie können später noch in den höchsten Tönen von den Artefakten schwärmen. Jetzt haben wir Wichtigeres zu tun.« Ich fasste Dalaja am Arm und lenkte sie sanft zum Besprechungstisch.

Wir setzten uns und alle schauten Takeda an.

»Ich bekomme immer noch Updates von den Protektoratswachen in der Villa, aber Dalaja hatte recht«, sagte er. »Die Chloris-Schatulle ist verschwunden, ebenso wie die Samen der Roten Narzisse.«

Takeda griff nach der Fernbedienung und klickte auf einige Knöpfe. Ansichten der Villa erschienen auf den Monitoren und zeigten die Trümmer und die Zerstörung, die die Schnitter und die Basilisken hinterlassen hatten. Er drückte auf eine weitere Taste und ein Bild der Chloris-Schatulle erschien. Roter Stein, silberne Ranken, schwarze Blumen. Von ihrem Anblick wurde mir wieder genauso übel wie schon in der Villa.

Alle warfen mir mitleidige Blicke zu. Ich hatte ihnen von dem Samen der Roten Narzisse und was er mit mir gemacht hatte erzählt.

»Dalaja hat zugestimmt, uns alles zu sagen, was sie über die Schatulle und die Samen weiß und wie Covington sie einsetzen könnte, um Menschen zu Schnittern zu machen«, erklärte

Takeda. »Wir hätten uns etwas anderes gewünscht, aber zumindest ist es ein Anfang. Außerdem habe ich den Protektoratswachen aufgetragen, ihre Bemühungen, die Schnitter zu finden, zu verdoppeln.«

»Wir können Covington noch aufhalten«, warf Professor Dalaja ein. »Er mag die Samen haben, aber das Chloris-Amulett wird ihm ohne das Narziss-Herz kaum nützen.«

»Wovon sprechen Sie?«, fragte Tante Rachel.

Dalaja zeigte auf ein Foto von einem Samen der Roten Narzisse auf einem der Monitore. »Es sieht aus wie ein gewöhnliches Samenkorn, ist aber viel größer. Manche Legenden berichten, dass es der erste Samen der Roten Narzisse sei, von dem alle anderen abstammen. Ich weiß nur, dass das Narziss-Herz mächtig ist und wir nicht zulassen dürfen, dass Covington es findet.«

»Er hat es bereits gefunden«, murmelte ich. »Es ist direkt hier bei uns.«

Alle verstummten und betrachteten den Gegenstand in der Mitte des Tischs – die schwarze Schmuckschatulle.

Nein, keine Schmuckschatulle, eine Chloris-Schatulle. Schwarzer Stein, silberne Ranken, rubinrote Narzissen. Die Schatulle sah immer noch genauso aus wie früher, aber jetzt konnte ich erkennen, dass ihr schwarzer Stein und die silbernen Ranken zu den Farben und Formen des Chloris-Amuletts passten.

Takeda hatte die Schatulle aus ihrem Glaskasten vom Regal geholt, damit wir sie noch einmal untersuchen konnten. Ihr Anblick erfüllte mich mit mehr Grauen als je zuvor, jetzt, da ich wusste, wie Covingtons Plan aussah.

»Nun«, hob Takeda an, »ich schätze, wir sollten endlich schauen, was in dieser Chloris-Schatulle ist. Ob sie nur weitere Samen enthält oder … etwas anderes.«

Er griff nach einem Dolch, der auf dem Tisch lag, aber ich gab ihm ein Zeichen.

»Nein«, sagte ich. »Lassen Sie mich das machen.«

Ich stand auf, nahm Babs von ihrem Stuhl und ritzte mir mit dem Schwert die Hand auf. Blut quoll aus der Wunde, doch verglichen mit dem tiefen Schnitt, mit dem ich mir auf dem Anwesen die Hand aufgeschnitten hatte, fühlte es sich so harmlos an wie ein Papierschnitt. Schon fing meine Heilmagie an zu wirken. Ich hielt die Hand über die Schatulle, ballte sie zur Faust und presste Blut aus der Wunde, bevor sie sich wieder verschließen konnte.

Mehrere Tropfen meines Blutes tropften auf die Schatulle. Einen Augenblick lang lagen die Tropfen einfach nur da und glänzten wie flüssige, rubinrote Blumen, aber dann lösten sie sich langsam in dem schwarzen Stein auf. Die silbernen Ranken wanden und krümmten sich und ordneten sich neu an, genau wie die auf der roten Schatulle es getan hatten, und mehrere leise Klicklaute ertönten. Einen Moment später sprang der Deckel der Schatulle auf.

Obwohl ich ihnen schon erzählt hatte, wie die Schatulle funktionierte, stießen meine Freunde trotzdem ein erschrockenes Keuchen aus. Ich hob den Deckel an. Alle schnappten nach Luft und beugten sich vor, um besser erkennen zu können, was in der Schatulle lag.

Die Antwort? Ein einzelner, großer, herzförmiger Rubin schmiegte sich in ein Bett aus grauem Samt.

Mehrere Ranken aus Silber schlangen sich um den Rubin und verjüngten sich dann zu einer scharfen, dornartigen Spitze aus schwarzem Gagat. Er sah genauso aus wie die anderen Samen, daher wusste ich genau, was das war.

Das Narziss-Herz.

Dies war der Juwel, der Samen, das Stück, das im Chloris-Amulett fehlte. Dies war das Einzige, was Covington noch brauchte, um Menschen zu Schnittern zu machen. Der Anblick erfüllte mich mit kaltem Grauen und einer Angst, die mir den Magen umdrehte, aber ich schob meine Gefühle beiseite und überlegte, was wir mit dem Artefakt machen sollten – und wie ich meine Freunde am besten vor ihm und auch vor Covington schützen konnte.

»Dieses Ding ist super unheimlich«, flüsterte Zoe.

Mateo schauderte. »Aber echt.«

»Das ist es«, sagte Professor Dalaja und ihre Stimme verriet gleichzeitig Respekt und Abscheu. »Das ist das Narziss-Herz.«

Alle schauten auf das Artefakt. Mit angehaltenem Atem fragte ich mich, ob es zu schlagen beginnen würde wie das Samenkorn, das Covington mir in die Handfläche gedrückt hatte, aber das Herz blieb unbeweglich liegen. Vielleicht musste es erst die Haut eines Menschen berühren, um seine Magie zu entfesseln. Ich wusste es nicht und wollte es auch lieber nicht herausfinden.

Dalaja brach das angespannte Schweigen, das sich über den Raum gesenkt hatte. »Klapp sie zu«, sagte sie. »Klapp die Schatulle zu.«

»Warum?«, fragte Tante Rachel. »Sollten wir nicht versuchen, sie zu zerstören?«

Dalaja schüttelte den Kopf. »Glauben Sie mir, ich würde das Narziss-Herz gern zerstören, aber wir können es nicht einfach zerschmettern. Nicht mit einem gewöhnlichen Schwert oder Dolch. Es gibt hier eine ganze Menge beeindruckender Artefakte, aber ich habe nichts in den Regalen gesehen, das dem Narziss-Herz auch nur einen Kratzer zufügen würde. So mächtig ist es. Vorläufig wäre es das Sicherste, die Schatulle zu schließen und sie wieder ins Regal zu stellen, bis wir eine Möglichkeit finden, sie entweder zu neutralisieren oder zu zerstören.«

Sigyn hatte mir erzählt, dass die Narzissensamen nur schwer zerstört werden konnten. Natürlich wäre es beim Narziss-Herz noch schwieriger.

Ich sah Takeda an und er nickte. Ich klappte den Deckel zu,

sorgfältig darauf bedacht, das Herz selbst nicht zu berühren. Wieder erklangen schwache Klicklaute. Die Ranken ordneten sich neu an und verschlossen die Schatulle.

Aus den Augen, aber definitiv nicht aus dem Sinn.

Nach ein paar Sekunden räusperte Takeda sich und drückte auf eine weitere Taste an seiner Fernbedienung. Zu meiner Überraschung verschwanden die Fotos und die Wandmonitore wurden schwarz.

»Covington und das Narziss-Herz sind Probleme für morgen«, erklärte er. »Wir haben eine Menge hinter uns und ich will, dass alle nach Hause gehen und sich ein wenig ausruhen. Das ist ein Befehl.«

Sosehr ich mir wünschte, im Bunker zu bleiben und weiterzuarbeiten, sah ich ein, dass Takeda recht hatte. Wir waren alle erschöpft, also packten wir unsere Sachen zusammen.

Die anderen verließen den Besprechungsraum und gingen zum Aufzug, aber ich folgte Takeda zu den Lagerregalen und sah zu, wie er die schwarze Chloris-Schatulle zurück in ihren Glaskasten stellte. Er schloss den Glasdeckel, dann standen wir beide da und betrachteten das Artefakt.

»Ich wünschte beinahe, ich wüsste nicht, was drin ist«, murmelte er.

»Da sind Sie nicht der Einzige«, gab ich leise zurück.

Takeda legte mir eine Hand auf die Schulter. »Keine Sorge, Rory. Wir werden gut auf die Chloris-Schatulle und das Narziss-Herz aufpassen. Covington wird sie nicht in die Finger bekommen.«

Ich lächelte. »Sie haben recht. Das beruhigt mich. Danke.«

Er erwiderte mein Lächeln und ging zum Besprechungstisch. Ich schaute noch einen Moment auf die Schatulle, dann folgte ich ihm.

Im Weggehen wiederholte ich im Stillen das Versprechen, das ich Sigyn und mir selbst in den Eir-Ruinen gegeben hatte.

Ich würde meine Freunde vor Covington, der Chloris-Schatulle und dem Narziss-Herz beschützen.

Ganz gleich, was ich dafür tun muss.

Ich griff mir Babs und fuhr mit den anderen im Aufzug in die Bibliothek hinauf. Tante Rachel bestand darauf, mich nach Hause zu bringen und ins Bett zu stecken. Ich war so müde, dass ich keine Einwände erhob, und versank sofort in einen tiefen, traumlosen Schlaf, als ich mich ins Bett legte. Ein paar Stunden später wurde ich von einem leisen Klopfen an meiner Tür geweckt.

»Rory?« Tante Rachel betrat mein Zimmer. »Ian ist da. Er möchte dich sehen, falls es dir passt.«

Gähnend rieb ich mir den Schlaf aus den Augen. Ich hatte gehofft, dass er vorbeikommen würde.

Ich stieg aus dem Bett, griff nach Babs und meiner Jacke und ging hinaus. Es war nach neun Uhr und die Sonne war schon vor langer Zeit untergegangen. Dafür stand der Mond hoch am Himmel, um den Platz der Sonne einzunehmen. Er tauchte die Landschaft in ein zartes, frostiges Silberlicht, das ich so sehr liebte.

Ian wartete auf der Veranda. Er richtete sich auf und lächelte. »Hey.«

»Selber hey.« Ich lächelte ihn an. »Möchtest du einen Spaziergang machen?«

»Mit dir?« Er grinste. »Immer.«

Ich schlüpfte in meine Jacke und wir traten auf den Pfad, der zu dem Hügel mit Blick auf die Akademie führte. Während Ian die Lichtung erkundete, hob ich Pans Pfeife an die Lippen und blies hinein. Balder und Brono schossen wenige Minuten später vom Himmel und Ian und ich streichelten die Greife.

»Ich danke euch«, flüsterte ich ihnen zu. »Vielen, vielen Dank, dass ihr uns heute geholfen habt. Dass ihr mir geholfen habt.«

Mein Plan, Pans Pfeife zu benutzen, damit die Greife meine Freunde zum Anwesen brachten, hatte funktioniert. Ian zufolge waren die Greife zur Akademie geflogen und hatten ihn gerade dabei angetroffen, wie er Babs unter den Kiefern aufsammelte. Er hatte begriffen, dass sie wussten, wo ich war, daher war er auf Balders Rücken gestiegen, während unsere übrigen Freunde ihm in Takedas Lieferwagen gefolgt waren. Die Greife hatten sie zum Idun-Anwesen geführt und dann hatten wir alle zusammen gegen die Schnitter gekämpft.

Balder und Brono nahmen meinen Dank nickend entgegen. Balder stupste mich mit dem Kopf an, weil er wollte, dass ich ihn noch etwas länger streichelte. Lachend kam ich seinem Wunsch nur zu bereitwillig nach. Aber Brono hatte etwas anderes ins Auge gefasst. Oder vielmehr jemand anders.

Ich hatte Babs mit der Spitze in den Boden gerammt, damit sie die Aussicht genießen konnte, und ihr Auge weitete sich, als sie begriff, dass Brono jetzt langsam auf sie zukroch.

»O nein«, jammerte sie. »Nicht schon wieder. Bleib genau da stehen! Denk nicht einmal daran, mich wieder zu packen …«

Brono ignorierte sie, hüpfte vorwärts und riss das Schwert mit dem Schnabel aus dem Boden. Dann begann er zu quieken und sie hin und her zu schütteln.

»Nein!«, heulte Babs. »Wie oft muss ich dir noch sagen, dass ich kein Kauspielzeug bin? Lass mich runter! Lass mich runter!«

Ihr Gejammer ließ Brono nur noch aufgeregter werden. Er rannte mit dem Schwert im Schnabel auf der Lichtung herum. Balder schüttelte amüsiert über die Mätzchen seines Sohns den Kopf und fing dann an, Wildblumen zu fressen.

Ian und ich lachten. Wir beobachteten die Greife einen Moment lang, dann wandte ich mich Ian zu.

»Ian, ich …« Aber zum dritten Mal bekam ich die Worte nicht heraus.

Ian legte mir die Hände um die Taille, zog mich an sich und drückte seine Lippen auf meine.

Für einen Moment war ich so erschrocken, dass ich einfach nur dastand. Ich fragte mich, ob dies wirklich – *endlich* – geschah. Ob Ian mich tatsächlich küsste oder ob ich es mir nur einbildete. Aber es war kein Traum.

Es war sehr viel besser als ein Traum.

Der Kuss dauerte nicht lange, nicht mehr als ein paar Sekunden, aber ich spürte so viel auf einmal. Seine starken Arme, die mich hielten. Sein reiner Duft nach Seife, der mich in der Nase kitzelte. Das schnelle Schlagen seines Herzens unter meinen Fingern. Und ganz besonders die Wärme seiner Lippen auf meinen.

Die letzte Empfindung ließ Hitze in meinem eigenen Herz explodieren wie grüne Funken, die überall hinschossen. Die Wärme und die Funken erfüllten mich mit Schwindel, als würde ich gleichzeitig fliegen und fallen.

So schnell er begonnen hatte, endete der Kuss. Ian ließ die Arme sinken und trat zurück.

»Tut mir leid«, flüsterte er. »Ich wollte dich nicht erschrecken. Es ist nur … ich wünsche mir das schon seit Wochen.«

Ich schaute ihn an, immer noch zu schockiert, um etwas zu sagen.

Ian runzelte die Stirn und machte einen weiteren Schritt nach hinten. »Es tut mir leid«, wiederholte er. »Ich weiß, dass wir beide im Team Midgard sind und dass wir wahrscheinlich Teamkameraden und nichts anderes sein sollten, aber immer, wenn ich dich anschaue, denke ich daran, wie unglaublich du bist. Wie stark und klug, und dann zerschmelze ich irgendwie innerlich. Und dich mit den Greifen zu sehen und zu wissen, dass ich dich heute beinahe verloren hätte, dass wir beide heute beinahe gestorben wären, nun, ich wollte, dass du weißt, was ich für dich empfinde …«

Ich lächelte. Er schwafelte. Der Wikinger schwafelte tatsächlich und es machte ihn nur noch umwerfender. Ian holte tief Luft, als wolle er weitersprechen, aber ich hatte vorläufig genug vom Reden. Es war Zeit, Babs', Sigyns und Zoes Rat zu beherzigen.

»Ian.«

»Ja?«

»Sei still und küss mich.«

Diesmal war er derjenige, der schockiert dreinschaute. »Wirklich?«

Ich verdrehte die Augen. »Ach, komm schon her.«

Ich packte ihn mit beiden Händen an seiner Jacke, stellte mich auf die Zehenspitzen und drückte meine Lippen auf seine. Noch mehr Wärme, noch mehr Funken, noch mehr von dem Schwindelgefühl füllten jeden einzelnen Körperteil von mir aus.

Eine Minute später löste ich mich von Ian und sah ihn an. Seine grauen Augen glänzten so hell wie poliertes Silber und seine Lippen verzogen sich langsam zu diesem breiten, verlegenen Grinsen. Er trat vor und legte mir einen Arm um die Taille. Ich legte die Hand an seine Wange.

Dann, als hätten wir den gleichen Gedanken gehabt, beugten wir uns gleichzeitig zueinander vor. Wieder trafen sich unsere Lippen und der Rest der Welt verblasste.

30

Trotz allem, was passiert war, kehrte am nächsten Morgen der Alltag an die Mythos Academy zurück, mit einem kleinen, aber bemerkenswerten Unterschied: Ian hielt meine Hand, als wir zu unseren ersten Unterrichtsstunden des Tages gingen.

Kylie Midas starrte uns an und Schmerz und Sehnsucht blitzten in ihren Augen auf. Ich verzog das Gesicht. Ich wollte ihr nicht wehtun, aber ich würde auch nicht vorgeben, dass Ian und ich kein Paar waren. Ich befürchtete schon, dass Kylie irgendeine sarkastische Bemerkung über mich machen würde, aber stattdessen nickte sie mir zu. Es schien, als halte sie sich an unseren eigenartigen Waffenstillstand. Ich hatte keine Ahnung, wie lange er halten würde, doch ich erwiderte ihr Nicken.

Ian küsste mich zum Abschied vor dem Gebäude für Englisch und Geschichte, dann machte er sich auf den Weg zu seinem eigenen Unterricht.

Zoe war mit uns gegangen und verdrehte nun die Augen. »Sag mir bitte nicht, dass ihr zwei jetzt ständig rumknutschen werdet. Denn das wird echt schnell echt langweilig.«

»Mal sehen«, entgegnete ich. »Obwohl du das Gleiche mit Mateo machen könntest, weißt du?«

Zoes Blick huschte zu dem Römer hinüber, der mal wieder mit irgendwelchen Typen Football spielte. »Mal sehen.«

Ich lachte und ging in das Gebäude. Professor Dalaja saß bereits an ihrem Schreibtisch, als ich das Klassenzimmer betrat.

»Hallo, Rory.« Sie lächelte. »Ich habe die Bücher, die Sie haben wollten. Ich gebe sie Ihnen nach dem Unterricht.«

Covington und Drake mochten mit der roten Chloris-Schatulle und den Narzissensamen die Flucht gelungen sein, aber das bedeutete nicht, dass wir herumsitzen und darauf warten würden, bis sie wieder zuschlugen. Dalaja zufolge gab es da draußen noch weitere Chloris-Schatullen und sie hatte zugestimmt, dem Team Midgard bei der Suche nach ihnen zu helfen. Außerdem wollte sie uns dabei unterstützen, ein Gegenmittel gegen die Samenkörner zu finden, oder besser noch, Artefakte zu entdeckten, mit denen man die Samen – und das Narziss-Herz – zerstören konnte.

Ich nickte. »Danke, Professor.«

Ich ging an ihr vorbei und setzte mich auf meinen Platz. Die Schnitter bereiteten mir Sorgen, aber erst einmal würde ich den Augenblick relativen Friedens auskosten.

Also öffnete ich mein Mythengeschichtsbuch und holte Notizblock und Stift hervor, bereit, mir den jüngsten Vortrag der Professorin anzuhören.

Nach dem Unterricht gab Professor Dalaja mir die Bücher mit der Forschungsliteratur, die ich dann den restlichen Vormittag mit mir herumtrug. Der Gong läutete zum Mittagessen, aber statt mich mit Ian, Zoe und Mateo im Speisesaal zu treffen, ging ich in die Bibliothek der Altertümer und fuhr mit dem geheimen Aufzug hinunter in den Bunker.

Erst musste ich mich noch um etwas kümmern.

Babs schlief noch, wie es tagsüber ihre Gewohnheit war, daher stellte ich sie auf ihren Stuhl am Besprechungstisch. Dann fischte ich die Bücher mit der Forschungsliteratur aus meiner Tasche und breitete sie auf meinem Schreibtisch aus. Dalaja war die Bücher bereits durchgegangen und hatte mehrere Textstellen markiert, von denen sie glaubte, sie könnten nützlich sein. Ich würde sie mir später ansehen. Jetzt hatte ich etwas Wichtigeres zu tun.

Ich überzeugte mich davon, dass Babs immer noch schlief,

dann ging ich zu Zoes Schreibtisch und zog einen ihrer Elektrodolche sowie zwei durchsichtige Plastikkästchen heraus. Eines der Kästchen war leer, aber das andere war mit den roten, herzförmigen Kristallen gefüllt, die die Walküre für ihre Waffen und Kleidungsentwürfe verwendete. Einen Moment lang betrachtete ich die Schmucksteine, dann ging ich zu den Regalen im hinteren Teil des Raums.

Ich blieb vor der schwarzen Chloris-Schatulle stehen, die auf ihrem üblichen Platz im Regal stand. Die Schatulle sah genauso aus wie am vergangenen Abend und zu all den anderen Gelegenheiten, an denen ich sie untersucht hatte. Aber heute würde ich sie nicht nur anstarren. Nein, heute würde ich aktiv werden, um meine Freunde zu beschützen.

Mit Zoes Elektrodolch schnitt ich mir in die Hand, dann entriegelte ich mit meinem Blut die Schatulle. Der Deckel sprang auf und offenbarte das Narziss-Herz.

Beim Betrachten des Rubins stieg Abscheu in mir auf. Ich hatte am eigenen Leib erfahren, was ein einziger Roter Narzissensamen anrichten konnte, und ich spürte die Macht, die von dem viel größeren Narziss-Herz ausging. Ganz gleich, was Takeda und Professor Dalaja sagten, das Artefakt war viel zu gefährlich, um einfach so hier im Bunker zu liegen. Die rote Chloris-Schatulle und die Samen hätten im Idun-Anwesen eigentlich in Sicherheit sein müssen, aber Covington hatte sie trotzdem in die Finger bekommen. Ich würde nicht das Risiko eingehen, dass er auch das Narziss-Herz stahl. Daher hatte ich beschlossen, zu tun, was in Detektivgeschichten immer mit dem Schatz gemacht wurde.

Ich würde ihn verstecken.

Ich wartete ab, bis der Schnitt in meiner Hand verheilt war. Dann griff ich in meine Jackentasche, holte ein paar Fleecehandschuhe hervor und streifte sie über. Sobald das getan war, griff ich vorsichtig nach dem Narziss-Herz. Ich hielt den Atem an und fragte mich, ob ich möglicherweise die Magie des Herzens aktivieren würde, wenn ich es berührte, aber es blieb still und starr. Keine Sekunde länger als nötig wollte ich es in der Hand halten, daher legte ich es schnell in das leere Kästchen, das ich aus Zoes Schreibtischschublade genommen hatte. Kaum lag das Artefakt darin, schloss ich den Deckel und schob das Kästchen beiseite.

Als Nächstes öffnete ich das Kästchen mit den roten Kristallen, ebenfalls aus Zoes Schreibtischschublade, und schüttete sie dorthin, wo das Narziss-Herz in der Chloris-Schatulle gelegen hatte. Professor Dalaja hatte gesagt, es gebe weitere Schatullen mit weiteren Samen da draußen, daher würde jeder, der diese Schatulle öffnete, genau das von mir bekommen.

Die Kristalle hatten natürlich nicht genau das gleiche Blutrot wie die echten Narzissensamen und ihnen fehlten die schwarzen Dornen, aber sie waren ungefähr von der gleichen Größe und Form und ich fand sie gut genug, um die meisten Menschen auf den ersten Blick zu täuschen.

Sobald die Kristalle in der schwarzen Chloris-Schatulle lagen, klappte ich ihren Deckel wieder zu und schloss den Glaskasten. Dann schnappte ich mir das Plastikkästchen mit dem Narziss-Herz, verließ den Besprechungsraum und ging in den hinteren Teil des Bunkers, wo ich die Bücherregal-Tür öffnete, durch die man in die Tunnel gelangte.

Über mir sprang die Beleuchtung mit einem Klicken an und ich ging zu der Kreuzung, wo sich die fünf Haupttunnel trafen. Ich schaute mich um und überzeugte mich davon, dass ich allein war, dann hockte ich mich vor die Stelle, an der Zoe gestolpert war, als wir uns hier vor einigen Tagen umgesehen hatten.

Mit dem Elektrodolch der Walküre hebelte ich die losen Steine aus der Wand und legte das kleine Versteck darin frei. Dann schob ich das Plastikkästchen mit dem Narziss-Herz in die Öffnung. Sobald das getan war, schob ich die Steine wieder an ihren Platz und die Öffnung war nicht mehr zu sehen.

Ich stand auf und untersuchte die Wand, aber die Steine sahen genauso aus wie alle anderen. Man würde das Versteck niemals finden, es sei denn, man wusste, wo es war. Meine Freunde mochten denken, dass die schwarze Chloris-Schatulle im Bunker sicher war, aber ich hatte da meine Zweifel. Covington hatte bewiesen, dass er an jedes Artefakt herankam – jederzeit, überall – und ich würde das Risiko, dass er sich Zugang zum Bunker verschaffte und auch das Narziss-Herz stahl, nicht eingehen. Also hatte ich mir diesen Plan zurechtgelegt, um das Artefakt vor allen zu verstecken, auch vor meinen Freunden.

Als ich mit meinem Werk zufrieden war, ging ich wieder in den Bunker. Ich schnappte mir Babs, die immer noch schlief, und den Rest meiner Sachen und fuhr mit dem Aufzug zurück nach oben in den ersten Stock der Bibliothek. Ich wandte mich schon der Treppe zu, ging dann aber stattdessen zu Sigyns Statue hinüber.

Ich schaute in ihr weißes Marmorantlitz hinauf und sog die ruhige, stille Kraft ein, die ich immer verspürte, wenn ich in ihrer Nähe war. »Ich hoffe, dass ich das Richtige tue«, flüsterte ich. »Ich will einfach alle beschützen.«

Sigyn neigte den Kopf, als nicke sie zum Zeichen ihrer Zustimmung. Ich erwiderte ihr Nicken.

Mein Telefon summte und ich nahm es aus der Tasche, um die Nachricht zu lesen.

Sie stammte von Ian. *Ich habe hier drei Cupcakes, auf denen dein Name steht.* 🧁🧁🧁

Lächelnd schrieb ich zurück. *Bin unterwegs.*

Ich hatte das Narziss-Herz versteckt, so gut ich konnte. Meine Mission war erfüllt, zumindest vorläufig, daher nickte ich der Göttin ein letztes Mal zu und verließ die Bibliothek, um mich mit Ian und meinen Freunden zum Mittagessen zu treffen.